地球の歩き方 B01 ● 2019～2020 年版

アメリカ

U.S.A.

地球の歩き方 編集室

U.S.A. CONTENTS

14 特集1 これを見逃すな! アメリカ最新情報

17 特集2 アメリカで楽しめる アクティビティ5選

24 特集3 アメリカで美術＆建築鑑賞
アメリカ東部で　フェルメール
近代建築の三大巨匠　フランク・ロイド・ライト

29 特集4 アメリカで 食べたいご飯26

34 特集5 アメリカへ行くならこのイベントをチェック! イベントスケジュール

38 特集6 アメリカ本土にある 世界遺産全リスト

42 特集7 4大スポーツ+1をウオッチ

56 特集8 アメリカ2大グルメスーパーで買う アメリカみやげ

基本情報

歩き方の使い方 …… 6
ジェネラルインフォメーション …… 8
町の特徴と索引 …… 46
アメリカへの誘い …… 58

都市別ガイド

59 カリフォルニアと西海岸

サンフランシスコ …… 61
サウサリート …… 78
バークレー …… 78
ナパ …… 79
カリストーガ …… 79
ソノマ …… 79
ヨセミテ国立公園 …… 84
ロスアンゼルス …… 89
ハリウッド …… 98
ユニバーサル・スタジオ・ハリウッド 102
サンタモニカ …… 104
ベニス …… 106
マリナ・デル・レイ …… 106
ロングビーチ …… 106
パサデナ …… 106
ディズニーランド・リゾート（アナハイム） 114
ナッツ・ベリー・ファーム …… 116
サンディエゴ …… 117
シーワールド・サンディエゴ …… 123
ラ・ホヤ …… 124
ティファナ …… 124
シアトル …… 129
マウントレニエ国立公園 …… 137
ポートランド（オレゴン州） …… 142
リノ …… 151
バージニアシティ …… 155
レイクタホ …… 155
ラスベガス …… 156
グランドキャニオン国立公園 …… 169
モニュメントバレー …… 176

179 ロッキー山脈と西部

ソルトレイク・シティ …… 181
デンバー …… 191
ボウルダー …… 196
ロッキーマウンテン国立公園 … 197
コロラドスプリングス …… 197
マニトウスプリングス …… 198
ボイジー …… 202
ボーズマン …… 205
ビスマーク …… 208
ラピッドシティ …… 210
マウントラシュモア国定記念物 212
シャイアン …… 214
オマハ …… 218
ウィチタ …… 221
オクラホマシティ …… 225
フラッグスタッフ …… 229
ツーソン …… 231
セドナ …… 234
フェニックス …… 238
テンピ …… 244
スコッツデール …… 244
サンタフェ …… 247
ダラス …… 250
アーリントン …… 256
フォートワース …… 259
グレープバイン …… 266
オースチン …… 268
ヒューストン …… 272
スペースセンター・ヒューストン 278
サンアントニオ …… 281
エルパソ …… 285
シウダーフアレス（メキシコ） … 290
カールスバッド洞穴群国立公園 291
ホワイトサンズ国定公園 …… 291

出発前に必ずお読みください！ 旅のトラブルと安全対策…712

293 五大湖と中西部

シカゴ …… 295
ミルウォーキー …… 318
ミネアポリス／セントポール …… 328
デモイン …… 345
カンザスシティ …… 348
セントルイス …… 357
インディアナポリス …… 365
　コロンバス …… 371
シンシナティ …… 373
　コビントン（ケンタッキー州）… 378
　ニューポート（ケンタッキー州）… 378
デトロイト …… 381
　ディアボーン市 …… 387
　ウインザー（カナダ） …… 389
クリーブランド …… 392
ピッツバーグ …… 401
　オークランド地区 …… 408
ナイアガラフォールズ …… 413
　ナイアガラフォールズ（カナダ） 420

425 フロリダと南部

アトランタ …… 427
ルイビル …… 441
ナッシュビル …… 443
メンフィス …… 447
トゥペロ …… 451
リトルロック …… 453
モントゴメリー …… 455
ニューオリンズ …… 457
リッチモンド（バージニア州）…… 469
シャーロット …… 471
チャールストン（サウスカロライナ州） 477
サバンナ …… 481
オーランド …… 484
マイアミ …… 498
　エバーグレーズ国立公園 …… 502
キーウエスト …… 510

519 ニューヨークと東部

ニューヨーク …… 521
クーパーズタウン …… 543
アトランティックシティ …… 545
ボストン …… 548
　ケンブリッジ市 …… 559
ストウ …… 565
ポートランド（メイン州）…… 567
ポーツマス …… 569
ニューポート …… 571
ハートフォード …… 574
フィラデルフィア …… 576
ランカスター …… 588
ウィルミントン …… 590
ワシントンDC …… 594
ボルチモア …… 618
チャールストン（ウエストバージニア州） 620

旅の準備と技術

625

★旅の準備

第１章　旅の情報収集 …… 626
第２章　旅のスタイル …… 629
第３章　ひと目でわかるアメリカ 630
第４章　アメリカのおもな気候 632
第５章　旅のルート作り …… 634
第６章　旅のモデルルート …… 636
第７章　旅の予算とお金 …… 637
第８章　出発までの手続き …… 642
第９章　ESTA（エスタ）について 646
第10章　アメリカへの航空券 … 648
第11章　旅の持ち物と服装 …… 650

★旅の技術

第12章　出入国の手続き …… 653
第13章　アメリカ鉄道の旅 …… 667
第14章　アメリカ長距離バスの旅 673
第15章　アメリカレンタカーの旅 678
第16章　アメリカ飛行機の旅 … 685
第17章　観光のアドバイス …… 692
第18章　アメリカの宿泊施設 … 696
第19章　アメリカの食事 …… 702
第20章　アメリカでのショッピング 704
第21章　チップとマナー …… 706
第22章　インターネット …… 708
第23章　郵便と電話 …… 709
第24章　旅のトラブルと安全対策 712
第25章　旅のイエローページ … 717
第26章　旅の英会話 …… 718
アメリカの歴史 …… 721
インデックス …… 723

旅のアドバイス＆メモ

トータルで半額近い！　お得なシティパス… 66
ヨセミテおすすめトレイル……… 87
ヨセミテ国立公園付近のホテル事情………… 88
LA の人気ショッピングスポット ………… 100
ディズニーランド・リゾートへの行き方… 114
マウントレニエ国立公園ツアー………… 137
リノからのショートトリップ
～バージニアシティ＆レイクタホ～……… 155
カジノ……… 163
トレイルを歩く際の注意……… 173
グランドキャニオン国立公園付近のホテル事情 175
崖からせり出す展望台、スカイウオーク… 175
モルモン教ってどんなもの？……… 185
ユタ州は大自然の宝庫……… 188
西部で思う存分スキーを楽しむ………… 190
世界最大級の野外ロデオイベント、
Cheyenne Frontier Days……… 216
ボルテックスとは ……… 235
2 月中旬から 3 月は
メジャーリーグのキャンプの季節………… 243
売上税の払い戻し制度……… 253
ジョン・F・ケネディ大統領暗殺 ………… 255
テキサス・レンジャーズの本拠地、アーリントンへ 256
古きよきアメリカを感じられる町、グレープバイン 266
UFO が墜落したといわれる町、ロズウェル 291
シカゴの野外ギャラリー……… 305
シカゴの大火……… 311
町中が祭りの熱気に包まれる、サマーフェス 323
ハシゴしても楽しい、
ミルウォーキーのビール工場見学ツアー 325
ミルウォーキーの裏名物、フローズンカスタード 326
チャーリー・ブラウンたちの
ブロンズ像がセントポールに……… 336
ミネソタ発祥の地
～スティルウオーターとセントクロイ川～ 339
ミシシッピ川クルーズはいかが？………… 341
五大湖最大の湖へ小旅行……… 341
ミネアポリス／セントポールからのショートトリップ、
レッドウイングとワバッシャ ……… 341
シンシナティは“チリ”の町……… 379
国境を越えるときに注意したいこと……… 419
リオのカーニバルに負けない
マルディグラ Mardi Gras ……… 463
ニューオリンズはこう楽しむ！
～音楽＆買い物編～……… 465
ニューオリンズはこう楽しむ！
～食べ物編～ ……… 468
テーマパークを効率よく回るために……… 485
公共の交通機関を使って
テーマパークを回る方法……… 489
ブルーマン・グループのショーが
オーランドでも観られる！……… 490
WDW 知っておくと得する情報……… 492
WDW 内の直営ホテルに宿泊すると特典あり！ 493
マイアミ空港周辺の交通機関が
1 ヵ所に集約「セントラル駅」 ………… 500
レンタカーを利用して
フロリダのドライブを楽しもう ………… 502
マイアミからキーウエストへ……… 516
フィラデルフィアからのショートトリップ
～ハーシー～……… 587
首都ワシントン DC の誕生……… 598
スミソニアン協会の博物館と美術館……… 609
ウエストバージニア州最大の祭典、
ブリッジデイ……… 623
タイプ別旅費シミュレーション………… 637
トラベルプリペイドカード……… 641
出入国の自動化ゲート……… 658
時差ぼけ対策あれこれ……… 660
ハイウエイの種類……… 681
ハーツの GPS ナビゲーションシステム
「ネバーロスト」……… 683
ペットとの海外渡航は事前に確認を……… 687
『地球の歩き方』読者のための
日本語 OK のチケットブローカー………… 694
手軽にエンターテインメントを楽しもう！ 695
ウェブサイトでの予約システムがない場合は 700
賢いショッピング方法……… 704
海外での大規模緊急事態時に邦人の安否を確認する
「オンライン安否照会システム」について … 715
在米公館リストと管轄区域……… 716

歩き方の使い方

エリア名、州名、州旗（その都市が属する州の旗）です

アメリカ全図で詳しい場所を見つけやすいよう、都市のおよその位置を★で示してあります

住	住 所（所在地）
☎	電話番号（一部を除き市内通話は最初の３ケタは不要）
Free	アメリカ国内は料金着信者払いの無料電話で、「1-800」「1-888」「1-877」「1-866」「1-855」「1-844」で始まる番号。日本からは有料
URL	ウェブサイト・アドレスで、“http://”“https://”は省略
E-mail	e メールアドレス
開	開館時間、営業時間
休	定休（休館）日
料	料 金
行	行き方、アクセス
地	地図位置
St.	Street
Ave.	Avenue
Dr.	Drive
Pl.	Place
Ln.	Lane
Cir.	Circle
Ct.	Court
Hwy.	Highway
Pkwy.	Parkway
Fwy.	Freeway
Expy.	Expressway
E.	East
W.	West
S.	South
N.	North

カリフォルニアと西海岸 カリフォルニア州

霧がよく似合う坂の町

サンフランシスコ San Francisco

定番の観光スポットのひとつがフィッシャーマンズワーフ

サンフランシスコは、先進的でリベラルな町だ。多様性を認め、社会通念にとらわれない寛容さをもち、常にアメリカ文化の先端を行く。それを裏付けるように、この町にはLGBTをはじめとするマイノリティが多く住み、オーガニックにこだわるレストランやスーパーがあちこちにある。一方で現代社会に欠くことのできないIT産業が隆盛を極めるなど、耳目を集めている町でもある。

そんなサンフランシスコは１年を通して気温差の少ない気候で、夏涼しく冬暖かい。そのため１年中旅行者が訪れ、いつでも観光シーズンといえる。魅力は観光のしやすさにもある。路線バス、地下鉄などの公共交通機関が発達しており、町が碁盤の目のように整備され地理もわかりやすい。ここで歩き方をマスターして、アメリカでの第一歩を踏み出そう。

ゴールデンゲート・ブリッジは歩いて渡ってみたい

61

各都市の基本データです。人口、タックス（税金）などの情報を掲載しています。繁忙期は、訪問客の多い時期を記載しました。ホテルや航空券を手配する時期の参考にしてください。また、気候グラフには、その都市の月別平均降雨量（mm）、平均最高気温（℃）と平均最低気温（℃）、そして東京の月別平均降雨量（mm）、平均最高気温（℃）と平均最低気温（℃）が記されています

大きな都市の場合、見どころがいくつかのエリアに分かれています。エリア名から交通手段や移動に要する時間などを考慮し、スムーズに観光しましょう

都市の詳細なマップ位置を指しています

見どころの特色を３つのマークで表し、さらに編集室オススメのマークを付けています

おもな見どころ Sightseeing

ダウンタウン地区 Downtown

エンターテインメントの人気スポット

LAライブ LA Live

カリフォルニアと西海岸

ロスアンゼ

- 📖 歴史・文化・その土地らしさ
- 🚲 公園・レクリエーション・アトラクション
- 🛍 買い物・食事・娯楽
- ☆ 編集室オススメ

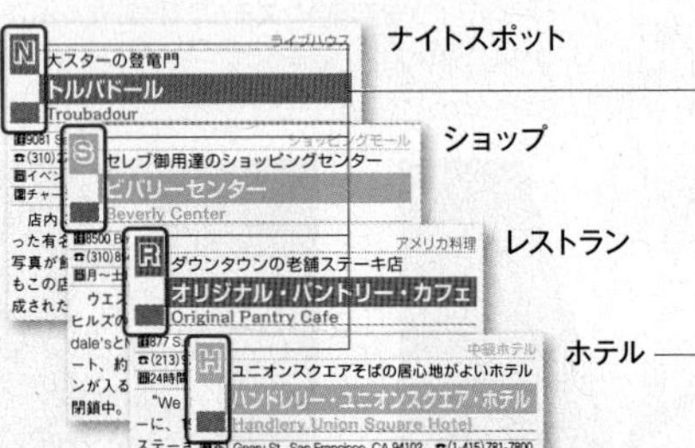

ナイトスポット
ショップ
レストラン
ホテル

ナイトスポット、ショップ、レストラン、ホテルがそれぞれ色分けされています

宿泊費の目安となるよう、ホテルは「エコノミーホテル（Ⓢ$60～100、Ⓣ$70～110）」、「中級ホテル（Ⓢ$100～200、Ⓣ$110～210）」、「高級ホテル（Ⓢ$200～、Ⓣ$210～）」としてあります。そのほか、ホステル（ほとんどが大部屋、若者向け）、B&B（ベッド&ブレックファストの略で高級ホテル並みの料金が多い）があります。ただし、料金は町や時期により差があります。ホテルの料金には、各都市ごとによるホテルタックス（宿泊税）は含まれておりません

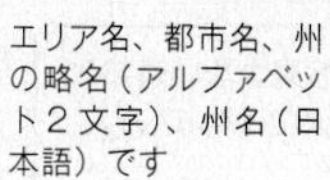

エリア名、都市名、州の略名（アルファベット2文字）、州名（日本語）です

投稿

旅行の参考になるような情報や読みもの

地　図

- 観光案内所
- ショップ
- レストラン
- ホテル
- ナイトクラブ
- 空　港
- アムトラック駅
- グレイハウンド・バスターミナル
- バスストップ
- インターステートハイウエイ
- US ハイウエイ
- ステートハイウエイ
- 郵便局

クレジットカード

- A アメリカン・エキスプレス
- D ダイナースクラブ
- J JCB カード
- M マスターカード
- V ビザ

ホテルの部屋

- Ⓢシングルルーム（1ベッド1人使用）
- Ⓓダブルルーム（1ベッド2人使用）
- Ⓣツインルーム（2ベッド2人使用）

データについて

本書は2018年5月～2018年9月の取材データ、現地レポーターからの情報、読者の皆さまの投稿をもとに作られています。また、追跡調査を2018年11月まで行いました。「具体的ですぐ役立つ情報」をモットーにしておりますが、記述がより具体的になるほど、時間の経過とともに内容の訂正、削除事項が出てきます。編集室で追跡調査をしておりますが、皆さんが旅行される時点で変更されていることも多いと思われます。その点をお含みのうえ、ご利用ください。

掲載情報のご利用にあたって

編集部では、できるだけ最新で正確な情報を掲載するように努めていますが、現地の規則や手続きなどがしばしば変更されたり、またその解釈に見解の相違が生じることもあります。このような理由に基づく場合、または弊社に重大な過失がない場合は、本書を利用して生じた損失や不都合などについて、弊社は責任を負いかねますのでご了承ください。また、本書をお使いいただく際は、掲載されている情報やアドバイスがご自身の状況や立場に適しているか、すべてご自身の責任でご判断のうえご利用ください。

発行後の情報の更新と訂正について

本書に掲載している情報で、発行後に変更された掲載情報や訂正箇所は、『地球の歩き方』ホームページの「更新・訂正情報」で、可能な限り案内しています（ホテル、レストラン料金の変更などは除く）。また、「サポート情報」もご旅行の前にお役立てください。

URL **www.arukikata.co.jp/travel-support/**

投稿記事について

読者投稿は多少主観的になっても、体験者の印象、評価などを尊重し、原文にできるだけ忠実に掲載してありますので、ホテル、レストランなどを選ぶ際にはご注意願います。

本文の脚注やコラム、ホテルやレストラン、ショッピングの項で、投稿記事のあとに（東京都　地球 歩　'18）とあるのは、投稿者の旅行年度を表しています。その後の追跡調査でデータ修正されている場合は、調査年度を角カッコで（東京都　地球 歩　'17）['18]と示しています。

新型コロナウイルス感染症について

2023年10月現在、日本帰国時に有効なワクチン証明書又は出国前検査証明書の提示は不要。詳しくは厚生労働省のウェブサイトをご確認ください。

URL **www.mhlw.go.jp/stf/seisakunitsuite/bunya/0000121431_00209.html**

体験記募集中

アメリカを旅して発見した新情報、新スポット、変更点などの情報がありましたら、インターネット、郵便、ファクスをご利用のうえ、お送りください。

詳細は ➡P.735 をご参照ください。

アドバイス

本書は大きく、都市別ガイドと、旅の準備と技術のふたつに分かれています。初めに旅の準備と技術を読んで、旅に必要なものを手配していきます。また、現地に着いたときのためのマナー、現地での移動方法などのハウツーもここで学んでおきましょう。出かける前に、各都市編のDATA欄も見逃さないように。服装の判断やタックス（税金）の計算に役立ちます。

現地に着いたら、まず初めに寄りたいのが観光案内所。場所によってはホテル紹介も行っていますし、現地の生きた情報が手に入ります。少なくとも地図や見どころのパンフレット、路線バスの時刻表などを入手しておきましょう。

ジェネラルインフォメーション

アメリカ合衆国の基本情報

▶ひと目でわかるアメリカ
→P.630

国　旗
Stars and Stripes　13 本のストライプは 1776 年建国当時の州の数、50 の星は現在の州の数を表す。

正式国名
アメリカ合衆国 United States of America
アメリカという名前は、イタリアの探検家でアメリカ大陸を確認したアメリゴ・ベスプッチのファーストネームから取ったもの。

国　歌
Star Spangled Banner

面　積
約 962 万 8000km²。日本の約25 倍（日本は約 37 万 7900km²）

人　口
約3億2572 万人

首　都
ワシントン特別行政区
Washington, District of Columbia
全米 50 のどの州にも属さない連邦政府直轄の行政地区。人口は約 67 万人。

元　首
ジョー・バイデン大統領
Joe Biden

政　体
大統領制　連邦制（50 州）

人種構成
白人 61.6%、ヒスパニック系 17.6%、アフリカ系 13.3%、アジア系 5.6%、アメリカ先住民 1.2% など。

宗　教
キリスト教が主流。宗派はバプテスト、カトリックなどあり、都市によって分布に偏りがある。少数だがユダヤ教、イスラム教なども。

言　語
主として英語だが、法律上の定めはない。スペイン語も広域にわたって使われている。

通貨と為替レート

▶旅の予算とお金
→P.637

通貨単位はドル（$）とセント（¢）。$1＝149.65 円（2023 年 10 月 28 日現在）。紙幣は 1、5、10、20、50、100 ドル。なお、50、100 ドル札は、小さな店では扱わないこともあるので注意。硬貨は 1、5、10、25、50、100 セント（= $1）の 6 種類だが、50 セント、1 ドル硬貨はあまり流通していない。

$1（ビル）　$5　$10
$20　$50　$100
25¢（クオーター）　10¢（ダイム）　5¢（ニッケル）　1¢（ペニー）

電話のかけ方

▶郵便と電話
→P.709

日本からの電話のかけ方　例：ロスアンゼルス（213）123-4567 へかける場合

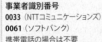

事業者識別番号
0033（NTTコミュニケーションズ）
0061（ソフトバンク）
携帯電話の場合は不要
＋ 国際電話識別番号 010※
＋ アメリカの国番号 1
＋ 市外局番（エリアコード）213
＋ 相手先の電話番号 123-4567

※携帯電話の場合は「010」のかわりに「0」を長押しして「+」を表示させると、国番号からのダイヤルでかけられる。
※ NTT ドコモ（携帯電話）は事前に WORLD CALL の登録が必要

祝祭日（連邦政府の祝日）

▶アメリカのイベントスケジュール→P.34～37

州によって祝日となる日（※印）に注意。なお、店舗などで「年中無休」をうたっているところでも、元日、サンクスギビングデイ、クリスマスの3日間はほとんど休み。また、メモリアルデイからレイバーデイにかけての夏休み期間中は、営業時間などのスケジュールを変更するところが多い。

1月	1/1		元日　New Year's Day
	第3月曜		マーチン・ルーサー・キング・ジュニア牧師誕生日 Martin Luther King, Jr.'s Birthday
2月	第3月曜		大統領の日 Presidents' Day
3月	3/17	※	セント・パトリック・デイ St. Patrick's Day
4月	第3月曜	※	愛国者の日 Patriots' Day
5月	最終月曜		メモリアルデイ（戦没者追悼の日）Memorial Day
6月	6/19	※	ジューンティーンス（奴隷解放記念日）Juneteenth
7月	7/4		独立記念日 Independence Day
9月	第1月曜		レイバーデイ（労働者の日）Labor Day
10月	第2月曜	※	コロンブス記念日 Columbus Day
11月	11/11		ベテランズデイ（退役軍人の日）Veterans Day
	第4木曜		サンクスギビングデイ Thanksgiving Day
12月	12/25		クリスマス Christmas Day

ビジネスアワー

以下は一般的な営業時間の目安。業種、立地条件などによって異なる。スーパーは24時間、または22:00くらい。地方の店なら19:00頃の閉店も珍しくない。

銀　行　月～金 9:00～17:00

デパートやショップ

月～金 10:00～20:00、土 10:00～19:00、日 11:00～18:00

レストラン

朝からオープンしているのはカフェなど。朝食 7:00～10:00、昼食 11:30～14:30、ディナー 17:30～22:00。バーは深夜まで営業。

電気&映像方式

電圧とプラグ

電圧は120ボルト。3つ穴プラグ。100ボルト、2つ穴プラグの日本製品も使えるが、電圧数がわずかではあるが違うので注意が必要。特にドライヤーや各種充電器などを長時間使用すると過熱する場合もあるので、時間を区切って使うなどの配慮が必要だ。

アメリカは3つ穴プラグ。真ん中はUSBの差し込み口

映像方式

テレビ・ビデオは日本とアメリカともにNTSC方式、ブルーレイ・リージョンコードは日本とアメリカともに「A」なので、両国のソフトはお互いに再生可能。ただし、DVDリージョンコードはアメリカ「1」に対して日本「2」のため、両方のコードを含むソフトおよび「ALL CODE」の表示のあるソフト以外はお互いに再生できない。

アメリカから日本へかける場合　例：(03) 1234-5678

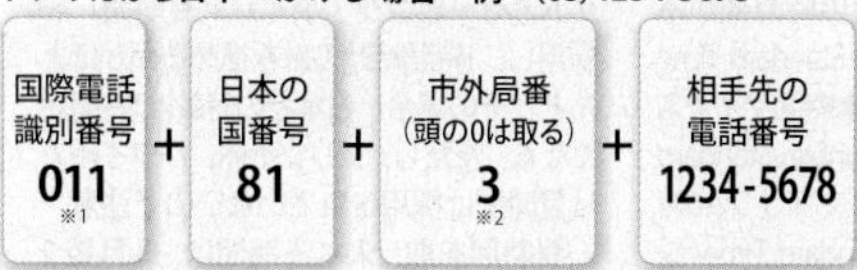

※1 公衆電話から日本へかける場合は上記のとおり。ホテルの部屋からは、外線につながる番号を「011」の前に付ける。
※2 携帯電話などへかける場合も、「090」「080」「070」などの最初の0を除く。

▶アメリカ国内通話

市内へかける場合、基本的に市外局番は不要（ニューヨークやシカゴ、マイアミなどは除く）。市外へかける場合は、最初に1をダイヤルし、市外局番からダイヤルする。

▶公衆電話のかけ方

①受話器を持ち上げる
②都市により異なるが最低通話料50¢を入れ、相手先の電話番号を押す（プリペイドカードの場合はアクセス番号を入力し、ガイダンスに従って操作する）
③「初めの通話は○分○ドルです」とアナウンスで流れるので、案内された額以上の金額を投入すれば電話がつながる

チップ

▶チップとマナー
→P.706

レストラン、タクシー、ホテルの宿泊(ベルボーイやベッドメイキング)など、サービスを受けたときにチップを渡すのが慣習となっている。額は、特別なことを頼んだ場合や満足度によっても異なるが、以下の相場を参考に。

レストラン

合計金額の15～20%。サービス料が含まれている場合は、小銭程度をテーブルやトレイに残して席を立つ。

タクシー

運賃の15～20%だが、最低でも$1。

ホテル宿泊

ベルボーイは荷物の大きさや個数によって1個につき$2～3。荷物が多いときはやや多めに。

ベッドメイキングは枕元などに$2。

飲料水

水道の水をそのまま飲むこともできるが、ミネラルウオーターを購入するのが一般的。スーパーやコンビニ、ドラッグストアなどで販売している。

気　候

▶アメリカの
おもな気候
→P.632～633

アメリカ本土の気候は、地域によって多様な変化がある。

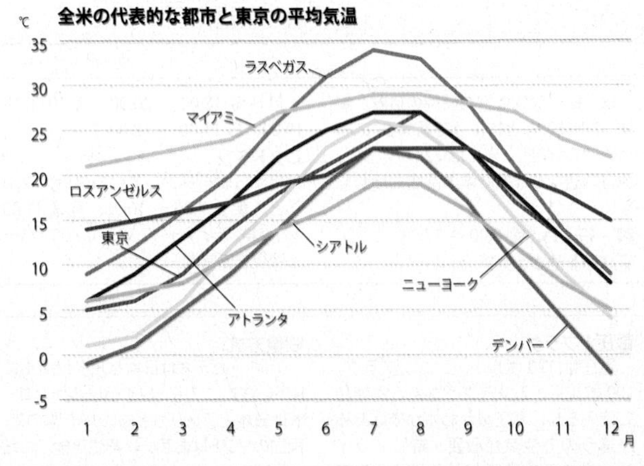

日本からのフライト

▶ひと目でわかる
アメリカ
→P.630

直行便の場合、成田からロスアンゼルス(西海岸)まで約10時間、ヒューストン(西部)まで約12時間、シカゴ(中西部)まで約12時間、アトランタ(南部)まで約12時間30分、ニューヨーク(東海岸)までは約13時間。

時差と夏時間

▶ひと目でわかる
アメリカ
→P.631

アメリカ本土内には4つの時間帯がある。太平洋標準時Pacific Standard Time(ロスアンゼルスなど)は日本時間マイナス17時間、山岳部標準時Mountain Standard Time(デンバーなど)はマイナス16時間、中部標準時Central Standard Time(シカゴなど)はマイナス15時間、東部標準時Eastern Standard Time(ニューヨークなど)はマイナス14時間。夏はデイライト・セービング・タイム(夏時間)を採用し、1時間時計の針を進める州がほとんど。その場合、日本との時差は1時間短くなる。ただし、アリゾナ州、ハワイ州では夏時間は採用されていないので注意。

夏時間を取り入れる期間は、3月第2日曜(深夜2:00)から、11月第1日曜(深夜2:00)まで。移動日に当たる場合、タイムスケジュールに十分注意を。

郵　便

日本への航空便は封書、はがきともに$1.15。規定の封筒や箱に入れるだけの荷物を定額で郵送できるタイプもある。

町によって営業時間は多少異なる。一般的な局は平日の9:00～17:00くらい。

▶郵便と電話
→P.709

出入国

ビザ

90日以内の観光、商用が目的ならば基本的にビザは不要。ただし、頻繁にアメリカ入出国を繰り返していたり、アメリカでの滞在が長い人は入国を拒否されることもある。なお、ビザ免除者はESTAによる電子渡航認証の取得が義務づけられている（陸路入国を除く）。

パスポート

パスポートの残存有効期間は、入国日から90日以上あることが望ましい。

▶ ESTA（エスタ）について
→P.646～647

税　金

TAX

物を購入するときにかかるセールスタックスSales Taxとホテルに宿泊するときにかかるホテルタックスHotel Taxなどがある。また、レストランで食事をした場合はセールスタックスと同額の税金、またそれに上乗せした税金がかかる。率(%)は州や市によって異なる。

なお、オレゴン州やモンタナ州などいくつかの州ではセールスタックスは0%。ルイジアナ州やテキサス州では海外からの観光客に対して税金の払い戻し制度がある。

安全とトラブル

日本人の遭いやすい犯罪は、置き引き、ひったくりなど。犯行は複数人で及ぶことが多く、ひとりが気を引いているすきに、グループのひとりが財布を抜いたり、かばんを奪ったりする。日本語で親しげに話しかけ、言葉巧みにお金をだまし取るケースも多い。日本から一歩でも出たら、「ここは日本ではない」という意識を常にもつことが大切。

警察・救急車・消防署

☎ 911

▶旅のトラブルと安全対策
→P.712

年齢制限

州によって異なるが、飲酒可能な年齢はほぼ21歳から。場所によっては、お酒を買うときにも身分証明書の提示を求められる。ライブハウスなどお酒の提供がある所も身分証明書が必要。

アメリカでは若年層の交通事故がとても多く、大手レンタカー会社では一部の例外を除き25歳以上にしか貸し出さない。21歳以上25歳未満の場合は割増料金が必要なことが多い。

度量衡

距離や長さ、面積、容量、速度、重さ、温度など、ほとんどの単位が日本の度量衡とは異なる。

▶サイズ比較表／度量衡
→P.705

時差表

日本時間	0	1	2	3	4	5	6	7	8	9	10	11	12	13	14	15	16	17	18	19	20	21	22	23
東部標準時(EST)	10	11	12	13	14	15	16	17	18	19	20	21	22	23	0	1	2	3	4	5	6	7	8	9
中部標準時(CST)	9	10	11	12	13	14	15	16	17	18	19	20	21	22	23	0	1	2	3	4	5	6	7	8
山岳部標準時(MST)	8	9	10	11	12	13	14	15	16	17	18	19	20	21	22	23	0	1	2	3	4	5	6	7
太平洋標準時(PST)	7	8	9	10	11	12	13	14	15	16	17	18	19	20	21	22	23	0	1	2	3	4	5	6

※3月第2日曜から11月第1日曜まではデイライト・セービング・タイム(夏時間)を実施している。夏時間とは時計の針を1時間進める政策。なお、赤い部分は日本時間の前日を示している。

1.デザインホテル、ラジソンブルー
2.シーライフ・ミネソタ水族館　3.モールと直結するホテル「JW マリオット」
4.アミューズメントパーク「ニコロデオン・ユニバース」

ショッピング以上の楽しさがつまったアメリカ体験、モール・オブ・アメリカ

ショッピングだけじゃない、アドベンチャーもグルメ体験も、オプションがいっぱい。

ミネソタ州にあるアメリカ最大規模のショッピング&アトラクション、「モール・オブ・アメリカ」。全米だけでなく、世界中から人々が訪れる人気デスティネーションだ。常に新しいコンセプトを取り入れ、拡張を続けており、その巨大さはエッフェル塔が9つ並べられるほど。

モールには、完全屋内型のアミューズメントパーク「ニコロデオン・ユニバース®」、本格的な水族館「シーライフ®・ミネソタ水族館」があり、ショッピング・モールの常識を超えた規模を誇っている。また、3つの有名デパート、520以上の専門店、ファストフードから高級グルメまで、バラエティに富んだ50以上のレストランが軒を並べ、一大エンターテイメントプレイスになっている。

さらに、ここにはデザインホテルの「ラジソンブルー」、高級ホテル「JWマリオット」が直結しており、24時間思い存分過ごす事ができる。

最新のテクノロジーを駆使したアトラクション「フライ・オーバー・アメリカ」は、五感を刺激するバーチャル・フライト・テクノロジー。アメリカ大陸の壮大な景観を、まるで自分自身の翼で飛んでいるような感覚で堪能できる。風を感じ、水しぶきや香りといった実体験の中、息を飲む映像の世界と一体になれる。

年間を通じて400あまりのイベントも催され、シーズンを通じて飽きることがない「モール・オブ・アメリカ」は、アメリカ体験そのもの。
また、ミネソタ州では洋服と靴と食料品にタックスがかからないので、ファッションアイテム、流行のシューズをゲットしたい。

羽田空港から直行便でミネアポリス・セントポール国際空港へ、そしてモールまでは、路面電車ライトレールで10分以内という便利さも嬉しい。また、ライトレールでダウンタウン・ミネアポリスへも30分足らず。スポーツ観戦やライブミュージックも気軽に楽しめる。

www.mallofamerica.com
http://ja.mallofamerica.com
（日本語サイト）

ACCESS

羽田から毎日直行便でミネアポリス・セントポール国際空港まで約11時間。シカゴから国内線で約45分。

Welcome to the America

～自分だけのアメリカを探しに～

これを見逃すな！

アメリカ最新情報 Latest News in US Cities

好景気にわくアメリカ。町のあちこちでクレーンが立ち、日々開発が進んでいる。目まぐるしく変化するアメリカの、観光に関する新着トピックをご紹介！

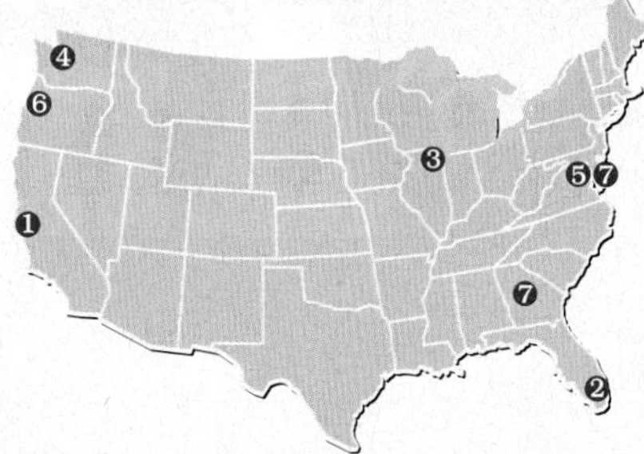

1 総合交通ターミナル誕生

セールスフォース・トランジット・センター Salesforce Transit Center

from サンフランシスコ

アメリカでも、二酸化炭素排出は大きな社会問題。今、大都市圏を中心に市電やライトレイル（軽軌条鉄道）などの敷設が進み、それにともなってバスや鉄道などの公共交通機関を１ヵ所に集中させようという動きが活発化している。2018年６月に開業したサンフランシスコのセールスフォース・トランジット・センターにはベイエリア一帯のローカルバス、グレイハウンドなどが乗り入れ、将来的にはロスアンゼルスとサンフランシスコを結ぶ高速鉄道も発着する予定。➡ P.63

総合交通ターミナルはサンフランシスコらしくエコがウリ。屋上には公園もあって散策も楽しめる

2 マイアミ～オーランドを結ぶ高速鉄道一部開通

ブライトライン Brightline

from フロリダ

かつて、鉄道の建設とともに発展したフロリダ。鉄道は衰退し、長距離旅客鉄道が走るのみとなったフロリダに、国の先陣を切って民間運営の高速鉄道が一部開通した。現在走行しているのは南フロリダのマイアミ～ウエストパームビーチ間で、両都市を約１時間 15 分で結ぶ。2021 年にはオーランドまで延伸され、約 390km を３時間で走行する。高速鉄道はほかにもテキサス、カリフォルニアで敷設が予定されている。

Brightline
URL gobrightline.com

ドイツの技術でフロリダを走る高速鉄道。最高時速約 200km

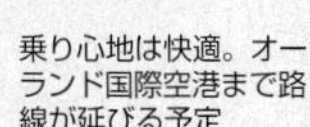

乗り心地は快適。オーランド国際空港まで路線が延びる予定

3 建築の町に建築を極めた案内所兼博物館オープン

シカゴ建築センター
Chicago Architecture Center

from シカゴ

内部では「シカゴの大火」を3Dで見られる

「建築のギャラリー」と呼ばれるなど、建築の町として知られるシカゴ。そのシカゴに2018年秋、建築センターがオープンした。著名建築家のミース・ファン・デル・ローエの設計したビルの1階にあり、一部が博物館として公開されている。建築クルーズやウオーキングツアーのチケットもここで販売。ギフトショップも充実し、フランク・ロイド・ライトのデザインを生かしたクールなアイテムが揃う。

シカゴ名物の「建築クルーズ」乗り場のすぐ近くに完成したシカゴ建築センター

© Choose Chicago

都会のど真ん中に誕生したガラス球体の植物園

4 アマゾン・ドット・コム本社に植物園が

スフィアーとアンダーストーリー
The Sphere & Understory

from シアトル

オンラインショッピングのアマゾン・ドット・コム本社に、ガラス張りの植物園が誕生。3つの巨大なガラスの球体の園内には約4000株もの植物が栽培され、別世界を作っている。基本的に社員に開放されたものだが、特定の日であれば一般の人も見学可能（事前の予約が必要）。アマゾン社屋の歴史について解説するアンダーストーリーはいつでも入場可能。

The Sphere
住 2111 7th Ave., Seattle URL www.seattlespheres.com
Understory
開 月～土 10:00～20:00、日 11:00～19:00 料 無料

5 聖書をわかりやすく、知ってもらうための博物館

聖書博物館
Museum of the Bible

from ワシントンDC

聖書がいかに人々の生活に密着しているかを展示

日本人にはピンとこないかもしれないが、聖書はキリスト教、ユダヤ教に加えてイスラム教の経典でもあるといわれるほど、世界の人々にとって密接な書。聖書の歴史や文献、聖書が世界に与えた影響などを紹介する博物館だ。日本語に限らず、どの言語でも聖書は難解な読みものらしく、できるだけもわかりやすく現代語訳する使命も背負っている。

Museum of the Bible
住 409 3rd St. SW, Washington, DC
URL www.museumofthebible.org
開 毎日 10:00～17:00
休 サンクスギビング、12/25、1/1
料 $19.95 のすすめあり

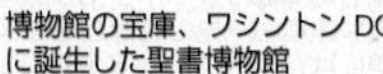
博物館の宝庫、ワシントンDCに誕生した聖書博物館

6 隈研吾氏設計の日本家屋が市民の憩いの場に

ワシントンパークの日本庭園
Japanese Garden in Washington Park

from ポートランド

隈研吾氏らしい木材を多用した造り。縦のラインが印象的

「和の大家」と呼ばれ、日本の伝統文化に根づいた作品を数多く手がける隈研吾氏が、日本庭園のリニューアルに携わった。新しく生まれ変わったワシントンパークの庭園には、日本の家屋を思わせるカルチュラルビレッジや、ほかにも図書館、カフェなどがある。庭園の植栽も見事で、紅葉の季節は特に美しい。➡P.148

7 2018年誕生の新しいスタジアム2

アウディフィールドとメルセデスベンツ・スタジアム
Audi Field & Mercedes-Benz Stadium

from ワシントンDC & アトランタ

2017-18年にかけて誕生したふたつのスタジアムは、偶然にもドイツの自動車会社の名前がついたが、アウディフィールドはワシントンDC、メルセデスベンツ・スタジアムはアトランタに完成した。

アウディフィールドはサッカー専用のスタジアムで、客席とピッチは驚くほどの近さ。まさにゴールの瞬間を選手とともに体感でき、一度足を運ぶとやみつきになるとか。➡P.615

一方、メルセデスベンツ・スタジアムは、NFLのアトランタ・ファルコンズと、2017年MLSに新規加入したアトランタ・ユナイテッドFCの本拠地で、NBAのアリーナやCNNの本社に隣接している。NFL開催時は7万1000、MSL開催時は4万2500の収容人数があり、スタジアムはさまざまなイベントにも利用される。➡P.438

どちらのスタジアムも、中心部に位置しているのがうれしい。

❶メジャーリーグ・サッカー、DCユナイテッドの本拠地アウディフィールド❷大き過ぎないので、選手との一体感が楽しめる❸ワシントンDCの南に位置し、試合開催日はバスが球場まで運行する❹幾何学的な建築も一見の価値があるスタジアムだ❺新しいNFLアトランタ・ファルコンズの本拠地には、かっこいいファルコン像が鎮座する❻カレッジフットボールの試合も開催され、ファンが詰めかける

アメリカで楽しめる

アクティビティ5選

Activities in U.S.A.

アクティビティ先進国アメリカ
広大な自然のもと
カラダ全体で楽しめるアクティビティが実に豊富
驚くほど、設備も整っている
定番＆珍しいアクティビティ５選をご紹介

アカデミックなアクティビティはP.24～27

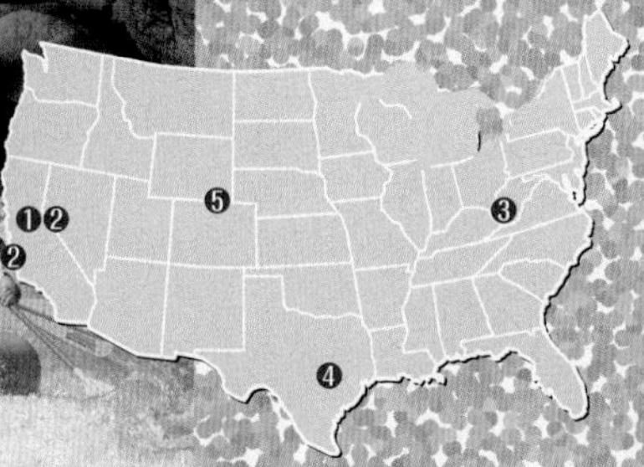

※❶❷❸❹は上記以外でも楽しめる

大自然を体感する最もカンタンな方法
1 ハイキング

老若男女、誰でも気軽に大自然を満喫できるのがハイキングだ。自分の足、自分のペースで歩けば、鳥のさえずり、木々の香りなど、写真や動画では見られないものを感じとることができる。
ほとんどの国立公園にはハイキングトレイルが設けられていて、簡単に歩けるものから難易度の高いものまでさまざま。ビジターセンターでマップをもらい、コースをまずチェック。わからなければ、センターのパークレンジャーに相談するといい。

ハイキングの注意点

●決まったトレイルを歩こう――トレイルを外れると危険な所があり、また人に踏まれることによって動植物の生態系にも影響する
●ゴミは持ち帰る（当たり前！）
●ポンチョが便利――山などは天気が変わりやすい。防寒にも役立つ

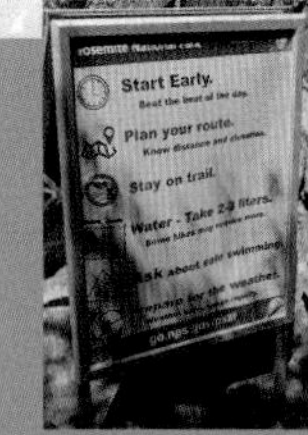

トレイルの外を歩かない、2～3リットルの水を持つことなど、注意を喚起している

❶ヨセミテ国立公園アッパーヨセミテ滝へのトレイルは、人気のルート。滝の頂上へは1日がかりで、上級者向け❷トレイルには随所に案内板があり、距離や方向が表示されている。なお、アメリカはマイル表記で、1マイル＝約1.6km ❸ヨセミテ国立公園のハーフドーム。トレイルの先にはすばらしい絶景が待っている❹アッパーヨセミテ滝の頂上に行く時間がなければ、約1.6km登ったコロンビアロックで滝を一望して戻ってくるのもおすすめ

恵まれた設備のなか、
快適キャンプを堪能

2 キャンピング

多くの国立公園にキャンプサイトがある

アメリカの大自然をもっと体感したい！という人におすすめなのがキャンピング。水道、トイレ、シャワー、ランドリーなど基本的な設備が整い、キャンプサイトも広く、しっかり管理されていて利用する人のマナーもいい。

虫たちの協奏曲で眠りにつき、朝は鳥たちのさえずりで目覚める。国立公園内のキャンプ場はほとんどが先着順。キャンプ用の道具はリーズナブルなアメリカで揃えるのもひとつの手だ。

チャネル諸島のキャンプサイト。海のすぐそばで大自然の息吹が感じられる

キャンピングの注意点

- ●夜は思ったより冷え込む。防寒対策はしっかりと
- ●キャンプ場は予約制、また混雑時のみ予約制のところもある。事前に確認を
- ●ゴムゾウリとヘッドランプがあると便利——夜のキャンプ場は真っ暗。トイレやシャワーを浴びに行くときに役立つ
- ●日本のような洗い場はなく、生ゴミはゴミ袋に入れて持ち帰るかトイレに流す

カリフォルニア州のチャネル諸島でキャンプをする人たち。アメリカでキャンピングは人気のアクティビティ

❶キャンプサイトはゆったり広く、チェアを持参で読書にふける人も。キングスキャニオン国立公園で❷ヨセミテ国立公園のキャンプ場は人気が高く、ウェブサイトからの予約となっている❸ RV 車を借りてキャンピングを楽しんでみては？❹キャンプ場は車がないとアクセスしにくい所が多い。駐車場もキャンプサイトのすぐそばなので不便はない

自然のパワーを激流で体感
3 ラフティング

ロッキー山脈、シエラネバダ山脈、アパラチアン山脈……山脈を走る川の激流を楽しむラフティングは、ポピュラーなアクティビティのひとつ。ボートやカヌー、ウエットスーツ、ヘルメットも借りることができて気軽に挑戦できる。もちろん、初心者だって大丈夫。リーダーの指導を受けながらの体験は、いつの間にかとりこになってしまうはず。人気は「全米No.1のホワイトウオーター（激流）」といわれるウエストバージニア州や、グランドキャニオンを流れるコロラド川。半日から数日かけて下るものまで種類も豊富。

写真はウエストバージニア州チャールストン郊外のアドベンチャー・オン・ザ・ゴージュ

URL www.adventuresonthegorge.com

❶ボート仲間との一体感も味わえる❷大人数でボートを操りながらの激流下りも楽しい。リーダーが指導する❸慣れないうちは歓声があがりっぱなし❹急流に出くわすと、その勢いに飲まれそうになるが、すぐに慣れてオールを操れるようになる❺ウエストバージニア州のニューリバーもラフティングのメッカ。高架橋も多く、美しい景色に遭遇できる

ラフティングの注意点

- ウエットスーツに着用する肌着や靴下は乾きやすいものを
- 初心者はカヌーより大人数のボートがおすすめ
- 場所にもよるがラフティングは３月下旬～10月がシーズン

乗馬 or 輪投げ？
カウボーイ体験はいかが

4 乗馬 @ 観光牧場

アメリカ人の休暇の過ごし方として人気の高いのが「デュードランチ Dude Ranch」と呼ばれる所での牧場ステイ。家族や気の合う仲間と牧場のキャビンに寝泊まりしながら、輪投げ教室やバーベキューの食事、夜はキャンプファイアーなどを楽しむ。アクティビティの定番は乗馬。その人に合った馬を選んでくれるので子供でも安心。本場は何といってもテキサス州だ。

→ B14「ダラス ヒューストン デンバー」

テキサスには観光牧場が多い

写真はテキサス州バンデラのマヤン・デュードランチ
URL www.mayanranch.com

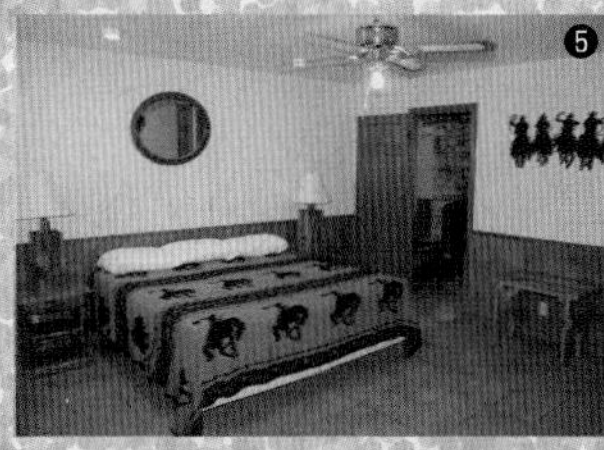

❶ 乗馬は最も一般的なアクティビティ。朝晩乗って慣れてくると、姿勢も決まる!! ❷その人に合った馬を選んでくれる❸最初はカチカチに緊張するが、揺れ具合にも慣れ、体も順応する❹牛を捕獲するときの輪投げも教えてくれる❺観光牧場にはカウボーイ気分を演出する宿泊施設が整う❻牧場の定番料理といえばバーベキュー。たいてい目の前で焼いてくれる

ユニーク度No.1の
アクティビティ？
5 バイソンの餌やり

動物の餌やりが動物園や水族館のアトラクションのひとつになっている昨今、ワイオミング州シャイアンのテリー・バイソン・ランチ➡P.216では、珍しい動物の餌やりで評判を呼んでいる。それはアメリカンバイソン。一時期は絶滅の危機が叫ばれたバイソンも順調に個体数を伸ばし、今ではアメリカ西部の山岳地を中心に分布。野生のバイソンに近づくことはとても危険だが、ここでは家畜として飼われている。とても珍しいアトラクションは、大人から子供まで夢中にさせる不思議なチカラがある。

これが餌

❶テリー・バイソン・ランチではラクダの餌やりもできる❷トロッコのドアを開けると、餌を待ちきれないバイソンたちが顔を突っ込んでくる❸トロッコの走る音が聞こえてくると、遠くからバイソンが集まってくる❹なかには舌を出して餌を催促するバイソンも。直接あげても噛まれることはほとんどない❺みんな喜んで食べている。できるだけ遠くに餌をまいてあげるといい❻トロッコに乗ってバイソンやラクダが飼育されているエリアを走り、途中で餌をあげていく❼観光牧場なので宿泊も可能

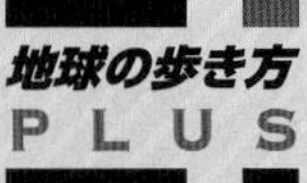

地球の歩き方PLUS オプショナルツアー

アメリカデスクにて
本誌をご提示ください

西海岸を120%楽しむさまざまなツアー取り揃えています! arukikata-plus.jp

Las Vegas ラスベガス

アンテロープキャニオン&グランドキャニオン日帰りツアー

大人料金:$335.00 | 催行日:火曜、金曜、日曜 | 最少催行人数:2名様

大人気の観光スポット、アンテロープキャニオン、ホースシューベンド、グランドキャニオンを欲張って日帰りで観光します。

◎催行日の7日前から100%
*2019年1月21日~2019年3月31日は毎日催行

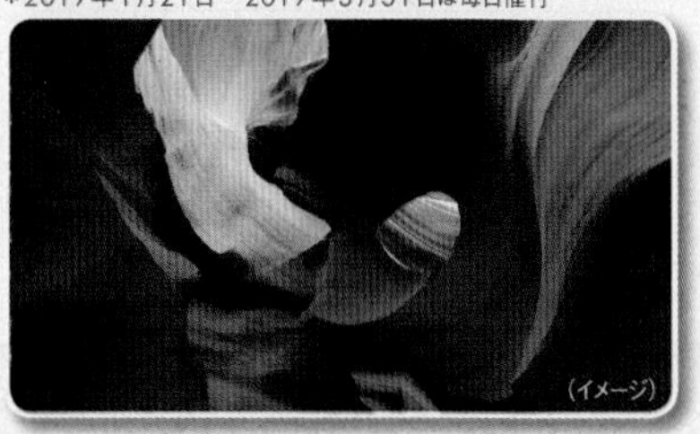
(イメージ)

Sedona セドナ

サンライズハイキング

料金 145USD | 催行日:毎日 | 最少催行人数:2名様

4大ボルテックス全てを一望できる高台(Doe Mesa)からサンライズをご覧頂きます。あまり知られる事の無かったシークレットポイントで、レッドロックの彼方から昇る朝日をご鑑賞下さい。清々しい空気の中で味わうオーガニックコーヒーは格別です!
[約40分(片道)のハイキング/初級者向け]

◎催行日の前日から起算して3日前から100%

(イメージ)

◆無料送迎対象のホテルは、アップタウンセドナ、ウエストセドナ地区ホテルとさせて頂きます。
◆歩きやすい靴と水をご持参の上、ご参加ください。 帽子、日焼け止め、サングラスのご持参もお勧めします。
*冬季(12~2月)はハイキングコース凍結の可能性があり、安全の為催行を休止させて頂きます。

San Francisco サンフランシスコ

サンフランシスコ半日観光[日本語ツアー]

大人料金:75USD、子供料金:60USD
催行日:毎日 | 最少催行人数:2名様

サンフランシスコに来たら、まずはコレ! サンフランシスコの人気の観光スポットを効率よく短時間でご案内します。時間は短いけれど主要な観光ポイントである、ツインピークス、ゴールデンゲートブリッジ、フィッシャーマンズワーフ、ゴールデンゲートパークなど、盛り沢山!! 初めてサンフランシスコに訪れる方、時間の限られた旅行者にはおススメのツアーです。

◎催行日の前々日から100%

(イメージ)

Los Angeles ロサンゼルス

映画ロケ地つきデラックス・ロサンゼルス1日観光ツアー

大人料金:135USD、子供料金:125USD
催行日:毎日 | 最少催行人数:2名様

ワーナースタジオ、NBCなどのスタジオシティエリアの映画スタジオ周辺を車窓で回ったあと、映画ロケ地を中心に回る市内観光ツアーです。ワーナースタジオ NBCなどのスタジオエリア周辺を車窓で回った後 サンタモニカ ビバリーヒルズエリアハリウッド地区をご案内いたします。

◎催行日の前々日から100%

(イメージ)

【注釈】*当日の天候や混雑具合により、観光ポイントや行程内容が変更及びキャンセルになることがあります。
*英語ドライバーガイドへのチップは含まれておりません。 *◎印の記載は、ご予約を取消された場合の取消料の規定となります。
*歩きやすい服装、靴でご参加下さい。◆その他、たくさんのツアーをご用意しておりますのでお気軽にお問い合わせ下さい。

人気ツアーは完売になることも!
ご出発前のWEB申込がオススメ!

ご出発前、日本からのWEB申込みは

Webからは ▶ arukikata-plus.jp

地球の歩き方プラス 検索

携帯からは

西海岸現地でのお申込みは 日本人スタッフ常駐

☎ (1)-213-228-1801

【営業時間】 月~金曜日 09:30~18:00/太平洋時間 (土日祝休み)
※申込日翌日のツアーは、前日のお昼12時までにご連絡下さい。
(催行状況を確認いたします。)

運営 株式会社エス・ティー・ワールド 観光庁長官登録旅行業第1022号
旅行企画・実施 アメリカトラベルファクトリー(ATF)
【住所】811 Wilshire Blvd, Suite 1250 Los Angeles CA 90017

※掲載料金は2018年10月現在のものです。料金は予告なく変更する場合がございますのでご了承下さい。

12/35 アメリカ東部でフェルメール鑑賞

4点はタダで見られる！

オランダ黄金時代（1620 ～ 70 年代）の画家で、日本でもたいへん人気の高いヨハネス・フェルメール Johannes Vermeer（1632 ～ 1675 年）。優しいタッチでありながら抜群の存在感をもつ作風は、見る人をいつの間にか魅了する。43 歳と若くして亡くなり、生涯で 35 点しか作品を残さなかったといわれるフェルメール。そのうち、12 点がニューヨークとワシントン DC の 3 つの美術館で公開されている。これを見逃す手はない!!

※フェルメールのアメリカでの発音は「ヴァーミア」。また、作品は他館に貸し出していることも多いので、事前にウェブサイトで確認を

ニューヨークで

◇メトロポリタン美術館◇ →P.533

水差しを持つ若い女
Young Woman with a Water Pitcher

フェルメール・ブルーと呼ばれる鮮やかな青のドレスに注目。左から差し込む光の強弱はフェルメールが「光の魔術師」といわれるゆえん

眠る女
A Maid Asleep

疲れてしまったのか、女中がうたた寝をしている一瞬を捉えている。X 線で見ると、下に犬と男性が描かれていた

信仰の寓意
Allegory of the Catholic Faith

悪に勝ち、信仰という美徳を求める姿を表現。モデルは実在の人物ではなく信仰を擬人化。リンゴが転がることからイブと推測される

少女
Study of a Young Woman

薄い眉と広い額、優しく凝視する視線になぜか釘付けになる作品。モデルはフェルメールの娘ではないかといわれている

◇ナショナルギャラリー◇ ➡P.611

手紙を書く女
A Lady Writing a Letter

羽ペンで手紙を書いていたところ、顔をあげてこちらを向く女性。光の当たり方で柔和な印象を与えている。耳元の真珠と髪のリボンが華やかさを演出

フルートを持つ少女
Girl with a Flute

最近になってフェルメールの作品とほぼ断定されたもの。板に描かれたもので、他人によって加筆されたともいわれている

赤い帽子の少女
Girl with the Red Hat

キャンバスでなく板に描かれた作品は、フェルメールのなかでも特に小さい。振り向いた少女の表情には驚きが見て取れる

はかりを持つ女
Woman Holding a Balance

フェルメールらしい、光と陰のコントラストが見事な作品。顔に当たる光がとても優しい雰囲気を演出している

リュートを持つ若い女
Young Woman with a Lute

リュートの音階を調節中に、窓の外を見る女性に柔らかい光が当たる。背景のヨーロッパ地図から察すると、裕福な家と思われる

士官と笑う娘
Officer and Laughing Girl

影のように背を向ける士官に対し、笑顔の女性が明るく浮き出ているよう。男性に対して女性が小さ過ぎるのも特徴

婦人と召使い
Mistress and Maid

袖と襟が毛皮の上着は「手紙を書く女」のモデルも着用しているもので、上流階級の女性に流行したものと推測される。テーブルにはフェルメール・ブルーのテーブルクロスがかけられ、陰影がはっきり見て取れる

◇フリックコレクション◇ ➡P.534

中断された音楽の稽古
Girl Interrupted Her Music

ニューヨークのフリックコレクションは、鉄鋼王ヘンリー・フリックの邸宅が美術館。豪邸にさりげなく飾られている。絵画にはキューピッドが描かれているが、これは恋愛を意味するもの。男性が女性に手紙を手渡している

近代建築の三大巨匠

フランク・ロイド・ライト鑑賞

全米に点在するよ！

関東大震災にも耐えた旧帝国ホテルの設計者として、日本でも広く知られる建築家「フランク・ロイド・ライト」。ライトはウィスコンシン州の出身で、シカゴで建築家としての腕を磨いた。シカゴのあるイリノイ州やウィスコンシン州は、大豆畑やトウモロコシ畑が果てしなく続く大平原地帯（プレーリー）。大平原と調和し、独自のスタイルを築き上げたライト。日本文化の影響も受けたライトの建築は全米に点在し、それらを訪ねる旅もおもしろい。

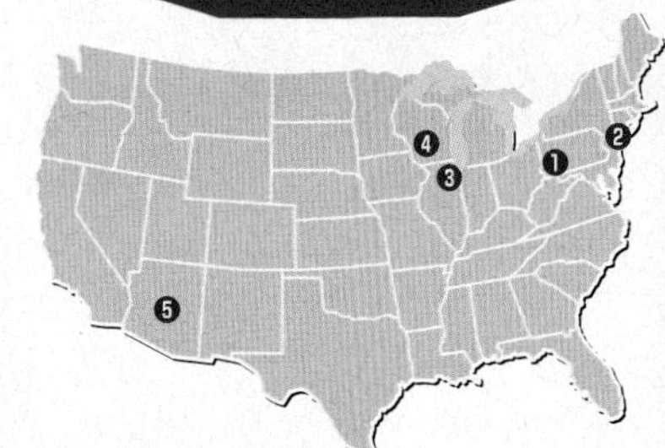

❶ 落水荘（フォーリングウオーター）

❷

3 ケンタクノブ

❶ピッツバーグ郊外

落水荘とケンタクノブはピッツバーグから1時間30分ほど車で走った丘陵地にある。落水荘はデパートで財をなしたカウフマンの別荘として建てられた。ケンタクノブはプレーリースタイルの典型。➡P.410

❶ライト最高傑作のひとつで、独創的でありながら自然との一体感がすばらしい❷外からはわかりにくいが、窓が広く取られ、周囲の景色がよく見えるようになっている❸ライトが好んだ六角形がモチーフとしてあちこちに見られ、ファンが詰めかける

❶ グッゲンハイム美術館

❷ニューヨーク

ニューヨーク人気美術館のひとつで、完成まで10年を要し、ライトが亡くなった半年後に完成した。➡P.534

❷

❶白いカタツムリのような外観で、展示スペースが緩やかなスパイラルになっている❷美術館では天光が差し込む内部を、上から下へ見学していくスタイル

❸オークパークとシカゴ

ライトは 19 歳で建築家を志し、シカゴへ移転。有名建築事務所で勤務後、シカゴ郊外のオークパークに居を構えた。オークパークには、自宅兼事務所をはじめとしてライト設計の約 25 の住宅があり、世界最大のライトコレクションとなっている。

→ B11『シカゴ』

1 アーサー・B・ヒュートレイ邸

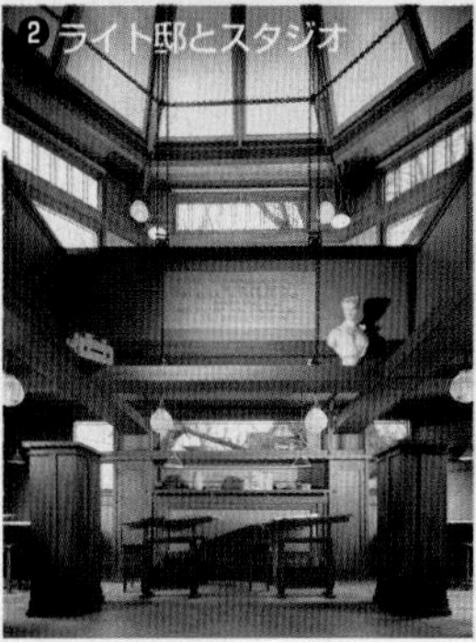
2 ライト邸とスタジオ

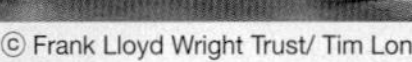
© Frank Lloyd Wright Trust/ Tim Long

3 ユニティテンプル
4 ロビー邸

❶大平原と一体化するプレーリースタイル初期の代表作。地平線を強調する幅の広いはね出し梁と屋根の緩やかなカーブが周囲に溶け込む❷ライトの理想であった「家庭と仕事場の密接」を実行に移したのがこの家。製図室は天光が優しく降りそそぎ、140 以上の図面がここで引かれた ❸帝国ホテル解体後、現存する唯一の公共建築物。外観は閉鎖的だが、内部はとても開放感がある❹シカゴ市の南、オバマ前大統領邸の近くにある。水平方向の伸びやかなデザインだが、実は 3 階建て。椅子やカーペット、電気スタンドもライトのデザイン

タリアセンイースト

ライトの理想郷であるタリアセンは、東のウィスコンシン州と西のアリゾナ州の 2 ヵ所あり、それぞれイースト East、ウエスト West と呼ばれている。写真はイーストの自宅

ファーストユニテリアン教会

ライトの父を通じて依頼された設計。ダイヤモンドと三角形のモチーフがちりばめられ、内部は開放感がある

❹マディソンと郊外

ライトは故郷の近くに建築家養成のための学校、事務所、自宅など 7 つの建物と農園からなる理想郷を造った。それがタリアセンだ。弟子たちと共同生活を送るものの、家族や弟子が殺害されるという不幸にも見舞われた。→ B11『シカゴ』

❺フェニックス郊外

故郷のウィスコンシンを離れたあと、晩年のライトは理想郷をアリゾナ州にも造り、弟子たちと自給自足の共同生活を営みながら、建築家を目指す若者の指導・教育を行った。1959 年ライトはフェニックスで死去。享年 91 歳。

URL franklloydwright.org/taliesin-west

タリアセンウエスト

低い屋根のラインと赤茶けた梁がアリゾナの砂漠によく溶け込んでいる。日本から学びに来る人も多い

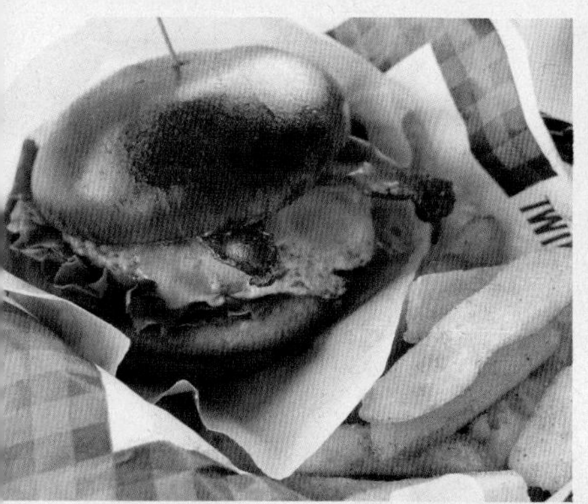

コレを食べずに帰れない

アメリカで食べたいご飯 26

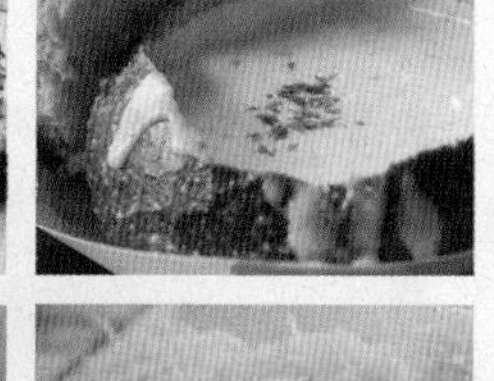
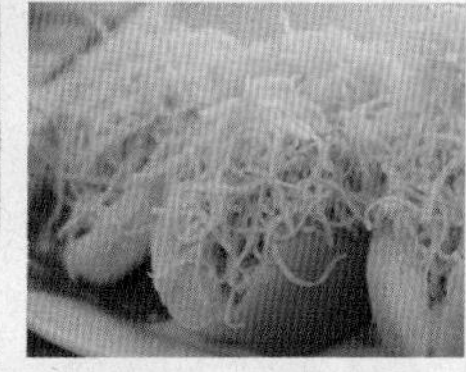

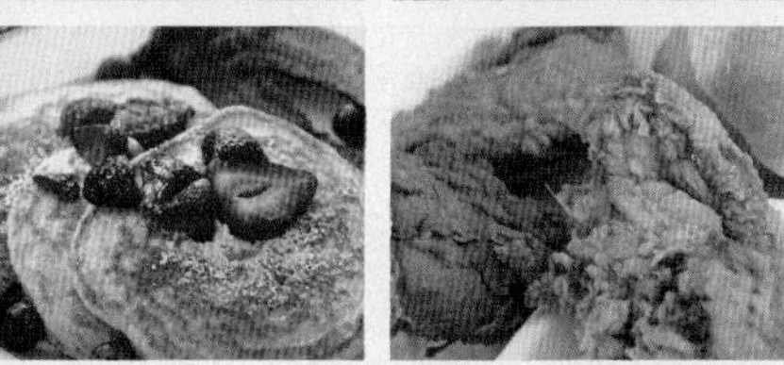

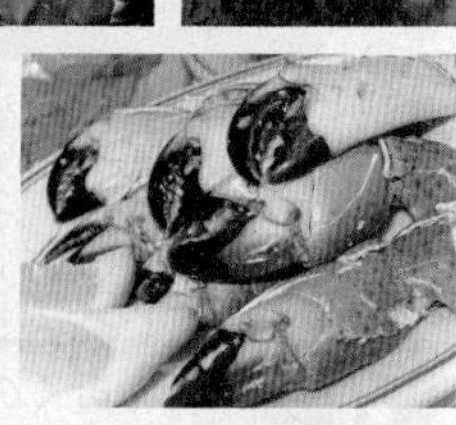

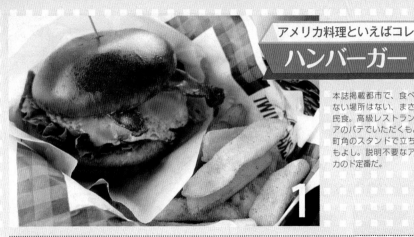

アメリカ料理といえばコレ

ハンバーガー

1

本誌掲載都市で、食べられない場所はない、まさに国民食。高級レストランでレアのパテでいただくもよし、町角のスタンドで立ち食いもよし。説明不要なアメリカのド定番だ。

2

ソーセージとパンの黄金比

ホットドッグ

アメリカ人にとっては大リーグ観戦時などに欠かせない定番メニュー。シカゴ➡P.295のホットドッグ（写真）は具だくさんで、ケチャップをつけずマスタードで食べるのが特徴。

© ミシシッピリバーカントリー USA

アメリカのマストといえば

ステーキ

アメリカのステーキはサイズが大きいうえ、フィレなどは厚みもかなりある。日本と違って赤身が主流だ。レア、ミディアム、ウェルダンは注文時に聞かれる。

3

4

骨の近くの肉はうま味爆発

スペアリブ

豚肉の肋骨周りの部位を独自のソースで味つけしたもの。骨付きで出てくる。脂は多めだが決してしつこくなく、奥深い味わい。メンフィス➡P.447が有名。

© ミシシッピリバーカントリー USA

ハンバーガーと双璧をなす料理

ピザ

アメリカ人はピザが大好きだ。外ではハンバーガーだが、家ではピザを食べる率が高い。レストランによってさまざまだが、クリスピーな生地よりフカフカ生地が多めだ。

5

卵黄が「とろ～」っとなる瞬間は見逃さないこと
エッグベネディクト

アメリカ版温泉卵。イングリッシュマフィンにポーチドエッグを載せ、卵黄とバターを合わせたソースがかかっている。ハッシュドポテトなどが添えられていることも多い。

6

日本での人気も衰え知らず
パンケーキ

日本のホットケーキよりも薄く、たいてい３枚くらいがセットになっている。付け合わせにベーコンやフルーツなどを頼もう。朝食として食べるのが一般的。

7

自分好みのオムレツを
オムレツ

ベーコンやパプリカ、チーズなどお好みの具を選び、卵と一緒にフワッと焼き上げる。ケチャップやチリソースをつけて食べるのが○。

8

甘～くして、ブラックコーヒーと一緒に
フレンチトースト

アメリカではメープルシロップや粉砂糖などで甘～くして食べるのが基本。シナモンやホイップクリームをトッピングしてもいい。朝食で提供されることが多い。

9

整然と並ぶくぼみにメープルシロップを載っけて
ワッフル

アメリカンブレックファストのワッフルは、お菓子として食べるワッフルよりも優しい味で、周りはパリパリしている。メープルシロップやフルーツをたっぷり載せて。

10

アメリカの朝食＆昼食に定着
ベーグル

11

ニューヨークを中心に全米に普及したパン。パン生地をゆでてから焼くのが特徴で、クリームチーズをたっぷり挟んで食べるのが定番。

12

クラムチャウダーをインして食べる

サワードゥブレッド

乳酸菌と酵母を練り込み、独特な風味と酸味をもたせたパン。球状のパンをくり抜き器にし、中にクラムチャウダーをよそって食べるスタイルが人気。サンフランシスコ➡P.61の名物。

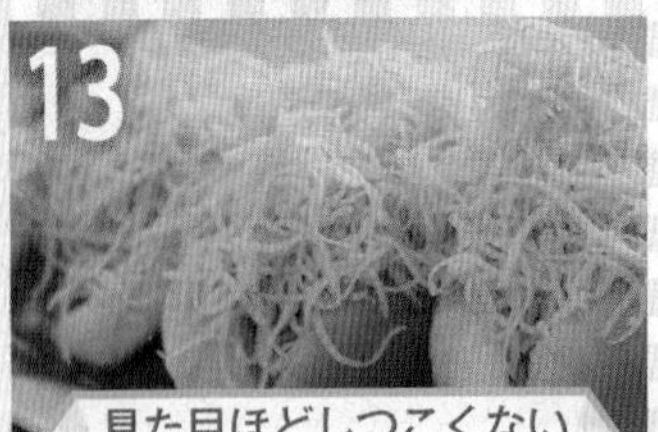
13

見た目ほどしつこくない

チリ

挽き肉とタマネギ、豆（チリビーン）、細く切ったチーズを、スパゲティまたはパンに載せたもの。シンシナティ➡P.373の名物料理だ。チーズの量は調節可能。

14

© ミシシッピリバーカントリー USA

フルーツのタルトならぬピザのタルト

ディープ・ディッシュ・ピザ

3cm ほどの深さのある器に敷かれたタルト生地の上に、たっぷりのチーズと具が入ったピザ。驚くほどボリュームがあるので量の加減は慎重に。シカゴ➡P.295の名物。

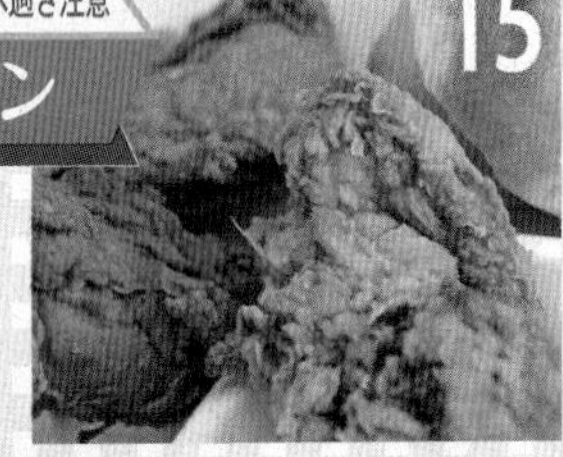
15

カリカリの皮とジューシーな肉。食べ過ぎ注意

フライドチキン

鶏肉を調味液に漬け込み、数種類のスパイスと小麦粉をまぶし揚げたもの。アメリカ南部➡P.425のソウルフードだ。チェーン店ではないフライドチキン専門店も多数存在する。

16

米が主食の日本人におすすめ

ジャンバラヤ

米、シーフード、ソーセージ、野菜などを肉汁で煮て、香辛料で味つけ。アメリカ南部版パエリアといったところ。ニューオリンズ➡P.468の名物料理。

© ミシシッピリバーカントリー USA

17

© ミシシッピリバーカントリー USA

スープ党はぜひ一度お試しを

ガンボスープ

オクラとスパイスをたっぷり使った、どろりとした濃いスープ。具はエビやチキンなどさまざまで、米が入っているものもある。ニューオリンズ➡P.468の名物料理。

18

魚介類フライのサンドイッチ

ポーボーイ

フランスパンに、エビやカキ、ナマズなどのフライと野菜を挟んだもの。タバスコをかけて食べるのがミソ。ニューオリンズ➡P.468の名物料理。

© ミシシッピリバーカントリー USA

激甘、南部の名物

ピーカンパイ

19

南部原産のピーカン（オニグルミ）を使った甘～いパイ。カフェでコーヒー片手に、ピーカンパイを食べよう。南部➡P.425の名物デザート。

© Sarah Essex

赤いクラムチャウダーもイケる

マンハッタン・クラムチャウダー

クリーム仕立てのクラムチャウダーに対し、トマトベースのクラムチャウダーがある。おもにニューヨークからワシントンDCのあたりで食べられる。

肉を味わうならホットドッグやハンバーガーよりコレ

チーズステーキ

チーズ、薄切り肉、タマネギをパンに挟んだ、フィラデルフィア➡P.576の名物料理。パンと肉とチーズのマリアージュは完璧。ボリューム満点なので、おなかをすかせていこう。

ワシントンDCが有名、カニハンバーグ

クラブケーキ

カニのほぐし身をハンバーグのようにまとめソテーしたもの。ほぐし身の食感は格別だ。タルタルソースが付くが、レモンだけで食べても○。チェサピーク湾の名物料理。

10月中旬～5月中旬限定の味

ストーンクラブ

殻が石のように硬いカニの爪をゆで、溶かしバターやレモンをつけて食す。殻が割れていない場合は、とんかちで殻をたたき割ろう。フロリダ➡P.498でよく食べられる。

フロリダ名物のパイ

キーライムパイ

フロリダ➡P.484を代表するデザート。キーライムというスダチに似た柑橘類の果汁を使ったパイ。強い香りと酸味、微かな苦味が特徴。

25

ボリュームたっぷりのメキシカン

エンチラーダ

メキシコ料理をアメリカ風にアレンジした代表的メニュー。コーンから作ったトルティーヤで肉や野菜、チーズ、ジャガイモなどの具を包んだ料理。好き嫌いが分かれる。

アメリカの国民的なスナック

ドーナツ

アメリカドラマで、警察や病院などの職場への差し入れで歓声が上がるのが、ドーナツ。近年トッピングに凝ったドーナツが激増。

アメリカへ行くならこのイベントをチェック！

イベントスケジュール in アメリカ

Everything you absolutely must see in U.S.A.

イベントが行われる期間、ホテルの価格は高騰するが、それでも行く価値がある！一生に一度は訪れたいイベントをチェックして、いざアメリカへ

ローズパレードとローズボウル
Rose Parade & Rose Bowl

開催地▶ロスアンゼルス（パサデナ）
開催日▶１月１日
カレッジフットボールの決勝戦“ローズボウル”に合わせて、生花で飾られたフロート（山車）が、マーチングバンドの演奏とともにパレードする。

アメリカ人は元日、ローズボウルの試合とローズパレードを見る

NHL オールスターゲーム
NHL All-Star Game

開催地▶毎年異なる（2019 年はタンパベイ）
開催日▶１月下旬（2019 年は１月 29 日）
アメリカ４大プロスポーツのひとつ、アイスホッケーリーグ NHL のオールスターゲーム。

MLB 春季キャンプ
MLB Spring Training

開催地▶アリゾナ、フロリダ州
開催日▶２月中旬〜３月下旬
メジャーリーグ（MLB）の各チームは、避寒地のアリゾナ州またはフロリダ州でキャンプをする。練習風景が見物でき、選手との距離も近い。

1月　2月

NFL スーパーボウル
NFL Super Bowl

開催地▶毎年異なる（2019 年はジョージア州アトランタ）
開催日▶２月第１日曜（2019 年は２月３日）
プロアメリカンフットボール（NFL）の優勝決定戦で、アメリカの国民的大イベント。試合の合間に行われるショーにはハリウッドスターや大物歌手が出演し、会場の雰囲気が一気にヒートアップする。

チャイナタウンの旧正月
Chinese New Year

開催地▶全米にあるチャイナタウン
開催日▶旧暦の正月頃（2019 年は２月５日前後）
特にサンフランシスコやボストン、ニューヨークのチャイナタウンでは、新年が盛大に祝われる。

この季節はどの町もチャイナタウンに行ってみよう
© San Francisco Travel Association / Corbett Lee

NBA オールスターゲーム
NBA All-Star Game

開催地▶毎年異なる（2019 年はノースカロライナ州シャーロット）
開催日▶２月中旬（2019 年は２月 19 日）
プロバスケットボールリーグ（NBA）のオールスターゲーム。前日にはスラムダンク・コンテストやスリーポイント・コンテストも開催される。

マルディグラ
Mardi Gras

開催地▶ニューオリンズ
開催日▶２〜３月の火曜（2019 年は３月 15 日）
世界３大祭りのひとつといわれ、60 以上の団体が巨大で華やかなフロートを造り、ビーズのネックレスや特製のコインを観客に投げ入れる。それをもらうと幸運が訪れるといわれ、争奪戦はすさまじい。

一度は体験してみたい熱気度 120% の祭り

桜祭り
National Cherry Blossom Festival

開催地▶ワシントン DC
開催日▶３月下旬～４月上旬
(2019年は3月20日～4月13日)
春の風物詩のひとつに数えられるのがワシントンの桜。約 3000 本の桜がポトマック河畔を覆う。

約 150 万の人が訪れる桜祭り

イースターパレード
Easter Parade

開催地▶全米
開催日▶３月下旬～４月中旬
キリスト教の祝日であるイースター（復活祭）に行われる、春らしい華やかなパレード。この時期、アメリカの観光地はどこも大混雑する。

ヒューストンロデオ
Houston Livestock Show and Rodeo

開催地▶ヒューストン
開催日▶３月上旬～下旬の３週間
(2019 年は２月 25 日～３月 17 日)
80 年以上の歴史をもつロデオ祭り。カウボーイによるロデオショーやコンサートが毎夜開催される。

サウス・バイ・サウス・ウエスト
South by Southwest（SXSW)

開催地▶オースチン
開催日▶３月上旬～中旬の 10 日間
(2019 年は３月８～ 17 日)
音楽、映像、IT の３つを柱とし、イベント期間中は市内各所でライブパフォーマンスや映画の上映、最先端テクノロジーのコンベンションが開かれる。

いたるところで音楽のショーケースが行われる
©Anderson.Paak-2_Way-Tao-Shing-Getty-Images

3月　4月　5月

セント・パトリック・デイ・パレード
St. Patrick's Day Parade

開催地▶全米
開催日▶３月 17 日前後
アイルランド系住民のお祭り。バグパイプやマーチングバンドによる演奏があり、沿道は緑色に染まる。

緑に包まれるセント・パトリック・デイ
©Robert Ferdinandt / Visit Saint Paul

メンフィス・イン・メイ
Memphis in May

開催地▶メンフィス
開催日▶４月下旬～５月下旬
(2019 年は５月３～ 25 日)
世界バーベキュークッキング大会やビール通り音楽祭など、４月下旬～５月下旬の１ヵ月間開催される。

ボストンマラソン
Boston Marathon

開催地▶ボストン
開催日▶愛国者の日
(2019 年は４月 15 日)
110 年以上の歴史をもつマラソン大会。州の祝日である愛国者の日 Patriots' Day に開催される。2018 年の優勝者は川内優輝選手。

アメリカの歴史と密接なマラソン大会
©Kyle Klein

ケンタッキーダービー
Kentucky Derby

開催地▶ケンタッキー州ルイビル
開催日▶５月第１土曜
(2019 年は５月４日)
世界最高峰の競馬レース。正装してつばの広いおしゃれな帽子をかぶった女性客が多いのも特徴。

ローズフェスティバル
Rose Festival

開催地▶オレゴン州ポートランド
開催日▶5月下旬〜6月上旬
1907年より行われている、バラの町ポートランド最大の祭典。生花で覆われたフロート（山車）のパレードやライブ演奏など、さまざまなイベントが催される。

独立記念日
Independence Day

開催地▶全米
開催日▶7月4日
7月4日の独立記念日に全米各地でさまざまなイベントが催される。クライマックスの打ち上げ花火は盛大だ。

盛大な花火で独立を祝おう
© Destination DC/Photo by Jason Dixson

インディ 500
Indy 500

開催地▶インディアナポリス
開催日▶メモリアルデイの前日
(2019年は5月26日)
世界3大レースのうちのひとつ、インディカーのレース。決勝の3週間も前から、予選やさまざまなイベントが行われる。

世界最高峰のレースではさまざまなイベントも開催される
©Doug Mathews

プライドフェスティバル
Pride Festival

開催地▶サンフランシスコなど全米各地
開催日▶6月下旬など
(サンフランシスコは2019年6月21〜24日)
LGBTの人々の平等と愛、表現の自由を唱える祭典で、全米各地でパレードなどが行われる。サンフランシスコが全米最大規模。

6月　7月　8月

シカゴ・ブルース・フェスティバル
Chicago Blues Festival

開催地▶シカゴ
開催日▶6月中旬の3日間
世界最大といわれるブルースフェスティバル。一流ミュージシャンたちの演奏を無料で堪能できる。

ブラックカルチャーに根づいた音楽がブルース
© Choose Chicago

MLB オールスターゲーム
MLB All-Star Game

開催地▶毎年異なる
(2019年はオハイオ州クリーブランド)
開催日▶7月第2火曜
(2019年は7月9日)
ファン投票などによって選ばれた選手たちによる、メジャーリーグ(MLB)のオールスターゲーム。

サマーフェス
Summerfest

開催地▶ミルウォーキー
開催日▶6月下旬〜7月上旬
(2019年は6月26〜30日、7月2〜7日)
ミルウォーキーのダウンタウンからほど近いミシガン湖畔にあるヘンリー・マイアー・フェスティバル・パーク Henry Maier Festival Parkで開かれる全米有数の音楽祭。

ビッグネームもラインアップされる音楽フェス

シカゴマラソン
Chicago Marathon

開催地▶シカゴ
開催日▶ 10月の第２日曜
（2019年は10月13日）
平坦なコースのため、世界記録が出やすいことで有名なマラソンレース。2018年は大迫傑選手が優勝。

クリスマス
Christmas

開催地▶全米
開催日▶ 12月25日
11月下旬から、町はホリデイシーズンの装いが美しい。クリスマス当日は、ショップやレストランがほとんど休みとなるので注意。

シカゴのクリストキンドルマーケットが有名
© Choose Chicago/Ranvestel Photographic

オクトーバーフェスト
Oktoberfest

開催地▶全米
（ミルウォーキーが有名）
開催日▶ ９月中旬～ 10月上旬
ドイツ系住民のお祭り。ソーセージやビールの屋台が出る。

ハロウィン
Halloween

開催地▶全米
開催日▶ 10月31日
もとは宗教行事のひとつ。魔よけであるカボチャのちょうちんが町なかで売られる。アメリカ人はこの日に仮装するのが楽しみ！

旅行者も盛り上がれるのがユニバーサルなどのテーマパーク
© Universal Orlando Resort 2018

9月　10月　11月　12月

アルバカーキ国際バルーンフェスタ
Albuquerque International Balloon Fiesta

開催地▶ニューメキシコ州アルバカーキ
開催日▶ 10月上旬～中旬
（2019年は10月５～13日）
毎年30万人もの人が訪れる世界最大級の熱気球の祭典。約500の熱気球が大空に舞い上がる。

秋空に舞う色とりどりのバルーン
© Raymond Watt

ブリッジデイ
Bridge Day

開催地▶ウエストバージニア州ニュー・リバー・ゴージュ
開催日▶ 10月第３土曜
（2019年は10月19日）
アメリカで３番目の高さにある橋、ニュー・リバー・ゴージュ・ブリッジで行われるイベント。

ニューヨーク・シティ・マラソン
New York City Marathon

開催地▶ニューヨーク
開催日▶ 11月第１日曜
（2019年は11月３日）
スタテンアイランドを出発し、クイーンズを通り、マンハッタンのセントラルパークがゴールの市民マラソン大会。３万人の一般枠に、毎年多数の市民ランナーが殺到する。

サンクスギビングパレード
Thanksgiving Parade

開催地▶全米
（ニューヨークが有名）
開催日▶サンクスギビングデイ
（2019年は11月28日）
さまざまなバルーンやフロート（山車）などが繰り出し、全米の人がTVに釘づけとなる。

ニューヨークではパレードが開催される

アメリカ本土にある

世界遺産全リスト

World Heritage in the U.S.A.

ユネスコ UNESCO により採択された世界遺産。全世界で1000 以上が登録されており、そのうち計 23 の遺産がアメリカに存在する（2018 年 10 月現在）。
ここではアメリカ本土にある 19 の世界遺産を紹介したい。

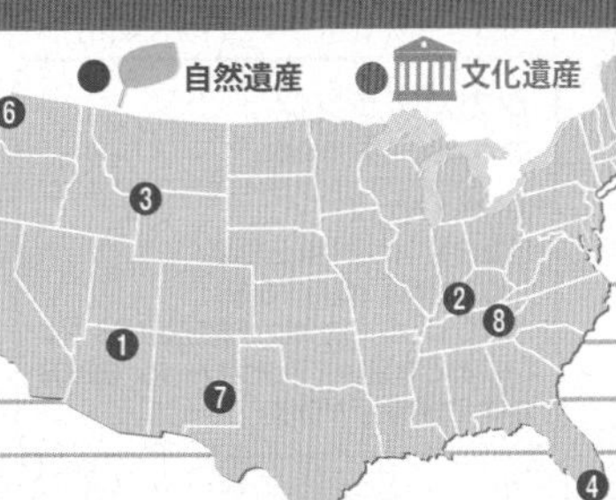

1 いわずと知れたアメリカを代表する世界遺産

2 フローズンナイアガラと呼ばれる鍾乳石

3 地球の神秘を見せてくれる泉

4 大湿原がよく見えるよう木製の歩道もある

ビルの35階ほどの高さに相当する木が生える 5

ワンストップでさまざまな景色を見ることができる 6

鍾乳石の多彩な造形は自然の芸術品 7

※●は登録年、●は所在する州を示しています。

※ →B06 ニューヨーク →B08 ワシントンDC →B12 アメリカ南部 →B13 アメリカの国立公園

は、それぞれの世界遺産が掲載されている地球の歩き方アメリカシリーズの名前です。

8 全米最多入場者数の国立公園

1 グランドキャニオン国立公園 自然遺産

Grand Canyon National Park →B13 アメリカの国立公園

● 1979年 ●アリゾナ州

500～600万年もの年月をかけコロラド川によって浸食された大峡谷。➡P.169

2 マンモスケイブ国立公園 自然遺産

Mammoth Cave National Park →B12 アメリカ南部

● 1981年 ●ケンタッキー州

世界いち長い洞窟で、その距離は560km以上にもなる。洞窟内を巡るツアーに参加して見学しよう。

3 イエローストーン国立公園 自然遺産

Yellowstone National Park →B13 アメリカの国立公園

● 1978年 ●ワイオミング、モンタナ、アイダホ州

世界初の国立公園で、水や湯が噴き上がる間欠泉があることでも有名だ。

4 エバーグレーズ国立公園 自然遺産

Everglades National Park →B13 アメリカの国立公園

● 1979年 ●フロリダ州

フロリダ州南端の亜熱帯にある広大な湿原。ワニをはじめ約700種の動物や昆虫が生息する。

5 レッドウッド国立＆州立公園 自然遺産

Redwood National and State Parks →B13 アメリカの国立公園

● 1980年 ●カリフォルニア州

レッドウッドはセコイアの一種である高木。カリフォルニア州北部にあり高さ100m前後まで生長する。

6 オリンピック国立公園 自然遺産

Olympic National Park →B13 アメリカの国立公園

● 1981年 ●ワシントン州

ジャングルを思わせる温帯雨林から氷河まで、変化に富んだ景色が広がる。

7 カールスバッド洞穴群国立公園 自然遺産

Carlsbad Caverns National Park →B13 アメリカの国立公園

● 1995年 ●ニューメキシコ州

最深部は地下489mで、83もの洞窟がある世界最大級の鍾乳洞。コウモリの飛翔は必見。

➡P.291

8 グレートスモーキー・マウンテンズ国立公園 自然遺産

→B12 アメリカ南部

Great Smoky Mountains National Park

● 1983年 ●ノースカロライナ、テネシー州

2～3億年前に誕生したアパラチア山脈は、世界最古といわれる山並み。多くの野生動物が生息。

9 トンネルビューからの絶景

10 氷河を残すメニーグレイシャー

11 カホキア族の栄華のあと

12 アメリカ人の誇りともいうべき場所

13 高度な文明が存在した、いまだに謎が残る地

岩に彫られた謎の紋様ペトログリフが多く残る ©NPS 14

アメリカ合衆国第3代大統領が設計 15

見といて損はないアメリカのアイコン 16

アドービ建築と空のコントラストが美しい世界遺産 17

その多くはいまだに解明されていない史跡
Image Courtesy of Louisiana State Parks 18

キリスト教の伝道所が残る 19

9 ヨセミテ国立公園
自然遺産

Yosemite National Park →B13 アメリカの国立公園

●1984年 ●カリフォルニア州

季節により変化する自然のなかで、ハイキングやキャンプなどができる。落差のある滝も多い。➡P.84

10 グレイシャー国立公園
自然遺産

Glacier National Park →B13 アメリカの国立公園

●1995年 ●モンタナ州

氷河が作り上げた雄大な風景が広がる国立公園。カナダとの国境にまたがっている。

11 カホキア墳丘群州立史跡
文化遺産

Cahokia Mounds State Historic Site

●1982年 ●イリノイ州

約800年前のカホキア族の遺跡で、北米最大のコミュニティ（2万人）があった。➡P.363

12 独立記念館
文化遺産

Independence Hall →B08 ワシントンDC

●1979年 ●ペンシルバニア州

1766年、独立宣言が採択された、フィラデルフィアにある独立記念館。➡P.581

13 メサベルデ国立公園
文化遺産

Mesa Verde National Park →B13 アメリカの国立公園

●1978年 ●コロラド州

白人が入植するはるか以前の遺跡。ネイティブアメリカンによって作られた断崖の住居跡などがある。

14 チャコ・カルチャー国定史跡
文化遺産

Chaco Culture →B13 アメリカの国立公園

●1987年 ●ニューメキシコ州

西暦850～1250年頃の遺跡。高度な石積みの技術で造られた住居がある。

15 シャーロッツビルのモンティチェロとバージニア大学
文化遺産

Monticello and the University of Virginia in Charlottesville

●1987年 ●バージニア州 →B08 ワシントンDC

アメリカ建国の父と呼ばれるトーマス・ジェファソンの家と、彼が創立したバージニア大学。

16 自由の女神
文化遺産

Statue of Liberty →B06 ニューヨーク

●1984年 ●ニューヨーク州

ニューヨークのシンボル。フランスがアメリカ独立100年を祝って贈ったもの。➡P.532

17 タオスプエブロ
文化遺産

Taos Pueblo

●1992年 ●ニューメキシコ州

ネイティブアメリカンの部族のひとつタオスプエブロの住居は、現在も人が住む。➡P.249

18 ポバティポイントの記念碑的土構群
文化遺産

Monumental Earthworks of Poverty Point

●2014年 ●ルイジアナ州

紀元前1650年～紀元前700年の間に先住民が居住や祭礼に使用していた場所と考えられている。

19 サンアントニオ・ミッションズ
文化遺産

San Antonio Missions

●2015年 ●テキサス州

アラモ砦➡P.283と4つの歴史的価値のある伝道所群。ネイティブやメキシコの影響が色濃く残る。

エンターテインメント大国のフルパワー アメリカ4大プロスポーツ+1をウォッチ

最もアメリカらしい体験をしたいなら、断然プロスポーツの観戦がおすすめだ。野球のMLB（Major League Baseball）、アメリカンフットボールのNFL（National Football League）、バスケットボールのNBA（National Basketball Association）、アイスホッケーのNHL（National Hockey League）が4大プロスポーツとして人気がある。これらに加え、近年はサッカーのMLS（Major League Soccer）の人気も高まり、観客動員はほかのプロスポーツにひけをとらない。

アメリカではエンターテインメントのひとつとして考えられているスポーツ。大迫力の演出のなか、熱狂的なファンに混じって観戦を楽しめば、さらにアメリカが好きになるに違いない！

MLB

WBCで大活躍した選手も多数所属

Major League Baseball

メジャーリーグ・ベースボール

アメリカンリーグ15チームとナショナルリーグ15チームの30チームから構成されている。各リーグはさらに、東、中、西の3つのディビジョン（地区）に分かれリーグ戦を戦う。両リーグともに、レギュラーシーズンで地区優勝した3チームと、優勝チーム以外でリーグ戦の勝率上位2チームの計5チームがプレイオフを戦う。トーナメント形式のプレイオフを最後まで勝ち抜いたチームがワールドシリーズに進出。その勝者がワールドチャンピオンの栄冠を手にする。

レギュラーシーズン：4～9月、プレイオフ：10月

アメリカでは老いも若きも皆、地元チームのファン

野球場はアメリカでは珍しく屋外でビールが飲める所

全米でいちばん美しいといわれているシカゴのリグレーフィールド

観戦 Q&A

Q. チケットが高そうで、ためらってしまうのですが ……。

A. もちろんいい席は数百ドルするが、安い席は $15 前後で購入することができる。

Q. チケットを入手するのが難しそうですが、事前に購入しておいたほうがいいのでしょうか？

A. NFL の人気チームや好カード対決、シーズン終盤の大一番などはチケット売り切れもあるが、ほとんどの場合、当日窓口で購入することが可能だ（NFL は除く）。

Q. 初観戦なのですが、おすすめの席はありますか？

A. $100 を超えるチケットであれば、選手たちとの距離はぐっと近くなる。最低料金クラスの席であれば選手たちは米粒ほど。数少ないアメリカ旅行で、さらにお目当ての選手が出場しているなら、奮発することをすすめる。ただし、席が遠くても雰囲気は十分味わえるはずだ。

観戦するための4つの心得

1. 夏でも羽織る物を持っていくべし

夜は急に気温が下がったり、アリーナの中は冷房が効き過ぎていることもしばしば。上着を1枚持っていくことをすすめる。

2. デイゲームはサングラス、帽子、日焼け止め

屋外の会場だと、席によっては日差しが直撃なんてことも。翌日真っ赤にならないためにも、日焼け対策グッズは万全に。

3. 荷物は最小限に。大きなかばんは NG！

大きなかばんの持ち込みを禁止している会場もあるので、余計な荷物はホテルに置いていくように。また、瓶や缶、刃物など、チームによっては持ち込み禁止の物もあるので、事前に各チームのウェブサイトで確認を。

4. 帰ることも考えて行動を

深夜に試合が終わることもある。公共の交通機関は運行が終了しているなんてこともあるから、事前に帰る手段を考えておくようにしたい。タクシーはたいていの場合待機しているが、タクシー会社の電話番号を控えておこう。

NFL

まさに肉弾戦。国内人気 No.1 スポーツ

National Football League

ナショナル・フットボール・リーグ

アメリカンフットボール・カンファレンス（AFC）とナショナルフットボール・カンファレンス（NFC）の各 16 チームから構成される。各カンファレンスはさらに東、西、南、北の４つのディビジョン（地区）に分かれてレギュラーシーズンを戦う。レギュラーシーズンで地区優勝した４チームと、それらのチーム以外で各カンファレンスの勝率上位２チームがプレイオフに進出。両カンファレンスの優勝チームで戦うのが全米の注目を集めるスーパーボウルだ。

レギュラーシーズン：9～1月上旬、プレイオフ：1月中旬～2月

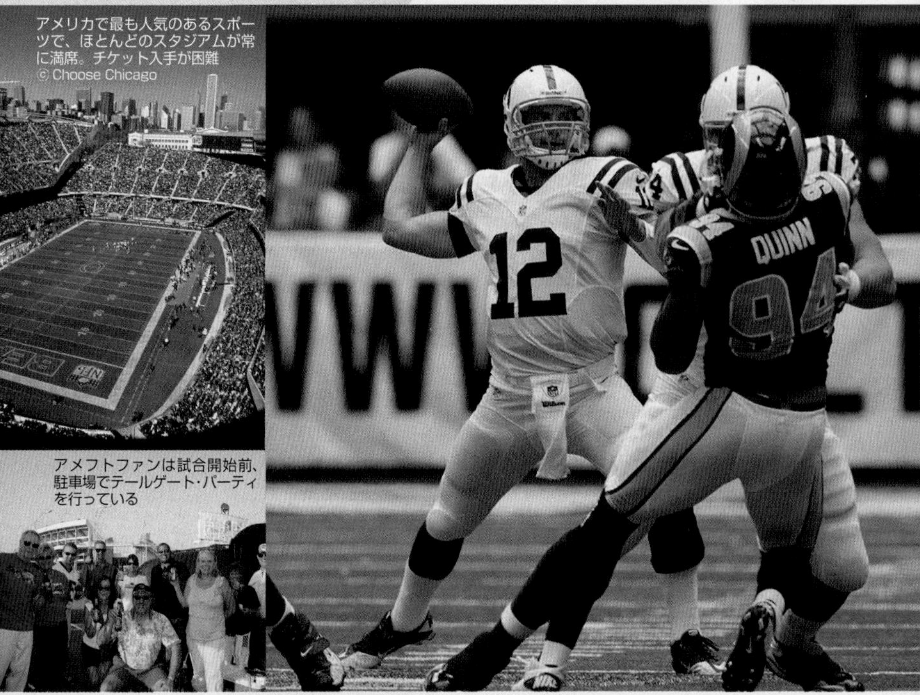

アメリカで最も人気のあるスポーツで、ほとんどのスタジアムが常に満席。チケット入手が困難
© Choose Chicago

アメフトファンは試合開始前、駐車場でテールゲート・パーティを行っている

アメリカンフットボールの魅力は頭脳戦＋肉弾戦
© Visit Indy/ Photo courtesy of the Indianapolis Colts

NBA

"魅せられる"スポーツといえば

National Basketball Association

ナショナル・バスケットボール・アソシエーション

全30チームは、東西ふたつのカンファレンス（地域）に分かれている。東に本拠地をおくチームはイースタンカンファレンス（15チーム）、西に本拠地をおくチームはウエスタンカンファレンス（15チーム）に所属。さらにカンファレンスのなかで3つのディビジョン（地区）に分かれ、レギュラーシーズンを戦う。レギュラーシーズンで各地区勝率1位のチームと、それらのチーム以外で各カンファレンス勝率上位5チームがプレイオフに進出。東西のカンファレンスの優勝チームが対戦するのがNBAファイナルだ。

レギュラーシーズン：10～4月、プレイオフ：4月中旬～6月

アリーナの熱気の渦に一度は入ってみたい　© Choose Chicago

NHL

氷上の格闘技は予想以上に大迫力

National Hockey League

ナショナル・ホッケー・リーグ

アメリカに24チーム、カナダに7チームの31チームあり、東のイースタンカンファレンス（16チーム）と西のウエスタンカンファレンス（15チーム）から構成される。各カンファレンスはさらにふたつのディビジョン（地区）に分かれ、レギュラーシーズンを戦う。各カンファレンスの勝ち点上位8チームがプレイオフに進出。各カンファレンスのプレイオフを勝ち抜いたチームがスタンレーカップに駒を進め、その勝者がNHLチャンピオンとなる。

レギュラーシーズン：10～4月、
プレイオフ：4月中旬～6月

スピーディなアイスホッケー。実はNFL以上の肉弾戦

2017～18シーズンのチャンピオンがワシントン・キャピタルズ。ファンもうれしい!!

MLS

ヨーロッパから続々とレジェンドたちが流入

Major League Soccer

メジャーリーグ・サッカー

1996年から始まったサッカーのプロリーグ。イースタンカンファレンス12チーム、ウエスタンカンファレンス11チームの計23チームある。2018年からはロスアンゼルスFCが加入。各カンファレンスの上位6チームが決勝トーナメントに進み、まずはレギュラーシーズン3位と6位、4位と5位が対決。その勝者がカンファレンスの1位と2位も含めたトーナメントに参加し、MLSカップをかけて戦う。

レギュラーシーズン：3～10月、プレイオフ：11～12月

アメリカでは子供の頃からサッカーをしている人が多く、普及している

ラテン系アメリカ人を中心に人気の高いサッカー。応援もヨーロッパに似ている

アメリカ・スポーツチーム

アメリカの町をざっくりと

町の特徴と索引

Cities Index

日本の約 25 倍の国土があるアメリカ。所変われば町の雰囲気もまったく異なる。ここでは本書で紹介されている都市を、5 つのエリアに分けて紹介したい。

自然と都市、ひとりでも、家族でも

カリフォルニアと西海岸

➡ P.59

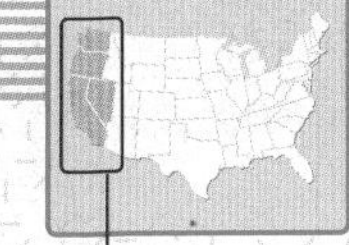

アメリカ西海岸といえば降り注ぐ陽光と美しいビーチが続くカリフォルニア州のイメージが強いが、西海岸の北に位置するワシントン州やオレゴン州はそれぞれ独自のカラーがあり、内陸にはヨセミテやグランドキャニオンなどの国立公園が広がっている。各町が個性的で、各町が人気のデスティネーションだ。

カナダ国境に近い、アメリカ北西部最大の町

① Seattle シアトル

P.129

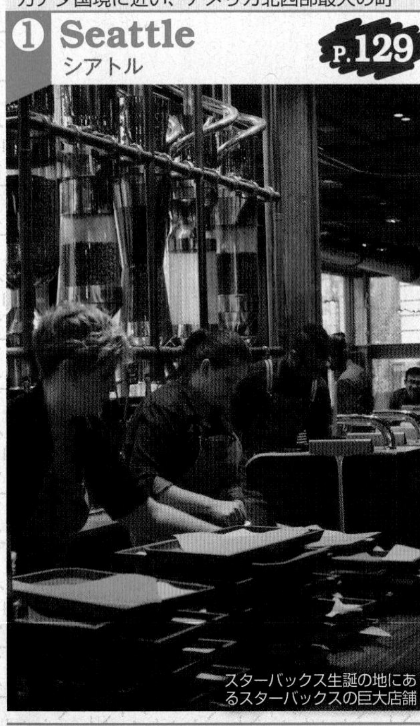
スターバックス生誕の地にあるスターバックスの巨大店舗

シエラネバダ山脈の麓に位置するカジノタウン

③ Reno リノ

クラシックなリノアーチがランドマーク

地産地消が進む持続可能都市

② Portland ポートランド(オレゴン州)

P.142

オレゴン州最大の都市ポートランド

ゴールデンゲート・ブリッジのあるグルメシティ

④ San Francisco サンフランシスコ

アラモスクエア。絵になるところがあちこちに

世界最大の一枚岩の花こう岩がある

⑤ Yosemite N.P.
ヨセミテ国立公園

P.84

大自然の中で心も体も癒やされる

世界最高峰のエンターテインメントシティ

⑥ Las Vegas
ラスベガス

P.156

ラスベガスの看板は人気の見どころ

ハリウッドやビバリーヒルズなど、日本人に最もなじみ深い町

⑦ Los Angeles
ロスアンゼルス

P.89

ウエストハリウッドのハロウィーンカーニバル

メキシコとの国境沿いにある都市

⑧ San Diego
サンディエゴ

P.117

スパニッシュ・コロニアル様式の建物が建ち並ぶバルボアパーク

アメリカの原風景がここに

⑨ Monument Valley
モニュメントバレー

P.176

宇宙人も来訪していたり、していなかったり……

長い年月を経て形成された大自然の景観

⑩ Grand Canyon N.P.
グランドキャニオン国立公園

P.169

一生に一度は訪れたい壮大な峡谷

大自然や砂漠、ネイティブアメリカンやカウボーイ

ロッキー山脈と西部

➡ P.179

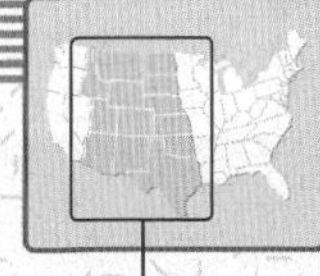

ネイティブアメリカンやカウボーイなど、昔ながらのアメリカを体感したいなら、このエリアへの訪問がいいだろう。また、ロッキー山脈周辺に広がる大自然は、スキーやフィッシング、トレッキングなど、アウトドアアクティビティのメッカとしても知られる。

イエローストーン国立公園へのゲートシティ

① Bozeman ボーズマン

P.205

郊外に行けば自然を存分に楽しめる ©Donnie Sexton

"マウントラシュモア"への玄関口

④ Rapid City ラピッドシティ

P.210

マウントラッシュモアを見に行くにも便利

大陸横断鉄道がこの地でつながった

⑤ Omaha オマハ

P.218

ファーマーズマーケットはオマハ観光案内所の近くで開催

じゃがいもで有名なアイダホ州の州都

② Boise ボイジー

P.202

人々をもてなしたジュリア・デービスの像

モルモン教の総本山

⑥ Salt Lake City ソルトレイク・シティ

P.181

自然に囲まれた美しい町

アメリカいちのカウボーイタウン

⑧ Cheyenne シャイアン

P.214

大西部らしい町がシャイアンだ

カナダと接するノースダコタ州の州都

③ Bismarck ビスマーク

P.208

ドームのない議事堂がある

標高約 1600m にあるヒップタウン

⑦ Denver デンバー

P.191

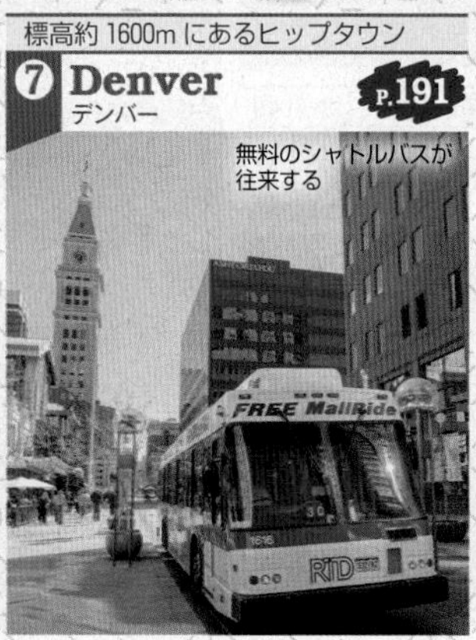

無料のシャトルバスが往来する

ボーイングやセスナの工場がある航空産業の町

⑨ Wichita ウィチタ

P.221

航空産業が盛んな町には航空博物館がある

標高 2100m にある、高地トレーニングのメッカ

⑩ Flagstaff フラッグスタッフ P.229

かつては、ルート66が通っていた

大地のエネルギーを感じるスピリチュアルスポット

⑪ Sedona セドナ P.234

世界有数のパワースポットにある教会

アメリカで有数の避寒地

⑫ Phoenix フェニックス P.238

砂漠植物園にそびえるサボテン群

ネイティブアメリカンの文化が色濃く残る

⑭ Santa Fe サンタフェ P.247

アドービ風の建築物と青い空のコントラストが美しい

隣国メキシコをいたるところで感じる

⑮ El Paso エルパソ P.285

簡単にメキシコ観光ができる町

牛のオークションは世界最大規模

⑯ Oklahoma City オクラホマシティ P.225

カウボーイが集まる牛の市場

"これぞテキサス"といった雰囲気の古い町並みが広がる

⑰ Fort Worth フォートワース P.259

ロングホーンが町なかを闊歩する

ケネディ大統領が暗殺された地

⑱ Dallas ダラス P.250

ケネディ暗殺の舞台、シックススフロア博物館

アラモの戦いで知られる水の都

⑲ San Antonio サンアントニオ P.281

アメリカの水の都はザ・観光地

成長著しいリベラル都市

⑳ Austin オースチン P.268

アメリカ本土最大州の州都でもある

砂漠と西部劇の町

⑬ Tucson ツーソン P.231

西部劇の世界が広がるオールドツーソン

NASA の宇宙センターがある"スペースシティ"

㉑ Houston ヒューストン P.272

NASA ジョンソン宇宙センターの一部を観光向けに公開している

骨太シティが密集する

五大湖と中西部

→P.293

かつてこの一帯は工業地帯として栄えたが、製造業が隆盛した時代は町が潤い、衰退とともに元気がなくなっていった。アメリカのバブルと凋落を経験した五大湖周辺の町は、どこも味わい深く、渋く、男前だ。

ミシシッピ川沿いに並ぶ"ツインシティズ"

① Minneapolis/St. Paul ミネアポリス/セントポール

P.328

ミネアポリスの有名なアイコンは無料で見学可能だ
Photo courtesy of Meet Minneapolis

農業をおもな産業とするアイオワ州の州都

③ Des Moines デモイン

P.345

ダウンタウンの彫刻庭園はデモインの必見

個性的な建物が多く林立する、アメリカ第3の都市

④ Chicago シカゴ

P.295

スーラの『グランドジャット島の日曜日-1884』はシカゴでしか見られない

ビール工場やハーレー・ダビッドソン博物館などがある

② Milwaukee ミルウォーキー

P.318

ミルウォーキー川に面する遊歩道リバーウオーク

大手自動車会社が本社を構える自動車産業の町

⑤ Detroit デトロイト

P.381

6万点の作品を所蔵するデトロイト美術館

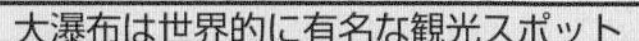
大瀑布は世界的に有名な観光スポット

⑥ Niagara Falls
ナイアガラフォールズ

P.413

ワールドフェイマスな滝は観光客でいっぱい

五大湖工業地帯の中心都市だった町

⑦ Cleveland
クリーブランド

P.392

ロックンロールの殿堂と博物館が有名

アンディ・ウォーホルの生誕地

⑧ Pittsburgh
ピッツバーグ

P.401

崖を登るインクラインはピッツバーグの名物

アメリカのほぼ真ん中に位置する“バーベキューの都”

⑨ Kansas City
カンザスシティ

P.348

全米最古のショッピングセンターは、歴史を感じるたたずまい

ゲートウエイアーチが町を見おろす

⑩ St. Louis
セントルイス

P.357

アーチの内部はトラムで頂上へ行くことができる

インディ500が開催されるカーレースの町

⑪ Indianapolis
インディアナポリス

P.365

インディ500のパレードも見応えがある

黒人の奴隷解放に尽力した町

⑫ Cincinnati
シンシナティ

P.373

NYのブルックリン橋と同じ設計者が作った、ブルックリン橋より古い橋

アメリカ音楽の源流や温暖なビーチ

フロリダと南部

➡ P.425

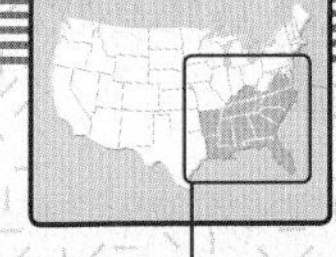

サザンホスピタリティとして知られる南部流おもてなしと、地域色を色濃く反映したおいしい料理が魅力的。フロリダには、ディズニー・ワールドのあるオーランドや世界のリゾート都市マイアミがあり、日本からはアトランタへ直行便が飛ぶ。

南部を代表するビジネスシティ

❶ Atlanta アトランタ

P.427

キング牧師の故郷がアトランタ

コロニアル時代からのロマンティックな建物が並ぶ

❷ Savannah サバンナ

P.481

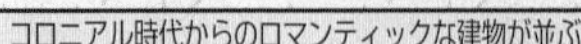

サバンナのシンボルともいえる噴水

クリントン元大統領の出身地として知られる

❺ Little Rock リトルロック

P.453

人種差別の歴史を今に伝えるリトルロック・ナインの像

エルビス・プレスリーの町

❻ Memphis メンフィス

P.447

エルビス・プレスリー好きは一度は訪れたい場所

3歳馬の最高峰を決めるケンタッキーダービーの開催地

❸ Louisville ルイビル

P.441

ここでケンタッキーダービーが開催される

カントリー音楽の聖地

❼ Nashville ナッシュビル

P.443

南北戦争に関する展示では全米最大規模の博物館がある

❹ Richmond リッチモンド

P.469

トーマス・ジェファソン設計の州議事堂

市内のライブハウスではカントリー以外のジャンルも聴くことができる

アメリカ第2の金融都市

⑧ Charlotte シャーロット

P.471

全米最大級の銀行バンク・オブ・アメリカの本社がある

ジャズ誕生の地は町中が音であふれる

⑫ New Orleans ニューオリンズ

P.457

路上で突然始まるブラスバンドの演奏

ディズニー・ワールドをはじめ多くのテーマパークが集まる

⑬ Orlando オーランド

P.484

テーマパークへ行きたいならオーランドで決まり

©Disney

エルビス・プレスリーの生まれた町

⑨ Tupelo トゥペロ

P.451

エルビス・プレスリーの生家がある

美しいビーチを求めて、世界中から観光客が訪れる

⑭ Miami マイアミ

P.498

マイアミではビーチでのんびり過ごすのが◯

公民権運動を広める"バスボイコット運動"が起きた町

⑩ Montgomery モントゴメリー

P.455

人種差別に一石を投じたローザ・パークスの像

作家ヘミングウェイが愛した島

⑮ Key West キーウエスト

P.510

マイアミからキーウエストへ架かる橋のひとつ、セブン・マイル・ブリッジ

多くの教会が建ち並ぶ美しい町

⑪ Charleston チャールストン（サウスカロライナ州）

P.477

南部らしい風情が楽しめる

ニューヨークと東部

➡P.519

世界を牽引するニューヨークや政治の中心ワシントン DC、歴史に彩られたボストンなど、アメリカの昔と今を感じられる町が広がる。日本からは、ニューヨークとワシントン DC、ボストンへの直行便がある。

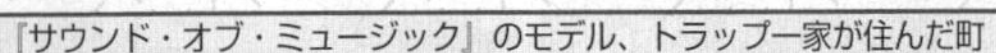
『サウンド・オブ・ミュージック』のモデル、トラップ一家が住んだ町

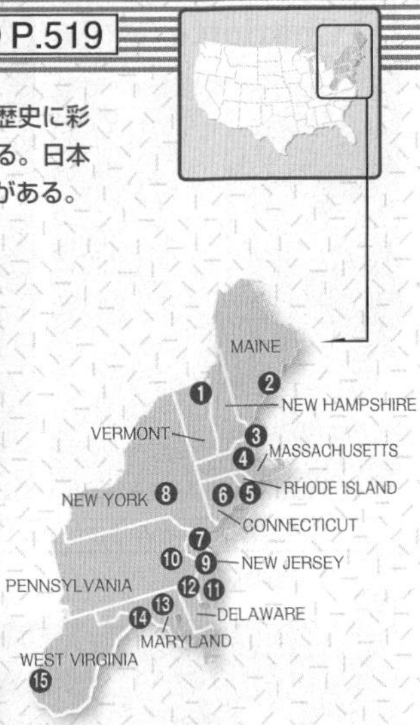

① Stowe
ストウ

P.565

かわいらしい店が並ぶストウビレッジ

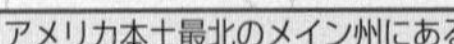
アメリカ本土最北のメイン州にある

② Portland
ポートランド（メイン州）

P.567

どこまでも続く水平線を眺められる灯台

アメリカの歴史を語るうえで欠かせない地

④ Boston
ボストン

P.548

ここでの議論の結果がボストン茶会事件のきっかけとなった

ニューヨークの大富豪たちが別荘を建てたリゾート地

⑤ Newport
ニューポート

P.571

華美な装飾の別荘が連なっている

『トム・ソーヤの冒険』を執筆したマーク・トウェインの家がある

⑥ Hartford
ハートフォード

P.574

トム・ソーヤの物語が生まれた地

ポーツマス講和条約が締結された町

③ Portsmouth
ポーツマス

P.569

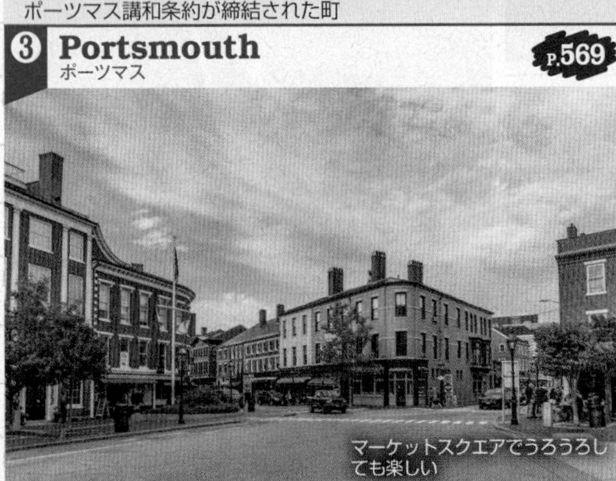
マーケットスクエアでうろうろしても楽しい

常に世界をリードし続ける

⑦ New York
ニューヨーク

P.521

世界一エキサイトな町

野球の殿堂に世界中からファンが訪れる

⑧ Cooperstown
クーパーズタウン

P.543

野球殿堂のホール。偉人たちがここに

東海岸のカジノシティ

⑪ Atlantic City
アトランティックシティ

P.545

名物のボードウオークでは人力車が走っている

総合化学メーカー、デュポン社創業の地

⑫ Wilmington
ウィルミントン

P.590

郊外に全米屈指の植物園がある

独立宣言の起草がこの町で行われた

⑨ Philadelphia
フィラデルフィア

P.576

フィラデルフィアの中心に立つ市庁舎

ベーブ・ルースが生まれた町

⑬ Baltimore
ボルチモア

P.618

市内に立つベーブ・ルースの像

アメリカ合衆国の首都

⑭ Washington, DC
ワシントンDC

P.594

DCではステルス機も公開されている

アーミッシュのコミュニティが広がる

⑩ Lancaster
ランカスター

P.588

アーミッシュが作るキルトは高級品

アパラチア山脈の自然に抱かれ、秋の紅葉が特に美しい

⑮ Charleston
チャールストン（ウエストバージニア州）

P.620

23.5金のドームが美しいウエストバージニア州議事堂

アメリカ２大グルメスーパーで買う

アメリカみやげ

トレーダージョーズ vs ホールフーズ・マーケット

オリジナル商品が充実している

Trader Joe's

トレーダージョーズ

全米で 470 店舗以上を展開する、オーガニックスーパー界のパイオニア。通称トレジョ。店内にある商品のほとんどが自社製品で、食品から生活用品まで幅広く取り揃えている。商品の見せ方や商品紹介のポップもかわいい。特にチョコは安くておすすめ。

地P.74-D2、P.303-B3、P.600-B1 など

URL www.traderjoes.com

$0.99

おみやげのベストセラー

エコバッグ

Reusable Bag

アメリカみやげの定番になりつつある再利用可能なエコバッグ。レジ付近に置かれていることが多い。州や町ごとに異なるイラストにも注目！　左からサンフランシスコ、シカゴ、フロリダ。

$7.99～

職場で配りやすい

ナッツ&フルーツミックス

Nuts & Fruit Mix

安心安全のオーガニックナッツ。大袋の中に小袋が 13 入っていて分けやすい。アーモンド、ドライフルーツ入りなど種類も多数。カリフォルニアならアーモンドが人気。

ほどよい甘さの

ホットココア・ミックス

Hot Cocoa Mix

甘く濃厚なココア。ミルクやお湯で溶かして飲もう。１袋の量が多いので、大きめのマグカップで。10 包入り。

$3.29

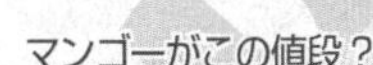

マンゴーがこの値段？

ドライフルーツ

Dry Fruit

マンゴー、オレンジ、ジンジャーなど、日本ではお高いドライフルーツも、ほとんどが $2 以下。これならまとめ買いもできちゃう。

$1.99

女性にはこれで決まり

ハンドクリーム

Hand Cream

トレジョの人気商品のひとつ。パッケージも抜群にキュートで、$5 以下とは思えない高級感が漂う。パラベンフリーなのもうれしい。

$4.99

みやげに買う人続出中

ミル付きピンクソルトとコショウ

Himalayan Pink Salt Crystal & Black Peppercorn

安くて、実用的で、かわいくて、かさばらない。ベストみやげと言っていいミル付きの調味料。同シリーズは、塩とコショウ以外の調味料もあり。

$1.99

整腸作用、のどの痛みに

マヌカハニー

Manuka Honey

ちょっとのどが痛い、おなかの調子が悪い、口内炎などにおすすめのハチミツ。栄養価が高く、副作用がないのでアメリカで人気。ピロリ菌にも効果があるといわれている

$19.99

３つパックでお得！

オリジナルチョコレート

Trader Joe's Chocolate

サクサク感がうれしいミルククリスピー、甘さを抑えたダーク、定番のミルクなどいくつかの種類があり、ひとつ当たり $1 以下。

$3つで$1.79

※値段やパッケージは 2018 年購入当時のものです。

ギフトショップを何軒もホッピングし、悩みに悩んで、マグカップやキーホルダーを……。みやげ選びは「考えるのが面倒くさーい！」となってしまう人も多いはず。そんなときは全米に展開するトレーダージョーズとホールフーズ・マーケットの２大グルメスーパーがおすすめ。ほとんどがオーガニックで、パッケージデザインがおしゃれなうえ、品質もよくコスパも◎。ここでは実際に編集室が購入してきた一部をご紹介！

セレクト商品が並び、デリの総菜は美味

Whole Foods Market

ホールフーズ・マーケット ➜P.271

1980年にテキサス州オースチンでスタート。全米に約470店、カナダやロンドンなどにも支店を構える。トレーダージョーズに比べオリジナル商品は少ないが、そのぶんローカル商品が多く、総菜コーナーも充実。イートイン・スペースで食事をすれば地元の人になった気分。

地 P.303-A2、P.553-C1 など

URL www.wholefoodsmarket.com

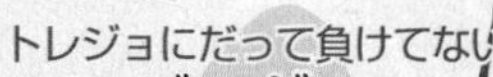

トレジョにだって負けてない

エコバッグ

Reusable Bag

トレジョと同じく州や町によって異なるデザインで、何度も使えるエコバッグ。会計時に何も伝えなければ、このバッグに商品を詰められるので注意。

$1.50

$5.49

一度使うと抜け出せない

歯磨き粉

Toothpaste

オーガニックの歯磨き粉は、ミントなどの強い味はなく、最初は「味が……」となってしまうかも。でも、慣れればやみつきになること間違いなし！

$19.99～

風邪かなと思ったときは

オシロコナシムのホメオパシー

Oscillococcinum

ホメオパシーは西洋の漢方と呼ばれる自然治癒に近い形の療法。ちょっと風邪気味、ひょっとしたらインフルエンザと思ったら、この粒を舌下に入れてゆっくり溶かす。食事の前後は避けて。

寒い冬も体ポカポカ

マスタードの入浴剤

Mustard Bath

マスタードの成分が入っており、匂いも爽快な入浴剤。体が温まると評判だ。青と黄色のパッケージもいい。内容量は227ｇ。

$10.99

$2.49

日本では珍しいオーガニック

オーガニックチョコレート各種

365 Organic Chocolate

甘いのも好きだけど健康にも気を遣う人にぴったり。「USDA」は米国農務省お墨付きのオーガニック製品。意外に大きいので食べがいあり。

$3.99～6.00

毒素出し、快眠用、何にする？

効能別のお茶

Promotes Tea

お茶の概念を打ち破る、効能別のお茶。よく眠れない、のどが痛いなど旅行中の応急手当にもいい。デトックスはおみやげとしても喜ばれる。

$7.99

リフレッシュに、化粧水代わりに

ローズウオーター

Rose Water

顔にも手にも全身にも使え、バラの香りでリフレッシュにも最適。グリセリン入りなら保湿効果もあり、化粧水代わりにも。4オンス（120ml）

アメリカへの誘い

「広いアメリカ」を実感するには、地平線が見える大地を突っ走るしかない。「おもしろいアメリカ」を体験したければ、イベントに自ら足を運ばなければならない。本当のアメリカを知るには、自分で北米大陸を歩いてみることだ。

『地球の歩き方 アメリカ』は、アメリカをひとり旅するためのガイドブックである。お金がなくても、時間と体力のある人にふさわしい旅を目指している。すべてのページには、経済的で自由な旅、ユニークかつエキサイティングなアメリカ体験に必要な情報が集められている。

例えば、車社会であるアメリカの町を、バスや地下鉄を使って安全に旅する方法を追求したり、安くて満足できるホテルやレストランを紹介している。見どころの案内だけでなく、プロスポーツ、エンターテインメント、ナイトスポット、現地発のツアー情報も載せてある。ダウンタウン中心の役立つ地図も自慢のひとつだ。そして、ほかにもひとり歩きに必要な項目を満載してある。

『地球の歩き方』は、編集室の現地取材と実際に旅をしてきた人たちの投稿によってできた本である。したがって、データが具体的であり、体験的なものが多いので信頼できる。

「アメリカに行ってみよう」と思った瞬間から旅は始まっている。まずは、旅の準備と技術編を読むことからスタートして、自信がついたら、自分自身のアメリカの旅を実現してほしい。

『地球の歩き方』を片手に気ままに歩くアメリカ。そして、その体験で、『地球の歩き方』がますます充実していくことになれば、とてもうれしい。

『地球の歩き方』編集室

カリフォルニアと西海岸

California & West Coast

サンフランシスコ……………… 61
ヨセミテ国立公園……………… 84
ロスアンゼルス………………… 89
サンディエゴ…………………117
シアトル………………………129
ポートランド（オレゴン州）…142
リノ……………………………151
ラスベガス……………………156
グランドキャニオン国立公園…169
モニュメントバレー…………176

24時間眠らない町ラスベガス。ネオンサインに目を奪われてしまう

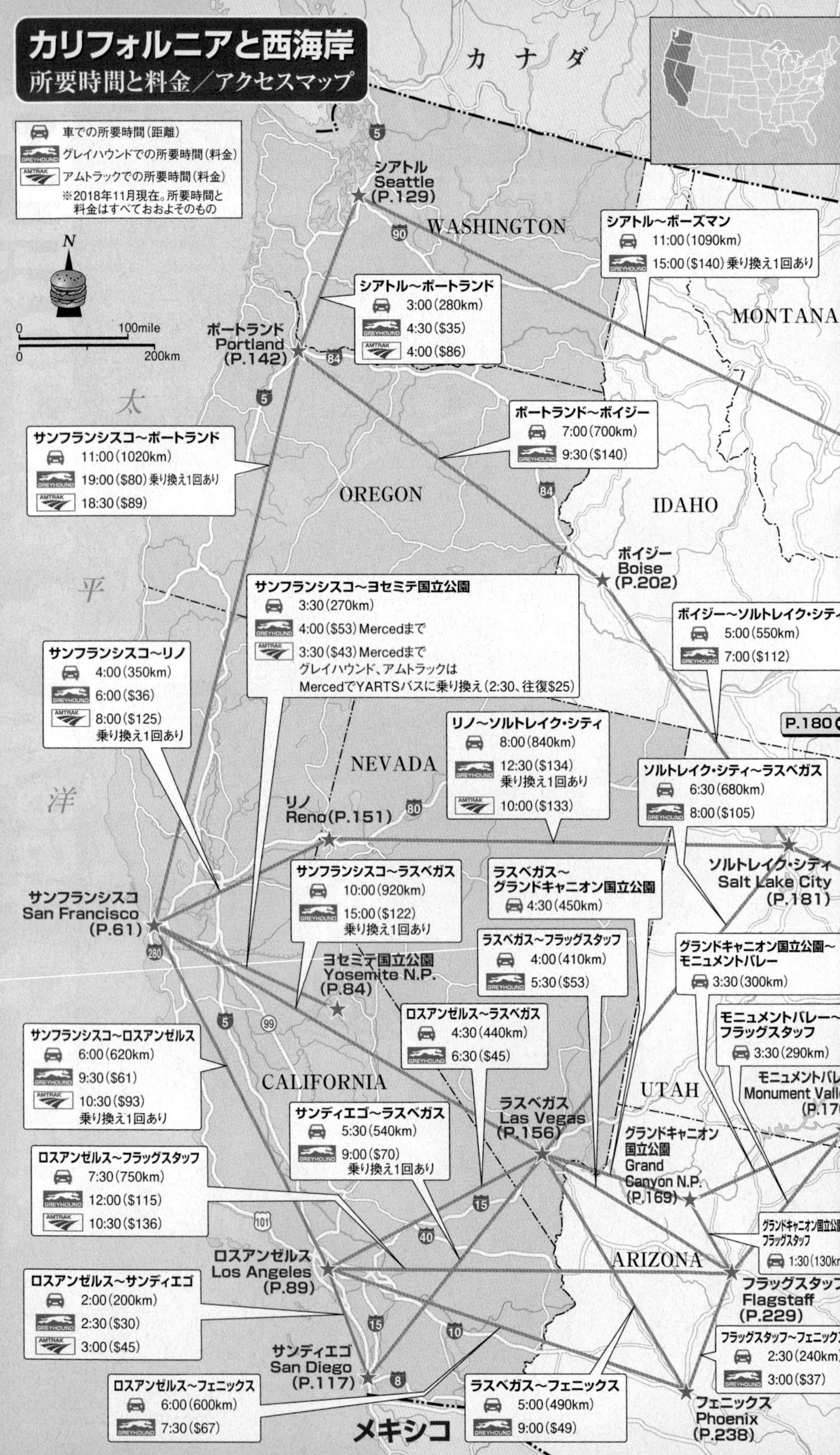

カリフォルニアと西海岸
所要時間と料金／アクセスマップ
車での所要時間（距離）
グレイハウンドでの所要時間（料金）
アムトラックでの所要時間（料金）
※2018年11月現在。所要時間と料金はすべておおよそのもの
N
0 100mile
0 200km
カナダ
WASHINGTON
MONTANA
OREGON
IDAHO
NEVADA
CALIFORNIA
UTAH
ARIZONA
太平洋
メキシコ
シアトル Seattle (P.129)
ポートランド Portland (P.142)
ボイジー Boise (P.202)
リノ Reno(P.151)
サンフランシスコ San Francisco (P.61)
ヨセミテ国立公園 Yosemite N.P. (P.84)
ソルトレイク・シティ Salt Lake City (P.181)
ラスベガス Las Vegas (P.156)
グランドキャニオン国立公園 Grand Canyon N.P. (P.169)
モニュメントバレー Monument Valle (P.176
フラッグスタッフ Flagstaff (P.229)
ロスアンゼルス Los Angeles (P.89)
サンディエゴ San Diego (P.117)
フェニックス Phoenix (P.238)
P.180
シアトル～ボーズマン
11:00（1090km）
15:00（$140）乗り換え1回あり
シアトル～ポートランド
3:00（280km）
4:30（$35）
4:00（$86）
ポートランド～ボイジー
7:00（700km）
9:30（$140）
サンフランシスコ～ポートランド
11:00（1020km）
19:00（$80）乗り換え1回あり
18:30（$89）
サンフランシスコ～ヨセミテ国立公園
3:30（270km）
4:00（$53）Mercedまで
3:30（$43）Mercedまで
グレイハウンド、アムトラックは
MercedでYARTSバスに乗り換え（2:30、往復$25）
ボイジー～ソルトレイク・シティ
5:00（550km）
7:00（$112）
サンフランシスコ～リノ
4:00（350km）
6:00（$36）
8:00（$125）
乗り換え1回あり
リノ～ソルトレイク・シティ
8:00（840km）
12:30（$134）
乗り換え1回あり
10:00（$133）
ソルトレイク・シティ～ラスベガス
6:30（680km）
8:00（$105）
サンフランシスコ～ラスベガス
10:00（920km）
15:00（$122）
乗り換え1回あり
ラスベガス～グランドキャニオン国立公園
4:30（450km）
ラスベガス～フラッグスタッフ
4:00（410km）
5:30（$53）
グランドキャニオン国立公園～モニュメントバレー
3:30（300km）
モニュメントバレー～フラッグスタッフ
3:30（290km）
ロスアンゼルス～ラスベガス
4:30（440km）
6:30（$45）
サンフランシスコ～ロスアンゼルス
6:00（620km）
9:30（$61）
10:30（$93）
乗り換え1回あり
サンディエゴ～ラスベガス
5:30（540km）
9:00（$70）
乗り換え1回あり
ロスアンゼルス～フラッグスタッフ
7:30（750km）
12:00（$115）
10:30（$136）
グランドキャニオン国立公園～フラッグスタッフ
1:30（130km
ロスアンゼルス～サンディエゴ
2:00（200km）
2:30（$30）
3:00（$45）
フラッグスタッフ～フェニックス
2:30（240km）
3:00（$37）
ロスアンゼルス～フェニックス
6:00（600km）
7:30（$67）
ラスベガス～フェニックス
5:00（490km）
9:00（$49）

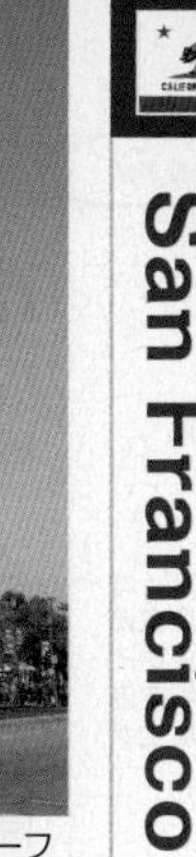

サンフランシスコ San Francisco

霧がよく似合う坂の町

定番の観光スポットのひとつがフィッシャーマンズワーフ

サンフランシスコは、先進的でリベラルな町だ。多様性を認め、社会通念にとらわれない寛容さをもち、常にアメリカ文化の先端を行く。それを裏付けるように、この町にはLGBTをはじめとするマイノリティが多く住み、オーガニックにこだわるレストランやスーパーがあちこちにある。一方で現代社会に欠くことのできないIT産業が隆盛を極めるなど、耳目を集めている町でもある。

そんなサンフランシスコは1年を通して気温差の少ない気候で、夏涼しく冬暖かい。そのため1年中旅行者が訪れ、いつでも観光シーズンといえる。魅力は観光のしやすさにもある。路線バス、地下鉄などの公共交通機関が発達しており、町が碁盤の目のように整備され地理もわかりやすい。ここで歩き方をマスターして、アメリカでの第一歩を踏み出そう。

ゴールデンゲート・ブリッジは歩いて渡ってみたい

もっと詳しく

地球の歩き方B02アメリカ西海岸編（1700円＋税）、B04サンフランシスコ編（1700円＋税）でもサンフランシスコを紹介していますので、ご活用ください。

DATA

人口▶約88万4400人
面積▶121km²
標高▶最高285m、最低0m
TAX▶セールスタックス　8.625%
ホテルタックス　16.95%（地域により1～1.5%前後）
属する州▶カリフォルニア州 California
州のニックネーム▶黄金州 Golden State
州都▶サクラメント　Sacramento
時間帯▶太平洋標準時（PST）

➡P.631

繁忙期▶年間を通して

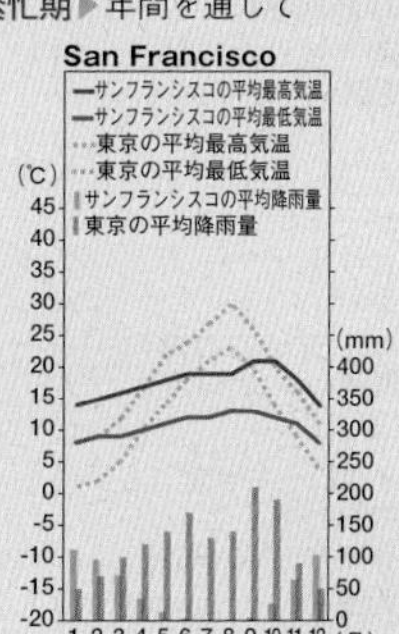

メモ **サンフランシスコの市内通話**▶アメリカの一般的な町で市内電話をかける場合、市内局番は不要で、最後の7桁をダイヤルすればいい。ただし、サンフランシスコやニューヨーク、シカゴなどの大都市は、市内でも市外局番を入れてかける。その際頭に「1」をつける必要があり、本書では（1-415）と表記する。

Getting There　サンフランシスコへの行き方

飛行機　Plane

サンフランシスコ国際空港
地P.78-A2、P.65-E4外
☎(1-650)821-8211
Free(1-800)435-9736
URL www.flysfo.com
　日本の成田国際空港から全日空、ユナイテッド航空が、また関西国際空港からはユナイテッド航空の直行便がそれぞれ毎日運航されている。羽田空港からは日本航空、ユナイテッド航空が直行便を毎日運航中

ダウンタウンへも近くて便利な空港だ

SFOから市内への交通
　市内へ向かう各交通機関の乗り場は、利用するターミナル（国際線、国内線）によって異なる。自分が到着したターミナルの案内表示を確認するように

サンフランシスコ国際空港
San Francisco International Airport (SFO)

　ダウンタウンの南約22kmに位置する国際空港。ロスアンゼルスやシカゴ、ニューヨークなどおもな都市から乗り入れる。空港内の各ターミナル、駐車場、レンタカーセンター、国内線からバート駅などへの移動は、無人運転列車エアトレインAirTrainが便利だ。また、バート➡P.68を利用すればダウンタウンへ約30分で行くことができる。

　ターミナルは4つ。国内線専用のターミナル1～3と国際線ターミナルがある。日本からの直行便は国際線ターミナルに到着。ターミナルは駐車場を円状に囲んで位置し、各ターミナル間は連絡通路でつながっている。

　ターミナルの構造は、到着階（2階）のLevel 2と出発階（3階）のLevel 3から構成される。出発階には各航空会社のチェックイン・カウンター、出発ゲート、みやげ物屋やレストランが、到着階にはバゲージクレーム（預託荷物のピックアップ場所）、案内所などがある。タクシー、空港シャトル、郊外への空港バスなどは到着階または出発階から、路線バスは1階から出発する。

■ 空港から／空港へのアクセス

	種類／名称／連絡先	行き先／運行／料金	乗車場所／所要時間／備考
空港シャトル	スーパーシャトル SuperShuttle Free(1-800)258-3826 URL www.supershuttle.com アメリカン・エアポーター・シャトル American Airporter Shuttle ☎(1-415)202-0733 URL www.americanairporter.com エアポートエクスプレス Airport Express ☎(1-415)775-5121 URL www.airportexpresssf.com	行き先▶市内や周辺どこでも 運行▶[illegible] 料金▶ダウンタウンまで片道$17～	空港発▶国際線の場合は到着階（2階）を出た所、[illegible] 空港行き▶[illegible]サイトで予約 所要時間▶ダウンタウンまで30～60分
路線バス	サムトランズ KX、#292、#397 SamTrans KX, #292, #397 Free(1-800)660-4287 URL www.samtrans.com	行き先▶市内のセールスフォース・トランジット・センター➡P.63 運行▶KX(急行)は月～金のみ5:58、6:51、7:54、9:00の運行、#292は空港発月～金4:31～翌1:41、土4:30～翌1:32、日・祝日4:30～翌1:22の1時間に1～4本運行、#397は毎日2:01、3:01、4:01のみ 料金▶$2.25～4	空港発▶国際線は1階の路線バス乗り場A、Gから、国内線はターミナル2の1階の路線バス乗り場2、ターミナル3の1階の路線バス乗り場4から乗車 空港行き▶セールスフォース・トランジット・センターまたはMission St.沿いなどから乗車 所要時間▶KXで約40分、#292、#397で約1時間
電車	バート BART ☎(1-650)992-2278 URL www.bart.gov	行き先▶市内のPowell St.駅、Montgomery St.駅、Embarcadero駅などのバート駅 運行▶空港発は毎日4:11～23:54（土6:07～、日8:07～）の15～20分間隔 料金▶$9.65	空港発▶国際線の場合はターミナル3階のバート駅へ。国内線は空港内を走るエアトレインでGarage G AirTrain / BART駅へ行き、そこからバートに乗車 空港行き▶バート各駅から乗車 所要時間▶ダウンタウンまで約30分
タクシー	イエローキャブ Yellow Cab ☎(1-415)333-3333 URL yellowcabsf.com	行き先▶市内や周辺どこでも 運行▶24時間随時 料金▶ダウンタウンまで約$60、フィッシャーマンズワーフまで約$67（空港利用料$4が加算）	空港発▶国際線は到着階（2階）から、国内線はターミナル1、2、3の到着階(1階)を出た所から乗車 空港行き▶事前に電話予約、または主要ホテルから乗車 所要時間▶ダウンタウンまで20～40分

サンフランシスコ国際空港の空港シャトルは運行を終了しました。

※それぞれの乗り物の特徴については➡P.665

SF名物▶ナパやソノマのワインがセキュリティゲートを越えた所でも買える。ターミナル3ゲート69近くのMarillaという店で、ちょっとしたしたみやげ物も売っている。ワインは機内預けの荷物に入れると重量オーバーする可能性もあるので、ゲート前で買えるのは便利。（兵庫県　Toco　'18）

オークランド国際空港
Oakland International Airport（OAK）

ベイブリッジを挟んでサンフランシスコの対岸にある空港。

オークランド国際空港
地P.78-B2
住1 Airport Dr., Oakland
☎(1-510) 563-3300
URL www.oaklandairport.com

■ 空港から／空港へのアクセス

	種類／名称／連絡先	行き先／運行／料金	乗車場所／所要時間／備考
電車	バート BART ☎(1-510) 465-2278 URL www.bart.gov	**行き先▶**市内のPowell St.駅、Montgomery St.駅、Embarcadero駅などのバート駅 **運行▶**OAK線は毎日4:48〜翌12:43（土6:00〜、日8:00〜）の8分間隔。バートのColiseum駅発月〜金4:38〜翌4:23、土6:06〜翌5:46、日8:06〜翌7:46の5〜20分間隔 **料金▶**SFダウンタウンまで$10.95	**空港発▶**ターミナル1のバゲージクレームを出て道を隔てた向かい側にOakland Airport駅がある。ここからバートのOAK線（支線）に乗りColiseum駅へ。本線に乗り換えSFダウンタウン方面へ向かう **空港行き▶**バート各駅から乗車 **所要時間▶**ダウンタウンまで35〜40分
シャトルバン	スーパーシャトル SuperShuttle URL www.supershuttle.com	**行き先▶**市内や周辺どこでも **運行▶**24時間随時 **料金▶**ダウンタウンまで$75〜85	**空港発▶**各ターミナルの前から乗車 **空港行き▶**事前に電話予約 **所要時間▶**ダウンタウンまで45〜60分

※それぞれの乗り物の特徴については ➡P.665

ノーマン・Y・ミネタ・サンノゼ国際空港
Norman Y. Mineta San José International Airport (SJC)

サンフランシスコの南約72km、車で約1時間のシリコンバレーにある空港。空港内は無料のシャトルバスが走っており、各ターミナル間、駐車場、レンタカーセンターへの移動も簡単だ。全日空が成田からの直行便を運航している。

ノーマン・Y・ミネタ・サンノゼ国際空港
地P.78-B2外
住1701 Airport Blvd., San Jose
☎(1-408) 392-3600
URL www.flysanjose.com
●SuperShuttle（空港シャトル）
☎(1-650) 246-8942
料$105〜125、ダウンタウンサンフランシスコまで約1時間30分

■ 空港から／空港へのアクセス

	種類／名称／連絡先	行き先／運行／料金	乗車場所／所要時間／備考
路線バス＋鉄道	VTA バス＋カルトレイン Valley Transportation Authority + Caltrain VTAバス ☎(1-408) 321-2300 カルトレイン Free (1-800) 660-4287	**行き先▶**市内のカルトレイン駅 **運行▶**Santa Clara駅発月〜金4:33〜22:35、土7:05〜22:35、日祝8:43〜22:13の15〜60分間隔 **料金▶**$10.50〔VTAバス#10(無料)＋カルトレイン$10.50、クリッパー➡P.66 $9.95〕	**空港発▶**各ターミナルにあるバス停からVTA Airport Flyer #10（Westbound 西向き）でSanta Clara駅へ。そこからカルトレインに乗りサンフランシスコ市内へ **空港行き▶**カルトレインの各駅から乗車 **所要時間▶**ダウンタウンまで約1時間30分〜2時間

※それぞれの乗り物の特徴については ➡P.665

長距離バス Bus

セールスフォース・トランジット・センター
Salesforce Transit Center

ベイエリアの路線バス、鉄道、グレイハウンドバスなどが集結した総合交通ターミナル。2018年夏に一部開業したが、完成は2025年の見込み。建物の上は公園になっている。

セールスフォース・トランジット・センター
地P.73-E4〜F4
住Natoma St. bet. Beale & 2nd Sts.
URL salesforcetransitcenter.com
●Greyhound
Free (1-800) 231-2222
開毎日6:00〜24:00

鉄道 Train

アムトラック駅
Amtrak Station

アムトラックの鉄道はサンフランシスコ市内に直接乗り入れていない。東対岸の**エメリビルEmeryville**と**オークランドOakland**に駅がある。サンフランシスコのダウンタウンとそれらの駅間は、**アムトラック連絡バス**が運行されている。サンフランシスコのバス停はチェイスバンクChase Bankの前。

アムトラック駅も将来は総合ターミナルに移転予定

アムトラック駅
Free (1-800) 872-7245
●Emeryville
住5885 Horton St., Emeryville
●Oakland
住245 2nd St., Oakland
●Chase Bank
住555 Mission St., San Francisco

投稿 **夏でも寒いSF▶**8月にジャイアンツ観戦したが、想像以上に寒くて驚いた。地元の人はジャンパー、ひざ掛け、毛布など、日本人から見ると冬の装い。観戦後にMarket St.を歩くとコートを着ている人もいるほど。昼間は暖かくても、夏の夜は防寒対策をしたほうがいい。（Y.G.　東京都　'16）['18]

夏でも防寒対策を
アメリカ西海岸というと、1年中快晴で温暖なイメージが強いが、サンフランシスコは少し異なる。1日のなかでも、天気や気温の変化が激しい。春夏も防寒対策が必要だ。重ね着が基本、ストールなどもあると心強い。驚くほど急な坂道も多いので、スニーカーのほうが安心だ

サンフランシスコは、こぢんまりしてとても歩きやすい町だ。三方を海に囲まれ、坂の多い風光明媚な町としても知られている。町を歩くときは急な坂も多いので、ケーブルカーなどの交通機関をうまく使おう。道路は規則正しく碁盤の目のように走っているので、ふたつの通りの名前がわかっていれば、自分がどこにいるのかすぐに見当がつく。

スタート地点は、町の中心である**ユニオンスクエア Union**

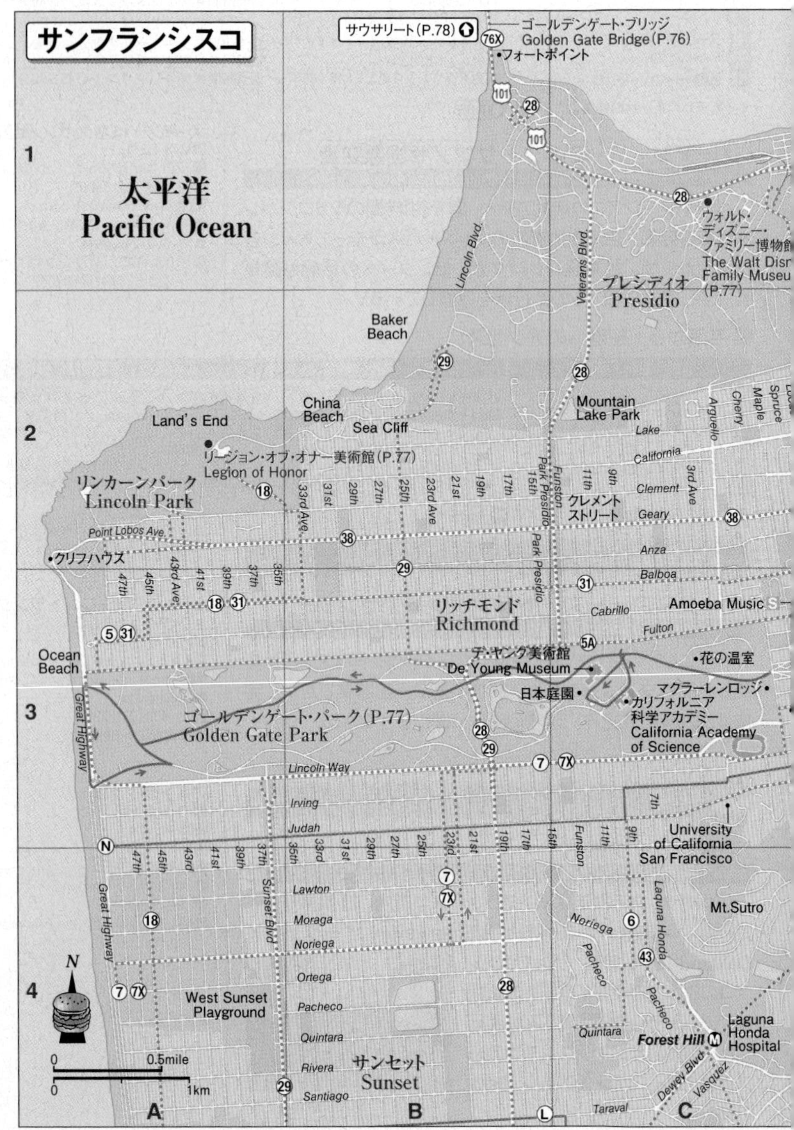

投稿 **メトレオンのフードコートには世界各国の料理▶**メトレオンのターゲット Target では、SF名物のギラデリチョコレートが市価より安価で買えた。また、下のフードコートには一般的なファストフードだけでなく、コリアン、フィリピン、ベトナムなどもあって珍しかった。 (Y.G. 東京都 '16) ['18]

Squareがいい。ケーブルカー、ミュニバス、ミュニメトロなどの交通機関が、ここを中心に走っており、近くには観光案内所もある。見逃せない観光ポイントは、フィッシャーマンズワーフ、アルカトラズ島、ゴールデンゲート・ブリッジ、チャイナタウンなど。観光シーズンのアルカトラズ島はたいへんな混雑で、できれば1週間前には予約を入れたい。また、サンフランシスコは、ユニオンスクエアを中心としたエリアにデパートや有名ブランド店が集中しているため、「全米で最もショッピングしやすい町」ともいわれている。

しっかり計画を立てれば、中身の濃い旅ができるはずだ。

サンフランシスコではファーマーズマーケットものぞいてみたい

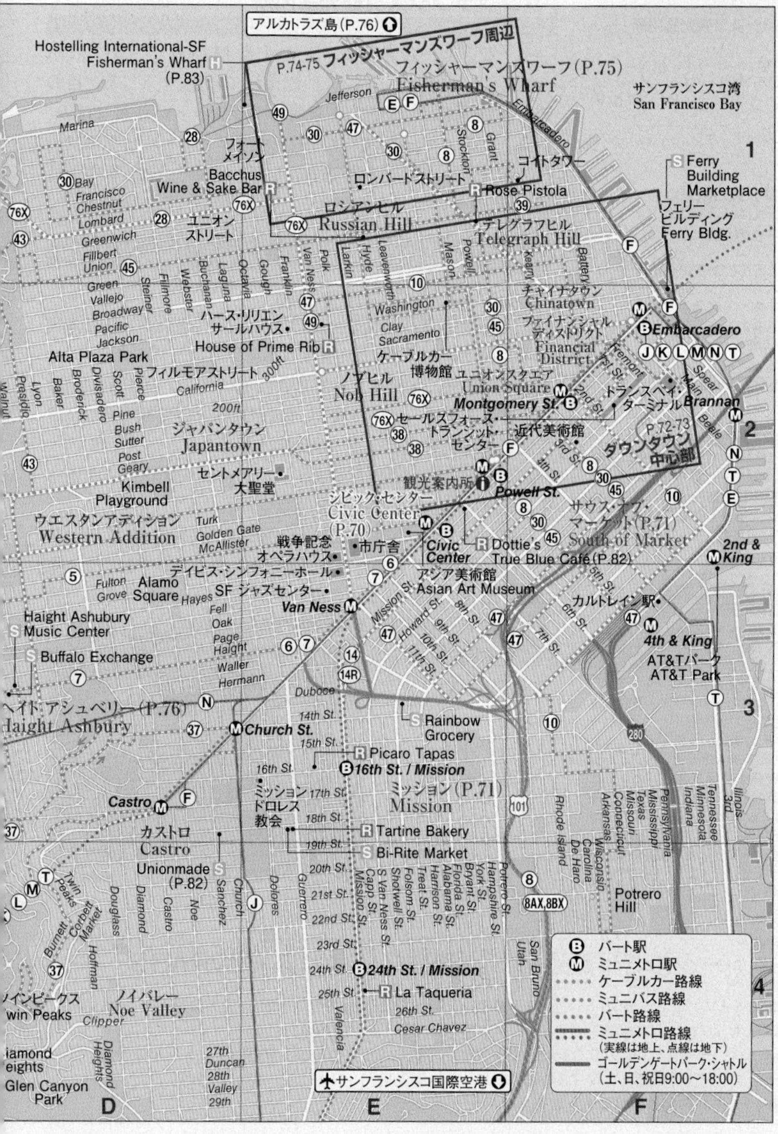

アルカトラズ島(P.76)
P.74-75 フィッシャーマンズワーフ周辺
フィッシャーマンズワーフ(P.75) Fisherman's Wharf
サンフランシスコ湾 San Francisco Bay
Hostelling International-SF Fisherman's Wharf (P.83)
Bacchus Wine & Sake Bar
Rose Pistola
コイトタワー
ロンバードストリート
ロシアンヒル Russian Hill
テレグラフヒル Telegraph Hill
Ferry Building Marketplace
フェリービルディング Ferry Bldg.
チャイナタウン Chinatown
ファイナンシャルディストリクト Financial District
Embarcadero
ハース・リリエンサールハウス
House of Prime Rib
ケーブルカー博物館
ノブヒル Nob Hill
ユニオンスクエア Union Square
Montgomery St.
トランスベイ・ターミナル
Brannan
セールスフォース・トランジット・センター
近代美術館
P.72-73 ダウンタウン中心部
フィルモアストリート
ジャパンタウン Japantown
セントメアリー大聖堂
観光案内所
Powell St.
Kimbell Playground
ウエスタンアディション Western Addition
シビック・センター Civic Center (P.70)
戦争記念オペラハウス
市庁舎
Civic Center
Dottie's True Blue Café (P.82)
サウス・オブ・マーケット(P.71) South of Market
2nd & King
デイビス・シンフォニーホール
アジア美術館 Asian Art Museum
SF ジャズセンター
Alamo Square
Van Ness
カルトレイン駅
4th & King
AT&Tパーク AT&T Park
Haight Ashbury Music Center
Buffalo Exchange
ヘイト・アシュベリー(P.76) Haight Ashbury
Church St.
Rainbow Grocery
Picaro Tapas
16th St. / Mission
ミッションドロレス教会
ミッション(P.71) Mission
Castro
カストロ Castro
Tartine Bakery
Bi-Rite Market
Unionmade (P.82)
Potrero Hill
ツインピークス Twin Peaks
ノイバレー Noe Valley
24th St. / Mission
La Taqueria
Diamond Heights
Glen Canyon Park
サンフランシスコ国際空港

B バート駅
M ミュニメトロ駅
ケーブルカー路線
ミュニバス路線
バート路線
ミュニメトロ路線 (実線は地上、点線は地下)
ゴールデンゲートパーク・シャトル (土、日、祝日9:00～18:00)

投稿 **戦争記念オペラハウス**▶ 1951年、吉田茂が対日講話条約に調印した場所がオペラハウス➡P.70。ハウス内部のウオーキングツアーが、月曜日の10:00～14:00まで毎正時催行。シンフォニーホールの1階にあるボックスオフィスで受付。所要1時間、料金$7。事前にウェブサイトで確認しよう。(東京都　河合朝子　'13) ['18]

サンフランシスコが初めてなら

春と初夏の午前中は霧が出やすいので、早いうちにゴールデンゲート・ブリッジを見学し、#28のミュニバスでフォートメイソンまで行こう。そこから東へ歩いてフィッシャーマンズワーフへ。ワーフからチャイナタウンへは、ケーブルカーで移動。チャイナタウンのあとは、ショッピングを楽しみながら歩いてユニオンスクエアに戻るといいだろう。

観光案内所 *Visitors Information*

サンフランシスコ観光案内所
San Francisco Visitor Information Center

ケーブルカーの発着所、Powell & Market Sts.の角。バートとミュニメトロのPowell St.駅への階段を下りると目の前だ。地図をはじめとして各種パンフレットが豊富なほか、シティパス、ミュニパスポート、ホップオン・ホップオフ・バスのチケットなども販売している。なお、観光案内所は2019年1月モスコーニセンター（地P.73-D3）にも開業予定。

市内の交通機関 *Public Transportation*

サンフランシスコ市交通局
San Francisco Municipal Transportation Agency (SFMTA)

サンフランシスコ市民の足となっているケーブルカー、ミュニバス、ミュニメトロ（おもに中心部は地下、郊外は路面）などを管理運営している機関。24時間運行の路線もあり、実に便利な観光の足となる。観光案内所でもらえるOfficial San Francisco Visitor Map & Guideで、行きたい場所とそこを走っているバスなどの路線番号を確認しよう。

目的地までバスやメトロを乗り継いで行くのなら、トランスファー（乗り換え）チケット（料無料）をもらっておこう。乗り換えはバスからメトロ、メトロからバスといった相互の乗り換えも可能で、90分以内なら何回でも乗車できる。なお、トランスファーチケットはケーブルカー、バートとの乗り換えはできない。

ミュニメトロPowell St.駅

Powell St. 駅を出た所にある観光案内所

サンフランシスコ観光案内所
地P.72-C5
住900 Market St.（半地下）
☎(1-415) 391-2000
開毎日9:00～17:00（土・日、おもな祝日～15:00）
休11～4月の日曜、サンクスギビング、12/25、1/1

サンフランシスコ観光協会
URL jp.sftravel.com（日本語）
www.sftravel.com

サンフランシスコ市交通局
サンフランシスコ・シティ・サービス
Free 311（SF市内からの通話のみ）
☎(1-415) 701-2311（SF市外から）
URL www.sfmta.com

旅行者に便利なミュニパスポート
交通局では、ケーブルカー、ミュニバス、ミュニメトロに乗り放題のミュニパスポートMuni Passportを発行している（バートは除く）。SFMTAのカスタマーサービスセンター（住11 S. Van Ness Ave.）や上記の観光案内所、市内にある薬局Walgreensなどで購入可能
料1日券$23、3日券$34、7日券$45

ベイエリアの交通ICカード、クリッパーCLIPPER
URL www.clippercard.com
ミュニ、バート、ゴールデンゲート・トランジット、ACトランジット、サムトランズ、カルトレイン、VTA（サンタクララバレー交通局）などのベイエリア一帯の交通機関に相互で使えるICカード、クリッパーCLIPPER。日本のSuica、Pasmo、Icoca、Toikaと同じシステムで、チャージした金額分交通機関を利用できる。カードはPowell St.駅などの券売機、フェリービルディング内にあるKiosk、ウォルグリーンズなどで販売（カード代金$3）。使用方法は、クリッパーのリーダーに音が鳴るまでカードをタッチするだけ。入金（チャージ）は駅にある専用機で

旅のアドバイス　トータルで半額近い！　お得なシティパス CityPASS

3日間のミュニバス、ミュニメトロとケーブルカー乗り放題とカリフォルニア科学アカデミー、アクアリウム・オブ・ザ・ベイ、エクスプロラトリウムかサンフランシスコ近代美術館、ブルー＆ゴールドフリート湾内クルーズの特典が含まれたお得なパス。使用開始日から9日間有効。対象施設のチケット売り場で買える。➡P.693
Free (1-888) 330-5008　URL www.citypass.com
料$89、5～11歳 $69、4歳以下無料

メモ　観光案内所情報▶ユニオンスクエアの南にあるデパート、メイシーズ内にも観光案内所がある。Visitor Information Center at Macy's　地P.72-C4　住170 O' Farrell St.　開月～土10:00～21:00、日11:00～19:00

ケーブルカー　Cable Car

1873年に、サンフランシスコの丘を初めてケーブルカーが走ってから、すでに140年以上。この町のシンボルのひとつでもあるケーブルカーは、2世紀前と同じく、今も人々の足として活躍している。

ケーブルカーの路線は**パウエル―ハイド線 Powell-Hyde Line**、**パウエル―メイソン線 Powell-Mason Line**、**カリフォルニア線 California Line**の計3本。パウエル―ハイド線、パウエル―メイソン線はPowell & Market Sts.の交差点のターミナル発。ここではケーブルカーの向きを変えるために、ターンテーブルの上の車体を、グリップマン（ケーブルカー運転手）たちが人力で回転させるシーンが見られる。終点は両方ともフィッシャーマンズワーフの手前。ケーブルカーは、急坂が多い南北の移動にはおおいに力を発揮する。カリフォルニア線は、Market St.からVan Ness Ave.までのCalifornia St.を東西に走っているので、横の移動に便利。

ステップ乗車にチャレンジしたい

ミュニバス　Muni Bus

効率よく市内を移動するには、やはりバスがいちばん。道のわかりやすいサンフランシスコは、アメリカでのバスの乗り方をマスターするには絶好の町だ。

まずは観光案内所でもらったOfficial San Francisco Visitor Map & Guideで目的地までのバス番号と、どこを走っているかをチェック。同じバス停を何本ものルートのバスが通過するので、バス停に表示されている路線番号を最初に確認する。アメリカは右側通行なので注意が必要だ。次に近づいてきたバスのフロントにある表示を見て、自分が乗りたいバスかどうかをもう一度チェックし、手を振るなどして運転手に乗車の意志を伝えよう。

基本的に乗車は前からで、乗車する際に運賃を投入箱に入れる。コインでもお札でもOKだが、おつりが出ないので料金分のお金を用意すること。このときに必ずトランスファーチケットをもらっておこう。

通常車内のアナウンスはないので、降車時は窓から通りの名前を確認するか、ドライバーや周りの人に停留所の場所を確認するしかない（車内に次のバス停を知らせる電光掲示板をもつバスもある）。目的地に近づいたら、窓の上に張ってあるワイヤーを引くか、ボタンまたは窓の枠のゴムテープを強く押して合図する。降りるときは基本的に後ろのドアから降りる。

ミュニバスにもICカードのクリッパーが使える

●Cable Car
運行／毎日6:00～翌0:30（路線により異なる）
料$7
※ターミナル近くの自動券売機でチケットを買うか、または乗り込んでから車掌に直接支払ってもよい。ミュニパスポート、シティパスも使える

ケーブルカーにうまく乗るコツ
サンフランシスコ名物のケーブルカーは非常に人気がある。観光シーズンともなると、ケーブルカーの発着所には、乗車待ちの長い列が見られる。スムーズに乗りたいのであれば、早朝がおすすめ。また、途中から乗るときは、ケーブルカーが来たら手を挙げて合図すること。混雑ぶりによっては、途中の停留所からの客を乗せてくれないこともある

●Muni Bus
運行／路線によっては24時間
料$2.75（クリッパー使用時$2.50）、65歳以上・5～18歳$1.35（クリッパー使用時$1.25）
※ミュニパスポート利用可能

バスに乗るときの注意
アメリカは日本と違って右側通行。逆の方向のバスに乗らないように注意しよう

トランスファーチケットは必ずもらうこと
ミュニバスやミュニメトロの運賃を現金で払ったら乗り換えの有無にかかわらず、料金を支払った証明として必ずトランスファーチケットをもらうこと。トランスファーチケット不携帯の場合、検札で罰金を取られることがある。
ただし、電子カードのクリッパーで乗車した場合は、トランスファーチケットの発券はされない

メモ　**シティパスのミュニパスポートの使い方**▶シティパスの中に3日間のミュニパスポートが付いているが、表紙に最初に使う日の日付をはっきりと記入すること。乗車時、これを運転手に見せればよい。日付を記入するのは自分でもかまわないが、観光局のスタッフやホテルの人に記入してもらうのもいい。

ミュニメトロは地上の郊外では前から乗って運賃を払う

●Muni Metro
運行／毎日4:40～翌1:20（土4:30～、日5:30～）
※時間は駅、系統によって異なる
料$2.75（クリッパー使用時$2.50）、65歳以上・5～18歳$1.35（クリッパー使用時$1.25）
※ミュニパスポート利用可能

ミュニメトロ　Muni Metro

Market St.の端、フェリービルディングを中心に、サンフランシスコのダウンタウンを縦横に走る電車。地上を走るFライン以外はマーケットストリートの地下を走る。

ダウンタウンのMarket St.沿いの駅は、バートの駅入口とミュニの改札が同じ階なので間違えないように。券売機でその区間の切符を購入またはクリッパーカードを使い改札を通り駅構内に入る。ミュニパスポートやトランスファーチケットで入るときは、係員のいる窓口からトランスファーチケットを見せて入る。地上駅から乗る場合は、いちばん前の車両の入口から入り、そこで料金を払い、トランスファーチケットをもらう。

ミュニメトロは**E、F、J、K、L、M、N、T**の8路線。K、L、M、N、Tは夜間や早朝に運行されるOwl便がある。また、フィッシャーマンズワーフとカストロを結ぶFラインはカラフルで個性的なデザインのストリートカーで、地上を走り、観光客に人気がある。ダウンタウンからフィッシャーマンズワーフに行くときも便利。

バート
☎(1-415) 989-2278
URL www.bart.gov
運行／路線によって異なるが、毎日4:00～翌1:00（土6:00～、日8:00～）
※日曜に運休する路線もある
料行き先によって異なり、最低$1.75～。クリッパーカードを使わないのならバートのフェアカード（ブルーチケット）に金額をチャージすることになり、1回乗るごとに50¢かかる
自動券売機で使えるお金は5¢、10¢、25¢、$1のコインと、$1、$5、$10、$20の紙幣
※ミュニのトランスファーチケットやミュニパスポートは使えない
Powell St.駅からの料金
料Downtown Berkeley駅まで$4.60、Oakland Airportまで$10.95

ベイエリアの交通情報
Free511
URL 511.org

バート
BART (Bay Area Rapid Transit)

周辺の交通ラッシュを緩和するために、1974年に造られたバートは、サンフランシスコとイーストベイを結ぶ近代的な交通システム。切符の販売から改札、運行スケジュールにいた

バートの自動券売機

日本からアメリカへの国際電話のかけ方 P.8～9
国際電話認識番号（001/0033/0061）＋（010）＋アメリカの国番号（1）＋市外局番＋電話番号

るまで、すべてコンピューターで管理されている。ダウンタウンだけを観光するぶんにはあまり利用することはないが、サンフランシスコ国際空港から、サンフランシスコのダウンタウンやベイエリアの町への交通手段としておおいに活用できる。また、郊外のバークレーやオークランドを訪れる際にも便利な移動手段だ。

路線は全部で6本。サンフランシスコの中心部にはEmbarcadero、Montgomery St.、Powell St.、Civic Centerといった駅があり、観光案内所に近いPowell St.駅が便利だ。ミュニパスポートは使えず、乗るときはチケットが必要。チケットはフェアカード式になっており、販売機に入れたぶんだけ料金が磁気カードに記録される。何回も乗る予定のある人はまとめて買っておこう。クリッパー➡P.66側注も使用可能だ。

空港とダウンタウンを約30分で結ぶバート

ツアー案内 *Sightseeing Tours*

グレイライン
Gray Line

全米だけでなく、世界中を網羅する1910年創業のツアー会社。基本的に市内の主要ホテルまでピックアップサービスがある。ツアーの予約は電話かウェブサイトからで、3日前までに予約することをすすめる。

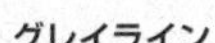

グレイライン
住 Union Square, 478 Post St.
☎ (1-415) 353-5310
Free (1-800) 472-9546
URL graylinesanfrancisco.com

ツアー名	料金	運行	所要時間	内容など
San Francisco Grand City Tour	$58	毎日9:00、14:00発	3時間30分	ゴールデンゲート・パーク、ゴールデンゲート・ブリッジ、チャイナタウン、フィッシャーマンズワーフ、プレシディオなど
Hop on, Hop off 24Hour Pass	$55	毎日9:00から20～30分間隔の運行	終日	24時間乗り降り自由の2階建てバス。観光案内所、エンバーカデロセンター、ロンバートストリート、ゴールデンゲート・ブリッジ、ヘイトアシュベリー、チャイナタウン、フィッシャーマンズワーフなど約24ヵ所に停車。48時間乗り放題もある（$65）
Muir Woods and Sausalito Tour	$68	毎日11:00、15:00発	4～6時間	サンフランシスコの対岸にあるミュアウッズ国定公園を訪れ、サウサリートを散策する。オプションとしてサウサリートからフェリーでフィッシャーマンズワーフに戻る（$11.50の追加料金）こともできる
Yosemite National Park Day Tour	$74	毎日7:00発	14時間	バスでヨセミテ国立公園へアプローチ。ヨセミテビレッジを中心に、ヨセミテ滝やエルキャピタンなどを回る。片道のみもあり
Monterey／Carmel and 17-Mile Drive	$79	5～10月毎日、11～4月は木～日8:00発	11時間	風光明媚なCA-1を南下し、モントレーではキャナリーロウに足を運ぶ。景色の美しいパシフィックグローブと17マイルドライブ、カーメルなどを回る
Deluxe Sonoma & Napa Valley Wine Country Tour	$91	毎日9:00発	8時間	ソノマとナパを訪れ、3つのワイナリーでの試飲（21歳以上）やハイキング、町ではショッピングを楽しむ

町にはフードトラックが毎日のように現れる。安くておいしい料理に出合える

NBAウォリアーズのアリーナはオークランドにある

旅のアドバイス Blue & Gold Fleet ▶ベイクルーズのほか、エンゼルアイランドやサウサリート、オークランドなどのサンフランシスコ湾の各都市を結ぶフェリーも運航。湾内クルーズは、シティパス➡P.693の対象アトラクション。
☎ (1-415) 705-8200 URL www.blueandgoldfleet.com

ダウンタウン中心部 Central Downtown

ダウンタウンのヘソ　地P.72-C4

ユニオンスクエア
Union Square

ダウンタウンの中心が、ユニオンスクエアと呼ばれる小さな公園。周辺にはデパート、有名ブランド店、レストラン、ホテルが建ち並びとてもにぎやかだ。ダウンタウン観光はここからスタートするのがいいだろう。買い物好きなら1日いても飽きない所だ。Powell St.側には演劇などのディスカウントチケットを扱う**Tix Bay Area**がある。

西のウォールストリート　地P.73-D3〜F3

ファイナンシャルディストリクト
Financial District

ユニオンスクエアを東に進むと、ファイナンシャルディストリクトに突き当たる。銀行や保険会社が入る大きなオフィスビルが林立し、平日の活気は観光都市サンフランシスコからは想像もつかない。町のランドマークともいえる三角形のビルは、**トランスアメリカピラミッド Transamerica Pyramid**。48階建て、高さ260mでサンフランシスコでは最高を誇っている。なお、このビルの内部は一般には開放されていない。その東に位置する**エンバーカデロセンター Embarcadero Center**は6つの近代的なビルから構成され、オフィスのほかに、ホテルやレストラン、ショップもある。海に面した**フェリービルディング・マーケットプレイスFerry Building Marketplace**は、サンフランシスコの人気レストランや有名なグルメショップが軒を連ね、多くの人でにぎわい、週3回ファーマーズマーケットが開かれる。

フェリービルディングはSFのマスト

芸術鑑賞に浸りたい　地P.65-E2〜E3

シビックセンター
Civic Center

観光案内所からMarket St.を西へ進むと、シティホールを中心に連邦政府の建物が集まるエリアがある。ここは西海岸で1、2を争うパフォーミングアートのメッカだ。世界的なオペラやバレエが上演される**戦争記念オペラハウスWar Memorial Opera House**や、サンフランシスコ交響楽団のコンサートが行われる**ルイス・デイビス・シンフォニーホール Louis Davis Symphony Hall**、全米最大規模の**アジア美術館Asian Art Museum**などがある。また、ジャズ専用のコンサートホール(→P.80脚注)では、有名ミュージシャンの公演も開催。各所の詳しい公演スケジュールなどは観光案内所で尋ねてみよう。

ユニオンスクエア
行スクエアを囲む通りのひとつPowell St.はケーブルカー（パウエル－ハイド線、パウエル－メイソン線）が走っている

町の中心がユニオンスクエア。ハートのオブジェにも注目

●**Tix Bay Area**
演劇などの当日券が最大半額で買える。正規前売り券、ミュニパスポート、シティパスも販売している。また、グレイラインツアーの申し込みもできる
地P.72-C4
住350 Powell St.(bet. Geary & Post Sts.)
☎(1-415)433-7827
URL tixbayarea.org
開毎日8:00〜16:00（金・土〜17:00）

ファイナンシャルディストリクト
行徒歩ならユニオンスクエア周辺から10分、チャイナタウンからは5分。ミュニメトロのEmbarcadero駅、ケーブルカーのカリフォルニア線の利用が便利
●**Ferry Building Marketplace**
地P.73-F2
住1 Ferry Building
☎(1-415)983-8030
URL www.ferrybuildingmarketplace.com
開月〜金10:00〜19:00、土8:00〜18:00、日11:00〜17:00
休店舗により異なる
行ミュニメトロFライン、フェリービルディング前下車
●**Farmers Market**
URL cuesa.org/markets
開火・木10:00〜14:00、土8:00〜14:00

シビックセンター
行ケーブルカーの発着所からMarket St.を西に徒歩10分。ミュニメトロのCivic Center駅、Van Ness駅から徒歩5分
※シビックセンター周辺は治安が悪い。夜に訪れる際は十分気をつけるように
●**Asian Art Museum**
地P.65-E2
住200 Larkin St.
☎(1-415)581-3500
URL www.asianart.org
開火〜日10:00〜17:00（2月上旬〜9月下旬の木〜21:00）
休月、サンクスギビング、12/25、1/1
料$15、シニア・13〜17歳・学生$10（週末は$5加算）。毎週木曜（2月上旬〜9月下旬）の17:00以降は$10。また特別展は別料金

歴史・文化・その土地らしさ　公園・レクリエーション・アトラクション　買い物・食事・娯楽　編集室オススメ

サンフランシスコで成長著しいエリア 地P.73-D4〜D5、E4〜E5

サウス・オブ・マーケット
South of Market (SoMa)

Market St.の南側は、再開発が進み、博物館、レストラン、ナイトクラブが続々登場している。頭文字を取って、別名**ソーマSoMa**。サンフランシスコ近代美術館をはじめ、アフリカ文化にまつわる**アフリカン・ディアスパラ博物館Museum of the African Diaspora**、ユダヤ人の文化や芸術、歴史などを伝える**ジューイッシュ現代博物館Contemporary Jewish Museum**など文化施設が多く点在している。そのほか、巨大映画館やスーパー、レストランなどが入る商業施設**メトレオンMetreon**もローカルに大人気のスポットだ。

サンフランシスコ近代美術館
San Francisco Museum of Modern Art（SF MOMA）

近代美術館としてはニューヨークに次いで全米第2位の規模を誇る。木を多用したエコな建物で、改装してインスタレーションや写真の展示スペースが一気に拡大、体験型としても充実した。イキなグッズはみやげ物に最適。

チルドレンズ・クリエイティビティ・ミュージアム
Children's Creativity Museum

デジタル機器を使い、3-Dアニメーションやウェブページを作ったり、テレビスタジオでオリジナルのマルチメディアショーを制作したりと、大人でも夢中になってしまいそうなアート&テクノロジーセンター。建物の横には回転木馬やボーリング場、アイススケート場などもある。

今一番注目の地域 地P.65-E3〜E4

ミッション
Mission

ミッションドロレス教会の南側と、バート16th St.駅と24th St.駅の間のMission St.とValencia St.がミッション地区。今、サンフランシスコで最も洗練されたエリアだ。地元のオーガニック食材を扱い市民に支持されているスーパーの**レインボーグローサリーRainbow Grocery**や**バイライト・マーケットBi-Rite Market**、不動の人気を誇るベーカリーの**タルティーン・ベーカリーTartine Bakery**（地P.65-E3）などサンフランシスコ発のショップやレストランなどが多く、ぶらぶらと散策するだけでおもしろい。必見は**シカモアストリートSycamore St.の壁画**。個性豊かな表現は、市民の芸術への造詣の深さを感じさせてくれる。夜はクラブやバーが盛り上がるが、周辺の治安はあまりよくないので気をつけよう。

シカモアストリートはインスタ映えスポット

サウス・オブ・マーケット
行ユニオンスクエアから南東へ徒歩5分

●Museum of the African Diaspora
地P.73-D5
住685 Mission St.
☎(1-415)358-7200
URL www.moadsf.org
開水〜土11:00〜18:00、日12:00〜17:00
休月・火、おもな祝日
料$10、シニア・学生$5

●Contemporary Jewish Museum
地P.73-D5
住736 Mission St.
☎(1-415)655-7800
URL www.thecjm.org
開木〜火11:00〜17:00(木〜20:00)
休水、おもな祝日
料$14、シニア・学生$12、木曜17:00以降$5、第1火曜は入場無料

●Metreon
地P.73-D5
住135 4th St.
☎(1-415)369-6000
URL www.shoppingmetreon.com
開毎日10:30〜20:30(金・土〜21:30)

●San Francisco Museum of Modern Art
地P.73-D5
住151 3rd St.
☎(1-415)357-4000
URL www.sfmoma.org
開木〜火10:00〜17:00(木〜21:00)
休水、12/25、サンクスギビング
料$25、シニア$22、19〜24歳の学生$19、18歳以下無料

●Children's Creativity Museum
地P.73-D5
住221 4th St.
☎(1-415)820-3320
URL creativity.org
開水〜日10:00〜16:00
休月・火、おもな祝日
料$12.95、2歳以下無料

ミッション
行ダウンタウンからミュニメトロJラインでChurch St. / 18th St.の停留所で下車。バートの場合は16th St.駅または24th St.駅下車

●Rainbow Grocery
地P.65-E3
住1745 Folsom St.
☎(415)863-0620
URL www.rainbow.coop
開毎日9:00〜21:00

●Bi-Rite Market
地P.65-E3
住3639 18th St.
☎(415)241-9760
URL www.biritemarket.com
開毎日8:00〜21:00

ヘイズバレー▶SFジャズセンター（地P.65-E3）の北から西側に延びるHayes St.は地元の人たちが集うおしゃれな商店街。個性のあるショップ、レストラン、カフェがFranklin St.からLaguna St.まで続く。

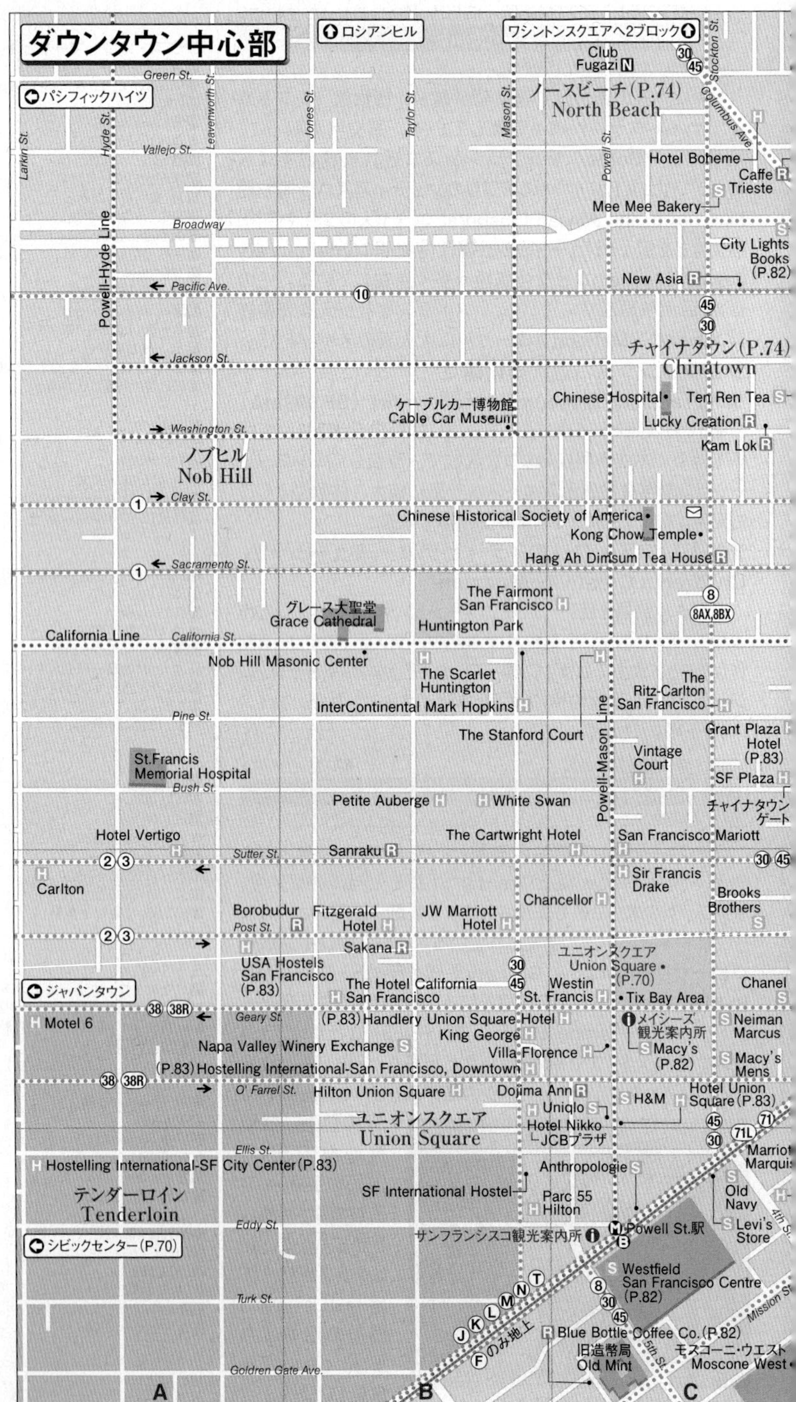
ダウンタウン中心部
ロシアンヒル
ワシントンスクエアへ2ブロック
パシフィックハイツ
Club Fugazi
ノースビーチ(P.74)
North Beach
Green St.
Leavenworth St.
Jones St.
Taylor St.
Mason St.
Powell St.
Stockton St.
Columbus Ave.
Larkin St.
Hyde St.
Vallejo St.
Hotel Boheme
Caffe Trieste
Mee Mee Bakery
Broadway
City Lights Books (P.82)
New Asia
Pacific Ave.
Powell-Hyde Line
Jackson St.
チャイナタウン(P.74)
Chinatown
ケーブルカー博物館
Cable Car Museum
Chinese Hospital
Ten Ren Tea
Lucky Creation
Kam Lok
Washington St.
ノブヒル
Nob Hill
Clay St.
Chinese Historical Society of America
Kong Chow Temple
Hang Ah Dimsum Tea House
Sacramento St.
グレース大聖堂
Grace Cathedral
The Fairmont San Francisco
Huntington Park
California Line
California St.
Nob Hill Masonic Center
The Scarlet Huntington
InterContinental Mark Hopkins
The Ritz-Carlton San Francisco
Pine St.
The Stanford Court
Powell-Mason Line
Vintage Court
Grant Plaza Hotel (P.83)
SF Plaza
St.Francis Memorial Hospital
Bush St.
Petite Auberge
White Swan
チャイナタウンゲート
Hotel Vertigo
The Cartwright Hotel
San Francisco Mariott
Sanraku
Sutter St.
Carlton
Sir Francis Drake
Chancellor
Brooks Brothers
Borobudur
Fitzgerald Hotel
JW Marriott Hotel
Post St.
Sakana
ユニオンスクエア
Union Square
(P.70)
USA Hostels San Francisco (P.83)
The Hotel California San Francisco
Westin St. Francis
Tix Bay Area
Chanel
ジャパンタウン
Motel 6
Geary St.
(P.83) Handlery Union Square Hotel
King George
メイシーズ観光案内所
Neiman Marcus
Napa Valley Winery Exchange
Villa Florence
Macy's (P.82)
Macy's Mens
(P.83) Hostelling International-San Francisco, Downtown
O' Farrel St.
Hilton Union Square
Dojima Ann
H&M
Hotel Union Square (P.83)
Uniqlo
ユニオンスクエア
Union Square
Hotel Nikko
JCBプラザ
Ellis St.
Marriott Marquis
Hostelling International-SF City Center (P.83)
Anthropologie
Old Navy
テンダーロイン
Tenderloin
SF International Hostel
Parc 55 Hilton
Eddy St.
サンフランシスコ観光案内所
Powell St.駅
Levi's Store
シビックセンター(P.70)
Westfield San Francisco Centre (P.82)
Turk St.
Mission St.
4th St.
5th St.
のみ地上
Blue Bottle Coffee Co. (P.82)
旧造幣局
Old Mint
モスコーニ・ウエスト
Moscone West
Goldren Gate Ave.
A
B
C

投稿 公共の交通機関▶ミュニバスやミュニメトロは、ドアがすぐに閉まってしまう。乗車人数が多い場合は、いちばん最後の人がドア付近のバーを足で押さえておくといい。 （京都府　ねぎ　'13）['18]

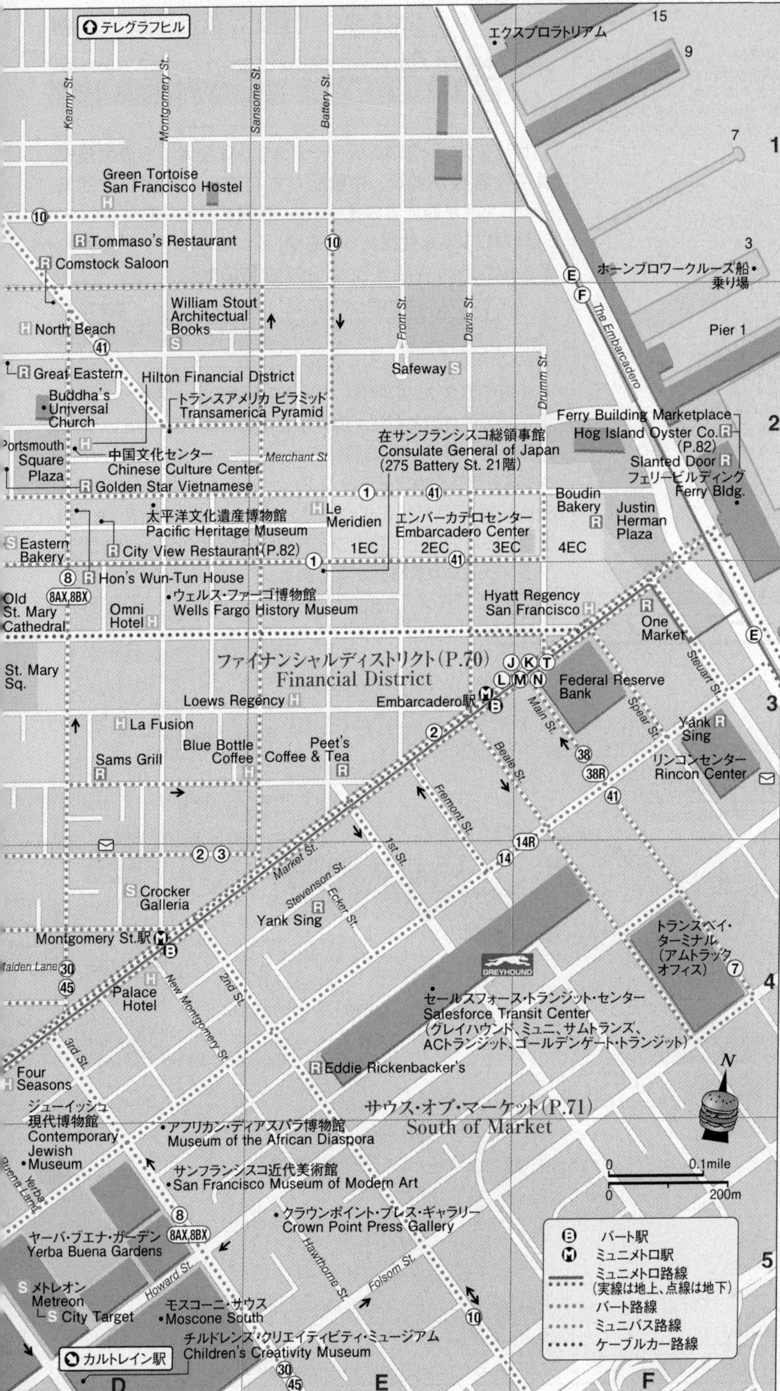
テレグラフヒル
エクスプロラトリアム
15
9
7
3
1
2
3
4
5
Kearny St.
Montgomery St.
Sansome St.
Battery St.
Green Tortoise San Francisco Hostel
Tommaso's Restaurant
Comstock Saloon
William Stout Architectural Books
North Beach
Front St.
Davis St.
Safeway
Drumm St.
ホーンブロワークルーズ船乗り場
Pier 1
The Embarcadero
Great Eastern
Hilton Financial District
Buddha's Universal Church
トランスアメリカ ピラミッド Transamerica Pyramid
Portsmouth Square Plaza
中国文化センター Chinese Culture Center
Merchant St
Golden Star Vietnamese
在サンフランシスコ総領事館 Consulate General of Japan (275 Battery St. 21階)
Ferry Building Marketplace
Hog Island Oyster Co. (P.82)
Slanted Door
フェリービルディング Ferry Bldg.
太平洋文化遺産博物館 Pacific Heritage Museum
Le Meridien
エンバーカデロセンター Embarcadero Center
1EC
2EC
3EC
4EC
Boudin Bakery
Justin Herman Plaza
Eastern Bakery
City View Restaurant (P.82)
Hon's Wun-Tun House
Old St. Mary Cathedral
Omni Hotel
ウェルス・ファーゴ博物館 Wells Fargo History Museum
Hyatt Regency San Francisco
One Market
St. Mary Sq.
ファイナンシャルディストリクト(P.70) Financial District
Federal Reserve Bank
Steuart St.
Spear St.
Main St.
Loews Regency
Embarcadero駅
La Fusion
Yank Sing
Blue Bottle Coffee
Peet's Coffee & Tea
Sams Grill
Beale St.
リンコンセンター Rincon Center
Fremont St.
1st St.
Market St.
Stevenson St.
Ecker St.
Crocker Galleria
Yank Sing
Montgomery St.駅
Maiden Lane
トランスベイ・ターミナル(アムトラックオフィス)
GREYHOUND
Palace Hotel
New Montgomery St.
2nd St.
セールスフォース・トランジット・センター Salesforce Transit Center (グレイハウンド、ミュニ、サムトランズ、ACトランジット、ゴールデンゲート・トランジット)
3rd St.
Four Seasons
Eddie Rickenbacker's
N
ジューイッシュ現代博物館 Contemporary Jewish Museum
アフリカン・ディアスパラ博物館 Museum of the African Diaspora
サウス・オブ・マーケット(P.71) South of Market
Yerba Buena Lane
サンフランシスコ近代美術館 San Francisco Museum of Modern Art
0 0.1mile
0 200m
クラウンポイント・プレス・ギャラリー Crown Point Press Gallery
ヤーバ・ブエナ・ガーデン Yerba Buena Gardens
Hawthorne St.
Howard St.
Folsom St.
メトレオン Metreon
City Target
モスコーニ・サウス Moscone South
チルドレンズ・クリエイティビティ・ミュージアム Children's Creativity Museum
カルトレイン駅
D
E
F
バート駅
ミュニメトロ駅
ミュニメトロ路線 (実線は地上、点線は地下)
バート路線
ミュニバス路線
ケーブルカー路線

ダウンタウン北部　Northern Downtown

中国系住人のパワーに圧倒される 地P.72-C1～C3、73-D1～D3

☆ チャイナタウン
Chinatown

サンフランシスコのチャイナタウンは全米でも最大規模。漢字の看板が並び、中国語が飛び交い、異国の雰囲気。Grant Ave.が観光客の通りなら、西側を平行に走るStockton St.はパワフルな住民たちの通り。シンボルのチャイナタウンゲートはGrant Ave. & Bush St.の北側にある。

チャイナタウン
URL www.sanfranciscochinatown.com
行 ユニオンスクエアからPost St.を1ブロック東、Grant Ave.を2ブロック北上すると、チャイナタウンゲートがある

エスプレッソの香りが漂う、リトルイタリー 地P.72-C1

ノースビーチ
North Beach

チャイナタウンの北は、イタリア人街のノースビーチ。1860年代まではこのあたりが海岸線だったため、ビーチという名前が残っている。メインの通り、Columbus Ave.を中心にイタリアンレストランやカフェが並ぶ。Broadway から南のWashington Square周辺は特ににぎやかで、ナイトスポットも多い。テレグラフヒルの頂上に建つ**コイトタワーCoit Tower**からはサンフランシスコの鳥瞰図が楽しめる。

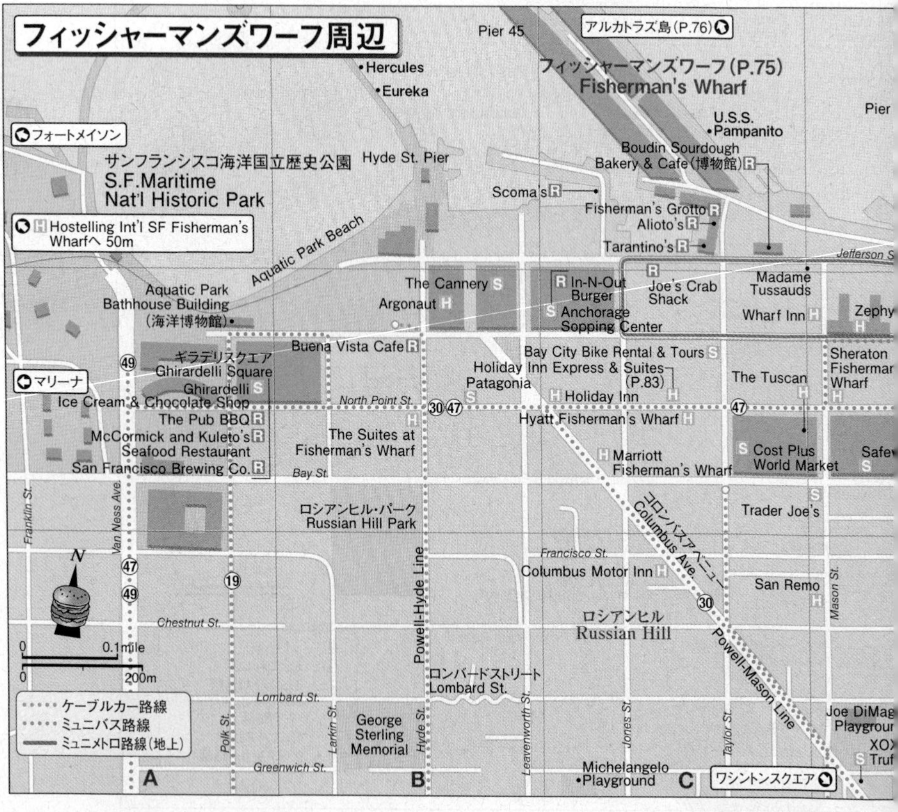

ノースビーチ
行 ユニオンスクエアの2ブロック東を通るKearny St.から、ミュニバス#8でWashington Square周辺で下車

●Coit Tower
地 P.75-E3
住 1 Telegraph Hill Blvd.
☎ (1-415) 249-0995
URL sfrecpark.org
開 毎日10:00～18:00（11～3月～17:00）
休 サンクスギビング、12/25、1/1
料 $9、シニア・学生$6、子供$2
行 フィッシャーマンズワーフから#39のバスで

フィッシャーマンズワーフ周辺

メモ　ジャパンタウン▶ユニオンスクエアからミュニバス #38、38R で西に約 15 分、日本食のレストランや書店、スーパーが集まる。4 月の桜祭りはサンフランシスコの民族祭のなかでも最大規模。URL sfjapantown.org

フィッシャーマンズワーフ周辺　Fisherman's Wharf

SF人気No.1の観光スポット　地P.74、75

フィッシャーマンズワーフ
Fisherman's Wharf

その昔、イタリア人漁師の船着き場だった所が、今は観光客で1年中にぎわっている。Jefferson St.とTaylor St.の角の巨大なカニのマークは、フィッシャーマンズワーフのランドマーク。付近にはカニやエビなどの魚介類の屋台が軒を連ねている。

ピア39　Pier 39

フィッシャーマンズワーフの東端にある桟橋に造られたショッピングモールはSFで人気の観光スポット。西側の海ではアシカが昼寝を楽しんでおり、これが名物になっている。また、同敷地内には水族館の**アクアリウム・オブ・ザ・ベイAquarium of the Bay**がある。

ギラデリスクエア　Ghirardelli Square

ケーブルカーのパウエル―ハイド線のターミナルの斜め前にあるショッピングモール。かつてのチョコレート工場を改造したれんが造りの建物の中には、ブティックやレストランが入る。夜になると"Ghirardelli Square"の大きなイルミネーションがともり、港を行く船からもはっきりと見える。ちなみに「ギラデリ」というのは、サンフランシスコ名物のチョコレート。ここだけでなく市内随所で入手できる。

R Boudin Bakery Cafe
R Hard Rock Cafe
R Pier Market Seafood Restaurant
R Bubba Gump Shrimp Co.
R Wines of California
S Only in San Francisco
S Alcatraz Gift Shop
S The Spice & Tea Exchange
ピア39
Pier 39
Pier 35
•サウサリート、ティブロン行き、ベイクルーズフェリーチケット売り場（Blue & Gold Fleet）
•アクアリウム・オブ・ザ・ベイ Aquarium of the Bay
Beach St.
Embarcadero St.
アルカトラズ島フェリー発着所/ピア33
Kearny St.
Stockton St.
Grant Ave.
Montgomery St.
テレグラフヒル Telegraph Hill
コイトタワー Coit Tower
1
2
3
E

フィッシャーマンズワーフ
行ケーブルカーのパウエル―ハイド線、またはパウエル―メイソン線で終点まで行く。ミュニメトロのFラインでも行ける

●**Pier 39**
地P.75-D1～E1
住Beach St. & The Embarcadero
☎(1-415)705-5500
URL www.pier39.com
開ショップは毎日10:00～21:00、レストランは毎日11:30～23:00。早朝、深夜営業のレストランあり（店舗、時期により異なる）

●**Aquarium of the Bay**
地P.75-E2
☎(1-415)623-5300
URL www.aquariumofthebay.org
開毎日10:00～18:00（時期により異なる）
休12/25
料$26.95、シニア$21.95、4～12歳$16.95

●**Ghirardelli Square**
地P.74-A2～B2
住900 North Point St.
☎(1-415)775-5500
URL www.ghirardellisq.com
開毎日11:00～21:00。店舗により異なる

新鮮なシーフードに舌鼓

ピア39はノスタルジックなモール

ギラデリスクエアの前にはきれいな芝生の公園が広がる

メモ　SF名物、ボウディン・ベーカリー・アット・ザ・ワーフ▶フィッシャーマンズワーフで有名なクラムチャウダーを味わおう。レストランやギフトショップ、博物館も併設。Boudin Bakery at the Wharf　住160 Jefferson St.　開毎日8:00～21:00（土～22:00）　URL boudinbakery.com　地P.74-C1

脱出不可能といわれた監獄島 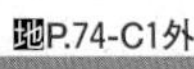P.74-C1外

アルカトラズ島
Alcatraz Island

にぎやかなフィッシャーマンズワーフの沖3kmの所に浮かぶ小さな島が、かつて「悪魔島」と呼ばれていた連邦政府の刑務所だったとは、なかなか想像できない。1934〜1963年の間、ここに誘拐犯や銀行強盗犯、脱獄の常習犯などが投獄されていた。島では各自オーディオガイドを聞きながら刑務所跡を歩くツアーがある（日本語ガイドあり）。計4年半のアルカトラズ生活を送ったアル・カポネが収容された独房などに入ることもできて、とても人気が高い。年間を通してかなり混雑するので、できるだけ早く予約をすること。

アルカトラズ島はかなりの人気

アルカトラズ島
URL www.nps.gov/alca
●Alcatraz Cruises
地P.75-E2外（ピア33）
☎(1-415) 981-7625
URL www.alcatrazcruises.com
出発場所／ピア33
ツアー／夏期は毎日9:10〜15:50の間、14本運航、早朝便（毎日8:45発）夜便（毎日17:55、18:30）あり。時期により増、減便があるので、事前に確認すること
休サンクスギビング、12/25、1/1
料Day Tour（カッコ内はNight Tour）／フェリー往復運賃＋セルフ・オーディオガイドツアー込みで$38（$45）、シニア$35.75($41.75)、5〜11歳$23.25($26.75)。予約はウェブサイトからのオンライン予約、電話予約（90日前から予約可能）で。予約したチケットはピア33にあるチケット販売所の窓口(Will Call)で受け取る。要写真付きID

その他の地域 Other Area

ヒッピーカルチャーの発信地 地P.64-C3〜65-D3

ヘイトアシュベリー
Haight Ashbury

アメリカにとって激動の時代、1960年代に誕生したのが、「反戦、平和、自由」を求めたヒッピーと呼ばれる若者たち。彼らは、ヘイトアシュベリーに住み、独自の文化を生み出していった。ミュージシャンのジャニス・ジョプリンもここを拠点にしていた。

現在は古着店やロック、パンクの店が軒を連ね、独特の雰囲気が漂う。個性的なおしゃれを楽しむ若者たちが集まっており、カフェも多く、散策するだけで楽しい。

ヘイトアシュベリー
行Market St.を走るミュニバス#6、7でHaight St. & Masonic Ave.下車

ファンキーな店が連なるおもしろい所

サンフランシスコのシンボル 地P.64-B1

ゴールデンゲート・ブリッジ
Golden Gate Bridge

ケーブルカーと並び、サンフランシスコのシンボルになっているゴールデンゲート・ブリッジ。世界でいちばん美しい橋といわれている。冷たく速い潮流と霧の多い天候、両岸の地形の複雑さのため「建設不可能な橋」(Unbuildable Bridge)といわれた。このプロジェクトを1937年、4年の歳月と2700万ドルの建設費、11人の尊い命をかけて完成させたのはジョセフ・ストラウスというエンジニア。世界中に400以上の鉄橋を設計してきた彼の総決算ともいえるのが“不可能な橋”の建設だった。全長2737m、橋脚の最高部は水面から約227m、風速毎時100マイル（約160km）の風にも耐えられる設計の橋は、その技術的確かさもさることながら、単にふたつの岸をつなぐための手段以上に、芸術品ともいえるほどの美しさをもつ。

午後のほうが晴れるので撮影にはいい

ゴールデンゲート・ブリッジ
URL goldengatebridge.org、www.nps.gov/goga
車の場合、サンフランシスコ市内に入る（southbound）ときのみ通行料を支払うが、橋には料金所はなく、インターネットや電話（☎(1-415) 229-8655）からクレジットカードで払う方法などがある。徒歩と自転車は無料
開自転車：24時間通行可。歩行者：〈夏期〉毎日5:00〜21:00、〈夏期以外〉毎日5:00〜18:30
行ダウンタウンのセールスフォース・トランジット・センターからゴールデンゲート・トランジットのバス#101で橋のたもとまで。フィッシャーマンズワーフから#28のミュニバスでもアクセス可能

投稿 **サイクリングルート**▶ゴールデンゲート・ブリッジを渡り、サウサリートへ。帰路はフェリーでもいいがとても混雑している。ビスタポイントからウォルト・ディズニー・ファミリー博物館へ立ち寄り、ビクトリアンハウスの町並みを巡りながらフィッシャーマンズワーフへ戻った。（福岡県　板谷克朗　'13）['18]

文化施設も整った世界最大規模の公園 地P.64-A3～C3

ゴールデンゲート・パーク
Golden Gate Park

1887年、サンフランシスコ市が購入した荒れ地に、ジョン・マクラーレンが5000種類を超える植物を移植して造り上げた。園内には数々のレクリエーション施設、博物館、美術館、日本庭園などがあり、サンフランシスコ市民の憩いの場になっている。

園内の移動には**園内シャトル**（週末のみ）、またはレンタルバイクショップで自転車を借りると便利。

カリフォルニア科学アカデミー
California Academy of Science

フーコーの振り子の展示

博物館は有名建築家のレンゾ・ピアノが設計した総合型のミュージアム。建物はジーンズなどのリサイクル素材を使用したり、ソーラーパネルを配したりと、環境保護にも重点をおいている。屋上庭園や熱帯雨林、水族館、プラネタリウム（要整理券）などが集結し、見応え十分だ。地震を体感できるコーナーは人気。

デ・ヤング美術館　De Young Museum

現代アート色の強い美術館。アメリカ絵画の殿堂と呼ばれ、オキーフ、ホッパー、ウォーホルなど、巨匠たちの作品がめじろ押しだ。建物のデザインもユニークで、館内や屋外のいたる所に、モダンアートの彫刻やオブジェを配置している。テキスタイルのコレクションも国内最大規模。

ゴールデンゲート・パーク
行ダウンタウンのMarket St.からミュニバス#5、7で公園が見えてきたら下車。ミュニメトロNは公園南側のIrving St.で下車
☎(1-415)831-2700
URL sfrecpark.org
開毎日5:00～24:00
●**ゴールデンゲート・パークシャトル（園内シャトル）**
運行／土・日、祝日9:00～18:00　料$2
●**California Academy of Science**
地P.64-C3
住55 Music Concourse Dr.
☎(1-415)379-8000
URL www.calacademy.org
料$35.95、シニア・12～17歳・大学生$30.95、4～11歳$25.95、3歳以下無料
開毎日9:30～17:00（日11:00～）
●**De Young Museum**
地P.64-C3
住50 Hagiwara Tea Garden Dr.
☎(1-415)750-3600
URL deyoung.famsf.org
開火～日9:30～17:15
休月、サンクスギビング、12/25
料$15、シニア$12、大学生$6、17歳以下は無料。第1火曜、リージョン・オブ・オナー美術館に同日入場の場合は入場無料

太平洋を望む美術館 地P.64-A2

リージョン・オブ・オナー美術館
Legion of Honor

総工費3400万ドル、6つのギャラリースペース、自然光のあふれるコートエリア、そしてカフェ、ミュージアムショップもある。ゴールデンゲート・ブリッジと太平洋を望む絶好のロケーション。全米でも指折りのヨーロピアンアートの殿堂として、紀元前2500年から20世紀にまたがる絵画や彫刻など12万4000点以上の所蔵を誇る。建物の外にはロダンの「考える人」があり、そちらも見逃せない。また、土・日曜16:00からパイプオルガンの演奏会が無料で楽しめる。

入口にはロダンの彫刻もある

リージョン・オブ・オナー美術館
住100 34th Ave.
☎(1-415)750-3600
URL legionofhonor.famsf.org
開火～日9:30～17:15
休月、サンクスギビング、12/25
料$15、シニア$12、学生$6、17歳以下は無料。第1火曜、デ・ヤング美術館に同日入場の場合は入場無料
行Sacramento St.を走るミュニバス#1で32nd Ave.下車、徒歩8分。#38なら33rd Ave.とGeary St.の角下車、徒歩10分。どちらも#18に乗り換えると美術館前まで行く

ウォルトの思いが込められた博物館 地P.64-C1

ウォルト・ディズニー・ファミリー博物館
The Walt Disney Family Museum

長編アニメーション映画の制作から、夢の王国の創造までも手がけたウォルト・ディズニー。彼の生涯とアートワークに焦点をあてた博物館。入場券購入時に、日本語のオーディオガイドを借りてから見学すると、いっそう理解が深まる。昔の動画などもあって、アニメに興味がある人は必見だ。

ウォルト・ディズニー・ファミリー博物館
住104 Montgomery St.（プレシディオ）
☎(1-415)345-6800
URL www.waltdisney.org
開水～月10:00～18:00（入場は16:45まで）
休火、サンクスギビング、12/25、1/1
料$25、シニア・学生$20、6～17歳$15、5歳以下無料
行Lombard St.を走るミュニバス#43でLincoln Blvd. & Girard Rd.下車、徒歩5分

メモ　プレシディオ▶ゴールデンゲート・ブリッジの付け根周辺から南東に広がるエリアは、プレシディオと呼ばれるアメリカ陸軍跡地。現在は、国立公園に指定されている。ダウンタウンのトランスベイ・ターミナル（→P.63側注）ほかからPresidiGoの無料バスが運行されている。詳細は URL www.presidio.gov

サウサリート
行セールスフォース・トランジット・センターからゴールデンゲート・トランジットバス#30に乗って約50分（URL www.goldengatetransit.org 料$6.50）。1時間に1本の割合で運行。
フェリーならMarket St.の東端、Ferry BuildingからGolden Gate Ferry（料片道$12.50）と、フィッシャーマンズワーフのピア41からBlue & Gold Fleet（料片道$12.50）のふたつのフェリーがある。片道約30分

●レンタルバイクの店
Bay City Bike Rental & Tours
フィッシャーマンズワーフに複数店舗がある。自転車レンタル時に地図をもらい、サウサリートまでのルートを確認しよう。パスポートなどの写真付きIDが必要。ガイド付きのツアーも催行している
地P.74-C2
住2661 Taylor St.
☎(1-415)346-2453
URL baycitybike.com
開毎日8:00～21:00（季節と店により異なる）
料自転車の種類によるが1日$32～

バークレー
行バートでダウンタウンからRichmond行きに乗って約30分でDowntown Berkeley駅に到着（料$4.60）。駅からCenter St.沿いに歩いてキャンパスへ約5分。Telegraph Ave.までは約15分。日曜やRichmond行きがなかなか来ないときは、MacArthur駅まで出てRichmond行きを待とう。
バスならセールスフォース・トランジット・センターから、ACトランジットFに乗る（料$4.50）。ベイブリッジは二重構造で、東方面に行くときは下、サンフランシスコに戻るときは上を通る。行きにバートを使ったら、帰りは眺めのよいバスを利用するのもいい。片道約40分

サイクリングで芸術家たちが愛する町へ 地P.78-A1

サウサリート
Sausalito

対岸のサンフランシスコが見渡せる

ゴールデンゲート・ブリッジを渡ったサンフランシスコ湾の北側がサウサリートの町だ。ブリッジから続く海岸線を走るBridgeway Blvd.の1kmほどの沿道に、おしゃれなギャラリーやレストラン、ブティックなどが並び、芸術家の町にふさわしい雰囲気が感じられる。また、このあたりは高級住宅地としても知られ、マリーナには豪華なヨットやクルーザーが停泊している。サンフランシスコが霧に包まれていても、ここは晴れていることが多い。フィッシャーマンズワーフあたりから自転車を借りて、ゴールデンゲート・ブリッジを越えて行くのがおすすめ。エクササイズがてら訪れ、のんびりするにはもってこいの町。帰りはフェリーに自転車を乗せて帰ってくることもできる。

自由で独特の雰囲気をもつ学生の町 地P.78-B1～B2

バークレー
Berkeley

サンフランシスコからベイブリッジを渡ってバートで約30分。バークレーは、**カリフォルニア大学バークレー校 University of California, Berkeley（UCバークレー）**を中心とする学生の町だ。1960年代に全米を巻き込んだ学生運動発祥の地のイメージが強いが、ここは西海岸の大学では1、2を争うレベルの学校で、数多くのノーベル賞受賞者を輩出したことからも、その学力の高さがうかがえる。

キャンパスは一般的なアメリカの大学に比べて小さいので、キャンパスを見学し終わったら、学生が集まるTelegraph Ave.やグルメな店が並ぶShattuck Ave.を散策してみよう。

バークレーといえばUCバークレー校

メモ ベイエリアとは？▶サンフランシスコとオークランドを中心とする、サンフランシスコ湾周辺の地域は“ベイエリア Bay Area”と呼ばれ、ひとつの大きな都市圏を形成している。そのベイエリアと近郊には、ワインの産地であるナパやソノマのような特徴ある魅力的な町が多い。

カリフォルニアワインの産地 地P.78-B1

ワインカントリー（ナパ&ソノマ）

Wine Country（Napa & Sonoma）

サンフランシスコから車で北へ約1時間も走れば、のどかな丘陵地帯が広がるワインカントリーがある。ワインカントリーは、ナパとソノマに代表されるカリフォルニアワインの産地で、大小さまざまなワイナリーが400以上も点在している。また、ワイン以外にもカリストーガの温泉や、スヌーピーの博物館など見どころも多い。

ワインカントリーへは、サンフランシスコから公共の交通機関ではアクセスしにくいので、レンタカーを借りる予定のない人はグレイラインなどの観光バスを利用するといいだろう。なお、ワイナリーでの試飲は有料のところも多い。

ワイナリーでおいしいワインをいただきながらピクニックも気持ちいい

ナパ Napa

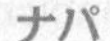

カリフォルニアワインの代表的産地。主要道路であるCA-29沿いに有名ワイナリーやレストラン、ショップが並ぶ。

●オーパスワン　Opus One

カリフォルニアワインを代表するワイナリーといえば、オーパスワンだ。高級ワインとして有名で、カリフォルニアワインの父、ロバート・モンダビが創業者のひとり。

●ナパバレー・ワイントレイン　Napa Valley Wine Train

ナパのダウンタウンから、北の町セントヘレナを走る観光列車。美しいワイン畑を眺めながら、地元のワインとカリフォルニア料理を楽しめる。ランチ、ディナーなどの運行。

カリストーガ Calistoga

ナパの北にある、温泉保養地。飲料水としても親しまれているカリストーガの水には、ミネラルやカルシウムなどが豊富に含まれていて、肌も滑らかにする。その水と火山灰を混ぜた泥風呂（マッドバス）が有名。デトックス効果も高い。

ソノマ Sonoma

ナパほどの知名度はないものの、個性的なワイナリーが多く、注目度も高まってきている。ワイナリー以外にも、スヌーピーの作者、チャールズ・M・シュルツの博物館がある。

●マタンザス・クリーク・ワイナリー
Matanzas Creek Winery

ワイナリーの随所に和のテイストが感じられる、こぢんまりとした雰囲気のいいワイナリー。テラス席でのんびりしたり、ここの名物でもあるラベンダー畑を散策してみよう。

●チャールズ・M・シュルツ博物館
Charles M. Schulz Museum

チャールズ・M・シュルツが晩年を過ごした町、サンタローザにある博物館。スヌーピーの原画の展示などはもちろん、日本人アーティスト大谷芳照氏によるダイナミックな作品も必見だ。ギフトショップやアイススケートリンクもある。

入口からスヌーピーが迎えてくれるチャールズ・M・シュルツ博物館

ワインカントリー
行サンフランシスコからはグレイラインなどの観光バスが、ソノマやナパを訪れる。車なら、ベイブリッジを渡ってI-80を東に向かい、バレーホからCA-29に入るか、ゴールデンゲート・ブリッジを渡って、US-101からCA-37に進み、ナパやソノマを目指す方法がある

●Opus One
住7900 St. Helena Hwy., Oakville
☎(707)944-9442（ツアー・試飲予約）
URL opusonewinery.com（日本語あり）
開毎日10:00〜16:00（試飲）
料入場無料だが、試飲（$50）・ツアー（$85）ともに要予約

●Napa Valley Wine Train
住1275 McKinstry St., Napa
Free (1-800)427-4124
URL www.winetrain.com（日本語あり）
料$149〜。車両によって料金が異なる。サンフランシスコからはフェリー&シャトル、バート&シャトルでアクセス（要予約）可

●Calistoga Welcome Center
住1133 Washington St., Calistoga
☎(707)942-6333
URL visitcalistoga.com
開毎日9:00〜17:00　休おもな祝日

●Matanzas Creek Winery
住6097 Bennett Valley Rd., Santa Rosa
☎(707)528-6464
URL www.matanzascreek.com
開毎日10:00〜16:30
料入場無料（試飲$15、ツアー$20〜40）
※ツアーは3日前までに要予約

●Charles M. Schulz Museum
住2301 Hardies Ln., Santa Rosa
☎(707)579-4452
URL schulzmuseum.org
開毎日11:00〜17:00（土・日10:00〜）
休9月上旬〜5月下旬の火、おもな祝日
料$12、シニア$8、4〜18歳$5

旅のアドバイス　**ワインカントリーへはツアーがおすすめ**▶ワイナリー見学の楽しみのひとつが試飲。飲酒運転を避けるためにはツアーがいい。グレイライン➔P.69のほかに、カリフォルニア・パーラーカー・ツアーズ URL www.californiaparlorcar.com/japanese、ブルー&ゴールドフリート URL www.blueandgoldfleet.com が催行している。

エンターテインメント

サンフランシスコ交響楽団の本拠地、デイビス・シンフォニーホール

サンフランシスコ交響楽団
San Francisco Symphony

1911年創設で、過去には小澤征爾氏も籍をおいていたオーケストラ。1995年以降マイケル・ティルソン=トーマスが音楽監督を務める。座席のほとんどは定期会員で占められるが、余った席がシングルチケット（定期会員のシーズンチケットに対して単発で売られるチケット）として売り出される。シーズン前なら、コンサートホールに直接電話して入手するか、ウェブサイトから申し込めばよい。シーズン開始後は、ホールの窓口で直接購入するのが確実だ。

サンフランシスコ交響楽団
ホームホール――デイビス・シンフォニーホール Davies Symphony Hall
地P.65-E3
住201 Van Ness Ave.
☎(1-415)864-6000(チケット)
URL www.sfsymphony.org

サンフランシスコ・オペラ San Francisco Opera

1923年創設のサンフランシスコ・オペラは、アメリカ3大オペラのひとつ。出演者も超一流で、国際的にも高い評価を得ている。ファンも多く、旅行者がチケットを確保するのは容易ではない。ウェブサイトをこまめにチェックをするか、チケットブローカーに手配してもらうのが得策だ。

サンフランシスコ・オペラ
ホームホール――戦争記念オペラハウス War Memorial Opera House
地P.65-E2
住301 Van Ness Ave.
☎(1-415)864-3330(チケット)
URL sfopera.com

サンフランシスコ・バレエ San Francisco Ballet

アメリカで最も古いバレエ団のひとつで、いつも大胆な振りつけで市民を魅了し続けている。シーズンは12～5月で毎年12月の定期公演、『くるみ割り人形』の人気が高い。チケットはウェブサイトで。

サンフランシスコ・バレエ
ホームホール――戦争記念オペラハウス War Memorial Opera House
地P.65-E2
住301 Van Ness Ave.
☎(1-415)865-2000(チケット)
URL www.sfballet.org

ミュージカル『ビーチ・ブランケット・バビロン』
Beach Blanket Babylon

初演以来44年を越える、サンフランシスコ名物のコメディミュージカル。主人公が世界中を旅している間に、さまざまな人間に出会うのだが、それがエルビス・プレスリーやマリリン・モンローのそっくりさんだったりする。大きな帽子を使うのもひとつの特徴になっている。英語がわからなくても、それなりに楽しめるだろう。料金は座席のランクや曜日により、$30～155。21歳未満は夜の公演は入場不可。

ビーチ・ブランケット・バビロン
劇場／Club Fugazi
地P.72-C1
住678 Green St.(ノースビーチ)
☎(1-415)421-4222(チケット)
URL www.beachblanketbabylon.com
開演／水～金20:00、土18:00と21:00、日14:00と17:00
※夜の公演では写真付きのIDを求められる

スポーツ観戦

ベースボール MLB

サンフランシスコ・ジャイアンツ（ナショナルリーグ西地区）
San Francisco Giants

2010年代にワールドシリーズを3度も制し、2016年もポストシーズンにコマを進めたMLB屈指の強豪。しかし、2017年以降ふがいない状態が続いている。2018年オフも大補強を敢行する予定だ。

強豪ジャイアンツを観戦しよう

サンフランシスコ・ジャイアンツ
(1883年創設) 地P.65-F3
本拠地――AT&Tパーク AT&T Park
(4万1503人収容)
住24 Willie Mays Plaza
☎(1-415)972-2000
URL www.mlb.com/giants
行Market St.を走るミュニメトロN、Tで

この選手に注目!
エバン・ロンゴリア(三塁手)

ジャズ専用のコンサートホール▶大小ふたつのホールがあるSFJAZZ Centerではほとんど毎日コンサートがある。気軽に音楽を楽しむことができ、レストランも併設されている。住201 Franklin St. Free(1-866)920-5299 URL www.sfjazz.org 地P.65-E3

オークランド・アスレチックス（アメリカンリーグ西地区）
Oakland Athletics

映画『マネーボール』の主人公ビリー・ビーンがGMを務めた（現副社長）チーム。低予算ながら常にダークホース的存在で、2018年はワイルドカードに進出した。

 アメリカンフットボール　NFL

サンフランシスコ・フォーティナイナーズ（NFC西地区）
San Francisco 49ers

1981～1994年にスーパーボウル5度の制覇を数えるが2000年代に低迷。復活は2011年以降、ここから2桁勝利を続け、2012年に6度目のスーパー進出で強豪復活を思わせたが翌年の12勝を最後に勝ち越しから遠のいている。

オークランド・レイダース（AFC 西地区）
Oakland Raiders →ラスベガスに移転

2002年に5度目のスーパーボウル出場を果たしたが、以降13シーズンは勝ち越しなしの低迷期に。2016シーズン、12勝で久々のプレイオフ進出を遂げるも翌年は再び負け越しに。2018年、HCグルーデンが復帰し、再生のメスを握る。チームカラーはシルバー、ブラック。

 バスケットボール　NBA

ゴールデンステート・ウォリアーズ
Golden State Warriors（西・太平洋地区）

2012-13シーズンから好成績を維持、プレイオフ出場に留まらず、2014-15以降はNBAファイナルに4年連続出場、2016-17、2017-18の連覇を含む3度の制覇を遂げ、まさに黄金期に。チームカラーはロイヤルブルー、カリフォルニア・ゴールデンイエロー、スレイト。

 アイスホッケー　NHL

サンノゼ・シャークス（西・太平洋地区）
San Jose Sharks

直近の10シーズンで9度プレイオフに進出している強豪チーム。2015-16シーズンはスタンレーカップ・ファイナルまで勝ち進んだがあと一歩のところで優勝を逃した。チーム最古参のパベルスキーを筆頭にバーンズ、クチュールの3人が揃う攻撃陣は脅威。

 サッカー　MLS

サンノゼ・アースクエイクス（西地区）
San Jose Earthquakes

リーグ創設の最初を1対0で勝利した老舗クラブ。2000年代前半に2度リーグ優勝を果たしたが、チームが一度消滅。2008年に復帰した後は低迷が続いている。2015年にサッカー専用のアバヤスタジアムが完成し、現在の本拠地になっている。

オークランド・アスレチックス
（1901年創設）地P.78-B2
本拠地――オークランドコロシアム Oakland Coliseum（4万6765人収容）
住7000 Coliseum Way, Oakland
☎(1-510)568-5600（チケット）
行バートのFremont行きに乗り約25分でColiseum駅。球場は駅の目の前

この選手に注目!
マット・チャップマン（三塁手）

サンフランシスコ・フォーティナイナーズ （1946年創設）地P.78-B2外
本拠地――リーバイススタジアム Levi's Stadium（7万5000人収容）
住4900 Marie P. Debartolo Way, Santa Clara
☎(1-415)464-9377（チケット）　行カルトレインのMountain View駅下車。#902のVTAライレイルで約30分。Great America停留所下車

この選手に注目!
ジミー・ガロッポロ

オークランド・レイダース（1960年創設）
地P.78-B2
本拠地――オークランドコロシアム Oakland Coliseum（5万3250人収容）
住7000 Coliseum Way, Oakland
☎(1-510)864-5000
行アスレチックス参照

この選手に注目!
デレック・カー

ゴールデンステート・ウォリアーズ
（1946年創設）
本拠地――チェイスセンター Chase Center
住1 Warriors Way, San Francisco
Free(1-888)479-4667
行ミュニメトロTでUCSF/Chase Center下車

この選手に注目!
ステフィン・カリー

サンノゼ・シャークス（1991年創設）
地P.78-A2外
本拠地――SAPセンター・アット・サンノゼ SAP Center at San Jose（1万7562人収容）
住525 W. Santa Clara St., San Jose
Free(1-800)745-3000（チケット）
行カルトレインSan Jose Diridon駅下車

この選手に注目!
ジョー・パベルスキー

サンノゼ・アースクエイクス
（1994年創設）地P.78-B2外
本拠地――ペイパルパーク Paypal Park（1万8000人収容）
住1123 Coleman Ave., San Jose
☎(1-408)556-7700
行カルトレインSanta Clara駅からVTA #10でColman Ave. & Earthquakes下車

この選手に注目!
クリス・ワンドロウスキー

メモ　**オークランド・レイダース　ラスベガスに移転**▶NFL オークランド・レイダースはラスベガスに移転することが決定した。ラスベガスには2020年までに6万5000席を有する新スタジアムが誕生する予定。

ショップ&レストラン
Shops & Restaurants

ショッピングセンター

S 200以上の店舗がある

ウエストフィールド・サンフランシスコ・センター
Westfield San Francisco Centre

住865 Market St. ☎(1-415)512-6776 URL www.westfield.com
開毎日10:00～20:30(日11:00～19:00。店舗により異なる)
休おもな祝日 地P.72-C5

1～3階はアメカジのショップを中心に展開、地階にはフードコートやグルメなスーパーマーケットがあり、お総菜が充実。有名デパートが2軒、映画館も併設されているので、ダウンタウンでは何かと便利。Powell駅に隣接。

デパート

S 何でも揃う庶民派のデパート

メイシーズ
Macy's

住170 O'Farrell St. ☎(1-415)397-3333 URL www.macys.com
開月～土10:00～21:00、日11:00～20:00
休おもな祝日 AMV 地P.72-C4

ユニオンスクエアに面した西館、Macy's Westはレディス中心。地階には郵便局と町の観光案内所(パスポート提示で割引券)、フードコートがある。なお、別館の東館Eastはメンズ中心にラインアップ。

ファッション

S SF生まれの男性向けセレクトショップ

ユニオンメイド
Unionmade

住493 Sanchez St. ☎(1-415)861-3373
URL unionmadegoods.com 開月～土11:00～19:00、日12:00～18:00 AMV 地P.65-D3

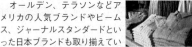

オールデン、テラソンなどアメリカの人気ブランドやビームス、ジャーナルスタンダードといった日本ブランドも取り揃えている。シンプルさとクオリティを追求した自社ブランド“ユニオンメイド”も人気。

書店

S 創業1953年、サンフランシスコを代表する書店

シティ・ライツ・ブックストア
City Lights Bookstore

住261 Columbus Ave. ☎(1-415)362-8193
URL www.citylights.com 開毎日10:00～24:00 休おもな祝日
AMV 地P.72-C1

ビートニク世代にはおなじみの書店。写真集や詩集などが特に充実している。店名入りトートバッグなどオリジナルグッズは、サンフランシスコならでは。おみやげにいい。

カフェ

R 日本でもおなじみのこだわりコーヒー

ブルー・ボトル・コーヒー
Blue Bottle Coffee

住66 Mint St. URL bluebottlecoffee.com
開毎日6:30～19:30 休サンクスギビング、12/25、1/1
AMV 地P.72-C5

サンフランシスコで絶大な人気を誇る店。フェリービルディングにもスタンドがある。オーガニックのコーヒー豆を自家焙煎し、1杯ずつていねいにドリップ。大人気なのも納得のおいしさだ。

アメリカ料理

R アメリカンブレックファストならここ

ドッティズ・トゥルー・ブルー・カフェ
Dottie's True Blue Café

住28 6th St. ☎(1-415)885-2767 URL dottiestruebluesf.com
開月・火・木・金7:30～15:00、土・日～16:00 休水
MV 地P.65-E2

ふわふわのパンケーキが名物で、朝から行列ができる。オムレツなどの卵料理がホームメイドのポテトとよく合う。看板メニューのパンケーキは1枚から選べる。

中国料理

R 飲茶ならひとりでも入りやすい

シティビュー・レストラン(景成)
City View Restaurant

住662 Commercial St. ☎(1-415)398-2838
URL cityviewdimsum.com 開月～金11:00～14:30、土・日10:00～
ADMV 地P.73-D2

平日はビジネスマン、週末は家族連れでにぎわい、店の雰囲気もいい。カートで運ばれてくる飲茶は、蒸しものからデザートまで種類も豊富で取り過ぎてしまうかも。予算は$12～。

オイスターバー

R 新鮮なカキがウリ!

ホッグ・アイランド・オイスター・カンパニー
Hog Island Oyster Co.

住1 Ferry Bldg. ☎(1-415)391-7117
URL hogislandoysters.com 開毎日11:00～21:00
休サンクスギビング、12/25、1/1 AMV 地P.73-F2

生ガキ、焼きガキ、カキシチューなどカキ尽くしのメニューが自慢の店。Today's Oystersは$6～。料理に合ったビールやワインも揃っている。フェリービルの海側にあり、ひとりでも入りやすい。

メモ **夜も楽しいカストロ**▶ヘイトアシュベリー(→P.76)の南東に位置するカストロ地区(地P.65-D3～D4)は、LGBTの町として知られている。関連するみやげ物屋や博物館があり、レストランやカフェも多い。近年はおしゃれな店も増え、女子ひとりでも歩きやすくなった。

ホテル
Hotels

ホステル

立地もよい人気ホステル

USAホステルズ・サンフランシスコ
USA Hostels San Francisco

住711 Post St., San Francisco, CA 94109 ☎(1-415)440-5600
FAX(1-415)651-8802 URL www.usahostels.com Wi-Fi無料
ドミトリー$41〜78、個室$132〜199 AMV 地P.72-A4

ユニオンスクエアからも近く、人気のユースホステル。ドミトリーは男女別で4人ひと部屋、バス付きルームもあり。最寄りのバートの駅まで7ブロック。無料の朝食付き。210ベッド。

ホステル

ユニオンスクエア近くのユース

ホステリング・インターナショナル-サンフランシスコ・ダウンタウン
Hostelling International-San Francisco, Downtown

住312 Mason St., San Francisco, CA 94102 ☎(1-415)788-5604
FAX(1-415)788-3023 URL www.sfhostels.org Wi-Fi無料
ドミトリー$35〜75、個室$99〜219 AMV 地P.72-B4

入口がGeary St.とO'Farrell St.の間にあり、ユニオンスクエアだけでなく、ソーマ、チャイナタウンも徒歩圏内。基本はドミトリーだが個室もある。無料の朝食付き。292ベッド。

ホステル

ホテルを改築したユース

ホステリング・インターナショナル-SFシティセンター
Hostelling International-SF City Center

住685 Ellis St., San Francisco, CA 94109 ☎(1-415)474-5721
FAX(1-415)776-0775 URL www.sfhostels.org Wi-Fi無料
ドミトリー$37〜59、個室$100〜160 AMV 地P.72-A5

ドミトリーはひと部屋に4〜6ベッド。大きなロッカーがあり、荷物も安心だ。移動にはバス#38が便利。治安がよくないエリアの近くなので夜間の外出時には注意が必要。164ベッド。

ホステル

環境も設備も最高のユース

ホステリング・インターナショナル-SFフィッシャーマンズワーフ
Hostelling International-SF Fisherman's Wharf

住240 Fort Mason, San Francisco, CA 94123 ☎(1-415)771-7277
FAX(1-415)771-1468 URL www.sfhostels.org Wi-Fi無料
ドミトリー$38〜59、個室$128〜175 AMV 地P.65-E1

ユニオンスクエアからは、Stockton St.とSutter St.から#30でアクセスできる。キッチンやランドリーなど完備。無料の朝食付き。ネット予約をすすめる。174ベッド。

中級ホテル

バート駅、ケーブルカー発着所の近く

ホテル・ユニオンスクエア
Hotel Union Square

住114 Powell St., San Francisco, CA 94102 ☎(1-415)397-3000
☎(1-415)969-2301(予約) URL hotelunionsquare.com
Wi-Fi無料 ⓈⒹⓉ$216〜366 AMV 地P.72-C4

ダウンタウンの中心部にあるホテル。ロビーでは夕方ワインがサービスされるほか、多くの特典が用意されている。131室。

中級ホテル

ユニオンスクエアそばの居心地がよいホテル

ハンドレリー・ユニオンスクエア・ホテル
Handlery Union Square Hotel

住351 Geary St., San Francisco, CA 94102 ☎(1-415)781-7800
FAX(1-415)781-0216 URL sf.handlery.com Wi-Fi無料
ⓈⒹⓉ$199〜329、スイート$309〜499 AMV 地P.72-C4

スイートは家族連れやグループ客から大好評。観光に便利なロケーション。高野氏特別料金(→P.83脚注)ⓈⒹⓉ$200〜260。377室。

中級ホテル

フィッシャーマンズワーフの中心に位置

ホリデイイン・エクスプレス&スイーツ
Holiday Inn Express & Suites

住550 North Point St., San Francisco, CA 94133
☎(1-415)409-4600 URL www.ihg.com Wi-Fi無料
ⓈⒹⓉ$152〜474、スイート$190〜521 ADJMV 地P.74-C2

客室はシンプルに整っており、浴室はバスタブ付き。フィットネスセンター、コインランドリーあり。バフェの朝食(無料)も好評。252室。

エコノミーホテル

チャイナタウンの入口にあるお手頃ホテル

グラント・プラザ・ホテル
Grant Plaza Hotel

住465 Grant Ave., San Francisco, CA 94108
☎(1-415)434-3883 FAX(1-415)434-3886 URL grantplaza.com
Wi-Fi無料 ⓈⒹⓉ$118〜179 AJMV 地P.72-C3

ケーブルカーの駅も近く、フェリービルへもユニオンスクエアも徒歩圏内。客室はシンプルで、清潔。バスタブのない部屋も多いが、中心部としてはコスパが高い。予約は早めに。

※P.83で紹介の「ハンドレリー・ユニオンスクエア・ホテル」については、日本セールス担当の高野氏をとおせば、特別料金で滞在できる。要クレジットカード。
☎(650)827-9491(24時間直通) FAX(650)827-9105 URL www.nishikaigan.com E-mail henrytakano@earthlink.net

ヨセミテ国立公園

Yosemite N.P.

神々の遊ぶ庭

ダイナミックなヨセミテ滝が見られるのは春から初夏にかけて

アメリカ最大の見どころが、日本にはないダイナミックな大自然だ。壮大な自然との出合いは、自然の偉大さ、美しさ、神秘性を教えてくれるだろう。アメリカならではの大自然に触れてみたいと思っている人は、ぜひヨセミテに行ってほしい。昔から多くの人々を魅了してきた伝説の谷は、訪れる人の期待を決して裏切ることはない。その神々しさ、スケールの大きさには、ただ言葉を失うのみだ。

人間の想像も及ばないような年月の間に造り上げられた大自然。トレイルを歩けば、それまでのざわめきはどこに行ったのかと思えるほど静かな世界が広がり、聞こえてくるのは川のせせらぎと鳥の声だけ。風が吹くと、どこからか滝の落ちる音も聞こえてくる。荒々しい姿とは対照的に、訪れる人は皆穏やかな気持ちになれる。

花こう岩としては世界最大の一枚岩、エルキャピタン

DATA

入場者数▶約434万人
面積▶3081km²（東京都の1.4倍）
標高▶最高3997m
国立公園指定▶1890年
世界遺産登録▶1984年
時間帯▶太平洋標準時（PST）

➡P.631

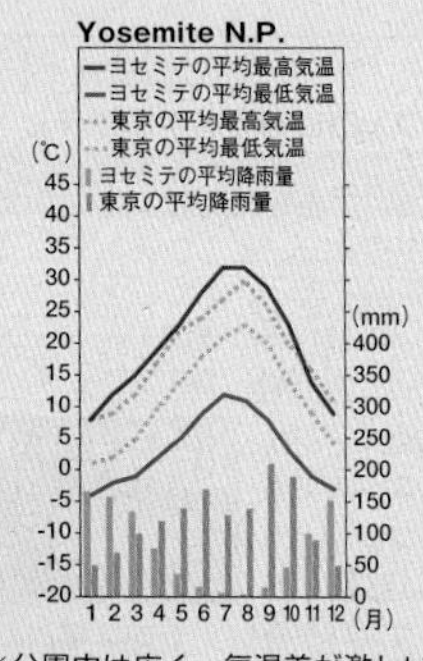

※公園内は広く、気温差が激しいので注意

もっと詳しく

地球の歩き方B02アメリカ西海岸編（1700円＋税）、B04サンフランシスコ編（1700円＋税）、B13アメリカの国立公園編（1800円＋税）でもヨセミテ国立公園を紹介していますので、ご活用ください。

メモ　Fresno Yosemite International Airport（FAT）▶ヨセミテ国立公園まで車で約3時間の所にある空港。サンフランシスコから1日4便（所要1時間）、ロスアンゼルスから1日4便（所要1時間）が乗り入れる。住5175 E. Clinton Way, Fresno　☎(559) 621-4500　URL www.flyfresno.com

ヨセミテ国立公園への行き方 Getting There

公園の西口、Arch Rock Entranceから約65マイル（約104km）の所にある**マーセドMerced**は、ヨセミテ国立公園への拠点となっている小さな町。世界中からの観光客が、バスやレンタカー、列車で、この町に集まってくる。マーセドへのアプローチでいちばん安上がりで便利なのは、グレイハウンドを利用する方法（サンフランシスコから所要約3時間45分）。グレイハウンドでマーセドに着いたら、マーセドのバスディーポからは**YARTSバス**が公園のカリービレッジ、ヨセミテ・バレー・ロッジまで年中運行されている。このほかアムトラックやサンフランシスコ発の観光バスを利用する手段もある。

なお、YARTSバスは2019年5/12までの冬期はマーセド発9:00、10:40、12:40、17:40だが、夏期は増便する。ヨセミテバレーでは、ビジターセンター、ヨセミテ・バレー・ロッジを経由してカリービレッジまで所要約3時間。季節によって時刻表が変わるので、出発前に必ず電話かウェブサイトで最新情報を確認しよう。

ツアー案内 Sightseeing Tours

サンフランシスコからヨセミテへのおもな観光バスは2社ある。カリフォルニア・パーラー・カー・ツアーズなら宿泊付きなので、ヨセミテ観光を満喫したい人におすすめ。

グレイライン
Gray Line

●Yosemite Tour

所要約14時間の日帰りツアー。夏期は毎日7:00発、冬期は特定の曜日のみ（料$149～）。バスでヨセミテまで行き、ヨセミテビレッジを中心に、エルキャピタン、ヨセミテ滝などを回る。

カリフォルニア・パーラー・カー・ツアーズ
California Parlor Car Tours

●Yosemite One Day by Train　所要約16時間30分。毎日6:45発。料$119、2～11歳$79。日帰り。ヨセミテバレー内での2時間のツアーは別料金。

●Yosemite View Lodge Two Days Tour　所要2日間。毎日6:30発。料$297～537（1～4人1部屋利用）。Yosemite View Lodge（園外）に1泊する。トラムツアーは別料金。

●Yosemite Valley Three Days Tour　所要3日間。毎日6:30発。料$404～690（1～4人1部屋利用）。ヨセミテバレーのYosemite Lodgeに2泊する。バレーフロアー・ツアーも含まれる。

●Yosemite Transportation　ヨセミテ国立公園内のポイントとサンフランシスコの主要ホテル間の往復のみ。宿が決まっている人には便利。毎日6:30発。13:15頃にヨセミテロッジ到着。サンフランシスコへ戻る便は16:50にヨセミテを出発。料往復$190、片道$92（入園料含む）、5～17歳$140。

ヨセミテ国立公園
住P.O. Box 577, Yosemite N.P.
☎(209) 372-0200
URL www.nps.gov/yose
※ゲートは一部を除いて年中24時間オープン
料車1台$35、自転車または徒歩1人$20（7日間有効、出入り自由）

グレイハウンド（マーセド駅）
住710 W. 16th St., Merced
Free (1-800) 231-2222
URL www.greyhound.com
料サンフランシスコから片道$21～37

YARTSバス
Free (1-877) 989-2787
URL yarts.com
料マーセド～ヨセミテ往復$25（入園料込み）

レンタカーを利用するなら
レンタカーを借りるならフレズノ経由が何かと便利。フレズノ・ヨセミテ国際空港（→P.84脚注）内に営業所がある

●Alamo
☎(559) 251-5577
●Avis
☎(559) 454-5030
●Budget
☎(559) 253-4100
●Dollar
Free (1-866) 434-2226
●Hertz
☎(559) 251-5055

グレイライン
☎(1-415) 353-5310
URL graylineofsanfrancisco.com

カリフォルニア・パーラー・カー・ツアーズ
☎(1-415) 474-7500
Free (1-800) 227-4250
URL www.californiaparlorcar.com（日本語あり）
コースによりホテルへピックアップあり。また、オフシーズンはバスではなく小型バンやアムトラックで催行することも

マーセドとヨセミテを結ぶヤーツバス。車のない人もアクセスが容易だ

旅のアドバイス　アメリカのみならず世界中から▶ヨセミテ国立公園へは多くの人々が詰めかける。狭いビレッジには車があふれ、ロッジはどこも満室……。夏に行くならまず、宿の確保から始めよう。

ビジターセンター
開 毎日9:00〜17:00
行 ヨセミテバレー・シャトルに乗って#5、9の停留所で下車

まずはビジターセンターで情報収集を

ヨセミテバレー・シャトル
運行／毎日7:00〜22:00の10〜15分間隔
料 無料
※季節により運行時間、ルート変更もあるのでビジターセンターで入手できる"Yosemite Guide"で新しい情報を確認すること

ヨセミテ国立公園ツアーバス
Free (1-888) 413-8869
URL www.travelyosemite.com

観光案内所 Visitors Information

ヨセミテバレーに到着したら、まずは**ビジターセンター Valley Visitor Center**へ行こう。地図や本などの資料が豊富に揃っている。また、センター内ではオリエンテーションフィルムも上映している。

市内の交通機関 Public Transportation

ヨセミテバレー・シャトル Yosemite Valley Shuttle

ヨセミテバレー内の約20ポイントを結んで無料シャトルバスが循環している。マイカーで来ても、車を駐車場に置いてこのバスを利用しよう。ドライバーはガイド役も兼ねているので、オリエンテーションのつもりで、まずは1周してみよう。

ヨセミテ国立公園ツアーバス Yosemite National Park Tour Bus

シャトルバスで行けないポイントへは、シーズン中、ツアーバスが運行している。早めに予約することをすすめる。各ツアーとも、ヨセミテ・バレー・ロッジから発着する。

園内のツアーバス

(2018年10月現在)

ツアー名	出発時間	所要時間	おもな観光ポイント	運行期間	料金
バレーフロア・ツアー	夏期は随時(冬期は1日2便)	約2時間	ヨセミテ滝、エルキャピタン、ブライダルベール滝、トンネルビュー、ハーフドームなど	通　年	$36.75 ($26.75)
グレイシャーポイント・ツアー	8:30、10:00、13:30	約4時間	自然の展望台グレイシャーポイントから、渓谷やハーフドームを一望する。途中、エルキャピタンやブライダルベール滝の前を通る	5月下旬〜10月下旬	片道$26 ($16.50) 往復$52 ($32)

( ) 内は子供 (5〜12歳) 料金

レンタルバイク Rental Bike

ヨセミテバレー内を自由に散策するのなら、自転車（バイク）を借りるといい。自転車専用道路も整備されているので、安全で快適なサイクリングが楽しめる。自転車は、4月から10月まで、**ヨセミテ・バレー・ロッジYosemite Valley Lodge**と**カリービレッジCurry Village**で借りられる。子供用も完備。デポジットにIDとクレジットカードが必要。なお、ヨセミテバレーには計12マイル(約19km)のサイクリングロードが整備されている。

園内は自転車で回るもよし、ハイキングするもよし

レンタルバイク
●Yosemite Valley Lodge
●Half Dome Village
開 〈4月中旬〜10月中旬〉毎日10:00〜18:00(返却は16:45まで)
料 1時間$12〜、1日$33.50〜。ヘルメットレンタル含む

投稿 **アッパーヨセミテ滝を近くで体感▶**アッパーヨセミテ滝のトレイルを途中まで登った。コロンビアロックからさらに30分程度登ると、水しぶきを感じるほど近くに滝が見えて感動した。 (愛知県　うさ　'12) ['18]

おもな見どころ Sightseeing

公園内のおもな観光ポイントは、**ヨセミテバレー Yosemite Valley**と呼ばれる谷と、その周辺に集中している。また、バレー内のポイントを結ぶバレー・シャトルが循環している。

見逃せないのは、ヨセミテのシンボルともいえる**ハーフドーム Half Dome**。その名のとおり、真ん丸のドームを縦半分に切り落としたような形をしており、氷河で削られた岩肌には2万年の風雪に耐えてきた貫禄と存在感があふれている。花こう岩としては世界最大の一枚岩といわれているのは、バレー入口の**エルキャピタン El Capitan**。996mの高さで垂直にそびえているため、ロッククライマーたちの憧れの的にもなっている。

また、これはあまり知られていないことだが、世界の"落差の大きい滝ベスト100"のうち5つの滝が、ヨセミテにある。**ヨセミテ滝 Yosemite Falls**、**センチネル滝 Sentinel Fall**（春のみ）、**リボン滝 Ribbon Fall**（初夏のみ）は特に落差があり、このほかにもたくさんの滝があり、それぞれの表情を見比べるのもなかなかおもしろい。このほか、自然が造った大パノラマ展望台**グレイシャーポイント Glacier Point**や、世界的に有名な写真家アンセル・アダムスの作品にもたびたび登場する**バレービュー Valley View**、ヨセミテで最も有名な景色を眺望できる**トンネルビュー Tunnel View**など、見逃せないポイントが多い。園内のツアーバスをうまく利用して見学しよう。

ヨセミテの宿対策
アメリカでの国立公園の人気は、日本人が想像する以上に高い。夏期のシーズンなら半年以上前に、ウェブサイトを通じて申し込むのがいいだろう。日本の旅行会社でも国立公園の宿の申し込みができるところもあるので、問い合わせてみるといい。または、宿泊付きのツアーバスに乗るのもひとつの方法

夜空も見逃せない
人工の光がほとんどないヨセミテでは、無数の星が瞬く夜空にも注目を。街灯がないので携帯できる懐中電灯があると便利

マリポサグローブ
世界最大の樹木、ジャイアントセコイアの森。約500本の巨木があるが、推定樹齢1800年を誇るグリズリージャイアントGrizzly Giantは必見

グレイシャーポイントからの景色。左がハーフドーム

ヨセミテおすすめトレイル

大自然を楽しむ、いちばん簡単で、誰にでもおすすめできる方法が"ハイキング"だ。ヨセミテにはバラエティに富んだハイキングトレイルがあるので、時間があるならぜひとも歩いてほしい。

●バーナル滝 Vernal Falls とネバダ滝 Nevada Falls へのトレイル（中級）
シャトルバスで#16ハッピーアイル Happy Islesまで行き、ここからマーセド川に沿って歩く。バーナル滝を左に見ながらの急な登りは、足場があまりよくないうえに、滝のしぶきでビショビショに。距離も難度も適度。バーナル滝まで往復4.8km、2〜4時間、ネバダ滝まで往復8.7km、5〜7時間。

●アッパーヨセミテ滝 Upper Yosemite Falls までのトレイル（上級）
3段合わせて700m以上の落差をもつヨセミテ滝の上まで登る。Camp 4のキャンプ場から、つづら折りの道をひたすら登る。往復約12km、6〜9時間。

●ロウアーヨセミテ滝 Lower Yosemite Fall までのトレイル（初級）
ヨセミテであまり時間がない人にもおすすめできるトレイル。シャトルバスで#6ロウアーヨセミテ滝 Lower Yosemite Fallまで行けば、そこから片道約0.8km、往復30分。

●ミラーレイク Mirror Lake のトレイル（初級）
シャトルバスで #17 ミラーレイク・トレイルヘッド Mirror Lake Trailhead へ行き、そこのトレイルヘッドからミラーレイクまで往復 3.2km で約 1 時間。湖を 1 周すると約 8km で約 2 〜 3 時間のコース。湖へは Tenaya Creek の西側に沿って、緩やかな登り。1 周コースは Teneya Creek に架かる橋を渡り、レイクの東側に沿って戻ってくる。冬は凍結に注意。

ミラーレイクに午前中に行くなら▶ぜひ、湖の南側のトレイルを歩いてみて。反対側の山々の景色が湖に写り込み、きれいなミラーを見ることができる。（愛知県　うさ　'12）['18]

旅のアドバイス ヨセミテ国立公園付近のホテル事情

ヨセミテ国立公園内

ヨセミテ国立公園の宿泊施設は常に人気があり、1年前から予約を受け付けている。一流ホテルからテントキャビンまでいろいろあるが、夏は非常に混むので必ず予約を。現地に着いてからの宿探しは不可能に近い。なお、冬の時期なら、宿泊施設によってはディスカウント料金を提示しているところもある。

ヨセミテ国立公園内の宿の予約

☎(602) 278-8888 Free(1-888) 413-8869 URLwww.travelyosemite.com 受付時間:7:00〜19:00、土・日8:00〜 ADJMV

ほとんどのホテル&キャビンの料金は、ひとりでもふたりでも同じ。以下は2019年夏の料金。室料は部屋のタイプ、時期や曜日などによって異なる。ハウスキーピングキャンプ以外はロビーにのみ無料Wi-Fiあり。

●アワニー The Ahwahnee

アメリカでも屈指のリゾートホテル。ロケーションも折り紙付き。ⓈⒹⓉ$581〜642。123室。

全米屈指の憧れのホテルがマジェスティック・ヨセミテ・ホテルだ

●カリー・ビレッジ Curry Village

静かな林の中に木造キャビンとテントキャビンが建ち並ぶ。少数ながらホテル形式の部屋もある。毛布、シーツあり。鍵を見せるとシャワーが無料で利用できる。テントキャビン$143、キャビン$167〜231、ホテルルーム$260。18室、キャビン136棟、テントキャビン424棟。

●ヨセミテ・バレー・ロッジ
Yosemite Valley Lodge

ヨセミテ滝に近くて便利。園内で最大の収容人数をもつロッジで、設備はホテルと変わらない。スタンダード、ロッジルーム$260。250室。

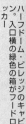

ハーフドーム・ビレッジのキャビン。入口横の緑色の箱がフードロッカー

ビッグ・ツリーズ・ロッジはマリポサグローブの入口にある

●ハウスキーピングキャンプ Housekeeping Camp

キャンプ場に準ずる施設で、ヨセミテで最も安く泊まれる所。ひとつのテントに4人までOKで$108。夏のみのオープン。ただし質素なものなので、雨がしのげればいいという人向け。貸し毛布&シーツあり。266棟。

●ワオナ・ホテル Wawona Hotel

園内最古の白いビクトリア調の木造ホテル。バレーからバスで45分、公園南口そばのマリポサグローブの入口にある。ゴルフ場もある。バス付き50室ⓈⒹⓉ$208、バスなし54室ⓈⒹⓉ$145。

●トゥオルミ・メドウ・ロッジ
Tuolumne Meadows Lodge

バレーから車で1時間30分。タイオガパスや公園東口に近く、6月上旬〜9月中旬のみオープンする。テントキャビン$144。69テント。

マーセド

●スタジオ・シックス Studio 6

住1213 V St., Merced, CA 95341
☎(209) 723-3711 Free(1-855) 249-0891
URLwww.staystudio6.com Wi-Fi$2.99
ⓈⒹⓉ$62〜79 AMV

市内通話は無料。ヨセミテバレーまで約80マイル(約129km)。プールあり。95室。

●ベストウエスタン・イン Best Western Inn

住1033 Motel Dr., Merced, CA 95340
☎(209) 723-2163 Free(1-800) 780-7234
URLwww.bestwestern.com Wi-Fi無料
ⓈⒹⓉ$85〜115 ADJMV

市内通話は30分無料。ヨセミテバレーまで約80マイル(約129km)。電子レンジ、冷蔵庫、朝食付き。コインランドリー、プールもあり。42室。

●ホリデイイン・エクスプレス&スイーツ
Holiday Inn Express & Suites

住151 S. Parsons Ave., Merced, CA 95341
☎(209) 384-3700 日本無料0120-677-651
URLwww.ihg.com Wi-Fi無料
ⓈⒹⓉ$96〜155 ADJMV

フィットネスやプール、ランドリーなど、設備が充実しているホテル。近くにはファストフードやカフェのチェーン店があり徒歩で行くことができる。ヨセミテバレーまで約79マイル(約126km)。朝食付き、91室。

メモ **クマに注意**▶ヨセミテ国立公園はクマの出没が多い。ゴミは必ず指定の所に。テントキャビンに宿泊するときも要注意だ。食品や化粧品、シャンプーなど香料の強いものは必ずフードロッカーに入れてから寝るように。車内やテント内に食べ物を置きっぱなしにすると、クマに襲われる可能性がある。

ロスアンゼルス Los Angeles

太陽が輝くセレブの町

ロスアンゼルスを代表するサンタモニカのビーチ

ロスアンゼルスはニューヨークに次いでアメリカ第２の都市だ。映画の都であるハリウッド、高級住宅街が広がるビバリーヒルズ、アメリカで最も有名なビーチのサンタモニカ。東京都５つ分ほどの広範囲をカバーするだけあり、エリアごとに異なった印象を与えてくれる。

ビーチアクティビティ、高級ブランド店での買い物、テーマパーク巡り、有名シェフによる料理など、訪れる人すべてのニーズを満たしてくれる町は、全米広しといえどもロスアンゼルス以外にない。さまざまな表情をもつことに加え、１年をとおして温暖な気候であることも人気のゆえんである。明るい太陽の下を散策するだけでもいい思い出になるはずだ。

ロスアンゼルスは、スペイン語で天使の町という意味。ロスアンゼルスに住む天使に、あなたの願いを託してみてはいかがだろう。

ハリウッドスターの手形や足形がある
TCL チャイニーズ・シアター

地球の歩き方B02アメリカ西海岸編（1700円＋税）、B03ロスアンゼルス編（1700円＋税）でもロスアンゼルスを紹介していますので、ご活用ください。

DATA

人口▶ 約399万9700人
面積▶ 約1214km²
標高▶ 最高87m、最低0m
TAX▶ セールスタックス　9.5%
ホテルタックス（ロスアンゼルス市16.2%、サンタモニカ市14%、アナハイム市17%）
属する州▶ カリフォルニア州 California
州のニックネーム▶ 黄金州 Golden State
州都▶ サクラメント　Sacramento
時間帯▶ 太平洋標準時（PST）
P.631
繁忙期▶ 年間をとおして

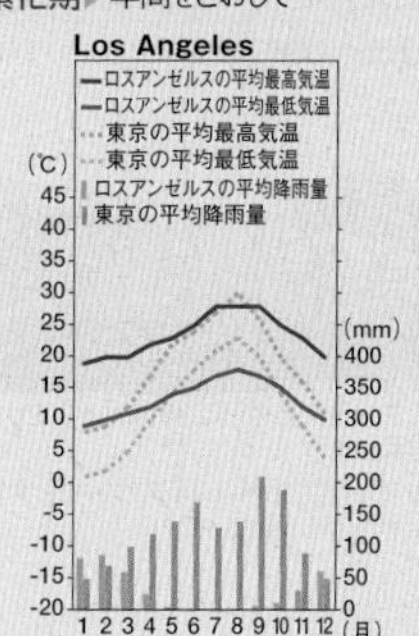

旅のアドバイス　メトロレイル・エクスポラインがサンタモニカへ▶ 2016年5月下旬、エクスポラインがダウンタウンの7th St./Metro Center駅からサンタモニカへ乗り入れた。ダウンタウンからサンタモニカまで約50分で行けるので便利だ。

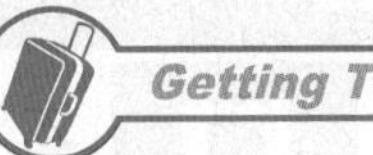

Getting There ロスアンゼルスへの行き方

ロスアンゼルス国際空港
地P.94-A2
住1 World Way
Free (1-855) 463-5252
URL www.flylax.com
　トム・ブラッドレー国際線ターミナルの到着階(1階)にインフォメーション・カウンターがあり、空港案内のほか、LAのそれぞれのエリアへの行き方を教えてくれる

レンタカー
　大手レンタカー会社の多くは空港の敷地外にある営業所で、車の貸し出しを行っている。バゲージクレーム階を出たら、自分が利用するレンタカー会社の無料シャトルバスに乗って向かおう

注意！6路線あるフライアウエイ
　空港からフライアウエイに乗車するときは、行き先を必ず確認しよう。ダウンタウンにあるユニオン駅Union Stationのほか、ハリウッドやウエストウッドなど全6路線ある

飛行機 Plane

ロスアンゼルス国際空港
Los Angeles International Airport (LAX)

　「エル・エー・エックス」という略称で呼ばれている西海岸最大の空港。70社近くの航空会社が乗り入れ、2018年11月現在、成田や羽田、関空から直行便が運航している。ターミナル1～8、トム・ブラッドレー国際線ターミナルに分かれ、航空会社によって使用するターミナルが異なる。日本航空、全日空などアメリカ系以外の航空会社はトム・ブラッドレー国際線ターミナルを使用し、デルタ航空（ターミナル2～3)、アメリカン航空（ターミナル4～5)、ユナイテッド航空（ターミナル7～8）の国際線はカッコ内の各ターミナルに発着。すべてのターミナルが2層構造で、上階が出発階、下階が到着階となっている。ターミナル間の移動は、到着階を走る白地に青色のデザインのLAXシャトル#A（料無料）を利用しよう。各交通機関はターミナルの外を走る内周道路から乗車する。

■ 空港から／空港へのアクセス

	種類／名称／連絡先	行き先／運行／料金	乗車場所／所要時間／備考
空港バス	フライアウエイ FlyAway Free (1-866) 435-9529 URL www.lawa.org/flyaway	**行き先▶**ユニオン駅ほか **運行▶**毎日5:00～翌1:00の30分間隔。それ以外の時間は1時間間隔(行き先により異なる) **料金▶**$8～（行き先により異なる）※支払いはクレジットカードのみⒶⒿⓂⓋ	**空港発▶**"FlyAway, Buses Long Distance Vans"のサイン(緑色)の下から乗車。6路線あるので行き先を確認すること **空港行き▶**ユニオン駅東口のPatsaouras Transit Plazaのバス乗り場1から乗車 **所要時間▶**ユニオン駅まで30～50分
空港バス	ディズニーランド・リゾート・エクスプレス Disney[illegible] Free (1-800) 828-6699 URL dre.coachusa.com	**行き先▶**ディズニーランド・リゾート、ア[illegible] **運行▶**[illegible] **料金▶**[illegible]	**空港発▶**"FlyAway, Buses Long Distance Vans"のサイン[illegible] **空港行き▶**アナハイム周辺のホテルから乗車。スケジュー[illegible]予約したほうがいい **所要時間▶**ディズニーランド・リゾートまで約60分
空港シャトル	スーパーシャトル SuperShuttle Free (1-800) 258-3826 URL supershuttle.com	**行き先▶**市内や周辺どこでも **運行▶**24時間随時 **料金▶**[illegible] $19～　※料金は目安。同エリアでも若干異なる。3人以上なら、タクシーの利用が得	**空港発▶**内周道路手前、"SuperShuttle"のサインそばから[illegible] [illegible]サイトから予約 **所要時間▶**ダウンタウンまで約30分
電車	メトロレイル Metro Rail ☎ (323) 466-3876 URL www.metro.net	**行き先▶**メトロレイル各駅 **運行▶**早朝から深夜まで **料金▶**$1.75、1日券は$7	**空港発▶**"LAX Shuttle Airline Connections"のサイン(青色)の下からLAXシャトル#Gに乗り、Aviation/LAX駅へ。グリーンラインの東方向に乗り、Willowbrook/Rosa Parks駅でブルーラインに乗り換え **空港行き▶**メトロレイル各駅から乗車 **所要時間▶**ユニオン駅まで約1時間45分
タクシー	ユナイテッド・インディペンデント・タクシー United Independent Taxi Free (1-800) 822-8294	**行き先▶**市内や周辺どこでも **運行▶**24時間随時 **料金▶**ダウンタウン$46.50、ハリウッド約$80、サンタモニカ$45など（空港からは+$4)	**空港発▶**"Taxi"マークのサインの下から乗車 **空港行き▶**事前に電話予約をするか、主要ホテルから乗車 **所要時間▶**ダウンタウン約35分、ハリウッド約45分、サンタモニカ約25分

「ディズニーランド・リゾート・エクスプレス Disneyland Resort Express」（Coach USA による）は、運行を終了しました。

「スーパーシャトル SuperShuttle」は、運行を終了しました。

※それぞれの乗り物の特徴については ➡P.665

バスターミナルからの移動はメトロバスを利用しよう

グレイハウンド・バスターミナル
ユニオン駅に移転→P.91

長距離バス Bus

グレイハウンド・バスターミナル
Greyhound Bus Terminal

　ダウンタウン東の外れにあり、周辺は決して治安のいい地域とはいえない。ダウンタウンの中心部まで歩いて行くには遠い。ターミナルを出て道路を渡った所にあるバス停からメトロバス#60の西行きに乗れば、メトロレイル・レッドラインの7th St.／Metro Center駅周辺（所要15分）などへ行ける。暗い時間帯はタクシー（中心部まで料約$10）を利用するように。

旅のアドバイス LAXからサンタモニカへは▶空港からサンタモニカへは$1.25～2.50で行けるビッグ・ブルー・バス（#3かRapid3）がおすすめ。シャトルバンは$17くらいするので、かなりお得だ。

 鉄道 *Train*

ユニオン駅
Union Station

白い壁にパームツリーが映えるユニオン駅はシカゴやシアトルなどからの長距離列車(アムトラック)の終着駅だ。ロスアンゼルスの公共交通機関を担うメトロの案内所もあり、メトロレイル・レッドライン、パープルライン、ゴールドラインとシルバーラインが停まる。

空港バスのフライアウエイのバス停も駅の東口にある。ダウンタウン中心部までは路線バスのダッシュ(➡P.92)が安い。Alameda St.を渡った所にあるバス停からダッシュのルートB（月〜金のみ運行）が、シビックセンターやロスアンゼルス現代美術館方面へ向かう。

アムトラックだけでなく、メトロレイルの駅やバスターミナルもあるユニオン駅

ユニオン駅
地P.96-B1
住800 N. Alameda St.
Free(1-800)872-7245
開24時間
●DASH
料50¢

ロスアンゼルスの歩き方 *Getting Around*

ロスアンゼルス（略してLA=エル・エー）のいちばんの特徴は何といってもその広さ。関東平野に匹敵する広さとまでいわれるが、公共交通機関を使えば何とかエリア間を移動できる。

本書ではLAを、再開発が進み変革期を迎えるダウンタウン、映画の都ハリウッド、流行発信地として知られるウエストサイド、そしてビーチシティの代表サンタモニカなどのエリア別に紹介している。

近年は比較的治安がよくなってきているといわれるが、日が暮れてからの町歩きは十分に注意をしたい。移動はタクシーの利用をすすめる。ダウンタウンのリトルトーキョーの南、4th St.、Los Angeles St.、7th St.、Central Ave.に囲まれたエリアは、絶対に立ち入らないように。

ロスアンゼルスは「エル・エー」
「ロス」という略称は日本人の間でしか使われていない

タクシーを利用しにくいLA
流しのタクシーは少ないし、エリア間が離れているので高くつく。タクシーをひろうときは、ホテルのタクシー乗り場が便利

 観光案内所 *Visitors Information*

ロスアンゼルス観光局
Los Angeles Tourism and Convention Board

ハリウッド＆ハイランド観光案内所
Hollywood & Highland Visitor Information Center

ハリウッド＆ハイランドの2階にあり、夜遅くまでオープンしている。パンフレットの種類が豊富だ。スタッフが常駐しているので、直接相談にのってくれるのもありがたい。

ハリウッド&ハイランド観光案内所
地P.98-B1
住6801 Hollywood Blvd., 2nd Fl., Hollywood
☎(323)467-6412
URL www.discoverlosangeles.com(英語)
jp.discoverlosangeles.com(日本語)
開月〜土9:00〜22:00、日10:00〜19:00

 市内の交通機関 *Public Transportation*

メトロバス
Metro Bus

LAのほぼ全域をカバーしている路線バス。車体はおもに赤やオレンジ。バス停はMのマークが目印だ。200近くのルートをもち、急行や鈍行などがある。車体に“**ラピッドRapid**”と書かれた急行バスは速くてたいへん便利。メトロの案内所である**メトロカスタマーセンター**でシステムマップや路線別の時刻表を入手するといい。窓口で行き先を告げれば、何番のバスに乗ればいいのかも教えてくれる。

メトロバス
☎(323)466-3876
URL www.metro.net
料$1.75、1日券(メトロレイルと共通)$7
※400、500番台のフリーウエイを走る路線は、フリーウエイに入る前にエクスプレス料金(75¢)を徴収される

Mのマークとバス路線番号が記されているバス停

メトロカスタマーセンター
●ユニオン駅
住800 N. Alameda St.(東口のバスターミナル側にある)
開月〜金6:00〜18:30　休土・日
●Wilshire Blvd./Vermont Center
住3183 Wilshire Blvd.
開月〜金10:00〜18:00　休土・日

旅のアドバイス　そのほかの観光案内所▶ユニオン駅に入るレストランTraxxそば（開毎日9:00〜17:00）と、ダウンタウンのインターコンチネンタル・ロスアンゼルス・ダウンタウン内（開毎日9:00〜20:00）にある。

ダッシュ
ダウンタウンでは5路線が走っている。リトルトーキョーとメトロレイルの7th St./Metro Center駅付近を結ぶルートAとチャイナタウンから7th St./Metro Center駅へ行くルートB、7th St./Metro Center駅からLAライブを通り、エクスポジションパークまで行くルートFが利用価値の高い路線だ。ダウンタウン内の移動はこれがいちばん便利
☎(213)808-2273
URL www.ladottransit.com
料50¢
※ダッシュのほとんどの路線は平日と土曜のみの運行

メトロバスのおもなルート

1 ～ 99	ダウンタウンを通る主要路線
100～299	ダウンタウンを通らない普通路線
300～399	一部のバス停にしか停まらない路線（快速バス）
400～599	ハイウエイを走るエクスプレスバス
700～799	ラピッドバスと称する急行バス。快速バスよりもバス停が少ない。"Rapid"の文字が目印

ダッシュ
DASH

狭いコミュニティ内を走るバス。

ダッシュのおもなルート

ルート番号	おもなルート	運行時間
ルートA	Fig at 7th周辺からウォルト・ディズニー・コンサートホールを経由して、リトルトーキョーへ	月～金6:00～18:30（7分間隔）
ルートB	チャイナタウン、ユニオン駅、MOCAを通ってメトロレイルの7th St./Metro Center駅へ	月～金5:50～18:30（8分間隔）
ルートD	ユニオン駅からダウンタウンの東側を走り、メトロレイル・ブルーラインのGrand駅へ	月～金5:50～18:00（5分間隔）、18:00～19:00（15分間隔）
ルートE	Harbor Fwy.の西側から7th St.を通り、メトロレイル・ブルーラインのSan Pedro駅周辺を走る	月～金6:30～19:00（5分間隔）、土6:30～17:00（10分間隔）、日10:00～17:00（15分間隔）
ルートF	LAグランドホテル・ダウンタウンからLAライブを経てエクスポジションパーク、USCへ	月～金6:30～17:50(10分間隔)、17:50～18:30(20分間隔)、土・日10:00～17:00（20分間隔）

メトロレイル
☎(323)466-3876
料$1.75、1日券(メトロバスと共通)$7
※改札は無人だが、必ずtapカードを改札ゲートにタッチすること。抜き打ちの検札があり、不正乗車の場合は罰金$250を払うことになる

メトロレイル
Metro Rail

Aライン（ブルー）、Bライン（レッド）、Cライン（グリーン）、Dライン（パープル）、Eライン（エクスポ）、Gライン（オレンジ）、Jライン（シルバー）、Lライン（ゴールド）の8路線。

メトロレイルのおもなルート

ルート名	内容など
メトロレイルBレッドライン Metro Rail B Red Line	ダウンタウンのユニオン駅からハリウッド方面へ。ダウンタウンからユニバーサル・スタジオ・ハリウッドへはレッドラインで約25分。
メトロレイルDパープルライン Metro Rail D Purple Line	ダウンタウンのユニオン駅から、ミッドウィルシャーのWilshire / Western駅を結ぶ。レッドラインと車体も同じで、途中までレッドラインと同じ路線を走る。
メトロレイルAブルーライン Metro Rail A Blue Line	ダウンタウンの7th St. / Metro Center駅とロングビーチのダウンタウンを約1時間で結んでいる。
メトロレイルC グリーンライン Metro Rail C Green Line	LAX南のレドンドビーチから、ほぼI-105（フリーウエイ）に沿って東へ、ノーウオークまで走る。Willowbrook/Rosa Parks駅でブルーラインに乗り換えられる。メトロレイルのAviation/LAX駅からLAXへは"LAX Shuttle G"のシャトルバス（料無料）も走っている。
メトロレイルLゴールドライン Metro Rail L Gold Line	ユニオン駅を中心にパサデナ方面、リトルトーキョー方面にアクセスできる。ユニオン駅からパサデナのDel Mar駅、Memorial Park駅までは約25分。パサデナとLittle Tokyo駅間は約30分。
メトロレイルEエクスポライン Metro Rail E Expo Line	7th St./Metro Center駅からエクスポジションパークを経由して、サンタモニカのダウンタウンまで、約50分で結ぶ。

スターラインツアーズ
Free (1-800)959-3131
URL starlinetours.com
※チケットブースはTCLチャイニーズ・シアター前にある。Movie Stars' Homesツアーは、TCLチャイニーズ・シアター前に集合、出発。郊外のアウトレットへは、ツアーの利用がおすすめ

ツアー案内 *Sightseeing Tours*

テーマパークや郊外のアウトレットへのツアーもある。

スターラインツアーズ
Starline Tours

出発場所／LA全域のおもなホテルへの送迎サービスあり。

ツアー名	料金	運行	所要時間	内容など
Grand Tour of Los Angeles	$64	毎日9:30発	5時間	ステープルスセンター、ハリウッド（TCLチャイニーズ・シアターほか）、ロデオドライブ、サンセットストリップなど、おもな見どころを回る
Celebrity Homes Tour	$45	毎日9:30～日没（30分おき）	2時間	グロリア・エステファンやケイティ・ペリーら人気スターの豪邸のほか、スターゆかりの地を見て回る

旅のアドバイス　**電子プリペイドカード tap** ▶メトロでは、メトロバス、メトロレイルで使用できる電子プリペイドカードの tap カードを発行している。tap カードを持っていない場合は、メトロカスタマーセンター（→P.91）や自動券売機などで、1回乗車券（料$3.75）や1日券（料$9）付きの tap カードを購入できる。

ダウンタウン地区 Downtown

エンターテインメントの人気スポット 地P.96-A4

LAライブ
LA Live

ライブやコンサートの会場、博物館などが集まるエリア。LAライブは、スポーツやイベントが行われる**クリプト・ドット・コム・アリーナCrypto.com Arena**の向かいにあり、多目的ホールの**マイクロソフトシアターMicrosoft Theatre**、ライブやショー会場の**ノボ・バイ・マイクロソフトThe Novo by Microsoft**、レストラン、**グラミー博物館Grammy Museum**が集結する、いわばエンターテインメントの殿堂だ。映画館の**リーガル・シネマ・LAライブ・スタジアム14 Regal Cinema LA Live Stadium 14**もある。敷地内をちょっと移動するだけで、スポーツ観戦やライブ、食事などが楽しめる。

LA ライブの核とも呼べる施設 地P.96-A4

グラミー博物館
Grammy Museum

音楽業界で最も栄誉ある賞と評される、グラミー賞の創設50周年を記念して、2008年に建てられた。4階から展示が始まる博物館は、体験型の展示が並び、遊びながら音楽の魅力を存分に味わえる。見逃せないのが、4階の**クロスローズCrossroads**。150以上のジャンルの音楽を聴くことができる。ほかに、レコーディング体験ができる**ローランド・ライブRoland Live**やグラミー賞授賞式に出席したミュージシャンたちの衣装などの展示コーナーもある。

LA 音楽と演劇の中心 地P.96-A2

ミュージックセンター
Music Center

ドロシー・チャンドラー・パビリオンDorothy Chandler Pavilion、**マーク・テーパー・フォーラムMark Taper Forum**、**アーマンソンシアターAhmanson Theatre**、**ウォルト・ディズニー・コンサートホールWalt Disney Concert Hall**の4つの劇場からなる。ウォルト・ディズニー・コンサートホールを本拠地とするロサンゼルス・フィルハーモニック➡P.97 脚注の公演は人気があるので、チケットは早めに入手しよう。

建物のデザインにも注目 地P.96-A2

ロスアンゼルス現代美術館（MOCA）
The Museum of Contemporary Art, Los Angeles（MOCA）

日本人建築家、磯崎新によるれんが色の建物とガラスのピラミッドがユニークな建物の美術館。現代美術を代表する作家から若手まで幅広いコレクションが楽しめる。3～6ヵ月ごとに変わる企画展がメイン。また、リトルトーキョーには、ポップアートを中心に展示する**ゲッフェン現代美術館The Geffen Contemporary at MOCA** もある。

スポーツ観戦やコンサートを楽しめるLA ライブ周辺

LAライブ
住800 W. Olympic Blvd.
☎(213)763-5483
URL www.lalive.com
※公演やイベントについては、上記のウェブサイトで確認できる
行ダッシュのルートFでFlower St. & Olympic Blvd.下車。メトロレイルBレッド、Dパープルラインの7th St./Metro Center駅下車、南へ徒歩約10分。または、メトロレイル・ブルー、エクスポラインのPico駅下車、西へ徒歩約4分

グラミー博物館
住800 W. Olympic Blvd.（LAライブ内）
☎(213)765-6800
URL www.grammymuseum.org
開日・月・水・木10:30～18:30、金・土10:00～20:00 休火、サンクスギビング、12/25 料$15、シニア・学生$14、6～17歳$13、5歳以下無料
行LAライブ参照

有名建築家のフランク・ゲーリーが手がけたウォルト・ディズニー・コンサートホール

ミュージックセンター
住135 N. Grand Ave.
行ダッシュのルートA、BでGrand Ave. & 1st St.下車
公演についての問い合わせ
☎(213)972-7211
URL www.musiccenter.org

ロスアンゼルス現代美術館（MOCA）
住250 S. Grand Ave.
☎(213)626-6222
URL www.moca.org
開水～月11:00～18:00（木～20:00、土・日～17:00）
休火、おもな祝日
料$15、シニア$10、学生$8（ロスアンゼルス現代美術館とゲッフェン現代美術館共通）、12歳以下と毎週木曜17:00～20:00は無料
行ダッシュのルートBでGrand Ave. & 2nd St. 下車
●The Geffen Contemporary at MOCA
地P.96-B2
住152 N. Central Ave.
☎(213)625-4390
開&料ロスアンゼルス現代美術館と共通
行ダッシュのルートAで1st St. & Central Ave.下車。1st St.からCentral Ave.を北に行き右側

歴史・文化・その土地らしさ　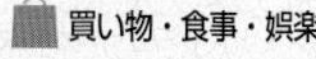公園・レクリエーション・アトラクション　買い物・食事・娯楽
☆編集室オススメ

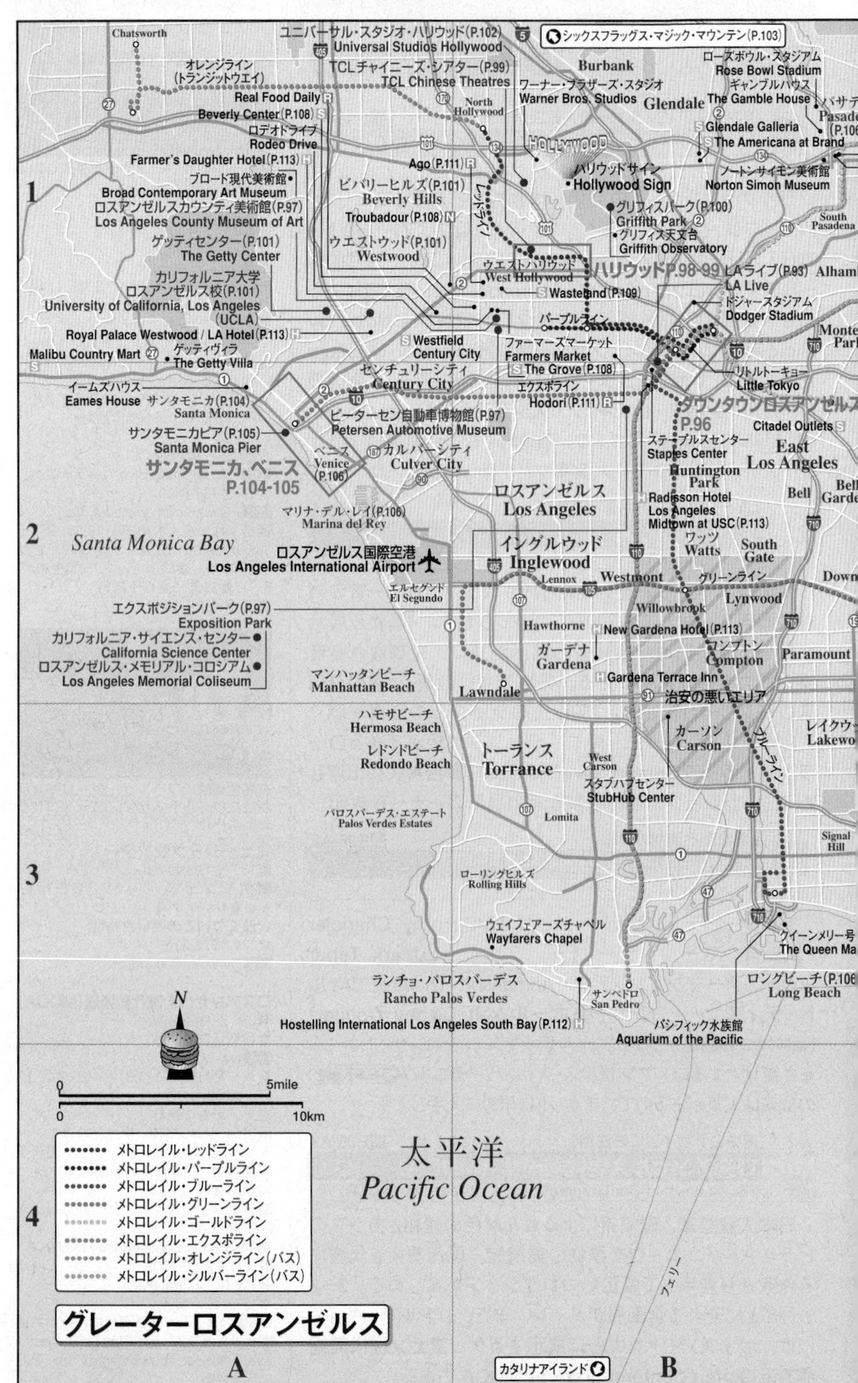
Chatsworth
オレンジライン
(トランジットウエイ)
ユニバーサル・スタジオ・ハリウッド(P.102)
Universal Studios Hollywood
シックスフラッグス・マジック・マウンテン(P.103)
TCLチャイニーズ・シアター(P.99)
TCL Chinese Theatres
Real Food Daily
Beverly Center(P.108)
ロデオドライブ
Rodeo Drive
Farmer's Daughter Hotel(P.113)
ブロード現代美術館
Broad Contemporary Art Museum
ロスアンゼルスカウンティ美術館(P.97)
Los Angeles County Museum of Art
ゲッティセンター(P.101)
The Getty Center
カリフォルニア大学
ロスアンゼルス校(P.101)
University of California, Los Angeles
(UCLA)
Royal Palace Westwood / LA Hotel(P.113)
Malibu Country Mart
ゲッティヴィラ
The Getty Villa
イームズハウス
Eames House
サンタモニカ(P.104)
Santa Monica
サンタモニカピア(P.105)
Santa Monica Pier
サンタモニカ、ベニス
P.104-105
ベニス
Venice
(P.106)
North Hollywood
Ago(P.111)
ビバリーヒルズ(P.101)
Beverly Hills
Troubadour(P.108)
ウエストウッド(P.101)
Westwood
ウエストハリウッド
West Hollywood
Wasteland(P.109)
パープルライン
Westfield
Century City
ファーマーズマーケット
Farmers Market
The Grove(P.108)
センチュリーシティ
Century City
エクスポライン
Hodori(P.111)
ピーターセン自動車博物館(P.97)
Petersen Automotive Museum
カルバーシティ
Culver City
レッドライン
Burbank
ワーナー・ブラザーズ・スタジオ
Warner Bros. Studios
Glendale
HOLLYWOOD
ハリウッドサイン
Hollywood Sign
グリフィスパーク(P.100)
Griffith Park
グリフィス天文台
Griffith Observatory
ハリウッドP.98-99
ローズボウル・スタジアム
Rose Bowl Stadium
ギャンブルハウス
The Gamble House
パサデ
Pasade
(P.106
Glendale Galleria
The Americana at Brand
ノートンサイモン美術館
Norton Simon Museum
South Pasadena
LAライブ(P.93)
LA Live
Alhaml
ドジャースタジアム
Dodger Stadium
Monte
Park
リトルトーキョー
Little Tokyo
ダウンタウンロスアンゼルス
P.96
Citadel Outlets
ステープルスセンター
Staples Center
East
Los Angeles
Huntington
Park
Bell
Bell
Garde
ロスアンゼルス
Los Angeles
Radisson Hotel
Los Angeles
Midtown at USC(P.113)
マリナ・デル・レイ(P.106)
Marina del Rey
Santa Monica Bay
ロスアンゼルス国際空港
Los Angeles International Airport
イングルウッド
Inglewood
ワッツ
Watts
South
Gate
Lennox
Westmont
グリーンライン
Down
エルセグンド
El Segundo
Lynwood
Willowbrook
エクスポジションパーク(P.97)
Exposition Park
カリフォルニア・サイエンス・センター
California Science Center
ロスアンゼルス・メモリアル・コロシアム
Los Angeles Memorial Coliseum
Hawthorne
New Gardena Hotel(P.113)
ガーデナ
Gardena
コンプトン
Compton
Paramount
マンハッタンビーチ
Manhattan Beach
Lawndale
Gardena Terrace Inn
治安の悪いエリア
ハモサビーチ
Hermosa Beach
レドンドビーチ
Redondo Beach
トーランス
Torrance
カーソン
Carson
ブルーライン
レイクウ
Lakewo
West
Carson
スタブハブセンター
StubHub Center
パロスバーデス・エステート
Palos Verdes Estates
Lomita
Signal
Hill
ローリングヒルズ
Rolling Hills
ウェイフェアーズチャペル
Wayfarers Chapel
クイーンメリー号
The Queen Ma
ロングビーチ(P.106
Long Beach
ランチョ・パロスバーデス
Rancho Palos Verdes
サンペドロ
San Pedro
Hostelling International Los Angeles South Bay(P.112)
パシフィック水族館
Aquarium of the Pacific
N
5mile
10km
0
メトロレイル・レッドライン
メトロレイル・パープルライン
メトロレイル・ブルーライン
メトロレイル・グリーンライン
メトロレイル・ゴールドライン
メトロレイル・エクスポライン
メトロレイル・オレンジライン(バス)
メトロレイル・シルバーライン(バス)
太平洋
Pacific Ocean
フェリー
グレーターロスアンゼルス
カタリナアイランド
A
B
1
2
3
4

旅のアドバイス ダウンタウンのおしゃれエリア▶近年、リトルトーキョーの南東にあるアーツディストリクト Arts District に、レストランやおしゃれなカフェが続々とオープンしている。日没後は、周囲に注意して行動すること。行 メトロレイル・ゴールドライン Little Tokyo/Arts District 駅から Alameda St. を南に 300m 行き、Traction Ave. を左折。地 P.96-B2 外

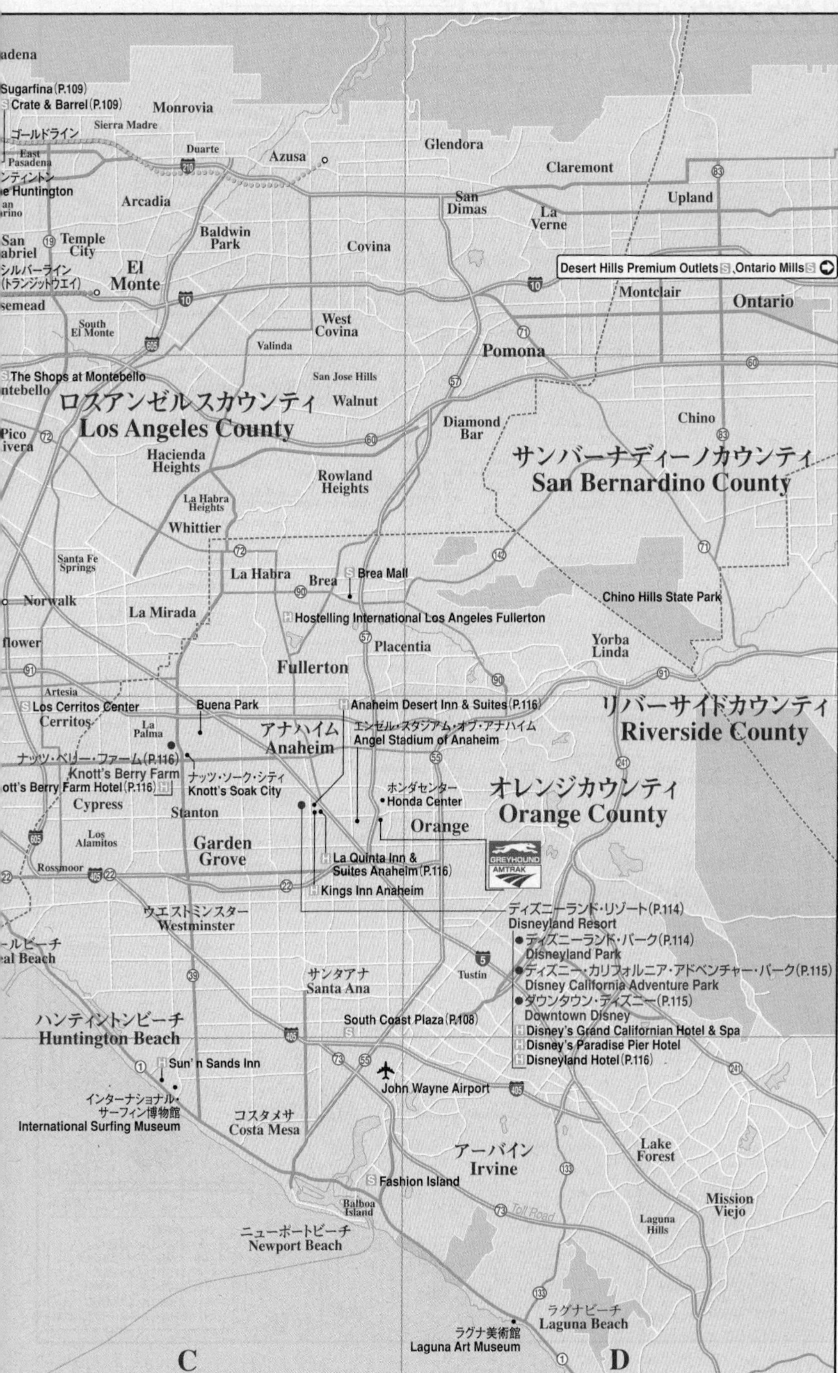
ロスアンゼルスカウンティ
Los Angeles County
サンバーナディーノカウンティ
San Bernardino County
リバーサイドカウンティ
Riverside County
オレンジカウンティ
Orange County
Sugarfina (P.109)
Crate & Barrel (P.109)
ゴールドライン
シルバーライン (トランジットウエイ)
Desert Hills Premium Outlets、Ontario Mills
The Shops at Montebello
Brea Mall
Hostelling International Los Angeles Fullerton
Chino Hills State Park
Los Cerritos Center
Anaheim Desert Inn & Suites (P.116)
エンゼル・スタジアム・オブ・アナハイム
Angel Stadium of Anaheim
ナッツ・ベリー・ファーム (P.116)
Knott's Berry Farm
ナッツ・ソーク・シティ
Knott's Soak City
Knott's Berry Farm Hotel (P.116)
ホンダセンター
Honda Center
アナハイム
Anaheim
La Quinta Inn & Suites Anaheim (P.116)
Kings Inn Anaheim
ディズニーランド・リゾート (P.114)
Disneyland Resort
ディズニーランド・パーク (P.114)
Disneyland Park
ディズニー・カリフォルニア・アドベンチャー・パーク (P.115)
Disney California Adventure Park
ダウンタウン・ディズニー (P.115)
Downtown Disney
Disney's Grand Californian Hotel & Spa
Disney's Paradise Pier Hotel
Disneyland Hotel (P.116)
South Coast Plaza (P.108)
John Wayne Airport
Sun'n Sands Inn
インターナショナル・サーフィン博物館
International Surfing Museum
Fashion Island
ラグナ美術館
Laguna Art Museum
ウエストミンスター
Westminster
ハンティントンビーチ
Huntington Beach
サンタアナ
Santa Ana
コスタメサ
Costa Mesa
アーバイン
Irvine
ニューポートビーチ
Newport Beach
ラグナビーチ
Laguna Beach
Monrovia
Sierra Madre
Duarte
Azusa
Glendora
Claremont
Upland
San Dimas
La Verne
Arcadia
Baldwin Park
Covina
Temple City
El Monte
Montclair
Ontario
West Covina
Valinda
Pomona
San Jose Hills
Walnut
Diamond Bar
Chino
Hacienda Heights
Rowland Heights
La Habra Heights
Whittier
Santa Fe Springs
La Habra
Brea
Norwalk
La Mirada
Placentia
Yorba Linda
Fullerton
Artesia
Buena Park
Cerritos
La Palma
Cypress
Stanton
Orange
Los Alamitos
Garden Grove
Rossmoor
Tustin
Lake Forest
Mission Viejo
Laguna Hills
Balboa Island
Toll Road
GREYHOUND
AMTRAK
C
D

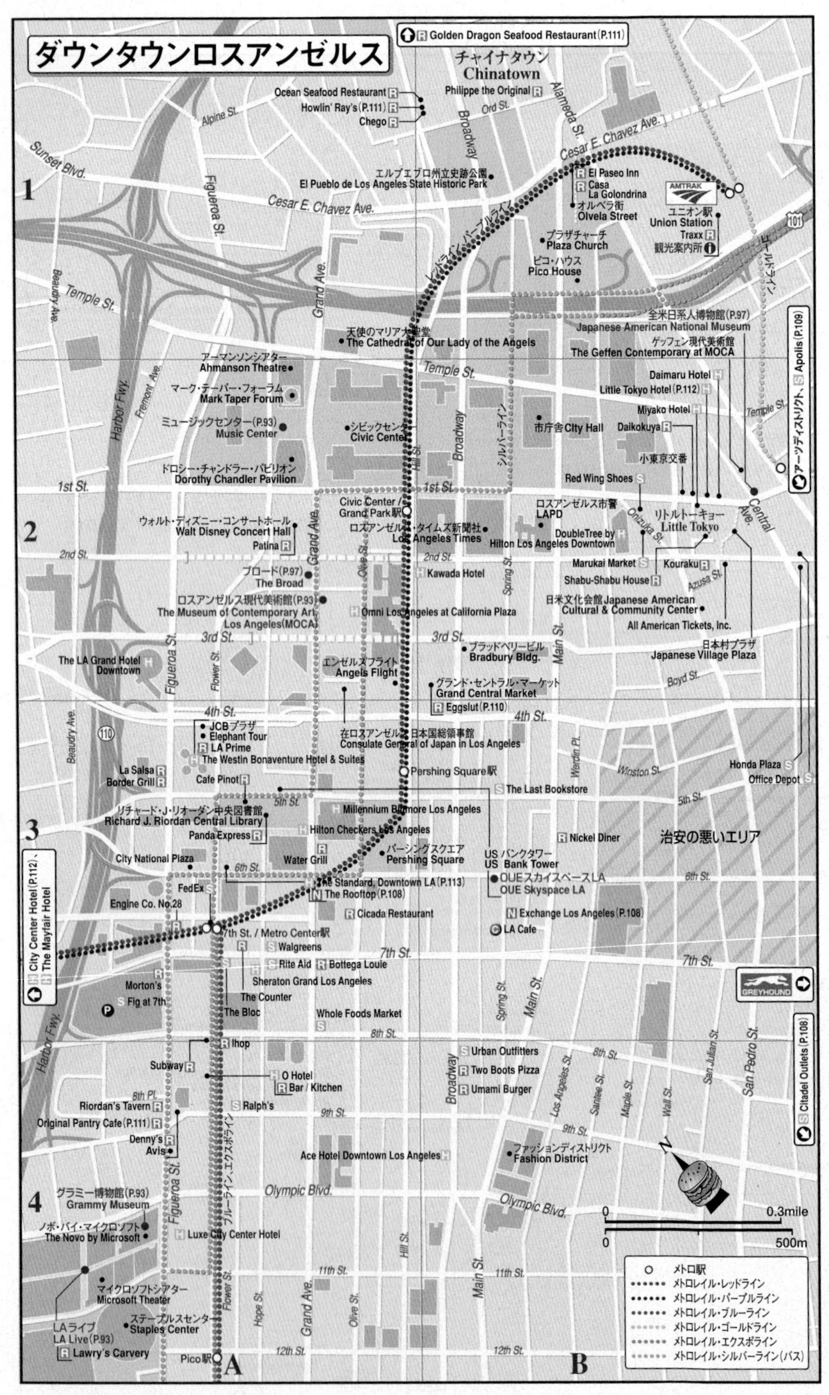
ダウンタウンロスアンゼルス
Golden Dragon Seafood Restaurant (P.111)
チャイナタウン
Chinatown
Ocean Seafood Restaurant
Howlin' Ray's (P.111)
Chego
Philippe the Original
エルプエブロ州立史跡公園
El Pueblo de Los Angeles State Historic Park
El Paseo Inn
Casa La Golondrina
オルベラ街
Olvela Street
ユニオン駅
Union Station
Traxx
観光案内所
プラザチャーチ
Plaza Church
ピコ・ハウス
Pico House
全米日系人博物館 (P.97)
Japanese American National Museum
ゲッフェン現代美術館
The Geffen Contemporary at MOCA
天使のマリア大聖堂
The Cathedral of Our Lady of the Angels
アーマンソンシアター
Ahmanson Theatre
マーク・テーパー・フォーラム
Mark Taper Forum
ミュージックセンター (P.93)
Music Center
シビックセンター
Civic Center
ドロシー・チャンドラー・パビリオン
Dorothy Chandler Pavilion
市庁舎City Hall
Daimaru Hotel
Little Tokyo Hotel (P.112)
Miyako Hotel
Daikokuya
小東京交番
Red Wing Shoes
アーツディストリクト、Apolis (P.109)
ウォルト・ディズニー・コンサートホール
Walt Disney Concert Hall
Patina
Civic Center / Grand Park駅
ロスアンゼルス・タイムズ新聞社
Los Angeles Times
ロスアンゼルス市警
LAPD
リトルトーキョー
Little Tokyo
DoubleTree by Hilton Los Angeles Downtown
Marukai Market
Kouraku
Shabu-Shabu House
ブロード (P.97)
The Broad
Kawada Hotel
ロスアンゼルス現代美術館 (P.93)
The Museum of Contemporary Art, Los Angeles (MOCA)
Omni Los Angeles at California Plaza
日米文化会館Japanese American Cultural & Community Center
All American Tickets, Inc.
The LA Grand Hotel Downtown
ブラッドベリービル
Bradbury Bldg.
日本村プラザ
Japanese Village Plaza
エンゼルスフライト
Angels Flight
グランド・セントラル・マーケット
Grand Central Market
Eggslut (P.110)
JCBプラザ
Elephant Tour
LA Prime
The Westin Bonaventure Hotel & Suites
在ロスアンゼルス日本国総領事館
Consulate General of Japan in Los Angeles
La Salsa
Border Grill
Cafe Pinot
Pershing Square駅
The Last Bookstore
Honda Plaza
Office Depot
リチャード・J・リオーダン中央図書館
Richard J. Riordan Central Library
Millennium Biltmore Los Angeles
Hilton Checkers Los Angeles
Panda Express
Nickel Diner
治安の悪いエリア
City National Plaza
Water Grill
パーシングスクエア
Pershing Square
USバンクタワー
US Bank Tower
OUEスカイスペースLA
OUE Skyspace LA
City Center Hotel (P.112)、The Mayfair Hotel
FedEx
The Standard, Downtown LA (P.113)
The Rooftop (P.108)
Engine Co. No.28
Cicada Restaurant
Exchange Los Angeles (P.108)
LA Cafe
7th St. / Metro Center駅
Walgreens
Rite Aid
Bottega Louie
Sheraton Grand Los Angeles
Morton's
Fig at 7th
The Counter
The Bloc
Whole Foods Market
GREYHOUND
Citadel Outlets (P.108)
Ihop
Subway
O Hotel
Bar / Kitchen
Urban Outfitters
Two Boots Pizza
Umami Burger
Riordan's Tavern
Ralph's
Original Pantry Cafe (P.111)
Denny's
Avis
Ace Hotel Downtown Los Angeles
ファッションディストリクト
Fashion District
グラミー博物館 (P.93)
Grammy Museum
ノボ・バイ・マイクロソフト
The Novo by Microsoft
Luxe City Center Hotel
マイクロソフトシアター
Microsoft Theater
ステープルスセンター
Staples Center
LAライブ
LA Live (P.93)
Lawry's Carvery
Pico駅
Sunset Blvd.
Alpine St.
Ord St.
Cesar E. Chavez Ave.
Figueroa St.
Broadway
Alameda St.
Temple St.
Grand Ave.
Harbor Fwy.
Fremont Ave.
Beaudry Ave.
Hill St.
1st St.
2nd St.
3rd St.
4th St.
5th St.
6th St.
7th St.
8th St.
8th Pl.
9th St.
11th St.
12th St.
Olympic Blvd.
Flower St.
Olive St.
Hope St.
Spring St.
Main St.
Los Angeles St.
Santee St.
Maple St.
Wall St.
San Julian St.
San Pedro St.
Central Ave.
Onizuka St.
Azusa St.
Boyd St.
Winston St.
Werdin Pl.
レッドライン、パープルライン
シルバーライン
ゴールドライン
ブルーライン、エクスポライン
1
2
3
4
A
B
0
0.3mile
500m
メトロ駅
メトロレイル・レッドライン
メトロレイル・パープルライン
メトロレイル・ブルーライン
メトロレイル・ゴールドライン
メトロレイル・エクスポライン
メトロレイル・シルバーライン（バス）

旅のアドバイス リトルトーキョー▶ダウンタウンの東、1st St.、Los Angeles St.、3rd St.、Alameda St. に囲まれたエリアに、日本料理店や紀伊國屋書店、ショップ、日本語が通じるスーパーマーケット、日系ホテルが集まっている。
URL littletokyola.org 地P.96-B2

有名アーティストの作品が無料で楽しめる　地P.96-A2

ブロード
The Broad

2015年9月にオープンした現代美術館。村上隆やアンディ・ウォーホル、ジャスパー・ジョーンズなどの現代作品が2000点以上収蔵され、常時約250点が展示されている。NYのハイラインをデザインしたディラー・スコフィディオ＋レンフロによる設計。

日系アメリカ人の歴史が詰まっている　地P.96-B2

全米日系人博物館
Japanese American National Museum

1885年以降、アメリカに渡ってきた日本人（日系人）が当地で体験したさまざまな苦労や成功、彼らが作ってきた独自の文化、コミュニティを紹介している。当時の写真や看板、日系人収容所のバラックなどの展示を通して、アメリカで暮らした日系人がどのような生涯をたどってきたのかが理解できる貴重な資料が豊富だ。

文化施設が充実した公園　地P.94-B2

エクスポジションパーク
Exposition Park

1932年と1984年の2回、オリンピックのメイン会場となったロスアンゼルス・メモリアル・コロシアムを中心に、スポーツ会場、文化施設が集まった広大な公園。ダウンタウンの南東約6kmに位置する。スペースシャトル、エンデバーの展示が2012年から始まった**カリフォルニア・サイエンス・センター California Science Center**、**ロスアンゼルス自然史博物館 Natural History Museum of Los Angeles County**など見どころが多い。

ミッドウィルシャー地区　Mid Wilshire

進化し続けるLAの総合美術館　地P.94-B1

ロスアンゼルスカウンティ美術館
Los Angeles County Museum of Art (LACMA)

ハンコック公園の中に立つロスアンゼルスカウンティ美術館（略称ラクマLACMA）は、西海岸で最大の規模と充実したコレクションを誇る総合美術館。8つの美術館が集まり、アンディ・ウォーホルの『Campbell's Soup Can』やピカソの『Weeping Woman with Handkerchief』、ルノワールの『Two Girls Reading』など、有名作品がめじろ押しだ。

車社会ロスアンゼルスならではの博物館　地P.94-B1

ピーターセン自動車博物館
Petersen Automotive Museum

約13ヵ月の改装工事を終え、2015年12月リニューアルオープンした。常時150台の自動車とバイクが展示されている。目玉は、チューンナップされた1930〜1950年代のFord車や映画『Batman』『Batman Returns』に使用されたBatmobileなど。

ブロード
住221 S. Grand Ave.
☎(213)232-6200
URL www.thebroad.org
開火〜金11:00〜17:00（木・金〜20:00）、土・日10:00〜20:00（日〜18:00）
休月、サンクスギビング、12/25
料無料

全米日系人博物館
住100 N. Central Ave.
☎(213)625-0414
URL www.janm.org
開火・水・金・土・日11:00〜17:00、木12:00〜20:00
休月、おもな祝日
料$12、シニア（62歳以上）・学生・子供（6〜17歳）$6、5歳以下無料
毎月第3木曜は1日中無料、第3以外の木曜17:00〜20:00は無料

エクスポジションパーク
行ダッシュのルートFで、Trousdale Pkwy. & USC-Exposition Blvd.下車。またはメトロレイル・エクスポラインのExpo Park／USC駅下車
●**California Science Center**
住700 Exposition Park Dr.
☎(323)724-3623
URL californiasciencecenter.org
開毎日10:00〜17:00
休サンクスギビング、12/25、1/1
料無料（アイマックスは別料金）

●**Natural History Museum of Los Angeles County**
住900 Exposition Blvd.
☎(213)763-3466
URL nhm.org
開毎日9:30〜17:00
休7/4、サンクスギビング、12/25、1/1
料$15、シニア・学生（13〜17歳）$12、子供（3〜12歳）$7

ロスアンゼルスカウンティ美術館
住5905 Wilshire Blvd.
☎(323)857-6010
URL www.lacma.org
開月・火・木11:00〜17:00、金11:00〜20:00、土・日10:00〜19:00
休水、サンクスギビング、12/25
料$25、シニア・学生$21、17歳以下無料
行ダウンタウンからメトロバス#20、720でFarfax Ave. & Wilshire Blvd.下車。約55分
※なお、大きな荷物のある人はチケットブースの脇のチェックルームに預けなければならない（小さいリュックサックは持ち込み可能だが、背中に背負っていると注意を受けるので、前に抱えて持つこと）

新館LACMA Westは改装工事中
元デパートの建物を改装した新館ラクマウエストは、2018年11月現在、改装のため閉鎖している

ピーターセン自動車博物館
住6060 Wilshire Blvd.
☎(323)964-6331
URL petersen.org
開毎日10:00〜18:00
休おもな祝日
料$16、シニア（62歳以上）・学生$14、子供$11、3歳以下無料
行ロスアンゼルスカウンティ博物館の前

旅のアドバイス　ロスアンゼルス・フィルハーモニック▶西海岸屈指、世界的にみても有名な交響楽団で、ダウンタウンのウォルト・ディズニー・コンサートホールを本拠地として活動している。Los Angeles Philharmonic　地P.96-A2
住111 S. Grand Ave.　☎(213)972-7211　URL www.laphil.com

ハリウッドへの行き方
行ダウンタウンにある7th St./Metro Center駅からメトロレイル・レッドラインのHollywood/Highland駅まで約25分

映画『ラ・ラ・ランド』にも登場したハリウッドスターの壁画は、オベーションハイランド周辺にある

ハリウッドサインもオベーションハイランドから見える

オベーションハイランド
住6801 Hollywood Blvd., Hollywood
☎(323)817-0200
URL hollywoodandhighland.com
開毎日10:00～22:00（日～19:00）。レストランは延長あり
行メトロレイルBレッドラインHollywood/Highland駅のすぐ上

ハリウッド地区 Hollywood

数々の映画やドラマが生み出されてきたこの町は、映画界最高の名誉といわれるアカデミー賞授賞式が毎年2月末か3月頃に行われる地でもある。会場である**ドルビーシアターDolby Theatre**、スターの手形や足形が並ぶTCLチャイニーズ・シアター、エンターテインメント＆ショッピングが楽しめる**オベーションハイランドOvation Highland**など、まさにエンターテインメントの宝庫だ。

ハリウッドのにぎわいの中心地 地P.98-A1～B1

オベーションハイランド
Ovation Highland

エンターテインメント、ホテル、ショップ、レストランなどが集まる人気のモール。ハリウッドの顔ともいえるTCLチャイニーズ・シアターP.99に隣接し、ドルビーシアター、ハリウッドサインが絵のように見える広場、ビジネス客にも好評なロウズ・ハリウッド・ホテルなどが集まる。2階にはロサンゼルス観光局のオベーションハイランド案内所P.91やスターラインツアーズのチケット窓口がある。

ハリウッド随一の観光スポット

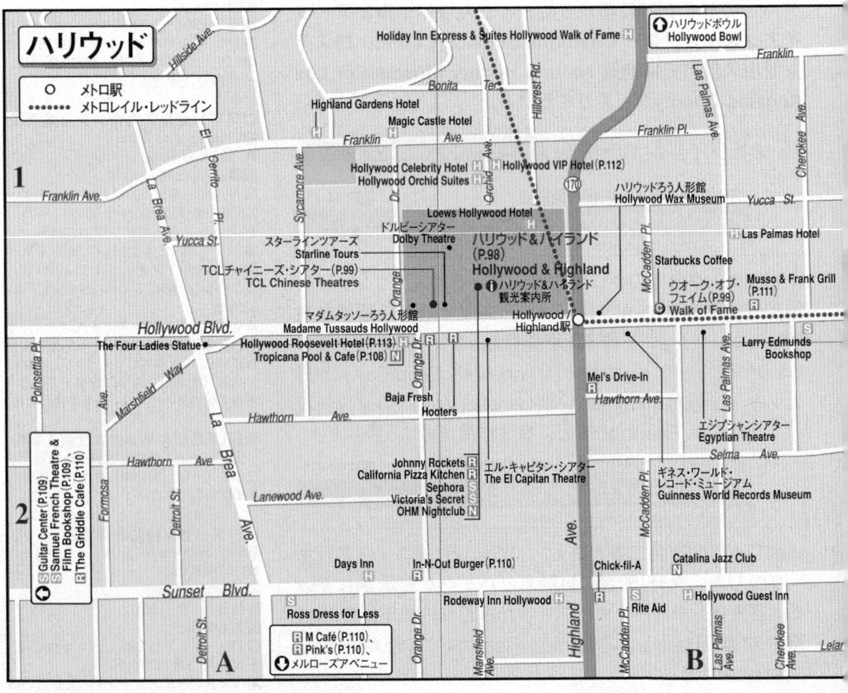

ハリウッド

○ メトロ駅
•••••• メトロレイル・レッドライン

Holiday Inn Express & Suites Hollywood Walk of Fame
ハリウッドボウル Hollywood Bowl
Highland Gardens Hotel
Magic Castle Hotel
Hollywood Celebrity Hotel
Hollywood Orchid Suites
Hollywood VIP Hotel (P.112)
ハリウッドろう人形館 Hollywood Wax Museum
Loews Hollywood Hotel
ドルビーシアター Dolby Theatre
スターラインツアーズ Starline Tours
TCLチャイニーズ・シアター(P.99) TCL Chinese Theatres
ハリウッド＆ハイランド (P.98) Hollywood & Highland
ハリウッド＆ハイランド観光案内所
Las Palmas Hotel
Starbucks Coffee
ウオーク・オブ・フェイム(P.99) Walk of Fame
Musso & Frank Grill (P.111)
マダムタッソーろう人形館 Madame Tussauds Hollywood
Hollywood / Highland駅
The Four Ladies Statue
Hollywood Roosevelt Hotel (P.113)
Tropicana Pool & Cafe (P.108)
Larry Edmunds Bookshop
Mel's Drive-In
Baja Fresh
Hooters
エジプシャンシアター Egyptian Theatre
Guitar Center (P.109)
Samuel French Theatre & Film Bookshop (P.109)、
The Griddle Cafe (P.110)
Johnny Rockets
California Pizza Kitchen
Sephora
Victoria's Secret
OHM Nightclub
エル・キャピタン・シアター The El Capitan Theatre
ギネス・ワールド・レコード・ミュージアム Guinness World Records Museum
Days Inn
In-N-Out Burger (P.110)
Chick-fil-A
Catalina Jazz Club
Rodeway Inn Hollywood
Rite Aid
Hollywood Guest Inn
Ross Dress for Less
M Café (P.110)、
Pink's (P.110)、
メルローズアベニュー

Hillside Ave. / Franklin Ave. / Bonita Ter. / Hillcrest Rd. / Franklin Pl. / Las Palmas Ave. / Cherokee Ave. / Franklin / El Cerrito Pl. / La Brea Ave. / Sycamore Ave. / Orange Dr. / Orchid Ave. / Yucca St. / McCadden Pl. / Hollywood Blvd. / Poinsettia Pl. / Marshfield Way / Hawthorn Ave. / Selma Ave. / Formosa Ave. / Detroit St. / Lanewood Ave. / Highland Ave. / Sunset Blvd. / Mansfield Ave. / Lelar

1 2 A B

投稿 **オベーションハイランド周辺での注意事項**▶ミュージシャン風の人が「Free CD」と言って、強引にCDを渡してくる。受け取ったら最後、$20～30のお金を要求してくる。このようなトラブルに巻き込まれないためにも、甘い誘いには、無視を決め込むことがいちばんだ。（千葉県 pichi '14）['18]

スターの手形、足形がある中国寺院風の建物 地P.98-A1

TCLチャイニーズ・シアター
TCL Chinese Theatres

新作映画の封切館であり、シアター前に大スターの手形、足形やサインがあることでも有名な映画館。ここには、マリリン・モンローやジョニー・デップら200人以上の名優の証が残っている。スターの手形や足形の位置は、ウェブサイト（URL www.tclchinesetheatres.com/forecourt-map）で調べられる。いつも観光客でにぎわっているので、ゆっくり見たいなら午前中がおすすめだ。

あなたのお気に入りのスターはどこ 地P.98-A1～99-D1

ウオーク・オブ・フェイム
Walk of Fame

ハリウッドブルバード近辺の歩道には、ショービジネス界で名を上げた人々の名前を記した星形のブロンズがはめ込まれている。星形の中にはスターの名と、それぞれの人が活躍した分野（映画、テレビ、ラジオ、音楽、演劇）のマークが刻まれている。現在2600人以上のスターの名が並ぶ。

なお、新しいウオーク・オブ・フェイムを埋め込むセレモニーが毎月行われているので、有名スターに会える可能性も高い。詳細は、ウェブサイトで確認してみよう。

TCLチャイニーズ・シアター
住6925 Hollywood Blvd., Hollywood
☎(323) 461-3331
時間があれば、ぜひ館内で映画鑑賞を。料金は$16～。シアターの見学ツアー(料$18、子供$8)も随時行われている
行オベーションハイランドからHollywood Blvd.を西に100m。Hollywood Blvd.のいちばんにぎやかなあたり

写真撮影に注意
TCLチャイニーズ・シアター周辺には、映画の登場人物の格好をしたパフォーマーたちがいる。撮影に気軽に応じてくれるが、$20前後のチップが必要

ウオーク・オブ・フェイム
URL www.walkoffame.com
上記のウェブサイトでは、星形に刻まれているスターのリストが入手できる

2019年にはアン・ハサウェイ、ダニエル・クレイグ、フェイス・ヒルも登場

Franklin Ave.
Best Western Plus Hollywood Hills Hotel
Vista Del Mar Ave.
Carmen Ave.
101
Grace Ave.
Yucca St.
Vine St.
キャピトル・レコード
Capitol Records
Carlos Ave.
Hudson Ave.
Motel 6 Hollywood LA
Wilcox Ave.
Cahuenga Blvd.
Ivar Ave.
Avalon Hollywood
パンテージシアター
Pantages Theatre
Shake Shack
Hollywood Downtowner Inn (P.112)、
Banana Bungalow Hollywood Hostel (P.112)
33 Taps
Hollywood / Vine駅
Hollywood Blvd.
Popeyes
Katsuya
W Hollywood
The Fonda Theatre
World Book & News Co.
ハリウッド壁画
USA Hostels Hollywood (P.112)
Dream Hollywood
Cosmo St.
Trader Joe's
Argyle Ave.
Gower St.
Carlton Way
Selma Ave.
Mama Shelter Los Angeles
Stout
Bed Bath & Beyond
Schrader Blvd.
800 Degrees Neapolitan Pizzeria
Urban Outfitters
Umami Burger
Space 15 Twenty
Morningside Ct.
Walgreens
ハリウッド・パラディウム
Hollywood Palladium
Centro
Harold Way
La Baig Ave.
Gordon St.
Roscoe's
Groundwork Coffee
The Well
Sunset Blvd.
Sweetgreen
Amoeba Music (P.109)
Tender Greens
アークライト・シネマズ
ArcLight Cinemas
Cole Pl.
Leland Way
El Centro Ave.
Beachwood Dr.
Way
C
D
N
0 0.1mile
0 200m

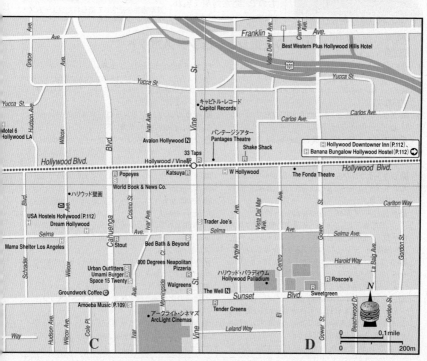

グリフィス天文台のオプショナルツアー ▶ 日系旅行会社のエレファントツアーでは、ショッピングモールへ行ったあと、グリフィス天文台の夜景を見るツアーを催行している。所要約4時間30分。Elephant Tour ☎(213) 612-0111 URL www.elephanttour.com 料$80、子供 $70

グリフィスパーク
住4730 Crystal Springs Dr.
☎(323)644-2050
開毎日5:00〜22:30

●Griffith Observatory
住2800 E. Observatory Rd.
☎(213)473-0800
URL www.griffithobservatory.org
開火〜日12:00〜22:00(土・日10:00〜)
休月、おもな祝日
料無料。プラネタリウム：$7、シニア・学生$5、5〜12歳$3
行メトロレイルBレッドラインVermont/Sunset駅よりダッシュのシャトルサービスあり(開月〜金12:00〜21:40、土・日10:00〜21:40、20分間隔　料50¢)

グリフィス天文台のゲート
天文台は22:00過ぎても開いているが、入口ゲートは22:00にクローズするので、注意するように

広大なグリフィスパーク
歩いて回れないうえに、園内の交通もないので車のない人には少しつらい

LAいちの夜景スポットとしても有名だ

LAの夜景を眺めるベストスポット　地P.94-B1

グリフィスパーク
Griffith Park

プラネタリウムも大人気のグリフィス天文台

4210エーカー（約17km²）の広大な園内には、ゴルフ場、テニスコート、乗馬コース、野外劇場のほか、動物園や天文台もあり、子供から大人まで楽しめる。なかでも**グリフィス天文台Griffith Observatory**は、地元の人々にも人気のスポットだ。『理由なき反抗』『チャーリーズ・エンジェル』『ラ・ラ・ランド』などハリウッド映画のロケ地としても知られ、天文学にまつわる展示、満天の星空を最新技術を駆使して再現されるプラネタリウムの**サミュエル・オースキン・プラネタリウムSamuel Oschin Planetarium**などがある。

また、夜景を楽しめるスポットとしても有名で、宝石をちりばめたかのようなLAの美しい町並みは一度見たら忘れられないほどだ。夜はぐっと冷え込むので、防寒対策を忘れずに。

映画撮影を記念して造られたジェームス・ディーンの像もある

旅のアドバイス
LAの人気ショッピングスポット

●ロバートソンブルバード Robertson Blvd.
LAの流行の発信地。Burton WayとSanta Monica Blvd.の間にセレブが通うセレクトショップが並ぶ。
行ダウンタウンからメトロバス#16、316でW. 3rd St. & Robertson Blvd.下車。

●ウエスト・サード・ストリート W. 3rd St.
スタイリスト御用達のセレクトショップやショッピングモールのグローブ➡P.108などが並ぶ。
行ダウンタウンからメトロバス#16、316でFairfax Ave. & 3rd St.からLa Cienega Blvd. & 3rd St.あたりで下車。

●メルローズアベニューMelrose Ave.
LAの定番ストリートで、古着店や有名ブランド店が並ぶ。近年、注目されているのはFairfax Ave.より西側、マーク・ジェイコブスなどがあるエリア。
行ダウンタウンからメトロバス#10でLa Brea Ave. & Melrose Ave.からLa Cienega Blvd. & Melrose Ave.あたりで下車。

●ロデオドライブRodeo Dr.
Santa Monica Blvd.、Wilshire Blvd.、Beverly Dr.に囲まれた三角形のエリアに、一流ブランド店や高級デパートが集まっている。
行ダウンタウンからメトロバス#20、720でRodeo Dr. & Wilshire Blvd.下車。

●ラ・ブレア・アベニューLa Brea Ave.
家具店や古着屋、セレクトショップ、ストリート系のファション店が並ぶ。
行ダウンタウンからメトロバス#14でBeverly Blvd. & La Brea Ave.下車。

●フェアファックスアベニューFairfax Ave.
ヒップホップ系とストリート系のファッションブランドが集まる。
行ダウンタウンからメトロバス#16、316で3rd St. & Fairfax Ave.下車。

●アボット・キニー・ブルバードAbbot Kinney Blvd.
LA生まれのファッションブランドや雑貨店が並ぶ。近年、おしゃれな人々が集まっている話題のエリア。
行サンタモニカからビッグ・ブルー・バス#1でMain St. & Brooks Ave.下車。

●モンタナアベニューMontana Ave.
地元の人が通う個人経営のセレクトショップやコスメショップが多い。
行サンタモニカからビッグ・ブルー・バス#18でLincoln Ave. & Montana Ave.から17th St. & Montana Ave.あたりで下車。

旅のアドバイス　ゲッティヴィラ▶古代ギリシャやローマの美術作品を収蔵する美術館。ローマ様式の邸宅をモデルにした優雅な建物は、一見の価値あり。ウェブサイト(URL www.getty.edu)から事前予約が必要。当日はプリントアウトした予約書を持参する。住17985 Pacific Coast Hwy., Pacific Palisades　開水〜月10:00〜17:00 ↗

ウエストサイド地区 Westside

LAの高級住宅街 地P.94-A1〜B1

ビバリーヒルズ
Beverly Hills

高級ブランドショップが並ぶロデオドライブがあるビバリーヒルズ。このエリアの街路の美しさは、LA随一だろう。しかし、基本的に住宅地で、その環境を守る条例があり、観光バスで乗り入れたりすることはできない。お屋敷街を見るには、レンタカーを借りるか、小さなバンを利用したツアー➡P.92参加がおすすめ。チラッと見るだけならSanta Monica Blvd.沿いから北側に、遠まきに眺めることもできる。

LAの学生街 地P.94-A1

ウエストウッド
Westwood

西海岸の名門校カリフォルニア大学ロスアンゼルス校（UCLA）を抱える学生の町。ハリウッドとサンタモニカの中間あたりに位置し、おしゃれなレストランやショップが集まっている。

西海岸の名門大学 地P.94-A1

カリフォルニア大学ロスアンゼルス校
University of California, Los Angeles（UCLA）

UCLAの略称で知られるカリフォルニア大学ロスアンゼルス校。構内には校舎のほかに、70点以上の20世紀彫刻が点在する**彫刻庭園 Franklin D. Murphy Sculpture Garden**や**博物館Fowler Museum**、**植物園The Mildred E. Mathias Botanical Garden**などの施設があり、一般に公開されている。419エーカー（約1.7km^2）という広大な敷地には緑が豊富に残されていて、新旧さまざまな建物が180余り点在している。誰でも気軽に利用できる**大学生協UCLAストアUCLA Store**は、UCLAのロゴ入りグッズが豊富だ。場所は、正門から真っすぐ15分ほど歩いた右側、**アッカーマン・スチューデント・ユニオンAckerman Student Union**内にある。さらに、Wilshire Blvd.沿いには、ゴッホやゴーギャン、モネなどを収蔵する**ハマー美術館Hammer Museum**もある。

リチャード・マイヤーの建築も見事 地P.94-A1

ゲッティセンター
The Getty Center

J・ポール・ゲッティ美術館を中心に、教育機関、研究機関などの施設をもつ総合アートセンター。まず、無人運転トラムに乗ってセンターに向かおう。眼下には、はるかダウンタウンまでの眺めが広がっている。館内は5つのパビリオンとホールに分かれており、彫刻、装飾芸術、写真などを展示。絵画では、レンブラントやモネなどヨーロッパ絵画が大きな割合を占める。またマリブには**ゲッティヴィラ**➡P.100脚注もある。

ビバリーヒルズ
行サンタモニカからはメトロバス#704、ダウンタウンからは#20、720で。ハリウッドからは#212に乗車し、La Brea Ave. & Santa Monica Blvd.で#4に乗り換える

ビバリーヒルズのサインも人気の撮影スポット

ウエストウッド
行サンタモニカからは、ビッグ・ブルー・バス#1、2、8、18で。ハリウッドのSunset Blvd. & Highland Ave.からはメトロバス#2、302で。ダウンタウンからは#2、302で。比較的治安がよく、夜でも遊べる町だが、やはり油断は禁物だ。日没後は中心のWestwood Blvd.周辺だけ散策するように

カリフォルニア大学ロスアンゼルス校
住405 Hilgard Ave.
☎(310)825-4321
URL www.ucla.edu
行サンタモニカからビッグ・ブルー・バス#1、2、8、18の行き先がUCLAのバスで約1時間。ダウンタウンの5th St. & Broadway、ハリウッドではSunset Blvd. & Highland Ave.からメトロバス#2、302を利用

●UCLA Store
住308 Westwood Pl.
☎(310)825-7711
URL shop.uclastore.com
開月〜金8:00〜19:00（金〜20:00）、土・日12:00〜17:00
※季節や大学の行事により変更あり

●Hammer Museum
住10899 Wilshire Blvd.
☎(310)443-7000
URL hammer.ucla.edu
開火〜日11:00〜20:00（土・日〜17:00）
休月、おもな祝日 料無料

ゲッティセンター
住1200 Getty Center Dr.
☎(310)440-7300
URL www.getty.edu
開火〜日10:00〜17:30（土〜21:00）
休月、おもな祝日
料無料。駐車料金$15（15:00〜は$10）
行ダウンタウンからメトロバス#720でWilshire Blvd. & Westwood Blvd.下車。Lindbrook Dr. & Westwood Blvd.で#734（月〜金）、#234（土・日）北向きに乗り換える。サンタモニカからは、ビッグ・ブルー・バス#1、2、18でWestwood Blvd. & Lindbrook Dr.下車。メトロバス#734（月〜金）、#234（土・日）北向きに乗り換える。ゲッティセンター前下車

↘休火、おもな祝日 行サンタモニカのOcean Ave. & Colorado Ave.からメトロバス#534で、ゲッティヴィラ前下車。門をくぐり、インターホンで入口までのシャトルバスを呼ぶ。ダウンタウンからはメトロレイル・エクスポラインなどでサンタモニカまで行き、上記参照。地P.94-A1

その他の地域 Other Areas

ハリウッド映画の魅力に迫るテーマパーク 地P.94-B1

ユニバーサル・スタジオ・ハリウッド
Universal Studios Hollywood (USH)

映画の撮影所がテーマパークになっているユニバーサル・スタジオ・ハリウッド。特殊撮影のからくりを学んだり、映画のワンシーンを体感したり、映画の妙技をあらゆる角度から楽しむことができる。実際に撮影が行われているので、「映画の雰囲気」を感じられるのがいい。

スタジオ内は、**アッパーロットUpper Lot**と**ロウアーロットLower Lot**に分かれている。広さもさることながら、充実したアトラクションが盛りだくさん。それに加え、入口横のエンターテインメントゾーン、**ユニバーサル・シティウォークUniversal CityWalk**も見逃せない。レストラン、ショップ、ナイトスポット、映画館などが集まり、夜遅くまでにぎわっている。

アッパーロット Upper Lot

いちばん目玉のアトラクションは、4両編成のトラムに乗車し、人気映画のセットを巡り、映画の舞台裏を見て回る**スタジオツアーStudio Tour**。2015年に登場した「**ファスト&フュリアス・スーパーチャージ Fast & Furious-Supercharged**」や360度の3-Dという度肝を抜く映像世界を体験できる「**キングコング360 3-D King Kong 360 3-D**」などで映画の世界が堪能できる。

2018年6月にオープンした**ドリームワークスシアター・フィーチャリング・カンフーパンダDreamWorks Theatre Featuring Kung Fu Panda**が最新のアトラクション。2016年にオープン以来、現在も話題の**ウォーキング・デッド・アトラクションThe Walking Dead Attraction**は、ゾンビがお化け屋敷を徘徊している。**ハリー・ポッター・アンド・ザ・フォービドゥン・ジャーニー™ Harry Potter and the Forbidden Journey™**では、ハリーと一緒にホグワーツ™城上空を飛び回り、冒険の旅に出る。映画『怪盗グルーの月泥棒』をモチーフにしたアトラクションの**ディスピカブル・ミー・ミニオン・メイヘムDespicable Me Minion Mayhem**では、やんちゃなミニオンや悪党グルーたちとアドベンチャーに繰り出そう。大人気アニメシリーズ『ザ・シンプソンズ』をモチーフにした**ザ・シンプソンズ・ライド™The Simpsons Ride™**でシンプソンズ一家と大爆笑の旅へ。映画『ウォーターワールド』の世界そのままのスタントショー、**ウォーターワールドWater World**は、海中に浮かぶ要塞都市の中をジェットスキーが走り回る。**スペシャル・エフェクト・ショーSpecial Effects Show**ではユニバーサル映画史で実際に使われてきた特殊効果の裏側を見ることができる。

ユニバーサル・スタジオ・ハリウッド
住100 Universal City Plaza, Universal City
Free(1-800)864-8377
URL www.universalstudioshollywood.com
開毎日10:00〜18:00
※開園・閉園時間はおおよその目安。シーズンや平日、週末、祝日によって細かく決められているので、確実に知りたい人はインフォメーションに電話、またはウェブサイトで確認を
料$129、3〜7歳$123。
行ダウンタウンからメトロレイルBレッドラインでUniversal City駅下車。そこからユニバーサルスタジオの無料循環バスに乗るか、坂を登る（徒歩約8分）。

ユニバーサル・スタジオ・ハリウッドの1日券は『地球の歩き方』のウェブサイト(URL parts.arukikata.com/themepark)でも購入できる。事前にチケットを購入しておけば、当日は入場ゲートからスムーズに入園できるので効率的だ

●ユニバーサル・エクスプレス
優先入場＆各種ショーの席を開演10分前まで確保してくれるチケット。ひとつのアトラクションにつき1日1回まで
料$189〜

●VIPエクスペリエンス
ユニバーサル・スタジオ・ハリウッドのスタッフによるガイドがついて、人気アトラクションに優先的に乗ることができ、特別席でショーを楽しめる。また、スタジオツアーはVIPツアー用の専用トラムに乗って通常より長い時間をかけてスタジオ内を巡る特典付き。途中の数ヵ所では、トラムを降りて実際に撮影で使用されているスタジオにも入れる。そのほか、VIPダイニングルームでのバフェランチも付く。
〈英語ガイド〉時間、回数は季節により異なるが、9:00〜13:00の間にスタート
☎(818)622-8477(ツアー最大27人)
料1人$359〜419　※所要約6時間

ユニバーサル・スタジオ・ハリウッドの最新情報
2018年夏、アッパーロットに**ドリームワークスシアター・フィーチャリング・カンフーパンダDreamWorks Theatre Featuring Kung Fu Panda**が登場した。2008年に公開された映画『カンフーパンダKung Fu Panda』がモチーフで、主人公のジャイアントパンダのポーとトラのマスタータイガーと一緒に冒険に出かける。さらに、サンリオのキャラクター、ハローキティのグッズを販売する**アニメーション・スタジオ・ストアAnimation Studio Store**がオープンした。

シティウォークには、2017年**ジミー・バフェット・マルガリータビルJimmy Buffett's Margaritaville**や**ブードゥードーナツVooDoo Doughnut**ができた

USH観光ワンポイントアドバイス
正面ゲートから入ってすぐ右のゲストリレーションズで、日本語のパンフレットを入手。スタジオディレクトリーでショーの開始時間をチェックし、ショーの時間を中心に、回り方を考えるといい

旅のアドバイス **ユニバーサル・シティウォーク**▶ユニバーサル・スタジオ・ハリウッド隣のエンターテインメントエリア。ショップやレストランなど約60もの店がある。食事や買い物などで、スタジオを出てここへ来るときは、出口で手にスタンプを押してもらうことを忘れずに。

ロウアーロット Lower Lot

映画『トランスフォーマー』をテーマにしたスリル系ライドの**トランスフォーマー™：ザ・ライド-3D Transfomers™:The Ride-3D**では、3-Dめがねを装着して正義の味方「オートボット」と悪の帝国「ディセプティコン」の戦いを見に行こう。**リベンジ・オブ・ザ・マミー・ザ・ライドRevenge of the Mummy - The Ride**は、映画『ハムナプトラ』と続編『ハムナプトラ2』の世界を再現した絶叫ライド。予想のつかない動きをするローラーコースターと襲いかかるミイラたちは恐怖の連続だ。

絶叫ライドで叫びまくろう！ 地P.94-B1外

シックスフラッグス・マジック・マウンテン Six Flags Magic Mountain

ダウンタウンから北に60km。スリルあふれるマシンを揃えたテーマパークでは、恐怖を徹底的に追求し、すべての人に絶叫と快感をもたらしてくれる。2時間待ちにもなる人気ライドは、午前中と夕方に集中して回りたい。

ビル6階の高さまで上がる振り子型ライドの**クラザニティCraZanity**が最新のライド。時速120kmで前後に揺れながら回転する。2017年7月には、**ジャスティスリーグ：バトル・フォー・メトロポリスJustice League: Battle for Metropolis**が登場した。アメリカンコミック『ジャスティスリーグ』をテーマにしたアトラクションで、バットマンやスーパーマンを味方に、ジョーカーに戦いを挑む。直径50mのループを前、後ろ向きに疾走する**フルスロットルFull Throttle**は、地上約50mの高さで世界最速112kmを出す。人気のアトラクショントップ3に入る、**エックス2 X2**は、胸のみが固定されているだけで上にも下にもレールがない、急降下と360度の回転を軸に展開するコースターだ。龍のように、空中を舞う**タツTatsu**は、時速100kmで乗客を右に左に振り回す最強ライド。豪快さが話題の**タイダルウエーブTidal Wave**は、20人乗りのボートで滝を滑り下り、川の中に突っ込む。ほんの数秒のことだがずぶぬれになる！　映画『バットマン』の荒れ果てた世界を駆け巡る**バットマン・ザ・ライドBatman The Ride**は、ぶら下がり式で、ヘアピンターン、垂直の宙返り、斜めの2回連続宙返りなど、絶叫の連続だ。バージョンアップした木造ジェットコースターの**ツイステッドコロッサスTwisted Colossus**では、無重力状態や迫力ある急降下を体験できる。巨人という名の**ゴライアスGoliath**は、真っ暗なトンネルへ落下するところから始まり、約30mの急勾配も時速約137kmのスピードで駆け上がり、最後にやってくるフリーフォールまで、気が抜けないモンスターコースターだ。

●Revenge of the Mummy - The Ride

リベンジ・オブ・ザ・マミー・ザ・ライドに乗車するときは、荷物をロッカーに預けなければならない。なおロッカーの入口付近は混んでいるので、そこは避けて奥へ回るとスムーズだ

読者投稿 ロッカー使用時の注意！

リベンジ・オブ・ザ・マミー・ザ・ライドのロッカーは指紋認証で、鍵がない。荷物を出すときにロッカー番号が必要になるので、絶対に番号を忘れないこと。

シックスフラッグス・マジック・マウンテン

住26101 Magic Mountain Pkwy., Valencia

☎(661)255-4100

URL www.sixflags.com/magicmountain

開基本的に開園は10:30で、閉園時間は18:00～21:00の間で、日によって細かく設定されているので、上記のウェブサイトか電話で確認のこと

料$89.99、子供（身長約122cm未満）$59.99。駐車料金$25～45

行公共の交通機関でも行けるが、乗り換えがあり複雑で時間がかかるので、レンタカーまたは現地参加のツアーで行くのが効率的だ。

ダウンタウンからI-5を北へ向かい、CA-14と分岐してしばらくするとMagic Mountain Pkwy.の出口がある。ここで下りてすぐの信号を左折。あとは直進して道なりに進めばゲートだ。所要約1時間

フラッシュパス

通常の列に並ばずに、アトラクションに優先的に入場できるパス。レギュラー（料$35～）とゴールド（料$65～）、プラチナム（料$100～）がある。利用できるアトラクションは、日によって異なるので、現地で確認を。※ひとり目の料金。ひとり増えるごとに料金が加算される

シックスフラッグス・マジック・マウンテンの最新情報

2018年夏、新しいエリアの**ボードウオークBoardwalk**がオープンし、ビル6階の高さまで上がる振り子型アトラクションの**クラザニティCraZanity**が登場。2019年には、2台のコースターが速さを競う**ウエストコースト・レイサーズWest Coast Racers**ができる予定だ

夏に行くときは

夏期は混雑が予想されるので、時間が限られている場合は自分の乗りたい物に的を絞ること。フルスロットル、タツ、エックス2、ジャスティスリーグ：バトル・フォー・メトロポリスなど、人気のあるアトラクションは、1時間以上並ぶ覚悟が必要。上記のフラッシュパスを利用するのも手だ

●Tidal Wave

ぬれるなんていうものではなく、服のままプールに飛び込んだような状態になってしまう

メモ ハリケーンハーバー▶シックスフラッグス・マジック・マウンテンの隣にあるウオーターパーク。熱帯の島をイメージした園内には、15のアトラクションがあり、マジックマウンテンを思わせるハードなウオータースライドも多い。Hurricane Harbor ☎(661)255-4100 URL www.sixflags.com/hurricaneharborla

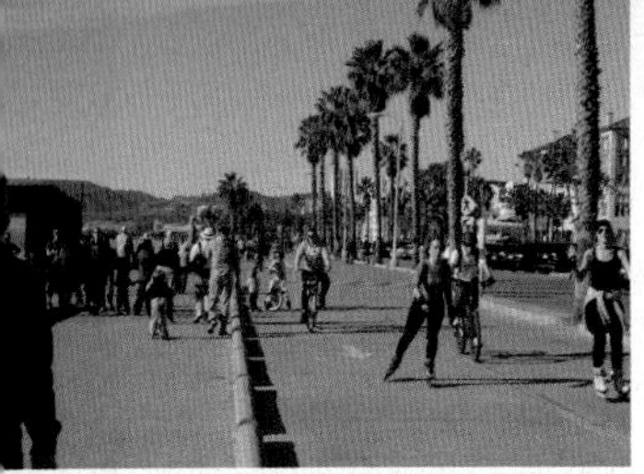

さわやかな風に吹かれて、サイクリングを楽しみたい

サンタモニカ地区
行ダウンタウンからはメトロレイルEエクスポラインで約50分。LAXからはビッグ・ブルー・バス#3、Rapid3で50分。ハリウッドからは、Hollywood Blvd. & Highland Ave.から西行きのメトロバス#212、217に乗り、Santa Monica Blvd.でメトロバス#704に乗り換える。約1時間30分

サンタモニカ観光案内所（パリセードパーク内）
地P.104-B2
住1400 Ocean Ave., Santa Monica
開毎日9:00〜17:00（冬期は短縮あり）

サンタモニカ観光局
地P.105-C2
住2427 Main St., Santa Monica
☎(310)393-7593
Free(1-800)544-5319
URL www.santamonica.com
開毎日9:00〜17:30（土・日〜17:00）

サンタモニカ地区 Santa Monica

さわやかな潮風が吹き、どこを歩いても海を感じることのできる町、サンタモニカ。カリフォルニアのビーチのなかでも知名度は抜群で、リゾート地としての歴史も古い。現在のサンタモニカビーチは家族連れでにぎわう大衆的なビーチである一方、町は若者でにぎわう。ショッピングスポットとして、また南カリフォルニアでいちばんのグルメシティとして人気を集めているエリアだ。冬は暖かく、夏はエアコンが不要なほど涼しい気候なので、旅行者にとってもLA観光の拠点としてのメリットは大きい。空港に近く、治安がよく、交通もまずまず便利。ダウンタウンやハリウッドとはまったく違った、南カリフォルニアらしい開放感を味わえるはずだ。

観光案内所 Visitors Information

サンタモニカ観光局
Santa Monica Convention & Visitors Bureau

海岸沿いのパリセードパークにビジターセンターがあり、ウオーキングマップやパンフレットなどが置いてある。このほか、メインストリート沿いのサンタモニカ観光局では、ビッグ・ブルー・バスBig Blue Busのルートマップなどが入手可能だ。ギフトショップを併設し、周辺のアトラクションのチケットもここで購入できる。

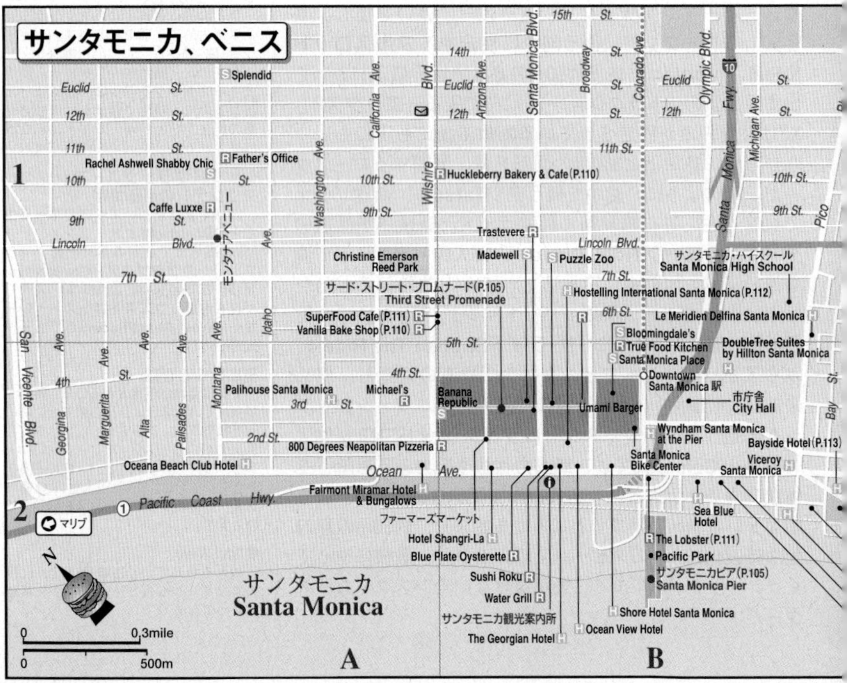

サンタモニカ、ベニス
Splendid
Rachel Ashwell Shabby Chic
Father's Office
Caffe Luxxe
Huckleberry Bakery & Cafe (P.110)
Trastevere
Madewell
Puzzle Zoo
Christine Emerson Reed Park
サード・ストリート・プロムナード(P.105)
Third Street Promenade
SuperFood Cafe (P.111)
Vanilla Bake Shop (P.110)
Hostelling International Santa Monica (P.112)
サンタモニカ・ハイスクール
Santa Monica High School
Le Meridien Delfina Santa Monica
Bloomingdale's
True Food Kitchen
Santa Monica Place
DoubleTree Suites by Hillton Santa Monica
Downtown Santa Monica 駅
市庁舎 City Hall
Palihouse Santa Monica
Michael's
Banana Republic
Umami Barger
800 Degrees Neapolitan Pizzeria
Wyndham Santa Monica at the Pier
Bayside Hotel (P.113)
Santa Monica Bike Center
Viceroy Santa Monica
Oceana Beach Club Hotel
Fairmont Miramar Hotel & Bungalows
ファーマーズマーケット
Sea Blue Hotel
Hotel Shangri-La
The Lobster (P.111)
Blue Plate Oysterette
Pacific Park
Sushi Roku
サンタモニカピア(P.105)
Santa Monica Pier
Water Grill
サンタモニカ観光案内所
Shore Hotel Santa Monica
The Georgian Hotel
Ocean View Hotel
マリブ
サンタモニカ
Santa Monica
Euclid St.
12th St.
11th St.
10th St.
9th St.
Lincoln Blvd.
7th St.
6th St.
5th St.
4th St.
3rd St.
2nd St.
Ocean Ave.
Pacific Coast Hwy.
15th St.
14th St.
Montana Ave.
モンタナアベニュー
Washington Ave.
California Ave.
Idaho Ave.
Wilshire Blvd.
Arizona Ave.
Santa Monica Blvd.
Broadway
Colorado Ave.
Olympic Blvd.
Santa Monica Fwy.
Michigan Ave.
Pico
Bay St.
San Vicente Blvd.
Georgina Ave.
Marguerita Ave.
Alta Ave.
Palisades Ave.
0 0.3mile
0 500m
A
B
1
2

旅のアドバイス ビーチ沿いでサイクリング▶サンタモニカにあるアメリカ最大級のバイクステーション。ここでは、IDがあれば自転車を借りることができる。バイクレーン（自転車専用道路）でサイクリングを楽しもう。Santa Monica Bike Center 住1555 2nd St., Santa Monica ☎(310)656-8500 URL thebikecenter.com 地P.104-B2

世界いち有名な桟橋 地P.94-A2、P.104-B2

サンタモニカピア
Santa Monica Pier

1909年に造られた、サンタモニカのシンボルともいえる古い木の桟橋。ピアの上には、小さな遊園地のパシフィックパークや、カフェ、レストラン、ゲームセンターがある。海に沈む美しい夕日を楽しめるスポット。

夜もにぎやかなショッピング街 地P.104-B2

サード・ストリート・プロムナード
Third Street Promenade

3rd St.沿いのショッピングモール、**サンタモニカプレイスSanta Monica Place**からWilshire Blvd.までの3ブロックは、歩行者天国になっている。道の中央のところどころに噴水やオブジェがあり、夜はそれらがライトアップされてとてもきれいだ。両脇はレストラン、ショップ、映画館などが並び、週末にはパフォーマーも出没する。

小粋なショッピングゾーン 地P.104-B2～105-C2

メインストリート
Main Street

サード・ストリート・プロムナードと並ぶ、サンタモニカのショッピングエリア。個性的なショップやこぢんまりとしたカフェ、レストランが建ち並んでいる。散歩がてらショッピングを楽しもう。

サンタモニカピア
行 Colorado Ave.が海に突き当たった所

入場無料のパシフィックパーク

●Santa Monica Place
地P.104-B2
住 395 Santa Monica Pl., Santa Monica
☎ (310) 260-8333
URL www.santamonicaplace.com
開 月～土10:00～21:00、日11:00～20:00

メインストリート
行 メトロバス#733、ビッグ・ブルー・バスの#1を利用。サンタモニカの南、ベニス寄り。東のRose Ave.から西のBay St.の間に店が多い

地元の人に人気のおしゃれなストリート
メインストリートをベニス方面に1.5km行くと分岐する道が、アボット・キニー・ブルバード **Abbot Kinney Blvd.**。端から端まで歩いても15分くらいの通りに、ショップやカフェが並んでいる
地P.105-D2

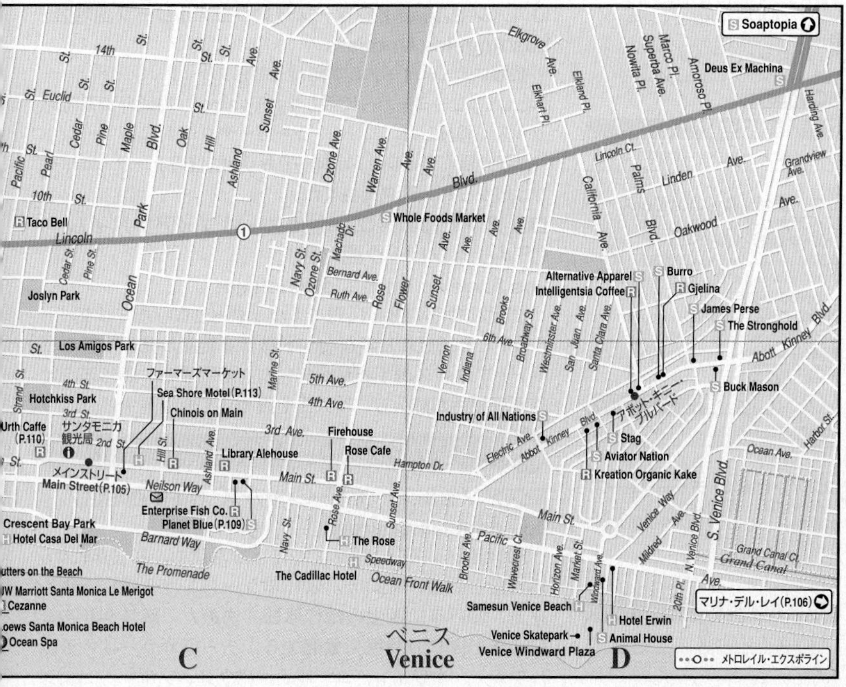

旅のアドバイス モンタナアベニュー▶サンタモニカの中心から、ビッグ・ブルー・バス #18 で約 10 分の所にあるおしゃれな通り。地元の人に人気のカフェやセレクトショップ、インテリアショップなどが 9 ブロックに並ぶ。南は Lincoln Blvd. から北は 17th St. 周辺までにショップが集まる。地P.104-A1

ベニス地区
地P.94-A2、P.105-C2～D2
行サンタモニカからビッグ・ブルー・バス#1で約15分。ダウンタウンからはメトロバス#33、733で約1時間25分

マリナ・デル・レイ地区
地P.94-A2、P.105-D2外
行サンタモニカからはビッグ・ブルー・バス#3でLincoln Blvd. & Fiji Way下車。ダウンタウンからはメトロバス#733でVenice Blvd. & Lincoln Blvd.下車。ビッグ・ブルー・バス#3に乗り換え、Lincoln Blvd. & Fiji Way下車

ロングビーチ地区
地P.94-B3
行ダウンタウンからは、メトロレイル・ブルーラインでDowntown Long Beach駅下車、約1時間

パサデナ地区
地P.94-B1
行ダウンタウンからメトロレイル・ゴールドラインのMemorial Park 駅下車。約40分

ベニス地区 Venice

サンタモニカの南に続くビーチが**ベニスビーチVenice Beach**だ。隣り合ってはいるが、その色合いはまったく異なる。どちらかというと観光地化しているサンタモニカに対し、地元の人々に人気が高いのがベニスだ。

マリナ・デル・レイ地区 Marina del Rey

世界最大級といわれるヨットハーバー、**マリナ・デル・レイMarina del Rey**。1万隻以上ものヨットやクルーザーが停泊し、優雅な雰囲気が漂う。

ロングビーチ地区 Long Beach

LAの南にある臨海都市。豪華客船のクイーンメリー号や南カリフォルニア最大規模の水族館などがある。

パサデナ地区 Pasadena

ダウンタウンの北東にあり、日没後も人通りが多いエリア。ノートンサイモン美術館や美しい庭園をもつハンティントンなど見どころも多い。ローズボウルのフリーマーケットも名物だ。

Spectator Sports スポーツ観戦

ロスアンゼルス・ドジャース
(1884年創設) 地P.94-B1
本拠地――ドジャースタジアムDodger Stadium(5万6000人収容)
住1000 Vin Scully Ave.
Free(1-866) 363-4377(チケット)
URL www.mlb.com/dodgers
行➡P.106 脚注

この選手に注目!
クレイトン・カーショー(投手)

ロスアンゼルス・エンゼルス・オブ・アナハイム
(1961年創設) 地P.95-C3
本拠地――エンゼル・スタジアム・オブ・アナハイムAngel Stadium of Anaheim (4万5050人収容)
住2000 Gene Autry Way, Anaheim
Free(1-888) 796-4256
URL www.mlb.com/angels
行➡P.106 脚注

この選手に注目!
大谷翔平(DH)

ロスアンゼルス・チャージャーズ
(1960年創設) 地P.94-B3
本拠地――ソーファイスタジアムSoFi Stadium(3万人収容)
Free(1-877) 242-7437
URL www.chargers.com

この選手に注目!
フィリップ・リバース

ベースボール MLB

ロスアンゼルス・ドジャース(ナショナルリーグ西地区) Los Angeles Dodgers

初期はニューヨークに本拠地をおきブルックリン・ドジャースとしてニューヨーカーに親しまれていたが、1958年ロスアンゼルスに移転した。コリー・シーガーやクレイトン・カーショーなど、投打にタレントが揃っており、監督のデーブ・ロバーツは母が日本人で沖縄生まれ。

ロスアンゼルス・エンゼルス・オブ・アナハイム(アメリカンリーグ西地区) Los Angeles Angels of Anaheim

弱冠27歳でMLBを代表するバッターとなったマイク・トラウトと、38歳にしてなお、本塁打を量産し続けるアルバート・プホルスのふたりがチームを牽引する。2018年に大谷翔平投手が加入し、新人王も獲得して大活躍中だ。

アメリカンフットボール NFL

ロスアンゼルス・チャージャーズ(AFC 西地区) Los Angeles Chargers

2004年シーズン以降のプレイオフ常連も、2010年代は5割前後と低調が続いた。2015年シーズンから4勝、5勝と迷走、2017年に誕生の地に移転を決めた。新スタジアム完成まで間借り状態で奮起する。チームカラーはネイビーブルー、ホワイト、ゴールド、パウダーブルー。

メモ **スタジアムへの行き方▶**ドジャースタジアムへはメトロバスの#2、4、302でSunset Blvd. & Vin Scully Ave.下車、丘のほうに歩いて約15分。シーズン中はDodger Stadium Expressがユニオン駅とドジャースタジアム間を走る。観戦チケットがあれば無料、ない場合は片道$1.75で利用可能だ。試合開始90分前から10～30分おきに走り、帰りのバスは↗

ロスアンゼルス・ラムズ（NFC 西地区）

Los Angeles Rams

2016年、古巣のLAに戻るとチーム状況は一変、2017シーズンは11勝をあげ、2001年以来のスーパーボウル出場もささやかれる快進撃を見せた。2019年、LA郊外のイングルウッドの新居完成を前に期待は膨らむ。ミレニアムブルー、ディジョンイエロー、ホワイト。

バスケットボール NBA

ロスアンゼルス・レイカーズ（西・太平洋地区）

Los Angeles Lakers

2度の3連覇を含む16度のファイナル制覇を誇る強豪も2012-13シーズンのプレイオフ惨敗後、5年連続負け越しに。2018-19はレブロンが移籍、脱却の軸となるか。チームカラーはパープル、ゴールド、ブラック、ホワイト。

ロスアンゼルス・クリッパーズ（西・太平洋地区）

Los Angeles Clippers

6シーズン連続プレイオフと好調を維持していたが、2017-18シーズン途中で生え抜きのエース、グリフィンをトレードで放出。チームの若返りを図った代償は勝ち越したもののプレイオフを逃す形に。チームカラーはレッド、ブルー、ブラック、シルバー、ホワイト。

アイスホッケー NHL

ロスアンゼルス・キングス（西・太平洋地区）

Los Angeles Kings

1967年に創設された西海岸随一の人気チーム。2012年と2014年にリーグ制覇し黄金時代を迎えたが、それ以降の4シーズンでは2度プレイオフを逃している。欧州リーグからコバルチュクを引き抜き、再起を図る。

アナハイム・ダックス（西・太平洋地区）

Anaheim Ducks

直近の10シーズンでプレイオフ進出8度を数え、2006-07シーズンにはチーム創設以来初となるリーグ優勝を決めている。2018年10月には90年代に活躍した日系カナダ人ポール・カリヤの背番号9が永久欠番となった。

サッカー MLS

ロスアンゼルス・ギャラクシー（西地区）

Los Angeles Galaxy

リーグ創設以来の名門チーム。過去5回の優勝はリーグ最多。レギュラーシーズンの成績1位も4回ある。過去にはデビッド・ベッカム、ロビー・キーンら世界的スターも数多く所属した。スタブハブセンターでの試合には平均約2万人以上の観衆が集まる。

ロスアンゼルス・ラムズ
（1937年創設） 地P.94-B2
本拠地——ソーファイスタジアムSoFi Stadium
URL www.therams.com

この選手に注目!
ジャレッド・ゴフ

ロスアンゼルス・レイカーズ
（1947年創設） 地P.96-A4
本拠地——クリプト・ドット・コム・アリーナCrypto.com Arena(1万8997人収容)
住 1111 S. Figueroa St.
☎ (213)742-7340
URL www.nba.com/lakers
行 ダウンタウンからはダッシュのルートFを利用。夜はタクシーを利用すること

この選手に注目!
レブロン・ジェイムズ

ロスアンゼルス・クリッパーズ
（1970年創設） 地P.96-A4
本拠地——クリプト・ドット・コム・アリーナCrypto.com Arena(1万8997人収容)
URL www.nba.com/clippers
※住☎行はレイカーズを参照

この選手に注目!
トバイアス・ハリス

ロスアンゼルス・キングス
（1967年創設） 地P.96-A4
本拠地——クリプト・ドット・コム・アリーナCrypto.com Arena(1万8997人収容)
URL www.nhl.com/kings
※住☎行はレイカーズを参照

この選手に注目!
イリヤ・ゴバルチュク

アナハイム・ダックス
（1993年創設） 地P.95-C3
本拠地——ホンダセンターHonda Center(1万7174人収容)
住 2695 E. Katella Ave., Anaheim
Free (1-877)945-3946
URL www.nhl.com/ducks
行 ディズニーランド周辺からKatella Ave.を東へ。エンゼル・スタジアムの高速を越えた先、左側にある

この選手に注目!
ライアン・ゲツラフ

ロスアンゼルス・ギャラクシー
（1995年創設） 地P.94-B3
本拠地——ディグニティ・ヘルス・スポーツ・パークDignity Health Sports Park(2万7000人収容)
住 18400 Avalon Blvd., Carson
Free (1-877)342-5299
URL www.lagalaxy.com
行 ダウンタウンからメトロレイルJシルバーラインでHarbor Gateway Transit Centerへ行き、メトロバス#246に乗り換え、Avalon Blvd. & Victoria St.下車

この選手に注目!
ズラタン・イブラヒモビッチ

↘試合終了45分後まで運行する。エンゼル・スタジアム・オブ・アナハイムへはダウンタウンのユニオン駅からアムトラック（Pacific Surfliner）で Anaheim 駅下車、目の前。月～金のナイターには直行便のエンゼル・エクスプレス➡P.108 脚注もある。ディズニーランド周辺からは Katella Ave. を走る OCTA バス #50 で東へ約 20 分。念のためタクシー会社の電話番号を控えておくこと。

ナイトスポット&ショップ
Night Spots & Shops

ライブハウス

大スターの登竜門
トルバドール
Troubadour

住9081 Santa Monica Blvd., West Hollywood
☎(310)276-1158 URL www.troubadour.com
開イベントにより異なる 地P.94-A1
料チャージはイベントにより異なる。入店の際は、現金のみ

店内にはここのステージに立った有名なアーティストたちの写真が飾ってある。イーグルスもこの店のバーカウンターで結成された。

バー

大人気、行列必至のスポット
ルーフトップ
The Rooftop

住550 S. Flower St., Los Angeles ☎(213)892-8080
URL www.standardhotels.com
開毎日12:00〜翌2:00 AMV 地P.96-A3

ダウンタウンの摩天楼に囲まれたホテル、スタンダード・ダウンタウンLA➡P.113の最上階にある。毎日行列ができるほど人気。有名DJもよく出演する。

バー

ハリウッドのアイコン的ホテルに入る
トロピカーナ・プール・カフェ
Tropicana Pool Cafe

住7000 Hollywood Blvd., Hollywood ☎(323)466-7000
URL www.thehollywoodroosevelt.com 地P.98-A1〜A2
開毎日10:00〜22:00(金・土〜翌2:00) ADJMV

ハリウッド・ルーズベルト・ホテル➡P.113にあるバー。暖炉があちこちに置かれ、日が暮れるとプールサイドは大人びた雰囲気に包まれる。若手セレブもよく訪れるとか。

クラブ

最新のナイトシーンを感じられる
エクスチェンジ・ロスアンゼルス
Exchange Los Angeles

住618 S. Spring St., Los Angeles ☎(213)627-8070
URL exchangela.com 開金・土22:00〜翌3:00(土〜翌4:00)
休日〜木 料イベントにより異なる AMV 地P.96-B3

1500人を収容する巨大クラブでは、人気DJが最新のヒット曲を流す。映画『ソーシャル・ネットワーク』が撮影されたことでも有名だ。

ショッピングモール

セレブ御用達のショッピングセンター
ビバリーセンター
Beverly Center

住8500 Beverly Blvd., Los Angeles
☎(310)854-0070 URL www.beverlycenter.com 地P.94-B1
開月〜土10:00〜21:00(土〜20:00)、日11:00〜18:00

ウエストハリウッドとビバリーヒルズの中間にある。Bloomingdale'sとMacy'sのふたつのデパート、約100の専門店、レストラン、カフェが入る。La Cienega Blvd.沿いにエスカレーターがある。

ショッピングモール

高級ブランドを買い揃えるなら
サウス・コースト・プラザ
South Coast Plaza

住3333 Bristol St., Costa Mesa Free(1-800)782-8888
URL www.southcoastplaza.com 地P.95-C3
開月〜土10:00〜21:00(土〜20:00)、日11:00〜18:30

LAのダウンタウンから車で約1時間、ディズニーランド・リゾートからなら20〜30分で行ける。5つのデパートに250ものショップ、約30軒のレストランが集まる。

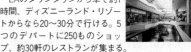

ショッピングモール

ファーマーズマーケットに隣接したモール
グローブ
The Grove

住189 The Grove Dr., Los Angeles ☎(323)900-8080
URL thegrovela.com 地P.94-B1
開毎日10:00〜21:00(金・土〜22:00、日〜20:00)

1930〜1940年代のLAの町並みがきれいに再現され、ノスタルジックな雰囲気が漂っている。3rd St.を挟んだ向かいには自然派スーパーマーケットのWhole Foods Marketがある。

アウトレット

ダウンタウンからいちばん近いアウトレットモール
シタデルアウトレット
Citadel Outlets

住100 Citadel Dr., Los Angeles ☎(323)888-1724
URL www.citadeloutlets.com 開毎日10:00〜21:00
地P.96-B4外

日本人に人気のCoachやMichale Korsなど100のブランドが集まり、常時30〜70%オフ。ユニオン駅やリトルトーキョーから無料のシャトルバスを運行している。

メモ エンゼル・エクスプレス▶月〜金曜の19:07から試合がある日には、ユニオン駅とアナハイム駅を結ぶ直通列車(Angels Express)が運行する。ユニオン駅16:30、16:50、17:46発、アナハイム駅17:17、17:33、18:31着。試合終了30分後アナハイム駅を発車。料往復:$7、6〜18歳$4

ショップ
Shops

書店
ハリウッド関係の本が充実
サミュエル・フレンチ・シアター&フィルム・ブックショップ
Samuel French Theatre & Film Bookshop

住7623 Sunset Blvd., Hollywood Free(1-866)598-8449
URL www.samuelfrench.com 開毎日10:00～18:00(日～17:00)
AMV 地P.98-A2外
CLOSED

プロも映画ファンも楽しめる本が揃っている。リハーサルのメモやマネジメントデータなどの珍品もあるから、コレクターは見逃せない。場所はサンセットストリップ沿いのStanley Ave.とCurson Ave.の間。

楽器
観光スポットでもあるギター専門店
ギターセンター
Guitar Center

住7425 Sunset Blvd., Hollywood ☎(323)874-1060
開月～土10:00～21:00、日11:00～20:00
AJMV 地P.98-A2外

この店の名物はロックの殿堂、ロック・ウオーク・フェイムだ。有名ミュージシャンの手形やサインなどが展示されている。2007年にはB'zも殿堂入りした。

CDショップ
日本のCDもあるほど充実のストック
アメーバミュージック
Amoeba Music

住6400 Sunset Blvd., Hollywood ☎(323)245-6400
URL www.amoeba.com
開月～土10:30～23:00、日11:00～22:00 JMV 地P.99-C2

新譜と中古を販売し、そのストック数は全米No.1ともいわれる。広い店内の奥にはステージがあり、週末は無料でライブやDJが楽しめる（内容はウェブサイトで確認可能）。

ホーム用品
カジュアルハウスウエアのチェーン店
クレート&バレル
Crate & Barrel

住75 W. Colorado Blvd., Pasadena ☎(626)683-8000
URL www.crateandbarrel.com 開月～土10:00～21:00、日11:00～19:00 AJMV 地P.94-B1

シンプルなデザインのものが多い、ハウスウエアの店。パスタ鍋などの調理用具やグラス類の取り揃えが充実している。ランチョンマットやナプキンはおしゃれなおみやげにぴったりだ。

セカンドハンズ
古着好きなら、絶対に訪れたい
ウエイストランド
Wasteland

住7428 Melrose Ave., Los Angeles ☎(323)653-3028
URL www.shopwasteland.com AMV 地P.94-B1
開月～土11:00～20:00、日～19:00

ノーブランドからデザイナーズブランドまで取り揃えた、幅広いセレクトが特徴。ベルトやサングラス、靴、バッグなどの小物類も充実している。ジョニー・デップやミーシャ・バートンが訪れたこともある有名店。

チョコレート&キャンディ
オトナな味のチョコレート
シュガーフィーナ
Sugarfina

住20 Hugus Alley, Pasadena ☎(424)284-8518
URL www.sugarfina.com 開毎日11:00～19:00(金・土～22:00) AJMV 地P.94-B1
CLOSED

世界中を旅して見つけたお菓子をウェブサイトで販売していたオーナーが路面店をオープン。高級グミやキャンディ、アルコール入りのチョコレートなど100種類以上が並ぶ。

セレクトショップ
LA発のメンズブランド
アポリス
Apolis

住826 E. 3rd St., Los Angeles Free(1-855)894-1559
URL www.apolisglobal.com 開毎日11:00～19:00
AJMV 地P.96-B2外

ウガンダやバングラデシュなどの発展途上国の職人が作るバッグやシャツが人気。ファッションから貧困をなくそうとするコンセプトに、日本のスタイリストも注目している。

セレクトショップ
トレンドを先取りするならここ
プラネットブルー
Planet Blue

住2940 Main St., Venice ☎(310)396-1767
URL www.shopplanetblue.com 開毎日10:00～19:00
AJMV 地P.105-C2
CLOSED

洋服、バッグや靴、コスメなどあらゆるアイテムが揃う。特にデニムが充実。LAで人気のセレクトショップで、流行のアイテムや次のトレンドをチェックしよう。

メモ ブロガーに人気のインスタスポット▶メルローズアベニューのPaul Smith（住8221 Melrose Ave., Los Angeles）やダウンタウンのThe Last Bookstore（住453 S. Spring St., Los Angeles）は、記念撮影をする人でにぎわっている。

レストラン

Restaurants

カフェ

LAらしいヘルシー料理が楽しめる

エムカフェ

M Café

住7119 Melrose Ave., Los Angeles　☎(323)525-0588
URL mcafedechaya.com　開毎日9:00〜22:00(日〜21:00)
AJMV　地P.98-A2外

セレブの間ですっかりおなじみのマクロビオティックを気軽に楽しめるカフェ。肉やチーズを使用しないハンバーガーやマクロボウル（$12〜）が人気だ。

カフェ

ハリウッドセレブも通う

グリドルカフェ

The Griddle Cafe

住7916 Sunset Blvd., Hollywood　☎(323)874-0377
URL www.thegriddlecafe.com
開毎日7:00〜16:00(土・日8:00〜)　AMV　地P.98-A2外

看板メニューのパンケーキを求めて、ハリウッドセレブをはじめとする有名人が通う店。お皿からはみ出さんばかりの特大パンケーキは、アメリカ人でも食べ残すほどの大きさ。1〜3枚まで選ぶことができる。

カフェ

いつも混んでいる人気店

アースカフェ

Urth Caffe

住2327 Main St., Santa Monica　☎(310)314-7040
URL www.urthcaffe.com　開毎日6:00〜23:00(金・土〜24:00)
AMV　地P.105-C2

オーガニックの自然な食材にこだわった店。看板メニューのひとつ、カフェラテ（$3.85〜）は、泡がふわふわで大人気。サラダやサンドイッチなども好評だ。

カフェ

地元の人にも大人気

ハックルベリー・ベーカリー&カフェ

Huckleberry Bakery & Cafe

住1014 Wilshire Blvd., Santa Monica　☎(310)451-2311
URL www.huckleberrycafe.com　地P.104-A1〜B1
開毎日8:00〜17:00　AJMV

サンフランシスコの人気ベーカリーで修業したパン職人が作るクロワッサンやスイーツは、甘過ぎず、日本人の口にも合う。開店直後から行列ができる人気店だ。サンドイッチは$16〜15。

スイーツ

人気のカップケーキ店

バニラ・ベイク・ショップ

Vanilla Bake Shop

住512 Wilshire Blvd., Santa Monica　☎(310)458-6644
URL www.vanillabakeshop.com　地P.104-A1〜B1
開月〜土9:00〜19:00、日10:00〜18:00　AMV

サンタモニカのサード・ストリート・プロムナード近くにある。朝から朝食代わりにカップケーキ（$3.95）を買っていく人も多い。バニラやビタースイートのチョコレート味などがある。

ファストフード

西海岸で大人気のハンバーガーチェーン

イン・アンド・アウト・バーガー

In-N-Out Burger

住7009 Sunset Blvd., Hollywood　Free(1-800)786-1000
URL www.in-n-out.com
開毎日10:30〜翌1:00(金・土〜翌1:30)　AJMV　地P.98-A2

ファストフードとは思えないおいしさで評判のハンバーガーショップ。肉の厚みと肉質のよさ、たっぷり入ったレタスやトマトのフレッシュ感がたまらない。特製ソースが載ったアニマルスタイルという裏メニューもあり。

ファストフード

LA名物！セレブも並ぶホットドッグ店

ピンクス

Pink's

住709 N. La Brea Ave., Los Angeles　☎(323)931-4223
URL www.pinkshollywood.com
開毎日9:30〜翌2:00(金・土〜翌3:00)　AJMV　地P.98-A2外

1939年創業の老舗ホットドッグ店。看板メニューのチリドッグ（$4.50）のほか種類も豊富。行列必至の人気店だが並んで食べる価値大だ。La Brea Ave.とMelrose Ave.の交差点付近にある。

アメリカ料理

今まで気づかなかった組み合わせ

エッグスラット

Eggslut

住317 S. Broadway, Los Angeles(グランド・セントラル・マーケット内)　☎(213)625-0292　URL www.eggslut.com
開毎日8:00〜16:00　AMV　地P.96- B2

2014年のオープン以来、地元の人に評判で、いつも行列の店。卵を潰し、ジャガイモをかき混ぜて食べるとおいしいエッグスラット（$9）が看板メニューだ。

メモ　**2017年3月東京に上陸した人気のハンバーガーショップ**▶ロスアンゼルス国際空港にも入っているウマミバーガーは、おしゃれな雰囲気いっぱいのハンバーガーショップ。Umami Burger　住852 S. Broadway, Los Angeles　☎(213)413-8626　URL www.umamiburger.com　開 毎日 11:30 〜 23:00（金・土〜 24:00）地P.96-B4

レストラン
Restaurants

アメリカ料理

食事時は長蛇の列ができる
ホウリンレイズ
Howlin' Ray's

住727 N. Broadway, #128, Los Angeles ☎(213)935-8399
URLwww.howlinrays.com 開火～日11:00～19:00（土・日10:00～） 休月 MV 地P.96-B1

ピーナッツオイルで揚げたチキンが評判の店。チキンサンドイッチ（$12）かフライドチキン（$9～）に、コールスローやピクルスを付ければ満腹だ。

アメリカ料理

ダウンタウンの老舗ステーキ店
オリジナル・パントリー・カフェ
Original Pantry Cafe

住877 S. Figueroa St., Los Angeles
☎(213)972-9279 URLwww.pantrycafe.com
開24時間 現金のみ 地P.96-A4

"We Never Close"をモットーに、1924年の創業以来、毎日ステーキを提供し続ける。ステーキ類は$25前後とお手頃な値段。24時間営業。

アメリカ料理

1919年オープンの老舗レストラン
ムッソー&フランク・グリル
Musso & Frank Grill

住6667 Hollywood Blvd., Hollywood ☎(323)467-7788
URLwww.mussoandfrank.com 地P.98-B1
開火～土11:00～23:00、日16:00～21:00 休月 AMV

ハリウッドが華やかだった頃は、スターのダイニングスポットとして人気のあった老舗レストラン。フィッツジェラルドやヘミングウェイも、よくこの店を訪れたそうだ。

ヘルシーフード

新鮮なフールツが盛りだくさん
スーパーフード・カフェ
SuperFood Cafe

住530 Wilshire Blvd., Santa Monica ☎(310)319-9100
URLwww.superfoodcafe.org 地P.104-A1～B1
開月～金8:00～19:0[illegible]、土・日9:00～1[illegible] AMV

CLOSED

「オーガニックで低カロリー」が合い言葉で、健康を気にするベジタリアンも通う。遺伝子組み換え食品はまったく使用せず、コーヒーや紅茶もオーガニック。

シーフード

夕日を眺めながら食事できる
ロブスター
The Lobster

住1602 Ocean Ave., Santa Monica ☎(310)458-9294
URLthelobster.com 開毎日11:30～21:30（金・土～22:30）
AJMV 地P.104-B2

サンタモニカピアの入口にある。ロブスター（$36／ポンド=約454g）をはじめ、カニのすり身を固めて軽く表面を焼いたクラブケーキ（$34）などが人気。

イタリア料理

ロバート・デ・ニーロが出資する
アゴ
Ago

住8478 Melrose Ave., West Hollywood ☎(323)655-6333
URLagorestaurant.com 開月～金12:00～23:30、土・日18:00～23:30（日～[illegible]2:00） A[illegible] 地P.94-B1

CLOSED

トスカーナ地方出身のシェフが作る料理は、コンテンポラリーな北イタリア料理。奥にあるテラス席は、太陽がさんさんと降り注ぎ気持ちがいい。

中華料理

昼間の飲茶がおすすめ
ゴールデンドラゴン・シーフード・レストラン
Golden Dragon Seafood Restaurant

住960 N. Broadway, Los Angeles ☎(213)626-2039
開毎日8:00～22:00（飲茶：毎日8:00～15:00）
JMV 地P.96-A1～B1外

地元の中国人が飲茶といえばここ とおすすめするレストラン。平日は小籠包や焼売、春巻きなどが1品$2.60、週末は$2.80～とお手頃価格で、ひとり$15もあれば満腹になる。

韓国料理

客足が絶えない韓国料理店
ホドリ
Hodori

住1001 S. Vermont Ave., Suite 101, Los Angeles
☎(213)383-3554 URLwww.hodorirestaurants.com
開24時間 MV 地P.94-B1

地元の韓国系の人たちも通う韓国料理のレストラン。おすすめは、石焼きビビンパ、スンドゥブ。ナムルもたっぷりで満足度大だ。予算は$17程度。

Nickel Diner ▶ダウンタウンにあるアメリカンダイナー。シナモンやバターが大量に載ったフレンチトーストやベーコンドーナツがおいしかった。 住524 S. Main St., Los Angeles ☎(213)623-8301 URLwww.nickeldiner.com 開火～日 8:00～15:30 休月 地P.96-B3
（東京都 らっせる '14）['18]

ホテル
Hotels

ホステル

非会員制ホステルはロケーションもマル！

USAホステルズ・ハリウッド
USA Hostels Hollywood

住1624 Schrader Blvd., Hollywood, CA 90028　☎(323)462-3777
FAX(323)417-5152　URLwww.usahostels.com　Wi-Fi無料
ドミトリー$37～5[illegible]、個室$1[illegible]　AMV　地P.99-C2

CLOSED

ハリウッドの中心にも近く、観光やショッピングに最適。部屋は6～8人のドミトリー形式がメインで、各部屋にシャワーとトイレがある。個室もあるが要事前予約。無料の朝食付き。150ベッド。※ドミトリーは男女混合の場合あり。

ホステル

おしゃれなホステル

バナナ・バンガロー・ハリウッド・ホステル
Banana Bungalow Hollywood Hostel

住5920 Hollywood Blvd., Los Angeles, CA 90028　☎(323)469-2500
FAX(323)469-6200　URLwww.bananabungalows.com　Wi-Fi無料
ドミトリー$25～39、個室$98～137　JMV　地P.99-D1外

メトロレイル・レッドラインのHollywood/Vine駅に近い。雰囲気もよく人気。ドミトリーは男女混合のこともあるので予約時に確認を。メルローズアベニュー周辺にも同系列のホステルがある。62ベッド。

ホステル

ビーチに近い清潔なユース

ホステリング・インターナショナル・サンタモニカ
Hostelling International Santa Monica

住1436 2nd St., Santa Monica, CA 90401
☎(310)393-9913　FAX(310)393-1769
URLwww.hilosangeles.org　Wi-Fi無料
ドミトリー$41～65、個室$125～235　MV　地P.104-B2

ショップやレストランが集まるサード・ストリート・プロムナードまで徒歩3分。バス、トイレは共同だが、きれいだ。オフィスは24時間オープン。260ベッド。

ホステル

サンペドロにあるユース

ホステリング・インターナショナル・ロスアンゼルス・サウスベイ
Hostelling International Los Angeles South Bay

住3601 S. Gaffey St., #613, San Pedro, CA 90731
☎(310)831-4635　URLwww.hiusa.org
Wi-Fi無料　ドミトリー$28～、個室$4[illegible]～　MV　地P.94-B3

CLOSED

LAの南サンペドロの突端、Angels Gate Parkの中にある。ダウンタウンからはメトロレイル・シルバーラインとメトロバス#246で約2時間。2019年は6月12日～9月11日のみオープン。57ベッド。

エコノミーホテル

ダウンタウンの人気モーテル

シティ・センター・ホテル
City Center Hotel

住1135 W. 7th St., Los Angeles, CA 90017　☎(213)627-2581
FAX(213)627-8748　URLctcenterhotel.com
Wi-Fi無料　ⓈⒹ$80～　ADJMV　地P.96-A3外

各部屋に冷蔵庫、テレビもあり、室内は広くゆったりとしていてまずまず清潔。この値段でダウンタウンまで歩ける距離にあるのは魅力的だ。42室。

エコノミーホテル

リトルトーキョーの真ん中にある

リトル東京ホテル
Little Tokyo Hotel

住327 1/2 E. 1st St., Los Angeles, CA 90012
☎(213)617-0128　Ⓢ$70～、Ⓓ$90～　Wi-Fi無料
支払いは現金のみ　地P.96-B2

基本的には長期利用者向けの格安ホテルで、語学学校などに通う学生の利用が多い。日本語を話すスタッフもいる。バスやトイレは共同。アイロンやドライヤーなどはフロントで貸し出ししている。38室。

エコノミーホテル

ハリウッド&ハイランドの裏にある

ハリウッドVIPホテル
Hollywood VIP Hotel

住1770 Orchid Ave., Hollywood, CA 90028　☎(323)962-1788
FAX(323)729-3259　URLwww.hollywoodviphotel.com
Wi-Fi無料　ⓈⒹⓉ$99～229　AJMV　地P.98-B1

一軒家風のホテル。清潔感のある客室で、キッチン、電子レンジ付きの部屋もある。TCLチャイニーズ・シアター、ハリウッド&ハイランドは徒歩圏内で便利。30室。

エコノミーホテル

バスを使ってどこでもスイスイ

ハリウッド・ダウンタウナー・イン
Hollywood Downtowner Inn

住5601 Hollywood Blvd., Los Angeles, CA 90028　☎(323)464-7191
URLwww.hollywooddowntowner.com
Wi-Fi無料　ⓈⒹⓉ$104～121　AJMV　地P.99-D1外

メトロレイル・レッドラインのHollywood/Western駅から徒歩3分の所にある。無料の朝食付き。キッチン付きの部屋やプールもある。30室。

ダウンタウンのリトルトーキョーにある日系ホテル▶チェックインからチェックアウトまで日本語で利用できる。Miyako Hotel　住328 E. 1st St., Los Angeles, CA 90012　☎(213)617-2000　URLwww.miyakoinn.com　地P.96-B2
（東京都　らっせる　'14）['18]

ホテル
Hotels

中級ホテル

日本語を話せるスタッフがいる
ニュー・ガーデナ・ホテル
New Gardena Hotel

住1641 W. Redondo Beach Blvd., Gardena, CA 90247
☎(310) 327-5757 FAX(310) 327-5370 ADMV Wi-Fi無料
URL www.newgardenahotel.com ⓈⒹⓉ$101～177 地P.94-B2

ダウンタウンLAから20km南のガーデナ地区にあるホテル。日本語を話すスタッフが常にいるので、宿泊客のほとんどは日本人だ。無料の朝食あり。ダウンタウンからメトロレイル・シルバーラインとメトロバス#125を乗り継いで約1時間15分。100室。

中級ホテル

サンタモニカのメインストリート沿い
シー・ショア・モーテル
Sea Shore Motel

住2637 Main St., Santa Moncia, CA 90405
☎(310) 392-2787 FAX(310) 392-5167
URL www.seashoremotel.com Wi-Fi無料
ⓈⒹⓉ$125～275、スイート$180～375 AMV 地P.105-C2

サンタモニカとベニスの中間でメインストリート沿いに建つモーテル。付近にはおしゃれなカフェや雑貨店がたくさんあり、サンタモニカのビーチへも歩いて行ける。目の前をビッグ・ブルーバス#1が通る。25室。

中級ホテル

南カリフォルニア大学（USC）が経営する
USCホテル
USC Hotel

住3540 S. Figueroa St., Los Angeles, CA 90007
☎(213) 748-4141 FAX(213) 746-3255
URL www.radisson.com ⓈⒹⓉ$129～339、スイート$179～489 Wi-Fi無料 ADJMV 地P.94-B2

USCの目の前にあり、アメニティや設備が充実。24時間利用できるビジネスセンターやレストラン、バーラウンジ、屋外プール、フィットネスセンターがある。240室。

中級ホテル

UCLA近くのウエストウッドにあるホテル
ロイヤルパレス・ウエストウッド/LAホテル
Royal Palace Westwood / LA Hotel

住1052 Tiverton Ave., Los Angeles, CA 90024
☎(310) 208-6677 FAX(310) 824-3732
URL www.royalpalacewestwood.com Wi-Fi無料
ⓈⒹⓉ$179～239、スイート$199～299 ADJMV 地P.94-A1

高級ホテルが多いエリアにある、リーズナブルなホテル。建物自体は古いが掃除もていねいにしてくれる。部屋には冷蔵庫、電子レンジ、コーヒーメーカーあり。スタッフも親切。36室。

中級ホテル

ミッドウィルシャー付近でおすすめのホテル
ファーマーズ・ドーター・ホテル
Farmer's Daughter Hotel

住115 S. Fairfax Ave., Los Angeles, CA 90036 ☎(323) 937-3930
Free(1-800) 334-1658 FAX(323) 932-1608
CLOSED
URL farmersdaughte hot .com 無料 ⓈⒹⓉ$179～319、スイート$289～ ADJMV 地P.94-B1

インテリアのかわいいおしゃれなホテル。場所はファーマーズマーケットそばのFairfax Ave.沿い。グローブ➡P.108も徒歩数分で行けるので便利だ。66室。

中級ホテル

サンタモニカビーチの目の前
ベイサイドホテル
Bayside Hotel

住2001 Ocean Ave., Santa Monica, CA 90405
☎(310) 396-6000 Free(1-800) 525-4447 FAX(310) 396-1000
URL baysidehotel.com Wi-Fi無料 ⓈⒹⓉ$140～399
ADJMV 地P.104-B2

オーシャンアベニューに面した最高のロケーション。オーシャンビューの部屋もある。食事や、ショッピングが楽しめるメインストリートもすぐ近く。スタッフの対応もとても親切だ。45室。

高級ホテル

ダウンタウンのスタイリッシュなホテル
スタンダード・ダウンタウンLA
The Standard, Downtown LA

住550 S. Flower St., Los Angeles, CA 90071 ☎(213) 892-8080
FAX(213) 892-8686 URL w tels.com
CLOSED
Wi-Fi無料 ⓈⒹⓉ$ 地P.96-A3

おしゃれな客室や高い天井のロビー、奇抜なインテリアが評判のデザインホテル。ルーフトップ➡P.108は若者に大人気のナイトスポット。207室。

高級ホテル

第1回アカデミー賞授賞式が行われた
ハリウッド・ルーズベルト・ホテル
Hollywood Roosevelt Hotel

住7000 Hollywood Blvd., Los Angeles, CA 90028
☎(323) 856-1970 URL www.thehollywoodroosevelt.com
Wi-Fi$9.99 ADJMV
ⓈⒹⓉ$289～659、スイート$489～6000 地P.98-A1～A2

ハリウッドのランドマーク、TCLチャイニーズ・シアターのほぼ向かいにある1927年開業の歴史あるホテル。300室。

ディズニーランドの元祖

ディズニーランド・リゾート
地P.95-C3
住1313 S. Harbor Blvd., Anaheim
☎(714)781-4565(録音テープ)、(714)781-4636(オペレーター)
URL disneyland.jp(日本語)
開ディズニーランド・パーク:毎日10:00～21:00
ディズニー・カリフォルニア・アドベンチャー・パーク:毎日10:00～20:00
※これはおおよその目安。日によってさらに細かく決められており、変更になることもある。事前にウェブサイトか、電話で確認すること
料1日券(1パークのみ有効)$97～135、3～9歳$91～127(時期により異なる)。1日券(2パーク有効)$147～185、3～9歳$141～177(時期により異なる)。2日券(2パーク有効)$260、3～9歳$248

『地球の歩き方』のウェブサイト(URL parts.arukikata.com/themepark)では、事前にテーマパークのチケットが購入できる。パークホッパー2～5日券には、通常より1時間早く入場できるマジック・モーニングの特典が付くメリットあり

駐車場
1台につき$20。駐車場は広いので車を停めた位置を、ディズニーキャラクターと列、番号で必ず覚えておくこと

ふたつのコースがあるマッターホーン・ボブスレー

ディズニーランド・リゾート Disneyland Resort

本家本元のディズニーランド・パーク、カリフォルニアをテーマにしたディズニー・カリフォルニア・アドベンチャー・パーク、ショッピングやダイニングが楽しめるダウンタウン・ディズニー、宿泊すると特典が付くディズニーランド・リゾートからなる。ふたつのテーマパークでは、ファストパスを上手に利用して効率よく園内を回りたい。

元祖、夢と魔法の王国 地P.95-C3

★ ディズニーランド・パーク Disneyland Park

園内は8つのテーマエリアからなる。まず、正面ゲートでマップとその日のイベント情報を入手しておこう。

人気があるアトラクションは、潜水艦に乗って映画『ファインディング・ニモ』の世界を楽しめる**ファインディング・ニモ・サブマリン・ヴォヤッジFinding Nemo Submarine Voyage**やジャック・スパロウも出現する!?**カリブの海賊Pirates of the Caribbean**、雪男の待ち受ける氷の洞窟を走るジェットコースターの**マッターホーン・ボブスレーMatterhorn Bobsleds★**。そのほか、ジープに乗り込んでインディ・ジョーンズの大冒険に出発する**インディ・ジョーンズ・アドベンチャーIndiana Jones™ Adventure★**やディズニーの名作“Song of the South”をモチーフにした**スプラッシュ・マウンテンSplash Mountain★**、ゴールドラッシュにわく山を暴走するスリル満点のジェットコースターの**ビッグサンダー・マウンテンBig Thunder Mountain Railroad★**、スターウォーズのキャラクターも登場する**スター・ツアーズ:アドベンチャー・コンティニューStar Tours - The Adventure Continue★**なども長蛇の列ができる。ミッキーと記念撮影ができる**ミッキーの家とミート&グリート:ミッキーMickey's House and Meet Mickey**やミニーに会える**ミニーの家 Minnie's House**も必訪のエリアだ。

旅のアドバイス ディズニーランド・リゾートへの行き方

ロスアンゼルス国際空港から
「ディズニーランド・リゾート・エクスプレスDisneyland Resort Express」(Coach USAによる)は、運行を終了しました。

LAのダウンタウンから
ダウンタウンの7th St. & Flower St. からメトロバス #460を利用、ディズニーランド・パーク前下車。約2時間。片道$2.50。帰りのバスの時間と場所を確認しておくのを忘れずに。

アナハイムのアムトラック駅やグレイハウンド・バスターミナルから
鉄道とバスの複合ターミナルからOCTAバス#50で、Katella Ave. & Harbor Blvd.下車、北へ1km。約30分。$2。ARTバス#15で、ディズニーランド・パーク下車。約30分。$3。

ディズニーランド・リゾート周辺のホテルから
周辺のホテルに宿泊する場合は、ホテルの送迎バスを利用できる。

旅のアドバイス **ディズニーランド・パークのショーやエンターテインメント**▶アメリカ河で行われる、光と水が織りなす華麗でダイナミックなショーの**ファンタズミック! Fantasmic!**やファンタジーランド・シアターで上演されているライブショーの**ミッキー・アンド・ザ・マジカルマップ Mickey and the Magical Map**は必見のショーだ。

カリフォルニアの魅力が詰まった ディズニー・カリフォルニア・アドベンチャー・パーク Disney California Adventure Park

地P.95-C3

7つのエリアからなり、カリフォルニアの雄大ですばらしい自然や、ハリウッドに代表される映画産業、ビーチなどが再現されている。

人気のアトラクションは、映画『カーズ』をモチーフにした**ラジエーター・スプリングス・レーサーRadiator Springs Racers**★や『トイ・ストーリー3』の新キャラクターが登場する**トイ・ストーリー・マニア！Toy Story Midway Mania!**★、世界を飛び回るアトラクションにバージョンアップした**ソアリン・アラウンド・ザ・ワールドSoarin' Around the World**★。そのほか、映画『ガーディアンズ・オブ・ギャラクシー』をテーマにしたアトラクションの**ガーディアンズ・オブ・ギャラクシー：ミッション・ブレイクアウト！Guardians of the Galaxy - Mission : BREAKOUT !**★や最新アトラクションの**インクレディコースターThe Incredicoaster**★など、魅力的なアトラクションが集まっている。

映画『カーズ』の世界へ

ガーディアンズ・オブ・ギャラクシー：ミッション・ブレイクアウト！
©MARVEL

さらに、見逃せないのがショーやエンターテインメント。映画『アナと雪の女王』をテーマにして、さまざまなシーンがよみがえるミュージカルの**アナと雪の女王：ライブ・アット・ザ・ハイペリオンFrozen-Live at the Hyperion**や噴水のスクリーンにディズニーアニメの人気キャラクターが登場する**ワールド・オブ・カラーWorld of Color**★は時間を調整してでも必ず鑑賞したい。

イルミネーションもきれいな ダウンタウン・ディズニー Downtown Disney

地P.95-C3

ディズニーランド・リゾートの中心部にあり、ふたつのテーマパーク（ディズニー・カリフォルニア・アドベンチャー・パークとディズニーランド・パーク）とディズニーリゾート・ホテルを結ぶ。ギフトショップのWorld of Disneyをはじめ、レストランや映画館、ライブハウスなど約50の店舗が建ち並び、夜遅くまで営業している。

ファストパス

アトラクションに優先入場できる便利なパス。待ち時間が最大限節約できる。適用アトラクションは、★のマークが付いたもの。それ以外にも、順次適用されていく可能性があるので、当日ゲストリレーションで確認を

ディズニーランド・パークの最新情報

2019年夏に、映画『スター・ウォーズStar Wars』をモチーフにしたエリア、**スター・ウォーズ：ギャラクシーズ・エッジStar Wars:Galaxy's Edge**がオープンする予定だ。BB-8やチューバッカ、ファーストオーダーのメンバーなどスター・ウォーズのキャラクターに会える

●ディズニーランド・モノレイル Disneyland Monorail

ダウンタウン・ディズニーとトゥモローランドを約13分で行き来しているモノレイル

ディズニーランド・パークのサービス

●ロッカールーム

メインストリートUSAに設置されている。料$7～15

●落とし物（ロスト&ファウンド）

ディズニーランド・パークの正面ゲート外の左側（ディズニー・カリフォルニア・アドベンチャー・パークと共通）

●インフォメーション

正面ゲート左側のシティ・ホールにあるゲストリレーション

●レンタル

料ベビーカー1日$15、車椅子1日$12、電動車椅子$50（デポジット$20）

●その他

食べ物、飲み物の持ち込み、アトラクション内でのフラッシュ付き写真撮影は禁止

カリフォルニア・アドベンチャー・パークの最新情報

2018年夏、かつてカリフォルニア・スクリーミングがあったエリアに、巨大ローラーコースターの**インクレディコースターThe Incredicoaster**が登場。**ピクサー・ピアPixar Pier**という新しいエリアもオープンした。また、『インクレディブル・ファミリー』『ティンカー・ベル』のキャラクターがパレードする**ペイント・ザ・ナイトPaint The Night**が2018年4月にスタート

ディズニー最大級のギフトショップは品揃えも豊富

旅のアドバイス キャラクター・ダイニング▶パーク内やディズニーリゾート・ホテルのいくつかのレストランでは、おなじみのキャラクターが、テーブルまで来てくれる。ディズニーランド・パークにあるプラザ・インやディズニー・パラダイス・ピア・ホテルにあるディズニー PCH グリル、ディズニーランド・ホテルにあるグーフィーズ・キッチンなど。

ナッツ・ベリー・ファーム
住8039 Beach Blvd., Buena Park
☎(714) 220-5200
URL www.knotts.com
開基本的に開園は10:00。閉園時間は17:00〜23:00の間で日によって細かく設定されている。事前にウェブサイトまたは電話で確認しておこう
休12/25　料$82、3〜11歳$52
行ダウンタウンLAからは、7th St. & Flower St.から出ているナッツ・ベリー・ファーム経由ディズニーランド・パーク行きメトロバス#460を利用。所要1時間45分〜2時間。
　ディズニーランドからは、ダウンタウンLA行き#460で。所要約45分。またはARTバス#18で、所要約50分。
　レンタカーの場合、ダウンタウンLAからI-5を南下。Beach Blvd.の出口を下りて南へ進み、CA-91の下をくぐると標識が出てくる。駐車料金は$19

ナッツ・ベリー・ファームの最新情報
　2018年、ボードウオークに**ハングタイムHangTime**が登場した。西海岸で初のダイブコースターで、コースの最高斜度は96度。自由落下以上の速さで降下するので、搭乗者は上に引っ張られるマイナスGを体験できる。
　2016年、75周年を記念して始まった**ゴーストタウン・アライブ！Ghost Town Alive!**が内容を変え、話題に。1800年代の廃鉱山を舞台に荒くれ者やカウボーイがゴーストタウンに出没する

スヌーピーのほのぼのとしたテーマパーク　地P.95-C3

ナッツ・ベリー・ファーム
Knott's Berry Farm

　ベリー畑から始まった世界初のテーマパーク。4つのエリアと、ショップやレストランが集まるカリフォルニアマーケットプレイスで構成されている。
　1880年代のカリフォルニア西部の金鉱の村を再現した**ゴーストタウンGhost Town**には、長さ、高さともに西海岸いちの木製ジェットコースターの**ゴーストライダーGhost Rider**や6人乗りのイカダでラフティングする**ビッグフットラピッズBigfoot Rapids**などがある。**ボードウオークBoardwalk**は過激なライドが集中しているエリア。ヘアピンカーブをスピンしながら疾走する**コーストライダーCoast Rider**や無重力の世界へ引きずり込まれる**スプリームスクリームSupreme Scream**などがある。**キャンプスヌーピーCamp Snoopy**は、スヌーピーやチャーリー・ブラウンがいるエリア。子供向けのほのぼのとしたアトラクションが中心だ。**カリフォルニアマーケットプレイスCalifornia Marketplace**には、ナッツ名物のチキン料理が食べられる**ミセス・ナッツ・チキン・ディナー・レストランMrs. Knott's Chicken Dinner Restaurant**やギフトショップの**スヌーピーヘッドクオーターSnoopy HeadQuarter**がある。

ホテル
Hotels

エコノミーホテル
ディズニーランド目の前で快適&お手頃
アナハイム・デザート・イン&スイーツ
Anaheim Desert Inn & Suites

住1600 S. Harbor Blvd., Anaheim, CA 92802
☎(714) 772-5050　FAX(714) 778-2754
URL www.anaheimdesertinn.com　Wi-Fi無料
ⓈⒹⓉ$89〜159、スイート$119〜299　ADJMV　地P.95-C3

　立地のよさからバケーションを楽しむ家族連れがあとを絶たない人気のモーテル。部屋の装飾はシンプルだが、冷蔵庫や電子レンジが付いている。無料の朝食付き。147室。

エコノミーホテル
スイートタイプのモーテル
ラ・キンタ・イン&スイーツ・アナハイム
La Quinta Inn & Suites Anaheim

住1752 Clementine St., Anaheim, CA 92802
☎(714) 635-5000　FAX(714) 776-9073　URL www.lq.com
Wi-Fi無料　スイート$99〜239　ADMV　地P.95-C3

　すべての部屋がスイートの快適なモーテル。部屋のタイプは数種類あり、6人まで泊まれるものもあるのでファミリーやグループに最適。ディズニーランド・リゾートへは歩いても10分ほどとロケーションもよい。無料の朝食付き。129室。

高級ホテル
ユニークなプールが子供に人気
ディズニーランド・ホテル
Disneyland Hotel

住1150 Magic Way, Anaheim, CA 92802　☎(714) 778-6600
FAX(714) 956-6597　URL www.disneyland.jp　Wi-Fi無料
ⓈⒹⓉ$303〜、スイート$457〜　ADJMV　地P.95-C3

　ディズニーリゾート・ホテルのなかでも老舗のホテル。グーフィーやプルートが朝食や夕食に来てくれるグーフィーズ・キッチンがある。2012年に大幅リニューアルし、キッズ用プールやバーが加わった。973室。©Disney

中級ホテル
スヌーピールームが大人気
ナッツ・ベリー・ファーム・ホテル
Knott's Berry Farm Hotel

住7675 Crescent Ave., Buena Park, CA 90620
☎(714) 995-1111　Free(1-866) 752-2444　FAX(714) 828-8590
URL www.knotts.com/stay/knotts-berry-farm-hotel
Wi-Fi無料　ⓈⒹⓉ$99〜510　ADJMV　地P.95-C3

　ナッツ・ベリー・ファームの敷地内にあるオフィシャルホテル。スヌーピーが部屋のあちこちにデザインされたスヌーピールームが人気。320室。

メモ　**ディズニーランド・リゾートの宿泊料金**▶ディズニーリゾートのオフィシャルホテルの宿泊料金は目安として参考にしてください。

サンディエゴ San Diego

カリフォルニア発祥の地

アメリカ人にも人気の海辺の町だ

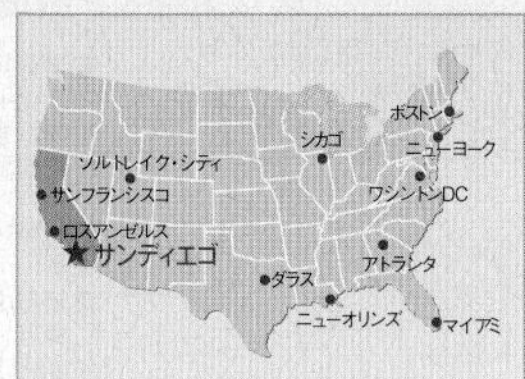

アメリカ西海岸の最南端にあるサンディエゴ。冬でも暖かな日差しが注ぎ、夏は日本のような猛暑になることも少ない。1年を通して雨も少なく、どの季節でも快適に観光することができる町だ。ビーチアクティビティはもちろんのこと、世界的に有名なシーワールドやサンディエゴ動物園など、文化施設も充実し、家族連れに人気のデスティネーションでもある。

サンディエゴは、1542年にヨーロッパ人が初めて上陸、1769年にはカリフォルニアで最初の伝道所が建てられた。スペインやメキシコの支配下にあったことから、現在もいたるところでその時代の影響を垣間見ることができる。1850年、アメリカ合衆国カリフォルニア州に併合、近代に入ってからは、アメリカ太平洋艦隊の主要基地がおかれ、軍港の町として繁栄してきた。現在は、メキシコ国境最大の都市として注目をあびている。

隣国メキシコへも簡単に行くことができる

もっと詳しく

地球の歩き方B02アメリカ西海岸編（1700円＋税）でもサンディエゴを紹介していますので、ご活用ください。

DATA

人口▶約141万9500人
面積▶842km²
標高▶最高251m、最低0m
TAX▶セールスタックス　7.75%
ホテルタックス　12.69～13.4%
属する州▶カリフォルニア州
California
州のニックネーム▶黄金州
Golden State
州都▶サクラメント Sacramento
時間帯▶太平洋標準時（PST）

➡P.631

繁忙期▶年間を通して。特に7月中旬～下旬はホテルの確保が難しい

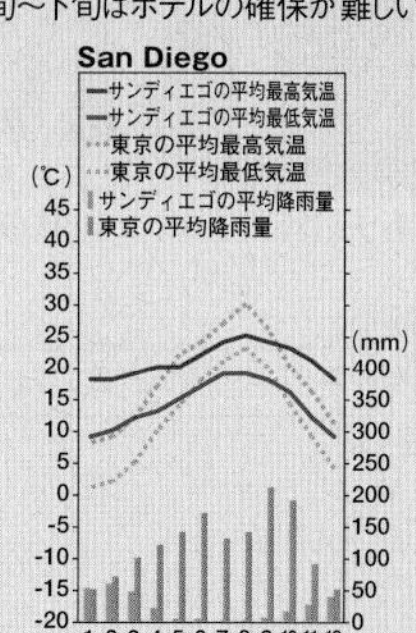

サンディエゴへの行き方

飛行機 Plane

サンディエゴ国際空港
San Diego International Airport (SAN)

ダウンタウンの北西約5kmに位置し、日本航空が成田からの直行便を運航している（ターミナル2を使用)。ロスアンゼルスから約50分、サンフランシスコから1時間30分ほどで到着する。ターミナルは1と2のふたつに分かれており、市内のホテルの多くが空港への送迎を行っている。

サンディエゴ国際空港
地P.125-A1～A2
住3225 N. Harbor Dr.
☎(619) 400-2404
URL www.san.org

※レンタカーオフィスは空港周辺に点在しており、ターミナルを出ると各レンタカー会社へのシャトルバス停留所がある

■ 空港から／空港へのアクセス

	種類／名称／連絡先	行き先／運行／料金	乗車場所／所要時間／備考
空港シャトル	スーパーシャトル SuperShuttle/Cloud 9 Free (1-800) 974-8885 URL www.supershuttle.com	行き先▶市内や周辺どこでも 運行▶24時間随時 料金▶ダウンタウンまで$10、オールドタウンまで$14、コロナドまで$16、ラ・ホヤまで$29	空港発▶ターミナルを出た所にあるTransportation Plazaから乗車 空港行き▶事前に電話、ウェブサイトで要予約 所要時間▶ダウンタウンまで約10分
路線バス	MTS バス #992 MTS Bus #992 ☎(619) 233-3004 Free 511	行き先▶ダウンタウン 運行▶月～金5:22～23:21、土・日5:33～23:21の15～30分間隔 料金▶$2.25	空港発▶ターミナルを出た所のバス停から#992に乗車 空港行き▶ダウンタウンのBroadwayを通る#992に乗車 所要時間▶ダウンタウンまで約15分
タクシー	イエロー・ラジオ・サービス Yellow Radio Service ☎(619) 444-4444 URL www.driveu.com	行き先▶市内や周辺どこでも 運行▶24時間随時 料金▶ダウンタウンまで約$20	空港発▶ターミナルを出た所にあるTransportation Plazaから乗車 空港行き▶事前に電話予約または主要ホテルから乗車 所要時間▶ダウンタウンまで約10分

※それぞれの乗り物の特徴については  P.665

長距離バス Bus

グレイハウンド・バスディーポ
Greyhound Bus Depot

サンディエゴ・トロリーやアムトラックも停まるオールドタウン・トランジット・センターの便利な場所にある。

LAからは約2時間30分。メキシコ国境のティファナ（アメリカ側のバス停、San Ysidro）までは約30分で、どちらも便数は多い。

グレイハウンド・バスディーポ
住4005　Taylor St., San Diego
Free (1-800) 231-2222
行グリーンライン・トロリーでOld Town下車

鉄道 Train

アムトラック・サンタフェ駅
Amtrak Santa Fe Station

Broadwayの海（西）側、Kettner Blvd.に沿って駅がある。エキゾチックな装飾で、西海岸の青い空によく映える美しい駅舎だ。サンディエゴ・トロリーの駅にも隣接している。

LAからは約2時間45分。景色がいい海沿いのルートを走る。

アムトラック・サンタフェ駅
地P.119-A2
住1050 Kettner Blvd.
Free (1-800) 872-7245
開毎日3:00～翌1:00

アムトラック・サンタフェ駅は白壁が目印

Getting Around サンディエゴの歩き方

見どころや遊びどころがバラエティに富んでいるサンディエゴ。市内の見どころは、世界的に有名なサンディエゴ動物園もあるバルボアパーク、シーワールドのあるミッションビーチのエリア、植民地時代の面影を伝えるオールドタウンなど、

旅のアドバイス　サンディエゴの治安▶ガスランプクオーターは夜でも安心して歩けるが、グレイハウンド・バスディーポより東側は浮浪者が多いので、不用意に立ち入らないように。

ダウンタウンからバスで15〜30分以内に数多くある。すべての見どころを訪れるなら、最低でも3〜4日は時間をとりたい。

ダウンタウンの中心は**ホートンプラザ**➡P.121周辺。路線バスもここを中心に走っている。また、100以上のレストランやバー、ショップなどが建ち並ぶ**ガスランプクオーター Gaslamp Quarter**は、19世紀末のビクトリア調の建物を残したロマンティックな通り。夜は、数メートルおきにあるガスランプに明かりがともされ、多くの人が食事や夜遊びへと訪れる。

郊外へも足を延ばしてみよう。美しい海岸線と、しゃれたブティックやギャラリーが建ち並ぶ**ラ・ホヤ**➡P.124はコンパクトで町歩きにおすすめ。また、異国情緒を味わいにメキシコの**ティファナ**➡P.124へ行くのもいい。治安はよくなってきているが、くれぐれも注意を怠らないように。

治安が回復してきたティファナへも立ち寄りたい（再入国できないこともあるので現地で確認を）

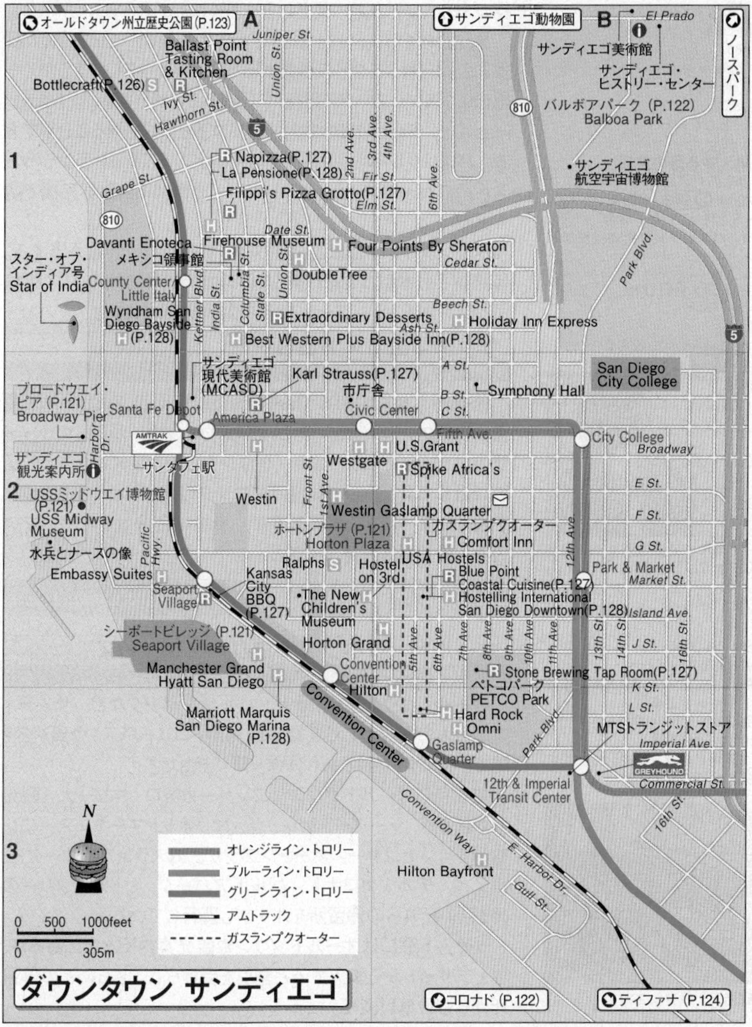

ダウンタウン サンディエゴ

オールドタウン州立歴史公園(P.123)
サンディエゴ動物園
ノースパーク
A
B
1
2
3
Juniper St.
Ballast Point Tasting Room & Kitchen
Bottlecraft(P.126)
Ivy St.
Hawthorn St.
Union St.
El Prado
サンディエゴ美術館
サンディエゴ・ヒストリー・センター
バルボアパーク (P.122) Balboa Park
810
5
2nd Ave.
3rd Ave.
4th Ave.
6th Ave.
Napizza(P.127)
La Pensione(P.128)
Filippi's Pizza Grotto(P.127)
Fir St.
Elm St.
Grape St.
サンディエゴ航空宇宙博物館
Date St.
Davanti Enoteca
Firehouse Museum
Four Points By Sheraton
Cedar St.
メキシコ領事館
スター・オブ・インディア号 Star of India
County Center/Little Italy
DoubleTree
Kettner Blvd.
India St.
Columbia St.
State St.
Park Blvd.
Wyndham San Diego Bayside (P.128)
Extraordinary Desserts
Beech St.
Ash St.
Holiday Inn Express
Best Western Plus Bayside Inn(P.128)
サンディエゴ現代美術館(MCASD)
Karl Strauss(P.127)
A St.
San Diego City College
市庁舎
B St.
Symphony Hall
ブロードウエイ・ピア (P.121) Broadway Pier
Santa Fe Depot
America Plaza
Civic Center
C St.
Harbor Dr.
AMTRAK
Fifth Ave.
City College
Broadway
サンディエゴ観光案内所
サンタフェ駅
Westgate
U.S.Grant
Spike Africa's
E St.
USSミッドウエイ博物館 (P.121) USS Midway Museum
Westin
Front St.
1st Ave.
Westin Gaslamp Quarter
F St.
ガスランプクオーター
ホートンプラザ (P.121) Horton Plaza
Comfort Inn
G St.
12th Ave.
水兵とナースの像
Pacific Hwy.
Ralphs
Hostel on 3rd
USA Hostels
Park & Market
Market St.
Embassy Suites
Seaport Village
Kansas City BBQ (P.127)
Blue Point Coastal Cuisine(P.127)
The New Children's Museum
Hostelling International San Diego Downtown(P.128)
Island Ave.
シーポートビレッジ (P.121) Seaport Village
Horton Grand
5th Ave.
6th Ave.
7th Ave.
8th Ave.
9th Ave.
10th Ave.
11th Ave.
13th St.
14th St.
16th St.
J St.
Manchester Grand Hyatt San Diego
Convention Center
Hilton
Stone Brewing Tap Room(P.127)
K St.
ペトコパーク PETCO Park
L St.
Marriott Marquis San Diego Marina (P.128)
Hard Rock
Omni
Convention Center
MTSトランジットストア
Imperial Ave.
Gaslamp Quarter
Park Blvd.
GREYHOUND
12th & Imperial Transit Center
Commercial St.
16th St.
Convention Way
E. Harbor Dr.
N
オレンジライン・トロリー
ブルーライン・トロリー
グリーンライン・トロリー
アムトラック
ガスランプクオーター
Hilton Bayfront
Gull St.
0 500 1000feet
0 305m
コロナド (P.122)
ティファナ (P.124)

投稿 **ローカルに愛されるエリア**▶バルボアパークの北東にノースパーク North Park というエリアがある。ブリュワリーやセレクトショップなどが多く、ローカルの雰囲気を感じたい人におすすめ。Broadway & 3rd Ave. から MTS バス #2 や #7 で行くことができる。地P.119-B1 外
（東京都　タッキー21　'16）['18]

サンディエゴ観光案内所
地P.119-A2
住996-B N. Harbor Dr.
☎(619) 737-2999
URL www.sandiegovisit.org
開毎日9:00～17:00
休サンクスギビング、12/25

サンディエゴらしいさわやかな観光案内所

サンディエゴ・MTSバス
☎(619) 557-4555
URL www.sdmts.com
料$2.25。エクスプレスバスは$2.50
●Transit Store
地P.119-B3
住1255 Imperial Ave.
☎(619) 234-1060
開月～金8:00～17:00
休土・日、おもな祝日

パスを購入する際の金額
1日券などのパスを購入する場合、コンパスカード(➡脚注)が必要だ。コンパスカードを持っていない場合、パスの料金にコンパスカードの代金$2が加算される

サンディエゴ・トロリー
☎(619) 557-4555
料$2.50
※Regional Day Passも使える

トロリーに乗車する際は駅にある専用の機械にタップしてから

オールド・タウン・トロリー・ツアーズ
Free (1-866) 754-0966
URL www.trolleytours.com
出発場所／サンディエゴ観光案内所やオールドタウンなど多数
運行／毎日8:50～19:00（春・秋～18:00、冬～17:00）の30分間隔
休サンクスギビング、12/25
料$39.95、4～12歳$24.95

定番の観光アトラクション

観光案内所 *Visitors Information*

サンディエゴ観光案内所
San Diego Visitor Information Center

太平洋が見えるHarbor Dr.沿いのE St.とBroadwayの間にある。市内や近郊の地図、観光案内の小冊子などが充実。そのほか、ホテルの紹介、予約もしてくれる。ここでは、周辺のおもな見どころの割引券も販売。日本語の資料あり。

市内の交通機関 *Public Transportation*

サンディエゴ・MTSバス
San Diego Metropolitan Transit System (MTS) Bus

市内と郊外を広くカバーしている便利なバス。100以上の路線があり、ほとんどの見どころへ行くことができる。

乗り放題のRegional Day Passは1日券$5、2日券$9、3日券$12、4日券$15などの種類がある。トロリーにも使えるが、一部のエクスプレスバス（急行）には乗ることができない。Region Plus Day Pass（1日券$12）を購入するとすべて乗ることができる。パスはグレイハウンド・バスディーポ近くにある**トランジットストア Transit Store**や、トロリーの駅にある自動券売機で購入可能。

ダウンタウンではほとんどのバスがBroadwayを通過する。各路線とも本数はあまり多くないので、事前に詳しいバス路線図と時刻表をトランジットストアで入手しておきたい。

サンディエゴ・トロリー
San Diego Trolley

路線バスと同じMTS（Metropolitan Transit System）が運営するトロリー。Orange Line（ダウンタウンから東のラ・メサ方面まで）とBlue Line（ダウンタウンからメキシコとの国境付近まで）、Green Line（ダウンタウンからオールドタウンを通り、東へ）の3路線あるが、車体は色分けされていないので、乗る際は注意すること。

ツアー案内 *Sightseeing Tours*

オールド・タウン・トロリー・ツアーズ
Old Town Trolley Tours

オールドタウンやコロナド、バルボアパークなど、サンディエゴのおもな見どころを結ぶ観光用トロリーバス。1周約2時間で、運行時間内であれば乗り降り自由だ。

停留所はオールドタウン、エンバーカデロ・マリーナ（観光案内所前）、シーポートビレッジ、マリオットマーキーズ／コンベンションセンター、ホートンプラザ、ガスランプクオーター、ホテル・デル・コロナド、バルボアパーク、リトルイタリーの10ヵ所。それらの停留所をループし運行している。

チケット窓口はオールドタウンや観光案内所などにあるが、ウェブサイトから購入すると割引を受けられ、さらにどの停留所からも乗車可能だ。

旅のアドバイス　移動に便利なICカード▶MTSが発行しているコンパスカードCompass Card（$2）。カードに金額をチャージしておけば、駅やバス内にある専用の機械にタップするだけで乗ることができる。トロリーの駅やトランジットストアで購入可能だ。

何でも揃うダウンタウンのランドマーク 地P.119-A2～B2

ホートンプラザ
Horton Plaza

ダウンタウンのど真ん中に建つ巨大なショッピングモール。Broadway、1st Ave.、G St.、4th Ave.に囲まれており、デパートのメイシーズに加え100以上のショップやレストラン、銀行、郵便局、コンビニエンスストアなどが入店している。サンディエゴ滞在中は何度となく足を運ぶことになるだろう。建物前の**ホートンプラザ・パークHorton Plaza Park**は大きな広場の中にベンチやカフェ、噴水、演劇などのチケット窓口があり、市民の憩いの場となっている。イベントも頻繁に開催されているので、ウェブサイトで確認してみよう。

観光に疲れたらホートンプラザ・パークでひと休み

ホートンプラザ
住324 Horton Plaza
開月～土10:00～20:00、日11:00～18:00（店舗や時期により異なる）
休サンクスギビング、12/25（店舗により異なる）

ノスタルジックな海辺のスポット 地P.119-A2

シーポートビレッジ
Seaport Village

港に面したショッピングビレッジで、市民の憩いの場&デートスポット。ミュージシャンの演奏やフェイスペインター、1895年製の回転木馬がムードを盛り上げている。港を行き交う船や、凧揚げ、ジョギングに興じる人々を眺めながら、のんびりとランチでも取りたい所だ。ブティックやギフトショップ、レストランなど約70店があり、センスのよい品を見つけることができるだろう。

シーポートビレッジ
住849 W. Harbor Dr.
☎(619) 235-4014
URL www.seaportvillage.com
開毎日10:00～21:00（夏期～22:00。レストランは延長あり）
行トロリー・グリーンラインのSeaport Village駅下車

さまざまな戦いを見てきた 地P.119-A2

USSミッドウエイ博物館
USS Midway Museum

第2次世界大戦末期に造られ、クウェート解放を最後に1992年サンディエゴで就役を解かれた空母ミッドウエイMidway。47年間の任務を終えたミッドウエイが、2004年に博物館として生まれ変わり一般公開されている。

館内はセルフ・オーディオ・ガイドツアー（日本語あり）に従って歩く。地下のBelow Deck、Hangar Deck、飛行甲板のFlight Deckで構成され、60を超える展示物と当時活躍した戦闘機など、ミッドウエイの歴史を語るうえで重要かつ興味深い展示がされている。臨場感たっぷりのナレーションからは、若き船員たちの姿が目に浮かぶ。空母内すべての展示を見るには3～4時間かかるため、時間には余裕をもって訪れよう。

USS ミッドウエイ博物館では、日本語のオーディオガイドを聞きながら回るといい

USSミッドウエイ博物館
住910 N. Harbor Dr.
☎(619) 544-9600
URL www.midway.org
開毎日10:00～17:00（チケット売り場は16:00まで）
休サンクスギビング、12/25
料$21、シニア$18、学生・13～17歳$15、6～12歳$8

穏やかなサンディエゴ湾を遊覧する 地P.119-A2

ブロードウエイ・ピア
Broadway Pier

サンディエゴ湾では、1～2時間の湾内クルーズからホエールウオッチング（12月上旬から翌4月中旬まで）、遊覧と食事をセットにしたダイニングクルーズなど、1年を通して各種クルーズが運航している。対岸のコロナドへのフェリーもこのピアから発着している。

サンディエゴ観光の目玉のひとつ

ブロードウエイ・ピア
●Flagship Cruises & Events
住990 N. Harbor Dr.
Free (1-800) 442-7847
URL www.flagshipsd.com
料ハーバーツアー（1時間）$27、シニア$24、4～12歳$13.50

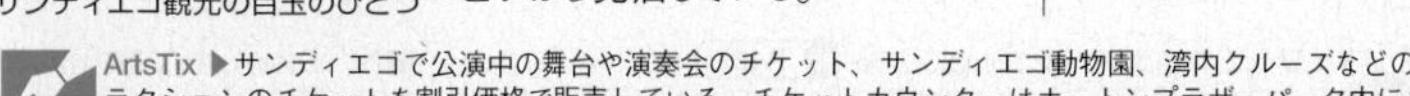
メモ ArtsTix ▶サンディエゴで公演中の舞台や演奏会のチケット、サンディエゴ動物園、湾内クルーズなどのアトラクションのチケットを割引価格で販売している。チケットカウンターはホートンプラザ・パーク内にある。☎(858) 437-9850 開火～木 10:00～16:00（金・土～18:00、日～14:00）休月

世界的に有名な動物園がある　地P.119-B1

バルボアパーク
Balboa Park

ダウンタウンの北約2kmに広がる、小高い丘の上に造られた約4.9km^{2}の面積をもつ総合公園。世界的に有名な**サンディエゴ動物園San Diego Zoo**をはじめ、**サンディエゴ自然史博物館San Diego Natural History Museum**や**サンディエゴ航空宇宙博物館San Diego Air & Space Museum**、**サンディエゴ美術館 San Diego Museum of Art**など、15以上の博物館や美術館に加え、**日本庭園 Japanese Friendship Garden**もあり、サンディエゴのレクリエーションや文化活動の中心となっている。丸1日かけてもざっと回るのがやっとだ。じっくり観たいという人は、バルボアパークだけで2日は予定しておきたい。

パーク内はグリーンの車体の**バルボアパーク・トラム Balboa Park Tram**(無料)が走っているので、ぜひ活用しよう。

観光案内所　Balboa Park Visitors Center

園内の東西へ延びるエルプラド通りに面したホスピタリティハウス内にある。園内の地図をはじめ、ちょっとしたおみやげや園内施設のお得なチケットを販売している。

Multi-Day Explorerは、16の美術館や博物館に入場できる1週間有効のチケット（料$59、3〜12歳$32）、前述の内容にサンディエゴ動物園を加えたパス（料$101、3〜12歳$66）などがある。短い滞在なら、**One Day Explorer**が便利。16の施設から5つ選んで入場できる1日券（料$48、3〜12歳$29）だ。

サンディエゴ動物園　San Diego Zoo

バルボアパークでまず訪れたいのが、世界的にその名を知られたサンディエゴ動物園。約650種、3700頭以上もの動物を飼育している世界的規模の動物園で、園内随所に配された亜熱帯植物のコレクションも有名だ。

広大な園内を効率よく見学したいのなら、**ガイドバスツアー Guided Bus Tour**がおすすめ。2階建てのバスに乗って、35分かけて園内を回る。

歴史ある高級リゾートホテルが有名　地P.125-A2

コロナド
Coronado

ダウンタウンからサンディエゴ湾の向こうに島のように見えるコロナド。コロナドの中心となるホテル・デル・コロナドは、国の史跡にも指定されている。ダウンタウンからコロナドへ行く途中に高架橋があり、停泊しているヨットやダウンタウンのビル群など、見応えのある景色も堪能することができる。

ホテル・デル・コロナド　Hotel del Coronado

1888年に建てられて以来、世界中の政治家やロイヤルファミリーなど、著名人も多く宿泊している。洗練されたムードが漂うロビーやガス灯が立つ中庭など、いかにも古きよき時代のホテルだ。目の前にはきれいなビーチも広がっている。

スパニッシュ・コロニアル様式の建物が並ぶ

バルボアパーク
開24時間
行ダウンタウンからMTSバス#7でPark Blvd. & Village Pl.下車。歩道橋を渡ると、バルボアパークの中心、エルプラド通りに出る。#120、215のバスでもアクセス可能だ

●Balboa Park Tram
運行／毎日9:00〜18:00(夏期は延長あり)。8〜10分おきに運行

●Balboa Park Visitors Center
地P.119-B1
住1549 El Prado
☎(619)239-0512
URL www.balboapark.org
開毎日9:30〜16:30
休サンクスギビング、12/25、1/1

●San Diego Zoo
住2920 Zoo Dr.
☎(619)231-1515
URL zoo.sandiegozoo. org
開毎日9:00〜17:00（閉館時間は時期により異なる）
料1-Day Pass$54、3〜11歳$44（Guided Bus Tour、Kangaroo Express Bus、Skyfari Aerial Tramなどの料金も含む）
行ダウンタウンからMTSバス#7か#215でPark Blvd. & Zoo Pl. 下車
●Guided Bus Tour
運行／9:30〜17:00。所要約35分

コロナド
行ダウンタウンのBroadwayと3rd Ave.からMTSバス#901で。早朝から深夜まで、1時間に1〜4本運行。ホテル前まで所要約30分
● Hotel del Coronado
住1500 Orange Ave., Coronado
☎(619)435-6611
free (1-800)468-3533
URL hoteldel.com

宿泊しなくても一見の価値があるホテル・デル・コロナド

メモ　フェリーでコロナドへ▶ Broadway Pier P.121や Convention Center（住111 W. Harbor Dr.　地P.119-A3）からコロナド行きのフェリーが出ている。コロナドの発着所は Ferry Landing（住1201 1st St., Coronado 地P.125-A2）。Broadway Pier 発毎日 9:00 〜 21:00（金・土〜 22:00）の 1 時間間隔。　料片道 $4.75

海の動物たちの賢さに感心 地P.125-A1

シーワールド・サンディエゴ
SeaWorld San Diego

イルカやシャチなどのショーと、海洋生物の保護・飼育で有名なシーワールド・サンディエゴ。しかし2016年、動物愛護の世界的な流れで、シーワールドの顔でもあったシャチのショーなどが終了した。

ショー以外にも海洋生物をテーマにしたアトラクションや、触れ合いコーナー、展示館など、名物のショーが終わっても見どころは豊富。すべて回るつもりなら、朝から晩までたっぷりと時間を取っておきたい。

マンタ Manta

マンタというエイの仲間をモチーフにした絶叫ライド。地面スレスレを滑空するローラーコースターは、後ろのシートにGがかかる。スリル満点の急降下や旋回を楽しもう！

タートルリーフ Turtle Reef

絶滅の危機にあるウミガメを、間近で見ることができる展示。巨大水槽で優雅に泳ぐウミガメは必見。

アトランティスへの冒険 Journey to Atlantis

8人乗りの水上コースターで、さまざまな冒険を体験できる。水しぶきとともに落ちた湖では、海の哺乳類を間近で見ることができるだろう。

スカイタワーとベイサイドスカイライド Skytower & Bayside Skyride

園内の中央にあるスカイタワーは、ガラス張りの展望室自体がタワーを上下し、エレベーターのように頂上まで上昇すれば、海や町並みなどサンディエゴの景色が360度見渡せる。ベイサイドスカイライドはミッションベイを望む園内の奥にあり、ゴンドラ景観を楽しむライドだ。

ウミガメを間近で見られる
©SeaWorld

シーワールド・サンディエゴ
住500 Sea World Dr.
☎(619)222-4732
URL seaworld.com
開毎日10:00〜17:00（週末、夏期は延長あり）
※開園、閉園時間は流動的なので、事前にウェブサイトか電話で確認すること
料$91.99（ウェブサイトからの購入は割引）、駐車料金$22〜
行グリーンライン・トロリーのOld Town Transit Center駅からMTSバス#9で所要約15分。20〜30分間隔の運行。帰りのバスも降りた所で待っていればいい

ユニークな体験プログラム
入場料とは別料金。予約はウェブサイトで
●Dolphin Interaction
イルカと直接触れ合うことができる人気のプログラム。予約は早めにしておくのが◎
料$215

メキシコの雰囲気が感じられる 地P.125-A1

オールドタウン州立歴史公園
Old Town State Historic Park

ダウンタウンから北西へ7kmの場所にある歴史的な地区。1769年にスペイン人によって教会が建てられ町が造られた、いわばサンディエゴ発祥の地だ。19世紀のメキシコ統治下にあった頃の古い住宅などが、La Plaza de las Armas広場から続くSan Diego Ave.とCalhoun St.周辺に集まっている。評判のメキシカンレストランやメキシコ風のみやげを扱うショップなどもありにぎやかだ。

メキシコらしいカラフルな雑貨はおみやげに最適

オールドタウン州立歴史公園
住4002 Wallace St.
☎(619)220-5422
URL www.parks.ca.gov
開毎日10:00〜日没（ビジターセンターと博物館は16:00まで、レストラン、ショップは延長あり）
休サンクスギビング、12/25、1/1
行グリーンライン・トロリーのOld Town Transit Center駅下車。駅を降りて東側（右側）の通りを渡れば、そこはオールドタウン歴史公園の一角。Twiggs St.にはオールド・タウン・トロリー・ツアーズの窓口もあり

メモ **オールドタウンでの食事は**▶カフェコヨーテは正統派のメキシコ料理が$10前後で食べられる、オールドタウンでいちばん人気のレストラン。Cafe Coyote 住2461 San Diego Ave. ☎(619)291-4695 URL www.cafecoyoteoldtown.com 開毎日7:00〜22:00 AMV 地P.125-B1

ラ・ホヤ
行グリーンライン・トロリーのOld Town Transit Center駅のバス乗り場からMTSバス#30で約45分。Girard Ave.からSilverado St.に右折したあたりで降りるといい。MTSバス#30はダウンタウンからも運行している

ラ・ホヤ・ビレッジ・インフォメーションセンター
地P.125-B1
住1162 Prospect St., La Jolla
☎(858)454-5718
URL lajollabythesea.com
開〈夏期〉毎日10:00〜18:00、〈冬期〉火〜日10:00〜17:00

●Birch Aquarium at Scripps
地P.125-A1
住2300 Expedition Way, La Jolla
☎(858)534-3474
URL aquarium.ucsd.edu
開毎日9:00〜17:00
休サンクスギビング、12/25、1/1
料$19.50、シニア$16.50、学生$16、3〜17歳$15

ティファナ
行ブルーライン・トロリーで終点のSan Ysidro Transit Center駅へ。案内に従い、鉄の棒でできた回転ドアを押してメキシコに入国。税関を通ったら道なりに進み、国境の車の渋滞を横断、橋を渡る。"Centro"という看板に従い、徒歩約20分でダウンタウンに。
　レンタカーの場合は、ほとんどの会社が国境越えを認めていないし、盗難や事故のトラブルも多いのですすめられない。

ティファナ観光案内所
住Av. Revolucion(bet. 2nd & 3rd Sts.)
☎(01152-664)682-3367(アメリカから)
URL www.bajanorte.com
開月〜金8:00〜18:00、土・日9:00〜13:00

スペイン語で"宝石"を意味する町　地P.125-A1、125-B1

ラ・ホヤ
La Jolla

　ダウンタウンとは対照的なリゾートタウンであるラ・ホヤ。幾重にも複雑に入り組んだ湾の景観が美しい**ラ・ホヤ・コーブLa Jolla Cove**や荒波の浸食によってできた崖の洞窟**サニー・ジム・ケーブSunny Jim Cave**［Cave Store 住1325 Coast Blvd., La Jolla　開毎日10:00〜17:30(土・日は延長あり)　料$5、16歳以下$3］、**海浜公園Scripps Park**など、自然美が満喫できる見どころが点在している。町の中心であるGirard Ave. & Prospect St.周辺には、高級ブティックやギャラリーが軒を連ね、散策するだけでも気持ちがいい。町のランドマークであるラ・バレンシア・ホテル➡P.128、**サンディエゴ現代美術館/ラ・ホヤMuseum of Contemporary Art San Diego (MCASD) /La Jolla**は、Prospect St.沿いにある。また、**バーチ水族館Birch Aquarium at Scripps**はカリフォルニア大学サンディエゴ校の海洋研究所の付属施設。派手さはないが、海洋研究の成果を一般に広める役目を果たしている。

治安も改善されてきた国境の町　地P.124、P.125-B2

ティファナ
Tijuana

　サンディエゴから南へ25km、アメリカとメキシコ国境のメキシコ側の町がティファナだ。町の中心は**レボルシオン通りAv. Revolucion**と**コンスティトゥシオン通りAv. Constitucion**で、Primera (1st) からGaleana (7th) のあたりまでが最もにぎやか。レボルシオン通りには革製品や刺繍の入った衣料品、工芸品、銀製品などが売られており、観光客が多い。コンスティトゥシオン通りはローカルも多く、薬局や生地屋、スーパーなど、普段のメキシコの姿を楽しむことができる。国境からセントロへは徒歩で行くのが確実だ。日中ならば治安に問題はない。
　アメリカからメキシコへの入国は待つこともなくスムーズだが、メキシコからアメリカへ戻る際は税関のチェックも厳しい。行列ができていることがほとんどなので時間に余裕をもって行動しよう。近年はウェブサイトやスマートフォン用のアプリで国境の待ち時間がわかるようになったが、再入国できるか現地で確認を(国境越え➡P.666)。

セントロの入口にあるアーチ。観光はこれを目印に

旅のアドバイス　新しい税関が誕生▶2016年7月、メキシコからアメリカへの徒歩用税関PedWestペッドウエストが開設された。ティファナのセントロからアメリカへ帰る場合は、こちらのほうが近い。また、税関とともに、PedWestのアメリカ側には、新しいトランジットセンターも完成している。

まるでサファリのような広大さ 地P.125-A1外

サンディエゴ動物園・サファリ・パーク
San Diego Zoo Safari Park

ダウンタウンから北へ約55kmほど離れた郊外にある。サンディエゴ動物園の18倍も広い敷地（約7.3km²、1800エーカー）では、約400種、約3500頭の珍しい動物たちを見ることができる。あまりにも広いので本当にサファリへ来たような気分になるだろう。動物たちも自然のまま、のびのびと暮らしている。

園内は所要約２時間の**カートサファリCart Safari**で見学できる。ほかにも動物ショーやツアーが催行され、見どころいっぱいだ（カートサファリやショーには別途料金がかかる）。

広大な敷地を自由気ままに歩く動物たち

サンディエゴ動物園・サファリ・パーク
住 15500 San Pasqual Valley Rd., Escondido
☎ (760) 747-8702
URL sdzsafaripark.org
開 毎日9:00～17:00（夏期は延長あり）
料 $54、子供（3～11歳）$44
行 ダウンタウンからI-15で北へ約40分。Exit 27、Via Rancho Pkwy.の出口を降り、標識に従って行くと約5分で着く。駐車料金$15。
チケットにはアフリカトラム、チーターランの2種類のアトラクションチケットが付く

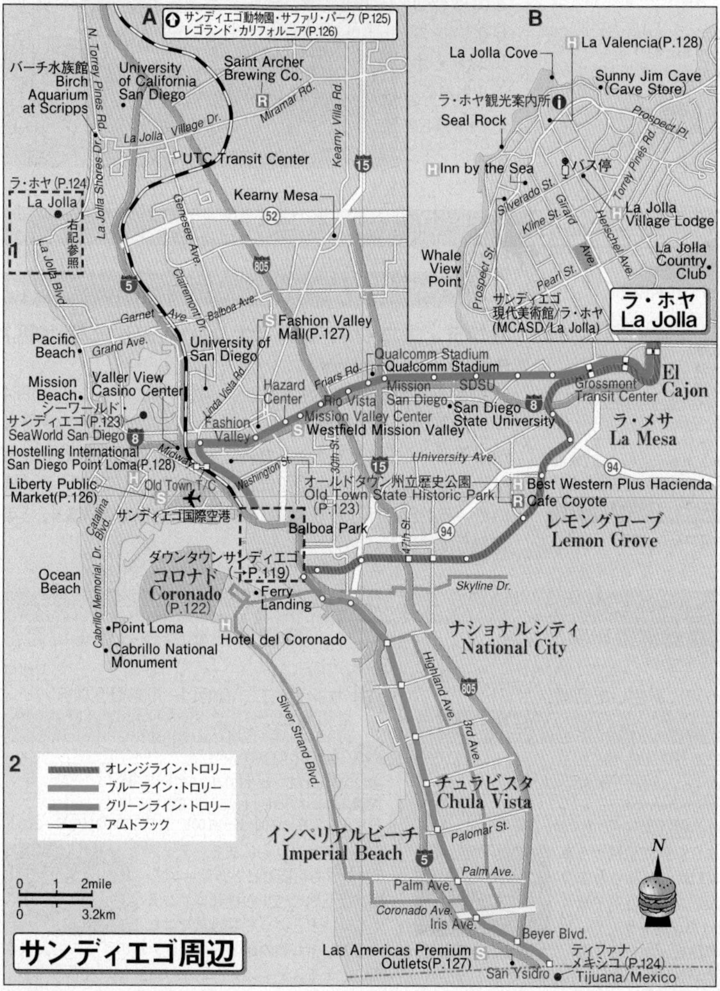

ティファナのみやげ屋での注意▶みやげ屋は、値段を高く提示している場合が多いので、提示額の４～６割の価格で値段交渉しよう。ほかの店と比較するのもいい。また、日本語で話しかけてくる客引きは要注意だ。

ブロック玩具で有名なレゴ社のテーマパーク　地P.125-A1外

レゴランド・カリフォルニア
LEGOLAND California

レゴランド・カリフォルニア
住1 Legoland Dr., Carlsbad
Free(760) 918-5346
URL www.legoland.com
開毎日10:00～17:00（週末や夏期は延長あり。冬期は火・水が休みのことが多い）
料1日券レゴランド$95、3～12歳$89、レゴランド2日券とシーライフ・アクアリウムとのセット$113、3～12歳$107、シーライフ・アクアリウムとウオーターパークとの3施設セット$119、3～12歳$113。駐車場$20
※ウェブサイトからチケットを購入すると割引を受けられる
行コースターの列車でCarlsbad Pinsettia駅下車。ブリーズバス#446に乗り換え約20分。土・日・祝日は運休。どちらも運行本数が少ないので、ウェブサイトで確認しておきたい。
コースター URL www.gonctd.com/coaster
ブリーズバス URL www.gonctd.com/breeze
車で、ダウンタウンからI-5を北へ約50km（約45分）。Exit 48で下り、Canon Rd.を右折。Legoland Dr.を右折すると左手に見えてくる。サンディエゴ市内からツアー（URL www.citytoursofsandiego.com）も出ている

デンマーク、イギリスに次いで、1999年にサンディエゴとロスアンゼルスとの間に位置する町、カールスバッドにオープンしたテーマパーク。子供だけでなく、大人にも支持されているレゴのテーマパークとあって、園内は多くのファンでにぎわっている。1日では遊び足りないほどの広大な園内では、60を超えるアトラクションやショーが楽しめ、レストランとショップも充実している。また、サメやエイなど5000種以上の海洋生物が飼育されている水族館**シーライフ・アクアリウムSEA LIFE Aquarium**や、レゴ好きにはたまらないレゴランド・ホテルもある。

大人も子供も夢中にさせるレゴランド

Spectator Sports　スポーツ観戦

ベースボール　MLB

サンディエゴ・パドレス
（1969年創設）
本拠地――ペトコパークPETCO Park（4万2445人収容）
地P.119-B2～B3
住100 Park Blvd.
☎(619) 795-5555（チケット）
URL www.mlb.com/padres
行グリーン、ブルー、オレンジライン・トロリー12th & Imperial Transit Center駅で下車。Gaslamp Quarter駅も近い

この選手に注目！
エリック・ホズマー（一塁手）

サンディエゴ・パドレス（ナショナルリーグ西地区）
San Diego Padres

創設当初は6年連続最下位という屈辱にまみれたが、1984年に念願のリーグ初優勝を果たした。2度目のリーグ優勝は1996年で、このときもアメリカンリーグの壁は突き破れなかった。その後は2010年の地区2位が最高位で、万年Bクラスが続いている。2016年より新監督を迎えたものの効果はなく、3年連続して地区4or5位。

ショップ
Shops

マーケット

2016年に誕生した話題スポット

リバティ・パブリック・マーケット
Liberty Public Market

住2820 Historic Decatur Rd.　☎(619) 487-9346
URL libertypublicmarket.com
開毎日11:00～20:00（店舗により異なる）　地P.125-A1～A2

オールドタウン州立公園から車で約10分（MTSバス#28でもアクセス可）の所にある。近郊で取れた食材を使ったレストランや、サンディエゴの地ビールを取り揃えているショップなど、魅力的なテナントが多く出店している。

酒屋

サンディエゴの地ビールを買うなら

ボトルクラフト
Bottlecraft

住2252 India St.　☎(619) 487-9493　AMV
URL www.bottlecraftbeer.com　地P.119-A1
開月～金12:00～23:00（金～24:00）、土・日11:00～24:00（日～22:00）

リトルイタリーにある、テイスティングも可能なビールショップ。取り扱う地ビールの種類はサンディエゴいちといっても過言ではない。おしゃれな内装で、オリジナルのグッズも人気が高い。テイスティングメニューは日によって異なる。

投稿　**ティファナのおすすめ**▶セントロから徒歩20分ほどでたどり着くことができる市場、メルカドイダルゴ。英語も通じずドルも使用できなかったが、ティファナのダウンタウンよりもメキシコらしさを感じた。Mercado Hidalgo　開毎日6:00～18:00（日～16:30）　地P.124
（群馬県　ポンタ　'17）['18]

ショップ&レストラン
Shops & Restaurants

アウトレットモール

S 国境近くのアウトレットモール

ラス・アメリカス・プレミアム・アウトレット
Las Americas Premium Outlets

住4211 Camino de la Plaza ☎(619) 934-8400
URL www.premiumoutlets.com 地P.125-B2
開毎日10:00～21:00（日～19:00） 休サンクスギビング、12/25

ノースフェイスやナイキ、リーバイス、フォーエバー21など人気のブランドが約150入店している。ブルーライン・トロリーSan Ysidro駅下車、西へ徒歩10分。

ショッピングモール

S 5つのデパートと200を超える専門店が集結

ファッションバレー・モール
Fashion Valley Mall

住7007 Friars Rd. ☎(619) 688-9113
URL www.simon.com/mall/fashion-valley
開月～土10:00～21:00、日11:00～19:00 地P.125-A1

5つのデパートと200以上の専門店がある。ルイ・ヴィトンやグッチ、ティファニーなど高級ブランドも入店し、18スクリーンの映画館もある。グリーンライン・トロリーFashion Valley Transit Center駅下車、目の前。

シーフード

R 繊細な味つけが好評

ブルーポイント・コースタル・キュイジーヌ
Blue Point Coastal Cuisine

住565 5th Ave. ☎(619) 233-6623
URL www.cohnrestaurants.com
開毎日17:00～22:00（金・土～23:00） AMV 地P.119-B2

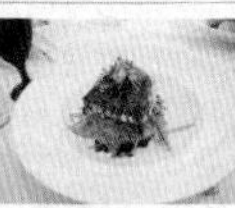

おしゃれして出かけたいスタイリッシュなシーフードレストラン。数々の賞を受賞している。メインは$30～79、サイドメニューは$7～9。和テイストのメニューもある。

ブリュワリー

R サンディエゴの老舗ブリュワリー

カールストラウス
Karl Strauss

住1157 Columbia St. ☎(619) 234-2739
URL www.karlstrauss.com AMV 開日～金11:00～22:00（日11:30～、金～23:00）、土11:30～23:00 地P.119-A2

クラフトビールが流行する前の1989年の創業。各種ビールは数々の受賞歴をもつという実力派。ダウンタウン店はひと口サイズのメニューが揃う。

©Karl Strauss

イタリア料理

R オーガニックなイタリアンが食べられる

ナピッツァ
Napizza

住1702 India St. ☎(619) 696-0802
URL www.na-pizza.com 開毎日10:00～21:00（金・土～23:00、夏期は延長あり） MV 地P.119-A1

新鮮でオーガニックな地元の食材にこだわった、健康志向のイタリアンレストラン。ピザの大きさはスライス（$3.50～）も用意されているので、ひとりでも食べきれる。サラダ（フォカッチャ付き）も絶品。

イタリア料理

R 地元でも人気のイタリアン

フィリッピーズ・ピザ・グロット
Filippi's Pizza Grotto

住1747 India St. ☎(619) 232-5094
URL realcheesepizza.com AMV
開毎日11:00～22:00（金・土～23:00） 地P.119-A1

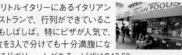

リトルイタリーにあるイタリアンレストランで、行列ができていることもしばしば。特にピザが人気で、1枚を3人で分けても十分満腹になるほどボリュームがある。ピザは$13.50～。

バーベキュー

R サンディエゴの名物レストラン

カンザスシティBBQ
Kansas City BBQ

住600 W. Harbor Dr. ☎(619) 231-9680
URL kcbbq.net 開毎日11:00～翌2:00（食事は翌1:00まで）
AMV 地P.119-A2

映画『トップガン』のバーのシーンを撮影したレストラン&バー。店内の壁は、ペナントやポスターなどでぎっしり埋め尽くされている。ランチ$15、ディナー$20が目安。トロリーのSeaport Village駅の目の前。

ブリュワリー

R 人気ブリュワリーの味をダウンタウンで

ストーンブリューイング・タップルーム
Stone Brewing Tap Room

住795 J St. ☎(619) 727-4452 AMV
URL www.stonebrewing.com 地P.119-B2
開日～木12:00～21:00（日11:00～）、金・土11:00～23:00

サンディエゴの地ビール文化を牽引し続けるブリュワリー。ペトコパークに隣接しており、野球観戦の前にぜひ立ち寄りたい。店内ではビールとの相性抜群の料理（$10前後）も提供している。

メモ **おすすめブリュワリー**▶サンディエゴはクラフトビールが有名で、食事をしながらできたてのビールを楽しむことができる。なかでもバラストポイントは雰囲気も抜群。Ballast Point Tasting Room & Kitchen 地P.119-A1 住2215 India St. ☎(619) 255-7213 URL www.ballastpoint.com 開 毎日 11:00～23:00（金・土～24:00）

ホテル
Hotels

ホステル

ダウンタウンのにぎやかなエリアにあるユース
ホステリング・インターナショナル・サンディエゴ・ダウンタウン
Hostelling International San Diego Downtown

住521 Market St., San Diego, CA 92101　☎(619) 525-1531
URL www.hiusa.org　Wi-Fi無料
ドミトリー$36～45、個室$91～117　ADMV　地P.119-B2

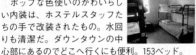

ポップな色使いのかわいらしい内装は、ホステルスタッフたちの手で改装されたもの。水回りも清潔だ。ダウンタウンの中心部にあるのでどこへ行くにも便利。153ベッド。

ホステル

風光明媚なロマ岬に近いユース
ホステリング・インターナショナル・サンディエゴ・ポイントロマ
Hostelling International San Diego Point Loma

住3790 Udall St., San Diego, CA 92107　☎(619) 223-4778
URL www.hiusa.org　Wi-Fi無料
ドミトリー$25～29、個室$54～92　AMV　地P.125-A1

ダウンタウンから北西へ約10km、オーシャンビーチに近い。MTSバス#923でVoltaire St. & Las Lomas St.下車、徒歩2分。赤い建物が目印だ。55ベッド。

中級ホテル

ダウンタウンの北、リトルイタリーにある
ラ・ペンショーネ・ホテル
La Pensione Hotel

住606 W. Date St., San Diego, CA 92101　☎(619) 236-8000
Free (1-800) 232-4683　URL www.lapensionehotel.com
ⓈⒹⓉ$180～400　AMV　Wi-Fi無料　地P.119-A1

地中海を思わせるような造りの部屋が人気。全室に冷蔵庫があり、シンプルだが使いやすい。フィットネスセンターや駐車場もあり。67室。

中級ホテル

客室からサンディエゴ湾を一望できる
ウィンダム・サンディエゴ・ベイサイド
Wyndham San Diego Bayside

住1355 N. Harbor Dr., San Diego, CA 92101
☎(619) 232-3861　URL wyndhamsandiegobay.com
料ⓈⒹⓉ$199~399　AMV　Wi-Fi無料　地P.119-A1

サンディエゴ湾に沿って走るHarbor Dr.に面しており、海側の客室からは最高のサンセットを見ることができる。シーポートビレッジやホートンプラザ、サンディエゴ動物園への無料シャトルも運行する。600室。

高級ホテル

古きよきヨーロッパを味わえる
ラ・バレンシア・ホテル
La Valencia Hotel

住1132 Prospect St., La Jolla, CA 92037　☎(855) 476-6870
URL www.lavalencia.com　AMV　Wi-Fi無料
ⓈⒹⓉ$275～658、スイート$386～1338　地P.125-B1

淡いピンクの壁が美しい優雅なハイクラスホテル。周辺の治安もよく、バーやレストランも多いので、夜も遅くまで楽しむことができる。ラ・ホヤのビーチへも徒歩3分。113室。

高級ホテル

市内有数のゴージャスなホテル
マリオットマーキス・サンディエゴ・マリーナ
Marriott Marquis San Diego Marina

住333 W. Harbor Dr., San Diego, CA 92101　ADJMV
☎(619) 234-1500　URL www.marriott.com　地P.119-A2
料ⓈⒹⓉ$219～911、スイート$899～1662　Wi-Fi室内$14.95

コンベンションセンターに隣接しており、ビジネスマンからの支持が厚いホテル。コーヒーメーカーや室内金庫、ドライヤーなど客室内のアメニティも充実。1360室。

中級ホテル

無料の朝食には白いご飯や味噌汁も
ベストウエスタン・プラス・ベイサイド・イン
Best Western Plus Bayside Inn

住555 W. Ash St., San Diego, CA 92101　☎(619) 233-7500
Free (1-800) 341-1818　FAX (619) 239-8060　ADJMV
URL www.baysideinn.com　ⓈⒹⓉ$159～230　Wi-Fi無料　地P.119-A1

サンディエゴ湾まで3ブロック、リトルイタリーまで1ブロックと便利なロケーションに位置する人気のホテル。電子レンジやドライヤー、コーヒーメーカーなどの室内アメニティから、プールやクリーニング、フィットネスセンターなど、ホテルの設備も充実している。日本人スタッフもいるので安心（日によっていない日もあり）。空港までの送迎（7:00～23:00）と朝食は無料。120室。

日本からアメリカへの国際電話のかけ方 ➡P.8～9
国際電話認識番号（001/0033/0061）＋（010）＋アメリカの国番号（1）＋市外局番＋電話番号

シアトル

エメラルドシティ

Seattle

タコマ富士とスペースニードルはシアトルらしい景観

アメリカ北西部に位置するシアトルは、20世紀に航空産業で発展し、マイクロソフトをはじめとするハイテク産業でさらなる成長を遂げた。近年は、スターバックス・コーヒーや大手通販サイトAmazonの本拠地として、日本人にとっても知名度の高い町のひとつとなっている。

シアトルの魅力は都市部だけではない。日本ではあまり知られていないが、深い森や静かな海といった豊かな自然に囲まれており、郊外にはマウントレニエ、ノースカスケード、世界遺産でもあるオリンピックと3つの国立公園をもつ。また、シアトルから180km北上すれば、そこはもうカナダとの国境だ。思いきってシアトルからカナダ、さらにはアラスカまで足を延ばす計画を立ててもいいだろう。

シアトルいちの観光名所パイク・プレイス・マーケット

地球の歩き方B02アメリカ西海岸編（1700円＋税）、B05シアトル ポートランド編（1700円＋税）でもシアトルを紹介していますので、ご活用ください。

DATA

人口▶約72万4700人
面積▶約217km²
標高▶最高158m、最低0m
TAX▶セールスタックス　10.25%
ホテルタックス　15.7%
属する州▶ワシントン州
Washington
州のニックネーム▶常緑の州
Evergreen State
州都▶オリンピア　Olympia
時間帯▶太平洋標準時（PST）
➡P.631
繁忙期▶4月中旬～11月中旬

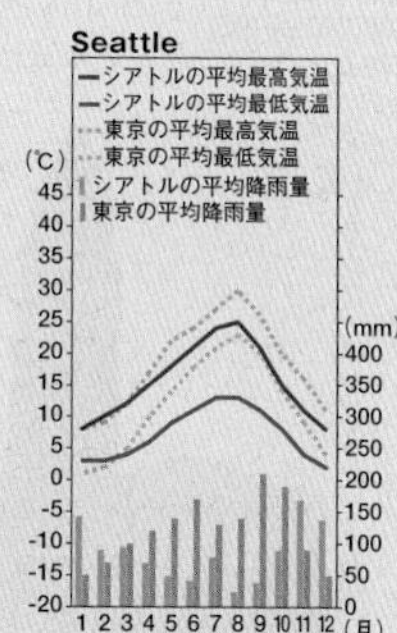

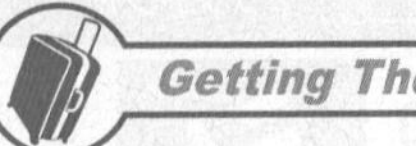

Getting There シアトルへの行き方

シアトル・タコマ国際空港（シータック空港）
地P.134-A4外
住17801 International Blvd.
☎(206) 787-5388
Free(1-800) 544-1965
URL www.portseattle.org/sea-tac

ライトレイルの空港駅

飛行機 Plane

シアトル・タコマ国際空港（シータック空港）
Seattle-Tacoma International Airport (Sea-Tac Airport, SEA)

ダウンタウンの南約20kmの所にある。2018年10月現在、デルタ航空と全日空が成田から直行便を運航している。国際線は南サテライト（Sゲート）に到着。このターミナルで入国審査を行い荷物を受け取る。税関を終えたら、乗り継ぎ便はサインに従って進み、シアトルが最終目的地であれば、エアトレインでメインターミナルに向かおう。また、レンタカー利用者は、バゲージクレーム出口番号02、26付近からシャトルバスに乗って、レンタカーセンターへ行くことができる。

■空港から／空港へのアクセス

「ダウンタウン・エアポーター」は運行を終了しました。

	種類／名称／連絡先	行き先／運行／料金	乗車場所／所要時間／備考
空港バス	ダウンタウン・エアポーター Downtown Airporter ☎(425) 981-7000 URL shuttleexpress.com	行き先▶ダウンタウンの主要ホテル 運行▶毎日6:30～21:00まで30分間隔（空港発） 料金▶片道$19.99、往復$35	空港発▶空港駐車場3階のIsland2付近 空港行き▶ダウンタウンにある主要ホテルから運行（ホテルはウェブサイトで確認できる） 所要時間▶30～45分
空港シャトル	シャトルエクスプレス Shuttle Express ☎(425) 981-7000 URL shuttleexpress.com	行き先▶市内や周辺どこでも 運行▶24時間随時 料金▶片道$35～	空港発▶空港駐車場3階。表示に従って進み、赤いジャケットを着た係員が目印 空港行き▶事前にホテルのフロントで頼むか、電話もしくはウェブサイトで予約 所要時間▶30～45分
ライトレイル	サウンドトランジット・リンク・ライトレイル SoundTransit Link Light Rail Free(1-888) 889-6368 URL www.soundtransit.org	行き先▶ダウンタウン 運行▶月～土5:04～翌0:04、日6:04～23:19。6～10分間隔 料金▶$3	空港発▶空港駐車場4階の北側専用通路を直進した所にあるライトレイル駅から 空港行き▶ダウンタウンのライトレイル駅から 所要時間▶約40分
タクシー	イエローキャブ Yellow Cab ☎(206) 622-6500 URL www.seattleyellowcab.com	行き先▶市内や周辺どこでも 運行▶24時間随時 料金▶ダウンタウンまで約$50	空港発▶空港駐車場3階から乗車 空港行き▶事前に電話予約または主要ホテルから乗車 所要時間▶約30分

※それぞれの乗り物の特徴についてはP.665

グレイハウンド・バスディーポ
地P.134-B4
住503 S. Royal Brougham Way
☎(206) 624-0618
開毎日4:00～23:59

アムトラック・キングストリート駅
地P.134-B4
住303 S. Jackson St.
Free(1-800) 872-7245
開毎日6:00～23:00（チケット窓口は6:15～21:15）

アムトラック・キングストリート駅

長距離バス Bus

グレイハウンド・バスディーポ
Greyhound Bus Depot

ダウンタウンの南東2kmの所にあり、サウンドトランジット・リンク・ライトレイルStadium駅の目の前にある。オレゴン州ポートランドから1日3便、約4時間。

鉄道 Train

アムトラック・キングストリート駅
Amtrak King Street Station

ダウンタウンの南東にあり、メトロバスP.131やサウンドトランジット・リンク・ライトレイル、トンネルバスのInternational District／Chinatown駅に隣接している。

シカゴからエンパイアビルダー号、ロスアンゼルスからコーストスターライト号がそれぞれ毎日1便、ポートランドからカスケード号が毎日4便到着する。

投稿 シアトル - ポートランド間のおすすめ移動術▶グレイハウンドに比べバス停もダウンタウンから近く、車内も清潔なボルトバス。周辺の人通りも多いので安心。バス停はわかりにくいので注意。Bolt Bus 住5th Ave. S. & S. Dearborn St.（バス停） Free(1-877) 265-8287 URL www.boltbus.com 地P.134-B4（兵庫県　R39　'16）['18]

シアトルの歩き方 Getting Around

エリオット湾に面したダウンタウンをさらに細分化すると、**シアトルセンター**、**ウオーターフロント**、**ダウンタウン**地区に分けられるが、そう広い地域ではない。おもな見どころのほとんどがこれらのエリアに集中しているため、十分歩いて回ることができる。ただし、町の東側から西のエリオット湾方向の間は坂が急なため、海沿いから中心部へ歩いて行くだけでも予想以上の労力を要する。また、学生街の**ユニバーシティディストリクト**、シアトル郊外にある**ボーイング社の工場見学**もお忘れなく。そして、夏の訪問なら大リーグ観戦も楽しみたい。

シアトルに3日以上滞在するなら郊外の大自然に触れてみてほしい。車で内陸に向かうのも、船でピュージェット湾を渡るのも思いのまま。シアトルは、ワシントン州にある3つの国立公園の真ん中に位置する交通の要所でもある。

観光案内所 Visitors Information

シアトル観光案内所
Seattle Visitor Center & Concierge Services

Pike St.沿いの7th Ave.と8th Ave.の間、コンベンションセンターWashington State Convention Centerのロビーにある。コンシェルジュが旅の相談から各種チケットの手配（要手数料）まで行ってくれる。また、観光、交通、ドライブなどに関する情報をはじめ、ホテル情報も充実。メトロバスの時刻表もあり。

市内の交通機関 Public Transportation

メトロバス
Metro Bus

シアトル市内のみならず、広くキング郡一帯を走る路線バス。路線は約200あり、シアトルの中心部からクイーンアンやフリーモント、バラードに行くときに利用したい。乗車の際は現金も使えるが、交通のICカードである「ORCAカード」がチャージもできて便利（下記脚注参照）。現金でメトロバスに乗る場合、おつりは出ないのでぴったりの金額を用意しよう。

なお、渋滞の激しい3rd Ave.の地下（トランジットトンネル）を、一部のメトロバス（トンネルバス）とサウンドトランジット・リンク・ライトレイルが走っている。

シアトルストリートカー
Seattle Streetcar

ウエストレイクセンターからWestlake Ave.を通り、ユニオン湖岸まで行く**サウス・レイク・ユニオン・ライン South Lake Union Line**と、キングストリート駅からダウンタウンの北東にあるキャピトルヒルを結ぶ**ファースト・ヒル・ラインFirst Hill Line**の2路線がある。

シティパス ➡P.693
Free (1-888) 330-5008
URL www.citypass.com/seattle
料 $89、4～12歳$69
5ヵ所で使え、9日間有効。対象施設の窓口で購入可能。本来ならば、合計$178.68、子供$120.22なので、かなりお得だ
1. スペースニードル ➡P.132
2. シアトル水族館 ➡P.133
3. ハーバークルーズ（アゴシークルーズ） ➡P.136
4. ポップカルチャー博物館 ➡P.133、もしくはウッドランド・パーク動物園
5. パシフィック・サイエンス・センター、もしくはチフリー・ガーデン・アンド・グラス ➡P.132

シアトル観光案内所
地 P.135-B1
住 701 Pike St.（入口はPike St.と7th Ave.の角）
☎ (206) 461-5840
Free (1-866) 732-2695
URL www.visitseattle.org
開 毎日9:00～17:00（冬期は月～金のみ）

いろいろな情報が充実している観光案内所

メトロバス
☎ (206) 553-3000
URL metro.kingcounty.gov
運行／月～土5:00～翌1:00、日6:00～24:00（路線により異なる）
料 $2.75、6～18歳$1.50、5歳以下無料

●Metro Bus Office
キングストリート・センター
地 P.134-B4
住 201 S. Jackson St.
開 月～金8:30～16:30

シアトルストリートカー
☎ (206) 553-3000
URL seattlestreetcar.org
運行／サウス・レイク・ユニオン・ライン：月～土6:00～21:00（金・土～23:00）、日10:00～19:00、ファースト・ヒル・ライン：月～土5:00～翌1:00、日10:00～20:00
料 $2.25、6～18歳$1.50、5歳以下無料
※下車する場合は車内にある黄色のテープを押すこと。全駅に停車するシステムではない

メモ **ICカードのORCAカード** ▶メトロバスやライトレイル、ストリートカーの乗車に便利なORCAカード。日本のSuicaやIcocaなどにあたるもので、カード本体の価格は$5。ライトレイル駅やトンネルバス駅の自動券売機で購入できる。

サウンドトランジット・リンク・ライトレイル
Free (1-888) 889-6368
URL www.soundtransit.org
運行／月～土5:00～翌1:00、日6:00～24:00の6～15分間隔
料 距離により、$2.25～3.25

シティサイトシーイング
URL city-sightseeing.com

エバーグリーン・エスケープ
Free (1-866) 203-7603
URL www.evergreenescapes.com

サウンドトランジット・リンク・ライトレイル
Sound Transit Link Light Rail

ワシントン大学と、空港の南にあるエンジェル湖を結ぶ。空港からダウンタウンのウエストレイク駅まで所要約38分。

ツアー案内 *Sightseeing Tours*

ホップオン・ホップオフなどのツアーを催行している**シティサイトシーイングCity Sightseeing**と、郊外のツアーが充実している**エバーグリーン・エスケープEvergreen Escapes**などがある。

ツアー名	料金	運行	所要時間	内容など
Hop-On Hop-Off Seattle	$39	毎日10:00～16:00の30～50分間隔（時期により異なる）	1周約1時間30分	町の見どころで自由に乗り降りできるツアー。シアトルセンター、スペースニードル、ピア66、水族館、パイオニアスクエア、パイク・プレイス・マーケットなどを回る
Mt. Rainier N.P. Tour	$229	〈4～10月〉日・月・水・金・土8:00発、〈11～3月〉火・土8:00発	約10時間30分	ワシントン州の宝石といわれるマウントレニエを訪れる日帰りツアー。美しい自然を満喫できる。ランチ、ワイン、スナック込み

Sightseeing おもな見どころ

シアトルセンター
地 P.134-A2
☎ (206) 684-7200
URL www.seattlecenter.com
行 ダウンタウンの4th Ave. & Pine St.にあるショッピングセンター、ウエストレイクセンター➡P.137の3階からモノレイルに乗る
●Monorail
☎ (206) 905-2620
URL www.seattlemonorail.com
運行／毎日7:30～23:00(土・日8:30～)。冬期は短縮
休 サンクスギビング、12/25
料 $2.50、シニア・5～12歳$1.25

スペースニードル
住 400 Broad St.
☎ (206) 905-2100（レストランの予約）
URL www.spaceneedle.com
開 展望デッキ：毎日10:00～20:00（夏期は延長あり）、レストラン：ランチ月～金11:30～14:00、ディナー毎日17:00～20:15（金・土～21:15）、ブランチ土・日10:00～14:45
料 $22.50～37.50、シニア$20.50～32.50、5～12歳$19.50～28.50（レストランを利用する人は無料）。デイ＆ナイトパス（2度入場可能なチケット）$57、シニア$48、子供$43

チフリー・ガーデン・アンド・グラス
住 305 Harrison St.
☎ (206) 753-4940
URL www.chihulygardenandglass.com
開 毎日8:30～20:30（金～日～21:30）。時期により異なる
料 $29、シニア$24、5～12歳$18

シアトルセンター Seattle Center

ダウンタウンの北に広がるシアトルセンターは、1962年に開かれた万国博覧会の跡地に造られた総合公園。広大な敷地には科学館、オペラハウス、劇場、アリーナなど20以上もの文化、娯楽施設が集まっている。入口にはシアトルの名物タワー、スペースニードルが建っているので、展望デッキから眺望を楽しもう。シアトルセンターへは、ウエストレイクセンターから**モノレイルMonorail**が便利。

高さ 184m のユニークなデザインのタワー　地 P.134-A2

スペースニードル
Space Needle

地上150mに浮かぶUFOのような円盤部分は、上が展望デッキ、下が回転レストランになっており、360度のパノラマを楽しむことができる。南にダウンタウンと真っ白なマウントレニエ、東にワシントン湖、北はユニオン湖とクイーンアンの丘、そして西には船が行き交うエリオット湾とオリンピック山脈……。日中もいいが夜景もロマンティックでおすすめだ。

ガラス彫刻家で人間国宝、デール・チフリーの博物館　地 P.134-A2

チフリー・ガーデン・アンド・グラス
Chihuly Garden and Glass

多様な形状、鮮やかな色使いでガラスを表現し、吹きガラスの世界に革新をもたらしたデール・チフリーの博物館。屋内展示だけでなく中庭にも作品を施すなど、独特な雰囲気を生み出している。おしゃれなレストランやギフトショップも併設されているので、トータルで楽しめるスポットだ。

誰もが見とれてしまうガラスの造形

メモ **エリオット湾からの眺望が最高** ▶ パイオニアスクエア近くの Pier 52 とダウンタウン対岸にあるシークレスト埠頭を結ぶウオータータクシー。所要約 10 分。King County Water Taxi　開 毎日 6:00 ～ 22:30（土・日 8:30 ～、冬期は平日のみ、減便運航）、Pier 52 発、30 ～ 60 分間隔、料 片道 $6.75（ORCA カードの場合 $5.75）

音楽を"体験"する 地P.134-A2

ポップカルチャー博物館
Museum of Pop Culture（MoPOP）

ロックミュージックやサイエンスフィクション、ポップカルチャーに焦点を当てた博物館。5th Ave.に面した1階入口から入り、階段を上るとギフトショップがある。2階のメインフロアでは郷土のスター、ジミ・ヘンドリクスのギャラリーや、ワシントン州で結成されたニルヴァーナの展示などがある。3階は体験コーナーが中心の「サウンドラボ」。ギターやキーボード、コンピューターを使って作曲ができる。ボーカル収録体験のコーナーは、カラオケボックスさながら。ひとりのアーティストが新曲をリリースする手順と同じ工程を体験できるのがうれしい。1階のウルフギャング・パックのレストランが人気。

ド派手な外観の建物は建築家フランク・ゲーリーのデザイン

ポップカルチャー博物館
住325 5th Ave. N.
☎(206)770-2700
URL www.mopop.org
開毎日10:00～17:00（夏期は延長あり）
休サンクスギビング、12/25
料$28、シニア・学生$25、5～17歳$19

ウオーターフロント地区 Waterfront

波静かなエリオット湾に面し、いくつもの埠頭（ピア）が並ぶウオーターフロントは、シアトル随一のエンターテインメントスポット。南のピア48から北のピア70まで、それぞれのピアに独特の風情がある。

秋口はサケの遡上が見もの 地P.135-A2

シアトル水族館
Seattle Aquarium

そう大きくはないがユニークな展示が並ぶ楽しい水族館。ウオーターフロントいちの見どころで、400種類以上の海洋生物が飼育されている。秋口にかけては、産卵のため川を上るサケを見学することができる。ラッコも人気だが、圧巻なのは、ピュージェット湾に生息する魚が元気に泳ぎ回るドーム状の大水槽。随時行われているダイバーによる餌づけも見逃せない。

シアトル水族館
住1483 Alaskan Way, Pier 59
☎(206)386-4300
URL www.seattleaquarium.org
開毎日9:30～17:00
休おもな祝日
料$29.95、4～12歳$19.95、3歳以下は無料

巨大な彫刻作品が並ぶ 地P.134-A2

オリンピック・スカルプチャー・パーク
Olympic Sculpture Park

ピア70の先にある、巨大な彫刻作品を展示した公園。アレキサンダー・カルダーの赤いオブジェ『イーグル』やルイーズ・ブルジョワの『アイベンチ』など、ユニークな作品が20点ほど並んでいる。

オリンピック・スカルプチャー・パーク
住2901 Western Ave.
☎(206)654-3100
URL seattleartmuseum.org
開公園：毎日 日の出30分前～日没30分後

無料で見学できるのもうれしい

ウオーターフロントの人気アトラクション 地P.135-A3

シアトル・グレイト・ホイール
Seattle Great Wheel

ピア57にある大人気の8人乗り観覧車。地上53mの高さまで上がり、ダウンタウンの摩天楼やスペースニードル、エリオット湾のすばらしい眺望を楽しむことができる。

日没後はライトアップされた高層ビル群の風景が見られる

シアトル・グレイト・ホイール
住1301 Alaskan Way
URL seattlegreatwheel.com
開〈6月下旬～9月上旬〉毎日10:00～23:00（金・土～24:00）、〈9月中旬～6月中旬〉月～金11:00～22:00（金～24:00）、土・日10:00～24:00（日～22:00）
料$14、シニア$12、3～11歳$9、VIPシート$50（特別仕様のゴンドラ、おみやげ付き）

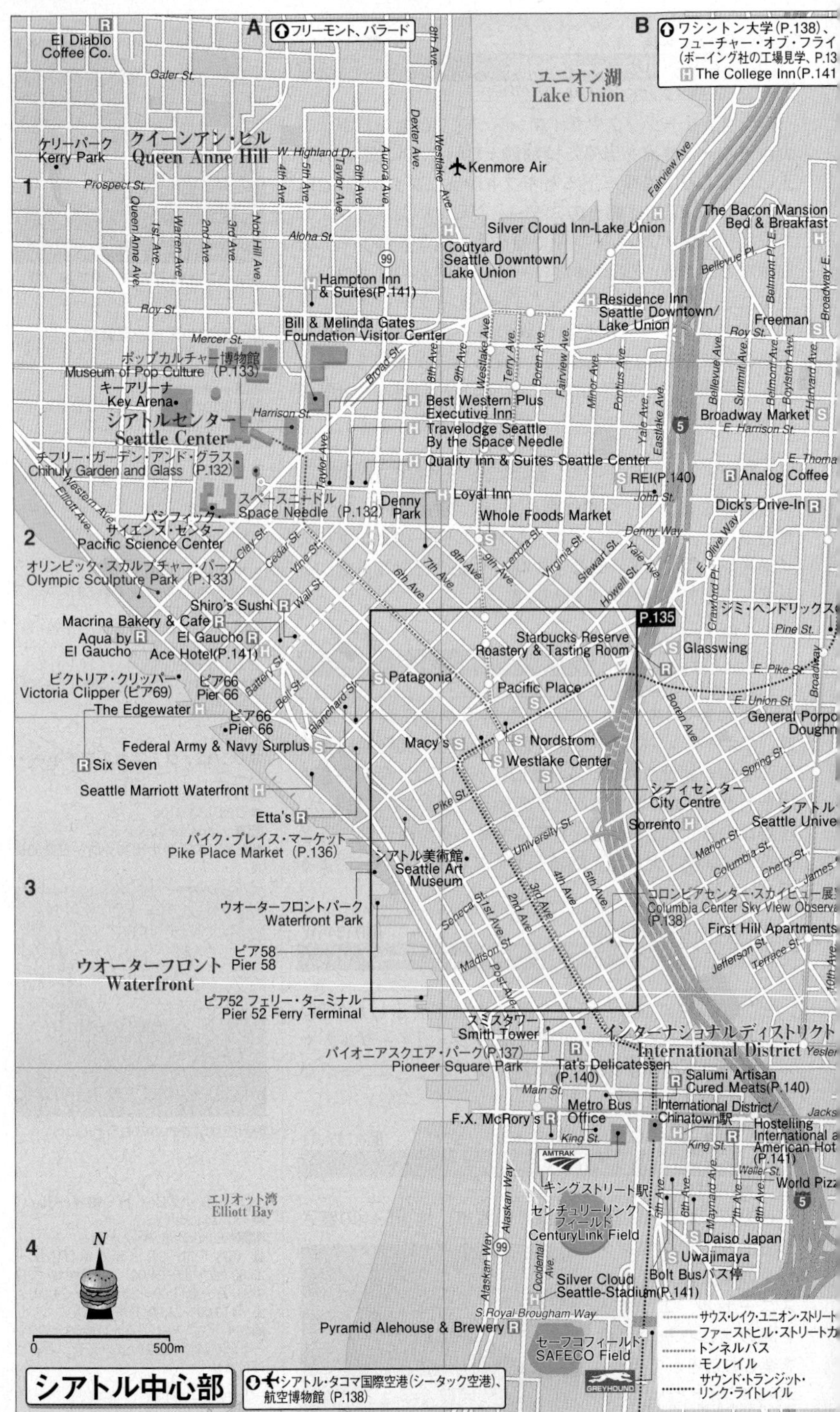

フリーモント、バラード
ワシントン大学(P.138)、
フューチャー・オブ・フライ
(ボーイング社の工場見学、P.13
The College Inn(P.141
El Diablo Coffee Co.
Galer St.
ユニオン湖
Lake Union
ケリーパーク
Kerry Park
クイーンアン・ヒル
Queen Anne Hill
W. Highland Dr.
Kenmore Air
Prospect St.
Aloha St.
Silver Cloud Inn-Lake Union
Coutyard Seattle Downtown/ Lake Union
The Bacon Mansion Bed & Breakfast
Bellevue Pl.
Hampton Inn & Suites(P.141)
Roy St.
Residence Inn Seattle Downtown/ Lake Union
Freeman
Mercer St.
Bill & Melinda Gates Foundation Visitor Center
ポップカルチャー博物館
Museum of Pop Culture (P.133)
キーアリーナ
Key Arena
Harrison St.
シアトルセンター
Seattle Center
Best Western Plus Executive Inn
Travelodge Seattle By the Space Needle
Quality Inn & Suites Seattle Center
Broadway Market
E. Harrison St.
チフリー・ガーデン・アンド・グラス
Chihuly Garden and Glass (P.132)
REI(P.140)
Analog Coffee
John St.
スペースニードル
Space Needle (P.132)
Denny Park
Loyal Inn
Whole Foods Market
Dick's Drive-In
パシフィック・サイエンス・センター
Pacific Science Center
Denny Way
オリンピック・スカルプチャー・パーク
Olympic Sculpture Park (P.133)
Shiro's Sushi
Macrina Bakery & Cafe
Aqua by El Gaucho
El Gaucho
Ace Hotel(P.141)
P.135
Starbucks Reserve Roastery & Tasting Room
Glasswing
ジミ・ヘンドリックス
Pine St.
E. Pike St.
ビクトリア・クリッパー
Victoria Clipper(ピア69)
ピア66
Pier 66
Patagonia
Pacific Place
E. Union St.
The Edgewater
General Porpo Doughn
Macy's
Nordstrom
Westlake Center
Federal Army & Navy Surplus
Six Seven
Spring St.
Seattle Marriott Waterfront
シティセンター
City Centre
Etta's
Pike St.
Sorrento
シアトル
Seattle Unive
パイク・プレイス・マーケット
Pike Place Market (P.136)
University St.
Marion St.
Columbia St.
Cherry St.
シアトル美術館
Seattle Art Museum
コロンビアセンター・スカイビュー展
Columbia Center Sky View Observa
(P.138)
ウオーターフロントパーク
Waterfront Park
First Hill Apartments
Seneca St.
Madison St.
Jefferson St.
Terrace St.
ピア58
Pier 58
ウオーターフロント
Waterfront
ピア52 フェリー・ターミナル
Pier 52 Ferry Terminal
スミスタワー
Smith Tower
インターナショナルディストリクト
International District
パイオニアスクエア・パーク(P.137)
Pioneer Square Park
Tat's Delicatessen (P.140)
Salumi Artisan Cured Meats(P.140)
Main St.
Metro Bus Office
International District/ Chinatown駅
F.X. McRory's
King St.
Hostelling International a American Hot (P.141)
AMTRAK
Weller St.
World Pizz
キングストリート駅
エリオット湾
Elliott Bay
センチュリーリンク フィールド
CenturyLink Field
Daiso Japan
Uwajimaya
Bolt Busバス停
Silver Cloud Seattle-Stadium(P.141)
Alaskan Way
S.Royal Brougham Way
Pyramid Alehouse & Brewery
セーフコフィールド
SAFECO Field
GREYHOUND
サウス・レイク・ユニオン・ストリート
ファーストヒル・ストリートカ
トンネルバス
モノレイル
サウンド・トランジット・リンク・ライトレイル
N
0
500m
A
B
1
2
3
4
シアトル中心部
シアトル・タコマ国際空港(シータック空港)、航空博物館 (P.138)

治安について ▶ シアトルはアメリカのなかでは治安のいい都市のひとつで、安心して歩ける。しかし、暗くなってからは、ひとりでの外出は避けるに越したことはない。特に日没後のパイオニアスクエア・パーク(地P.134-B3)周辺は雰囲気が悪いので注意したい。

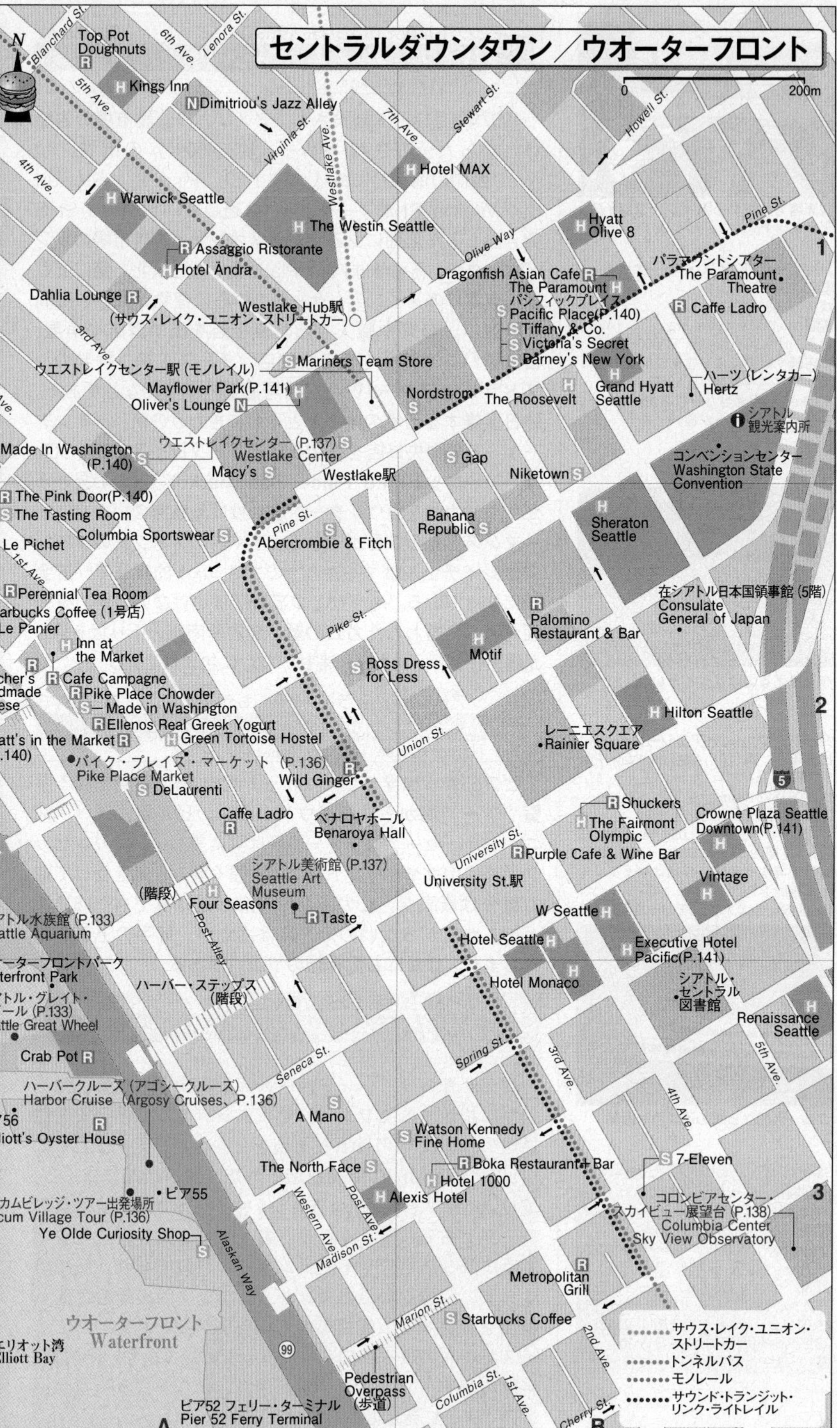

セントラルダウンタウン／ウオーターフロント
0
200m
Top Pot Doughnuts
Kings Inn
Dimitriou's Jazz Alley
Hotel MAX
Warwick Seattle
The Westin Seattle
Hyatt Olive 8
Assaggio Ristorante
Hotel Andra
Dahlia Lounge
Westlake Hub駅
(サウス・レイク・ユニオン・ストリートカー)
Dragonfish Asian Cafe
The Paramount
パシフィックプレイス
Pacific Place(P.140)
Tiffany & Co.
Victoria's Secret
Barney's New York
パラマウントシアター
The Paramount Theatre
Caffe Ladro
Mariners Team Store
ウエストレイクセンター駅（モノレイル）
Mayflower Park(P.141)
Oliver's Lounge
Nordstrom
The Roosevelt
Grand Hyatt Seattle
ハーツ（レンタカー）
Hertz
シアトル観光案内所
ウエストレイクセンター（P.137）
Westlake Center
Made In Washington (P.140)
Macy's
Westlake駅
Gap
Niketown
コンベンションセンター
Washington State Convention
The Pink Door(P.140)
The Tasting Room
Columbia Sportswear
Le Pichet
Abercrombie & Fitch
Banana Republic
Sheraton Seattle
Perennial Tea Room
Starbucks Coffee (1号店)
Le Panier
Inn at the Market
在シアトル日本国領事館（5階）
Consulate General of Japan
Palomino Restaurant & Bar
Motif
Ross Dress for Less
Cafe Campagne
Pike Place Chowder
Made in Washington
Ellenos Real Greek Yogurt
Green Tortoise Hostel
Hilton Seattle
レーニエスクエア
Rainier Square
パイク・プレイス・マーケット（P.136）
Pike Place Market
DeLaurenti
Wild Ginger
Caffe Ladro
ベナロヤホール
Benaroya Hall
Shuckers
The Fairmont Olympic
Crowne Plaza Seattle Downtown(P.141)
Purple Cafe & Wine Bar
Vintage
シアトル美術館（P.137）
Seattle Art Museum
University St.駅
(階段)
Four Seasons
Taste
W Seattle
Hotel Seattle
Executive Hotel Pacific(P.141)
Hotel Monaco
シアトル・セントラル図書館
Renaissance Seattle
ハーバー・ステップス（階段）
Crab Pot
ハーバークルーズ（アゴシークルーズ）
Harbor Cruise (Argosy Cruises、P.136)
A Mano
Watson Kennedy Fine Home
Boka Restaurant + Bar
Hotel 1000
7-Eleven
The North Face
Alexis Hotel
ピア55
コロンビアセンター・スカイビュー展望台（P.138）
Columbia Center Sky View Observatory
Ye Olde Curiosity Shop
Metropolitan Grill
Starbucks Coffee
ウオーターフロント
Waterfront
エリオット湾
Elliott Bay
Pedestrian Overpass（歩道）
ピア52 フェリー・ターミナル
Pier 52 Ferry Terminal
サウス・レイク・ユニオン・ストリートカー
トンネルバス
モノレール
サウンド・トランジット・リンク・ライトレイル

観光客でにぎわうパイク・プレイス・マーケット

パイク・プレイス・マーケット
住 85 Pike Pl.
☎ (206) 682-7453
URL pikeplacemarket.org
開 月～土9:00～18:00、日9:00～17:00
※店舗や時期により営業時間は異なる
休 サンクスギビング、12/25
※Pike St. 突き当たりに案内所があり、各種パンフレットが置いてある

赤く見えるのはすべてガム！

ハーバークルーズ(アゴシークルーズ)
出発場所／住 1101 Alaskan Way, Pier 55（地 P.135-A3）
☎ (206) 623-1445
URL www.argosycruises.com
ツアー／〈冬期〉12:05～14:45の2～3便、〈夏期〉9:25～16:00の1～3便（季節、曜日で異なるので、詳細はウェブサイトで確認を）
料 $30.50、シニア$25.50、4～12歳$16.50

クルーズ船から眺める景色は最高

ティリカムビレッジ・ツアー
出発場所／Pier 55（地 P.135-A3）
☎ (206) 623-1445
URL www.tillicumvillage.com
料 $91.50、シニア$82.50、4～12歳$35.50
ツアー／〈4月上旬～5月下旬〉土・日11:30、〈5月下旬～6月〉水～日11:30、〈7月～8月中旬〉日～火11:30（水～土は16:00、金・土はさらに13:30の回あり）、〈8月下旬～9月下旬〉金～日11:30
休 10～3月

CLOSED

シアトル観光でいちばん人気はここ　地 P.135-A2

パイク・プレイス・マーケット
Pike Place Market

1907年8月17日に創設され、アメリカの公設市場の先駆けとなった、広さ9エーカー（約36400m²）の市場。1st Ave. 西側の海寄りにあり、Pike St.、Pine St.、Stewart St.、Virginia St.がマーケットへと通じている。Pike St.を突き当たった正面にある時計とネオンサインは市場のランドマークだ。そのままPike Place通りを右（北）側に進むと、海寄りのメインアーケードを中心に建物が両側に隙間なく並ぶ。農家や職人たちが直接店を出す露店や魚屋、自家製パンや菓子を売る小売店、チーズ工房、評判のレストランや**スターバックス1号店**➡P.137 脚注などがある。終日混雑する市場の中でひときわにぎわうのが、メインアーケードの中央に店を構える**パイク・プレイス・フィッシュ・マーケットPike Place Fish Market**。店のお兄さんがサケやカニをカウンターへ放り投げる威勢のいいパフォーマンスを見ることができる。すぐ前のメスブタのブロンズ像レイチェルはマーケットのマスコット的存在で、貯金箱になっている。もうひとつ忘れてはいけないのが、壁一面がガムで覆われた**ガムの壁**。案内所南側の下り坂を降りた場所にあり、あたり一帯甘い匂いに包まれている。

シアトルのスカイラインを楽しもう　地 P.135-A3

ハーバークルーズ（アゴシークルーズ）
Harbor Cruise（Argosy Cruises）

ピア55から出発し、エリオット湾内を約1時間で回る遊覧ツアー。海から見たダウンタウンのビル群、スペースニードル、セーフコフィールドは実に美しい。オリンピック半島の山々やマウントレニエを遠く望み、風を受けて進む気分は最高だ。このあたりの海水温は夏でも7～8℃ほどにしか上がらないので、風は冷たい。薄手の上着を用意しよう。ほかにも数種類のツアーがある。

シアトル先住民の伝統文化を知る　地 P.135-A3

ティリカムビレッジ・ツアー
Tillicum Village Tour

ピア55からアゴシークルーズの船に乗って45分、州立公園に指定されたブレイク島に、シアトルに暮らす先住民族の伝統文化の普及と再現を目的とした**ティリカムビレッジTillicum Village**が造られた。船が桟橋に着くと、美しいローブをまとった先住民の踊り子らが出迎え、貝のスープでもてなしてくれる。島には先住民の伝統家屋であるロングハウスやトーテムポールが建てられ、伝統のサーモン料理をいただきながら、ハウス内の舞台で伝承舞踏を鑑賞する。鑑賞のあとは自由時間を利用して、ベイスギがおい茂る森のトレイルを歩いてみよう。所要約4時間のツアーだ。なお、島へ渡るには、アゴシークルーズのツアーに参加しなければならない。

CLOSED

旅のアドバイス　**市場を味わうツアー** ▶ パイク・プレイス・マーケットに入る代表的な7店の味を楽しめるツアーをはじめ多数主催。Savor Seattle Food Tours　☎ (206) 209-5485　開 毎日10:00、14:00（曜日により異なるので事前に確認を）URL www.savorseattletours.com　料 $41.99～43.99（曜日により異なる）

ダウンタウン地区 Downtown

ダウンタウンの中心にあるショッピングモール　地P.135-A1

ウエストレイクセンター
Westlake Center

ダウンタウンにあるおしゃれなショッピングセンター。約20店が入り、2階のフードホールは2018年秋に完成した。週末にはストリートパフォーマーが登場し、多くの人でにぎわう場所だ。また、3階からシアトルセンター行きのモノレイルが出ているほか、地下はトンネルバス駅とつながっており、ダウンタウンの交通の拠点でもある。

ネイティブアートと現代美術の競演　地P.135-A2

シアトル美術館
Seattle Art Museum (SAM)

葛飾北斎の冨嶽36景をはじめとしたアジア美術からアメリカンアートやネイティブアメリカンアート、オセアニア&アボリジニアートなど、2万5000点以上を収蔵する。美術館のシンボルであるハンマーを振り下ろす巨大な彫刻、『ハマリング・マンHammerring Man』も健在だ。

シアトルはここから始まった　地P.134-B3

パイオニアスクエア・パーク
Pioneer Square Park

トーテムポールが立つ三角形の広場は、1852年、入植者のひとり、ヘンリー・イエスラーが製材所を築き、白人による町造りが始まった場所。その一画に天を仰ぐ先住民の胸像が立っているが、彼こそ白人と先住民に平和の尊さを説いたドゥワミッシュ族の酋長シアルスSealthである。一般にチーフ・シアトルと呼ばれているが、それは先住民の言葉を英語読みに置き換えたものだ。酋長の願いもむなしく抗争は激化したが、入植者たちは酋長の和平への努力に感謝し、町名に彼の名前「シアトル」を残したのだ。

アンダーグラウンドツアー　Underground Tour

パイオニアスクエア付近の地下には、もうひとつのダウンタウンがある!?　1889年の大火災のあと、汚水まみれのダウンタウン一帯を埋め立て、道路も2.5〜10mアップして地下に封じ込めてしまったのだ。この地下のゴーストタウンを探検する75分のツアー。

ウエストレイクセンター
住400 Pine St.
☎(206) 467-1600
URL www.westlakecenter.com
開月〜土10:00〜21:00、日11:00〜18:00
時期により異なる

交通の要所でもあるウエストレイクセンター

シアトル美術館
住1300 1st Ave.
☎(206) 654-3100
URL seattleartmuseum.org
開水〜月10:00〜17:00(木〜21:00)
休火
料$24.95、シニア$22.95、13〜17歳$14.95（第1木曜は無料、第1金曜は62歳以上無料）
※特別展は別途、追加料金が必要

パイオニアスクエア・パーク
住100 Yesler Way
行ダウンタウンから徒歩約20分。サウンドトランジット・リンク・ライトレイルでPioneer Square駅下車。徒歩3分

チーフ・シアトルの像

●**Underground Tour**
住614 1st Ave.
☎(206) 682-4646
URL www.undergroundtour.com
ツアー／〈4〜9月〉毎日9:00〜19:00、〈10〜3月〉毎日10:00〜18:00の毎正時出発
休サンクスギビング、12/25
料$22、シニア・13〜17歳$20、7〜12歳$10

マウントレニエ国立公園ツアー

旅のアドバイス

シアトル郊外の観光の目玉のひとつ、マウントレニエ国立公園へは車がないと行けない。行動範囲は限られてしまうが、エバーグリーン・エスケープのツアー➡P.132でも行くことができる。

標高4392m。麓には原生林の樹海が広がり、山頂付近には25を超える氷河が残り“神々しい”という言葉がぴったりの山……。

シアトルを出発し、およそ10時間30分のツアー。ガイドとともにトレッキングやスノーシューを楽しんだり、ローカル食材を使ったランチや、ツアー中のスナックなども料金に含まれている。

参加するなら何が何でも晴天の日に！

天候が悪いと霧がかかってしまい、魅力が半減してしまう。ベストシーズンは7月〜8月初旬。

夏でも氷河が残るマウントレニエ

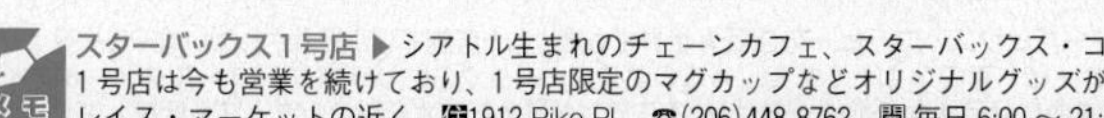

メモ　**スターバックス1号店** ▶ シアトル生まれのチェーンカフェ、スターバックス・コーヒー。その発祥となった1号店は今も営業を続けており、1号店限定のマグカップなどオリジナルグッズが売られている。パイク・プレイス・マーケットの近く。住1912 Pike Pl.　☎(206) 448-8762　開毎日6:00〜21:00　地P.135-A2

コロンビアセンター・スカイビュー展望台
住701 5th Ave.
☎(206)386-5564
URL www.skyviewobservatory.com
開毎日10:00～23:00（時期により異なる）
料$22、シニア（65歳以上）$19、子供$16、4歳以下無料

73階に展望室があるコロンビアセンター

ワシントン大学ビジターセンター
住022 Odegaard
☎(206)543-9198
URL www.washington.edu
開月～金8:30～17:00
行サウンドトランジット・リンク・ライトレイルのUniversity of Washington駅から徒歩約15分

マウントレニエを望むことができる眺望スポットのレニエビスタ

シアトルでいちばん高い展望室 地P.135-B3

コロンビアセンター・スカイビュー展望台
Columbia Center Sky View Observatory

1985年に完成したコロンビアセンターは、76階建てで高さ284mを誇る、ワシントン州でいちばん高いビルだ。黒い外観の細長いシルエットが印象的。73階には展望室があり、ダウンタウンだけでなくスペースニードルやマウントレニエなども見渡すことができる。展望室へは、4階のメインロビーのエレベーターで40階まで昇り、ここで73階まで行くエレベーターに乗り換える。2018年にカフェも完成。

ユニバーシティディストリクト University District

学生気分を味わおう 地P.134-B1外

ワシントン大学
University of Washington

シアトルダウンタウンの北東8kmにあるワシントン州最大の大学、ワシントン大学。16の学部があり約5万4000人の学生が学んでいる。水上スポーツのほか、フットボールやバスケットボールなどのスポーツがさかんで、実力ともに評価が高い。ワシントン大学のスポーツチームはハスキーズHuskies（シベリアンハスキーのこと）という愛称で親しまれており、ハスキー犬は大学のマスコットでもある。構内には博物館やギャラリーなど、一般観光客でも気軽に立ち寄れる施設も多い。ビジターセンターでキャンパスマップをもらい、散策してみよう。

また、ワシントン大学の西側は学生街となっていて、学生向けの安いレストラン、本屋、映画館などが集まる。

Excursion 郊外の見どころ

昔のボーイング工場は飛行機の博物館 地P.134-A4外

航空博物館
Museum of Flight

航空博物館
住9404 E. Marginal Way S.
☎(206)764-5700
URL www.museumofflight.org
開毎日10:00～17:00（第1木曜～21:00）
休サンクスギビング、12/25
料$24、シニア$20、5～17歳$15、第1木曜の17:00～と4歳以下は無料（ウェブサイトで購入の場合割引あり）
行ダウンタウンからメトロバス#124で約35分

ボーイング社発祥の地であるエリオット湾沿いに建つ航空機専門の博物館。6階建ての高さに相当するガラス張りの館内には、Boeing 80A-1型（1929）、ロッキードM-21、別名「ブラックバード Blackbird」など航空史を彩る機体が約60機並んでいる。ほかにもワシントン大学の学生が作った「ライト兄弟1902年グライダー」の復元機や航空便を運んだデハビランドが並び、ベトナム戦争で使われたマクダネル・F-4C・ファントムは、平和への願いを込めてこの博物館に収められている。また、空だけでなく宇宙船のコーナーもあり、アポロ宇宙計画の歴史のパネル展示もある。

ガラス張りの外観が目印

メモ 訪れておくべきスターバックス・コーヒーの店舗▶世界でも限られた店舗でしか提供されないコーヒー豆「リザーブ」。このレアなコーヒー豆のひきたてを楽しめるのがスターバックス・リザーブ・ロースタリー＆テイスティングルームだ。店内には巨大な焙煎機が備わり、ここでしか買えないオリジナルグッズも販売している。↗

ジャンボ機の製造工程をこの目で見てみよう 地P.134-B1外

フューチャー・オブ・フライト（ボーイング社の工場見学）

Future of Flight

旅客機で名高いボーイング社の工場見学は、シアトルで最も人気のある観光ポイントのひとつだ。シアトルの北東約40kmにあるマカティオ市に「フューチャー・オブ・フライト・アビエーション・センターFuture of Flight Aviation Center」と呼ばれる体験型展示場がある。ツアーはボーイング777型機の組み立て工程を映した映画を見たあと、世界最大の容積を誇る工場の見学に移る。工場の高さは11階建てのビルに匹敵し、全長は3.4km。人が豆粒のように見える場内で、ボーイング747、767、777、最新の787型機などの製造工程を見学する。

フューチャー・オブ・フライト（ボーイング社の工場見学）
住8415 Paine Field Blvd., Mukilteo
Free(1-800) 464-1476
URL www.futureofflight.org
開毎日8:30〜19:00（時期により異なる）。ツアーは9:00〜15:00
休サンクスギビング、12/25、1/1
料$25、15歳以下$15（工場見学ツアーは要事前予約）。チケットは入口で当日購入可。ウェブサイトでも事前購入可
※身長122cm以下の子供は入場不可。撮影も不可

スポーツ観戦

Spectator Sports

ベースボール　MLB

シアトル・マリナーズ（アメリカンリーグ西地区）

Seattle Mariners

1977年の球団拡張で誕生したマリナーズ。イチロー選手をはじめ、数々の日本人が在籍していたことで日本での知名度も格段に向上した。そのイチロー選手は、2018年シーズン初めに球団の特別アドバイザーとして迎えられ、生涯マリナーズに同行することになった。

チームはロビンソン・カノー、ネルソン・クルーズらの主力選手を獲得し大きな期待がかかるが、ポストシーズンへの進出はまだ遠い道のりのようだ。

シアトル・マリナーズ
（1977年創設）
地P.134-B4
本拠地——セーフコフィールド SAFECO Field（4万7243人収容）
住1250 1st Ave. S.
☎(206) 346-4001
URL www.mlb.com/mariners
行サウンドトランジット・リンク・ライトレイルのStadium駅下車。徒歩10分

この選手に注目！
ミッチ・ハニガー（外野手）

アメリカンフットボール　NFL

シアトル・シーホークス（NFC 西地区）

Seattle Seahawks

2002年、リーグの再編でNFCに編入、そこからプレイオフ常連に。2013年にはチーム初のスーパーボウル制覇、翌年もスーパー出場を果たした。2017シーズン、6年連続の勝ち越しを刻んだが、あと一歩プレイオフに及ばず、苦い思いに。チームカラーはカレッジネイビー、アクショングリーン、ウルフグレイ。

シアトル・シーホークス
（1976年創設）
地P.134-B4
本拠地——センチュリーリンクフィールド CenturyLink Field（6万8000人収容）
住800 Occidental Ave. S.
Free(1-888) 635-4295（チケット）
URL www.seahawks.com
行パイオニアスクエアの南、徒歩10分

この選手に注目！
ラッセル・ウィルソン

サッカー　MLS

シアトル・サウンダーズ FC（西地区）

Seattle Sounders FC

2009年に下部リーグから参加して以来、毎年プレイオフ準決勝まで進んでいる強豪。2016年にはリーグ初優勝。センチュリーリンクフィールドは4万人を超える観衆で埋まる。試合前にパイオニアスクエアから行われるマーチ・トゥー・ザ・マッチも楽しい。

シアトル・サウンダーズFC
（2007年創設）
地P.134-B4
本拠地——センチュリーリンクフィールド CenturyLink Field（6万8000人収容）
住800 Occidental Ave. S.
Free(1-877) 657-4625（チケット）
URL www.soundersfc.com
行パイオニアスクエアの南、徒歩10分

この選手に注目！
ニコラス・ロデイロ

↘Starbucks Reserve Roastery & Tasting Room 住1124 Pike St. ☎(206) 624-0173 URL www.starbucksreserve.com
開毎日 7:00〜23:00 地P.134-B2

ショッピングモール

洗練されたショップが揃う
パシフィックプレイス
Pacific Place

住600 Pine St.　☎(206)405-2655
URL www.pacificplaceseattle.com　開月～土10:00～20:00、日11:00～19:00(店舗により異なる)　地P.135-B1

アメリカンカジュアルを中心にCoach、Tiffany & Co.などの専門店や高級デパートのBarney's New Yorkが入店。レストランや映画館もあり、ショッピング以外も楽しめる。

雑貨&ギフト

ワシントン州全般のおみやげが買える店
メイド・イン・ワシントン
Made In Washington

住400 Pine St.(ウエストレイクセンター)　☎(206)623-9753
URL www.madeinwashington.com　ADJMV　地P.135-A1
開月～土10:00～20:00、日11:00～19:00(時期により異なる)

CLOSED

シアトルのみならずワシントン州全般のおみやげが買える。スモークサーモンやジャム、置物、クラフトなど、上質なものを扱っていて、こだわり派のおみやげにもよい。

アウトドア

本格的アウトドアライフを追求するなら
アール・イー・アイ
REI

住222 Yale Ave. N.　☎(206)223-1944
URL www.rei.com　開月～土9:00～21:00、日10:00～19:00　AJMV　地P.134-B2

ダウンタウンから北東へ徒歩約20分、I-5のハイウエイそばにあるREIの旗艦店。登山、キャンプ、スキー、サイクリングなど、アウトドアグッズの品揃えでは右に出るものがない。

イタリア料理

評判の自家製サラミソーセージ
サルミ・アルティザン・キュアード・ミート
Salumi Artisan Cured Meats

住404 Occidental Ave. S.　☎(206)621-8772
URL www.salumicuredmeats.com　地P.134-B4
開月～土11:00～15:00(月はテイクアウトのみ)　休日　MV

サラミを挟んで食べるサンドイッチやサラミの盛り合わせなどとシンプルなメニューが多い。そのなかで、多くの客が注文するのがサンドイッチ($10.50～)。少し厚めのパンに、好みのサラミを挟んでもらおう。

イタリア料理

ピンク色のドアが目印のかわいらしいレストラン
ピンクドア
The Pink Door

住1919 Post Alley　☎(206)443-3241
URL thepinkdoor.net　開月～土11:30～23:30(金・土～翌1:00)、日16:00～22:00　AMV　地P.135-A2

パイク・プレイス・マーケット近くで、おしゃれに食事をするならここがおすすめ。パスタやピザ、リゾットなどが$19～25。改装を終え店内もきれいに。

シーフード

新鮮シーフードをカジュアルに
マッツ・イン・ザ・マーケット
Matt's in the Market

住94 Pike St., 3F　☎(206)467-7909
URL www.mattsinthemarket.com　地P.135-A2
開月～土11:30～14:30、17:30～22:00　休日　AMV

パイク・プレイス・マーケットの時計を見下ろす3階にあり、窓から海を眺めることができるシーフードレストラン。新鮮な魚介類と地元の食材で作られた料理はどれも絶品。ランチ$20～。

アメリカ料理

口コミ高評価の穴場ピザ店
ワールドピッツァ
World Pizza

住672 S. King St.　☎(206)682-4161
URL www.worldpizzaseattle.com
開毎日10:00～21:00(金・土～22:00)　AMV　地P.134-B4

インターナショナルディストリクトにひっそりたたずむピザ屋。決してきれいとは言えない外観ながら、数々のメディアに取り上げられるほどの実力をもつ。ホールは$18～。

アメリカ料理

評判のサブショップ
タッツ・デリカテッセン
Tat's Delicatessen

住159 Yesler Way　☎(206)264-8287
URL www.tatsdeli.com　開月～金8:00～15:00、土11:00～17:30　休日　MV　地P.134-B3

パイオニアスクエア・パークの近くにある人気のデリ。店内でも食べられるが、テイクアウトし近くの公園で食べるのが○。フィラデルフィア名物の牛肉とチーズが入ったチーズステーキ($10)が絶品。

ホテル
Hotels

ホステル

ライトレイルの駅から徒歩3分
ホステリング・インターナショナル・シアトル・アット・アメリカン・ホテル
Hostelling International Seattle at the American Hotel

住520 S. King St., Seattle, WA 98104　☎(206) 622-5443
URL hiusa.org/seattle　Wi-Fi無料
ドミトリー$35～45、個室$80～160　AMV　地P.134-B4

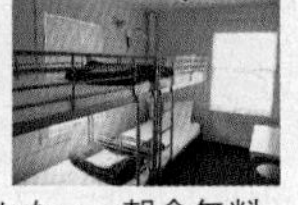
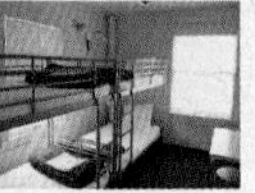

40～50歳代の夫婦や家族連れも多く宿泊しているホステル。周りには、日本をはじめ中国、ベトナム料理などアジアのレストランが集まり、食事には事欠かない。朝食無料。294ベッド。

エコノミーホテル

学生街のランドマーク的存在
カレッジイン
The College Inn

住4000 University Way N.E., Seattle, WA 98105　☎(206) 633-4441
FAX(206) 547-1335　URL www.collegeinnseattle.com
〈11～5月〉ⓈⒹⓉ$60～90、〈6～10月〉ⓈⒹⓉ$100～140
MV　地P.134-B1外　Wi-Fi無料

1909年に建てられた古いホテルだが、ユニバーシティディストリクトのランドマーク的存在。無料の朝食付き。バスとトイレは共同。27室。

中級ホテル

最近人気のベルタウンにある
エースホテル
Ace Hotel

住2423 1st Ave., Seattle, WA 98121　☎(206) 448-4721
URL acehotel.com/seattle
スタンダード（共同バス）$129～、デラックス$219～299
AJMV　地P.134-A2　Wi-Fi無料

モダンなテイストの家具とクラシック感覚のマッチングを狙ったインテリアで、若者向きの話題のホテル。28室。

中級ホテル

中心街でベストバリューのホテル
エグゼクティブ・ホテル・パシフィック
Executive Hotel Pacific

住400 Spring St., Seattle, WA 98104
☎(206) 623-3900　Free(1-888) 388-3932　地P.135-B2
URL www.executivehotels.net/seattle-downtown-hotel
Wi-Fi無料　ⒹⓉ$159～504、スイート$209～558　ADJMV

1928年創業のホテル。クラシックな雰囲気を残しながら改装を重ねている。ビジネスセンターやフィットネスセンターも完備され、不自由しない。156室。

中級ホテル

朝食付きでスイートタイプが多いホテル
ハンプトン・イン&スイーツ
Hampton Inn & Suites

住700 5th Ave. N., Seattle, WA 98109
☎(206) 282-7700　FAX(206) 282-0899
URL www.hamptoninnseattle.com　Wi-Fi無料
ⓈⓉ$169～349、スイート$179～389　ADJMV　地P.134-A1

パイク・プレイス・マーケットまで徒歩20分、ライトレイルのPioneer Square駅まで徒歩5分。台所とリビング付きの客室もあるので家族連れに最適だ。199室。

高級ホテル

眺望がよいビジネス街の坂の上
クラウンプラザ・シアトル・ダウンタウン
Crowne Plaza Seattle Downtown

住1113 6th Ave., Seattle, WA 98101　☎(206) 464-1980
FAX(206) 340-1617　URL cphotelseattle.com
ⓈⒹⓉ$209～444　ADJMV　地P.135-B2　Wi-Fi無料

ダウンタウンのほぼ中心にあり、パイク・プレイス・マーケットへも徒歩約10分の高級ホテル。ビジネス客の利用も多く、高層階からは夜景が楽しめる。414室。

高級ホテル

ウエストレイクセンターに隣接するホテル
メイフラワー・パーク・ホテル
Mayflower Park Hotel

住405 Olive Way, Seattle, WA 98101　☎(206) 623-8700
Free(1-800) 426-5100　URL www.mayflowerpark.com
ⓈⒹⓉ$179～469、スイート$209～　Wi-Fi無料
ADJMV　地P.135-A1

1927年にオープンしたホテル。その後改装を重ねているが、昔の雰囲気は美しいまま残されている。160室。

高級ホテル

マリナーズ観戦にはもってこい
シルバークラウド・シアトル・スタジアム
Silver Cloud Seattle-Stadium

住1046 1st Ave. S., Seattle, WA 98134　☎(206) 204-9800
FAX(206) 381-0751　URL www.silvercloud.com/seattlestadium
料ⓈⒹⓉ$179～569、スイート$244～569　AMV
Wi-Fi無料　地P.134-B4

セーフコフィールドのレフトスタンドは、ホテルから徒歩30秒。朝食がおいしいレストランも併設。211室。

Portland ポートランド

自然があふれるバラの都

ウィラメット川を中心にしたポートランドの町

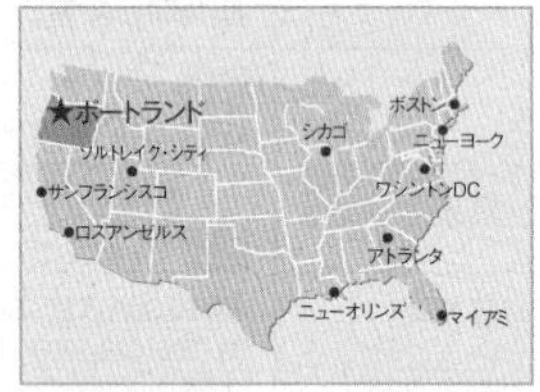

地産地消やDIY、フードカート、自転車道の整備など、町の施策や住人の暮らしぶりが全米の注目を集める、オレゴン州最大の都市ポートランド。路面電車やバス路線網が充実し、ひどく治安の悪い場所もなく、車がなくても快適に観光を楽しむことができる町だ。近年は移住者も多く、アメリカ国内の情報誌で「住みたい町No.1」に選ばれるなど、人気はとどまるところを知らない。

ダウンタウンの繁華街パールディストリクトや、ポートランド発のショップが軒を連ねるウエストエンド、ダウンタウンの川向こう、個性的な飲食店が多いホーソンブルバードなどはぜひ訪れておきたい。“今”のポートランドを体感できるはずだ。加えて、オレゴン州はセールスタックスがかからないので、ほかの都市よりお得に買い物を楽しむことができる。

ダウンタウンの西側にワシントンパーク、近郊にはコロンビア峡谷やマウントフッドがあり、自然のアトラクションも充実している。都市と自然、バランスよく楽しめるのもポートランド観光の魅力のひとつだ。

オーガニックの食料品店などでは量り売りが当たり前

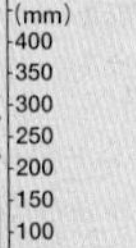

地球の歩き方B02アメリカ西海岸編（1700円＋税）、B05シアトル ポートランド編（1700円＋税）でもポートランドを紹介していますので、ご活用ください。

DATA

人口▶約64万7800人
面積▶345km²
標高▶最高327m、最低0m
TAX▶セールスタックス　0%
ホテルタックス　15.3%
属する州▶オレゴン州　Oregon
州のニックネーム▶ビーバー州
Beaver State
州都▶セーラム　Salem
時間帯▶太平洋標準時（PST）
➡P.631
繁忙期▶3～7月

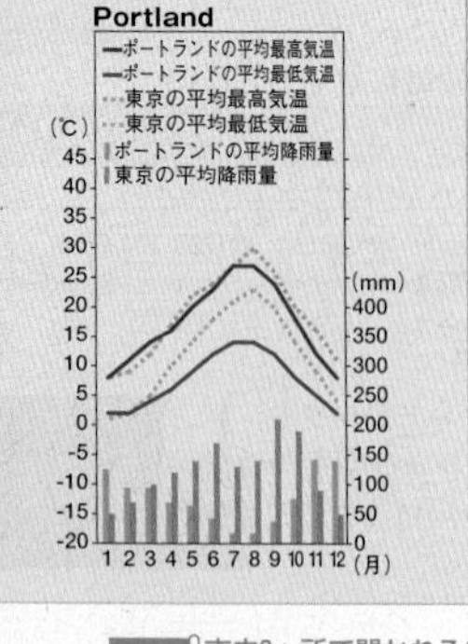

Portland
—ポートランドの平均最高気温
—ポートランドの平均最低気温
…東京の平均最高気温
…東京の平均最低気温
▮ポートランドの平均降雨量
▮東京の平均降雨量
(℃) 45 40 35 30 25 20 15 10 5 0 -5 -10 -15 -20
(mm) 400 350 300 250 200 150 100 50 0
1 2 3 4 5 6 7 8 9 10 11 12 (月)

旅のアドバイス　市内6ヵ所で開かれるファーマーズマーケット▶ポートランドは地産地消の精神が根づいており、市内では頻繁にファーマーズマーケットが開催されている。最もポートランドらしさを感じられる見どころのひとつだ。詳細はウェブサイトで確認を。URL www.portlandfarmersmarket.org

ポートランドへの行き方 Getting There

飛行機 Plane

ポートランド国際空港
Portland International Airport (PDX)

ダウンタウンの北東14km、コロンビア川沿いにある国際空港。施設やサービスが充実しており、有名旅行誌などの空港ランキングでは、アメリカ国内で常に1、2位を争うほど評価が高い。デルタ航空による日本からの直行便が運航しており、コンコースDに着く。また、エイビス、ハーツ、ダラーのレンタカー営業所は、ターミナル向かいの駐車場ビル内にある。アラモ、バジェットは空港外に営業所があるので、送迎バスで営業所まで向かおう。

空港内にあるマックス・ライトレイル駅

ポートランド国際空港
地 P.147-B1外
住 7000 N.E. Airport Way
☎ (503) 460-4234
URL www.portofportland.com

■ 空港から／空港へのアクセス

「ブルースター／ダウンタウン・エアポート・エクスプレス」は運行を終了します。

	種類／名称／連絡先	行き先／運行／料金	乗車場所／所要時間／備考
空港シャトル	ブルースター/ダウンタウン・エアポート・エクスプレス Blue Star/Downtown Airport Express ☎ (503) 249-1837 URL www.bluestarbus.com	行き先▶ 市内の代表的なホテル 運行▶ 毎日1番目の到着便から翌[illegible]間隔 料金▶ ダウンタウンまで片道$14、往復$24	空港発▶ バゲージクレーム（預託荷物のピックアップ場所）の外にあるScheduled Buses & Vans Pickup[illegible] 空港行き▶ 事前に電話かウェブサイトで予約 所要時間▶ ダウンタウンまで30～40分
ライトレイル	マックス・ライトレイル／レッドライン MAX Light Rail/Red Line ☎ (503) 238-7433 URL trimet.org	行き先▶ ダウンタウン 運行▶ 毎日4:56～翌0:26の15～30分間隔 料金▶ $2.50	空港発▶ バゲージクレーム（預託荷物のピックアップ場所）南側の外にある駅から乗車 空港行き▶ 市内各所の駅から乗車 所要時間▶ ダウンタウンまで約40分 ※プラットホームには段差がほとんどないため荷物が大きくても安心
タクシー	ブロードウエイ・キャブ Broadway Cab ☎ (503) 333-3333 URL broadwaycab.com	行き先▶ 市内や周辺どこでも 運行▶ 24時間随時 料金▶ ダウンタウンまで約$50	空港発▶ バゲージクレームを外に出た所から 空港行き▶ 事前に電話予約、または主要ホテルから乗車 所要時間▶ ダウンタウンまで20～40分

※それぞれの乗り物の特徴については P.665

長距離バス Bus

グレイハウンド・バスターミナル
Greyhound Bus Terminal

明るく清潔なターミナル。アムトラック駅の隣のブロックにある。ダウンタウンの中心までは歩いて15分ほど。または、バスターミナル南東にあるマックス・ライトレイル P.144 のUnion Station/NW 6th & Hoyt St.駅から。駅周辺は浮浪者が多いので、夜間は注意すること。

グレイハウンド・バスターミナル
ユニオン駅に移転（下記）
※チケットは事前購入を

清潔なバスターミナル内

鉄道 Train

ユニオン駅
Union Station

ダウンタウンの北東にあり、ダウンタウンへはマックス・ライトレイルで約8分、徒歩で約15分。シアトルからロスアンゼルスまで西海岸を縦断するコーストスターライト号が毎日1便停まるほか、シカゴへ向かうエンパイアビルダー号なども毎日発着する。

赤れんがの屋根が映えるユニオン駅

ユニオン駅
地 P.147-B1
住 800 N.W. 6th Ave.
Free (1-800) 872-7245
開 毎日5:30～22:00（土・日6:30～）

旅のアドバイス　シアトルまでの便利な移動術▶ ビジネスマンなどから支持を集めるボルトバス。グレイハウンドに比べ車内がきれいで快適。バス停がわかりづらいので注意。Bolt Bus　住 N.W. Everett St. and N.W. 8th Ave.　Free (1-877) 265-8287　URL www.boltbus.com　地 P.145-B1外

Getting Around ポートランドの歩き方

市内は、町を東西に貫くBurnside St.、南北に貫くウィラメット川を境界として、N.W.(ノースウエスト、北西)、S.W.(サウスウエスト、南西)、N.E.(ノースイースト、北東)、S.E.(サウスイースト、南東)の4地域に分かれているが、おもな見どころやホテルなどはS.W.のダウンタウンに集中している。

ダウンタウンの中心は**パイオニア・コートハウス・スクエア**P.146で、トライメットバスの案内所を併設した観光案内所がある。そこから北西へ歩くと、独立系のショップが軒を連ねるウエストエンド地区P.147脚注。ダウンタウンの買い物だけで、1日は欲しいところだ。もうひとつの観光の中心は、西側の丘に広がる**ワシントンパーク**P.148。バラ園や動物園など家族向けの見どころが点在している。

ポートランドの魅力は、市内の美しさもさることながら、郊外の自然へ容易にアクセスできることにある。**マウントフッド Mt. Hood**や**オレゴンコースト Oregon Coast**へは観光バスも出ているので、時間があればぜひ足を延ばしてほしい。

4日あると基本がおさえられるポートランド。日程がきつければパイオニア・コートハウスとワシントンパークを1日で回ることも可能だ。夜間のグレイハウンド・バスターミナル周辺を除いて、全体的に治安はよい。郊外の見どころへ行くにはレンタカーがないと難しいが、コロンビア川上流やマウントフッド、オレゴンコーストへは、ツアーP.145が催行されている。

バーンサイド橋のたもとにあるポートランドのサイン

観光案内所 Visitors Information

トラベル・ポートランド観光案内所
Travel Portland Visitor Information Center

町の中心パイオニア・コートハウス・スクエアにある。オレゴン州全般の情報が入手可能。劇場やイベントの割引チケットなどを扱い、トライメットバスのチケットオフィスもある。

CLOSED

トラベル・ポートランド観光案内所
地 P.145-B1
住 701 S.W. 6th Ave.
☎ (503) 275-8355
Free (1-877) 678-5263
URL www.travelportland.com
開 月～金8:30～17:30、土10:00～16:00、日10:00～14:00(日は5～10月のみ)
休 11～4月の日

CLOSED

ダウンタウンにあるので気軽に立ち寄れる観光案内所

市内の交通機関 Public Transportation

トライメットバス
TriMet Bus

ポートランド市とその近郊の町を結ぶ路線がおよそ80ある。ダウンタウンの5th Ave.と6th Ave.にはバスやライトレイルの走る**トランジットモールTransit Mall**があり、ポートランド発着のバスのほとんどがここを通る。バス停には、ルート番号が表示されているのでわかりやすい。

トライメットバス
☎ (503) 238-7433
URL trimet.org
料 $2.50。チケットは2時間30分有効で、その間は何度でも乗り換えできる。ライトレイルでも使用可。
1日券$5（ライトレイル、ストリートカー共通）

●TriMet Ticket Office
地 P.145-B1（パイオニア・コートハウス・スクエア内）
住 701 S.W. 6th Ave.
開 月～金8:30～17:30
休 土・日、おもな祝日
TriMetの案内所では、時刻表、路線図（無料）が入手できるほか、1日券などが購入できる。土10:00～16:00はマップと時刻表を入手可能

有効時間内なら他路線のバスに何回でも乗り換えできるトライメットバス

マックス・ライトレイル
MAX（Metropolitan Area Express）Light Rail

全5路線ある。ブルーラインはポートランド西のHillsboroと東のGreshamを結ぶ。ポートランド国際空港やコンベンションセンターへ行くにはレッドラインが便利だ。イエローラインとグリーンラインはアムトラックのユニオン駅やポートランド州立大学を通る。オレンジラインはダウンタウンを出発し、ウ

旅のアドバイス **エアリアルトラムAerial Tram**▶ストリートカーGibbs駅前とオレゴン医科大学OHSUとを結ぶ絶景が楽しめるロープウエイ。チケットはGibbs駅の券売機で。**運行**／月～金5:30～21:30、土9:00～17:00、日13:00～17:00（5月中旬～9月上旬のみ）の6～15分間隔 休 9月中旬～5月上旬の日曜、おもな祝日 料 往復$4.90 URL www.gobytram.com

ィラメット川を渡り南のミルウォーキー市へ行く。チケットは駅の券売機やチケットオフィスなどで購入できる。ただし、チケットオフィスで購入したチケットは必ず券売機横の“Validator”で日時を刻印してから乗ること。

ポートランドストリートカー
Portland Streetcar

ノブヒルやダウンタウン、ポートランド州立大学を通り、南のウオーターフロントまで行くNSライン、ダウンタウン、オレゴン科学産業博物館、コンベンションセンターなどを結ぶ、ポートランドを時計回りに循環するAループと、反時計回りに循環するBループの3路線がある。ダウンタウンでは同じ道を走るので、乗る際に確認すること。

ツアー案内 *Sightseeing Tours*

ミニバンで郊外の見どころを回る**エコツアーズ・オブ・オレゴンEco Tours of Oregon**、乗り降り自由のトロリーを運行する**グレイラインGray Line**などがある。

また、ポートランド近郊のブリュワリー（ビール醸造所）を3〜4軒巡る**シティ・ブリュー・ツアーズCity Brew Tours**のツアーや、コロンビア峡谷、オレゴンコーストを自転車で回る**ペダル・バイク・ツアーズPedal Bike Tours**もおすすめ。

マックス・ライトレイル
URL trimet.org
運行／早朝から深夜まで、約15分間隔
料 $2.50、1日券$5

ポートランドストリートカー
URL portlandstreetcar.org
運行／月〜金5:30〜23:30、土・日7:30〜23:30（日のみ〜22:30）。15〜20分間隔
料 $2、1日券$5

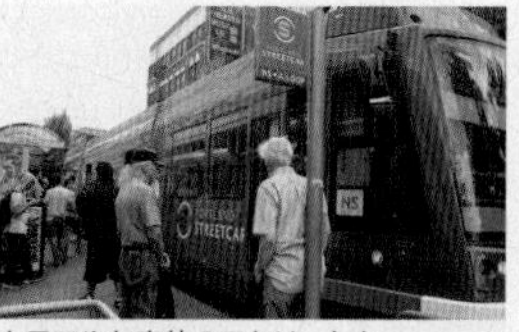

カラフルな車体のストリートカー

ツアー
●Eco Tours of Oregon
☎ (503) 475-0226
URL ecotours-of-oregon.com
●Gray Line
☎ (503) 241-7373
URL graylineofportland.com
●City Brew Tours
☎ (503) 729-6804
●Pedal Bike Tours
☎ (503) 243-2453
URL pedalbiketours.com

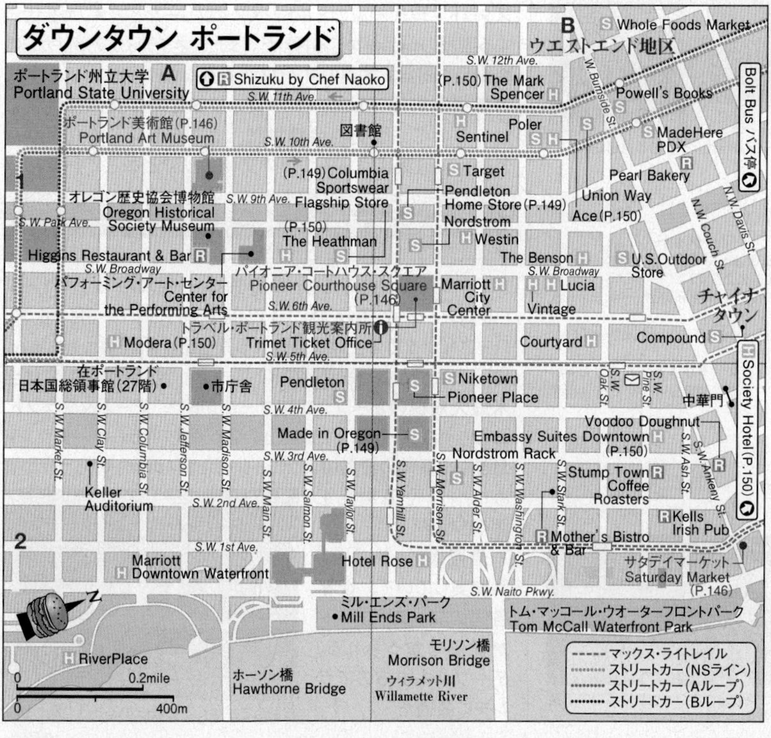

ダウンタウン ポートランド
A
B
1
2
ポートランド州立大学
Portland State University
Shizuku by Chef Naoko
ポートランド美術館（P.146）
Portland Art Museum
オレゴン歴史協会博物館
Oregon Historical Society Museum
Higgins Restaurant & Bar
パフォーミング・アート・センター
Center for the Performing Arts
Modera（P.150）
在ポートランド日本国総領事館（27階）
市庁舎
Keller Auditorium
Marriott Downtown Waterfront
RiverPlace
図書館
(P.149) Columbia Sportswear Flagship Store
(P.150) The Heathman
パイオニア・コートハウス・スクエア
Pioneer Courthouse Square
(P.146)
トラベル・ポートランド観光案内所
Trimet Ticket Office
Pendleton
Made in Oregon (P.149)
Hotel Rose
ミル・エンズ・パーク
Mill Ends Park
ホーソン橋
Hawthorne Bridge
モリソン橋
Morrison Bridge
ウィラメット川
Willamette River
(P.150) The Mark Spencer
Sentinel
Poler
Target
Pendleton Home Store (P.149)
Nordstrom
Westin
The Benson
Marriott City Center
Lucia
Vintage
Courtyard
Niketown
Pioneer Place
Embassy Suites Downtown (P.150)
Nordstrom Rack
Stump Town Coffee Roasters
Mother's Bistro & Bar
Kells Irish Pub
サタデイマーケット
Saturday Market (P.146)
トム・マッコール・ウオーターフロントパーク
Tom McCall Waterfront Park
Whole Foods Market
ウエストエンド地区
Powell's Books
MadeHere PDX
Pearl Bakery
Union Way
Ace (P.150)
U.S.Outdoor Store
チャイナタウン
Compound
中華門
Voodoo Doughnut
Bolt Bus バス停
Society Hotel (P.150)
S.W. 12th Ave.
S.W. 11th Ave.
S.W. 10th Ave.
S.W. 9th Ave.
S.W. Park Ave.
S.W. Broadway
S.W. 6th Ave.
S.W. 5th Ave.
S.W. 4th Ave.
S.W. 3rd Ave.
S.W. 2nd Ave.
S.W. 1st Ave.
S.W. Naito Pkwy.
S.W. Market St.
S.W. Clay St.
S.W. Columbia St.
S.W. Jefferson St.
S.W. Madison St.
S.W. Main St.
S.W. Salmon St.
S.W. Taylor St.
S.W. Yamhill St.
S.W. Morrison St.
S.W. Alder St.
S.W. Washington St.
S.W. Stark St.
S.W. Oak St.
S.W. Pine St.
S.W. Ash St.
S.W. Ankeny St.
W. Burnside St.
N.W. Couch St.
N.W. Davis St.
0 0.2mile
0 400m
マックス・ライトレイル
ストリートカー（NSライン）
ストリートカー（Aループ）
ストリートカー（Bループ）

マウントフッド&オレゴンコースト▶マウントフッドは、通年スキーが楽しめるティンバーラインなどがある山岳リゾートだ。ポートランドから車で1時間30分、US-26を西へ走る。オレゴンコーストは、オレゴン州の西海岸に沿って延びるUS-101沿いの海浜リゾート。豪快な海景色とクジラを見られる。

広場の観光案内所で情報収集しよう　地P.145-B1

パイオニア・コートハウス・スクエア
Pioneer Courthouse Square

Yamhill St.、Morrison St.、6th Ave.、Broadwayに囲まれた、ダウンタウンの中心にある広場。観光案内所があるので、町歩きはここから始めるといい。以前駐車場だった所を、市民がれんがのブロックを買って建設費を捻出して造ったので、足下をよく見ると、寄付した人の名前が刻まれている。広場に下りる階段には大勢の人が腰かけ、サンドイッチをほおばったり、チェスをしたり、気ままに過ごしている。広場の周りにはNordstromやTargetといった有名デパートなどが並び、買い物も楽しむことができる。

夏期にはイベントも開催されている

パイオニア・コートハウス・スクエア
URL thesquarepdx.org
観光案内所、トライメットバスの案内所、公衆トイレなどがある

パイオニア・コートハウス・スクエアは町の中心にある

絵画とネイティブアメリカンの展示を見学　地P.145-A1

ポートランド美術館
Portland Art Museum

古今東西の作品約4万2000点を収蔵する美術館。絵画のコーナーには、風景画家のジョージ・イネスやアルバート・ビアスタット、現代画家のミルトン・エイブリーなどアメリカを代表する画家の作品がめじろ押しだ。また、ネイティブアメリカンの装飾品や陶器、木製のマスクなど貴重なものも多い。

美術館の周辺はパークブロックスと呼ばれる緑地帯になっていて、歴史協会博物館、ポートランド州立大学へと続く、散策にうってつけの文化エリアとなっている。

ポートランド美術館
住 1219 S.W. Park Ave.
☎ (503) 226-2811
URL www.portlandartmuseum.org
開 火～日10:00～17:00（木・金～20:00）
休 月、おもな祝日
料 $20、シニア・学生$17、17歳以下無料
行 パイオニア・コートハウス・スクエアから南西に6ブロック。徒歩8分

屋外にある現代アートもお見逃しなく

週末にポートランドを訪れるならぜひ行きたい　地P.145-B2

サタデイマーケット
Portland Saturday Market

バーンサイド橋のたもとにあるトム・マッコール・ウオーターフロントパークTom McCall Waterfront Parkで、3月からクリスマスイブまでの土曜に開かれる青空市。観光客はもちろん、地元の人にとっても定番のイベントだ。定例行事としては全米最大規模のオープンエアマーケットで、アート&クラフト、おもちゃ、フードなど250以上の店が参加する。ポートランドが自由な精神の象徴のように、レインボーカラーのろうけつ染めTシャツや麻製品を置く店が多い。

最近はフードブースが充実していて、世界各国のファストフードが安価で食べられる。テーブルもあるのでランチに最適だ。

お目当てがなくても散歩するだけで楽しい

サタデイマーケット
住 2 S.W. Naito Pkwy.
☎ (503) 222-6072
URL www.portlandsaturdaymarket.com
開 〈3月～12月下旬〉土10:00～17:00。雨天決行
行 マックス・ライトレイルのブルー、レッドラインでSkidmore Fountain駅下車

サイケデリックなシャツや一点物の工芸品が並ぶ

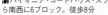

旅のアドバイス　ホーソンブルバード▶ウィラメット川を渡った南東、Hawthorne Blvd.のS.E. 33rd～42nd Aves.にかけてのエリアには、ユニークなレストランやカフェをはじめ、古着屋、雑貨店、ブティックなど個性的なショップが並ぶ。行 ダウンタウンからトライメットバス#14で約15分。

ダウンタウンの名所、本格派中国庭園 地P.147-B1

ランン・スー・チャイニーズ・ガーデン（蘭蘇園）

Lan Su Chinese Garden (Lan Su Yuan)

中国江蘇省にある運河の町、蘇州（ポートランドと姉妹都市）の庭園様式が用いられている。白壁に囲まれた敷地はそう広くはないが、曲がりくねった回廊と太鼓橋を渡って庭園を1周する間に、さまざまな景色が見られるように工夫されている。中国様式の造形美を堪能できる静かな庭園だ。

観光に疲れたら立ち寄りたい、ラン・スー・チャイニーズ・ガーデン

ラン・スー・チャイニーズ・ガーデン（蘭蘇園）
住239 N.W. Everett St.
☎(503) 228-8131
URL lansugarden.org
開〈3月中旬～10月上旬〉毎日10:00～19:00、〈10月中旬～3月上旬〉毎日10:00～16:00
料$10、シニア$9、6～18歳$7
行マックス・ライトレイルのブルー、レッドラインでOld Town/Chinatown駅から徒歩3分

オレゴンの大邸宅をのぞいてみよう 地P.147-A1

ピトック邸

Pittock Mansion

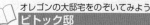

オレゴン州最大の発行部数を誇る新聞『オレゴニアン』の創設者ヘンリー・ルイス・ピトックが1914年に建てた石造りの大邸宅。ポートランド市を見下ろす美しい丘の上に建ち、ルネッサンス様式の重厚さと優美さを兼ね備えている。邸内にはライブラリーやミュージックルームなど約25の部屋があり、その内装や家具から当時の富豪たちの豪奢な暮らしがしのばれる。キッチンの窓からは美しいダウンタウンが遠望できる。

ピトック邸は、ポートランドでも有数の大邸宅だった

ピトック邸
住3229 N.W. Pittock Dr.
☎(503) 823-3623
URL pittockmansion.org
開〈2～5月、9～12月〉毎日10:00～16:00、〈6～8月〉毎日10:00～17:00
休1月、サンクスギビング、12/25
料$11、シニア$10、6～18歳$8
行ダウンタウンのBurnside St.と6th Ave.の角からBurnside St.を通るトライメットバス#20 Burnside/StarkのBeaverton Transit Center行きに乗り、W. Burnside Rd. & N.W. Barnes Rd.で下車。看板に従って坂道を15分ほど上る

旅のアドバイス ダウンタウンのホットなエリア①▶Burnside St.、10th St.、Morrison St.、13th St.に囲まれたあたりはウエストエンドという地区で、ポートランドの流行発信地だ。カフェやショップなど、今のポートランドを代表する店が軒を連ねている。 地P.145-B1

動物園や日本庭園もある公園　地P.147-A1～A2

ワシントンパーク
Washington Park

ダウンタウン西方の丘の上に広がる410エーカー（約1.6km^2）の広大な公園。市民の憩いの場として、また観光ポイントとしても人気のスポットだ。

バラ園
International Rose Test Garden

ダウンタウンを見下ろす丘にある、約650種1万株前後のバラが咲き誇る、アメリカ最古のバラ試験場。シーズンは5～6月にかけて。バラの町ポートランドを実感できる見どころだ。

オレゴン動物園　Oregon Zoo

アメリカで最初にゾウの赤ちゃんが生まれた動物園として知られ、自然の地形を利用した園内には、ハクトウワシ、ビーバー、オオカミ、グリズリーベアなども見られる。

ワールド・フォレスタリーセンター／ディスカバリー博物館
World Forestry Center/Discovery Museum

数少ない原生林が残るオレゴン州らしい体験型博物館。オレゴンや世界の森林について遊びながら学べる仕組みとなっている。なかでも建物中央にどーんとそびえる模型の大木の根本には、動物たちのすみかが造られ、中を探検できる。ほかにもラフティング体験やシベリア鉄道に乗ってツンドラの森を旅するコーナーなどもある。

日本庭園　Japanese Garden

1958年にポートランド市と北海道札幌市が姉妹都市となったのを記念し、造園された本格的日本庭園。オレゴン日本庭園協会が計画し、日本人デザイナー戸野琢磨氏のもと、5.5エーカーの敷地に、白砂の美しい平庭やアヤメが植えられた池泉回遊式庭園、花心邸と命名された茶室がある露地庭、東屋や竹垣がアクセントになっているナチュラルガーデン、枯山水の禅庭など5つの日本庭園が、うっそうとしたノースウエストの森の中に配されている。また、2017年4月には、日本人建築家、隈研吾氏デザインによるエリア、カルチュラルビレッジCultural Villageもオープンした。

大邸宅もあるおしゃれなネイバーフッドを散策　地P.147-A1

ノブヒル
Nob Hill

ダウンタウンから北西にストリートカーで15分。N.W. 23rd Ave. & Marshall St.で下車すれば、そこはもう「トレンディサード」と呼ばれるノブヒル。「ノブヒル」は、ネイバブNabob（大金持ち）という言葉に由来している。この呼び名は、1880年代、サンフランシスコからこの地に移ってきた商人によってつけられ、N.W. 21st～23rd Aves.周辺を指す。ビクトリア調の住宅街をおしゃれなブティックやレストランに改装した小粋なネイバーフッドが広がっている。Burnside St.から北のLovejoy St.あたりまでは特にショップやレストランが密集しているので、気ままな散策を楽しんではいかが？

ワシントンパーク
URL explorewashingtonpark.org
行 マックス・ライトレイルのブルー、レッドラインでWashington Park駅下車

●International Rose Test Garden
地 P.147-A2
住 400 S.W. Kingston Ave.
開 毎日7:30～21:00（時期により変更あり）
料 無料

●Oregon Zoo
地 P.147-A2
住 4001 S.W. Canyon Rd.
☎ (503) 226-1561
URL www.oregonzoo.org
開 〈5月下旬～9月上旬〉毎日9:30～18:00、〈9月上旬～5月下旬〉9:30～16:00
休 12/25
料 $17.95、シニア$15.95、3～11歳$12.95

オレゴン動物園でいちばん人気のゾウ

●World Forestry Center/Discovery Museum
地 P.147-A2
住 4033 S.W. Canyon Rd.
☎ (503) 228-1367
URL www.worldforestry.org
開 毎日10:00～17:00
休 おもな祝日
料 $7、シニア$6、子供$5

●Japanese Garden
地 P.147-A2
住 611 S.W. Kingston Ave.
☎ (503) 223-1321
URL japanesegarden.com
開 〈3月中旬～9月〉毎日10:00～19:00（月12:00～）、〈10月～3月中旬〉毎日10:00～16:00（月12:00～）
休 おもな祝日
料 〈5～9月〉$16.95、シニア$14.50、子供（6～17歳）$11.50、5歳以下無料、〈10～4月〉$14.95、シニア$12.95、子供（6～17歳）$10.45、5歳以下無料

ノブヒル
URL nwpdxnobhill.com
行 ストリートカーNSラインのN.W. 23rd Ave. & Lovejoy St.で下車

行列ができる人気店も多い

旅のアドバイス　ダウンタウンのホットなエリア②▶ノブヒルとチャイナタウンの中間（南北はN.W. Irving～N.W. Flanders Sts.、東西はN.W. 9th～14th Aves.）は、パールディストリクトと呼ばれる。昔の倉庫街が、個性的なギャラリーやユニークなショップ、レストランに変貌中だ。行 ストリートカーNSライン、AループでN.W. Glisan St. & 10th Ave.下車

スポーツ観戦 Spectator Sports

バスケットボール NBA

ポートランド・トレイルブレイザーズ（西・北西地区）
Portland Trail Blazers

2013-14シーズンから5年連続5割以上とプレイオフ進出の好成績を維持しているが、肝心のプレイオフでは2年連続初戦で「スイープ」の憂き目に。90年代の黄金期に続く歴史を作り出すにはまだ時間がかかりそうだ。チームカラーはレッド、ブラック、ホワイト。

ポートランド・トレイルブレイザーズ
(1970年創設)
地P.147-B1
本拠地——モーダセンター
Moda Center（2万人収容）
住One Center Court St.
☎(503) 797-9600（チケット）
URL www.nba.com/blazers
行マックス・ライトレイルのブルー、レッド、グリーンラインでRose Quarter Transit Center駅下車

この選手に注目!
デイミアン・リラード

サッカー MLS

ポートランド・ティンバーズ（西地区）
Portland Timbers

2011年にMLSに参加したが、歴史は1975年まで遡る。2015年には念願の優勝を果たした。プロビデンスパークは毎試合熱狂的なサポーターで埋め尽くされ、ゴール後に行われる電動のこぎりで丸太を切るパフォーマンスで盛り上がる。

ダウンタウンから歩いて行くこともできる

ポートランド・ティンバーズ
(2009年創設)
地P.147-B1
本拠地——プロビデンスパーク
Providence Park（約2万5000人収容）
住1844 S.W. Morrison St.
☎(503) 553-5400
URL www.timbers.com
行マックス・ライトレイルのブルー、レッドラインでProvidence Park駅下車

この選手に注目!
ディエゴ・ヴァレリ

ショップ&レストラン Shops & Restaurant

S アウトドア

コロンビア・スポーツウエア本店の風格
コロンビア・スポーツウエア・フラッグシップ・ストア
Columbia Sportswear Flagship Store

住911 S.W. Broadway ☎(503) 226-6800
URL www.columbia.com 地P.145-A1
開月～土9:30～19:00、日11:00～18:00 AJMV

ポートランドのランドマーク的存在のコロンビア・スポーツウエアの本店は、明るく見やすいレイアウト。新作のカジュアルウエアからハイキング用品まで、旬のアウトドア用品がズラリと並んでいる。

S 雑貨&ギフト

オレゴン州の特産品を揃える
メイド・イン・オレゴン
Made in Oregon

住340 S.W. Morrison St.（パイオニアプレイス内）
☎(503) 241-3630 URL madeinoregon.com
開月～土10:00～20:00、日11:00～18:00
AJMV 地P.145-B2

サーモンなどの海産物加工品、各種ジャム、チーズ、ヘーゼルナッツ入りのチョコレートやTシャツなど、名産品が並ぶ。人気のおみやげは、スモークサーモンやチョコレート。ポートランド国際空港にも支店あり。

S ブランケット&ファッション

ネイティブ柄の毛布で有名
ペンドルトン・ホーム・ストア
Pendleton Home Store

住825 S.W. Yamhill St. ☎(503) 242-0037
URL pendleton-usa.com 開月～土10:00～20:00、日11:00～19:00 AJMV 地P.145-B1

5代にわたってコロンビア峡谷の自社工場で上質な毛織物を作り続ける名門ブランドの本店。ネイティブ柄の毛布はアメリカの良心と呼ばれた逸品。それを使ったバッグ類は女性にも人気だ。

R イタリア料理

薄焼きの生地でサクサクと香ばしい
ホットリップス・ピザ
Hotlips Pizza

住721 N.W. 9th Ave.（エコ・トラスト・ビル） ☎(503) 595-2342
URL hotlipspizza.com
開毎日11:00～22:00 AMV 地P.147-B1

ピザのペパロニは、成長ホルモンを使わずに育てた豚肉を使用した自家製。地元の有機食材にこだわり、革新的な方法でピザソースや特製ソーダなどのブランドも開発する。

メモ 無骨な商品が揃う店▶ハンド・アイ・サプライはかっこいい雑貨が豊富。厚手のエプロンや、普段も着られる作業着などはマストバイ。Hand Eye Supply 住427 N.W. Broadway ☎(503) 575-9769 URL www.handeyesupply.com 開水～日11:00～18:00 地P.147-B1

ホテル
Hotels

ホステル

ノブヒル探訪に絶好のロケーション

ノースウエスト・ポートランド・ホステル
Northwest Portland Hostel

住479 N.W. 18th Ave., Portland, OR 97209
☎(503) 241-2783 URL nwportlandhostel.com
ドミトリー$28〜43、個室$74〜139 Wi-Fi無料
JMV 地P.147-B1

アットホームなホステル。部屋やキッチンは清潔で、スタッフも親切だ。ダウンタウンへ徒歩約15分。32室、160ベッド。

中級ホテル

日本語が通じ、朝食も付く

マーク・スペンサー・ホテル
The Mark Spencer Hotel

住409 S.W. 11th Ave., Portland, OR 97205
☎(503) 224-3293 Free(1-800) 548-3934
URL www.markspencer.com ADJMV Wi-Fi無料
ⓈⒹⓉ$129〜259、スイート$199〜259 地P.145-B1

全室キッチン付き。週／月極割引があり、日本人利用者も多い。日本語の話せるオーナーは親切だ。朝食付き。102室。

ホステル&エコノミーホテル

ワンランク上のドミトリーに泊まる

ソサエティホテル
Society Hotel

住203 N.W. 3rd Ave., Portland, OR 97209
☎(503) 445-0444 URL thesocietyhotel.com Wi-Fi無料
料ドミトリー$30〜59、ⓈⒹⓉ$70〜139 AMV 地P.147-B1

良心的な価格と、クリエイティビティあふれる空間を提供しているホテル。ドミトリーもほかのホステルとは違い、ベッドや共有スペースのバスルームも清潔で快適だ。1階にはカフェも併設されている。38室、24ベッド。

中級ホテル

ファッショニスタから絶大な支持を集める

エース・ホテル・ポートランド
Ace Hotel Portland

住1022 S.W. Stark St., Portland, OR 97205
☎(503) 228-2277 URL www.acehotel.com Wi-Fi無料
ⓈⒹⓉ$75〜365 AJMV 地P.145-B1

ダウンタウンの中心にあり、多方面から注目が集まるエース・ホテル。ヒップな若者たちが多く宿泊しており、ポートランドらしさを感じたいならここに宿泊するのがいい。周辺にはショップやレストランも多数。78室。

高級ホテル

州立大学そばの憩いのホテル

ホテルザグス
The Hotel Zags

住515 S.W. Clay St., Portland, OR 97201 ☎(503) 484-1084
URL thehotelzags.com Free(1-877) 484-1084 Wi-Fi無料
FAX(503) 226-0447 ⓈⒹⓉ$139〜359 ADMV 地P.145-A1

ローカルアーティストの作品がいたるところに展示されているブティックホテル。中心部へも徒歩5分ほど。彫刻のある中庭や落ち着いた配色の客室が好評。Wi-Fiは施設料金（$24）に含まれる。174室。

高級ホテル

全室がスイートルーム

エンバシースイーツ・ダウンタウン
Embassy Suites Downtown

住319 S.W. Pine St., Portland, OR 97204
☎(503) 279-9000 FAX(503) 497-9051
URL embassysuites3.hilton.com Wi-Fi$9.95
スイート$149〜628 ADMV 地P.145-B2

中華門のすぐそばに建つホテル。マックス・ライトレイルのSW 5th Ave.／Oak St.駅にも2ブロックの近さ。無料の朝食が付く。276室。

高級ホテル

オレンジが際立つモダンなホテル

ホテルイーストランド
Hotel Eastlund

住1021 N.E. Grand Ave., Portland, Oregon 97232
☎(503) 235-2100 URL hoteleastlund.com Wi-Fi無料
料ⓈⒹⓉ$139〜289、スイート$249〜469 ADMV 地P.147-B1

マックス・ライトレイルのConvention Center駅目の前に位置する。コンベンションに訪れるビジネスマンや、スポーツ観戦を楽しみたい旅行者に人気が高い。ダウンタウンまでのアクセスも○。168室。

高級ホテル

アートな贅沢ホテル

ヒースマンホテル
The Heathman Hotel

住1001 S.W. Broadway, Portland, OR 97205
☎(503) 241-4100 FAX(503) 790-7110 Wi-Fi無料（施設料に含まれる） URL portland.heathmanhotel.com ADMV
ⓈⒹⓉ$160〜920、スイート$200〜1430 地P.145-A1

入口を入るとパーソナルコンシェルジュがお出迎え。重厚なロビーへと誘ってくれる。充実したアメニティサービスで、快適な滞在ができるだろう。施設料$25.99がかかる。151室。

リノ Reno

世界最大の小都市

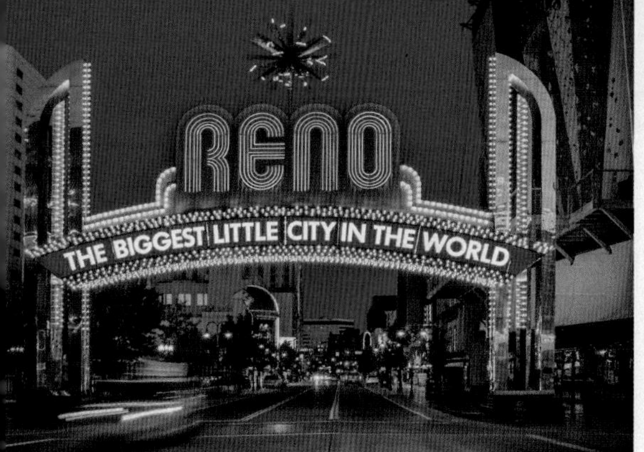

リノのランドマーク「リノアーチ」は夕方から存在感を増す

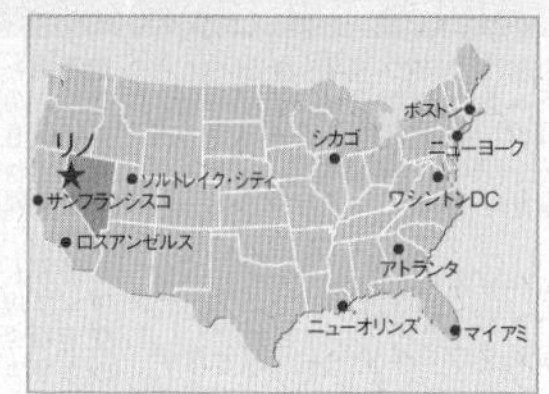

ラスベガスに次ぐカジノシティ、リノ。庶民的な雰囲気に包まれている町では、普段着でギャンブルを楽しむことができる。観光客だけでなく地元のギャンブル好きもカジノに興じており、カジノにもどこかあたたかい、日常の雰囲気が漂っている。日が暮れ、カジノホテルのネオンが輝き始めると、通りには一攫千金を夢見る人や、ネオンを楽しむ人たちでにぎわい出す。

シエラネバダ山脈の麓に位置するリノは、豊かな自然に囲まれ、近郊ではアウトドアスポーツが盛ん。夏はウオーターアクティビティ、冬はスキーやスノーボードなどのウインタースポーツを楽しむ旅行客も多い。ホテルからスキーリゾートへのシャトルバスも出ているので、昼間は思いきり体を動かして、夜はカジノで楽しむプランもいいだろう。

また、周辺にはレイクタホやバージニアシティなど、ローカルに愛される魅力的な町も点在しているので、時間があれば立ち寄りたい。

車好きは自動車博物館へ行くのを忘れずに

DATA

人口▶約24万8900人
面積▶約267km²
標高▶約1366m
TAX▶セールスタックス　8.265%
ホテルタックス　13%＋$2
属する州▶ネバダ州　Nevada
州のニックネーム▶銀の州
The Silver State
州都▶カーソンシティ　Carson City
時間帯▶太平洋標準時（PST）
➡P.631
繁忙期▶1～3、8、9月

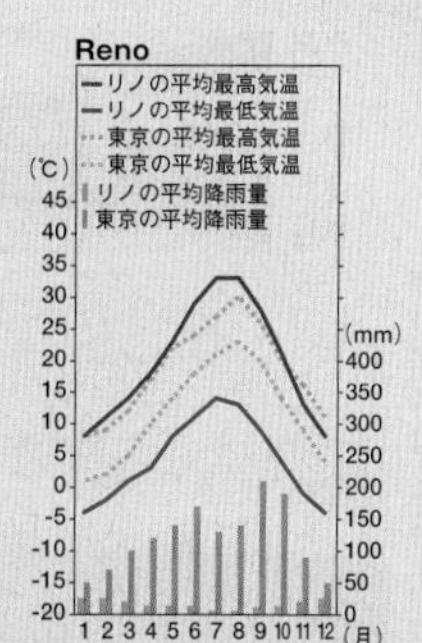

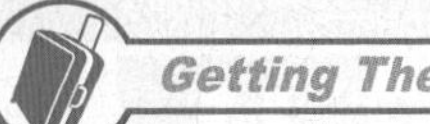

Getting There リノへの行き方

リノ-タホ国際空港
地P.153-B2外
住2001 E. Plumb Ln.
☎(775) 328-6400
URL www.renoairport.com

空港にはスロットマシンがある

飛行機 Plane

リノ-タホ国際空港
Reno-Tahoe International Airport (RNO)

ダウンタウンの南東約6kmに位置し、10の航空会社が乗り入れている中規模の空港。ロスアンゼルスとの間を1時間30分で結ぶ。大きなカジノホテルならダウンタウンへのシャトルバス（無料）を運行しているので、事前に確認しよう。レイクタホへのシャトルバン（有料）もあり。

■ 空港から／空港へのアクセス

	種類／名称／連絡先	行き先／運行／料金	乗車場所／所要時間／備考
路線バス	RTC ライド #19 RTC Ride #19 ☎(775) 348-7433 URL www.rtcwashoe.com	行き先▶ダウンタウンの4th St. Station 運行▶空港発は月～金7:15～18:15の1時間間隔。空港行きは月～金6:45～17:45の1時間間隔 料金▶$2	空港発▶ターミナルから出て、20mほど先にあるバスの看板から乗車 空港行き▶ダウンタウンのバスターミナル 4th St. Stationから乗車 所要時間▶ダウンタウンまで約30分
タクシー	イエローキャブ Yellow Cab ☎(775) 355-5555	行き先▶市内や周辺どこでも 運行▶24時間随時 料金▶ダウンタウンまで$13～18	空港発▶バゲージクレーム（預託荷物のピックアップ場所）を出てすぐの所から乗車 空港行き▶事前に電話予約、または主要ホテルから乗車

※それぞれの乗り物の特徴については P.665

空港まで無料のシャトルバスを走らせているおもなカジノホテル
Atlantis、Circus Circus、Eldorado、Grand Sierra Resort、Nugget、Harrah's、Peppermill、Silver Legacy

グレイハウンド・バスディーポ
アムトラック駅に移転（下記）
※チケットは事前購入を

アムトラック駅
地P.153-B1
住280 N. Center St.
Free (1-800) 872-7245
開毎日7:15～16:45（チケット窓口は毎日7:30～）

長距離バス Bus

グレイハウンド・バスディーポ
Greyhound Bus Depot

ダウンタウンの南西、Stevenson St.沿いの1stと2nd Sts.の間にある。日曜の午後には、サクラメント（カリフォルニア州）やサンフランシスコに帰る人で混雑する。

鉄道 Train

アムトラック駅
Amtrak Station

町の中心を東西に走る。毎日1往復、シカゴとサンフランシスコを結ぶカリフォルニアゼファー号が停車する。

Getting Around リノの歩き方

観光案内所にはみやげ物も豊富

ダウンタウン中心部はカジノホテルが軒を連ね、昼夜を問わずギャンブル好きがカジノに出入りしている。また、リノには世界的にも珍しいボウリングのスタジアムがある。レーンは78あり、大規模な選手権も数多く行われている。

郊外へ行けばシエラネバダ山脈もすぐそこ

リノの目抜き通り、バージニアストリートを南下するとミッドタウン地区があり、アンティークショップやローカルのレストランが多い。観光客より地元民でにぎわっている。

ダウンタウンにはドラッグストアがないので、日用品が欲しいときはカジノホテル内のギフトショップやVirginia St.沿いのみやげ物屋へ。

メモ 空港からレイクタホへのシャトルバン▶ノースショアへは North Lake Tahoe Express で約1時間。Free (1-866) 216-5222 URL www.northlaketahoeexpress.com 料片道 $49。サウスショアへは South Tahoe Airporter で1時間15分。Free (1-866) 898-2463 URL southtahoeairporter.com 料片道 $29.75

観光案内所 Visitors Information

リノ観光局
Reno-Sparks Convention and Visitors Authority

ダウンタウン中心部、Sierra St.沿いのReno eNVyというショップの中に入っている。

市内の交通機関 Public Transportation

RTCライド
RTC Ride

約25の路線をもつ市バスは、リノ近郊と市内を走る。多くの路線が4th、Lake、Plaza Sts.とEvans Ave.に囲まれたバスターミナル**4th St. Station**から発着する。

RTCシエラスピリット
RTC Sierra Spirit

ダウンタウンの北約2kmにあるネバダ大学とダウンタウンを結ぶ。バス停はVirginia St.沿いに1ブロックごとにあり、おもな見どころへ行くのに便利だ。

リノ観光局
地P.153-A2
住135 N. Sierra St.
Free (1-800) 367-7366
URL www.visitrenotahoe.com
開毎日10:00～18:00
休おもな祝日

RTCライド
☎(775) 348-7433
URL www.rtcwashoe.com
料$2、トランスファー（乗り換え）は無料で同一方向のみ、90分以内有効。
　3回以上バスに乗るときは、1日券($3)を買うことをすすめる。4th St. Stationにて販売
●4th St. Station
地P.153-B1
住200 E. 4th St.
開月～金7:00～19:00、土8:00～17:00
休日、おもな祝日

RTCシエラスピリット
運行／毎日7:00～19:00の15～20分間隔
料25¢

おもな見どころ Sightseeing

町のシンボル　地P.153-B1
リノアーチ
Reno Arch

リノで絶対に見逃せないのが、リノアーチ。アムトラック駅の南、Virginia St.沿いの町いちばんの繁華街にかかっている。LED電球がともり、夜になると町のキャッチフレーズ“THE BIGGEST LITTLE CITY IN THE WORLD”の文字が浮かび上がる。現在のアーチは3代目。アーチが初めてお目見えしたのは1927年、場所は自動車博物館前のLake St.沿い。

美術学校も併設している　地P.153-B2
ネバダ美術館
Nevada Museum of Art

シンプルでモダンな4階建ての建物をデザインしたのは、フェニックス中央図書館など多くの公共施設を手がけるウィル・ブルーダー氏だ。ネバダのアーティストによる作品や現代美術を、絵画、写真、立体物など多岐にわたって収蔵している。

ダウンタウンの南にあるネバダ美術館

リノアーチ
住N. Virginia St. & Commercial Row
ネバダ美術館
住160 W. Liberty St.
☎(775) 329-3333
URL www.nevadaart.org
開水～日10:00～18:00（木～20:00）
休月・火、おもな祝日
料$10、シニア・学生$8、6～12歳$1

カーマニア必見！ 地P.153-B2

自動車博物館
National Automobile Museum (The Harrah Collection)

カジノホテル、ハラスHarrah'sの創設者ウィリアムス・F・ハラのコレクションを母体としたクラシックカーの博物館。1890年代の車をはじめ、200台以上を展示している。1908年の世界1周レースでニューヨーク～パリ間1万3341マイル（約2万1500km）を169日間で走行した"トーマス・フライヤーThomas Flyer"から、エルビス・プレスリーのキャデラックまで豊富なコレクションだ。

展示の自動車はすべて修理が施され、いつでも走れる状態だ

自動車博物館
住10 S. Lake St.
☎(775) 333-9300
URL www.automuseum.org
開月～土9:30～17:30、日10:00～16:00
休おもな祝日
料$12、シニア$10、6～18歳$6

リノの星座を見てみよう 地P.153-B1外

フライッシュマンプラネタリウム&サイエンスセンター
Fleischmann Planetarium & Science Center

ネバダ大学リノ校内にあるプラネタリウムで、ドーム型のスクリーンを生かしたダイナミックな映画も一緒に楽しめる。プラネタリウムは、リノを中心に四季の星座を解説。肉眼では見えない星をクローズアップし、その色の違いまでも見せてくれる。プラネタリウムの向かいには1904年創設の**ネバダ歴史協会Nevada Historical Society**の博物館があり、ネバダ開拓と発展の歴史がわかる展示となっている。

フライッシュマンプラネタリウム&サイエンスセンター
住1664 N. Virginia St.（University of Nevada）
☎(775) 784-4812
URL www.planetarium.unr.edu
開月～金12:00～20:00（金～21:00）、土・日10:00～21:00（日～18:00）。夏期は延長あり
休おもな祝日
料$8、シニア・3～12歳$6
行RTCシエラスピリットの北行きに乗り、プラネタリウム前で下車

●**Nevada Historical Society**
住1650 N. Virginia St.
☎(775) 688-1190
URL nvculture.org/historicalsociety
開火～土10:00～16:30
休日・月、おもな祝日
料$5、18歳以下無料

牧場の中の博物館 地P.153-B1外

ウィルバー・D・メイ博物館
The Wilbur D. May Museum

牧場の中に冒険家ウィルバー・メイが世界を旅した際に収集したコレクションが核となっている博物館がある。古いものでは唐の時代（西暦618～907年）の陶器や、アフリカで狩りをしたときの動物のはく製、アフリカの祭儀用のマスクや像なども陳列されている。

ウィルバー・D・メイ博物館
住1595 N. Sierra St.（Rancho San Rafael Regional Park）
☎(775) 785-5961
URL www.washoecounty.us/parks/maycenterhome
開水～日10:00～16:00（日12:00～）
休月・火、おもな祝日
料$6、シニア・子供$4
行RTCシエラスピリットでプラネタリウム前下車、徒歩10分

ショップ&レストラン
Shop & Restaurant

古着

リノNo.1の古着屋

ジャンキー
Junkee

住960 S. Virginia St. ☎(775) 322-5865
URL www.junkeeclothingexchange.com
開毎日11:00～19:00 MV 地P.153-B2外

RTCライド#1で南へ約5分行った所にある古着屋。店内にはアクセサリー、ウイッグ、レディス、メンズと幅広い品揃え。周辺にもアンティークショップが点在する。

R アメリカ料理

ヘルシーなアメリカンが食べられる

ミッドタウンイーツ
Midtown Eats

住18 Cheney St. ☎(775) 324-3287
URL www.midtowneatsreno.com 開毎日17:00～21:00（金・土～22:00）、ブランチ土・日10:00～14:30
AMV 地P.153-B2外

ミッドタウン地区にある代表的なレストラン。ガッツリ食べるのもよし、休憩がてらカフェとして使うのもよし。雰囲気のある店内で、ゆったりした時間を過ごせる。ハンバーガー$14～。

メモ **リノの名物ハンバーガー**▶ダウンタウンにあるナゲットダイナーでは、リノで知らない人はいないといわれるAwful-Awful Burger（$10.50）を食べることができる。アメリカ人も大満足するボリューム。Little Nugget Diner 住233 N. Virginia St. ☎(775) 323-0716 開24時間 地P.153-B1

Casino & Hotel カジノ&ホテル

規模は小さいがリノはカジノの町。ラスベガスに比べ賭け金が低いので、気楽にゲームに挑戦できる。また、それぞれのホテルにはテーマが設定されているので、何軒かはしごして楽しむのがいい。

※ホテルの室料には、リゾートフィー約$18～25が別途加算される。Wi-Fiの料金はたいていこのなかに含まれる。

大人も子供も楽しめる サーカスサーカス・リノ Circus Circus Reno

ピンクの大きなピエロが目印、サーカスがテーマのカジノホテルだ。カジノのほかにレストランや子供用のゲームコーナーなどもある。毎日行われているサーカスのショーは無料なので見逃せない。1575室。

住 500 N. Sierra St., Reno, NV 89503 ☎ (775) 329-0711 Free (1-800) 648-5010
URL www.circusreno.com ⓈⒹⓉ $44～165 AMV Wi-Fi無料 地 P.153-A1

全米展開の老舗カジノ ハラス・リノ・ホテル&カジノ Harrah's Reno Hotel & Casino

ハラスは全米展開する老舗カジノホテル。それだけにほかのカジノに比べてお客も多く、夜の22:00を過ぎると特ににぎやかだ。ステーキハウスや日本食などのレストランも充実し、リノのなかでも料理のクオリティが高い。928室。

住 219 N. Center St., Reno, NV 89501 ☎ (775) 786-3232 Free (1-800) 342-7724
URL www.caesars.com ⓈⒹⓉ $55～218、スイート $84～334 ADJMV
Wi-Fi無料 地 P.153-B1

Virginia St.沿いに建つ エルドラド・ホテル・カジノ Eldorado Hotel Casino

1973年にキャラーノ一族がオープンしたカジノホテル。コンサートやショーなどのエンターテインメントやナイトライフも充実している。できたての地ビールが人気のレストラン、ブリューブラザーズ Brew Brothers はおすすめ。814室。

住 345 N. Virginia St., Reno, NV 89501 ☎ (775) 786-5700 Free (1-800) 879-8879
URL www.eldoradoreno.com ⓈⒹⓉ $55～165、スイート $110～ AMV
Wi-Fi無料 地 P.153-A1

リノで最もにぎわう ペッパーミル・リノ Peppermill Reno

ダウンタウンから南に4km、Virginia St.沿いにあるペッパーミル･リノ。ダウンタウンで物足りなければここに来よう。リノでいちばんゴージャスという声も多い。RTCライド#1で15分。さらに南にあるアトランティス・カジノ・リゾート Atlantis Casino Resort も人気がある。1623室。

住 2707 S. Virginia St., Reno, NV 89502 ☎ (775) 826-2121
Free (1-866) 821-9996 URL www.peppermillreno.com ⓈⒹⓉ $50～175、スイート $120～3660 AJMV Wi-Fi無料 地 P.153-B2外

リノからのショートトリップ～バージニアシティ&レイクタホ～ 旅のアドバイス

バージニアシティに潜む「古きよきアメリカ」

リノから南東へ約40km、車を40分走らせた所にある町、**バージニアシティVirginia City**。1860年代のゴールドラッシュの頃から金や銀の炭鉱町として発展し、一時は人口が3万人近くにまで達したという。しかしながら1920年頃には、人口が500人まで減りゴーストタウンになった。現在は、古きよきアメリカを醸し出す町並みが復元され、多くの観光客が訪れる。1時間もあれば歩いて回れる町は、今にもカウボーイが現れてきそうなバーやウエスタンブーツを扱うショップなどが並ぶ。かつての採掘場を見学するツアーが人気だ。

アクセス

公共の移動手段はないのでレンタカーで。リノからはI-580を南に約16km、Exit 57Bで下り、NV-341 (Geiger Grade Rd.) を東に約20km。約40分。

シエラネバダの深い森の中にある湖、レイクタホ

"タホブルーTahoe Blue"と称される美しく深い藍色の湖、**レイクタホLake Tahoe**。標高1900mに位置し、山にある湖ではアメリカでいちばん大きく、水の透明度は世界屈指を誇る。かつては湖に直径25cmの真っ白な皿を沈めても、23mの深さまではっきりと見えるほどだったが、現在は天候や周囲の環境の変化などで透明度が下がっている。

レイクタホのノースショアは、静かなリゾート地でセレブの別荘も多い。静穏なノースショアに比べ、サウスショアはにぎやか。多くのホテルやモーテルが建ち並び、レストランやショップも多い。

アクセス

公共の移動手段はないのでレンタカーで。リノからはI-580を南に約17km、Exit 56で下り、NV-431 (Mt.Rose Hwy.) を南西に約60km。約1時間。

メモ **灼熱の砂漠で行われるパーティ、バーニングマン**▶リノから北へ約200kmの所にある砂漠 Black Rock City で毎夏行われるレイブパーティ。環境は非常に過酷で、都会の常識が通用しない場面に出くわすことも珍しくない。パーティのクライマックスで、バーニングマンと呼ばれる巨大な人形を燃やすことでも有名だ。Burning Man URL burningman.org

ラスベガス Las Vegas

エンターテインメント・キャピタル

近年注目度が高まってきたダウンタウン

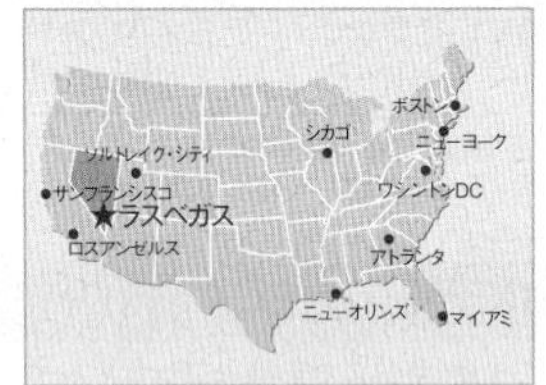

アメリカ人にとって“旅行してみたい町”の断然トップを走っているのがラスベガスだ。この町は訪れる人々をあらゆる角度から楽しませてくれる。まずは大通りの両側に建ち並ぶ巨大カジノ。これらはすべてテーマをもっており、パリあり、ベネチアあり、エジプトありとラスベガスを歩くだけで世界旅行をしている気分にさせてくれる。また、さまざまなショーや数々のショッピングセンターなど、楽しみ方はいかようにも広がる。さらに、アメリカ各地の有名レストランがラスベガスにこぞって出店しているので、全米中の味のいいとこどりも楽しめる。

大西部の砂漠に忽然と現れるネオンの固まり。世界中探しても、こんな町は見あたらない。夢の世界を楽しみたいなら、不夜城ラスベガスがいい。

砂漠の町にパリが!?　ラスベガスでは世界旅行が楽しめる

DATA

人口▶約64万1700人
面積▶約352km²
標高▶約610m
TAX▶セールスタックス　8.25%
ホテルタックス　13.38%
エンターテインメント税　9%
属する州▶ネバダ州 Nevada
州のニックネーム▶銀の州 Silver State
州都▶カーソンシティ Carson City
時間帯▶太平洋標準時（PST）➡P.631
繁忙期▶年間をとおして

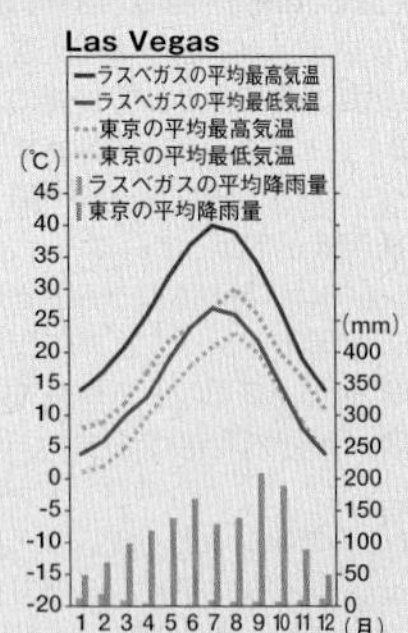

地球の歩き方 2018～19
ラスベガス
セドナ&グランドキャニオンと大西部
Las Vegas

地球の歩き方B02アメリカ西海岸編（1700円＋税）、B09ラスベガス編（1700円＋税）でもラスベガスを紹介していますので、ご活用ください。

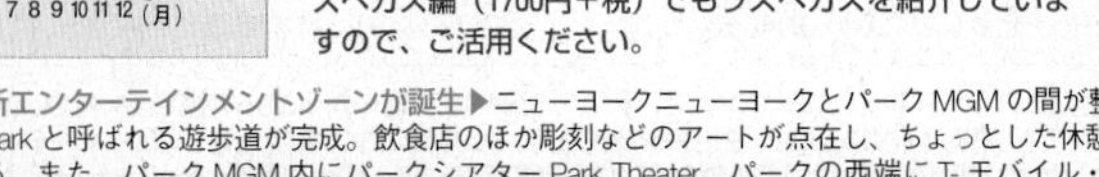
メモ　**新エンターテインメントゾーンが誕生**▶ニューヨークニューヨークとパーク MGM の間が整備され、パーク The Park と呼ばれる遊歩道が完成。飲食店のほか彫刻などのアートが点在し、ちょっとした休憩スポットになっている。また、パーク MGM 内にパークシアター Park Theater、パークの西端に T- モバイル・アリーナ T-Mobile ↗

ラスベガスへの行き方 Getting There

飛行機 Plane

ハリー・リード国際空港
Harry Reid International Airport (LAS)

ストリップの南端から1マイル（約1.6km）、ダウンタウンから6マイル（約10km）の所に位置する。30以上の航空会社が乗り入れ、ロスアンゼルスやニューヨーク、ダラスなどを結ぶ便が発着。国内線はターミナル1、国際線（一部国内線も乗り入れ）はターミナル3を利用する。両ターミナルは連絡バス、またはターミナル1のDゲートを経由して運行するトラムでアクセスできる。

なお、ハリー・リード国際空港のレンタカー会社は、すべて敷地外のレンタカーセンターにある。バゲージクレームから外へ出て、横断歩道を渡った所から「Harry Reid Rent-A-Car Center」と表示されたシャトルバスに乗り込もう。

空港にもスロットマシンがある

ハリー・リード国際空港
地P.159-B4
住5757 Wayne Newton Blvd.
☎(702) 261-5211
URL www.harryreidairport.com

ハリー・リード・レンタカーセンター
住7135 Gilespie St.
☎(702) 261-6001
開24時間
ターミナル1はバゲージクレームの10、11番ドア、ターミナル3はウエストドア51～54、イーストドア55～58から外に出た所にレンタカーセンター行きのシャトルバス乗り場がある。
※2018年11月現在、道路工事の影響でバス運行に乱れが生じる場合がある

空港シャトルバン
往復乗車券を購入した場合、復路は宿泊ホテルでのピックアップになるが、大規模なホテルの場合、メインエントランスはタクシーやバレーパーキングの乗り場が占有していて、どこで待てばよいのか不安になる。送迎の場所は予約時に必ず確認するか、フロントで聞いておくと安心だ。

■ 空港から／空港へのアクセス

	種類／名称／連絡先	行き先／運行／料金	乗車場所／所要時間／備考
空港シャトル	ベルトランズ BellTrans ☎(702) 739-7990 URL www.airportshuttlelasvegas.com	行き先▶ストリップやダウンタウン 運行▶24時間 料金▶ストリップまで$9（往復$15.50）、ダウンタウンまで$10（往復$18.50）	空港発▶ターミナル1のバゲージクレームの9番ドア、ターミナル3は52番ドアの外に出た所にある歩道沿いから乗車 空港行き▶事前に電話予約、またはウェブ予約
空港シャトル	ショータイム Showtime ☎(702) 739-7990 URL www.showtimetourslv.com	「ショータイム」は運行を終了しました。 行き先▶ストリップやダウンタウン 運行▶24時間 料金▶ストリップまで$8（往復$15）、ダウンタウンまで$9.50（往復$18）	空港発▶ターミナル1はバゲージクレームの8番ドア、ターミナル3は51番ドアの外に出た所にある歩道沿いから乗車 空港行き▶事前に電話予約、またはウェブ予約
路線バス	RTCトランジット#108、109、CX RTC Transit #108, 109, CX ☎(702) 228-7433 URL www.rtcsnv.com	行き先▶ダウンタウン 運行▶#108空港発毎日4:31～翌1:33の20～30分間隔、#109毎日24時間の15～20分間隔、WAX毎日5:58～23:20（土・日、祝6:28～23:17）の30～60分間隔、CX毎日6:40～22:50（土・日、祝日6:50～22:46）の30～60分間隔 料金▶$3	空港発▶ターミナル1のレベルゼロから#108、109、ターミナル3のレベル2からCXが発着 空港行き▶ダウンタウンからはFremont St.とCasino Center Blvd.の角にあるバス停からCXで、またはデュースでトランジットセンター（地P.159-A2）へ行き、#108、109に乗り換える 所要時間▶約40分
タクシー	チェッカー・イエロー・スター・キャブ Checker Yellow Star Cab ☎(702) 873-2000 URL www.ycstrans.com	行き先▶市内や周辺どこでも 運行▶24時間随時 料金▶ストリップまで$10～18、ダウンタウンまで約$27～48（基本料金は$3.50で1マイルごとに$2.76加算。空港乗車は$2加算。3%の州税が課せられる）	空港発▶ターミナル1はバゲージクレームの1～4番ドアから外に出てすぐ。ターミナル3はレベルゼロに乗り場がある 空港行き▶事前に電話予約、または主要ホテルから乗車 所要時間▶ダウンタウンまで約20分、ストリップの中心まで約15分

※それぞれの乗り物の特徴については ➡P.665

長距離バス Bus

グレイハウンド・バスディーポ
Greyhound Bus Depot

ハリー・リード国際空港の南、RTCトランジットのサウスストリップ・トランジット・ターミナルにグレイハウンドのバスディーポがある（→P.158）。ロスアンゼルス（所要5～8時間）やソルトレイク・シティ（所要約8時間）から多くのバスが発着している。

グレイハウンド・バスディーポ
住6675 Gilespie St., Las Vegas
☎(702) 684-9561
開24時間
行RCTトランジットの#109で

↘Arena がオープン。このアリーナでは、コンサートや格闘技をはじめ、あらゆるライブイベントが行われるほか、2017～2018 年シーズンから NHL ベガス・ゴールデンナイツ ➡P.167 の本拠地となった。The Park 地P.159-A4 URL www.theparkvegas.com T-Mobile Arena 地P.159-A4 住3780 Las Vegas S. ☎(702) 692-1600 URL www.t-mobilearena.com

巨大な豪華ホテルが建ち並ぶ**ラスベガスブルバード Las Vegas Blvd.**。北のSahara Ave.から南のTropicana Ave.周辺までの間が**ストリップThe Strip**と呼ばれる地区で、ラスベガスいちの繁華街。一方、ラスベガスブルバードの南端に位置する**ダウンタウンDowntown**は、昔ながらのカジノホテルが多く、古きよき時代の雰囲気が残る地区だ。

それぞれの地区は、歩いて回れる範囲なので観光しやすい。なお、ふたつの地区は2マイル（3.2km）以上離れているが、デュースやストリップ&ダウンタウン・エクスプレスなどの路線バスで簡単にアクセスできる。

ベラッジオの噴水ショーはラスベガスの必見ポイント

ラスベガス観光局
地P.159-B3
住3150 Paradise Rd.
Free (1-877) 847-4858
URL www.lasvegas.com
開月～金8:00～17:00（コンベンション開催時は毎日） 休土・日

RTCトランジット
☎(702) 228-7433
Free (1-800) 228-3911
URL www.rtcsnv.com
料デュースとSDXには1回限りの乗車券がない。2時間有効券$6、1日券（24時間券）$8、3日券$20のいずれかを購入することになる。その他の路線は1回乗車券$3
運行／〈デュース〉24時間、15～20分間隔。〈SDX〉毎日9:00～翌0:00の15分間隔
乗り方／降り方
乗車前にバス停近くの券売機で乗車券を購入（おつりは出ない。クレジットカード可）することをすすめる。バスに乗り込んだら、運転手横の料金受領箱にあるチケット挿入口にチケットを入れる。ただし、SDXは運転手と接触できないので車内の券売機でも購入可。デュースやローカル路線の場合は、運転手から乗車券を購入できる。降りるときは赤いSTOPボタンを押して下車
●BTC
地P.159-B1
住101 E. Bonneville Ave.
●SSTT
地P.159-A4外
住6675 Gilespie St.

観光案内所 *Visitors Information*

ラスベガス観光局
Las Vegas Convention and Visitors Authority

ラスベガス・コンベンションセンターの向かい、Convention Center Dr. とParadise Rd. との北西角。地図やパンフレット、アトラクション割引クーポン、エンターテインメントの情報誌などが入手できる。また、観光客用のパソコンも設置している。

市内の交通機関 *Public Transportation*

RTCトランジット
Regional Transportation Commission of Southern Nevada (RTC)

おもにダウンタウンのBTC（Bonneville Transit Center）と空港の南側にあるSSTT（South Strip Transfer Terminal）から発着。観光にはストリップとダウンタウンを結ぶ2階建ての**デュースDeuce**、より広範囲を走る**ストリップ&ダウンタウン・エクスプレスSDX**（Strip & Downtown Express）が便利。空港を結ぶ#108、109、WAX、CXも利便性が高い。

モノレイル &トラム
Monorail & Tram

ストリップのホテル間を独自のモノレイルやトラムが結んでいる。各ホテル間は距離があるのでおおいに利用しよう。

●MGMグランド←→SLSラスベガス（ラスベガスモノレイル）
運行／毎日7:00～翌2:00（月～24:00、金～日～翌3:00）の4～8分間隔 料1回$5、1日券$13、2日券$23、3日券$29

●ベラッジオ←→シティセンター←→パークMGM（トラム）※クリスタルズとアリアへはシティセンターで下車
運行／毎日8:00～翌4:00の7～15分間隔 料無料

●エクスカリバー←→マンダレイベイ（トラム）
運行／毎日9:00～翌0:30（水～土～翌2:30）。3～7分間隔 料無料

●ミラージュ←→TI：トレジャーアイランド
運行／毎日7:00～翌2:00の15分間隔 料無料

デュース

ストリップ&ダウンタウン・エクスプレス

ラスベガスモノレイル

メモ **オープントップ・サイトシーイング**▶ストリップとダウンタウンを回る乗り降り自由の2ルートを毎日10:00～18:00発、30分ごと運行。3時間のナイトツアー（19:00発）あり。チケットはウェブサイト、車内で購入可。URL www.bigbustours.com/en/las-vegas/red-route-las-vegas/ 料1日券＄49。ナイトツアーは$45

ラスベガス中心部 ストリップ&ダウンタウン

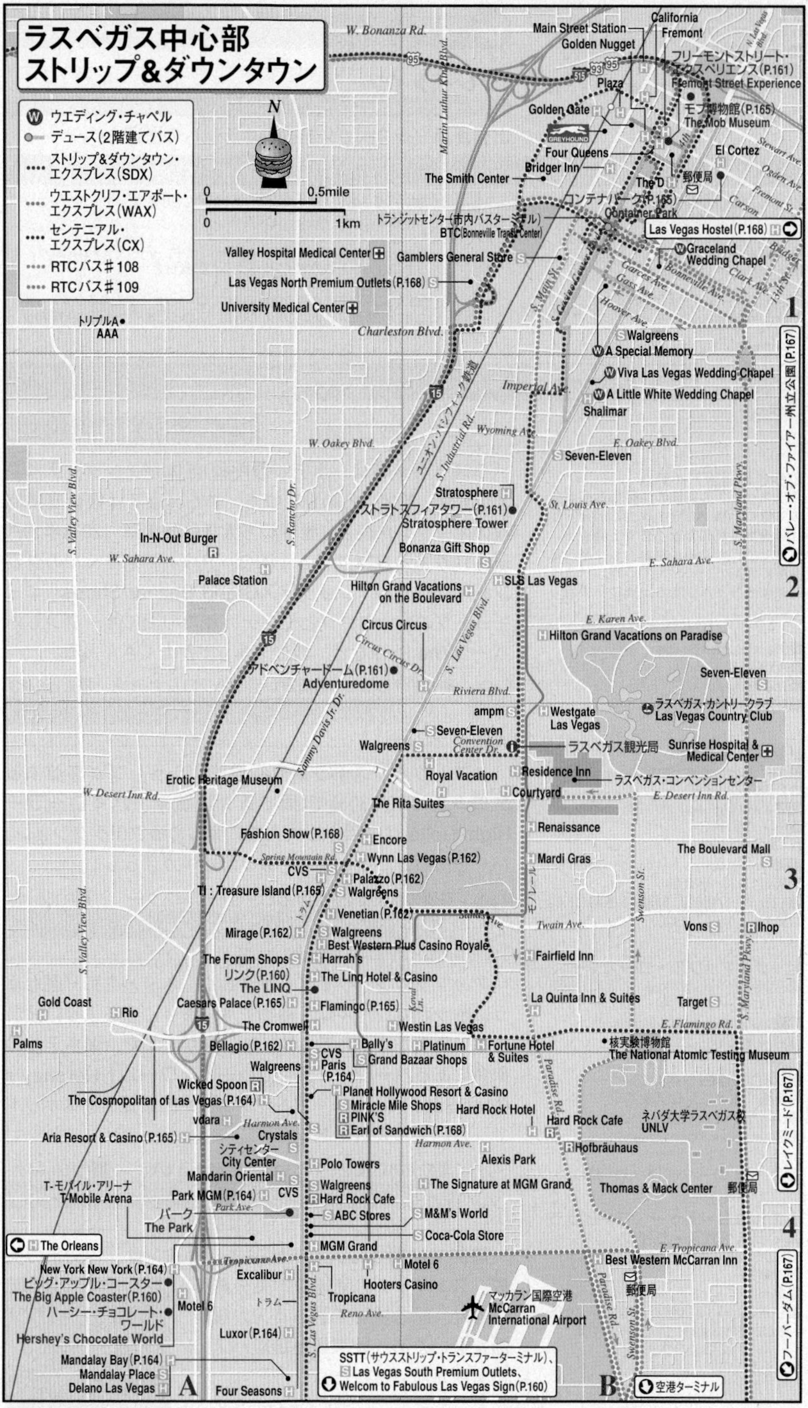

W ウエディング・チャペル
デュース(2階建てバス)
ストリップ&ダウンタウン・エクスプレス(SDX)
ウエストクリフ・エアポート・エクスプレス(WAX)
センテニアル・エクスプレス(CX)
RTCバス#108
RTCバス#109

N
0 0.5mile
0 1km

W. Bonanza Rd.
95
Martin Luther King Blvd.
California
Main Street Station
Fremont
Golden Nugget
515
93
95
フリーモントストリート・エクスペリエンス(P.161)
Fremont Street Experience
Plaza
Golden Gate
モブ博物館(P.165)
The Mob Museum
GREYHOUND
Four Queens
El Cortez
Stewart Ave.
Ogden Ave.
Bridger Inn
The Smith Center
The D
郵便局
Fremont St.
Carson
コンテナパーク(P.165)
Container Park
トランジットセンター(市内バスターミナル)
BTC(Bonneville Transit Center)
Las Vegas Hostel(P.168)
Valley Hospital Medical Center
Gamblers General Store
Graceland Wedding Chapel
Garces Ave.
Bonneville Ave.
Gass Ave.
Clark Ave.
Bridger
11th St.
Las Vegas North Premium Outlets(P.168)
Hoover Ave.
S. Main St.
S. Casino Center
University Medical Center
トリプルA AAA
Charleston Blvd.
Walgreens
A Special Memory
Viva Las Vegas Wedding Chapel
A Little White Wedding Chapel
Shalimar
Imperial Ave.
15
ユニオン・パシフィック鉄道
S. Industrial Rd.
Wyoming Ave.
W. Oakey Blvd.
E. Oakey Blvd.
Seven-Eleven
S. Valley View Blvd.
S. Rancho Dr.
Stratosphere
ストラトスフィアタワー(P.161)
Stratosphere Tower
St. Louis Ave.
S. Maryland Pkwy.
In-N-Out Burger
Bonanza Gift Shop
W. Sahara Ave.
E. Sahara Ave.
Palace Station
Hilton Grand Vacations on the Boulevard
SLS Las Vegas
E. Karen Ave.
Circus Circus
Circus Circus Dr.
Hilton Grand Vacations on Paradise
S. Las Vegas Blvd.
アドベンチャードーム(P.161)
Adventuredome
Seven-Eleven
Riviera Blvd.
ampm
Westgate Las Vegas
ラスベガス・カントリークラブ
Las Vegas Country Club
Sammy Davis Jr. Dr.
Seven-Eleven
Convention Center Dr.
Walgreens
ラスベガス観光局
Sunrise Hospital & Medical Center
Royal Vacation
Residence Inn
Erotic Heritage Museum
ラスベガス・コンベンションセンター
W. Desert Inn Rd.
Courtyard
E. Desert Inn Rd.
The Rita Suites
Renaissance
Fashion Show(P.168)
Encore
The Boulevard Mall
Spring Mountain Rd.
Wynn Las Vegas(P.162)
Mardi Gras
CVS
Palazzo(P.162)
モノレール
TI : Treasure Island(P.165)
Walgreens
Swenson St.
トラム
Venetian(P.162)
Sands Ave.
Twain Ave.
Vons
Ihop
Mirage(P.162)
Walgreens
Best Western Plus Casino Royale
The Forum Shops
Harrah's
Fairfield Inn
S. Valley View Blvd.
リンク(P.160)
The LINQ
The Linq Hotel & Casino
Koval Ln.
Gold Coast
Caesars Palace(P.165)
Flamingo(P.165)
La Quinta Inn & Suites
Target
Rio
15
The Cromwell
Westin Las Vegas
E. Flamingo Rd.
Palms
Bellagio(P.162)
Bally's
Platinum
Fortune Hotel & Suites
核実験博物館
The National Atomic Testing Museum
Walgreens
CVS
Paris(P.164)
Grand Bazaar Shops
Wicked Spoon
Paradise Rd.
The Cosmopolitan of Las Vegas(P.164)
Planet Hollywood Resort & Casino
Miracle Mile Shops
Hard Rock Hotel
vdara
PINK'S
Harmon Ave.
Hard Rock Cafe
ネバダ大学ラスベガス校
UNLV
Aria Resort & Casino(P.165)
Crystals
Earl of Sandwich(P.168)
Harmon Ave.
シティセンター
City Center
Hofbräuhaus
Alexis Park
Polo Towers
Mandarin Oriental
T-モバイル・アリーナ
T-Mobile Arena
Walgreens
The Signature at MGM Grand
Thomas & Mack Center
郵便局
Park MGM(P.164)
CVS
Hard Rock Cafe
Park Ave.
パーク
The Park
ABC Stores
M&M's World
Coca-Cola Store
The Orleans
MGM Grand
Tropicana Ave.
E. Tropicana Ave.
New York New York(P.164)
Excalibur
Motel 6
Best Western McCarran Inn
ビッグ・アップル・コースター(P.160)
The Big Apple Coaster
Tropicana
Hooters Casino
郵便局
マッカラン国際空港
McCarran International Airport
ハーシー・チョコレート・ワールド
Hershey's Chocolate World
Motel 6
トラム
Reno Ave.
Luxor(P.164)
Paradise Rd.
Swenson St.
Mandalay Bay(P.164)
Mandalay Place
Delano Las Vegas
Four Seasons
SSTT(サウスストリップ・トランスファーターミナル)、Las Vegas South Premium Outlets、Welcom to Fabulous Las Vegas Sign(P.160)
空港ターミナル
バレー・オブ・ファイアー州立公園(P.167)
レイクミード(P.167)
フーバーダム(P.167)
1
2
3
4
A
B

距離の目安▶ Las Vegas Blvd.（ストリップ）沿い、ベラッジオ付近 Flamingo Rd. から南方向のエクスカリバー付近 Tropicana Ave. まで約 1.7km、徒歩約 25 分。だが、実際に歩くと歩道橋を上り下りし、工事中で迂回したり、ホテルのフロアを通って隣へアクセスすれば迷ったりとけっこう時間がかかる。

グレイライン
☎(702) 739-7777
Free(1-877) 333-6556
URL graylinelasvegas.com
※フーバーダムの修復工事で運行されない日もある

ツアー案内 Sightseeing Tours

グレイライン
Gray Line of Las Vegas

出発場所／ラスベガス市内のホテルへの送迎あり。

ツアー名	料金	運行	所要時間	内容など
Hoover Dam City Deluxe Tour from Las Vegas	$82〜	毎日10:00発	8時間	南ネバダ一番の見どころ、フーバーダムを中心に、エセルチョコレート工場なども立ち寄る。昼食付き
Grand Canyon South Rim Motor Coach Tour from Las Vegas	$180〜	毎日7:30発	14時間	グランドキャニオンへのバスツアー。途中、フーバーダムに寄り、サウスリムのふたつのポイントを回る。昼食付き
Grand Canyon West Rim Motor Coach Tour from Las Vegas	$241〜	毎日7:30発	12時間	崖の上に架けられたガラス製の橋、スカイウオークのあるグランドキャニオンのウエストリムをバスで訪問。スカイウオークは別途入場料金

Sightseeing おもな見どころ

ストリップ地区 The Strip

ラスベガスでは、ホテル➡P.162自体がエンターテインメントで、見どころのひとつだ。また、近年は複合商業施設のオープンが続き、世界いち大きい観覧車（2018年10月現在）があるリンク**The LINQ**、アウトドアモールの**グランド・バザール・ショップスGrand Bazaar Shops**、ニューヨークニューヨークとモンテカルロの間にオープンした**パークThe Park**など、観光スポットがたくさんある。

町歩きの必須アイテム
ラスベガスの気候の特徴は湿度が極めて低く、春でも日中は30℃前後、夏は最高気温が40℃近くまで上昇する。乾燥でとにかくのどが渇くし、室内は冷房でガンガンに冷えている。日焼け対策はもちろん、水と上着は必ず持って出かけよう

●Grand Bazaar Shops
地P.159-A3
●The Park
地P.159-A4

高さ約168mの観覧車が目印のプロムナード　地P.159-A3

リンク
The LINQ

ユニークなレストランや個性的なショップが集結するプロムナード。30分で1周する大観覧車、**ハイローラーHigh Roller**は子供から大人まで楽しめるアトラクション。バーを搭載したキャビンがあるのもベガスらしい。

リンク
住3545 Las Vegas Blvd. S.
☎(702) 322-0550
URL www.caesars.com/linq
●High Roller
☎(702) 322-0593
URL www.caesars.com/linq/high-roller
開毎日11:30〜翌2:00
料$25、7〜17歳$10、6歳以下無料（18:00以降$37、7〜17歳$20）

砂漠の摩天楼を疾走するローラーコースター　地P.159-A4

ビッグ・アップル・コースター
The Big Apple Coaster

アップダウンとツイストが激しく、ホテルを取り囲むように敷かれたレールは、建物をギリギリに通るように設計されているため、とてもスリリングだ。また、同ホテルの南角にある**ハーシー・チョコレート・ワールドHershey's Chocolate World**は、アトラクション的な買い物スポットで、たいへん人気がある。

ビッグ・アップル・コースター
住3790 Las Vegas Blvd. S.（ニューヨーク・ニューヨーク内）
URL www.newyorknewyork.com
開日〜木11:00〜23:00、金・土10:30〜24:00
料$15、1日乗り放題券$26
※身長137cm以下は乗車不可
●Hershey's Chocolate World
URL hersheyschocolateworldlasvegas.com
開月〜土9:00〜24:00（金・土〜翌1:00）

国の史跡に指定されている有名過ぎる看板　地P.159-A4外

ウエルカム・トゥー・ファビュラス・ラスベガス・サイン
Welcome to Fabulous Las Vegas Sign

陸路で訪問する人々を歓迎するサインは、1959年の完成。ストリップの南端の中央分離帯にあり、記念撮影で訪れる人が後を断たないため、駐車場と路線バスの停留所が設けられた。

行列が絶えないスポットだ

ウエルカム・トゥー・ファビュラス・ラスベガス・サイン
住5200 Las Vegas Blvd. S.
開24時間
料無料
行SDX（9:00〜24:00）、デュース（0:00〜9:00）でWelcome to LV Sing下車

旅のアドバイス　ナイトクラブのメッカ▶スタイリッシュでゴージャスなナイトクラブが毎年のように続々とオープンしているラスベガス。ストリップのほとんどのホテルに付帯しているので、誰でも安全にナイトクラビングが楽しめる。人気店は行列覚悟でおしゃれして出かけよう。21歳未満は入場できないので要注意（IDは必携）。

世界いち高いスリルライドに挑戦しよう 地P.159-B2

ストラトスフィアタワー
Stratosphere Tower

タワー（約350m）には米国内でいちばん高い展望台（料$20）があり、そこからはラスベガスを360度見渡すことができる。レストランの**トップ・オブ・ザ・ワールド Top of the World**は約240mの高さにあり、フロアがゆっくりと回転する仕掛け。実は、このホテルの目玉は**スカイジャンプSky Jump**。約250mの高さから時速約65kmで垂直に落下していく、バンジージャンプのようなフリーフォールアトラクションだ。そのほか、**ビッグショットBig Shot**（料$25～）は、タワーの先から針のように突き出たポールに沿って、高度280mから真上に49m、時速72kmの速さで打ち上げられたあと、もとの高さまでフリーフォールするもの。274m下の世界が徐々に広がる回転ブランコのような**インサニティInsanity**（料$25～）とシーソー型ライドの**Xスクリーム X-Scream**（料$25～）も人気がある。

暑いベガスの涼しいインドアのテーマパーク 地P.159-A2

アドベンチャードーム
Adventuredome

サーカスサーカスの敷地にあるドーム型の建物は、アメリカ最大の屋内遊園地。ダブルループ&ダブルコークスクリューで攻めるキャニオン・ブラスターCanyon Blaster、1.5Gを体感できるエル・ロコEl Locoなどのローラーコースターを中心に、スリルライドやジュニア向けの4Dアトラクション、汽車やゴンドラのようなキッズ向けのライドも揃っている。

回転スリルライドのカオス
© Las Vegas News Bureau

ダウンタウン地区 Downtown

アーケードのネオンショーは圧巻 地P.159-B1

フリーモントストリート・エクスペリエンス
Fremont Street Experience

かつては、“ネオンの洪水”という言葉がふさわしかったダウンタウンのフリーモントストリート。現在はLEDパネルを施したアーチ型の屋根で覆われ、歩行者天国として生まれ変わった。毎晩行われるアーケードの天井にさまざまな映像が映し出される光の祭典は、迫力満点。また、**スロットジラSlotZilla**と呼ばれる、ワイヤーにぶら下がり滑車で滑り降りるアトラクションも登場し、人気を集めている。

アーケード一面に展開するLEDビジョン

ストラトスフィアタワー
住2000 Las Vegas Blvd. S.（ストラトスフィア内）
☎(702)380-7777
URL www.stratospherehotel.com
開毎日10:00～翌1:00（金・土、おもな祝日～翌2:00）※雷、強風による運休あり
料展望台とライド1日券$39.95
※ライドにより身長制限あり（122～132cm以上）。15歳以下は保護者同伴で
●Top of the World
☎(702)380-7711
URL www.topoftheworldlv.com
開毎日11:00～23:00
●Sky Jump
開毎日10:00～翌1:00（金・土～翌2:00）
料$119.99～
行デュースでStratosphere下車

眼下に広がる景色を直視できるか!?
© Las Vegas News Bureau

アドベンチャードーム
住2880 Las Vegas Blvd. S.（サーカスサーカス2階奥）
☎(702)794-3939
URL www.adventuredome.com
開月～木11:00～18:00、金～日10:00～24:00（日～21:00）※季節により変動あり
料入場無料。ライドによって料金は$6～12。1日乗り放題は$32.95、身長122cm未満の子供は$18.95
行デュースでCircus Circus（南方向行き）、Riviera（北方向行き）下車

フリーモントストリート・エクスペリエンス
住ダウンタウンのFremont St.のMain St.から4th St.まで
URL vegasexperience.com
開毎日18:00～翌1:00の毎正時（季節により変更あり）
料無料
●SlotZilla
開毎日12:00～翌1:00（金・土～翌2:00）
料上段$45（18:00以降$49）、下段$20（18:00以降$25）
行デュース、SDXでFremont Street Experience下車

天井からジップラインの叫び声が聞こえてくる

Casino & Hotel カジノ&ホテル

近年は、カジノを併設しない"ノンゲーミングホテル"が増加しているが、基本的にはエンタメ性を重視したホテルが主流。1階にカジノフロアがあり、チェックインから客室までの動線は、必ずカジノフロアを通るようになっている。レストランやショップをはじめ、ショー、アトラクション、ナイトクラブ、プール、スパなど、遊びのコンテンツのすべてがホテルに備わっている。ホテル内の移動だけで相当時間がかかるのも特徴だ。※ラスベガスのホテルでは、客室料とは別に、リゾートフィー Resort Fee という施設利用料(1泊当たり $40 前後)を加算する。

ホテル王、スティーブ・ウィンのホテル　ウィンラスベガス　Wynn Las Vegas

客室、プール、スパ、レストラン、ショップなど、すべてにおいてエレガント。ウェディング施設、ゴルフ場完備。有名DJがプレイするXS Night Club、水上アクロバットのLe Reve、Lake of Dreams Show(無料、20:00～翌0:30の30分ごと)も好評。別館アンコール Encore(2034室)もある。2716室。

住 3131 Las Vegas Blvd. S., Las Vegas, NV 89109　Free (1-888) 320-7123
FAX (702) 770-1500　URL www.wynnlasvegas.com　Wi-Fi リゾートフィーに含む
ⓈⒹⓉ $189～749、スイート $189～8107※リゾートフィー $39　ADJMV　地 P.159-A3

トロピカルな南海の楽園　ミラージュ　Mirage

緑を多く配置したホテルで、近年改装された客室は上品で落ち着きがある。火山噴火ショー(無料、毎日20:00、21:00、22:00)、シルク・ドゥ・ソレイユの『ビートルズラブ』➲P.166、イルカやホワイトタイガーに出合えるSecret Garden & Dolphin Habitat($22)も必見。3040室。

住 3400 Las Vegas Blvd. S., Las Vegas, NV 89109　☎ (702) 791-7111
Free (1-800) 374-9000　FAX (702) 792-7632　URL www.mirage.com　Wi-Fi リゾートフィーに含む
ⓈⒹⓉ $65～720、スイート $165～3650※リゾートフィー $37　AJMV　地 P.159-A3

水の都ベニスを再現　ベネチアン&パラッツオ　The Venetian & The Palazzo

全室スイート。スタンダードでも約60m²、浴室はバスタブ付き。ベネチアンの2階のGrand Canal Shoppesには、運河が引かれ、ゴンドラライド(料 $29～)が楽しめる。セレブリティシェフのレストランも充実し、スパの名店、キャニオン・ランチ・スパクラブもある。全7093室。※リゾートフィー $45。Wi-Fi リゾートフィーに含む。

ベネチアン 住 3355 Las Vegas Blvd. S. Las Vegas, NV 89109　☎ (702) 414-1000
URL www.venetian.com　パラッツオ 住 3325 Las Vegas Blvd. S.　☎ (702) 607-7777
URL www.palazzo.com　スイート $179～1199　ADMV　地 P.159-A3

映画『オーシャンズ11』の舞台となった　ベラッジオ　Bellagio

北イタリアのコモ湖を模した池では噴水ショー(無料、毎日15:00～24:00、土、おもな祝日12:00～、日11:00～の15～30分おき)が行われ、カジノへの通路にはエルメスなど高級店が並ぶ。客室は、広さ、高級感ともに二重マル。ベラッジオでは宿泊客の家族を除き、18歳未満は大人の同伴なくホテルに入ると注意されることがある。ロビー奥の植物園も必ず見ておきたい。3933室。

住 3600 Las Vegas Blvd. S., Las Vegas, NV 89109　☎ (702) 693-7111
Free (1-888) 987-6667　FAX (702) 693-8585　URL www.bellagio.com　Wi-Fi リゾートフィーに含む
ⓈⒹⓉ $164～805、スイート $234～6000※リゾートフィー $39　ADJMV　地 P.159-A3

メモ　安くて便利なダウンタウンのホテル▶ダウンタウン周辺にはストリップよりも手頃な料金で泊まれるホテルが多い。平日なら$30前後で宿泊できる。また、ダウンタウンとストリップを結ぶバス(SDX、デュース➲P.158)も夜遅くまで運行しているので便利だ。

カジノ　Casino

　ラスベガスといえばやはりカジノ。どれもそれほど難しくないので気軽に参加してみよう。カジノには客が安心して遊べるように、いくつかの決まりがあるので気をつけたい。

　なお、ラスベガスでは「ギャンブル」という言葉をあまり使わない。カジノのゲームを楽しむことは**「ゲーミング Gaming」**ということが多いので覚えておくといい。

●カジノに入れるのは21歳から。日本人はたいがい若く見られるので常にID（パスポートなど）を携帯したほうがよい。また、スロットマシンで大当たりしたときなど、身分証明書の提示が求められる。

※21歳以下は、スロットマシンやテーブルゲームに近づくことも禁止。18歳以下は21:00以降、大人の同伴なしでは外出できない。

●客のプライバシーを守るためカジノ内の写真撮影は禁止。

●ブラックジャック、ルーレット、クラップスなど、2列に並んでいる台の間（ディーラーの立っている側）を通ってはならない。移動するときは列の外側を回ること。

●台についてプレイしているとき、飲み物は無料だが、運んでくれるカクテルウエートレスへのチップを忘れないこと。

●ブラックジャックで席に座れるのはプレイヤーのみ。見物人は立つ。

　その他、疑問があったら遠慮なくディーラーに聞こう。大きなカジノでは、忙しくない時間帯に無料でゲーミング講座を開催している。わからないことがある人はおおいに利用して、ここでコツを覚えてからカジノに臨もう。

代表的なゲーム

●スロットマシン　Slot Machine

　コインや紙幣を入れてボタンを押すと絵柄が回転し、止まったときにいくつ絵が合うかによって配当がもらえるという単純なゲーム。かつてはレバーを引くスタイルが多かったが、今はボタンを押すだけ。使える金種はマシンによって異なるが、普通5¢、25¢、50¢、$1の硬貨と$1～100札（なかには特別なチップを使って、賭け金が最低$100なんてマシンもある）。マシンは合う絵柄の数によって決まった配当が得られるストレートスロットと、決まった配当のほかにジャックポットを当てると、積み立てられた賞金がもらえるプログレッシブスロットの2種類。ベンツなどの高級車をジャックポットの商品にしているカジノもあり、それぞれ集客のために工夫を凝らしている。

一攫千金も夢じゃない！

思いきって挑戦してみるのもいい思い出になる

●ブラックジャック　Blackjack

　2枚以上のカードを組み合わせた合計でディーラーと勝負するゲーム。21を超えないでいかに21に近づけるかの判断やディーラーとの駆け引きなど、単純なようでなかなか難しい。ラスベガスで最も人気のあるゲームのひとつで、初心者でも比較的挑戦しやすいテーブルゲームだ。テーブルごとに最低の賭け金が決まっている。だいたい$5くらいから。

●ルーレット　Roulette

　回転するルーレットの1～36までの数字に、0と00を加えた38の数字のどこに玉が入るかに賭ける。ヨーロッパで生まれ、日本人にもおなじみのゲームだ。ひとつの数字に賭けるか、4つの数字に賭けるか、または、奇数、偶数、赤、黒などさまざまな賭け方があり、それによって配当の倍率が違ってくる。初心者にもわかりやすいのでおすすめ。

●クラップス　Craps

　ふたつのサイコロの出た目の合計で勝負するゲーム。テンポが速く、アメリカ的な最もにぎやかなゲーム。ただし、相当な英語力が要求されるので日本人向きではない。

●キノ　Keno

　1～80までの数字のうち、好きな数字を1～15個選び、専用のチケットにマークする。そのあと20個の数字が選ばれ、そのなかに自分が選んだ数字がいくつあるかで配当が決まる。例えば、$1賭けて、10個の数字を選び、そのうち6個が当たれば$18の配当がもらえる、という具合。$10賭けていれば、当然配当は$180。$1賭けて、10個のうち9個が当たれば、配当は$3800にもなる。ただし、近年、キノは衰退しつつある。

カジノへは身軽なスタイルで▶カジノへは、財布やパスポート、ホテルのカードキーなど最低限の身の回り品で出かけよう。ちょっとした荷物でも足元に置いたままついうっかり、といったケースも。紛失時は慌てず、カジノコーナーにあるセキュリティで遺失物はなかったか尋ねてみよう。

半世紀ほど前のマンハッタンがテーマ ニューヨーク・ニューヨーク New York New York

半世紀ほど前のNYのビルや自由の女神などを、3分の1から2分の1の大きさで再現。ストリップ側の歩道には、ブルックリン橋のレプリカがあり、NYにちなんだお店が軒を連ねている。客室はシックな雰囲気で、広さは標準で32～37m²ほど。2024室。

住3790 Las Vegas Blvd. S., Las Vegas, NV 89109 ☎(702)740-6969 Free(1-866)815-4365 URL www.newyorknewyork.com ⓈⒹⓉ$76～427、スイート$131～787 AJMV 地P.159-A4 ※リゾートフィー$37 Wi-Fiリゾートフィーに含む

スタイリッシュなデザイナーズホテル コスモポリタン・オブ・ラスベガス The Cosmopolitan of Las Vegas

ベラッジオの南隣、ファウンテンビューの部屋なら噴水ショーを部屋でひとり占めできる。建物、カジノ、客室、クラブ、入居テナントなど、すべてが個性的。コンサートホールもあるので、有名アーティストのコンサートも楽しめる。バフェの評判もいい。3100室。

住3708 Las Vegas Blvd. S. Las Vegas, NV 89109 ☎(702)698-7000 Free(1-877)551-7778 FAX(702)314-3980 URL www.cosmopolitanlasvegas.com ⓈⒹⓉ$140～1100、スイート$250～1400 ※リゾートフィー$35 Wi-Fiリゾートフィーに含む ADJMV 地P.159-A4

砂漠で楽しむパリの香り パリス Paris

エッフェル塔、凱旋門、世界三大美術館のルーブルと、パリをテーマにしたホテル。エッフェル塔には本家のごとく展望台（料$16～）があり、ここから向かいのベラッジオの噴水ショーがよく見える。客室はシンプルだが、機能的。バフェも好評。2916室。

住3655 Las Vegas Blvd. S., Las Vegas, NV 89109 ☎(702)946-7000 Free(1-877)796-2096 URL www.caesars.com/paris-las-vegas Wi-Fiリゾートフィーに含む ⓈⒹⓉ$79～757、スイート$199～2329※リゾートフィー$37 ADJMV 地P.159-A4

黄金の巨大ホテル マンダレイベイ Mandalay Bay

ストリップの最南端にあり、最高級ホテルのフォーシーズンズとモダンがコンセプトのデラーノを有するメガリゾート。砂浜がある人工波のプール、シルク・ドゥ・ソレイユのショー➡P.166も開催され、レストランも充実のラインアップだ。3211室。

住3950 Las Vegas Blvd. S., Las Vegas, NV 89119 ☎(702)632-7777 Free(1-877)632-7800 URL www.mandalaybay.com Wi-Fiリゾートフィーに含む ⓈⒹⓉ$81～909、スイート$124～1299※リゾートフィー$37 AJMV 地P.159-A4

地中海の小国モナコをモチーフにした パークMGM Park MGM

ホテルのロビーとカジノが分かれていて、カジノを通らず客室へ行ける。標準の客室にはキングサイズのベッドを配置、広さは約37m²。最上階フロアに滞在し、専任スタッフがつくNoMad Hotelも好評。2992室。旧モンテカルロ。

住3770 Las Vegas Blvd. S., Las Vegas, NV 89109 ☎(702)730-7777 Free(1-888)529-4828 URL www.parkmgm.com Wi-Fiリゾートフィーに含む ⓈⒹⓉ$57～1031、スイート$132～1096※リゾートフィー$37 ADJMV 地P.159-A4

ピラミッドとスフィンクスが目印 ルクソール Luxor

客室によっては、窓も壁も斜めというユニークな造りだ。カジノフロアでは、ブラックジャック、クラップス、ルーレットの無料レッスン（毎日12:00）を実施。スパ、広いプールあり。ブルーマン・グループ➡P.166もロングラン公演中。4400室。

住3900 Las Vegas Blvd. S., Las Vegas, NV 89119 ☎(702)262-4000 Free(1-877)386-4658 URL www.luxor.com Wi-Fiリゾートフィーに含む ⓈⒹⓉ$41～744、スイート$86～1399※リゾートフィー$35 AJMV 地P.159-A4

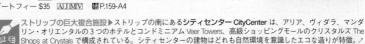

ストリップの巨大複合施設▶ストリップの南にある**シティセンター CityCenter**は、アリア、ヴィダラ、マンダリン・オリエンタルの3つのホテルとコンドミニアム Veer Towers、高級ショッピングモールのクリスタルズ The Shops at Crystalsで構成されている。シティセンターの建物はどれも自然環境を意識したエコな造りが特徴。↗

古代ローマ帝国がテーマ シーザースパレス Caesars Palace

2016年に創業50周年を迎え、一部のタワー棟をジュリアスタワーと改称した。若者が集まるクラブ Omnia Nightclub、スターの常設公演は The Colosseum で楽しもう。隣接する Forum Shops は、160 軒以上の店舗が入るショッピングセンター。松久信幸シェフがプロデュースした Nobu Hotel も好評。4000 室。

住3570 Las Vegas Blvd. S., Las Vegas, NV 89109 Free(1-866)227-5938 Wi-Fi リゾートフィーに含む URL www.caesars.com/caesars-palace ⓈⒹⓉ$145 ～ 1025 ※リゾートフィー$39 ADJMV 地P.159-A3

テーマホテルの草分け TI：トレジャーアイランド TI : Treasure Island

もともとはスティーブンソンの小説『宝島』をモチーフにしたホテルだったが、大改装を行い、モダンでシックなホテルへと変身した。ショッピングモール、ファッションショー➡P.168に隣接し、ストリップを挟んだ向かいにベネチアンがあり、ショッピングや食事には困らない。2884 室。

住3300 Las Vegas Blvd. S., Las Vegas, NV 89109 ☎(702)894-7111 Free(1-800)944-7444 URL www.treasureisland.com Wi-Fi リゾートフィーに含む ⓈⒹⓉ$35 ～ 630、スイート$91 ～ 707※リゾートフィー$37 ADJMV 地P.159-A3

シティセンターを代表するメガリゾート アリア・リゾート&カジノ Aria Resort & Casino

幅広い年齢層に人気があるモダンなホテル。両隣のベラッジオやパーク MGM へは無料トラムが運行、ショップ・アット・クリスタルズへは 1 階の通路で連絡している。セレブリティシェフが腕を振るうレストランも多数入店しており、ホテル内だけで丸 1 日楽しめる。4004 室。

住3730 Las Vegas Blvd. S., Las Vegas, NV 89158 ☎(702)590-7757 Free(1-866)359-7757 URL www.aria.com Wi-Fi リゾートフィーに含む ⓈⒹⓉ$140 ～ 1244、スイート $400 ～ 5000 ※リゾートフィー$39 AJMV 地P.159-A4

ラスベガスの発展はこのホテルから フラミンゴ Flamingo

現在の華やかなラスベガスの基礎となった重要なホテル。ストリップを通れば必ず見える、大きなピンクのフラミンゴのサインが目印。中庭でマスコットのフラミンゴを飼育しており、観光客の人気を集めている。ファミリーにおすすめのホテルだ。3460 室。

住3555 Las Vegas Blvd. S., Las Vegas, NV 89109 ☎(702)733-3111 FAX(702)733-3528 URL www.caesars.com/flamingo-las-vegas Wi-Fi リゾートフィーに含む ⓈⒹⓉ$47 ～ 689、スイート $95 ～ 1369※リゾートフィー$35 AJMV 地P.159-A3

ラスベガスのダウンタウンも見どころ満載

旅のアドバイス

1905年の鉄道開通にともない、駅舎が置かれたダウンタウンを中心に町が形成されたラスベガス。華やいだ雰囲気のストリップとは対照的に古いホテルが多く、少しさびれた感は否めないが、"人を呼ぶ"再開発計画が進行中とあって、少しずつにぎやかさが増してきた。

フリーモントストリートFremont St.の一角にあるフリーモントストリート・エクスペリエンス➡P.161は、LEDパネルのアーケードが呼び物のひとつ。天井に張り巡らされたワイヤーを伝って滑走する2層構造のジップラインが加わり、楽しさが倍増した。このアーケードの北東にある**モブ博物館The Mob Museum**は、ギャングに特化した博物館。アーケードの東には、商業施設を集めた**コンテナパークContainer Park**があり、週末はライブステージなどの催しで1日中にぎやかだ。

●The Mob Museum
地P.159-B1 住300 Stewart Ave. ☎(702)229-2734 URL themobmuseum.org 開毎日9:00～21:00 料$26.95、11～18歳・学生$16.95 行Fremont St.の3rd. St.を北東へ2ブロックの所

●Container Park
地P.159-B1 住707 Fremont St. ☎(702)359-9982 URL downtowncontainerpark.com 開ショップ毎日11:00～21:00(金・土～22:00、日～20:00)、レストラン＆バー毎日11:00～23:00(金・土～翌1:00) ※季節により異なる 行Fremont St.と7th St.との角

コンテナパークの入口に鎮座する火を噴くカマキリ

↘アリアやクリスタルズでは、エントランスやロビーなどの公共エリアに、シティセンターの敷地にも、彫刻やオブジェなどの立体アートを配置している。アートマップはアリアのコンシェルジュデスクで配布している。●シティセンター 地P.159-A4 ●クリスタルズ URL www.simon.com/mall/the-shops-at-crystals

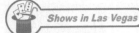

ショーを楽しむ

ショー選びの参考に
見たいショーを探すときに気をつけたいのは、英語力。視覚的に楽しめるマジックショーは問題なし。お目当てのスターが近くで見られればよいというヘッドライナーショーもOK。英語がわからなくて惨めな思いをするのはコメディ。周りが大笑いしているとき自分だけしらけているのはつらい

※Micheal Jackson:One〜Mystèreまではシルク・ドゥ・ソレイユによるショー
料金はすべてエンターテインメント税込み、販売手数料別
URL www.cirquedusoleil.com
●Micheal Jackson：One
地 P.159-A4
Free (1-877) 632-7400
料 $75.21〜250.70　開 木〜月
●The Beatles Love
地 P.159-A3
☎ (702) 792-7777
料 $86.11〜250.70　開 火〜土
●O
地 P.159-A3
Free (1-888) 488-7111
料 $107.37〜250.70　開 水〜日
●KÁ
地 P.159-A4
☎ (702) 531-3826
料 $75.21〜250.70　開 土〜水
●Mystère
地 P.159-A3
☎ (702) 894-7722
料 $75.21〜136.25　開 土〜水
●Le Rêve
地 P.159-A3
☎ (702) 770-9966
URL www.wynnlasvegas.com→Entertainment
料 $115〜175　開 金〜火
●Blue Man Group
地 P.159-A4
Free (702) 262-4400
URL www.luxor.com→Entertainment
料 $60.83〜128.90
※休演日がときおり変わる。ウェブサイトで確認を

スリラーの曲に合わせ、軽快なパフォーマンスが繰り広げられる
© Aaron Felske

ラスベガスのショーは大きく分けて2種類。まずは、ビッグスターのライブコンサートである**ヘッドライナーショー Headliner Shows**（レディ・ガガやエルトン・ジョンなどの常設公演）、そしてプロダクションが運営する**プロダクションショー Production Shows**（アクロバット、マジック、レビュー、コメディなど）だ。

現地での情報収集は、ホテルのロビーなどに置いてある"where""What's On"などの無料の情報誌、ラスベガス観光局のウェブサイト（URL www.lasvegas.com/shows-and-events）がおすすめ。

ショーの予約は、英語力に問題がなければ電話やウェブサイトで。その際、クレジットカードが必要で、チケットは自宅で印刷するか、当日その劇場のボックスオフィスで受け取る。座席表を見ながら選ぶことができるのが利点だ。ディスカウントチケットのティックス・フォー・トゥナイトTix 4 Tonight➡脚注でも入手可能。

服装については、特に気にする必要はないが、ショーのグレードや雰囲気に合わせて選ぶといい。

人気のプロダクションショー（2018年10月現在。／以下はホテル名を示す）

●『マイケル・ジャクソン：ワンMicheal Jackson：One』／マンダレイベイ
マイケル・ジャクソンの純粋過ぎる世界観を投影した舞台。26のプロジェクターをステージに配置、客席内蔵のスピーカーから流れる、臨場感あふれるサウンドを体感できる。

●『ビートルズラブ The Beatles Love』／ミラージュ
ビートルズの音楽が主役のショー。四角のステージを囲むように客席が組まれ、ビートルズの名曲に合わせ、アクロバットや芸術的な舞台、衣装などで楽しませてくれる。

●『オー O』／ベラッジオ
幻想的な水上アクロバット。舞台に設けられた大きなプールを使って、高飛び込みやシンクロナイズドスイミング、空中ブランコなど数々のアクロバットが繰り広げられる。

●『カー KÁ』／MGMグランド
火をテーマにしたシルク・ドゥ・ソレイユの壮大なステージ。見事なアクロバットと垂直にもなる舞台装置が見ものだ。

●『ミステア Mystère』／TI:トレジャーアイランド
究極のアクロバットはもちろん、舞台美術も一見の価値あり。洗練されたエレガントさが加味され、別世界を築いていく。

●『ル・レーヴ Le Rêve』／ウィンラスベガス
舞台のプールを中心に、シンクロナイズドスイミング、高飛び込み、つり輪など高度な技を織り込みながら、夢の世界を展開。

●『ブルーマン・グループ Blue Man Group』／ルクソール
NYのオフ・ブロードウェイ発祥。無表情を決めこんだ、青い男たちの抱腹絶倒なミュージックパフォーマンスが見もの。

メモ **ディスカウントチケット Tix 4 Tonight** ▶ストリップとダウンタウンを中心に11店舗を展開。ショーの当日券、リンクの観覧車などのアトラクション入場券、レストランの割引券なども扱っている。正規料金からの割引率はそれぞれ異なるので、実店舗やウェブで確認しよう。購入にはパスポートなどの写真付きIDが必要。URL www.tix4tonight.com

郊外の見どころ Excursion

西海岸電力の源 地P.159-B4外
フーバーダム
Hoover Dam

ラスベガスからUS-93/95を南東へ約48km、途中ネバダ州で珍しくギャンブルが違法な町のひとつBoulder Cityを通ってUS-93を約40分。岩山の間のカーブの多い道を上って行くと、高さが約221m（70階建てのビルに相当）、幅約379mという巨大なフーバーダムが現れる。1931年に始まった工事は49ヵ月かかり、せき止められたコロラド川によって巨大な人造湖**レイクミード Lake Mead**が誕生した。現在、このダムは年間40億キロワットの電力を供給している。

実は人造湖 地P.159-B4外
レイクミード
Lake Mead

コロラド、バージン、マディの3つの川の流れがフーバーダムによってせき止められてできたアメリカ最大の人造湖。複雑な湖岸線と深く青い水の色は人造湖とは思えないほど美しい。US-93/95でフーバーダムへ向かう途中にある**マリーナ Lake Mead Beaches Marina**には、ビーチ、クルーズ船の波止場、ギフトショップ、レストランなどがあり、のんびりしたり、アクティブに美しい湖を楽しむことができる。

地表に現れた奇妙な姿の岩たち 地P.159-B2外
バレー・オブ・ファイアー州立公園
Valley of Fire State Park

ラスベガスの北東約90km。I-15を北へ、Exit 75からValley of Fire Hwy.を東に走ると、乾ききった大地に突如、巨大なゴツゴツとした赤い岩の一帯が出現する。その名のとおり、まるで炎のような渓谷だ。赤い色はネイティブアメリカンにとっては秘密の色。この地は彼らにとって長い間隠されてきた聖地だった。赤い岩の表面には、約3000年前に先住民が刻んだ壁画が残っている。この壁画は地震などで地層が崩れ、その姿を現したものだ。耳を澄ませば風と砂のこすり合わさる音が聞こえてくる。

西部の水源フーバーダム

フーバーダム
☎(702) 494-2517
URL www.usbr.gov/lc/hooverdam
開 毎日9:00～17:00（チケット販売は16:15まで）
休 サンクスギビング、12/25
ツアー／Powerplantは所要30分。料$15
Dam Tourは所要1時間。料$30
ツアーに参加せず、ビジターセンター（展示＆展望室）のみの入場は$10
※ビジターセンターは2019年2月まで改装のため閉鎖

レイクミード（クルーズ）
Free (1-866) 292-9191
URL www.lakemeadcruises.com
ツアー／90分。3～10月 毎日12:00、14:00発（11～2月は減便）
料 $26、2～11歳$13　休 12、1月
※ブランチ（$45）は3月中旬～11月の日、ディナー（$61.50）のクルーズは3月中旬～10月の火、木、日に催行

郊外の見どころへのアクセス
車がないと行きづらい場所にあるが、ストリップ沿いのホテルまで送迎してくれるツアーも数多く催行➡P.160

バレー・オブ・ファイアー州立公園
URL parks.nv.gov/parks/valley-of-fire-state-park
公園入口のビジターセンター〔開 毎日8:30～16:30　☎(702) 397-2088〕では、公園を説明した展示、ネイティブアメリカンの壁画や野生動物、植物についても解説している。なお、公園に行くときは飲料水を持って歩くこと。料 車での入園は1台$10

スポーツ観戦 Spectator Sports

アイスホッケー NHL

ベガス・ゴールデンナイツ（西・太平洋地区）
Vegas Golden Knights

創設1年目の2017-18シーズンにいきなり51勝をマークし、スタンレーカップ・ファイナルにまで駒を進めた。人気のほうも上々でアリーナは連日満員御礼が続きチケットはプラチナ化。プロスポーツ不毛の地といわれていたベガスにホッケー旋風を巻き起こした。

ベガス・ゴールデンナイツ
（2017年創設）　地P.159-A4
本拠地――T-モバイル・アリーナ T-Mobile Arena（1万7500人収容）
住 3780 S. Las Vegas Blvd.
☎(702) 645-4259
URL www.nhl.com/goldenknights

この選手に注目！
ウィリアム・カールソン

メモ **バスツアーや車で郊外へ**▶ラスベガスは大自然に囲まれた町で、車で約1時間の所にフーバーダムやバレー・オブ・ファイアー州立公園などダイナミックな景色が楽しめるスポットがある。ツアーならグランドキャニオン国立公園➡P.169やセドナ➡P.234へも日帰り旅行が可能だ。

ショップ&レストラン&ホテル

Shops & Restaurant & Hotel

ショッピングモール

S 群を抜いた店舗数のモール

ファッションショー

Fashion Show

住3200 Las Vegas Blvd. S.
☎(702) 369-8382 URLwww.thefashionshow.com
開月～土10:00～21:00、日11:00～19:00 休不定期
地P.159-A3

5軒のデパート、約220軒のショップがあり、欲しい物がたいてい入手できる。ルイ・ヴィトン、コーチ、ザラなど日本人好みのブランドもある。

アウトレット

S ストリップに近いアウトレット

ラスベガス・ノース・プレミアム・アウトレット

Las Vegas North Premium Outlets

住875 S. Grand Central Pkwy. ☎(702) 474-7500
URLwww.premiumoutlets.com
開毎日9:00～21:00(日～20:00)
行SDXでLV Premium Outlets-North下車 地P.159-B1

コーチ、トリー・バーチ、アグ・オーストラリアなど人気ブランドがめじろ押しだ。店舗数は約170で25～65%オフ。

ファストフード

R サンドイッチの専門店

アール・オブ・サンドイッチ

Earl of Sandwich

住3667 Las Vegas Blvd. S.(プラネットハリウッドのカジノ内)
☎(702) 463-0259 開24時間 AJMV 地P.159-A4

オーダーを受けてから作るホットサンドイッチは全12種類。ハム、チーズ、野菜などの具もボリューミーで$8.11と手頃。ラップスタイルのヘルシーなサラダも人気。シーザースパレス➡P.165にも店舗あり。

ホステル

H 若者が集うラスベガスのユース

ラスベガスホステル

Las Vegas Hostel

住1322 Fremont St., Las Vegas, NV 89101
☎(702) 385-1150 Wi-Fi無料
URLlasvegashostel.net 料ドミトリー$15～、個室$50～
AMV 地P.159-B1外

ダウンタウンの中心からFremont St.を東に徒歩14分。ドミトリー(4～8人部屋)は清潔に保たれている。アウトドアプールやビリヤード台があり、バックパッカーたちの交流の場となっている。朝食付き。ロッカーの鍵は各自で準備を。158ベッド、個室38室。

ラスベガスのおもなバフェ(バイキング) 2023年10月現在

ホテル名 バフェ名	営業時間 料金	土・日 ブランチ	ホテル名 バフェ名	営業時間 料金	土・日 ブランチ
Aria The Buffet ※1日券$60	休業	7:00～15:00 $33.99	**Mirage** Cravings	休業	8:00～15:00 $28.99
Bellagio The Buffet	毎日7:00～22:00 $24.99～43.99	7:00～15:00 $33.99	**Park MGM** The Buffet ※1日券$34～42	休業	7:00～16:00 $21.99
Circus Circus Circus Buffet	毎日7:00～14:00、 16:30～22:00 $19.99～21.99	7:00～14:00 $19.99	**Paris** Le Village Buffet	休業	10:00～15:00 $30.99
Caesars Palace Bacchanal Buffet	毎日7:30～22:00 $39.99～64.99	8:00～15:00 $54.99	**Planet Hollywood** Spice Market Buffet	休業	10:00～15:00 $23.99
Excalibur The Buffet **Luxor** The Buffet	毎日7:00～22:00 $19.99～28.99	7:00～15:00 $23.49	**Rio** Carnival World Buffet	休業	10:00～15:00 $26.99
Flamingo Paradise Garden Buffet	休業	金・土(ディナー) 17:00～22:00 $29.99	**The Cosmopolitan of Las Vegas** Wicked Spoon	毎日8:00～21:00 $28～49	金～日 8:00～15:00 $36
Mandalay Bay Bayside Buffet	休業	7:00～16:30 $25.99	**TI:Treasure Island** Corner Market Buffet	休業	7:00～16:00 $30.45
MGM Grand MGM Grand Buffet	毎日7:00～21:30 (金～日～22:00) $18.99～44.99	7:00～15:00 $29.99	**Wynn Las Vegas** The Buffet	毎日7:30～21:30 $24.99～49.99	8:00～15:30 $35.99

大地の裂け目

グランドキャニオン国立公園

Grand Canyon N.P.

最も人気の高い展望台、マーザーポイント

数百万年の歳月とコロラド川の急流が造り上げた大自然の驚異、宇宙から見える地上唯一の地形、18億年の歴史を刻み込んだ壮大な地球史の博物館などと、さまざまな形容がされるアメリカを代表する国立公園、グランドキャニオン。しかし、実際にその渓谷の縁に立ち、足下に広がる景色を目のあたりにすると、すべての言葉が意味をもたなくなる。人間が考えつく形容詞などはるかに超越したそのスケールに言葉を失い、ただ立ちすくんでしまう。世界遺産に登録された、その壮大な美しさを自分の目で確かめるために、毎年世界中から多くの人々がここを訪れ、その数は年間約625万人。アメリカを代表する観光地でありながら、観光化と自然環境保護とを両立させているその現状は、アメリカ人の自然との共存の努力の結果だ。はるばるこの大陸に来たら何としても見逃せないポイントである。

絶滅危惧種のカリフォルニアコンドルを観察できる

地球の歩き方B02アメリカ西海岸編（1700円＋税）、B09ラスベガス編（1700円＋税）、B13アメリカの国立公園編（1800円＋税）でもグランドキャニオン国立公園を紹介していますので、ご活用ください。

DATA

入園者数▶約625万人（2017年。国立公園中第2位）
面積▶4950km²
標高▶最高2792m
国定公園指定▶1908年
国立公園指定▶1919年
世界遺産登録▶1979年
時間帯▶山岳部標準時（MST）（夏時間不採用。夏は太平洋標準時と同じになる）

P.631

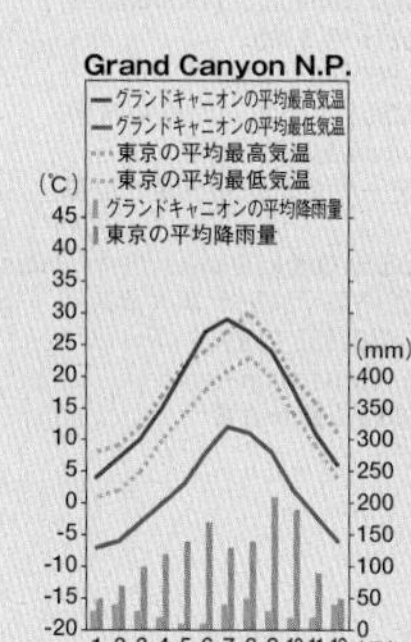

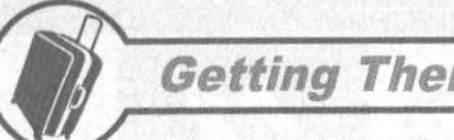

グランドキャニオンへの行き方

全長446kmのグランドキャニオンのうち、観光客が見られるのはごく一部。公園はコロラド川を挟んでサウスリム(南壁)とノースリム(北壁)に分かれる。交通の便がよく、施設の整ったサウスリムが一般的だ。サウスリムのゲートは1年中オープンしているが、ノースリムは10月中旬〜5月中旬はクローズする。

ブライトエンジェル・トレイル

フラッグスタッフから

グランドキャニオンから南西約130kmに位置する**フラッグスタッフFlagstaff**(アリゾナ州) P.229。グレイハウンドのバスディーポはダウンタウンの南東約1kmの所にあり、フェニックス、ラスベガスからの便が走っている。フラッグスタッフからグランドキャニオンへは、**アリゾナシャトルArizona Shuttle**のバスが1日3便(11〜2月は1日2便)の運行。このバスはフラッグスタッフのアムトラック駅(グレイハウンド・バスディーポから北西へ徒歩15分)を出発し、フラッグスタッフ空港、ウィリアムズのグランドキャニオン鉄道駅に寄ってから、サウスリムのマズウィックロッジまで行く。

ウィリアムズから

ウィリアムズ Williams(アリゾナ州)はフラッグスタッフの西約56kmに位置する町。ウィリアムズからグランドキャニオンのサウスリムまで、観光用のディーゼル機関車(蒸気機関車も夏期月1便あり)、**グランドキャニオン鉄道Grand Canyon Railway**が運行されている。12/25を除く1日1往復。

ラスベガスから

ラスベガスからグランドキャニオンへは小型機によるツアーが数多く行われている。日本語で予約できる会社もあり。

●グランドキャニオン・シーニック航空

Grand Canyon Scenic Airlines

ハイライト・エアーツアー(グランドキャニオン西側まで飛行機で遊覧するツアー。料$199)、グランドキャニオン・サウスリム1日観光[ラスベガス〜グランドキャニオン間は飛行機(遊覧飛行あり)、グランドキャニオンは日本語ガイド付きでバスで観光をする。昼食付き料$329]、グランドキャニオン・ウエストP.175への遊覧飛行と地上観光をセットにしたスカイウオーク(料$284)などがある。

●パピヨン・グランドキャニオン・ヘリコプターズ

Papillon Grand Canyon Helicopters

ラスベガス発。定番は、グランドキャニオン・ウエストまでの小型機による遊覧飛行、谷底まで往復するヘリコプター、コロラド川をゆったりと下る20分間のボートクルーズ、昼食がセットになったグランドボイジャー(料$419〜)。

フラッグスタッフ観光案内所
住1 E. Route 66, Flagstaff(アムトラック駅舎内)
☎(928) 213-2951
URL www.flagstaffarizona.org
開月〜土8:00〜17:00、日9:00〜16:00
休サンクスギビング、12/25、1/1

グレイハウンド・バスディーポ(フラッグスタッフ)
住880 E. Butler Ave., Flagstaff
☎(928) 774-4573
開毎日10:00〜翌5:30

●Arizona Shuttle
☎(928) 350-8466
URL www.arizonashuttle.com
料フラッグスタッフ〜グランドキャニオン間:片道$34+$6(入園料)、所要2時間

●Grand Canyon Railway
住235 N. Grand Canyon Blvd., Willams, AZ 86046
Free (1-800) 843-8724
URL www.thetrain.com
料コーチクラス往復:$82、2〜15歳$47。ファーストクラス往復:$155、2〜15歳$121
休12/25

蒸気機関車でグランドキャニオンへ行くのも人気がある

ラスベガスから出発するツアー
●Grand Canyon Scenic Airlines
☎(702) 638-3300
Free (1-800) 634-6801
日本無料0120-288-747(予約専用)
URL www.scenic.co.jp
※ツアー代金に別途税金が加算

●Papillon Grand Canyon Helicopters
☎(702) 736-7243(ラスベガス)
Free (1-888) 635-7272
URL www.papillon.com
※別途燃油費が必要

メモ **小型飛行機の揺れ**▶遊覧飛行は夏の午後や冬など気候の安定しないときには揺れるが、実際に酔うことは少ないという。しかし、不安な人は、酔い止めを持っていったほうがいい。揺れが少ないのは比較的気流が安定している早朝だそう。

飛行機 Plane

グランドキャニオン国立公園空港
Grand Canyon National Park Airport (GCN)

空港はサウスリム・ビレッジの約4マイル（6.4km）南のトゥシヤンTusayanの町にある。ラスベガスからはグランドキャニオン・シーニック航空が1日2往復（3月中旬～11月上旬は3往復）のフライトを運航。

グランドキャニオン国立公園空港
住 Hwy. 64, Tusayan
☎ (928) 638-2446
※空港にレンタカー会社はない

■ 空港から／空港へのアクセス

	種類／名称／連絡先	行き先／運行／料金	乗車場所／所要時間／備考
タクシー	ザンテラ・サウスリム Xanterra South Rim ☎ (928) 638-2822、2631	行き先▶ビレッジなど　運行▶24時間随時 料金▶ビレッジへは2人まで$22、以降1人$5＋入園料＋チップ	空港発▶ターミナルを出た所から乗車 空港行き▶電話をして迎えに来てもらう 所要時間▶ビレッジまで約20分

※それぞれの乗り物の特徴については P.665

レンタカー Rent-a-Car

ラスベガスやフラッグスタッフでレンタカーが借りられる。フラッグスタッフからはUS-180を北上するだけ。約80マイル（128km）、1時間50分ほどのドライブだ。ラスベガスからはI-11、US-93を南へ。アリゾナ州キングマン Kingmanからl-40を東に乗り、約120マイル（192km）でウィリアムズに到着する。AZ-64に移ればサウスリムまで一本道。ラスベガスから約5時間の道のり。

無料シャトルバス（トゥシヤンルート Tusayan Route）
3～9月まで、空港があるトゥシヤンのホテルとサウスリムのグランドキャニオン・ビジターセンターまで無料のシャトルバスを運行している。ただし空港へは寄らない。入園料は事前にアイマックス劇場などで購入しておくこと
運行／毎日8:00～21:30（20分間隔）

運転に注意！
ウィリアムズの町から公園内のゲートまで、長い一本道が続く。スピード違反を取り締まる警察官も多く、捕まっている人を見かける。

観光案内所 Visitors Information

グランドキャニオン・ビジターセンター
Grand Canyon Visitor Center

マーザーポイントの近くにある園内で最大のビジターセンター。シャトルバスのビレッジルートやカイバブ・リム・ルート、トゥシヤンルートが乗り入れている。

グランドキャニオン・ビジターセンター
地 P.173
開〈夏期〉毎日8:00～18:00、〈冬期〉毎日8:00～17:00
☎ (928) 638-7888
※センターでは『Trip Planner』という公園の新聞と地図を入手しよう

園内の交通機関 Public Transportation

シャトルバス
Shuttle Bus

サウスリムでは3種類の無料のシャトルバスが走っている。園内の見どころやトレイルの入口に停車するので便利。

ビレッジルート Village Route

多くの宿泊施設があるサウスリム・ビレッジを中心に、グランドキャニオン・ビジターセンター、ブライト・エンジェル・ロッジなどを回る。1周約50分で、年中運行。

ハーミッツレスト・ルート Hermits Rest Route

サウスリム・ビレッジにあるブライト・エンジェル・ロッジの西側から出発。ウエストリムにある9つの景観ポイントを回り、ハーミッツレストまで走る。復路はピマ、モハーベ、パウエルの各ポイントにしか停車しない。1周約80分で、3～11月のみの運行。

カイバブ・リム・ルート Kaibab Rim Route

グランドキャニオン・ビジターセンターからビレッジ東側のヤキポイントやヤバパイ博物館まで行く。サウスカイバブ・トレイルへのハイカーが多い。1周約50分で、年中運行。

シャトルバスはすべて無料で、環境に優しい天然ガスで走っている

シャトルバス
●Village Route
運行／毎日4:30～22:00（季節により変動あり）。朝晩は30分、日中は15分間隔
●Hermits Rest Route
運行／毎日5:00～日没約30分後。朝晩は30分、日中は15分間隔
●Kaibab Rim Route
運行／毎日5:00～日没約30分後。早朝は20分、以降は終日13分間隔
※ハーミッツレスト・ルートは3～11月は一般車乗り入れ禁止。ヤキポイント（イーストリム）は1年中一般車乗り入れ禁止

メモ 行く前に確認を！▶グランドキャニオンの交通機関の運行時間は季節によって頻繁に変動する。事前にウェブサイトなどで確認してから行きたい。

グランドキャニオン国立公園の歩き方

展望台を兼ねた博物館があるヤバパイポイント

グランドキャニオン国立公園
☎(928) 638-7888
URL www.nps.gov/grca
開 24時間
料 車1台$35、バイク$30、そのほかの入園方法は1人$20

16km先のノースリムが間近に迫るマーザーポイント

少しでも歩いてみよう！

とてつもなく大きなグランドキャニオン。そのスケールを知るには1ヵ所に留まっていてはだめ。とにかく動いてみることだ。私たちが見られる範囲は全体から見ればごく一部だが、それでもさまざまな角度から見ることにより、その大きさを実感できるだろう。できれば少しでも峡谷を下り、峡谷を見上げてみてほしい。さらに世界が広がるはずだ。

崖っぷちから見下ろす大峡谷

最も一般的なのが、リムからキャニオンを見下ろす観光の方法。サウスリムでは、リムに沿ってビレッジから東西に3種類のシャトルバス➔P.171が走っており、イーストリムのヤキポイント、ウエストリムのさまざまなビューポイントに車なしで行くことができる。さらに、ビジターセンターそばのマーザーポイントからブライト・エンジェル・ロッジまでリムトレイルが延びているので、ぜひ歩いてみよう。高低差もほとんどなく、誰でも歩けるトレイルだ。

グランドキャニオン最大の見どころ＝日の出と日の入り

サウスリムのおすすめポイントはいくつもあるが、日の出を見るのにいちばん適しているのは**ヤバパイポイント Yavapai Point**。また、ビレッジからは離れるが、**マーザーポイント Mather Point**からの眺めもすばらしい。刻一刻と変化し、その神々しい雰囲気はキャニオンが最も神秘的に見える瞬間だ。

日の出と並ぶハイライトは日没。太陽が西に傾くにつれ、変わっていく色の変化と、光と影が造り出すコントラストが、キャニオンをより美しくする。夕日を見るベストポイントは、ウエストリムの**ホピポイントHopi Point**や**モハーベポイント Mohave Point**。どちらもシャトルバスで行くことができる。イーストリムにはキャニオンのスケールを実感させてくれるビューポイントがたくさんあるが、**ヤキポイント Yaki**

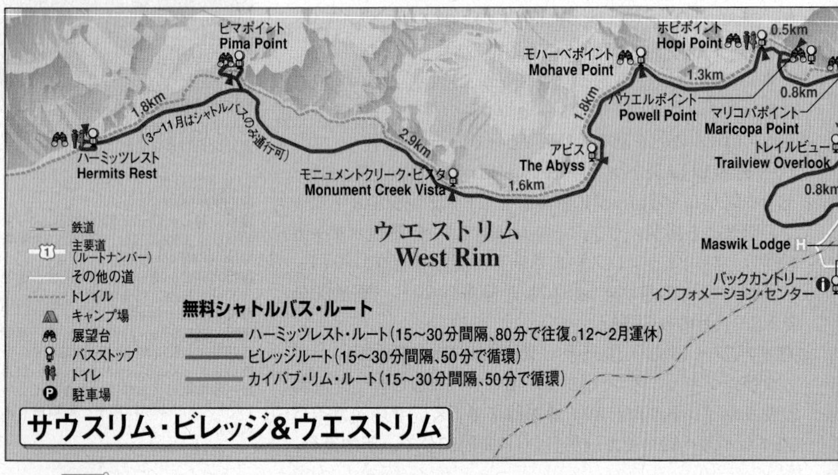

旅のアドバイス 歩くときは必ず水を持って！▶リムの標高は2000m以上の高地だが、キャニオン内は砂漠の気候に近い。日中はかなりの高温になるので、トレイルを歩く人は必ず十分な量の水を用意しよう。

Pointや**グランドビュー・ポイント Grand View Point**は迫力満点。最も東端にある**デザートビュー Desert View**からは、西に見える複雑な地形のキャニオンと北に広がる平坦な砂漠の対比がおもしろい。

標高が300〜600m高い対岸の**ノースリムNorth Rim**は、また違ったグランドキャニオンの顔を見せてくれる。樹木が豊富で木の葉が黄色に色づく秋は特に美しい。冬は降雪も多く10月中旬から5月中旬まで閉鎖される。サウスリムに比べ不便ではあるが、静かで落ち着いた雰囲気を味わえる。

朝日はぜひ見たい

マーザーポイントの朝日は格別。日が昇るにつれて変わっていく、地表の色合いがとても幻想的。

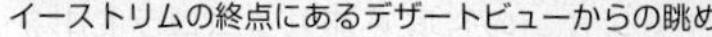
イーストリムの終点にあるデザートビューからの眺め

デザートビューに建つウオッチタワー

トレイルを歩く際の注意

軽いハイキングでも自分の体力を過信しないこと。無理な行動が思わぬ事故につながる。

気候や天候については、まずは天気予報をチェック。特に夏は落雷に注意が必要で、豪雨による崖崩れや鉄砲水が発生するリスクが高くなる。天候が急変し、回復が見込まれない場合は中止もやむを得ない。季節により、朝晩の寒暖差や夏場の高温対策を。重ね着で調整できるウエア（岩場や害虫から足を保護する意味で、夏でも半ズボンは避けたほうがいい）、熱中症や熱射病にならないようこまめな水分補給を心がけよう。なお、トレイルによっては水場がないため、半日ならひとり2ℓ以上の飲料水を用意しておくこと。スナックやゼリー飲料などの行動食も携帯したい。

靴は履き慣れたもので、靴下は厚手がいい。できればスニーカーではなく、足に優しいトレッキングシューズがおすすめ。

グランドキャニオンでは、ミュール（ラバ）に乗ってトレイルを進むツアーがある。ミュールツアーに出会ったら、山側に避けて崖側の道を譲るように。

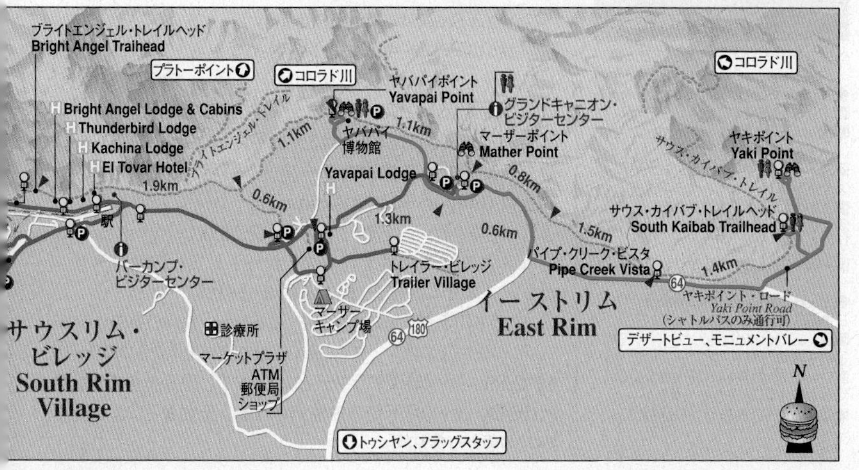

懐中電灯を持っていこう▶朝日を見にグランドキャニオンへ行く際は、街灯がなく真っ暗な所もあるので懐中電灯があると便利。

トレイルを歩けば、また違った景色が見られる

ツアー申し込み時の注意

ヘリコプターやセスナのツアー出発前に体重測定とパスポートの提示を求められる。また、申し込むときに記載されている時間が飛行機の出発時間なのか、ホテルへのピックアップ時間なのか確認すること。

ヘリコプターツアーで見られる光景

●Papillon Grand Canyon Helicopters
Free (1-888) 635-7272
URL www.papillon.com
①ノース・キャニオン・ツアー
料$199～(別途燃油費など$10)
②インペリアル・ウィズ・エコスター
料$299～(別途燃油費など$10)
③キャニオン・スムース・ウオーター・バストリップ
料$199～(別途燃油費など$15)

●Grand Canyon Scenic Airlines
日本無料0120-288-747
URL www.scenic.co.jp
①ディスカバリー・ツアー
料$149、2～11歳$89(別途税金$10)
②コロラド川ラフティングツアー
料$204、4～11歳$184(別途税金$15)

おすすめトレイル

1600mを超える大岩壁を見上げると、さらに違ったキャニオンの姿が見えてくる。谷底に下りるトレイルはいくつかあるが、ビレッジにトレイルヘッドがあるのは**ブライト・エンジェル・トレイル Bright Angel Trail**。コロラド川を見下ろすプラトーポイントまで往復7～11時間、川までは10～16時間もかかる(谷底までの日帰りの往復は決してしないこと)。帰りが登りということでかなりハードだが、2、3時間でもいいからぜひ下りてみよう。数十億年の歳月が造り上げた岩壁を見上げると、大自然の力にただただ感激する。

グランドキャニオン発のツアー

グランドキャニオンの空港や近くのトゥシヤンの町には、ヘリコプターやセスナによる遊覧飛行を行っている会社がいくつかあり、手軽に空からの観光ができる。空中でホバリング(停止飛行)したり、少し谷に入ったりできるぶん、ヘリコプターのほうが迫力がある。なお、トゥシヤンからのツアーに参加するときは1度公園から出るので、入園料のレシートを忘れずに持参すること。

また、グランドキャニオンの谷底を流れるコロラド川をラフティング(川下り)する日帰りツアーを行っている会社もある。下から見上げる景色は、また違う表情だ。自然の雄大さを実感することができる。

●パピヨン・グランドキャニオン・ヘリコプターズ(サウスリム発)
Papillon Grand Canyon Helicopters

①ノース・キャニオン・ツアー　North Canyon Tour

ノースリムや最も谷底が深いドラゴンコリドー上空を飛行、巨大な岩の芸術を足下に見る25～30分のツアー。

②インペリアル・ウィズ・エコスター　Imperial With Ecostar

ビレッジ西方の複雑な地形のキャニオンから、東に広がる砂漠まで、さまざまな地形が見られる。大自然の力と美しさが楽しめる40～50分のツアー。

③キャニオン・スムース・ウオーター・バストリップ
Canyon Smooth Water Bus Trip

早朝のグランドキャニオンを眺めながら、ペイジを経由してグレン・キャニオン・ダムGlen Canyon Damまで移動。コロラド川で約25kmのラフティングをする。昼食付き、所要約12時間30分。催行は3～10月のみ。

●グランドキャニオン・シーニック航空(サウスリム発)
Grand Canyon Scenic Airlines

①ディスカバリー・ツアー　Discovery Tour

セスナで、ズニポイントやデザートビューのサウスリムからノースリムまでを1周する約45分のツアー。

②コロラド川ラフティングツアー　Colorado River Rafting Tour

グレン・キャニオン・ダムGlen Canyon Damからコロラド川を約25km、3～4時間のラフティングをする。昼食付きで、所要約12時間。3～10月下旬のみ催行される。天候などによる変更あり。4歳から参加可。

旅のアドバイス　マズウィックロッジに宿泊▶マズウィックロッジは、清潔で備品も揃っている。冬は室内がとても乾燥しているので、水分補給を怠らないこと。

グランドキャニオン国立公園付近のホテル事情

冬を除き国立公園の宿は、非常に混雑して取りにくい。宿泊手配を扱っている日本の旅行会社に早めに予約を依頼するのもひとつの方法だ。

公園内に泊まる

サウスリムの公園内にある宿泊施設は、ヤバパイロッジを除いて Xanterra Parks & Resorts によって運営されている。ビレッジ内には6軒の宿泊施設がある。予約は13ヵ月前の1日から可能（例えば2020年5/1～5/31までの予約は、2019年5/1から受け付けている）。電話やウェブサイトで早めに申し込もう。また、キャンセル時も連絡を忘れずに。

園内の宿はすべて禁煙。

なお、予約なしでグランドキャニオンを訪れる人は、なるべく午前中に到着しよう。着いたらすぐにロッジのフロントに直行して、部屋の空き具合を聞く。予約システムはオンライン化されているので、1ヵ所で聞けばほかの宿の状況もわかる。

Xanterra Parks & Resorts
☎ (303) 297-2757 Free (1-888) 297-2757
当日予約 ☎ (928) 638-2631
URL www.grandcanyonlodges.com

サウスリムのビレッジ内には以下のようなロッジがある。なお、一部だがバス共同の部屋もある。

●ブライト・エンジェル・ロッジ&キャビン
Bright Angel Lodge & Cabins
園内シャトルバスの発着所にもなっている便利なロッジ。90室。スタンダード$114.64、シャワー共同$88.51～101.05、キャビンⓈⓉ$145.99～226.45、スイート$178.38～489.79 ADJMV 地P.173

●カチナロッジ Kachina Lodge
鉄筋コンクリート造りのロッジで、キャニオンが見える部屋もある。ムードより快適さを選ぶ人向き。49室。Ⓣ$234.81（ストリート側）、$253.62（リム側） ADJMV 地P.173

●サンダーバードロッジ Thunderbird Lodge
ブライト・エンジェル・ロッジの隣にある2階建てのモダンな外観のロッジ。55室。Ⓣ$234.81（ストリート側）、$253.62（リム側） ADJMV 地P.173

サウスリムを見下ろせるロケーションにあるエルトバー・ホテル

●エルトバー・ホテル El Tovar Hotel
1905年創設の歴史と伝統をもつリゾートホテルで、歴代アメリカ大統領やポール・マッカートニーなど多くの著名人も利用している。木造で趣があり、数ヵ月先まで予約で埋まっている。78室。ⒹⓉ$226.45～369.52、スイート$461.58～561.90 ADJMV 地P.173

●マズウィックロッジ Maswik Lodge
部屋の種類が多い。リムから徒歩5分。エアコンがあるのはノースのみ。250室。サウス$116.73、ノース$224.36 ADJMV 地P.173

マズウィックロッジ、サウスのスタンダードルーム

●ヤバパイロッジ Yavapai Lodge
園内最大のロッジ。1階建てのWestと、エアコン付き2階建てのEastがある。シャトルバスのビレッジルート ➡P.171 が運行しているが、ビレッジからは離れている。358室。West ⒹⓉ$153.78、EastⒹⓉ$190.73 ADJMV 地P.173
〈予約先〉DNC Parks & Resorts at Grand Canyon
☎ (928) 638-4001 Free (1-877) 404-4611（予約）
URL www.visitgrandcanyon.com/yavapai-lodge
※予約は13ヵ月前から受け付けている。

崖から突き出す展望台、スカイウオーク

グランドキャニオン国立公園外のワラパイ族居留地にあるグランドキャニオン・ウエスト Grand Canyon West。このエリアの代表的な見どころである展望台、**スカイウオーク Skywalk**。崖から突き出すU字型のガラス橋からは、高低差1000m以上の谷底が見える。ガラスでできており、上を歩くとまるで宙に浮いているかのような感覚だ。ラスベガスから、グランドキャニオン・シーニック航空やパピヨン・グランドキャニオン・ヘリコプターズ ➡P.174 などがツアーを催行している。

グランドキャニオン・ウエスト
住 行き方は URL で確認を。
☎ (928) 769-2636 Free (1-888) 868-9378
URL www.grandcanyonwest.com
開 毎日7:00～19:00（入場は16:30まで。季節による変更あり） 料 $46.95（入園料とワラパイランチ、イーグルポイント、グアノポイントへのシャトルバス込み）、前述の内容にスカイウオーク入場料と昼食が加わったパッケージは$76.86

西部劇の舞台

モニュメントバレー

Monument Valley

谷へ下りて岩山を見上げてみよう

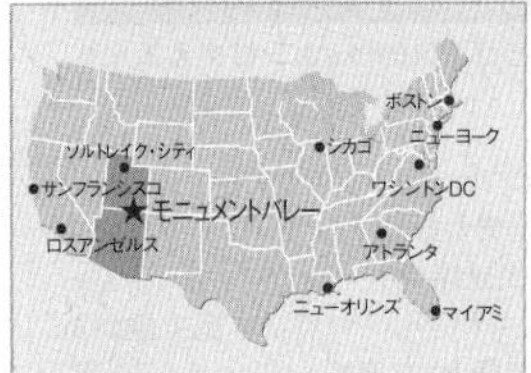

一度見たら忘れられない、インパクトのある景色。

映画やCMにもよく登場し、アメリカの原風景ともいわれているのがモニュメントバレーだ。ネイティブアメリカン、ナバホ族の居留地で、アリゾナ州とユタ州にまたがっている。赤土の荒涼とした大地に、ユニークな形をしたいくつものビュート（残丘）がそびえ、時間によってさまざまな表情を見せる。

DATA

時間帯▶山岳部標準時（MST）（ナバホ族居留地内は夏時間採用）➲P.631
☎(435) 727-5870
開〈10〜4月〉毎日8:00〜16:30、〈5〜9月〉毎日6:00〜20:30（ゲート閉鎖後は入場できない）
料1人$10、または車1台4人まで$20、9歳以下無料（現金のみ）
※国立公園ではないのでアメリカ・ザ・ビューティフル・パスは使えない

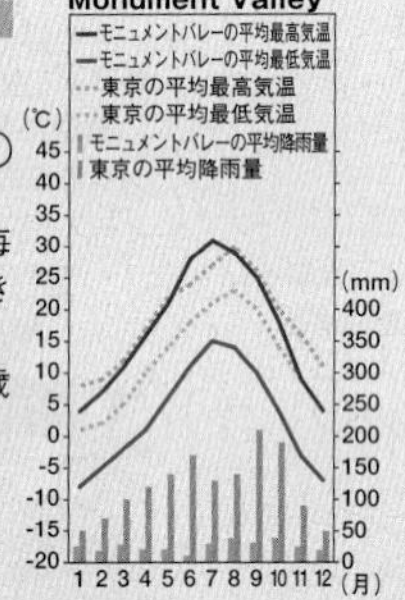

もっと詳しく

地球の歩き方B13アメリカの国立公園編（1800円+税）でもモニュメントバレーを紹介していますので、ご活用ください。

Getting There & Around モニュメントバレーへの行き方＆歩き方

車がある場合、フラッグスタッフ➲P.229から約290km。US-89を北へ約1時間走ってUS-160を右折。ナバホ族居留地を走り、ケイエンタKayentaの町に入ったらUS-163を左折。バレー内はビジターセンターなどから出発するバレーツアーへの参加をすすめる。車がない場合は、ラスベガスから日帰りツアーに参加しよう。

モニュメントバレー・ナバホ・トライバルパーク
URL navajonationparks.org/tribal-parks/monument-valley/
料$20（車1台につき4人まで、1人追加$6。6歳以下無料）

ツアー案内 Sightseeing Tours

シンプソンズ・トレイルハンドラー・ツアーズ
Simpson's Trailhandler Tours

モニュメントバレー内でバレーツアー➲P.177、ハイキングツアーなどを催行。おすすめはナバホ族の住居ホーガンに宿泊、夕日と朝日観賞のジープツアー、ナバホ族の歌やダンスのエンターテインメントなど充実した内容のNavajo Traditional Hogan。ディナー（ナバホタコス）＆朝食付き。

シンプソンズ・トレイルハンドラー・ツアーズ
☎(435) 727-3362
Free (1-888) 723-6236
URL monumentvalley.com
料ツアーにより異なる。ホーガン宿泊コースはひとり$250
※ツアーは電話かeメールで問い合わせを（日本語可だが日本語のガイドはいない）
E-mail info@trailhandlertours.com

観光案内所 Visitors Information

US-163から園内に入って、約6km走った突き当たりに**ビジターセンターVisitor Center**がある。

●Monument Valley Navajo Tribal Park Visitor Center
開〈10〜3月〉毎日8:00〜17:00、〈4〜9月〉毎日6:00〜20:00
休11月第4木曜、12/25、1/1

メモ 訪れる前に▶ネイティブアメリカン（ナバホ族）にまつわる本（『アメリカ・インディアンの書物よりも賢い言葉』エリコ・ロウ著　扶桑社）などを読んでみよう。ナバホ族の思想や文化の理解を深められる。

おもな見どころ Sightseeing

谷底からビュートを見上げる 地P.177内

バレーツアー
Valley Tour

バレー内の道路は荒れた未舗装路なので、普通車で進むのは難しい。レンタカーなどでビジターセンターに来たら、車をおいてバンやジープによるバレーツアーに参加したほうがいいだろう。数ヵ所のビューポイントやツアーでしか行けないビッグ・ホーガン・アーチなどの奇岩を見ることができる。

シンプソンズ・トレイルハンドラー・ツアーズ
Simpson's Trailhandler Tours

●2時間30分ツアー／ジョン・フォード・ポイントやビッグ・ホーガン・アーチなどへ行く定番のツアー。

●夕日観賞ツアー／園内を巡りながら夕日を楽しむ。所要約2時間30分。

●朝日観賞プライベートツアー／園内を巡りながら朝日を楽しむプライベートツアー。所要約2時間30分。

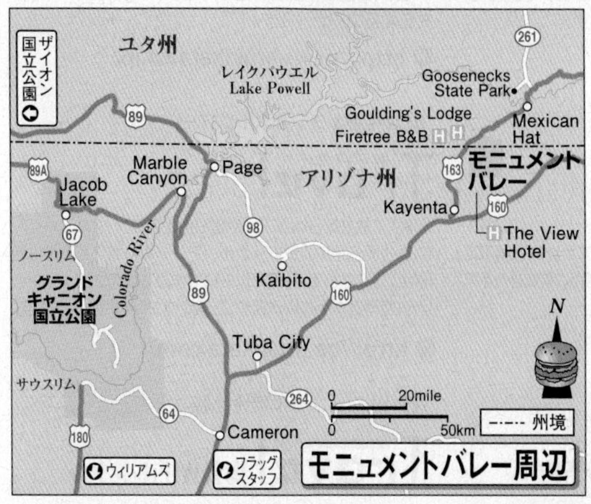

バレーツアー
●Simpson's Trailhandler Tours
P.176
料〈2時間30分ツアー〉1人$75、〈夕日観賞ツアー〉1人$80、〈朝日観賞プライベートツアー〉1人$210

ツアーの出発時間は時期により異なるので、予約時に問い合わせを。

上記ツアーのほかに、公園南部に広がるミステリーバレーを訪れるジープツアー（所要約3時間30分、料1人$100）や、ガイドと一緒にバレーを歩くハイキングツアー（3時間30分コース料$99、5時間コース料$250、6時間コース料$162など）が人気。

※ツアーによって最少催行人数が設定されていることもあるので、予約時に問い合わせること

写真撮影には気をつけて

モニュメントバレーには約100人のナバホ族が生活しているが、住民や住居にやたらとカメラを向けるのは失礼だし、トラブルのもとなのでやめよう。観光客向けのデモンストレーションなど撮影OKの場合でも、チップを忘れずに

ツアーに参加すれば一般車が入れない所も回れる

ホテル Hotels

中級ホテル

モニュメントバレーの敷地内にある

ビューホテル
The View Hotel

住Monument Valley (Navajo Tribal Park), UT 84536
☎(435)727-5555 URL monumentvalleyview.com
ⒹⓉ109〜498 AMV現金不可 地P.177 Wi-Fi無料

客室からモニュメントバレーの大パノラマを楽しめると好評。客室には、冷蔵庫、コーヒーメーカー、電子レンジがあり、浴室にはバスタブも備わっている。レストランあり。95室。

B&B

ナバホの伝統的な住居（ホーガン）に泊まれる

ファイアーツリーB&B
Firetree B & B

住1 Firetree Lane, Oljato-Monument Valley, UT 84536
☎(435)727-3228 URL www.firetreeinn.com
2人まで$225〜(税込み)、1人追加料金$30 AMV 地P.177

US-163からモニュメントバレー入口と反対側へ入り、北へ3.2km行くとグールディングスロッジがある。そこから奥へ約16km走り、Oljatoの集落を過ぎると未舗装道路になり、さらに約5.3km進んだ所にある。チェックインは17:00〜21:00。近くにレストランはない。Wi-Fiは朝食を取るダイニングのみで使用可能。2棟。

メモ **数々の映画が撮影された**▶モニュメントバレーを有名にしたのは、西部劇の映画で知られるジョン・フォードの『駅馬車』だ。そのほか『トランスフォーマー／ロストエイジ』『ローン・レンジャー』などの映画のロケ地としても有名。

地球の歩き方 ホームページの使い方

海外旅行の最新情報満載の「地球の歩き方ホームページ」！ガイドブックの更新情報はもちろん、各国の基本情報、海外旅行の手続きと準備、海外航空券、海外ツアー、現地ツアー、ホテル、鉄道チケット、Wi-Fiレンタルサービスなどもご紹介。旅先の疑問などを解決するためのQ&A・旅仲間募集掲示板や現地特派員ブログもあります。

URL http://www.arukikata.co.jp/

■ 多彩なサービスであなたの海外旅行をサポートします！

「地球の歩き方」の電子掲示板（BBS）

教えて！ by旅スケ 旅のQ&A掲示板

「地球の歩き方」の源流ともいえる旅行者投稿。世界中を歩き回った数万人の旅行者があなたの質問を待っています。目からウロコの新発見も多く、やりとりを読んでいるだけでも楽しい旅行情報の宝庫です。

URL http://bbs.arukikata.co.jp/

国内外の旅に関するニュースやレポート満載

地球の歩き方 ニュース&レポート

国内外の観光、グルメ、イベント情報、地球の歩き方ユーザーアンケートによるランキング、編集部の取材レポートなど、ほかでは読むことのできない、世界各地の「今」を伝えるコーナーです。

URL http://news.arukikata.co.jp/

航空券の手配がオンラインで可能

地球の歩き方 arukikata.com

航空券のオンライン予約なら「アルキカタ・ドット・コム」。成田・羽田他、全国各地ポート発着の航空券が手配できます。期間限定の大特価バーゲンコーナーは必見。また、出張用の航空券も手配可能です。

URL http://www.arukikata.com/

現地発着オプショナルツアー

地球の歩き方 Travel

効率よく旅を楽しむツアーや宿泊付きのランドパッケージなど、世界各地のオプショナルツアーを取り揃えてるのは地球の歩き方ならでは。観光以外にも快適な旅のオプションとして、空港とホテルの送迎や、空港ラウンジ利用も人気です。

URL http://op.arukikata.com/

ホテルの手配がオンラインで可能

地球の歩き方 Travel 海外ホテル予約

「地球の歩き方ホテル予約」では、世界各地の格安から高級ホテルまでをオンラインで予約できるサービスです。クチコミなども参考に評判のホテルを探しましょう。

URL http://hotels.arukikata.com/

海外WiFiレンタル料金比較

地球の歩き方 Travel 海外WiFiレンタル

スマホなどによる海外ネット接続で利用者が増えている「WiFi ルーター」のレンタル。渡航先やサービス提供会社で異なる料金プランなどを比較し、予約も可能です。

URL http://www.arukikata.co.jp/wifi/

LAのディズニーリゾートやユニバーサルスタジオ入場券の手配

地球の歩き方 Travel オンラインショップ

現地でチケットブースに並ばずに入場できるアナハイムのディズニー・リゾートやハリウッドのユニバーサル・スタジオの入場券の手配をオンラインで取り扱っています。

URL http://parts.arukikata.com/

ヨーロッパ鉄道チケットがWebで購入できる「ヨーロッパ鉄道の旅」

ヨーロッパ鉄道の旅 Travelling by Train

地球の歩き方トラベルのヨーロッパ鉄道チケット販売サイト。オンラインで鉄道パスや乗車券、座席指定券などを購入いただけます。利用区間や日程がお決まりの方にお勧めです。

URL http://rail.arukikata.com/

海外旅行の最新で最大級の情報源はここに！ 地球の歩き方

ロッキー山脈と西部

ソルトレイク・シティ……181
デンバー……191
ボイジー……202
ボーズマン……205
ビスマーク……208
ラピッドシティ……210
シャイアン……214
オマハ……218
ウィチタ……221
オクラホマシティ……225
フラッグスタッフ……229
ツーソン……231
セドナ……234
フェニックス……238
サンタフェ……247
ダラス……250
フォートワース……259
オースチン……268
ヒューストン……272
サンアントニオ……281
エルパソ……285

Rocky Mountains & West

シャイアンにはアーティストたちが描いたウエスタンブーツが鎮座する

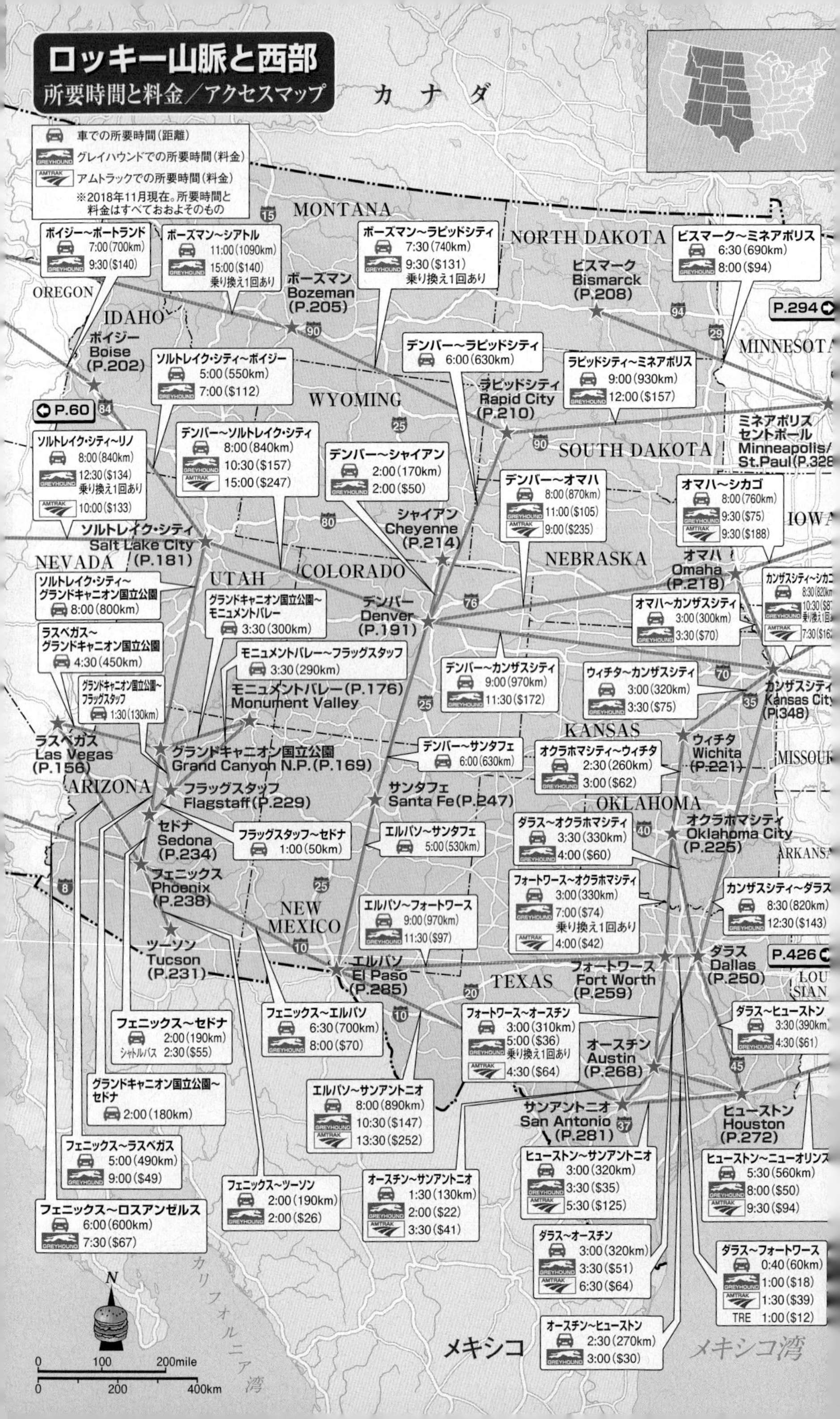

ロッキー山脈と西部
所要時間と料金／アクセスマップ

車での所要時間（距離）
GREYHOUND グレイハウンドでの所要時間（料金）
AMTRAK アムトラックでの所要時間（料金）
※2018年11月現在。所要時間と料金はすべておおよそのもの

カナダ　MONTANA　NORTH DAKOTA　OREGON　IDAHO　WYOMING　SOUTH DAKOTA　MINNESOTA　IOWA　NEVADA　UTAH　COLORADO　NEBRASKA　KANSAS　MISSOURI　ARIZONA　NEW MEXICO　OKLAHOMA　ARKANSAS　TEXAS　LOUISIANA　メキシコ　メキシコ湾　カリフォルニア湾

ボーズマン Bozeman (P.205)
ビスマーク Bismarck (P.208)
ボイジー Boise (P.202)
ラピッドシティ Rapid City (P.210)
ミネアポリス／セントポール Minneapolis/St.Paul (P.328)
シャイアン Cheyenne (P.214)
ソルトレイク・シティ Salt Lake City (P.181)
オマハ Omaha (P.218)
デンバー Denver (P.191)
カンザスシティ Kansas City (P.348)
モニュメントバレー (P.176) Monument Valley
ラスベガス Las Vegas (P.156)
グランドキャニオン国立公園 Grand Canyon N.P. (P.169)
フラッグスタッフ Flagstaff (P.229)
サンタフェ Santa Fe (P.247)
ウィチタ Wichita (P.221)
セドナ Sedona (P.234)
オクラホマシティ Oklahoma City (P.225)
フェニックス Phoenix (P.238)
ツーソン Tucson (P.231)
エルパソ El Paso (P.285)
ダラス Dallas (P.250)
フォートワース Fort Worth (P.259)
オースチン Austin (P.268)
サンアントニオ San Antonio (P.281)
ヒューストン Houston (P.272)

P.60　P.294　P.426

ボイジー～ポートランド
車 7:00（700km）
GREYHOUND 9:30（$140）

ボーズマン～シアトル
車 11:00（1090km）
GREYHOUND 15:00（$140）乗り換え1回あり

ボーズマン～ラピッドシティ
車 7:30（740km）
GREYHOUND 9:30（$131）乗り換え1回あり

ビスマーク～ミネアポリス
車 6:30（690km）
GREYHOUND 8:00（$94）

ソルトレイク・シティ～ボイジー
車 5:00（550km）
GREYHOUND 7:00（$112）

デンバー～ラピッドシティ
車 6:00（630km）

ラピッドシティ～ミネアポリス
車 9:00（930km）
GREYHOUND 12:00（$157）

ソルトレイク・シティ～リノ
車 8:00（840km）
GREYHOUND 12:30（$134）乗り換え1回あり
AMTRAK 10:00（$133）

デンバー～ソルトレイク・シティ
車 8:00（840km）
GREYHOUND 10:30（$157）
AMTRAK 15:00（$247）

デンバー～シャイアン
車 2:00（170km）
GREYHOUND 2:00（$50）

デンバー～オマハ
車 8:00（870km）
GREYHOUND 11:00（$105）
AMTRAK 9:00（$235）

オマハ～シカゴ
車 8:00（760km）
GREYHOUND 9:30（$75）
AMTRAK 9:30（$188）

ソルトレイク・シティ～グランドキャニオン国立公園
車 8:00（800km）

グランドキャニオン国立公園～モニュメントバレー
車 3:30（300km）

ラスベガス～グランドキャニオン国立公園
車 4:30（450km）

モニュメントバレー～フラッグスタッフ
車 3:30（290km）

グランドキャニオン国立公園～フラッグスタッフ
車 1:30（130km）

オマハ～カンザスシティ
車 3:00（300km）
GREYHOUND 3:30（$70）

カンザスシティ～シカゴ
車 8:30（820km）
GREYHOUND 10:30（$87）乗り換え1回あり
AMTRAK 7:30（$162）

デンバー～カンザスシティ
車 9:00（970km）
GREYHOUND 11:30（$172）

ウィチタ～カンザスシティ
車 3:00（320km）
GREYHOUND 3:30（$75）

デンバー～サンタフェ
車 6:00（630km）

オクラホマシティ～ウィチタ
車 2:30（260km）
GREYHOUND 3:00（$62）

フラッグスタッフ～セドナ
車 1:00（50km）

エルパソ～サンタフェ
車 5:00（530km）

ダラス～オクラホマシティ
車 3:30（330km）
GREYHOUND 4:00（$60）

フォートワース～オクラホマシティ
車 3:00（330km）
GREYHOUND 7:00（$74）乗り換え1回あり
AMTRAK 4:00（$42）

カンザスシティ～ダラス
車 8:30（820km）
GREYHOUND 12:30（$143）

エルパソ～フォートワース
車 9:00（970km）
GREYHOUND 11:30（$97）

フェニックス～セドナ
車 2:00（190km）
シャトルバス 2:30（$55）

フェニックス～エルパソ
車 6:30（700km）
GREYHOUND 8:00（$70）

フォートワース～オースチン
車 3:00（310km）
GREYHOUND 5:00（$36）乗り換え1回あり
AMTRAK 4:30（$64）

ダラス～ヒューストン
車 3:30（390km）
GREYHOUND 4:30（$61）

グランドキャニオン国立公園～セドナ
車 2:00（180km）

エルパソ～サンアントニオ
車 8:00（890km）
GREYHOUND 10:30（$147）
AMTRAK 13:30（$252）

フェニックス～ラスベガス
車 5:00（490km）
GREYHOUND 9:00（$49）

ヒューストン～サンアントニオ
車 3:00（320km）
GREYHOUND 3:30（$35）
AMTRAK 5:30（$125）

ヒューストン～ニューオリンズ
車 5:30（560km）
GREYHOUND 8:00（$50）
AMTRAK 9:30（$94）

フェニックス～ツーソン
車 2:00（190km）
GREYHOUND 2:00（$26）

オースチン～サンアントニオ
車 1:30（130km）
GREYHOUND 2:00（$22）
AMTRAK 3:30（$41）

フェニックス～ロスアンゼルス
車 6:00（600km）
GREYHOUND 7:30（$67）

ダラス～オースチン
車 3:00（320km）
GREYHOUND 3:30（$51）
AMTRAK 6:30（$64）

ダラス～フォートワース
車 0:40（60km）
GREYHOUND 1:00（$18）
AMTRAK 1:30（$39）
TRE 1:00（$12）

オースチン～ヒューストン
車 2:30（270km）
GREYHOUND 3:00（$30）

N
0　100　200mile
0　200　400km

ソルトレイク・シティ
Salt Lake City
モルモン教の総本山

大自然に囲まれた美しい町がソルトレイク・シティだ

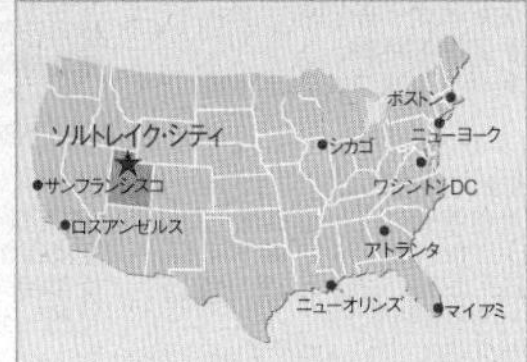

2002年に冬季オリンピックが開催されたことで、日本人にもなじみのある都市となったソルトレイク・シティ。ロッキー山脈の一画、ワサッチ山脈の麓に位置する、大自然に囲まれた美しい町だ。

ソルトレイク・シティを造り上げたのはモルモン教の人々。今から約170年前、宗教的迫害から逃れるため、イリノイ州から2100kmを踏破しこの地へたどり着いた。そのためソルトレイク・シティの中心部にはモルモン教の本部があり、日本を含め世界中から信徒が訪れ、ソルトレイク・シティ市民の半数以上がモルモン教を信仰しているといわれている。

また、良質な雪が降る町としても知られており、シーズンになるとパウダースノーを求め、世界中からスキーヤー、スノーボーダーがやってくる。ダウンタウンから1時間も車を走らせればスキー場が点在し、シーズン中は多くの観光客でにぎわいを見せている。

近郊のスキー場は多くの人でにぎわう

地元で大人気のNBAチーム、ユタ・ジャズに加え、2005年MLSに参加したレアル・ソルトレイク・シティは2018年プレイオフに進出、人気も着実に高まってきており、町全体でスポーツ熱も上昇中だ。

DATA

人口▶約20万500人
面積▶約288km²
標高▶約1290m
TAX▶セールスタックス　7.6%
ホテルタックス　12.92%
属する州▶ユタ州　Utah
州のニックネーム▶ビーハイブ（蜜蜂の巣箱）州　Beehive State
州都▶ソルトレイク・シティ　Salt Lake City
時間帯▶山岳部標準時（MST）
➡P.631
繁忙期▶6～8月

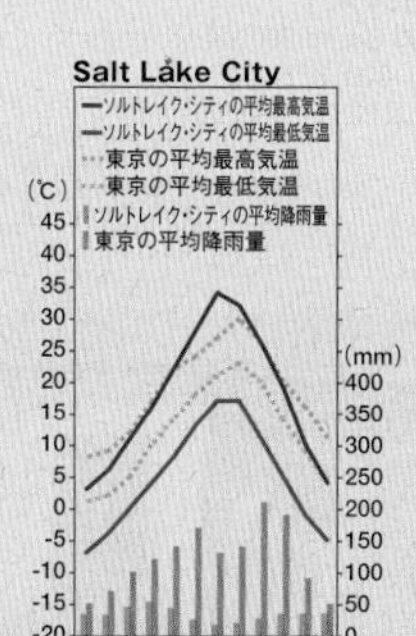

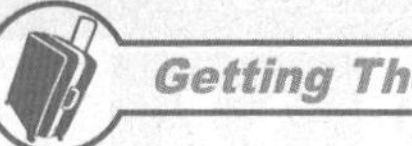

Getting There ソルトレイク・シティへの行き方

ソルトレイク・シティ国際空港
地P.184-A1外
住776 N. Terminal Dr.
☎(801)575-2400
Free(1-800)595-2442
URL www.slcairport.com
●Alta Shuttle（スキーシャトル）
☎(801)274-0225
Free(1-866)274-0225
URL www.altashuttle.com
料アルタ、スノーバードまで$40

飛行機 Plane

ソルトレイク・シティ国際空港
Salt Lake City International Airport（SLC）

ダウンタウンの西約10kmに位置する。デルタ航空のハブで、ロスアンゼルスやシアトル、シカゴからの直行便が毎日運航。9の航空会社が乗り入れる。冬期にはスキーリゾートのアルタやスノーバードなどへ空港から直行する**アルタシャトルAlta Shuttle**が運行している。

■空港から／空港へのアクセス

	種類／名称／連絡先	行き先／運行／料金	乗車場所／所要時間／備考
空港シャトル	**エクスプレスシャトル** Express Shuttle ☎(801)596-1600 Free(1-800)397-0773 URL www.expressshuttleutah.com	**行き先**▶市内や周辺どこでも **運行**▶24時間随時 **料金**▶ダウンタウンまで片道$10〜	**空港発**▶バゲージクレーム（預託荷物のピックアップ場所）のターンテーブル2出た所から乗車 **空港行き**▶事前に電話予約 **所要時間**▶ダウンタウンまで15〜30分 ※ダウンタウンの多くのホテルが無料送迎シャトルバスを走らせている。到着ロビーにある直通電話で予約を入れてから待つといい
ライトレイル	**トラックス・ライトレイル・グリーンライン（#704）** TRAX Light Rail Green Line (#704) ☎(801)743-3882 URL www.rideuta.com	**行き先**▶ダウンタウンのテンプルスクエアなど **運行**▶空港発は月〜金5:38〜23:23、土・日6:20〜23:00。空港行きは月〜金5:19〜23:04、土・日5:51〜22:31。15〜20分間隔 **料金**▶$2.50	**空港発**▶ターミナル1の南側 **空港行き**▶ダウンタウンの駅から乗車 **所要時間**▶ダウンタウンのテンプルスクエアまで約30分
タクシー	**イエローキャブ** Yellow Cab ☎(801)521-2100 URL yellowcabutah.com	**行き先**▶市内や周辺どこでも **運行**▶24時間随時 **料金**▶ダウンタウンまで約$25	**空港発**▶ターミナル1のドア7とターミナル2のドア11を出た所から乗車 **空港行き**▶事前に電話予約、または主要ホテルから乗車 **所要時間**▶ダウンタウンまで10〜15分

※それぞれの乗り物の特徴については ➡P.665

無料送迎シャトルを利用しよう
空港がダウンタウンに近いため、ダウンタウンのホテルの多くが空港とホテル間の無料送迎シャトルバスを走らせている。宿泊予定のホテルに確認してみよう

グレイハウンド・バスディーポ
地P.184-A2
住300 South 600 West
☎(801)355-9579
開毎日5:00〜20:00、22:00〜翌0:30

アムトラック駅
地P.184-A2
住300 South 600 West
Free(1-800)872-7245
開毎日22:00〜翌5:00

小さい駅なので見逃さないように

長距離バス Bus

グレイハウンド・バスディーポ
Greyhound Bus Depot

ダウンタウンの西にあり、アムトラック駅やトラックス・ライトレイルの駅も近い。待合室は広く、清潔で、ロッカーも完備する。デンバーまで1日2便（所要10〜12時間）、ラスベガスまで1日2便（所要約8時間）、リノまで1日1便（所要約10時間）。

アムトラック駅の隣にあるバスディーポ

鉄道 Train

アムトラック駅
Amtrak Station

ダウンタウンの西側にある小さな駅。サンフランシスコ〜シカゴ間を結ぶカリフォルニアゼファーCalifornia Zephyr号が毎日1往復する。上り、下りとも深夜の発着。ちなみにソルトレイク・シティとデンバーの間は、アムトラックでも有数の景勝ルートだ。

メモ **ダウンタウンの買い物スポット**▶ダウンタウンの中心にあるシティ・クリーク・センターは約100店舗が入るショッピングモール。フードコートもあり便利。City Creek Center 住50 S. Main St. ☎(801)521-2012 URL www.shopcitycreekcenter.com 開月〜土10:00〜21:00 休日 地P.184-A1

ソルトレイク・シティの歩き方 Getting Around

町の中心はモルモン教の施設が集まるテンプルスクエア。おもな見どころはテンプルスクエアを中心に点在しており、徒歩でアクセス可能だ。近郊には、オリンピック会場となった総合公園や、世界最大級の鉱山など、魅力的なスポットも多い。訪れるならツアーバスやレンタカーで。

観光案内所 Visitors Information

ソルトレイク観光局
Salt Lake Convention & Visitors Bureau

ソルトパレス・コンベンションセンターSalt Palace Convention Center内にある観光案内所。市内の情報のほか、ユタ州についての資料も豊富。

ユタ州観光案内所
Utah Office of Tourism

州議事堂前の昔の協議会室の中にある案内所。ユタ州内の、国立公園、国有林、州立公園などに関する情報が集まる。無料のパンフレットのほか、写真集、地図、書籍が揃っている。

市内の交通機関 Public Transportation

ユタ交通局
Utah Transit Authority (UTA)

UTA バス　UTA Bus

ダウンタウンから郊外までをカバーしているバスシステム。時刻表は観光案内所などで手に入る。トランスファー（乗り換え）は2時間以内なら無料で、トラックス・ライトレイルにも乗り換え可能。冬期はスキーバス（ダウンタウンから片道料$4.50）の運行も行っている。また、市内の一部の区域→P.184地図は無料だ。路線によって日曜は運休。

トラックス・ライトレイル　TRAX Light Rail

観光にはブルー（#701）、グリーン（#704）、レッド（#703）の3路線が便利だ。そのほか、北はオグデン、南はプロボを結ぶフロントランナー（#750）や、ダウンタウンの南を走るストリートカーSラインなども走っている。また、ダウンタウンのLibrary駅、Courthouse駅からSalt Lake Central駅までは無料乗車ゾーンである。

ツアー案内 Sightseeing Tours

ソルトレイク・シティ・ツアーズ
Salt Lake City Tours

出発場所／ダウンタウンの主要ホテルはピックアップサービスあり。予約の際、ホテル名を告げること。

筒状の建物が目印の観光案内所

ソルトレイク観光局
地P.184-A1
住90 S. West Temple
☎(801)534-4900
Free(1-800)541-4955
URL www.visitsaltlake.com
開毎日9:00～17:00
休おもな祝日

ユタ州観光案内所
地P.184-B1
住300 N. State St.
☎(801)538-1030
開毎日8:30～17:00（土・日10:00～）

●UTA Bus
☎(801)743-3882
Free(1-888)743-3882
URL www.rideuta.com
料$2.50。ダウンタウンには無料乗車ゾーン→P.184地図がある。トランスファーは無料、料金を支払うときに告げること。1日券は$6.25
運行／月～土6:00～24:00（土7:00～）、日9:00～18:00（路線により異なる）
休おもな祝日（路線により異なる）

●TRAX Light Rail
料$2.50。1日券は$6.25。フロントランナーは$2.50が基本料金で、次の駅へ行くごとに60¢加算される
運行／月～土5:00～24:00、日6:00～23:00。15～60分間隔（路線により異なる）

車体の色分けはされていないので注意

ソルトレイク・シティ・ツアーズ
☎(801)364-3333
URL www.saltlakecitytours.org

ツアー名	料金	運行	所要時間	内容など
Salt Lake City Tour	$49	月～土9:00発	4時間	ソルトレイク・テンプルや大聖堂を含むテンプルスクエアやユタ大学などを見学する
Kennecott Copper Mine & Great Salt Lake Tour	$59	毎日14:30発（時期により異なる）	4～5時間	ビンガムキャニオン鉱山やグレート・ソルトレイクを回る

UTA の IC カード▶ FAREPAY Card は UTA のカスタマーセンターやコンビニ、薬局で買うことができる。カード料金は $3。IC カードでの支払いの場合、通常料金より 18 ～ 40%安くなる。UTA カスタマーセンター（開月～金 7:00 ～ 18:00）はグレイハウンド・バスディーポ→P.182内にあり。

Sightseeing　おもな見どころ

テンプルスクエア
住North Temple、South Temple、West Temple、State St.に囲まれたあたり
☎(801)531-1000
URL www.templesquare.com
URL www.lds.org
開毎日9:00～21:00
料無料

●North Visitors' Center
●South Visitors' Center
開毎日9:00～21:00

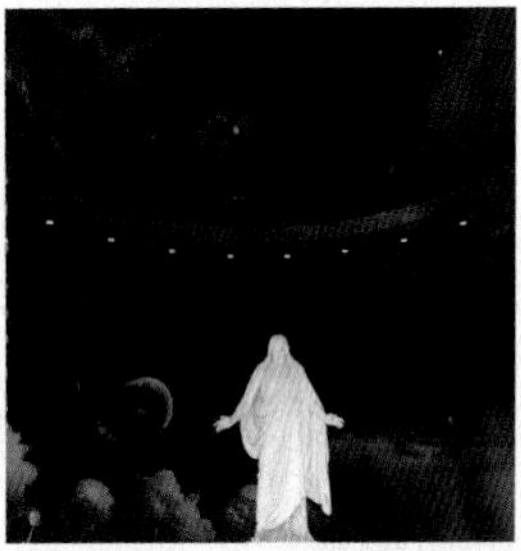

北側のビジターセンターにあるキリストの像

モルモン教の総本山　地P.184-A1

テンプルスクエア
Temple Square

世界160以上の国と地域に1500万人以上の信徒をもつといわれる**モルモン教（末日聖徒イエス・キリスト教会 The Church of Jesus Christ of Latter-day Saints）**の教会本部、テンプルスクエア。1847年、ブリガム・ヤング率いるモルモン教徒がこの地に入植してから、町の中心として発展を見守ってきた。

ビジターセンター　Visitors' Center

まずは、モルモン教の歴史や教義などをわかりやすく解説しているビジターセンターを訪れてみよう。南北のゲートのすぐ隣にあり、案内をしてくれる宣教師（女性）が常に数名いる。日本から来ている宣教師もいて、タイミングが合えば日本語ツアーも催行。南側のビジターセンターからは、絵のようなソルトレイク・テンプルを見ることができる。さらにソルトレイク・テンプル内部の模型もあり、内部の構造を知ることができる。北側のビジターセンターは、モルモン教の歴史やイエス・キリストをもとにする展示が充実。

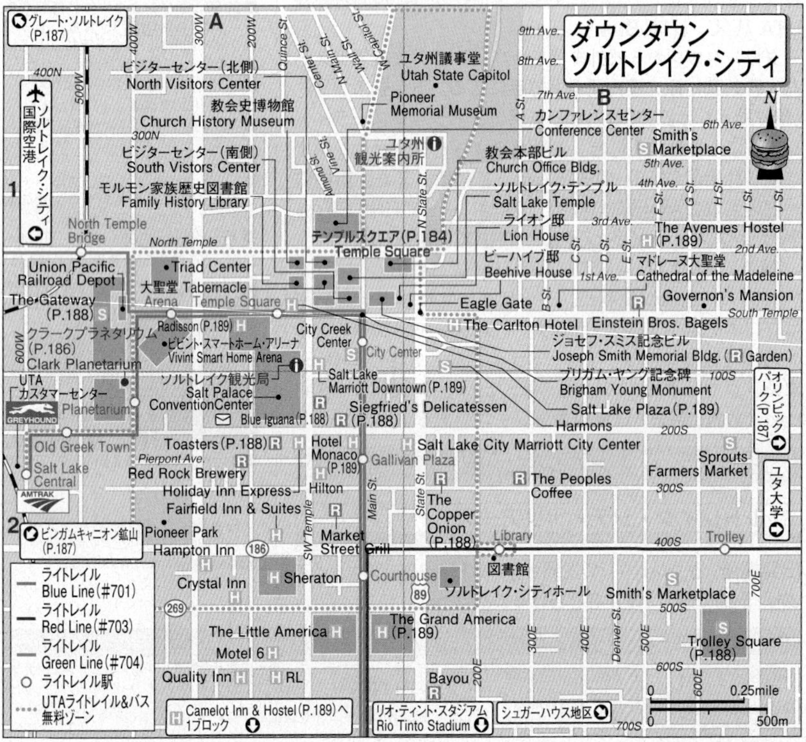

ダウンタウン ソルトレイク・シティ
グレート・ソルトレイク (P.187)
ソルトレイク・シティ国際空港
ビジターセンター（北側） North Visitors Center
教会史博物館 Church History Museum
ビジターセンター（南側） South Visitors Center
モルモン家族歴史図書館 Family History Library
ユタ州議事堂 Utah State Capitol
Pioneer Memorial Museum
ユタ州観光案内所
カンファレンスセンター Conference Center
教会本部ビル Church Office Bldg.
ソルトレイク・テンプル Salt Lake Temple
ライオン邸 Lion House
テンプルスクエア(P.184) Temple Square
ビーハイブ邸 Beehive House
マドレーヌ大聖堂 Cathedral of the Madeleine
Smith's Marketplace
The Avenues Hostel (P.189)
Governor's Mansion
Eagle Gate
The Carlton Hotel
Einstein Bros. Bagels
ジョセフ・スミス記念ビル Joseph Smith Memorial Bldg. (Garden)
ブリガム・ヤング記念碑 Brigham Young Monument
Salt Lake Plaza (P.189)
Harmons
Union Pacific Railroad Depot
The Gateway (P.188)
Triad Center
大聖堂 Tabernacle
クラークプラネタリウム (P.186) Clark Planetarium
Radisson (P.189)
ビビント・スマートホーム・アリーナ Vivint Smart Home Arena
City Creek Center
Salt Lake Marriott Downtown (P.189)
ソルトレイク観光局
Salt Palace Convention Center
Siegfried's Delicatessen
Blue Iguana (P.188)
(P.188)
UTA カスタマーセンター
Toasters (P.188)
Hotel Monaco (P.189)
Gallivan Plaza
Salt Lake City Marriott City Center
Old Greek Town
Red Rock Brewery
Holiday Inn Express
Fairfield Inn & Suites
Hilton
The Copper Onion (P.188)
The Peoples Coffee
Sprouts Farmers Market
Salt Lake Central
ビンガムキャニオン鉱山 (P.187)
Pioneer Park
Hampton Inn
Market Street Grill
Library 図書館
Crystal Inn
Sheraton
Courthouse
ソルトレイク・シティホール
Smith's Marketplace
The Little America
Motel 6
The Grand America (P.189)
Trolley Square (P.188)
Quality Inn
RL
Bayou
Camelot Inn & Hostel (P.189)へ 1ブロック
リオ・ティント・スタジアム Rio Tinto Stadium
シュガーハウス地区
オリンピックパーク (P.187)
ユタ大学
ライトレイル Blue Line (#701)
ライトレイル Red Line (#703)
ライトレイル Green Line (#704)
ライトレイル駅
UTAライトレイル&バス無料ゾーン
0 0.25mile
0 500m

歴史・文化・その土地らしさ　公園・レクリエーション・アトラクション　買い物・食事・娯楽
☆編集室オススメ

ソルトレイク・テンプル(神殿) Salt Lake Temple

6つの尖塔をもったモルモン教の神殿。教徒のバプテスマ（洗礼）や結婚式などの儀式に使われるもので、教徒しか入ることができない。内部の様子は南側のビジターセンターにある模型で知ることができる。1853年から40年の歳月をかけて完成した建物は、近郊で採掘された花こう岩で造られている。

大聖堂 Tabernacle

1867年に完成した大聖堂。見逃せないのが、1万1623本ものパイプからなる世界最大級のパイプオルガン。天井を支える柱を1本も用いていない構造と、かすかな音でも隅々に響き渡る音響効果は、建築学から見ても極めて優れたものだ。

パイプオルガンのリサイタル、**タバナクルオルガン Tabernacle Organ**は、ときに激しく、ときに繊細に響き渡る。日曜日なら、9:30から行われる**モルモン・タバナクル聖歌隊 Mormon Tabernacle Choir**のコンサートを聴いておきたい。コンサートの模様は、1929年からラジオやTVを通じて全米各地で生放送されており、9:15までに入場すれば誰でもコンサートを楽しむことができる。

そのほか、スクエアには、演奏家のコンサート（不定期。料無料）が行われる**集会場 Assembly Hall**や、**モルモン教徒開拓民一家のモニュメント Mormon Pioneer Memorial Monument**、1848年に農作物がイナゴの害に遭って全滅しかけたときにカモメによって救われたことを記念する**カモメのモニュメント Seagull Monument**などがある。

●Tabernacle Organ
開月～土12:00、日14:00。所要約30分
料無料
●Mormon Tabernacle Choir
URL www.thetabernaclechoir.org
開日9:30
料無料
※撮影禁止

リハーサルも要チェック
毎週木19:30～はテンプルスクエアでコンサートのリハーサルが行われており、こちらも見ることができる。リハーサルならではの雰囲気を楽しもう

カモメが飛んでいる
テンプルスクエア周辺だけでなく、ソルトレイク・シティでは今でもカモメの姿を見ることができる。グレート・ソルトレイクはあるものの、海はないはずなのだが、1848年以降カモメたちが生息するようになったといわれている

神殿内部の模型を見ることができる南側のビジターセンター

モルモン教ってどんなもの？

1805年、バーモント州の片田舎で生まれたジョセフ・スミスは、1823年にモロナイという天使の訪れを受けた。そして、その天使から金版を授かったのである。モルモンという名はその教典を編集した予言者の名だ。

普通の人には読解不可能とされているこの金版を、スミスは英語に翻訳、1830年にモルモン書を出版した。こうしてモルモン教は、アメリカで啓示を受けた最初のキリスト教の一派となったわけである。むろん、カトリックでもプロテスタントでもない。標準聖典は聖書のほかモルモン書、教義と聖約、高価な真珠がある。

スミスは住民から抵抗、迫害を受け、信者を率いてオハイオ、ミズーリと西へ西へと移っていく。イリノイではノーブーという町を建てたが、1844年にスミスは暴徒に殺されてしまう。それを引き継いだのが、現代のモーゼといわれるブリガム・ヤングだ。

1万5000人の信徒、ワゴン3000台、牛3万頭を引き連れて、ヤング一行は凍てついたミシシッピ川を渡り、ミズーリ河畔で越冬、1年がかりで約2100kmを踏破し、ユタ州の荒涼たるグレート・ソルトレイクのほとりに到着した。

大陸横断鉄道完成の1869年頃には、計8万5000人のモルモン教徒がこの地に着いた。畑を耕し、やがて荒れ地を緑の地に変え、整然としたソルトレイク・シティを造り上げたのである。

1800年代後半、モルモン教の一部の信者の間では一夫多妻主義がとられていたが、アメリカの法律に沿って1890年に禁止され、現在は一夫一婦制をとっている。ちなみにモルモン教の正式名は末日聖徒イエス・キリスト教会で、日本の信徒数は約13万人にのぼる。

ソルトレイク・シティは自然に囲まれた町▶この町の魅力のひとつが、うらやましいほどの大自然に囲まれているという環境。町はブライスキャニオン国立公園やアーチーズ国立公園などのグランドサークルのゲートシティであり、ここを起点に大自然を求めて旅立つ人も多い。

●Church History Museum
地P.184-A1
住45 N. West Temple
☎(801) 240-3310
開月～金9:00～21:00、土10:00～17:00
休日、おもな祝日　料無料

●Church Office Building
地P.184-A1
住50 E. North Temple
開ツアー（30分）9:00～11:00、12:45～16:00
休土・日　料無料

●Joseph Smith Memorial Building
地P.184-A1
住15 E. South Temple　☎(801) 531-1000
開月～土9:00～21:00（レガシー劇場での上映時間は9:00から30分間隔）
休日　料無料

ロビーの装飾は必見

●Family History Library
地P.184-A1
住35 N. West Temple
☎(801) 240-6996
URL www.familysearch.org
開月～金8:00～21:00（月～17:00）、土9:00～17:00　休日　料無料

●Beehive House
地P.184-B1
住67 E. South Temple
☎(801) 240-2681
開毎日10:00～18:00（最終ツアーは17:30に出発）
料無料

●Lion House（レストラン）
地P.184-A1
住63 E. South Temple
☎(801) 539-3257
開月～土11:00～20:00　休日

テンプルスクエア周辺のモルモン教ゆかりの見どころ

●教会史博物館　Church History Museum

スクエアの西側。1階はモルモン教の歴史と開拓者たちの苦労、ソルトレイク・シティの発展の様子などが展示されている。2階は19世紀、20世紀の絵画や彫刻、モルモン教の発展に尽くした人々の肖像画などがある。

●ブリガム・ヤング記念碑　Brigham Young Monument

South TempleとMain St.の交差点に立つモルモン教の英雄のモニュメント。1897年に建てられた記念碑の北側にあるブロンズのプレートには、1847年7月24日にこの地に到着したモルモン教の入植者の名前が刻まれている。1ブロック東の**イーグルゲートEagle Gate**はヤング所有地入口のシンボル。

●教会本部ビル　Church Office Building

テンプルスクエアの東側にあるモルモン教会の事務的な仕事を行っている所。26階にある展望台からは、眼下のテンプルスクエアからユタ大学、ワサッチの山々まですばらしい眺望が楽しめる。

●ジョセフ・スミス記念ビル　Joseph Smith Memorial Building

かつては高級ホテルであっただけにロビーの豪華さは必見だ。2階にあるレガシー劇場では、世界各国で活躍するモルモン教の人々にスポットライトを当てたドキュメンタリーフィルム『Meet the Mormons』が上映されている。歌手やエンターテイナー、宣教師などの生活に密着し、モルモン教がいかに生活に溶け込み、支えになっているかを紹介するものだ。約20分。

●モルモン家族歴史図書館　Family History Library

自分の祖先は誰か、家系図を調べることができる所。図書館には、世界各国から収集した出入国名簿、出生・結婚、死亡記録、国勢調査、法廷記録など約30億人分のデータが収蔵されている。データ量は少ないものの、日本人の家系調査もできる。モルモン教徒以外の調査も可。日本人のスタッフが案内してくれる場合もある。

ほかにもヤング一家の住居である**ビーハイブ邸Beehive House**（ツアーで見学可、無料）、同じくヤング一家が住み、現在はレストランになっている**ライオン邸 Lion House**もある。

3-D のショーもあるプラネタリウム　地P.184-A2

クラークプラネタリウム
Clark Planetarium

展示スペースやアイマックスシアターはユタ州最大規模を誇るプラネタリウム。全米屈指のドームシアターでのプラネタリウムの上映は1日数回あり、そのほかに、音楽に合わせ、光が踊るレーザーショーや大人気の3-Dレーザーショーなどがある。ソルトレイク・シティは高地にあり、空気が澄んだ日が多いので、昼間にプラネタリウムで見た星の実物を、夜確かめるのもおもしろい。

クラークプラネタリウム
住110 South 400 West
☎(385) 468-7827
URL www.clarkplanetarium.org
開毎日10:30～19:00（木～22:00、金・土～23:00）。時期やプログラムによって変動あり
休サンクスギビング、12/25
料$7、17:00以降$9、12歳以下$7～。展示スペースの見学だけなら無料

メモ　**ジョセフ・スミス記念ビルの10階にあるレストラン**▶サンドイッチをはじめ、本格的な肉・魚料理が食べられる。食事もさることながらここでのごちそうはワサッチ山脈の山並み。ゴージャスな眺めを楽しめる。予算は$20～。The Garden Restaurant　住15 E. South Temple, 10F　☎(801)539-3170　開月～土11:00～21:00（金・土～22:00）地P.184-A1

郊外の見どころ Excursion

夏には合宿に打ち込む選手の姿も見られる 地P.184-B2外

オリンピックパーク
Olympic Park

2002年冬季オリンピック時に会場として使われた総合公園。現在は博物館や合宿用施設、宿泊所、アトラクションなどがある。ボブスレー（$150～175）やジップライン（$60）など、刺激的な体験をすることができる。ソルトレイク・シティ・オリンピックの展示コーナーも見逃せない（無料）。

オリンピックパーク
住3419 Olympic Pkwy., Park City
☎(435)658-4200
URL utaholympiclegacy.org
開毎日9:00～18:00(時期により変更あり)
休おもな祝日
料無料(各アトラクションは有料)
ツアー／$12、シニア・12歳以下$7
行UTAバス#902が、月～金8便（土・日は休み）運行している。車ならI-80、UT-224を経てPark City方面へ。ソルトレイク・シティのダウンタウンから約50km

太古の昔は海だった 地P.184-A1外

グレート・ソルトレイク
Great Salt Lake

市の北西に広がる巨大な塩水湖。琵琶湖の約8倍の面積をもち、濃度は海水よりも濃い。10余りある島のひとつ、**アンテロープ島州立公園Antelope Island State Park**には、バイソンなど野生の動物が生息している。キャンプ場もあり、夏は特ににぎわう。

泳げない人も体が浮く塩湖

グレート・ソルトレイク
行車ならI-80のExit 104で降りる。ダウンタウンから約30km。もしくは、ツアーで
●Antelope Island State Park
☎(801)773-2941
URL stateparks.utah.gov
開毎日6:00～22:00
休サンクスギビング、12/25
料車1台$10、自転車・徒歩$3、キャンプ$20～
行車ならI-15を40km北上し、Exit 332からUT-108へ入り西へ10km。約50分。もしくは、ツアーで

宇宙から見える大鉱山 地P.184-A2外

ビンガムキャニオン鉱山
Bingham Canyon Mine

鉱山の採掘が始まったのが1906年。以来1900万トンもの金、銀、モリブデンなどの鉱物を産出し続けてきた。採掘した広さは幅約4.5km、深さは1200mにも達する。

ビンガムキャニオン鉱山
住12800 S. Hwy. 111, Bingham Canyon
☎(801)204-2025
URL www.kennecott.com
開4～10月の毎日8:00～20:00
料車1台$5
行車ならI-15を26km南下し、Exit 292からUT-175へ入り西へ20km。約45分。もしくは、ツアーで

スポーツ観戦 Spectator Sports

バスケットボール NBA

ユタ・ジャズ（西・北西地区） Utah Jazz

2016-17シーズンはようやく3年連続の負け越しから脱却、同時に地区優勝も手にした。翌年もシード5位のポジションを得てプレイオフに連続出場、2014年就任のHCスナイダーのチーム作りは確実に実を結んでいる。しかし2年連続でセミファイナル止まり、初となるファイナル制覇へ課題は残る。チームカラーはネイビー、ゴールド、グリーン。

ユタ・ジャズ
(1974年創設)
地P.184-A1
本拠地――ビビント・スマートホーム・アリーナ Vivint Smart Home Arena(2万人収容)
住301 W. South Temple
☎(801)325-2000
URL www.nba.com/jazz

この選手に注目!
ルディ・ゴベア

サッカー MLS

レアル・ソルトレイク（西地区） Real Salt Lake

2005年にチーム創設。2009年にはリーグ優勝し、翌年は北中米カリブ地区のチャンピオンズリーグで準優勝した。2015～17年は成績が低迷したが、2018年はプレイオフ進出。8つのサポーターグループがリオ・ティント・スタジアムを盛り上げる。

レアル・ソルトレイク
(2004年創設)
地P.184-B2外
本拠地――リオ・ティント・スタジアム Rio Tinto Stadium(2万人収容)
住9256 State St., Sandy
Free (801)727-2700
URL www.rsl.com
行ライトレイルのブルーライン(#701)南行きに乗り、Sandy Expo駅下車。所要約50分

この選手に注目!
アルバート・ルスナック

投稿 **ダウンタウンの便利なスーパー**▶ダウンタウンにあるハーモンズはオーガニックの食料が豊富に揃うスーパー。滞在中はたいへん重宝した。Harmons 住135 East 100 South ☎(801) 428-0366 URL www.harmonsgrocery.com 開毎日 6:00～23:00 地P.184-B1 （山形県 Maki '16）['18]

ショップ&レストラン
Shops & Restaurants

ショッピングモール

S 地元の若者でいつもにぎやか
ゲートウエイ
The Gateway

住18 N. Rio Grande St.　☎(801) 456-0000
URL shopthegateway.com　開月～土10:00～21:00、日12:00～18:00　地P.184-A1

ビビント・スマートホーム・アリーナの西側、かつてのUnion Pacific Railroad Depotの駅舎を中心として店舗が囲む屋外のショッピングモール。ファッションやギフト、本、家具など何でも揃う。

ショッピングモール

S トロリーの車庫がモールに変身
トロリースクエア
Trolley Square

住602 South 700 East　☎(801) 521-9877
URL www.trolleysquare.com
開月～土10:00～21:00、日12:00～17:00　地P.184-B2

以前はトロリーバスの車庫だった建物。ノスタルジックな建物の中に、ポッタリー・バーン、ウィリアムズ・ソノマ、ホールフーズ・マーケットなど約34店が入っている。レストランもあるので便利だ。

カフェ

R 地元で人気のサンドイッチ屋
トースターズ
Toasters

住151 South 200 West　Free(1-888) 339-3354
URL www.toastersdeli.com
開毎日7:00～16:30(土9:00～、日10:00～)　AMV　地P.184-A2

開店と同時に地元の人が次々に訪れる人気店。こだわりの食材を使ったサンドイッチはどれも絶品だ。店内は明るくスタッフもフレンドリー。サンドイッチは$9前後。

ドイツ料理

R ドイツの伝統料理を気軽に
シークフリーズデリカテッセン
Siegfried's Delicatessen

住20 West 200 South　☎(385) 355-1912
URL siegfriedsdelicatessen.com
開月～水11:00～17:00、木～土～21:00　AMV　地P.184-A2

50年近い歴史のある店で、リーズナブルなドイツ料理が味わえる。ほとんどが$10以下で、ウインナーシュニッツェルがふたつのサイド付きでわずか$8.99。サイドにはザワークラフトもオーダーできる。デリも併設しているので、ドイツパンやサンドイッチ、クッキーを持ち帰ることもできる。

アメリカ料理

R 口コミサイトの評価も高い
コッパーオニオン
Copper Onion

住111 E. Broadway　☎(801) 355-3282
URL thecopperonion.com
開月～金11:30～15:00、17:00～22:00(金～23:00)、土・日10:30～15:00、17:00～23:00(日～22:00)　AMV　地P.184-B2

夜になると満席になることが多く、行くなら早めの時間に訪れたい。繊細な味つけの料理はどれも美味。自家製パスタ$13～など。

メキシコ料理

R メキシカンムード漂う色とりどりの店内
ブルーイグアナ
Blue Iguana

住165 S. West Temple　☎(801) 533-8900
URL blueiguanarestaurant.net
開毎日11:30～21:00（金・土～22:00、日16:00～）
AMV　地P.184-A2

観光案内所の近くにあるメキシコ料理店。メニューはそれほど多くないが、エンチラーダは量もあっておいしい。メインが$13～16。

旅のアドバイス

ユタ州は大自然の宝庫

ユタ州にはアーチーズ Arches、ブライスキャニオン Bryce Canyon、キャニオンランズ Canyonlands、キャピトルリーフ Capitol Reef、ザイオン Zion の5つの国立公園がある。また、北へ向かえばグランドティトン国立公園 Grand Teton まで6～7時間、イエローストーン国立公園 Yellowstone までは7～9時間で行くことができる。時間があればソルトレイク・シティを起点に、ツアーやレンタカーを利用して訪れるのもいい。

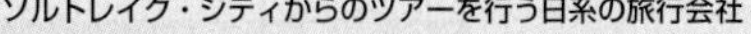

ソルトレイク・シティからのツアーを行う日系の旅行会社
●マウンテン・ウエスト・トラベル　Mountain West Travel
☎(801) 487-4567 (日本語可)　FAX (801) 487-4574　URL www.mwt.com

もっと詳しく

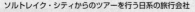

地球の歩き方B13アメリカの国立公園編(1800円＋税) でもユタ州の国立公園を紹介していますので、ご活用ください。

メモ　話題のエリア▶ダウンタウンから UTA バス #209、220 などで 30 分の所にシュガーハウス Sugar House というエリアがあり、インディペンデントのショップやレストランが多く、近年注目度が高まっている。 地P.184-B2外

ホテル
Hotels

ホステル

安さだけを求めるなら

アベニュースホステル
The Avenues Hostel

住107 F St., Salt Lake City, UT 84103 ☎(801) 539-8888
URL saltlakehostel.com Wi-Fi無料
ドミトリー$27〜、セミプライベート(バス・トイレなし)$44〜、プライベート$55〜 AMV 地P.184-B1

テンプルスクエアから徒歩20分の所にあるホステル。3ブロック北にスーパーがあり便利。9室、38ベッド。※浮浪者のような人たちが住みついているという投稿あり。

ホステル

黄色と青の外観が目印

キャメロットイン&ホステル
Camelot Inn & Hostel

住165 West 800 South, Salt Lake City, UT 84101
☎(801) 688-6196 FAX(801) 931-3321
URL ut123.com ドミトリー$19〜25、個室$29〜47
ADMV Wi-Fi無料 地P.184-A2外

トラックス・ライトレイル駅から徒歩1分。コインランドリーやキッチンもあり。週や月でのレートもあるので、長期滞在の場合は節約にもなる。予約なしの宿泊不可。15室。

中級ホテル

見どころが徒歩圏内にある

ソルトレイク・プラザ・ホテル
Salt Lake Plaza Hotel

住122 W. South Temple, Salt Lake City, UT 84101
☎(801) 521-0130 Free(1-800) 366-3684
URL www.plaza-hotel.com Wi-Fi無料
ⓈⒹⓉ$90〜200 AMV 地P.184-A1

テンプルスクエアやショッピングモールのゲートウエイまで歩いて10分。スタッフが親切で、細かい気配りが快適な滞在を彩ってくれる。150室。

高級ホテル

どこへ行くにも便利な立地

ラディソン・ソルトレイク・シティ・ダウンタウン
Radisson Salt Lake City Downtown

住215 W. South Temple, Salt Lake City, UT 84101
☎(801) 531-7500 Free(1-800) 333-3333
URL www.radisson.com ⓈⒹⓉ$109〜524
ADJMV Wi-Fi無料 地P.184-A1

テンプルスクエアから1ブロックの場所にあり、どこへ行くにも便利なホテル。コーヒーメーカー、ドライヤーなどのアメニティも充実。プールやフィットネスセンターも完備。381室。

高級ホテル

市内屈指のラグジュアリーホテル

グランドアメリカ・ホテル
The Grand America Hotel

住555 S. Main St., Salt Lake City, UT 84111
☎(801) 258-6000 Free(1-800) 304-8696
URL www.grandamerica.com ADMV
ⓈⒹⓉ$239〜409、スイート$259〜7000 Wi-Fi無料 地P.184-A2

お城のような建物で、中も優雅な雰囲気に満ちあふれている。特筆すべきはスパ！ トリートメントやボディマッサージ、ネイルサロンもある。775室。

高級ホテル

エレガントで歴史がある

ホテルモナコ
Hotel Monaco

住15 West 200 South, Salt Lake City, UT 84101
☎(801)595-0000 FAX(801)532-8500 Wi-Fi$12.99
URL www.monaco-saltlakecity.com ⓈⒹⓉ$189〜509、スイート$289〜519 ADJMV 地P.184-A2

シックな雰囲気にまとめられたブティックホテル。ひとつランクが上の滞在を楽しみたい人におすすめ。225室。

高級ホテル

立地条件がバツグン！

ソルトレイク・マリオット・ダウンタウン・アット・シティクリーク
Salt Lake Marriott Downtown at City Creek

住75 S. West Temple, Salt Lake City, UT 84101
☎(801) 531-0800 Free(1-888) 236-2427 FAX(801) 532-4127
URL www.marriott.com ⓈⒹⓉ$139〜549 ADJMV Wi-Fi$14.95 地P.184-A1

ダウンタウンの真ん中に位置する。コンベンションセンターとビジターセンターがホテルの正面にあり、人気のショッピングセンターCity Creek Centerも隣にあるので、仕事にも遊びにも便利。ビジネスセンターやフィットネスセンターのほか、必要なアメニティはすべて揃っている。510室。

地ビールが楽しめるビアレストラン▶地元の若者やビール好きが集まる人気店。常時約500種類のビールを取り揃えている。21歳未満は入店できないので注意。Bayou 住645 S. State St. ☎(801) 961-8400 URL www.utahbayou.com 開 月〜木 11:00〜24:00、金〜翌1:00、土 17:00〜翌1:00、日 17:00〜24:00 地P.184-B2

西部で思う存分スキーを楽しむ

～全米からスキー、スノーボード客が訪れるソルトレイク・シティとデンバー～

ソルトレイク・シティ

ソルトレイク・シティ国際空港から車で約45分の町、**パークシティ Park City**。ここには**パークシティ Park City**、**ザ・キャニオン The Canyons**、**ディアバレー Deer Valley**と3つのスキー場がある。いずれもリゾートタイプのホテルが近くに建っているので、簡単にスキーを楽しむことができる。

1ヵ所だけではなく、すべてのスキー場へ行きたいという人は、パークシティのダウンタウンに滞在するのがおすすめ。各スキー場へは、無料のバス Park City Transit が走っているので便利だ。バスは、朝早くから夜遅くまで毎日運行しており、3つのスキー場のほか、オリンピックパークへも行くことができる。夏と冬ではスケジュールが異なるので、ウェブサイトなどで確認を。

また、ダウンタウンの中心地、ヒストリック・メイン・ストリートにはトロリー Main Street Trolley が走っている。

パークシティの雪質は“Greatest Snow on Earth”と称されるほど　© Park City Chamber / Bureau

スキー場情報

● **Park City、The Canyons**

☎(435)649-8111　URL www.parkcitymountain.com

料1日券 $135、5～12歳 $86

● **Deer Valley**

Free(1-800)424-3337　URL www.deervalley.com

料1日券 $157～180、5～12歳 $98～116

※各スキー場はウェブサイトでの割引あり

アクセス

空港から／ソルトレイク・シティ国際空港からスキー場まで数社のシャトルバス会社が便を運行する（各スキー場まで $45～）。

● **Canyon Transportation**

☎(801)255-1841

観光案内所

● **Park City Visitor Information Centers**

住528 Main St., Park City(Park City Museum内)

☎(435)649-7457　URL www.visitparkcity.com

開 毎日 9:00～18:00

市内の交通機関

● **Park City Transit**

運行／毎日7:25～23:45(路線、季節により異なる)

● **Main Street Trolley**

運行／毎日 10:00～22:00

デンバー

デンバー近郊で人気No.1といわれるスキー場は**ベイル Vail**だ。全米でも最大規模を誇るコースは総数195、リフト31本と日本のスキー場とは比較にならない広さである。初心者から上級者まで満喫して楽しめるのは、種類豊富なコースのおかげ。傾斜が緩やかなコースも、面くらってしまうほどのでこぼこのコースもたくさん揃っており､誰もが“おもしろい”と感じることのできるバランスのとれたゲレンデだ。もうひとつの魅力がリフトの速さ。最先端技術を導入した高速リフトは滑り降りる楽しみを上回るほどの、快適な乗り心地と景色を堪能できる。町全体がスキー場となった**ブレッケンリッジ Breckenridge**は、コースがレベル分けされているため初心者と中級者に人気が高い。注目すべきはビクトリア調の建物やゴールドラッシュ時代を彷彿させる町並み。デンバーは空港からスキー場へのシャトルバンが頻繁に運行されており、“フライ・アンド・スキー”を実現できる。

スキー場情報

● **Vail**

☎(970)754-8245　URL www.vail.com

料1日券 $162～228、5～12歳 $111～157（ウェブサイトでの割引あり）

● **Breckenridge**

☎(970)453-5000　Free(1-800)789-7669

URL www.breckenridge.com

料1日券 $136～209、5～12歳 $88～136（ウェブサイトでの割引あり）

アクセス

空港から／デンバー国際空港からスキー場までダイレクトに行くことができる。

● **Colorado Mountain Express**

☎(970)754-7433　Free(1-800)525-6363

URL www.coloradomountainexpress.com

料 ベイルまで $72～84（所要約3時間～3時間30分）、ブレッケンリッジまで $59～65（所要2時間30分～3時間）

スキーやスノーボード以外のアクティビティも盛ん
© Matt Inden/Miles

多方面から注目を集める映画祭▶パークシティで毎年開催されている、インディペンデント映画の祭典サンダンス・フィルム・フェスティバル。映画『ラ・ラ・ランド』の監督デイミアン・チャゼルも、2014年に映画『セッション』でグランプリを獲得している。Sundance Film Festival　URL www.sundance.org

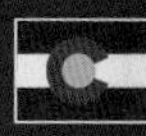

デンバー Denver

マイル・ハイ・シティ

ホテルやレストラン、カフェ、ショップが入るユニオン駅

ロッキー山脈の麓に位置し、経済成長目覚ましいデンバー。2014年に交通の要所であるユニオン駅が完成してから、ユニオン駅周辺は建設ラッシュとなった。それに呼応するかのように周辺の地区でも再開発が進み、町は変貌を遂げようとしている。

2018年11月現在、成田空港からデンバーまで直行便が運航しているので、日本からアクセスしやすい町のひとつでもある。

海抜1マイル（約1600m）にあることから“マイル・ハイ・シティ The Mile High City”とも呼ばれ、1年のうち約300日は晴天。近郊には、ボウルダーやコロラドスプリングスなどアウトドアアクティビティが楽しめる町が点在する。

また、都市部での食事やショッピング、芸術鑑賞、スポーツ観戦などはどれもレベルが高い。どんな過ごし方にもフィットしてくれるのもデンバーの魅力だ。

無料のツアーもある州議事堂

DATA

人口▶約70万4600人
面積▶約396km²
標高▶最高1667m、最低1564m
TAX▶セールスタックス　7.65%
ホテルタックス　14.75%
属する州▶コロラド州 Colorado
州のニックネーム▶センテニアル（百年目の）州　Centennial State
州都▶デンバー　Denver
時間帯▶山岳部標準時（MST）
P.631
繁忙期▶6〜9月

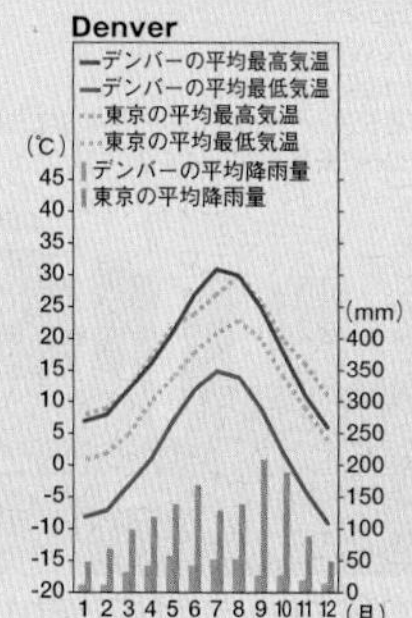

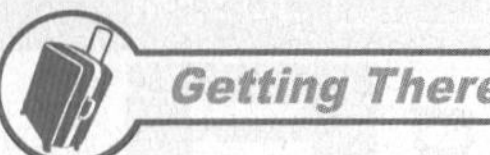

デンバーへの行き方

飛行機 Plane

デンバー国際空港
Denver International Airport (DEN)

ダウンタウンの北東30kmに位置し、年間5500万人以上が利用する巨大な空港。A～Cの3つのゲートがあり、各ゲートは無人電車が結ぶ。成田からユナイテッド航空が毎日直行便を運航。

デンバー国際空港
地P.197-A1～A2
住8500 Pena Blvd.
☎(303) 342-2000
Free(1-800) 247-2336
URL www.flydenver.com

■ 空港から／空港へのアクセス

種類／名称／連絡先		行き先／運行／料金	乗車場所／所要時間／備考
空港シャトル	スーパーシャトル SuperShuttle ☎(303) 370-1300 URL www.supershuttle.com	行き先▶デンバー市内や周辺どこでも 運行▶24時間随時 料金▶デンバーダウンタウンまで$31	空港発▶レベル5を出た所から乗車 空港行き▶事前に電話などで予約をしてから乗車 所要時間▶デンバーダウンタウンまで30～45分
コミューターレイル	RTDコミューターレイルAライン RTD Commuter Rail A Line ☎(303) 299-6000 URL www.rtd-denver.com	行き先▶デンバーのユニオン駅 運行▶空港発は毎日4:12～翌1:27（金・土～翌1:57）、空港行きは毎日3:15～翌0:30（金・土～翌1:00）の15～30分間隔。　料金▶$9	空港発▶空港の南、ターミナルの外に駅があり、ウェスティンホテルの下に位置している 空港行き▶ユニオン駅などから乗車 所要時間▶ユニオン駅まで約40分
路線バス	RTDスカイライドバス（#AB） RTD SkyRide Bus （#AB） ☎(303) 299-6000 URL www.rtd-denver.com	行き先▶ボウルダー 運行▶空港発は月～金4:25～翌0:55、土・日5:20～23:20、空港行きは月～金3:12～23:41、土3:04～21:27、日3:10～21:30の30分～1時間30分間隔 料金▶$9	空港発▶レベル5を出た所から乗車 空港行き▶ボウルダー・トランジットセンターから乗車 所要時間▶ボウルダーまで約1時間20分
タクシー	イエローキャブ Yellow Cab ☎(303) 777-7777 URL www.denveryellowcab.com	行き先▶市内や周辺どこでも 運行▶24時間随時 料金▶ダウンタウンまで約$60。ボウルダーまで約$90	空港発▶レベル5を出た所から乗車 空港行き▶事前に電話予約、または主要ホテルから乗車 所要時間▶ダウンタウンまで約30分、ボウルダーまで約1時間

※それぞれの乗り物の特徴については  P.665

長距離バス Bus

デンバー・ユニオン駅バスコンコース
Denver Union Station-Bus Concourse

バス乗り場はユニオン駅の西にある。ダラス（所要約17時間30分）や、エルパソ（所要約14時間）、ソルトレイク・シティ（所要約10時間30分）などから乗り入れている。

ユニオン駅バスコンコース
住1700 Wewatta.
☎(469) 439-1817
開毎日6:30～20:30

鉄道 Train

ユニオン駅
Union Station

カリフォルニアゼファー号が1日1往復、エメリビル（サンフランシスコ）やソルトレイク・シティ、リノ、シカゴから乗り入れている。また、ユニオン駅は設備が充実しており、話題のレストランやホテルが併設され、ロビースペースでは無料のWi-Fiやコンセントなども使用することができる。

ユニオン駅（アムトラック）
地P.193-A1
住1701 Wynkoop St.
Free(1-800) 872-7245
開毎日5:30～23:00（チケット窓口は毎日5:30～13:15、13:45～21:15）

市民の憩いスペースとしても使われるユニオン駅

メモ **空港からレンタカーを借りる**▶ターミナルの5階にハーツやエイビスといった代表的なレンタカー会社のカウンターがある。レンタカーセンターは空港外にあり、同階の505～513、504～512のドアを出た場所からシャトルバスが発着している。

デンバーの歩き方 Getting Around

ユニオン駅と16番ストリートモール、シビックセンター駅を結ぶ無料のバス、フリー・モールライドを利用すれば、ダウンタウンのおもな見どころへは簡単にアクセスできる。再開発エリアのリバーノース・アート地区（P.195）やユニオン駅の北に広がるロウアーハイランド地区（P.201脚注）は、デンバーの流行発信地。話題のショップやレストランはぜひ訪れたい。ボウルダー（P.196）やコロラドスプリングス（P.197）などへは長距離バスが便利だ。

かわいらしい壁画が多いリバーノース・アート地区

ダウンタウンデンバー

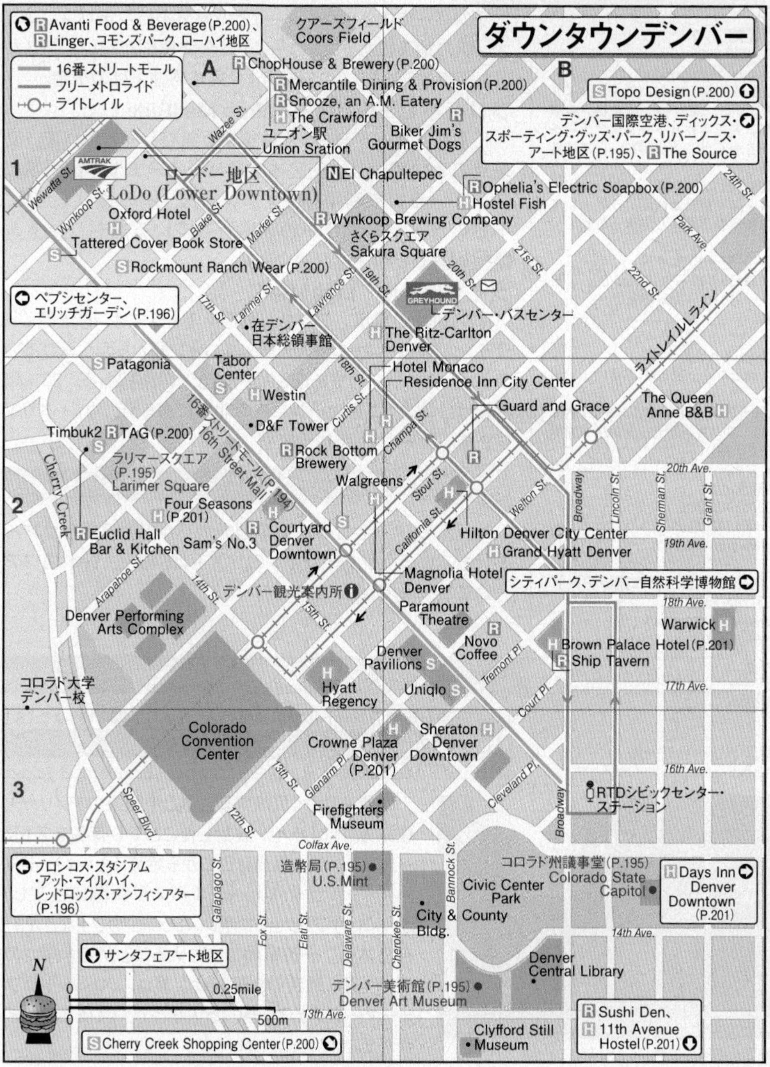

観光案内所 Visitors Information

デンバー観光案内所
Denver Tourist Information Center

RTDのパス、各種チケットの販売やコロラド州に関するパンフレット、地図なども豊富に揃う。ホテルの予約サービスも行っているので、相談してみるといい。デンバー国際空港メインターミナルやコンベンションセンター、ユニオン駅内にも案内所がある。

デンバー観光案内所
地P.193-A2
住1575 California St.
☎(303)892-1505
Free(1-800)233-6837
URL www.denver.org
開〈5〜10月〉月〜土9:00〜17:30(土〜17:00)、日10:00〜14:00、〈11〜4月〉月〜金9:00〜17:00、土・日9:00〜14:00(日10:00〜)

親切なスタッフが対応してくれる

市内の交通機関 Public Transportation

RTD バス RTD Bus

デンバー市内とボウルダーなどの郊外を結ぶ市バス。ユニオン駅の地下にあるコンコースでは全路線図が揃い、パスなども販売している。2019年1月より乗車料値上げの予定。

フリー・モールライド Free MallRide

16番ストリートモールを往復する無料シャトルバス。交差点ごとに停車し、交差する通りがそのまま停留所名になっているので利用しやすい。また、別の通りを走る、平日のラッシュアワーのみ運行している無料シャトル➡P.194 脚注も利便性が高い。

ライトレイル Light Rail

RTD運営の電車。デンバー国際空港とユニオン駅を結ぶAライン(コミューターレイル)や、ユニオン駅から西へ延びるWライン、デンバーの東を走るRラインなど10路線ある。2018年内には、ユニオン駅とデンバーの北西にある町、ウィードリッジを結ぶGラインも完成予定だ。

RTDバス
☎(303)299-6000
URL www.rtd-denver.com
料$2.60、1日券は$5.20(ライトレイルでも使用可)。乗り換えは無料、乗車する際に運転手からトランスファーチケットをもらうこと。同ルートでは使用不可
※1日券などのパスは、ユニオン駅のコンコースや観光案内所、ライトレイル駅にある券売機などで購入可能

フリー・モールライド
運行/毎日5:00〜翌1:20(土5:20〜、日6:10〜)、3〜15分間隔で運行
料無料

ライトレイル
運行/毎日4:30〜翌1:30(路線により異なる)
料$2.60〜9(ゾーン制。ダウンタウン内なら$2.60、ユニオン駅からデンバー国際空港までは$9)

ツアー案内 Sightseeing Tours

地元のツアー会社は主要の観光地へ半日や日帰りツアーを行っている。グレイラインのツアーは$40〜、日本語ツアーは$85〜(M.E.M.トラベル)。

グレイライン
☎(303)539-8502
Free(1-800)472-9546
URL www.grayline.com

M.E.M.トラベル(日本語ツアー)
☎(303)295-1300
URL www.memtravel.us

Sightseeing おもな見どころ

乗り放題のシャトルがありがたい 地P.193-A1〜B3

16番ストリートモール
16th Street Mall

四季を美しく反映する並木と中国系のアメリカ人建築家、I.M.ペイが設計したことでも有名なストリート。デンバー観光はここから始めるといい。フリー・モールライドのシャトルバスが頻繁に往来し、通りにはギフトショップやレストラン、カフェなどが軒を連ねる。一般車両は立ち入ることができないので、快適に散策できるだろう。夏は、ストリートパフォーマーやチェスに興じる人などで、深夜までにぎやかだ。

16番ストリートモール
URL 16thstreetmalldenver.com

歩道が広く散策に最適

旅のアドバイス Free MetroRide ▶ユニオン駅とシビックセンター駅を結ぶ無料バスが、18th St.と19th St.を走っている。開月〜金5:15〜9:00、14:30〜18:30の5〜10分間隔 休土・日

粋なレストランとショップが集まる 地P.193-A2

ラリマースクエア
Larimer Square

地元の女性活動家、ダナ・クロフォードがデンバーの町を1858年当時に再現する計画を1971年に実施し、よみがえらせた。今ではすっかりデンバーの顔となった有名スポット。約100mの間にショップ、レストラン、カフェなどが50軒以上並び、連日連夜にぎわっている。Larimer St.沿い、14th St.と15th St.の間。

ゴールドラッシュを思い起こさせる黄金のドーム 地P.193-B3

コロラド州議事堂
Colorado State Capitol

ダウンタウン観光の目印でもあり、金色のドームがひときわ目立つ。Colfax Ave.に面した北側入口から無料ツアーが催行され、ドームにも上ることができる。西側の階段にはマイル・ハイ（海抜1600m）を示す標識が刻まれていて、ここで記念撮影をする人も多い。

斬新なデザインの外観 地P.193-B3

デンバー美術館
Denver Art Museum

ネイティブアメリカン・アートのコレクションは国内最大級の規模を誇る。宝石、陶器、織物、バスケットの小物から、トーテムポールまで約2万点を収蔵し、現代美術、アフリカ、ヨーロッパ、アジアの絵画、彫刻などのコレクションを合わせると7万点以上に達する。特徴的なビルはジオ・ポンティとダニエル・リベスキンドによるもの。2018年11月現在、ノースビルディングは改装工事中。

ひときわ存在感を放つ建物

ドル硬貨の製造所 地P.193-A3

アメリカ造幣局
U.S. Mint

アメリカの硬貨を製造している工程をツアーで見学できる。たいへん人気があり、窓口の開く7:00にはチケットを入手したい人が並び始めるほどだ。写真付きのIDの提示が必要で、荷物の持ち込みは禁止されている。

デンバーの"今"を象徴するエリア 地P.193-B1外

リバーノース・アート地区（ライノ）
River North Art District (RiNo)

1900年代デンバーの中心地として栄えていたが、1980年代工場が続々と撤退し、衰退していった。2005年頃からアーティストがアトリエやギャラリーを構えはじめ、今ではブリュワリーやレストランが増え、若者に人気のエリアになった。なかでも、**ソースThe Source**は昔の工場を改装したスペースで、レストランやセレクトショップが入る話題のスポットだ。

ラリマースクエア
住1430 Larimer St.
☎(303) 534-2367
URL www.larimersquare.com

コロラド州議事堂
住200 E. Colfax Ave., Room 029, State Capitol（ツアーデスク）
☎(303) 866-2604（ツアーデスク）
URL www.colorado.gov/capitol
ツアー／月～金10:00～15:00。所要約45分
行フリー・モールライドのシビックセンター駅から南東へ2ブロック

デンバー美術館
住100 W. 14th Ave. Pkwy.
☎(720) 865-5000
URL denverartmuseum.org
開毎日10:00～17:00（金～20:00）
休おもな祝日
料$13、シニア・学生$10、18歳以下無料
行フリー・モールライドのシビックセンター駅から南へ徒歩約5分

アメリカ造幣局
住320 W. Colfax Ave.
☎(303) 405-4761
URL www.usmint.gov/about/mint-tours-facilities/denver/visiting-the-denver-mint
開ツアー：月～木8:00～15:30（所要45分）、ギフトショップ：月～木8:00～16:30

リバーノース・アート地区（ライノ）
URL rinoartdistrict.org
行Broadwayの東、特にLarimer St. 沿いに物件が点在している。ダウンタウンから徒歩15分

●**The Source**
地P.193-B1外
住3350 Brighton Blvd.
☎(720) 443-1135
開毎日7:00～23:00（土・日8:00～）
行コミューターレイルAラインの38th & Blake駅から徒歩15分

メモ タタードカバー書店▶デンバーの有名書店。2階部分を占める空間にカフェや読書スペースも用意されている（ユニオン駅などに支店あり）。Tattered Cover Book Store 住1628 16th St. ☎(303) 436-1070 URL www.tatteredcover.com 開月～土7:00～21:00（土9:00～）、日10:00～18:00 地P.193-A1

家族連れで楽しめるテーマパーク　地P.193-A1外

エリッチガーデン
Elitch Garden

ユニオン駅からひと駅の場所にあるテーマパーク。大人も恐怖におののくスリル満点のライドや、小さな子供でも楽しめる子供用のライド、家族で楽しめる人工ビーチなど、アトラクションが盛りだくさんだ。緩やかに流れる川や、長大なウオータースライダーなどは夏の暑い日には大混雑する。水着とビーチサンダルは忘れずに。

エリッチガーデン
住2000 Elitch Circle
☎(303)595-4386
URL www.elitchgardens.com
開毎日10:30～21:00(金・土～22:00)※営業は時期により異なる。また、4・5月や8月下旬から10月下旬などは休館日もあるので、要確認
休11～3月
料$59.99、子供(122cm以下)$39.99
行ライトレイルC、E、WラインのPepsi Center/Elitch Gardens駅下車

アメリカを代表する屋外シアター　地P.193-A3外

レッドロックス・アンフィシアター
Red Rocks Amphitheatre

劇場の左右にそびえる巨大な岩が天然の音響システムとなり、大迫力のサウンドと開放的な空間を楽しむことができる野外劇場。約9500人収容可能だ。

夏の間は連日イベントが開催され、有名アーティストもたびたび演奏している。過去にはビートルズ（最初の海外公演はここで行われた）やジミ・ヘンドリクス、U2などのレジェンドたちも演奏を行った。また、アーティストたちの展示がある殿堂博物館なども併設されているので、イベントがなくても楽しむことができる。博物館の近くにはジョン・デンバーの像もある。

レッドロックス・アンフィシアター
住18300 W. Alameda Pkwy., Morrison
☎(720)865-2494
URL www.redrocksonline.com
開日の出1時間前～日没の1時間後。コロラド音楽の殿堂博物館は毎日9:00～18:00(時期により異なる)
行車でI-25、US-6、I-70と進みExit 259で下りたら、交差点を左折。2kmほど進むと右手に看板が見えてくる。タクシーの場合約$50、30分

イベントがない日はトレーニングに励む人が階段を登り下りする

Excursion　郊外の見どころ

ロハス発祥の地　地P.197-A1

ボウルダー
Boulder

ボウルダーはデンバーから北西約50kmにある学園都市。高地トレーニングのメッカとして世界的に有名であり、アメリカでは「最も健康的な町」として知られる。数多くのトレイルやサイクリング道が整備され、市民がトレッキング、サイクリング、ジョギングする光景がいたるところで見られる。ダウンタウンの中心は**パールストリート・モールPearl Street Mall**。コロラド大学ボウルダー校やPearl St.などを循環する**ホップHOP**、ダウンタウンのBroadwayを南北に往復する**スキップSKIP**と、RTD運営の循環・往復バスが走っているので、車のない観光客でも困ることはない。レンタルバイク店もダウンタウンに多い。

ボウルダー・クリークパス　Boulder Creek Path

パールストリートの南を流れる清流Boulder Creekの両側は市民の憩いの場所だ。生い茂る木立の間をくぐるように、サイクリング、ジョギング、ウオーキングコースが続き、ヘルメット姿の老若男女が色や形も異なる自転車に乗ってサイクリングを楽しんでいる。

ボウルダー
行ユニオン駅からRTDバス#FF1、FF2(急行)で40分～1時間
●Boulder Convention & Visitors Bureau
住2440 Pearl St., Boulder
☎(303)442-2911
Free(1-800)444-0447
URL www.bouldercoloradousa.com
開月～金9:00～17:00
休土・日
※パールストリート・モールにある観光案内所は、夏季は毎日10:00～20:00
●HOP(バス)
運行／毎日7:00～22:00。10～20分間隔
料$2.60
●SKIP(バス)
運行／月～土5:30～24:00(土7:00～)、日7:00～23:30。12～30分間隔
料$2.60

マイナスイオンあふれるボウルダークリーク

メモ　国立気象研究所（ビジターセンター）▶異常気象や地球温暖化といった気象現象の研究や分析が行われている。National Center for Atmospheric Research　住1850 Table Mesa Dr., Boulder　URL ncar.ucar.edu　開月～金8:00～17:00、土・日9:00～16:00　料無料

年間400万人が訪れる 地P.197-A1

ロッキーマウンテン国立公園

Rocky Mountain National Park

アメリカ大陸の背骨にあたるロッキー山脈にある。デンバーから北西へ車で2時間、約1000km²の園内には大陸分水嶺や、富士山よりも高い3900〜4000m級の高峰が約20座連なり、圧巻だ。美しい山並みが見渡せるエステスパークにはレストランや宿泊施設がある。

ビッグホーン・シープなどの野生動物も多い ©NPS Photo

スポーツで有名なリゾートシティ 地P.197-A2

コロラドスプリングス

Colorado Springs

デンバーから南へ約120kmの所にあるコロラドスプリングス。ロッキー山脈の麓に位置し、古くから栄える保養地だ。市内にはオリンピック選手の強化合宿が行われるトレーニング・センターや空軍士官学校など、人気の見どころが点在している。また、コロラドスプリングスから10分ほど車を走らせれば、多くの人が訪れるリゾート地マニトウスプリングス、名峰パイクスピークなどへも行くことができる。周辺には宿泊施設も多く、宿探しに困ることはないだろう。

ダウンタウンにいても山の迫力が伝わってくる

選び抜かれた4000人の士官候補生が学ぶ 地P.197-A2

空軍士官学校

U.S. Air Force Academy

陸軍のウエストポイントや海軍のアナポリスと並ぶ空軍の士官学校がコロラドスプリングスの北30km、I-25沿いにある。ビジターセンターでは、学校の歴史を紹介するビデオが上映され、ギフトショップも併設されている。敷地内でひときわ目立つ**カデットチャペルCadet Chapel**はミサが行われない時間なら見学可能。厳しい規律と訓練で知られる士官学校の日常を見ることができる。

ロッキーマウンテン国立公園
住 1000 Highway 36, Estes Park
☎ (970) 586-1206
URL www.nps.gov/romo
開 24時間
料 車1台$25。そのほかの入園方法は1人$20
行 デンバーからUS-36を北西に約100km、約2時間

コロラドスプリングス
行 デンバーからI-25を南に約120km、約1時間20分
●Colorado Springs Convention & Visitors Bureau
住 515 S. Cascade Ave., Colorado Springs
☎ (719) 635-7506
URL www.visitcos.com
開 毎日8:30〜17:00（時期により変更あり）

空軍士官学校
住 2346 Academy Dr., Air Force Academy
☎ (719) 333-2025
URL www.usafa.af.mil
開 毎日9:00〜17:00（時期により変更あり）
行 デンバーからI-25を南へ約100km、Exit 156で下りる。約1時間15分

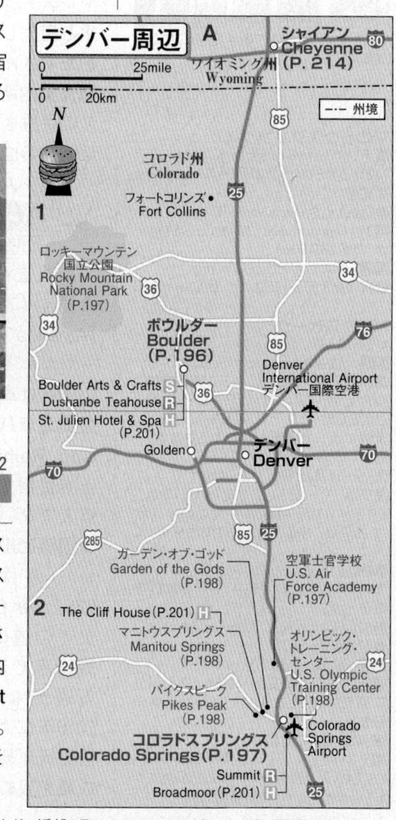

何億年もかかって形成された不思議な地形　地P.197-A2

ガーデン・オブ・ゴッド
Garden of the Gods

コロラドスプリングスから北西へ10km、奇形な砂岩が林立する神秘的な空間が広がる。“ガーデン・オブ・ゴッド”と呼ばれ、まさに神々の園の名にふさわしい所だ。大きい岩は100m以上の高さにも達し、ふたつとして同じ形はない。**ビジターセンター**では地質学や動植物の展示も行っている。

金メダルを目指す選手たちを見よう　地P.197-A2

オリンピック・トレーニング・センター
U.S. Olympic Training Center

選手宿舎のほか、水泳、バスケットボール、体操競技などを含む総合施設を見学ツアーで見ることができる。2019年にはトレーニング・センターの南西、約6000m^{2}の敷地にオリンピック博物館U.S. Olympic Museum（URL www.usolympicmuseum.org）も完成予定だ。

わき水を飲み比べてみよう　地P.197-A2

マニトウスプリングス
Manitou Springs

パイクスピークの麓にあるリゾートタウン。古いホテルやレストラン、小さなギャラリーなどが集まり、おいしい水と癒やしを求めて多くの観光客がやってくる。ミネラルをたくさん含んだわき水は市内8ヵ所で飲むことができ、観光案内所にはわき水マップもあり。マニトウスプリングスの目抜き通りManitou Ave.は無料シャトルも走る。詳細は脚注のウェブサイトで。

アメリカ人の愛国心を呼び起こす山　地P.197-A2

パイクスピーク
Pikes Peak

威風堂々としたその姿を眺め、アメリカの人々は特別な思いにかられるという。第2の国歌ともいうべき『America The Beautiful』の歌詞は、作者キャサリン L. ベーツがパイクスピークの頂から見た光景を歌ったものだ。山頂へは車で行くか、マニトウスプリングスから発着する登山電車**パイクスピーク・コグレイルウェイPikes Peak Cog Railway**を利用する。もちろん、自転車や徒歩で頂上を目指すことも可能だが、酸素の薄い山道は体力のある人でないと難しい。毎年6月に開催される**パイクスピーク国際ヒルクライムPikes Peak International Hill Climb**レースは、標高2862mから4300mまでの道のりを一気に車で走り上がる過酷なレース。2016年には、山野哲也氏が総合3位の成績を収めた。

登山列車の旅は往復で 3 時間 10 分

ガーデン・オブ・ゴッド
開〈夏期〉毎日5:00～23:00、〈冬期〉毎日5:00～21:00　料無料
行デンバーからI-25を南へ約120km、Exit 146。約1時間20分
●Visitor Center
住1805 N. 30th St., Colorado Springs
☎(719) 634-6666
URL www.gardenofgods.com
開〈夏期〉毎日8:00～19:00、〈冬期〉毎日9:00～17:00

オリンピック・トレーニング・センター
住1 Olympic Plaza, Colorado Springs
☎(719) 866-4618
URL www.teamusa.org
開ツアー／〈夏期〉月～土9:00～16:30、日11:00～16:00の30分ごと、〈冬期〉月～土9:00～16:00の1時間ごと
料$15、シニア$13、子供$11
行デンバーからI-25を南へ約110km、Exit 143で下りる。約1時間30分

トレーニングに励む選手たちに会えるかも

マニトウスプリングス
行デンバーからI-25を南へ110km、Exit 142からUS-24へ入り西へ7km。約1時間30分
●Manitou Springs Visitor Center
住354 Manitou Ave., Manitou Springs
☎(719) 685-5089
URL www.manitousprings.org
開月～金8:30～17:00、土・日9:00～16:00

パイクスピーク
☎(719) 385-7325
URL coloradosprings.gov/ppam
開〈5月下旬～9月上旬〉毎日7:30～18:00、〈9月上旬～9月下旬〉毎日7:30～17:00、〈10月上旬～5月下旬〉毎日9:00～15:00。天候によって閉鎖されることもある
休サンクスギビング、12/25
料〈5～11月〉$15、〈12～4月〉$10
行デンバーからI-25を南へ約110km、US-24へ入り西へ約20km。Fountain Ave. Pikes Peak Hwy.へ。約2時間30分

●Pikes Peak Cog Railway
2019年は運休の予定。下記は2017年のデータ。
住515 Ruxton Ave., Manitou Springs
☎(719) 685-5401
URL www.cograilway.com
運行／夏期は毎日3～6往復。それ以外は運行本数が減り、11～2月は運休の日も多い
料$40、3～12歳$21
行デンバーからI-25を南へ約110km、US-24へ入り西へ7km。Manitou Ave.からRuxton Ave.へ。約1時間30分

旅のアドバイス　**車がない場合のアクセス Part ②**▶コロラドスプリングスまで来たなら、そこからマニトウスプリングスへはMountain Metropolitan Transit が運営するメトロバス #3 で行くことができる。URL coloradosprings.gov/mountain-metro　料$1.75、1 日券 $4

スポーツ観戦 Spectator Sports

ベースボール MLB

コロラド・ロッキーズ（ナショナルリーグ西地区）
Colorado Rockies

1993年、山岳部標準時の地区に初めて誕生した球団。標高が1600mと高いことから、打者有利の球場として知られている。2年連続本塁打、打点王の2冠に輝いたノーラン・アレナドは、打撃もさることながら三塁の守備も球界屈指。コロラドのビールを飲みながら、彼の美技に酔いしれたい。

アメリカンフットボール NFL

デンバー・ブロンコス（AFC 西地区）
Denver Broncos

1997、1998年のスーパーボウル連覇で黄金期を迎えるが、QBエルウェイが去ると5割前後を迷走。2012年QBマニングの加入により、2013年にスーパーボウル出場、2015年に3度目の栄冠を手にしたが、彼が去り、再生への課題が残された。チームカラーはネイビーブルー、オレンジ、ホワイト。

バスケットボール NBA

デンバー・ナゲッツ（西・北西地区）
Denver Nuggets

2017-18シーズンは46勝36敗で、4年連続の負け越しにブレーキをかけた。プレイオフには星ひとつ及ばなかったが、2015年就任のHCマローンの下、状況は改善しつつある。チームカラーはミッドナイトブルー、サンシャインイエロー、フラットアイロンレッド、スカイラインブルー。

アイスホッケー NHL

コロラド・アバランチ（西・中地区）
Colorado Avalanche

直近の10シーズンでプレイオフに進出できたのは3度だけ。1990～2000年代の黄金時代が終わったあとは長い低迷期が続いているが2017-18シーズンは4年振りとなるプレイオフを経験。マッキノンとランタネンという攻撃の核となる若手が台頭してきているのは朗報。

サッカー MLS

コロラド・ラピッズ（西地区）
Colorado Rapids

リーグ創設時からのメンバー。2010年にはMLS日本人選手第1号の木村光佑が優勝に貢献した。2007年にディックス・スポーティング・グッズ・パークに本拠地を移動。元アメリカ代表のゴールキーパー、ティム・ハワードがチームの中心だ。

コロラド・ロッキーズ
（1993年創設）
地P.193-A1
本拠地──クアーズフィールドCoors Field（5万445人収容）
住2001 Blake St.（at 20th）
☎（303）762-5437
URL www.mlb.com/rockies
球場ツアー／$12、詳しくはウェブサイトで

この選手に注目!
ノーラン・アレナド（三塁手）

デンバー・ブロンコス
（1960年創設）
地P.193-A3外
本拠地──ブロンコス・スタジアム・アット・マイルハイBroncos Stadium at Mile High（7万6125人収容）
住1701 Bryant St.
☎（720）258-3333（チケット）
URL www.denverbroncos.com
行ライトレイルC、E、WラインでSports Authority Field at Mile High駅下車

この選手に注目!
ヴォン・ミラー

デンバー・ナゲッツ
（1967年創設）
地P.193-A1外
本拠地──ペプシセンター Pepsi Center（1万9155人収容）
住1000 Chopper Circle
☎（303）405-1111
URL www.nba.com/nuggets
行ライトレイルC、E、WラインでPepsi Center/Elitch Garden駅下車

この選手に注目!
ニコラ・ヨキッチ

コロラド・アバランチ
（1972年創設）
地P.193-A1外
本拠地──ペプシセンター Pepsi Center（1万8007人収容）
住1000 Chopper Circle
☎（303）405-1111（チケット）
URL www.nhl.com/avalanche
行ナゲッツ参照

この選手に注目!
ネイマン・マッキノン

コロラド・ラピッズ
（1995年創設）
地P.193-B1外
本拠地──ディックス・スポーティング・グッズ・パーク Dick's Sporting Goods Park（1万8061人収容）
住6000 Victory Way, Commerce City
☎（303）825-4625
URL www.coloradorapids.com
行コミューターレイルAラインでCentral Park下車。そこから#62のバスで約15分（#62のバスはイベント時のみ運行）

この選手に注目!
ケリン・アコスタ

旅のアドバイス　デンバーでスポーツを楽しむ心得▶標高の高いデンバー。屋外でのスポーツ観戦やゴルフをプレイするときは、サングラスや日焼け止めなどの紫外線対策、水分補給は忘れないように。アルコールも低地にいるときより回りやすいので、注意しよう。

ショッピングモール

買い物を満喫するならここ
チェリー・クリーク・ショッピング・センター
Cherry Creek Shopping Center

住3000 E. 1st Ave. ☎(303)388-3900
URL www.shopcherrycreek.com
開月〜土10:00〜21:00、日11:00〜18:00 地P.193-A3外

デンバーいちのショッピングモール。州議事堂の前の通りBroadwayから#83Lのバスでアクセスできる。所要約15分。ノードストローム、ニーマンマーカス、メイシーズの3つのデパートと、150以上の専門店が入る。

ファッション

カウボーイシャツの代表的ブランド
ロックマウント・ランチウエア
Rockmount Ranch Wear

住1626 Wazee St. ☎(303)629-7777
URL www.rockmount.com AMV 地P.193-A1
開月〜土8:00〜18:00(土10:00〜)、日11:00〜16:00

スナップボタンを開発した祖父の時代から3代続くカウボーイシャツのトップブランド。ロックシンガーや有名俳優が愛用する"言わずと知れた"ウエスタンファッションの名ブランド。

アウトドア

カラフルな配色が目印
トポデザイン
Topo Designs

住2500 Larimer St. ☎(303)954-8420
URL topodesigns.com AMV 地P.193-B1外
開月〜土10:00〜19:00(木〜土〜20:00)、日11:00〜18:00

2007年にデンバーで始まったアウトドアメーカーの旗艦店。コーデュラ生地のデイパックや機能性抜群のジャケットなど性能もさることながら、カラフルなデザインはタウンユースでも◎。

アメリカ料理

ユニオン駅にある開放的なレストラン
マーカンタイル・ダイニング&プロビジョン
Mercantile Dining & Provision

住1701 Wynkoop St. ☎(720)460-3733
URL mercantiledenver.com
開毎日7:00〜22:00(金・土〜23:00) AMV 地P.193-A1

広々したスペースに、オープンキッチン、パンが並ぶショーケース、オリジナルのトートバッグなどが置かれたショップスペース、イートインエリアがあり、朝食からディナーまで、グルメをうならせる料理を提供している。

フードコート

ユニオン駅の北にあるアーバンフードコート
アバンティ・フード&ビバレッジ
Avanti Food & Beverage

住3200 Pecos St. ☎(720)269-4778
URL avantifandb.com AMV 地P.193-A1外
開毎日11:00〜22:00(日〜水〜21:00。バースペースは深夜まで営業)

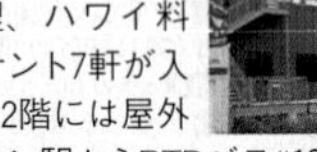

地上2階の建物にアメリカ料理やメキシコ料理、ハワイ料理、バーなどのテナント7軒が入ったフードコート。2階には屋外の席もある。ユニオン駅からRTDバス#19で約3分。

多国籍料理

ラリマースクエアの新星レストラン
タグ
TAG

住1441 Larimer St. ☎(303)996-9985
URL www.tag-restaurant.com
開月〜金11:30〜22:00(金〜23:00)、土・日17:00〜23:00(日〜21:00) AMV 地P.193-A2

地元の名シェフ、トロイ・ガードが料理を手がけるレストラン。ジャンルにこだわらない創作料理の数々が手頃な価格で食べられる。トルティーヤと寿司を合わせたタコスシは$16。

アメリカ料理

ムードとディナーと音楽
オフェリアズ・エレクトリック・ソープボックス
Ophelia's Electric Soapbox

住1215 20th St. ☎(303)993-8023
URL www.opheliasdenver.com AMV
開毎日17:00〜24:00(金・土〜翌1:00)、ハッピーアワー月〜金16:00〜18:00、ブランチ土・日10:00〜14:30 地P.193-B1

暗めの照明がテーブルを照らすムーディなレストラン。サラダやハンバーガーなどの料理はどれも絶品で、素材の75%がオーガニックのものを使用。ほぼ毎日生演奏も行われている。

アメリカ料理

クアーズフィールドの隣にある
チョップハウスブリュワリー
ChopHouse Brewery

住1735 19th St. ☎(303)296-0800
URL www.denverchophouse.com 開毎日11:00〜23:00(金・土〜24:00、日〜22:00) AMV 地P.193-A1

旧ユニオン・パシフィック鉄道の駅舎に入る。ハンバーガー($17)やピカタ($25)などもあるが、ステーキ($29〜)がおすすめ。樽生ビールやワインなどのセレクションも豊富。

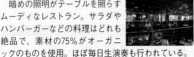

メモ **ボウルダーの名物カフェ**▶ドゥシャンベ・ティーハウスはタジキスタン料理が食べられ、建物はタジキスタンから移築されたもの。Dushanbe Teahouse 住1770 13th St., Boulder ☎(303)442-4993 URL boulderteahouse.com 開毎日8:00〜21:00 地P.197-A1

ホテル
Hotels

ホステル

デンバー美術館まで徒歩5分

イレブンス・アベニュー・ホステル
11th Avenue Hostel

住1112 Broadway, Denver, CO 80203 ☎(303) 894-0529
URL www.11thavenuehostel.com ドミトリー$29.99～、個室$54.99～ AMV Wi-Fi無料 地P.193-B3外

ダウンタウンの南側、11th Ave.とBroadwayの交差点に位置するホステル。コインランドリーや電子レンジもあり。鍵のデポジットに$10かかる（個室は$5）。128ベッド。

エコノミー

コロラド州議事堂まで歩いて10分

デイズイン・デンバーダウンタウン
Days Inn Denver Downtown

住930 E. Colfax Ave., Denver, CO 80218 ☎(303) 785-8562
URL www.wyndhamhotels.com ⓈⒹⓉ$80～145
ADJMV Wi-Fi無料 地P.193-B3外

ユニオン駅から、RTDバス#15で20分。徒歩圏内にコンビニエンスストアやスーパーマーケット、ファストフードショップ、ブリュワリーがあるので不自由しない。無料の朝食付き。56室。

中級ホテル

コンベンションセンターまで徒歩2分

クラウンプラザ・デンバー
Crowne Plaza Denver

住1450 Glenarm Pl., Denver, CO 80202 ☎(303) 573-1450
FAX (303) 572-1113 URL www.cpdenverdowntown.com
ⓈⒹⓉ$85～414、スイート$167～525 ADJMV
Wi-Fi無料 地P.193-B3

16番ストリートモールまで1ブロックと立地のいいホテル。館内には、レストランやビジネスセンター、プール、フィットネスセンターがあり、便利だ。380室。

高級ホテル

全米女子オープンが開催されたコースも近い（コロラドスプリングス）

ブロードモアホテル
Broadmoor Hotel

住1 Lake Ave., Colorado Springs, CO 80906
☎(719) 623-5112 Free (1-855) 634-7711 Wi-Fi無料
FAX (719) 577-5738 URL www.broadmoor.com
ⓈⒹⓉ$210～620、スイート675～8500 ADMV 地P.197-A2

1918年創業の名門リゾートホテル。ふたつのゴルフコースのほか、国際会議の行われる施設も完備され、世界中から多くの観光客、ゴルフプレイヤーたちが利用する。784室。

高級ホテル

創業125年以上の格式あるホテル

ブラウンパレスホテル
Brown Palace Hotel

住321 17th St., Denver, CO 80202 ☎(303) 297-3111
URL www.brownpalace.com Wi-Fi $12.95
ⓈⒹⓉ$159～509 スイート$309～1600 ADJMV 地P.193-B2

1892年の開業以来、デンバーの顔として多くのVIPを迎え、1997年のG8サミットではクリントン大統領の執務室としても使われた。アトリウムは全米で最も古い。241室。

高級ホテル

ダウンタウンのスタイリッシュなホテル

フォーシーズンズ・デンバー
Four Seasons Denver

住1111 14th St., Denver, CO 80202 ☎(303) 389-3000
URL www.fourseasons.com/denver Wi-Fi無料
ⓈⒹⓉ$327～420、スイート$559～4200 ADJMV 地P.193-A2

世界のVIPにファンの多いホテル。高級レジデンスが入る高層ビルの16階までがホテル部分。16番ストリートモールや劇場街、コンベンションセンターまで徒歩数分。247室。

高級ホテル

ボウルダー・クリークパスに近い（ボウルダー）

セントジュリアン・ホテル&スパ
St. Julien Hotel & Spa

住900 Walnut St., Boulder, CO 80302 ☎(720) 406-9696
Free (1-877) 303-0900 URL www.stjulien.com Wi-Fi無料
ⓈⒹⓉ$249～629、スイート$319～899 AMV 地P.197-A1

ボウルダーを象徴するフラットアイアンの眺めが部屋から楽しめる。会議や観光のどちらの目的にも使いやすく、1階のレストランも好評。201室。

高級ホテル

1873年にオープンした老舗（マニトウスプリングス）

クリフハウス
The Cliff House

住306 Canon Ave., Manitou Springs, CO 80829 ADMV
☎(719) 785-1000 Free (1-877) 505-4062 Wi-Fi無料
URL www.thecliffhouse.com ⓈⒹⓉ$110～500 地P.197-A2

かつては保養地のホテルとして大統領など多くの名士が泊まり、客室は現在、それぞれ名士の名で呼ばれ、使われている。レストランとともに根強い人気がある歴史の感じられるホテル。54室。

ロウアーハイランド（ローハイ）▶ユニオン駅の北、プラッター川を越えた所にある。近年続々とショップやレストランがオープンしている話題のエリアだ。Lower Highland（LoHi）地P.193-A1外 行ユニオン駅から徒歩10分

ポテトの都はこじゃれた町

ボイジー

Boise

スペイン・バスク地方からの移民も多かった

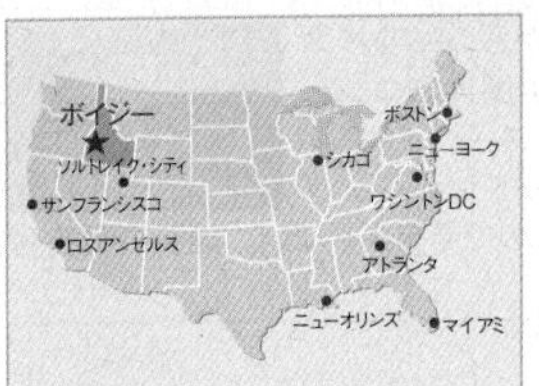

アメリカの多様性をあらためて感じさせてくれる町だ。アイダホというと「ポテト」のイメージが強いが、ボイジーを行き交う人はおしゃれで、こぢんまりとした町には知識層を意識したショップやレストランが並ぶ。州南部の荒涼とした地域には第2次世界大戦中、日系人収容所があったなど、実は日本人にも縁のある所だ。

もとは西部開拓者が歩いたオレゴントレイルの野営地だった所。1862年近郊に金が発見されると、1900年初頭には灌漑システムを整備、全米の胃袋を支える農産地として発展した。誰もが想像するジャガイモは全米3分の1の生産量を誇る。

DATA

人口▶約22万6600人
面積▶約205km²
標高▶約830m
TAX▶セールスタックス　6%
ホテルタックス　13%
属する州▶アイダホ州　Idaho
州のニックネーム▶宝石の州　Gem State
州都▶ボイジー　Boise
時間帯▶山岳部標準時（MST）
➡P.631
繁忙期▶6～8月

Boise
―ボイジーの平均最高気温
―ボイジーの平均最低気温
…東京の平均最高気温
…東京の平均最低気温
▮ボイジーの平均降雨量
▮東京の平均降雨量
(℃)　(mm)　1 2 3 4 5 6 7 8 9 10 11 12（月）

Getting There & Around　ボイジーへの行き方&歩き方

ボイジー空港（BOI）
地P.203-A2外　住3201 Airport Way
☎(208) 383-3110　URL www.iflyboise.com
行ダウンタウンまでVRTの市バス#3で約15分。タクシーなら13分（約$15）
●**Valley Regional Transit（市バス）**
☎(208) 345-7433
URL www.valleyregionaltransit.org
料$1。トランスファー（乗り換え）はないので1日券（$3）がお得
運行／月～金5:55～17:55の20～40分間隔、土8:15～17:15の1時間間隔。日曜運休
●**Boise City Taxi（タクシー）**
☎(208) 377-3333
グレイハウンド（フライング・J・トラベルプラザ）
住3353 S. Federal Way
開毎日6:30～8:00、22:00～23:30
ボイジー観光案内所
●**Visitor Services**
地P.203-A2
住850 W. Front St.
☎(208) 336-8900
URL www.boise.org
開月～土9:00～18:00
休日、おもな祝日

シアトルやソルトレイク・シティなどからの便があるボイ**ジー空港Boise Airport**はダウンタウンの南約7kmに位置する。市内のほとんどのホテルへ無料のシャトルBoise Shuttle Serviceが走っているので、利用しよう。グレイハウンドは、ソルトレイク・シティやオレゴン州ポートランドから乗り入れ、ダウンタウン北西にバスディーポがある。

Main、Capitol、Front、9thに囲まれた**グローブプラザThe Grove Plaza**が町のへそで、観光案内所やカフェ、ショップがある。観光ポイントも旧刑務所を除けばすべて徒歩圏内で、美術館や動物園のあるジュリア・デービス・パークは町の南に位置する。

観光案内所　Visitors Information

ボイジー観光案内所
Boise Convention and Visitors Bureau

ダウンタウンの中心、グローブプラザのFront St.と9th St.の角にある。ボイジー市内のみならず、アイダホ南西部の資料も豊富に揃う。気さくで親切なスタッフも常駐。

メモ　**ダウンタウンから車で約30分の所にある猛禽類保護センター**▶絶滅の危機にあるワシやタカなどを保護する目的で造られた。The World Center for Birds of Prey　住5668 W. Flying Hawk Ln.　☎(208) 362-8687　URL www.peregrinefund.org　開火～日10:00～17:00（12～2月は16:00まで）　料$10　地P.203-A2外

おもな見どころ Sightseeing

ギフトショップも入る州議事堂 地P.203-B1

アイダホ州議事堂
Idaho State Capitol

高さ63mのドームをいただく壮麗な建築で、現在の議事堂は1912年完成の2代目。大理石とゴールドが印象的な堂内には、特産品の工芸品、等身大のワシントンの像、自由の鐘の複製を展示。地熱によって温められたお湯の暖房は全米唯一だ。

夫婦愛から生まれた公園 地P.203-B2

ジュリア・デービス・パーク
Julia Davis Park

西部開拓時代に、西を目指した人々をもてなした**ジュリア・デービスJulia Davis**の思い出を残したいという目的で、彼女の夫がボイジー市に土地を寄付した。その43エーカー（約17万4000m²）の土地は、妻の名前がついた公園となり、現在アイダホ州歴史博物館やボイジー美術館、アイダホ黒人歴史博物館、ボイジー動物園、ローズガーデンなどが点在する。今では89.4エーカー（約36万1800m²）の広さにまでなり、市民の憩いの場になっている。

アイダホ州立歴史博物館　Idaho State Historical Museum

アイダホ州の変遷について紹介している博物館。開拓者たちが西へ西へと向かっていた1800年代初頭、毛皮交易が盛んだった1840年代がハイライト。アイダホの著名人の写真パネルや美しい風景画も展示されている。

ボイジー美術館　Boise Art Museum

1937年にオープンした歴史のある美術館。絵画、素描、版画、写真、工芸品など約2350点を収蔵し、季節ごとのテーマによる特別展で公開している。空間を使ったダイナミックで巨大な作品、庭に点在する彫像などに注目。

アイダホ州議事堂
住700 W. Jefferson St.
☎(208) 332-1012
URL capitolcommission.idaho.gov
開月〜金7:00〜18:00、土・日・祝9:00〜17:00（ツアーはサイトから予約）
料無料

ジュリア・デービス・パーク
住700 S. Capitol Blvd.
開毎日日の出〜24:00
URL parks.cityofboise.org→Julia Davis Parkを検索
行州議事堂からCapitol Blvd.を南へ徒歩約18分

町の有力者が造った公園には妻の名がつけられた

●Idaho State Historical Museum
地P.203-B2
住610 N. Julia Davis Dr.
☎(208) 334-2120
URL history.idaho.gov
開毎日10:00〜17:00（日12:00〜） 休祝日
料$10、学生・シニア$8、子供$5

●Boise Art Museum
地P.203-B2 住670 Julia Davis Dr.
☎(208) 345-8330
URL www.boiseartmuseum.org
開火〜日10:00〜17:00（日12:00〜、毎月第1木曜〜20:00）
休月、イースター、サンクスギビング、サンクスギビングの翌日、12/25、1/1
料$6、シニア$4、6歳以下無料

●Zoo Boise
地P.203-B2 住355 Julia Davis Dr.
☎(208) 608-7760
URL zooboise.org
開毎日10:00〜17:00（夏期は9:00〜）
料$10、シニア$8、子供$7
鳥園、ミニ水族館、霊長類館、アジアの動物などのコーナーがあり、約100種類300匹以上の生物を飼育する

●Idaho Black History Museum
地P.203-B2 住508 Julia Davis Dr.
☎(208) 789-2164
URL www.ibhm.org
開火〜木10:00〜16:00（火〜15:00)、土11:00〜16:00 休月・金・日 料無料
公民権運動に代表されるアフリカ系アメリカ人のアイダホでの活動と、政治、芸能、スポーツで功績をあげた人々について解説

メモ **ボイジーのおすすめレストラン▶**フォーク Fork（住199 N. 8th St. URL boisefork.com 地P.203-A1）はニジマスなど地産地消を実践する店で、抜群の人気。ビッグシティ・コーヒー Big City Coffee（住1416 W. Grove St. URL www.bigcityboise.com 地P.203-A2）は早朝から営業するオールディな雰囲気のカフェ。

バスクミュージアム&カルチュラルセンター
住611 W. Grove St.
☎(208) 343-2671
URL basquemuseum.com
開火～金10:00～16:00、土11:00～15:00
休日・月、おもな祝日
料$5、シニア・学生$4、6～12歳$3、5歳以下無料

アメリカで唯一のバスクの博物館 地P.203-B2

バスクミュージアム&カルチュラルセンター
The Basque Museum & Cultural Center

ひと旗揚げようと、1880年代スペイン北東部のバスク地方から多くの人々がアメリカに移住してきた。言葉では不自由をしたが忍耐強く勤労であったため、羊飼いなどとして地元の人々に受け入れられ、コミュニティを作りあげるほど人口が増加した。その背景やバスク民族の文化、歴史を後世に伝えようと1985年に博物館は造られた。民族衣装や道具、歴史パネルなどが展示されている。

旧アイダホ州刑務所
住2445 Old Penitentiary Rd.
☎(208) 334-2844
URL history.idaho.gov/old-idaho-penitentiary
開毎日12:00～17:00(夏期は10:00～)
休おもな祝日
料$6、シニア$4、6～12歳$3
行ダウンタウンから市バス#17(平日のみ1時間に1本の運行)で約10分。住宅街を抜けた、右側にある
●Idaho Botanical Garden
地2355 Old Penitentiary Rd.
☎(208) 343-8649
URL idahobotanicalgarden.org
開毎日9:00～19:00(冬期は短縮)
料$7、シニア・5～12歳$5

さびれた雰囲気が怖さを倍増させる 地P.203-B1外

旧アイダホ州刑務所
Old Idaho Penitentiary

中心部から約4kmの荒涼とした所にある、1872年から100年以上にわたり1万3000以上（女子は222）の囚人を収監した刑務所。歴史フィルムを上映する管理棟をはじめ、独房、バスケットコート、ダイニング、洗濯室、絞首刑室など、どれも重々しい雰囲気に包まれている。隣接する**アイダホ植物園Idaho Botanical Garden**は緑深い香りでリフレッシュに最適。

厳しかった刑務所での生活がわかる

レストラン&ホテル
Restaurant & Hotels

R アメリカ料理
地元の人がいち押しするカジュアルレストラン

バーディネイ
Bardenay

住610 W. Grove St. ☎(208) 426-0538 URL www.bardenay.com 開月～金11:00～21:00(火～木～22:00、金～23:00)、土・日10:00～23:00(日～21:00) AMV 地P.203-B2

バスクミュージアム＆カルチュラルセンターの前にあり常ににぎわっている。リキュール類や、ハンバーガーからサーモンの炭火焼きまでメニューも豊富。予算は$15～。

H 高級ホテル
エレガントなブティックホテル

ホテル43
Hotel 43

住981 W. Grove St., Boise, ID 83702 ☎(208) 342-4622 Free (1-800) 243-4622 URL www.hotel43.com Wi-Fi無料 SDT$189～269、スイート$269～431 ADJMV 地P.203-A2

ホテル名は、アイダホ州が43番目に合衆国に加入したことに由来する。ダウンタウンの中心であるGrove Plazaに1ブロックと便利。空港までの送迎バスは無料。112室。

H 中級ホテル
若者が集うクールな宿

モダーンホテル・アンド・バー
Modern Hotel and Bar

住1314 W. Grove St., Boise, ID 83702 ☎(208) 424-8244
URL themodernhotel.com
SDT$131～312、スイート$174～380
AMV 地P.203-A2 Wi-Fi無料

モーテルが粋でおしゃれに変身！　バーは毎夜地元の若者が集うおしゃれなスポットとなっている。客室の造りはいたってシンプルだが、抑えめのデザインでスタイリッシュ。平日は朝食付き、1ブロック先のカフェも早朝から営業。空港送迎無料。シャワーのみ。隣にアパートも完成した。39室。

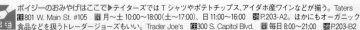

スタイリッシュな内装で清潔
昔はモーテル、今はしゃれたホテル&バー

メモ **ボイジーのおみやげはここで**▶テイターズではＴシャツやポテトチップス、アイダホ産ワインなどが揃う。Taters 住801 W. Main St. #105 開月～土 10:00～18:00(土～17:00)、日 11:00～16:00 地P.203-A2。ほかにもオーガニック食品などを扱うトレーダージョーズもいい。Trader Joe's 住300 S. Capitol Blvd. 開毎日 8:00～21:00 地P.203-B2

本当に空が広く感じられる所

イエローストーンのゲートシティ

ボーズマン
Bozeman

日本の国土とほぼ同じ面積を誇るモンタナ州。ボーズマンはモンタナ州の南部、四方を大自然に囲まれた場所に位置する。夏はフライフィッシングやハイキング、冬はスキーやスノーボードと、1年中アウトドアアクティビティが盛んだ。ダウンタウンはこぢんまりとしており、のんびり過ごすには最適。ここを拠点に、バクテリアが造りあげた神秘的な色の泉や野生動物を見ることができるイエローストーン国立公園、カナダ、アメリカ両国にまたがるグレイシャー国立公園へアクセスする旅行者も多い。

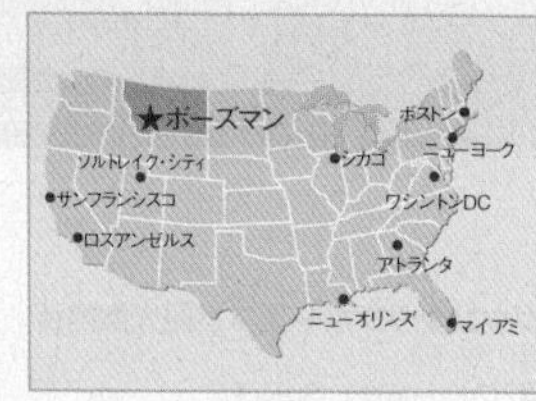

DATA

人口▶約4万6600人
面積▶約49km²
標高▶約1470m
TAX▶セールスタックス　0%
ホテルタックス　7%＋$2
属する州▶モンタナ州　Montana
州のニックネーム▶ビッグスカイカントリー（大きな空の州）　Big Sky Country
州都▶ヘレナ　Helena ➡P.631
時間帯▶山岳部標準時（MST）
繁忙期▶5～9月

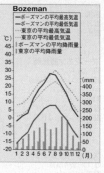

Bozeman
―ボーズマンの平均最高気温
―ボーズマンの平均最低気温
…東京の平均最高気温
…東京の平均最低気温
▮ボーズマンの平均降雨量
▮東京の平均降雨量
(℃) 45 40 35 30 25 20 15 10 5 0 -5 -10 -15 -20
(mm) 400 350 300 250 200 150 100 50 0
1 2 3 4 5 6 7 8 9 10 11 12 (月)

ボーズマンへの行き方 Getting There

飛行機 Plane

ボーズマン・イエローストーン国際空港
Bozeman Yellowstone International Airport（BZN）

ダウンタウンの北西約16kmに位置し、1日35便ほどがデンバーやソルトレイク・シティなどから運航している。小さい空港だが、レンタカー会社のカウンターやみやげ屋などの設備は揃う。ダウンタウンへは、ホテルの送迎シャトルバスかタクシーで20分ほど。ウエスト・イエローストーンまでは空港シャトルKarst Stageが運行している。

長距離バス Bus

グレイハウンド・バスディーポ
Greyhound Bus Depot

モンタナ州ビリングスやミズーラから1日2便を運行。運行会社はジェファソンラインだ。バスディーポは、ダウンタウンの北約4km、スーパーのウォルマート敷地内にある。ストリームラインバスのブルーラインでアクセス可能だ。

ボーズマン・イエローストーン国際空港
地 P.206-A1外
住 850 Gallatin Field Rd., Belgrade
☎ (406) 388-8321
URL www.bozemanairport.com
●**Greater Valley Taxi（タクシー）**
☎ (406) 587-6303
URL greatervalleytaxi.com
料 ダウンタウンまで約$35
●**Karst Stage（空港シャトル）**
☎ (406) 556-3540
Free (1-800) 287-4759
URL www.karststage.com
料 ウエスト・イエローストーンまで片道1人$95、2人$190（所要約2時間30分）

グレイハウンド・バスディーポ
地 P.206-B1
住 1500 N. 7th Ave.(Walmart Supercenter内)
☎ (858) 800-8898
開 24時間

メモ 空港にある主要レンタカー会社▶Alamo ☎(406) 388-6694、Avis ☎(406) 388-4091、Budget ☎(406) 388-4091、Dollar ☎(406) 388-1323、Hertz ☎(406) 388-6939

Getting Around ボーズマンの歩き方

大きな空（Big Sky）が待っている

ダウンタウンの中心はMain St.沿いのWallace Ave.からGrand Ave.までの7ブロック。この間にレストランやショップが密集している。世界有数の恐竜の化石コレクションが自慢のロッキーズ博物館にはぜひ立ち寄りたい。車があるなら、イエローストーン国立公園やグレイシャー国立公園まで足を運ぼう。宿泊施設は7th Ave.沿いに集中している。

観光案内所 Visitors Information

ダウンタウンボーズマン観光案内所 Downtown Bozeman Partnership

ダウンタウンの中心部にある観光案内所。ダウンタウンの地図やパンフレットのほかに、イエローストーン国立公園やグレイシャー国立公園の資料も揃う。

スタッフが親切に話を聞いてくれる

ダウンタウンボーズマン観光案内所
地P.206-B2
住222 E. Main St., Suite 302
☎(406) 586-4008
URL downtownbozeman.org
開月～金9:00～17:00
休土・日、おもな祝日

ボーズマン観光局
地P.206-A1
住2000 Commerce Way
☎(406) 586-5421
URL www.bozemancvb.com
開月～金8:00～17:00
休土・日、おもな祝日

市内の交通機関 Public Transportation

ストリームラインバス Streamline Bus

レッド、イエロー、グリーン、ブルー、オレンジの5つの路線が、中心部とロッキーズ博物館、モンタナ州立大学などを結んでいる。1日5～18便。

ストリームラインバス
☎(406) 587-2434
URL streamlinebus.com
運行／月～金6:30～19:15、土7:30～18:15（路線により異なる）
休日（ピンクラインのみ運行）、おもな祝日
料無料

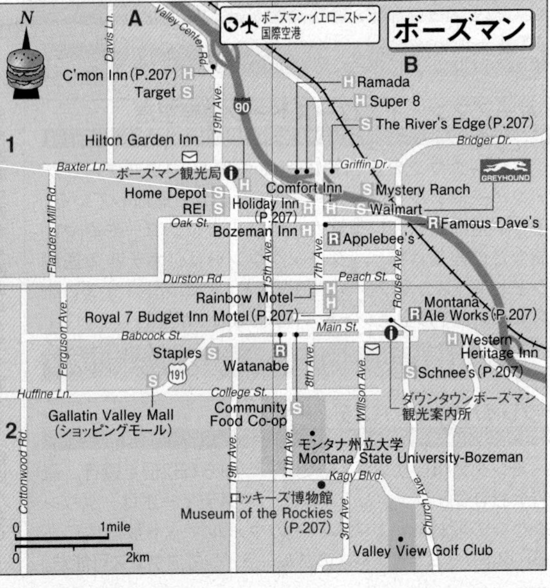

ボーズマンから車で約2時間30分の所にあるイエローストーン国立公園

メモ 郊外へのツアーを日本語で手配できる▶イエローストーン・グレイシャー・アドベンチャーズ Yellowstone Glacier Adventures, Inc. は国立公園などのツアーを日本語で手配してくれる。基本的にオーダーメイドのため要事前相談。 ☎&FAX(406)585-9041 URL www.national-park-tours.com

おもな見どころ Sightseeing

世界屈指の恐竜の化石を有する 地P.206-B2

ロッキーズ博物館
Museum of the Rockies

モンタナ州を南北に走るロッキー山系をテーマにした自然史博物館。目玉である恐竜に関するコレクションは世界最大級。博物館のある州立大学の博士が映画『ジュラシックパーク』のアドバイザーを務めたほどで、完全な姿で復元されたティラノサウルスの骨格は必見。

ロッキーズ博物館
住600 W. Kagy Blvd.
☎(406) 994-2251
URL www.museumoftherockies.org
開〈夏期〉毎日8:00～18:00、〈冬期〉毎日9:00～17:00
休おもな祝日
料$14.50、シニア$13.50、子供$9.50、4歳以下無料

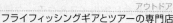

ショップ＆レストラン＆ホテル
Shops & Restaurant & Hotels

アウトドア

フライフィッシングギアとツアーの専門店

リバーズエッジ
The River's Edge

住2012 N.7th Ave. ☎(406) 586-5373
URL www.theriversedge.com
開毎日9:00～17:30（土～17:00） 休日 地P.206-B1

1983年創業。ほぼ完璧な商品ラインアップを誇るシムズブランドをはじめ、多メーカーの各種フライフィッシングギアが揃う店。さらに、モンタナの川を知り尽くしたベテランのフィッシングガイドが同行するマス釣りツアーの手配も可。

アウトドア

ボーズマン生まれのハンティングブーツを

シュニーズ
Schnee's

住35 E. Main St. Free (1-800) 922-1562
URL www.schnees.com 開月～金8:00～20:00、土9:00～18:00、日10:00～17:00 AMV 地P.206-B2

1946年にボーズマンで創業したブーツメーカーのフラッグシップショップ。店内にはシュニーズの各種ブーツがずらりと並ぶ。そのほかジャケットやアウトドアグッズなどもあり。

R アメリカ料理

地ビールも飲めるレストラン＆バー

モンタナ・エールワークス
Montana Ale Works

住611 E. Main St. ☎(406) 587-7700
URL www.montanaaleworks.com
開毎日16:00～22:00（金・土～23:00）ハッピーアワー16:00～18:00※時期により変更あり AMV 地P.206-B2

地元の人たちに人気があるレストラン。サンドイッチやパスタ、ステーキもあるが、バイソンバーガー（$14.95）がいちばんのおすすめ。

エコノミーホテル

お手頃な値段がうれしい

ロイヤル7・バジェットイン・モーテル
Royal 7 Budget Inn Motel

住310 N. 7th Ave., Bozeman, MT 59715
☎(406)587-3103 URL www.royal7inn.com AMV
ⓈⒹ$59.95～137 Wi-Fi無料 地P.206-B2

ダウンタウンまで徒歩10分の所。無料の朝食が付き、コーヒーメーカーや冷蔵庫、電子レンジが客室に備わっている。ロビーにはパソコンもあって便利だ。コインランドリーもある。47室。

中級ホテル

ダウンタウンまで車で5分

ホリデイイン・ボーズマン
Holiday Inn Bozeman

住5 E. Baxter Ln., Bozeman, MT 59715
☎(406)587-4561 URL www.ihg.com/holidayinn
ⓈⒹⓉ$94～224 AJMV Wi-Fi無料 地P.206-B1

空港とダウンタウンの間にあるホテル。ボーズマンで最大級の屋内プールをもち、ホテル内にレストランやバーも併設されている。空港まで無料の送迎サービスもあり。177室。

H 中級ホテル

ロッジ風の丸太の建物が目印

カモンイン
C' mon Inn

住6139 E. Valley Center Rd., Bozeman, MT 59718
☎(406)587-3555 Free (1-866)782-2717 FAX (406)522-8613
URL www.cmoninn.com ⓈⒹⓉ$99～249、Ⓢ$139～269
AJMV Wi-Fi無料 地P.206-A1

館内に入るとクマやバイソンの剥製が出迎えてくれる山岳部ならではのホテル。ふたつのプールとジャクージが屋内にある。朝食は無料。125室。

ボーズマン生まれの軍隊仕様バッグ▶日本でも人気のミステリーランチはボーズマン生まれ。本店はダウンタウンの北約3kmに位置する。Mystery Ranch 住1750 Evergreen Dr. ☎(406)585-1428 URL www.mysteryranch.com 開月～金 9:00-17:00 休土・日 地P.206-B1

探検家気分になれる町

ビスマーク

Bismarck

公園の奥が州議事堂、スレンダーな姿でドームがないのは珍しい

ノースダコタ州の中部に位置するビスマークは、1873年にノーザン・パシフィック鉄道が開通したことによって発展してきた。ドイツから多くの移民が流入してきたことから、ドイツ帝国初代宰相をたたえてビスマークと名づけられる。また、1804年には当時の大統領トーマス・ジェファソンが西部開拓を命じたルイス＆クラーク探検隊が、ビスマーク近隣に1年ほど滞在した。その名残で、郊外にはルイス＆クラーク・トレイルやルイス＆クラーク・インタープリティブ・センターがあり、観光スポットとして人気がある。また州のニックネームを象徴しているように公園が多いのも特徴。

DATA

人口▶約7万2900人
面積▶約80km²
標高▶約510m
TAX▶セールスタックス　6.5%
ホテルタックス　9.5%
属する州▶ノースダコタ州　North Dakota
州のニックネーム▶平和な庭園の州
Peace Garden State
州都▶ビスマーク　Bismarck
時間帯▶中部標準時（CST）
繁忙期▶4〜5、10月 ➡P.631

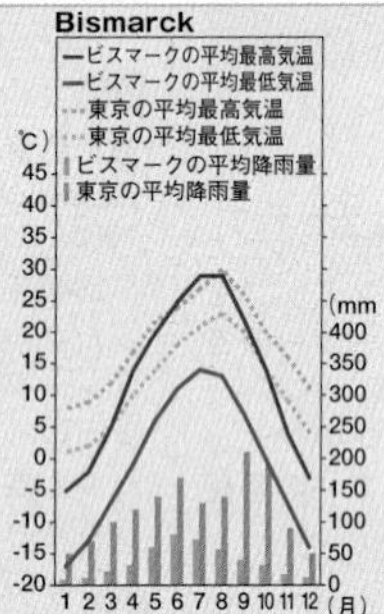

Getting There & Around　ビスマークへの行き方＆歩き方

ビスマーク空港（BIS）
地P.209-B2外
住2301 University Dr.　☎(701)355-1800
URL www.bismarckairport.com
●Taxi 9000（タクシー）
☎(701)223-9000
料ダウンタウンまで約$20

マンダン・トランジット・センター グレイハウンド
地P.209-B1外
住3750 E. Rosser Ave.　☎(701)450-8651
開毎日11:00〜13:30、17:30〜19:00

ビスマークCATバス
☎(701)323-9228
URL bismantransit.com
料$1.50、学生75¢、シニア・4歳以下無料。トランスファー（乗り換え）無料
運行／月〜金6:30〜19:00（土8:00〜）（路線により異なるが30分〜2時間間隔）。土曜は減便。日曜は運休

ビスマーク・マンデン観光局
地P.209-A1
住1600 Burnt Boat Dr.
☎(701)222-4308
Free (1-800)767-3555
URL noboundariesnd.com
開月〜金7:30〜17:00

ミネアポリスやデンバーからの便があるビスマーク空港**Bismarck Airport**は、ダウンタウンの南東約6kmの所にあり、ダウンタウンまではタクシーで10分ほど。グレイハウンドと提携するジェファソンライン社のバスディーポは、ダウンタウンの東7km、タクシーでダウンタウンまで約10分の所にある。

ビスマークのダウンタウンは広く、車の交通量も多いので歩いて観光するのは難しい。時間を有効に使うためにも、カークウッドモールを起点としてダウンタウンを走るCATバス（市バス）を利用したい。

観光案内所　Visitors Information

ビスマーク・マンデン観光局
Bismarck-Mandan Convention & Visitors Bureau

ダウンタウンの北西約4km、Tyler Pkwy.を北上した所にある。建物内にはビスマークとマンデンの各種パンフレット、見どころやホテルの検索ができるタッチパネルのモニターがあり、奥はギフトショップになっている。

ギフトショップも併設する観光案内所

メモ　オン・ア・スラント・ビレッジ▶ビスマークから南西に約16km行ったフォート・エイブラハム・リンカーン州立公園 Fort Abraham Lincoln State Park（地P.209-A2外）には、ネイティブアメリカン、マンデン族の住居や生活を伝える博物館がある。On-A-Slant Village 住4480 Fort Lincoln Rd., Mandan URL www.parkrec.nd.gov で検索

おもな見どころ Sightseeing

ビスマークでいちばん高いビル 地P.209-B1

ノースダコタ州議事堂
North Dakota State Capitol

1934年に再建されたノースダコタ州議事堂には、最高裁判所や上院・下院議会議事堂が入る。大恐慌時代に建設された高さ73.5mの建物は、資金不足からドームがないことで有名だ。晴れた日には18階の展望室から50km先まで見渡せる。

ノースダコタ州議事堂
住600 E. Boulevard Ave.
☎(701)328-2480(ツアー)
URL www.nd.gov
開月～金7:15～17:30。夏期は週末もオープン(ツアーは下記)
ツアー／月～金9:00～11:00、13:00～15:00。夏期は月～土9:00～11:00、13:00～15:00、日13:00～15:00の毎正時発
料無料

州議事堂の目の前にある博物館 地P.209-B1

ノースダコタ・ヘリテージ・センターと州立博物館
North Dakota Heritage Center & State Museum

ノースダコタ州の歴史を知ることができる博物館。展示は紀元前から17世紀まで、ネイティブアメリカンが住みついた18世紀前半、ヨーロッパから移民が流入した19世紀後半、そして大恐慌の1930年代の4つの時代に分かれている。周辺で発掘された恐竜の化石やノースダコタに生息する鳥類について解説されたコーナーもある。併設するギフトショップは、ネイティブアメリカンやノースダコタ州に関する本や写真集、工芸品などが充実している。

ノースダコタ・ヘリテージ・センターと州立博物館
住612 E. Boulevard Ave.
☎(701)328-2666
URL statemuseum.nd.gov
開毎日8:00～17:00(土・日10:00～)
休おもな祝日
料無料

大迫力の恐竜の化石は一見の価値あり

レストラン&ホテル Restaurant & Hotel

R アメリカ料理

ノースダコタのベスト10にも選ばれた

ピーコックアレー
Peacock Alley

住422 E. Main Ave.　☎(701)221-2333
開月～金11:00～24:00(金～翌1:00)、土10:00～翌1:00
休日　URL peacock-alley.com　AMV　地P.209-B2

1911年に開業したホテルを改装して1933年にオープンした老舗レストラン。原料にビールを使ったバンズと極上ビーフが人気のハンバーガーは$12～。

H 中級ホテル

観光にもビジネスにも便利な立地

ラディソン・ホテル・ビスマーク
Radisson Hotel Bismarck

住605 E. Broadway Ave., Bismarck, ND 58501　ADJMV
☎(701)255-6000　FAX(701)223-0400　Wi-Fi無料
URL www.radisson.com　SDT$104～177　地P.209-B2

ダウンタウンの中心に位置し、バス停も目の前にある。空港までの無料送迎バスもありビジネス客に人気だ。ホテル内にレストランやプールもある。215室。

メモ **ルイス&クラーク・インタープリティブ・センター**▶ルイス&クラーク探検隊が滞在した1年間について詳しく解説する博物館。Lewis & Clark Interpretive Center　住2576 8th St. SW, Washburn　☎(701)462-8535　URL www.fortmandan.com　開毎日9:00～17:00　休11～3月の日　料$8　地P.209-B1外

敬愛される4人の大統領の岩山

ラピッドシティ
Rapid City

完成すれば世界最大といわれるクレイジー・ホースの像。見られる人はいるかどうか

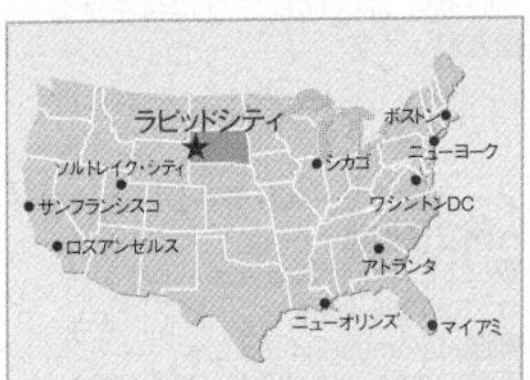

どの国にも国を代表するアイコンがある。フランスならエッフェル塔、イギリスならビッグベン……それではアメリカは？　それは、ラピッドシティ郊外の「マウントラシュモア」。ピンとこないかもしれないが、山に彫られた4大統領がある所で、4人に拝謁するためここを訪れるアメリカ人は驚くほど多い。

また、ラピッドシティは全米有数の観光地でもある。先住民の英雄で完成すれば世界最大の彫像となるクレイジー・ホース、映画『未知との遭遇』の舞台となったデビルスタワー、異次元の地形のようなバッドランズなどがあり、ここを起点に観光ポイントが広がっている。

DATA

人口▶7万4400人　面積▶約143.5km²
標高▶約990m　TAX▶セールスタックス6.5%　ホテルタックス　9%＋$2
属する州▶サウスダコタ州　South Dakota
州のニックネーム▶マウントラシュモアの州　Mt. Rushmore State
州都▶ピアー　Pierre
時間帯▶山岳部標準時（MST）→P.631
繁忙期▶5月中旬～9月

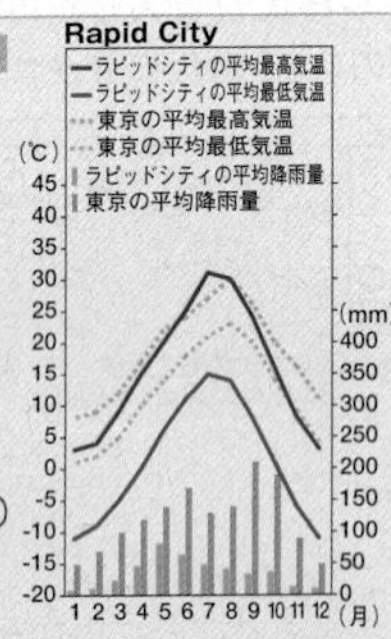

Getting There　ラピッドシティへの行き方

ラピッドシティ空港
地P.212-B2　住4550 Terminal Rd.
☎(605) 393-9924
URL www.rapairport
●Rapid Shuttle（空港シャトル）
☎(605) 399-9999
URL www.rapidshuttle.com
料ダウンタウンまで1人$25、2人$35。空港1階のカウンターで申し込める。空港へ向かうには前日までの予約が必要

空港からダウンタウンや周辺のホテルへはこのシャトルで

マイロ・バーバー・トランスポーテーション・センター（グレイハウンド）
地P.211-A2　住333 6th St.
☎(605) 348-3300
開月～金11:00～18:00、土・日・祝11:30～13:30と16:30～18:00

飛行機　Plane

ラピッドシティ空港
Rapid City Regional Airport（RAP）

ダウンタウンの南東約17kmに位置し、ミネアポリスやソルトレイク・シティ、デンバー、ダラス/フォートワースからの便がある。1階のバゲージクレーム（預託荷物のピックアップ場所）には空港シャトルバンやレンタカーのカウンターがある。市内までは空港シャトルバンか、ダウンタウンのいくつかのホテルでは無料のシャトルを出している。約20分。

長距離バス　Bus

マイロ・バーバー・トランスポーテーション・センター（グレイハウンド）
Milo Barber Transportation Center（Greyhound）

バスディーポは、ダウンタウンの6th St.沿いにあり、市バスと共有している。グレイハウンドと提携するJefferson Lines社のバスが、サウスダコタ州スーフォールズやモンタナ州ビリングスなどからそれぞれ1日1便運行している。

メモ　空港のレンタカー会社▶レンタカーは台数に限りがあるので事前に予約しておくこと。Alamo☎(605) 393-2664、Avis☎(605) 393-0740、Budget☎(605) 393-0488、Enterprise☎(605) 393-4311、Hertz☎(605) 393-0160

ラピッドシティの歩き方 Getting Around

観光ポイントは町の郊外に点在し、公共交通機関もほとんど運行されていない。マウントラシュモアやクレイジー・ホース、カスター州立公園などへは、日系の旅行会社が行うツアーが出ているので、車のない人はツアーに参加するといい。さらに郊外には、デビルスタワーやバッドランズ国立公園など、地球の神秘を教えてくれるような奇観がある。これらへのアクセスはレンタカーが威力を発揮する。道も単純で運転しやすいと評判だ。その前にコンパクトでかわいらしいラピッドシティのダウンタウンも散策してみよう。歴代大統領に会える楽しみがある。

まるで宇宙のようなバッドランズ。車があれば意外に近い

観光案内所 Visitors Information

ラピッドシティ観光局 Rapid City Visitor Information Center

メインストリート・スクエア内にあり、各種パンフレットやツアーの案内が豊富に揃っている。

ラピッドシティ観光局
地P.211-A2
住512 Main St., #240
☎(605)718-8484
Free(1-800)487-3223
URL www.visitrapidcity.com
開月〜金8:00〜17:00

ツアー案内 Sightseeing Tours

ジャパン・ツアーズ・ウエスト Japan Tours West

現地の日系旅行会社が催行するラピッドシティから出発する郊外の見どころへのツアーで、車のない人には便利。マウントラシュモア、クレイジー・ホース、バッドランズ、デビルスタワーなど各種日本語のツアーを催行。ホテル送迎付き。2名より。

CLOSED

ジャパン・ツアーズ・ウエスト
住434 E. Fairmont Blvd., #30, Rapid City, SD 57701
☎/FAX(605)348-3078
E-mail japantourswest@hotmail.com
●マウントラシュモア　$45〜90。約3時間。毎日8:00発
●マウントラシュモアとクレイジー・ホース　$85〜165。約5時間30分。毎日9:00発
●バッドランズ国立公園とウォールドラッグ　$105〜205。約7時間。毎日9:00発
●デビルスタワーとデッドウッド　$105〜205。約7時間。毎日8:00発

CLOSED

カーター大統領は気さくなサラリーマン風。歴代大統領の像は町の名物

シティ・オブ・プレジデンツ The City of Presidents ▶ジョン・F・ケネディやロナルド・レーガン、ビル・クリントンなどオバマ前大統領とトランプ大統領を除く歴代大統領の実物大のブロンズ像が、ダウンタウンに点在する。URL www.visitrapidcity.com/things-to-do/city-presidents

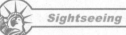

マウントラシュモア国定記念物
住13000 Hwy. 244, Keystone
☎(605) 574-2523
URL www.nps.gov/moru
開敷地は毎日5:00～21:00。インフォメーションセンターは毎日8:00～17:00（時期により変更あり）。日没から21:00までは像がライトアップされる。なお、マウントラシュモアのレストラン（ファストフード形式）は、名物のバッファロー肉を使った料理がいろいろとある。ぜひ味わっておきたい
休12/25（敷地は開放されている）
料無料。駐車は車1台$10
行ラピッドシティの南西約40kmに位置する。キーストーンKeystoneの町からは約5km。ラピッドシティのダウンタウンからはUS-16/Mt. Rushmore Rd.を南（標識は西）へ、次にSD-244を西へ向かうと、標識があちこちに出てくる。車で30～40分。カーブが多い山道が続くので運転には気をつけること。車のない人は、ラピッドシティからツアーに参加しよう

「アメリカ」といえばこの4人の大統領の像を思い出す人も多いはず

アメリカを象徴する４人の大統領の彫像 地P.212-A2

マウントラシュモア国定記念物
Mt. Rushmore National Memorial

ラピッドシティから南西に約40km。緑豊かなブラックヒルズBlack Hillsの山に、アメリカの"誕生、発展、維持、統一 Founding, Expansion, Preservation, Unification"を記念した4人の大統領が彫られている。左からジョージ・ワシントン（初代）、トーマス・ジェファソン（3代）、セオドア・ルーズベルト（26代）、エイブラハム・リンカーン（16代）の4人。いずれもアメリカの建国と発展に貢献した人物だ。

作業は彫刻家の**グーゾン・ボルグラム Gutzon Borglum**の指導のもと、ダイナマイトによる発破などで形成、1927～1941年までの間のうち実質6年半の歳月を経てできあがった。花こう岩の山に彫られた顔は、あごから額まで18m、鼻は6m、リンカーンのほくろでさえ40cmもある。

全米50州の州旗が並ぶアベニュー・オブ・フラッグスを抜けた先の展望台がグランド・ビュー・テラス。下には博物館があり、制作過程を短編フィルムなどで紹介している。トレイルを歩けば、彫像の近くまで行けるのでおすすめ。1周1km弱のトレイル沿いからは、4人の大統領を違った角度から見られるので好評だ。

なお、周辺にはバッファローなど野生動物と遭遇できる**カスター州立公園**、爪痕のような**デビルスタワー**、変化に富んだ地形の**バッドランズ国立公園**がある。「地球の歩き方 B13 アメリカの国立公園」を参照。

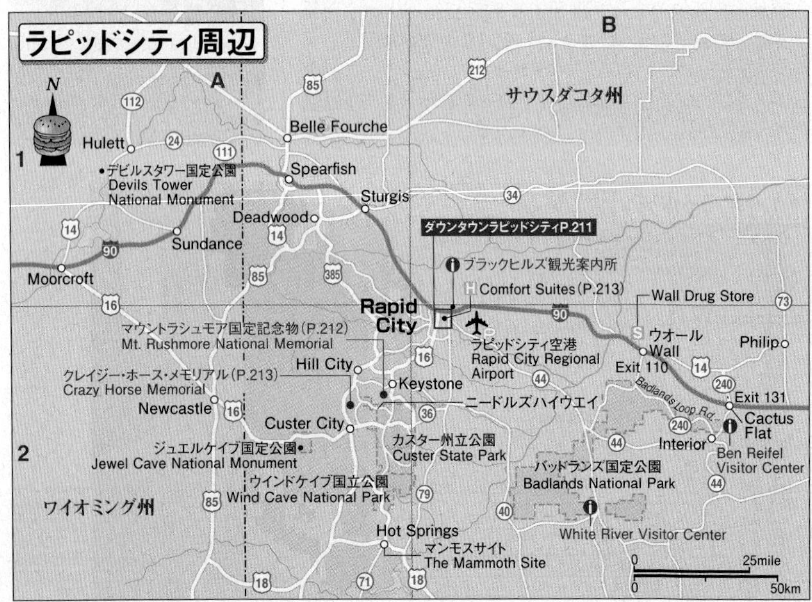

ネイティブアメリカンの英雄が彫像になった　地P.212-A2

クレイジー・ホース・メモリアル
Crazy Horse Memorial

マウントラシュモアの南西約26kmでも、さらに巨大な人物像を制作中だ。かつて白人入植者と戦ったネイティブアメリカン、スー族の英雄クレイジー・ホースの彫像である。完成時には高さ170m、全長195mとなり、世界最大の彫像になる予定だ。1948年に制作を始めてから70年たつが、現在完成しているのは頭部のみ。展望台にある完成予定のレプリカ像と見比べるといい。博物館には、部族の旗や住居のティピも展示されている。

クレイジー・ホース・メモリアル
住12151 Ave. of the Chiefs, Crazy Horse
☎(605)673-4681
URL crazyhorsememorial.org
開夏期7:00〜21:00、冬期8:00〜16:00（変更あり）。5月下旬〜10月初旬の夜はレーザーショーが行われ、開館時間が延長される
料車1台$30、もしくは大人$12
行US-16/385沿い。マウントラシュモアからは、SD-244、US-16/385を南西に進み、約30分。ラピッドシティのダウンタウンからは、US-16/Mt.Rushmore Rd.を60km南へ、約50分

ショップ＆レストラン＆ホテル
Shop & Restaurants & Hotels

雑貨＆ギフト

サウスダコタの名物ショップ

プレイリーエッジ
Prairie Edge

住606 Main St.　☎(605)342-3086　free(1-800)541-2388
URL www.prairieedge.com　開月〜土9:00〜19:00、日10:00〜17:00　AMV　地P.211-A2

工芸品から、祭儀用品やジュエリー、アロマ、衣類、ラグ、CD、書籍までネイティブアメリカンが製作したものが驚くほど多数揃っている。3階はギャラリーで、ネイティブアメリカンに関するアートが鑑賞できる。購入も可。

アメリカ料理

バッファローバーガーを食べるなら

ファイアーハウス・ブリューイング・カンパニー
Firehouse Brewing Co.

住610 Main St.　☎(605)348-1915
URL www.firehousebrewing.com　開月〜土11:00〜22:00（金・土〜23:00）、日11:00〜21:00　AMV　地P.211-A2

消防署を改装した建物でビールを醸造している地元の人気レストラン。夏にはテラス席で食事もでき、バンドの生演奏やコメディショーが行われる。予算は$17〜30。平日の15:00〜18:00はハッピーアワー。

日本料理

お米が恋しくなったら

いちばん・スシバー
Ichiban Sushi Bar

住1109 W. Omaha St.　☎(605)341-7178
URL www.ichibanrc.com　開毎日11:00〜21:00（日〜20:00）
AMV　地P.211-A2

日本人経営ではないが、アメリカらしい変わり巻き寿司をはじめとして、枝豆、味噌汁、カツ丼など、日本の味が楽しめる。巻き寿司が$7.50〜15.50、握りが2貫で$2.75〜9と手頃で、ランチは$10以下で食べられる。

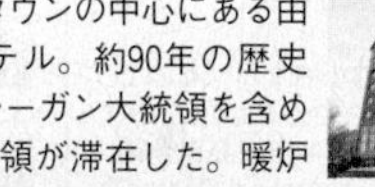

中級ホテル

重要文化財にも登録されている建物

ホテル・アレックス・ジョンソン
Hotel Alex Johnson

住523 6th St., Rapid City, SD 57701　☎(605)342-1210
URL www.alexjohnson.com　ⓈⒹⓉ$63〜289、スイート$93〜369　AMV　Wi-Fi無料　地P.211-A2

ダウンタウンの中心にある由緒あるホテル。約90年の歴史をもち、レーガン大統領を含め6人の大統領が滞在した。暖炉があり、古きよきアメリカを感じさせるロビーは見るだけでも価値がある。143室。

中級ホテル

レンタカー利用者におすすめ

コンフォートスイーツ
Comfort Suites

住1333 N. Elk Vale Rd., Rapid City, SD 57703
☎(605)863-9618　日本無料0053-161-6337　FAX(605)791-5075
URL www.comfortsuites.com　スイート$69〜252
AMV　Wi-Fi無料　地P.212-B2

ダウンタウンの北東約8km、I-90WのExit 61を出てすぐの所にあり、バッドランズ国立公園に向かう人は特に便利。全室スイートだけに客室は広く、家族連れにおすすめ。リネンにも気を配り、清潔で使いやすく、リラックスには最適。朝食は無料。目の前には人気のステーキハウスDakotah Steakhouseもあり、食事にも困らない。92室。

コンフォートスイーツの客室は清潔で快適

ホテルの向かいのレストランではバッファローのリブも食べられる

メモ　繊細なアメリカ料理▶ホテル・アレックス・ジョンソンの向かい。庶民的だが、盛りつけ、味は繊細。Tally's Silver Spoon　住530 6th St.　URL tallyssilverspoon.com　開毎日7:00〜21:00（14:00〜16:00休憩。16:00〜18:00はハッピーアワーでアルコールがお得）　AMV　地P.211-A2

ロッキー山脈と西部
ワイオミング州

ユニークなカウボーイの町

シャイアン

Cheyenne

観光案内所、博物館、イベント会場が入るシャイアンの中心、シャイアンディーポ

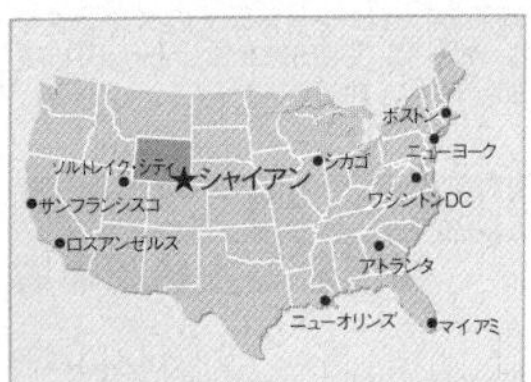

19世紀後半、大草原の真ん中に鉄道が通った。その周辺へ急激に人が移住し、驚異的な速度でできた町がシャイアンだ。そのため"大草原の不思議議な町"とも呼ばれ、現在はワイオミング州の州都でもある。

ダウンタウンでは毎年夏になると、世界最大級の野外ロデオのイベント、シャイアン・フロンティア・デイズが開催され、全米から約30万人もの観客が訪れる。また、町を歩けば大小さまざまなウエスタンブーツの彫刻や、カウボーイハットをかぶった人を目にするだろう。彼らはとても穏やかで親切。きっとカウボーイの虜になるに違いない。

DATA

人口▶約6万3600人
面積▶約63.5km²
標高▶約1850m
TAX▶セールスタックス　5%
ホテルタックス　10%
属する州▶ワイオミング州　Wyoming
州のニックネーム▶平等の州　The Equality State
州都▶シャイアン　Cheyenne
時間帯▶山岳部標準時（MST）➡P.631
繁忙期▶Cheyenne Frontier Daysが開催される7月中旬～8月上旬

Cheyenne
—シャイアンの平均最高気温
—シャイアンの平均最低気温
…東京の平均最高気温
…東京の平均最低気温
▮シャイアンの平均降雨量
▮東京の平均降雨量
(℃) 45 40 35 30 25 20 15 10 5 0 -5 -10 -15 -20
(mm) 400 350 300 250 200 150 100 50 0
1 2 3 4 5 6 7 8 9 10 11 12 (月)

Getting There　シャイアンへの行き方

グリーンライド
☎(970) 226-5533
URL www.greenrideco.com
料$38～70
※グリーンライドは小さなバンなので、すぐに満席となる。できれば予約を。なお、グリーンライドは空港を出発後、一度Harmony Transportation Centerでバンを乗り換える。自分がどのバンに乗るか、荷物とともに注意したい

シャイアン空港
地P.215-A1～B1
住300 E. 8th Ave.
☎(307) 634-7071
URL www.cheyenneairport.com
●Cowboy Shuttle（タクシー）
☎(307) 638-2468
料ダウンタウンまで約$12（約8分）

シャイアントランジット
☎(307) 637-6253
運行／月～金6:00～19:00、土10:00～17:00の約1時間間隔
※日曜とおもな祝日は運休
料$1.50、学生$1.25、5歳以下無料。トランスファー（乗り換え）は無料

飛行機　Plane

デンバー国際空港
Denver International Airport（DEN）

デンバーの項➡P.192参照。シャイアンの南、約170kmに位置し、シャイアンへはここからアクセスする人が多い。レベル5東側のドア507を出たIsland 5から**グリーンライド Green Ride**を利用する。空港発は8:10～翌1:10の間の約2時間に1本。シャイアンまで所要約2時間。空港行きは、シャイアン・ダウンタウンのおもなホテルならピックアップに来てくれる（要予約）。

シャイアン空港
Cheyenne Regional Airport（CYS）

ダウンタウンの北、約2.5kmの所に位置し、アメリカン航空がダラスから、アルパイン航空Alpine Aviationがデンバーから乗り入れている。フライトが少ないので、デンバー国際空港利用が現実的。ダウンタウンへは、シャイアントランジットCheyenne Transitのグリーンとイエローラインが1時間に1本の運行で所要約40分、またはタクシーで。

旅のアドバイス　シャイアンのタクシー事情▶流しのタクシーはほとんどいないので、乗りたいときは、自分で電話をして呼び出す。実際に来てくれるまで時間がかかることもあるので、タクシー会社には、時間に余裕をもって連絡しよう。なお、シャイアンでもウーバーやリフトはポピュラー。

長距離バス Bus

グレイハウンド（シンクレア・ガスステーション）
Greyhound (Sinclair Gas Station)

グレイハウンドや提携するブラックヒルズ・ステージ・ラインズ社のバスがデンバーとを毎日3往復(所要約2時間30分)する。

グレイハウンド（シンクレア・ガスステーション）
住3306 W. College Dr.
開24時間

シャイアンの歩き方 Getting Around

ダウンタウンはこぢんまりとしており、おもな見どころへは歩いて行くことができる。おすすめはバイソン・ランチ。

シャイアントランジット（→P.214 側注）
シャイアントランジットのバスは6路線。ダウンタウンの17th St.沿いのCarey Ave.とPioneer Ave.の間がすべてのバスの起点で、毎正時に出発し、1時間以内に戻ってくる

観光案内所 Visitors Information

ダウンタウンシャイアン観光案内所
Downtown Cheyenne Visitors Center

シャイアンディーポ内にある。シャイアンのほか、ワイオミング州の見どころのパンフレットも揃う。

ダウンタウンシャイアン観光案内所
地P.215-B2
住121 W. 15th St.(シャイアンディーポ内)
☎(307)778-3133
Free(1-800)426-5009
URL www.cheyenne.org
開月～金8:00～17:00、土9:00～15:00、日11:00～15:00(冬期は短縮)

ツアー案内 Sightseeing Tours

シャイアンストリート鉄道トロリー
Cheyenne Street Railway Trolley

シャイアンディーポ前から出発するナレーション付きのトロリーバスツアー。州立博物館や州議事堂のほか、シャイアン・フロンティア・デイズ・オールド・ウエスト博物館などを回る。乗り降り自由。初めての人におすすめ。

シャイアンストリート鉄道トロリー
住&☎観光案内所と共通
URL www.cheyennetrolley.com
運行／〈5～9月〉月～金10:00、11:30、13:00、14:30、16:00発（所要約1時間30分）。土10:00、12:00、14:00、日12:00、14:00発(所要約2時間)
料$12、2～12歳$6。(博物館付き$19)チケットは観光案内所で購入できる

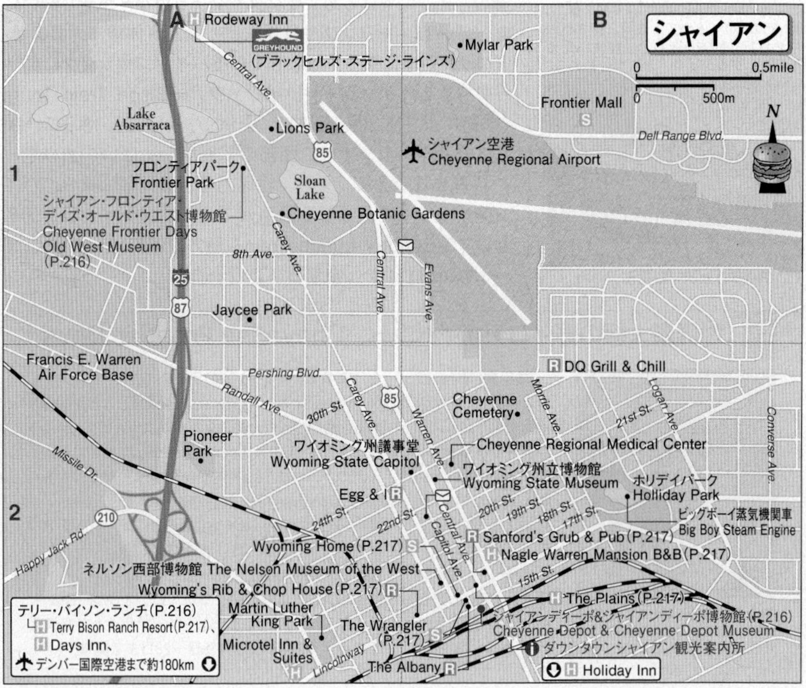

シャイアン
0 0.5mile
0 500m
N
A B 1 2
Rodeway Inn
GREYHOUND (ブラックヒルズ・ステージ・ラインズ)
Mylar Park
Frontier Mall
Dell Range Blvd.
Central Ave.
Lake Absarraca
Lions Park
シャイアン空港 Cheyenne Regional Airport
フロンティアパーク Frontier Park
Sloan Lake
シャイアン・フロンティア・デイズ・オールド・ウエスト博物館 Cheyenne Frontier Days Old West Museum (P.216)
Cheyenne Botanic Gardens
8th Ave.
Carey Ave.
Evans Ave.
Jaycee Park
Francis E. Warren Air Force Base
DQ Grill & Chill
Pershing Blvd.
Randall Ave.
30th St.
Cheyenne Cemetery
Morrie Ave.
21st St.
Logan Ave.
Converse Ave.
Pioneer Park
ワイオミング州議事堂 Wyoming State Capitol
Cheyenne Regional Medical Center
Missile Dr.
Warren Ave.
ワイオミング州立博物館 Wyoming State Museum
ホリデイパーク Holliday Park
Egg & I
20th St. 19th St. 18th St. 17th St.
ビッグボーイ蒸気機関車 Big Boy Steam Engine
Happy Jack Rd.
24th St. 22nd St.
Wyoming Home (P.217)
Sanford's Grub & Pub (P.217)
Nagle Warren Mansion B&B (P.217)
ネルソン西部博物館 The Nelson Museum of the West
15th St.
Wyoming's Rib & Chop House (P.217)
The Plains (P.217)
テリー・バイソン・ランチ(P.216)
Terry Bison Ranch Resort (P.217)、Days Inn、
デンバー国際空港まで約180km
Martin Luther King Park
The Wrangler (P.217)
シャイアンディーポ&シャイアンディーポ博物館(P.216) Cheyenne Depot & Cheyenne Depot Museum
Microtel Inn & Suites
Lincolnway
ダウンタウンシャイアン観光案内所
The Albany
Holiday Inn

旅のアドバイス 夏期限定の馬車ツアー▶シャイアンの見どころを回る人気のツアー Horse Drawn Carriage Rides（5～9月の毎日11:00～17:00）。シャイアンディーポの前から出発する。料金は寄付制。☎(307)778-3133 Free(1-800)426-5009

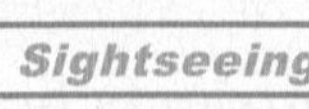

おもな見どころ

シャイアンディーポ博物館
住121 W. 15th St.
☎(307)632-3905
URL www.cheyennedepotmuseum.org
開月～土9:00～17:00(土～15:00)、日11:00～15:00(夏期は延長あり)
料$8、シニア$7、12歳以下無料

シャイアン・フロンティア・デイズ・オールド・ウエスト博物館
住4610 Carey Ave.(フロンティアパーク内)
☎(307)778-7290
URL www.oldwestmuseum.org
開毎日9:00～17:00
休おもな祝日
料$10、12歳以下無料
行ダウンタウンからCarey Ave.を北に約3km行った左側

博物館にはロデオ優勝者の衣装やグッズも展示されている

テリー・バイソン・ランチ
住51 I-25 Service Rd. E.
☎(307)634-4171
URL www.terrybisonranch.com
開毎日9:00～18:00(時期により異なる)
行I-25のExit 2を出て、左折。突き当たりを右折し約3km進むと、左側に見えてくる。ダウンタウンから車で約25分

テリー・バイソン・ランチは観光牧場で、アクティビティが盛ん

メインストリートにある時計台の建物 地P.215-B2

シャイアンディーポ&シャイアンディーポ博物館
Cheyenne Depot & Cheyenne Depot Museum

ダウンタウンのランドマークであるシャイアンディーポは、1971年まで**ユニオンパシフィック鉄道Union Pacific Railroad**の駅舎として機能していた。現在は、シャイアンディーポ博物館や観光案内所、レストランが入り重要文化財に登録されている。博物館には、20世紀初めの列車や駅舎、敷設作業の様子のパネル写真、時計や検札パンチなどを展示。

シャイアンでいちばん有名なイベントを知るために 地P.215-A1

シャイアン・フロンティア・デイズ・オールド・ウエスト博物館
Cheyenne Frontier Days Old West Museum

1897年から続くシャイアンの一大イベント、**シャイアン・フロンティア・デイズCheyenne Frontier Days**の歴史をたどる博物館。館内は、写真パネルやロデオの衣装、鞍、イベントの歴代ポスターなどが展示され、西部の人たちの熱いロデオ愛を知ることができる。アメリカ国内で最大級ともいわれる150を超える荷馬車のコレクションは一見の価値あり。

バイソンとの出合いはエキサイト 地P.215-A2外

テリー・バイソン・ランチ
Terry Bison Ranch

2万7500エーカー(約111km²)の広大な敷地に、約2500頭のバイソンをはじめ、ラクダやダチョウなどが放し飼いになっている。キャンプや乗馬、釣りなどが体験できるほか、トロッコ列車に乗り、放牧しているバイソンやラクダに餌やりができる**バイソン・トレイン・ツアーBison Train Tours**(季節により1日5回。料$14、子供$7)が人気。さらに、併設するレストランでは、西部の雰囲気いっぱいのカウボーイ料理を味わえる。また、牧場内を走る列車に乗り、バイソンやラクダを見ながら食事ができる**サンデイ・ランチ・トレインSunday Lunch Train**も魅力的(料$12+食事代。6～8月の日曜9:00～、要前日までの予約)。

旅のアドバイス 世界最大級の野外ロデオイベント、Cheyenne Frontier Days

多くの人が楽しみにしているイベントだ。博物館前のロデオ像

毎年夏に約10日間にわたって行われる**シャイアン・フロンティア・デイズCheyenne Frontier Days**は、120年以上も続くシャイアンの名物イベント。メイン会場のフロンティアパークを中心に迫力たっぷりの野外ロデオのほか、有名ミュージシャンのライブ、パレード、ショー、ダンス大会、カーニバル(ミニ遊園地)などが開催される。世界中から大勢の人々が訪れる人気のイベントなのでチケットの入手、ホテルの予約は早めにしよう。人気のホテルは、6ヵ月前から予約でいっぱいになる。

●Cheyenne Frontier Days
住4610 Carey Ave.(メイン会場のフロンティアパーク)
☎(307)778-7222 Free(1-800)227-6336
URL www.cfdrodeo.com 地P.215-A1
料イベントによって異なるが、ロデオショー$18～、ライブ$30～。チケットは、ウェブサイトでも購入できる ※2019年は7月19日～28日まで開催

高さ約2.4mの巨大ウエスタンブーツ▶シャイアンディーポの前をはじめ、ダウンタウンには巨大ウエスタンブーツの彫像がある。それぞれのブーツには地元アーティストによってシャイアンらしい絵や歴史を物語るモチーフが描かれているので必見だ。観光案内所でマップを入手し、探してみよう。

ショップ＆レストラン＆ホテル
Shops & Restaurants & Hotels

S ファッション
カウボーイに変身しよう！
ラングラー（ブートバーン）
The Wrangler (Boot Barn)

住1518 Capitol Ave.　☎(307)634-3048
開月～土9:00～21:00、日10:00～17:00
URL www.bootbarn.com　AMV　地P.215-B2

ウエスタンブーツからカウボーイハット、ジーンズまでカウボーイになるためのものが多数揃っている。試着して自分にぴったりのものがなければオーダーもできる。

S 雑貨＆ギフト
ワイオミングみやげはここで
ワイオミングホーム
Wyoming Home

住216 W. Lincolnway　☎(307)638-2222　開〈夏期〉月～土9:00～19:00（土～17:00）、日12:00～17:00、〈冬期〉月～土10:00～18:00（土～17:00）　休冬期の日　AMV　地P.215-B2

マグカップや天然石のジュエリー、ラグ、インテリア、革小物を揃える。ハックルベリーのジャムやチョコレート、チリソース、バス用品などはおみやげにいい。

R アメリカ料理
ファンキーなアメリカンレストラン
サンフォーズ・グラブ＆パブ
Sanford's Grub & Pub

住115 E. 17th St.　☎(307)634-3381
URL www.thegrubandpub.com　開毎日11:00～22:00
MV　地P.215-B2

店内を覆いつくす写真やナンバープレートは年代物。まさにアメリカンな料理だが、ピリ辛、ケイジャンスタイルのBBQリブが人気。予算は$15～20。

R アメリカ料理
ステーキを手頃な料金で
ワイオミング・リブ＆チョップ・ハウス
Wyoming's Rib & Chop House

住400 W. Lincolnway　☎(307)514-0271
URL ribandchophouse.com　AMV
開毎日11:00～22:00（日～14:00）　地P.215-B2

一度は食べてみたい、アメリカらしい分厚いステーキ。ステーキは$22.95～31.95、フィレは$32.95とお手頃。ポークチョップも美味（$19.95）。

H エコノミー＆中級ホテル
アウトドアライフが楽しめる
テリー・バイソン・ランチ
Terry Bison Ranch

住51 I-25 Service Rd. E., Cheyenne, WY 82007　☎(307)634-4171
URL www.terrybisonranch.com
テント$23～28、キャビン（4人用）$115～250　JMV
Wi-Fi無料　地P.215-A2外

テリー・バイソン・ランチ➡P.216の宿泊施設。バンガローやテント、RVパークなどがある。敷地内にレストランや、売店あり。100テント、6室。

H B&B
居心地がよく、リピーターが多い
ネグル・ウォーレン・マンションB&B
Nagle Warren Mansion B&B

住222 E. 17th St., Cheyenne, WY 82001
☎(307)637-3333　Free(1-800)811-2610
ⓈⒹⓉ$181～245　ADJMV　Wi-Fi無料　地P.215-B2

築100年以上たったビクトリア調の建物を改装して1997年にオープン。オーク材をふんだんに使いあたたかみのあるリビングルームでは、優雅な時間が過ごせる。12室。

H 中級ホテル
シャイアンいちの老舗ホテル
プレーンズホテル
The Plains Hotel

住1600 Central Ave., Cheyenne, WY 82001　☎(307)638-3311
AMV　Wi-Fi無料　地P.215-B2　URL www.theplainshotel.com
ⓈⒹⓉ$99～179、スイート$139～324

観光の中心シャイアンディーポが目の前。客室はシンプルだが、ロビーの雰囲気は抜群。古きよき西部らしい内装で、シャイアンの歴史とカウボーイの町を感じさせてくれる。1階にはショップが入り、レストランやパブもネイティブアメリカンや西部らしいインテリア。デンバー空港からのグリーンライドも停まり、ビジネスにも便利。131室。

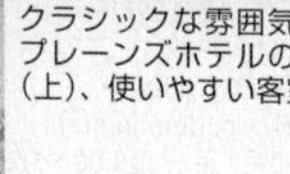

クラシックな雰囲気がいいプレーンズホテルのロビー（上）、使いやすい客室（左）

旅のアドバイス　こちらも見たい▶直径15mの金色ドームをもつ州議事堂（住200 W. 24th St.）はは無料で見学でき、ネイティブの生活を伝える壁画が必見。州博物館（住2301 Central Ave.）はワイオミングで発掘された恐竜、ネイティブの生活用品、空軍など町の歴史を紹介している。また、ホリデイパークにはビッグボーイの蒸気機関車もある。

大陸横断鉄道敷設の拠点

オマハ
Omaha

砂漠ドームがある動物園

オマハはアメリカの真ん中にあり、ユニオンパシフィック鉄道をはじめ全米有数の企業が拠点をおく。かつて「西部への玄関口」と呼ばれた町は、酪農や牧畜業が栄えてきた。世界第3位の富豪ウォーレン・バフェットが現在も住み、こよなく愛する町でもある。また、臓器移植の権威、ネブラスカ大学のメディカルセンターには世界中から研究や治療のために多くの人々が訪れる。トウモロコシ栽培が盛んで、良質な餌に恵まれた牛肉はオマハステーキとして有名だ。地名は、かつてこの地に多く住んでいたネイティブアメリカン、オマハ族からとられたもの。

DATA

人口▶約46万6800人　面積▶約330km²
標高▶最高388m、最低292m
TAX▶セールスタックス　7%
ホテルタックス　18.16%
属する州▶ネブラスカ州　Nebraska
州のニックネーム▶コーンハスカー（トウモロコシの皮むきする人）の州
Cornhusker State
州都▶リンカーン　Lincoln
時間帯▶中部標準時（CST）➲P.631
コンベンション開催時期▶4～10月

Omaha
—オマハの平均最高気温
—オマハの平均最低気温
…東京の平均最高気温
…東京の平均最低気温
▮オマハの平均降雨量
▮東京の平均降雨量
(℃) 45 40 35 30 25 20 15 10 5 0 -5 -10 -15 -20
(mm) 400 350 300 250 200 150 100 50 0
1 2 3 4 5 6 7 8 9 10 11 12 (月)

Getting There & Around　オマハへの行き方＆歩き方

エプリー空港（OMA）
地P.219-B1外
住4501 Abbott Dr.
☎(402)661-8017
URL www.flyoma.com
●**Happy Cab（タクシー）**
☎(402)292-2222
料ダウンタウンまで約$20。約20分

グレイハウンド・バスターミナル
地P.219-A2
住1601 Jackson St.
☎(402)341-1906
開毎日5:00～翌1:00

アムトラック駅
地P.219-B2
住1003 S. 9th St.
Free (1-800)872-7245
開毎日21:30～翌6:30

オマハ観光案内所
地P.219-B2　住1001 Farnam St.
☎(402)444-7762
Free (1-866)937-6624
URL www.visitomaha.com
開〈3～10月〉月～金9:00～16:30、土・日10:00～16:00〈11～2月〉火～土10:00～16:00、日11:00～14:00　休11～2月の月

ダウンタウンの北東約12kmの所にある**エプリー空港 Eppley Airfield**が空の玄関口。ダラスやヒューストン、ミネアポリス、デンバーなどからの便がある。長距離バス、**グレイハウンド**のバスターミナルはダウンタウンの南西に位置し、シカゴやカンザスシティなどから乗り入れている。**アムトラック**の駅はダーラム博物館➲P.219からほど近い場所にあり、カリフォルニアゼファー号が発着。

オマハの中心部は歩いて観光することができる。中心部からやや離れたヘンリー・ドゥーリー動物園などへは市バスが便利だ。買い物や食事は、れんが造りの建物が並ぶレトロな雰囲気のエリア、**オールドマーケットOld Market**へ。1～2日あれば市内観光ができる。

観光案内所　Visitors Information

オマハ観光案内所
Omaha Visitor Information Center

Farnam St.と10th St.の南西角の1階にある。Wi-Fi無料。エプリー空港（開月～金9:00～17:00）にもあり。

オマハの手頃なスシバー▶オールドマーケット内にあるブルーは店内の雰囲気もよくメニューも豊富。ランチでの利用も可能だ。Blue　住416 S. 12th St.　☎(402)408-5566　URL bluesushisakegrill.com　開毎日11:00～22:00（木～23:00、金・土～24:00、日12:00～）　地P.219-B2
（愛知県　monde　'16）['18]

市内の交通機関 Public Transportation

オマハメトロ
Omaha Metro

オマハ市内と近郊で約30路線のバスを運行。中心部は循環バス Downtown Circulatorも走っている。

オマハメトロ
☎(402) 341-0800
URL www.ometro.com
料$1.25、エクスプレス$1.50
●Downtown Circulator
料25¢
運行／グリーンライン：月～金5:45～10:00、15:30～20:00の6分間隔

おもな見どころ Sightseeing

旧駅舎の美しい内装にも注目 地P.219-B2

ダーラム博物館
The Durham Museum

1931年に建てられたユニオン駅をリニューアルした博物館。待合室が再現され、クラシックな雰囲気が漂う。内部見学できる1920年製のラウンジカーや時代別の住宅などが展示されていて、楽しみながらオマハの歴史をたどることができる。アールデコ調の建物は全米有数とあって見応えも十分。昔ながらのソーダファウンテンもあり、完成当時にタイムスリップしたような気分になれる。

昔ながらの待合室も復元された

ダーラム博物館
住801 S. 10th St.
☎(402) 444-5071
URL durhammuseum.org
開火～日10:00～17:00（火～20:00、日13:00～）
休月、おもな祝日
料$11、シニア$8、3～12歳$7
行オールドマーケットから10th St.を南へ徒歩約5分

おしどり夫婦のオマハ愛から誕生した美術館 地P.219-A1

ジョスリン美術館
Joslyn Art Museum

オマハ活性化のために尽力した実業家ジョージ・ジョスリンの死後、その妻であったサラが夫の遺志を継ぐべく建設した美術館。その規模はネブラスカ州最大ともいわれ、19～20世紀のヨーロッパ、アメリカ美術を中心に充実したコレクションを誇る。ルノワールやモネ、エル・グレコのほか、先住民オマハ族の衣服なども収蔵。メインエントランス前には彫刻などの作品も展示されている。ピンクの大理石が印象的な建物にも注目したい。

ジョスリン美術館
住2200 Dodge St.
☎(402) 342-3300
URL www.joslyn.org
開火～日10:00～16:00（木～20:00）
休月、おもな祝日
料無料。特別展は有料
行オールドマーケットから徒歩約20分

デール・チフリー氏の彫刻もある

オマハには世界最大級の歩道橋もある▶ミズーリ川のボブ・ケリー・ペデストリアン・ブリッジ Bob Kerrey Pedestrian Bridge は 3000 フィート（約 914m）もの長さでネブラスカ州とアイオワ州をまたぐ。地P.219-B1

世界最大級の規模を誇る動物園　地P.219-B2外

ヘンリー・ドゥーリー動物園&水族館
Omaha's Henry Doorly Zoo & Aquarium

屋内砂漠、熱帯雨林、マダガスカルのテーマエリアなど世界最大級の展示が揃ったユニークな動物園と水族館。

人気を集めているのがガラスの砂漠ドーム。南アフリカのナミブやアメリカのソノラ、オーストラリアのレッドセンター砂漠が広がり、そこに生息する珍しい動物たちを見ることができる。

ヘンリー・ドゥーリー動物園&水族館
住3701 S. 10th St.
☎(402) 733-8400
URL www.omahazoo.com
開〈3月中旬〜10月〉毎日9:00〜17:00、〈11月〜3月上旬〉毎日10:00〜16:00
休クリスマス
料$15.95〜21.95、シニア（65歳以上）$14.95〜20.95、3〜11歳$10.95〜15.95
行オマハメトロ#13で約15分。13th St.とBert Murphy Ave.の角で下車、Bert Murphy Ave.を直進すると入口が見えてくる

オマハを代表する植物園　地P.219-B2外

ローリゼンガーデン
Lauritzen Gardens

ローズガーデンやハーブガーデン、イングリッシュガーデンなどテーマをもった庭園が10以上点在する。見逃せないのは、日本庭園にある駿府茶屋。オマハが静岡市と姉妹都市の関係であることから寄贈されたものだ。

ローリゼンガーデン
住100 Bancroft St.
☎(402) 346-4002
URL www.lauritzengardens.org
開毎日9:00〜17:00
休サンクスギビング、12/25、1/1
料$10、6〜12歳$5
行オマハメトロ#13で13th St.とBancroft St.の角で下車。Bancroft St.を1.6km東へ

世界初の大陸横断鉄道はオマハから敷設された　地P.219-B1外

ユニオンパシフィック鉄道博物館
Union Pacific Railroad Museum

隣接するアイオワ州にある鉄道博物館。カリフォルニア州を目指して大陸横断鉄道が敷設された背景やビデオの上映、運転手気分が味わえるゲームなどがある。

ユニオンパシフィック鉄道博物館
住200 Pearl St., Council Bluffs, IA　☎(712) 329-8307　URL www.uprrmuseum.org　開木〜土10:00〜16:00　休日〜水　料寄付制（$5、子供$3）　行メトロバスのイエロールートで8th St.とBroadwayの角で下車、約20分

レストラン&ホテル
Restaurants & Hotels

R　アメリカ料理

1944年創業の老舗ステーキレストラン

ゴラッツ
Gorat's

住4917 Center St.　☎(402) 551-3733
URL goratsomaha.com　開月〜金11:00〜21:00（金〜22:00）、土17:00〜22:00　休日　AMV　地P.219-A1外

ウォーレン・バフェットもよく立ち寄ることで知られている。オマハ産のTボーンステーキ（$41）が看板メニュー。オールドタウンからオマハメトロ#15で約25分。

R　カフェ

地元の人々に人気のベーカリーカフェ

ウィートフィールズ・オールドマーケット
Wheat Fields Old Market

住1202 Howard St.　☎(402) 991-0917
URL wheatfieldscatering.com　開毎日7:00〜16:00
AMV　地P.219-B2

パンケーキやワッフル、クレープ、キッシュなど、どれも$10前後でボリューム満点のブランチを楽しめることで人気のカフェ。バーガーやサンドイッチ類は$11前後。

H　中級ホテル

オールドタウンまで徒歩3分

コートヤード・マリオット・オマハ・ダウンタウン/オールドマーケット・エリア
Courtyard Marriott Omaha Downtown/Old Market Area

住101 S. 10th St., Omaha, NE 68102　☎(402) 346-2200
FAX(402) 346-7720　URL www.marriott.com　SDT$99〜169　Wi-Fi無料　ADJMV　地P.219-B1

周囲にはレストランやショップがあるうえ、1階にはスターバックスも。ダーラム博物館やジョスリン美術館までも歩いて行ける。空港まで無料シャトルサービスあり。181室。

H　中級ホテル

無料の朝食付き

エレメント・オマハ・ミッドタウンクロッシング
Element Omaha Midtown Crossing

住3253 Dodge St., Omaha, NE 68131　☎(402) 614-8080
FAX(402) 614-8344　URL www.marriott.com　SDT$89〜599、スイート$119〜599　Wi-Fi無料　ADJMV　地P.219-A1外

すべての客室にキッチンが備え付けられているほか、コインランドリーもあるので長期滞在にもおすすめ。オールドタウンや空港までの無料シャトルサービスあり。132室。

メモ　神父が創った若者のための町、ボーイズタウン▶1917年にフラナガン神父が建てた若者のための児童自立支援施設。国の歴史的建築物に指定されており、オマハの有名スポットだ。Boys Town　住14100 Crawford St., Boys Town　☎(402) 498-1111　URL boystown.org　地P.219-A1外

北西の公園にミュージアムが集中する

航空機の首都

ウィチタ
Wichita

カンザス州最大の都市であるウィチタ。「航空機の首都 Air Capital of the World」と呼ばれるほど航空機産業が盛んな町だ。1910年代にセスナ社が誕生したのを皮切りに、ボーイングやエアバス、ビーチ・エアクラフトなど航空機の関連会社が数多く生まれ、現在もウィチタ近郊には20社以上が拠点を構えている。

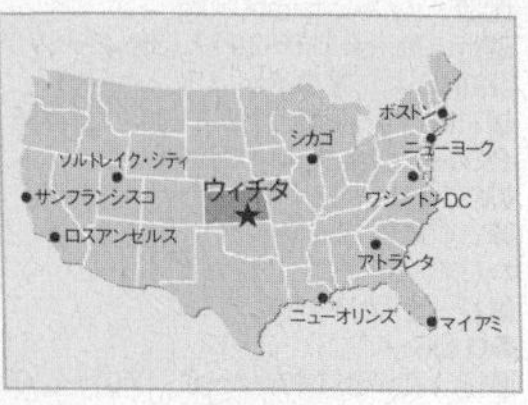

カンザス州はグレートプレーンズ（大平原）にあり肥沃な土壌が広がっているため、農業、畜産関係の従事者の割合が多い。また、メキシコ湾から吹く暖気とカナダからの寒気がぶつかる場所でもあり、トルネードが発生する頻度は国内屈指。訪れる際は十分に注意したい。

DATA

人口▶約39万600人　面積▶約412km²
標高▶約400m
TAX▶セールスタックス　7.5%
ホテルタックス　16.25%
属する州▶カンザス州　Kansas
州のニックネーム▶ひまわり州 Sunflower State
州都▶トピカ　Topeka
時間帯▶中部標準時（CST）➡P.631
コンベンション開催時期▶4〜6、9月

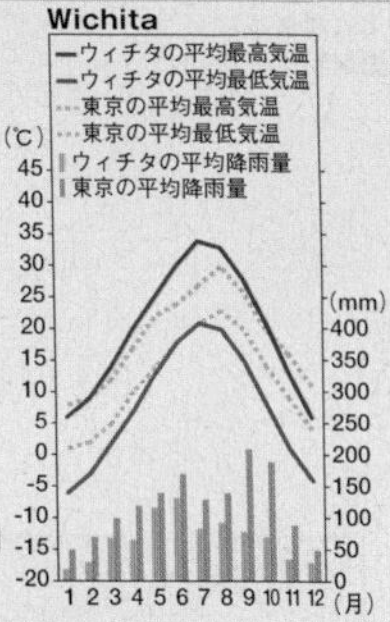

Wichita
ーウィチタの平均最高気温
ーウィチタの平均最低気温
東京の平均最高気温
東京の平均最低気温
ウィチタの平均降雨量
東京の平均降雨量
(℃) (mm) 1 2 3 4 5 6 7 8 9 10 11 12（月）

ウィチタへの行き方　Getting There

飛行機　Plane

ウィチタ・ドワイト・D・アイゼンハワー空港
Wichita Dwight D. Eisenhower National Airport（ICT）

ダウンタウンから南西へ約10kmの所にあり、ターミナルはひとつ。ユナイテッド、デルタ、アメリカンなどおもな航空会社が乗り入れ、シカゴ、ダラス、ミネアポリスなど全米12都市からの便がある。ダウンタウンへはタクシーでのアクセスが一般的。

ウィチタ・ドワイト・D・アイゼンハワー空港
地P.222-A2外
住2277 Eisenhower Pkwy.
☎(316) 946-4700
URL www.flywichita.com
●Best Cabs（タクシー）
☎(316) 838-2233
料ダウンタウンまで約$20（約15分）

長距離バス　Bus

グレイハウンド・バスターミナル
Greyhound Bus Terminal

市バスのトランジットセンター内にグレイハウンドのバスターミナルがある。オクラホマシティから1日2便（所要約3時間）、カンザスシティから1日2便（所要約4時間10分）、ダラスから1日2便（所要約8時間）などが乗り入れている。

グレイハウンド・バスターミナル
地P.222-B2
住214 S. Topeka St.
☎(316) 265-8819
開毎日3:00〜18:00

市バスとグレイハウンドで共用

空港からホテルへのシャトル▶ダウンタウンにある主要ホテルは、空港とホテルを結ぶシャトルを運行している。事前に宿泊予定のホテルに確認しよう。

ウィチタの歩き方

ウィチタ観光局
地P.222-A2
住515 S. Main St., #115
☎(316)265-2800
URL www.visitwichita.com
開月～金8:00～17:00
休土・日、おもな祝日

ウィチタトランジット
URL www.wichitatransit.org
運行／月～金6:15～19:29、土6:45～19:08（路線により異なる）
料$1.75、6～18歳（要ID）$1.50。1日券$5
●Downtown Transit Center
地P.222-B1～B2
住214 S. Topeka St.
☎(316)265-7221
開月～金7:00～17:00
●Q-Line
運行／月～金11:00～13:30、17:00～22:00（金～翌1:00）、土12:00～翌1:00（路線により異なる）
料無料

おもな見どころはダウンタウンにあり徒歩圏内だ。郊外にあるカンザス航空博物館へはウィチタトランジットの市バスで行くことができるので、車がなくても問題ない。ショップやレストランはオールドタウンに集中するので、昼中の観光を終えたらこちらへ行ってみよう。ウィチタは少なくとも2日間をかけたい。

市内の交通機関 Public Transportation

ウィチタトランジット
Wichita Transit

市内を走る16の路線バスとダウンタウンを循環するトロリーQ-Lineを運営する。ほとんどのバスはダウンタウンのトランジットセンターを発着するのでわかりやすい。また、トロリーQラインはレストランやショップの集中するオールドタウンとスタジアムのあるデラノ地区を結ぶ便利な循環バス。日中は運休するが、夜は運行され、料金も無料だ。

トランジットセンターには時刻表などがある

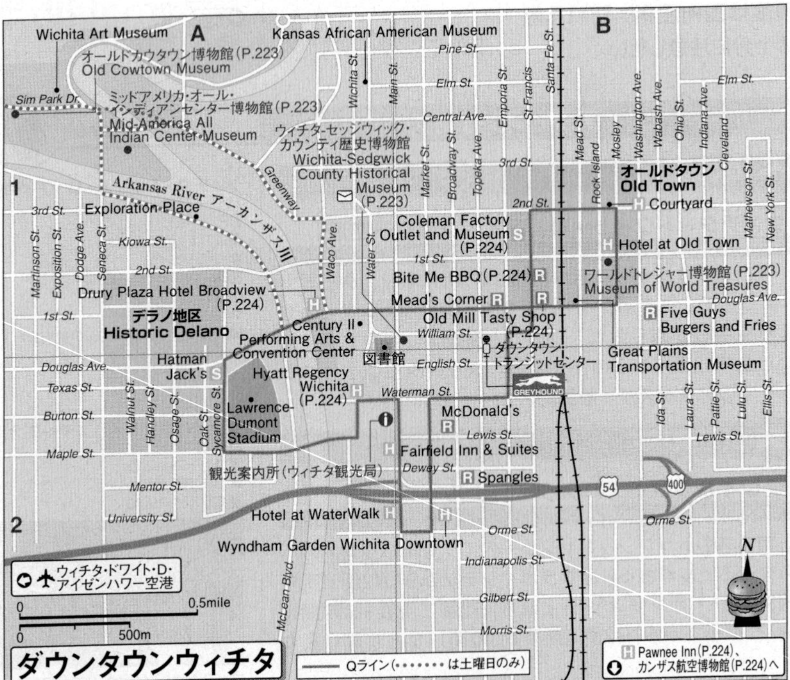

ダウンタウンウィチタ

Wichita Art Museum
オールドカウタウン博物館（P.223）Old Cowtown Museum
ミッドアメリカ・オール・インディアンセンター博物館（P.223）Mid-America All Indian Center Museum
Kansas African American Museum
ウィチタ-セッジウィック・カウンティ歴史博物館 Wichita-Sedgwick County Historical Museum（P.223）
Arkansas River アーカンザス川
Exploration Place
Coleman Factory Outlet and Museum（P.224）
Bite Me BBQ（P.224）
Mead's Corner
Old Mill Tasty Shop（P.224）
オールドタウン Old Town
Courtyard
Hotel at Old Town
ワールドトレジャー博物館（P.223）Museum of World Treasures
Five Guys Burgers and Fries
Great Plains Transportation Museum
Drury Plaza Hotel Broadview（P.224）
デラノ地区 Historic Delano
Century II Performing Arts & Convention Center
図書館
ダウンタウントランジットセンター
GREYHOUND
Hatman Jack's
Hyatt Regency Wichita（P.224）
Lawrence-Dumont Stadium
McDonald's
Fairfield Inn & Suites
Spangles
観光案内所（ウィチタ観光局）
Hotel at WaterWalk
Wyndham Garden Wichita Downtown
ウィチタ・ドワイト・D・アイゼンハワー空港
0 0.5mile
0 500m
Qライン（••••••は土曜日のみ）
Pawnee Inn（P.224）、カンザス航空博物館（P.224）へ

メモ 竜巻（トルネード）▶カンザス州のあたりは竜巻の多発地帯。そのため多くの建物には竜巻から避難するためのシェルターが設置されている。竜巻警報が町に流れたら地元の人の指示に従って素早く避難すること。

おもな見どころ Sightseeing

19世紀後半のウィチタを再現した 地P.222-A1

オールドカウタウン博物館
Old Cowtown Museum

1870年代のウィチタと近郊の町を再現した屋外博物館。敷地内はオールドタウン、昔の町並み、ハンター&トレーダー、商業と産業、農場、キャンプ場などのエリアに分かれ、当時のウィチタの町がテーマ別に再現されている。スタッフはレトロな衣装を着用し、まるで西部劇の時代にタイムスリップしたかのようだ。冬期は閑散としているので夏がおすすめ。

ネイティブアメリカンの文化に触れる 地P.222-A1

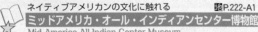

ミッドアメリカ・オール・インディアンセンター博物館
Mid-America All Indian Center Museum

ダウンタウンの北西、**ミッドアメリカ・オール・インディアンセンターMid-America All Indian Center**内にあるこぢんまりとした博物館。おもにネイティブアメリカンが日常生活で使用していた道具や装飾品、彼らをモチーフにした絵画などが展示されている。屋外にある巨大なネイティブアメリカンの像は必見。

遠くからも見える巨大な像を目印に

世界中のお宝を集めた 地P.222-B1

ワールドトレジャー博物館
Museum of World Treasures

3つのフロアからなる博物館に、世界中から集められた貴重な品々が4000点以上収蔵されている。1階は先史時代の恐竜の化石から、高さ3.6m×横幅1.2m、重さ4.5トンのベルリンの壁までが所狭しと並ぶ。なかでも、紀元前500～1000年頃の古代エジプト女性のミイラは必見だ。2階には、第1次・第2次世界大戦中の日本の看板も展示されている。

歴代大統領の直筆サインも展示

ウィチタの歴史を知るなら 地P.222-B1

ウィチタ-セッジウィック・カウンティ歴史博物館
Wichita-Sedgwick County Historical Museum

かつての市庁舎がウィチタの歴史を紹介する博物館になっている。ネイティブアメリカンのウィチタ族が生活していた1800年代初頭から、カウボーイが荷馬車の手綱を引き交易した1860年代、1910年代後半から現在まで続く航空産業が盛んな時代までを4つのフロアで紹介。特に3階のウィチタコテージのコーナーには、1890年代に使用されていた食器やビクトリア朝の家具が展示されていて興味深い。

オールドカウタウン博物館
住1865 W. Museum Blvd.
☎(316)219-1871
開〈11～3月〉火～土10:00～17:00、〈4～10月〉火～日10:00～17:00(日12:00～)
休月、冬期の日
料$9、シニア$8、12～17歳$7、4～11歳$6、3歳以下無料
行ウィチタトランジット#17でアーカンザス川を越えた所で下車。Museum Blvd.を西へ約10分歩くと左側に見えてくる

ミッドアメリカ・オール・インディアンセンター博物館
住650 N. Seneca St.
☎(316)350-3340
URL www.theindiancenter.org
開火～土10:00～16:00
休日・月、おもな祝日
料$7、シニア・学生$5、6～12歳$3、5歳以下無料
行ウィチタトランジット#17でアーカンザス川の手前下車

ワールドトレジャー博物館
住835 E. 1st St.
☎(316)263-1311
URL www.worldtreasures.org
開毎日10:00～17:00(日12:00～)
休おもな祝日
料$9.95、シニア$8.95、4～12歳$7.95、3歳以下無料

ウィチタ-セッジウィック・カウンティ歴史博物館
住204 S. Main St.
☎(316)265-9314
URL wichitahistory.org
開火～金11:00～16:00、土・日13:00～17:00
休月、おもな祝日
料$5、6～12歳$2、5歳以下無料

メモ デラノ地区にある有名帽子店

ダウンタウンの西、デラノ地区Historic Delanoにあるハットマンジャックス Hatman Jack's〔住601 W. Douglas Ave. URL www.hatmanjacks.com 開月～土 10:00～17:30(木～18:00、土～17:00) 地P.222-A2〕は、アメリカで3番目に大きい帽子屋。ハリウッド映画からの注文も受けていた。

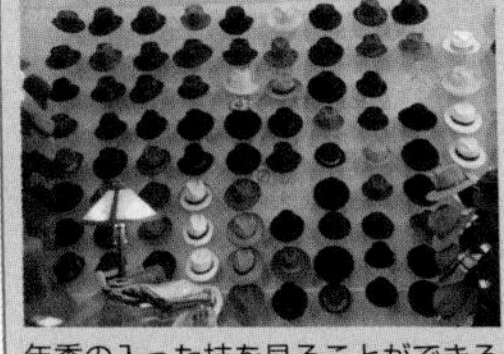
年季の入った技を見ることができる

Arkansasの読み方▶市内を南北に流れるArkansas River。アメリカ南部のアーカンソー州Arkansas Stateと同じスペルだが、川の発音はアーカンザスとなる。

航空機ファンには垂涎の博物館 地P.222-B2外

カンザス航空博物館
Kansas Aviation Museum

1954年までウィチタ空港として機能していた建物が、1991年に航空博物館としてオープンした。航空機のエンジンが年代別に並び、時代とともに進化していった過程を学べる。また、多くの技術スタッフが制作したレプリカは細部まで忠実に再現され圧巻だ。管制塔からは、隣にあるアメリカ空軍基地を離発着する空軍機を眺めることができる。屋外には、ボーイング727などの旅客機からボーイングB-52の爆撃機まで15機前後が並ぶ。

カンザス航空博物館
住3350 S. George Washington Blvd.
☎(316)683-9242
URL kansasaviationmuseum.org
開火～日10:00～17:00(日12:00～)
休月、おもな祝日
料$9.50、シニア$8.50、4～12歳$7.50、3歳以下無料。水曜は半額
行ウィチタトランジット#23でOliver St. & 31st St.下車。31st St.を東へ10分ほど歩くと右側に見えてくる

ショップ＆レストラン＆ホテル
Shop & Restaurants & Hotels

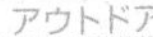

アウトドア

S キャンプグッズをお得にゲット

コールマン・ファクトリー・アウトレット・アンド・ミュージアム
Coleman Factory Outlet and Museum

住235 N. St. Francis St. ☎(316)264-0836
URL www.kansastravel.org AMV
開月～土9:00～18:00(土～17:00) 休日 地P.222-B1

1900年創業、ウィチタに本拠地をおく老舗アウトドアグッズメーカー"コールマン"のアウトレット店。20～70%引きだ。入口付近には歴代のランプなどの展示があり、コールマンの歴史を学べるようになっている。

アメリカ料理

R 地元の人に大人気のダイナー

オールド・ミル・テイスティ・ショップ
Old Mill Tasty Shop

住604 E. Douglas Ave. ☎(316)264-6500
開月～金11:00～15:00(金～20:00)、土8:00～20:00
休日 AMV 地P.222-B1

1932年創業のダイナーで、当時のままの内装は雰囲気もよく、居心地がよい。オリジナルのソーダやサンドイッチ、スープなどすべて手作り。昼食時は混雑するので、並ぶのを覚悟で。予算は$9～。

アメリカ料理

R かわいい豚のキャラクターが目印

バイト・ミー・バーベキュー
Bite Me BBQ

住132 N. St. Francis St. ☎(316)729-2904
URL www.biteme-bbq.com 開月～土11:00～21:00(金・土～22:00) 休日 AMV 地P.222-B1

オールドタウンにあるローカルに大人気のバーベキュー屋。リブのサンドイッチ($8.99)はスモーク加減が絶妙で、食べ応えも抜群。ピクルスやソースはセルフサービスで。

エコノミーホテル

H 近くにウォルマートもあり、リーズナブル

パウニーイン
Pawnee Inn

住532 E. Pawnee St., Wichita, KS 67211 ☎(316)262-0640
FAX(316)265-0898 URL www.pawneeinnwichita.com
ⓈⒹⓉ$44～55 AMV Wi-Fi無料 地P.222-B2外

ダウンタウンからウィチタトランジット#23、26で約20分の所にあるモーテル。近くにはスーパーのウォルマートもあり便利。23室。

中級ホテル

H アル・カポネも宿泊した歴史あるホテル

ドゥルリー・プラザ・ホテル・ブロードビュー
Drury Plaza Hotel Broadview

住400 W. Douglas Ave., Wichita, KS 67202 ☎(316)262-5000
Free(1-855)234-9810 URL www.druryhotels.com
ⓈⒹⓉ$101～205 AMV Wi-Fi無料 地P.222-A1

1922年創業の歴史あるブロードビューホテルが、ドゥルリー系に加入。2011年の改装でクリスタルのシャンデリアがあるロビーも生まれ変わった。朝食が付く。200室。

高級ホテル

H リノベーションを終えきれいに変身

ハイアット・リージェンシー・ウィチタ
Hyatt Regency Wichita

住400 W. Waterman St., Wichita, KS 67202 Wi-Fi無料
☎(316)293-1234 URL wichita.regency.hyatt.com
ⓈⒹⓉ$110～230、スイート$360～880 ADMV 地P.222-A2

©Hyatt Hotels

町を南北に流れるアーカンザス川沿いに建つホテル。リバービューを楽しめる客室もあり、アメニティも充実。シャトルバンでの空港送迎は無料。303室。

日本からアメリカへの国際電話のかけ方 ➡P.8～9
国際電話認識番号 (001/0033/0061)＋(010)＋アメリカの国番号(1)＋市外局番＋電話番号

爆破テロの跡地に立つ博物館

世界最大級の牛取引市場がある

オクラホマシティ
Oklahoma City

19世紀前半、ネイティブアメリカンが移住を強いられ、今でも多くの居留地が存在するオクラホマ州。毎年6月には国内最大級のネイティブアメリカンの祭典"レッドアースフェスティバル"が開催されることでも知られ、その時期にはネイティブアメリカンのダンサーやアーティストが、アメリカ全土から集結する。

ボストン
シカゴ
ニューヨーク
ソルトレイク・シティ
サンフランシスコ
オクラホマシティ
ワシントンDC
ロスアンゼルス
アトランタ
ニューオリンズ
マイアミ

1995年には、168名が死亡した「連邦政府ビル爆破事件」が起こった。9.11以前米国史上最悪のテロ事件といわれ、跡地には現在も多くの参拝者が訪れる。ダウンタウン近くのストックヤードには世界最大級の牛の取引所もあり、今でもカウボーイの文化が残っている。

DATA

人口▶約64万3600人
面積▶約1570km²
標高▶最高407m、最低320m
TAX▶セールスタックス 8.625%
ホテルタックス 14.13%
属する州▶オクラホマ州 Oklahoma
州のニックネーム▶早い者勝ち州 Sooner State
州都▶オクラホマシティ Oklahoma City
時間帯▶中部標準時（CST） ➲P.631
繁忙期▶4～6月

Oklahoma City
オクラホマシティの平均最高気温
オクラホマシティの平均最低気温
東京の平均最高気温
東京の平均最低気温
オクラホマシティの平均降雨量
東京の平均降雨量
(℃) 45 40 35 30 25 20 15 10 5 0 -5 -10 -15 -20
(mm) 400 350 300 250 200 150 100 50 0
1 2 3 4 5 6 7 8 9 10 11 12 (月)

オクラホマシティへの行き方 Getting There

飛行機 Plane

ウィル・ロジャース・ワールド空港
Will Rogers World Airport(OKC)

シカゴから約2時間でアクセス可能。ターミナルはひとつで、1階が到着階、2階が出発階となっている。

長距離バス Bus

グレイハウンド・バスディーポ
Greyhound Bus Depot

E. Reno Ave.を東へ行き、Eastern Ave.との交差点の角にある。ダラスやウィチタ、メンフィスからの便がある。

鉄道 Train

アムトラック駅
Amtrak Station

ハートランドフライヤー号がテキサス州フォートワースとオクラホマシティの間を1日1往復する。

ウィル・ロジャース・ワールド空港
地P.226-A2外
住7100 Terminal Dr.
☎(405)316-3200
URL flyokc.com
行レンタカーまたはタクシー（料約$35）で
●Yellow Cab（タクシー）
☎(405)232-6161

グレイハウンド・バスディーポ
地P.226-B2外
住1948 E. Reno Ave.
☎(405)606-4382
開毎日9:00～翌1:00
行ダウンタウンへは、Martin Luther King Ave.を1km北上し、N.E. 4th St. & Wisconsin Ave.からエンバークトランジット#22で約15分

アムトラック駅
地P.226-A2
住100 S. E. K. Gaylord Blvd.
free (1-800)872-7245
開毎日7:30～8:45、21:00～23:00

メモ アウトドアアクティビティを楽しむ▶オリンピック候補選手も練習しているカヌー人工コースでは、ラフティングを体験できる。Riversport Adventures 住800 Riversport Dr. URL www.riversportokc.org/training-site 料$49～

Getting Around オクラホマシティの歩き方

カヌーが楽しめるリバースポーツアドベンチャー

オクラホマシティ観光案内所
地P.226-A2
住58 W. Sheridan Ave.
☎(405) 602-5141
URL www.visitokc.com
開月〜金9:00〜18:00

エンバークトランジット
地P.226-A1
住420 N.W. 5th St.（トランジットセンター）
☎(405) 235-7433
URL www.embarkok.com
料$1.75、エクスプレス$3、1日券$4

●EMBARK Transit #50
運行／月〜土6:00〜23:30の30分間隔（時期により異なる）
料$1

おもな見どころは**ブリックタウン**と**ストックヤードシティ**、市内北東部にある**カウボーイ&西部歴史博物館**。ダウンタウンの北にある**オクラホマシティ・ナショナル・メモリアル**も見逃せない。**ミリアッド植物園**を起点に町歩きをするのがいいだろう。ホテルはダウンタウンと空港周辺に多い。

観光案内所 Visitors Information

オクラホマシティ観光案内所
Oklahoma City Visitor Information Center

ダウンタウンのSheridan Ave.とBroadway Ave.がぶつかる所、COXコンベンションセンターの1階にある。

市内の交通機関 Public Transportation

エンバークトランジット
EMBARK Transit

ほとんどのバスが4th St.とHudson Ave.の角にあるトランジットセンターを発着。30分〜1時間間隔のバス路線が多い。時刻表や各種パスはトランジットセンターで手に入る。ダウンタウンを循環する**エンバークトランジット#50EMBARK Transit#50**もうまく活用したい。トランジットセンターやコンベンションセンター、ブリックタウン、バス・プロ・ショップなどを結ぶ。

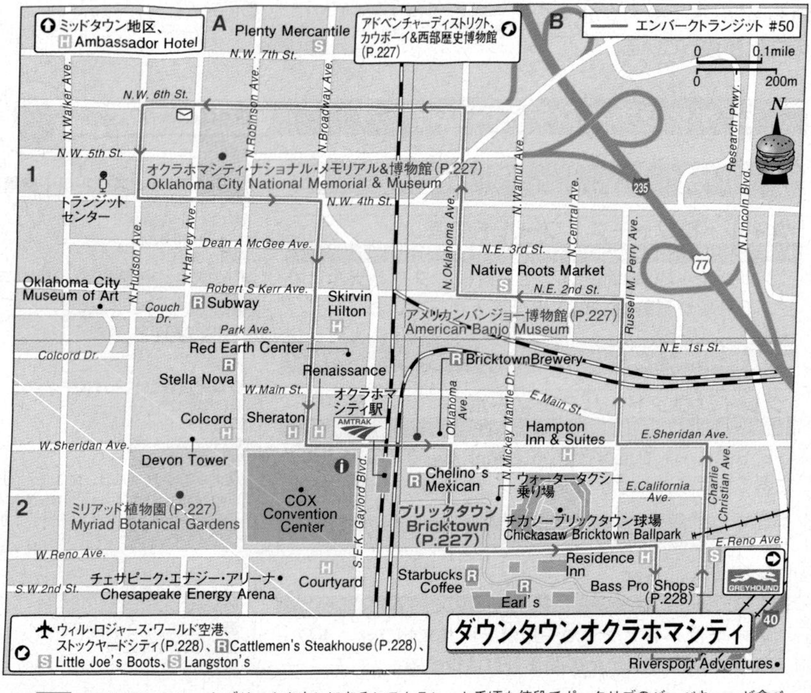

ダウンタウンオクラホマシティ

ミッドタウン地区、Ambassador Hotel
アドベンチャーディストリクト、カウボーイ&西部歴史博物館（P.227）
エンバークトランジット #50
Plenty Mercantile
N.W. 7th St.
N.W. 6th St.
N.W. 5th St.
N.W. 4th St.
N.Walker Ave.
N.Robinson Ave.
N.Broadway Ave.
N.Hudson Ave.
N.Harvey Ave.
オクラホマシティ・ナショナル・メモリアル&博物館（P.227）
Oklahoma City National Memorial & Museum
トランジットセンター
Dean A McGee Ave.
Robert S Kerr Ave.
Oklahoma City Museum of Art
Couch Dr.
Subway
Skirvin Hilton
Park Ave.
Red Earth Center
Colcord Dr.
Stella Nova
Renaissance
W.Main St.
オクラホマシティ駅
AMTRAK
Colcord
Sheraton
W.Sheridan Ave.
Devon Tower
COX Convention Center
ミリアッド植物園（P.227）
Myriad Botanical Gardens
W.Reno Ave.
S.W.2nd St.
チェサピーク・エナジー・アリーナ
Chesapeake Energy Arena
Courtyard
S.E.K. Gaylord Blvd.
N.Oklahoma Ave.
N.Walnut Ave.
N.Central Ave.
N.E. 3rd St.
Native Roots Market
N.E. 2nd St.
アメリカンバンジョー博物館（P.227）
American Banjo Museum
BricktownBrewery
Russell M. Perry Ave.
N.E. 1st St.
E.Main St.
N.Mickey Mantle Dr.
Oklahoma Ave.
Hampton Inn & Suites
E.Sheridan Ave.
Chelino's Mexican
ウォータータクシー乗り場
E.California Ave.
Charlie Christian Ave.
ブリックタウン Bricktown (P.227)
チカソーブリックタウン球場
Chickasaw Bricktown Ballpark
E.Reno Ave.
Residence Inn
Starbucks Coffee
Bass Pro Shops (P.228)
Earl's
GREYHOUND
Research Pkwy.
N.Lincoln Blvd.
0 0.1mile
0 200m
N
235
77
40
ウィル・ロジャース・ワールド空港、ストックヤードシティ（P.228）、Cattlemen's Steakhouse（P.228）、Little Joe's Boots、Langston's
Riversport Adventures

メモ **Earl's Rib Palace** ▶ブリックタウンにあるレストラン。お手頃な値段でポークリブのバーベキューが食べられると人気だ。住216 Johnny Bench Dr. ☎(405)272-9898 URL earlsribpalace.com 開毎日11:00〜21:00（金・土〜22:00） 地P.226-B2

おもな見どころ Sightseeing

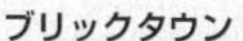

赤れんがのエリア　地P.226-B2

ブリックタウン
Bricktown

ダウンタウンの東にある赤れんがの建物が集まったエリア。運河沿いにレストランやバーが軒を連ね、夏は多くの人たちが集まる憩いのエリアだ。

ブリックタウン
住東西はE.K.Gaylord Blvd.とCharlie Christian Ave.、南北はOklahoma City Blvd.とMain St.に囲まれたエリア
URL welcometobricktown.com

ダウンタウンの一角、歴史に刻まれた跡地　地P.226-A1

オクラホマシティ・ナショナル・メモリアル&博物館
Oklahoma City National Memorial & Museum

1995年にオクラホマシティ連邦ビルで起きた爆弾テロの跡地。爆破されたビルの一部がそのまま保存されており、テロの悲惨さを伝えている。博物館には、首謀者であるティモシー・マクベイや、事件で使われた車爆弾についての展示がある。

博物館では事件当時のガレキなども見学できる

オクラホマシティ・ナショナル・メモリアル&博物館
住620 N. Harvey Ave.
☎(405)235-3313
URL oklahomacitynational memorial.org
開毎日9:00～18:00（日12:00～）
休おもな祝日
料$15、シニア$12、学生・6～17歳$12

クリスタルブリッジは町の名所　地P.226-A2

ミリアッド植物園
Myriad Botanical Gardens

オクラホマで誕生した石油会社カー・マギーの協力により開園した植物園。約2万坪の広さの敷地に、屋外の庭園とクリスタルブリッジと呼ばれる直径約20m、長さ約70mの円筒形の室内庭園があり、約750種の植物を栽培している。

ミリアッド植物園
住301 W. Reno Ave.
☎(405)445-7080
URL oklahomacitybotanicalgardens.com
開クリスタルブリッジ：毎日9:00～17:00（日11:00～。夏期は延長あり）、屋外庭園：毎日6:00～23:00
休おもな祝日
料$8、シニア・13～19歳$7、4～12歳$5

ブリックタウンの入口にある　地P.226-B2

アメリカンバンジョー博物館
American Banjo Museum

バンジョーの歴史とともに400本以上のバンジョーが展示されている。装飾の凝っているものが多く、その美しさに思わず見とれてしまう。17万ドル以上の価値があるといわれる戦前のギブソンマスタートーン、5弦バンジョーが博物館の目玉だ。

アメリカンバンジョー博物館
住9 E. Sheridan Ave.
☎(405)604-2793
URL www.americanbanjomuseum.com
開火～土11:00～18:00、日12:00～17:00
休月、おもな祝日
料$8、シニア・学生$7、5～17歳$6

カウボーイたちの歴史を学ぶ　地P.226-B1外

カウボーイ&西部歴史博物館
National Cowboy & Western Heritage Museum

ダウンタウンの北東約10kmの場所にある。カウボーイたちが実際に使用していた衣類、用具を生かして再現された1860年代の町並みは必見。また、オクラホマでいちばん有名なカウボーイWill Rogersをはじめとする、カウボーイに関する展示が充実した博物館だ。

ロデオ大会について詳しく解説している

カウボーイ&西部歴史博物館
住1700 N.E. 63rd St.
☎(405)478-2250
URL nationalcowboymuseum.org
開毎日10:00～17:00（日12:00～）
休サンクスギビング、12/25、1/1
料$12.50、シニア$9.75、6～12歳$5.75
行エンバークトランジット#18でN. Kelley Ave. & E. I-44 Hwy.下車。N.E. 63rd St.を東へ徒歩約15分

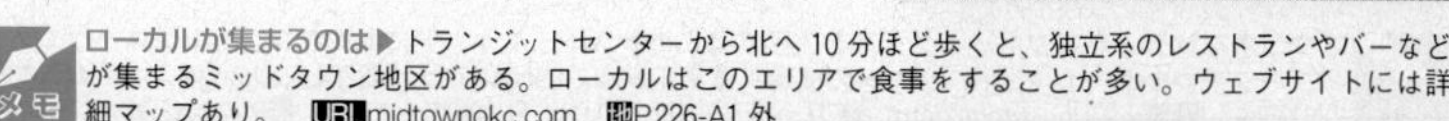
メモ　ローカルが集まるのは▶トランジットセンターから北へ10分ほど歩くと、独立系のレストランやバーなどが集まるミッドタウン地区がある。ローカルはこのエリアで食事をすることが多い。ウェブサイトには詳細マップあり。 URL midtownokc.com 地P.226-A1外

カウボーイファッションの買い物はここで　地P.226-A2外

ストックヤードシティ
Stockyards City

ストックヤードシティ
住1307 S. Agnew Ave.
☎(405)235-7267
URL www.stockyardscity.org
行#12のバスで約15分。Agnew Ave. & Exchange Ave.下車

牛のせり
☎(405)235-8675
URL www.onsy.com
開月10:00～、火9:00～。せりが終わった時点で終了
料無料

せり会場には多くの牛が運ばれてくる

ダウンタウンの南西約5kmの所にあるエリア。**牛のせり**も行われており観光客も見学可能だが、売買の妨げをしないように。Agnew Ave.とExchange Ave.の交差点を中心にロデオ用品の専門店やカウボーイファッションの店があるので、おみやげを探しがてら散策してみよう。

Spectator Sports　スポーツ観戦

バスケットボール　NBA

オクラホマシティ・サンダー
（1967年創設）　地P.226-A2
本拠地――チェサピーク・エナジー・アリーナ Chesapeake Energy Arena（1万8203人収容）
住100 W. Reno Ave.
☎(405)208-4800
URL www.nba.com/thunder

この選手に注目!
ラッセル・ウエストブルック

オクラホマシティ・サンダー（西・北西地区）
Oklahoma City Thunder

移転の翌年、2009-10年シーズンから9年連続勝ち越しを重ね、4年目の2011-12年にはファイナル出場も果たし、地元を沸かせている。しかしここ2年はプレイオフ初戦敗退、改革が必要か。チームカラーはサンダーブルー、サンセットイエロー、ネイビーブルー。

ショップ&レストラン&ホテル
Shop & Restaurant & Hotel

S　アウトドア

アウトドアグッズはここで

バス・プロ・ショップ
Bass Pro Shops

住200 Bass Pro Dr.　☎(405)218-5200
URL www.basspro.com　開毎日10:00～21:00（日～19:00）
AJMV　地P.226-B2

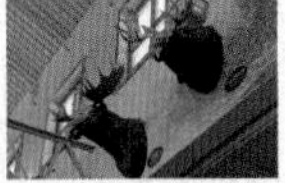

まるで博物館のように、バッファローやヘラジカといった剥製がずらりと並ぶアウトドアショップ。釣り用品だけじゃなく、キャンプ、BBQ、登山など、品揃えは豊富。ブリックタウンの東端、Reno Ave.に面している。

R　アメリカ料理

ストックヤードシティにある老舗レストラン

キャットルマンズステーキハウス
Cattlemen's Steakhouse

住1309 S. Agnew Ave.　☎(405)236-0416
URL www.cattlemensrestaurant.com　AMV
開毎日6:00～22:00（金・土～24:00）　地P.226-A2外

1910年にオープンして以来、牛肉関連業者たちの胃袋を満たしてきたステーキハウス。地元の人はもちろん、わざわざここにステーキを食べに来る人たちで、連日にぎわっている。

H　高級ホテル

近年発展著しいミッドタウン地区にある

アンバサダーホテル・オクラホマシティ
Ambassador Hotel Oklahoma City

住1200 N. Walker Ave., Oklahoma City, OK 73103
☎(405)600-6200　FAX(405)604-0495
URL ambassadorokc.com　ⓈⓉⒹ$160～247、スイート$547～　AMV　Wi-Fi無料　地P.226-A1外

1928年に建てられたアールデコ調の建物をリノベーションし、2014年にオープンした。2016年から3年連続、AAAで4ダイヤモンドを獲得している。7階にあるルーフトップバーからはダウンタウンが見渡せ、地元の人に人気。無料のシャトルサービスあり。54室。

メモ　オクラホマシティでカウボーイグッズを入手するには▶ストックヤードにあるラングストンは、ウエスタンブーツやカウボーイハット、デニムの種類が豊富に揃う。Langston's　住2224 Exchange Ave.　☎(405)235-9536　URL www.langstons.com　開月～土10:00～20:00、日12:00～17:00　地P.226-A2外

旧ルート66のおもかげを残す町だ

ノスタルジックな町並み

フラッグスタッフ Flagstaff

アリゾナ州北部に位置するフラッグスタッフ。夏は過ごしやすく、同じ州のフェニックスなどから暑さを逃れるため多くの観光客が訪れる。一方、冬になると、周辺の山々がウインタースポーツのフィールドに様変わりし、スキーヤー、スノーボーダーを虜にしてやまない。町は標高およそ2100mの場所に位置することから、オリンピック選手が高地トレーニングに訪れる場所でもある。

かつて"ルート66"が通っていたダウンタウンは、情緒のある建物が今も多く残る。また、標高が高く空気が澄み、町全体が夜間照明を規制しているため、夜になるとノスタルジックなネオンが、町を華やかに照らしてくれる。

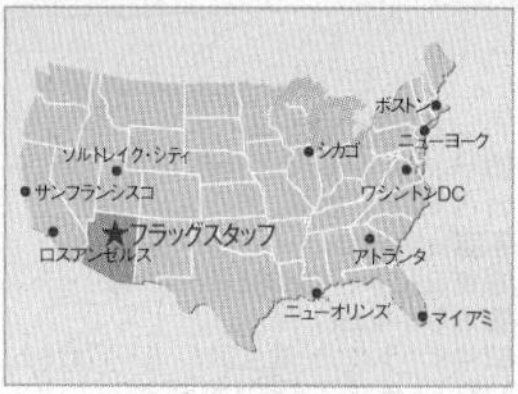

DATA

人口▶約7万2000人　面積▶約165km²
標高▶約2100m
TAX▶セールスタックス　8.95%
ホテルタックス　10.95%
属する州▶アリゾナ州　Arizona
州のニックネーム▶グランドキャニオン州 The Grand Canyon State
州都▶フェニックス　Phoenix
時間帯▶山岳部標準時（MST）
※夏時間不採用 ➡P.631
コンベンション開催時期▶5〜8月

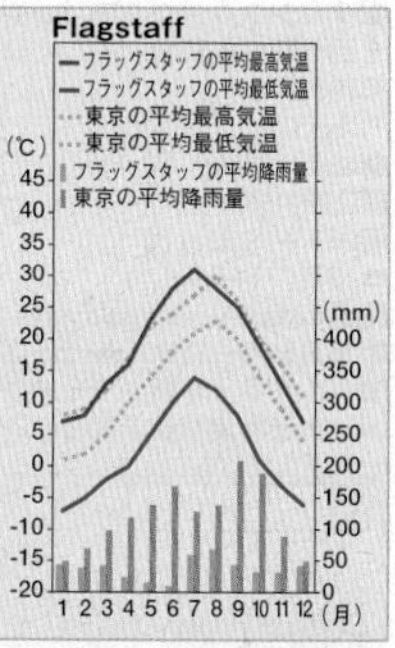

フラッグスタッフへの行き方＆歩き方 Getting There & Around

フェニックスから毎日直行便が飛ぶ**フラッグスタッフ空港Flagstaff Pulliam Airport**はダウンタウンの南約10kmの所にあり、ダウンタウンへはタクシーで約15分。アムトラック駅はダウンタウンの中心にあり、シカゴとロスアンゼルスを1日1往復するサウスウエスト・チーフ号が停車する。グレイハウンドは、ラスベガス（所要約5時間30分）やフェニックス（所要約3時間）から乗り入れ、バスディーポからダウンタウンまでは徒歩約20分。

アムトラック駅を中心としたダウンタウンは、こぢんまりとして歩きやすい。宿泊施設はダウンタウンと、ダウンタウンの南西を走るS. Milton Rd.沿いに多い。

観光案内所 Visitors Information

フラッグスタッフ観光案内所 Flagstaff Visitor Center

ヒストリック・ルート66沿い、アムトラック駅の中にあり、地図やパンフレットが揃う。併設されたギフトショップでは、ルート66やフラッグスタッフのおみやげも豊富だ。

フラッグスタッフ空港（FLG）
住6200 S. Pulliam Dr.
☎(928)213-2930
行ダウンタウンへはタクシーで15分、約$20

アムトラック駅
地P.230　住1 E. Route 66
開駅舎は24時間、チケット売り場は11:00〜15:00休み

グレイハウンド・バスディーポ
地P.230-外　住880 E. Butler Ave.
☎(928)774-4573
開毎日10:00〜翌5:30

フラッグスタッフ観光案内所
地P.230
住1 E. Route 66（アムトラック駅内）
☎(928)213-2951
Free(1-800)217-2367
URL www.flagstaffarizona.org
開月〜土8:00〜17:00、日9:00〜16:00

マウンテンライン
市内と郊外を結ぶ路線バス。8路線あり、ほとんどが30分〜1時間間隔で運行する
URL mountainline.az.gov
運行／月〜金5:38〜22:39、土・日6:45〜20:39（路線により異なる）
料$1.25、1日券$2.50

メモ　おばけの住む町？▶フラッグスタッフは幽霊屋敷が多いことでも有名だ。観光案内所には、ホーンテッド（幽霊が出る）物件の載っている地図があり、夕方からツアーが催されることもある。ちなみに、観光案内所の建物もお化けが出る（？）物件なので、ご注意を……。

おもな見どころ

北アリゾナ博物館
住3101 N. Fort Valley Rd.
☎(928)774-5213
URL musnaz.org
開毎日10:00～17:00(日12:00～)
休サンクスギビング、12/25、1/1
料$12、学生・10～17歳$8、10歳未満無料
行ダウンタウンからマウンテンライン#5で約25分。Fort Valleyの博物館前で下車

ネイティブアメリカンの民族と文化を学ぶ 地P.230-外

北アリゾナ博物館
Museum of Northern Arizona

ネイティブアメリカンの文化やコロラド高原について人類学、生物学、地質学の観点から知ることができる博物館。特に、ホピ族やナバホ族、ズニ族のコレクションが充実し、彼らが作ったバスケットや人形、ジュエリーなどの工芸品、絵画、壁画などを展示。ジュラ紀前半に北アリゾナに生息した恐竜のジオラマや植物の化石もある。

ローウェル天文台
住1400 W. Mars Hill Rd.
☎(928)774-3358
URL lowell.edu
開毎日10:00～22:00(日～17:00)
休おもな祝日
料$15、シニア・学生$14、5～17歳$8、5歳以下無料。日曜は割引あり
行ダウンタウンからW. Santa Fe Ave.を西へ徒歩約30分。もしくはタクシーで約5分

満天の星空を見に行こう 地P.230-外

ローウェル天文台
Lowell Observatory

1894年天文学者パーシヴァル・ローウェルの私財をもとに設立された天文台。1930年クライド・トンボーが冥王星（プルート）を発見したことで一躍有名になった。展示は火星や冥王星に関するものが中心。天文台の目玉でもあるクラーク望遠鏡（1896年製）は必見だ。アポロ計画の宇宙飛行士たちもここを訪れた。

●Galaxy Diner
地P.230-外
住931 W. Route 66
☎(928)774-2466
URL jbsfamily.com/galaxy-diner
開毎日6:00～21:00(金・土～22:00)
行アムトラック駅からヒストリック・ルート66を南へ徒歩20分

古きよき時代を感じられる 地P.230

ヒストリック・ルート66
Historic Route 66

1926年から1985年までシカゴとロスアンゼルス間の2448マイル（約3940km）を結んでいた旧国道66号線（ヒストリック・ルート66）。フラッグスタッフでは、ルート66の標識や看板が今でも残る。**ギャラクシーダイナーGalaxy Diner**は、ルート66の雰囲気が味わえるレストランとして有名だ。

ホテル
Hotels

ホステル

あたたかい雰囲気のホステル
グランドキャニオン・インターナショナル・ホステル
Grand Canyon International Hostel

住19 S. San Francisco St., Flagstaff, AZ 86001 ☎(928)779-9421
URL www.grandcanyonhostel.com Wi-Fi無料
ドミトリー$25～27、個室$52～95(税込み) AMV 地P.230

グランドキャニオンへの日帰りツアー（料$119～）も行っている。共有スペースのバスルームやキッチンも清潔。朝食付きで、日本人客も多い。16室。

中級ホテル

フラッグスタッフを代表する老舗ホテル
ホテルウェザーフォード
Hotel Weatherford

住23 N. Leroux St., Flagstaff AZ 86001 ☎(928)779-1919
URL weatherfordhotel.com
ⓈⒹⓉ$70～195 AMV Wi-Fi無料 地P.230

100年以上前に建てられ、老舗の風格とあたたかみがあり人気がある。猫足バスタブのバスルーム付きの部屋もあるが、バスが共同の部屋もあるので、確認すること。17室。

ダウンタウンのベジタリアンレストラン▶自家焙煎豆のコーヒーがとにかくおいしい。食事はベジタリアンメニューでボリュームも満点。Macy's European Coffeehouse & Bakery 住14 S. Beaver St. ☎(928)774-2243 URL www.macyscoffee.net 開毎日6:00～18:00 地P.230 （東京都 谷口慈恵 '13）['18]

アリゾナらしい自然に囲まれた町だ

西部劇の世界

ツーソン

Tucson

1800年代後半、実質的に州都として機能していたツーソン。1889年、フェニックスに州政府がおかれるまでは、アリゾナ州の最大都市であった。

“ツーソン”とは、ネイティブアメリカンの言葉で“黒い山”を意味している。その名の通り、ダウンタウンを少し離れるだけで黒い山が連なり、裾野にサボテンが林立する景色が広がっている。黒い山の正体は溶岩に覆われたメサ（テーブル状の台地）だ。

近郊には、サワロ国立公園や、西部劇が撮影されていたツームストーンがあるなど、魅力的な見どころが点在しているため、車での観光をすすめる。

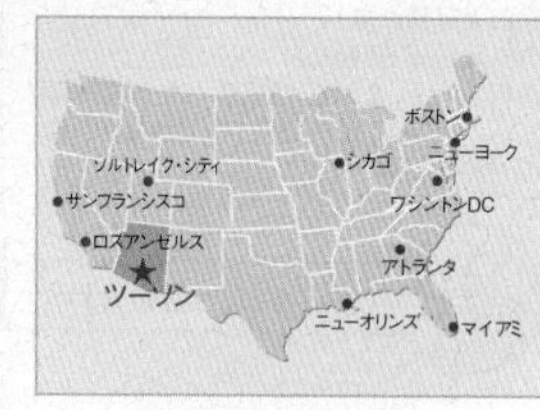

DATA

人口▶約53万5700人
面積▶約587km²　標高▶約725m
TAX▶セールスタックス　8.7%
ホテルタックス　12.05%＋$4
属する州▶アリゾナ州　Arizona
州のニックネーム▶グランドキャニオン州　Grand Canyon State
州都▶フェニックス　Phoenix
時間帯▶山岳部標準時（MST）
※夏時間不採用 ➲P.631
繁忙期▶4〜5月、9〜10月

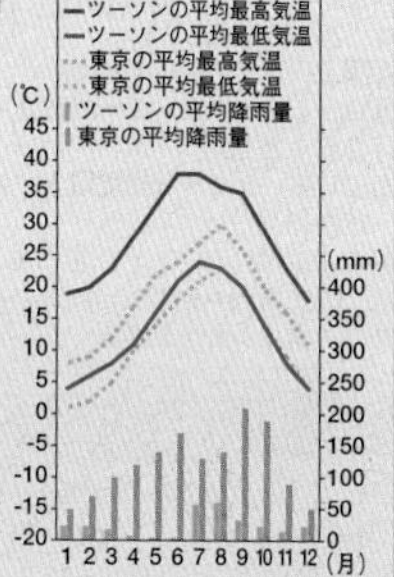

ツーソンへの行き方＆歩き方 Getting There & Around

ダウンタウンの南約13kmに位置する**ツーソン国際空港 Tucson International Airport**が空の玄関口。ロスアンゼルスやデンバーなど主要都市から乗り入れている。ダウンタウンまではサントラン・バス#25➲P.232が便利だ。**グレイハウンド**のバスディーポはダウンタウン東約1.5kmにあり、フェニックス、ツーソン間は1日7便運行している（所要約2時間20分）。**アムトラック**はシカゴからのテキサスイーグル号、ニューオリンズとロスアンゼルスを結ぶサンセットリミテッド号がそれぞれ発着。おもな見どころは郊外に点在しており公共交通機関での移動が難しいため、レンタカーやタクシーでの移動が一般的だ。

ツーソン国際空港（TUS）
地P.232-B2外
住7250 S.Tucson Blvd.
☎(520) 573-8100
URL www.flytucson.com
●**Yellow Cab（タクシー）**
☎(520) 300-0000
URL yellowcabaz.com
料ダウンタウンまで約$25（約20分）

グレイハウンド・バスディーポ
地P.232-B2外
住801 E. 12th St.
☎(520) 792-3475
開毎日7:00〜翌1:30

アムトラック駅
地P.232-B1
住400 N. Toole Ave.
Free(1-800) 872-7245
開毎日6:15〜21:00（火13:45〜、水8:15〜、金・土〜13:30）

観光案内所 Visitors Information

ツーソン観光案内所
Tucson Visitor Center

アリゾナ州立大学の近くにある。サンリンク・ストリートカーでUniversity St. & Tyndall Ave.駅下車。Euclid Ave.とUniversity St.の角。

ツーソン観光案内所
地P.232-B1外
住811 N. Euclid Ave.
☎(520) 624-1817
Free(1-800) 638-8350
URL www.visittucson.org
開毎日9:00〜17:00（土・日〜16:00）

サワロ国立公園▶ツーソンをまたがり、東西ふたつに分かれるサワロ国立公園。10mを超えるサワロサボテンが群生している。公共交通機関はなく、車のみでのアクセスとなる。Saguaro National Park　住3693 S. Old Spanish Trail（東側）　住2700 N. Kinney Rd.（西側）　URL www.nps.gov/sagu　地P.232-A1外、B1外

市内の交通機関 *Public Transportation*

サントラン
Sun Tran

40以上の路線があるサントラン・バスと、ダウンタウンとアリゾナ大学を結ぶサンリンク・ストリートカーを運営する。おもなバス路線はダウンタウンの中心にあるロンスタット・トランジット・センターを起点としている。

トランスファーはサンゴーSunGOというICカード（$2）を購入してチャージする必要があり、ストリートカーの駅の券売機やトランジットセンターで買える。ストリートカーは1日券かサンゴーでの支払いのみなので注意。

サントラン
地P.232-B1
住215 E. Congress St.（Ronstadt Transit Center）ロンスタット・トランジット・センター
☎(520) 792-9222
URL suntran.com
料$1.75（乗り換えは2時間以内無料）、1日券$4.40（紙チケット、ストリートカーも共通）
●Sun Tran Bus
運行／月～金5:00～24:00、土5:45～21:20、日6:30～20:35の30分～1時間間隔（路線により異なる）
●Sun Link Streetcar
運行／月～金7:00～22:00（木・金～翌2:00）、土・日8:00～翌2:00（日～20:00）の10～30分間隔

Sightseeing おもな見どころ

アリゾナ州ではグランドキャニオンに次ぐ人気　地P.232-A1外

アリゾナ・ソノラ砂漠博物館
Arizina-Sonora Desert Museum

動物、植物、鉱物など、ありとあらゆるものが展示されている博物館。98エーカー（39万6591m^2）の敷地に1200種、5万6000以上の植物、230種の動物を有する。年間訪問者数は40万人にのぼり、全米の博物館の中でも屈指の人気を誇っている。園内は遊歩道と案内板が設置され、広い敷地も効率よく回れるようになっている。展示は屋外のものがほとんどで、自然に生えたサワロサボテンや多肉植物、マウンテンライオンやボブキャットなど、珍しい動植物が多い。また、ボランティアの係員が園内におり、ソノラ砂漠の歴史や展示物のことを詳しく解説してくれる。

アリゾナ・ソノラ砂漠博物館
住2021 N. Kinney Rd.
☎(520) 883-2702
URL www.desertmuseum.org
開毎日7:30～17:00（10～2月8:30～、6～8月の土～22:00）
料$21.95、シニア（65歳以上）$19.95、3～12歳$8.95
行車でダウンタウンの北にあるSpeedway Blvd.を西へ約30分。タクシーの場合、ダウンタウンから約$45

広大な敷地にそびえるサボテン

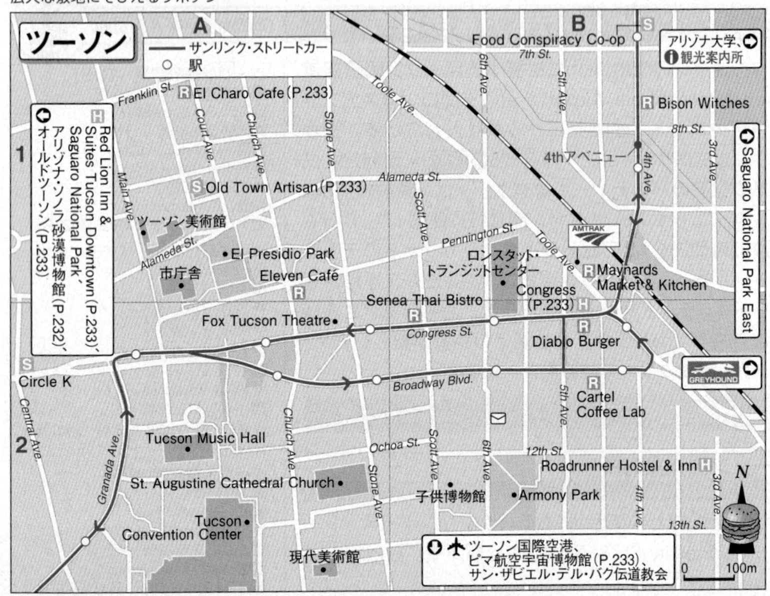

旅のアドバイス　**1880年代の町並みが残るトゥームストーン**▶西部劇映画『OK牧場の決闘』は、実在するOK牧場で起こった話をもとに描かれた作品だ。そのOK牧場があるのは、ツーソンから東に約120Km、車で約1時間30分の場所に位置するトゥームストーン。時間があればぜひ訪れたい町である。URL www.tombstoneweb.com

古きよき西部の景観を残す　地P.232-A1外

オールドツーソン

Old Tucson

西部劇の風景が再現されたテーマパーク。カウボーイハットとブーツできめた、昔ながらのカウボーイが繰り広げるガンファイトショーは必見だ。映画『OK牧場の決闘』など、数々の映画の撮影現場としても使われており、歩くだけでも感慨深い気持ちになるはず。

航空機のすべてを知る　地P.232-B2外

ピマ航空宇宙博物館

Pima Air & Space Museum

屋内外あわせて300機以上の飛行機が、巨大な敷地に展示されている世界最大級の航空機博物館。ボーイング787ドリームライナーのプロトタイプや、ライト兄弟が作ったライトフライヤー号のレプリカなど、飛行機好き垂涎の機体が並ぶ。屋外の展示はトラムツアーで回ることも可能だ（$6）。ほかにも宇宙や歴代パイロットに関するものなど、幅広い展示で来場者を魅了している。

軍用機から民間機まで幅広い展示が並ぶ

オールドツーソン
住201 S. Kinney Rd.
☎(520) 883-0100
URL oldtucson.com
開毎日10:00〜17:00（夏〜秋は週末のみの営業。そのほか時期により異なるので、事前にウェブサイトか電話で確認すること）
料$19.95、シニア（65歳以上）$17.95、4〜11歳$10.95
行アリゾナ・ソノラ砂漠博物館を参照

ガンファイトのショーは必見

ピマ航空宇宙博物館
住6000 E. Valencia Rd.
☎(520) 574-0462
URL www.pimaair.org
開毎日9:00〜17:00
休サンクスギビング、クリスマス
料$16.50、シニア（65歳以上）$13.75、5〜12歳$10
行車で、ダウンタウンからI-10を南東に進みExit 267で下りる。East Valencia Rd.を左折し、しばらくすると右手に見えてくる。所要約20分。タクシーの場合約$30

ショップ&レストラン&ホテル

Shop & Restaurant & Hotels

S　ショッピングモール

地元アーティストの作品がいっぱい

オールドタウン・アーティザン

Old Town Artisans

住201 N. Court Ave.　☎(520) 620-1725 (Art House Centro)
URL oldtownartisans.com
開月〜土10:00〜17:30（木〜土〜21:00）、日11:00〜17:00
地P.232-A1

6つのショップとレストランが集まった、ひと区画の小さなモール。地元アーティストのギフトやインディアンジュエリー、ビンテージ商品などが揃う。

R　メキシコ料理

アメリカ最古のメキシカンレストラン

エル・チャロ・カフェ

El Charro Cafe

住311 N. Court Ave.　☎(520) 622-1922
URL www.elcharrocafe.com　AMV
開毎日10:00〜21:00（金・土〜22:00）　地P.232-A1

1922年から続く、アメリカ最古といわれるメキシカンレストラン。味もおいしく価格も手頃なため、昼夜問わず多くの客でにぎわっている。量はどれも多いので、数人でシェアするのがおすすめ。タコスは$10.95〜。

H　中級ホテル

ダウンタウンの外れにある

レッドライオン・インアンドスイーツ・ツーソン・ダウンタウン

Red Lion Inn & Suites Tucson Downtown

住222 S. Freeway, Tucson, AZ 85745　☎(520) 791-7511
URL www.redlion.com　ⓈⒹⓉ$64〜110　Ⓢ93〜127
ADMV　Wi-Fi無料　地P.232-A1外

ダウンタウンの西を通るI-10とサンタクルース川に挟まれた場所にあり、コンベンションセンターも近いので、ビジネスマンの利用者も多い。客室にはドライヤーやコーヒーメーカー、屋外には暑いツーソンでは欠かせないプールもあり。朝食付き。100室。

H　中級ホテル

ツーソンのランドマークホテル

ホテルコングレス

Hotel Congress

住311 E. Congress St., Tucson, AZ 85701　☎(520) 622-8848
Free (1-888) 722-8848　URL hotelcongress.com
ⓈⒹⓉ$79〜149　AMV　Wi-Fi無料　地P.232-B2

1919年にオープンし、火事などを乗り越え今にいたる。ビンテージ感を残しつつ、きれいにリノベーションされた館内はモダンでアーティスティック。レストランとクラブ、バーも併設されているので、夜まで遊びたい人におすすめ。40室。

投稿　サン・ザビエル・デル・バク伝道教会▶300年以上の歴史ある教会はツーソンの南、サントラン・バス#12と440を乗り継いで行くことができる。真っ青な空と白亜の麗容は必見。Mission San Xavier del Bac　住1950 W. San Xavier Rd.　☎(520) 294-2624　URL www.sanxaviermission.org　開毎日7:00〜17:00　（神奈川県　ケンケン8　'16）['18]

神秘のパワースポット

Sedona セドナ

アリゾナ州
セドナ

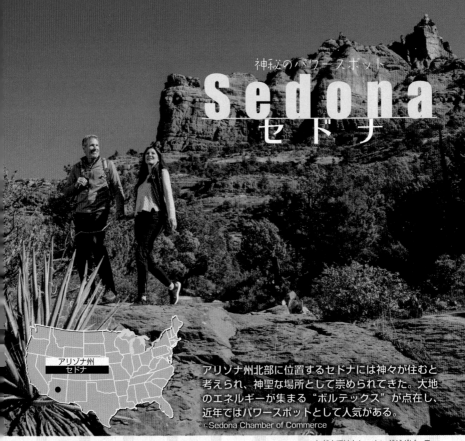

アリゾナ州北部に位置するセドナには神々が住むと考えられ、神聖な場所として崇められてきた。大地のエネルギーが集まる"ボルテックス"が点在し、近年ではパワースポットとして人気がある。

セドナではトレッキングがポピュラー

セドナの行き方

◆フェニックスから

セドナはアリゾナ州フェニックスの北約180kmに位置する。車ならI-17を北に向かい160km、Exit 298でAZ-179をセドナ方面に向かう。所要約2時間20分。車がなければフェニックス国際空港から、シャトルバンを利用しよう。

グルームトランスポーテーション
Groome Transportation
URL groometransportation.com
運行／毎日13往復。所要約2時間40分
休 サンクスギビング、12/25
料 片道 $68
乗り場／フェニックス国際空港ではバゲージクレーム（預託荷物のピックアップ場所）近くのカウンターで申し込む。セドナのバス停は、Andante Inn of Sedona ➡P.237

エースエクスプレス
Ace Xpress
☎(928)649-2720（月～金7:00～20:00、土・日8:00～）
URL www.acexshuttle.com　料 片道 $68、往復 $109
※セドナの希望した場所まで送迎してくれる。できるだけ早い予約が望ましい。

◆フラッグスタッフから

セドナはフラッグスタッフの南約48 kmにある。車ならI-17を南に向かい6km、Exit 337でAZ-89をセドナ方面に向かう。所要約1時間。車がなければフラッグスタッフのアムトラック駅から、下記のシャトルバンを利用しよう。

グルームトランスポーテーション
Groome Transportation
☎(928)350-8466　URL 左記を参照
運行／3～10月の8：00、16：00。要事前予約
休 11～2月
料 片道 $56

トレッキングルートとして人気のベルロックは男性性（電磁のエネルギー）が強い

投稿 トレッキング時の注意▶各種トレイルの入口には駐車場があるが、すぐ満車になってしまう。ほかに駐車場がないため、ハイキングに出発できないことが多い（特に春、夏）。ポイントンキャニオンやチャペルエリアへはセドナトロリーでアクセスすることをおすすめする。　（愛知県　aki_saig　'14）['18]

マウンテンバイクでボルテックスを走る！ © セドナ観光局 レッドロックに囲まれた眺めのよい場所に建つホーリークロス教会

セドナの歩き方

癒やしを求めに来た人は、まずボルテックスへ行き、地球のエネルギーを感じてみよう。瞑想するのもいいが、ツアーに参加すれば、場所の意味や歴史を解説してもらえるし、ネイティブアメリカンの儀式やヒーリング体験などができる。観光の中心地となるのがアップタウン Uptown。ショップやレストラン、観光案内所、ホテルやモーテル、ツアー会社が並んでいる。最低でも 1 泊はして、日の出と日の入り時に町を囲む岩山がオレンジ色に染まる絶景を見てほしい。

観光案内所

Sedona Chamber of Commerce Uptown Visitor Center

アップタウンの中心にあり、セドナの公式ガイドブックや地図、ホテル、ツアーなどのパンフレットが置いてある。また、旅行者にうれしいお得なクーポン➡脚注を発行している。

住331 Forest Rd.（the corner of 89A & Forest Rd.）
☎(928) 282-7722 Free(1-800) 288-7336
URL visitsedona.com 開 毎日 8:30 ～ 17:00
休 サンクスギビング、12/25 地P.236-B1

タックス

セールスタックス 6.35 ～ 10.40%
ホテルタックス 6.33 ～ 13.90%

ボルテックスとは

“ボルテックス Vortex”とは地球の磁力の源、またはエネルギーが渦を巻いている所といわれている。セドナにはいくつものボルテックスが集中していて、世界的に見ても珍しい。科学的根拠は証明されていないが、何か“パワー”を人々に与えているのだ。

なかでも強いエネルギーをもつのが、4 大ボルテックス（エアポートメサ Airport Mesa、ボイントンキャニオン Boynton Canyon、カセドラルロック Cathedral Rock、ベルロック Bell Rock）と呼ばれる 4 つの場所。訪れた場所や人それぞれに感じ方の違いがあるので、なるべく複数のボルテックスを訪れることをすすめる。

地球の歩き方 B09 ラスベガス編（1700円＋税）でもセドナを紹介していますので、ご活用ください

市内の交通機関

■市バス■

ベルデリンクス Verde Lynx

セドナと隣町のコットンウッドを結ぶ。アップタウンとウエストセドナ間の移動に便利。ただし、30 分から 2 時間 30 分間隔の運行なので、利用時間帯に注意。

☎(928) 282-0938 URL cottonwoodaz.gov/166/Verde-Lynx-Public-Transportation
運行／毎日コットンウッド発 6:00 ～ 18:00、アップタウン発 6:45 ～ 18:39 料$2（セドナ内の移動は $1）

■送迎サービス■

セドナ・クイックライズ Sedona Quick Rides

☎(928) 301-9251 URL sedonaquickrides.net

トランスポーテーションサービスを行う会社。プライベートツアー、食事に出かけるなどのショートタイム利用も可能。料金は、セドナ周辺のショートライド $10 ～ 12（セドナでの乗車または降車の場合）。

■自転車■

ビレッジ・オブ・オーククリーク（地P.236-B2 外）にレンタルショップがある。町は自転車専用道路があるので走りやすい。

アブソルート・バイクス Absolute Bikes

住6101 Hwy.179, Suite D ☎(928) 284-1242
URL www.absolutebikes.net
開 毎日 8：00 ～ 18：00（土・日～ 17：00）料1 日 $39 ～、2 日 $30 ～、1 週間 $168 ～

セドナ・バイク＆ビーン Sedona Bike & Bean

住30 Bell Rock Plaza ☎(928) 284-0210
URL www.bike-bean.com
開 毎日 8:00 ～ 16:00（時期により異なる）料1 時間 $19 ～、2 時間 $29（追加 1 時間ごとに $10）、1 日 $49 ～

商業施設が集まるアップタウン

町なかでもゴージャスな景色を堪能できる

メモ セドナ観光をお得に▶ホテルやレストラン、スパ、アトラクションなどさまざまな施設で割引を受けられるクーポンを発行している。セドナ商工会議所公式ウェブサイト URL visitsedona.com/deals を参照。

ツアー

車がないと行けない所へはツアー、もしくはタクシーで。アップタウンにはいくつかのツアー会社が営業所を設けており、そこがツアーの発着所にもなっている。

セドナトロリー　Sedona Trolley

セドナの観光ポイントをトロリーで回る。ホーリークロス教会に行くツアー A とボイントンキャニオン付近まで行くツアー B（各 4 本）がある。所要時間各 55 分。

住276 N. SR. 89A, SuiteB　☎(928) 282-4211
URL sedonatrolley.com　料 各 $17、2 路線 $25　地P.236-B1

ピンク・ジープツアーズ　Pink Jeep Tours

ピンク色のジープに乗って、急斜面の岩場を登り下りするブロークンアローツアーが一番人気。2 時間のツアーでは、途中サブマリンロックとチキンポイントなどで停車する。

住204 N. SR. 89A　Free (1-800) 873-3662
料 ブロークンアローツアー／ $110、12 歳以下 $99
URL www.pinkadventuretours.com　地P.236-B1

ノーザンライト・セドナ気球ツアー
Northern Light Balloon Expeditions

美しいセドナの景色を空から眺めてみるのもいい経験。朝日を浴びながらの空中散歩（約 1 時間）を楽しんだら、シャンパン付きの朝食をいただく。ホテルからの送迎付き。出発時間は季節により変動があるので要確認。

☎(928) 282-2274　Free (1-800) 230-6222
URL northernlightballoons.com　料 $225

道なき道を行くピンク・ジープツアー

スピリチュアルセッション&ショップ

セドナではさまざまなセッションが盛んだ。ヒーリングやリーディングを行うヒーラーは、スピリチュアル系のショップでセッションをする場合が多く、直接、店に出向き、希望を伝えれば適切な人選をしてくれる。

ボディブリス・ファクトリー・ディレクト
Body Bliss Factory Direct

住 シグナプラザ内 320 N. SR. 89A, Suite Q
☎(928) 282-1599　開 毎日 9:30 ～ 20:00
URL bodyblissfactorydirect.com　地P.236-B1

セドナ・クリスタル・ボルテックス
Sedona Crystal Vortex

住 300 N. SR. 89A　☎(928) 282-3388
開 毎日 9:00 ～ 20:30
URL sedonacrystalvortex.com　地P.236-B1

ミスティカルバザール　Mystical Bazaar

住 3058 W. SR. 89A　☎(928) 204-5615
開 毎日 9:00 ～ 21:00
URL mysticalbazaar.com　地P.236-A1

センター・フォー・ザ・ニューエイジ
Center for the New Age

住341 SR. 179　☎(928) 282-7220
開 毎日 8:30 ～ 20:30
URL sedonanewagestore.com　地P.236-B1

パワーストーンのブレスレットは人気のアイテム。ミスティカルバザール

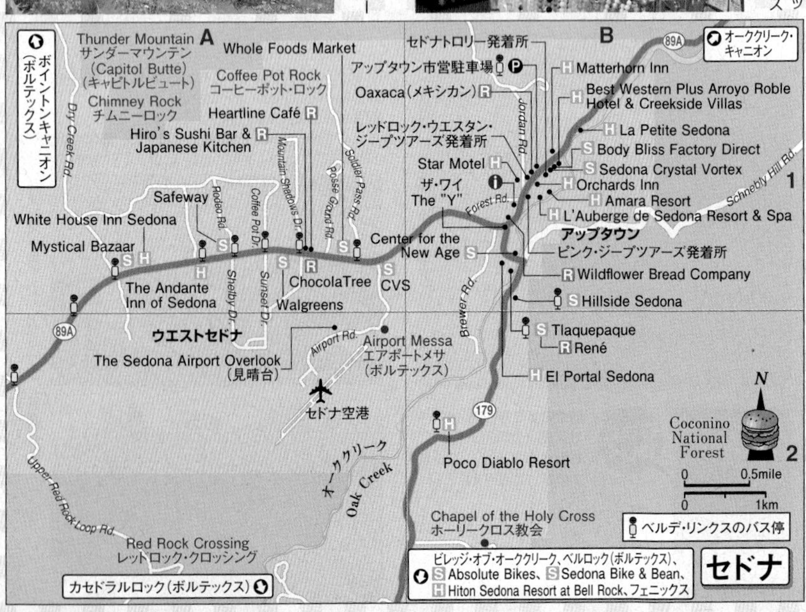

旅のアドバイス　車利用者へ▶交差点はロータリー式が多いので注意しよう。ロータリーの中は、どの方向から来ても反時計回りの一方通行。ロータリーの手前で、徐行、もしくは一時停止する（標識に従うこと）。ロータリーの中を走る車が途切れたら進む。また、駐車場は、アップタウンに市営のものがいくつかある。

レストラン

セドナには食べておきたいご当地食材がふたつある。ひとつはアリゾナ州に多く植生しているサボテン、もうひとつはセドナを流れる川、オーククリークで取れるニジマスだ。

ワイルドフラワー・ブレッドカンパニー Wildflower Bread Company

朝早くから焼きたてのパンがズラリ！　ペストリーやマフィン、香ばしいパンのサンドイッチのほか、スープ、サラダ、パスタなどのメニューも豊富。予算 $10 前後。
住101 N. SR. 89A　☎(928) 204-2223
URL www.wildflowerbread.com　開月～金 6:00 ～ 21:00、土 7:00 ～ 21:00、日 7:00 ～ 20:00　地P.236-B1

ハートラインカフェ Heartline Café

CLOSED

ニジマス料理が食べられるレストラン。農家直送の新鮮な野菜を生かしたヘルシーなメニューが豊富。甘過ぎないデザートもおすすめ。予算 $25 ～。
住 1610 W. SR. 89A　☎(928) 282-3365
開 水～月 17:00 ～ 21:00　休 火
URL www.heartlinecafe.com　地P.236-A1

レネ René

ショッピングモールのテラカパキ内にあるフレンチレストラン。昼間はパティオでのランチがおすすめ。ディナーは少しだけおしゃれして。ディナーの予算 $40 ～。
住Tlaquepaque, 336 SR. 179　☎(928) 282-9225
URL renerestaurantsedona.com
開 毎日 11:30 ～ 14:30、ライトランチ 14:30 ～ 17:00、ディナー日～木 17:30 ～ 20:30、金・土～ 21:00　地P.236-B1

ショコラツリー ChocolaTree

100% オーガニックをうたう、ベジタリアン料理のレストラン。ビーガン向けのメニューも多く用意。
住1595 W. SR. 89A　☎(928) 282-2997　開毎日9:00～21:00（水11:00～）　URL chocolatree.com　地P.236-A1

ヒローズスシバー＆ジャパニーズキッチン Hiro's Sushi Bar & Japanese Kitchen

セドナで唯一日本語が通じるレストラン。スシ、焼きそば、丼ものなどメニューも豊富。
住1730 W. SR. 89A, #6　☎(928) 282-8906
開 火～土 11:30 ～ 13:30、17:00 ～ 21:00　休 月、日のランチ　URL www.hirosedona.com　地P.236-A1

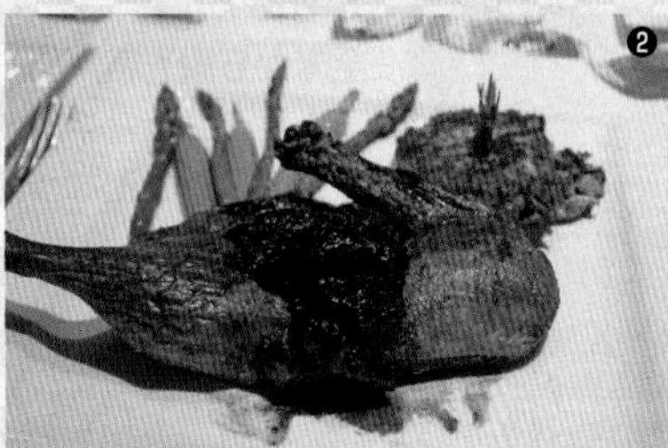

❶ハートラインカフェのニジマス料理❷ドライチェリーソースがポイント。レネの鴨のロースト

ホテル

ハイシーズンは 3 ～ 5、9、10 月。この時期は、前もって予約をするか、早めに到着して探したい。高級リゾートからモーテルまで、さまざまな宿泊施設がある。

ラ・プティット・セドナ La Petite Sedona

静かな場所にある家族経営のブティックホテル。アップタウンの北端にあり、立地がいい。10 室。
住500 N. SR. 89A, Sedona, AZ 86336　Wi-Fi無料
URL www.lapetitesedona.com　☎(928) 282-7301
Ⓢ Ⓓ Ⓣ $91 ～ 269　地P.236-B1

ホワイトハウス・イン・セドナ White House Inn Sedona

ウエストセドナにあるモーテル。リゾートホテルが多いセドナにあって、安めの料金が魅力。コインランドリーあり。22 室。
住2986 W. SR. 89A, Sedona, AZ 86336　Wi-Fi無料
☎(928) 282-6680　URL sedonawhitehouseinn.com
Ⓢ Ⓓ Ⓣ $75 ～ 199　地P.236-A1

ベストウエスタン・プラス・アロヨ・ロブレ・ホテル＆クリークサイド・ビラ Best Western Plus Arroyo Roble Hotel & Creekside Villas

アップタウンの便利な場所にありながら、部屋などから周囲の赤い岩山を眺めることができるホテル。バフェスタイルの朝食付き。65 室。
住400 N. SR. 89A, Sedona, AZ 86336　Wi-Fi無料
☎(928) 282-4001　URL bestwesternsedona.com
Ⓢ Ⓓ Ⓣ $153 ～ 484　地P.236-B1

エルポータル・セドナ El Portal Sedona

館内、客室すべてにこだわりのロッジスタイルで、非日常感たっぷり。テラカパキの裏、歩いてすぐ。12 室。
住95 Portal Ln., Sedona, AZ 86336　Wi-Fi無料
Free (1-800) 313-0017　URL www.elportalsedona.com
Ⓢ Ⓓ Ⓣ $259 ～ 459　地P.236-B1

ル・オーベルジュ・ドゥ・セドナ・リゾート＆スパ L' Auberge de Sedona Resort & Spa

小川のオーククリーク沿いに建つ高級リゾートで、離れになったコテージもある。アップタウンに位置する。83 室。
住301 L'Auberge Ln., Sedona, AZ 86336　Wi-Fi無料
Free (1-855) 905-5745　URL www.lauberge.com
ロッジ & コテージ $309 ～ 1580　地P.236-B1

アンダンテ・イン・オブ・セドナ The Andante Inn of Sedona

フェニックス国際空港からのシャトルバンが停車するモーテル。コインランドリーもある。朝食付き。66 室。
住2545 W. SR. 89A, Sedona, AZ 86336　Wi-Fi無料
☎(928) 282-1533　URL www.andanteinn.com
Ⓢ Ⓓ Ⓣ $130 ～ 190　地P.236-A1

ワイルドフラワーのブレッドボウルとサラダのセット

人気のおみやげは▶ Gemstone と呼ばれるパワーストーンをはじめ、石鹸やオイルなどのスパグッズ、ネイティブアメリカンの織物や焼き物など。Sedona Crystal Vortex（住270 N. SR. 89A　地P.236 -B1）やショッピングエリアの Hillside Sedona（住671 SR. 179　地P.236-B1）などで入手できる。

フェニックス Phoenix

太陽の大地

フェニックスの中心部を走るライトレイル

フェニックスの夏、7月、8月の平均最高気温は40℃を上回ることも珍しくない。日差しが肌につき刺さる。まさに灼熱。

フェニックスは、カリフォルニア州からメキシコのソノラ州にかけて広がるソノラン砂漠の中央に位置し、国内第6位の人口を有する大都会だ。近年は人口増加に拍車がかかっている。周辺の町を含め企業の数が多く、働き口が豊富であり、家賃はほかの大都市と比べ安い。それらの要因が人口増加につながっているといわれ、近い将来、国内第5位の人口を誇るフィラデルフィアを抜くと目されている。また、市内には個性的かつレベルの高い文化・商業施設が揃い、近郊には国内屈指のリゾート地がある。それらに加え、アメリカ4大スポーツのチームが本拠地を構えており、2月中旬からはMLBの15球団がフェニックス一帯で春季キャンプを行うという、スポーツ好きにはたまらない場所でもある。特に冬は、全米から観光客が訪れる人気デスティネーションのひとつとなっている。

冬でも南国風の草木が生い茂る

DATA

人口▶約162万6100人
面積▶約1338km²
標高▶最高354m、最低323m
TAX▶セールスタックス 8.6%
ホテルタックス 12.57%
属する州▶アリゾナ州 Arizona
州のニックネーム▶グランドキャニオン州 Grand Canyon State
州都▶フェニックス Phoenix
時間帯▶山岳部標準時（MST）
※夏時間不採用
➡P.631
繁忙期▶1～4、12月

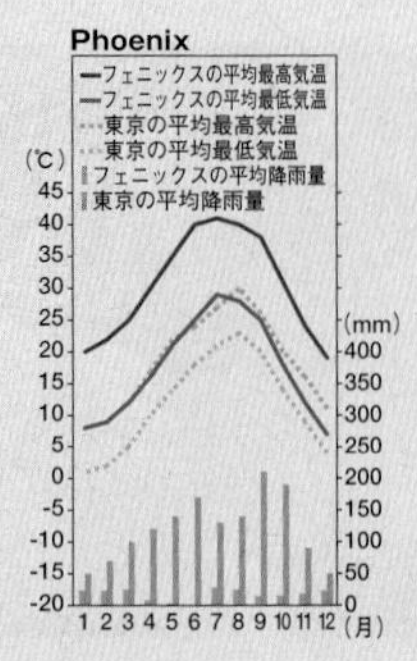

旅のアドバイス　ダウンタウンの住所の読み方▶東西はCentral Ave.を中心にして左右にそれぞれ1、2、3、と数字が大きくなる。Central Ave.より東はストリート（Street）、西はアベニュー（Avenue）となるので、同じ数字でも東西を間違えないようにしよう。

フェニックスへの行き方 Getting There

飛行機 Plane

フェニックス・スカイ・ハーバー国際空港
Phoenix Sky Harbor International Airport (PHX)

ダウンタウンの東、約8kmの場所にある国際空港。ターミナルは2、3、4の3つ。日本からの直行便はないが、サウスウエスト航空のハブ空港で、サンフランシスコやロスアンゼルスなど全米各地を結んでいるほか、大手航空会社の路線も多い。1日に1200機以上が離発着する。

主要レンタカー会社の営業所は空港から約2km南西にあるレンタカーセンターに集まっている。各ターミナルを出た所にあるバス停からレンタカーセンター行きのシャトルバス（5～10分間隔）で5分ほど。

空港へ行く無料のスカイトレインはライトレイル駅と直結している

フェニックス・スカイ・ハーバー国際空港
地P.240-B
住3400 E. Sky Harbor Blvd.
☎(602) 273-3300
URL skyharbor.com

■ 空港から／空港へのアクセス

	種類／名称／連絡先	行き先／運行／料金	乗車場所／所要時間／備考
空港シャトル	スーパーシャトル SuperShuttle Free (1-800) 258-3826 ☎(602) 232-4610 URL www.supershuttle.com	**行き先**▶市内や周辺どこでも **運行**▶24時間随時 **料金**▶ダウンタウンまで片道$14～、テンピまで片道$14～、スコッツデールまで片道$16～	**空港発**▶ターミナルを出て "Van Service" のサインに従うと係員が待っているので、目的地を告げる **空港行き**▶事前に電話などで予約をしてから乗車 **所要時間**▶ダウンタウン、テンピまで25～40分。スコッツデールまで35～50分
電車	ライトレイル Light Rail ☎(602) 253-5000 URL www.valleymetro.org	**行き先**▶ダウンタウン、テンピ **運行**▶月～金4:40～23:00（金～翌2:00）の12～20分間隔、土・日・祝5:00～23:00（土～翌2:00）の土15～20分、日・祝20分間隔 **料金**▶$2	**空港発**▶ターミナル3、4から無料のPHXスカイトレイン（3～5分間隔。24時間）でライトレイル44th St./Washington駅へ向かう **空港行き**▶ライトレイル44th St./Washington駅からスカイトレインに乗り、ターミナル4、または3へ **所要時間**▶ダウンタウンまで約40分
タクシー	AAA／イエローキャブ AAA / Yellow Cab ☎(480) 888-8888 URL yellowcabaz.com	**行き先**▶市内や周辺どこでも **運行**▶24時間随時 **料金**▶ダウンタウン、テンピまで$20～30、スコッツデールまで$30～45	**空港発**▶各ターミナルを出てすぐのカーブサイドから乗車 **空港行き**▶事前に電話予約、または主要ホテルから乗車 **所要時間**▶ダウンタウン、テンピまで15～25分。スコッツデールまで25～40分

※それぞれの乗り物の特徴については ➡P.665

長距離バス Bus

グレイハウンド・バスディーポ
Greyhound Bus Depot

国際空港のすぐ西側、24th St.とBuckeye Rd.との角にあり、ロスアンゼルスやラスベガスからの便がある。ダウンタウンへは、バレーメトロ・バスとライトレイル、もしくはタクシー（所要約15分、料約$20）を利用しよう。

グレイハウンド・バスディーポ
地P.240-B
住2115 E. Buckeye Rd.
☎(602) 389-4200
開24時間
行ダウンタウンへはBuckeye Rd.と24th St.の角からバレーメトロ・バス#70に乗り、24th & Washington Sts.で降り、ライトレイルに乗り換える。所要約30分

フェニックスの歩き方 Getting Around

フェニックスのベストシーズンは暑さがやわらぐ12～4月。観光ポイントが郊外にも点在しているので、移動はレンタカーが効率的だ。車がなくても、ダウンタウンを拠点にし、バレーメトロ・バスやライトレイルを乗りこなせば、多少時間はかかるが問題なく観光することができる。急いで回れば、ダウンタウン周辺と郊外の見どころを、それぞれ1日ずつで観光できるだろう。

オフシーズンは夏！
暑さが厳しいフェニックスの夏は気温が40℃を超える。日中の町歩きはなるべく避けたいところだ。町歩きをする際は常に水分補給するよう心がけたい。気候が厳しいぶん旅行者は少なく、ほとんどのホテルは割安なレートを設定している。宿泊費を抑えられるのはメリット

投稿 フェニックスのライトレイル▶検札がよく行われており、浮浪者が乗っていることは少ない。しかし、駅の券売機周辺では使用済み乗車券を売りつける人がいるので注意。（愛知県　匿名　'16）['18]

観光案内所　*Visitors Information*

フェニックス観光案内所
Phoenix Visitor Information Center

コンベンションセンターの一角、2nd St.に面した1階にある。タッチスクリーンの端末でも情報が得られ、フェニックス以外のアリゾナ州の情報も豊富だ。

フェニックス観光案内所
地P.242-B
住125 N. 2nd St.
☎(602)254-6500
URL www.visitphoenix.com
開月～金8:00～17:00
休土・日、おもな祝日

ダウンタウンフェニックス観光案内所
Downtown Phoenix Information Center

ダウンタウンに特化した観光案内所。バスのルートマップや地図が手に入る。ここの職員（アンバサダー）がダウンタウン内を毎日、早朝から夜まで巡回しているので、困ったことがあったら声をかけてみよう。

ダウンタウンフェニックス観光案内所
地P.242-B
住1 E.Washington St.
☎(602)495-1500
URL dtphx.org
開月～土8:00～18:00　休日

市内の交通機関　*Public Transportation*

バレーメトロ
Valley Metro

市バスやライトレイルを運行。スコッツデールやテンピまでカバーする路線網をもつ。

バレーメトロ・バス　Valley Metro Bus

約60の路線があり、スコッツデールやテンピまで広い範囲をカバーしている。**セントラルステーションCentral Station**が案内所兼トランジットセンターとなっている。

ライトレイル　Light Rail

フェニックス北西からダウンタウンを通り、空港周辺とテンピ方面を結ぶ。フェニックス美術館やハード美術館、テンピへ行くときに便利だ。

ダッシュ　DASH(Downtown Area Shuttle)

ダウンタウンにあるバレーメトロのセントラルステーションとアリゾナ州議事堂博物館を循環する無料バス。

バレーメトロ
☎(602)253-5000
URL www.valleymetro.org
運行／〈バス〉毎日6:00～23:00の30分間隔（路線により異なる。土・日は減便、運休する路線あり）、〈ライトレイル〉月～金5:04～23:30（金～翌2:33）、土・日5:24～翌4:08（日～翌1:17）の12～20分間隔、〈ダッシュ〉月～金6：35～18:11の12分間隔
料バス・ライトレイル共通：$2、1日券$4（自動券売機や案内所、コンビニなどで購入）。もしくは$6（バス乗車時に購入）
※1日券はバス乗車時にドライバーから購入できるが、割高なので案内所や自動券売機、コンビニなどで事前に購入しておこう
●Central Station（案内所）
地P.242-B
住300 N. Central Ave.
開月～金8:00～17:00
休土・日、おもな祝日
※すべての路線を網羅したトランジットブックが手に入る

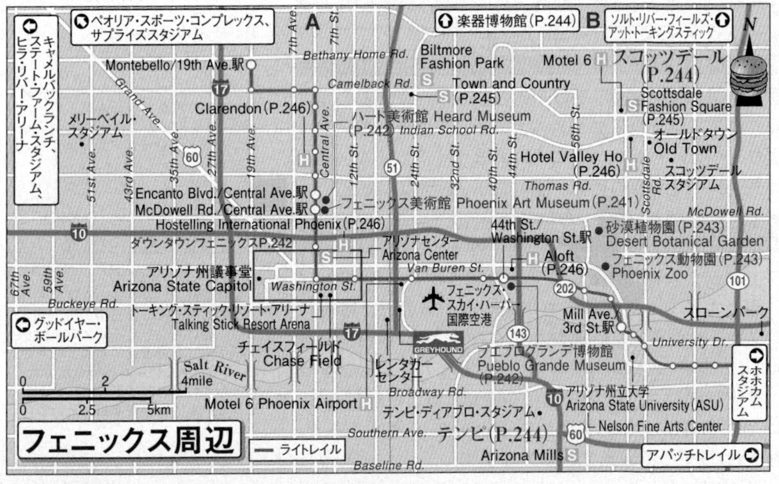

旅のアドバイス　フェニックスのおみやげ▶サボテン（カクタス）グッズがフェニックスらしいおみやげ。カクタスは食べられるようにゼリー状になったものが多い。そのほかチリソースや、珍しいものではサソリのキャンディなどもある。市内のみやげ屋や砂漠植物園のギフトショップで入手可能だ。

ツアー案内 Sightseeing Tours

ヴォーンズ・サウスウエストツアーズ
Vaughan's Southwest Tours

出発場所／ホテルへのピックアップあり。

ヴォーンズ・サウスウエストツアーズ
☎(602) 971-1381
Free (1-800) 513-1381
URL www.southwesttours.com

ツアー名	料金	運行	所要時間	内容など
City of Phoenix	$70	日・月11:30～12:30発、火～土7:45～8:45発	約5時間	プエブログランデ博物館などフェニックスのおもな見どころだけでなく、スコッツデールのオールドタウン、テンピなども回る
Sedona	$130	毎日6:45～7:45発	約11時間	地球の磁力の源といわれるボルテックスがいくつもあり、癒やしの地として人気のセドナへ行く1日ツアー
Grand Canyon & Sedona	$165	毎日6:30～7:45発	約14時間	キャメロン・トレーディング・ポスト（ナバホ居留地）やグランドキャニオン、セドナなどを見学する

おもな見どころ Sightseeing

勝利の翼と銅製のドームが目印 地P.242-A

アリゾナ州議事堂博物館
Arizona Capitol Museum

アリゾナがまだ準州だった1899～1901年に建てられた州議事堂。一部がアリゾナ州史の博物館として公開されている。シンボルであるドームは、アリゾナ州の銅鉱山会社が寄付したもの。頂上に立つ彫刻は“ウイング・ビクトリー（勝利の翼）”という風向計で、右側のトーチは“自由”を意味し、左側の月桂樹の王冠は“勝利”を意味する。館内では、初代州知事の知事室の復元、歴代知事の肖像画などを展示。議会室や最高裁判所も必見だ。

アリゾナ州議事堂博物館
住1700 W. Washington St.
☎(602) 926-3620
URL azlibrary.gov/azcm
開月～金9:00～16:00、9～5月の土10:00～14:00
休日、4～8月の土、おもな祝日
料無料
ツアー／月～金9:30、10:15、11:00、12:00、12:45、13:30(7～5月)（要予約）※時期によってスケジュールが異なるので要確認
行ダウンタウンからダッシュ、またはバレーメトロ・バス#3で　※日本語の解説文あり

南西部のアーティストにも焦点をあてた 地P.240-A

フェニックス美術館
Phoenix Art Museum

1万9000点以上のコレクションを収蔵する、アメリカ南西部で最も大きな美術館。ネイティブアメリカンやグランドキャニオンをテーマにした絵画から、オキーフやロックウェルなどのアメリカ現代美術、ルネッサンス期のイタリア美術、モネやロダンなど14～20世紀ヨーロッパアートまで幅広い展示が魅力だ。また、シャネルやバレンシアガ、イブ・サン・ローランなど現代ファッションの礎を築いた名品も見逃せない。

美術館のハイライト、ジョージ・ワシントンの肖像画

フェニックス美術館
住1625 N. Central Ave.
☎(602) 666-7104
URL www.phxart.org
開火～日10:00～17:00（水～21:00、日12:00～、第1金～22:00）
休月、おもな祝日
料$18～23、シニア（65歳以上）$15～20、学生（18歳以上）$13～18、6～17歳$9～14、5歳以下無料
行ライトレイルMcDowell Rd./Central Ave.駅から北へ1ブロック
ツアー／火～土11:30、13:00、13:30、水18:00、19:00、日12:30、13:30、14:30（時間により内容は異なる）

科学の体験とフェニックスの歴史について学ぶ 地P.242-B

ヘリテージスクエア
Heritage Square

ダウンタウンの東、1890年代の名残をとどめるエリア。**アリゾナ科学センターArizona Science Center**は、科学に関する体験型の展示があり、アイマックスなども併設。**ロッソンハウス博物館Rosson House Museum**では、20世紀初頭の歴史について学ぶことができる（ツアーのみ、所要60分）。

ヘリテージスクエア
行ライトレイル3rd St./ Washington St.駅から東へ1ブロック
●Arizona Science Center
住600 E. Washington St.
☎(602) 716-2000
URL www.azscience.org
開毎日10:00～17:00
休サンクスギビング、12/25
料$18、3～17歳$13
●Rosson House Museum
住113 N. 6th St.
☎(602) 261-8063
URL heritagesquarephx.org
開水～日10:00～17:00（日12:00～）
休月・火、おもな祝日
料ツアー／$10、シニア$9、子供$5

旅のアドバイス　寒暖差には要注意▶冬でも日中はTシャツで過ごせるが、朝晩はダウンジャケットなどの厚手の上着が必要。町歩きの際は水分の携行や帽子の着用など熱中症対策も忘れずに。

ハード美術館
住2301 N. Central Ave.
☎(602) 252-8840
URL heard.org
開毎日9:30〜17:00（日11:00〜）
休おもな祝日
料$18、シニア$15、学生・6〜17歳$7.50
行ライトレイルEncanto Blvd./Central Ave.駅から南に1ブロック
ツアー／毎日12:00、14:00、15:00

部族ごとのインディアンジュエリーの違いも細く解説

ネイティブアメリカンの展示は全米屈指 地P.240-A

ハード美術館
Heard Museum

1929年、ハード夫妻によって設立された、ネイティブアメリカンの美術館。コレクションは質、量ともに、全米で5本の指に入る。

アリゾナやニューメキシコ州といった南西部を中心に、北米先住民の生活用品、装飾品、絵画、工芸品などを収蔵し、総数は4万点以上。館内は、北米をエリア別に分け、部族ごとに何を営みどんな住居に住んでいるかを、ジオラマとともに解説している。特にホピ、サンカルロス、ピマ、ズニ族のプエブロについてはより詳細に展示され、見応え十分。また、電気も水も引かず数百年前からの生活を現在も踏襲するワルピWalpiの村など、知られざる先住民の暮らしなどについても取り上げており、館の意欲的な姿勢が感じられる。そのほかにも陶芸家マリア・マルチネスの黒い花瓶、ネイティブアメリカンの現代美術なども展示されており、バラエティに富んだ構成だ。ミュージアムショップにもぜひ立ち寄ってほしい。販売されている工芸品はほとんどがハンドメイドで、制作者の名前も刻まれている。インディアンジュエリーに関しては、フェニックス随一の品揃えを誇る。

プエブログランデ博物館
住4619 E. Washington St.
☎(602) 495-0901
URL www.phoenix.gov/parks
開毎日9:00〜16:45（日13:00〜）
休5〜9月の日・月、おもな祝日
料$6、シニア（55歳以上）$5、子供（6〜17歳）$3
行ライトレイル44th St./Washington駅から徒歩1分

ネイティブアメリカンの暮らしを垣間見ることができる

歴史的に貴重な品々が多数 地P.240-B

プエブログランデ博物館
Pueblo Grande Museum

紀元前から存在し、先進的な技術と文化をもっていたネイティブアメリカン、ホホカム族。彼らの生活に焦点をあてた博物館がダウンタウンの東、ライトレイル44th St/Washington駅のそばにある。ホホカム族の歴史の変遷や、フェニックス周辺で出土した歴史的な品々、コミュニティのミニチュアなどを展示する博物館のほか、屋外にはトレイルが整備されており、レプリカではあるが、アドービ（干しれんが造り）の住居、球技に使用されていた広場などが解説とともに展示されている。

旅のアドバイス 週末のダウンタウン▶ビジネス街のため、週末は閉まってしまう店が多く、ひと気もなくなる。そんなときは郊外の見どころを回るといい。ただし、週末はバスの運行本数が少ないので注意すること。

郊外の見どころ Excursion

右も左もサボテンだらけ 地P.240-B

砂漠植物園
Desert Botanical Garden

最もフェニックスらしい観光スポット。地元のソノラン砂漠から中南米や中央アフリカまで、世界各地の砂漠に生息する動植物をトレイルに沿って見ることができる。なかでもサボテンの種類と量はアメリカ最大級で、こんなにサボテンに囲まれる体験はなかなか味わえない。アリゾナ名物の弁慶（サワロ）サボテンは最大で10m以上に生長することもあり、その大きさに圧倒される。サボテンの花が美しいのは5～6月にかけて。植物園のなかでは、トカゲや野ウサギ、キツツキやハチドリに遭遇することもしばしば。

砂漠植物園
住1201 N. Galvin Pkwy.
☎(480) 941-1225
URL www.dbg.org
開毎日8:00～20:00（5～9月7:00～）
休おもな祝日
料$24.95、3～17歳$12.95。第2火曜は無料
行ライトレイルPriest Dr. / Washington St.駅からバレーメトロ・バス#56北行きでDesert Botanical Garden下車。ダウンタウンから所要約1時間
ツアー／ガーデンツアー（10～5月の毎日10:00、11:00、13:00）のほか、各種あり

約1200頭の動物を飼育している 地P.240-B

フェニックス動物園
Phoenix Zoo

125エーカー（約0.5km²）ある動物園は、アリゾナ、アフリカ、サバンナ、熱帯、チルドレンの5つのエリアに分かれ、3000以上の動物が暮らす。アリゾナのエリアではヘビやトカゲといったハ虫類の種類の多さに驚かされるだろう。子供たちの人気を集めているのはサバンナのエリア。そこではキリンやシマウマ、牛が一緒に暮らしている。

フェニックス動物園
住455 N. Galvin Pkwy.
☎(602) 286-3800
URL www.phoenixzoo.org
開毎日9:00～17:00（時期により変更あり）
休12/25
料$24.95、3～13歳$16.95。そのほかウェブサイトでは割引されたコンビネーションチケットもあり
行ダウンタウンからバレーメトロ・バス#3東行きで約40分。動物園まで行かない便もあるので、乗車時に確認すること

旅のアドバイス　2月中旬から3月はメジャーリーグのキャンプの季節

MLBの春季キャンプは、アリゾナ州とフロリダ州で毎年行われている。サボテン(カクタス)リーグと呼ばれるアリゾナ春季キャンプは、フェニックスを中心に15球団がキャンプをはる。練習なら無料で見学できるし、オープン戦の料金も安い。何よりもうれしいのが、サインをもらえる確率が高いこと。そのチームのグッズを身につけ、お気に入りの選手が出てきたら、大声で叫びファンであることをアピールしよう。

●アリゾナ・ダイヤモンドバックス&コロラド・ロッキーズ
Salt River Fields at Talking Stick　地P.240-B外
住7555 N. Pima Rd., Scottsdale　行バス#81

●オークランド・アスレチックス
Hohokam Stadium　地P.240-B外
住1235 N. Center St., Mesa　行バス#BUZZ

●サンディエゴ・パドレス&シアトル・マリナーズ
Peoria Sports Complex　地P.240-A外
住16101 N. 83rd Ave., Peoria　行バス#83（2時間はかかる）

●サンフランシスコ・ジャイアンツ
Scottsdale Stadium　地P.240-B
住7408 E. Osborn Rd., Scottsdale　行バス#29、41

●シカゴ・カブス　Sloan Park　地P.240-B
住2330 W. Rio Salado Pkwy., Mesa　行バス#30

●シカゴ・ホワイトソックス&ロスアンゼルス・ドジャース
Camelback Ranch　地P.240-A外
住10710 W. Camelback Rd., Phoenix　行バス#50（2時間はかかる）

●ミルウォーキー・ブリュワーズ
Maryvale Stadium　地P.240-A
住3600 N. 51st Ave., Phoenix　行バス#41、51

●ロスアンゼルス・エンゼルス・オブ・アナハイム
Tempe Diablo Stadium　地P.240-B
住2200 W. Alameda Dr., Tempe　行バス#52、61

※上記8球場へは公共交通機関で行けるが、最寄りのバス停から5～20分歩くこともある。また、下記4チームのキャンプ地はフェニックス周辺にあるが、公共の交通機関では行けない。

カンザスシティ・ロイヤルズとテキサス・レンジャースは、Surprise Stadium（住15850 N. Bullard Ave., Surprise）。クリーブランド・インディアンズとシンシナティ・レッズはGoodyear Ballpark（住1933 S. Ballpark Way, Goodyear）。

選手との距離の近さはキャンプならでは

旅のアドバイス　サボテン（カクタス）リーグ▶期間中は200以上の試合が予定され、毎日野球観戦ができる。しかも安い席なら$10前後の料金なのもうれしい。URL www.cactusleague.com では試合スケジュールが検索できるので利用してみよう。

世界各国の楽器が揃う　地P.240-B外

楽器博物館
Musical Instrument Museum

200以上の国と地域から集められた楽器約6800点を収蔵する博物館。アフリカやアジア、北米など10の地域に分けられ、各国を代表する楽器が展示されている。各国ブースの前には、楽器とともにモニターが設置されており、展示されている楽器を実際に演奏している映像が流れ、音声は入場時に受け取るヘッドホンから流れてくる。音楽好きなら1日いても飽きないはずだ。また、ジョン・レノンやジョニー・キャッシュ、マルーン5、テイラー・スウィフトなどが使用していた品々も展示されている。

各国のブースに近づくと、ヘッドホンから音楽が流れる仕組み

楽器博物館
住4725 E. Mayo Blvd.
☎(480)478-6000
URL www.mim.org
開毎日9:00～17:00(12/25は10:00～)
休おもな祝日
料$20、13～19歳$15、4～12歳$10
行ライトレイル44th St./Washington St.駅からバレーメトロ・バス#44北行きで約50分

アリゾナ州立大学の町　地P.240-B

テンピ
Tempe

フェニックスの東約20kmにあるテンピ。アリゾナ州立大学Arizona State University（ASU）を中心とする学生街だ。ASUの広大なキャンパスの周りには、Mill Ave.を中心に、若者向けのショップやレストランが軒を連ねる。

アリゾナ州立大学のキャンパスで足を運びたいのが大学美術館のひとつ、**ネルソン・ファインアート・センターNelson Fine Arts Center**。ホッパーやホーマーなど、充実した現代美術を鑑賞することができる。

テンピ
行ライトレイルMill Ave./3rd St.駅などで下車。Mill Ave.がメイン通り
●**Tempe Tourism Office（観光案内所）**
住222 S. Mill Ave., #120, Tempe
☎(480)894-8158
Free (1-800)283-6734
URL www.tempetourism.com
開月～金8:30～17:00
休土・日、おもな祝日
●**Flash & Orbit**
テンピでは、無料のシャトルバス「フラッシュFlash」と「オービットOrbit」が走っている。運行時間はルートにより異なるが、およそ月～金6:00～22:00
URL www.valleymetro.org
●**Nelson Fine Arts Center（ASU Art Museum）**
住51 E. 10th St., Tempe
☎(480)965-2787
URL asuartmuseum.asu.edu
開火～土11:00～17:00（学期中は木～20:00）　休日・月、おもな祝日
料無料

ゴルフで人気の冬の高級リゾート地　地P.240-B

スコッツデール
Scottsdale

フェニックスの北東、約20kmにあるスコッツデールは、高級保養地として人気が高い。ゴルフコースやプールをもつ大型リゾートホテルが点在し、冬から春にかけては、寒い地域から暖かさを求めてやってくる“Snowbird”と呼ばれる人々がぐんと増える。スコッツデール・ファッション・スクエア➡P.245を中心ににぎわい、周辺の治安もいいため、家族連れやカップルなどが、日が落ちたあともの んびりと観光している。

オールドタウン Old Town（Scottsdale、Indian School Rds.、Brown Ave.、2nd St. に囲まれたエリア）は西部の古い町を再現したような家並みが連なり、みやげ物屋やレストランなどが建ち並ぶ。そのほか5th Ave.はブティック、Main St.はギャラリーが多く、そぞろ歩きを楽しむのにもいい。朝から夜まで楽しみたいなら、フェニックスに滞在するよりスコッツデールでの滞在をすすめる。

全米から富裕層が集まってくる

スコッツデール
行ライトレイルVeterans Way & College Ave.駅からバレーメトロ・バス#72で約40分、Indian School Rd.で下車
●**Tourist Information Center**
住7014 E. Camelback Rd., Scottsdale（スコッツデール・ファッション・スクエア内）
☎(480)421-1004
URL www.experiencescottsdale.com
開月～土9:00～18:00、日10:00～17:00
●**Scottsdale Trolley**
スコッツデールを走る無料のバスで、路線は4つある。旅行者がおもに利用するのは、スコッツデール・ファッション・スクエアとオールドタウンを結ぶダウンタウンルート。まずはこれに乗って、町を1周するといい
URL www.scottsdaleaz.gov/trolley
運行／毎日4:45～23:45（週末～22:45）の15～20分間隔（路線により異なる）
料無料

メモ　**タリアセンウエスト▶**建築家フランク・ロイド・ライトが最後の地に選んだスコッツデール。制作室と学校、邸宅が一般公開。Taliesin West　住12621 N. Frank Lloyd Wright Blvd., Scottsdale　☎(480)860-2700　URL franklloydwright.org　開毎日 8:30～18:00（時期により異なる）　休サンクスギビング、12/25 など　ツアーによる見学

スポーツ観戦 Spectator Sports

ベースボール MLB

アリゾナ・ダイヤモンドバックス(ナショナルリーグ西地区)
Arizona Diamondbacks

2017年はワイルドカードに進出するも、2018年は地区3位とパッとせず。そんななかで光るのが中継ぎの平野佳寿投手の活躍。投打が噛み合えば、2019年は期待できる。

アメリカンフットボール NFL

アリゾナ・カージナルス(NFC西地区)
Arizona Cardinals

2015シーズン、13勝の好成績を上げ、2008年以来のスーパーボウル出場が期待されたが、あと一歩及ばず。これ以降、5割前後をさまよい、若返りがチームの最重要課題だ。チームカラーはカーディナルレッド、ブラック、ホワイト。

バスケットボール NBA

フェニックス・サンズ(西・太平洋地区)
Phoenix Suns

2009-10シーズンのプレイオフ決勝敗退を最後にプレイオフは遠く、不振にあえいでいる。2018-19はここ3シーズンで3人目となるHCココスコフが就任。チームカラーはパープル、イエロー、オレンジ、グレイ、ブラック。

アイスホッケー NHL

アリゾナ・コヨーテズ(西・太平洋地区)
Arizona Coyotes

現在6シーズン連続でプレイオフから遠ざかっており、ケラー以外はこれといった若手も育っていない。観客動員の低迷を打破するため2014-15シーズンからチーム名をアリゾナに改めたがアリーナは依然として空席が目立つ。今後も当分は低迷期が続くだろう。

アリゾナ・ダイヤモンドバックス
(1998年創設) 地P.242-B
本拠地――チェイスフィールド Chase Field(4万8633人収容)
住401 E. Jefferson St.
☎(602)462-6500
URL arizona.diamondbacks.mlb.com
行ライトレイル3rd St./Jefferson St.駅から徒歩3分

この選手に注目!
ポール・ゴールドシュミット(一塁手)

アリゾナ・カージナルス
(1898年創設) 地P.240-A外
本拠地――ステート・ファーム・スタジアム State Farm Stadium(6万3400人収容)
住1 Cardinals Dr., Glendale
☎(602)379-0102 URL www.azcardinals.com
行ライトレイルGlendale/19th Ave.駅からバレーメトロ・バス#70で95th Ave.下車。徒歩10分

この選手に注目!
ラリー・フィッツジェラルド

フェニックス・サンズ
(1968年創設) 地P.242-B
本拠地――トーキング・スティック・リゾート・アリーナ Talking Stick Resort Arena(1万8055人収容)
住201 E. Jefferson St.
☎(602)379-7867(チケット)
URL www.nba.com/suns
行ライトレイル3rd St./Jefferson St.駅の目の前

この選手に注目!
デビン・ブッカー

アリゾナ・コヨーテズ
(1979年創設) 地P.240-A外
本拠地――ヒラ・リバー・アリーナ Gila River Arena(1万9000人収容)
住9400 W. Maryland Ave., Glendale
☎(623)772-3200 URL coyotes.nhl.com
行NFLカージナルズのスタジアムと隣接

この選手に注目!
クレイトン・ケラー

ショップ Shops

S ショッピングセンター
ダウンタウン周辺で買い物するならココ
タウン&カントリー
Town & Country

住2131 E. Camelback Rd. ☎(602)710-2122
URL www.townandcountryshops.com
開毎日10:00~21:00(店舗により異なる) 地P.240-B

Whole Foods MarketやTrader Joe's、Nordstrom Rackなどが集まったショッピングセンター。Macy's、Saks Fifth Avenueなどが入店するBiltmore Fashion Park(地P.240-B)とあわせて訪れたい。ライトレイル7th Ave. & Camelback Rd.駅からバレーメトロ・バス#50で。

S ショッピングモール
高級感漂うショッピングモール
スコッツデール・ファッション・スクエア
Scottsdale Fashion Square

住7014 E. Camelback Rd., Scottsdale ☎(480)941-2140
URL www.fashionsquare.com
開月~土10:00~21:00、日11:00~18:00 地P.240-B

フェニックス近郊では最大級のショッピングモールがスコッツデールにある。日本人好みのブランドも多い。ライトレイルCentral Ave./Camelback Rd.駅から、バレーメトロ#50で。

投稿 **ダウンタウンはつまらないが……**▶フェニックスのダウンタウンはビジネス街なので、おいしいレストランやすてきなブティックは少ない。ただ、北側には魅力的な物件もチラホラあり、おすすめはハイセンスな雑貨店 Phoenix General (URL phxgeneral.com) 住5538 N. 7th St.。 (大阪府 あやぱん '17) ['18]

イタリア料理

R 隠れ家的レストラン チーボ Cibo

住603 N. 5th Ave.　☎(602) 441-2697
URL cibophoenix.com　開月～土11:00～22:00（月～21:00、金・土～23:00）、日17:00～21:00　AMV　地P.242-A

石窯で焼いた本格ピザが食べられる、地元でも評判のお店。ダウンタウンの外れにあり、外観はレトロでかわいらしい。屋外にも席があり、日が暮れてからは外の席がいっぱいになる。ランチのマルゲリータは$9。

日本料理

R ダウンタウンのNo.1和食 ハルミスシ Harumi Sushi

住114 W. Adams St.　☎(602) 258-0131
開月～金11:00～21:00（金～22:00）、土16:00～22:00
休日　AMV　地P.242-B

ダウンタウンの中心に位置する、人気の和食レストラン。ランチでは、巻き寿司に味噌汁が付いたセットを$13前後で食べることができ、ランチどきはビジネスマンで混雑している。並んでいることもしばしば。

ホステル

H ダウンタウンへ歩いて30分ほどのホステル ホステリング・インターナショナル・フェニックス・メトカーフ・ハウス Hostelling International Phoenix The Metcalf House

住1026 N. 9th St., Phoenix, AZ 85006　☎(602) 254-9803
URL www.hihostels.com
ドミトリー $34.10～　MV　Wi-Fi無料　地P.240-A

セントラルステーションからバレーメトロ・バス#7で7th & Roosevelt Sts.で下車、徒歩3分。周辺にはレストランやコンビニなどもあり便利だ。共用スペースも清潔に保たれている。朝食付き。22ベッド。

中級ホテル

H ダウンタウンの歴史あるホテル ホテル・サン・カルロス Hotel San Carlos

住202 N. Central Ave., Phoenix, AZ 85004　AMV
☎(602) 253-4121　Free (1-866) 253-4121　Wi-Fi無料
URL www.hotelsancarlos.com　ⓈⒹⓉ$189～369　地P.242-B

1928年に開業した老舗ホテル。外観は歴史を感じさせるが、客室はしっかりと改装されている。ダウンタウン内なら徒歩で移動でき、MLBとNBAのスポーツ会場に近いのもありがたい。128室。

高級ホテル

H 朝食無料のブティックホテル クラレンドンホテル Clarendon Hotel

住401 W. Clarendon Ave., Phoenix, AZ 85013
☎(602) 252-7363　URL goclarendon.com　ⓈⒹ$139～169、スイート$159～279　AMV　Wi-Fi無料　地P.240-A

プールを囲む客室は大胆な色使いのインテリアで、アリゾナをモチーフにした絵や写真が飾られている。ライトレイルIndian School Rd./Central Ave.駅から徒歩7分。105室。

高級ホテル

H ライトレイル駅の目の前と立地がいい アロフト・フェニックス・エアポート・ホテル Aloft Phoenix Airport Hotel

住4450 E. Washington St., Phoenix, AZ 85034
☎(602) 275-6300　URL www.aloftphoenixairport.com
ⓈⒹⓉ$104～303　AMV　Wi-Fi無料　地P.240-B

ライトレイル44th St./Washington St.駅の目の前に建つおしゃれなブティックホテル。ダウンタウンやテンピまでのアクセスも便利だ。空港とホテル間の無料送迎サービスあり。143室。

高級ホテル

H スコッツデールを代表するリゾートホテル（スコッツデール） ホテル・バレーホ Hotel Valley Ho

住6850 E. Main St., Scottsdale, AZ 85251
☎(480) 376-2600　URL www.hotelvalleyho.com
ⓈⒹⓉ$189～429、スイート$329～1799　ADMV　Wi-Fi無料　地P.240-B

©Hotel Valley Ho

スコッツデールのオールドタウンにほど近い場所にあるホテル・バレーホ。1956年にオープンし、数々のハリウッドセレブも宿泊してきた。センスのいいミッドセンチュリー仕立ての客室は、ドライヤーや電子レンジ、アイロン、室内金庫などアメニティが充実。周囲に高い建物がないので、高層階からの景色も抜群だ。ホテル内にはスパやレストラン、プールなどの施設もある。194室。

アルバカーキからは列車が走っている

魅惑のエスニックシティ

サンタフェ

Santa Fe

アメリカ全土を見渡しても、ここまで個性を放つ町は珍しい。ダウンタウンにある建物のほとんどがプエブロインディアン様式か植民地時代のスペイン風建築に統一され、高い建物もなく、そこかしこにインディアンジュエリーのショップ、アートギャラリーが点在している。それに加え、標高が高いため空気も澄み、空の青さが平地よりも際立ち、赤茶色の建物群をいっそう美しく引き立たせている。どこを切り取っても絵になる町は、一度訪れると何度も通いたくなる魅力をもっているのだ。また、近郊には世界遺産のタオスプエブロや、織物で有名なチマヨなど、人気の観光ポイントも多い。

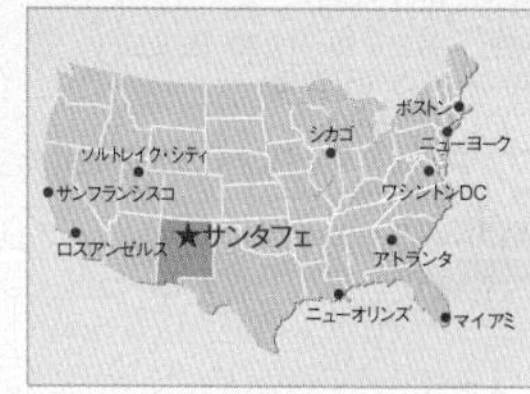

DATA

人口▶約8万3800人　面積▶119km²
標高▶約2130m
TAX▶セールスタックス　8.44%
ホテルタックス　15.43%
属する州▶ニューメキシコ州　New Mexico
州のニックネーム▶魅惑の地
Land of Enchantment
州都▶サンタフェ　Santa Fe
時間帯▶山岳部標準時（MST）
➡P.631
繁忙期▶4〜10月

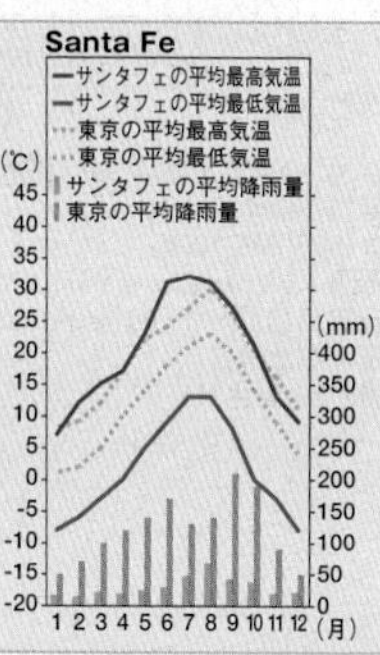

サンタフェへの行き方＆歩き方 *Getting There & Around*

サンタフェから南西約100kmの**アルバカーキ国際空港 Albuquerque International Sunport**がゲートシティ。デンバーやダラス、ロスアンゼルス、シカゴなどからの便がある。空港からサンタフェまでは、空港シャトルのSandia Shuttle Express（所要約1時間10分）、もしくは鉄道のNew Mexico Rail Runner Express（所要約2時間）、レンタカー（所要約1時間10分）で行くのが一般的だ。

プラザPlazaを中心とするダウンタウンはホテルやレストラン、ショップが多いので町歩きが楽しい。しかも約1km四方のエリアなので、1日あればほとんど回れる。

アルバカーキ国際空港（ABQ）
住2200 Sunport Blvd. S.E., Albuquerque
☎(505) 244-7700
URL abqsunport.com
●**Sandia Shuttle Express**
（空港シャトル）
Free (1-888) 775-5696
URL sandiashuttle.com
料サンタフェまで片道$33
●**New Mexico Rail Runner Express**
住410 S. Guadalupe St.（サンタフェ駅）
Free (1-866) 795-7245　地P.248-A2外
URL www.riometro.org
運行／空港からDowntown Albuquerque経由で平日9:10〜18:10に4本（土日は運休のためバスなどを利用）
料サンタフェまで$9

観光案内所 *Visitors Information*

サンタフェ観光案内所
Tourism Santa Fe

コンベンションセンター内にあり、地図やパンフレットなどが揃う。そのほか、ニューメキシコ・レイルランナー・エクスプレスのサンタフェ駅、プラザの南にもある。

サンタフェ観光案内所
地P.248-B1
住201 W. Marcy St.
☎(505) 955-6200
Free (1-800) 777-2489
URL santafe.org
開月〜金8:00〜17:00
休土・日、おもな祝日

メモ　アルバカーキ国際空港からニューメキシコ・レイルランナー・エクスプレスの駅まではタクシー、または、市バスで▶タクシー：Albuquerque Taxi Service　☎(505) 331-3903　URL www.abq-taxi.com、市バス：ABQ Ride　☎(505) 724-3100　URL www.cabq.gov/transit

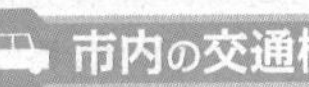

市内の交通機関 *Public Transportation*

サンタフェトレイルズ
Santa Fe Trails

サンタフェ市内や近郊までを網羅する10の路線バスとダウンタウンを循環する無料のバス、**サンタフェピックアップSanta Fe Pick Up**を運営する。

サンタフェトレイルズ
地P.248-B1
住Sheridan St. & Palace Ave.（トランジットセンター）
☎(505)955-2001（コールセンター）
URL www.santafenm.gov
料$1、1日券$2
運行／月〜金5:30〜22:30、土・日8:00〜20:00（日〜18:00）（路線により異なる）
●**Santa Fe Pick Up**
サンタフェ駅やキャニオンロード、聖フランシス聖堂、市庁舎、エルドラドホテルなどを循環する
☎(505)231-2573
運行／毎日6:30〜17:30（土8:30〜、日10:00〜）の10分間隔

ツアー案内 *Sightseeing Tours*

サンタフェ・ジャパン・コネクション
Santa Fe Japan Connection

日本人によるサンタフェのツアー会社。タオスやアビキューなど、サンタフェ郊外にある見どころへの日帰りツアーのほか、旅程を自由にアレンジできるものもある。詳細は事前に問い合わせを。

サンタフェ・ジャパン・コネクション
☎(505)471-9022
URL www.santafejapan.com
E-mail santafejc@msn.com

Sightseeing おもな見どころ

オキーフの作品数は世界いち　地P.248-A1

ジョージア・オキーフ美術館
Georgia O'Keeffe Museum

アメリカ抽象画の開拓者、オキーフの作品を約3000点収蔵する美術館。オキーフを紹介するビデオや、絵画などの展示に加え、実際に使っていた筆や絵の具、モチーフに使われていたスカルなども見ることができる。建物はもちろんアドービ（日干しれんが）。館内にはギフトショップも併設され、オキーフのポスターや絵はがきなども販売している。

代表的なスカルの作品も多数

ジョージア・オキーフ美術館
住217 Johnson St.
☎(505)946-1000
URL www.okeeffemuseum.org
開毎日10:00〜17:00（金〜19:00）
休おもな祝日
料$13、学生$11

支柱のない階段で有名　地P.248-B2

ロレットチャペル
The Loretto Chapel

1878年に完成したゴシック復古調の教会。一歩入ると、光り輝くステンドグラスに目を奪われる。ここで見逃せないのは、礼拝堂後方にある**奇跡の階段Miraculous Staircase**。33段のらせん階段は、支柱がなく、鉄の釘も使われていないという。ひとりの大工によって造られたという逸話も残っており、いまだ謎の多い建築物だ。

さまざまな説がある不思議な階段

ロレットチャペル
住207 Old Santa Fe Trail
☎(505)982-0092
URL www.lorettochapel.com
開月〜土9:00〜17:00、日10:30〜
料$4

メモ　**旧総督邸（現・ニューメキシコ歴史博物館）前の露店▶**毎日8:00〜夕方までネイティブアメリカンの露店が並び、ターコイズやインディアンジュエリーが販売されている。特にターコイズはここで買うのが最も安いといわれており、朝から多くの観光客でにぎわっている。

郊外の見どころ Excursion

1992年に世界文化遺産に登録された 地P.248-B1外

タオスプエブロ
Taos Pueblo

建設が始まったのは西暦1000年頃～1450年の間。現在も電気や水道の整備がないなか、100人ほどのプエブロインディアンたちが生活している。彼らの住居であるアドービの建物は、かつては襲撃に遭わないため、1階の屋根部分、2階や3階が出入口として使用されていたという。真っ青な空と赤褐色のアドービのコントラストは、息をのむほど美しい。

織物で有名な町 地P.248-A1外

チマヨ
Chimayo

サンタフェから北に約45kmの所に位置する、人口およそ3000人の小さな町。織物の町として知られ、世界各国からチマヨ織りのファンやバイヤーが訪れる。そのほかにも病を治す砂がわき出る教会や、子供時代のキリストを祀る教会など、魅力的な見どころが多い。近くに訪れた際はぜひ立ち寄りたい。

奇跡の砂がわく教会

タオスプエブロ
住120 Veterans Hwy., Taos
☎(575) 758-1028
URL taospueblo.com
開毎日8:00～16:30（日8:30～。冬期は16:00まで。2～3月は休み）
料$16、学生$14、10歳以下無料
行サンタフェからUS-84（US-285）を1時間40分ほど北上（途中でNM-68に切り替わる）し、そのままタオスのダウンタウンを通過。Hwy. to Town of Taosを5分ほど進むと見えてくる

1000年以上の歴史がある集落

チマヨ
行サンタフェからUS-84（US-285）を33km北上しLa Puebla Rd.を右折。さらに5kmほど道なりに北上し、突き当たりのSanta Cruz Rd.（NM-76）を右折。5分ほど行った所がチマヨの中心。所要約35分

レストラン&ホテル Restaurant & Hotels

アメリカ料理

お手頃な値段で気軽に食事を

サンフランシスコストリート・バー&グリル
San Francisco Street Bar & Grill

住50 E. San Francisco St. ☎(505) 982-2044
URL www.sanfranbargrill.com
開毎日11:00～21:00（金土～22:00） AMV 地P.248-B1

ダウンタウンの中心San Francisco St.とDon Gaspar Ave.の角2階にある。ハンバーガー（$9～）やサンドイッチ（$9～）などが人気だ。

ホステル

市内唯一のホステル

サンタフェ・インターナショナル・ホステル
Santa Fe International Hostel

住1412 Cerrillos Rd., Santa Fe, NM 87505 ☎(505) 988-1153
URL www.hostelsantafe.org 料ドミトリー$20、個室$25～45
現金のみ Wi-Fi $2 地P.248-A2外

ダウンタウンの南に位置し、レイルランナーの駅やバス停も近い。ダウンタウンからはサンタフェトレイルズの#2でおよそ15分。毎朝共用スペースの掃除をしなくてはいけない。簡単な朝食あり。30ベッド。

エコノミーホテル

便利な場所にある

ギャレッツ・デザート・イン
Garrett's Desert Inn

住311 Old Santa Fe Trail, Santa Fe, NM 87501
☎(505) 982-1851 Free (1-800) 888-2145 FAX (505) 989-1647
URL www.garrettsdesertinn.com
ⓈⒹⓉ$80～172（税込み） ADMV Wi-Fi無料 地P.248-B2

プラザから南へ行き川を渡ってすぐ。客室はモーテルらしくシンプルだが、内装はサンタフェ風になっている。83室。

高級ホテル

サンタフェの象徴

イン・アンド・スパ・アット・ロレット
Inn and Spa at Loretto

住211 Old Santa Fe Trail, Santa Fe, NM 87501
☎(505) 988-5531 Free (1-866) 582-1646
URL www.hotelloretto.com ⓈⒹⓉ$129～349、スイート$329～549 ADMV Wi-Fi無料 地P.248-B2

ネイティブアメリカンの家屋に使われるアドービ風の外観が目を引く、サンタフェのランドマーク的なホテル。136室。

投稿 私が大好きなチマヨのショップ▶ていねいに織られたジャケットやベストが揃うセンチネラ。店内には織り機があり、オーナー夫妻が織っている姿を見ることができる。Centinela Traditional Arts 住946 State Rd., Chimayo ☎(505) 351-2180 URL www.chimayoweavers.com （神奈川県 あっきー '16）['18]

ダラス Dallas

ケネディ大統領最期の地

ダラスはビジネスシティでもある

テキサス州北部に位置し、130万もの人口を抱える大都市。テキサス州の商業や経済の中心として機能している。

1930年代に郊外で石油が発掘され、オイルビジネスの中心地として発展していったダラス。現在近郊を含めたダラス都市圏には、エクソンモービルやサウスウエスト航空、電話会社のAT & T、高級デパートのニーマンマーカスなどが本社を構える。さらに1年を通して多くのコンベンションが開催される全米有数のコンベンションシティでもある。

ダラスの知名度を一躍高めたのが、遊説でこの地を訪れていたジョン・F・ケネディ大統領の暗殺事件だ。現在も多くの弔問客が訪れ、献花が絶えることはない。

ダラスはスポーツも熱い。MLB、NBA、NFL、NHLのアメリカ4大スポーツに加え、プロサッカーリーグMLSのチームもあり、1年中スポーツ観戦を楽しめる。ダラスの隣町アーリントンに本拠地をおくテキサス・レンジャーズには2017年に移籍するまでの約5年間、ダルビッシュ有投手が所属しており、チームのエースとして活躍していたことは記憶に新しい。

牛とカウボーイの像は大迫力だ

DATA

人口▶約134万1100人
面積▶約882km²
標高▶最高209m、最低119m
TAX▶セールスタックス　8.25%
ホテルタックス　15%
属する州▶テキサス州 Texas
州のニックネーム▶ひとつ星の州 Lone Star State
州都▶オースチン　Austin
時間帯▶中部標準時（CST）

P.631

繁忙期▶3〜10月

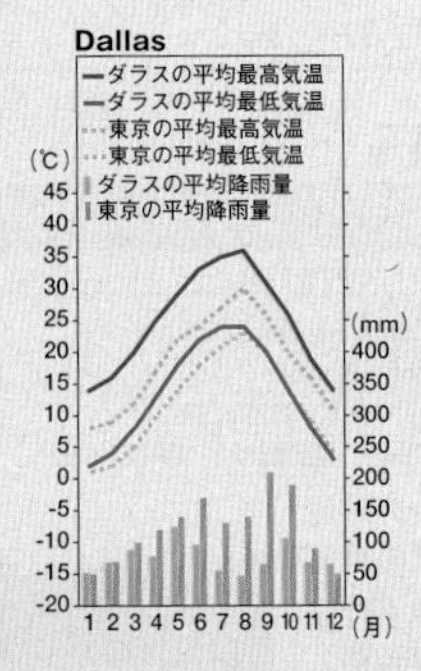

テキサスはテックスメックスの本場▶テックスメックスとはアメリカとメキシコ料理を融合したもの。メキシコ料理に比べて肉やチーズが多く使われているのが特徴で、エンチラーダやファヒータが有名だ。

ダラスへの行き方 Getting There

飛行機 Plane

ダラス／フォートワース国際空港
Dallas/Fort Worth International Airport（DFW）

ダウンタウンから約30km北西にあり、全米多くの都市から乗り入れている大空港だ。旅客ターミナルはA～Eの5つに分かれ、**スカイリンクSkylink**というトラムが各ターミナルを結ぶ。アメリカン航空と日本航空が成田空港から毎日直行便を運航。国際線はすべてターミナルDに到着する。空港からダウンタウンへはダートレイル➡P.253と呼ばれるライトレイルのオレンジラインを利用するのが便利。West End駅などではかの路線に乗り換えることもできる。なお、レンタカーセンターは空港の南に位置し、各ターミナルのロウアーレベルから、シャトルバスが24時間運行している。

ダラス／フォートワース国際空港
地P.252-A1外
住2400 Aviation Dr., DFW Airport
☎(972) 973-4968
URL www.dfwairport.com

空港からダラスのダウンタウンまではダートレイルが便利

■ 空港から／空港へのアクセス

	種類／名称／連絡先	行き先／運行／料金	乗車場所／所要時間／備考
空港シャトル	スーパーシャトル SuperShuttle Free (1-800) 258-3826 URL www.supershuttle.com	**行き先**▶市内や周辺どこでも **運行**▶24時間随時 **料金**▶ダウンタウンまで片道約$25	**空港発**▶各ターミナルUpper Levelを出た所の“Share Ride”のサイン近くに係員がいる **空港行き**▶事前に電話やウェブサイトで予約をしてから乗車。予約は前日までにすること **所要時間**▶ダウンタウンまで約40分
ライトレイル	ダートレイル DART Rail ☎(214) 979-1111 URL www.dart.org	**行き先**▶ダウンタウンの各駅 **運行**▶空港発は月～金4:18～翌1:28、土・日4:06～翌1:30の15～30分間隔。空港行きはWest End駅発毎日3:00～翌0:11（土・日～23:41）の15～30分間隔 **料金**▶$2～3	**空港発**▶ターミナルAのLower Levelを出て、右に進むと駅のサインが見えてくる **空港行き**▶ダウンタウンのWest End駅などから乗車 **所要時間**▶ダウンタウンまで約50分
タクシー	イエローキャブ Yellow Cab Free (1-800) 444-6400 URL www.dallasyellowcab.com	**行き先**▶市内や周辺どこでも **運行**▶24時間随時 **料金**▶ダウンタウンまで$45	**空港発**▶A、B、C、EターミナルのUpper Level、DターミナルのLower Levelを出た所の“Taxi”のサインから乗車 **空港行き**▶事前に電話予約、または主要ホテルから乗車 **所要時間**▶ダウンタウンまで30～45分

※それぞれの乗り物の特徴については➡P.665

長距離バス Bus

グレイハウンド・バスディーポ
Greyhound Bus Depot

ダウンタウンのLamar St.とCommerce St.の角にある。ヒューストン（所要約4時間30分）やオースチン（所要約4時間）、オクラホマシティ（所要約5時間）などからの便がある。

グレイハウンド・バスディーポ
地P.252-A2
住205 S. Lamar St.
☎(214) 849-6831
開24時間

鉄道 Train

アムトラックユニオン駅
Amtrak Union Station

ダウンタウンの西側のHouston St.沿いにあり、シカゴとサンアントニオを結ぶテキサスイーグル号が毎日1往復する。ユニオン駅にはダートレイル➡P.253やトリニティ・レイルウエイ・エクスプレス➡P.253が乗り入れ、乗り換えも便利だ。

アムトラックユニオン駅
地P.252-A2
住400 S. Houston St.
Free (1-800) 872-7245
開毎日9:00～16:30

ユニオン駅前はバスの停留所にもなっている

メモ **Dallas Love Field Airport（DAL）**▶ダラスのもうひとつの空港。ダウンタウンの北西にあり、車で約15分。住8008 Herb Kelleher Way ☎(214)670-5683 URL www.dallas-lovefield.com サウスウエスト航空（URL www.southwest.com）の本拠地で同社の路線が多い。

Getting Around ダラスの歩き方

無料のトロリーも活用しよう

ダラスはライトレイル、路線バスなど公共の交通機関が充実しているので、おもな見どころへのアクセスは容易だ。ダウンタウンの見どころを回ったあとは、郊外に出るといい。ショッピングや食事は中心部から離れたほうが個性的なショップ、レストランを見つけやすいだろう。近年盛り上がりを見せているビショップアート地区➲P.255や、無料のMライン・トロリーで行くことができるマッキニーアベニュー➲P.255は夜も多くの人でにぎわい、週末は買い物客が増える。アートが見たいなら、20以上ものブロックで構成されるアートディストリクトへはぜひ訪れたい。大作が収蔵されるダラス美術館➲P.254や彫刻センターが密集しているエリアだ。

MLBやNFLチームの本拠地があるアーリントン➲P.256へは、タクシー、もしくはレンタカーで。

観光案内所 Visitors Information

ダラス観光案内所
Dallas Tourist Information Center

ダウンタウンのMain St.とHouston St.の角にある**オールド・レッド・コートハウスOld Red Courthouse**と呼ばれる昔の裁判所だった建物の1階。ダラスだけでなく、テキサス州全体のパンフレットや地図が揃う。

ダラス観光案内所
地 P.252-A2
住 100 S. Houston St.
☎ (214) 571-1316
URL www.visitdallas.com
開 毎日9:00～17:00
休 サンクスギビング、12/25

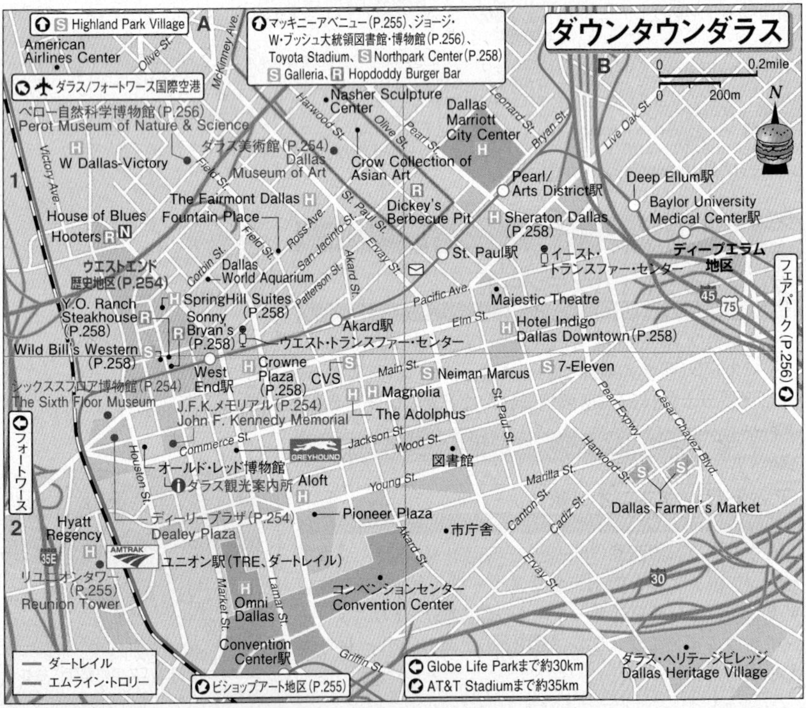

ダウンタウンダラス

Highland Park Village
マッキニーアベニュー（P.255）、ジョージ・W・ブッシュ大統領図書館・博物館（P.256）、Toyota Stadium、Northpark Center（P.258）、Galleria、Hopdoddy Burger Bar
American Airlines Center
ダラス/フォートワース国際空港
ペロー自然科学博物館（P.256） Perot Museum of Nature & Science
W Dallas-Victory
ダラス美術館（P.254） Dallas Museum of Art
Nasher Sculpture Center
Crow Collection of Asian Art
Dallas Marriott City Center
The Fairmont Dallas
Fountain Place
Dickey's Barbecue Pit
Pearl/Arts District駅
Deep Ellum駅
Baylor University Medical Center駅
House of Blues
Hooters
Sheraton Dallas（P.258）
St. Paul駅
イースト・トランスファー・センター
ディープエラム地区
ウエストエンド歴史地区（P.254）
Dallas World Aquarium
SpringHill Suites（P.258）
Y.O. Ranch Steakhouse（P.258）
Sonny Bryan's（P.258）
Majestic Theatre
Akard駅
ウエスト・トランスファー・センター
Hotel Indigo Dallas Downtown（P.258）
Wild Bill's Western（P.258）
West End駅
Crowne Plaza（P.258）
CVS
Neiman Marcus
7-Eleven
フェアパーク（P.256）
シックススフロア博物館（P.254） The Sixth Floor Museum
J.F.K.メモリアル（P.254） John F. Kennedy Memorial
Magnolia
The Adolphus
フォートワース
オールド・レッド博物館
ダラス観光案内所
Aloft
図書館
Dallas Farmer's Market
Hyatt Regency
ディーリープラザ（P.254） Dealey Plaza
Pioneer Plaza
市庁舎
ユニオン駅（TRE、ダートレイル）
リユニオンタワー（P.255） Reunion Tower
Omni Dallas
コンベンションセンター Convention Center
Convention Center駅
ダートレイル
エムライン・トロリー
ビショップアート地区（P.255）
Globe Life Parkまで約30km
AT&T Stadiumまで約35km
ダラス・ヘリテージビレッジ Dallas Heritage Village

旅のアドバイス ダラスのシティパス➲P.693▶4ヵ所で使え、9日間有効。対象施設の窓口やウェブサイトで購入可能。URL www.citypass.com 料$49、3～12歳$33。対象施設は①ペロー自然科学博物館➲P.256、②リユニオンタワー➲P.255、③ダラス動物園もしくはシックススフロア博物館➲P.254、④ジョージ・W・↗

 市内の交通機関 *Public Transportation*

ダート
DART (Dallas Area Rapid Transit)

ダウンタウンと郊外を結ぶ鉄道**ダートレイルDART Rail**と路線バスの**ダートバスDART Bus、ダラス・ストリートカーDallas Streetcar（無料）**を運行する。料金はLocal（ダートレイルとダートバス、TRE➡下記のUnion～CentrePort/DFW駅間）とRegional（LocalとすべてのTRE）に設定されていて、鉄道～バス間の乗り換えが可能だ。

ダートレイル　DART Rail

レッド、ブルー、グリーン、オレンジの4路線ある。ダウンタウンでは4路線が同じルートを走るので、行き先の表示を確認してから乗り込もう。

ダートバス　DART Bus

ダウンタウンを走る路線のほとんどが、ウエスト・トランスファー・センターを通る。路線図と時刻表は、観光案内所やユニオン駅、**ダートストアDART Store**で入手しよう。

ダラス・ストリートカー　Dallas Streetcar

アムトラックユニオン駅の南とダラス近郊の歴史地区、ビショップアート地区➡P.255を結ぶ。20分おきの運行。

Mライン・トロリー
M-Line Trolley

ダウンタウンとマッキニーアベニュー➡P.255を循環する無料のトロリー。ダートレイルSt. Paul駅からHarwood St.を北へ1ブロック歩くと、Federal St.に停留所がある。1周約50分。

トリニティ・レイルウエイ・エクスプレス（TRE）
Trinity Railway Express (TRE)

ダラス（アムトラックユニオン駅）～フォートワース（T&P駅）間を約1時間で結ぶ鉄道。中間地点でもあるダラス／フォートワース国際空港にほど近いCentrePort/DFW駅を境に、ウエスト（フォートワース側）とイースト（ダラス側）のふたつのゾーンに分かれていて、イーストはダート➡上記と同じ料金体系。ウエストゾーンのみ利用する場合はTRE独自のチケット➡右記側注を購入する。

ダート
☎(214)979-1111
URL www.dart.org
料 1回券：$2.50（ダートバスのみ）午前／午後パス：Local$3、日中パス（毎日9:30～14:30）：Local$2、1日券：Local$6、Regional$12
※1回券はバスの運転手から（おつりはないので要注意）、各種パスはダートレイル各駅にある券売機で購入する
●DART Rail
運行／毎日3:30～翌1:00（路線により異なる）
●DART Bus
運行／毎日5:00～24:00（路線により異なる）
●Dallas Streetcar
運行／ユニオン駅発毎日5:30～23:30
ビショップアート地区発5:48～23:48

ダートストア
住 1401 Pacific Ave.（ダートレイルAkard駅　地P.252-A1）
☎(214)749-3282
開 月～金7:30～17:30

Mライン・トロリー
☎(214)855-0006
URL www.mata.org
運行／月～金7:00～22:00（金～翌0:30）、土・日10:00～22:00（土～翌0:30）の15～20分間隔
料 無料だがドライバーにチップを

トリニティ・レイルウエイ・エクスプレス（TRE）
☎(817)215-8600
URL www.trinityrailwayexpress.org
運行／月～土の1日11～22便
料 1回券$2.50、1日券：$5、7日券：$25

ローンスターが描かれた車体

売上税の払い戻し制度
旅のアドバイス

テキサス州は、売上税 Sales Tax（日本の消費税のようなもの）の払い戻し制度を実施している。対象はパスポートと、商品を購入後 30 日以内に帰国することが証明できる航空券などをもっている外国人旅行者。同一店舗で $12 以上の売上税を支払った（合計 $150 以上の品物を購入した）場合のみ適用される。この制度に加盟している店は、州内に 6000 以上あり、払い戻しセンターは 17 ヵ所ある。購入した品物とレシートを払い戻しセンターへ持っていけば、支払った税金分（手数料を差し引く）を返してくれるという仕組み。払い戻しセンターによって、その場で返金してくれるか、後日マネーオーダーを送ってくれるか異なる。

場所／
・ダラス／フォートワース国際空港ターミナル D のゲート 30 そばの払い戻しセンター（開 月～金 6:00 ～ 21:00、土・日 6:00 ～ 20:00）
・NorthPark Center ➡P.258にある Tory Sport や Salvatore Ferragamo のそば（開 月～土 10:00 ～ 21:00、日 12:00 ～ 18:00）
URL www.taxfreetexas.com
必要書類／パスポート、米国を出発する飛行機の航空券（もしくは、行程表）、レシートの原本と購入物、入国スタンプ（もしくは ESTA のコピー、I-94）

↘ブッシュ大統領図書館・博物館➡P.256もしくはダラス樹木園＆植物園。

狙撃現場から暗殺地点を見ることができる

シックススフロア博物館
住411 Elm St.
☎(214)747-6660
URL www.jfk.org
開毎日10:00～18:00(月12:00～)
休サンクスギビング、12/25
料オーディオガイド付き$16、シニア(65歳以上)$14、6～18歳$13、5歳以下無料(オーディオガイド付きは$4)
行Elm St.とHouston St.の角にあるれんが造りの建物

●日本語のオーディオツアー
音声の案内に従ってシックススフロア博物館を回ろう。英語以外も用意されており、日本語のものは当時の日米事情なども詳しく解説している。ゆっくり見て回ると2時間ほど

ディーリープラザ
住Elm、Commerce、Houston Sts.に囲まれたエリア
J.F.K.メモリアル
住646 Main St.

狙撃された地点にはバツ印がある

ウエストエンド歴史地区
URL www.dallaswestend.org
行ダートレイルWest End駅下車すぐ。シックススフロア博物館からは徒歩5分ほど

ダラス美術館
住1717 N. Harwood St.
☎(214)922-1200
URL www.dma.org
開火～日11:00～17:00(木～21:00)
休月、おもな祝日
料無料(企画展は有料)
● Nasher Sculpture Center
地P.252-A1
住2001 Flora St.
☎(214)242-5100
URL www.nashersculpturecenter.org
開火～日11:00～17:00
休月、おもな祝日
料$10、シニア(65歳以上)$7、学生$5

ケネディ大統領はここから狙撃された……かも 地P.252-A2

シックススフロア博物館
The Sixth Floor Museum

Elm St.とHouston St.の角にある、ケネディ大統領暗殺について知ることができる博物館。1963年11月22日、ケネディ大統領の命を奪った銃弾は、この建物の6階から発射されたと考えられている。当時、教科書倉庫として使用されていた建物に狙撃手が忍び込んだのだ。

館内には1960年の大統領選挙からベトナム戦争、公民権運動、アポロ計画、キューバ危機などについてのパネルや写真が展示されている。事件当時を再現した模型、捜査資料などもあり興味深い。そこを過ぎるといちばんの目玉である狙撃現場があり、事件当日の雰囲気を感じることができる。

ケネディ大統領のためのメモリアル 地P.252-A2

ディーリープラザとJ.F.K.メモリアル
Dealey Plaza & John F. Kennedy Memorial

シックススフロア博物館の南側、Elm、Main、Commerce Sts.の3車線が合流するデルタ地帯は、**ディーリープラザ**と呼ばれている。1963年11月22日、ケネディ大統領を乗せたオープンカーは本来ならばMain St.を通る予定だったが、コースを変えElm St.を通ったために射殺されてしまったという、いわくつきの地点だ。暗殺から30年後に国の史跡として指定され、碑が埋め込まれている。また、ディーリープラザから1ブロック東へ行った所には、**J.F.K.メモリアル**がある。1970年に完成したメモリアルは、屋根がなく白いコンクリートで空間を囲んだ記念碑だ。

夜もにぎやかなダウンタウンのスポット 地P.252-A1

ウエストエンド歴史地区
West End Historic District

レストランやライブハウス、バーなどが20軒以上集まるダウンタウンの繁華街。1870年代後半に、倉庫として使用されていた赤れんがの建物が今も残る。特ににぎわっているのはダートレイルWest End駅の北側でRecord St.とLamar St.に囲まれたエリア。

大作の多い美術館 地P.252-A1

ダラス美術館
Dallas Museum of Art (DMA)

ウォーホルやリキテンスタインなどのアメリカ現代絵画から、ルノアールやセザンヌ、モネなどヨーロッパ印象派絵画まで大作がめじろ押しの美術館だ。

また、Harwood St.を挟んだ向かいには、世界的に有名な建築家レンゾ・ピアノによって設計された**ナッシャー彫刻センターNasher Sculpture Center**もある。小さいながらもマティスやピカソ、ジャコメッティなどの彫像作品が並び、見逃せない美術館のひとつだ。

旅のアドバイス JFKツアー▶ダラスにあるツアー会社では、JFKに関するさまざまなツアーを催行しており、暗殺犯といわれているオズワルドの足跡などもたどることができる。詳細は観光案内所などのパンフレットや各会社のウェブサイトを参照。

ダラスを代表する高さ約177mのタワー　地P.252-A2

リユニオンタワー
Reunion Tower

ユニオン駅の西にある、ダラスのシンボル的存在のタワー。GeO-Deck（ジオデッキ）と名づけられた展望台からは、ダラスの町を360度見渡すことができる。レストランやギフトショップもある。

リユニオンタワー
住300 Reunion Blvd.
☎(214)717-7040
URL www.reuniontower.com
開5月下旬～9月上旬：毎日10:00～22:00、9月中旬～5月中旬：毎日10:30～20:30（金・土～21:30）
料$17、シニア（65歳以上）$14、4～12歳$8
行ユニオン駅から地下道を通る

おしゃれなレストラン、カフェが連なる　地P.252-A1外

マッキニーアベニュー
McKinney Avenue

Mライン・トロリーが走るマッキニーアベニューは、ダラス随一のおしゃれな通り。**アップタウンUptown**とも呼ばれ、レストランやカフェ、高級ホテルなどが約3kmにわたり軒を連ねる。Maple Ave.からAllen St.あたりまでショップが多く、さらにその先を800mほど北へ進むとダラスの流行発信地**ウエストビレッジWest Village**に着く。美術館や映画館、バーなどが集まるエリアだ。

マッキニーアベニュー
URL www.uptowndallas.net
行Mライン・トロリーでダウンタウンから約10分

レトロでかわいいMライン・トロリーで行ける

ヒップなエリアで夜遊びを　地P.252-A2外

ビショップアート地区
Bishop Arts District

60以上のショップ、レストラン、バー、カフェ、ギャラリーなどが集まる、若者に大人気のエリア。ショップも夜遅くまで営業し、週末にはさまざまなイベントが開催されている。

ビショップアート地区
住419 N. Bishop Ave.
URL www.bishopartsdistrict.com
行ダラス・ストリートカーでBishop Arts駅下車。約11分。W.7th St.を西へ徒歩約5分

ジョン・F・ケネディ大統領暗殺
メモ

1963年11月21日、第35代アメリカ合衆国大統領ジョン・F・ケネディは、翌年の次期大統領選挙に向けてテキサスへの遊説に出発した。サンアントニオ、ヒューストン、フォートワースを経てダラスに到着したのが22日の昼前。もともとこの町は保守的な土地柄で、共和党の地盤であった。非WASP（ケネディはアイルランド系のカトリック教徒）でリベラル派の民主党員であるケネディに対しては、強い反発が予想された。大統領側近の何人かはこの遊説には反対だったという。しかも当日の地元紙の朝刊には、ケネディの政策に反対する一面広告が出た。それでも彼はダラス市内をパレードする。それも屋根を取り払ったリムジンに乗って。隣にはジャクリーン夫人、前席にはジョン・コナリー・テキサス州知事夫妻。熱狂的な市民の歓迎を受け、車列はダウンタウンの西端まで来た。Main St.からHouston St.に右折。州知事夫妻は振り向いて大統領に「ダラスがあなたを愛していないなんて言わせませんよ」と言ったという。車列はさらにスピードを落としてElm St.へ入るヘアピンカーブを左折。目撃者たちが銃声を聞いたのはこのときだ。大統領が夫人のほうに倒れ込む。現場は大混乱に陥った。逃げまどう人々と走り回る警官。大統領のリムジンはスピードを上げてパークランド病院へと走り去った。

13:00、ケネディの死亡が発表された。13:50、別の警官殺しの容疑でリー・ハーベイ・オズワルドが逮捕される。ダラス警察は、教科書倉庫6階に残されていたライフルからオズワルドの指紋が検出されたとして、彼を大統領暗殺の犯人と発表した。しかし、事件はこれで終わらない。2日後の24日11:21、オズワルドは郡刑務所に移送される途中、ダラス警察本部の地下通路でジャック・ルビーという男に至近距離から撃たれて死亡する。

ケネディの死後、ジョンソン副大統領が大統領に就任し、暗殺調査の委員会を設置。委員長の名を取ってウォレン委員会と呼ばれた。翌1964年、ウォレン委員会は暗殺事件をオズワルドの単独犯行と断定する結論を発表したが、これが疑問だらけのレポートだった。その後上院委員会などの調査が行われたが、公式にはウォレン委員会の結論はくつがえっていない。とはいえ委員会とは違った結論を出している書物は枚挙にいとまがない。CIAやFBIがからんでいるという説、マフィアによるという説、KGBによるという説。いずれにしても、多くの目撃者や関係者が次々と死んでしまったこともあって、真相はいまだ闇のなかだ。

実はウォレン委員会のレポートの一部はいまだに発表されておらず、2039年、その全文が公開されるといわれている。果たしてそこに記されているのは……。

ペロー自然科学博物館
住2201 N. Field St.
☎(214) 428-5555
URL www.perotmuseum.org
開毎日10:00～17:00(日11:00～)
料$20、シニア(65歳以上)$14、2～12歳$13
行ダートレイルWest End駅からN.Lamar St.を北上、徒歩約12分。またはダートレイルAkard駅からN.Field St.を北上、徒歩約13分

フェアパーク
住1121 1st Ave.
URL www.fairpark.org
開毎日6:00～23:00
料無料
行ダートレイルのグリーンラインFair Park駅下車、目の前
●African American Museum
住3536 Grand Ave.
☎(214) 565-9026
URL www.aamdallas.org
開火～土11:00～17:00(土10:00～)
休日・月、おもな祝日
料無料

ジョージ・W・ブッシュ大統領図書館・博物館
住2943 SMU Blvd.
☎(214) 346-1650
URL www.georgewbushlibrary.smu.edu
開毎日9:00～17:00(日12:00～)
休おもな祝日
料$16、シニア(62歳以上)$13、13～17歳$14、5～12歳$10
行ダートレイルのレッド、ブルー、オレンジラインのMockingbird駅からダートバス#768のSMU Express(日曜運休)、または#743のMuseum Expressを利用する。または、駅から西へ進みハイウエイを渡るとSMUの敷地が見えてくる。徒歩15分

アメリカ全土から見物客が訪れる

環境に配慮して建築された建物も見もの　地P.252-A1

ペロー自然科学博物館
Perot Museum of Nature & Science

　テキサス生まれの富豪で政治家のロス・ペロー氏と、その一族の寄付金により2012年に創設。ダラス自然史博物館がベースで、恐竜などの全身骨格標本、宝石や天然鉱物のコレクションが充実している。館内は5つのフロアで構成され、11の展示コーナーを設けている。子供にも理解できるよう体験型の展示が中心になっているが、大人でも感心させられる奥深さがあり、年齢問わず楽しめる。ナショナルジオグラフィックが手がける映画(別料金)、ミュージアムショップやカフェも併設。屋外には水遊びができる庭もあるので1日中過ごせる。

ダウンタウンの東にある広大な公園　地P.252-B1～B2外

フェアパーク
Fair Park

　アメリカ最大といわれる“テキサス州のステートフェアState Fair of Texas”(州の博覧会。2019年は9/27～10/20)が開催される277エーカー(約1km²)の広大な公園。敷地内には博物館や水族館、野外シアターなどがある。
　1974年にオープンした**アフリカ系アメリカ人博物館African American Museum**は、伝統的なマスクや彫刻、生地などのコレクションを見ることができる。

ブッシュ・ジュニアの記念図書館　地P.252-A1外

ジョージ・W・ブッシュ大統領図書館・博物館
George W. Bush Presidential Library and Museum

　テキサス州で育ち、テキサス州知事、第43代アメリカ大統領を歴任したジョージ・W・ブッシュ。そんな彼をたたえ設立された博物館がダウンタウンの北東、Southern Methodist University(SMU)の敷地内にある。任期中の功績や生い立ち、彼の大好きな野球グッズなど、幅広い展示内容は興味深いものばかり。なかでも大統領の任期中に発生した9.11テロの残骸は圧巻だ。大統領執務室のオーバルルームは、人気の撮影スポットとなっている。

旅のアドバイス

テキサス・レンジャーズの本拠地、アーリントンへ

　ダルビッシュ有投手が2017年7月まで所属していたテキサス・レンジャーズ。ホーム球場のグローブ・ライフ・パーク・イン・アーリントンGlobe Life Park In Arlingtonはダラスとフォートワースの中間にある。1994年に完成したのだが、球場全体を包む雰囲気は“古きよき時代のボールパーク”。意図的にノスタルジックな空間を演出している。ガイドツアーも行われているので、ぜひ参加したい。公共の交通機関はないので、ダラスからは、タクシー($40～50)、もしくは、レンタカーで(所要約30分)。
住1000 Ballpark Way, Arlington　☎(817) 273-5099
URL www.mlb.com/rangers/ballpark/tours
開毎日10:00～16:00(ゲーム開催日の月～土～14:00)　休ゲーム開催日の日
料$15、シニア(65歳以上)$12、4～14歳$10
行ダラスからI-30を西へ約25km行き、Exit 29で下りる。Ballpark Wayを南に1km
　同じアーリントンには、千葉ロッテ・マリーンズ元監督のボビー・バレンタインが以前経営に携わっていたレストランがある。典型的なスポーツバーで、ハンバーガーやサンドイッチは$7.99～。
Bobby V's Sports Gallery Cafe
住4301 S. Bowen Rd., Arlington
☎(817) 467-9922　開毎日11:00～翌2:00
URL www.bobbyvsports.com　AMV

メモ　**アーリントンのほかの見どころ**▶巨大で豪快なコースターがあるテーマパーク、シックスフラッグスがレンジャーズの球場近くにある。Six Flags Over Texas　住2201 Road to Six Flags, Arlington　☎(817) 640-8900　URL www.sixflags.com　料$81.99、身長122cm以下の子供$66.99　行ダラスからタクシーで約30分($40～50)。

スポーツ観戦 Spectator Sports

 ベースボール MLB

テキサス・レンジャーズ（アメリカンリーグ西地区）
Texas Rangers

2016年は地区1位。プレイオフに進出するも、3連敗を喫し早々と敗退。以降は低迷中で、2018年は地区最下位とふがいない結果に。このままでいくと万年Bクラスになりかねない。立て直しが急務だ。

 アメリカンフットボール NFL

ダラス・カウボーイズ（NFC 東地区） Dallas Cowboys

「アメリカズチーム」と呼ばれる由縁はロゴだけでなく、8度のスーパーボウル出場、5度の優勝という実績もともなっているから。そんな人気チームも2000年代に入るとプレイオフで勝ち上がれない苦境が続く。新たなる「トリプレッツ」の確立が上昇への第一歩だ。チームカラーはネイビーブルー、ロイヤルブルー、メタリックシルバー、ホワイト。

 バスケットボール NBA

ダラス・マーベリックス（西・南西地区）
Dallas Mavericks

2010-11シーズンのファイナル初制覇後もコンスタントに勝ち星を重ねていたが、4連続でプレイオフ初戦敗退が重なり、2016-17以降は負け越しへと転落してしまった。そんな状況を打破するべく、クリッパーズからジョーダンを獲得、11年目のHCカーライルも正念場を迎える。チームカラーはロイヤルブルー、シルバー、ネイビーブルー、ブラック。

 アイスホッケー NHL

ダラス・スターズ（西・中地区） Dallas Stars

もとはミネアポリスで創設されたが1993-94年シーズンに新天地を求めてダラスに移転してきた。直近の10シーズンでプレイオフに進出できたのはたったの2度だけで現在低迷の真っ最中。しかしリーグ屈指のフォワードであるセギンとベンを擁する攻撃陣は魅力。

 サッカー MLS

FC ダラス（西地区）
FC Dallas

1995年創設時のチーム名はダラス・バーン。2015、2016年のレギュラーシーズンは西地区1位、さらに2016年にはUSオープンカップで優勝した。中南米と北米の選手が上手くかみ合って、技術の高いサッカーをする。2005年からトヨタスタジアムが本拠地。

テキサス・レンジャーズ（1961年創設）
地 P.252-B2外
本拠地――グローブ・ライフ・パーク・イン・アーリントン Globe Life Park in Arlington（4万8114人収容）
住 1000 Ballpark Way, Arlington
☎ (817) 273-5222
URL texas.rangers.mlb.com
行 ダラスからタクシーで$40～50

この選手に注目!
チュ・シンス（外野手）

ダラス・カウボーイズ（1960年創設）
地 P.252-B2外
本拠地――AT&T スタジアム AT&T Stadium（8万人収容）
住 1 AT&T Way, Arlington
☎ (817) 892-5000（チケット）
URL www.dallascowboys.com
行 ダラスからタクシーで$40～50

この選手に注目!
ダク・プレスコット

ダラス・マーベリックス（1980年創設）
地 P.252-A1
本拠地――アメリカン・エアライン・センター American Airlines Center（1万9200人収容）
住 2500 Victory Ave.
☎ (214) 747-6287（チケット）
URL www.mavs.com
行 ウエストエンドから北東に徒歩10～15分。ダウンタウンからタクシーで約$10

この選手に注目!
ディアンドレ・ジョーダン

ダラス・スターズ（1967年創設）
地 P.252-A1
本拠地――アメリカン・エアライン・センター American Airlines Center（1万8532人収容）
住 2500 Victory Ave.
☎ (214) 467-8277
URL www.nhl.com/stars
行 マーベリックス参照

この選手に注目!
タイラー・セギン

FCダラス（1995年創設）
地 P.252-A1外
本拠地――トヨタスタジアム Toyota Stadium（2万500人収容）
住 9200 World Cup Way, Frisco
☎ (214) 705-6700
URL www.fcdallas.com
行 車の場合I-35を30分ほど北上、約45km

この選手に注目!
マイケル・バリオス

ショップ＆レストラン＆ホテル
Shops & Restaurants & Hotels

ショッピングモール

S ほとんどのブランドが揃う超大型モール

ノースパークセンター
NorthPark Center

住8687 N. Central Expy. ☎(214) 363-7441
URL www.northparkcenter.com
開月～土10:00～21:00、日12:00～18:00 地P.252-A1外

ショップやレストランが260店以上入っている。ダウンタウンからダートレイルのレッドラインかオレンジライン北行きに乗り、Park Lane駅で下車。駅の下から20分ごとに出るシャトルバス#702で約5分。

ファッション

S カウボーイファッションを入手するなら

ワイルド・ビルズ・ウエスタン・ストア
Wild Bill's Western Store

住311 N. Market St. ☎(214) 954-1050
URL www.wildbillswestern.com AJMV 地P.252-A2
開月～土10:00～21:00（月・火～19:00）、日12:00～18:00

ウエストエンド歴史地区にある、カウボーイシャツやデニム、ウエスタンブーツなどを取り揃えるショップ。子供用の品揃えも豊富。テキサスならではの食品や菓子、みやげ物なども扱っている。

アメリカ料理

R テキサスのローカルフード、バーベキュー

ソニー・ブライアンズ
Sonny Bryan's

住302 N. Market St. ☎(214) 744-1610
URL www.sonnybryans.com
開毎日11:00～21:00 AMV 地P.252-A2

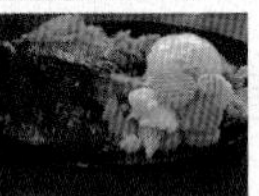

ダートレイルの線路沿いにあり、"ダラスでバーベキューを食べるならここ"といわれる有名店。コンボプレート（$12.99～）はビーフやポークなど好きな肉を3種類選んで味わうことができる。ダラス都市圏内にほかにも4店舗ある。

アメリカ料理

R 着飾って出かけたい

Y.O. ランチ・ステーキハウス
Y.O. Ranch Steakhouse

住702 Ross Ave. ☎(214) 744-3287
URL www.yoranchsteakhouse.com AMV
開毎日11:00～22:00（金・土～23:00、日～21:00） 地P.252-A2

地元紙でおいしいと称賛を浴びているステーキハウス。ワインの品揃えが豊富で、ビジネス客が多い。牧場から直接仕入れる肉は、分厚くジューシーだ。予算はディナーが$30～、ランチは$12～。ランチにはハンバーガーなどもある。

中級ホテル

H ダートレイルWest End駅から徒歩3分

スプリングヒル・スイーツ・ダラス・ダウンタウン／ウエストエンド
SpringHill Suites Dallas Downtown/West End

住1907 N. Lamar St., Dallas, TX 75202
☎(214) 999-0500 URL www.marriott.com Wi-Fi無料
スイート$130～187 ADJMV 地P.252-A1

ウエストエンド歴史地区の一角にある。観光だけでなく、ビジネスにも最適な場所だ。全室スイートタイプで、冷蔵庫や電子レンジが備わっている。朝食無料。フィットネスセンターや屋外プールなどの施設も充実している。148室。

中級ホテル

H 歴史を感じさせる落ち着いたホテル

ホテル・インディゴ・ダラス・ダウンタウン
Hotel Indigo Dallas Downtown

住1933 Main St., Dallas, TX 75201
☎(214) 741-7700 URL www.ihg.com Wi-Fi無料
ⓈⒹⓉ$93～、スイート$153～ ADJMV 地P.252-B1

1925年に完成した由緒ある建物。にぎやかなMain St.とHarwood St.の角にあり、上品な外観と落ち着いた内部が歴史を物語る。フィットネスセンター、ビジネスセンター、レストランなどを併設。170室。

中級ホテル

H 立地が最高

クラウン・プラザ・ダラス・ダウンタウン
Crowne Plaza Dallas Downtown

住1015 Elm St., Dallas, TX 75202
☎(214) 742-5678 URL www.ihg.com Wi-Fi無料
ⓈⒹⓉ$112～ ADJMV 地P.252-A2

ダートレイルWest End駅まで歩いて3分のホテル。ビジネスセンターやフィットネスセンターもあるのでビジネス客に好評。レストラン、ラウンジのほか、広々とした温水の屋外プールなども揃っている。291室。

高級ホテル

H 38階建ての巨大ホテル

シェラトン・ダラス・ホテル
Sheraton Dallas Hotel

住400 N. Olive St., Dallas, TX 75201
☎(214) 922-8000 Free(1-888) 627-8191
URL www.sheratondallashotel.com Wi-Fi$12.95
ⓈⒹⓉ$206～343、スイート$242～378 ADJMV 地P.252-B1

ダートレイルPearl駅の目の前にある。ミーティングルームやビジネスセンター、フィットネスセンターなどビジネス客にとって必要なものはすべて揃っている。1840室。

メモ 巨大ショッピングモール▶ダラスの北約20kmの所にあるギャレリアは100を超えるショップがあり、ホテルも併設されている。Galleria Dallas 住13350 Dallas Pkwy. ☎(972) 702-7100 URL www.galleriadallas.com 開月～土10:00～21:00、日12:00～18:00 地P.252-A1外

ロッキー山脈と西部
テキサス州

フォートワース Fort Worth

カウボーイスタイルが似合う町

ストックヤードは西部劇のようなエリア

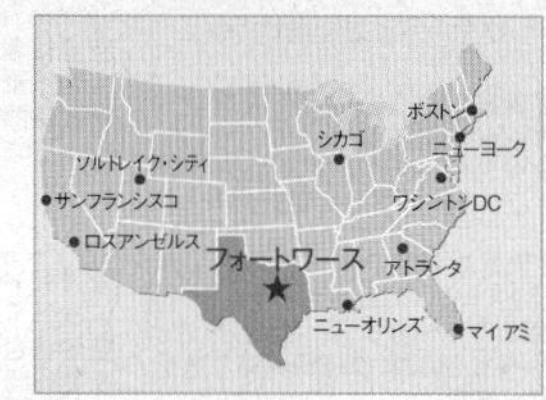

ダラスの西50kmにあるフォートワースは、テキサス州で5番目に人口が多い。ダウンタウンは高層ビルが建ち並び、ビジネス都市の印象を受けるが、全米でも有数の観光地として知られている。第35代大統領ジョン・F・ケネディが暗殺される前に、最後のスピーチを行った地としても有名だ。

カウボーイ発祥の地であり牛追いや放牧農場の中心地として栄えたので、カウタウン（牛の町）の別名をもつ。現在でも西部開拓時代の伝統が残るなか、芸術や文化も楽しめる珍しい都市だ。

ストックヤード地区では、昔ながらのカウボーイ文化を今でも感じることができる。町を歩けば、テンガロンハットにブルージーンズ、ウエスタンブーツを着こなしたカウボーイを目にすることだろう。メインストリートでは牛がパレードし、ロデオショーも毎週開催される。また、サルーンと呼ばれるバーやダンスホールも軒を連ね、朝から晩までカウボーイの世界を堪能することができる。そのほかに、3つの美術館とふたつの博物館が集まるカルチュラルディストリクトもおすすめ。安藤忠雄氏が設計した美術館もあるのでぜひ立ち寄りたい。

週末にはロデオ大会も行われる

DATA

人口▶約87万4100人
面積▶880km²
標高▶最高234m、最低156m
TAX▶セールスタックス　8.25%
ホテルタックス　17%
属する州▶テキサス州 Texas
州のニックネーム▶ひとつ星の州 Lone Star State
州都▶オースチン　Austin
時間帯▶中部標準時（CST）

➡P.631

繁忙期▶3〜10月

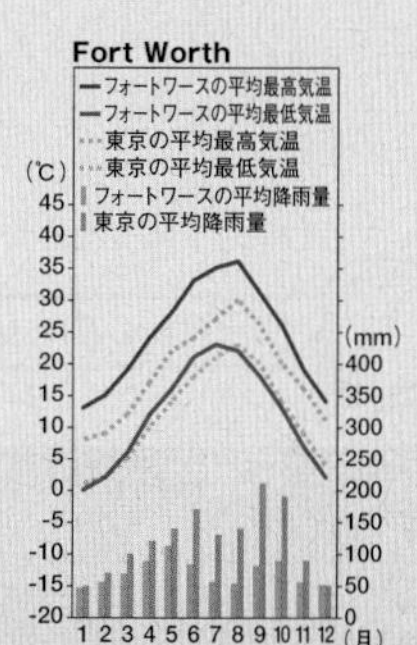

Getting There フォートワースへの行き方

飛行機 Plane

ダラス／フォートワース国際空港
Dallas/Fort Worth International Airport (DFW)

フォートワースの約45km北東にある。ダウンタウンへは2019年1月に開通（2018年11月現在）のテックスレイルを利用するのが便利。ダラスの項➡P.251参照。

■ 空港から／空港へのアクセス

	種類／名称／連絡先	行き先／運行／料金	乗車場所／所要時間／備考
空港シャトル	スーパーシャトル SuperShuttle Free (1-800) 258-3826 URL www.supershuttle.com	行き先▶市内や周辺どこでも 運行▶24時間随時 料金▶ダウンタウンまで片道約$29、ストックヤードまで片道約$30	空港発▶各ターミナルUpper Levelを出た所の"Share Ride"のサイン近くに係員がいる 空港行き▶事前に電話やオンラインで予約をしてから乗車。予約は前日までにすること 所要時間▶ダウンタウンまで約30分、ストックヤードまで約40分
空港シャトル	ゴー・エアポート・シャトル GO Airport Shuttle Free (1-844) 787-1670 URL goairportshuttle.com	行き先▶市内や周辺どこでも 運行▶24時間随時 料金▶ダウンタウンまで片道約$56、ストックヤードまで片道約$57	
ライトレイル	テックスレイル TEXRail ☎ (817) 215-8600 URL ridetrinitymetro.org/texrail	行き先▶T&P駅 運行▶DFW Airport Terminal B駅発は毎日4:55～翌0:55、空港行きは3:25～23:25の間に1時間間隔で運行 料金▶未定	空港発▶ターミナルBに直結。TEXRailのサインに従って進む 空港行き▶ダウンタウンのT&P、ITC駅から乗車 所要時間▶ダウンタウンまで約45分
タクシー	イエローキャブ Yellow Cab Free (1-800) 444-6400 URL www.dallasyellowcab.com	行き先▶市内や周辺どこでも 運行▶24時間随時 料金▶ダウンタウンまで約$48、ストックヤードまで約$55	空港発▶A、B、C、Eターミナルの Upper Level、DターミナルのLower Levelを出た所の "Taxi" のサインから乗車 空港行き▶事前に電話予約、または主要ホテルから乗車 所要時間▶ダウンタウンまで30～45分、ストックヤードまで40～50分

※それぞれの乗り物の特徴については➡P.665

長距離バスと鉄道 Bus & Train

インターモーダル・トランスポーテーション・センター (ITC)
Intermodal Transportation Center (ITC)

グレイハウンド、アムトラック、路線バスのトリニティ・メトロ、ダラス／フォートワース国際空港との間を結ぶテックスレイル、ダラスとの間を結ぶトリニティ・レイルウエイ・エクスプレス（TRE）が発着する。ダウンタウン南東部にあり、コンベンションセンターも近い。タクシー乗り場や、レンタカー会社もあるので便利。商業施設が集まるサンダンススクエアまで徒歩圏内だ。

グレイハウンドは、ダラス（所要約40分）やオースチン（所要約5時間30分）、ヒューストン（所要約7時間）などとを結ぶ便がある。アムトラックはシカゴとサンアントニオ方面を結ぶテキサスイーグル号、フォートワースとオクラホマシティを結ぶハートランドフライヤー号が毎日発着する。

インターモーダル・トランスポーテーション・センター
地 P.261-B2
住 1001 Jones St.
●Greyhound
☎ (817) 429-3089
開 毎日9:30～19:00、23:30～翌7:00
●Amtrak
Free (1-800) 872-7245
開 毎日8:00～18:00（チケット売り場は10:00～17:30）

Getting Around フォートワースの歩き方

見どころは大きく分けて3つ。ショップやレストランが集まるダウンタウンの**サンダンススクエアSundance Square**と昔のテキサスを感じさせる**ストックヤードStockyards**、今のテキサス文化の中心である**カルチュラルディストリクトCultural District**だ。ストックヤードも

JFKトリビュート

メモ JFK トリビュート▶1963年11月22日、ジョン・F・ケネディ大統領の最後のスピーチとなった場所（ヒルトン・フォートワース前）に、彼の彫刻と花こう岩で作られた広場が2012年に完成した。写真や映像など、ケネディ大統領をたたえる屋外常設展示が見もの。JFK Tribute 住 Main St. と 8th St. の南東角。地 P.261-B2

カルチュラルディストリクトも、ダウンタウンからバスで15分ぐらいの距離にある。それぞれ1日かけてゆっくり楽しみたい。宿泊するならホテルが多いダウンタウンか、夜もにぎやかなストックヤードがおすすめだ。

観光案内所 *Visitors Information*

フォートワース観光局
Fort Worth Convention and Visitors Bureau

フォートワースには観光案内所が2ヵ所ある。ダウンタウンは5th St.とMain St.の角。ストックヤードの案内所はRodeo Pl.沿い、テキサスならではの工芸品などを扱うショップやレストランなどが入ったLa Plaza Building内にある。いずれの案内所も資料が充実し、路線バスの時刻表まであるので便利だ。なお、観光局のウェブサイトをとおしてホテルの予約をすることもできる。

フォートワース観光局
URL www.fortworth.com
●Downtown
地 P.261-A2
住 508 Main St.
☎ (817) 698-3300
開 月〜木10:00〜18:00、金・土〜19:00
休 日
●Stockyards
地 P.265-A
住 La Plaza Bulding, 2501 Rodeo Pl.
☎ (817) 624-4741
開 月〜土9:00〜17:00、日11:00〜17:00

親切なスタッフが対応してくれる

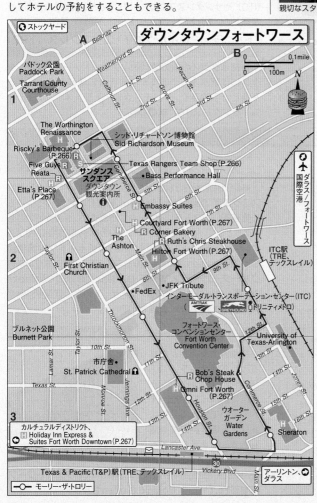

ダウンタウンフォートワース

ストックヤード
0 0.1mile
0 100m
N
パドック公園 Paddock Park
Tarrant County Courthouse
Belknap St.
Weatherford St.
1st St.
2nd St.
3rd St.
4th St.
Calhoun St.
Grove St.
Pecan St.
The Worthington Renaissance
Riscky's Barbeque (P.266)
Five Guys
Reata
Etta's Place (P.267)
シッド・リチャードソン博物館 Sid Richardson Museum
Texas Rangers Team Shop (P.266)
Bass Performance Hall
サンダンススクエア
ダウンタウン観光案内所
Commerce St.
5th St.
6th St.
7th St.
Embassy Suites
Courtyard Fort Worth (P.267)
Corner Bakery
Ruth's Chris Steakhouse
Hilton Fort Worth (P.267)
The Ashton
ダラス／フォートワース国際空港
ITC駅 (TRE、テックスレイル)
9th St.
8th St.
Main St.
Taylor St.
First Christian Church
JFK Tribute
FedEx
インターモーダル・トランスポーテーション・センター (ITC)
(AMTRAK GREYHOUND トリニティメトロ)
フォートワース・コンベンションセンター Fort Worth Convention Center
12th St.
University of Texas-Arlington
13th St.
14th St.
Jones St.
ブルネット公園 Burnett Park
10th St.
11th St.
Throckmorton St.
市庁舎
St. Patrick Cathedral
Lamar St.
Taylor St.
Texas St.
Monroe St.
Jennings Ave.
Bob's Steak & Chop House
Omni Fort Worth (P.267)
12th St.
13th St.
14th St.
Houston St.
ウオーターガーデン Water Gardens
Commerce St.
15th St.
16th St.
Sheraton
カルチュラルディストリクト、Holiday Inn Express & Suites Fort Worth Downtown (P.267)
Lancaster Ave.
30
Vickery Blvd.
Texas & Pacific (T&P) 駅 (TRE、テックスレイル)
アーリントン、ダラス
Main St.
モーリー・ザ・トロリー

市内の交通機関 *Public Transportation*

トリニティ・メトロ（路線バス）
Trinity Metro

市内を中心に40以上の路線をもつ路線バス。ほとんどの路線は、ダウンタウンのインターモーダル・トランスポーテーション・センター（ITC）➲P.260を発着し、Throckmorton St.とHouston St.を走る。ダウンタウンとカルチュラルディストリクトを結ぶ#2、7、ストックヤードへの#15などが便利。路線図はウェブサイトやITC内のInformation Centerで入手できる。なお、何度か乗車するのであれば、TREにも利用できる1日券が便利。ITC内やTREの各駅にある券売機で購入できる。

モーリー・ザ・トロリー　Molly the Trolley

インターモーダル・トランスポーテーション・センター（ITC）やサンダンススクエア、ダウンタウンのおもなホテルを循環している無料のトロリー。10～15分間隔で運行している。

トリニティ・レイルウエイ・エクスプレス（TRE）
Trinity Railway Express（TRE）

詳細はダラスの項の➲P.253。フォートワースのダウンタウンには駅がふたつあるが、旅行者に便利なのは終点からひとつ手前のインターモーダル・トランスポーテーション・センター（ITC）駅➲P.260。

トリニティ・メトロ
☎(817) 215-8600
URL ridetrinitymetro.org/services/bus
運行／路線により異なるが毎日5:00～24:00頃
料 1回券$2（ただし、路線番号がXで始まるエクスプレスバスは$2.50）、1日券$5、7日券$25
●Information Center
住 1001 Jones St.（ITC内）
開 月～金6:00～19:00、土8:00～17:00
休 日

モーリー・ザ・トロリー
URL ridetrinitymetro.org/services/molly-the-trolley
開 毎日10:00～22:00　料 無料

ダウンタウン観光に便利なトロリー

トリニティ・レイルウエイ・エクスプレス（TRE）
URL www.trinityrailwayexpress.org
運行／月～土の1日11～28本
料 1回券$2.50、1日券Local（ウエストゾーンのみ）$5、Regional（ダラスとの間を結ぶイーストゾーンでも利用可）$12、7日券Local$25

Sightseeing　おもな見どころ

ダウンタウン地区　Downtown

Main St.を中心とした1st～5th Sts.のエリアは、**サンダンススクエア Sundance Square**と呼ばれるダウンタウンいちの繁華街。レストランやショップが集まりにぎやかだ。こぢんまりとしているがネイティブアメリカンや西部開拓、ウエスタンアートをテーマにした**シッド・リチャードソン博物館 Sid Richardson Museum**もある。また、ダウンタウン南の**ウオーターガーデン Water Gardens**（住 1502 Commerce St. 地 P.261-B3）はユニークなデザインの水の庭園で、池や滝、噴水がおもしろく配置されている。

ダウンタウン地区
●Sundance Square
地 P.261-A1～A2
URL sundancesquare.com
●Sid Richardson Museum
地 P.261-A1
住 309 Main St.
☎(817) 332-6554
URL www.sidrichardsonmuseum.org
開 毎日9:00～17:00（金・土～20:00、日12:00～）
休 おもな祝日
料 無料

カルチュラルディストリクト　Cultural District

博物館や美術館が集まるカルチュラルディストリクトはダウンタウンから西に約4kmの距離。すべて歩いて回れる距離にあり、入場無料の美術館もある。さまざまなイベントが開催されるウィル・ロジャース記念センター、Livestock Barnsの南には日本庭園が入る**フォートワース植物園Fort Worth Botanic Garden**もある。

フォートワース近代美術館

カルチュラルディストリクト
地 P.263
行 トリニティ・メトロ#2、7で約15分
●Fort Worth Botanic Garden
住 3220 Botanic Garden Blvd.
☎(817) 392-5510
URL www.fwbg.org
開 庭園：毎日8:00～20:00
日本庭園：毎日8:00～18:00（冬期は～17:00）
料 庭園：無料　※日本庭園は$7、子供(4～12歳)$4

旅のアドバイス　**TREは1日券が便利**▶TREの1日券は2種類で、CentrePort/DFW駅から西のウエストゾーンのみに利用可能なLocal$5とダラスまでを結ぶイーストゾーンでも利用できるRegional$12がある。いずれもフォートワースではトリニティ・メトロ、ダラスではダートにも使えるので利用価値が高い。

カウガールに焦点を当てた博物館 地P.263

カウガール博物館と殿堂
National Cowgirl Museum & Hall of Fame

アメリカ西部の発展に貢献したカウガールたちのスピリッツを今に伝える博物館。実際に使用していた馬具やファッションアイテム、写真や文献など約5000点を所蔵。1975年設立の殿堂には、200人以上の牧場主やカウガール、作家、芸術家、教育者など多岐にわたる人物が殿堂入りを果たしている。2016年秋に大改装を終え、ギャラリーやインタラクティブな展示が充実した。

展示品はもちろん、建物も必見 地P.263

フォートワース近代美術館
Modern Art Museum of Fort Worth

1892年にフォートワース図書館＆アートギャラリーとしてオープンしたテキサス州で最初の美術館。現在の建物は、2002年に建築家の安藤忠雄氏によって改装された。彼が日本以外で設計した建物としては初めての大規模な建物だ。ピカソ、ウォーホル、フランシス・ベーコン、リキテンスタインなど、世界中から集められた第2次世界大戦後の作品約3000点を収蔵する。

アメリカンアートのみを集めた 地P.263

エイモン・カーター・アメリカ美術館
Amon Carter Museum of American Art

ホーマーやオキーフを中心に19〜20世紀のアメリカ絵画や彫刻に焦点を当てた美術館。アメリカモダニズム建築の巨匠、フィリップ・ジョンソンが設計した建物はシンプルだがエレガントで、1961年に完成した。特に、ネイティブアメリカンや大西部を描いたフレデリック・レミントンとチャールズ・ラッセルの作品は300点以上を収蔵し、アメリカでも有数の収蔵数を誇る。

体験しながら学べる博物館 地P.263

フォートワース科学歴史博物館
Fort Worth Museum of Science and History

人間と地球の歴史がテーマの博物館。恐竜の化石や人体の不思議などのテーマがわかりやすく解説されている。プラネタリウム、IMAXシアター（別料金）も併設している。

小さいが充実した作品が多い 地P.263

キンベル美術館
Kimbell Art Museum

レンブラントやセザンヌ、モネ、マチスなど有名な画家の作品を約350点収蔵するこぢんまりとした美術館。著名な建築家ルイス・I・カーン設計の建物もすばらしく、アメリカ建築の最高峰ともいわれている。また併設するレストランの The Buffetは美術鑑賞のひと休みに最適だ。

カウガール博物館と殿堂
住1720 Gendy St.
☎(817)336-4475
URL www.cowgirl.net
開火〜土10:00〜16:00
休日・月、サンクスギビング、12/24、12/25、1/1
料$5、4〜12歳$3.50

フォートワース近代美術館
住3200 Darnell St.
☎(817)738-9215
URL www.themodern.org
開火〜日10:00〜17:00（金〜20:00、2〜4月、6〜7月、9〜11月の火〜19:00）
休月、おもな祝日
料$16、シニア（60歳以上）$12、学生$10、18歳未満は無料。毎週日曜は半額、毎週金曜は無料

エイモン・カーター・アメリカ美術館
住3501 Camp Bowie Blvd.
☎(817)738-1933
URL www.cartermuseum.org
開火〜日10:00〜17:00（木〜20:00、日12:00〜）
休月、おもな祝日
料無料。特別展は別途有料

フォートワース科学歴史博物館
住1600 Gendy St.
☎(817)255-9300
URL www.fwmuseum.org
開火〜日10:00〜17:00(日12:00〜)
休月、サンクスギビング、12/24、12/25
料博物館のみ$16、2〜18歳$13。IMAXシアターは別途有料

キンベル美術館
住3333 Camp Bowie Blvd.
☎(817)332-8451
URL www.kimbellart.org
開火〜木・土10:00〜17:00、金12:00〜20:00、日12:00〜17:00
休月、7/4、サンクスギビング、12/25、1/1
料無料。特別展は別途有料
●The Buffet
開火〜木・土11:30〜16:00、金12:00〜21:00、日12:00〜16:00
休月、7/4、サンクスギビング、12/25、1/1

ストックヤード地区 Stockyards National Historic District

かつてはアメリカ最大級の家畜取引が行われていた場所。現在は昔の西部の面影を残す、フォートワースいちの見どころとして観光客でにぎわう。Main St.とExchange Ave.の交差点を中心とした数ブロックに、レストランやウエスタンファッションの店、みやげ物屋が集まっている。

ストックヤードでぜひ見てほしいのが、**牛のパレードThe Fort Worth the Herd**。毎日2回、Exchange Ave.をカウボーイに先導されて、牛がゆっくりパレードする。

ナマで見るロデオは大迫力　地P.265-B

カウタウンコロシアム
Cowtown Coliseum

世界で最初に屋内のロデオ大会が開催された競技場。現在も毎週金・土曜の20:00からロデオ大会の**ストックヤード・チャンピオンシップ・ロデオStockyards Championship Rodeo**が行われている。ロデオは約2時間のイベントで、ブルライディングやタイダウンローピング、バレルレーシングなどさまざまな競技がめじろ押しだ。幕あいにはマジックや歌のショーなどもあり飽きることがない。また、**テキサス・ロデオ・カウボーイの殿堂Texas Rodeo Cowboy Hall of Fame**も併設している。

家畜のオークション会場であった　地P.265-B

家畜取引所
Livestock Exchange Building

1902年に完成したアドービ（日干しれんが）の建物は、家畜売買のオークション会場として使用されていた。現在はテレビモニターを使ったオークションに変わってしまったが、この建物からその映像が今もなお発信されている。この取引所は、1920年代から1950年代まで世界最大規模の売買を取り扱ったため「西部のウォールストリート」と呼ばれていた。また、併設する**ストックヤード博物館Stockyards Museum**には、家畜売買やストックヤードの歴史に関する展示があるので立ち寄るといい。

ロデオ大会や西部の文化について知ることができる　地P.265-A

テキサス・カウボーイの殿堂
Texas Cowboy Hall of Fame

アメリカ西部の発展に貢献したカウボーイたちをたたえる博物館。歴代のロデオ大会で優勝したカウボーイが着ていたユニホームやサドルが展示され、彼らが活躍した大会の映像も流れている。また、1890～1920年頃に使用された荷馬車が60台以上展示されていて、その数に圧倒されるだろう。開拓時代の衣装で記念撮影もでき、観光客に人気。

荷馬車のコレクションは必見

ストックヤード地区
地P.265
URL www.fortworthstockyards.org
行インターモーダル・トランスポーテーション・センター（ITC）からトリニティ・メトロ#15に乗りMain St. & Exchange Ave.で下車。約15分。毎日15分おきの運行。トリニティ・メトロ#12でも行ける。毎日30分～1時間間隔の運行
●The Fort Worth Herd
開毎日11:30と16:00（悪天候時を除く）
URL www.fortworth.com/the-herd
※パレードはExchange Ave.をストックヤードステーションからコロシアムのあたりまで進む

カウタウンコロシアム
住121 E. Exchange Ave.
☎(817)625-1025
Free (1-888)269-8696
URL stockyardsrodeo.com
料$23.50～（イベントにより異なる）
※ダウンタウンに宿泊しているなら、ロデオ終了後コロシアム前からタクシーを利用すること

コロシアムでは必ず見たいロデオ

家畜取引所
住131 E. Exchange Ave.
●Stockyards Museum
☎(817)625-5082
URL www.stockyardsmuseum.org
開毎日10:00～17:00（日は6～8月のみ12:00～）
料$2、12歳以下無料

ヒストリック・ウオーキングツアー
コロシアムや家畜取引所、ストックヤードステーションなどを巡る。申し込みは、観光案内所のカウンターで
☎(817)625-9715
ツアー／月～土10:00、12:00（土12:30）、14:00、16:00、日12:30、14:00
料$8、シニア$7、子供$5、ビリー・ボブズ・テキサスの見学が含まれるツアーは$10、シニア$9、子供$7

テキサス・カウボーイの殿堂
住2515 Rodeo Pl.
☎(817)626-7131
URL www.texascowboyhalloffame.org
開毎日10:00～17:00（金・土～19:00、日11:00～）
休サンクスギビング、12/25、1/1（平日も閉館している場合があるので、ウェブサイトで確認を）
料$6、シニア（60歳以上）・学生$5、5～12歳$3、家族パッケージ（大人2人、5～12歳4人まで）$18

メモ　ストックヤードにある、B&Bスタイルのホテル▶昔は売春宿だったという、変わった歴史をもつホテル。超常現象が起こるという噂も！ 現在は、ベッド&ブレックファストとして、居心地のよい宿となっている。8室。Miss Molly's Hotel 住109 W. Exchange Ave. ☎(817)626-1522 URL www.missmollyshotel.com 料$100～175 地P.265-A

昔の取引所は現在ショッピングセンター＆駅 地P.265-B

ストックヤードステーション
Stockyards Station

1900年代初頭は、南西部最大の豚と羊の取引市場だった場所。この市場で1億6000万頭以上の家畜が売買された。現在は、グレープバイン鉄道駅➡下記やギャラリー、みやげ物屋などが約20軒入る。れんがの床とフェンスは当時からのもの。ショップやレストランが並ぶなか、グレープバイン鉄道が入線してくるのには驚くだろう。

みやげ探しはここで

最も大西部らしいナイトクラブ 地P.265-B

ビリー・ボブズ・テキサス
Billy Bob's Texas

かつての家畜取引所の一部を改造した、収容人員6000人というテキサスサイズのホンキートンク（ナイトクラブ）。内部はいくつかのバーが軒を並べるほか、ダンスフロアやビリヤード台もある。また、カントリー歌手のコンサートや一流エンターテイナーのカントリー＆ウエスタンショーなども行われ、テキサススタイルの楽しみがめじろ押しだ。コアタイムは夜が更けてから。平日の昼間も営業こそしているものの、人はまばらでおもしろさは半減する。ナイトクラブというと身構えてしまう人もいるが、ダンスフロアのほかに食事のできるフードコートもあるので、気楽にのぞいてみてはいかが？

食事を取るだけでもいい

蒸気機関車に乗っての旅 地P.265-B

グレープバイン鉄道
Grapevine Vintage Railroad

ストックヤードステーションから、1896年製造の蒸気機関車、もしくは1953年製造のディーゼル機関車が**コットン・ベルト・ルートCotton Belt Route**を通ってグレープバイン➡P.266へ向かう。約1時間30分でグレープバインに到着するが、1日1便の運行でその日のうちに折り返す便がない（戻りは翌日の13:00発）ので、グレープバインで1泊することになる。時間がない場合は、ルートの途中で引き返す所要1時間の**トリニティ・リバー・エクスカーションTrinity River Excursion**を利用するといいだろう。

ストックヤードステーション
住131 E. Exchange Ave.
☎(817)625-9715
URL www.fortworthstockyards.com
開ショップ：月～土10:00～18:00（金・土～19:00）、日12:00～18:00
レストラン：毎日11:00～21:00頃（各店舗によって異なるが、週末は23:00頃まで営業）

ビリー・ボブズ・テキサス
住2520 Rodeo Pl.
☎(817)624-7117
URL billybobstexas.com
開クラブ毎日11:00～22:00（水～23:00、木～土～翌2:00、日12:00～）※レストランはクラブの1時間前に終了
料$2～（曜日や時間、イベントにより異なる）

グレープバイン鉄道
住140 E. Exchange Ave.（ストックヤードステーション）
☎(817)410-8136
URL www.grapevinetexasusa.com/grapevine-vintage-railroad
運行／3月上旬～11月中旬の土・日、6～8月は金もあり。所要約1時間30分
●Cotton Belt Route
開16:15発
料往復：ツーリングクラス$18、ファーストクラス$26
※グレープバイン駅は、町の中心にあるコットン・ベルト・ディーポ（住705 S. Main St., Grapevine）に到着
●Trinity River Excursion
開2:30発
料ツーリングクラス$10、ファーストクラス$12

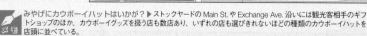

メモ みやげにカウボーイハットはいかが？▶ストックヤードのMain St.やExchange Ave.沿いには観光客相手のギフトショップのほか、カウボーイグッズを扱う店も数店あり、いずれの店も選びきれないほどの種類のカウボーイハットを店頭に並べている。

ナイトスポット&ショップ&レストラン
Night Spot & Shops & Restaurant

N バー&ライブハウス
ストックヤードにあるバー&ライブハウス
ホワイト・エレファント・サルーン
White Elephant Saloon

住106 E. Exchange Ave.(ストックヤード)
☎(817)624-8273 URL www.whiteelephantsaloon.com
開毎日12:00〜24:00(金・土〜翌2:00) AMV 地P.265-A

毎晩21:00頃からカントリー&ウエスタンのライブ演奏が聴ける。店内に飾られた何百ものカウボーイハットは、演奏したミュージシャンが記念に置いていったものだそう。カバーチャージは無料〜$8。

S ファッション
カウボーイスタイルが上下一式揃う
エム・エル・レディース
M.L.Leddy's

住2455 N. Main St.(ストックヤード)
☎(817)624-3149 URL www.leddys.com
開月〜土9:00〜18:00 休日 MV 地P.265-A

ウエスタンブーツやハットなどを取り扱う老舗。1922年創業以来、手作りのブーツを求めて訪れる人も多い。ベルト、バックルなどのアクセサリーやウエスタンファッションに欠かせないジーンズなども豊富に揃っている。

S スポーツ
MLBテキサス・レンジャーズの正規ショップ
テキサス・レンジャーズ・チーム・ショップ
Texas Rangers Team Shop

住316 Main St. ☎(817)273-5128
URL texas.rangers.mlb.com AMV 地P.261-A1
開月〜土10:00〜20:00(金・土〜22:00)、日12:00〜18:00

ダウンタウンのサンダンススクエアのちょうど真ん中、サンダンス・スクエア・プラザ近くにある。さまざまなサイズのチームウエアのほか、選手たちのサイン入りグッズなどもある。試合のチケットもここで購入可。

R アメリカ料理
フォートワースNo.1のリブ
リスキーズバーベキュー
Risсky's Barbeque

住300 Main St. ☎(817)877-3306
URL www.risckys.com AMV 地P.261-A1
開毎日11:00〜22:00(金・土〜23:00、日・月〜21:00)

創業90年の歴史をもつ自家製バーベキューソースが自慢。ブリスケット、ポークリブなどから好きな肉を3品選べるスモーカーコンボ($17.99)は大人気だ。ビーフリブの食べ放題($12.99)もある。ストックヤードに支店あり。

旅のアドバイス
古きよきアメリカを感じられる町、グレープバイン

テキサスワインの産地のひとつである**グレープバイン市Grapevine**は、ダラス/フォートワース国際空港の北に位置するチャーミングな町。週末運行の観光列車(➡P.265)の鉄道駅があるダウンタウンのメインストリートMain Streetには、地元オリジナルのお店が立ち並び、そぞろ歩きが楽しいエリアだ。テイスティングが楽しめるワイナリーもあり、週末のファーマーズマーケット、四季折々のフェスティバルなどイベントも盛りだくさん。また、グレープバイン湖の周辺には巨大リゾートホテルがあり、レゴランド・ディスカバリーセンターを併設したアウトレットモールの**グレープバインミルズGrapevine Mills**も観光スポットとして人気が高い。

グレープバインダウンタウン、アウトレットモールへは空港から車で約10分。空港、アウトレットモール、ダウンタウン、おもなホテルを結ぶ**シャトルバスGrapevine Visitors Shuttle**も運行しており、空港の待ち時間に立ち寄る旅行者も多い。

●グレープバイン観光案内所
Grapevine Visitor Information Center
住636 S. Main St., Grapevine ☎(817)410-3185
URL www.grapevinetexasusa.com 開月〜金8:00〜17:00、土10:00〜18:30、日12:00〜17:00

●グレープバイン・ビジターズ・シャトル
Grapevine Visitors Shuttle
運行/毎日10:00〜23:00(日11:00〜19:00)。路線により異なるのでウェブサイトで確認を 料1日券$5 URL www.grapevinetexasusa.com/plan/shuttle

●グレープバインミルズ Grapevine Mills
住3000 Grapevine Mills Pkwy., Grapevine
☎(972)724-4900
URL www.simon.com/mall/grapevine-mills
開月〜土10:00〜21:00、日11:00〜19:00

れんが造りの低層な建物が連なるメインストリート

メモ **グレープバインダウンタウンのワイナリー**▶メインストリート沿い、およびその周辺にローカルワインを扱うテイスティングルームがある。詳細は現地観光案内所やウェブサイトで確認を。**Springs Winery** 住409 S. Main St. URL www.grapevinespringswinery.com **Sloan & Williams Winery** 住401 S. Main St. URL www. ↗

レストラン&ホテル
Restaurants & Hotels

アメリカ料理

R 古きよきスタイルのステーキハウス

キャットルマンズ・ステーキハウス
Cattlemen's Steak House

住2458 N. Main St.（ストックヤード） ☎(817)624-3945
URLwww.cattlemenssteakhouse.com AMV 地P.265-A
開月〜土11:00〜22:30（金・土〜23:00）、日12:00〜21:00

ランチはサンドイッチや日替わりメニューが$10前後、サーロインステーキ（約230g）$14.95が目安。ディナーはNYストリップ（約283g）$29.95、ヒレステーキ（約283g）$26.50などがおすすめ。ステーキソースも豊富に揃っている。

アメリカ料理

R 香りがいいヒッコリーウッドでグリル

H3ランチ
H3 Ranch

住105 E. Exchange Ave.（ストックヤード） ☎(817)624-1246
URLwww.h3ranch.com AMV 地P.265-A
開日〜金11:00〜22:00（金〜23:00、日9:00〜）、土9:00〜23:00

ストックヤードホテルに隣接したステーキハウス。ジューシーなポークチョップ$32.95、しっかりとした味わいのスモーキーサーロインステーキ$27.95などがおすすめ。ランチだと$9前後でステーキが楽しめる。隣のバーBooger Red's Saloonも人気だ。

アメリカ料理

R 新感覚の西部料理を生みだす

ロンサム・ダブ・ウエスタン・ビストロ
Lonesome Dove Western Bistro

住2406 N. Main St.（ストックヤード） ☎(817)740-8810
URLlonesomedovebistro.com
開ランチ金・土11:30〜14:30、ディナー月〜土17:00〜22:00（金・土〜23:00） 休日 AMV 地P.265-A

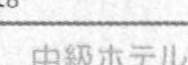

牛肉はもちろん、野生のイノシシのリブBBQ、ロッキーマウンテン・エルクやウサギのステーキなどのジビエメニューも多い。繊細な味つけが評判。ランチは$30、ディナーは$60前後。

中級ホテル

H シンプルで使い勝手がいい

ホリデイイン・エクスプレス&スイーツ・フォートワース・ダウンタウン
Holiday Inn Express & Suites Fort Worth Downtown

住1111 W. Lancaster Ave., Fort Worth, TX 76102
☎(817)698-9595 URLwww.ihg.com Wi-Fi無料
ⓈⒹⓉ$94〜180 ADJMV 地P.261-A3外

ダウンタウン中心部からやや離れる（T&P駅から徒歩約10分）が、3マイル（約4.8km）圏内であればホテルの無料シャトルで送迎してくれる。朝食、フィットネスセンターの利用も無料。コーヒーのサービスあり。163室。

中級ホテル

H ストックヤードにある観光案内所の裏

ハイアットプレイス・フォートワース・ヒストリック・ストックヤード
Hyatt Place Fort Worth Historic Stockyards

住132 E. Exchange Ave., Fort Worth, TX 76164
☎(817)626-6000 FAX(817)626-6018
URLstockyards.place.hyatt.com Wi-Fi無料
ⓈⒹⓉ$209〜、スイート$359〜 ADJMV 地P.265-B

静かな環境。すべての客室に、冷蔵庫やコーヒーメーカー、ヘアドライヤーが備わっている。朝食、駐車、フィットネスセンターの利用も無料。101室。

中級ホテル

H ダウンタウンの中心にある

コートヤード・フォートワース・ダウンタウン
Courtyard Fort Worth Downtown

住601 Main St., Fort Worth, TX 76102 ☎(817)885-8700
FAX(817)885-8303 URLwww.marriott.com Wi-Fi無料
ⓈⒹⓉ$189〜、スイート$219〜 ADJMV 地P.261-A2

サンダンススクエアまで徒歩3分。客室はおもにゲストルームとスイートの2タイプで、バルコニー付きもある。プールやフィットネスセンター、コインランドリーあり。1階にはCorner Bakery Cafeというお手軽カフェも入る。188室。

高級ホテル

H ケネディ大統領ゆかりのホテル

ヒルトン・フォートワース
Hilton Fort Worth

住815 Main St., Fort Worth, TX 76102 ☎(817)870-2100
FAX(817)882-1300 URLwww3.hilton.com Wi-Fi無料
ⓈⒹⓉ$174〜290 ADJMV 地P.261-A2~B2

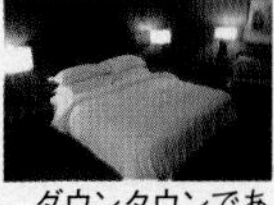

ジョン・F・ケネディ大統領が暗殺される前日に宿泊していた旧Hotel Texas。ホテル内のレストランも充実、軽食やスナックが購入できる24時間営業のショップもある。ダウンタウンでありながら静かで快適な滞在ができる。294室。

高級ホテル

H ビジネスマンにおすすめの格式あるホテル

オムニ・フォートワース・ホテル
Omni Fort Worth Hotel

住1300 Houston St., Fort Worth, TX 76102 ☎(817)535-6664
URLwww.omnihotels.com Wi-Fi$9.95
ⓈⒹⓉ$189〜、スイート$386〜 ADJMV 地P.261-B3

モーリー・ザ・トロリーが停車。レストランやバー、カフェが充実していて、有名ステーキレストランのBob's Steak & Chop Houseも入っている。ビジネスセンターやフィットネスセンター、プール、スパを完備する。614室。

↘ sloanwilliams.com **Homestead Winery** 住211 E. Worth St. URLwww.homesteadwinery.com **Messina Hof Grapevine Winery** 住201 S. Main St. URLwww.messinahof.com/grapevine

ライブ音楽の中心地はここ

オースチン

Austin

ワシントンの国会議事堂より高さのあるテキサス州議事堂

“世界のライブミュージックの首都”をうたうテキサス州の州都オースチン。空港やダウンタウンにはギターのオブジェが点在し、6番通りのライブハウスでは、毎日のように地元のアーティストたちが演奏している。さらに世界が注目する音楽見本市SXSW（サウス・バイ・サウス・ウエスト）は毎年3月にオースチンで開催されており、その時期は100以上のステージが組まれ、2000組以上のアーティストが市内の各所でパフォーマンスを繰り広げる。全米最大規模のテキサス大学オースチン校があることも手伝って、町は若い活気とリベラルな雰囲気に包まれ、近年は人口増加も著しい。

DATA

人口▶約95万700人
面積▶約772km²
標高▶最高329m、最低124m
TAX▶セールスタックス　8.25%
ホテルタックス　15.81%
属する州▶テキサス州　Texas
州のニックネーム▶ひとつ星の州　Lone Star State
州都▶オースチン　Austin
時間帯▶中部標準時（CST）➡P.631
繁忙期▶3、10〜11月

Austin
―オースチンの平均最高気温
―オースチンの平均最低気温
……東京の平均最高気温
……東京の平均最低気温
▮オースチンの平均降雨量
▮東京の平均降雨量
(℃) 45 40 35 30 25 20 15 10 5 0 -5 -10 -15 -20
(mm) 400 350 300 250 200 150 100 50 0
1 2 3 4 5 6 7 8 9 10 11 12（月）

Getting There　オースチンへの行き方

オースチン-バーグストロム国際空港
地 P.269-B2外
住 3600 Presidential Blvd.
☎ (512) 530-2242
URL www.austintexas.gov/airport
●Capital Metro（市バス）
☎ (512) 474-1200
URL www.capmetro.org
●SuperShuttle（空港シャトル）
Free (1-800) 258-3826
URL www.supershuttle.com
●Yellow Cab（タクシー）
☎ (512) 452-9999
URL yellowcabaustin.com

グレイハウンド・バスターミナル
住 363 Shady Ln.
☎ (512) 458-4463
開 毎日6:00〜22:00

アムトラック駅
地 P.269-A2外
住 250 N. Lamar Blvd.
Free (1-800) 872-7245
開 毎日7:00〜20:00

飛行機　Plane

オースチン - バーグストロム国際空港
Austin - Bergstrom International Airport (AUS)

ダウンタウンの南東約13kmの所にある。ダウンタウンまでタクシーで約20分（約$30）。キャピタルメトロ#20なら約30分。

長距離バス　Bus

グレイハウンド・バスターミナル
Greyhound Bus Terminal

ダウンタウンの東約5kmのキャピタルメトロのバスステーションにある。ダウンタウンまでキャピタルメトロの#2、4で20分ほど。

鉄道　Train

アムトラック駅
Amtrak Station

ダウンタウンの西約2kmにある。テキサスイーグル号が1日1往復。ダウンタウンまでキャピタルメトロ#2、3、4で約10分。

オースチンの歩き方 Getting Around

コングレス・アベニュー・ブリッジからのスカイライン

ダウンタウンと州議事堂だけなら歩いて回ることができるが、地元の若者に人気のエリアはダウンタウンを中心に東西、テキサス大学周辺、湖の南側に点在しているので、キャピタルメトロ#1、3、7、10などの利用が便利だ。

オースチン観光案内所
地P.269-B2
住602 E. 4th St.
☎(512)478-0098
Free(1-866)462-8784
URL www.austintexas.org
開毎日9:00～17:00(日10:00～)

キャピタルメトロ
☎(512)474-1200
URL www.capmetro.org
運行／バス：毎日5:00～23:30（路線により異なるが1時間に2～4本）
料$1.25、1日券$2.50

テキサス州議事堂
住1100 Congress Ave.
☎(512)463-4630
URL tspb.texas.gov
開月～金7:00～22:00、土・日9:00～20:00
休おもな祝日
［ビジターセンター毎日9:00～17:00（日12:00～）☎(512)305-8400］
料無料
ツアー／月～金8:30～16:30、土9:30～15:30、日12:00～15:30の30～45分おき。所要約30分

観光案内所 Visitors Information

オースチン観光案内所
Austin Visitor Center

4th St. とRed River St. の角にあり、ダウンタウンの地図や近郊の資料、おみやげなどが揃っている。

市内の交通機関 Public Transportation

キャピタルメトロ
Capital Metro

オースチン市街地をカバーするバス網。電車も運行しているが、観光での使用頻度は少ない。

おもな見どころ Sightseeing

まさにビッグなテキサスサイズ 地P.269-A1～B1

テキサス州議事堂
Texas State Capitol

アメリカにある州議事堂のなかでいちばんの高さを誇る。円形ホールの壁面には、テキサスがメキシコ共和国だった頃の大統領の肖像画と、アメリカ合衆国に加入してからの州知事の肖像画がかけられている。頭上にある円形ドームは4階まで吹き抜けになっており、天井にはテキサスのシンボル「ローンスター」が輝く。また、議事堂を正面に見て右側にはビジターセンターがあり、議事堂の模型や歴史年表などが展示されている。

テキサスらしい巨大な議事堂

メモ O・ヘンリー博物館▶日本でもおなじみの短編小説家O・ヘンリーゆかりの品が展示されている。O. Henry Museum 住409 E. 5th St. ☎(512)974-1398 URL www.austintexas.gov/department/o-henry-museum 開水～日12:00～17:00 休月・火、おもな祝日 料無料 地P.269-B2

青空に映える屋外ギャラリー　地P.269-A1～A2外

ホープ・アウトドア・ギャラリー
Hope Outdoor Gallery

　アメリカ国内屈指の大きさを誇る屋外ギャラリーが、ダウンタウンの西、徒歩約20分の所にある。ギャラリーというよりは、巨大なグラフィティだ。棚田のように何段にもなる壁は、ところ狭しと絵で埋めつくされ、それが毎日誰かの手によって描き替えられる。今や流行に敏感な観光客が訪れる、人気スポットとなっている。青空の下で見る色彩豊かな壁画は一見の価値ありだ。2011年から始まったこのアートプロジェクトはホープHOPEという団体が手がけており、ほかにも**ファーマーズマーケット**や音楽イベントなども主催している。

1ヵ月もたつとがらりと変わってしまうアートたち

ホープ・アウトドア・ギャラリー
住1101 Baylor St.
URL hopecampaign.org
開24時間（暗くなってからは行かないこと）
料無料
行ダウンタウンから徒歩20分。11th St.とBaylor St.の角にある
●**Hope Farmers Market**
住412 Comal St.（Plaza Saltillo）
☎(512)553-1832
URL www.hopefarmersmarket.org
開日11:00～15:00
行キャピタルメトロ#5でLamar/10th下車。徒歩5分

毎晩どこかでライブが楽しめる　地P.269-A2～B2

6番通り
6th Street

　6th St.のCongress Ave.から東側I-35までの間は、ライブハウスやバー、レストランが建ち並び、夜がふけるにつれて人が集まってくる。「世界のライブミュージックの首都」と呼ばれる理由が理解できるだろう。

　また、6番通りをさらに東へ行き、I-35を越えた所にイーストオースチンEast Austinという再開発されたエリアがある。近年若者が集まり始め、オースチンで最もヒップな場所として成長を続けている。背の高い建物がなく、個性的なショップやレストラン、バーなどが軒を連ねる開放的な雰囲気は、ダウンタウンの喧騒に疲れた人におすすめだ。

6番通り
住E. 6th St.（bet. Congress Ave. & I-35）
URL 6street.com

お気に入りのライブハウスが見つかるはず

昼はお散歩、夕方にはコウモリ見学　地P.269-A2

コングレス・アベニュー・ブリッジ
Congress Avenue Bridge

　レディバード湖の上を通るコングレス・アベニュー・ブリッジにはメキシカン・フリーテイルと呼ばれるコウモリの巣があり、その数は100万匹を超えるといわれている。4～10月の夕暮れ時にはコウモリが餌を求めていっせいに飛び立ち、その光景を見学する人で橋の周辺はにぎわう。

コングレス・アベニュー・ブリッジ
住N. Congress Ave. & Lady Bird Lake
行キャピタルメトロ#1が停車する

コウモリはコングレス・アベニュー・ブリッジのシンボル

メキシコ雑貨やおしゃれな飲食店が集まる　地P.269-B2外

ソーコー
SoCo（South Congress）

　コングレス・アベニュー・ブリッジから南に約1.5km。Gibson St.の少し手前からJohannna St.までの7ブロックからなるエリアはソーコーと呼ばれ、おしゃれなレストランや古着屋、メキシコ雑貨などの店舗が軒を連ねる。毎週第1木曜日は、どこの店舗も22:00まで営業しており、夜でも安心してショッピングや食事を楽しむことができる。週末になると地元アーティストによる青空マーケットも開催されており、個性的なみやげ探しにもいい。

ソーコー
住S. Congress Ave.（bet. Gibson & Johanna Sts.）
URL www.doingthestreets.com
行キャピタルメトロ#1で約10分

ローカルに人気のレストランが多い

ショップ&レストラン&ホテル

Shops & Restaurants & Hotels

S アウトドア

アウトドア用品から子供のおもちゃまで

ホール・アース・プロビジョン

Whole Earth Provision

住1014 N. Lamar Blvd. ☎(512)476-1414
URL www.wholeearthprovision.com AMV
開月〜土10:00〜20:00、日11:00〜18:00 地P.269-A1〜A2外

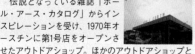

伝説となっている雑誌「ホール・アース・カタログ」からインスピレーションを受け、1970年オースチンに第1号店をオープンさせたアウトドアショップ。ほかのアウトドアショップとは一線を画した商品が並ぶ。

S スーパーマーケット

人気オーガニックスーパーの本店

ホールフーズ・マーケット

Whole Foods Market

住525 N. Lamar Blvd. ☎(512)542-2200
URL www.wholefoodsmarket.com
開毎日7:00〜22:00 AMV 地P.269-A2外

全米に約450以上の店舗を展開する人気のオーガニック系スーパーマーケットは、オースチンが発祥の地。目の前で調理されたものをその場で食べることのできる飲食コーナー(イートイン)が10ヵ所以上あり、地元の人たちに好評だ。

R アメリカ料理

オバマ前大統領も立ち寄った魅惑のBBQ

フランクリン・バーベキュー

Franklin Barbecue

住900 E. 11th St. ☎(512)653-1187 URL franklinbarbecue.com
開火〜日11:00〜売り切れ次第閉店
休月 AMV 地P.269-B1外

アンガスビーフのブリスケットを長時間低温でスモーク。信じられないほどやわらかでジューシーなBBQを生み出す名店では、3〜4時間の行列は必至。2種のサイドとブリスケット($25)、リブのBBQプレート($22)が人気。

R メキシコ料理

朝から大繁盛の人気店

マリアズ・タコ・エクスプレス

Maria's Taco Xpress

住2529 S. Lamar Blvd. ☎(512)444-0261
URL www.tacoxpress.com AMV
開月〜金6:00〜15:00、土・日8:00〜16:00 地P.269-A2外

キャピタルメトロ#3か#803で約20分。Lamar Blvd. & La Casa Dr.下車。女性が空に手をかざしているオブジェが目印。地元の人たちで朝から席が満席のことも。朝食のタコスは$2.99〜。

H ホステル

テキサス大学オースチン校からすぐ

ドリフター・ジャックズ・ホステル

Drifter Jack's Hostel

住2602 Guadalupe St., Austin, TX 78705 ☎(512)243-8410
URL drifterjackshostel.com Wi-Fi無料
ドミトリー$28〜39 MV 地P.269-A1外

テキサス大学の隣に位置し、周辺には飲食店やコンビニなどがあり便利。キャピタルメトロ#1、3、19などでGuadalupe & Dean Keeton Sts.下車、徒歩3分。コンビニの裏手にある。ダウンタウンからバスで15分ほど。32ベッド。

H ホステル

湖のほとりに建つユースホステル

ホステリング・インターナショナル・オースチン

Hostelling International Austin

住2200 S. Lakeshore Blvd., Austin, TX 78741 ☎(512)444-2294
URL hiusa.org Wi-Fi無料
ドミトリー$23〜33、個室$60〜89 MV 地P.269-B2外

キャピタルメトロ#7か20に乗りRiverside Dr. & Summit St.で降りたらS. Lakeshore Blvd.を湖沿いに約15分歩く。ウェブサイトではTinnin Ford Rd.を通る行き方が紹介されているが雰囲気が悪いので避けたほうがよい。44ベッド。

H 中級ホテル

ダウンタウンの機能的なホテル

ヒルトン・ガーデンイン・オースチン・ダウンタウン

Hilton Garden Inn Austin Downtown

住500 N. I-35, Austin, TX 78701 ☎(512)480-8181
URL hiltongardeninn3.hilton.com Wi-Fi無料
AMV ⓈⓉⒹ$99〜329 地P.269-B2

I-35のExit 234に隣接し、観光案内所やコンベンションセンターに至近距離という便利な位置にある。客室はゆとりのある広さで、高級寝具のベッドなど、機能的で居心地のいいホテル。コインランドリーも利用可。254室。

H 高級ホテル

ダウンタウンの中心にある

ドリスキルホテル

The Driskill Hotel

住604 Brazos St., Austin, TX 78701 ☎(512)439-1234
FAX(512)391-7057 URL driskillhotel.com Wi-Fi無料
ADMV ⓈⓉⒹ$156〜414、スイート$289〜794 地P.269-B2

1886年創業の歴史あるホテル。ロビーから客室までビンテージ感あふれる。6番通り沿いにあり、ライブハウス巡りを夜まで楽しみたい人には便利な立地。どこのホテルにも共通するのだが、SXSWの開催時期は特に混み合うので注意。189室。

1886 カフェ&ベーカリー▶オースチン最古のホテル The Driskill Hotel にあるカフェレストラン。オースチンスタイルの朝食が $14、毎月設定日にイギリス式アフタヌーンティーが楽しめる。1886 Cafe & Bakery 住604 Brazos St. ☎(512)391-7066 URL www.1886cafeandbakery.com 開毎日6:30〜14:30 AMV 地P.269-B2

ヒューストン Houston

スペースシティ

ヒューストンはアメリカ第4の都市。人口も増加し続けている

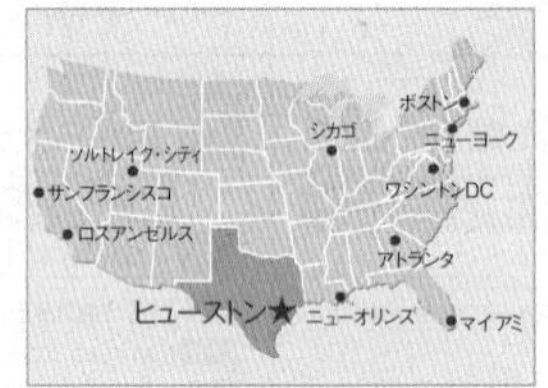

テキサス州最大の都市ヒューストン。人口は200万人をゆうに超え、ニューヨーク、ロスアンゼルス、シカゴに次ぎ、全米で4番目の多さだ。海が近いこともあり石油メジャーが本拠地を構え、ダウンタウンには巨大なビルが林立し、世界各国からビジネスマンが集まる国際都市として機能している。

ヒューストンは宇宙開発の拠点でもある。アポロ計画などで重要な任務を果たしたジョンソン宇宙センターがヒューストン郊外にあり、宇宙に関する研究、宇宙飛行士のトレーニングなどが日々行われ、NASAの宇宙センターのなかでも大事な役割を担っている。

また、テキサス州は6ヵ国によって支配されてきた歴史があり、フランスやスペインなどの領土を経て1836年テキサス共和国として独立。1845年にアメリカに併合された。テキサス州と名前を変えてからも独立独歩を好み、他人と同じことを嫌う気質は現在も脈々と受け継がれている。

日本からは直行便が飛んでおり、アクセスのよさも魅力のひとつだ。

見応えのある博物館が多い

DATA

人口▶約231万2700人
面積▶約1554km²
標高▶最高25m、最低0m
TAX▶セールスタックス　8.25%
ホテルタックス　17%
属する州▶テキサス州 Texas
州のニックネーム▶ひとつ星の州 Lone Star State
州都▶オースチン　Austin
時間帯▶中部標準時（CST）
➲P.631
繁忙期▶3～5、10、11月

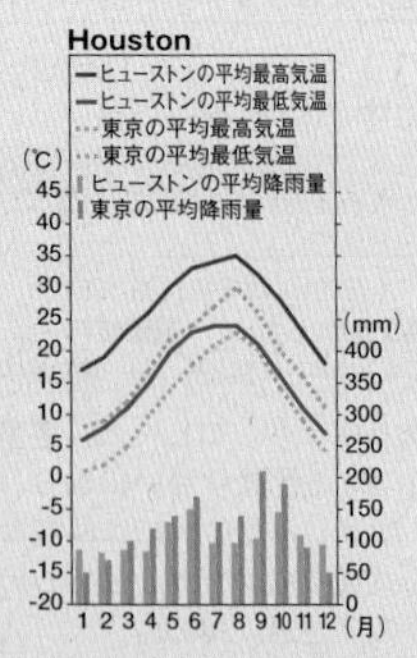

世界最大級のロデオイベント▶毎年3月に、ダウンタウンの南にあるNRGパークでロデオイベントが開催される。豪快なロデオショーや、人気アーティストによるコンサートが約1ヵ月にわたって行われる注目イベントだ。2019年は2/25～3/17に開催。Livestock Show and Rodeo　URL www.rodeohouston.com

ヒューストンへの行き方 Getting There

飛行機 Plane

ジョージ・ブッシュ・インターコンチネンタル空港
George Bush Intercontinental Airport (IAH)

ダウンタウンの北約35kmにある大空港。ロスアンゼルスやサンフランシスコなど、おもな都市から乗り入れる。空港はA～Eの5つのターミナルから構成され、すべてのターミナルは地下鉄とスカイウエイ（セキュリティチェック後の移動のみ可）で結ばれている。成田発の直行便はターミナルEに到着。

ジョージ・ブッシュ・インターコンチネンタル空港
地 P.276-A1外
住 2800 N. Terminal Rd.
☎ (281) 230-3100
URL www.fly2houston.com/iah

月面歩行する巨大な牛の像がお出迎え

■ 空港から／空港へのアクセス

種類／名称／連絡先		行き先／運行／料金	乗車場所／所要時間／備考
空港シャトル	スーパーシャトル SuperShuttle Free (1-800) 258-3826 URL www.supershuttle.com	行き先▶ダウンタウンやアップタウン地区 「スーパーシャトル」は運行を終了しました。 料金▶ダウンタウンまで片道$25、アップタウン地区まで片道$33	空港発▶チケットデスクがターミナルのバゲージクレームエリアにあり、そこで申し込んでか 空港行き▶事前に電話などで予約をしてから乗車 所要時間▶ダウンタウンまで約45分
路線バス	メトロバス #102 Metro Bus #102 ☎ (713) 635-4000 URL ridemetro.org	行き先▶ダウンタウン 運行▶空港発は月～金5:04～翌0:49、土・日5:18～翌0:48、空港行きは毎日5:00～24:00頃。15～30分間隔 料金▶$1.25	空港発▶ターミナルCの1階の南側を出た所から乗車 空港行き▶ダウンタウンのTravis St.沿いなどから乗車 所要時間▶ダウンタウンまで約90分
タクシー	イエローキャブ Yellow Cab ☎ (713) 236-1111 URL yellowcabhouston.com	行き先▶市内や周辺どこでも 運行▶24時間随時 料金▶ダウンタウンまで$53.50／54.50（昼／夜）、アップタウン地区まで$61.10／62.10（昼／夜）	空港発▶ターミナルを出た所から乗車 空港行き▶事前に電話予約、または主要ホテルから乗車 所要時間▶ダウンタウン、アップタウン地区とも30～40分

※それぞれの乗り物の特徴については P.665

ウィリアム・P. ホビー空港
William P. Hobby Airport (HOU)

国内の都市とヒューストンを結んでいる。ダウンタウンの南東約20km。

ウィリアム・P. ホビー空港
地 P.276-B2外
住 7800 Airport Blvd.
☎ (713) 640-3000
URL www.fly2houston.com/hou

■ 空港から／空港へのアクセス

種類／名称／連絡先		行き先／運行／料金	乗車場所／所要時間／備考
空港シャトル	スーパーシャトル SuperShuttle Free (1-800) 258-3826 URL www.supershuttle.com	行き先▶ダウンタウンやアップタウン地区 「スーパーシャトル」は運行を終了しました。 料金▶ダウンタウンまで片道$17、アップタウン地区まで片道$24	空港発▶ターミナル外のカーブサイドZone1から乗車 空港行き▶事前に電話などで予約をしてから乗車 所要時間▶ダウンタウンまで約45分
路線バス	メトロバス #40 Metro Bus #40 ☎ (713) 635-4000 URL ridemetro.org	行き先▶ダウンタウン 運行▶空港発は月～金4:05～翌0:07、土日5:06～翌0:07、空港行きは月～金5:12～翌0:48、土・日6:10～翌1:11の30分間隔 料金▶$1.25	空港発▶ターミナル外のカーブサイドZone3のバス乗り場から#40の北行きに乗車 空港行き▶ダウンタウンのMain & McKinney Sts.の角にあるバス停から乗車 所要時間▶ダウンタウンまで約60分
タクシー	イエローキャブ Yellow Cab ☎ (713) 236-1111 URL yellowcabhouston.com	行き先▶市内や周辺どこでも 運行▶24時間随時 料金▶ダウンタウンまで$26.50／27.50（昼／夜）、アップタウン地区まで$55.50／56.50（昼／夜）	空港発▶ターミナル外のカーブサイドZone1から乗車 空港行き▶事前に電話予約、または主要ホテルから乗車 所要時間▶ダウンタウンまで約20分

※それぞれの乗り物の特徴については P.665

長距離バス Bus

グレイハウンド・バスディーポ
Greyhound Bus Depot

ダウンタウンの南西、ハイウエイI-45を越えてすぐの所、メトロレイルの駅が近い。ダラス（所要約4時間20分）やニューオリンズ（所要約7時間20分）などからの便がある。

グレイハウンド・バスディーポ
地 P.276-A2
住 2121 Main St.
☎ (713) 759-6565
開 24時間
行 メトロレイルDowntown Transit Center駅で下車し、Main St.を南西に2ブロック

旅のアドバイス IAHでレンタカーを借りる▶空港の南に主要レンタカー会社が1ヵ所に集まっているレンタカーセンター（24時間営業）がある。そこまではターミナルA、B、C、Eの各到着階から、5分間隔で青と白のシャトルバスが運行。ターミナルDにシャトルバスは停車しないので注意。

鉄道 Train

アムトラック駅
Amtrak Station

ロスアンゼルスとニューオリンズを結ぶサンセットリミテッド号が、週3便（西行きは月・水・土、東行きは火・金・日）停車する。

アムトラック駅
地P.276-A1
住902 Washington Ave.
Free (1-800) 872-7245
開毎日10:00～19:30
行ダウンタウンのディスカバリーグリーンからタクシーで約10分

Getting Around ヒューストンの歩き方

ヒューストンはとにかく広く、そのなかに見どころが分散しているので、行き当たりばったりの観光だと時間の無駄になる。事前におおまかな予定を立てておくこと。

おもな見どころは大きく3つのエリアに分かれる。ビジネスの中心でスポーツ会場もある**ダウンタウン**➡P.275、博物館や美術館が集まる**ハーマンパーク**➡P.275、そしてNASAのある**スペースセンター**➡P.278だ。買い物を楽しみたいなら**アップタウン**➡P.275にあるギャレリアや、ダウンタウンとアップタウンの間にある**リバー・オークス・ショッピングセンター**➡P.277などがおすすめ。

シティパス➡P.693
5ヵ所の観光スポットで使え、連続した9日間有効。対象施設の窓口で購入可能。本来ならば合計$114.06、子供$85.32なので、かなりお得だ
URL www.citypass.com/houston
料$59、3～11歳$49
1.スペースセンター・ヒューストン➡P.278
2.ダウンタウン水族館➡P.275
3.ヒューストン自然科学博物館➡P.275
4.ヒューストン動物園➡P.277もしくはヒューストン美術館➡P.276
5.ケマーボードウオークもしくはヒューストン子供博物館

ダウンタウンの地下街
ダウンタウンのビルの地下は、トンネルと呼ばれる通路でつながっていて、ファストフードやカフェ、雑貨店などが軒を連ねている。トイレや椅子などもあり便利
URL www.downtownhouston.org/getting-around

観光案内所 Visitors Information

ヒューストン観光局アット・ランチ
Houston Visitor Center @ Launch

コンベンションセンター北側のPartnership Tower1階、Launchという地元のデザイナーによる作品を販売する店の中にある。見た目は普通の観光案内所とは異なるが、専属スタッフが質問に答えてくれるので安心。

ヒューストン観光局
地P.276-B2
住701 Avenida de las Americas
Free (1-800) 446-8786
URL www.visithoustontexas.com
開毎日10:00～18:00

市内の交通機関 Public Transportation

メトロ
METRO（Metropolitan Transit Authority of Harris County）

ヒューストンの公共交通機関であるメトロバスとメトロレイルを運行する。ダウンタウンにある**メトロ案内所Metro RideStore**では、路線図や時刻表が入手できる。

メトロバス　Metro Bus

ヒューストンからスペースセンターまでを含むハリス郡に80以上の路線がある。料金はゾーン制で、ダウンタウンからアップタウンやハーマンパークまで$1.25、スペースセンターへは$2～4.50。

メトロレイル　MetroRail

Main St.を走るレッドラインに加え、ダウンタウンから東に延びるグリーンライン、ダウンタウンから南東に延びるパープルラインも加わり、より便利になった。レッドラインは観光の中心地であるハーマンパークへのアクセスに便利。

ダウンタウンにあるメトロ案内所

メトロ
☎(713) 635-4000
URL www.ridemetro.org
料メトロバス$1.25～4.50、メトロレイル$1.25。1日券$3（メトロ案内所などで購入可能）
※運賃の支払い方法はふたとおり。ひとつは現金、もうひとつはQカードを使用して電子マネーで支払う方法。QカードはメトロQ案内所などで入手できるICカード。メトロレイルにQカードで乗る場合は、ホームにある機械に読み込ませて料金を払う。トランスファーは3時間有効
●Metro RideStore
地P.276-A2　住1900 Main St.
☎(713) 739-6968
開月～金8:00～17:00
●Metro Bus
運行／早朝から深夜まで。日曜運休の路線あり
●MetroRail
運行／早朝から深夜まで。レッドラインの北行き最終23:24発（金・土翌1:40）、南行き翌0:24発（金・土翌2:40）

メモ　無料のバス▶グリーンリンクというダウンタウンを循環する無料のバスが運行している。路線図は➡P.276。運行／グリーンルート月～金6:30～18:30の7～10分間隔。オレンジルート木～日18:30～翌0:00（土9:00～、日9:00～18:00）の10分間隔。

おもな見どころ Sightseeing

ダウンタウン地区 Downtown

　ダウンタウンは高層ビルが建ち並ぶビジネスの中心地。1階にあるスペイン人芸術家ミロ作の彫像がタワーの目印のビルはJPモルガン・チェイス・タワーで北には**マーケットスクエア公園 Market Square Park**があり、周辺には1850年代から1920年代の建築物が残る。もう少し北へ行くとMain & Commerce Sts.の角にAllen's Landing Parkがあり、ここは1836年にニューヨーク出身のアレン兄弟が上陸したヒューストン発祥の地だ。

　ダウンタウンの西側は市庁舎を中心に、復元された19世紀の建物が点在する**サム・ヒューストン公園 Sam Houston Park**や、ミュージカルやオペラなどが行われる**シアターディストリクトTheater District**がある。さらに北東に行くと**ダウンタウン水族館Downtown Aquarium**があり、それぞれの生息地に合ったユニークな展示方法は見ていて楽しい。水族館ではホワイトタイガーも飼育されており、いちばんの目玉だ。2階には巨大水槽を見ながら食事ができるレストランもある。

　また、ダウンタウン南東には、コンベンションセンターと**ディスカバリーグリーンDiscovery Green**と名づけられた公園があり、芝生で覆われた公園にパブリックアートが点在している。コンベンションセンター北隣のビル1階にはビジターセンターもある。

アップタウン地区 Uptown

　ダウンタウンから西へ約15kmの所にある巨大ショッピング&ビジネスエリア。なかでもショッピングモールの**ギャレリア Galleria**は400以上の店が集まり、買い物客でにぎわっている。ギャレリアの周辺にはチェーン系ホテルが多く建ち並んでいるので、このあたりに宿を取ってもいい。

ハーマンパーク地区 Hermann Park

　ダウンタウンからメトロレイルで10分ほどの、メディカルセンター手前にある美しい公園一帯は、**ミュージアムディストリクト**と呼ばれている。博物館や美術館、プラネタリウム、動物園が集まる市民の憩いの場だ。

ヒューストン自然科学博物館
Houston Museum of Natural Science

　ヒューストン周辺の自然界を紹介する博物館。恐竜、動物アート、ジオラマ、ヒューストンらしい宇宙など、展示はバラエティに富んでいる。特に宝石&鉱石の展示は、全米でも有数のコレクションを誇り、暗闇に輝く石たちの美しさにうっとりしてしまう。

アップタウンにある全米屈指のショッピングモール、ギャレリア

ダウンタウン地区

●Market Square Park
地 P.276-B1
住 Congress Ave.、Preston、Travis、Milam Sts.に囲まれたエリア

●Sam Houston Park
地 P.276-A1
住 1000 Bagby St.

●Theater District
地 P.276-A1
URL www.downtownhouston.org/district/theater

●Downtown Aquarium
地 P.276-A1
住 410 Bagby St.
☎ (713) 223-3474
URL www.aquariumrestaurants.com
開 毎日10:00～20:30(金・土～22:00)
料 $12.99、シニア$10.99、3～11歳$9.99。アトラクションは別途有料

●Discovery Green
地 P.276-B2
住 1500 McKinney St.

アップタウン地区
地 P.276-A1外

●Galleria
データは→P.280脚注
行 ダウンタウンのMilam St.からメトロバス#82で約35分、Westheimer Rd. & Post Oak Blvd.で下車

ハーマンパーク地区
地 P.277
URL www.hermannpark.org
行 メトロレイルのレッドラインHermann Park/Rice University駅を降りた所がハーマンパークだ。ヒューストン美術館や現代美術館へはMuseum District駅、動物園はHouston Zoo駅下車

●Houston Museum of Natural Science
地 P.277
住 5555 Hermann Park Dr.
☎ (713) 639-4629
URL www.hmns.org
開 毎日9:00～17:00。展示内容によって開館時間が異なるのでウェブサイトで確認すること
料 $25、シニア・3～11歳・学生$15(木曜の14:00～17:00は入場無料)

ヒューストン美術館
The Museum of Fine Arts, Houston

本館と別館で6万5000点以上の美術品を収蔵する、アメリカでも有数の美術館。ルネッサンス期の宗教画と彫像、そして20世紀初期の印象派と後期印象派の絵画は必見だ。また、東アジアのコーナーも充実し、縄文土器や鎌倉時代に活躍した運慶作の阿弥陀像なども陳列されている。

美術館に隣接するイサム・ノグチ設計の**カレン彫刻庭園 Cullen Sculpture Garden**（開毎日9:00～22:00、料無料）には、マチスやアレクサンダー・カルダーのほか、テキサス州在住のアーティストによる彫像が並ぶ。

圧巻の点数を収蔵する美術館は必見

●The Museum of Fine Arts, Houston
地P.277
住1001 Bissonnet St.
☎(713) 639-7300
URL www.mfah.org
開火～日10:00～19:00（火・水～17:00、木～21:00、日12:15～）
休月、サンクスギビング、12/25
料$15、シニア$10、13～18歳・学生$7.50。木曜は無料

現代美術館　Contemporary Arts Museum

1948年に創設され、特別展のみで構成される。国内外の実験的で興味深い作品を数多く展示している。

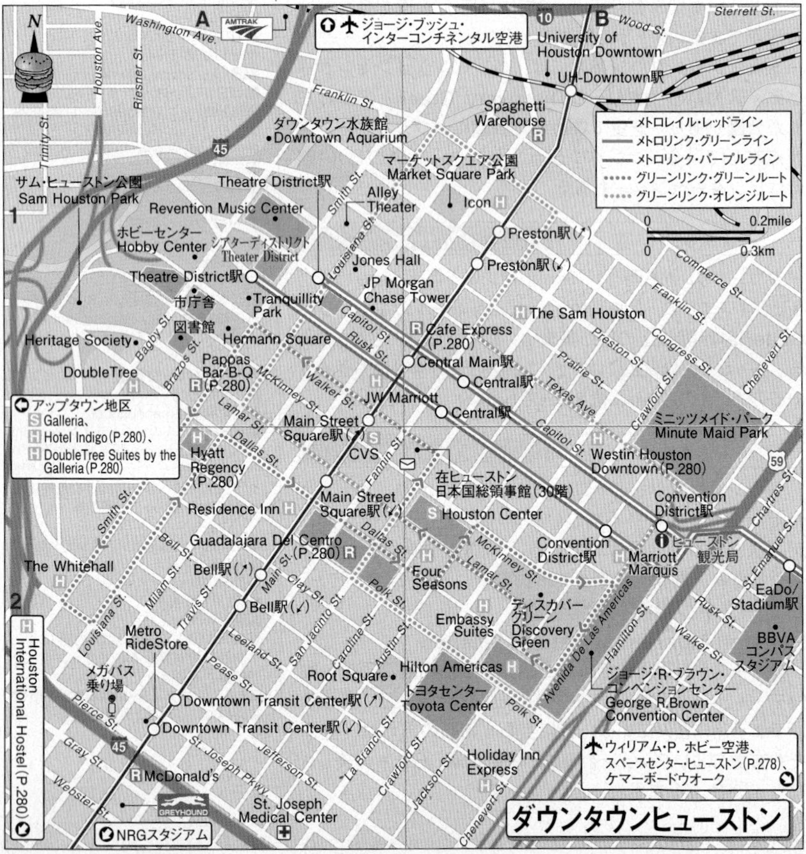

●Contemporary Arts Museum
地P.277
住5216 Montrose Blvd.
☎(713) 284-8250
URL www.camh.org
開火～土10:00～19:00（木～21:00、土～18:00）、日12:00～18:00
休月、おもな祝日
料無料

ダウンタウンヒューストン

メトロレイル・レッドライン
メトロリンク・グリーンライン
メトロリンク・パープルライン
グリーンリンク・グリーンルート
グリーンリンク・オレンジルート

ジョージ・ブッシュ・インターコンチネンタル空港
University of Houston Downtown
UH-Downtown駅
ダウンタウン水族館 Downtown Aquarium
Spaghetti Warehouse
マーケットスクエア公園 Market Square Park
サム・ヒューストン公園 Sam Houston Park
Theatre District駅
Revention Music Center
Alley Theater
Icon
ホビーセンター Hobby Center
シアターディストリクト Theater District
Preston駅(↗)
Preston駅(↙)
Jones Hall
JP Morgan Chase Tower
Theatre District駅
市庁舎
Tranquillity Park
The Sam Houston
図書館
Heritage Society
Hermann Square
Cafe Express (P.280)
Pappas Bar-B-Q (P.280)
DoubleTree
Central Main駅
Central駅
JW Marriott
Central駅
アップタウン地区 Galleria、Hotel Indigo (P.280)、DoubleTree Suites by the Galleria (P.280)
Main Street Square駅(↗)
CVS
Hyatt Regency (P.280)
ミニッツメイド・パーク Minute Maid Park
Westin Houston Downtown (P.280)
在ヒューストン日本国総領事館（30階）
Main Street Square駅(↙)
Residence Inn
Houston Center
Convention District駅
Guadalajara Del Centro (P.280)
Convention District駅
ヒューストン観光局
Marriott Marquis
The Whitehall
Bell駅(↗)
Four Seasons
EaDo/Stadium駅
Bell駅(↙)
ディスカバー・グリーン Discovery Green
Embassy Suites
BBVAコンパススタジアム
Metro RideStore
メガバス乗り場
Root Square
Hilton Americas
ジョージ・R・ブラウン・コンベンションセンター George R.Brown Convention Center
Downtown Transit Center駅(↗)
トヨタセンター Toyota Center
Downtown Transit Center駅(↙)
Houston International Hostel (P.280)
McDonald's
Holiday Inn Express
ウィリアム・P. ホビー空港、スペースセンター・ヒューストン (P.278)、ケマーボードウオーク
St. Joseph Medical Center
NRGスタジアム

歴史・文化・その土地らしさ　公園・レクリエーション・アトラクション　買い物・食事・娯楽
編集室オススメ

ヒューストン動物園　Houston Zoo

珍しい動物が待っている

こぢんまりとした動物園だが6000匹以上の動物を飼育しており、いつも家族連れでにぎわっている。なかでも**アフリカンフォレストAfrican Forest**が人気で、エリア全体がまるでアフリカのジャングルのよう。チンパンジー、サイ、キリンなど数種の動物に出合うことができる。

●**Houston Zoo**
地P.277
住6200 Hermann Park Dr.
☎(713)533-6500
URL www.houstonzoo.org
開毎日9:00～16:00（入園は閉園の1時間前まで）
休おもな祝日
料$19、シニア$12.50、2～11歳$15。9～5月の毎月第1火曜の12:00～閉園1時間前までは入園無料

日本庭園　The Japanese Garden

サム・ヒューストンの彫像の南に、アメリカと日本の友好を記念した日本庭園がある。著名な造園設計家、中島健氏が設計したものだ。2017年中に改修工事を終え、25周年を迎えた。

庭園散策で心安らぐひとときを

●**The Japanese Garden**
地P.277
住6000 Fannin St.
開毎日9:00～17:00
料無料

メニールコレクション　The Menil Collection

パークから少し離れた、閑静な住宅街にある美術館。ウォーホルやジャスパー・ジョーンズなどの現代美術から紀元前12世紀のシリアのテラコッタまで、絵画や彫刻彫像など約1万7000点を収蔵する。公開されているのは一部だが、厳選されたコレクションが並ぶ。

●**The Menil Collection**
地P.277-外
住1533 Sul Ross St.
☎(713)525-9400
URL www.menil.org
開水～日11:00～19:00
休月・火、おもな祝日
料無料
行ダウンタウンのMilam St.を走るメトロバス#82で約15分。Westheimer Rd. & Ridgewood St.で下車し、Mulberry St.を南へ7ブロック、徒歩約10分

リバー・オークス・ショッピングセンター River Oaks Shopping Center

パークの北約7km、高級住宅街にあるショッピングセンター。最初の店舗が1930年代にできたという、テキサス州のなかで最も古いショッピングセンターのひとつだ。W. Gray St.沿いにショップやレストランが70軒以上並んでいる。

●**River Oaks Shopping Center**
地P.277-外
住West Gray St. and S. Shepherd Dr.
URL www.riveroaksshoppingcenter.com
開店舗により異なる
行ダウンタウンのMilam St.を走るメトロバス#32で約20分、Gray St. & McDuffie St.下車

ヤシの木と白い建物のショップが並ぶリバー・オークス・ショッピングセンター

メモ　**おすすめショッピングポイント**▶ギャレリアP.280脚注の目の前を通るWestheimer Rd.を東へ進むと、ショップやレストランなどが密集したエリアが点在している。ダウンタウンからギャレリアへ行くメトロバス#82に乗っているときに目星をつけ、ダウンタウンへ戻る途中に立ち寄るといい。

巨大ロケットの内部も見学できる

スペースセンター・ヒューストン
住1601 NASA Pkwy.
☎(281)244-2100
URL spacecenter.org
開毎日10:00～17:00(土・日～18:00)
休おもな祝日
料$29.95、シニア$27.95、4～11歳$24.95
行行きはメトロバス#246($4.50)で約1時間10分。ダウンタウンではMilam St.とDallas St.の交差点などにバス停があり、終点がスペースセンター。ダウンタウンを7:30頃～16:20頃の約1時間おきに出発。帰りはメトロバス#249か#246も走るが本数が少なく、最終バスは17:30頃にスペースセンターを出発する。
　なお、スペースセンターへ行くメトロバスは平日のみの運行なので、週末はタクシー(料約$60)を利用することになる
※スペースセンターまで行かない便もあるので、乗車する際に確認すること

荷物が大きい場合は
　スペースセンターの入口手前にあるロッカーを無料で貸してもらえる。利用したい場合はスタッフに伝えよう

日本語パンフレット
　入口のチケットカウンターでもらうことができる

NASAのお宝を見学　地P.276-B2外

スペースセンター・ヒューストン
Space Center Houston

　ダウンタウンの南東約40kmに位置するNASA（アメリカ航空宇宙局）のジョンソン宇宙センターは、アポロ計画、スペースシャトル計画など、NASAの主要なプロジェクトの中心を担ってきた。

　敷地内の建物のほとんどは一般公開されていないが、一部が**スペースセンター・ヒューストンSpace Center Houston**として、観光客向けにオープンしている。見学には通常4～6時間要するが、夏休みなどの観光シーズンは丸1日かかるので、朝一番で訪れることをすすめる。

　時間がなくても必ず参加しておきたいのは、**ナサ・トラムツアー**と、**デスティニーシアターとスターシップギャラリー**だ。

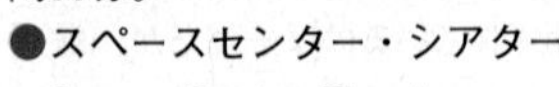

●ナサ・トラムツアー　NASA Tram Tour

　スペースセンターでいちばん人気があるアトラクション。アポロ11号月面着陸の際に使用されていたかつての管制室のほか、アポロ打ち上げに使われる予定だったサターンVロケットのあるロケットパークを見学する。所要時間は1時間30分。

間近で見るロケットは迫力満点

●スペースセンター・シアター　Space Center Theater

　2018年11月現在『エバ23 Eva23』と『ミッションコントロール Mission Control』の2種類を上映（各45分）している。巨大スクリーンに映し出される最新4K映像と、ドルビーのサウンドシステムが作り出す音楽は迫力満点だ。

●デスティニーシアターとスターシップギャラリー　Destiny Theater & Starship Gallery

　初めにデスティニーシアターでアメリカの宇宙計画史ドキュメンタリー（15分）を鑑賞し、その後スターシップギャラリーを各自で見学。月の石に触れることができ、ほかにもアポロの回収カプセルやジェミニ、マーキュリー、スカイラブなど実際に使用された宇宙船が展示されている。

宇宙への最先端技術をこの目で確かめよう

●リビング・イン・スペース　Living in Space

　宇宙飛行士が無重力のシャトルの中で、寝る、食べる、トイレに行くなどの日常生活をどのように行っているかを紹介するライブショー。選ばれた観客は宇宙での生活を疑似体験できる。所要時間は30分。

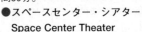

旅のアドバイス　効率よく回るために▶スペースセンターでは、アトラクションが30分～1時間ごとにそれぞれ行われている。到着したら、入口でもらえるパンフレットでその日のアトラクションの時間をチェックしよう。

●ミッション・ブリーフィングセンター
Mission Briefing Center

ロケット発射の瞬間を疑似体験したり、現在行われている任務について解説してくれる。所要時間は30分。

●レベル・ナイン・ツアーズ　Level 9 Tours

専門のガイドとともに、ジョンソン宇宙センターを4～5時間ほどかけて回る。宇宙飛行士が訓練している場所やISSミッションコントロールセンターなどを見学。定員は1日12人で要予約。ウェブサイトから予約可能。参加は14歳以上。

●Level 9 Tours
☎(281) 283-4755 (少なくとも1日前までに予約を)
出発／月～金10:45と11:45 (季節により変更されるのでウェブサイトで確認を)
料$179.95 (スペースセンターの2日券入場料は含まれている)

スポーツ観戦 Spectator Sports

 ベースボール MLB

ヒューストン・アストロズ(アメリカンリーグ西地区)
Houston Astros

当初はコルト45'sと名乗っていたが、1965年世界初のドーム球場「アストロドーム」のオープンとともにアストロズに改名した。2017年は101勝を挙げ、球団創設56年目で初のワールドチャンピオンに輝いた。2018年も断トツの強さでプレイオフに進むも、レッドソックスに敗退した。

ヒューストン・アストロズ
(1962年創設)　地P.276-B1～B2
本拠地―ミニッツメイド・パーク Minute Maid Park(4万963人収容)
住501 Crawford St.
☎(713) 259-8000
URL houston.astros.mlb.com
行メトロレイルのグリーン、パープルラインConvention District駅下車、徒歩3分

この選手に注目!
ホセ・アルトゥーベ(二塁手)

アメリカンフットボール NFL

ヒューストン・テキサンズ(AFC 南地区)
Houston Texans

2002年、リーグ増設でNFL32番目に誕生した最も若いチーム。2011シーズンから5度の勝ち越し、4度のプレイオフと好調を維持。しかし2017シーズンは主力選手をけがで欠き、わずか4勝止まり、再構築が必要な状況。チームカラーはディープ・スティールブルー、バトルレッド、リバティホワイト。

ヒューストン・テキサンズ
(2002年創設)　地P.276-A2外
本拠地―NRGスタジアム NRG Stadium (7万2220人収容)
住2 NRG Park
☎(832) 667-2000
URL www.houstontexans.com
行メトロレイルのレッドラインStadium Park/Astrodome駅下車、徒歩10分

この選手に注目!
J.J.・ワット

 バスケットボール NBA

ヒューストン・ロケッツ(西・南西地区)
Houston Rockets

2006-07シーズンから5割以上、2012-13からプレイオフ連続出場と好成績を維持。2017-18はプレイオフ決勝で王者ウォリアーズをあと一歩まで追い詰め、今シーズンはリベンジに燃える。チームカラーはレッド、シルバー、ブラック、ホワイト。

ヒューストン・ロケッツ
(1967年創設)　地P.276-B2
本拠地―トヨタセンター Toyota Center(1万8300人収容)
住1510 Polk St.
☎(713) 758-7200
URL www.nba.com/rockets
行メトロレイルのレッドラインBell駅下車、徒歩10分

この選手に注目!
ジェームズ・ハーデン

 サッカー MLS

ヒューストン・ダイナモ(西地区)
Houston Dynamo

2006年に当時のサンノゼ・アースクエイクスがヒューストンに本拠地を移しチームが創設され、いきなり2年連続優勝を果たし、その後も2度決勝まで進んだ。2018年にはUSオープンカップでも優勝。本拠地はBBVAコンパススタジアム。

ヒューストン・ダイナモ
(2005年創設)　地P.276-B2
本拠地―BBVAコンパススタジアム BBVA Compass Stadium (2万2000人収容)
住2200 Texas St.
Free (1-888) 929-7849 (チケット)
URL www.houstondynamo.com
行メトロレイルのグリーン、パープルラインEaDo/Stadium駅下車、目の前

この選手に注目!
マウロ・マノタス

レストラン&ホテル
Restaurants & Hotels

R カフェ

テキサスで展開するカフェチェーン

カフェエクスプレス
Cafe Express

住650 Main St. ☎(713)237-9222
URL cafe-express.com AMV
開月～金7:00～15:00 休土・日 地P.276-B1

メニューはサンドイッチ、サラダ、パスタなどがあり、どれも野菜をたっぷり使ったものでボリューム満点だ。セルフサービスで予算は$10～。ギャレリア➡脚注などにも支店あり。

R テックスメックス料理

ダウンタウンの人気レストラン

グアダラハラ・デル・セントロ
Guadalajara Del Centro

住1201 San Jacinto St. ☎(713)650-0101 ADMV
URL guad.com 地P.276-A2
開月～土11:00～22:00(金・土～23:00)、日12:00～21:00

ダウンタウンのDallas & San Jacinto Sts.にあるレストラン。アメリカ料理とメキシコ料理の要素を取り入れたテックスメックス料理が味わえる。人気があるのは、ファヒータやエンチラーダで、ライムの効いたマルガリータも好評だ。予算は$20～30。

R バーベキュー

人気のバーベキューレストラン

パッパスバーベキュー
Pappas Bar-B-Q

住1100 Smith St. ☎(713)759-0018
URL pappasbbq.com 開月～金朝食6:30～10:00、ランチ10:30～19:00 休土・日 地P.276-A1

ヒューストンを中心にチェーン展開するバーベキューレストラン。ダウンタウンにある店舗は昼時になるとビジネスマンで大混雑する。$12前後でアメリカ人も満腹になるボリュームのバーベキューを堪能することができる。

H ホステル

アットホームなユース

ヒューストン・インターナショナル・ホステル
Houston International Hostel

CLOSED

住5302 Crawford St., Houston, TX 77004 ☎(713)523-1009
URL www.houstonhostel.com Wi-Fi無料 ドミトリー$14.95～、個室$30～ (カード不可) 地P.276-A2外

メトロレイルMuseum District駅下車、徒歩10分。Oakdale St.とCrawford St.の角にある。チェックインは17:00～23:00、チェックアウトは8:00～10:00の間。12ベッド。

H 中級ホテル

ギャレリアまで徒歩5分

ホテルインディゴ・ヒューストン・アット・ザ・ギャレリア
Hotel Indigo Houston at The Galleria

住5160 Hidalgo St., Houston, TX 77056 ☎(713)621-8988
URL www.ihg.com/ ⓈⒹⓉ$79～、スイート$119～
ADJMV Wi-Fi無料 地P.276-A1～A2外

ダウンタウンからメトロバスで約50分。ショッピングモール、ギャレリア➡脚注の裏手にある。ホテル全体がカラフルな色使いでセンスよくまとめられている。158室。

H 中級ホテル

ショッピングモールに隣接で便利

ダブルツリー・スイーツ・ヒューストン・バイ・ザ・ギャレリア
DoubleTree Suites Houston by the Galleria

住5353 Westheimer Rd., Houston, TX 77056
☎(713)961-9000 URL doubletree3.hilton.com Wi-Fi$9.95
ⓈⒹⓉ$153～、スイート$184～ ADJMV 地P.276-A1～A2外

全室スイート。ギャレリア➡脚注に隣接しており、夜遅くまでショッピングが楽しめる。3マイル（約4.8km）以内の区域へのシャトルサービスあり。476室。

H 高級ホテル

野球観戦ならここ

ウェスティン・ヒューストン・ダウンタウン
Westin Houston Downtown

住1520 Texas Ave., Houston, TX 77002 ☎(713)228-1520
URL www.westinhoustondowntown.com Wi-Fi$9.95(客室)
ⓈⒹⓉ$169～、スイート$229～ ADJMV 地P.276-B2

MLBアストロズの本拠地、ミニッツメイド・パークの斜め向かい。コンベンションセンターやディスカバリーグリーンも近く、立地は抜群。200室。

H 高級ホテル

高層ビルが林立するダウンタウンの中心

ハイアット・リージェンシー・ヒューストン
Hyatt Regency Houston

住1200 Louisiana St., Houston, TX 77002
☎(713)654-1234 FAX(713)375-4628
URL www.hyatt.com Wi-Fi無料
ⓈⒹⓉ$199～、スイート$449～ ADJMV 地P.276-A2

ヒューストンでも最大級のホテル。29階まで吹き抜けのロビーは、開放的でありながら落ち着いた印象。ダウンタウンエリア内での無料シャトルサービスあり。955室。

メモ ギャレリア Galleria ▶アップタウンにある巨大ショッピングモール。約400の店舗が集まり、屋内スケートリンクまで併設している。住5085 Westheimer Rd. ☎(713)966-3500 URL www.simon.com 開月～土10:00～21:00、日11:00～19:00(店舗により異なる) 行ダウンタウンからメトロバス#82で約35分 地P.276-A1～A2外

リバーウオークが観光の中心

リメンバー・ジ・アラモ

サンアントニオ

San Antonio

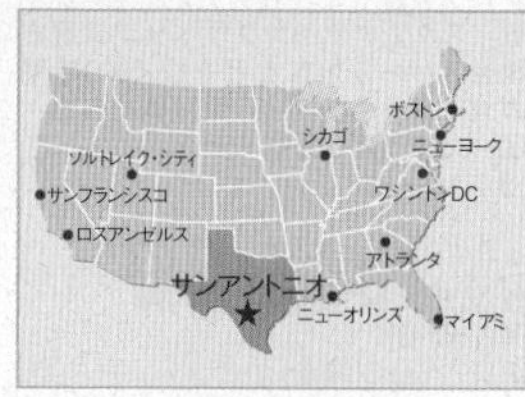

町の中心を流れるサンアントニオ川。夜の川面にはネオンがキラキラと反射し、川沿いには多くの観光客がレストランに列をなし、名物のリバーボートがひっきりなしに往来している。サンアントニオ川を中心に栄えたロマンティックな町は、1836年に起こった“アラモの戦い”の舞台として誰もが知っている、歴史と文化に包まれた魅力的な所。2015年にはアラモの戦いの舞台であるアラモ砦と、ダウンタウンの南にある4つのミッション（伝道所）が世界遺産に登録された。今後、さらに多くの観光客が世界中から訪れ、これまで以上の混雑が予想される。

DATA

人口▶約151万1900人
面積▶1194km²
標高▶最高305m、最低154m
TAX▶セールスタックス　8.25%
ホテルタックス　16.75%
属する州▶テキサス州　Texas
州のニックネーム▶ひとつ星の州　Lone Star State
州都▶オースチン　Austin
時間帯▶中部標準時（CST）➡P.631
繁忙期▶年間を通して

San Antonio
―サンアントニオの平均最高気温
―サンアントニオの平均最低気温
…東京の平均最高気温
…東京の平均最低気温
▮サンアントニオの平均降雨量
▮東京の平均降雨量
(℃) (mm) (月)

サンアントニオへの行き方　Getting There

飛行機　Plane

サンアントニオ国際空港
San Antonio International Airport（SAT）

ダウンタウンから北へ約16km、車で15分の距離に位置し、ダラスやヒューストン、デンバーなどからの便がある。ダウンタウンへは、空港シャトル、もしくは、路線バス（VIAバス#5）、タクシーで。

長距離バス　Bus

バスディーポは、ダウンタウンのSt. Mary's St.とPecan St.の角にあり便利。ヒューストンから毎日6便（約3時間30分）、ダラスから毎日11便（約5時間）が乗り入れている。

鉄道　Train

シカゴ～サンアントニオ間を結ぶテキサスイーグル号が1日1便、ニューオリンズ～ロスアンゼルス間を結ぶサンセットリミテッド号が週3便走っており、それぞれサンアントニオに停車する。駅はダウンタウンの東1km。

サンアントニオ国際空港
地P.282-A1外
住9800 Airport Blvd.
☎(210)207-3411
URL www.sanantonio.gov/sat
●**SuperShuttle（空港シャトル）**
Free (1-800)258-3826
URL supershuttle.com
運行／24時間（カウンターは深夜休み）
料ダウンタウンまで$20
●**VIA Bus #5（路線バス）**➡P.282
料$1.30（ダウンタウンまで約30分）
●**Yellow Cab（タクシー）**
☎(210)222-2222
料ダウンタウンまで約$24～29（約25分）

グレイハウンド・バスディーポ
地P.282-A1
住500 N. St. Mary's St.
☎(210)270-5868
開24時間

アムトラック駅
地P.282-B2
住350 Hoefgen St.
Free (1-800)872-7245
開毎日9:00～翌7:00

冬のサンアントニオ▶冬なので町は閑散としているかと思いきや、多くの観光客で人気のレストランは大混雑していた。ダウンタウンの駐車場もどこも満車で、市内のバスも遅延がすごかった。
（山形県　TARO　'16）['18]

Getting Around サンアントニオの歩き方

ホップオン・ホップオフ・バスツアー
●City Sightseeing San Antonio
☎(210) 224-8687
URL www.citysightseeingsanantonio.com
料1日券$35、5〜11歳$20。2日券$39、5〜11歳$21.99
運行／毎日8:40〜17:30
※アラモ砦やヒストリック・マーケット・スクエア、キングウィリアム歴史地区、パール地区などを回る約1時間のガイド付きツアー。乗り降り自由、20〜30分間隔で運行

サンアントニオ観光案内所
地P.282-B1
住317 Alamo Plaza
Free (1-800) 447-3372
URL www.visitsanantonio.com
開毎日9:00〜17:00
休おもな祝日

まず、観光案内所で資料を入手したい

VIAバス
☎(210) 362-2020
URL www.viainfo.net
料バス、プリモ(大型バス)とも$1.30、エクスプレス$2.60、1日券$2.75
●VIA Bus
運行／#301：毎日7:00〜23:00（土・日9:00〜）
●VIA Downtown Information Center
地P.282-A1
住211 W. Commerce St.
☎(210) 475-9008
開月〜金7:00〜18:00、土9:00〜14:00
休日

ヒストリック・マーケット・スクエアにあるレストランではマリアッチも聴ける

ダウンタウンの中心部は徒歩圏内、少し離れた見どころへはVIAバスが便利だ。まずは、アラモ砦に行ってサンアントニオの歴史を知ろう。そのあと、ショップやレストランが並ぶリバーウオーク沿いを散策。時間がない人はダブルデッカーがおすすめ。

1日中乗り降りできるダブルデッカーバスは、おもな見どころを回るので効率がいい

観光案内所 Visitors Information

サンアントニオ観光案内所
San Antonio Visitor Information Center

アラモ砦の向かいにあり、VIAバスの停留所も目の前にある。地図やバスの時刻表、見どころの資料などが豊富に揃う。また、周辺にはギフトショップも多数軒を連ねている。

市内の交通機関 Public Transportation

VIAバス
VIA Bus

ダウンタウンを中心に走る市バスのVIAは96の路線が市内をくまなく走っている。観光客に便利な路線はアラモ砦やヒストリック・マーケット・スクエアを回る#301など。1日券は各所に設置されている券売機や、ダウンタウンの**VIAインフォメーションセンターVIA Downtown Information Center**などで購入可能。

おすすめレストラン▶ダウンタウンにあるSchilo's Delicatessenは1917年から続く老舗ドイツレストラン。ランチどきは行列ができるほどの人気だ。住424 E. Commerce St. ☎(210) 223-6692 URL www.schilos.com 開日〜木7:30〜14:30、金・土〜19:30 休おもな祝日 地P.282-B1

おもな見どころ Sightseeing

アメリカ人の愛国心が永遠に宿る　地P.282-B1

アラモ砦
The Alamo

1836年、テキサスがメキシコから独立するための戦場となった所で、2015年、世界遺産に登録された。

歴史は古く、1720年代にミッション（伝道所）として建造され、1800年代初めからメキシコ軍の駐屯地として使用された。1835年アメリカ軍が砦である駐屯地を取り返すが、3ヵ月後にメキシコ軍の猛反撃にあい、189人の死者を出して陥落（アラモの戦い）。現在は、テキサスの自由を勝ち取るためにメキシコと戦ったアメリカ兵をたたえる記念館（アラモ砦）となっている。中央の聖堂には、当時を再現した砦のジオラマや英雄の遺品が展示され、戦いがいかに壮絶であったか実感できるだろう。アラモの戦いを深く理解するために、事前にショップス・アット・リバーセンターのアイマックスシアターで上演されている『Alamo : The Price of Freedom』（48分）を鑑賞するといい。

サンアントニオ人気 No.1 の観光ポイント　地P.282-A1～B2

リバーウオーク（パセオ・デル・リオ）
River Walk (Paseo del Rio)

ダウンタウンの中心を流れるサンアントニオ川沿いにある遊歩道。ショップス・アット・リバーセンターから観光案内所、サンアントニオ美術館、ミッションズまでの約20kmを結ぶ。車が通る地上から1階下のレベルにあり、都会の喧騒から逃れることができる憩いの場だ。ダウンタウン中心部は川の両側をショップやホテル、レストラン、バーなどが並び、昼夜を問わず多くの人でにぎわう。夜はライトアップされロマンティック。また、**リバーボートRiver Boat**に乗って、リバーウオーク沿いを歩く人や色鮮やかに装飾された建物を眺めるのもおすすめだ。

川沿いでひと休憩するといい

ダウンタウンの東にある広大な公園　地P.282-B2

ヘミスフェアパーク
Hemisfair Park

1968年に開催されたサンアントニオ国際博覧会の会場だった。現在は19.2エーカー（約7万7700m^2）の緑豊かな公園になっていて、文化研究所やタワー、コンベンションセンターなどが集まる。高さ229mの**タワー・オブ・ジ・アメリカスTower of the Americas**の展望台からは、ダウンタウンを360度見渡すことができ、レストランもある。また、その東にある**テキサス文化研究所The Institute of Texan Cultures**は、テキサス州の文化に焦点を当てた博物館。スペインをはじめ多くの民族が混ざり合って成り立っているテキサス州の文化を知ることができる。

サンアントニオで必訪の見どころ

アラモ砦
住300 Alamo Plaza
☎(210) 225-1391
URL www.thealamo.org
開毎日9:00～17:30（春・夏期は～19:00）
休12/25
料無料（日本語オーディオガイド$7）
●**AMC Rivercenter 11 with Alamo IMAX**
地P.282-B1
住849 E. Commerce St.
Free (1-888) 262-4386
URL www.amctheatres.com
料$11.49、2～12歳$8.79
上映／毎日10:00～17:00の1時間間隔

リバーウオーク
URL www.thesanantonioriverwalk.com
●**River Boat**
リバーウオーク沿いをボートに乗って1周するツアー。所要約45分
開毎日9:00～22:00（水かさ、季節によって変更あり）。約35分
料$12、シニア$9、1～5歳$6。チケットオフィスはショップス・アット・リバーセンター（地P.282-B1）ほか4ヵ所にある

ヘミスフェアパーク
住434 S. Alamo St.
URL hemisfair.org
開毎日5:00～24:00
●**Tower of the Americas**
住739 E.Cesar E. Chavez Blvd.
☎(210) 223-3101
URL www.toweroftheamericas.com
開毎日10:00～22:00（金・土～23:00）
料$13、シニア$11、4～12歳$10
●**The Institute of Texan Cultures**
住801 E. Cesar E. Chavez Blvd.
☎(210) 458-2300
URL www.texancultures.com
開毎日9:00～17:00（日12:00～）
料$10、シニア（65歳以上）$8、6～17歳$8

ヘミスフェアパークにあるタワー・オブ・ジ・アメリカスの展望台からの眺めもいい

メモ　ダウンタウンにある Paris Hatters ▶ B. B. King や ZZ Top、Bob Dylan など、数えきれないほどの著名人が帽子をオーダーした老舗帽子店。狭い店内にびっしりと積まれたハットは壮観だ。パリスハッターズ 住119 Broadway St.　☎(210) 223-3453　URL www.parishatters.com　開月～土 10:00～18:30、日 12:00～17:00　地P.282-B1

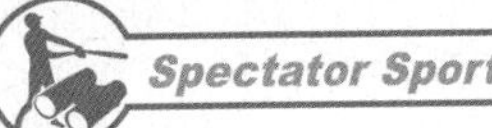

Spectator Sports スポーツ観戦

サンアントニオ・スパーズ
(1967年創設) 地P.282-B1外
本拠地——AT&Tセンター AT&T Center
(1万8418人収容)
住1 AT&T Center Pkwy.
☎(210)444-5000
URL www.nba.com/spurs
行ダウンタウンからVIAバス#24で約30分

この選手に注目!
デマー・デローザン

バスケットボール NBA

サンアントニオ・スパーズ(西・南西地区)
San Antonio Spurs

1996年、HCポポビッチが就任、2年目の1997-98シーズンから勝ち越しを続け、プレイオフも連続出場、5度のファイナル制覇を遂げる強靭なチームを作り上げた。しかしここ3シーズンは勝ち星を減らしつつあり、長期政権に暗雲が。チームカラーはブラック、シルバー。

ショップ&レストラン&ホテル
Shop & Restaurant & Hotels

市場
S ダウンタウンの西にある
ヒストリック・マーケット・スクエア
Historic Market Square

住514 W. Commerce St. ☎(210)207-8600
開毎日10:00〜18:00(店舗により異なる)
地P.282-A1

ギフトショップやレストランなどが集まるマーケット。アメリカ国内で最大規模を誇るメキシコ市場といわれている。土・日の昼どきがいちばん活気があり、多くの旅行客でにぎわう。

パン屋&メキシコ料理
R 町の名物レストラン
ミ・ティエラ・カフェ&ベーカリー
Mi Tierra Cafe & Bakery

住218 Produce Row ☎(210)225-1262
URL www.mitierracafe.com
開24時間 AMV 地P.282-A1

ダウンタウンから歩いて10分のヒストリック・マーケット・スクエアにある。夕食どきには地元の人から観光客までが並び、1時間待ちもざらだとか。メキシコ風パンも販売している。予算は$20〜。

中級ホテル
H 朝食付きの快適ホテル
フェアフィールドイン&スイーツ・サンアントニオ・ダウンタウン
Fairfield Inn & Suites San Antonio Downtown

住620 S. Santa Rosa, San Antonio, TX 78204
☎(210)299-1000 FAX(210)299-1030 URL www.marriott.com
Wi-Fi無料 AMV ⓈⒹⓉ$80〜228 地P.282-A2

ヒストリック・マーケット・スクエアから徒歩10分と便利なロケーション。マリオット系なので部屋は広く清潔で、電子レンジと冷蔵庫が備わっている。駐車場も無料で、屋内プールもある。ロビーが改装されたばかりなので、気持ちがいい。

エコノミーホテル
H ダウンタウンではお手頃な値段
ラ・キンタ・イン&スイーツ・サンアントニオ・マーケットスクエア
La Quinta Inn & Suites San Antonio Market Square

住900 Dolorosa St., San Antonio, TX 78207 ☎(210)271-0001
FAX(210)228-0663 URL www.laquintasanantoniodolorosa.com
ⓈⒹⓉ$69〜199 AMV Wi-Fi無料 地P.282-A1

VIAバスのレッドラインが停まるヒストリック・マーケット・スクエアの南にあるホテル。すべての客室にコーヒーメーカーやドライヤーがある。朝食無料。125室。

高級ホテル
H ダウンタウンの中心にある
ホテル・バレンシア・リバーウオーク
Hotel Valencia Riverwalk

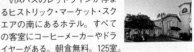

住150 E. Houston St., San Antonio, TX 78205 ☎(210)227-9700 Free(1-855)-596-3387
FAX(210)227-9701 URL www.hotelvalencia-riverwalk.com
料ⓈⒹⓉ$199〜399、スイート$419〜 ADMV Wi-Fi無料 地P.282-A1

アラモ砦まで徒歩8分ほどと立地がいいブティックホテル。スペイン・コロニアル風のインテリアは若者を中心に人気がある。結婚式も行われる中庭にはさんさんと太陽光が降り注ぐ。レストランDorrego's Restaurant & Naranja Barはアルゼンチンの影響を受けた料理で好評。213室。

メモ 洗練されたテキサス料理▶繊細な味つけで地元の人たちからも評判のレストラン。ブゥードロス Boudro's 住421 E. Commerce St. at River Walk ☎(210)224-8484 URL www.boudros.com 開毎日11:00〜23:00(金・土〜24:00) 地P.282-B1

ロッキー山脈と西部
テキサス州

エルパソ El Paso

メキシコ国境の町

エルパソは国境の町。メキシコも見渡せる

メキシコと国境を接する都市、エルパソ。ヒスパニック系アメリカ人が占める割合が80%を越え、スペイン語があちこちから聞こえてくる。町の看板にもスペイン語が躍り、メキシコ税関から延びるエルパソ通りには、メキシコ人相手の衣類店や屋台、雑貨店などが軒を連ねている。

麻薬カルテルの抗争で死者を多く出し、紛争地帯以外で最も危険な都市といわれていたメキシコ側の町シウダーフアレスは、2013年をピークに犯罪率が著しく低下。行政も観光に力を入れ始め、町に多くの人が繰り出すようになってきている。ドナルド・トランプ政権の下、今後どのようになるかはわからないが、現在は住人も観光客も、エルパソとシウダーフアレスを気軽に往来している。

1年のうち300日以上は晴天といわれ、住人の気質も明るくフレンドリーだ。町を歩く人たちのスピードも心なしかゆっくりしており、開放的な雰囲気が町全体を覆っている。アメリカでありながら限りなくメキシコな町は、エルパソ以外ほかにない。

メキシコからアメリカへ行くための車列

DATA

人口▶約68万3600人
面積▶661km²
標高▶最高1244m、最低1126m
TAX▶セールスタックス　8.25%
ホテルタックス　17.50%
属する州▶テキサス州 Texas
州のニックネーム▶ひとつ星の州 Lone Star State
州都▶オースチン　Austin
時間帯▶山岳部標準時 (MST)
➡P.631
繁忙期▶7、8、11、12月

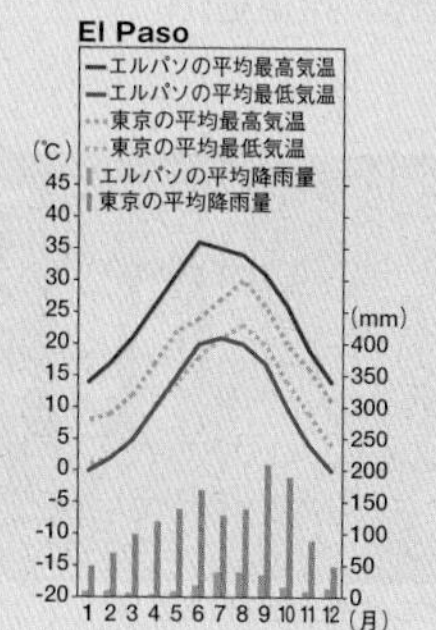

Getting There エルパソへの行き方

エルパソ国際空港
地P.289-B外
住6701 Convair Rd.
☎(915)212-0330
URL www.elpasointernationalairport.com

路線バスでダウンタウンまで行ける

飛行機 Plane

エルパソ国際空港
El Paso International Airport (ELP)

カラフルな色使いの空港

ダウンタウンの北東約11kmにある。ヒューストンやデンバー、フェニックスなどから乗り入れ、サウスウエスト航空やユナイテッド航空のフライトが多い。観光案内所とレンタカー会社のカウンターは到着階にある。

■ 空港から／空港へのアクセス

	種類／名称／連絡先	行き先／運行／料金	乗車場所／所要時間／備考
空港シャトル	アミーゴシャトル Amigo Shuttle ☎(915)355-1739	行き先▶市内や周辺都市どこでも 運行▶24時間随時 料金▶ダウンタウンまで約$25	空港発▶空港に営業所はないので、バゲージクレームエリアにある専用電話で手配するか、事前に電話などで予約し、タクシー乗り場先の駐車場から乗車。カールスバッドやホワイトサンズ（→P.291）などへのツアーも催行している 空港行き▶事前に電話などで予約をしてから乗車 所要時間▶ダウンタウンまで約25分
空港シャトル	フアレス・エルパソ・シャトルサービス Juarez El Paso Shuttle Services ☎(915)740-4400	行き先▶市内や周辺都市どこでも 運行▶24時間随時 料金▶ダウンタウンまで約$25	
路線バス	サンメトロ・バス #33 Sun Metro Bus #33 ☎(915)212-3333	行き先▶ダウンタウンなど 運行▶月～金4:35～20:13、土5:20～20:58、日・祝日6:15～18:15の約45～80分間隔 料金▶$1.50	空港発▶正面出入口を出て、西端にあるバス停から乗車 空港行き▶バート・ウィリアムズ・ダウンタウン・サンタフェ・トランスファー・センターから乗車 所要時間▶ダウンタウンまで約35分
タクシー	サンシティキャブ Sun City Cab ☎(915)544-2211	行き先▶市内どこでも 運行▶24時間随時 料金▶ダウンタウンまで約$35、シウダーフアレスまで約$47	空港発▶正面出入口を出た所にあるタクシー乗り場から乗車 空港行き▶事前に電話予約、または主要ホテルから乗車 所要時間▶ダウンタウンまで約20分

※それぞれの乗り物の特徴については ➡P.665

グレイハウンド・バスディーポ
地P.288-A2
住200 W. San Antonio St.
☎(915)532-5095
開24時間

アムトラック駅
地P.288-A1
住700 W. San Francisco Ave.
Free (1-800)872-7245
開毎日9:15～16:30

ダウンタウンの端にある
アムトラック駅

長距離バス Bus

グレイハウンド・バスディーポ
Greyhound Bus Depot

ダウンタウンの中心であるサンハシント広場の南西にあり、広場へは歩いて5分ほど。カフェやコインロッカーがある。ロスアンゼルス（所要約16～17時間）やフェニックス（所要約8～9時間）から毎日7便、サンアントニオ（所要約10時間30分）などから毎日2便が乗り入れる。

ダラスからの直行便は1日4便運行

鉄道 Train

アムトラック駅
Amtrak Station

サンセットリミテッド号とテキサスイーグル号が停車する。サンハシント広場まで歩いて約12分。サンメトロのサーキュレーター#4も停車する。

エルパソ国際空港▶メキシコと国境を接する土地柄、セキュリティチェックが厳しく、出発便が重なる時間帯には長い列ができる。時間に余裕をもって空港に行ったほうがいい。

エルパソの歩き方 Getting Around

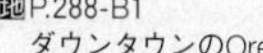

ダウンタウンはこぢんまりしており、グレイハウンドやアムトラック駅、シウダーフアレスなどへは徒歩でアクセス可能だ。ダウンタウンの中心は**サンハシント広場San Jacinto Square**。観光はここから始めるといいだろう。そのほかの見どころは郊外に点在しており、移動に路線バスを使うのであれば2〜3日は滞在したい。サンハシント広場の南にある**エルパソ通り**は、日没後も多くの人がショッピングを楽しんでおり、歩いていても治安に不安は感じない。

夜もにぎわうエルパソ通り

エルパソは、世界遺産のカールスバッド洞穴群国立公園や、ホワイトサンズ国定公園を観光する拠点にもなる町だ。車があればぜひ足を運んでほしい。

サンハシント広場
地P.288-B1

ダウンタウンのOregon、Mesa Sts.とMain Dr.、Mills Ave.に囲まれたブロックがサンハシント広場 San Jacinto Squareで、周りにはファストフードやみやげ物屋が並んでいる

陽気な人たちが多い

観光案内所 Visitors Information

ユニオンディーポ観光案内所
Union Depot Visitor Information Center

レイルロード＆トランスポーテーション・ミュージアム内にある観光案内所。路線バスのスケジュールのほか、市内や近郊の見どころ情報を親切に教えてくれる。エルパソ国際空港にも案内所があるので、飛行機で到着したら立ち寄っておこう。

San Antonio Ave. に面している

ユニオンディーポ観光案内所
地P.288-A2
住400 W. San Antonio Ave.
☎(915) 534-0661
URL www.visitelpaso.com
開月〜土9:00〜16:00（土〜14:00）
休日

市内の交通機関 Public Transportation

サンメトロ・バス
Sun Metro Bus

エルパソ市とその近郊の町の公共交通を担う路線バス。ダウンタウンでは、ほとんどの路線が**バート・ウィリアムズ・ダウンタウン・サンタフェ・トランスファー・センターBert Williams Downtown Santa Fe Transfer Center**を発着する。路線図や時刻表、パス類も入手可能。2018年秋にストリートカーが開業した。

サーキュレーター　Circulator

ダウンタウンを循環するバスが2路線走っている。#4はマゴフィンホームやアムトラック駅、#9はダウンタウンのショッピングエリアを通る。

サンメトロ・バス
☎(915) 212-3333
URL www.sunmetro.net
料$1.50、トランスファー（乗り換え）2時間以内無料、1日券$3.50
●**Bert Williams Downtown Santa Fe Transfer Center（案内所）**
地P.288-A2
住601 Santa Fe St.
開月〜金6:00〜18:00、土8:00〜16:00
●**Circulator**
運行／#4は月〜金6:15〜18:15の20分間隔、土7:55〜18:55の30分間隔、日、祝日8:30〜18:30の30分間隔。#9は月〜金7:00〜18:24、土8:00〜17:18、日9:00〜17:06の30分間隔
料無料
●**Streetcar**
運行／月〜木7:00〜19:00、金〜翌1:00、土9:00〜翌1:00、日9:00〜17:00
料$1.50

ほとんどのバスが発着するバート・ウィリアムズ・ダウンタウン・サンタフェ・トランスファー・センター

メモ **エルパソ周辺でいちばん人気があるメキシカン**▶いつも地元の人々でにぎわっている。予算$10〜15。Los Bandidos de Carlos & Mickey's 住1310 Magruder St. ☎(915) 778-3323 開毎日11:00〜22:00 行ダウンタウンからサンメトロ・バス#50で約30分、または#33で30分、Montana Ave. & Brunner Pl.下車、徒歩10分 地P.289-B外

おもな見どころ

マゴフィンホーム
住1120 Magoffin Ave.
☎(915)533-5147
URL www.thc.texas.gov
開火～日9:00～17:00
ツアー／毎正時出発（最終ツアーは閉館1時間前）
休月、おもな祝日
料$7、学生$4、5歳以下無料
行ダウンタウンのトランスファーセンターからサーキュレーター#4で約10分

かつての西テキサスの商人の家 地P.289-A

マゴフィンホーム
Magoffin Home State Historic Site

メキシコから渡ってきた開拓者で、政治家や商人として成功した**ジョセフ・マゴフィンJoseph Magoffin**が建てた家。1875年頃から110年以上にわたって彼の家族が住み続けた。

建築様式は、テキサス州西部からニューメキシコ州を中心としたネイティブアメリカンの家屋に使われたもの。テキサスがまだ準州だった時代の、なかでも1865～1880年頃にアメリカ南西部で流行した**アドービ（日干しれんが）**とギリシャ復古調の装飾が見られるのが特徴だ。内部の見学はガイドによるツアー（所要60分弱）のみ。受付はマゴフィンホームの前の道を渡った正面にあるビジターセンターで。

調度品から当時の生活を知ることができる

テキサス大学エルパソ校
住500 W. University Ave.
☎(915)747-5000
URL www.utep.edu
行サンメトロ・バス#10、14、15などでOregon St. at University Ave.下車。校内は無料シャトルバスが運行
●**Centennial Museum & Chihuahuan Desert Gardens**
住Wiggins Rd. & University Ave.
☎(915)747-5565
URL admin.utep.edu
開月～土10:00～16:30
休日、大学の休暇期間など
料無料

スペイン語もポピュラーな大学 地P.289-A

テキサス大学エルパソ校
University of Texas at El Paso（UTEP）

ダウンタウンの北西、フランクリン山脈の麓に広大なキャンパスをもつテキサス大学エルパソ校（UTEP“ユーテップ”と発音する）は1914年に創立され、2万人以上の学生が勉学に励んでいるマンモス大学。校内には、エルパソ周辺で発見された化石や鉱物の展示を中心に、この地域の人間史と自然史について高い評価を受けている**百年記念博物館&チワワン砂漠植物園 Centennial Museum & Chihuahuan Desert Gardens**がある。モザイクをあしらった建物のデザインは、ここの風土にマッチしたもので美しい。

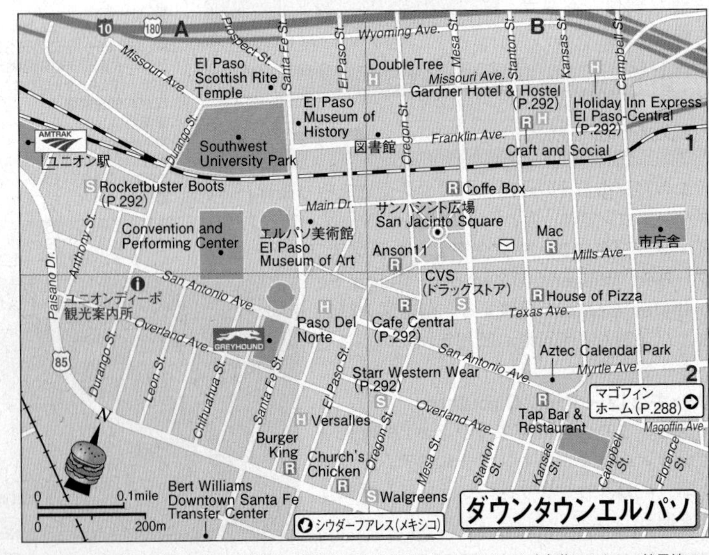

メモ エルパソ美術館▶ダウンタウンに位置する美術館。7000点以上のコレクションを収蔵。メキシコ植民地アートや1700～1800年代の祭壇画などを見ることができる。入場無料。El Paso Museum of Art 住1 Arts Festival Plaza 開火～日9:00～17:00（木～21:00、日12:00～） 地P.288-A1

キリスト教はこの道を通って広まった 地P.289-B外

ミッショントレイル
Mission Trail

9マイル（約14km）のトレイル沿いに3つのミッション（伝道所）がある。約400年前に始まったスペイン人のキリスト教布教の歴史と、テキサス開拓、ネイティブアメリカンの生活の変化など、アメリカ史の側面に触れることのできる道だ。

3つのミッションは、ダウンタウンに近いほうから**イスレタミッションYsleta Mission**（1680年創設）、**ソコーロミッションSocorro Mission**（1682年創設）、**サン・エリザリオ・プレシデオ教会San Elizario Presidio Chapel**（1789年創設、現在の建物は1877年に建て直された）。少なくとも、ひとつは教会の内部に入ってみよう。アドービの影響が見られる小さな木造の教会内は、厳かな雰囲気が漂う。イエス・キリストや聖母、聖者たちの像からその歴史を感じとることができるだろう。これらの教会は現在もその機能を果たしており、敬けんな信者たちが祈りをささげる姿を見ることができる。

ミッショントレイル
URL www.visitelpasomissiontrail.com
行 サンメトロ・バス#3、61で終点のNestor A. Valencia Mission Valley Transfer Centerで下車すると、イスレタミッションは徒歩5分。そこからサンメトロ・バス#60に乗り換えればソコーロミッション（ダウンタウンから所要約1時間30分）、#84に乗り換えればサン・エリザリオ・プレシデオ教会（ダウンタウンから所要約2時間）まで行くことができる

●**Ysleta Mission**
住 131 S. Zaragoza Rd.
☎ (915) 859-9848
開 月～土7:00～16:00（時期により異なる）
休 日、おもな祝日

●**Socorro Mission**
住 328 S. Nevarez Rd., Socorro
☎ (915) 859-7718
開 月～金10:00～16:00、土・日9:00～18:00（日～13:00）

●**San Elizario Presidio Chapel**
住 1556 San Elizario Rd., San Elizario
☎ (915) 851-2333
開 月～金7:00～9:30

メキシコとの国境が眺められる 地P.289-A

シーニックドライブ
Scenic Drive

ダウンタウンの北にあるフランクリン山脈は、ロッキー山脈の最南端。その山脈の南を走る道路の中腹にはふたつの国と3つの州が一度に見渡せる展望台があり、美しく迫力のある眺望が楽しめる。南を向けば、エルパソのダウンタウンのビル群、その向こうに広がるのはシウダーフアレス（メキシコ）の市街地だ。西方の十字架が立った山の向こうがニューメキシコ州である。車があればぜひ、夜訪れてみよう。シウダーフアレスの広がるような市街地にオレンジ色のライトがともり、その美しさは格別だ。

シーニックドライブ
行 展望台に行く路線バスはない。車でダウンタウンの中心を走るMesa St.を北上し、Kerbey Ave.を東へ約2km。途中からRim Rd.、Scenic Dr.に変わり、その先に展望台がある。所要約10分
※シーニックドライブとは、風光明媚なドライブコースのこと

ダウンタウンからほど近い所にあるドライブコース

ブリス砦
●Fort Bliss & Old Ironsides Museums
住Building 1735, Marshall Rd., Fort Bliss
☎(915)568-5412
URL www.bliss.army.mil/museum/
開月～金8:30～16:00、土10:00～15:00
休日、おもな祝日　料無料
行サンメトロ・バス#35、50、55で約25分のファイブポインツ・ターミナルへ。そこで#30に乗り換え約30分。ショッピングモールの前にあるバス停で降ろしてもらう。博物館の前にある駐車場にはミサイルなどが大量に展示されている

アメリカ軍の敷地にある博物館　地P.289-B外

ブリス砦
Fort Bliss

1840年代にできた辺境の小さな砦が、現在アメリカ最大級の大きさを誇る防空基地になっている。全米各地のみならず世界各国から集まった兵士が毎日訓練しているアメリカ軍基地だ。広大な駐屯地の中にはオフィスビルや訓練場のほかに、ショッピングモール（Freedom Crossing）や軍事博物館がある。基地内をサンメトロ・バス#30が走るが、敷地に入る際に**パスポートなど顔写真付きのIDチェック**があるので、忘れずに持参しよう。

敷地内のショッピングモールでは軍人たちもリラックスしている

ブリス砦とオールド・アイアンサイズ博物館
Fort Bliss & Old Ironsides Museums

大砲やミサイルのみに関するアメリカで唯一の博物館。館内には実際の戦争で使われた大砲や火器が展示されており、戦争の歴史とこれらの兵器が使われた背景について知ることができる。武器や軍服を展示したスペースもある。

シウダーフアレス観光局
住Av. De Las Americas 2551
☎(656)325-6555
URL www.visitajuarez.com
開月～金9:00～17:00、土・日10:00～15:00

国境通行料
料50¢（アメリカからメキシコ）、25¢（メキシコからアメリカ）

国境の待ち時間
メキシコへ渡る際は、ほとんど待つことがないが、アメリカへ戻る際は長蛇の列になっていることも。1時間かからずに通れることがほとんどだが、ウェブサイト（下記）でも待ち時間が確認できる。国境はいくつかあるが、Paso Del Norte（El Paso Bridge）がエルパソのダウンタウンとの国境だ。
URL www.elpasotexas.gov/international-bridges/wait-times
URL alpuente.mx/en/Juarez

シウダーフアレス（メキシコ）　Ciudad Juarez(Mexico)

2013年頃までは、世界で最も危険な町のひとつとして数えられていたシウダーフアレス。原因はふたつの麻薬カルテルの縄張り争いだった。しかし近年、麻薬カルテルは町から一掃され、**平穏が戻りつつある**。観光客誘致のため、ダウンタウンには広場を新設、国境から続く道も大規模工事を行い、見違えるほどきれいになった。**日中であれば広場周辺は問題なく歩くことができる**だろう。物価が安いため、エルパソからも多くの買い物客が訪れ、休日はかなり混雑している。

エルパソのダウンタウンからEl Paso St.を南へ行くと、メキシコへと続く国境の橋、**エルパソ橋El Paso Bridge**がある。向かって右側が税関で、税関を通り橋を渡ると**ベニート・フアレス通りAv. Benito Juarez**が真っすぐ延び、シウダーフアレスの中心部にある広場まで、徒歩10分ほどでたどり着く。広場周辺には露店があったり、路上パフォーマンスが行われたりと、ほかの都市と大差はない。広場を越えベニート・フアレス通りをさらに奥へ進むと、ローカル向けの市場が多くなり、アジア人や欧米人が極端に少なくなる。**日本人は何もせずとも目立ってしまう**ので、行く際はくれぐれも**注意を怠らないように**。

シウダーフアレスでは**英語がほとんど通じなく**、警察なども英語を話せない率が高い。アメリカドルは使えるが、**メキシコペソのほうが正規の価格で買い物や食事をすることができ**、利便性は間違いなく高い。国境付近に換金所があるので、$10程度は換金しておくことをすすめる。アメリカへ戻る際は国境に行列ができていることもしばしば。**時間に余裕をもって行動するように**。

にぎやかな雰囲気のシウダーフアレス

旅のアドバイス　車で国境越えは……▶アメリカで借りたレンタカーで国境を越えることは、ほとんどの会社が禁止している。また、車だとトラブルの可能性も高くなるので、おすすめできない。徒歩が確実だ。

郊外の見どころ Excursion

世界最大級の鍾乳洞群 地P.289-B外

カールスバッド洞穴群国立公園
Carlsbad Caverns National Park

エルパソから車で3時間30分ほど東へ走った所に、世界遺産に登録された巨大な鍾乳洞群がある。なかでも**レチュギアケイブLechugilla Cave**は地下489m、長さ198kmに及ぶ大きさだ。内部は定められたルートを歩くほか、レンジャーによるツアーに参加して地下の世界を見学できる。注目はビッグルームと名づけられた高さ約80mにもなる地下空間。さまざまな形の鍾乳石を見ることができ、神秘的な世界が広がっている。※内部は寒いため上着が必要。

4月下旬～10月中旬（毎年異なる）に訪れるなら、日没の頃まで待っていよう。洞穴にすみついた約40万匹のメキシカン・オヒキコウモリが、餌を求めていっせいに外へと飛び立つ姿を見ることができる。

カールスバッド洞穴群国立公園
住727 Carlsbad Caverns Hwy., Carlsbad, NM ☎(575) 785-2232
URL www.nps.gov/cave
開毎日8:30～（入場時間に制限があり、夏期は15:30、冬期は14:30までに入場すること）。洞穴に入るにはツアーの予約を
ビジターセンター：毎日8:00～17:00（夏期～19:00）
休サンクスギビング、12/25、1/1
料$12、15歳以下無料
行エルパソダウンタウンから車でUS-62/180を東へ約230km。ガソリンスタンドが少ないので給油は早めにしておこう

大小さまざまの鍾乳石があるビッグルーム

世界でも珍しい、果てしなく続く真っ白な砂丘 地P.289-B外

ホワイトサンズ国立公園
White Sands National Park

エルパソの北東150km、そこには真っ白な砂が造り出す神秘の世界が広がっている。メキシコ北部から続くチワワ砂漠の北端に位置した非常に乾燥している地域だ。園内には砂の道、デューンズドライブがあるので、車で往復してみよう。また、砂丘にはマーカーに沿ってトレイルが作られている。砂に刻まれた風紋、わずかに見ることができる動植物の姿を探しながら歩いてみるといい。日中は強い日差しと照り返しがあるので注意。

昼間とは違ったホワイトサンズを見ることができる朝と夕方に訪れるのもおすすめだ。日の傾きに合わせて、純白の砂が次第にピンク色に染まり、空と大地とそこにいる自分がまるでひとつになったような感動が味わえるだろう。

ホワイトサンズ国定公園
住19955 US-70 W., Alamogordo, NM
☎(575) 479-6124
URL www.nps.gov/whsa
開毎日7:00～日没（夏期～21:00）
ビジターセンター：毎日9:00～17:00（夏期は延長あり）
休12/25
料$5、15歳以下無料
行車でI-10を63km、I-25を10km北へ向かい、US-70を90km東へ

太陽の高さによって砂の色も違って見える

UFOが墜落したといわれる町、ロズウェル

旅のアドバイス

エルパソから北に向かい市街地を抜けると、まもなくニューメキシコ州に入る。そのニューメキシコ州には謎めいた不思議な場所が多いとされるが、1947年7月8日にUFOが墜落したといわれる町**ロズウェルRoswell**もそのひとつだ。

1992年にオープンした**UFO博物館International UFO Museum**には、UFOに関する新聞記事や写真などが展示されていて、UFOの謎を解明しようと全米から多くの人が訪れる。ほかにも町なかにはエイリアン風の街灯があったりと、UFO尽くしだ。

●**International UFO Museum**
住114 N. Main St., Roswell, NM
☎(575)625-9495
URL www.roswellufomuseum.com
開毎日9:00～17:00
休おもな祝日
料$5、シニア$3、5～15歳$2
行エルパソの北東約330km。US-54を160km北上し、US-70を170km東へ行く。車で約4時間

市内にあるマクドナルドもUFO仕様だ

メモ **ミサイル実験日に注意**▶ホワイトサンズ国定公園の周辺にはミサイル実験場があり、不定期にミサイル実験が行われる。実験日は国道（US-70）が封鎖されるので、事前に確認することをすすめる。☎(575) 479-6124。また、不法入国者をチェックするボーダーコントロール・チェックポイントがあるので、パスポートの所持も忘れずに。

ショップ&レストラン&ホテル

Shops & Restaurants & Hotels

S ファッション

全身をカウボーイスタイルで決めるなら

スター・ウエスタン・ウエア

Starr Western Wear

住112 E. Overland Ave.　Free(1-866)782-7783

URL www.starrwesternwear.com　AMV

開月～土9:00～18:00、日11:00～15:30　地P.288-B2

ダウンタウンでカウボーイハットやブーツ、シャツなど全身一式を揃えることができるエルパソで唯一の店。カウボーイハットは自分のサイズに加工してくれるのがうれしい。

S 靴

ギネスにも載った世界最大のブーツがある

ロケットバスターブーツ

Rocketbuster Boots

住115 S. Anthony St.　☎(915)541-1300

URL www.rocketbuster.com

開月～金8:00～16:00　休土・日　AMV　地P.288-A1

カスタム・ウエスタンブーツの専門店。履き心地はもちろん、芸術的なブーツは$850～8000と値ははるが、すべて手作りなので全米から多くのファンが訪れる。既製品あり。

R アメリカ料理

雰囲気がいいグルメレストラン

カフェ・セントラル

Cafe Central

住109 N. Oregon St.　☎(915)545-2233

URL cafecentral.com　開月～水11:00～22:30、木～土11:00～23:30(バー～翌2:00)　休日　AMV　地P.288-B2

野菜、肉、魚介類など、素材や盛りつけにこだわっている。ランチならアンガスビーフのパテと豚バラのコンフィが絶妙のセントラルバーガー$15、クリーミーな味わいのシグネチャー・クリーム・オブ・グリーンチリ・スープ$8がおすすめ。

 メキシコ料理

エルパソの裏観光スポット

H&Hカーウォッシュ・アンド・コーヒーショップ

H & H Car Wash and Coffee Shop

住701 E. Yandell Dr.　☎(915)533-1144

開月～土7:30～15:00　休日

AMV　地P.289-A

外から見るとただの洗車場だが、中には昔ながらのダイナーがあり、1958年から市民の胃袋を満たしてきた。閉店時間は早く、朝食やランチどきは満席になることも多い。

H エコノミーホテル

パブリックエネミー、デリンジャーも宿泊

ガードナーホテル&ホステル

Gardner Hotel & Hostel

住311 E. Franklin Ave., El Paso, TX 79901

☎(915)532-3661　URL www.gardnerhotel.com　Wi-Fi無料

ドミトリー$22.09～、個室$56.94～　MV　地P.288-B1

1920年代の建物なので老朽化は否めないが、男女別のドミトリー（定員4人）、バス・トイレ付きの個室（一部改装済み、定員2～3人）があり、料金も手頃。50室。

H エコノミーホテル

早朝や深夜便の人におすすめ

マイクロテルイン&スイーツ・バイ・ウィンダム・エルパソ国際空港

Microtel Inn & Suites by Wyndham El Paso Airport

住2001 Airway Blvd., El Paso, TX 79925　☎(915)772-3650

URL www.wyndhamhotels.com　Wi-Fi無料

ⓈⒹⓉ$83～109　ADJMV　地P.289-B外

空港の敷地内にあり、24時間運行の無料シャトルバスで空港まで2分と便利。朝食は無料だ。客室も清潔でお手頃な値段はありがたい。全室禁煙。77室。

H エコノミーホテル

レンタカー派にはおすすめ

エクステンディット・ステイ・アメリカ・エルパソ国際空港

Extended Stay America El Paso Airport

住6580 Montana Ave., El Paso, TX 79925　☎(915)772-5754

URL www.extendedstayamerica.com

Wi-Fi無料　ⓈⒹⓉ$64.99~84.99　ADJMV　地P.289-B外

空港へは約2km。客室はスタジオタイプでキッチン、冷蔵庫、電子レンジが完備。朝はマフィンや果物のサービスあり。120室。

H 中級ホテル

ビジネスとしての利用に最適

ホリデイイン・エクスプレス・エルパソ・セントラル

Holiday Inn Express El Paso-Central

住409 E. Missouri Ave., El Paso, TX 79901

☎(915)544-3333　URL www.ihg.com

Wi-Fi無料　ⓈⒹⓉ$89～155　ADJMV　地P.288-B1

ダウンタウンでリーズナブルに、かつ快適に滞在したいならここがおすすめ。バフェの朝食、空港シャトル（要予約）は無料。コインランドリーあり。112室。

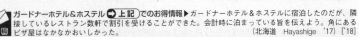

ガードナーホテル&ホステル 上記 でのお得情報▶ガードナーホテル&ホステルに宿泊したのだが、隣接しているレストラン数軒で割引を受けることができた。会計時に泊まっている旨を伝えよう。角にあるピザ屋はなかなかおいしかった。
（北海道　Hayashige　'17）['18]

五大湖と中西部

Great Lakes & Midwest

シカゴ……………………………295
ミルウォーキー…………………318
ミネアポリス／セントポール…328
デモイン…………………………345
カンザスシティ…………………348
セントルイス……………………357
インディアナポリス……………365
シンシナティ……………………373
デトロイト………………………381
クリーブランド…………………392
ピッツバーグ……………………401
ナイアガラフォールズ…………413

シカゴは町全体が建築ギャラリー。リグレービル（左）とトリビューンタワー（右）

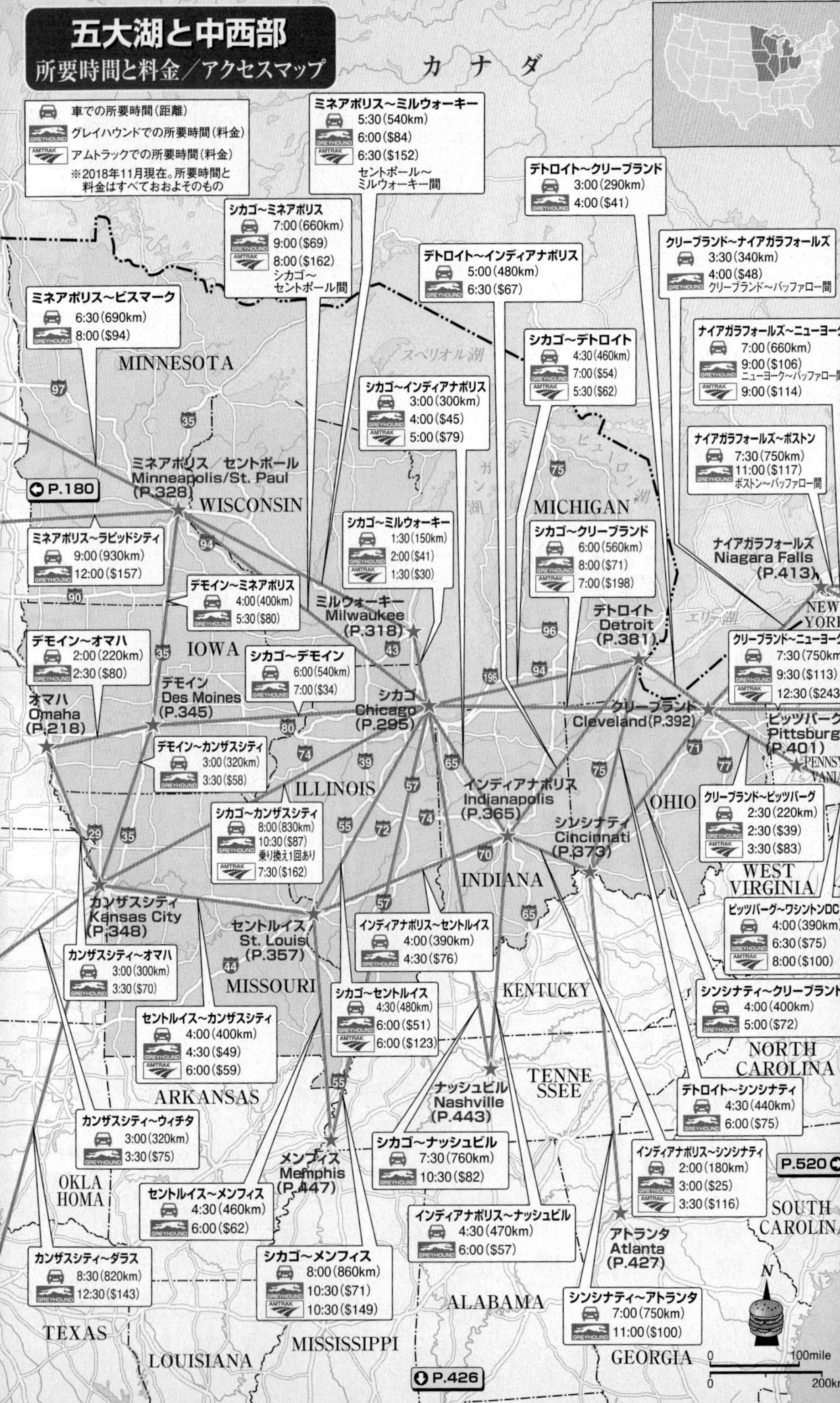

五大湖と中西部
所要時間と料金／アクセスマップ
車での所要時間（距離）
グレイハウンドでの所要時間（料金）
アムトラックでの所要時間（料金）
※2018年11月現在。所要時間と料金はすべておおよそのもの
カナダ
ミネアポリス～ミルウォーキー 5:30（540km） 6:00（$84） 6:30（$152） セントポール～ミルウォーキー間
デトロイト～クリーブランド 3:00（290km） 4:00（$41）
シカゴ～ミネアポリス 7:00（660km） 9:00（$69） 8:00（$162） シカゴ～セントポール間
デトロイト～インディアナポリス 5:00（480km） 6:30（$67）
クリーブランド～ナイアガラフォールズ 3:30（340km） 4:00（$48） クリーブランド～バッファロー間
ミネアポリス～ビスマーク 6:30（690km） 8:00（$94）
シカゴ～デトロイト 4:30（460km） 7:00（$54） 5:30（$62）
ナイアガラフォールズ～ニューヨーク 7:00（660km） 9:00（$106） ニューヨーク～バッファロー間 9:00（$114）
スペリオル湖
MINNESOTA
シカゴ～インディアナポリス 3:00（300km） 4:00（$45） 5:00（$79）
ナイアガラフォールズ～ボストン 7:30（750km） 11:00（$117） ボストン～バッファロー間
ミシガン湖
ヒューロン湖
ミネアポリス／セントポール Minneapolis/St. Paul (P.328)
P.180
WISCONSIN
MICHIGAN
シカゴ～ミルウォーキー 1:30（150km） 2:00（$41） 1:30（$30）
シカゴ～クリーブランド 6:00（560km） 8:00（$71） 7:00（$198）
ナイアガラフォールズ Niagara Falls (P.413)
ミネアポリス～ラピッドシティ 9:00（930km） 12:00（$157）
デモイン～ミネアポリス 4:00（400km） 5:30（$80）
ミルウォーキー Milwaukee (P.318)
NEW YORK
エリー湖
デトロイト Detroit (P.381)
デモイン～オマハ 2:00（220km） 2:30（$80）
IOWA
シカゴ～デモイン 6:00（540km） 7:00（$34）
クリーブランド～ニューヨーク 7:30（750km） 9:30（$113） 12:30（$243）
デモイン Des Moines (P.345)
オマハ Omaha (P.218)
シカゴ Chicago (P.295)
クリーブランド Cleveland (P.392)
ピッツバーグ Pittsburgh (P.401)
デモイン～カンザスシティ 3:00（320km） 3:30（$58）
PENNSYLVANIA
ILLINOIS
インディアナポリス Indianapolis (P.365)
OHIO
クリーブランド～ピッツバーグ 2:30（220km） 2:30（$39） 3:30（$83）
シカゴ～カンザスシティ 8:00（830km） 10:30（$87） 乗り換え1回あり 7:30（$162）
シンシナティ Cincinnati (P.373)
WEST VIRGINIA
INDIANA
カンザスシティ Kansas City (P.348)
ピッツバーグ～ワシントンDC 4:00（390km） 6:30（$75） 8:00（$100）
セントルイス St. Louis (P.357)
インディアナポリス～セントルイス 4:00（390km） 4:30（$76）
カンザスシティ～オマハ 3:00（300km） 3:30（$70）
MISSOURI
KENTUCKY
シンシナティ～クリーブランド 4:00（400km） 5:00（$72）
シカゴ～セントルイス 4:30（480km） 6:00（$51） 6:00（$123）
セントルイス～カンザスシティ 4:00（400km） 4:30（$49） 6:00（$59）
NORTH CAROLINA
ARKANSAS
TENNESSEE
ナッシュビル Nashville (P.443)
デトロイト～シンシナティ 4:30（440km） 6:00（$75）
カンザスシティ～ウィチタ 3:00（320km） 3:30（$75）
シカゴ～ナッシュビル 7:30（760km） 10:30（$82）
インディアナポリス～シンシナティ 2:00（180km） 3:00（$25） 3:30（$116）
P.520
OKLAHOMA
メンフィス Memphis (P.447)
セントルイス～メンフィス 4:30（460km） 6:00（$62）
インディアナポリス～ナッシュビル 4:30（470km） 6:00（$57）
SOUTH CAROLINA
アトランタ Atlanta (P.427)
カンザスシティ～ダラス 8:30（820km） 12:30（$143）
シカゴ～メンフィス 8:00（860km） 10:30（$71） 10:30（$149）
ALABAMA
シンシナティ～アトランタ 7:00（750km） 11:00（$100）
N
TEXAS
MISSISSIPPI
LOUISIANA
GEORGIA
P.426
0 100mile
0 200km

五大湖と中西部
イリノイ州

シカゴ Chicago

摩天楼とブルース

シカゴは建築ギャラリーのよう。スカイラインもお見逃しなく

アメリカのほぼ中央に位置し、昔から交通の要所として発展してきたシカゴ。日本からは毎日5本のノンストップ便が就航し、全米でも屈指の大空港もある。シカゴ都市圏の人口は1000万人を超え、ニューヨーク、ロスアンゼルスに次ぐアメリカ第3の都市なのだ。また、全米屈指のコンベンションシティとして知られ、コンベンションやトレードショーなどビジネス目的でシカゴを訪れる人も多い。近年は観光にも力を入れ、シカゴ美術館はインターネットの旅行口コミサイトであるトリップアドバイザーの美術館&博物館部門全米No.1に輝いたこともある。シカゴの魅力はそれだけにとどまらない。熱狂的な応援ぶりを見るだけでも楽しいスポーツ観戦、安価な料金でど迫力の演奏が堪能できるライブハウス、食い倒れができてしまうほど多くのレストラン……。都会でありながらフレンドリーで、心地よいところも、人々を引きつける理由だろう。ぜひとも1度は訪れてほしい所だ。

ビルの中からも見応えがある。写真はジェームス・R・トンプソンセンター

地球の歩き方B11シカゴ編（1700円＋税）でもシカゴを紹介していますので、ご活用ください。

DATA

人口▶約271万6000人
面積▶約590km²
標高▶最高205m　最低176m
TAX▶セールスタックス　10.25%
ホテルタックス　17.40%
属する州▶イリノイ州
Illinois
州のニックネーム▶大平原州
Prairie State
州都▶スプリングフィールド
Springfield
時間帯▶中部標準時（CST）
➡P.631
繁忙期▶5、6、10、11月

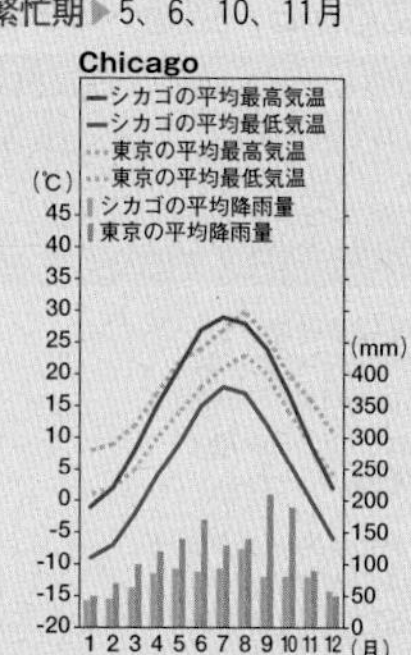

シカゴへの行き方

飛行機 Plane

ユナイテッド航空のターミナルを結ぶトンネル。ネオンのアートが見事

オヘア国際空港
地P.302-A2外
住10000 W. O'Hare Ave.
Free (1-800) 832-6352
URL www.flychicago.com → O'Hare

オヘア国際空港
O'Hare International Airport (ORD)

北西約17マイル（約27km）に位置する全米最大級の空港。ユナイテッド航空とアメリカン航空のハブであり、全米各都市への乗り継ぎ空港として使われることも多い。ターミナルは1～3のほか、国際線用のターミナル5の計4つから構成され、各ターミナル間は無人のトラムATS（Airport Transit System）で結ばれている。日本からのノンストップ便は、すべて国際線のターミナル5に到着。

主要レンタカー会社は空港東側にオフィスを構えている。そこまでは各ターミナル1階のバゲージクレームを出た所からシャトルバス（24時間運行）に乗って向かおう。

■ 空港から／空港へのアクセス

「ゴー・エアポート・エクスプレス」は運行を終了しました。

	種類／名称／連絡先	行き先／運行／料金	乗車場所／所要時間／備考
空港シャトル	ゴー・エアポート・エクスプレス Go Airport Express Free (1-888) 284-3826 URL www.airportexpress.com	行き先▶市内や周辺どこでも 運行▶空港発は毎日4:00～23:30の10～15分間隔、空港行きは4:00～ 料金▶ダウンタウンまで片道$35～（2人めから＋$17）	空港発▶各ターミナル1階のバゲージクレーム（預託荷物のピックアップ場所）を出たドア1E、2E、3E、5Eのエリアから乗車 空港行き▶24時間前までに予約が必要。ウェブサイトからも予約できる 所要時間▶ダウンタウンまで45～90分
地下鉄	地下鉄ブルーライン Blue Line ☎(1-312) 836-7000 URL transitchicago.com	行き先▶ダウンタウンのブルーライン各駅 運行▶24時間随時。24:00～4:00は15～90分間隔、それ以外は5～10分間隔 料金▶$5	空港発▶ターミナル2の地下にあるブルーラインO'Hare駅から乗車 空港行き▶最寄りのブルーライン駅からO'Hare行きに乗車 所要時間▶ダウンタウンまで約45分 ※ダウンタウンでエレベーターのある駅はClark/Lake
タクシー	チェッカータクシー Checker Taxi ☎(1-312) 243-2537 URL checkertaxichicago.com	行き先▶市内や周辺どこでも 運行▶24時間随時 料金▶ダウンタウンまで$48～75	空港発▶各ターミナルを出たカーブサイドの"Taxi"の看板の下から乗車 空港行き▶事前に電話予約、または主要ホテルから乗車 所要時間▶ダウンタウンまで25～75分

※それぞれの乗り物の特徴については P.665

ミッドウエイ国際空港
地P.302-A3～B3外
住5700 S. Cicero Ave.
☎(1-773) 838-0600
URL flychicago.com → Midway

ミッドウエイ国際空港
Midway International Airport (MDW)

発着機数の多いオヘア国際空港の補助的役割をする空港。ダウンタウンの南西約20kmに位置し、ビジネス客の利用も多い。高架鉄道オレンジラインの始発駅もある。

■ 空港から／空港へのアクセス

「ゴー・エアポート・エクスプレス」は運行を終了しました。

	種類／名称／連絡先	行き先／運行／料金	乗車場所／所要時間／備考
空港シャトル	ゴー・エアポート・エクスプレス Go Airport Express Free (1-888) 284-3826 URL www.airportexpress.com	行き先▶市内や周辺どこでも 運行▶空港発は最初の便の到着から2:30の[illegible]、空港行きは主要なホテルから30分間隔 料金▶ダウンタウンまで片道$28～	空港発▶バゲージクレームの向かいのドア3近くにある同社のカウンターで申し込みをし、ターミナル外から乗車 空港行き▶24時間前までに予約が必要 所要時間▶ダウンタウンまで約30分
高架鉄道	高架鉄道オレンジライン（ミッドウエイ線） Orange Line (Midway) ☎(1-312) 836-7000 URL transitchicago.com	行き先▶オレンジラインの各駅。ダウンタウンならAdams、State、Clark、LaSalle駅で下車 運行▶空港発は毎日3:30～翌1:05（土4:00～、日4:30～）の7～15分間隔 料金▶$2.50～3	空港発▶ターミナルから駐車場方面へ行き、その先にあるMidway駅から乗車 空港行き▶最寄りのオレンジラインの駅からMidway行きに乗り、終点Midway駅で下車 所要時間▶約30分 ※ダウンタウンのエレベーターのある駅はClark/Lake
タクシー	チェッカータクシー Checker Taxi ☎(1-312) 243-2537	行き先▶市内や周辺どこでも 運行▶24時間随時 料金▶ダウンタウンまで$35～60	空港発▶1階ターミナルの前にあるタクシー乗り場から乗車 空港行き▶事前に電話予約、または主要ホテルから乗車 所要時間▶ダウンタウンまで20～30分

※それぞれの乗り物の特徴については P.665

旅のアドバイス　シカゴの免税店は小さい▶日本からのノンストップ便が運航するオヘア空港だが、免税店は空港の規模のわりに小さい。みやげ物は市内で購入したほうが安心。

長距離バス　Bus

グレイハウンド・バスターミナル
Greyhound Bus Terminal

シカゴ川の西、Harrison St.とJefferson St.の角にあるバスターミナル。ミネアポリスやデトロイトなどから乗り入れる。ダウンタウンの中心までは徒歩で約15分。Harrison St.を走るCTAバス#7、60でも中心まで行ける。地下鉄ならブルーラインのClinton駅下車、徒歩3分（2ブロック）。

グレイハウンド・バスターミナル
地 P.302-A3
住 630 W. Harrison St.
☎ (1-312) 408-5821
開 24時間

鉄道　Train

ユニオン駅
Union Station

シカゴ川のすぐ西、Adams St.とCanal St.の交差する所にあるユニオン駅は、ヨーロッパの寺院を思わせる壮麗な造り。全米の旅客鉄道のハブとして、路線はシカゴを中心に放射状に延びている。近郊列車メトラMetraの乗り入れ駅でもあり、平日のラッシュアワーからはシカゴの活力が伝わってくる。

ユニオン駅
地 P.302-A3
住 225 S. Canal St.
Free (1-800) 872-7245
開 毎日5:30〜24:00（チケット売り場は6:00〜21:20）
※駅はWi-Fi無料

シカゴの歩き方　Getting Around

ビジネスシティのイメージが強いが、見どころは意外に多い。シカゴの町が世界に誇る**摩天楼群と博物館&美術館群**は、ゆっくり見学するなら相当な時間がかかる。シカゴの人気No.1アトラクションは春から秋にかけての建築クルーズ。なるべく早く申し込もう。また、シカゴは“食”の町でもあるから、シカゴ名物の**ディープ・ディッシュ・ピザ**（具がいっぱい詰まっている）やホットドッグ、イタリアンビーフにトライするのもいい。熱狂的なシカゴっ子の応援ぶりを見るだけでも楽しいスポーツ観戦もおすすめ。アトラクションとしても評判の高い**ミレニアムパーク**は中心部にある。シカゴは公共交通機関が発達しているため、ほとんどの見どころはバスや地下鉄で行ける。各自の滞在日数や目的に合わせてポイントを絞り、計画を立てよう。必見の観光ポイントは**ウオータータワー**、**ルッカリー**、**ウィリスタワー**、**ジョン・ハンコック・センター**などの建築や、**シカゴ美術館**、**科学産業博物館**など。

住所解読法

シカゴのダウンタウンは歩きやすいうえ、住所も簡単に読み取れるようになっている。ループ地区を南北に走るステートストリートState St.と東西に抜けるマディソンストリートMadison St.が中心で、この交差点から、それぞれ東西南北に番地の数字が増えていく。基本的には1ブロックで100番、ところによっては2〜3ブロックで100番という具合になっている。南北に走る通りの東側は奇数、西側は偶数、東西に走る通りの北側は偶数、南側は奇数の番地が付いている。

シティパス ➡P.693
URL www.citypass.com/chicago
料 $106.75、3〜11歳$89
ウィリスタワー（スカイデッキ。ファストパス）、ジョン・ハンコック・センター展望台（360シカゴ）か科学産業博物館、フィールド博物館、アドラープラネタリウムかシカゴ美術館、シェッド水族館（優先入場）の5つの見どころへ入場できる。購入は対象施設のチケット売り場、またはオンラインで

シカゴ・カブスのチケット情報
108年ぶりに優勝したカブスの本拠地、リグレーフィールドは、ボストンのフェンウェイパークと並んで球場の収容人数が少なく、平日のデイゲームでも常に満員御礼が続く。カブスを観戦するならチケットは前もって入手しておくことをおすすめしたい。日本語の通じるチケットブローカーは次のとおり
●オール・アメリカン・チケット
URL www.allamerican-tkt.com
●チープトラベルズ
URL ctz.jp

シカゴではブルースやジャズのライブハウスにも行きたい

旅のアドバイス　**シカゴの市内通話**▶シカゴはニューヨーク同様、同じ市外局番の市内通話でも市外局番の前に“1”をダイヤルする。つまり、市内でも市外でも市外局番とかけ方は同じ。ほかの町と異なるので要注意。

観光案内所 Visitors Information

メイシーズ・シカゴ・ビジターセンター
Macy's Chicago Visitor Center

ループエリアの中心、人気デパートのメイシーズの地下に案内所がある。メイシーズは、元はシカゴの老舗「マーシャルフィールド」で、ビジターセンター横ではシカゴ名物「フランゴ」のチョコレートも販売している。資料は豊富で、係員が英語の苦手な人にもていねいに対応してくれる。CTAのマップもここで入手しよう。センターでは、パスポートを読み取らせるとメイシーズの割引券を発券するサービスもある。なお、観光案内所は現在ここのみ。

ループ地区のデパート、メイシーズの地下に観光案内所がある（左）、名物のチョコ「フランゴ」が観光案内所の横で販売されている（上）

市内の交通機関 Public Transportation

シカゴ交通局
Chicago Transit Authority (CTA)

略称CTAはシカゴ市全域と都市圏をカバーするCTAトレイン（高架鉄道と地下鉄）、バスを運営している。

CTA トレイン（高架鉄道と地下鉄）
CTA Train（Elevated Train & Subway）

シカゴ名物の高架鉄道Elevated Train（通称“L”）と地下鉄Subwayを総称して、シカゴっ子は“CTA Train”と言う。地上と地下を走る違いはあるものの、市内交通として果たしている役割はまったく同じ。路線はブルー、レッド、グリーン、オレンジ、ブラウン、パープル、ピンク、イエローの8つ。ただし、列車自体は色分けされていないので注意が必要だ。

ダウンタウンの中心部では、ブルーとレッドが地下を、グリーン、オレンジ、ブラウン、パープル、ピンクは高架を走っている。

乗り方は、改札の近くにある自動券売機からシングルライドのベントゥラチケットかICカードのベントゥラカードを買う。チケットまたはカードを改札機にある“tap”にタッチし、グリーンのランプがついたらバーを押して中に入る。出るときはバーを押すだけでカードをタッチする必要はない。

ちなみに、シカゴの高架鉄道は、サンフランシスコのケーブルカー、ニューオリンズの市電と並ぶ町の名物。1度は乗ってみて、高い位置から町の様子を見るのもおすすめだ。

シカゴ観光局
URL www.choosechicago.com

メイシーズ・シカゴ・ビジターセンター
地 P.302-A2〜A3
住 111 N. State St., Lower Level
開 メイシーズの営業時間となるが、基本的に月〜土10:00〜21:00（金・土〜22:00）、日11:00〜

シカゴ交通局（CTA）
☎ (1-312) 836-7000
URL transitchicago.com
料 CTAトレインは$2.50、CTAバスは現金の場合$2.25、ベントゥラカード、またはベントゥラチケットの場合トランスファー込みで$3。2時間以内なら2回まで乗り換えが可能なトランスファーは25¢。トレイン、バスに乗り放題のCTAのビジターパスは1日用$10、3日用$20、7日用$28

シカゴ市交通局のICカードとチケット
シカゴのCTAトレインはカードかチケットがないと乗ることができない。日本のSuicaやIcocaと同じシステムのプリペイドカードがベントゥラカードVentra Cardで、カード代として$5が運賃以外にかかる。乗りたい金額や1日パス、3日パスをカードにチャージすることができるが、旅行者に$5は安くない。運賃$2.50のところトランスファー込みで$3の紙のベントゥラチケット（シングルライド）も販売されている（オヘア空港発のみ$5）。紙のチケットはCTAのビジター1日パスもあり、こちらは定額の$10

CTAのトレインとバスの乗り換えについて
乗り換え（トランスファー）は、CTAトレイン同士は無料。CTAトレインとバス間、バス同士は1回目は25¢、2回目は2時間以内なら無料

エレベーターのある駅
CTAトレインは歴史があり、そのぶん、エレベーターなどのインフラがまだ完全には整っていない。重い荷物を持って乗り換えるときは、ループ地区（ダウンタウン）のClark/Lake駅が便利。ブルー、グリーン、オレンジ、ブラウン、パープル、ピンクの線が走っている

高架鉄道からの町の眺めもよい

メモ　シカゴ出身の有名人▶ベニー・グッドマン（ジャズ奏者）、ミシェル・オバマ（ファーストレディ）、ウォルト・ディズニー（映画製作者、実業家）、ハリソン・フォード（俳優）、リッキー・ヘンダーソン（殿堂入り野球選手）、エバン・ライサチェク（フィギュアスケート）、デーブ・スペクター（テレビプロデューサー）

バス　Bus

バス停では次のバスの時間も表示される

シカゴのバス路線は、ダウンタウンから郊外まで広い範囲をカバーしている。この町では、ループや地下鉄よりバスの利用価値が高く、路線は南北、または東西を単純に走るので旅行者にもわかりやすい。青と白の標識がバス停の印。路線番号を確認してからバスに乗ろう。なお、ラッシュ時はたいへんな混雑となるので、必ず時間に余裕をもっておくこと。乗車の際ベントゥラカードは入口の右にある"tap"にタッチする。現金の場合は料金箱に正確な金額を入れる。

覚えておくと便利な路線は、**#146**――Michigan Ave.、State St.（ウオータータワー、ジョン・ハンコック・センター、シカゴ美術館、ミレニアムパーク、フィールド博物館、水族館など）、**#6**――科学産業博物館、シカゴ大学など。

タクシー
Taxi

大都会だけあって流しのタクシーも多く、ひろいやすい。料金をボラれることはめったになく、観光客も安心して乗ることができるうれしい存在だ。

ツアー案内　*Sightseeing Tours*

グレイライン
Gray Line of Chicago

出発場所／Palmer House Hilton（住17 E. Monroe St.）内

ツアー名	料金	運行	所要時間	内容など
Inside Chicago Grand Tour	$50	毎日9:30発（繁忙期は9:30、11:30、13:30発）	4時間	ミシガン湖沿いのドライブ、ネイビーピア、リンカーンパーク、アドラープラネタリウムなどシカゴ市内のおもな観光ポイントを回る（外観のみ）
Inside Chicago Grand Tour & Hancock Tower	$70	毎日10:00発（繁忙期は9:30、13:30発）	4時間＋α	Inside Chicagoツアーに加え、ジョン・ハンコック・センターの展望台からの眺めを楽しむ
Panoramic and Scenic North Side Tour	$32	毎日9:30発（繁忙期は9:30、13:30発）	2時間	ループ地区、マグニフィセントマイル、リンカーンパーク地区、リグレーフィールドなどを短時間で見学する

ダブルデッカーバス
Double Decker Bus

ウオータータワーからアドラープラネタリウムまでカバーする観光案内のダブルデッカーバス。バスは、ダウンタウンのおもな見どころ12ヵ所に停まり、1日中乗り降り自由。そのまま乗ると1周約2時間。

暖かい季節ならダブルデッカーでの観光もおすすめ

治安について
ダウンタウンから南へ向かうレッドラインは、治安の悪い地域を走るため、Sox-35th駅より南は人の多い車両に乗るようにしたい。また、ひとりでの夜間の利用は避けよう

CTA "Bus & Rail Map" をもらおう
シカゴは交通機関が発達していて、トレイン、バスとも本数が多い。空港駅や観光案内所で入手できるこのマップは、路線などが詳しく表示されていて、非常に便利

タクシー
料基本料金が$3.25で9分の1マイルまで。以降9分の1マイルごとに25¢加算される。ふたり以上乗る場合、ふたり目は$1、3人目以降はひとりごとに50¢加算。また、待ち時間36秒ごとに25¢(6分で$2.25)の加算もある。オヘア空港、ミッドウエイ空港から乗車する場合は空港使用料として$4かかる

●American-United Taxi
☎(1-773)248-7600
●Flash Cab
☎(1-773)561-4444
●Checker Taxi
☎(1-312)243-2537

グレイライン
地P.302-A3(Palmer House Hilton)
☎(1-312)251-3100
free(1-800)472-9546
URL www.grayline.com
※ツアーは24時間前までにウェブサイトから申し込む。チケットは自宅のプリンターで印刷し、指定のホテル、またはパーマーハウスまで行くこと
※季節によって出発時刻に変更あり

ダブルデッカーバス
☎(1-773)648-5000
URL chicagotrolley.com
運行／毎日9:00～17:00発の10～15分おき
休サンクスギビング、12/24、12/25
料24時間券$39、48時間券$49、4～15歳3日間$18(大人同伴)
出発／ミシガンアベニュー橋など。運行は9:00～16:00(夏期は延長)

旅のアドバイス　CTAのビジターパス▶1、3、7日などがあるが、例えば1日パスは使い始めの時刻から24時間以内まで使える。つまり、購入時間によっては2日にわたって使うことができ、とてもお得。空港に到着した人は、空港のCTAブルーライン乗り場で購入するのがいい。

クルーズ船に乗っての建築見学が人気

シカゴ建築センター

2018年秋に完成した建築財団の新しい施設。建築ツアーのチケット売り場、ギフトショップ、博物館を併設し、通りを挟んだ向かいに建築クルーズ乗り場がある。また、多くの建築ツアーはここから出発する

地P.303-B4
住111 E. Wacker Dr.
☎(1-312) 922-8687
URL www.architecture.org（ツアーの予約ができる）
開毎日9:30～17:00（火・木～20:00）
休サンクスギビング、12/25、1/1
料博物館は$12、学生$8。それ以外は無料

●Architecture River Cruise
料$47～52（人気が高いので早めの予約を）
●Must-See Chicago
料$26
●Elevated Architecture: Downtown "L" Train
料$26
※スケジュールは頻繁に変わるのでウェブサイトで確認を

超高層ビルのジョン・ハンコック・センター。展望台からの眺望は必見

摩天楼群　Skyscrapers

シカゴの町は高層建築のギャラリーだ

シカゴの町を訪れたなら、ダウンタウンにすきまなく林立する摩天楼の数とそのユニークさに圧倒されるはず。未来からの贈り物かと思うようなビル、ルネッサンス時代に迷い込んでしまったかと思うようなビル、立ちくらみを起こさせるような超高層ビル、遊び心いっぱいのビル……。バラエティに富んだ建築はシカゴが建築の町といわれるゆえんだ。

これらのビルの多くは、1871年のシカゴ大火のあと、シカゴ派と呼ばれる優れた建築家たちによって設計されたもの。バーナム、ルート、サリバン、ホラバード、アドラーらが個性豊かなデザインの建築を残している。加えて、シカゴは摩天楼発祥の地であり、全米で最も高い10のビルのうち4つがこの町にあるから、ひとつでも多くのビルを見ておきたい。

シカゴの摩天楼を解説付きで回る建築ツアー

シカゴ建築センターChicago Architecture Center (CAC) では、シカゴ名物の摩天楼を解説付きで歩きながら見て回ったり、クルーズ船に乗って見たりするツアーを85以上主催している。人気は以下のもので、催行は季節により変わる。

建築リバークルーズ
Architecture River Cruise（First Lady）

クルーズしながら建築見学もできてしまう一石二鳥のツアーは、シカゴ観光でダントツの人気。シカゴ川沿いの50以上の建物を見学していく。4月上旬～11月下旬の運航で毎日4～22便。出発は通りの向かい、シカゴ川沿いにある。ツアーは所要約1時間30分。

ウオーキングツアー

●Must-See Chicago　建築に加えシカゴの観光も兼ねたツアー。シカゴ劇場、ジョン・ハンコック・センター、マグニフィセントマイルなどを見学。所要約1時間30分。

●Elevated Architecture: Downtown "L" Train　名物の高架鉄道に乗って、駅のプラットホームから建築を見学。高架鉄道の乗り方も学べる。所要約2時間。

●日本語オーディオツアー Self Guided Audio Tour
2019年にオーディオガイドを貸し出す予定（2018年11月現在作成中）。

台形のビルは眺望もすばらしい　地P.303-B2

ジョン・ハンコック・センター
John Hancock Center

ミシガンアベニューに面したジョン・ハンコック・センターは、スキッドモア、オーイングス、メリルの設計による台形のユニークな形をした、オフィスやアパート、ホテル、ラ

ジオ局の送信機材室の入った共同ビル。100階建てのビルの高さは約343m（1127フィート）で、シカゴでは第4位だ。

94階は**360シカゴ360Chicago**という展望階となっていて、ここまで地階からエレベーターで39秒。展望階の景観は感動もので、特に夕暮れ時が絶景。ウィリスタワーとは何かと比較されることが多いが、景色は断然こちらのほうがいい。この高さを斜めになって体感できるスリル満点のアトラクション**ティルトTilt**（$7）が人気。8人が窓のふちに立って窓ガラス全体が斜め下に傾く。ほかにも展望レストランもあり、くつろぎながら夜景を眺める気分は最高だ。

シカゴの大火で焼け残った 地P.303-B2

ウオータータワー

Water Tower

1869年完成、高さ42mの給水塔。ミシガン湖から水を汲み上げるという役目のおかげで、1871年のシカゴの大火にも唯一焼け残った公共の建造物だ。タワーは町のシンボルで、かつてミシガンアベニュー拡張の際、タワーの取り壊し案が提出されたが、市民の猛反対により工事は中止、通りがここで少しカーブするはめになったという。タワーには小さなギャラリー**City Gallery at the Historic Water Tower**が入っている。

シカゴ名物のトウモロコシ型ビル 地P.303-A4

マリーナシティ

Marina City

シカゴを舞台にした映画やTVドラマに必ず登場する、トウモロコシ型をした双子のビル。高さ168m、65階建てのコンクリート製の円筒形のビルは、ゴールドバーグの設計によるもので1964年に完成した。当時シカゴの建築物の主流を占めていたミース派に属さずに、唯一名声を上げた建築家がゴールドバーグだった。ビルは、上がアパート、下が駐車場になっている。遠くからビルを眺めると、トウモロコシの粒の下段のほうに車がミニカーのように並んでいておもしろい。現在建物には人気のナイトスポット**"ハウス・オブ・ブルースHouse of Blues"**が入っている。

シカゴのスカイラインを変えた摩天楼 地P.303-B4

トランプ・インターナショナル・ホテル&タワー

Trump International Hotel & Tower

2016年の大統領選で世界を驚愕させ、現アメリカ合衆国大統領であるドナルド・トランプが建てた92階建ての高層建築。完成は2009年。オフィス、コンドミニアム、ホテルなどから構成され、ジョン・ハンコック・センターを手がけたスキッドモア、オーイングス、メリルによる設計だ。円形のカーブをもつ立方体がセットバック式に組み合わさり、高さなどを周辺のビルに合わせ、調和を取っている。タワーにはホテルがあり、どの客室からも眺めは抜群。ラウンジは若者に人気のスポットで、レストラン「シックステーン」はミシュランガイドに紹介された名店。

ジョン・ハンコック・センター
住875 N. Michigan Ave.
URL 360chicago.com
開毎日9:00～23:00（チケット販売は22:30まで）
料$22、3～11歳$15、ファストパス$44

ウオータータワー
住806 N. Michigan Ave.
●**City Gallery at the Historic Water Tower**
開毎日10:00～19:00（土・日～17:00）

マリーナシティ
住300 N. State St.
●**House of Blues**
住329 N. Dearborn St.
☎(1-312) 923-2000
URL www.houseofblues.com/chicago
開レストランは月～土11:30～24:00、日16:00～（イベントについてはウェブサイトを）

シカゴの映画などによく出てくる双子のビル、マリーナシティ

トランプ・インターナショナル・ホテル&タワー
住401 N. Wabash Ave.
URL www.trumpchicagohotel.com

トランプタワーはホテルやオフィスからなるコンプレックス

旅のアドバイス エル（高架鉄道）パープルライン▶パープルラインは、エバンストン市とシカゴのダウンタウンを結ぶ路線で、エバンストン市より南は急行としてスキップ運行する。

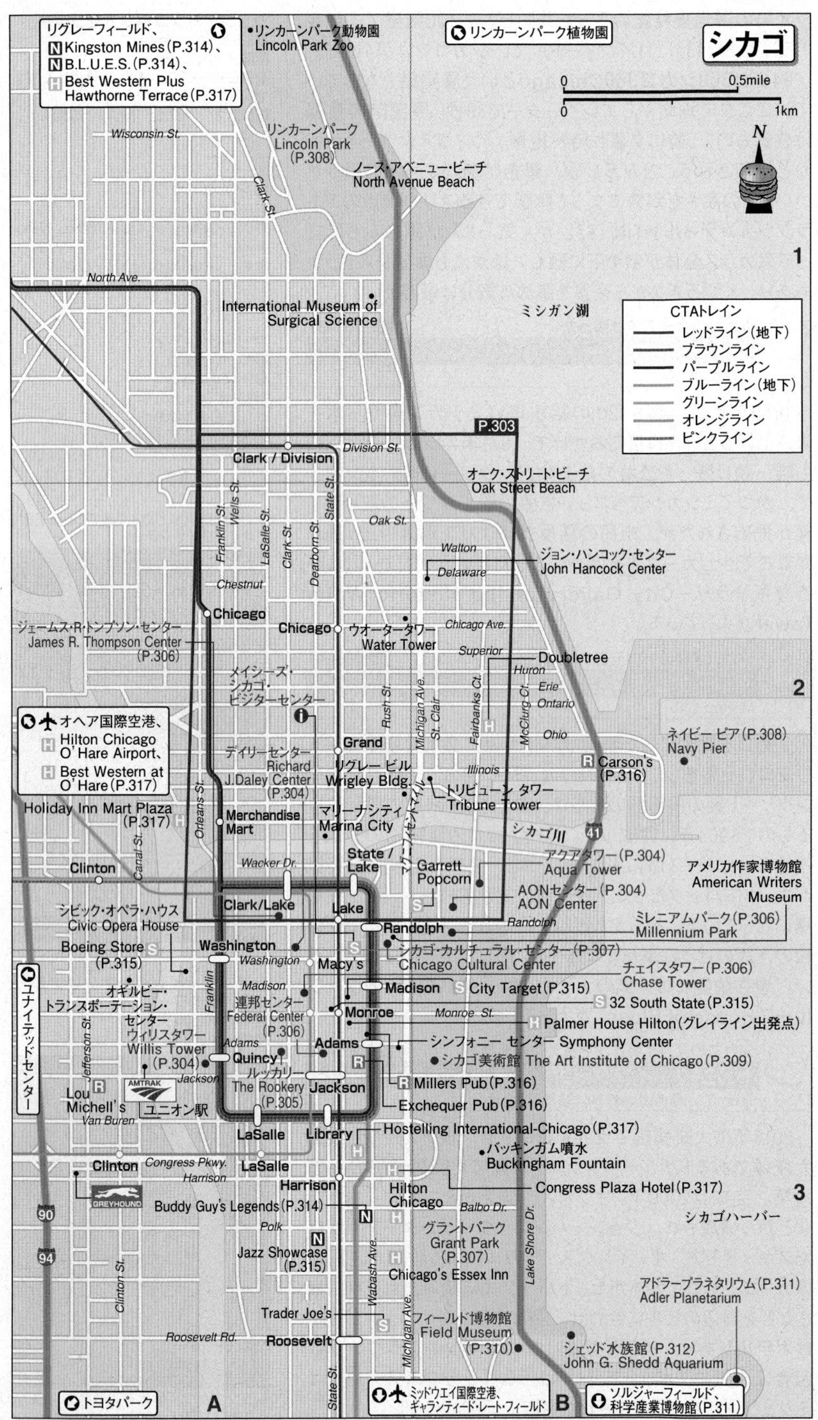
シカゴ
リグレーフィールド、Kingston Mines (P.314)、B.L.U.E.S. (P.314)、Best Western Plus Hawthorne Terrace (P.317)
リンカーンパーク動物園 Lincoln Park Zoo
リンカーンパーク植物園
リンカーンパーク Lincoln Park (P.308)
ノース・アベニュー・ビーチ North Avenue Beach
International Museum of Surgical Science
ミシガン湖
CTAトレイン
レッドライン(地下)
ブラウンライン
パープルライン
ブルーライン(地下)
グリーンライン
オレンジライン
ピンクライン
P.303
オーク・ストリート・ビーチ Oak Street Beach
ジョン・ハンコック・センター John Hancock Center
ジェームス・R・トンプソン・センター James R. Thompson Center (P.306)
ウオータータワー Water Tower
メイシーズ・シカゴ・ビジターセンター
Doubletree
ネイビーピア (P.308) Navy Pier
オヘア国際空港、Hilton Chicago O'Hare Airport、Best Western at O'Hare (P.317)
デイリーセンター Richard J.Daley Center (P.304)
リグレービル Wrigley Bldg.
Carson's (P.316)
トリビューンタワー Tribune Tower
Holiday Inn Mart Plaza (P.317)
マリーナシティ Marina City
シカゴ川
アクアタワー (P.304) Aqua Tower
アメリカ作家博物館 American Writers Museum
Garrett Popcorn
AONセンター (P.304) AON Center
シビック・オペラ・ハウス Civic Opera House
ミレニアムパーク (P.306) Millennium Park
Boeing Store (P.315)
シカゴ・カルチュラル・センター (P.307) Chicago Cultural Center
Macy's
チェイスタワー (P.306) Chase Tower
City Target (P.315)
32 South State (P.315)
オギルビー・トランスポーテーション・センター
連邦センター Federal Center (P.306)
Palmer House Hilton (グレイライン出発点)
シンフォニー センター Symphony Center
ウィリスタワー Willis Tower (P.304)
シカゴ美術館 The Art Institute of Chicago (P.309)
ルッカリー The Rookery (P.305)
Millers Pub (P.316)
Lou Michell's
ユニオン駅
Exchequer Pub (P.316)
ユナイテッドセンター
Hostelling International-Chicago (P.317)
バッキンガム噴水 Buckingham Fountain
Hilton Chicago
Congress Plaza Hotel (P.317)
Buddy Guy's Legends (P.314)
シカゴハーバー
グラントパーク Grant Park (P.307)
Jazz Showcase (P.315)
Chicago's Essex Inn
アドラープラネタリウム (P.311) Adler Planetarium
Trader Joe's
フィールド博物館 Field Museum (P.310)
シェッド水族館 (P.312) John G. Shedd Aquarium
トヨタパーク
ミッドウエイ国際空港、ギャランティード・レート・フィールド
ソルジャーフィールド、科学産業博物館 (P.311)
Clark / Division
Chicago
Grand
Merchandise Mart
Clinton
State / Lake
Clark/Lake
Lake
Randolph
Washington
Madison
Monroe
Adams
Quincy
Jackson
LaSalle
Library
Harrison
Roosevelt
Wisconsin St.
Clark St.
North Ave.
Division St.
Oak St.
Walton
Delaware
Chestnut
Chicago Ave.
Superior
Huron
Erie
Ontario
Ohio
Illinois
Franklin St.
Wells St.
LaSalle St.
Dearborn St.
State St.
Rush St.
Michigan Ave.
St. Clair
Fairbanks Ct.
McClurg Ct.
Orleans St.
Canal St.
Wacker Dr.
Randolph
Washington
Madison
Monroe St.
Adams
Jackson
Van Buren
Jefferson St.
Congress Pkwy.
Harrison
Polk
Balbo Dr.
Wabash Ave.
Lake Shore Dr.
Clinton St.
Roosevelt Rd.
マグニフィセントマイル
AMTRAK
GREYHOUND
90
94
41
0 0.5mile
0 1km
N
1
2
3
A
B

旅のアドバイス　シカゴ「食」3大名物▶ディープ・ディッシュ・ピザ Deep Dish Pizza（ぶ厚いタルト型のピザ生地に、具をたっぷり詰め込んだピザ）、ホットドッグ Hot Dog（ソーセージのほかにピクルスやタマネギ、トマトなどをケシの実がついたパンに挟み、ケチャップを使わず、からしのみで食べる）、イタリアンビーフ Italian Beef ↗

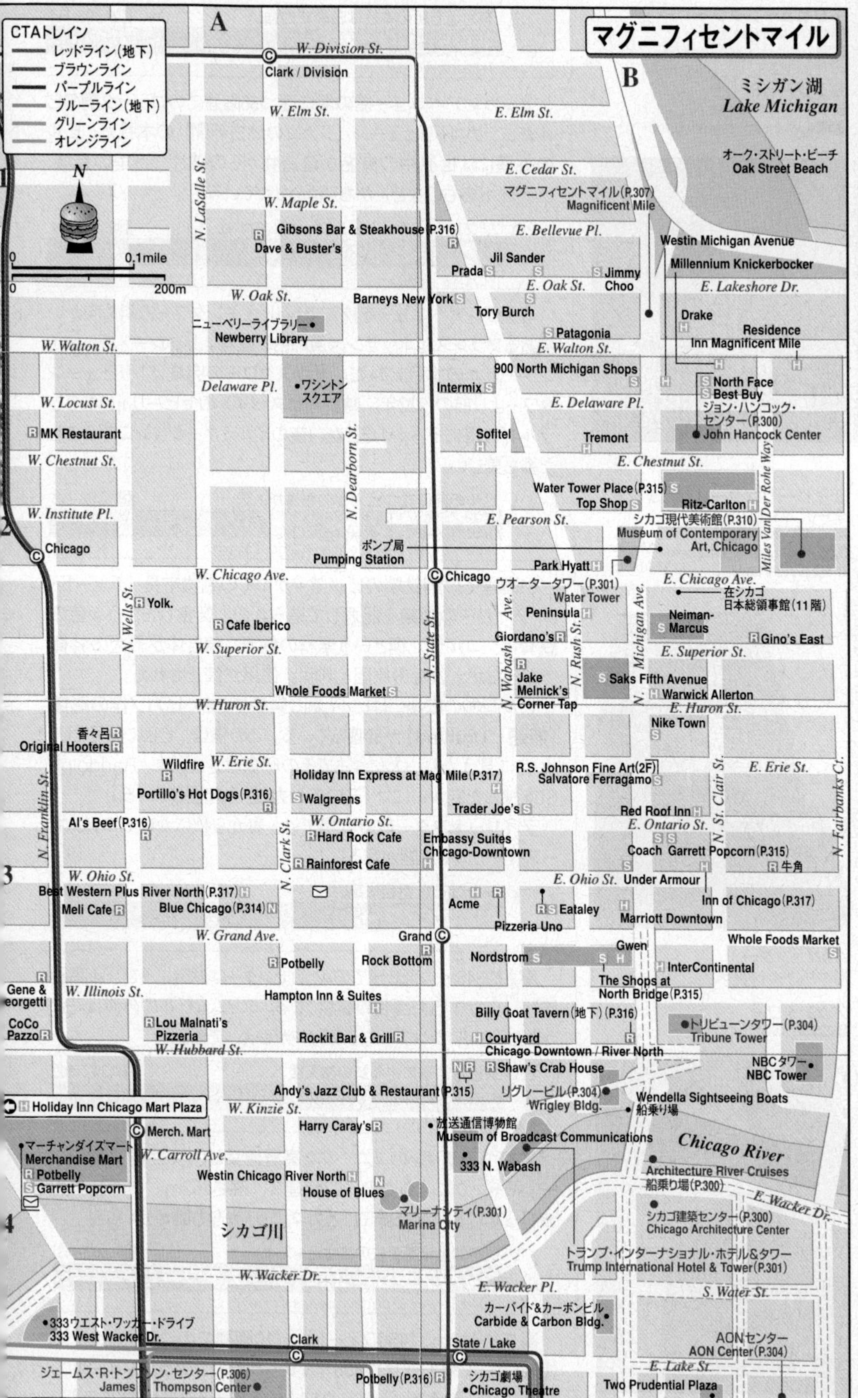
マグニフィセントマイル
CTAトレイン
レッドライン（地下）
ブラウンライン
パープルライン
ブルーライン（地下）
グリーンライン
オレンジライン
ミシガン湖
Lake Michigan
オーク・ストリート・ビーチ
Oak Street Beach
マグニフィセントマイル(P.307)
Magnificent Mile
Clark / Division
Gibsons Bar & Steakhouse(P.316)
Dave & Buster's
Westin Michigan Avenue
Millennium Knickerbocker
Jil Sander
Prada
Jimmy Choo
Barneys New York
Tory Burch
Drake
ニューベリーライブラリー
Newberry Library
Patagonia
Residence Inn Magnificent Mile
900 North Michigan Shops
ワシントンスクエア
Intermix
North Face
Best Buy
ジョン・ハンコック・センター(P.300)
John Hancock Center
MK Restaurant
Sofitel
Tremont
Water Tower Place(P.315)
Top Shop
Ritz-Carlton
シカゴ現代美術館(P.310)
Museum of Contemporary Art, Chicago
ポンプ局
Pumping Station
Chicago
Park Hyatt
ウオータータワー(P.301)
Water Tower
在シカゴ日本総領事館（11階）
Yolk.
Cafe Iberico
Peninsula
Neiman-Marcus
Giordano's
Gino's East
Jake Melnick's Corner Tap
Saks Fifth Avenue
Warwick Allerton
Whole Foods Market
Nike Town
香々邑
Original Hooters
Wildfire
R.S. Johnson Fine Art(2F)
Salvatore Ferragamo
Holiday Inn Express at Mag Mile(P.317)
Portillo's Hot Dogs(P.316)
Walgreens
Trader Joe's
Red Roof Inn
Al's Beef(P.316)
Hard Rock Cafe
Embassy Suites Chicago-Downtown
Coach
Garrett Popcorn(P.315)
牛角
Rainforest Cafe
Under Armour
Best Western Plus River North(P.317)
Meli Cafe
Blue Chicago(P.314)
Acme
Eataley
Inn of Chicago(P.317)
Pizzeria Uno
Marriott Downtown
Grand
Whole Foods Market
Potbelly
Rock Bottom
Nordstrom
Gwen
InterContinental
Gene & Georgetti
The Shops at North Bridge(P.315)
Hampton Inn & Suites
CoCo Pazzo
Lou Malnati's Pizzeria
Rockit Bar & Grill
Billy Goat Tavern（地下）(P.316)
トリビューンタワー(P.304)
Tribune Tower
Courtyard Chicago Downtown / River North
NBCタワー
NBC Tower
Shaw's Crab House
Andy's Jazz Club & Restaurant(P.315)
リグレービル(P.304)
Wrigley Bldg.
Wendella Sightseeing Boats
船乗り場
Holiday Inn Chicago Mart Plaza
Merch. Mart
Harry Caray's
放送通信博物館
Museum of Broadcast Communications
Chicago River
マーチャンダイズマート
Merchandise Mart
Potbelly
Garrett Popcorn
333 N. Wabash
Architecture River Cruises
船乗り場(P.300)
Westin Chicago River North
House of Blues
マリーナシティ(P.301)
Marina City
シカゴ建築センター(P.300)
Chicago Architecture Center
シカゴ川
トランプ・インターナショナル・ホテル&タワー
Trump International Hotel & Tower(P.301)
カーバイド&カーボンビル
Carbide & Carbon Bldg.
333ウエスト・ワッカー・ドライブ
333 West Wacker Dr.
Clark
State / Lake
AONセンター
AON Center(P.304)
ジェームス・R・トンプソン・センター(P.306)
James R. Thompson Center
Potbelly(P.316)
シカゴ劇場
Chicago Theatre
Two Prudential Plaza
W. Division St.
W. Elm St.
E. Elm St.
E. Cedar St.
W. Maple St.
E. Bellevue Pl.
W. Oak St.
E. Oak St.
E. Lakeshore Dr.
W. Walton St.
E. Walton St.
Delaware Pl.
E. Delaware Pl.
W. Locust St.
W. Chestnut St.
E. Chestnut St.
W. Institute Pl.
E. Pearson St.
W. Chicago Ave.
E. Chicago Ave.
W. Superior St.
E. Superior St.
W. Huron St.
E. Huron St.
W. Erie St.
E. Erie St.
W. Ontario St.
E. Ontario St.
W. Ohio St.
E. Ohio St.
W. Grand Ave.
W. Illinois St.
W. Hubbard St.
W. Kinzie St.
W. Carroll Ave.
E. Wacker Dr.
W. Wacker Dr.
E. Wacker Pl.
S. Water St.
E. Lake St.
N. LaSalle St.
N. Dearborn St.
N. Wells St.
N. State St.
N. Wabash Ave.
N. Rush St.
N. Michigan Ave.
Miles Van Der Rohe Way
N. St. Clair St.
N. Fairbanks Ct.
N. Franklin St.
N. Clark St.
0 0.1mile
0 200m

↘（スライスしたビーフを肉汁で煮込み、パンに挟んだもの）。店舗情報は P.316。

トリビューンタワー
住435 N. Michigan Ave.
URL www.chicagotribune.com

リグレービル
住400-410 N. Michigan Ave.
URL www.thewrigleybuilding.com

ガムで有名なリグレービル。本社は郊外にある

デイリーセンター（シビックセンター）
住50 W. Washington St.
URL www.thedaleycenter.com
※無料のWi-Fiあり

ビルの前にちょこんとピカソの像がある

AONセンター
住200 E. Randolph St.

アクアタワー
住225 N. Columbus Dr.

女性建築家設計のアクアタワー

有力地方紙の本社は荘厳で力強い　地P.303-B3

トリビューンタワー
Tribune Tower

ミシガンアベニュー橋の北に建つ36階建てのゴシック調のビルが、シカゴトリビューン（シカゴの地方新聞）の本社だ。ビルの外壁には世界中の有名な建造物からの破片（万里の長城、ピラミッドのものなど）がちりばめられている。

リグレー・チューイング・ガムの本社　地P.303-B4

リグレービル
Wrigley Bldg.

ミシガンアベニューを挟んでトリビューンタワーの斜め向かいにあるフランスルネッサンス風の白い建物。リグレー・チューイング・ガムの本社ビルだ。サウスタワーの完成はトリビューンタワーより前の1922年。時計塔はスペインのセビーリャにあるヒラルダの塔にそっくりだとか。夜のイルミネーションに照らされた姿も美しい。

ビルの前に立つピカソの彫像が人気　地P.302-A2

デイリーセンター（シビックセンター）
Richard J. Daley Center (Civic Center)

31階建ての鋼鉄製のビルで、かつての名物市長リチャード・J・デイリーの功績を記念して造られた。腐食したような色の鉄骨は、コルテン鋼という素材の鉄で、錆自体が最大の特徴であったが、公害の原因と判明。使用が禁止された。

ビル南側の広場にはビルと同じ鋼鉄でできた**ピカソ作の彫像『無題　Untitled』**が鎮座している。この像は、ヒヒに見えたり、女性に見えたり、人によってその印象はさまざま。Randolph St.を挟んだ向かいには**『ミロのシカゴ』**も起立している。

デイリーセンター前の広場では、春から秋にかけてファーマーズマーケットが開かれる。

シカゴで３番目に高い　地P.302-B2、P.303-B4

AONセンター
AON Center

高さ約346m、83階建てのAONセンターは湖畔にそびえる高層建築。シカゴでは3番目の高さになる。スリムなビルの外装は花こう岩からなり、シンプルなデザインがかえって斬新。

女性建築家による初の摩天楼　地P.302-B2

☆アクアタワー
Aqua Tower

波打つデザインのユニークな高層建築は、女性建築家ジニー・ギャングによるもの。82階建て、高さ262m。ベランダが波打っているのが特徴で、どのユニットからも眺めがいい。

現在は全米第２位の高さとなった　地P.302-A3

☆ウィリスタワー（旧シアーズタワー）
Willis Tower (Formely Sears Tower)

高さ約443m（1450フィート）、110階建てのウィリスタワー（旧シアーズタワー）は、1998年マレーシアのクアラルンプールに452mのペトロナス・ツイン・タワーが完成するまでの約25年間、

メモ　シカゴのファーマーズマーケット▶シカゴでもダウンタウンを中心にファーマーズマーケットが行われている。デイリーセンター➡上記（５月中旬～10 月の毎週木曜 7:00～15:00）のほかに、ダウンタウンでは次の↗

世界いちの高さを誇っていたビル。ビルの建設にあたっては7万6000トンの鉄、1万6100枚の窓ガラス、電線の総延長4万223km、1973年の完成まで3年の歳月を要した。

地下の切符売り場から入場すると、タワーとシカゴの町を紹介するスライドが上映される。103階の展望階（スカイデッキ）へは、超高速エレベーターでたったの1分。展望階からは360度の大パノラマが楽しめ、夕暮れ時は特に美しい。ところで、現在シカゴで話題になっているのが、展望階の**"レッジ The Ledge"**。透明ガラス（アクリル）がフロアから外に突出したもので、透明なガラスの下に動く車や人がよく見える。

現代の摩天楼はこのビルから始まった　地P.302-A3

ルッカリー
The Rookery

シカゴの大火（1871年）のあと、1888年に完成した世界で最も古い鉄骨高層ビル。シカゴ派を代表する著名な建築家バーナムとルートの設計で、それまでの組積工法とはまったく異なったスケルトン工法（骨組み）で造られているのが最大の特徴。そのため、近代摩天楼建築の原本ともいわれている。竣工当時のロビーには、ガラスで覆われたドームがかけられていたが、1905年フランク・ロイド・ライトの手によって改造された。鉄細工とガラスの調和の美しさ、そして建物の中にあるライト設計の"光の庭"は一見の価値あり。

ルッカリーのロビーはフランク・ロイド・ライトが設計

ウィリスタワー（旧シアーズタワー）
住233 S. Wacker Dr.
☎(1-312)875-9696（録音案内）
URL theskydeck.com
開〈3～9月〉毎日9:00～22:00、〈10～2月〉毎日10:00～20:00
料$24、3～11歳$16、ファストパス$49

シカゴ市民の誇り。もとシアーズタワー

ルッカリー
住209 S. LaSalle St.
URL therookerybuilding.com

映画『アンタッチャブル』にも登場したルッカリー

シカゴの野外ギャラリー

メモ

ダウンタウンのループ周辺を歩くとおもしろい姿の巨大な彫刻をよく見かける。いくつかのビルでは、ビルのデザイン以外にその特徴を出すため、競って野外彫刻を制作した。それらの彫刻は、それぞれのビルのプラザ（大広場）に鎮座していることから、総称してプラザアート **Plaza Art** と呼ばれ、高層ビルと並んでシカゴの自慢のひとつになっている。ぜひ見ておきたいアートは……。

ピカソがシカゴに贈った彫像**『無題』**（Daley Center 住Washington & Dearborn Sts.）。この彫刻は女性に見えたり、犬に見えたり、納税者を食いものにする政治家に……、といろいろな説を生み出している。さあ、あなたはどう見る!?

デイリーセンターの向かい、ブランズウィックプラザ（Brunswick Plaza 住69 W. Washington St.）には**『ミロのシカゴ』**が見える。1981年にプラザアートの一員として加わった39フィート（約12m）のブロンズ、コンクリート、陶器で作られた女性像。彼女のプロポーションはシカゴでも最高という評判だ。チェイスタワーの広場（Chase Tower 住Monroe & Dearborn Sts.）には、シャガールの大モザイク壁画**『四季』**がある。ガラス、大理石、花こう岩などのモザイクは、実際に人間の手によって細かく砕かれたもの。ディアボーンストリートを南下した連邦センター（Federal Center 住Adams & Dearborn Sts.）にどっしり構えているのが、**カルダー**作の**『フラミンゴ』**。赤いスタビール（鉄板などで作られた抽象彫刻）は重さ50トン、高さは53フィート（約16m）ある。"日常生活のなかからの像"を造りたかったという**『バットコラム』**（住600 Madison & Jefferson Sts.）は、シカゴ育ちの**オルデンバーグ**の作品。ピカソの像と同じコルテン鋼でできた巨大な野球のバットのような像で、高さ30m、重さ20トンもある。

チェイスタワー前のシャガールの『四季』

↘所で開催される。●連邦センター ➡P.306 住Adams & Dearborn Sts. 開5月中旬～10月の毎週火曜7:00～15:00
●プリンターズロウ 住700 S. Dearborn St. 開6月中旬～10月の毎週土曜7:00～13:00

東京の西新宿で見たような　地P.302-A3

チェイスタワー
Chase Tower

60階建ての末広がり。1969年の完成当時、画期的なデザインはシカゴっ子をあっと驚かせた。西新宿にある損保ジャパン日本興亜本社ビルは、このビルをまねたもの。

広場には**シャガール作のモザイク壁画がある。**

20世紀の3大建築家の代表作　地P.302-A3

連邦センター
Federal Center

フランク・ロイド・ライト、ル・コルビュジエと並ぶ20世紀の3大建築家、ミース・ファン・デル・ローエ設計の3つの建物からなるビル群。縦のストライプがアクセントとなった黒いビルは、実にスタイリッシュだ。カルダーの赤いフラミンゴがビル群によく映える。

ひと休みにおすすめの　地P.302-A2、P.303-A4

ジェームス・R・トンプソン・センター
James R. Thompson Center

1985年に完成したトンプソンセンターは、デザインの奇抜さで目を引く建物だ。円筒を4等分したようなビルの上には、斜めにカットされた小さい円筒が載っており、建物全体が窓ガラスに覆われている。吹き抜けのある17階建てで、地下と1階にはフードコートやショッピングアーケード、郵便局が入っている。2～15階のバルコニー部には州政府のオフィス、16階には州の立法機関がある。オフィス間を仕切る壁がないため、常に騒々しいのも特徴。最上階から見下ろすとロビーのモザイク模様が美しい。

西新宿にもあるビルのもとといわれているチェイスタワー

チェイスタワー
住10 S. Dearborn St.

連邦センター
住230 S. Dearborn St.

ジェームス・R・トンプソン・センター
住100 W. Randolph St.
URL www.illinois.gov/cms/About/JRTC

フードコートやショップもあるイリノイ州政府のビル

摩天楼以外の見どころ　Others

シカゴで人気No.1の見どころ　地P.302-B2～B3

ミレニアムパーク
Millennium Park

シカゴのミレニアムパークは一見に値するすばらしい公園だ。敷地には、著明な建築家によるデザインのオブジェや野外ギャラリー、シアターなどが点在する。

注目は長方形のタワーから表面を覆うように水が流れ落ちる**クラウンファウンテン**。タワーには人の顔が浮かび上がり、表情が変わっていく。中央にあるのが、豆の形をした銀色の巨大なオブジェ、**クラウドゲート**。通称「ビーン」だ。北側にはフランク・ゲイリーによるデザインの野外シアター、**ジェイ・プリツカー・パビリオン**があり、夏の週末にはさまざまな無料イベントが開かれる。11月中旬～3月上旬には野外アイススケートリンク（リンクは無料。スケート靴レンタル料$13～15）が登場し、摩天楼を眺めながらスケートができる。ほかにも季節ごとに変わるオブジェや遊歩道が楽しめる。

ミレニアムパーク
住Michigan Ave. bet. Randolph & Monroe Sts.
URL www.millenniumpark.org
開毎日6:00～23:00
●**Millennium Park Welcome Center**
住201 E. Randolph St.
☎(1-312) 742-1168
開毎日9:00～17:00

ビーンの周りには多くの人が集まり、人気の観光スポットとなっている

ミシガン湖に面した広大な公園 地P.302-B3

グラントパーク
Grant Park

ミレニアムパーク南に隣接する、ミシガン湖畔に面した広い公園。これはミシガン湖を埋め立てて造られたもので、サイクリング、ジョギング専用道、テニスコート、野球などができる施設があり、休日は多くの市民でにぎわっている。

中央に位置する**バッキンガム噴水 Buckingham Fountain**は、全米で最も美しい噴水といわれ、5〜10月中旬の9:00〜23:00の間、毎時約20分間のシンプルな噴水ショーが見られる。コンピューターによって制御された噴水は最高45mまで水しぶきが上がり、日没以降は音とライトアップのショーが行われて美しい。

夜のバッキンガム噴水はライトアップショーが楽しめる

グラントパーク
住Michigan、Rondolph、S. Lake Shore、Roosevelt に囲まれたエリア
☎(1-312)742-3918
URL www.chicagoparkdistrict.com
開毎日6:00〜23:00

グラントパークの有名イベント
毎年6月上旬にブルースフェスティバル、8月上旬にはロックファン憧れのロラパルーザ、9月のレイバーデイ近くには、世界最大級のジャズフェスティバルが行われ（一部ミレニアムパーク）、世界中から一流のミュージシャンが勢揃いする

ティファニー製のドームは必見 地P.302-A2

シカゴ・カルチュラル・センター
Chicago Cultural Center

ギャラリーやホール、簡易カフェなどもあって、旅行者だけでなく市民にも愛されている所。センターでは3階のPreston Bradley Hallに寄ってみよう。ここにある3万のガラス片からなるティファニー製ドームは、直径11.5mと世界いちの大きさを誇る。また、毎月第1、第4月曜12:15からは3階のプレストン・ブラッドリー・ホールで無料のコンサートも行われる。

ティファニー製のドームは必見

シカゴ・カルチュラル・センター
住78 E. Washington St.
☎(1-312)744-3316
URL www.chicagoculturalcenter.org
開月〜金10:00〜19:00、土・日10:00〜17:00
休おもな祝日
料無料
※無料Wi-Fi

ツアー：水・木・金・土13:15にRandolph St.のロビー集合。45〜60分

ショッピングならココ 地P.303-B1〜B4

マグニフィセントマイル
Magnificent Mile

Michigan Ave.のシカゴ川の北側、川からオークストリートの間は“マグニフィセントマイル（魅惑の1マイル）”と呼ばれ、ニューヨークでいえば5番街、パリでいえばシャンゼリゼ通り、東京なら銀座通りに当たる、シカゴの目抜き通りだ。略して「マグマイルMag Mile」。

高級ホテル、高級ショップ、デパート、ショッピングモールが建ち並び、実際には1マイルにも満たない距離ながら、その豪華さはまさにMagnificent！　世界の有名店が軒を連ねる北ミシガンアベニューを歩けば、買い物好きでなくても胸が高なる。

マグニフィセントマイル
住N. Michigan Ave. from Chicago River to Oak St.
URL www.themagnificentmile.com

ブランドショッピングならここへ

観覧車やアイマックスなどアトラクションがいっぱい　地P.302-B2

ネイビーピア
Navy Pier

夏の間は家族連れで大変な混雑となるネイビーピア

シカゴ川がミシガン湖に流れ込む北側にある桟橋。かつての海軍の練習所が、さまざまなアトラクションを含むコンプレックスとして生まれ変わった。アイマックスシアター、子供博物館、観覧車やメリーゴーラウンド、シアター、ビアガーデン、レストランやショップなどがめじろ押し。パフォーマーも出没し、アトラクションでお金を払わずともけっこう楽しめる。夏期は各種クルーズ船が出発し、にぎやか。

ネイビーピア
住600 E. Grand Ave.
Free(1-800) 595-7437
URL navypier.com
開〈6～8月〉毎日10:00～22:00（金・土～24:00）、〈9～5月〉毎日10:00～20:00（金・土～22:00、日～19:00）。季節によって変更あり
休サンクスギビング、12/25
料無料。各アトラクションは有料

動物園も植物園もある市民の憩いの場　地P.302-A1

リンカーンパーク
Lincoln Park

ダウンタウンの北、ミシガン湖畔にあるリンカーンパークは実に広大な公園。Lake Shore Dr.に面する公園の南北の長さは8.5km、面積は485万m²もあるというから、歩いて回るのも容易ではない。園内には、ゴルフコース、4つのビーチ、野球場、ジョギングコース、サイクリングコースなどのスポーツ施設もある。夏期は貸しボート、貸し自転車などのレンタルもできるので、手ぶらで行っても楽しめる。

公園内で子供たちに特に人気があるのが、**リンカーンパーク動物園 Lincoln Park Zoo**。1868年ニューヨークのセントラルパークから2羽の白鳥が贈られたのが動物園の始まりで、現在約20万m²の敷地に約200種類、1100匹の動物が飼育されている。入園無料とは思えない充実ぶりだ。

また、動物園の北にある**リンカーンパーク植物園 Lincoln Park Conservatory**には、4つの温室、そして繁殖室といくつかの庭がある。年4回行われるフラワーショーも有名。また、園内には**シカゴ歴史博物館 Chicago History Museum**やリンカーンの像もある。

時間があれば、公園北のエリアから西へ出てClark St.沿いを北へ歩いてみよう。このあたりはシカゴで最も活気のある若者の町、**レイクビュー／リグレービル Lake View/Wrigleyville**である。

リンカーンパーク
住ミシガン湖沿い、1600-5700 N. Lake Shore Dr.
☎(1-312) 742-7726
URL www.chicagoparkdistrict.com
開毎日6:00～23:00
行Michigan Ave.を北上するCTAバス#151で約15分、Webster Ave.で降りれば動物園横
●Lincoln Park Zoo
地P.302-A1
住2001 N. Clark St.
☎(1-312)742-2000
URL www.lpzoo.org
開毎日10:00～17:00（季節により変更あり）
料無料
●Lincoln Park Conservatory
地P.302-B1外
住2391 N. Stockton Dr.
☎(1-312) 742-7736
URL www.chicagopark.district.com
開毎日9:00～17:00
料無料

絶滅の危機に瀕した動物も飼育されている

リンカーンパークの植物園は年中無休で入場無料。冬でも温かい

ミレニアムパーク▶シカゴは、リチャード・デイリー前市長の施策として公園があちこちに造られ、摩天楼が林立する大都会にもかかわらず、とてもさわやかな印象を与えている。冬は、ミレニアムパークの一画に、スケートリンクが誕生し、寒い時期もにぎわっている。

ミュージアム＆ギャラリー

Museum & Gallery

シカゴのもうひとつの観光の目玉は博物館&美術館群だ。おもなものだけでも6つ、ギャラリーは100以上もあるというから、シカゴっ子たちの文化や芸術に寄せる関心の高さがうかがえる。ミュージアム巡りが好きな人にとっては欠かせない町だ。

トリップアドバイザーの全米No.1美術館に選ばれた 地P.302-B3

シカゴ美術館

The Art Institute of Chicago

メトロポリタン美術館、ボストン美術館と並ぶアメリカ3大美術館のひとつ。ビクトリア調の建造物は、1893年シカゴで開催された博覧会のため1891年に建設された。拡張工事により、著名な建築家レンゾ・ピアノ設計による**現代館The Modern Wing**がオープンし、レストランやショップもグレードアップ。丸1日過ごせる美術館だ。

シカゴ美術館のハイライト

コレクションの中で、人気の高い絵画は2階に多く展示されている。初期印象派、**カイユボット**の『**パリ、雨の日 Paris Street, Rainy Day**』は、石畳の光、冷たい空気を感じさせる雰囲気のある作品だ。**ルノアール**の『**フェルナンドサーカスの少女曲芸師たち Acrobats at the Cirque Fernando**』は、シカゴ美術館に大量の印象派作品を寄贈したパーマー夫人のお気に入りの一点。美術館の代表作といえるのが、**スーラ**の『**グランド・ジャット島の日曜日-1884 A Sunday on La Grande Jatte-1884**』だ。点描法によって描かれたのどかなバカンス風景は完成までに2年以上を要した。この作品は寄贈者の遺言によって門外不出、シカゴ美術館でしか見られないから必ず見ておきたい。**ゴッホ**の『**自画像 Self-Portrait**』、**セザンヌ**の『**リンゴの篭 The Basket of Apples**』はふたりの画家の作品のなかでも傑作といえるもの。**モネ**の収蔵作品はフランス国外では最多といわれている。

15～18世紀のヨーロッパ美術では、**エル・グレコ**の大作『**聖母被昇天 The Assumption of the Virgin**』、光の魔術師**レンブラント**の『**金の首飾りの男 Old Man with a Gold Chain**』をお見逃しなく。

アメリカ美術で必見の作品は、まず**エドワード・ホッパー**の代表作『**ナイトホークス Nighthawks**』。静まり返った深夜のカフェテリアのカウンターで、コーヒーを飲んでいる人たちがガラス越しに見える。都会の孤独が見事に切り取られている作品だ。地方主義者**グラント・ウッド**の『**アメリカンゴシック American Gothic**』は農夫とその娘の表情に頑固で偏狭な性格が鋭く表現されている。アメリカの田舎町に住む人たちの真実を綿密に描き出したアメリカ絵画の傑作中の傑作だ。東洋美術のセクションには安藤忠雄が一室まるごとデザインした部屋がある。

シカゴ美術館
住111 S. Michigan Ave.
☎(1-312) 443-3600
URL www.artic.edu
開毎日10:30～17:00（木～20:00）
休サンクスギビング、12/25、1/1
料$25、シニア・学生・子供$19、14歳未満は無料

これがあると便利
30万点以上の収蔵品を有しているシカゴ美術館は、1日もしくはそれ以上の時間を費やして鑑賞したい。もし時間が少ない場合、"Pocket guide to The Art Institute of Chicago"という小冊子（日本語版$5.95）を買うとよい。ガイドには美術館の所有する有名な展示品が写真入りで載っている

シカゴ美術館でしか見られないスーラの『グランド・ジャット島の日曜日-1884』

ホッパーの名作『ナイトホークス』もシカゴ美術館の所蔵

アメリカ人に最も知られている『アメリカンゴシック』

旅のアドバイス シカゴの人気みやげ▶シカゴ美術館のグッズがおすすめ。印象派絵画のマグネットと画家のサインが書かれたTシャツ、シャガールの傘が人気。なお、美術館のショップはスリが多いので注意しよう。

シカゴ現代美術館
住220 E. Chicago Ave.
☎(1-312) 280-2660
URL www.mcachicago.org
開火～日10:00～17:00（火・金～20:00）
休月、サンクスギビング、12/25、1/1
料$15、シニア・学生$8、12歳以下は無料
ツアー／火～金13:00、土・日13:00、14:00。所要45分
出発場所／2階の入館デスク前

建物も実に近代的な美術館 地P.303-B2

シカゴ現代美術館
Museum of Contemporary Art, Chicago

1967年に創設され、1945年以降の作品のみを集めた現代美術専門の美術館。収蔵品は約7000点。展示スペースは2階と4階で、2階は、企画展や特別展が数ヵ月サイクルで入れ替わる。4階は収蔵品を展示するギャラリーとなっており、半年ごとに展示は変わる。ゴラブ、ルウィット、ナウマン、シャーマン、パシュキといった現代美術の巨匠たちから、森万里子など注目のアーティストまで幅広いコレクションだ。このほかにもビデオやコンピューターを使った作品にもスペースを設けていて、年代、ジャンルともに幅広く楽しめる。

現代美術界のなかでも有名な美術館だ

シカゴ現代美術館は若手アーティストの登竜門的存在であり、オルデンバーグやクリストのように、ここでの個展をきっかけに世界的にも認められるようになったアーティストも多い。

ネイティブアメリカンのコレクションが充実した 地P.302-B3

フィールド博物館
Field Museum

フィールド博物館
住1400 S. Lake Shore Dr.
☎(1-312) 922-9410
URL www.fieldmuseum.org
開毎日9:00～17:00（入館は16:00まで）
休12/25
料見学する展示の数によって$24～38、シニア・学生$21～33、3～11歳$17～27
行ループからはState St.を通るCTAバス#146で

シカゴを代表する堂々たる博物館。入館すると天井の高い広々としたホールになっており、アフリカ象や、恐竜の骨格が目を引く。恐竜の名前は"スーSue"といい、ティラノサウルス・レックスの化石で、これだけ見事に復元されたものは世界的にみても希少。愛嬌満点で、博物館でいちばん人気の展示だ（2018年末2階で展示予定）。2階（メインレベル）のネイティブアメリカン文明は、全米に住む先住民を地域ごとに分け、その生活様式の違いを見せている。量的にも質的にもかなりのもの。2階（メインレベル）から1階（グランドレベル）にかけての古代エジプトのコーナーでは王の墓を再現し、盗賊がたどった道をなぞって見て回る。

中央のロビーにはトーテムポールがお出迎え

3階（アッパーレベル）の北側の恐竜ホールでは、恐竜出現前、恐竜時代、恐竜絶滅後と大きく3つの時代に分けて、恐竜にとどまらず、地球上の生物の進化過程を見せている。なかでも目を引くのが巨大な恐竜の復元骨格。とにかく、人類学、植物学、動物学、地質学、人類とそれを取り巻く物質、現象についての膨大な展示。収蔵品は3000万点以上というから驚きだ。

ミュージアムキャンパスにあるフィールド博物館

シカゴで人気No.1の博物館 地P.302-B3外

科学産業博物館

Museum of Science and Industry

ダウンタウンの南にあるシカゴでいちばん人気の高い博物館。建物は1893年に開催されたコロンビア万国博覧会のメイン会場であった。3万7200m²のフロアに、4万の科学的、技術的な展示物が並んでおり、その1割が時代遅れにならないよう毎年入れ替えられる。見学者が展示品を直接作動させることによって、農業、交通、コミュニケーション、健康、医学、エネルギー、写真など各分野の仕組みを知ってもらおうというのが最大の特徴。

博物館のハイライトは、かつて大空を飛んでいたB-727機、採掘現場にいるような炭鉱、第2次世界大戦で拿捕されたドイツ潜水艦U-505、月の軌道に初めて乗ったアポロ8号の司令船、ヒヨコのふ化と誕生、人体の輪切り、胎児の成長、雷などの自然現象を人工的に再現した科学の嵐など。

本物のUボートの潜水艦が展示されている

科学産業博物館
住5700 S. Lake Shore Dr.
☎(1-773) 684-1414
URL www.msichicago.org
開毎日9:30～16:00(季節によって変動あり)
休サンクスギビング、12/25
料$21.95、3～11歳$12.95。オムニマックスなどとのパッケージは$33.95～57.95、3～11歳$21.95～39.95
行ループからはState St.を通るCTAバス#10"Museum of Science & Industry"行き、または#6 "Jackson Park Express" 行きで約25分

シカゴの夜空を楽しもう 地P.302-B3

アドラープラネタリウム

Adler Planetarium

最新機器を備えた宇宙劇場、世界最大といわれる望遠鏡のコレクション、月への有人飛行の展示、銀河系の仕組みを三次元で体験できるコーナーなど、いろいろな角度から宇宙への理解を深めることができる天文博物館兼プラネタリウム。

見どころは、**グレインジャー・スカイシアターGrainger Sky Theater**のプラネタリウム。太陽系の兄弟星たちの素顔、遠い遠い銀河系や星雲への旅などをドームの中で楽しめる。また、**ディフィニティ・スペース・シアターDefiniti Space Theater**では、コンピューターグラフィックスとバーチャルリアリティの技術を使ったシミュレーションを体験。5億年前の宇宙から現在までを旅したり、地球・太陽・月の関係について学んだり、常時2作品以上が上映されている。もうひとつのシアターでは3-Dを楽しめる。

プラネタリウムだけでなく天文の博物館としても見応えがある

アドラープラネタリウム
住1300 S. Lake Shore Dr.
☎(1-312) 922-7827
URL www.adlerplanetarium.org
開毎日9:30～16:00(季節により変更あり)
休サンクスギビング、12/25
料$12、3～11歳$8、ひとつのスカイショーと展示が$24.95、3～11歳$19.95
行ループからはState St.を通るCTAバス#146で

シカゴの大火

1871年10月8日、市の南西部にあったパトリック&ケイト・オリリーズの所有する家畜小屋が火元といわれるが、原因は不明のまま。火はシカゴ名物の風にあおられ、またたく間に広がり、市の南西部、現在のループから北、オールドタウン、ゴールドコーストまでをほとんど焼き尽くした。炎は3日間にわたってくすぶり続け、鎮火した10月10日、シカゴの町には焼け焦げたがれきの山と、男女の区別のつかない焼死体がゴロゴロ転がっていた。

この大火災によって町が受けた被害は、死者250人以上、9万4000人以上の人が焼け出され、焼失した建物約1万7500棟、焼失面積は2200エーカー(8.9km²)にも達した。被害金額は当時のお金で2億ドル、火災保険会社までもが焼けてしまったため、損害額を補償できなかったという。

その炎は、ミシガン湖の向こう岸や遠くジェノバ湖、ウィスコンシン州からも見ることができた。現在、火災が起こった地点にはシカゴ消防トレーニング局(住558 W. Dekoven St.)が建っており、ウィーナーの彫刻『**炎の柱石 Pillar of Fire**』を大火の記念碑として見ることができる。

旅のアドバイス ハイドパーク観光▶科学産業博物館のあるハイドパークは、ノーベル賞受賞者を多数輩出したシカゴ大学University of Chicagoの町。大学附属の博物館やフランク・ロイド・ライト設計の邸宅もあるので、科学産業博物館と合わせての見学がおすすめ。将来ここにオバマ大統領の博物館ができる予定。

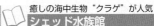

癒しの海中生物“クラゲ”が人気 地P.302-B3

シェッド水族館

John G. Shedd Aquarium

シェッド水族館
住1200 S. Lake Shore Dr.
☎(1-312)939-2438
URL www.sheddaquarium.org
開〈9～5月〉毎日9:00～17:00(土・日～18:00)、〈6～8月〉毎日9:00～18:00
休12/25
料オーシャナリウムやポーラー・プレイ・ゾーンなどが含まれたチケット$39.95、3～11歳$29.95。4-Dはプラス$4.95
行ループからState St.を通るCTAバス#146で

ミシガン湖に面した全米最大級の屋内水族館。魚類のほか、ラッコ、イルカ、アザラシなど1500種、3万2000匹以上の生物が見学できる。

オーシャナリウムOceanariumはアメリカ北西部の太平洋岸の生態を屋内に再現した施設。自然のなかで海の生物たちに出合えるようになっている。海のほ乳類たちの生態系を解説したショーが好評。メジロザメ、ウチワシュモクザメなど、各種のサメが泳ぐ**ワイルドリーフWild Reef**もダイバーになったよう。

一般展示はシカゴ川流域を中心とした淡水魚が充実。淡水魚というと地味なイメージが強いが、色も形も実にさまざまなものがいるのに驚く。中央の**カリビアンリーフCaribbean Reef**の大水槽で1日4回行われるダイバーによる餌づけはお見逃しなく。4-Dのショーは子供たちに圧倒的な人気がある。夏休みは大混雑するので早めに行きたい。

水族館はミュージアムキャンパスにある

ワイルドリーフの水槽。熱帯魚のすみかだ

Entertainment エンターテインメント

シカゴ交響楽団
ホームホール――シンフォニーセンター Symphony Center
地P.302-A3
住220 S. Michigan Ave.
☎(1-312)294-3000(チケット)
URL cso.org
料$25～316(ウェブサイトからの購入は1回につき$6の手数料)
※シーズンは9月中旬～6月

シカゴ交響楽団
Chicago Symphony Orchestra（CSO）

100年以上の歴史を誇り、全米No.1の実力をもつ交響楽団が、シカゴ交響楽団だ。その実力はベルリンフィル、ウィーンフィルにも劣らず、素人が聴いてもその演奏のすばらしさには感激するはず。2010年から音楽監督を務めるリカルド・ムーティのタクトによる演奏は、クラシックファンならぜひとも鑑賞したい。

シカゴ・リリック・オペラ
ホームホール――シビック・オペラ・ハウス Civic Opera House
地P.302-A3
住20 N. Wacker Dr.
☎(1-312)827-5600
URL www.lyricopera.org
料$55～299(ウェブサイトからの購入は1回につき$14の手数料)
※シーズンは9月下旬～3月

シカゴ・リリック・オペラ
Lyric Opera of Chicago

アメリカ3大オペラのひとつ。一人ひとりの歌手の技術的水準が高いことはもちろん、大道具、衣装などの演出も非常に画期的で、観る側にオペラの醍醐味を堪能させてくれる。ホームホールのシビック・オペラ・ハウスは、一見古いビルだが、内部は豪華な造りで、観客も皆着飾ってきている。ラ・ボエーム、イドメネオなどの有名オペラのほか、現代オペラの上演にも取り組む。

旅のアドバイス 球場、アリーナの荷物持ち込みについて▶アメリカのほとんどの球場、アリーナには、大きな荷物を持って入場することはできない。ウエストポーチくらいの大きさなら問題ないが、スポーツ観戦に行くときは極力小さい荷物で行くようにしよう。ビデオや三脚、ペットボトルも不可。

スポーツ観戦 Spectator Sports

ベースボール MLB

シカゴ・カブス（ナショナルリーグ中地区）
Chicago Cubs

外野フェンスにツタが絡まるリグレーフィールドは、全米いち美しいといわれる。2014年には創設100周年を迎え、ボストンのフェンウエイパークに次いで古い。自慢の球場をもつカブスは2016年、108年ぶりのワールドチャンピオンを達成し、今、大リーグ最強のチームに成長した。2017、18年と連続してプレイオフに進出。2018年にはダルビッシュ投手が移籍するが故障者リスト入りに。2019年に期待がかかる。

国宝級のリグレーフィールド

シカゴ・ホワイトソックス（アメリカンリーグ中地区）
Chicago White Sox

世界制覇3度の伝統あるチーム。映画『フィールド・オブ・ドリームス』は、球界を追放されたホワイトソックスの選手が、トウモロコシ畑の球場でプレイするというファンタジー。球場では、ホワイトソックスがホームランを打つと花火が打ち上がり、電動の風車がくるくる回って美しい。万年Bクラス状態に陥りつつあり、危機感がつのる。監督をはじめチームは再建中。

アメリカンフットボール NFL

シカゴ・ベアーズ（NFC 北地区） Chicago Bears

NFL最古参チームのひとつ、ユニホームの袖にあるイニシャル“GSH”は創設者ジョージ・S・ハラスの名を刻んだものだ。そんな古豪だが、4シーズン連続負け越し、7シーズンプレイオフから遠のいており、まずは地盤固めが必要とされる。チームカラーはネイビーブルー、バートオレンジ、ホワイト。

バスケットボール NBA

シカゴ・ブルズ（東・中地区） Chicago Bulls

1990年代に2度の「スリーピート」を成し遂げ、NBAブームの牽引役を担ったが、21世紀を前に凋落。2008-09シーズンから7年連続プレイオフ進出、不振からの脱却を思わせたが、2017-18年は27勝、地区下位に沈んでいる。チームカラーはレッド、ブラック、ホワイト。

シカゴ・ブルズのアリーナ横にはマイケル・ジョーダンの像が鎮座する

シカゴ・カブス（1876年創設）
地 P.302-A1外
本拠地――リグレーフィールド Wrigley Field（4万1160人収容）
住 1060 W. Addison St.
☎ (1-773) 404-2827
URL chicago.cubs.mlb.com
行 地下鉄レッドラインAddison駅下車。徒歩30秒

この選手に注目！
ジョン・レスター（投手）

シカゴ・ホワイトソックス（1901年創設）
地 P.302-A3〜B3外
本拠地――ギャランティード・レート・フィールドGuaranteed Rate Field（約4万人収容）
住 333 W. 35th St.
☎ (1-312) 674-1000
URL chicago.whitesox.mlb.com
行 地下鉄レッドラインSox-35th駅下車。駅の改札を出れば球場が見える。レッドラインは球場から南方面へは行かないように。タクシーならダウンタウンまで$18〜33程度

この選手に注目！
ホセ・アブレイユ（一塁手）

シカゴ・ベアーズ（1919年創設）
本拠地――ソルジャーフィールド Soldier Field（6万1500人収容）
地 P.302-B3外
住 1410 S. Museum Campus Dr.
☎ (1-847) 615-2327（チケット）
URL www.chicagobears.com
行 地下鉄レッドライン、高架鉄道オレンジライン、グリーンラインのRoosevelt駅で下車し、CTAバス#146で。試合がある日はユニオン駅からCTAバス#128（臨時バス）で

この選手に注目！
カリル・マック

シカゴ・ブルズ（1966年創設）
地 P.302-A3外
本拠地――ユナイテッドセンター United Center（2万917人収容）
住 1901 W. Madison St.
☎ (1-312) 455-4000
URL www.nba.com/bulls
行 試合開始の1時間30分前から16分おきに運行されるUnited Center ExpressというCTAバス#19（臨時バス）で。中心部ではMichigan Ave.とMadison St.を通る

この選手に注目！
ザック・ラビーン

アイスホッケー NHL

シカゴ・ブラックホークス（西・中地区）
Chicago Blackhawks

1926年に創設。「オリジナル6」と称される伝統のチーム。直近の10シーズンでプレイオフ進出は実に9度。そのうち3度もリーグ制覇している常勝軍団だが2017-18シーズンは前年の地区1位から一気に最下位に沈んだ。ケイン、テイブスの両エースは健在なので決して このまま低迷するチームではない。

シカゴ・ブラックホークス（1926年創設）
地P.302-A3外
本拠地——ユナイテッドセンター United Center（1万9717人収容）
住1901 W. Madison St.
☎(1-312) 455-7000
URL blackhawks.nhl.com
行ブルズ参照

この選手に注目！
パトリック・ケイン

サッカー MLS

シカゴ・ファイアー（東地区）
Chicago Fire

1998年に創立。その年にMLSとUSオープンカップのダブル優勝をしてアメリカスポーツ界の歴史を築いたが、2010年以降は不調が続いている。チーム名は「シカゴの大火」に由来。

シカゴ・ファイアーにはコアなファンが毎試合集う

シカゴ・ファイアー（1998年創設）
本拠地——ソルジャーフィールド（2万人収容）
住1410 Special Olympics Dr.
Free (1-888) 657-3473
URL www.chicago-fire.com

この選手に注目！
バスティアン・シュヴァインシュタイガー

ナイトスポット
Night Spots

ブルース

N 2バンド楽しめるのが魅力
キングストンマインズ
Kingston Mines

住2548 N. Halsted St. ☎(1-773) 477-4646
URL kingstonmines.com
開月～木19:30～翌4:00、金19:00～、土19:00～翌5:00、日18:00～翌4:00、ライブは1時間30分ごとに交互のステージで始まる
料チャージ$12～15 AMV 地P.302-A1外

ふたつに分かれた店内で1日にふたつのバンドの演奏が楽しめる。閉店時間が遅いこともあって、他の店で演奏を終えたミュージシャンたちが流れてくる有名店。

ブルース

N 迫力のライブを便利なロケーションで
ブルーシカゴ
Blue Chicago

住536 N. Clark St. ☎(1-312) 661-0100
URL www.bluechicago.com
開毎日20:00～翌1:30（土～翌2:30）
料チャージ日～木$10、金・土$12 AMV 地P.303-A3

ライブは21:00頃から。店は小さいが活気にあふれている。リバーノースにあることから観光客も入りやすく、仕事帰りのビジネスマンも多い。ベーシックなブルースならここ。

ブルース

N オーナーが登場することも
バディ・ガイズ・レジェンズ
Buddy Guy's Legends

住700 S. Wabash Ave. ☎(1-312) 427-1190
URL buddyguy.com
開月・火17:00～翌2:00、水～金11:00～、土12:00～翌3:00、日12:00～翌2:00 料チャージ$10～20 AMV 地P.302-A3

エリック・クラプトンが最も尊敬しているという世界的なブルースマン、バディ・ガイが経営する店。本人が来店することもしばしば。全米から優れたミュージシャンを出演させる。食事も充実。

ブルース

N 小さな店内はファンの熱気ムンムン
ブルース
B.L.U.E.S.

住2519 N. Halsted St. ☎(1-773) 528-1012
URL www.chicagobluesbar.com 開毎日20:00～翌2:00（土～翌3:00）、ライブは21:30～ 料チャージ$7～12 AMV 地P.302-A1外

魂の叫びをじかに感じさせてくれるシカゴブルースならこの店。観光客も多いが地元の客も多く、とても自然な雰囲気のなか演奏が楽しめる。ミュージシャンたちの熱気がストレートに伝わってくる。

ナイトスポット&ショップ
Night Spots & Shops

N ジャズ

早めのライブ開始がうれしい
アンディズ・ジャズクラブ&レストラン
Andy's Jazz Club & Restaurant

住11 E. Hubbard St. ☎(1-312)642-6805
URL www.andysjazzclub.com 開毎日16:30～翌1:00
料チャージ$10～15 AMV 地P.303-B4

シカゴジャズの名手が常時出演している。1978年に『ジャズファイブ』と称して始められた17:00からのショーは、夕方からジャズを楽しむ社交の場として親しまれている。週末は2バンドの演奏が楽しめ、場所もいい。

N ジャズ

ロケーションもよく気軽に寄れる
ジャズショーケース
Jazz Showcase

住806 S. Plymouth Ct. ☎(1-312)360-0234 URL www.jazzshowcase.com 開毎日20:00～24:00(日16:00～)、ライブは20:00～と22:00～(日16:00～) 料チャージ$10～45 MV 地P.302-A3

ディアボーン駅の中にある、70年の歴史を誇るジャズの老舗。ヒルトンホテルやユースホステルからは徒歩圏内。観光客も多く、バーカウンターもあってひとりでも気軽に寄れる。食事は入店前に済ませておこう。

S ショッピングモール

おしゃれなショッピングモール
ショップス・アット・ノースブリッジ
The Shops at North Bridge

住520 N. Michigan Ave. at Grand Ave. ☎(1-312)625-9290
URL www.theshopsatnorthbridge.com
開月～土10:00～21:00、日11:00～19:00 地P.303-B3

高級デパートのノードストロームをはじめとして、キールズ、イータリーなど約70店舗が入っている。これまでのモールと異なり、天井が高く開放感にあふれている。

S ショッピングモール

人気ブランドのある便利なモール
ウオータータワー・プレイス
Water Tower Place

住835 N. Michigan Ave. ☎(1-312)440-3580
URL www.shopwatertower.com
開月～土10:00～21:00、日11:00～18:00 地P.303-B2

町の名所ウオータータワーのすぐ東にある。アルド、アバクロ、エクスプレス、トゥミ、フリーピープル、ビクトリアズ・シークレットなど約100店舗が入っている。

S 食料品

日本でも行列、名物ポップコーン
ギャレットポップコーン
Garrett Popcorn

住625 N. Michigan Ave. AMV
URL www.garrettpopcorn.com
開月～土10:00～20:00(金・土～21:00、日～19:00) 地P.303-B3

長蛇の列を作るシカゴの名物ショップ。人気の理由は軽くてサクサク、フレッシュで、従来のポップコーンを打破するおいしさ。安くはないが、だまされたと思ってお試しあれ。入口はOntario St.側。

S デパート

チープなおみやげ探しに最適
シティターゲット
City Target

住1 S. State St. ☎(1-312)279-2133
URL www.target.com 開月～金7:00～22:00、土・日8:00～
AMV 地P.302-A3

早い時間から営業しており、デパートというより大きなスーパーといった品揃え。チープな日用品やみやげ物など、なにか困ったらのぞいてみるといい。1階にはヘルシーなサンドイッチのプレタマンジェも入っている。

S ファッション

世界で唯一MJグッズの揃う店
32サウスステート
32 South State

住32 S. State St. ☎(1-312)263-7274
URL www.jordan.com/32-south-state 開日～金10:00～20:00(日～19:00、金～2?:00) ?:00～?:00 AMV 地P.302-A3

CLOSED

シカゴのヒーロー、マイケル・ジョーダンのフットウエア、Tシャツ、ボトムス、バッグなどを扱う店。実はナイキの運営だ。内装が異空間のようで、一見の価値がある。おみやげにはシカゴ・オリジナルのTシャツを。

S 雑貨

航空機メーカーのロゴ入りグッズを
ボーイングストア
Boeing Store

住410 W. Washington St. ☎(1-312)544-3100
URL www.boeingstore.com 開月～金9:00～18:00
休土・日 AMV 地P.302-A?

CLOSED

ボーイングの本社の1階にあるギフトショップ。Tシャツ、ジャケット、バッグ、時計、キーホルダー、ボールペンなどバラマキみやげにいいものから、高価なものまでいろいろある。ロゴやイラスト入りだ。

旅のアドバイス ディープ・ディッシュ・ピザ▶シカゴ名物のピザはひとり1～2ピースぐらいで十分。ふたりの場合Mサイズ1枚でちょうどいい。余ったら持ち帰ろう。

レストラン
Restaurants

アメリカ料理

シカゴ発のうまいサンドイッチ
ポットベリー
Potbelly

住190 N. State St. at Lake St.
☎(1-312) 683-1234　URL www.potbelly.com
開毎日6:30～22:00（土・日11:00～）　AMV　地P.303-B4

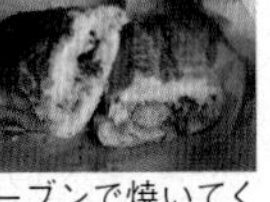

注文を受けてから作られる、温かいサンドイッチがおいしい店。おすすめは、"A Wreck"というサラミやハム、ローストビーフなどを挟んだサンド。最後にオーブンで焼いてくれる。日替わりスープも人気。予算は$6～。

ピザ

名物ピザも楽しめるシカゴらしいパブ
エクスチェッカーパブ
Exchequer Pub

住226 S. Wabash Ave.　☎(1-312) 939-5633
URL www.exchequerpub.com　開月～木11:00～23:00、金・土～24:00、日12:00～22:00　AMV　地P.302-A3

雰囲気はクラシックだがとてもにぎやかなパブ。ここの名物は分厚いディープ・パン・ピザ。ソーセージ、マッシュルーム、タマネギ、ピーマンなど4品が入ったエクスチェッカーデラックスがおすすめ。余ったら持ち帰りを。

アメリカ料理

シカゴ名物のホットドッグ
ポーティロス・ホットドッグ
Portillo's Hot Dogs

住100 W. Ontario St.
☎(1-312) 587-8910　URL www.portillos.com
開毎日10:00～翌1:00（日～24:00）　AMV　地P.303-A3

シカゴ郊外の小さな屋台から始まったチェーン店。シカゴのホットドッグはポピーシードのバンズとケチャップをつけないのが特徴で、ジューシーなポーリッシュソーセージにタマネギとピクルスが付いたものが定番（$3.09～）。

アメリカ料理

「ヤギの呪い」のオーナーの店
ビリー・ゴート・タバーン
Billy Goat Tavern

住430 N. Michigan Ave.（地下）　☎(1-312) 222-1525
URL www.billygoattavern.com　開月～土6:00～翌1:00（金～翌2:00、土～翌3:00）、日9:00～翌2:00　AMV　地P.303-B3

人気TV番組『サタデイ・ナイト・ライブ』でよくネタにされた店。名物のチーズバーガー（$3.45）より有名なのがカブスのヤギの呪い。これはペットのヤギとの観戦を断られ、この店のオーナーがチームに呪いをかけたというもの。

アメリカ料理

ループ地区でリブが好評
ミラーズパブ
Millers Pub

住134 S. Wabash Ave.　☎(1-312) 263-4988
URL millerspub.com　開毎日11:00～翌2:00（日～24:00）
AMV　地P.302-A3

パーマーハウスヒルトン（グレイライン出発点）のすぐそばにあり、深夜まで営業しているのがありがたい。手頃な値段で、ボリューム満点のリブがおすすめ。スポーツ選手や有名人も訪れる。予算は$30～。

アメリカ料理

とにかくうまい！ リブなら絶対にこの店
カーソンズ
Carson's

住465 E. Ilinois St.　☎(1-312) 280-9200
URL www.ribs.com　開毎日11:30～23:00（金・土～24:00）
AMV　地P.302-B2

ネイビーピア近くに移転したリブの老舗。おいしいリブが食べられる店で、地元のグルメガイドなどで何回も絶賛されている。日本人ならハーフでOK。予算はディナーでひとり$30～。

アメリカ料理

シカゴ3大名物のひとつ
アルズビーフ
Al's Beef

住169 W. Ontario St.　☎(1-312) 943-3222
URL alsbeef.com　AMV　地P.303-A3
開月～土10:00～24:00（金・土～翌3:00）、日11:00～21:00

シカゴの3大名物➡P.302 脚注のひとつがイタリアンビーフ。安くてボリュームたっぷり。いくつか店舗はあるがいちばん便利なロケーションがリバーノースのこの店。小サイズ$6.15から。

ステーキ

シカゴで人気No.1のステーキハウス
ギブソンズバー&ステーキハウス
Gibsons Bar & Steakhouse

住1028 N. Rush St.　Free (1-866) 442-7664
URL www.gibsonssteakhouse.com　開毎日11:00～24:00（バーは翌2:00まで）　AMV　地P.303-B1

最初に肉を見せながらそれぞれの部位や調理法を説明してくれる。ステーキをひと口ほおばれば、香ばしさと肉のうま味がいっぱいに広がり、アメリカンステーキを食べている実感がある。$42～65で、シェアもOK。

ホテル

Hotels

ホステル

安宿旅行者に朗報！
ホステリング・インターナショナル・シカゴ
Hostelling International-Chicago

住24 E. Congress Pkwy., Chicago, IL 60605 地P.302-A3
☎(1-312)360-0300 FAX(1-312)360-0313 AMV Wi-Fi無料
URL www.hichicago.org ドミトリー$26〜46 個室$65〜169

1階がフロント、2階がロビー、食堂、3階からがドミトリー。スタッフも常駐し、各部屋にシャワーとトイレ、各階にTVルームが完備。無料の朝食付き。68室、約400ベッド。

エコノミーホテル

多くを期待しなければ
コングレス・プラザ・ホテル
The Congress Plaza Hotel

住520 S. Michigan Ave., Chicago, IL 60605
☎(1-312)427-3800 FAX(1-312)427-2919
URL www.congressplazahotel.com
ⓈⒹⓉ$79〜349 Wi-Fi無料 ADMV 地P.302-A3

ループ地区のやや南にあるが、ミシガン通りに面してシカゴ美術館やシンフォニーホールも徒歩圏内。1893年のシカゴ万博とともに誕生したホテルで、客室の古さは否めない。839室。

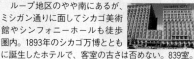

エコノミーホテル

オヘア空港近くのお手軽ホテル
ベストウエスタン・アット・オヘア
Best Western at O'Hare

住10300 W. Higgins Rd., Rosemont, IL 60018 ☎(1-847)296-4471 FAX(1-847)296-4958 URL www.bestwestern.com
ⓈⒹⓉ$130〜170 ADJMV Wi-Fi無料 地P.302-A2外

オヘア周辺のホテルとしてはお手頃で、24時間無料シャトルが運行されている。近くにはファミリーレストランもあり、客室も広くはないが清潔で、無料の朝食付き。142室。

中級ホテル

ナイトスポットやレストランへ行くのに便利
ベストウエスタン・プラス・リバーノース
Best Western Plus River North

住125 W. Ohio St., Chicago, IL 60654 ☎(1-312)467-0800
Free(1-800)727-0800 FAX(1-312)467-1665
URL www.rivernorthhotel.com Wi-Fi無料
ⓈⒹⓉ$89〜179、スイート$99〜299 ADJMV 地P.303-A3

ループ地区、マーチャンダイズマートへも2ブロックというとても便利なロケーション。ブルーシカゴにも近く、ナイトライフも安心して楽しめる。150室。

中級ホテル

リグレーフィールドに近い
ベストウエスタン・プラス・ホーソン・テラス
Best Western Plus Hawthorne Terrace

住3434 N. Broadway, Chicago, IL 60657 ADJMV
☎(1-773)244-3434 FAX(1-773)244-3435
URL www.hawthorneterrace.com Wi-Fi無料
ⓈⒹⓉ$100〜390、スイート$120〜485 地P.302-A1外

レストランやショップも多い、素顔のシカゴを感じられるエリアにある。リグレーフィールドも徒歩圏内。清潔で朝食付き。レッドラインAddison駅より徒歩10分。83室。

エコノミーホテル

朝食付きで、時にとてもリーズナブル
ホリデイイン・エクスプレス・アット・マグマイル
Holiday Inn Express at Magnificent Mile

住640 N. Wabash Ave., Chicago, IL 60611
☎(1-312)787-4030 FAX(1-312)787-8544
URL www.casshotel.com ⓈⒹⓉ$72〜485
AMV 地P.303-B3

バックパッカーに親しまれていたホテルがちょっと都会的に変身、チェーンのひとつになった。ミシガンアベニューも徒歩圏内で、便利。清潔で、無料の朝食付き。174室。

エコノミーホテル

このエリアでコスパが高い
イン・オブ・シカゴ
Inn of Chicago

住163 E. Ohio St., Chicago, IL 60611 ☎(1-312)787-3100
FAX(1-312)573-3136 URL www.theinnofchicago.com
ⓈⒹⓉ$94〜500 AMV 地P.303-B3

マグニフィセントマイルまで半ブロック、ネイビーピアも徒歩圏内。歴史的な建物に反し、ロビーはスタイリッシュ。連泊すれば割引料金もある。部屋は少し古い印象。359室。

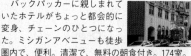

中級ホテル

CTA駅とつながり、最高のシティビュー
ホリデイイン・シカゴ・マートプラザ
Holiday Inn Chicago Mart Plaza

住350 W. Mart Center Dr., Chicago, IL 60654 ADJMV
☎(1-312)836-5000 FAX(1-312)222-9508 Wi-Fi無料
URL www.martplaza.com ⓈⒹⓉ$109〜269 地P.302-A2

シカゴ川が南北に分岐する位置に建ち、Merchandise Mart駅とつながっているので移動に便利。シティビューが自慢で、ロビー階のラウンジからがベスト。屋内プールもある。521室。

日本からアメリカへの国際電話のかけ方 ➡ P.8〜9
国際電話認識番号（001/0033/0061）＋（010）＋アメリカの国番号（1）＋市外局番＋電話番号

ミルウォーキー Milwaukee

ビールとハーレーの町

ミルウォーキー川沿いには町歩きに最適な遊歩道もある

ドイツの情景が広がるミシガン湖畔の町、ミルウォーキー。町の名はネイティブアメリカン、アルゴンキン族の言葉で“愉快ですばらしい土地”を意味する、Milliokeに由来している。

1800年代前半にヨーロッパ、おもにドイツから移民がやってきて、ミルウォーキーにドイツの文化を落とし込んでいった。今でもドイツ系移民をルーツにもつ人たちが多く住んでおり、ドイツ語の名称もあらゆる所で目にする。食文化も例外ではない。酪農が盛んなウィスコンシン州はチーズの産地として有名で、“ウィスコンシンチーズ”として国内では広く知られている。これもヨーロッパからの移民が多かったことで発展した文化であり、ビールも同様、ドイツの伝統を引き継ぐ製法で作られているものが多い。

もうひとつ忘れてはならないのが、全世界から音楽好きが集まる全米最大規模の音楽フェス、サマーフェスSummerfest。毎年大物アーティストを迎え、市内はいっそうにぎやかになる。サマーフェスの時期はホテルも取りにくいので、注意するように。

ヨーロッパのような雰囲気を感じる町並み

DATA

人口▶約59万5400人
面積▶約249km²
標高▶最高243m、最低177m
TAX▶セールスタックス　5.6%
ホテルタックス　15.1%
属する州▶ウィスコンシン州 Wisconsin
州のニックネーム▶あなぐま州 Badger State
州都▶マディソン　Madison
時間帯▶中部標準時（CST）
➡P.631
繁忙期▶6～9月

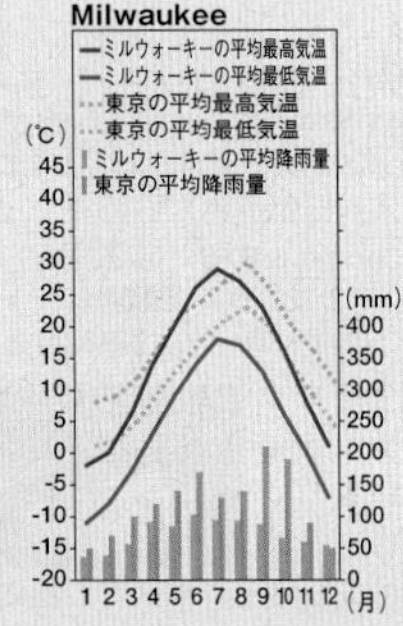

ミルウォーキーへの行き方 Getting There

飛行機 Plane

ジェネラル・ミッチェル国際空港
General Mitchell International Airport (MKE)

ダウンタウンの南約15kmにある。シカゴから飛行機で約1時間。トラベラーズエイドと空港の案内所は2階中央、2階には空港の博物館（ギャラリー）もある。

ジェネラル・ミッチェル国際空港
地P.321-B2外
住5300 S. Howell Ave.
☎(414)747-5300
URL www.mitchellairport.com

■ 空港から／空港へのアクセス

	種類／名称／連絡先	行き先／運行／料金	乗車場所／所要時間／備考
空港シャトル	ゴー・ライトウエイ Go Riteway ☎(414)570-5200 Free (1-800)236-5450 URL www.goriteway.com	行き先▶市内や周辺どこでも 運行▶24時間随時 料金▶ダウンタウンまで片道$16.32～	空港発▶バゲージクレームにある同社のカウンターでチケットを購入してから乗車 空港行き▶事前に電話などで予約をしてから乗車 所要時間▶ダウンタウンまで約25分
路線バス	MCTS バス # 80 MCTS Bus #80 ☎(414)937-3218 URL www.ridemcts.com	行き先▶ダウンタウンの6th St.沿いにあるバス停 運行▶空港発は月～金5:56～翌0:47、土5:58～翌0:44、日5:53～翌0:44の10～40分間隔。空港行きは月～金4:07～翌0:13、土4:54～翌0:55、日5:06～翌0:50の10～40分間隔 料金▶$2.25	空港発▶バゲージクレームにある1番出口外にあるバス停から乗車 空港行き▶ダウンタウンの6th St.とWisconsin Ave.の角などにあるバス停から乗車 所要時間▶ダウンタウンまで約30分
路線バス	MCTS バス・グリーンライン MCTS Bus Green Line ☎(414)937-3218 URL www.ridemcts.com	行き先▶ダウンタウンのWater St.沿いにあるバス停 運行▶空港発は月～金3:59～翌2:16、土4:52～翌2:16、日5:20～翌1:24。空港行きは月～金4:16～翌2:08、土5:27～翌2:14、日4:47～翌2:11の10～30分間隔 料金▶$2.25	空港発▶バゲージクレームにある1番出口外にあるバス停から乗車 空港行き▶ダウンタウンのWisconsin Ave. & Water St.の角などにあるバス停から乗車 所要時間▶ダウンタウンまで約30分
鉄道	アムトラック Amtrak Free (1-800)872-7245 URL www.amtrak.com	行き先▶ダウンタウン、シカゴ 運行▶ハイアワサ号:月～土は1日7便、日は6便 料金▶ミルウォーキー市内まで$8、シカゴまで$25～35	空港発▶バゲージクレームの出口4外からアムトラックAirport駅行きの無料シャトルバスに乗車 空港行き▶ミルウォーキー・インターモーダル・ステーションから。アムトラックAirport駅の中央口から空港ターミナル行きの無料シャトルバスに乗車 所要時間▶ミルウォーキー・インターモーダル・ステーションまで約15分
タクシー	イエローキャブ Yellow Cab ☎(414)271-1800	行き先▶市内や周辺どこでも 運行▶24時間随時 料金▶ダウンタウンまで$27～45	空港発▶バゲージクレーム出口3を出て、レンタカーセンター奥にあるタクシー乗り場から乗車 空港行き▶事前に電話予約、または主要ホテルから乗車 所要時間▶ダウンタウンまで約15分

※それぞれの乗り物の特徴については P.665

長距離バスと鉄道 Bus&Train

ミルウォーキー・インターモーダル・ステーション
Milwaukee Intermodal Station

ダウンタウンの南にある、アムトラック（鉄道）とグレイハウンド（長距離バス）の合同ターミナル。ミルウォーキー美術館や、ハーレー・ダビッドソン博物館も徒歩で行くことができる。

1日6～7往復するアムトラック・ハイアワサ号はシカゴ間を1時間30分で結び、シカゴからは日帰りも可能。ハイシーズンは混み合う道路を避けて、たくさんの観光客が鉄道を利用する。グレイハウンドはシカゴ間を1日8本前後（所要約2時間）運行しているほか、北西方面のミネアポリス／セントポールなどへ足を延ばすのに便利だ。

ミルウォーキー・インターモーダル・ステーション
地P.321-A2
住433 W. St. Paul Ave.
●Greyhound
☎(414)272-2156
開毎日3:30～4:00、6:30～23:30（チケット窓口。待合室は24時間オープン）
●Amtrak
開毎日5:00～24:00（チケット売り場は毎日5:30～21:00まで）

シカゴからの日帰りも可能

旅のアドバイス メガバス▶中東部の都市を結ぶ快適な2階建て長距離バス。シカゴなどへ行くには安くて便利。ミルウォーキー・インターモーダル・ステーション前が発着場所。予約は URL us.megabus.com から。

Getting Around ミルウォーキーの歩き方

一番人気の見どころ、ハーレー・ダビッドソン博物館

ダウンタウン中心部の見どころには、旧市街として発展した**オールド・ワールド・サード・ストリート Old World 3rd St.**、南北に流れるミルウォーキー川両岸に美しく整備された歩道**リバーウオークRiverwalk**、ドイツ・ネオルネッサンス様式の名建築である**市庁舎City Hall**や**パブスト劇場Pabst Theater**などがある。さらに、中心部から徒歩圏内には、ミシガン湖に向かって白鳥が飛びたつような、躍動感のあるデザインの**ミルウォーキー美術館Milwaukee Art Museum**、**ディスカバリー・ワールドDiscovery World**、**サマーフェスSummerfest**などのイベントがたて続けに行われる**フェスティバル会場Festival Park**、川の南側にある**ハーレー・ダビッドソン博物館Harley-Davidson Museum**と、その東に広がる**ヒストリック・サード・ワードHistoric Third Ward**などがある。これらは徒歩で回ることも可能だ。そのほか、公共交通機関を使えば、ビール工場見学ツアーで人気の**レイクフロント・ブリュワリーLakefront Brewery**やヒッピー世代に人気のある**ブレーディ通りBrady Street**、ダウンタウン西側にある**ミラー・クアーズ工場Miller Coors Brewing Company**、**植物園Mitchell Park Conservatory**、**パブスト邸The Captain Frederick Pabst Mansion**などにもアクセスすることができる。夏であれば日差しが気持ちよく、散策がてら見どころを訪れることは可能だが、冬は雪が降り気温も氷点下になる。冬の訪問は防寒対策を忘れずに。

ドイツの町の風情を色濃く残すミルウォーキーの魅力を堪能するには、少なくとも3日は時間を取りたい。食文化も個性的なので、これを機にドイツ料理デビューをしてみるのもいいだろう。

リバーウオークを歩こう
ダウンタウンを南北に流れるミルウォーキー川の両側には、気持ちのいい遊歩道が続く。ビアホールやレストランとも直結しているので、食事のついでに散策してみよう。夏は川沿いのレストランで食事をするローカルたちでにぎわっている。夜にはライトアップが川面に映り、ロマンティックな雰囲気に包まれる。
URL www.visitmilwaukee.org/riverwalk

夏の夕刻には気持ちいい風が吹く

観光案内所 Visitors Information

ビジットミルウォーキー観光案内所
Visit Milwaukee Visitor Information Center

ダウンタウンの中心、Wisconsin Ave.沿いにある、近代的な設備を誇るコンベンションセンター、**ウィスコンシンセンターWisconsin Center**内にある。観光客のための案内所は1階、Wisconsin Ave.とN. 4th St.の角の入口から入ったすぐの所。ショッピングモールのショップス・オブ・グランド・アベニュー脚注の斜め前に位置し、パンフレットなどの資料が豊富に揃っている。ツアーやホテルの手配サービスもあり。

案内所はコンベンションセンターの入口すぐにある

ビジットミルウォーキー観光案内所
地P.321-A2
住400 W. Wisconsin Ave.
☎(414)273-7222
Free(1-800)554-1448
URL www.visitmilwaukee.org
開月～金8:00～17:00。5月下旬～9月上旬は土9:00～14:00、日10:00～15:00もオープン
休9月中旬～5月中旬の土・日、おもな祝日

旅のアドバイス ショップス・オブ・グランド・アベニュー▶ダウンタウンの中心にあり、ショップやレストランが約50軒入るショッピングモール。The Shops of Grand Avenue 住275 W. Wisconsin Ave. ☎(414)224-0655 URL grandavenueshops.com 開月～土10:00～19:00（土～18:00）、日11:00～17:00 地P.321-A2

市内の交通機関 *Public Transportation*

MCTSバス
MCTS Bus (Milwaukee County Transit System)

ミルウォーキー全域をカバーする市バス。路線は約60あり、観光に便利な路線も多い。ほとんどの便がダウンタウンの中心、ショップス・オブ・グランド・アベニュー前のWisconsin Ave.を走る。バスのルート地図やパスはショップス・オブ・グランド・アベニュー(➡P.320 脚注)内の案内所や、ミルウォーキー・インターモーダル・ステーションなどで入手可能。また、Mカードという ICカードが導入されており、1日券などのパスはMカードがなければ購入できない。Mカードがあれば、バス乗車時にも1日券を購入できる。乗り換えは90分以内無料。ただし、乗り換えにもMカードが必要だ。

リバークルーズ
River Cruises

湖と川に囲まれたミルウォーキーは、冬を除く季節はクルーズが観光の目玉だ。ミルウォーキー川に面する遊歩道リバーウオークにおもなツアー会社の発着場所が集まっていて、ダウンタウン観光の途中でも気軽に利用できる。見どころを巡るツアーやディナーを楽しみながら雄大なミシガン湖をクルージングするツアーなど多数あり。

水の都、ミルウォーキーの風物詩である川船

MCTSバス
☎(414)937-3218
URL www.ridemcts.com
運行/おもな路線は毎日5:00頃～翌1:00頃
料$2.25。Mカードでの乗車の場合$2。Mカードは発行手数料が$2で、ショップス・オブ・グランド・アベニューの2階にあるコンビニなどで購入可能だ。また、1日券は提携しているコンビニなどでチャージしてもらう場合$4、バス乗車時に現金でチャージしてもらう場合は$5(Mカードの残高から1日券を購入する場合$4)

リバークルーズ
●ミルウォーキー・リバークルーズライン(エーデルワイス号)
Milwaukee River Cruise Line (The Edelweiss)
地P.321-A1
住205 W. Highland Ave.
☎(414)276-7447
URL www.edelweissboats.com
開5～10月の運航
※コースにより曜日、時間、集合場所が異なるのでウェブサイトで確認すること
料$19～95

●ミルウォーキー・ボートライン
Milwaukee Boat Line
地P.321-B2
住101 W. Michigan St.
☎(414)294-9450
URL www.mkeboat.com
開5～9月の毎日、4月と10月は土・日のみ運航。時間は曜日により異なる
料$19.88

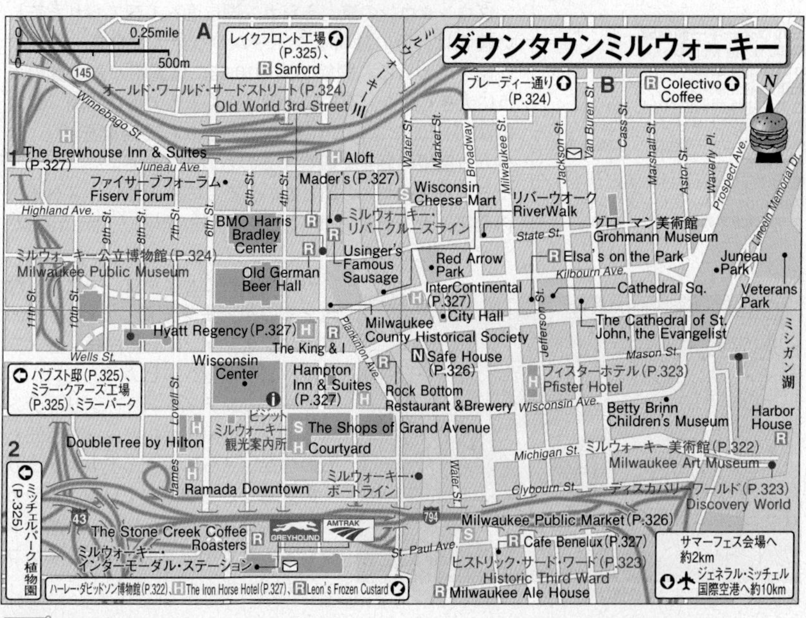

旅のアドバイス 夏期に運行されるトロリー▶6月初旬から9月上旬まで、ダウンタウンのおもなポイント約30ヵ所を結ぶトロリーが循環している。運行は水～土 11:00～21:00の20分間隔。料$1。詳しくは URL www.ridemcts.com

世界中のライダーが憧れる地 地P.321-A2外

ハーレー・ダビッドソン博物館

Harley-Davidson Museum

ハーレー・ダビッドソン博物館
住400 W. Canal St.
☎(414)287-2789
Free(1-877)436-8738
URL www.harley-davidson.com
開〈5～9月〉毎日9:00～18:00(木～20:00)、〈10～4月〉毎日10:00～18:00(木～20:00)
料$20、シニア$14、5～17歳$10
日本語オーディオガイド／$4
行Wisconsin Ave. & 6th St.から徒歩10分

ハーレーの歴史を学ぶことができる

1903年、ウイリアム・ハーレーとダビッドソン兄弟によって、ミルウォーキーで設立されたハーレー・ダビッドソン社。アメリカンカルチャーを牽引し、アメリカンカルチャーのアイコンでもあるバイクメーカーの博物館は、町いちばんの人気を誇っている。450以上のコレクションのうち、現存する最古のモデル「シリアルナンバー1」やエルビス・プレスリーが21歳のときに購入した1956年式KHモデル、第2次世界大戦中の米軍用バイク、所有者が独自にエンジンを2機搭載した全長4.11mのカスタム（改造）バイク、通称「キングコング」など、えりすぐりのバイクが並ぶ。

世界90ヵ国以上100万人以上いるハーレーオーナーによって構成されるハーレー・オーナーズ・グループHarley Owners Group（H.O.G.）のチャプター（支部）もここで紹介され、全米に次ぐ数を誇る日本支部の名も並ぶ。1912年、ハーレー初の海外輸出先が日本だったという事実も何かの縁を感じさせる。併設されているギフトショップでは、ここでしか買えない商品も多いので見逃さないように。

"動く屋根"も見どころ 地P.321-B2

ミルウォーキー美術館

Milwaukee Art Museum

ミルウォーキー美術館
住700 N. Art Museum Dr.
☎(414)224-3200
URL www.mam.org
開火～日10:00～17:00(水～20:00)
休月、サンクスギビング、12/25
料$19、シニア・学生$17、12歳未満無料
行MCTSバス#14で、Prospect Ave. & Mason St. 下車。ダウンタウン中心部からは徒歩で約20分

ダウンタウンの東、ミシガン湖に面して建てられた美しい建物は、その独特なフォームから巨大な白鳥、あるいは船を思わせる。開館時間の10:00には屋根が鳥の翼のように大きく開き、正午には羽ばたくように再び閉開、閉館時間の17:00には静かに閉じる。これらの時間を狙って、外から屋根の動きを観察するのもおすすめだ。

ミルウォーキーの顔ともいえるこの美術館は、スペインの建築家サンティアゴ・カラトラバSantiago Calatravaがデザインしたもの。

外観もさることながら、中世から現代までの美術史を網羅した約2万5000点のコレクションは全米屈指。ルノワール、ゴーギャン、ピカソ、ミロ、ホーマー、カンディンスキー、リキテンスタイン、ウォーホルといった巨匠たちの作品、さらにはミッドセンチュリーの家具なども収蔵している。ミシガン湖を眺めながらサンドイッチやサラダなどの軽食を取ることができるカフェCafe Calatravaも人気だ。

建物は見る角度によって表情が変わる

歴史・文化・その土地らしさ　公園・レクリエーション・アトラクション　買い物・食事・娯楽
☆編集室オススメ

学んで遊んで楽しむ場所 地P.321-B2

ディスカバリーワールド
Discovery World

幼児から大人まで、楽しみながら科学を学ぶために、さまざまな設備とプログラムが展示されている科学館。海水魚のほか、五大湖の淡水魚を紹介する水族館も併設され、最上階のデッキからはミシガン湖が一望できる。ミシガン湖に突き出るようにして建つこの複合施設は、大きな船が湖に直接接岸できるように設計されている。

ディスカバリーワールド
住500 N. Harbor Dr.
☎(414)765-9966
URL www.discoveryworld.org
開火～金9:00～16:00、土・日10:00～17:00
休月、おもな祝日
料$19、シニア・3～17歳$16、学生$14

若者に愛される新名所 地P.321-B2

ヒストリック・サード・ワード
Historic Third Ward

古い建物を改造して営業するブティックやギャラリー、レストラン、バーが建ち並ぶこの再開発エリアは、夜も若者たちでにぎわう。中心にある**ミルウォーキー・パブリック・マーケット Milwaukee Public Market**➔P.326では、地元の物産が集められ一堂に見ることができ、ギフト選びにも最適だ。St. Paul Ave.、Menomonee St.、Water St.、Milwaukee St.に囲まれたエリアにショップやレストランが集まる。

ヒストリック・サード・ワード
URL www.historicthirdward.org
行ダウンタウンからMilwaukee St.を南に500m

評判のレストランも多い

ミルウォーキーのランドマーク 地P.321-B2

フィスターホテル
Pfister Hotel

歴史的建造物にも指定されているフィスターホテルは1893年に建てられたもの。創立者はドイツ系移民のグイド・フィスターと、息子のチャールズ・フィスター。吹き抜けのロビーは豪華を極め、歴代の大統領や数多くの要人が定宿とすることでも有名だ。また、創立者のチャールズ・フィスターが今でもしばしばホテルに出没するといううわさもあり、名物の「お化けのチャールズ」を目当てにやってくる客もいるそう。

フィスターホテル
住424 E. Wisconsin Ave.
☎(414)273-8222
URL www.thepfisterhotel.com

クリスマス時期はよりいっそうゴージャスな雰囲気に

町中が祭りの熱気に包まれる、サマーフェス
旅のアドバイス

1968年に始まった毎年恒例の**サマーフェス Summerfest**は、世界でも最大規模を誇る音楽祭だ。11日間の会期中、ジャズやロックなどジャンルを越える800以上のコンサートが約10の会場で催される。

サマーフェスのあとは、イタリアンフェス、ドイツフェス、アイリッシュフェスと一連のエスニック祭が次々とミシガン湖畔の会場で繰り広げられ、10月にはネイティブアメリカンの部族が集うパウワウやオクトーバーフェスと秋までイベントがめじろ押しだ。この時期、ダウンタウンは観光客で埋め尽くされ、町の人口が一気に増える。

Summerfest
住200 N. Harbor Dr.
☎(414)273-2680
URL www.summerfest.com
開2019年6/26～6/30、7/2～7/7
地P.321-B2外

会期中は人があふれるほどの混雑ぶり
©VISIT Milwaukee

ミルウォーキー市庁舎▶ドイツ・ネオルネッサンス様式の建物で、1895年に完成した。1895～1899年の間は、世界でいちばん高いビルだった。City Hall 住200 E. Wells St. ☎(414)286-2489 URL city.milwaukee.gov 地P.321-B2

ドイツらしさが色濃く残る 地P.321-A1

オールド・ワールド・サードストリート

Old World 3rd Street

ショップス・オブ・グランド・アベニュー正面から延びるOld World 3rd St.は、ドイツの雰囲気が漂うミルウォーキーの名物通りだ。通りには開業当時から変わらない店構えで、数えきれないほどのチーズを取り揃える**ウィスコンシン・チーズマートWisconsin Cheese Mart**、ビールとの相性抜群の加工肉を扱う**ユージンガー・フェイマス・ソーセージUsinger's Famous Sausage**、地元を代表するドイツ料理店**メイダーズレストランMader's Restaurant**➔P.327、伝統的なドイツ風ビアホール**オールド・ジャーマン・ビアホールOld German Beer Hall**など、地元ファンに支えられて営業を続けている名店が連なる。

雪が似合うドイツ風の風景

●Wisconsin Cheese Mart
地P.321-A1
住1048 N. Old World 3rd St.
Free (1-888) 482-7700
URL www.wisconsincheesemart.com
開毎日9:00～18:00（金・土～20:00、日11:00～）

●Usinger's Famous Sausage
地P.321-A1
住1030 N. Old World 3rd St.
☎(414) 276-9105
URL www.usinger.com
開月～土9:00～17:00
休日

●Old German Beer Hall
地P.321-A1
住1009 N. Old World 3rd St.
☎(414) 226-2728
URL www.oldgermanbeerhall.com
開月～金11:00～翌2:00（金～翌2:30）、土・日10:00～翌2:30（日～翌2:00）

展示品は蝶から恐竜まで幅広い 地P.321-A2

ミルウォーキー公立博物館

Milwaukee Public Museum

ネイティブアメリカンの文化や白人入植後のミルウォーキーの歴史、ミシガン湖周辺の自然などがわかりやすく展示されている博物館。1階にある「The Streets of Old Milwaukee」では、入植当時、19世紀のミルウォーキーの町並みが再現され、精巧な作りのジオラマを見ることができる。1000種類以上の蝶や蛾が飛び回る蝶園「Puelicher Butterfly Wing」や、1万年前にミルウォーキー周辺に生息したマンモスの化石がある「The Hebior Mammoth」なども人気のコーナーだ。館は3階建てで、2、3階ではウィスコンシンのネイティブアメリカンにまつわる歴史や、アジア、アフリカなど各国の文化も紹介している。

マンモスの骨格標本が充実している

ミルウォーキー公立博物館
住800 W. Wells St.
☎(414) 278-2728
URL www.mpm.edu
開毎日10:00～17:00（土9:00～、日11:00～）
休おもな祝日
料$18、シニア$14、4～13歳$12

ヒッピー世代が作ったエリア 地P.321-B1外

ブレーディ通り

Brady Street

1960年代に全米を席巻したヒッピー文化の嵐が、多くの移民が住むエスニック色豊かなこの通りにも吹き荒れた。個性豊かなカフェやギフトショップ、レストラン、バーには、味や趣向にこだわりのあるヒッピー世代や、ヒッピーを知らない若い世代も集まり、独特の雰囲気を醸し出している。

ブレーディ通り
URL bradystreet.org
行ダウンタウンからMCTSバスのグリーンラインで10分ほど行くとブレーディ通りに入り、そのままブレーディ通り沿いを走る。MCTSバス#14で行く場合は、Humboldt Ave. & Brady St.で下車

旅のアドバイス 地元の人おすすめのレストラン▶ディスカバリーワールド北の、ミシガン湖を見渡す所にあるレストラン。サンドイッチ（$13.95～）やローストチキン（$17.95）がおすすめ。Harbor House 住550 N. Harbor Dr. ☎(414) 395-4900 URL www.harborhousemke.com 開月～土11:30～21:00（金・土～22:00）、日10:00～21:00 地P.321-B2

ドームの愛称で親しまれる　地P.321-A2外

ミッチェルパーク植物園
Mitchell Park Conservatory (The Domes)

ダウンタウンの南西5kmにあるミッチェル公園の敷地に、ガラスで覆われた巨大なドームが3つどっしり構えている。ドームは西から、季節に合わせた草花がアレンジされているFloral Show Dome、サボテンのような砂漠の植物が集まるDesert Dome、そして蘭やバナナの木などの熱帯植物が見られるTropical Dome。年間を通して気温が一定に保たれているので、冬場の見学は暖かく気分がほぐれる。

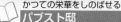

宇宙都市のような造りのドーム

ミッチェルパーク植物園
住524 S. Layton Blvd.
☎(414)257-5611
URL county.milwaukee.gov
開毎日9:00～17:00（土・日～16:00）
料$8、6～17歳$6、5歳以下無料
行ダウンタウンのN. 2nd St.とWisconsin Ave.の角から南へ向かうMCTSバス#23やブルーラインで約20分、Layton Blvd.（27th St.）とNational Ave.の交差点で下車。北へ2ブロック歩く

かつての栄華をしのばせる　地P.321-A2外

パブスト邸
The Captain Frederick Pabst Mansion

ダウンタウンから西に2km行ったマルケット大学キャンパス近くの住宅街にあるひときわ目だつ大邸宅は、ビール業界のリーダーのひとり、ドイツ生まれの**フレデリック・パブスト Frederick Pabst**が1892年に建てた家だ。フランダース・ネオルネッサンス様式の建物は、ミルウォーキーを代表する建築のひとつでもある。ステンドグラスが光り輝くチャペル、ビクトリア調の装飾が施された玄関、フランスロココ調のダイニングルームなど、見学ツアーでは回りきれないほどの部屋（全部で37室）がある。

パブスト邸
住2000 W. Wisconsin Ave.
☎(414)931-0808
URL www.pabstmansion.com
開毎日10:00～16:00（日12:00～）
休1月中旬～2月の水、おもな祝日
料$12、シニア・学生$11、6～17歳$7、5歳以下無料
行ダウンタウンのWisconsin Ave.を走るMCTSバス#30で、西方向に約15分。19th St. & Wisconsin Ave.で下車

ビールで財をなしたパブスト家

ハシゴしても楽しい、ミルウォーキーのビール工場見学ツアー
旅のアドバイス

ミラー・クアーズ工場
Miller Coors Brewing Company

ダウンタウンの西5kmにある巨大な工場群がミラービールの工場だ。約1時間の無料見学ツアーがギフトショップの隣にある案内所から催行されている。

ドイツからの移民、フレデリック・ミラー Frederick Millerがミルウォーキーでビール会社を創設したのが1855年。ツアーはそこからのミラー社史を知る15分間のフィルム観賞から始まる。その後パッケージセンター、とてつもない広さの出荷センター、ホップを発酵させるブリューハウスBrew Kettle、そして昔の天然貯蔵庫（地下にある）も見学する。最後はお待ちかねのビールの試飲。ソフトドリンクも用意されているので21歳以下でも参加可能だ。

住4251 W. State St.　☎(414)931-2337
URL www.millercoors.com　地P.321-A2外
ツアー／毎日10:30～15:30（日～14:00）の30分間隔（夏期は延長あり。時間は時期により異なるので、事前にウェブサイトで確認を）　休おもな祝日　料21歳以上$10（20歳以下無料）行MCTSバス#30でHighland Blvd. & N. 38th St.下車

レイクフロント工場
Lakefront Brewery Tour

ミルウォーキーを代表する地ビールのブランド、レイクフロントのビール工場ツアーは、ガイドの説明がおもしろいことから各旅行誌でNo.1になるほどの人気だ。ミルウォーキー川沿いにあった発電所を改造して建てられた工場では、季節に合わせて約15種類のビールが醸造されている。Brew Kettleはもちろん、生ビールの樽詰め作業などが目の前で見学でき、4種類のビールを試飲できる。

住1872 N. Commerce St.　☎(414)372-8800
URL www.lakefrontbrewery.com　地P.321-A1外
ツアー／スケジュールは時期により異なるので、ウェブサイトで確認すること。おおよそ毎日12:00～19:00
休おもな祝日
料$8～11
行MCTSバス#15でHolton St. & Glover Ave.下車

終始笑いどおしのツアー

メモ　レイクフロントのビール工場見学▶ダウンタウンからミルウォーキー川沿いの遊歩道を北へ歩けば約20分。ミラーと違って有料だが、ガイドもエンターテイナーで、ミラー社の工場見学よりも人気がある。

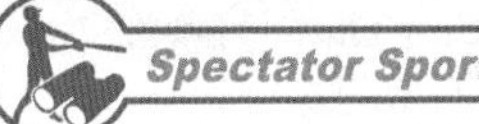

スポーツ観戦

ミルウォーキー・ブリュワーズ
（1969年創設）　地P.321-A2外
本拠地――ミラーパークMiller Park（4万1900人収容）
住1 Brewers Way
☎(414)902-4000
URL www.mlb.com/brewers
行ダウンタウンのWisconsin Ave.からMCTSの臨時バス#90の"Miller Park"で。試合開始2時間前から30分間隔で運行。ダウンタウン行きは試合終了1時間30分後まで運行
球場ツアー／$12。4～9月に催行、詳しくはウェブサイトで

この手に注目！
クリスチャン・イエリッチ（外野手）

ベースボール　MLB

ミルウォーキー・ブリュワーズ（ナショナルリーグ中地区）
Milwaukee Brewers

1969年にシアトルで創設されたパイロッツが前身。1979年ミルウォーキーへ移転。世界有数のビール産地にちなみ、この愛称をつけた。6回裏終了時に行われるソーセージレースは大リーグ屈指のアトラクションだ。2018年は補強が功を奏し、地区優勝を果たしたが、ナショナルリーグの優勝決定戦でドジャースに惜敗した。2019年にも期待がかかる。

ミルウォーキー・バックス
（1968年創設）　地P.321-A1
本拠地――ファイサーブフォーラムFiserv Forum
（1万7500人収容）
住1111 Vel R. Phillips Ave.
☎(414)227-0599
Free(1-877)428-2825（チケット）
URL www.nba.com/bucks

この選手に注目！
ヤニス・アデトクンボ

バスケットボール　NBA

ミルウォーキー・バックス（東・中地区）
Milwaukee Bucks

2001-02シーズンから5割前後の成績が続き、運よくプレイオフにも進む中庸な成績を重ね、その結果、プレイオフ8回連続初戦敗退という憂き目に。この状況を打破するべく、ホークスを去ったHCビューデンホルツァーを招聘した。チームカラーはグッドランド・グリーン、クリームシティ・クリーム、グレートレイクス・ブルー、ブラック、ホワイト。

ナイトスポット&ショップ
Night Spot & Shop

N　バー
ミルウォーキーの名物バー!?
セイフハウス
Safe House

住779 N. Front St.　☎(414)271-2007
URL www.safe-house.com　MV　地P.321-B2
開水～土11:00～翌1:00（金・土～翌2:00）、日～火11:00～24:00

秘密情報部員の隠れ家に見立てたバーだから表札もない。中に入るには一芸を披露しなくてはならないという、遊び心もいっぱい。隠れ家といっても、名所だからすぐにわかる。

S　マーケット
ご当地の名産品が集まる市場
ミルウォーキー・パブリック・マーケット
Milwaukee Public Market

住400 N. Water St.　☎(414)336-1111　地P.321-B2
URL www.milwaukeepublicmarket.org　AMV
開月～金10:00～20:00、土8:00～20:00、日9:00～18:00

ヒストリック・サード・ワードの一角にある屋内市場。生鮮食料品、生花などのショップに加え、地元の食材を使った軽食や地ビールなどが味わえるレストランもある。

メモ
ミルウォーキーの裏名物、フローズンカスタード

一見するとただのアイスクリームだが、通常のアイスクリームより卵黄を多く使用し、口当たりがとても滑らかなのがフローズンカスタードの特徴だ。

発祥は1900年代前半のニューヨーク。その後、中西部にも知れ渡るようになり、酪農が盛んだったウィスコンシン州でも人気に火がついた。ミルウォーキーでは続々とフローズンカスタードのスタンドがオープンし、いつしか"フローズンカスタードの首都"と呼ばれるまでに成長。人気の店は、1942年から続くレオンズ・フローズン・カスタード。外観も味も、まさにアメリカだ。支払いは現金のみ。

Leon's Frozen Custard
地P.321-A2外
住3131 S. 27th St.
☎(414)383-1784
開毎日11:00～24:00
行ダウンタウンからMCTSバス#14でForest Home Ave. & S. 27th St.下車。そこからMCTSバス#27に乗り換えEuclid Ave. & S. 27th St.下車。所要約50分。

アメリカらしいクラシックなスタンド

旅のアドバイス　ミルウォーキー・インターモーダル・ステーションそばのカフェ▶コーヒー豆を焙煎している工場に併設する話題のカフェ。The Stone Creek Coffee Roasters　住422 N. 5th St.　☎(414)431-2157　URL www.stonecreekcoffee.com　開月～金5:30～19:00、土・日7:00～18:00　地P.321-A2

レストラン&ホテル

Restaurants & Hotels

ドイツ料理

R 本場ドイツの味をミルウォーキーで

メイダーズレストラン

Mader's Restaurant

住1041 N. Old World 3rd St. ☎(414) 271-3377
URL www.madersrestaurant.com AMV
開毎日11:30～21:00(金・土～22:00、日11:00～) 地P.321-A1

1902年にオープンした伝統的ドイツ料理を味わえるレストラン。世界のビールが味わえ、店内もとても趣がある。ディナーは$35～、ランチは$15～。

アメリカ料理

R ヨーロッパにあるカフェの雰囲気が漂う

カフェ・ベネラックス&マーケット

Cafe Benelux & Market

住346 N. Broadway ☎(414) 501-2500
URL cafebenelux.com 開月～金7:00～24:00、土8:00～、日8:00～23:00 AMV 地P.321-B2

ミルウォーキー・パブリック・マーケットの斜め前にあるおしゃれなレストラン。サンドイッチ($9.95～)やミートローフ($15.95)などがおすすめ。営業時間も長く、カフェとしても利用できる。

中級ホテル

H ダウンタウンの中心にあり、快適

ハンプトンイン&スイーツ

Hampton Inn & Suites

住176 W. Wisconsin Ave., Milwaukee, WI 53203
☎(414) 271-4656 FAX(414) 319-0711
URL www.hamptoninn3.hilton.com Wi-Fi無料
ⓈⒹⓉ$134～259、スイート$155～279 ADJMV 地P.321-A2

町の中心であるWisconsin Ave.に面し、どこへ行くにも便利。室内プール、ジムあり。周囲の治安もよく安心だ。138室。

中級ホテル

H ビールの香り漂うホテル

ブリューハウスイン&スイーツ

The Brewhouse Inn & Suites

住1215 N. 10th St., Milwaukee, WI 53205
☎(414) 810-3350 Wi-Fi無料
URL www.brewhousesuites.com
スイート$169～459 AMV 地P.321-A1

パブスト・ブリュワリーのビール醸造所を改装してオープンしたホテル。すべての部屋が、キッチンや冷蔵庫、電子レンジがあるスイートルーム。朝食無料。90室。

高級ホテル

H ハーレー愛好者に人気の宿

アイアンホース・ホテル

The Iron Horse Hotel

住500 W. Florida St., Milwaukee, WI 53204
☎(414) 374-4766 Free(1-888) 543-4766 FAX(414) 755-0084
URL www.theironhorsehotel.com Wi-Fi無料
ⓈⒹⓉ$169～539 ADJMV 地P.321-A2外

バイク置き場には洗車ホース、客室にはブーツやジャケットをしまうスペースも用意され、二輪の宿泊客には行き届いたサービスと設備が揃う。ビジネス、観光目的にも人気が高い。100室。

高級ホテル

H ビジネスにも観光にも便利

インターコンチネンタルホテル

InterContinental Hotel

住139 E. Kilbourn Ave., Milwaukee, WI 53202
☎(414) 276-8686 Free(1-800) 951-4667 Wi-Fi無料
URL www.intercontinentalmilwaukee.com
ⓈⒹⓉ$118～213 ADJMV 地P.321-B1

ダウンタウンの中心、市庁舎の前にあり、リバーウオークまで1ブロックと立地がいいホテル。レストランやバー、ショップも徒歩圏内に集まる。221室。

高級ホテル

H 使い勝手のいい優良ホテル

ハイアット・リージェンシー・ミルウォーキー

Hyatt Regency Milwaukee

住333 W. Kilbourn Ave., Milwaukee, WI 53203 ☎(414) 276-1234 FAX(414) 270-6120
URL milwaukee.regency.hyatt.com ⓈⒹⓉ$119～288 ADJMV Wi-Fi無料 地P.321-A2

ダウンタウンの中心に位置し、コンシェルジュやレンタカーデスク、レストラン、フィットネスセンター、軽食を販売するショップなど、設備の充実した使い勝手のいいホテル。コンベンションセンターまでは徒歩1分。481室。

ミネアポリス／セントポール
Minneapolis / St. Paul

自然と都会の調和

ミシシッピ川で唯一の滝、セントアンソニー滝とストーンアーチ橋

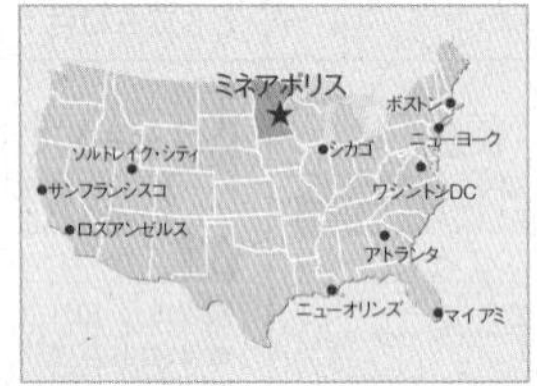

世界4大河川のひとつ、北米を縦断するミシシッピ川の源流を有するミネソタ州。2018年には「全米で最も人々が幸せを感じる州」に選出され、また「最も安全な州」の第3位に評価されている。

ミシシッピ河畔にあるふたつの都市は隣り合っていることから、ツインシティズとも呼ばれるが、歴史ある行政の町セントポールに対し、経済の中心を担う都会ミネアポリスという相違した顔をもつ。ともに水と緑の美しい自然に寄り添い、全米でも有数のアート＆カルチャーの町としても知られる。ノーベル賞受賞のミュージシャン、ボブ・ディラン、早逝しながら今もミュージックシーンに燦然と輝くプリンス、ふたりが生まれ育ち、彼らの音楽が培われたことでも有名である。

「最もクリーンな町」、昨今ではワシントンDCに次いで「最もワーキングウーマンに適した町」といわれる。夏には「Xゲームズ」の大会やジャズフェスティバルが開催され、またプロサッカーを含め、4大プロスポーツのホームゲームが観戦できるスタジアムやフィールドもある。加えて、全米最大規模のショッピング＋エンターテインメント複合施設「モール・オブ・アメリカ」も滞在の楽しみのひとつになっている。

ミネソタの誇り、ボブ・ディランの壁画

DATA

人口▶ミネアポリス約42万人
セントポール約31万人
面積▶274km²　標高▶約180m
TAX▶セールスタックス　8.025%（ミネアポリス）、7.875%（セントポール）ホテルタックス　13.65%（ミネアポリス）、13.88%（セントポール）
属する州▶ミネソタ州　Minnesota
州のニックネーム▶北極星州
The North Star State
州都▶セントポール　St. Paul
時間帯▶中部標準時（CST）
➡P.631
繁忙期▶5〜10月

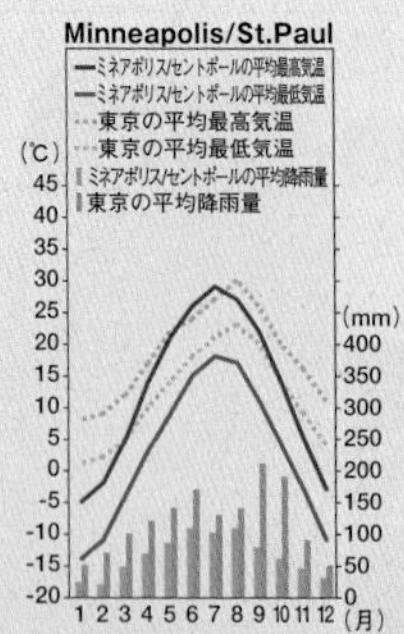

メモ　セールスタックス▶ミネソタ州では洋服や靴、医薬品、食料品に税金がかからない。それ以外のものは、市によって異なる。

ミネアポリス／セントポールへの行き方 Getting There

飛行機 Plane

ミネアポリス／セントポール国際空港
Minneapolis/St. Paul International Airport（MSP）

ミネアポリス、セントポール両都市から南へ15kmほどの所にある北米ベストワンにも選出されている空港。デルタ航空のハブ空港で、羽田空港から毎日直行便が運航。入国審査やバゲージクレームへの案内板には日本語が併記され、初めての海外旅行でも安心だ。

ミネアポリス／セントポール国際空港
地P.333-B2～B3外
☎(612)726-5555
URL www.mspairport.com

●市内への各交通機関
Lindbergh Terminal（ターミナル1）に隣接するTransit Centerに集約されている。Transit Centerへは、Lindbergh Terminal地下1階からトラムが随時運行している

■ 空港から／空港への アクセス

	種類／名称／連絡先	行き先／運行／料金	乗車場所／所要時間／備考
空港シャトル	スーパーシャトル SuperShuttle ☎(612)827-7777 Free(1-800)258-3826 URL www.supershuttle.com	行き先▶市内や周辺どこでも 運行▶24時間随時 料金▶ミネアポリスエリアまで片道$14～。セントポールエリアまで片道$13～	空港発▶Transit Centerのフロア奥のエスカレーターを上がって、出口を出た所が乗り場。チケットカウンターはGround Transportation Atriumにある 空港行き▶事前に電話、またはウェブサイトで予約をしてから乗車 所要時間▶15～25分
ライトレイル	ブルーライン Blue Line ☎(612)373-3333 URL www.metrotransit.org	行き先▶ダウンタウンミネアポリス、モール・オブ・アメリカなど 運行▶ダウンタウン行きは毎日4:25～翌2:19。モール・オブ・アメリカ行きは毎日3:45～翌1:41（金・土～翌3:25）。ともに7～15分間隔 料金▶$2（ラッシュアワー時は$2.50）	空港発▶空港地下のライトレイル駅から乗車 空港行き▶近くのライトレイル駅から乗車 所要時間▶ダウンタウンミネアポリスまで約25分、モール・オブ・アメリカまで約12分 ※セントポール方面へは路線バスか、ミネアポリスからグリーンラインで
路線バス	メトロトランジット #54 Metro Transit #54 ☎(612)373-3333 URL www.metrotransit.org	行き先▶ダウンタウンセントポール 運行▶月～金4:35～翌0:48、土4:36～翌0:20、日4:26～翌0:32。15～30分間隔 料金▶$2（ラッシュアワー時は$2.50）	空港発▶表示に従いバス停に向かい乗車 空港行き▶それぞれのバス停から乗車 所要時間▶ダウンタウンセントポールまで約25分
タクシー	イエローキャブ Yellow Cab ☎(612)888-8800 URL www.yellowcabmn.com	行き先▶市内や周辺どこでも 運行▶24時間随時 料金▶ミネアポリスまで$39～50、セントポールまで$31～45	空港発▶Ground Transportation Atriumなどから乗車 空港行き▶事前に電話予約、または主要ホテルから乗車 所要時間▶ミネアポリスまで約25分、セントポールまで約20分

※それぞれの乗り物の特徴については➡P.665

長距離バス Bus

グレイハウンド・バスターミナル
Greyhound Bus Terminal

ミネアポリスのバスターミナルはターゲットセンターの東にあり、シカゴ（所要約9時間）やミルウォーキー（所要約7時間）から乗り入れる。セントポールのバスターミナルはミシシッピ川沿いのアムトラックユニオン駅➡下記にある。

グレイハウンド・バスターミナル
●Minneapolis
住516 2nd Ave. N., Minneapolis
☎(612)371-3325
開毎日4:30～翌1:30
●St. Paul
地P.337-B2
住240 E. Kellogg Blvd., St. Paul
☎(651)222-0507
開毎日8:30～20:00

鉄道 Train

アムトラックユニオン駅
Amtrak Union Depot

セントポールのグレイハウンド・バスターミナルと同じ場所にあり、シカゴとシアトル、ポートランドを結ぶエンパイアビルダー号が1日1往復する。ミネアポリスを結ぶライトレイルの駅も併設。歴史ある駅舎は一見の価値あり。

駅の構内はとても広い

アムトラック・ユニオンディーポ
地P.337-B2
住240 E. Kellogg Blvd. E., St. Paul
☎(651)222-0507
開毎日7:00～23:00

メモ 空港にはターミナルがふたつあるので注意▶ミネアポリス／セントポール国際空港には大手航空会社が発着するリンドバーグターミナルLindbergh Terminal（ターミナル1）と、おもにローカル航空会社が発着するハンフリーターミナルHumphrey Terminal（ターミナル2）がある。日本からの直行便はLindbergh Terminalを使用。

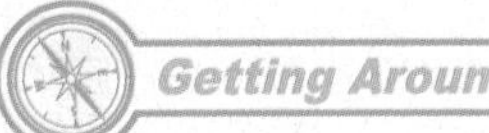

Getting Around ミネアポリス／セントポールの歩き方

ダウンタウンの中心がニコレットモール。カフェも多い

ミネアポリスからセントポールへ

ミネアポリスからセントポールへはライトレイル・グリーンラインが便利。ダウンタウンミネアポリスの各駅とダウンタウンセントポールを結ぶ

ミネアポリス／セントポール名物『スカイウエイ』

ビルとビルを結ぶ高架陸橋スカイウエイSkywayは、外を歩かなくてもビル間を移動できる。ミネアポリスでは約85ブロック余りを結んでおり、ここを歩くだけで、町歩きができる。両市とも、寒い時期はスカイウエイを歩く人が圧倒的に多く、ショップやレストランは1階ではなく、多くは2階に位置している

ミネアポリス観光局

Free (1-888) 676-6757
URL www.minneapolis.org
●Visitor Information Center
地 P.333-C
住 505 Nicollet Mall, #100, Minneapolis
☎ (612) 397-9275
開 月～金9:00～18:00、土・日9:00～17:00。冬期は日休み。夏期は延長あり

セントポール観光局

☎ (651) 265-4900
Free (1-800) 627-6101
URL www.visitstpaul.com
●Landmark Center
地 P.337-A2
住 75 W. 5th St., St. Paul
☎ (651) 292-3225
開 毎日10:00～16:00（日12:00～。夏期は延長あり）

●Mississippi River Visitor Center
地 P.337-A2
住 120 Kellogg Blvd. W., St. Paul
☎ (651) 293-0200
URL www.nps.gov/miss
開 毎日9:30～17:00（金・土～21:00）
休 サンクスギビング、12/25

ミネソタ州政府観光局

URL www.exploreminnesota.com

国内で高く評価されているツインシティズの公共交通機関。バスは路線、本数ともに多く、ほとんどの場所へは市バスとライトレイルでアクセスすることが可能だ。どちらのダウンタウンもコンパクトで、ダウンタウン内のおもな見どころへは歩いて行くことができる。

ツインシティズを訪れる人のほとんどが足を運ぶ**モール・オブ・アメリカMall of America**は必訪スポット。全米最大規模の複合商業施設で、ミネアポリス／セントポール国際空港からライトレイルで約10分の場所に位置する。

ミネアポリスはデパートやスーパー、レストラン、カフェなどが並ぶ**ニコレットモールNicollet Mall**が町の中心。この通りは市バス以外の乗り入れを禁止している。町歩きはここから始めるといいだろう。州都セントポールへは、ミネアポリスからライトレイルのグリーンラインで行くことができる。

セントポールでは歴史ある州議事堂やランドマークセンター付近を観光してみよう。ライトレイルが通るロウアータウンと呼ばれるエリアでは、ファーマーズマーケットや、ジャズ・フェスティバルなども開催される。

観光案内所 Visitors Information

ミネアポリス観光局
Meet Minneapolis

ニコレットモールと5th St.の角、ライトレイルの駅に面したビルの1階にある。パンフレットや地図が揃う以外に、市バスやライトレイルのパスも販売。また、ミネアポリスやミネソタのグッズを集めたショップにもなっているので、みやげ探しにも最適だ。コンベンションセンターの1階メインロビーにも案内所があり、無料のWi-Fiも通っている。

ニコレットモールにあるミネアポリスの観光案内所

セントポール観光局
Visit St. Paul

セントポールの観光案内所は、中心部の**ランドマークセンターLandmark Center**内にあり、パンフレットや地図の入手が可能だ。また、ミネソタ科学博物館（→P.336）には、**ミシシッピ川観光案内所Mississippi River Visitor Center**が設けられている。

旅のアドバイス **ミネアポリスやセントポールで自転車を借りよう▶**市内に約400ヵ所あるバイクステーション（Kiosk）から、自転車を借りよう。借り出しに必要なものは、クレジットカードのみ。どこのバイクステーションに返却してもいい。スマホでアプリをダウンロードすると便利。Nice Ride URL www.niceridemn.org

市内の交通機関 *Public Transportation*

メトロトランジット
Metro Transit

ツインシティズを走る路線バスとライトレイルを運営。ICカードのゴー・トゥ・カードGo To Cardsが導入されており、長期滞在する人には便利だ。メトロ・トランジット・ストアや提携しているコンビニなどで購入できる。また、ツインシティズそれぞれのダウンタウン内移動は、バス、ライトレイルともに50¢。該当エリアはウェブサイトで確認を。

バス　Bus

ツインシティズのダウンタウンや、その周辺を広くカバーし、路線の数は200を超える。料金は高速を使うエクスプレスと使わないローカルが、それぞれラッシュアワーとラッシュアワー以外に分かれている。

ライトレイル　Light Rail

モール・オブ・アメリカから空港を経由し、ミネアポリスダウンタウンを結ぶブルーライン、ダウンタウンミネアポリスとミネソタ大学、ダウンタウンセントポールを結ぶグリーンライン、そしてモール・オブ・アメリカからさらに南下するレッドライン（バス）の3路線が市内を走る。ブルーとグリーンラインが観光の足として重宝する。

メトロトランジット
☎(612)373-3333
URL www.metrotransit.org
運行／バス：毎日4:30〜翌1:00の10〜30分間隔（路線により異なる）、ライトレイル：毎日4:00〜翌2:00頃。ラッシュアワー時は7〜10分間隔、日中は10分間隔、夜は15分間隔（路線により異なる）
料 $2、ラッシュアワーは$2.50。エクスプレスは$2.50、ラッシュアワーは$3.25（2時間30分以内乗り降り自由、ライトレイルと乗り換え可能）。1日券（料 $5）は、ライトレイルの券売機やバス乗車時（バスドライバーから）、ウェブサイトなどで購入できる
※ラッシュアワーは月〜金6:00〜9:00と15:00〜18:30
●**Metro Transit Store（ミネアポリス）**
地 P.333-C
住 719 Marquette Ave., Minneapolis
開 月〜金7:30〜17:30
●**Metro Transit Store（セントポール）**
地 P.337-B2
住 Skyway, U.S. Bank Center, 101 E. 5th St., St. Paul
開 月〜金9:00〜16:30

ライトレイルの車体はすべて一緒なので、乗車前に行き先を確認すること

ツアー案内 *Sightseeing Tours*

グレイライン
Gray Line of Minneapolis

出発場所はモール・オブ・アメリカ（M.O.A.）➡P.338やミネアポリスのダウンタウンにあるホテルなどだが、ツアーによって異なるので、予約時に確認を。

グレイライン
Free (1-800)472-9546
URL www.grayline.com
※12月の土曜は、クリスマスデコレーションされた町並みや住宅街を回るホリデイ・ライト・ツアーも催行している。$35

※料金は2017年のもの

ツアー名	料金	運行	所要時間	内容など
Twin Cities Highlights	$38、シニア$36、6〜17歳$25	〈5月上旬〜10月下旬〉おもに週末のみ、夏期は平日もあり。9:30〜10:45発	3時間	ミネアポリスとセントポールの見どころを凝縮して見て回るツアー。両方の町だけでなく、その間に位置するミネソタの自然も堪能できる
City of Stillwater	$60、シニア$58、4〜17歳$44	毎年10月の4日間10:00発	6時間30分	ミネソタの自然と歴史が楽しめるスティルウオーター➡P.339を満喫できる
Minneapolis Tour & Mississippi River Cruise	$48、シニア$46、3〜17歳$38	〈7月上旬〜8月下旬〉木10:30発	6時間	ミネアポリスの町を回ったあと、ミシシッピ川クルーズを楽しむ

セグウエイ・マジカル・ヒストリー・ツアー
Segway Magical History Tour

セグウエイに乗って、ミネアポリス側のミシシッピ川流域を、ガイドによる解説を聞きながらたどるツアーが人気を集めている。出発前に練習してから乗車するので、初心者でも安心だ。セントポール・ヒストリー・ツアーやミネアポリス彫刻庭園のツアーなどもある。参加できるのは12〜80歳で、体重約127kg以下の人。18歳以下は保護者同伴のこと。所要約2時間30分。

セグウエイ・マジカル・ヒストリー・ツアー
●**Mobile Entertainment**
地 P.333-B1（ツアー発着所）
住 St. Anthony Main, 125 Main St. SE, Minneapolis（ミネアポリス）
住 470 Selby Ave., St. Paul（セントポール）
☎(952)888-9200
URL www.magicalhistorytour.com
出発／ミネアポリス：〈3/1〜3/31〉毎日13:00、〈4/1〜10/31〉毎日9:30、14:30、〈11/1〜3月上旬〉土13:00。セントポール：〈6/1〜9/15〉毎日10:00、14:00
料 $90

メモ　Xゲームの開催会場はここ▶NFLミネソタ・バイキングのホームスタジアム「USバンクスタジアム」は、毎年夏にはスケートボードやBMXの大会として人気の「Xゲーム」の開催地としても盛り上がる。

Sightseeing おもな見どころ

ミネアポリス市 Minneapolis

市民憩いの場所 地P.333-B1

セントアンソニー・フォールズとリバーフロントディストリクト
St. Anthony Falls & Riverfront District

ミシシッピ川約4000kmのなかで唯一の自然の滝、セントアンソニー・フォールズ。ミネアポリスが製粉業を発展させるための貴重な動力となり、かつては22以上の製粉工場が建っていた。ヘネピンアベニュー・ブリッジとストーンアーチ・ブリッジの間に位置し、滝は現在も水力発電に利用されている。

かつては町の中心であったリバーフロントディストリクトは、レストランやカフェもあり、旧製粉工場の建物をそのまま生かしたミルシティ博物館、2006年に移築されたモダン建築ガスリーシアターがおもな観光スポットだ。さらに、5～10月の毎週土曜に地元や州内の新鮮な食材や雑貨が販売される**ミルシティ・ファーマーズ・マーケットMill City Farmers Market**も開催されており、朝食を兼ねて散策するのもいいだろう。対岸のセントアンソニー・メインはれんがと石の道が残る、ミネアポリス発祥の地。この通りがミネアポリス市のメインストリートだった。馬引きのトロリーが郊外への交通として往来し、人々や荷物を積んだボートが停泊し、ストーンアーチ橋の上を列車が西と東をつないでいた。

中州となっているニコレット・アイランドは、ミシシッピ川唯一、昔から人が住むことで知られ、家々は1800年代当時のままの面影を残している。製材業が栄えた頃に窓枠会社だった建物は、宿泊室23室のホテル、**ニコレット・アイランド・インNicollet Island Inn**として現在も営業している。

セントアンソニー・フォールズとリバーフロントディストリクト
行ミネアポリスの中心部から徒歩15分。セントポールからはライトレイル・グリーンラインで約50分

●Mill City Farmers Market
地P.333-B1
住2nd St. & Chicago Ave., Minneapolis
☎(612) 341-7580
URL www.millcityfarmersmarket.org
開〈5月上旬～9月〉土8:00～13:00、〈10月〉土9:00～13:00（冬期はウェブサイトで要確認）

●Nicollet Island Inn
地P.333-A1
住95 Merriam St., Minneapolis
☎(612) 331-1800
URL www.nicolletislandinn.com

大河ミシシッピの上流がここ

権威ある劇場とモダン建築の融合 地P.333-B1

ガスリーシアター
Guthrie Theater

シェイクスピアから新作までさまざまな作品を上演し、世界の演劇界でも権威あるガスリーシアター。2006年に移築した建物はフランス人建築家、ジャン・ヌーベルの設計。シアタースペースだけでなくツアーも催行しており、なかでもバックステージツアーは、衣装や小道具を製作する舞台裏を見学できることから人気が高い。また、ミシシッピ川に向かって突き出た展望デッキ、エンドレス・ブリッジからは、セントアンソニー・フォールズや河畔の美しい景色を堪能することができる。館内は自由に入場でき、カフェもあるので、ひと休みにもおすすめ。毎年11月下旬からは、チャールズ・ディケンズの名作「クリスマス・キャロル」も上演。ローカルも多く訪れる演目は必見だ。

ガスリーシアター
住818 S. 2nd St., Minneapolis
☎(612) 377-2224（チケット）
URL www.guthrietheater.org
開火～日8:00～23:00（パフォーマンスのない日は20:00まで）、月8:00～20:00（祝日やイベントの日は変更の可能性あり）
バックステージツアー／金・土10:00発、所要45分
料$12、シニア・学生$7
建築ツアー／第1土9:00、第3土10:00発、所要75分
料大人$17、学生$12
※英語のオーディオガイドをiTunesから無料でダウンロードできる

ジャン・ヌーベルによる個性的な建物

廃墟寸前の建物が博物館に生まれ変わった 地P.333-B1

ミルシティ博物館
Mill City Museum

かつて世界最大といわれた製粉所、**ワッシュバーンA製粉所Washburn A Mill**を改築して2003年にオープンした博物館。1880年代から50年間、ミルシティ（製粉の町）として栄えたミネアポリスの歴史を知ることができる。エレベーターに乗って製粉業に関する展示を見るツアーは、ユニークで好評だ。また、ギフトショップには、かわいらしいキッチングッズや雑貨も揃っている。

ミルシティ博物館
住704 S. 2nd St., Minneapolis
☎(612) 341-7555
URL www.millcitymuseum.org
開火〜日10:00〜17:00（日12:00〜）
休月、おもな祝日（7、8月は月曜も営業）
料$12、シニア・学生$10、6〜17歳$6

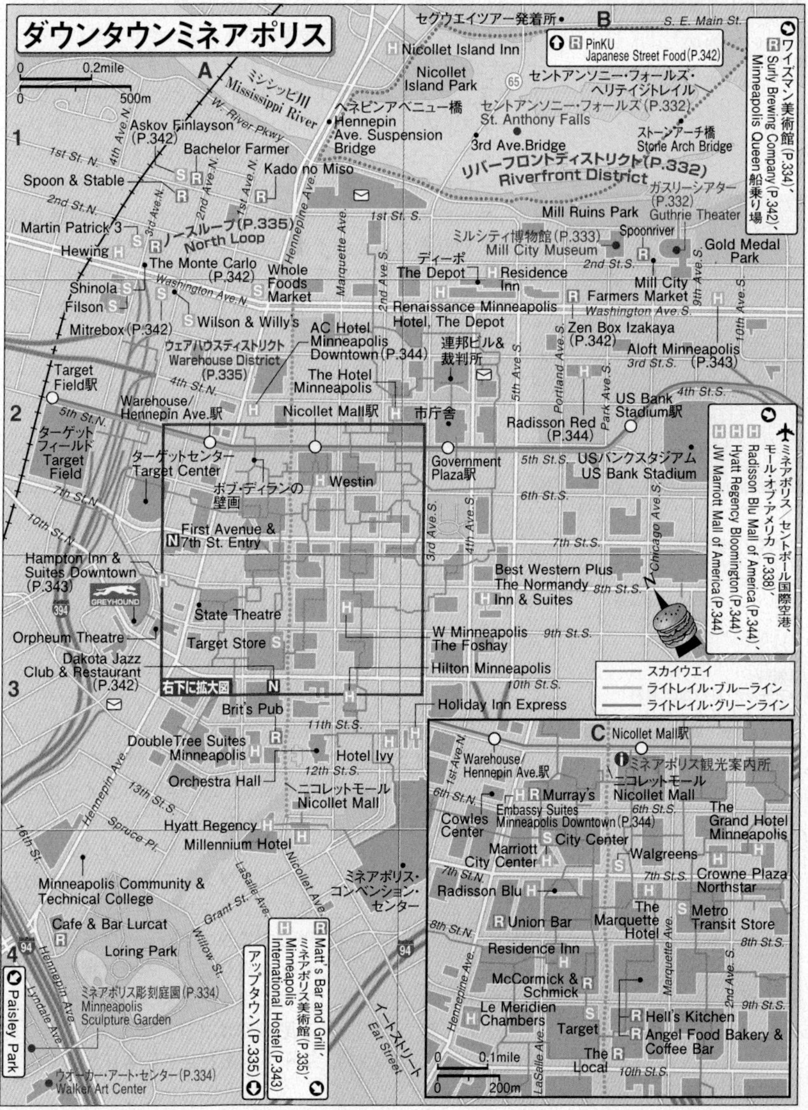

ダウンタウンミネアポリス

スカイウエイ
ライトレイル・ブルーライン
ライトレイル・グリーンライン

全米屈指のモダンミュージアム　地P.333-A4

☆ウオーカー・アート・センターとミネアポリス彫刻庭園
Walker Art Center & Minneapolis Sculpture Garden

製材業で富豪となったトーマス・バーロウ・ウオーカーが、自宅のギャラリーで自身のコレクションを公開したことから始まった美術館。1927年に現在の場所でオープンし、2005年にはスイスのデザイン事務所ハーツォグ・デ・ミューロンが手がけた新館も完成。建築自体も秀逸なので注目したい。

全米でも革新的な美術館として知られ、アート作品に限らず映像、パフォーミングアートなど、常に斬新な企画を展示している。常設展はウォーホルやジャスパー・ジョーンズなどのポップアートのほかデジタルアートなども充実。オノ・ヨーコ氏や草間彌生氏といった日本人アーティストの作品も多く所蔵している。また、ジャズやワールドミュージック、ダンス、実験的な作品を披露するシアターもあるので、スケジュールは要チェックだ。

美術館の北側には、屋外展示では全米いちの規模を誇る彫刻庭園がある。イサム・ノグチ、ヘンリー・ムーア、カルダーなど有名作家のオブジェがあり、2017年に拡張再オープン、新しい作品もお目見えした。入場無料で自由に散策できる園内では、大きなスプーンとサクランボの彫像が必見だ。新しいアートのカタリーナ・フリッチュによる巨大な雄鶏は新しい名物になっている。

ウオーカー・アート・センター
住725 Vineland Pl., Minneapolis
☎(612) 375-7600
URL www.walkerart.org
開火～日11:00～18:00（火・水～17:00、木～20:00）
休月、おもな祝日
料$15、シニア$13、学生$10、18歳以下無料。木17:00～21:00と第1土曜は無料
ツアー／土・日13:00発。無料
行ダウンタウンミネアポリスの南西、徒歩約25分。もしくはメトロトランジット#4、6で

ミネアポリス彫刻庭園（&ワートル・アッパー・ガーデン）
開毎日6:00～24:00
料無料
ツアー／土・日12:00発

ウオーカー・アート・センターの外観

フランク・ゲイリーが建築デザインをした　地P.333-B1外

ワイズマン美術館
Frederick R. Weisman Art Museum

ミネソタ大学内にある美術館。2011年9月、フランク・ゲイリーのデザインによる拡張工事を終え、ギャラリーが増築された。いびつなステンレスの積み木の集合体といった様相で、建物そのものが巨大なアート作品のよう。見る角度により印象が異なり、建物表面に張られたステンレスに空や夕日、町の明かりが映り込み、天気や時間によってさまざまな表情を見せる。

2万点を超える収蔵品は、20世紀のアメリカンアートを中心にネイティブアメリカンの陶芸品や韓国の工芸品などを展示。2015年にはウオーカー・アート・センターに展示されていたフランク・ゲーリーの『スタンディング・グラス・フィッシュ』もお目見えし、ギャラリーを飾っている。併設するギフトショップではおしゃれな雑貨が揃い、みやげ探しにも最適だ。また、ミネソタ大学構内にある彫刻やオブジェなどのパブリックアートもあわせて見学したい。

ワイズマン美術館
住333 E. River Rd., Minneapolis
☎(612) 625-9494
URL www.weisman.umn.edu
開火～日10:00～17:00（水～20:00、土・日11:00～）
休月、おもな祝日
料無料
ツアー／土・日13:00。無料
行ライトレイル・グリーンラインでEast Bank駅下車。徒歩8分

フランク・ゲーリーによる斬新な建物

メモ　**ライトレイルでミネソタ大学へ**▶ミネソタ大学内をライトレイルが通ったおかげで、大学へも迷わず行けるようになった。グリーンラインのWest Bank駅やEast Bank駅、Stadium Village駅で下車して、散策してみるのがいい。熱気に包まれる大学対抗スポーツはぜひ観戦しておきたい。

日本美術の数と質は全米屈指 地P.333-A4外

ミネアポリス美術館
Minneapolis Institute of Arts

1915年から続く、約9万点のコレクションを収蔵する美術館。4万年前の史跡遺産をはじめ、ローマ時代の彫刻や明朝時代の部屋を再現した展示、世界のマスターピース、現代美術など、あらゆるジャンルのアートを堪能することができる。

人気の高い19世紀ヨーロッパ絵画は3階のギャラリーにあり、ゴッホやモネ、ゴーギャンといったおなじみのアーティストたちの秀作が並ぶ。また、別館には20世紀のモダンアートのほか、生活デザインなどを集めたギャラリーもある。日本美術のコレクションは近年多くの寄贈があったこともあり、収蔵数では全米5本の指に数えられ、ギャラリーの規模は西欧で最も大きい。浮世絵のコレクションは保存状態もよく、貴重な肉筆もありこちらも評価が高い。日本で特別展が開催されるほどの実力を誇っている。また、エントランスを同じくするミネアポリス・チルドレンシアターは、家族向けの作品が充実している。

ミネアポリス美術館
住2400 3rd Ave. S., Minneapolis
☎(612)870-3000
Free(1-888)642-2787
URL new.artsmia.org
開火〜日10:00〜17:00（木・土〜21:00、日11:00〜）
休月、7/4、サンクスギビング、12/24、12/25
料無料。特別展は有料
ツアー／毎日複数のツアーあり（約1時間）
行ミネアポリスからメトロトランジット#11で3rd Ave. S. & 24th St. E.下車。約15分

美術館好きは1日楽しめる

趣のあるヒップスター 地P.333-A1〜A2

ウェアハウスディストリクトとノースループ
Warehouse District & North Loop

Hennepin Ave.より西側、南北をN. 7th St.とミシシッピ川に囲まれたエリアが近年人気のエリア、ウェアハウスディストリクトだ。ミュージシャンの登竜門となっているライブハウス、ファーストアベニュー＆セブンスストリート・エントリー➲P.339脚注や、MLBミネソタ・ツインズの本拠地であるターゲットフィールドなどがあり、朝から夜までにぎやか。なかでもWashington Ave.からN. 1st St.の間の数ブロックがノースループと呼ばれており、グルメ誌が絶賛する人気レストランのバッチェラーファーマーやスプーン＆テーブル、ブティックホテルのヒーウィング、高級懐石料理店もオープン、ほかにも高感度のブティックに雑貨店、クラフトコーヒーの店など、ミネアポリスの流行発信地となっている。

ウェアハウスディストリクトとノースループ
●Warehouse District Business Association
URL www.mplswarehouse.com
●North Loop Neighborhood Association
URL northloop.org

ミネアポリスのカッコイイ店が軒を連ねる

人気のショップが軒を連ねる 地P.333-A4外

アップタウン
Uptown

ダウンタウンから約6km南のLake St.沿い、Hennepin Ave.の交差点を中心に東西数ブロックが、学生や若者でにぎわうアップタウン。アウトドアショップやファストファッションの店のほか、深夜まで営業しているレストランやカフェも多い。毎年8月に開催される**アップタウン・アートフェアUptown Art Fair**は全米のアーティストの作品が展示、販売されるイベントだ。

アップタウン
行ミネアポリスからメトロトランジット#6や#12で約20分。セントポールからはグリーンラインでTarget Field駅乗り換え、#4、6のバスで約1時間強
●Uptown Association
URL www.uptownassociation.com
●Uptown Art Fair
URL uptownartfair.com
開2019年は8月2〜4日

ミネソタ州議事堂
住75 Rev. Dr. Martin Luther King Jr. Blvd., St. Paul
☎(651)296-2881
URL www.mnhs.org/capitol
開月～金8:30～17:00、土10:00～15:00、日13:00～16:00
休おもな祝日
ツアー／月～土10:00～14:00、日13:00～15:00の毎正時(時期により異なる)
料寄付制($5)
行ミネアポリスからライトレイル・グリーンラインでCapitol / Rice St.駅下車。約40分
※インフォメーションブースに日本語の解説文あり

ミネソタ歴史センター
住345 W. Kellogg Blvd., St. Paul
☎(651)259-3000
URL www.mnhs.org/historycenter
開火～日10:00～17:00(火～20:00、日12:00～)
休月、おもな祝日
料$12、シニア・学生$10、5～17歳$6
行ミネアポリスからライトレイル・グリーンラインでCapitol / Rice St.駅下車。徒歩10分

ミネソタ科学博物館
住120 W. Kellogg Blvd., St. Paul
☎(651)221-9444
URL www.smm.org
開火～日9:30～21:00(日・火・水～17:00)
休月、おもな祝日
料博物館のみ$18.95、シニア・4～12歳$12.95、オムニシアターをプラスすると$24.95、シニア・4～12歳$18.95

ジェームズ・J・ヒル邸
住240 Summit Ave., St. Paul
☎(651)297-2555
URL www.mnhs.org/hillhouse
開ツアー：水～日10:00～15:30(日13:00～)の30分間隔で出発(クリスマスツアーなど季節による特別ツアーも催行)
料ツアー：$10、シニア・学生$8、子供(5～17歳)$6

セントポール市 St. Paul

築100年以上の州議事堂 地P.337-B1

ミネソタ州議事堂
Minnesota State Capitol

ダウンタウンの北端にある巨大なドームをもつ大理石の大建築。建物の横幅132m、奥行き70m、ドームの頂上までの高さは68mもある。荘厳な造りの議事堂は、21種類の大理石と25種類の石材で造られ、まるで寺院のようだ。支柱のない大理石のドームとしては世界最大規模。ロタンダ(円形大広間)、州知事レセプションルーム、上院・下院会議室、州最高裁判所などがあり、議会がないときは一般の人も見学することができる。

ワンストップでミネソタを学習 地P.337-A1

ミネソタ歴史センター
Minnesota History Center

ミネソタ歴史協会の本拠地として、これまでの膨大なコレクションや資料を保存し、ミネソタ州の成り立ちと現在の理解を促す博物館。竜巻を体感できるインタラクティブな展示なども楽しむことができる。資料を閲覧できるライブラリー、ギフトショップやカフェなども併設。頻繁にコンサートやイベントも開催されているので、事前にウェブサイトで確認しておきたい。

最新技術に触れることのできる博物館 地P.337-A2

ミネソタ科学博物館
Science Museum of Minnesota

映像の最新技術が導入されている全米有数の博物館。アイマックスシアターの巨大スクリーンとオムニマックスシアターのドーム型スクリーンの両方を完備する。そのほかに、恐竜や化石、ミシシッピ川、人体についてのギャラリーもあり、子供から大人まで楽しめる博物館だ。

鉄道王の大豪邸 地P.337-A1

ジェームズ・J・ヒル邸
James J. Hill House

19世紀後半～20世紀初頭に、全米を横断するグレート・ノーザン鉄道を経営していたジェームズ・J・ヒルの邸宅。ロマネスク様式の建物は、1891年に完成した。42部屋、13のバスルーム、22の暖炉、パイプオルガンなどがあり、完成当時はミネソタ州で最大規模の個人宅だったという。

メモ

チャーリー・ブラウンたちのブロンズ像がセントポールに

今も世界中で愛され続けている、スヌーピーが登場する漫画『ピーナッツ』。その人気キャラクターであるチャーリー・ブラウンやルーシーのブロンズ像が、ダウンタウンセントポールのランドマークセンター（5th & Market Sts.）前などに設置されている。スヌーピーの生みの親、チャールズ・M・シュルツ氏（1922～2000年）はセントポール育ちの漫画家。第2次世界大戦後、漫画家としての第一歩を刻んだのも、ここセントポールなのである。彼の功績は、世界中に笑いと幸せの種を振りまいたことだ。

かわいらしい像があちこちに

メモ

サッカーの新球場誕生▶2019年春に完成予定のアライアンズフィールドAllianz Fieldは、メジャーリーグ・サッカーのミネソタ・ユナイテッドFCの新たなホームゲームのフィールド。これで、アメリカ4大プロスポーツを含め、野球のマイナーリーグとプロサッカーのホームがダウンタウンに揃った。

セントポールの人気ご近所エリア　地P.337-A1外、B2

ロウアータウン＆グランドアベニュー

Lowertown & Grand Avenue

セントポール・セインツ➡P.340脚注の本拠地として使用されているCHSフィールドの完成もあり、徐々ににぎやかになってきたロウアータウン。アーティストのギャラリーやスタジオが集まり、レストランやカフェも増えつつある。公園ではジャズ・フェスティバルやファーマーズマーケットが開かれるなど、セントポールの人気文化スポットだ。年2回開催されるアーティスト・スタジオ・オープンもチェックしたいイベント。

また、ダウンタウン南西にあるグランドアベニューは、通り沿いにショップやレストランが並ぶ人気のエリア。

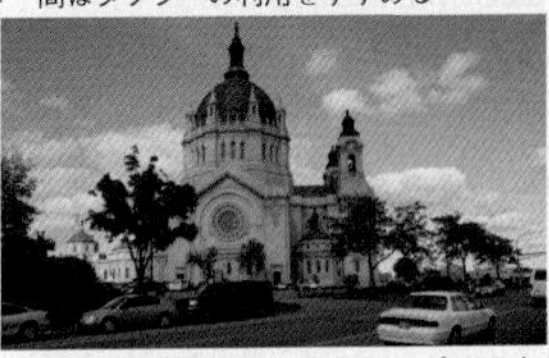

荘厳な大聖堂　地P.337-A1

セントポール大聖堂

Cathedral of St. Paul

バチカン市国のサンピエトロ寺院を模して造った大聖堂。1915年の完成まで、約10年の歳月を要した。礼拝堂に入ると、信者ならずとも厳かな気分になってくる。3000人も座れる全米有数の内陣もあり、これだけ巨大な聖堂はアメリカでも少ない。1962年10月7日には、ジョン・F・ケネディがこの教会を訪れ、前方右側の前から5列目のベンチに座ったという。ベンチの脇には彼の名前が刻印されている。

ロウアータウン＆グランドアベニュー

●Grand Avenue Business Association

☎(651)699-0029

URL www.grandave.com

行 ロウアータウンはミアーズパーク周辺を中心に2〜3ブロックのエリア。グランドアベニューへはセントポールからメトロトランジット#63で約20分。夜間はタクシーの利用をすすめる

約100年の歴史をもつセントポール大聖堂

セントポール大聖堂

住 239 Selby Ave., St. Paul

☎(651)228-1766

URL www.cathedralsaintpaul.org

開 毎日7:00〜18:00(土・日7:30〜)

料 無料

ツアー／火〜金の13:00(寄付制)

行 Summit Ave.とSelby Ave.の角。ダウンタウンセントポールから徒歩20分ほど。またはメトロトランジット#21など。ミネアポリスからはライトレイル・グリーンラインでセントポールに行き、メトロトランジット#21に乗り換える

※コンサートが不定期で開催されている。ウェブサイトで確認しよう

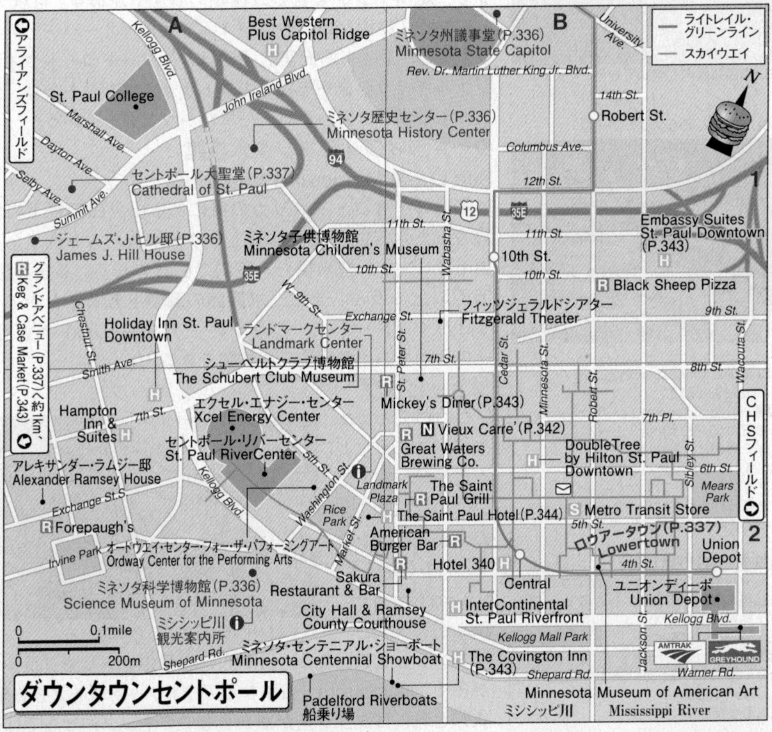

ダウンタウンセントポール
ライトレイル・グリーンライン
スカイウエイ
アライアンズフィールド
グランドアベニュー(P.337)へ約1km、Keg & Case Market(P.343)
CHSフィールド
Best Western Plus Capitol Ridge
ミネソタ州議事堂(P.336) Minnesota State Capitol
ミネソタ歴史センター(P.336) Minnesota History Center
セントポール大聖堂(P.337) Cathedral of St. Paul
ジェームズ・J・ヒル邸(P.336) James J. Hill House
ミネソタ子供博物館 Minnesota Children's Museum
St. Paul College
Holiday Inn St. Paul Downtown
ランドマークセンター Landmark Center
シューベルトクラブ博物館 The Schubert Club Museum
エクセル・エナジー・センター Xcel Energy Center
セントポール・リバーセンター St. Paul RiverCenter
Hampton Inn & Suites
アレキサンダー・ラムジー邸 Alexander Ramsey House
Forepaugh's
オードウエイ・センター・フォー・ザ・パフォーミングアート Ordway Center for the Performing Arts
ミネソタ科学博物館(P.336) Science Museum of Minnesota
ミシシッピ川観光案内所
ミネソタ・センテニアル・ショーボート Minnesota Centennial Showboat
Padelford Riverboats 船乗り場
フィッツジェラルドシアター Fitzgerald Theater
Mickey's Diner(P.343)
Vieux Carre'(P.342)
Great Waters Brewing Co.
The Saint Paul Grill
The Saint Paul Hotel(P.344)
American Burger Bar
Hotel 340
Sakura Restaurant & Bar
City Hall & Ramsey County Courthouse
InterContinental St. Paul Riverfront
The Covington Inn (P.343)
Minnesota Museum of American Art
ミシシッピ川 Mississippi River
Embassy Suites St. Paul Downtown (P.343)
Black Sheep Pizza
DoubleTree by Hilton St. Paul Downtown
Metro Transit Store
ロウアータウン(P.337) Lowertown
Union Depot
ユニオンディーポ Union Depot
Robert St.
10th St.
Central
Mears Park
Rice Park
Landmark Plaza
Irvine Park
AMTRAK
GREYHOUND
Kellogg Blvd.
John Ireland Blvd.
Marshall Ave.
Dayton Ave.
Selby Ave.
Summit Ave.
Rev. Dr. Martin Luther King Jr. Blvd.
University Ave.
14th St.
Columbus Ave.
12th St.
11th St.
10th St.
9th St.
W. 9th St.
Exchange St.
7th St.
8th St.
7th Pl.
6th St.
5th St.
4th St.
Wabasha St.
St. Peter St.
Cedar St.
Minnesota St.
Robert St.
Jackson St.
Sibley St.
Wacouta St.
Chestnut St.
Smith Ave.
Washington St.
Market St.
Exchange St. S.
Shepard Rd.
Kellogg Mall Park
Warner Rd.
0 0.1mile
0 200m
A
B
1
2
N
94
12
35E

メモ **F・スコット・フィッツジェラルドを生んだ町**▶「華麗なるギャツビー」などを代表作にもつ作家、F・スコット・フィッツジェラルド。彼の故郷であるセントポールにはゆかりの場所が多く、セントポールのライスパークRice Park（地P.337-A2）には彫像も立っている。URL www.fitzgeraldinsaintpaul.org

ブルーミントン市　Bloomington

アメリカでいちばん大きな総合モール　地P.333-B2～B3外

モール・オブ・アメリカ（M.O.A.）

Mall of America（M.O.A.）

ミネアポリス／セントポール国際空港から約1km南にあるアメリカ最大規模のショッピングモール。総面積39万m^2は東京ドーム8つがまるまる入る大きさだ。デパート3店、店舗数520以上、レストランが約50店、12のアトラクションエリア、14スクリーンの映画館だけでなく、中央にあるアミューズメントパーク「ニコロデオンユニバース」と、本格的な水族館「シー・ライフ・ミネソタ水族館」などのアトラクションも兼ね備えたスケールの大きなモールである。さらに、人気歌手のコンサートやチャリティイベントなど、年間400以上のイベントも開催。デザイナーホテルのラディソン・ブルー・モール・オブ・アメリカ、高級ホテルのJWマリオットに直結している。

ニコロデオンユニバース
Nickelodeon Universe®

2018年に10周年を迎えたモール・オブ・アメリカ中央の巨大な吹き抜けにある全米最大のインドアテーマパークで、絶叫マシンを含む27種類のライドがある。4Dでバーチャルに雄大な自然を体感するフライ・オーバー・アメリカなど、ライドも充実。そのほか、フードコートやオリジナルキャラクターを扱うギフトショップなどもあり、大人から子供まで楽しめるテーマパークとなっている。

シー・ライフ・ミネソタ水族館
Sea Life® Minnesota Aquarium

モール・オブ・アメリカの東にある出入口の地下に併設された水族館。圧巻は頭上をサメや魚たちが泳ぐ全長91mのトンネル型水槽だ。館内で飼育されている魚類は1万匹以上に及ぶ。また、水族館の裏側を知ることができるビハインド・ザ・シーン・ツアー（$9.99＋Tax）が好評。そのほか、エイの餌やりも体験できる。

ショッピング

ニコロデオンユニバースを囲むように、4フロアに分かれて520以上のショップと3つのデパート(Macy's、Nordstrom、Sears)、さらにワゴンショップがある。日本人に人気のアメリカブランドが多く、Nordstrom Rackなどアウトレットストアもある。衣類と靴にはタックスがかからないミネソタ州ならではの

ハイエンドブランドも揃うモールだ

モール・オブ・アメリカ（M.O.A.）
住60 E. Broadway, Bloomington
☎(952)883-8800(インフォメーション)
URL www.mallofamerica.com
開月～土10:00～21:30、日11:00～19:00
休おもな祝日
行ミネアポリスからライトレイル・ブルーラインで約35分、セントポールからはメトロトランジット#54で約40分。メトロトランジットとライトレイルのターミナルは地下に連結している。また、M.O.A.周辺のホテルの多くが無料シャトルバスを運行。M.O.A.内の発着場所は北側出口

●Nickelodeon Universe®
☎(952)883-8600
URL www.nickelodeonuniverse.com
開月～土10:00～21:30、日11:00～19:00(時期により異なる)
休12/25
料入場無料。1日券$35.99。そのほかポイント制で3ポイント$3.45から購入できる

寒い季節も屋内で絶叫できる

子供たちに人気のタッチプール

●Sea Life® Minnesota Aquarium
☎(952)853-0612
URL www2.visitsealife.com/minnesota
開毎日10:00～19:00(金・土～20:00、日～18:00。夏期は延長あり)
料$24.49、3～12歳$17.49+Tax
※クラゲやサメ、エイなどの餌づけショーが毎日行われている。ウェブサイトや入口で時間を確認しよう

結婚式も挙げられる
モール内のChapel of Loveでは、過去22年の間に7500組以上ものカップルが結婚式を挙げた
☎(952)854-4656
URL www.chapeloflove.com
開月～土10:00～21:30(月～水～20:30)、日11:00～18:00
休おもな祝日

メモ **M.O.A.もう迷わない▶**新しく各所に設置されたタッチパネル式の館内案内は、各国語に対応し、日本語バージョンもある。ショップやレストランを選び、現在位置からの道案内もしてくれるので、広大なモール内もナビゲートしやすくなった。

買い物を楽しもう。

フード&レストラン

本格的なレストランは日本食からステーキまで揃い、2ヵ所の広大なフードコートをはじめ、カジュアルなハンバーガーやスパイシーなチキンウイングまでお好み次第。チェーン店ではない地元レストランやコーヒーショップもチェックしたい。

地元の人気レストランもモールの中にある

エンターテインメント Entertainment

プリンスとペイズリーパーク
Prince & Paisley Park

早逝したロックミュージシャンのプリンスはサウスミネアポリスに生まれ育ち、音楽を始めてからも最後までミネソタを離れることはなかった。彼の自宅兼スタジオ「ペイズリーパーク」は、今や世界中のファンたちが訪れる記念館に。さまざまなツアーが行われている。

ペイズリーパーク
地P.333-A4外
住7801 Audubon Rd., Chanhassen
URL officialpaisleypark.com
開月・金10:00〜19:00、木〜20:00、土・日9:00〜20:00(日〜17:00)
休火・水、サンクスギビング、12/25
料$45〜170

ミネソタ発祥の地〜スティルウオーターとセントクロイ川〜

セントポールから高速道路I-94に乗り15分ほど東へ、川沿いのUS-95を5分ほど北上すると、中央をセントクロイ川 St. Croix River が流れる州立公園がある。その中心にある町がスティルウオーター Stillwater だ。ミネソタでいちばん最初に開拓者が入植した場所で、川を挟んで向かいはウィスコンシン州になる。峡谷の美しさと、昔ながらの景観がそのまま残された町には、開拓当時の古い家屋や倉庫を改装したレストランやショップ、アンティークショップなどが軒を連ね、ウインドーショッピングが楽しめる。

ダウンタウンのおすすめは、老舗ホテルのローウェルイン Lowell Inn。今も1848年の創業当時の調度品や食器を用いて(建物は1920年代に改装)営業している。宿泊はしなくても、レストランでの食事を楽しんでほしい。ビクトリア調のインテリアのなかで伝統のアメリカ料理を食べていると、ふと1800年代にタイムスリップしたような気分になる。

近隣にはワイナリーもあり、ノーザンビンヤード・ワイナリー Northern Vineyards Winery やセントクロイ・ビンヤード St. Croix Vineyards など人気のワイナリーでワインのテイスティングを楽しむのも一興(テイスティング$5〜6)。

アンティークショップならミッドタウン・アンティークモール Midtown Antique Mall がいちばん人気。Made in America のお宝が掘り出せるかも。もうひとつのおすすめは、セントクロイ川に面したドックカフェ Dock Cafe。美しい眺望とベストアペタイザーに選ばれた人気のレストランだ。

アトラクションでは、St. Croix Boat & Packet Company がクルーズ船を運航している。

ミネソタの自然の美しさと歴史の奥深さを味わえる Stillwater は、ツインシティズ・エリアからも日帰り観光が可能なうえに、おしゃれなB&Bや大手のチェーンホテルが経営するコテージなど、宿泊施設も多い。特に紅葉の季節がおすすめ。

行 ミネアポリスから約50分(I-35W から MN-36 経由)、セントポールから約30分(I-94 E、US-95 経由)グレイラインのツアー P.331 もある。

●**Lowell Inn**
住102 2nd St. N., Stillwater ☎(651)439-1100
URL www.lowellinn.com
開朝食:毎日7:30〜10:30(日〜10:00)、ランチ:11:00〜14:00、ブランチ:日10:00〜14:00、ディナー:毎日17:00〜19:30(木〜20:30、金・土〜21:30)※1〜4月は短縮あり

●**Northern Vineyards Winery**
住223 Main St. N., Stillwater ☎(651)430-1032
URL www.northernvineyards.com

●**St. Croix Vineyards**
住6428 Manning Ave., Stillwater ☎(651)430-3310
※ワイナリーのオープンは季節、気候で変わるので要チェック

●**Midtown Antique Mall**
住301 Main St. S., Stillwater ☎(651)430-0808
開 月〜土 10:00〜17:00(金・土〜19:00)、日 11:00〜18:00 ※夏期は延長あり

●**Dock Cafe**
住425 E. Nelson St., Stillwater ☎(651)430-3770
URL www.dockcafe.com
開 毎日 11:00〜21:00(金・土〜21:30、日〜20:30)

●**St. Croix Boat & Packet Company**
住525 Main St. S., Stillwater ☎(651)430-1234
運航/ランチ・バフェ・クルーズ:月〜土 11:30 発(所要約2時間) 料$21.95、4〜12歳 $16.50
URL www.stillwaterriverboats.com

ミネアポリスのクラブ情報▶ミネアポリス出身の歌手で、2016年4月に急逝したプリンスが『パープルレイン』のミュージックビデオを撮影したクラブがFirst Avenue & 7th St. Entry。現在も有名歌手が出演し、週末は長蛇の列ができる。住701 N. First Ave., Minneapolis ☎(612)338-8388 URL www.first-avenue.com 地P.333-A2

Spectator Sports スポーツ観戦

ミネソタ・ツインズ
(1894年創設) 地P.333-A2
本拠地――ターゲットフィールドTarget Field(3万9504人収容)
住1 Twins Way, Minneapolis
☎(612)659-3400
URL minnesota.twins.mlb.com
行ミネアポリスの中心部から西に徒歩7分。ライトレイル・グリーン、ブルーラインTarget Field駅下車

この選手に注目!
エディ・ロザリオ(外野手)

ミネソタ・バイキングス
(1961年創設) 地P.333-B2
本拠地――USバンクスタジアムUS Bank Stadium(6万6665人収容)
住401 Chicago Ave., Minneapolis
☎(612)338-4537
URL www.vikings.com
行ライトレイル・ブルー、グリーンラインU.S. Bank Stadium駅下車。目の前にスタジアムが見える

この選手に注目!
カーク・カズンズ

ミネソタ・ティンバーウルブズ
(1989年創設) 地P.333-A2
本拠地――ターゲットセンター Target Center(2万500人収容)
住600 1st Ave. N., Minneapolis
☎(612)673-1234(チケット)
URL www.nba.com/timberwolves
行ミネアポリスの中心部から西に徒歩5分。ライトレイル・ブルー、グリーンラインWarehouse District/Hennepin Ave.駅下車

この選手に注目!
カール・アンソニー・タウンズ

ミネソタ・ワイルド
(2000年創設) 地P.337-A2
本拠地――エクセル・エナジー・センター Xcel Energy Center(1万7954人収容)
住199 W. Kellogg Blvd., St. Paul
☎(651)222-9453(チケット)
URL wild.nhl.com
行セントポールの中心部から徒歩3分ほど

この選手に注目!
ザック・パリーゼ

ミネソタ・ユナイテッドFC
(2010年創設) 地P.337-A1外
本拠地――アライアンズフィールドAllianz Field(約1万9400人収容)
住400 Snelling Ave. N., St. Paul
☎(763)476-2237
URL www.mnufc.com
行ライトレイル・グリーンラインでSnelling Ave.駅下車。目の前

この選手に注目!
ダーウィン・クィンテロ

ベースボール MLB

ミネソタ・ツインズ(アメリカンリーグ中地区)
Minnesota Twins

「ホーマーハンキー」という白いハンカチを振り回す応援が名物。地元出身のスター、ジョー・マウアーが2018年のオフに引退を決断。新しいスター選手の誕生が待望されている。春先や秋の観戦は寒いので、厚手のジャケットやコートを着込んでいくこと。

アメリカンフットボール NFL

ミネソタ・バイキングス(NFC 北地区)
Minnesota Vikings

2017シーズンは13勝の好成績を挙げるもあと一歩届かず、1977年以来のスーパーボウル出場は水泡に帰した。2010年以降、勝ち越しシーズンが続かないという状況を打破するため、レッドスキンズからQBカズンズを獲得、初の栄冠を目指すチーム経営を怠らない。チームカラーはパープル、ゴールド、ホワイト。

バスケットボール NBA

ミネソタ・ティンバーウルブズ(西・北西地区)
Minnesota Timberwolves

2017-18シーズンは47勝を挙げ、12年続いた負け越しに終止符、2003-04以来のプレイオフに進んだ。このともし火を今シーズンにつなげたい。チームカラーはミッドナイトブルー、レイクブルー、オーロラグリーン、ムーンライトグリーン、フロストホワイト。

アイスホッケー NHL

ミネソタ・ワイルド(西・中地区)
Minnesota Wild

2000年にセントポールを本拠地として創設された。ミネソタ州はアイスホッケーが盛んな地域で、アリーナは毎試合熱心なファンで満員になる。現在6シーズン連続でプレイオフに進出しており非常に勢いのあるチームである。

サッカー MLS

ミネソタ・ユナイテッド FC(西地区)
Minnesota United FC

2010年に下部リーグのチームとして結成。2017年からMLSに参加したが、プレイオフ進出にはいたっていない。ニックネームはミネソタ州の鳥であるルーンズ。2019年に新しいサッカー専用スタジアム、アライアンズフィールドが完成する。

メモ **全米いち有名な独立リーグの野球チーム▶**セントポールに本拠地をおくセントポール・セインツは、独立リーグに所属する野球チーム。地域密着型の経営は、メジャーリーグや日本のプロ野球チームも参考にしたほどで試合中は観客を楽しませるファンサービスが盛りだくさんだ。St. Paul Saints (CHS Field) 地P.337-B2外 ↗

ミシシッピ川クルーズはいかが？

●Minneapolis Queen（ミネアポリス側）
5月第2日曜～10月第3日曜、ダウンタウン北側のBohemian Flats（地P.333-B1外 住2150 W. River Pkwy. S., Minneapolis）から出航。所要1時間30分。要予約。 ☎(952) 474-8058 Free(1-888) 559-8058 URL www.twincitiescruises.com
運航／〈5月第2日曜～5月末と9、10月〉月・金12:00発、土・日12:00、14:00発、〈6～8月〉月～水12:00発、木～日12:00、14:00発（ブランチクルーズやディナークルーズもある） 料$21、2～12歳$12

●Padelford Riverboats（セントポール側）
5月末～10月、ダウンタウン南のHarriet Island Regional Park（地P.337-A2 住205 Dr. Justus Ohage Blvd., St. Paul）を発着。所要1時間30分。☎(651) 227-1100 Free(1-800) 543-3908 URL www.riverrides.com
運航／月12:00、14:30、18:00、火～土12:00、14:30、日13:00、14:30発 料$18、シニア$16、3～17歳$10（月は$10）

9～10月は紅葉クルーズも

五大湖最大の湖へ小旅行

ダルース Duluth
ミネアポリス／セントポールから車で約2時間30分の所にある、ミネソタ州の人気観光地のひとつダルース。昔から大型船舶も往来する五大湖の港湾都市だ。北米最大の淡水湖であるスペリオール湖に面し、新緑と紅葉の季節が最もにぎわう。毎年6月にはスペリオール湖岸を走る本格的なマラソン大会も開催される。市内にはアートギャラリーや雑貨店、カフェやレストランも集中し、散策にはうってつけだ。夏はアウトドアミュージックやクルーズが楽しめ、冬は郊外で犬ぞりなどを体験することができる。

●ダルース観光局 Visit Duluth
住225 W. Superior St., Duluth, MN 55802
☎ (218)722-4011 Free (1-800)438-5884
URL www.visitduluth.com
グレイハウンドのバスターミナルからジェファソンラインズJefferson Linesのバスがミネアポリスから、早朝から夕方まで毎日3本運行している。所要約3時間で$25～30。また、空港からダルースまで行くシャトルバスもあり。
●Jefferson Lines
URL www.jeffersonlines.com

ミネアポリス／セントポールからのショートトリップ、レッドウイングとワバッシャ

ツインシティズをミシシッピ川沿いに95km南下するとたどり着く**レッドウイング Red Wing**。車ならミネアポリスから1時間ほどで行くことができる、日帰り旅行に最適なデスティネーションだ。
人口約1万6000人のレッドウイングは、ネイティブアメリカンのスー族酋長の名前にちなんでつけられた。日本でも人気のブーツメーカー、**レッドウイング・シュー・カンパニー Red Wing Shoe Company**が誕生したのもここだ。ダウンタウンにある直営店は、アウトレットショップや博物館を併設し、館内入口には巨大なブーツがそびえ立つ。1860年代に創業された**レッドウイング・ストーンウエア Red Wing Stoneware**も見逃せない。19世紀後半ミシシッピ川沿いは製粉産業が盛んであったため、穀物を保存する陶器の需要が多く、1900年代初頭は全米最大の陶磁器メーカーであったという。現在もレッドウイングでオリジナルの陶磁器を製造している。ランチには、1875年にオープンした歴史あるホテル、**セント・ジェイムス・ホテル St. James Hotel**内のレストランに立ち寄るといい。

レッドウイング・ブーツのレプリカ。アートしている

行 車でミネアポリスダウンタウンからI-94を東に20km、US-10を南に32km進む。WI-35を32km南下し、US-63を5km南へ行くとダウンタウンレッドウイング。所要約1時間10分。
アムトラック（エンパイアビルダー）はセントポールのユニオン駅からレッドウイングまで約1時間
●レッドウイング観光局Red Wing Visitors & Convention Bureau
住420 Levee St., Red Wing ☎(651)385-5934
URL www.redwing.org
●Red Wing Shoe Company
住315 Main St., Red Wing ☎ (651)388-6233
URL www.redwingshoes.com 開 月～土 9:00～20:00（土～18:00）、日 11:00～17:00
●Red Wing Stoneware
住4909 Moundview Dr., Red Wing ☎(651) 388-4610 URL www.redwingstoneware.com 開 月～土 9:00～17:00、日 10:00～16:00 休1～3月の日
●St. James Hotel
住406 Main St., Red Wing Free (1-800)252-1875
URL www.st-james-hotel.com 開 レストラン：月～金 6:30～16:00、土・日 7:30～（レストランにより異なる）

↘住360 Broadway St., St. Paul ☎(651) 644-6659 URL saintsbaseball.com 料$5～28 行 セントポールのユニオン駅より徒歩6分

ナイトスポット&ショップ&レストラン
Night Spot & Shops & Restaurants

N　ジャズ&レストラン
料理もおいしいジャズクラブ
ダコタ・ジャズクラブ&レストラン
Dakota Jazz Club & Restaurant

住1010 Nicollet Ave., Minneapolis　☎(612) 332-1010
URL www.dakotacooks.com　開ディナー毎日17:30～21:00（金・土～23:00）、バーは毎日16:00～翌2:00（土・日17:00～）
AMV　地P.333-A3

チック・コリアや上原ヒロミをはじめ、世界のトップミュージシャンが演奏するジャズクラブ&レストラン。料理もおいしいと評判で、平日16:00～18:00はアルコールがお得。

N　ジャズ&レストラン
ニューオリンズスタイルのジャズバー
ビューカレ
Vieux Carre'

住408 St. Peter St., St. Paul　☎(651) 291-2715
URL vieux-carre.com　開火～土16:00～深夜（日によって異なる）　休日・月　AMV　地P.337-B2

地下へと下りていくとある、渋いムードの店。ガンボやケイジャンといった南部料理をはじめとして、ショートリブなどアメリカらしい料理が、ジャズのライブとともに楽しめる。18:00まではハッピーアワーでお酒が安い。20:00以降カバーチャージ$5～15。

S　セレクトショップ
ミネアポリスを代表する実力派
アシュコフ・フィンレイソン
Askov Finlayson

住204 N. 1st St., Minneapolis　☎(612) 206-3925
URL askovfinlayson.com　開月～土11:00～19:00（土10:00～）、日10:00～17:00　AMV　地P.333-A1

ノースループを牽引するセレクトショップ。ダルース➡P.341のフロストリバーに別注したプロダクトはどれも秀逸。そのほか国内外から仕入れたハイセンスな商品が並ぶ。

S　雑貨
額縁を中心にセンスのいい雑貨も
マイターボックス
Mitrebox

住213 N. Washington Ave., Minneapolis　☎(612) 676-0696
URL www.mitreboxframing.com　開火～土10:00～18:00、日11:00～15:00　休月　MV　地P.333-A2

おしゃれなショップが集まるウェアハウスディストリクトでも、とびきりかわいい額縁店。額縁以外にもオーナーセレクトのポストカードや雑貨を購入できる。個性的なみやげ探しにも最適。

R　アメリカ料理
絶品ビールと料理を味わう
サーリー・ブリューイング・カンパニー
Surly Brewing Company

住520 Malcolm Ave. S.E., Minneapolis　☎(763) 999-4040
URL surlybrewing.com
開毎日11:00～23:00（金・土～24:00）　AMV　地P.333-B1外

マイクロブリュワリーの多いミネアポリスで最も人気のサーリー。ビールに合うつまみや食事が楽しめる。無料のブリュワリー見学ツアーも行っている。

R　アメリカ料理
ザ・クラシック
モンテカルロ
The Monte Carlo

住219 3rd Ave. N., Minneapolis　☎(612) 333-5900
URL www.montecarlomn.com
開月～土11:00～翌1:00、日10:00～24:00　AMV　地P.333-A1

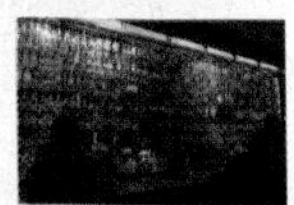

1906年創業の老舗レストランは、ビジネス客や家族連れでにぎわう。いちばん人気であり名物でもある、オリジナルスパイスが利いたフライドチキン、モンテカルロ・ウイングス($13.95)はぜひトライしたい。夏期はテラス席がおすすめ。

R　日本料理
日本のルーツを生かしたグルメ
ピンク・ジャパニーズ・ストリートフード
PinKU Japanese Street Food

住20 University Ave. N.E., Minneapolis　☎(612) 584-3167
URL pinkujapanese.com　開毎日11:00～14:00、17:00～22:00
AMV　地P.333-B1外

日系シェフでオーナーのひとり、ジョンが手がけるジャパニーズ・フュージョン・レストラン。日本料理を愛する彼によって作られる、どこか懐かしい皿の数々は、オープン以来絶賛されている。予約はできないので、並ぶ覚悟で。

R　日本料理
親日家のカップルがオーナー
ゼンボックス・イザカヤ
Zen Box Izakaya

住602 S. Washington Ave., Minneapolis　☎(612) 332-3936
URL www.zenbox.com　開ランチ:月～金11:30～14:00、ディナー:月～土17:00～21:00（金・土～22:00）　休日　AMV　地P.333-B2

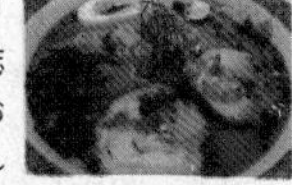

コンドミニアムの集まるエリアにある和食店。地元情報誌で、ラーメン（$14～）が最もおいしいレストランとして紹介されることも。日本でもおなじみの居酒屋メニュー多数。

レストラン&ホテル
Restaurants & Hotels

ブリュワリー&アメリカ料理

R 今、ツインシティズで若者が集まる
ケグ&ケースマーケット
Keg & Case Market

住928 W. 7th St., Saint Paul ☎(651)756-7739
URL www.kegandcase.com 開月～金10:00～20:00、土9:00～21:00、日9:00～18:00 AMV 地P.337-A1～A2外

1855年創業のシュミットブリュワリーの歴史的な建物内が大変身。クラフトビールをはじめ、名シェフのレストラン、ストリートフード、オリジナルグッズのショップなどが集まる活気あふれる場所に。ライブやイベントもある。中心部から#74のバスで。

アメリカ料理

R 映画にも使われたダイニングカー
ミッキーズダイナー
Mickey's Diner

住36 7th St. W., St. Paul ☎(651)222-5633
URL www.mickeysdiningcar.com 開24時間 AMV
地P.337-A2～B2

1939年に開業して以来、1度も店を閉めたことがないというセントポールで有名なダイナー。数多くの映画に登場し、アメリカの雰囲気を楽しめる。予算は$10～。

ホステル

H 美術館近くの小さな宿
ミネアポリス・インターナショナル・ホステル
Minneapolis International Hostel

住2400 Stevens Ave. S., Minneapolis, MN 55404
☎(612)522-5000 URL www.minneapolishostel.com
ドミトリー$35～、個室$55～ MV Wi-Fi無料 地P.333-A4外

ダウンタウンからメトロトランジット#17、18のバスで24th St. & Nicollet Ave.の角で降り、2ブロック東へ。15:00～21:00の間にチェックインすること。それ以外の時間は$25プラス。9室、65ベッド。

中級ホテル

H スポーツ観戦に最適なロケーション
ハンプトンイン&スイーツ・ミネアポリス・ダウンタウン
Hampton Inn & Suites Minneapolis / Downtown

住19 N. 8th St., Minneapolis, MN 55403
☎(612)341-3333 URL hamptoninn3.hilton.com
ⓈⒹⓉ$87～399 Wi-Fi無料 AMV 地P.333-A3

ウェアハウスディストリクトにある。MLBの球場ターゲットフィールド、NBAの試合が行われるターゲットセンターも近く、スポーツ観戦に最適な立地だ。バフェスタイルの朝食付き、211室。

中級ホテル

H キッチン付きの部屋もある
エンバシースイーツ・セントポール・ダウンタウン
Embassy Suites St. Paul Downtown

住175 E. 10th St., St. Paul, MN 55101
☎(651)224-5400 FAX(651)224-0957
URL embassysuites3.hilton.com Wi-Fi$9.95
スイート$139～264 ADJMV 地P.337-B1

全室スイートタイプのホテル。改装を終えたばかりで、充実した朝食も付く。ライトレイル・グリーンライン10th St.駅から3ブロック。208室。

中級ホテル

H シンプル&スタイリッシュ
アロフト・ミネアポリス
Aloft Minneapolis

住900 Washington Ave. S., Minneapolis, MN 55415
☎(612)455-8400 URL www.aloftminneapolis.com
ⓈⒹⓉ$129～299 Wi-Fi無料 ADJMV 地P.333-B2

若者に人気のロフト風デザインホテル。ガスリーシアターやUSバンクスタジアムに近い。屋内プールとフィットネスセンターも完備。155室。

B&B

H ミシシッピ川に宿泊する
コビントンイン
Covington Inn

住100 Harriet Island Rd. B3, St. Paul, MN 55107
☎(651)292-1411 URL www.covingtoninn.com
ⓈⒹ$140～200、スイート$160～265 ADJMV Wi-Fi無料
地P.337-B2

1946年製のボートが宿泊施設として改装され、ミシシッピ川に係留している。川の流れは穏やかなので、寝ているときもほとんど揺れを感じない。ライトレイル・グリーンラインのCentral駅から徒歩15分。周辺には何もないので、買い出しを忘れずに。

メモ **ミネアポリスの裏名物▶**ジューシールーシーは一見普通のハンバーガーだが、パテの中には熱々のチーズが入っている。オバマ前大統領も訪れたマッツバーは必訪。Matt's Bar and Grill 地P.333-A4外 住3500 Cedar Ave. S., Minneapolis URL mattsbar.com 開毎日11:00～22:45(金・土～23:45) 行メトロトランジット#22でCedar Ave. S. & E. 35th St. 下車。

ホテル
Hotels

高級ホテル

M.O.A.に併設のラグジュアリーホテル
JWマリオット・ミネアポリス・モール・オブ・アメリカ
JW Marriott Minneapolis Mall of America

住2141 Lindau Ln., Minneapolis, MN 55425
☎(612)615-0100 FAX(612)615-0101
URL www.marriott.com ⓈⒹⓉ$189〜539
ADJMV Wi-Fi $14.95〜17.95 地P.333-B2外

2015年冬にオープンした高級ホテル。モール・オブ・アメリカに直結し、4つ星ホテルとしてのエレガントな雰囲気に包まれている。342室。

高級ホテル

明るくモダンなインテリア
ハイアット・リージェンシー・ブルーミントン・ミネアポリス
Hyatt Regency Bloomington-Minneapolis

住3200 E. 81st St., Bloomington, MN 55425
☎(952)922-1234 FAX(952)658-5000
URL www.hyatt.com Wi-Fi無料
ⓈⒹⓉ$120〜260 AMV 地P.333-B2外

ライトレイル・ブルーラインBloomington Central駅から半ブロックの便利なロケーション。空港まで無料のシャトルサービスもある。レストランは敷地内の野菜を使っていて、エコ&ヘルシー。303室。

高級ホテル

モール・オブ・アメリカと直結
ラディソン・ブルー・モール・オブ・アメリカ
Radisson Blu Mall of America

住2100 Killebrew Dr., Bloomington, MN 55425
☎(952)881-5258 FAX(952)851-4089 Wi-Fi無料
URL www.radissonblu.com
ⓈⒹⓉ$184〜529 ADJMV 地P.333-B2外

ヨーロッパで展開し人気を得ているラディソン系ホテルのデザイナーホテル・ブランド。レストランでは地元の食材を使う。500室。

高級ホテル

史跡としても価値あるホテル
セントポール・ホテル
The Saint Paul Hotel

住350 Market St., St. Paul, MN 55102
☎(651)292-9292 Free(1-800)292-9292 FAX(651)228-9506
URL www.stpaulhotel.com Wi-Fi無料 ADMV
ⓈⒹⓉ$149〜399、スイート$309〜499 地P.337-A2

ミネソタの歴史を見つめてきた落ち着いたホテル。ホテルのバーは特に歴史を感じさせる。アフタヌーンティーも人気。255室。

高級ホテル

中心部とスカイウエイでつながっている
エンバシー・スイーツ・ミネアポリス・ダウンタウン
Embassy Suites Minneapolis Downtown

住12 6th St. S., Minneapolis, MN 55402 ☎(612)351-2554
FAX(612)351-2556 URL embassysuites3.hilton.com
Wi-Fi無料 ⓈⒹⓉ$130〜280 AMV 地P.333-C

スイートタイプで、電子レンジと冷蔵庫などのダイニングエリアがある快適な部屋。スカイウエイで中心部につながっているのもうれしい。無料の朝食と夕方のカクテルサービスも付いている。コインランドリーもあって便利。290室。

中級ホテル

USバンクスタジアムそば
ラディソン・レッド・ミネアポリス
Radisson Red Minneapolis

住609 3rd St. S., Minneapolis, MN 55415 ☎(612)252-5400
URL www.radissonred.com ⓈⒹⓉ$109〜278 ADJMV
Wi-Fi無料 地P.333-B2

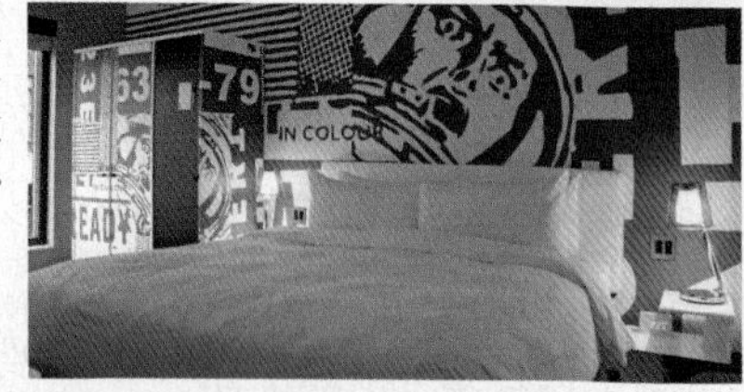

アート、ファッション、ミュージックを旗印とし、ベルギーのブリュッセルに次ぎミネアポリスにもオープンした次世代型ホテル。ホテルにはチェックインカウンターはなく、スタッフがタブレット端末で受付してくれる。コンテンポラリーアートのギャラリーと見紛うほどハイセンスなインテリアが部屋を埋める。164室。

旅のアドバイス ブルーミントンの観光には▶ブルーミントン観光局のウェブサイトには日本語もあり、モール・オブ・アメリカやホテルで使用できる割引クーポンがある。Bloomington Convention & Visitors Bureau 住2131 Lindau Ln., #420, Bloomington, MN 55425 ☎(952)858-8500 URL www.bloomingtonmn.org

裁判所前で毎週土曜にファーマーズマーケットを開催

農業州の中心都市

デモイン
Des Moines

どこまでも続くトウモロコシや大豆畑の中を突っ走ると、はるか遠くに金色に輝く寺院のような建物が見えてくる。アイオワの州議事堂だ。州都であるデモインはとても穏やかな町。中心部は高層ビルが建ち並ぶビジネス街だが、西には全米屈指の彫刻庭園もあって、コントラストがおもしろい。

町の名物がビルとビルとを結ぶ“スカイウオークSkywalk”。寒い季節も外へ出ずに済むという画期的なもので、夏も冷房が効いて快適だ。暖かい季節に開催される大規模なファーマーズマーケットも見逃せない。

DATA

人口▶約21万7500人
面積▶約210km²
標高▶約250m
TAX▶セールスタックス　6%
ホテルタックス　12%
属する州▶アイオワ州　Iowa
州のニックネーム▶ホークアイ（鷹の目、視覚の敏感な人）州　Hawkeye State
州都▶デモイン　Des Moines
時間帯▶中部標準時（CST） ➡P.631
繁忙期▶4～6月

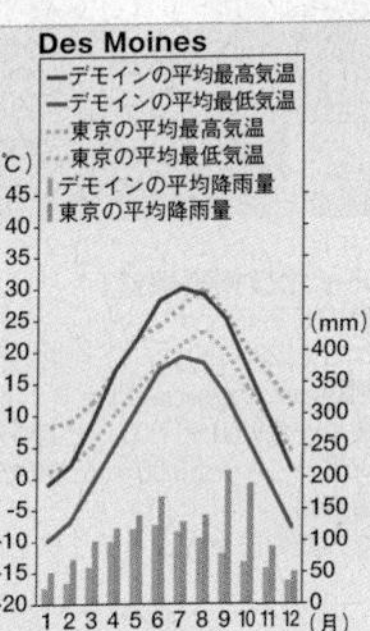

デモインへの行き方&歩き方 Getting There & Around

シカゴやミネアポリスからの便があるデモイン国際空港**Des Moines International Airport**は、ダウンタウンの南西約8kmにある。ダウンタウンのほとんどのホテルが空港への送迎バスを運行しているので、バゲージクレーム近くにあるホテル案内板の直通電話で迎えに来てもらおう。もしくは、タクシーで約15分。

グレイハウンドはシカゴ（所要約7時間）やミネアポリス（所要約5時間30分）などから乗り入れる。グレイハウンド・バスディーポからダウンタウンまでは歩いて30分ほど。

おもな見どころは徒歩圏内にあるが、移動には、平日は無料のトロリーD-Line Shuttleの利用がおすすめ。

デモイン国際空港（DSM）
地P.346-A2外
住5800 Fleur Dr.
☎(515) 256-5050
URL www.dsmairport.com
●**Yellow Cab Company（タクシー）**
☎(515) 243-1111
料ダウンタウンまで$17～（約15分）

グレイハウンド（トレイルウエイズ）・バスディーポ
地P.346-A1～B1外
住1501 2nd Ave.
☎(515) 243-5283
開毎日3:45～24:00
行ダウンタウンの2nd Ave.を徒歩で北上し約30分。2nd Ave.とClark St.の角

観光案内所 Visitors Information

デモイン観光局
Greater Des Moines Convention & Visitors Bureau

デモイン川の西、Locust St.と4th St.の角のCapital Squareビル2階にある。地図やパンフレットなどが揃い、スタッフも常駐するので便利だ。

デモイン観光局
地P.346-A2～B2
住400 Locust St., Suite 265
Free (1-800) 451-2625
URL www.catchdesmoines.com
開月～金8:30～17:00

メモ　**旧州知事邸が一般公開**▶デモインで指折りの富豪であったベンジャミン・フランクリン・アレンが 1869 年に建てた家。その後 1999 年まで州知事邸として使用された。Terrace Hill　住2300 Grand Ave.　☎(515) 281-7205　URL www.terracehilliowa.org　開〈3～12 月〉火～土 10:30 ～ 13:30 の 1 時間おき　料$5、子供（6～12 歳）$2　地P.346-A2

ダート
☎(515)283-8100
URL www.ridedart.com
料 $1.75〜2（路線により異なる、乗り換え無料）
●D-Line Shuttle
運行／月〜金6:30〜18:00、土10:00〜17:00の10分間隔。アイオワ州議事堂東の13th St.から西の17th St.までGrand Ave.とLocust St.などを走る
料 無料

市内の交通機関 *Public Transportation*

ダート
DART（Des Moines Area Regional Transit Authority）

デモイン市内や近郊まで約30の路線をもつDARTバスや、ダウンタウンを循環する無料シャトルバスの**Dライン・シャトルD-Line Shuttle**を運営する。

Sightseeing おもな見どころ

19世紀の建築を代表する建物　地P.346-B1

アイオワ州議事堂
Iowa State Capitol

内部もとてもゴージャスなアイオワ州議事堂

1886年に当時の価格で約280万ドルかけて建設された州議事堂には、州知事室や上院・下院、最高裁判所などが入る。ビクトリア調のライブラリーは必見。議事堂内にかけられている真ちゅう製のシャンデリアは20世紀初めガス灯として利用されていたもの。また、中央のドームは内・外側とも23金の金箔が使用されている。無料のツアーが催行されているので参加するといい。

アイオワ州議事堂
住 1007 E. Grand Ave.
☎(515)281-5591
URL www.legis.iowa.gov
開 月〜金8:00〜17:00、土9:00〜16:00
ツアー／月〜土8:00〜15:30の15分ごと
料 無料
※入館の際セキュリティチェックあり

アイオワ州の成り立ちを学べる博物館　地P.346-B1

アイオワ州歴史博物館
State Historical Museum of Iowa

アイオワ州の歴史が学べる博物館。州として制定された1830年代以前の人々の暮らしについての展示から、南北戦争、大統領選の試金石といわれる党員集会、ハリウッドとアイオワ、州に生息する動物についてなど8万点のなかから1500点が公開されている。

アイオワのトウモロコシ畑が舞台だった『フィールド・オブ・ドリームス』も紹介

アイオワ州歴史博物館
住 600 E. Locust St.
☎(515)281-5111
URL Iowaculture.gov/history/museum
開 月〜土9:00〜16:30
休 日、おもな祝日
料 無料

デモイン

リビング・ヒストリー・ファーム (P.347)
Comfort Inn & Suites Event Center (P.347)
Holiday Inn
Iowa Events Center
Wells Fargo Arena
Des Moines Botanical Garden
デモイン川 Des Moines River
アイオワ州歴史博物館(P.346) State Historical Museum of Iowa
Raygun
Zombie Burger
World Food Prize Hall
Scenic Route Restaurant
アイオワ州議事堂(P.346) Iowa State Capitol
Embassy Suites Des Moines Downtown (P.347)
Woodland Cemetery
Blank Children's Hospital
Renaissance Savery
Hyatt Place
Marriott
Des Lux
ジョン&メアリー・パパジョン彫刻庭園 John & Mary Papajohn Sculpture Park (P.347)
Terrace Hill
Americana
Walgreens
Fong's Pizza (P.347)
Court Avenue Brewing (P.347)
Science Center of Iowa
Des Moines Social Club
Jordan Creek Town Center
デモイン国際空港
DLineシャトル
スカイウオーク
0.25mile
500m

旅のアドバイス　ファーマーズマーケット▶5〜10月の毎週土曜7:00〜12:00、ダウンタウンの約8ブロックにわたってファーマーズマーケットが開催される。かなり大規模なもので、生鮮食料品や手作りの食品が並ぶほか、アーティストたちが自慢ののどや演奏を披露して、とても楽しい。URL www.desmoinesfarmersmarket.com

世界的アーティストの彫像が集う　地P.346-A2

ジョン&メアリー・パパジョン彫刻庭園
John & Mary Pappajohn Sculpture Park

ダウンタウンの西2ブロックを占める彫刻庭園には、日本の奈良美智をはじめとしてキース・ヘリング、バリー・フラナガンなど29の彫刻彫像が点在する。アーティスト名を知らなくても、見たことのあるオブジェの多さに驚くはず。

ジョン&メアリー・パパジョン彫刻庭園
住13th St., Grand Ave., 15th St., Locust St.に囲まれたエリア
☎(515) 277-4405
URL www.desmoinesartcenter.org/visit/pappajohn-sculpture-park
開日の出〜深夜

18〜20世紀の町並みが復元された博物館　地P.346-A1外

リビング・ヒストリー・ファーム
Living History Farms

中西部の農業の成り立ちや人々の暮らしがわかる屋外博物館。500エーカー（約$2km^2$）の広大な敷地は、4つの時代に分かれている。1700年代のインディアン農場や1850年代のログキャビン生活、1900年代の馬が登場した農耕生活、1875年頃のウォルナットヒルの町が再現されている。巨大トラクターに乗るツアーも人気。公共の交通機関は朝夕のみの運行なので、車かタクシー（料$20〜28）で。

トラクターに乗れるツアーが人気

リビング・ヒストリー・ファーム
住11121 Hickman Rd., Urbandale
☎(515) 278-5286
URL www.lhf.org
開〈5/1〜8/26〉毎日9:00〜16:00（日12:00〜）、〈9/1〜10/19〉水〜日9:00〜16:00（日12:00〜）
料$15.75、子供$9
行タクシーか車のみが足。車はI-35とI-80のExit 125を下りてすぐ。ダウンタウンから15〜20分

レストラン&ホテル
Restaurant & Hotels

R　ピザ
地元っ子に大人気の不思議なピザ屋

フォンズピザ
Fong's Pizza

住223 4th St.　☎(515) 323-3333　URL fongspizza.com
開毎日11:00〜翌2:00（金・土〜翌3:00）
AMV　地P.346-B2

店の造りは中国風、しかしここでサーブされるのは中国料理ではなく、ピザ。ピザの種類は約20で、値段も小が$13.99前後、大が$18.99〜21.99とリーズナブルで、具がたっぷり。待つ覚悟を。

R　ブリュワリー
デモインの地ビールを評判の料理と

コートアベニュー・ブリューイング
Court Avenue Brewing

住309 Court Ave.　☎(515) 282-2739
URL www.courtavebrew.com　開月〜木11:00〜24:00、金〜翌0:30、土9:00〜翌0:30、日10:00〜24:00　AMV　地P.346-B2

季節ものも含め、常に10種類以上の地ビールが味わえる。ケイジャンウイングや南西部スタイルの春巻きなど、おつまみになるものからメイン料理まで、ボリューム満点。

H　中級ホテル
アイオワ・イベントセンターまで徒歩1分

コンフォートイン&スイーツ・イベントセンター
Comfort Inn & Suites Event Center

住929 3rd St., Des Moines, IA 50309　☎(515) 282-5251
FAX(515) 282-6871　URL www.choicehotels.com　Wi-Fi無料
SDT$119〜189、スイート$179〜249　ADJMV　地P.346-B1

ダウンタウン中心部まで歩いて5分と立地がいい。スカイウオークの入口もすぐそばにある。もちろん、駐車場は無料で、朝食付き。155室。

H　高級ホテル
無料の朝食が好評

エンバシースイーツ・デモイン・ダウンタウン
Embassy Suites Des Moines Downtown

住101 E. Locust St., Des Moines, IA 50309　☎(515) 244-1700
FAX(515) 559-0095　URL embassysuites3.hilton.com
ADJMV　Wi-Fi $4.95　スイート$179〜1299　地P.346-B2

デモイン川の東側にあり、州議事堂や博物館へは歩いて10分ほど。リビングと寝室が完全に分かれたスタイルで、TVも2台ある。清潔、快適。空港や近辺へ無料シャトルを運行。234室。

メモ　約160店舗入るショッピングモール▶ダウンタウンからDARTバス#52で行ける（所要約40分）ジョーダン・クリーク・タウン・センター。Jordan Creek Town Center　住101 Jordan Creek Pkwy., W. Des Moines　☎(515) 440-6255　URL www.jordancreektowncenter.com　開月〜土10:00〜21:00、日11:00〜18:00　地P.346-A2外

カンザスシティ Kansas City

ハート・オブ・アメリカ

ここ数年で大きな変貌を見せる都市のひとつ

DATA

人口▶約48万8900人
面積▶約816km²
標高▶最高311m、最低220m
TAX▶セールスタックス　8.6%
ホテルタックス　16.35%
属する州▶ミズーリ州　Missouri
州のニックネーム▶ショウ・ミー（私に証拠を見せなさい）州 Show Me State
州都▶ジェファソンシティ Jefferson City
時間帯▶中部標準時（CST）

繁忙期▶5〜9月 ➡P.631

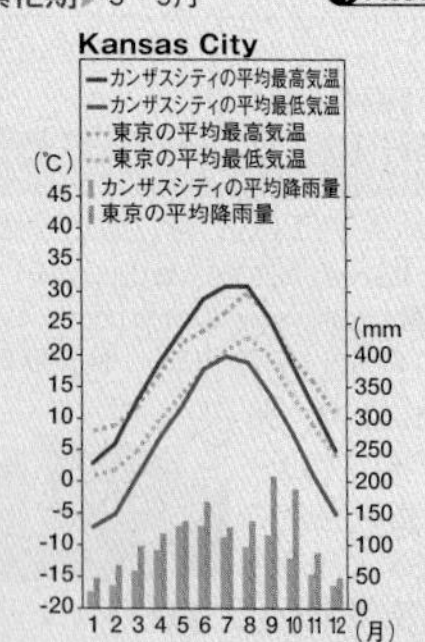

ジャズ、アフリカンアメリカン、バーベキュー。カンザスシティを語るうえで、この3つは外せない。

ビバップの発展に一役買ったサックス奏者チャーリー・パーカーは、カンザスシティで育ち、ジャズミュージシャンのキャリアを築いた。彼に多大な影響を与え、作曲家やジャズピアニストとして活躍したカウント・ベイシーもカンザスシティで多くの時間を過ごしており、今でも市内各所のクラブで、ジャズの演奏を聴くことができる。また、カンザスシティには、かつてのアフリカンアメリカンのプロ野球リーグの強豪、モナークスが本拠地をおいていた。スター選手が数多く在籍し、選手であり監督も歴任したバック・オニールは、カンザスシティの誇りでもある。

畜産が盛んであったカンザスシティはバーベキューが独自に発達。さまざまな部位をチップでゆっくりいぶし、トマトやハチミツベースのソースをかけて食べるカンザスシティ・スタイルのバーベキューは、市内にある100以上のバーベキューレストランで食すことができる。カンザスシティを訪れたならぜひ味わっておきたい一品だ。

夜はジャズでしっとりしたい

アメリカのほぼ中心に位置し、さまざまな文化や人種が流入したカンザスシティ。どんな旅のスタイルにもフィットする、懐の大きい町だ。

カンザスシティへの行き方 Getting There

飛行機 Plane

カンザスシティ国際空港
Kansas City International Airport (MCI)

ダウンタウンの北西約30km、シカゴやデンバーなどから直行便が乗り入れている。A～Cの3つのターミナルがあり、各ターミナル間は無料の赤いシャトルバスRed Bus（約15分間隔で運行）が結ぶ。

ターミナルAは使われておらず、ターミナルBにデルタ航空とサウスウエスト航空、ターミナルCはおもにアメリカン航空とユナイテッド航空が発着している。

カンザスシティ国際空港
地P.352-A1外
住1 International Sq.
☎(816) 243-5237
URL www.flykci.com

■ 空港から／空港へのアクセス

	種類／名称／連絡先	行き先／運行／料金	乗車場所／所要時間／備考
空港シャトル	スーパーシャトル SuperShuttle ☎(816) 243-5000 URL www.supershuttle.com	**行き先**▶市内のおもなホテルなど **運行**▶24時間随時 **料金**▶ダウンタウンとクラウンセンター周辺まで片道$23、カントリー・クラブ・プラザまで片道$24	**空港発**▶各ターミナルのバゲージクレーム（預託荷物のピックアップ場所）にある同社のカウンターでチケットを購入してから乗車 **空港行き**▶事前に電話などで予約をしてから乗車 **所要時間**▶ダウンタウンまで30～45分
路線バス	ライドKCバス #229 RideKC Bus #229 ☎(816) 221-0660 URL ridekc.org	**行き先**▶ダウンタウンの10th & Main Metro Center **運行**▶空港発は毎日5:32～23:17（土・日6:22～）、空港行きは毎日4:57～22:15（土・日5:46～）の15分～1時間間隔 **料金**▶$1.50	**空港発**▶ターミナルC、ゲート78を出てすぐの所にバス停がある **空港行き**▶ダウンタウンの10th & Main Sts.にあるMetro Centerのバス停などから乗車 **所要時間**▶ダウンタウンまで50分～1時間
タクシー	チェッカーキャブ Checker Cab ☎(816) 444-4444 URL www.checkerkc.com	**行き先**▶市内や周辺どこでも **運行**▶24時間随時 **料金**▶$55～65	**空港発**▶各ターミナルを出た所から乗車 **空港行き**▶主要ホテルから乗車 **所要時間**▶ダウンタウンまで約30分

※それぞれの乗り物の特徴については P.665

長距離バス Bus

グレイハウンド・バスターミナル
Greyhound Bus Terminal

ダウンタウンの東にある。周辺は人通りが少ないので気をつけること。ウィチタやセントルイスなどへ行くのに便利だ。

ダウンタウンの東にあるグレイハウンド・バスターミナル

グレイハウンド・バスターミナル
地P.352-B1
住1101 Troost Ave.
☎(816) 221-2835
開毎日6:30～翌4:30
行ライドKCバス#9や12でダウンタウンまで約5分。徒歩の場合約15分

鉄道 Train

ユニオン駅
Union Station

クラウンセンターに近いユニオン駅。アムトラックのチケットカウンターと待合室がある。昔の写真や、鉄道の模型が展示され、ノスタルジックな雰囲気をもつ駅だ。駅の中には遊びながら科学を学べる**サイエンスシティScience City**もある。ショップやレストランも多く、駅でありながら、見どころのひとつにもなっている。

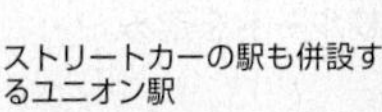

ストリートカーの駅も併設するユニオン駅

ユニオン駅
地P.352-A3
住30 W. Pershing Rd.
☎(816) 460-2020
開毎日6:00～24:00
●Science City
☎(816) 460-2020
URL www.unionstation.org/sciencecity
開火～日10:00～17:00（日12:00～）
料$13.25

メモ **大学バスケットボールの殿堂**▶スプリントセンター Sprint Center 内にあり、体験型の展示が多い。College Basketball Experience 住1401 Grand Blvd. ☎(816) 949-7500 URL www.collegebasketballexperience.com 開水～日 10:00～18:00（日 11:00～） 休月・火 料$15、4～17歳 $12 地P.352-A2

Getting Around カンザスシティの歩き方

タテに細長いカンザスシティの中心部

カンザスシティ観光局
地P.352-A2
住1321 Baltimoa Ave.
☎(816)691-3800
Free(1-800)767-7700
URL www.visitkc.com
開月～金9:00～17:00、土9:00～15:00
休日
●Union Station Visitor Information Center
地P.352-A3
住30 W. Pershing Rd.(ユニオン駅内のGrand Hall西側)
開月～土9:30～16:00（土～17:00)、日12:00～17:00

新設された観光案内所

ライドKC
☎(816)221-0660
URL ridekc.org
運行／バス：毎日5:30～22:30の30分～1時間間隔（路線により異なる)、メインマックス：月～金4:22～23:39、土4:58～翌0:08、日6:09～23:08の10～30分間隔、トルーストマックス：月～金4:10～23:42、土・日5:14～23:42(日5:44～)の10～30分間隔、KCストリートカー：月～金6:00～24:00(金～翌2:00)、土・日7:00～翌2:00(日～23:00)の10～18分間隔
料バス、マックスともに$1.50。KCストリートカーは無料。1日券は$3でバス、マックス共通。バス乗車時に購入することができる。乗り換えは2時間以内無料。バス乗車時に運転手から乗り換えチケットをもらうこと

ユニオン駅にあるストリートカーの駅

　カンザスシティ市内の観光ポイントを大きく分けると、**ダウンタウン**と**クラウンセンター周辺**、そして**カントリー・クラブ・プラザ周辺**の3ヵ所だ。これらは離れており歩くには遠いので、3ヵ所を結んで走るシャトルバスのマックスを利用しよう。ダウンタウンとクラウンセンター間であればストリートカーでの移動が便利だ。

　カントリー・クラブ・プラザは、ヨーロッパのような町並み。夜もにぎわっているので、ぜひ足を延ばしてみよう。ダウンタウンの東に位置する**18番&バインジャズ歴史地区**にあるアメリカンジャズ博物館も見逃せない。

　また、カンザスシティは噴水の町でもあり、ダウンタウンや郊外を含め200以上の噴水が設置されている。この数はイタリアのローマに次ぎ、世界第2位だ。

観光案内所 *Visitors Information*

カンザスシティ観光局
Visit KC Vistor Information Center

　パワー&ライト地区にあり、パンフレットや地図を入手することができる。ほかにもユニオン駅内にある**ユニオン駅観光案内所Union Station Visitor Information Center**や、カントリー・クラブ・プラザの観光案内所も利用してみよう。フレンドリーなスタッフが親切に応対してくれる。

市内の交通機関 *Public Transportation*

ライドKC
RideKC

　カンザスシティと周辺をカバーする路線バスと、シャトルバスのマックス、ストリートカーを運営する。

バス　Bus

　カンザス州にあるカンザスシティやインディペンデンス市など、郊外も広くカバーする。路線も便数も多いため、利用価値は高い。10th St. & Main St.や12th St. & Grand Blvd.、ユニオン駅を発着する便が多い。

マックス　Max

　カンザスシティを南北に走るシャトルバス。リバーマーケットとカントリー・クラブ・プラザを結び、おもにMain St.を走る**メインマックスMain Max**と、ダウンタウンの東にあるTroost Ave.を南北に走る**トルーストマックスTroost Max**の2路線がある。

KCストリートカー　KC Streetcar

　2016年6月から運行を開始した無料のストリートカー。リバーマーケットからダウンタウンを通り、ユニオン駅までを結ぶ。途中メインマックスと同じルートを走る。

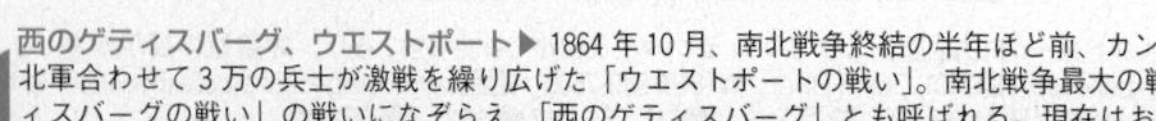
メモ **西のゲティスバーグ、ウエストポート**▶1864年10月、南北戦争終結の半年ほど前、カンザスシティで南軍、北軍合わせて3万の兵士が激戦を繰り広げた「ウエストポートの戦い」。南北戦争最大の戦いであった「ゲティスバーグの戦い」の戦いになぞらえ、「西のゲティスバーグ」とも呼ばれる。現在はおしゃれでユニー↗

おもな見どころ Sightseeing

ダウンタウン Downtown

夜になると輝きを増す 地P.352-A1～A2

パワー&ライト地区
Power & Light District

13th St.とGrand Blvd.の周辺、9つのブロックにわたってショップやレストラン、映画館、劇場、ホテル、スーパーマーケットなどが並ぶ。コンベンションセンターもあり。

週末は早起きしてファーマーズマーケットへ 地P.352-A1～B1外

リバーマーケット
River Market

シティマーケット City Market

リバーマーケットの中心にある、1857年にできた昔ながらの市場。新鮮な野菜や果物、生活雑貨などを手頃な値段で買える。土・日はファーマーズマーケットが開催され、周辺のレストランやカフェもにぎわう。

アラビアスチームボート博物館 Arabia Steamboat Museum

19世紀後半にミズーリ川を航行していた大型の蒸気船アラビア号は、1856年に200トンもの物資を積んだまま事故でミズーリ川に沈没してしまった。その後132年を経て、Hawley一家によって発見された。船内には、宝石などの高価なものよりも、衣類や銀食器、陶器などを中心に、当時の生活を知るうえで貴重な品々が数多く載せられていた。川底に沈む船の捜索から、船内に残された貴重な品々を引き揚げるまでの壮大なドラマを、映像や展示をとおして知ることができる。見学はツアーで行われ、所要約1時間30分。

クラウンセンター周辺 Crown Center

グリーティングカードのホールマークが造った 地P.352-A3～B3

クラウンセンター
Crown Center

1971年にホールマークHallmark社の社長Joyce C. Hallとその息子Donald J. Hallが造った複合施設。ショッピングセンターの**クラウンセンター・ショップスCrown Center Shops**にはホールマーク社の店も入っている。そのほかシーライフ水族館やレゴランド・ディスカバリーセンターなどもあり、家族連れにも人気のスポットだ。

ホールマーク・ビジターセンター Hallmark Visitors Center

王冠マークで知られる世界最大のグリーティングカード会社、ホールマーク社。クラウンセンター内の一角にビジターセンターがあり、1910年の会社創立からの歴史や、カード製作の工程を14のコーナーから知ることができる。

パワー&ライト地区
住13th St. & Grand Blvd.
URL www.powerandlightdistrict.com

リバーマーケット
行KCストリートカーのCity Market駅下車

●City Market
地P.352-A1外
住20 E. 5th St.
☎(816)842-1271
URL www.thecitymarket.org
開毎日10:00～18:00(店舗により異なる)。ファーマーズマーケットは土・日9:00～15:00（4～10月の土は7:00～)。6～8月の水10:00～14:00

●Arabia Steamboat Museum
地P.352-A1外
住400 Grand Blvd.
☎(816)471-1856
URL www.1856.com
開月～土10:00～17:00（最終ツアーは15:30発)、日12:00～17:00（最終ツアーは15:30発)
休おもな祝日
料$14.50、シニア$13.50、4～14歳$5.50、3歳以下無料

市民の生活が垣間見えるマーケット

クラウンセンター
住2450 Grand Blvd.
☎(816)274-8444
URL www.crowncenter.com
行ダウンタウンからメインマックスでPershing Rd. & Grand Blvd.下車。約15分

●Crown Center Shops
地P.352-A3
開月～土10:00～19:00、日12:00～18:00（店舗により異なる）
休おもな祝日

●Hallmark Visitors Center
地P.352-A3
☎(816)274-3613
URL www.hallmarkvisitorscenter.com
開月～土9:30～16:00
休日、おもな祝日
※祝日を含む週末は休みになることが多いので要確認
料無料

クラウンセンター・ショップスにはフードコートなどもある

↘クな店が軒を連ねるなか「ウエストポートの戦い」を今に伝えるサインや銅像なども多い。Westport 地P.352-A4～A5 住W. 39th St.、W. 43th St.、S.W.Trafficway、Main St. に囲まれたエリア URL www.westportkcmo.com 行ダウンタウンからメインマックスで Main St. & W. 39th St. 下車。約15分

第1次世界大戦博物館と慰霊碑
住2 Memorial Dr.
☎(816) 888-8100
URL www.theworldwar.org
開火〜日10:00〜17:00、夏期は毎日10:00〜17:00(土9:00〜)
休9〜5月の月、おもな祝日
料$16、シニア・学生$14、6〜17歳$10。タワーは+$2、タワーのみ$5

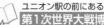

ユニオン駅の前にある 地P.352-A3

第1次世界大戦博物館と慰霊碑
National World War I Museum and Memorial

第1次世界大戦をテーマにした博物館。国のために戦った、兵士たちの勇気や愛国心をたたえている。博物館を訪れる人々に、展示や映像などをとおして戦争の残酷さをあらためて知り、平和について考えるきっかけを与えるような内容になっている。戦死者たちの名を刻んだ記念碑のほか、「第1次世界大戦」という事実を、理解しやすいように工夫した、ユニークで斬新な展示が多い。ガラス張りのエントランスの床下には、ひとつが1000人分を表す、9000もの赤い造花のポピーが並べられており、戦死した兵士たちを悼んでいる。

ホライズンシアターHorizon Theaterでは、大型スクリーンの手前に戦士の人形を並べ、当時の戦場を臨場感たっぷりに再現、ダイナミックな音や光とともに戦場を描写した映像が見られる。

展示を見たあとは、建物の中央に建つ**リバティメモリアル・タワーThe Liberty Memorial Tower**へ行ってみよう。最上階に展望室があり、カンザスシティの景色を楽しむことができる。建物の左右にあるふたつのスフィンクスは、それぞれFuture(未来)とMemory(記憶、記念)の意味が込められているのだとか。博物館は小高い丘の上にあるので、歩きやすい靴で行くこと。また、天候が悪いときは、展望室のあるタワーが閉鎖されることもあるので注意。

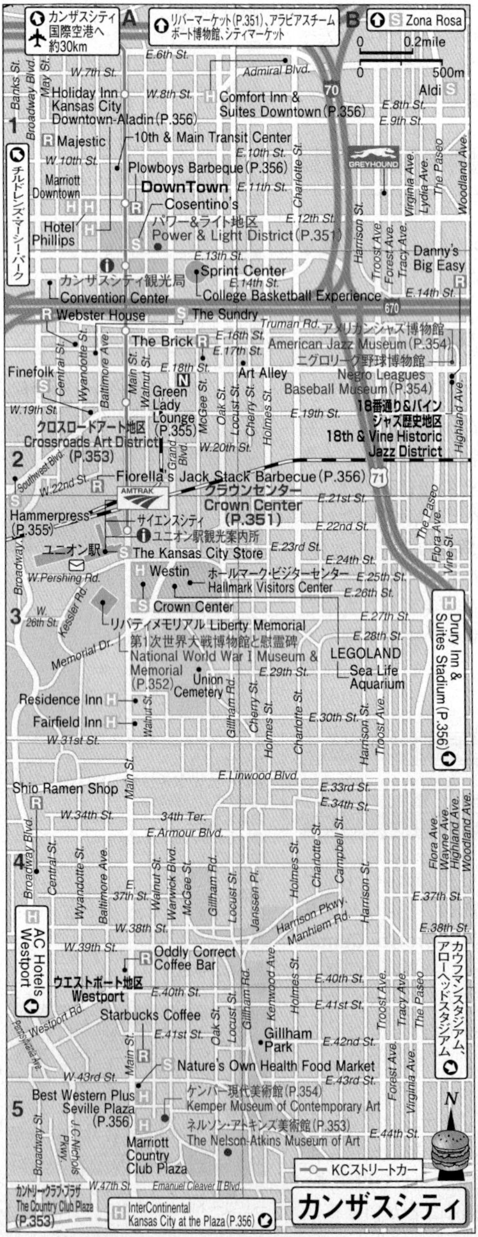

カンザスシティ
カンザスシティ国際空港へ約30km
リバーマーケット(P.351)、アラビアスチームボート博物館、シティマーケット
Zona Rosa
0.2mile
500m
E.6th St.
W.7th St.
Admiral Blvd.
Holiday Inn Kansas City Downtown-Aladin(P.356)
W.8th St.
Comfort Inn & Suites Downtown(P.356)
Aldi
E.8th St.
E.9th St.
Majestic
10th & Main Transit Center
E.10th St.
W.10th St.
Plowboys Barbeque(P.356)
GREYHOUND
Marriott Downtown
DownTown
E.11th St.
Cosentino's
パワー&ライト地区
Power & Light District(P.351)
E.12th St.
Hotel Phillips
チルドレンズ・マーシー・パーク
E.13th St.
Sprint Center
Danny's Big Easy
カンザスシティ観光局
E.14th St.
College Basketball Experience
Convention Center
E.14th St.
Webster House
The Sundry
Truman Rd.
アメリカンジャズ博物館
American Jazz Museum(P.354)
The Brick
E.16th St.
E.17th St.
ニグロリーグ野球博物館
Negro Leagues Baseball Museum(P.354)
Finefolk
E.18th St.
Art Alley
Green Lady Lounge(P.355)
18番通り&バインジャズ歴史地区
18th & Vine Historic Jazz District
W.19th St.
E.19th St.
クロスロードアート地区
Crossroads Art District(P.353)
W.20th St.
Fiorella's Jack Stack Barbecue(P.356)
W.22nd St.
AMTRAK
クラウンセンター
Crown Center(P.351)
E.21st St.
Hammerpress(P.355)
サイエンスシティ
ユニオン駅観光案内所
E.22nd St.
ユニオン駅
The Kansas City Store
E.23rd St.
E.24th St.
W.Pershing Rd.
Westin
ホールマーク・ビジターセンター
Hallmark Visitors Center
E.25th St.
E.26th St.
Crown Center
W.26th St.
E.27th St.
リバティメモリアル Liberty Memorial
E.28th St.
第1次世界大戦博物館と慰霊碑
National World War I Museum & Memorial(P.352)
LEGOLAND
Sea Life Aquarium
Union Cemetery
E.29th St.
Drury Inn & Suites Stadium(P.356)
Residence Inn
Fairfield Inn
E.30th St.
W.31st St.
E.Linwood Blvd.
Shio Ramen Shop
E.33rd St.
E.34th St.
W.34th St.
34th Ter.
E.Armour Blvd.
E.37th St.
W.38th St.
E.38th St.
Harrison Pkwy.
Manheim Rd.
W.39th St.
Oddly Correct Coffee Bar
AC Hotels Westport
ウエストポート地区
Westport
E.40th St.
E.40th St.
カウフマンスタジアム、アローヘッドスタジアム
Starbucks Coffee
E.41st St.
E.41st St.
Gillham Park
E.42nd St.
W.43rd St.
Nature's Own Health Food Market
E.43rd St.
Best Western Plus Seville Plaza(P.356)
ケンパー現代美術館(P.354)
Kemper Museum of Contemporary Art
ネルソン・アトキンズ美術館(P.353)
The Nelson-Atkins Museum of Art
E.44th St.
Marriott Country Club Plaza
KCストリートカー
カントリークラブ・プラザ
The Country Club Plaza(P.353)
W.47th St.
Emanuel Cleaver II Blvd.
InterContinental Kansas City at the Plaza(P.356)

THE WORLD WAR
1914-1919

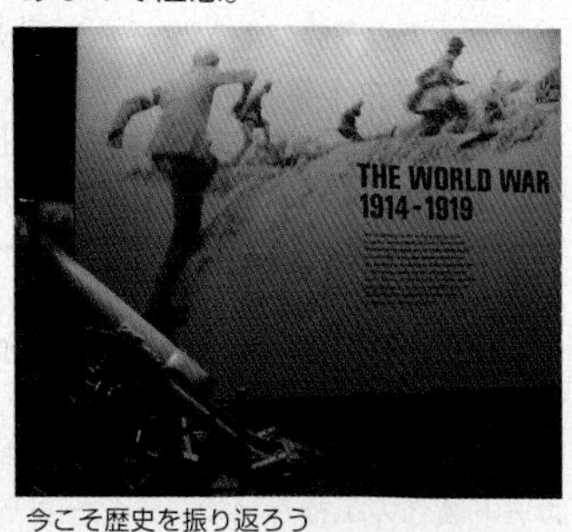

今こそ歴史を振り返ろう

投稿 **発見！アートの小径▶**クロスロードアート地区の東側、小さな小径の両サイドがグラフィティに埋めつくされた場所がある。一つひとつは大きくないが、なかなかかっこいいのでおすすめ。Art Alley 住1701 Locust St. 地P.352-B2
(東京都 Manamana '17) ['18]

カンザスシティのおしゃれさんが集まる 地P.352-A2

クロスロードアート地区

Crossroads Arts District

ユニオン駅を北へ行き、線路を越えたあたりはクロスロードアート地区と呼ばれ、小さなギャラリーやショップ、レストランが軒を連ねる。独立系の店舗が多く、特にSouthwest Blvd.沿いはユニークな店が多い。Main St.より西側にショップやレストランが集中する。毎月第1金曜日はファーストフライデイというイベントを開催。17:00から、ギャラリーやスタジオなど多くの場所でイベントが催されている。

クロスロードアート地区
住19th & Main Sts.
☎(816) 944-7313
URL kccrossroads.org

グラフィティも多く描かれている

カントリー・クラブ・プラザ周辺 The Country Club Plaza

アメリカ最古のショッピングセンター 地P.352-A5

カントリー・クラブ・プラザ

The Country Club Plaza

アメリカ最古の郊外型ショッピングセンターがカンザスシティにあると聞くと、意外に思う人が多いだろう。

1922年に造られたカントリー・クラブ・プラザ（“The Plaza”と呼ばれる）は、国内屈指の美しさを誇るショッピングエリアだ。55エーカー（約22万2600m²）の広さに、姉妹都市であるスペインのセビーリャの町のような、スペイン建築で統一された140以上のショップやレストランが並ぶ。プラザのいたるところにある彫刻や噴水が花を添え、絵のように美しい町並みだ。大型書店やファストファッション、キッチン雑貨、アウトドア用品などバラエティに富んだテナントがあり、なかでもカンザスシティ生まれのデニムブランドBoldwinは人気が高い。飲食店もカフェやバー、ステーキレストラン、中華、メキシカンなどさまざま。

カントリー・クラブ・プラザ
住47th & Broadway
☎(816) 753-0100
URL www.countryclubplaza.com
開月～土10:00～19:00（木～21:00）、日12:00～17:00
行ダウンタウンからメインマックスで約25分

クリスマス時期はいっそう美しくなる

東アジアのコレクションが充実した 地P.352-A5

ネルソン・アトキンズ美術館

The Nelson-Atkins Museum of Art

カンザスシティの地方紙『Kansas City Star』の創設者William R. Nelsonと、美術館のために自らの土地を提供したMary M. Atkinsの協力により1933年に完成した。アジア、特に中国、朝鮮、日本の美術品のコレクション約1万点は、アメリカでも非常に高い評価を受けている。もちろん、西洋絵画や彫刻の部門もえりすぐりの作品が集められており、モネなどヨーロッパ印象派の絵画などを収蔵している。ヘンリー・ムーアの彫刻のコレクションも必見だ。また、現代美術を中心に展示する**ブロックビルディングBloch Building**が隣接しており、おもに現代美術作品やアフリカンアート、ホールマークの写真コレクションなどを展示している。

ネルソン・アトキンズ美術館
住4525 Oak St.
☎(816) 751-1278
URL www.nelson-atkins.org
開水～日10:00～17:00（木・金～21:00）
休月・火、おもな祝日
料無料
行ダウンタウンからメインマックスでMain St. & 45th St.下車。徒歩10分

屋外に配された彫刻も見応えがあるので散歩がてら見てみよう

メモ Main St.沿いのおすすめカフェ▶オドリーコレクトは、1杯ずつていねいに入れたコーヒーを味わえる。周辺も静かなので、休憩に最適。オリジナルのコーヒー豆はパッケージも◎。Oddly Correct Coffee Bar 地P.352-A4 住3940 Main St. URL www.oddlycorrect.com 開月～土 7:00～17:00（土～15:00）

ケンパー現代美術館
住4420 Warwick Blvd.
☎(816)753-5784
URL www.kemperart.org
開火～日10:00～16:00(木・金～21:00)
休月
料無料

アメリカンジャズ博物館
住1616 E. 18th St.
☎(816)474-8463
URL americanjazzmuseum.org
開火～日9:00～18:00(日12:00～)
休月
料$10、5～12歳$6
ニグロリーグ野球博物館とのコンビネーションチケットは大人$15、シニア$9、5～12歳$8
行ダウンタウンから、バス#71で
※博物館の中は写真撮影禁止。チケットカウンターでカメラを預けること。ニグロリーグ野球博物館も同様
●The Blue Room
開月・木17:00～23:00、金・土17:00～翌1:00(土19:00～)
料無料の日が多いが、事前にウェブサイトで確認を

カンザスシティのレジェンドたちの展示も豊富

ニグロリーグ野球博物館
住1616 E. 18th St.
☎(816)221-1920
URL www.nlbm.com
開火～日9:00～18:00(日12:00～)
休月
料$10、5～12歳$6、シニア$9、4歳以下無料
行アメリカンジャズ博物館と同じ

いかにモナークスが人気であったかをうかがい知ることができる壁画

現代美術が好きな人におすすめ　地P.352-A5

ケンパー現代美術館
Kemper Museum of Contemporary Art

ネルソン・アトキンズ美術館の近くにある現代美術館。屋外に展示されている立体作品がユニークで目を引く。1910年代に描かれた絵画から、プロジェクターを使用したインスタレーション作品まで、幅広いコレクションと企画展を無料で鑑賞することができる。

18番&バインジャズ歴史地区　18th & Vine Historic Jazz District

アメリカ生まれの音楽のルーツを知る　地P.352-B2

アメリカンジャズ博物館
American Jazz Museum

ニューオリンズで生まれたジャズは、シカゴやニューヨーク、カンザスシティなどへと広まった。カンザスシティでジャズが花開いた1920年代、禁酒法があったにもかかわらず、政治家トム・ペンダーガストのおかげで、18番＆バイン周辺に数多くあったジャズクラブでは、毎晩ジャムセッションが行われていた。そういった時代背景がカウント・ベイシー、チャーリー・パーカーらの才能を育むことになる。

この博物館では、実際に音楽を聴くことで、ジャズがスイングからビッグバンド、ビバップへと変化した様子を学ぶことができる。また、自分でさまざまな楽器を組み合わせ、音楽を作ることができる機械があり、好評を得ている。

近年改装し、展示内容がより充実。館内にあるジャズクラブ、**ブルールームThe Blue Room**は、生のジャズライブを楽しめる人気スポットだ。

黒人だけの野球リーグがあった　地P.352-B2

ニグロリーグ野球博物館
Negro Leagues Baseball Museum

1920年に発足したニグロリーグNegro National Leagueは、まだ黒人がメジャーリーグへの参加を禁止されていた時代のリーグである。1947年にジャッキー・ロビンソンJackie Robinsonがブルックリン・ドジャースに入団するまで、この垣根が取り払われることはなかった。

展示は黒人選手たちの歴史や数々の名選手の成績、写真、ユニホームなどが揃う。また、ありし日の映像なども上映されていて、現在にいたるまでの苦節の道のりを知ることができる。なかでも2000勝したともいわれる伝説の投手サチェル・ペイジや、投手として150勝、打者として3割5分近くの成績を残した2刀流選手バレット・ローガンらが在籍した地元の人気球団カンザスシティ・モナークスの展示は必見。また、博物館近く、19th St.とThe Paseoの角には、選手、監督としてモナークスを牽引したジャック・オニールをたたえた広場があり、オニールやモナークスの選手たちの壁画を見ることができる。

旅のアドバイス　カンザスシティでのみやげは▶ユニオン駅にあるカンザスシティ・ストアでは、ポストカードやTシャツ、BBQソース、ジャズのCDなどみやげに最適な物が揃っている。The Kansas City Store　地P.352-A3　住30 W. Pershing Rd.（ユニオン駅内）　開毎日10:00～17:00（土・日12:00～）

スポーツ観戦 Spectator Sports

 ベースボール MLB

カンザスシティ・ロイヤルズ（アメリカンリーグ中地区）
Kansas City Royals

ロイヤルズは新設チームとして屈指の成績を収め、1985年に初のワールドシリーズ制覇を成し遂げた。

2014、2015年とワールドシリーズに進出。2015年は世界いちに輝き、2016年は連覇の期待を集めたが、地区3位の結果に。2018年は最下位と低迷。シルバースラッガー受賞のペレス捕手、2年連続盗塁王のメリフィールドらに期待がかかる。

チーフスのスタジアムが隣にある

カンザスシティ・ロイヤルズ
（1969年創設）　地P.352-B5外
本拠地――カウフマンスタジアム Kauffman Stadium（3万7903人収容）
住1 Royal Way
Free (1-800) 676-9257
URL kansascity.royals.mlb.com
行ダウンタウンからライドKCバス#47で約55分。Blue Ridge Cutoff & 40th Terr NBで下車。駐車場の向こうに見える

この選手に注目!
ウィット・メリフィールド（二塁手）

 アメリカンフットボール NFL

カンザスシティ・チーフス（AFC 西地区）
Kansas City Chiefs

2013シーズンから5年連続勝ち越し、3年連続2桁勝利とプレイオフを重ね、第4回スーパーボウル以来の栄冠を狙える状況。さらにエースQBスミスを放出、若いマホームズの可能性に賭けた。プレイオフで勝てないHCリードは汚名を晴らせるか。チームカラーはレッド、ゴールド、ホワイト。

カンザスシティ・チーフス
（1960年創設）　地P.352-B5外
本拠地――アローヘッドスタジアム Arrowhead Stadium（7万6416人収容）
住1 Arrowhead Dr.
☎ (816) 920-9400（チケット）
URL www.chiefs.com
行ロイヤルズのカウフマンスタジアムの隣

この選手に注目!
パトリック・マホームズ

 サッカー MLS

スポルティング・カンザスシティ（西地区）
Sporting Kansas City

1996年のチーム創設時はカンザスシティ・ウィズ。3回決勝に進出し、2000年と2013年に優勝。USオープンカップも4回優勝している強豪チームだ。特に固いディフェンスは評判になっている。本拠地は2011年に完成したチルドレンズ・マーシー・パーク。

スポルティング・カンザスシティ
（1996年創設）　地P.352-A1外
本拠地――チルドレンズ・マーシー・パークChildren's Mercy Park（1万8467人収容）
住1 Sporting Way
Free (1-888) 452-4625（チケット）
URL www.sportingkc.com
行ダウンタウンからライドKCバス#101で約1時間。Village Pkwy. & Prairie Crossing下車

この選手に注目!
グラハム・ズシ

ナイトスポット&ショップ Night Spot & Shop

N　ジャズ
無料で生音のジャズを堪能
グリーン・レディ・ラウンジ
Green Lady Lounge

住1809 Grand Blvd.　☎ (816) 215-2954
URL www.greenladylounge.com　AMV
開毎日16:00～翌3:00（土14:00～）　地P.352-A2

カンザスシティいちのジャズスポット。毎日演奏が行われており、基本的にカバーチャージがかからない。もちろん、寄付は大歓迎だ。演奏のスケジュールはウェブサイトで確認可能。料理は軽食しかない。

S　雑貨
1994年創業の印刷とデザインの店
ハンマープレス
Hammerpress

住500 Southwest Blvd., Suite 1A　☎ (816) 421-1929
URL hammerpress.net　AMV
開火～金10:00～18:00、土12:00～17:00　休日・月　地P.352-A2

店舗の奥には大きな印刷機があり、そこで印刷されたポストカードやポスターはどれも個性的でかわいい。そのほかオーナーがセレクトした雑貨も取り扱っている。ポストカードは $2.50 ～。

レストラン&ホテル

Restaurants & Hotels

R アメリカ料理

カンザスシティでバーベキューといえばココ

フィオレラズ・ジャック・スタック・バーベキュー Fiorella's Jack Stack Barbecue

住101 W. 22nd St. ☎(816)472-7427
URL www.jackstackbbq.com 開毎日11:00～22:00（金・土～22:30、日～21:30） AMV 地P.352-A2

いつもにぎわっている、大人気のレストラン。ランチプレートはフライドポテト付きで$12.49～。カントリー・クラブ・プラザにも支店あり。

R アメリカ料理

安い、早い、うまい、気取らない

プロウボーイズ・バーベキュー Plowboys Barbeque

住1111 Main St. ☎(816)221-7569
URL www.plowboysbbq.com AMV 地P.352-A1
開月～土10:30～21:00（月～水～15:00、土16:00～） 休日

口コミサイトの評価が高く、気軽に、手頃に、おいしいバーベキューが食べられると評判の店。ブリスケットとソーセージにふたつのサイドメニュー、さらにパンが付いたストックヤードコンボ（$13.49）がおすすめ。

H エコノミーホテル

ダウンタウンの北に位置する

コンフォート・イン&スイーツ・ダウンタウン Comfort Inn & Suites Downtown

住770 Admiral Blvd., Kansas City, MO 64106 ADJMV
☎(816)472-8808 FAX(816)472-8809 Wi-Fi無料
URL www.choicehotels.com ⓈⒹⓉ$90～129 地P.352-B1

簡素だが清潔で、冷蔵庫や電子レンジが付いていて便利。ワッフルやフルーツなどの朝食付き。夜は周辺の人通りが少ないので注意。110室。

H 中級ホテル

球場が近く、野球観戦者におすすめ

ドゥルーリー・イン&スイーツ・スタジアム Drury Inn & Suites Stadium

住3830 Blue Ridge Cutoff, Kansas City, MO 64133
☎(816)923-3000 URL www.druryhotels.com ADJMV
ⓈⒹⓉ$104.99～154.99 Wi-Fi無料 地P.352-B3～B4外

ロイヤルズとチーフスファンにおすすめしたいホテル。カウフマンスタジアムも徒歩圏内。ライドKCバス#47Xで約30分、Blue Ridge Cutoffで下車、球場へは徒歩約12分。朝食無料。123室。

H 中級ホテル

ネルソン・アトキンズ美術館まで歩ける

ベストウエスタン・プラス・セビル・プラザ・ホテル Best Western Plus Seville Plaza Hotel

住4309 Main St., Kansas City, MO 64111 ☎(816)561-9600
Free(1-866)447-5292 Wi-Fi無料 ADJMV 地P.352-A5
URL bestwesternsevilleplaza.com ⓈⒹⓉ$103～180

カントリー・クラブ・プラザやネルソン・アトキンズ美術館に近い。Main St.沿いにありメインマックスの停留所も近く、ダウンタウンへも気軽に行ける。無料の朝食あり。80室。

H 高級ホテル

カントリー・クラブ・プラザを満喫

インターコンチネンタル・カンザスシティ・アット・ザ・プラザ InterContinental Kansas City at the Plaza

住401 Ward Pkwy., Kansas City, MO 64112 ADJMV
☎(816)756-1500 URL www.kansascityic.com Wi-Fi$11.95
ⓈⒹⓉ$196～349、スイート$272～4000 地P.352-A5外

小川を挟み、目の前にはカントリー・クラブ・プラザがある。プラザ側の客室は、プラザの美しい夜景も楽しめるのでおすすめ。ちょっと贅沢に滞在したいときはここが◎。371室。

H 高級ホテル

ダウンタウンの真ん中。何をするにも便利なホテル

ホリデイイン・カンザスシティ・ダウンタウン - アラジン Holiday Inn Kansas City Downtown - Aladdin

住1215 Wyandotte St., Kansas City, MO 64105 Wi-Fi無料
☎(816)421-8888 URL www.ihg.com ADJMV
ⓈⒹⓉ$199～279、スイート$425～450 地P.352-A1

アメリカの歴史登録財となっているホテル。ロビーはアールデコ調で、規模は小さいながらもゴージャスな雰囲気に包まれている。コンベンションセンターも近く、ビジネス客にも好評だ。スーパーマーケットや駅、パワー＆ライト地区など、すべて徒歩圏内。193室。

旅のアドバイス ダウンタウンの便利なスーパーマーケット▶Cosentino's パワー＆ライト地区にあり、総菜コーナーも充実している。日用品なども揃っており、滞在中はたいへん重宝する。住10 E. 13th St. ☎(816)595-0050 URL cosentinosmarket.com 開毎日6:00～22:00 地P.352-A1

セントルイス St. Louis

開拓精神が今も息づく

大改装を終えて展示も充実したゲートウエイアーチ

1764年に毛皮の取引所として誕生したセントルイスは、中西部有数の工業都市として発展した。

19世紀初頭、第3代大統領トーマス・ジェファソンが、当時フランス領だった現在のセントルイスを買収したことによってアメリカ人は西を目指すようになる。このことからセントルイスは、西部への玄関口 "The Gateway to the West" といわれるようになった。さらに、1904年全米で初となるオリンピック大会や万国博覧会が開催され、アメリカだけでなく世界中から注目を浴びる町へと成長した。

セントルイスはバドワイザーが生まれた町としても知られ、現在も市の南側には巨大な醸造所を構えている。ビール工場はセントルイスの見どころのなかでも人気が高く、毎日多くの観光客が訪れる場所だ。町は犯罪率が高いことでも知られているが、ほかのアメリカの町と同様、夜間や人通りの少ない場所を歩いたりしなければ問題ない。

バドワイザーの工場見学は必訪

DATA

人口▶約30万8600人
面積▶160.3km²
標高▶最高187m、最低117m
TAX▶セールスタックス　9.179%
ホテルタックス　17.42%
属する州▶ミズーリ州
Missouri
州のニックネーム▶ショウ・ミー（私に証拠を見せなさい）州
Show Me State
州都▶ジェファソンシティ
Jefferson City
時間帯▶中部標準時(CST) P.631
繁忙期▶4～10月

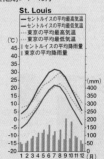

St. Louis
—セントルイスの平均最高気温
—セントルイスの平均最低気温
…東京の平均最高気温
…東京の平均最低気温
▮セントルイスの平均降雨量
▮東京の平均降雨量
(℃) 45 40 35 30 25 20 15 10 5 0 -5 -10 -15 -20
(mm) 400 350 300 250 200 150 100 50 0
1 2 3 4 5 6 7 8 9 10 11 12 (月)

投稿

セントルイスの治安▶事前に治安が悪いと聞いていたが、思っていたより安全だった。盗んできたであろう物を売りつけてくる人はいたが、それ以外は中規模の都市らしく、人間味がありおもしろい町だった。
（埼玉県　Peter　'16）['18]

Getting There セントルイスへの行き方

ランバート・セントルイス国際空港
地P.361-A1外
住10701 Lambert International Blvd.
☎(314) 890-1333
URL www.flystl.com

ランバート・セントルイス国際空港のレンタカー会社
●Alamo Free (1-800) 462-5266
●Avis Free (1-800) 831-2847
●Budget Free (1-800) 527-0700
●Enterprise Free (1-800) 325-8007
●Hertz Free (1-800) 654-3131

飛行機 Plane

ランバート・セントルイス国際空港
Lambert-St. Louis International Airport (STL)

ダウンタウンの北西約25kmに位置し、シカゴやダラスなどからの便がある。ターミナルはふたつあり、ターミナル1はおもにデルタ航空とユナイテッド航空が、ターミナル2はサウスウエスト航空などが発着。空港の設計は、著名な日系アメリカ人建築家、ミノル・ヤマサキだ。

■ 空港から／空港へのアクセス

	種類／名称／連絡先	行き先／運行／料金	乗車場所／所要時間／備考
空港シャトル	ゴー・ベスト・エクスプレス Go Best Express Free (1-877) 785-4682	**行き先▶**市内や周辺どこでも **運行▶**毎日6:00～翌1:00の30分間隔 **料金▶**ダウンタウンまで片道$25、往復$45	**空港発▶**ターミナルのExit 12を出た所から乗車 **空港行き▶**事前に電話などで予約をしてから乗車 **所要時間▶**ダウンタウンまで約30分
ライトレイル	メトロリンク（レッドライン） MetroLink (Red Line) ☎(314) 231-2345 URL www.metrostlouis.org	**行き先▶**ダウンタウンのUnion StationやCivic Centerなどの駅 **運行▶**空港発は毎日4:21～翌0:56（土・日4:56～）。空港行きは毎日4:17～翌0:14（土・日4:52～）の10～30分間隔 **料金▶**$2.50	**空港発▶**ターミナル1のExit 1を出た2階東側にある駅、もしくは、ターミナル2のExit 12を出て駐車場の先にある駅から乗車 **空港行き▶**メトロリンクの最寄り駅から乗車。ダウンタウンの一部では地下を走る **所要時間▶**ダウンタウンまで約30分
タクシー	メトロ・ウエスト・トランスポート Metro West Transport ☎(314) 427-3456	**行き先▶**市内や周辺どこでも **運行▶**24時間随時 **料金▶**ダウンタウンまで約$50（複数人乗車の場合は、2人目以降$1ずつ追加）	**空港発▶**ターミナル1のExit 14先にある駐車場のYellow Levelやターミナル2のExit 12前から乗車 **空港行き▶**事前に電話予約、または主要ホテルから乗車 **所要時間▶**ダウンタウンまで約20分

※それぞれの乗り物の特徴については ➡P.665

セントルイス・ゲートウエイ・トランスポーテーション・センター
地P.361-A2
住430 S. 15th St.
●Greyhound
☎(314) 231-4485
開24時間
●Amtrak
Free (1-800) 872-7245
開24時間（チケットは毎日3:30～23:30）

長距離バスと鉄道 Bus &Train

セントルイス・ゲートウエイ・トランスポーテーション・センター
St. Louis Gateway Transportation Center

ダウンタウンの南にあるセントルイス・ゲートウエイ・トランスポーテーション・センターには、グレイハウンドのバスディーポとアムトラックの駅がある。待合室は24時間開いているので便利。中心部へは、目の前にあるCivic Center駅からメトロリンクで行くことができる。

Getting Around セントルイスの歩き方

スプリングフィールド観光局
住109 N. 7th St., Springfield, IL 62701
☎(217) 789-2360
URL www.visitspringfieldillinois.com
開月～金8:00～16:30
行セントルイスからI-55を約160km北上、車で約1時間30分。アムトラック、グレイハウンドでもアクセス可

地球の歩き方B11シカゴ編（1700円＋税）でもスプリングフィールドを紹介していますので、ご活用ください。

大西部への入口の象徴であるゲートウエイアーチ➡P.360は、セントルイス最大の見どころ。下には博物館もあり、必ず訪れておきたい。次に足を運びたいのが、アンハイザー・ブッシュのビール工場。見学ツアーは試飲付きで無料だ。時間に余裕があれば歴史博物館や美術館、動物園のあるフォレストパークへ行こう。公園内の施設がすべて無料なのはうれしい。また、ミズーリ州立植物園には北米最大の日本庭園があり、メトロリンクや路線バスを利用すれば簡単に行くことができる。加えて、セントルイスからエイブラハム・リンカーン元大統領の故郷であるイリノイ州の**スプリングフィールド Springfield**へのドライブもおすすめだ。

メモ **セントルイスのダウンタウン周辺にはカジノが2軒ある▶** 1700台以上のスロットマシンに55台のテーブルゲームをもつルミエアー・プレイス・カジノ＆ホテルと、スロットマシンでジャックポットの確率が高いとうわさのカジノクイーン。Lumiere Place Casino & Hotels 住999 N. 2nd St. 地P.361-B1、Casino Queen 住200 S. Front St. 地P.361-B1外

観光案内所 Visitors Information

セントルイス観光案内所
St. Louis Visitor Centers

ダウンタウンのコンベンションセンターAmerica's Center内、ゲートウエイアーチ内、フォレストパークP.362内の歴史博物館の東側に案内所がある。また、ランバート・セントルイス国際空港のターミナル1と2の到着階バゲージクレーム（預託荷物のピックアップ場所）にもブースがあり、各所でパンフレットや地図、観光情報を得ることができる。

コンベンションセンター内の観光案内所。奥にはメトロの案内所も

セントルイス観光案内所
☎(314) 421-1023
URL explorestlouis.com
●America's Center
地P.361-B1
住7th St. & Washington Ave.
開月～土8:00～17:00
●Gateway Arch Visitor Center
地P.361-B2
住ゲートウエイアーチの下
開毎日9:00～18:00（夏期は延長あり）
●Forest Park
地P.361-A1～A2外
住5595 Grand Dr.
開毎日6:00～20:00（土・日〈夏期〉～19:00、〈冬期〉～17:00）

市内の交通機関 Public Transportation

メトロ
Metro

ミシシッピ川を挟んでミズーリ、イリノイのふたつの州にまたがって、ライトレイルの**メトロリンク**と**バス**を運行している。交通局の**案内所Metro Ride Store**は8th & Pineの角にあり、時刻表が入手できるほか、1日券などのパスも購入することができる。

メトロリンク　MetroLink

ランバート・セントルイス国際空港と、ミシシッピ川対岸のイリノイ州シロー／スコットを結ぶ電車（ライトレイル）で、中心部では地下を、郊外では地上を走る。チケットやパスはホーム入口の自動券売機や交通局の案内所などで買い、最初の乗車前に券売機近くにあるValidatorと書かれた赤い機械で必ず時刻を刻印すること。改札はないが、セキュリティがホームまたは車内で、チケットを確認することがある。ユニオンステーションやフォレストパーク、ランバート・セントルイス国際空港へ行くのに便利。レッドとブルーの2路線がある。

メトロバス　Metro Bus

バスは路線によっては運行本数が少ない。事前に案内所で時刻表を入手しておこう。乗り換えをするときは、トランスファー（乗り換え）付きのチケットを購入すると便利。

メトロ
☎(314) 231-2345
URL www.metrostlouis.org
料メトロリンクとメトロバスに乗り放題の2時間券$3（ランバート・セントルイス国際空港からは$4）、1日券$7.50、1週間券$27
●Metro Ride Store
地P.361-B2
住8th & Pine Sts.
☎(314) 982-1495
開月～金8:30～17:00
●MetroLink
運行／月～金4:30前後～翌0:30前後、土・日5:00前後～24:00前後
料$2.50
●Metro Bus
運行／毎日4:00～24:00（路線によって異なる）
料$2。トランスファー付き$3

空港に乗り入れるのはレッドライン

ツアー案内 Sightseeing Tours

セントルイス・ツアーズ
St. Louis Tours

セントルイス・ツアーズ
URL www.stlouistours.net
※ウェブサイトもしくは電話にて予約を。ウェブサイト内で割引あり

ツアー名	料金	運行	所要時間	内容など
St. Louis Architecture Tour by SUV	$89	毎日 10:00～11:00発	3～4時間	ラクリーズ・ランディングやゲートウエイアーチ・リバーボート、セントルイス・ユニオンステーション、フォレストパークなどを車窓から見学
St. Louis Jazz & Blues Music Tour by SUV	$89	毎日 17:00～18:00発	3～4時間	ブロードウエイ・オイスター・バーやベニスカフェなど数ヵ所を回る。飲食代はツアー料金に含まれていない。21歳未満参加不可

メモ　**モート博物館** ▶ モート博物館 The Moto Museum は 20 ヵ国以上から集められたオートバイやその歴史を展示。The Moto Museum 住3441 Olive St.　☎(314) 446-1805　URL www.themotomuseum.com　開月～金 11:00 ～ 16:00（月～ 15:00）　休土・日　料無料（寄付制）　行ユニオンステーションからメトロバス #10 で約 10 分　地P.361-A1 外

おもな見どころ

セントルイス No.1 の観光スポット　地P.361-B1～B2

ゲートウエイアーチ国立公園
Gateway Arch National Park

1804年、当時の大統領トーマス・ジェファソンは、フランス領だったミシシッピ川以西の地域を、ときの皇帝ナポレオンから購入する。その結果合衆国の領土は一気に2倍になり、合衆国の西端の町だったセントルイスは大西部の入口として繁栄していった。現在の公園は当時ダウンタウンだった所。観光の目玉であるゲートウエイアーチや博物館、教会、旧裁判所、隣接してれんが造りの昔の町並みをそのまま残した**ラクリーズランディング Laclede's Landing**などがある。2018年2月大規模な修復工事を終え、展示なども刷新。じっくり見学したい。

ゲートウエイアーチ　Gateway Arch

過去、数えきれないほどの人たちが、東部と西部の境目であるセントルイスから大陸の西部に向かい、この国を築いた。そんな彼らの功績をたたえるために、1963年から2年半の年月をかけて建設したのがゲートウエイアーチだ。630フィート（約192m）の高さは、ビルの63階に相当する。小さなトラムに乗って、アーチの最上部にある展望室の小窓からセントルイスの全景を楽しもう。

アーチ地下にはチケット売り場やギフトショップに加え、映画館や博物館がある。映画館ではゲートウエイアーチができるまでの記録映画『Monument to the Dream』を上映している。アーチに上る前にぜひ見ておこう。

また、アーチの展望室へ行くトラムは、空間が狭く外も見えない時間が続くので、それらが苦手な人は乗らないことをすすめる。所要時間は3～4分。

博物館　Museum

ゲートウエイアーチの地下にある博物館。スクリーンを多用し、新しい展示方法となった。バッファローや狼、コヨーテといった動物、ネイティブアメリカンの住居や風俗、開拓民たちが使っていた生活用具や測量機器など、西部開拓の歴史全般にわたっての展示がある。

旧裁判所　Old Courthouse

1862年に建てられたこの建物は、ゲートウエイアーチと並んでセントルイスのランドマーク的存在。現在は博物館になっており、セントルイスの町の変遷を、パネルやフィルムをとおして知ることができる。レンジャーによるツアーもあり。また、観光案内所やギフトショップもここにある。

旧教会　Old Cathedral

約170年の歴史をもつセントルイスで最も古く由緒ある教会。ケネディ大統領によって国の史跡に指定された。教会内には祭儀用の道具や装飾品が展示されている。

ゲートウエイアーチ国立公園
住11 N. 4th St.
☎(314)655-1600
URL www.nps.gov/jeff
開〈夏期〉毎日8:00～22:00、〈冬期〉毎日9:00～18:00
休サンクスギビング、12/25、1/1
●Laclede's Landing
URL lacledeslanding.com
●Gateway Arch
地P.361-B2
住707 N. 1st St.
Free(1-877)982-1410
URL www.gatewayarch.com
トラムの運行／〈夏期〉毎日8:00～20:00、〈冬期〉毎日9:10～16:50。10分間隔
料$13、3～15歳$10（入場料含む）

約192mの巨大なアーチ

●Monument to the Dream
所要約35分
料$7、3～15歳$3（入場料含む）
●Museum
開〈夏期〉毎日8:00～22:00、〈冬期〉毎日9:00～16:30
●Old Courthouse
地P.361-B2
住11 N. 4th St.
☎(314)655-1600
開〈夏期〉毎日7:30～20:00、〈冬期〉毎日8:00～16:30
料無料

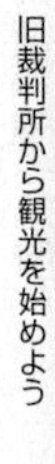

旧裁判所から観光を始めよう

●Old Cathedral
地P.361-B2
住209 Walnut St.
☎(314)231-3250
URL www.oldcathedralstl.org
開月～土6:30～14:00（土～18:00）、日7:30～18:00
料無料

トム・ソーヤも漂流した？ 地P.361-B2

ゲートウエイアーチ・リバーボート
Gateway Arch Riverboats

1891年にできた、ミシシッピ川沿いで最も古い遊覧船会社。『トム・ソーヤの冒険』の作者、マーク・トウェインは、若かりし頃、蒸気船の水先案内人をしていたという。彼を思いながらミシシッピ川の上からゲートウエイアーチを眺めたら、地上からとは異なる印象が得られるに違いない。

ゲートウエイアーチ・リバーボート
住50 S. Leonor K. Sullivan Blvd.
Free (1-877) 982-1410
URL www.gatewayarch.com
出発／毎日12:00、13:30、15:00（季節や天候により異なるので現地またはウェブサイトで確認を。1～2月、12月は休止）
料$20、3～15歳$10

学生が多く、治安よし 地P.361-A1～A2外

デルマーループ
Delmar Loop

Delmar Blvd.沿いの1.3kmの間には、レストランやショップ、カフェ、ライブハウスなどが120軒以上並ぶエリアがあり、学生を中心に多くの人でにぎわっている。なかでも、1972年創業のレストラン、**ブルーベリーヒルBlueberry Hill**はおいしいハンバーガーを食べられることで有名だ。

デルマーループ
住Delmar Blvd. 沿いDes Peres Ave.からKingsland Ave. の間
URL visittheloop.com
行メトロリンクDelmar駅を南西に1ブロック行ったDelmar Blvd.沿い
●**Blueberry Hill**
住6504 Delmar Blvd.
☎ (314) 727-4444
URL blueberryhill.com
開毎日11:00～翌1:30（日～24:00）

独特の世界観で人気を博す 地P.361-A1

シティミュージアム
City Museum

博物館前にはユニークなアスレチックとオブジェがあり、外観からドキドキさせてくれる博物館。館内には長くて狭い迷路のような洞窟や滑り台、巨大水槽など、想像力に富んだ体験型の展示が多い。子供だけでなく大人も童心に返って楽しめる、口コミサイトでも評判の見どころだ。

シティミュージアム
住750 N. 16th St.
☎ (314) 231-2489
URL www.citymuseum.org
開水～日9:00～17:00（金・土～24:00頃、日11:00～）
休月・火、おもな祝日
料$14
行ダウンタウンから#99ダウンタウントロリーで約10分

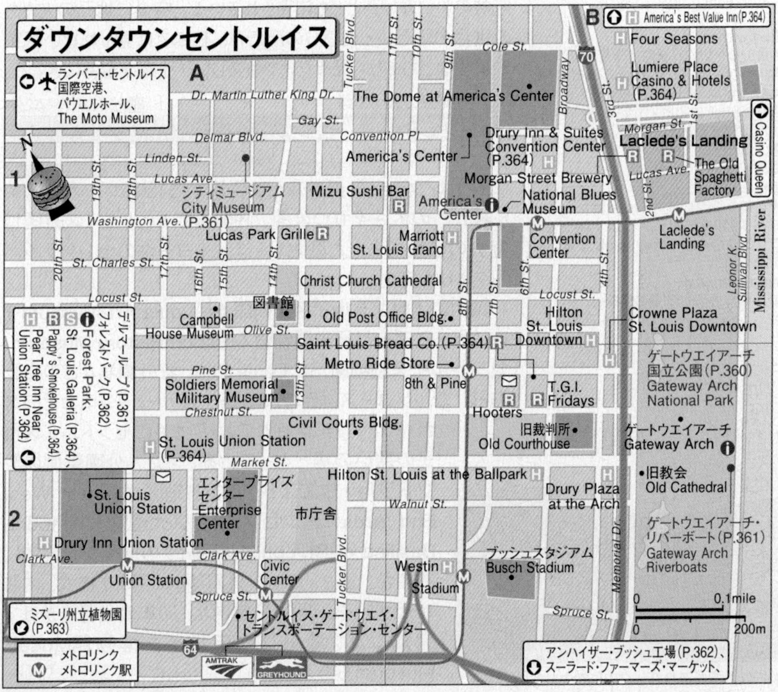

ダウンタウンセントルイス

ランバート・セントルイス国際空港、パウエルホール、The Moto Museum
デルマーループ（P.361）、フォレストパーク（P.362）、Forest Park、St. Louis Galleria (P.364)、Pappy's Smokehouse (P.364)、Pear Tree Inn Near Union Station (P.364)
America's Best Value Inn (P.364)
Casino Queen
ミズーリ州立植物園（P.363）
アンハイザー・ブッシュ工場（P.362）、スーラード・ファーマーズ・マーケット、
メトロリンク
メトロリンク駅

The Dome at America's Center
Drury Inn & Suites Convention Center (P.364)
America's Center
シティミュージアム City Museum (P.361)
Mizu Sushi Bar
Morgan Street Brewery
National Blues Museum
Four Seasons
Lumiere Place Casino & Hotels (P.364)
Laclede's Landing
The Old Spaghetti Factory
Lucas Park Grille
Marriott St. Louis Grand
Convention Center
Christ Church Cathedral
図書館
Campbell House Museum
Old Post Office Bldg.
Hilton St. Louis Downtown
Crowne Plaza St. Louis Downtown
Saint Louis Bread Co. (P.364)
Metro Ride Store
8th & Pine
T.G.I. Fridays
Hooters
Soldiers Memorial Military Museum
Civil Courts Bldg.
旧裁判所 Old Courthouse
ゲートウエイアーチ国立公園（P.360） Gateway Arch National Park
ゲートウエイアーチ Gateway Arch
St. Louis Union Station (P.364)
St. Louis Union Station
エンタープライズセンター Enterprise Center
市庁舎
Hilton St. Louis at the Ballpark
Drury Plaza at the Arch
旧教会 Old Cathedral
ゲートウエイアーチ・リバーボート（P.361） Gateway Arch Riverboats
Drury Inn Union Station
Union Station
Civic Center
Westin
Stadium
ブッシュスタジアム Busch Stadium
セントルイス・ゲートウエイ・トランスポーテーション・センター
AMTRAK
GREYHOUND
Mississippi River
0 0.1mile
0 200m

メモ 約120年の歴史をもつセントルイス・ユニオンステーション▶かつてはアメリカで最も忙しい鉄道駅だったが、現在はレストランやホテルが入店し、2019年秋に水族館もオープン予定。国の歴史的建造物にも指定されている。St. Louis Union Station 住1820 Market St. ☎ (314) 421-6655 URL www.stlouisunionstation.com 地P.361-A2

1852年から続く全米No.1のビール工場 地P.361-B2外

アンハイザー・ブッシュ工場見学ツアー
Anheuser-Busch Brewery Tours

バドワイザーBudweiserを作る、全米最大のビール会社の工場。工場見学からビールの試飲まですべて無料のお得なツアーを催行する。所要時間は約45分。

まず入口のカウンターで何時のツアーに参加できるかを確認しよう。ツアーはフレンドリーなガイドが会社の成り立ちや歴史、製造工程を楽しく解説してくれる。バドワイザーの宣伝も兼ねたビデオやホップの香り漂う巨大なタンク、瓶詰めの工程（ラインが稼働しているとき）などを見学。最後に、21歳以上の参加者はアンハイザー・ブッシュ社のビール各種のなかから好みのものを試飲できる。ソフトドリンクもあるので、未成年者も参加可能だ。

オリジナルグッズも販売

時間があれば、ダウンタウンとアンハイザー・ブッシュ工場の中間にある**スーラード・ファーマーズ・マーケットSoulard Farmer's Market**をのぞいてみよう。1779年開業のミシシッピ川以西で最も古い市場だ。2ブロックのエリアに約70の売店があり、新鮮な果物、野菜、焼きたてのパンなどが威勢のいいかけ声とともに売られている。完全に地元の人たちの生活の場といった感じの所だが、日本では見られない野菜や果物などもあり、見るだけでも楽しい。土曜が最もにぎわう。

市民の憩いの場 地P.361-A1〜A2外

フォレストパーク
Forest Park

ダウンタウンの西約7kmに位置する1300エーカー（約5.3km^2）の広さをもつ公園。1904年のセントルイス万国博覧会の会場であった敷地は、ニューヨークのセントラルパークよりも広い。

園内には**セントルイス美術館 St. Louis Art Museum**をはじめ、**ミズーリ歴史博物館 Missouri History Museum**、**セントルイス動物園 St. Louis Zoo**、野外劇場などの文化施設、ゴルフコース、テニスコート、スケートリンクなどのスポーツ施設が点在しており、まさにセントルイス市民の憩いの場となっている。また、公園東側の**セントラル・ウエスト・エンド地区 Central West End Area**に建つ**セントルイス大聖堂 Cathedral Basilica of St. Louis**はモザイクの壁画が世界的に有名だ。高さ約69m、外観はロマネスク様式、内装がビザンチン様式の堂内は、80年の歳月をかけて完成した。地下には**モザイク博物館Mosaic Museum**もある。

アンハイザー・ブッシュ工場
住1200 Lynch St.
☎(314)577-2626
URL www.budweisertours. com
ツアー／〈9〜5月〉毎日10:00〜17:00（日11:00〜）、〈6〜8月〉毎日9:00〜17:00（木〜土〜17:30、日11:00〜）
休おもな祝日 料無料
行メトロリンクCivic Center駅からメトロバス#20、73で約10分
●**Soulard Farmer's Market**
地P.361-B2外
住730 Carroll St.
☎(314)622-4180
URL www.soulardmarket.com
開水〜金8:00〜17:00（金7:00〜）、土7:00〜17:30
休日〜火

フォレストパーク
住5595 Grand Dr.
URL forestparkforever.org
料無料
行メトロリンクForest Park駅で下車
●**St. Louis Art Museum**
住1 Fine Arts Dr.
☎(314)721-0072
URL www.slam.org
開火〜日10:00〜17:00（金〜21:00）
休月、おもな祝日
料無料。特別展は有料
●**Missouri History Museum**
住5700 Lindell Blvd.
☎(314)746-4599
URL mohistory.org
開毎日10:00〜17:00（火〜20:00）
料無料。特別展は有料
●**St. Louis Zoo**
住1 Government Dr.
☎(314)781-0900
URL www.stlzoo.org
開毎日9:00〜17:00（夏期は延長あり）
料無料（ショーやアトラクションは有料）
●**Cathedral Basilica of St. Louis**
住4431 Lindell Blvd.
☎(314)373-8200
URL cathedralstl.org
開毎日7:00〜17:00
料無料
行メトロリンクCivic Center駅からメトロバス#10で約20分。もしくは、メトロリンクCentral West End駅下車、徒歩20分
●**Mosaic Museum**
開毎日10:00〜16:00（日12:00〜）
料$2

近くには大学がありパーク内は学生も多い

メモ **メトロリンク Central West End 駅の周辺には** ▶ 駅から北に徒歩5分、Euclid Ave. & Maryland Ave. 周辺にはおしゃれなカフェやレストランが集まっている。散歩がてら歩くのにちょうどいい。フォレストパークやセントルイス大聖堂へ行くついでに、立ち寄ってみよう。

日本庭園もあるビッグな植物園 地P.361-A2外

ミズーリ州立植物園
Missouri Botanical Garden

1859年にオープンした全米で有数の古い植物園で、国の史跡に指定されている。広大な園内はいくつかの見どころに分かれているが、円形の巨大な温室に熱帯雨林が再現されている**クライマトロン Climatron**は見逃せない。また、北米最大規模の日本庭園は、江戸末期をイメージして造園された。中央の池にはコイが泳ぎ、八つ橋が架かっている。松や桜、石と白砂によって山水の風景を表現した枯山水、その枯山水のバランスをとる御影石、竹の音が心に響くししおどしなどを眺めていると、アメリカにいることすら忘れてしまう。そのほか、花壇やローズガーデンなどもありバラエティに富む植物園だ。

ミズーリ州立植物園
住4344 Shaw Blvd.
☎(314)577-5100
URL www.missouribotanicalgarden.org
開毎日9:00〜17:00
休12/25
料$12、12歳以下は無料
行メトロリンクCivic Center駅よりメトロバス#80でTower Grove Ave. & Shaw Blvd.下車、所要約30分

14エーカーの日本庭園は必見

エンターテインメント Entertainment

セントルイス交響楽団
St. Louis Symphony Orchestra

1880年創設の全米で2番目に古い歴史をもつオーケストラ。レナード・スラトキンが率いていた1983年にはCDのセールスが全米2位を記録。実力、人気ともに全米屈指だ。過去には日本公演を果たしたこともある。2019年から音楽監督はステファヌ・ドウネーブが就任する。

セントルイス交響楽団
ホームホール——パウエルホール Powell Hall
地P.361-A1外
住718 N. Grand Blvd.
☎(314)533-2500
URL www.slso.org
行メトロリンクUnion Station駅よりメトロバス#97で約20分

スポーツ観戦 Spectator Sports

ベースボール MLB

セントルイス・カージナルス(ナショナルリーグ中地区)
St. Louis Cardinals

ワールドシリーズ制覇11回を数える名門。2011年のワールドシリーズ制覇から2015年までの5シーズンは、連続してポストシーズンに進出していたが、2016年でその記録が途切れてしまった。ここでの名物は熱狂的なファンたち。真っ赤な服装で常に球場を埋め尽くし、愛の込もった応援ぶりで有名だ。

球場はバドワイザーカラー

セントルイス・カージナルス
(1882年創設) 地P.361-B2
本拠地——ブッシュスタジアム Busch Stadium(4万6000人収容)
住700 Clark St.
☎(314)345-9000(チケット)
URL stlouis.cardinals.mlb.com
行メトロリンクStadium駅下車。目の前
球場ツアー/$18、シニア$16、4〜15歳$14。詳しくはウェブサイトで

この選手に注目!
ホセ・マルチネス(一塁手)

アイスホッケー NHL

セントルイス・ブルース(西・中地区) St. Louis Blues

常にファンを裏切らない安定した成績を残してきた優良チーム。2017-18シーズンは7シーズンぶりにプレイオフを逃したがオフの間にバッファローからオレイリーを獲得し、ベガスからペロンを呼び戻した。エースのタラセンコも健在で不安要素は特にない。

セントルイス・ブルース
(1967年創設) 地P.361-A2
本拠地——エンタープライズセンター Enterprise Center(1万9150人収容)
住1401 Clark Ave.
☎(314)622-2583(チケット)
URL blues.nhl.com
行メトロリンクCivic Center駅下車

この選手に注目!
ウラジミール・タラセンコ

メモ セントルイス郊外にある世界遺産、カホキア墳丘群州立史跡 Cahokia Mounds State Historic Site▶ネイティブアメリカン、カホキア族(Cahokia)の遺跡。メトロリンク Emerson Park 駅から MCT(Madison County Transit)バス #18 で Black Lane/Fairmont Ave. 下車、徒歩約 20 分。

ショップ&レストラン&ホテル

Shop & Restaurants & Hotels

ショッピングモール

S メトロリンクの駅から徒歩5分

セントルイス・ギャレリア

St. Louis Galleria

住1155 St. Louis Galleria ☎(314) 863-5500
URL www.saintlouisgalleria.com
開月～土10:00～21:00、日11:00～18:00 地P.361-A1～A2外

3つのデパートとショップやレストラン、映画館などが150軒以上入っている。メトロリンク・ブルーラインRichmond Heights駅で下車、Galleria Pkwy.を西へ600m進んだ目の前。

アメリカ料理

R セントルイスで大人気のBBQ

パピーズ・スモークハウス

Pappy's Smokehouse

住3106 Olive St. ☎(314) 535-4340
URL www.pappyssmokehouse.com AMV 地P.361-A1～A2外
開毎日11:00～20:00頃(日～16:00頃)※売り切れしだい終了

セントルイスに来たからには食べずに帰るわけにはいかない名店。Union Station駅からメトロバス#10で約5分、Olive St. & Cardinal Ave.で下車。早い時間に売り切れてしまうので注意。

カフェ&ベーカリー

R ミズーリ州生まれの人気チェーン店

セントルイス・ブレッド・カンパニー

Saint Louis Bread Co.

住116 N. 6th St. ☎(314) 588-0423
URL www. panerabread.com 開毎日6:00～19:00
AMV 地P.361-B2

全米で大人気のカフェ&ベーカリーチェーン、パネラブレッドPanera Bread。実はセントルイス近郊が発祥で、セントルイスではオリジナルの屋号がいまだに使われている。

カジノホテル

H 平日ならお得

ルミエアー・プレイス・カジノ&ホテル

Lumiere Place Casino & Hotels

住999 N. 2nd St., St Louis, MO 63102 ☎(314) 881-7777
Free (1-877) 450-7711 URL www.lumiereplace.com
Wi-Fi無料 ⓈⒹⓉ$85～250 AMV 地P.361-B1

ゲートウエイアーチから歩いて約5分。カジノ内のホテルで、週末は料金がぐんと上がるが、平日なら安く済む。レストランやバーも多く、食事にも困らない。客室によってはミシシッピ川が見える。ほとんどの部屋がシャワーのみなので、確認を。294室。

エコノミーホテル

H コンベンションセンターからも近い

アメリカズ・ベスト・バリュー・イン

America's Best Value Inn-St. Louis/Downtown

住1100 Lumiere Place Blvd., St. Louis, MO 63102
☎(314) 421-6556 URL www.redlion.com
Wi-Fi無料 ⓈⒹⓉ$80～149 AMV 地P.361-B1外

ゲートウエイアーチへ徒歩で行ける。メトロリンクArch-Lacled's駅から徒歩約10分。周辺の交通量は多いが、夜はひと気がないので注意。50室。

中級ホテル

H モールのユニオンステーションの近く

ペアー・ツリー・イン・セントルイス・ニア・ユニオンステーション

Pear Tree Inn St. Louis Near Union Station

住2211 Market St., St. Louis, MO 63103
☎(314) 241-3200 Free (1-800) 378-7946 FAX (314) 241-1764
URL druryhotels.com Wi-Fi無料
ⓈⒹⓉ$100～219 AMV 地P.361-A1～A2外

ユニオンステーションから徒歩約5分。屋内プールやコインランドリー、フィットネスセンターがあり、朝食は無料。239室。

中級ホテル

H コンベンションセンターの隣

ドゥルーリー・イン&スイーツ・コンベンションセンター

Drury Inn & Suites Convention Center

住711 N. Broadway, St. Louis, MO 63102
☎(314) 231-8100 FAX (314) 241-1422
URL druryhotels.com Wi-Fi無料
ⓈⒹⓉ$120～244 AMV 地P.361-B1

Convention Center駅から北東へ2ブロックという便利な場所にある。朝食は無料。176室。

高級ホテル

H ユニオンステーションの中にある

セントルイス・ユニオンステーション・ホテル

St. Louis Union Station Hotel

住1820 Market St., St. Louis, MO 63103
☎(314) 231-1234 FAX (314) 923-3970
URL curiocollection3.hilton.com Wi-Fi無料
ⓈⒹⓉ$133～370、スイート$164～1544 ADMV 地P.361-A2

ショップやレストランもすぐ近くと立地がいいエレガントなホテル。クラシックな館内はセキュリティも万全だ。567室。

日本からアメリカへの国際電話のかけ方 P.8～9
国際電話認識番号 (001/0033/0061) + (010) +アメリカの国番号 (1) +市外局番+電話番号

インディアナポリス

Indianapolis

インディ500開催地

インディアナポリスといえばインディ500のレース場

インディアナ州の中心に位置し、1821年に同州の州都となったインディアナポリス。“インディアナ”とはラテン語で「インディアンの地」を意味しており、州都になる前は、ネイティブアメリカンの集落と林業で成り立つ場所だった。その後農業や工業の発展、大規模な都市改造計画などを経て、現在インディアナポリスは86万人を抱える都市になっている。

インディアナポリスはアメリカいちのモータースポーツ・イベント、インディ500モーターレースの開催地だ。1911年から続く歴史あるレースは毎年5月に開催されており、国内外から40万人以上の観戦者が訪れる。期間中は町全体がイベント一色に染まり、1年のうちで最も華やかでにぎやかなインディアナポリスを見ることができる。

車で1時間ほど南下した所には、コロンバスというモダン建築で有名な町もある。町全体が建築物の美術館のようで、郵便局や橋、学校、病院など、油断していると見逃してしまうようなものも現代建築の巨匠たちがデザインしたものだ。車を走らせながら名建築をのんびり観賞する旅もいい。

インディ500の博物館は町の目玉アトラクション

DATA

人口▶約86万3000人
面積▶約936km²
標高▶最高258m、最低202m
TAX▶セールスタックス　7%
ホテルタックス　17%
属する州▶インディアナ州 Indiana
州のニックネーム▶フージャー（いなか者）州　Hoosier State
州都▶インディアナポリス Indianapolis
時間帯▶東部標準時（EST）
P.631
繁忙期▶5〜9月

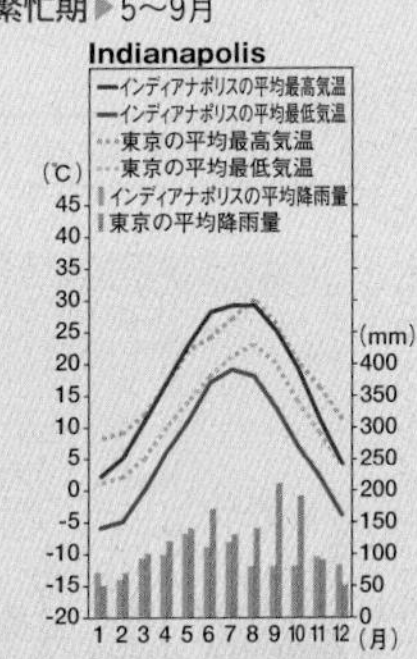

Getting There インディアナポリスへの行き方

インディアナポリス国際空港
地 P.367-A2外
住 7800 Col. H. Weir Cook Memorial Dr.
☎ (317) 487-7243
URL www.indianapolisairport.com

空の玄関には利用者の目を楽しませる公共美術があふれている

飛行機 Plane

インディアナポリス国際空港
Indianapolis International Airport (IND)

ダウンタウンの南西20kmに位置し、シカゴからは約1時間。機能的で美しいターミナルにはアートの展示や本格的レストランがあり、サービスも充実している。ターミナルはひとつで2階建て。シンプルな構造なので迷う心配はない。主要レンタカー会社のオフィスはターミナルガレージの1階、Ground Transportation Center内に集まる。

■ 空港から／空港へのアクセス

	種類／名称／連絡先	行き先／運行／料金	乗車場所／所要時間／備考
路線バス	インディゴー IndyGo ☎ (317) 635-3344 URL www.indygo.net	**行き先**▶ダウンタウンのバス停 **運行**▶空港発は月～金5:02～23:07、土5:59～23:00、日6:59～20:50の15～30分間隔。空港行きは月～金5:15～23:45、土6:45～23:17、日7:45～22:10の15～30分間隔 **料金**▶$1.75	**空港発**▶空港Ground Transportation Centerのゾーン6から乗車。ダウンタウンのTransit Centerなどに停車する **空港行き**▶ダウンタウンのTransit Centerなどから乗車 **所要時間**▶ダウンタウンまで約40分
空港シャトル	ゴー・エクスプレス・トラベル Go Express Travel Free (1-800) 589-6004 URL www.goexpresstravel.com	**行き先**▶ダウンタウンにあるバス停 **運行**▶毎日5:00～23:00の30分間隔 **料金**▶$12(現金での支払いはできないので事前にウェブサイトで予約を。クレジットカードは使えるが乗車の際に時間がかかってしまう)	**空港発**▶空港Ground Transportation CenterのZone 7から乗車。ダウンタウンのおもなホテルやConvention Centerなど9ヵ所に停車する **空港行き**▶ダウンタウン内のバス停から乗車。空港は終点 **所要時間**▶ダウンタウンまで約20分
タクシー	イエローキャブ Yellow Cab ☎ (317) 487-7777	**行き先**▶市内や周辺どこでも **運行**▶24時間随時 **料金**▶ダウンタウンまで約$35	**空港発**▶バゲージクレーム（預託荷物のピックアップ場所）を出てすぐの所から乗車 **空港行き**▶事前に電話予約、または主要ホテルから乗車 **所要時間**▶ダウンタウンまで約20分

※それぞれの乗り物の特徴については P.665

長距離バスと鉄道 Bus &Train

ユニオン駅
地 P.367-A2～B2
住 350 S. Illinois St.

●Greyhound
☎ (317) 267-3074
開 24時間
●Amtrak
Free (1-800) 872-7245
開 24時間［チケット売り場は毎日23:00～翌12:30(火・水～翌6:30)］

ユニオン駅
Union Station

アムトラックの駅とグレイハウンドのバスターミナルを兼ねる複合ビル。アムトラックはシカゴ間を結ぶ便が週4日、ニューヨークとシカゴを結ぶカーディナル号が週3日発着している。グレイハウンドはシカゴ、シンシナティ、セントルイスなどへ行くのに便利だ。ダウンタウンの中心、ルーカス・オイル・スタジアムの前にある。

駅構内はセキュリティが弱い

Getting Around インディアナポリスの歩き方

インディアナ兵士・水兵記念塔がダウンタウンのシンボル

ダウンタウンはモニュメントサークルを核に放射線状、碁盤の目のように道路が走る。コンベンションセンターや商業娯楽施設のサークルセンター、ユニオン駅、ルーカス・オイル・スタジアム、ホワイトリバー州立公園などは徒歩圏内だ。インディ500のレース会場、モータースピードウエイ、子供博物館、美術館へはインディゴーバスで移動しよう。若者が集まるブロード・リップル・ビレッジや、食事や買い物が楽しめるマサチューセッツ通りへも同じくインディゴーバスで。

観光案内所 Visitors Information

インディアナポリス観光案内所
Indianapolis Visitor Center

アーツガーデン観光案内所
Artsgarden Visitor Center

Washington & Illinois Sts.の交差点上にかかる円形の建物アーツガーデン内にある。見どころやツアーの資料はここで揃えよう。アーツガーデンはコンベンションセンター、サークルセンター、主要ホテルなどにもつながっているので便利だ。

ホワイトリバー州立公園案内所
White River State Park Visitor Center

ホワイトリバー州立公園にある観光案内所。公園内のアイテルジョーグ美術館、インディアナ州立博物館、NCAA本部、動物園、季節ごとのイベント、運河やアウトドアアクティビティに関する情報が手に入る。地図や路線図も豊富。

市内の交通機関 Public Transportation

インディゴー
IndyGo

ダウンタウンや郊外を走るバスを運営。30以上の路線がある。2016年夏に完成したダウンタウンの**トランジットセンターTransit Center**に多くのバスが発着する。時刻表や各種パスもここで揃えることができ、無料のWi-Fiやトイレが完備されている。

アーツガーデン観光案内所
地P.367-A2
住1 N. Illinois St.
☎(317) 624-2565
URL www.visitindy.com
開月～土11:00～19:00、日12:00～18:00(時期により異なる)

ホワイトリバー州立公園案内所
地P.367-A2
住801 W. Washington St.
☎(317) 233-2434
URL www.visitindy.com
開毎日9:00～17:00(日11:00～)
※時期により異なる

インディゴー
☎(317) 635-3344
URL www.indygo.net
料$1.75、1日券$4
●**Transit Center**
地P.367-B2
住201 E. Washington St.
開月～土5:00～24:00、日6:00～21:00。チケット窓口は月～金8:00～18:00、土9:00～12:00

親切なスタッフが対応してくれる

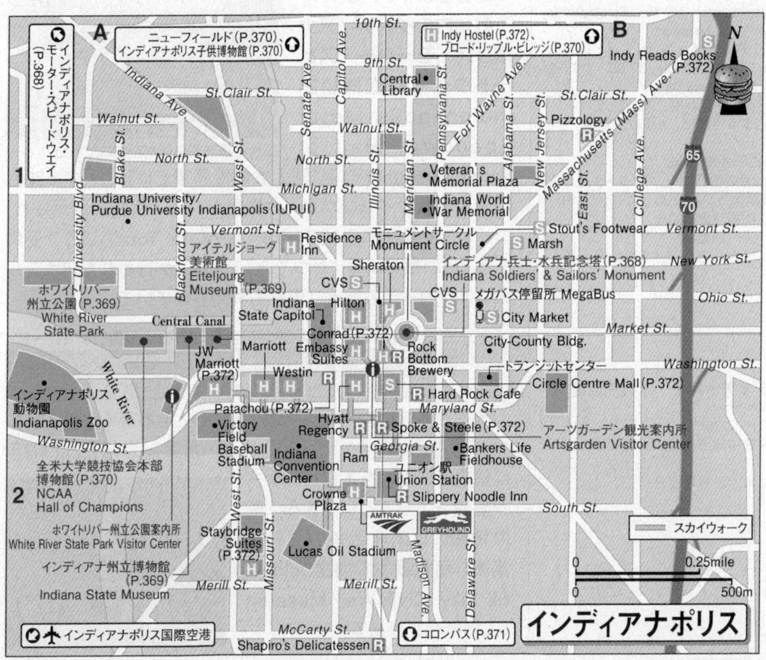

旅のアドバイス　メガバス ▶ 中東部の都市を結ぶ快適な2階建て長距離バス MegaBus は値段も手頃で人気上昇中。シカゴ、シンシナティ、ナッシュビルなどへ行くのに便利だ。ダウンタウンの Market St. & Delaware St. のバス停から。予約は URL us.megabus.com。

2017年佐藤琢磨氏が優勝した　地P.367-A1外

インディアナポリス・モーター・スピードウエイ
Indianapolis Motor Speedway

燦然と並ぶ歴代優勝車

1909年、数社の自動車会社が共同で荒れ地にテストコースを作ったのが始まり。2.5マイルのコースを200周する500マイルレース"インディ500 Indy 500"は、1911年に誕生した。2016年に100回目のレースが行われたインディ500は、世界でも由緒あるレースのひとつに数えられる。

初めは砂利で固めただけのコースだったが、300万個のれんがが敷き詰められると、コースの耐久性は格段に向上した。ブリックヤード（れんがの庭）という名前はここに由来する。その後、モルタルが何層もれんがに盛られ、今はスタート&フィニッシュラインの1ヤード分（90cm）だけに、当時の名残のれんがが敷かれており、見学ツアーでは実際にコースの上を歩くことができる。

インディ500は毎年5月のメモリアルデイに開催され、佐藤琢磨氏が優勝を飾ったのも記憶に新しい。9月にはNASCARブリックヤード400レース、10月には世界最高峰の曲技飛行が見られるレッドブル・エアレースが行われるなど、数々のモータースポーツの舞台となっている。

歴代の優勝者の顔が刻まれたトロフィー

敷地内の**インディアナポリス・モーター・スピードウエイ殿堂博物館Indianapolis Motor Speedway Hall of Fame Museum**では第1回大会の優勝車をはじめとする30台以上の歴代ウイニングカーと貴重なレース資料が展示され、コース内を見学するツアー**VIP Ground Tour**もここで受付する。広い敷地には、かつてPGAツアーが行われた18ホールのゴルフコースもある（現在も利用されている）。

インディアナポリス・モーター・スピードウエイ
住4790 W.16th St.
☎(317)492-8500
URL www.indianapolismotorspeedway.com
行ダウンタウンからインディゴー#25で約30分。スピードウエイ前のバス停で下車。日・祝日は運休なので注意

2019年のレース開催日
●インディ500　5/27（決勝）
●ブリックヤード400　9/6〜8
●レッドブル・エアレース　10/7

パゴダと名づけられた建物はレースの管制塔

●Indianapolis Motor Speedway Hall of Fame Museum
☎(317)492-6784
開〈3〜10月〉毎日9:00〜17:00、〈11〜2月〉毎日10:00〜16:00
休サンクスギビング、12/25
料$10、6〜15歳$5、5歳以下無料

●VIP Grounds Tour
開3〜12月の数日（ウェブサイトまたは電話で確認すること）9:30、11:15、13:15、15:00。所要時間約90分
料$30、6〜15歳$15
※解説付きバスツアー$20も行っている

彫像には勇者たちの物語が刻まれている　地P.367-B1〜B2

インディアナ兵士・水兵記念塔
Indiana Soldiers' & Sailors' Monument

モニュメントサークルの真ん中にひときわ高くそびえ立つのが高さ87mのインディアナ兵士・水兵記念塔だ。1902年に建立された塔をエレベーターか階段で上ることができる。塔の地階には南北戦争の資料を集めた**南北戦争博物館Colonel Eli Lilly Civil War Museum**（入場無料）がある。

兵士たちの戦いの記録が刻まれた彫像

インディアナ兵士・水兵記念塔
住1 Monument Cir.
☎(317)232-7615
開金〜日10:30〜17:30（時期により異なる）
休月〜木、おもな祝日
料無料

旅のアドバイス　マサチューセッツ通り▶ダウンタウンから北東、斜めに約1マイル（1.6km）続くこの通りには、個性的なショップ、レストラン、カフェ、クラブ、ギャラリーなどが集まり、インディアナポリスの流行発信源になっている。Massachusetts Ave.　地P.367-B1　URL www.discovermassave.com

モーターレースに次ぐ人気アトラクション 地P.367-A1～A2

ホワイトリバー州立公園
White River State Park

ホワイトリバー州立公園はコンベンションセンターの西に位置する市民の憩いの場。広大な敷地には、ネイティブアメリカンのアートが充実している**アイテルジョーグ美術館Eiteljorg Museum of American Indians and Western Art**、インディアナ州の歴史を知ることができる**インディアナ州立博物館Indiana State Museum**、プロスポーツに勝るとも劣らない人気を誇る大学スポーツの殿堂**全米大学競技協会本部博物館NCAA Hall of Champions**、広大な敷地でゆっくり観光ができる**インディアナポリス動物園と庭園Indianapolis Zoo and White River Gardens**、MLBピッツバーグ・パイレーツのAAAが本拠地としている**ビクトリーフィールドVictory Field**など多くの文化レクリエーション施設が集中する。運河沿いは整備され、ジョギングやサイクリング、散歩を楽しむ人々が行き交う。

園内にはビジターセンターもある

"インディアンの地"にふさわしい美術館 地P.367-A2

アイテルジョーグ美術館
Eiteljorg Museum

アドービ風の建物にも注目

ネイティブアメリカンと西部開拓をテーマにしたユニークな美術館。開拓時代をしのばせる絵画やネイティブアメリカン独特のアートに焦点を当てて、これまでとは違った視点でアメリカ史を語っている。特別展も興味深いものが多い。

博物館をデザインする前、建築家のジョナサン・ヘスと博物館の創設者ハリソン・アイテルジョーグはアメリカ南西部への旅へ出かける。そこで出合ったメサや昔の集落などから着想を得て、博物館はデザインされた。

運河と芝生に囲まれた豊かな空間 地P.367-A2

インディアナ州立博物館
Indiana State Museum

南北戦争では奴隷解放の立場を貫き、多くの戦死者を出したインディアナ。それ以外にも独立戦争、米墨戦争、第1次、第2次世界大戦と、いくつもの戦いの歴史をもつ。州の産業は自動車や機械などの製造業が多いが、豊かな土壌に恵まれ、トウモロコシを中心とした農業も盛んだ。過去から現在まで、インディアナ州のすべてを知ることができる博物館でもある。また、最新作を上映するアイマックスシアターも併設されている。

ロバート・インディアナの作品はインディアナ州立博物館にある

ホワイトリバー州立公園
住801 W. Washington St.
☎(317) 233-2434
Free (1-800) 665-9056
URL www.whiteriverstatepark.org

アイテルジョーグ美術館
住500 W. Washington St.
☎(317) 636-9378
URL www.eiteljorg.org
開毎日10:00～17:00（日12:00～）
休おもな祝日
料$15、シニア$12、5～17歳$8、4歳以下無料

個性的なカチナドールも充実している

インディアナ州立博物館
住650 W. Washington St.
☎(317) 232-1637
URL www.indianamuseum.org
開火～日10:00～17:00
休月、サンクスギビング、12/25
料$14.95、シニア$13.95、3～17歳$9.95。アイマックス：$10、シニア$8、3～17歳$7

当時の貴重な品々を見ることができる

チャンピオンたちの学生時代の勇姿を見る　地P.367-A2

全米大学競技協会本部博物館
NCAA Hall of Champions

MLB、NBA、NFL、NHL、MLSのプロスポーツに勝るとも劣らない人気を誇るのが大学スポーツ。それをサポート、運営しているのがNCAAだ。本部がここにおかれたのも、バスケットボールに熱狂する土地柄だからだろう。博物館では、NCAAが運営する24種類のスポーツの展示があり、シミュレーターなどさまざまな体験プログラムに参加することができる。

プロスポーツの予備軍でもあるNCAA

全米大学競技協会本部博物館
住700 W. Washington St.
☎(317)916-4255
URL www.ncaahallofchampions.org
開火～日10:00～17:00(日12:00～)
休月(1・2月の火)、おもな祝日
料$5、6～18歳$3

緑に囲まれ、美術を鑑賞する贅沢　地P.367-A1外

ニューフィールド（旧インディアナポリス美術館）
Newfields (Former Indianapolis Museum of Art)

ダウンタウンの北8kmにある美術館で広大な緑地に建つ。市立美術館の建築としては全米でも最大級であり、古典から現代までを含むアフリカ、アジア、ヨーロッパの絵画や、彫刻、版画、テキスタイルなど、5万4000以上の幅広いコレクションを有する。敷地内には広さ40万㎡の**野外美術館Virginia B. Fairbanks Art & Nature Park**がある。自然のなかで芸術作品と一体となって遊んだり、ピクニックを楽しむための市民の大切な憩いの場だ。

ニューフィールド（旧インディアナポリス美術館）
住4000 Michigan Rd.
☎(317)923-1331
URL discovernewfields.org
開火～日11:00～17:00(木～土20:00)
休月、サンクスギビング、12/25、1/1
料$18、6～17歳$10
行ダウンタウンからインディゴー#38で約30分。38th St. & Privete Dr.下車

アフリカのコレクションは興味深いものばかり

子供たちのはじける笑顔がうれしい　地P.367-A1外

インディアナポリス子供博物館
Indianapolis Children's Museum

世界で最大規模を誇る子供博物館がダウンタウンから北5kmにある。恐竜が首を突っ込む建物自体がすでに奇想天外。中へ入る前から子供たちはわくわくしている。化石の発掘や蒸気機関車、宇宙船などさまざまな企画の展示、参加型プログラムが周期的に行われ、子供たちはくたくたになるまで1日中遊んでいる。

迫力満点の外観

インディアナポリス子供博物館
住3000 N. Meridian St.
☎(317)334-4000
URL www.childrensmuseum.org
開毎日10:00～17:00(時期により異なる)。冬期は月休み
料$15.75～27.75、シニア$15～26.50、2～17歳$12.75～22.25
行ダウンタウンからインディゴー#18、19、28、39で約25分。30th St.のあたりで下車

どこか懐かしさの残る通り　地P.367-B1外

ブロード・リップル・ビレッジ
Broad Ripple Village

2015年に終了した長寿テレビ番組『レイトショー』の人気ホスト、デビッド・レターマンはインディアナポリス出身。彼が育ったブロード・リップル地区はダウンタウンの北約15kmに位置し、学生や若者の集まる気さくな町だ。クラブやバー、エスニックレストランなど個性的な店が軒を連ねる。

ブロード・リップル・ビレッジ
行インディゴー#17で約40分

週末の夜になると多くの人でにぎわう

郊外の見どころ Excursion

ミッドセンチュリーデザインの宝庫 地P.367-B2外

コロンバス
Columbus, Indiana

インディアナポリスから南へ70km。人口わずか4万6000人の小さな町にモダン建築、公共芸術、ランドスケープの逸品が70以上も集中する。ディーゼルエンジンで有名なカミングス社の社長アーウィン・ミラーが提唱し設立した基金によって、エーロ・サーリネンはじめI.M.ペイ、リチャード・マイヤーなど名だたる建築家が次々と市の教会や学校を設計した。また、ミッドセンチュリーデザインの代表的住宅であり、3大個人邸宅のひとつとして数えられるミラー邸（エーロ・サーリネン作）は、2011年に一般公開が実現した。建築や彫刻が好きな人にはぜひ足を延ばしてほしい町だ。

公開されているミラー邸
©Columbus Area Visitors Center

コロンバス
行インディアナポリスからI-65を南へ約60km、Exit 76AからUS-31に入り南へ約10km。所要約1時間。アクセスは車のみ
コロンバス観光案内所
住506 5th St., Columbus
☎(812) 378-2622
URL www.columbus.in.us
●建築ツアー
ツアー／〈4～11月〉火～土10:00（日によっては14:00の回も）、日14:30、〈12～3月〉土10:00
料$25、学生$15
●ミラー邸ツアー
ツアー／〈4～10月〉火～日12:45と14:45（日12:45のみ）、〈11～3月〉金・土12:45と14:45
料$25
※両ツアーの時間は細かく設定されているので、ウェブサイトで確認すること

スポーツ観戦 Spectator Sports

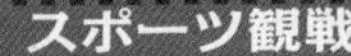

アメリカンフットボール NFL

インディアナポリス・コルツ（AFC南地区）
Indianapolis Colts

2002年から勝ち越しを逃したのはわずかに1度という常勝チーム。2012年にQBマニングからQBラックへの世代交代に成功し、好成績を維持していたが、2015シーズンからは2年連続5割、2017シーズンは4勝に終わり、プレイオフ常連の座から滑り落ちた。新HCマクダニエルズのもとで再構築が必要だ。チームカラーはロイヤルブルー、ホワイト。

ユニオン駅近くにあるスタジアム

インディアナポリス・コルツ
（1947年創設）地P.367-A2
本拠地――ルーカス・オイル・スタジアム
Lucas Oil Stadium（約6万3000人収容）
住500 S. Capitol Ave.
☎(317) 297-2658
URL www.colts.com

この選手に注目!
アンドリュー・ラック

バスケットボール NBA

インディアナ・ペイサーズ（東・中地区）
Indiana Pacers

2012-13、2013-14シーズンにシード1位の成績を残しながら、プレイオフ決勝でヒートに連続で破れ、まるで肝を抜かれた状態に。プレイオフ常連もここ3シーズン、初戦で勝てない苦境に陥っている。チームカラーはゴールド、ネイビーブルー、クールグレイ。

インディアナ・ペイサーズ
（1967創設）地P.367-B2
本拠地――バンカーズ・ライフ・フィールドハウス
Bankers Life Fieldhouse（1万8345人収容）
住125 S. Pennsylvania St.
☎(317) 917-2727（チケット）
URL www.nba.com/pacers

この選手に注目!
ビクター・オラディポ

ショップ&レストラン&ホテル

Shops & Restaurants & Hotels

書店

S 町のおしゃれな本屋さん

インディ・リード・ブックス
Indy Reads Books

住911 Massachusetts Ave.　☎(317)384-1496
URL www.indyreadsbooks.org　開月～土11:00～19:00(金・土～21:00)、日12:00～18:00　AMV　地P.367-B1

マサチューセッツ通りのいちばん北東側にある、おしゃれな本屋さん。写真集やアートブックなどの品揃えも豊富で、地元アーティストの作品も展示している。新書、古書ともにセンスが光るセレクトが評判。

ショッピングモール

S 便利なショッピングモール

サークルセンター・モール
Circle Centre Mall

住49 W. Maryland St.　☎(317)681-8000
URL www.simon.com
開月～土10:00～21:00、日12:00～18:00　地P.367-B2

NFLのコルツ・プロショップやデパート、ブランドショップ、レストランが100以上集まるショッピングセンター。2階部分はアーツガーデンやホテルとスカイウオークでつながっている。

カフェ

R 厳選された素材を使用

パタシュー
Patachou

住225 W. Washington St.　☎(317)632-0765
URL cafepatachou.com
開毎日7:00～15:00(土・日8:00～)　AMV　地P.367-A2

厳選された素材だけを使ったオムレツ($11.95～)、サラダ($12.95～)、サンドイッチ($11.95、ハーフ$7.95)に定評がある。市内にはフレンチレストラン、ピザ店などの姉妹店もある。

アメリカ料理

R ダウンタウンで話題のレストラン

スポーク&スティール
Spoke & Steele

住123 S. Illinois St.　☎(317)737-1616
URL spokeandsteele.com　AMV
開月～金6:30～22:30、土・日7:00～　地P.367-A2～B2

地元の情報誌でたびたび取り上げられる評判の1軒。特に朝食がおいしく、新鮮な卵を使ったオムレツ($12～)は絶品。雰囲気もいいので、ディナーをほかで食べたあと、バーとして利用してもいい。サークルセンター・モールに併設されている。

ホステル

H 心も体も休まるホステル

インディホステル
Indy Hostel

住4903 Winthrop Ave., Indianapolis, IN 46205
☎(317)727-1696　URL www.indyhostel.us　Wi-Fi無料
ドミトリー$27.35～、プライベート$57.26～　MV　地P367-B1外

ダウンタウンからインディゴー#17で約30分。College Ave. & 49th St.下車。そこから49th St.を東に徒歩5分。家を改装した作りで、共同のバスルームもきれい。女性用のドミトリーもあり。フロントは10:00～22:00。30ベッド。

中級ホテル

H 気の休まる全室キッチン付きスイート

ステイブリッジ・スイーツ・インディアナポリス
Staybridge Suites Indianapolis

住535 S. West St., Indianapolis, IN 46225　Wi-Fi無料
☎(317)536-7500　URL www.ihg.com
スイート$139～579　ADJMV　地P.367-A2

全室キッチン付きのリビングと完全に独立する寝室からなるスイート。バスと鉄道のユニオン駅、郵便局、ダウンタウンへも徒歩圏内。113室。

高級ホテル

H JWマリオットで最大級のホテル

JWマリオット・インディアナポリス
JW Marriott Indianapolis

住10 S. West St., Indianapolis, IN 46204
☎(317)860-5800　FAX(317)822-8464　URL www.marriott.com
ⓈⒹⓉ$219～539　ADJMV　Wi-Fi$14.95　地P.367-A2

ホワイトリバー州立公園に隣接し、コンベンションセンターに直結。ビジネスに必要なものはすべて揃っている。33階建ては市内いちの高さだ。1005室。

高級ホテル

H 希少な老舗ホテルの魅力を体験

コンラッド・インディアナポリス
Conrad Indianapolis

住50 W. Washington St., Indianapolis, IN 46204　☎(317)713-5000
URL conradhotels3.hilton.com　ADJMV
ⓈⓉⒹ$177～482、スイート$335～902　Wi-Fi無料　地P.367-A2～B2

サークルセンターに直結し、コンベンションセンターに雨にぬれずに行ける。レストランやフィットネスセンター、会議室などがあり便利だ。247室。

メモ　インディアナ州最古のバー Slippery Noodle Inn▶ほぼ毎日ブルースの生演奏を楽しむことができる。フードメニューも充実しており、ハンバーガーなどが$10以下。住372 S. Meridan St.　☎(317)631-6974　URL www.slipperynoodle.com　開月～土11:00～翌3:00(土12:00～)、日16:00～翌1:00　地P.367-B2

シンシナティ
Cincinnati
穏やかで落ち着いた町

今、シンシナティで最もホットなファインドレイマーケット

オハイオ川の中流に位置するシンシナティは、オハイオ川とともに歴史を刻んできた。

南北戦争が終わるまで、オハイオ川は北側自由州と南側奴隷州との境界線であったことから、多くの奴隷をオハイオ川を越えた自由州へ逃がすための地下組織が存在した。また、オハイオ川はミシシッピ川の主要な支流であることから水運の重要拠点となり、シンシナティは発展していく。かつてはシカゴやニューヨークと肩を並べるほどの都市でもあった。現在は川を挟んだ北側にオハイオ州シンシナティ、南側にケンタッキー州コビントンとニューポートがあり、川の両側を含めシンシナティと呼んでいる。リバーフロントでは大規模な再開発が進められており、さらなる発展が期待される。

南北戦争の時代、奴隷の半生を描きアメリカの歴史を動かしたといわれる小説『アンクルトムの小屋』は、当時シンシナティに住んでいたハリエット・ビーチャー・ストウが書き上げたもの。シンシナティには現在もストウの家があり、一般公開されている。

1866年竣工のジョン・A・ローブリング橋

DATA

人口▶約30万1300人
面積▶約202km²
標高▶最高293m、最低132m
TAX▶セールスタックス　7%
（ケンタッキー州は6%）
ホテルタックス　17.5～17.70%
（ケンタッキー州は12～12.5%）
属する州▶オハイオ州 Ohio
州のニックネーム▶トチノキ州
Buckeye State
州都▶コロンバス　Columbus
時間帯▶東部標準時（EST）
➡P.631
繁忙期▶6～10月

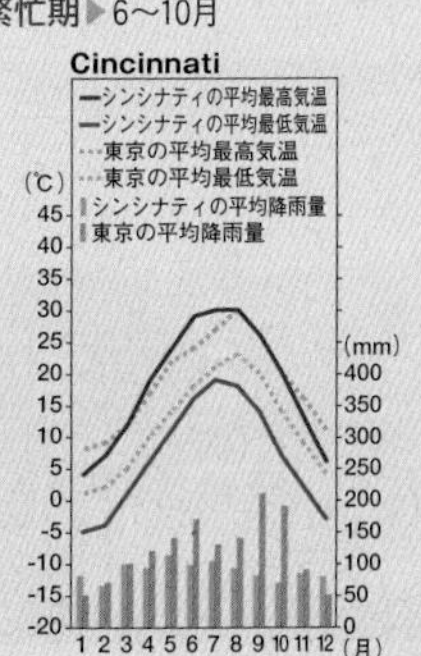

Getting There シンシナティへの行き方

シンシナティ／北ケンタッキー国際空港
地P.375-A1～A2外
住3087 Terminal Dr., Hebron, KY
☎(859)767-3151
URL www.cvgairport.com

バゲージクレームにある巨大な壁画も注目

飛行機 Plane

シンシナティ／北ケンタッキー国際空港
Cincinnati/Northern Kentucky International Airport(CVG)

ダウンタウンの南西約20km、ケンタッキー州に位置し、デルタ航空のハブでもある空港（シカゴから所要約1時間20分）。ターミナル、コンコースA、コンコースBからなる。40以上あるレストランやショップなど、施設も充実しており、巨大壁画『シンシナティミューラル』が14枚飾られていることでも知られる。

■ 空港から／空港へのアクセス

	種類／名称／連絡先	行き先／運行／料金	乗車場所／所要時間／備考
空港シャトル	エアポート・エグゼクティブ・シャトル Airport Executive Shuttle ☎(859)757-2628 Free (1-888)597-2648 URL www.executivetransportation.org	行き先▶市内や周辺どこでも 運行▶24時間随時 料金▶ダウンタウンまで$26	空港発▶バゲージクレーム（預託荷物のピックアップ場所）にある同社のカウンターで申し込んでから乗車 空港行き▶事前に電話などで予約をしてから乗車 所要時間▶ダウンタウンまで約20分
路線バス	タンク #2X Tank #2X ☎(859)331-8265 URL www.tankbus.org	行き先▶5th & Elm Sts.の角（ダウンタウン） 運行▶空港発月～金5:11～23:58、土・日5:51～23:46の30分～90分間隔、空港行き月～金5:10～翌0:10、土・日5:00～22:50の30分～1時間30分間隔 料金▶$2	空港発▶バゲージクレーム階の東側の出口から乗車 空港行き▶5th & Elm Sts.の角（ダウンタウン）から乗車 所要時間▶ダウンタウンまで約30分
タクシー	CVG・タクシー・キャブ・サービス CVG Taxi Cab Service ☎(859)767-3260	行き先▶市内や周辺どこでも 運行▶24時間随時 料金▶ダウンタウンまで約$37	空港発▶バゲージクレーム階を出たドア35から乗車 空港行き▶事前に電話予約、または主要ホテルから乗車 所要時間▶ダウンタウンまで約20分

※それぞれの乗り物の特徴については  P.665

グレイハウンド・バスディーポ
地P.375-B1
住398 E. Galbraith Rd.
☎(513)352-6012
開毎日22:30～5:30

長距離バス Bus

グレイハウンド・バスディーポ
Greyhound Bus Depot

バスディーポはダウンタウンの北約20kmの所に移転した。メトロバス#43で1時間弱かかる。ダウンタウンではシンシナティ大学のバス停（住2903　Short Vine St.）があるので、できればこちらを利用したい。チケット販売はなく、夜間の利用は避けよう。

ユニオンターミナル（アムトラック）駅
地P.375-A1外
住1301 Western Ave.
Free (1-800)872-7245
開待合室火～日24:00～翌4:00
行メトロ#1で約20分

鉄道 Train

ユニオンターミナル（アムトラック）駅
Union Terminal (Amtrak) Station

1933年に建設されたアールデコ様式のターミナル建物はかつて1日に約2万人の乗客が乗り降りするにぎやかな駅だった。現在、ニューヨークからワシントンを経由してシカゴを結ぶアムトラックのカーディナル号が週3便停車する。駅舎にある文化複合施設、ミュージアムセンター➡P.377は、人気のアトラクションでもある。

複合施設でもあるアムトラックの駅

旅のアドバイス　メガバス▶中東部の都市を結ぶ快適な2階建て長距離バス。シカゴ、インディアナポリスへの移動には便利。住691 Gest St.（地P.375-A1）が発着場所だが、夜は閑散とするので要注意。予約は URL us.megabus.com から。

シンシナティの歩き方 Getting Around

ダウンタウンの中心はファウンテンスクエア。カリュータワーやコンベンションセンター、ホテル、デパートなどが周辺に集中する。オハイオ川に面して建てられたポールブラウン・スタジアム、**ナショナル・アンダーグラウンド・レイルロード・フリーダムセンター**、グレート・アメリカン・ボールパークは歩ける距離。山の手にある**マウントアダムズ**へはバスを利用し、**美術館**などがある**エデンパーク**を散策するコースはおすすめ。鉄道駅も兼ねる**ミュージアムセンター**や**動物園**へはバスが便利だ。対岸のケンタッキー州側の**ニューポート**やドイツ風の町並みが続く**コビントン**へはサウスバンク・シャトルを利用するのがいい。

冬はスケートリンクが登場するファウンテンスクエア

 観光案内所 Visitors Information

シンシナティUSA観光案内所
Cincinnati USA Visitor Center

観光案内所はダウンタウンのファウンテンスクエアにあり、地図や見どころの資料など豊富に揃っている。親切なスタッフも常駐している。

シンシナティUSA観光案内所
地P.375-A1
住511 Walnut St.
☎(513)534-5877
URL www.cincyusa.com
開毎日11:00～17:00（5月下旬～9月上旬は毎日9:00～18:00）

ユニオンターミナル駅、ミュージアムセンター（P.377）、アメリカンサイン博物館（P.378）
Findlay Market（P.380）
シンシナティ動物園（P.377）
ハリエット・ビーチャー・ストウ・ハウス（P.377）
エデンパーク（P.378） Eden Park
ハイドパーク・スクエア、Graeter's（P.380）
Music Hall
14th St.
13th St.
Grant St.
12th St.
Rad OTR（P.380）
Over the Rhine
Park + Vine
シンシナティ美術館 Cincinnati Art Museum
Washington Park
MiCA 12/v（P.380）
Central St.
Skyline Chili
Court St.
Cutter St.
Mound St.
John St.
Richmond St.
Central St.
Plum St.
Elm St.
Race St.
Vine St.
Walnut St.
Main St.
Sycamore St.
Broadway St.
Eggleston Ave.
Reedy St.
Gilbert Ave.
Van Meter
Elsinore Ave.
Ida St.
マウントアダムズ（P.378） Mt. Adams
Wareham Dr.
Monastery St.
9th St.
City Hall
8th St.
7th St.
メガバス停留所
Skyline Chili
Macy's
Westin
シンシナティ Cincinnati
Oregon St.
Baum St.
Kilgour St.
クローン温室 Krohn Conservatory
Hilton Netherland Plaza（P.380）
Millennium（P.380）
Fountain Square
6th St.
Sentinel St.
Columbia Pkwy.
Duke Energy Convention Center
メトロバス・ガバメントスクエア案内所
5th St.
Hyatt Regency
Saks Fifth Avenue
Skyline Chili
4th St.
タフト美術館（P.376） Taft Museum of Art
Montgomery Inn（P.380）
Carew Tower
3rd St.
Lytle Park
Pike St.
3rd St.
Pete Rose Way
Daniel Carter Beard Bridge
オハイオ川 Ohio River
シンシナティ／北ケンタッキー国際空港
ナショナル・アンダーグラウンド・レイルロード・フリーダムセンター（P.376） National Underground Railroad Freedom Center
2nd St.
Freedom Way
U.S.Bank Arena
L & N Pedestrian Bridge
Bengals Pro Shop
Paul Brown Stadium
Great American Ball Park
Mehring Way
Taylor Southgate Bridge
ニューポート水族館 Newport Aquarium
Dave Cowens Dr.
Park Ave.
オハイオ州
Brent Spence Bridge
Clay Wade Bailey Bridge
ジョン・A・ローブリング橋（P.377） John A. Roebling Suspension Bridge
Riverboat Row
Saratoga St.
2nd St.
ニューポート Newport（P.378）
Embassy Suites（P.380）
BB Riverboats
Marriott
Newport on the Levee
Southgate St.
Overton St.
Washington St.
Monmouth St.
Columbia St.
3rd St.
Northern Kentucky Convention Center
Riverside Dr.
Courtyard
River Center Blvd.
2nd St.
ケンタッキー州
Gold Star Chili
3rd St.
Court Ave.
3rd St.
4th St.
Philadelphia St.
4th St.
メインシュトラッセ・ビレッジ MainStrasse Village
Park Pl.
Radisson Cincinnati Riverfront
コビントン（P.378） Covington
サウスバンク・シャトルルート
ベルコネクター
州境
0 0.1mile
0 200m
シンシナティ

オハイオ川クルーズ ▶ ケンタッキー州側からオハイオ川のクルーズ船が出ている。シンシナティを川から眺められるのが魅力。ゆっくり進むクルーズは何とも落ち着いた気分を与えてくれるだろう。夏はほぼ毎日出航している。BB Riverboats 地P.375-B2 住101 Riverboat Row URL www.bbriverboats.com

メトロ（ソルタ）
☎(513)632-7575
URL www.go-metro.com
運行／毎日5:00～24:00（路線、曜日により異なる）
料ゾーン制でシンシナティ市内は$1.75。郊外は$2.65～4.25。トランスファー（乗り換え）は50¢。シンシナティ市内の1日券は$4.50
●ガバメントスクエア案内所
地P.375-A1
●マーカンタイル・センター案内所
住120 E. 4th St., Mercantile Bldg.
開月～金7:00～17:30

タンク
☎(859)331-8265
URL www.tankbus.org
運行／毎日5:00～24:00（路線により異なる）
料$1.50、エクスプレス$2（サウスバンク・シャトル$1）

ベルコネクター
☎(513)632-7575
URL www.cincinnatibellconnector.com
運行／月～土6:30～翌1:00（月～木～24:00、土8:00～）、日9:00～23:00
料$1（2時間有効）。1日券は$2

市内の交通機関 Public Transportation

メトロ（ソルタ）
Metro（SORTA）

SORTA（Southwest Ohio Regional Transit Authority）によって運営され、シンシナティのダウンタウンとその周辺をカバーする市バス。バスは白地に黄緑と青の文字、花のようなマークが目印。ガバメントスクエア前に総合発着所があり、営業所は向かいのMercantile Center内にある。

タンク
TANK

おもにケンタッキー州を運行する路線バス。ダウンタウンとコビントン、ニューポートを結ぶ**サウスバンク・シャトル**や、空港へ行くTANK#2Xがある。メインシュトラッセ・ビレッジや水族館などへ行く際に利用するといい。

ベルコネクター
Bell Connector

2016年秋から運行を開始したストリートカー。18の停留所があり、北はファインドレイマーケット、南はジョン・A・ローブリング橋のたもとまでを結ぶ。各駅に自動券売機があるので、チケットを購入してから乗車すること。

Sightseeing おもな見どころ

ナショナル・アンダーグラウンド・レイルロード・フリーダムセンター
住50 E. Freedom Way
☎(513)333-7739
URL freedomcenter.org
開火～土10:00～17:00、日・月12:00～
休10～2月は月休
料$15、シニア$13、3～12歳$10.50

『アンクルトムの小屋』の初版本の展示もある

タフト美術館
住316 Pike St.
☎(513)241-0343
URL www.taftmuseum.org
開水～日11:00～16:00（土・日～17:00）
休月・火、おもな祝日
料$12、シニア$10、18歳以下無料（日曜は無料）
行ファウンテンスクエアから徒歩10分。4th St.とpike St.の角

シンシナティ側 Cincinnati

奴隷解放の地下組織を見せる博物館 地P.375-A2

ナショナル・アンダーグラウンド・レイルロード・フリーダムセンター
National Underground Railroad Freedom Center

南北戦争は、オハイオ川より北の自由州と、南の奴隷州との間で起きた戦いである。そのためシンシナティは、奴隷解放の重要拠点であり、黒人奴隷を北部に逃がすための秘密結社アンダーグラウンド・レイルロードUnderground Railroadが影で活動した地でもある。館内では当時の様子を詳細に伝える写真や資料が展示されているほか、今なお世界中で行われている人身売買や人種差別などの人権問題について、「自由」というテーマで問題提起している。

美術館は名門一族の旧邸宅 地P.375-B1

タフト美術館
Taft Museum of Art

1932年に開館し、全米で最も有名な“小さな”美術館としても知られる。最後の家主だったチャールズ・P.タフト夫妻が、建物ごと市に寄贈した。レンブラント、ゲインズボロ、ホイッスラー、ターナー、コローの絵画や清王朝の陶器など幅広いコレクションが楽しめる。

五大湖周辺でも屈指のおしゃれエリア▶ダウンタウンの北にはオーバー・ザ・ライン Over the Rhine というエリアがあり、ローカルのハイセンスなショップ、レストラン、カフェが軒を連ねている。ダウンタウンからベルコネクターで Findlay Market-Elm 駅下車。地P.375-A1

ニューヨークのブルックリン橋よりも古い 地P.375-A2

ジョン・A・ローブリング橋

John A. Roebling Suspension Bridge

シンシナティを象徴する建造物のひとつがこの橋だ。両岸を行き来するためには船しかなかった時代、ドイツ人土木技師ジョン・A・ローブリングによって、長さ322mのつり橋が設計された。1856年に着工したものの、南北戦争で工事は中断を余儀なくされ、橋は10年後の1866年にようやく開通した。シンシナティとケンタッキー州をつなぐ、なくてはならない橋として今でも立派に現役を果たしている。

徒歩で渡る際、車が通るたびに橋が振動するので高所恐怖症の人は注意

来館者は年間 100 万人以上 地P.375-A1外

ミュージアムセンター

Museum Center

半ドーム形をしたアールデコ調の巨大な鉄道駅がそのまま、ミュージアムとのコンプレックスとして生まれ変わった。**自然科学博物館Museum of Natural History & Science**、**シンシナティ歴史博物館 Cincinnati History Museum**、**子供博物館 Duke Energy Children's Museum**、**オムニマックスシアター Omnimax Theater**は、1年中親子連れでにぎわう。

ミュージアムセンター
住1301 Western Ave.
☎(513)287-7000
Free(1-800)733-2077
URL www.cincymuseum.org
開月～土10:00～17:00、日11:00～18:00
料2018年11月17日リニューアルオープン。入館料は未定
行メトロ#1 "Museum Center" 行きで約15分、終点で下車。ダウンタウンでは、4thとWalnut Sts.の交差点にバス停がある

『アンクルトムの小屋』のルーツはここ 地P.375-B1外

ハリエット・ビーチャー・ストウ・ハウス

Harriet Beecher Stowe House

「この大きな戦争を引き起こした1冊の本、その著者である小さなご婦人とはあなたのことですね」、リンカーン大統領は初対面のストウにこう声をかけたという。『アンクルトムの小屋』はまさしく歴史を揺るがした名著。奴隷制反対論者の父ライマン・ビーチャーは、教職を続けるために一家を連れて東部からこの町に移住してきた。当時の住居はそのまま保存され、見学することができる。ストウ自身もアンダーグラウンド・レイルロード運動に加わり、ここで直接見聞きしたことをもとに、結婚後に移り住んだメイン州で小説を執筆した。

静かなたたずまいのハリエット・ビーチャー・ストウ・ハウス

ハリエット・ビーチャー・ストウ・ハウス
住2950 Gilbert Ave.
☎(513)751-0651
Free(1-800)847-6075
URL stowehousecincy.org
開3月上旬～11月中旬の木～日10:00～16:00(日12:00～)
料$4、6～18歳$2
休月～水、11月中旬～3月上旬、おもな祝日
行メトロ#4で約20分、Gilbert Ave. & Beecher St.下車

動物たちと一緒にのんびりする場所 地P.375-A1外

シンシナティ動物園

Cincinnati Zoo & Botanical Garden

1875年にオープンした歴史ある動物園。ホワイトタイガー、ボブキャットなど500種類以上の動物が飼育され、水族館には絶滅危惧種のマナティもいる。園内は約3000株を有し植物園の役割も果たすほど多くの木々に覆われ、酸素をたっぷり吸いながら、珍しい植物や動物たちに囲まれて歩くのは気分がいい。

シンシナティ動物園
住3400 Vine St.
☎(513)281-4700
URL cincinnatizoo.org
開毎日10:00～17:00(時期により異なる)
休12/25
料$17、シニア・2～12歳$12
行メトロ#78で約20分、Vine St. & Erkenbrecher Ave.下車。入口はVine St.にある

メモ ジョン・A・ローブリング ▶ シンシナティから遅れて20年近く、ニューヨークではジョン・A・ローブリング設計によるブルックリン橋が開通した。惜しくもジョンはその完成を見ずして死去。息子のワシントン・ローブリングが完成させた。

マウントアダムズ／エデンパーク
URL mtadamstoday.com
行 メトロ#1でLouden & Paradorome Sts.あたりで下車。約15分
●**Cincinnati Art Museum**
地 P.375-B1
住 953 Eden Park Dr.
☎ (513) 721-2787
URL www.cincinnatiartmuseum.org
開 火～日11:00～17:00（木～20:00）
休 月、おもな祝日
料 無料（特別展は有料）
行 メトロ#1で約15分。美術館前のバス停で下車。赤い大きなオブジェが見えてきたら降りる準備を
●**Krohn Conservatory**
地 P.375-B1
住 1501 Eden Park Dr.
☎ (513) 352-4080
開 火～日10:00～17:00
休 月、おもな祝日
料 $4、5～17歳$2
行 メトロ#1。ダウンタウンから行くと右側に温室が見えてくるので温室前で下車。15分。美術館からは約1km離れている

アメリカンサイン博物館
住 1330 Monmouth Ave.
☎ (513) 541-6366
URL www.americansignmuseum.org
開 水～日10:00～16:00（日12:00～）
休 月・火、おもな祝日
料 $15、シニア・学生（要ID）$10
行 メトロ#16でColerain & Monmouth Aves.下車、約25分。入口はMonmouth Ave側にある

コビントン
行 コビントンへ向かうタンクまたはサウスバンク・シャトルに乗る。サウスバンク・シャトルはコビントンを巡回して再びシンシナティに戻るので使いやすい
●**MainStrasse Village**
地 P.375-A2
URL www.mainstrasse.org

ドイツの風情を堪能できる

ニューポート
行 ニューポートへ向かうタンク、またはサウスバンク・シャトルに乗り、オハイオ川を渡ってすぐの停留所で下車
●**Newport Aquarium**
地 P.375-B2
住 1 Aquarium Way, Newport, KY
Free (1-800) 406-3474
URL www.newportaquarium.com
開 毎日10:00～18:00（夏期は延長あり）
料 $24.99、2～12歳$17.99
●**Newport on the Levee**
地 P.375-B2
住 1 Levee Way, Newport, KY
☎ (859) 291-0550
URL www.newportonthelevee.com
開 月～土11:00～21:00（金・土～22:00）、日12:00～18:00（夏期月～土10:00～）

高台に広がる市民の憩いの場 地 P.375-B1

マウントアダムズ／エデンパーク
Mt. Adams/Eden Park

シンシナティの町を見下ろす丘は古くからザ・ヒルと呼ばれ、洗練されたおしゃれな店やレストランが集まり、マウントアダムズはなかでも人気のスポット。その先へ続く緑豊かな丘陵地は市民の大切な憩いの場、エデンパークだ。**シンシナティ美術館Cincinnati Art Museum**や**クローン温室Krohn Conservatory**など1級の文化施設が点在し、とりわけ入場無料の美術館のコレクションは目を見張るばかり。

無料とは思えない作品が並ぶ美術館

アメリカっぽさ No.1 地 P.375-A1外

アメリカンサイン博物館
American Sign Museum

ダウンタウンから北西へ6kmの所にある、全米でも珍しいアメリカの看板やネオンサインを集めた博物館。入口の門をくぐると巨大なケンタッキー・フライドチキンのバスケットが迎えてくれる。館内の展示はアメリカのサインがどう移り変わったかがわかる造りになっており、レトロのものから最近のものまで、バラエティに富んだサインを見ることができる。

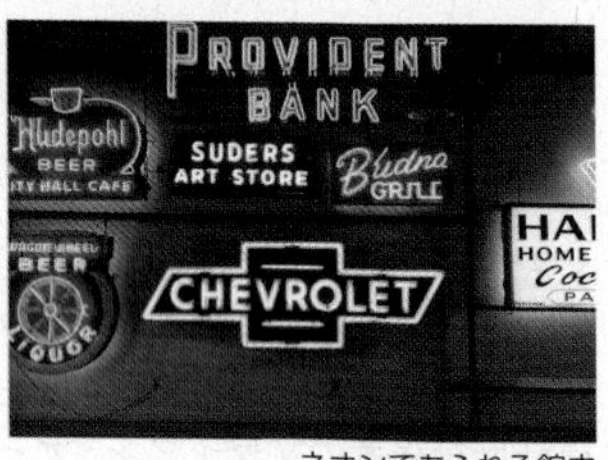

ネオンであふれる館内

北ケンタッキー地区 Northern Kentucky

ビールとドイツ料理が楽しめる 地 P.375-A2

コビントン
Covington

19世紀のドイツ風の町並みが残る**メインシュトラッセ・ビレッジ MainStrasse Village**がいちばんの見どころ。趣のあるレストランやショップが集まっている。オハイオ川近くには大型ホテルも多いため、オハイオ州よりもホテルタックスが安いケンタッキー州で宿を取る旅行者も多い。

水族館とショッピングを楽しむ 地 P.375-B2

ニューポート
Newport

橋のない時代、ニューポートは船着き場にできた歓楽街として栄えた。現在のニューポートはサメの展示で有名な**ニューポート水族館Newport Aquarium**とショッピングモールの**ニューポート・オン・ザ・レヴィNewport on the Levee**が人気。

メモ **ハイドパーク・スクエア**▶ダウンタウンから北東へ10km行った所にあり、古くから続くショップやレストランが170以上集まるエリア。アイスクリームショップのグレーターズ（→P.380）も本店を構える。Hyde Park Square 地 P.375-B1外 住 2700 Erie Ave. URL hydeparksquare.org 行 メトロ#11でErie Ave. & Edwards Rd. 下車。約25分

エンターテインメント Entertainment

シンシナティ交響楽団とポップス・オーケストラ
Cincinnati Symphony & Pops Orchestra

オーバー・ザ・ラインOver the Rhine地区は古くからシンシナティの文化の中心として発展してきた。ミュージックホールはそのなかでひときわ目を引く建物だ。音楽に開かれた町で生まれ、育まれたシンシナティ交響楽団の実力は、全米でも指折り。クラシック音楽と気軽に聴けるシンシナティポップスの演目が入れ替わり、1年中大迫力の音楽を楽しむことができる。

シンシナティ交響楽団
ホームホール――ミュージックホール Music Hall
地P.375-A1
住1241 Elm St.
☎(513)381-3300(チケット)
URL www.cincinnatisymphony.org
行ベルコネクターの14th & Elm駅下車

スポーツ観戦 Spectator Sports

 ベースボール MLB

シンシナティ・レッズ（ナショナルリーグ中地区）
Cincinnati Reds

1882年創設の大リーグ最古の球団。世界制覇5回。1970年代は「ビッグ・レッド・マシーン」の超強力打線で黄金期を飾ったが、近年は打線がふるわず低迷。2015年以来4シーズン連続で地区最下位と、昨今は泥沼にはまっている。2019年も抜け出せる要素が薄い。また、MLBチームのなかで、唯一日本人選手が所属したことのない球団でもある。

真っ赤なチームグッズの購入も忘れずに

シンシナティ・レッズ
(1890年創設) 地P.375-B2
本拠地――グレート・アメリカン・ボールパーク Great American Ball Park (4万2271人収容)
住100 Joe Nuxhall Way
☎(513)765-7000
URL www.mlb.com/reds
行ベルコネクターのCincinnati Cyclones駅下車
球場ツアー／料$20、詳細はウェブサイトで

この選手に注目!
スクーター・ジネット(二塁手)

アメリカンフットボール NFL

シンシナティ・ベンガルズ（AFC 北地区）
Cincinnati Bengals

2011シーズンから5年連続プレイオフに進みながら、初戦敗退を重ね、7連続初戦負けの記録とともに成績も負け越しに。2003年から長期政権を続けるHCルイスにもさすがに解任がささやかれたが延命、今年は進退を賭けてのシーズンとなる。チームカラーはブラック、オレンジ、ホワイト。

シンシナティ・ベンガルズ
(1968年創設) 地P.375-A2
本拠地――ポール・ブラウン・スタジアム Paul Brown Stadium(6万5535人収容)
住1 Paul Brown Stadium
☎(513)621-8383(チケット)
URL www.bengals.com
行ファウンテンスクエアから南に徒歩15分

この選手に注目!
A.J.・グリーン

シンシナティは“チリ”の町

ひき肉、タマネギ、豆をチリソースで煮込んだ料理の「チリ」は、アメリカのどこにでもある料理だが、シンシナティ・チリはタマネギと豆は入れずに独特なギリシア風スパイスで作られる。シンシナティでチリを食べない人はモグリといわれるほど、町中にチリがあふれている。スパゲティのBowlやホットドッグのConey、ブリトーBurritosなどとお好みで組み合わせる。細く切ったチーズがたっぷり盛られてくるのが3wayだが、チーズ抜きの2wayもある。4way、5wayはタマネギ、豆などのトッピングが増える。必ずクラッカーが付いてくるのもチリの特徴。ゴールドスター・チリGold Star Chili、スカイラインチリSkyline Chiliの2大チェーンレストランが有名だ。

ホットドッグ「チーズコニー」

ゴールドスター・チリ　Gold Star Chili AMV
地P.375-A2　住504 W. 4th St., Covington, KY
☎(859)581-4028　URL www.goldstarchili.com
開毎日10:00～翌2:00(木～土～翌4:00、日11:00～)

スカイラインチリ　Skyline Chili
地P.375-B1　住254 E. 4th St.　☎(513)241-4848
URL www.skylinechili.com　開月～土 10:30～19:00(土～16:00)　休日　AMV

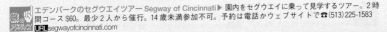

旅のアドバイス　エデンパークのセグウエイツアー Segway of Cincinnati▶園内をセグウエイに乗って見学するツアー。2時間コース$60。最少2人から催行。14歳未満参加不可。予約は電話かウェブサイトで☎(513)225-1583 URL segwayofcincinnati.com

ショップ&レストラン&ホテル
Shops & Restaurants & Hotels

S クールなTシャツのビンテージ
古着

ラドOTR
Rad OTR

住1315 Main St. ☎(513)813-7012 URL radotr.com
開火〜日12:00〜18:00(金・土〜19:00、日〜17:00)
AMV 地P.375-A1

メンズの70年代から90年代の古着を扱う店で、新着のスニーカーも合わせて販売している。シカゴ・ブルズの優勝や大学、ナスカーなどのTシャツ、ラルフローレンのブルゾン、大学チームのキャップなど、懐かしいものが並ぶ。スポーツ好きならのぞいてみよう。

S 個性的なみやげを買うなら
雑貨

ミカ12/v
MiCA 12/v

住1201 Vine St. ☎(513)533-1974 URL www.shopmica.com
開毎日10:00〜19:00(木〜土〜21:00、日〜16:00)
AMV 地P.375-A1

ギャラリー兼ギフトショップ。ローカルに人気が高く、口コミ評価も高い。地元アーティストが手がけた個性的な商品が並んでおり、赤ちゃん向けの商品も充実。

S シンシナティの台所
食料品

ファインドレイマーケット
Findlay Market

住1801 Race St. ☎(513)665-4839
URL www.findlaymarket.org 開火〜土9:00〜18:00(土8:00〜)、日10:00〜16:00 休月 地P.375-A1外

オーバー・ザ・ラインからさらに北へ1kmの所にある市場。場内は新鮮な食材が並び、いつも地元の人たちで混雑している。市場の周りには、新鮮な食材を扱うレストラン脚注も多い。

R フランス式製法のアイスクリーム
カフェ

グレーターズ
Graeter's

住2704 Erie Ave. ☎(513)321-6221
URL www.graeters.com 開毎日9:00〜22:30(金・土〜23:00)
ADJMV 地P.375-B1外

創立者の妻、レジーナ・グレーターズが1922年に開店した場所にある。オリジナルの製法を守るアイスクリームはオハイオ州を中心に人気。ダウンタウンに支店あり。

R ここは外せない、リブの店
アメリカ料理

モントゴメリーイン
Montgomery Inn

住925 Riverside Dr. ☎(513)721-7427
URL www.montgomeryinn.com
開ランチ月〜金11:00〜15:00、ディナー毎日15:00〜22:00(金・土〜23:00、日〜21:00) AMV 地P.375-B1

川辺の景色を楽しみながらゆっくりと食事できるのがうれしい。バスのメトロ#28はあるが便数は少ないので歩いて行くのもいい。リブが有名。

H ダウンタウンの手頃なホテル
中級ホテル

ミレニアムホテル
Millennium Hotel

住150 W. 5th St., Cincinnati, OH 45202 ☎(513)352-2100
URL www.millenniumhotels.com 料ⓈⒹⓉ$103〜288
ADJMV Wi-Fi無料 地P.375-A1

ファウンテンスクエアから西に2ブロックの場所にある立地抜群のホテル。室内は清潔で、不自由なく滞在することができる。プールとフィットネスセンターあり。872室。

H コビントンのコンベンションセンターの前
中級ホテル

エンバシースイーツ
Embassy Suites Cincinnati Riverfront

住10 E. Rivercenter Blvd., Covington, KY 41011 ADJMV
☎(859)261-8400 FAX(859)261-8486 Wi-Fi無料
URL embassysuites3.hilton.com スイート$139〜999 地P.375-A2

対岸のシンシナティが窓から見られる。キッチン付きの居間と独立型ベッドルームのスイートは、旅に安らぎをもたらしてくれるだろう。朝食無料。227室。

H ダウンタウンの名門ホテル
高級ホテル

ヒルトン・シンシナティ・ネザーランドプラザ
Hilton Cincinnati Netherland Plaza

住35 W. 5th St., Cincinnati, OH 45202
☎(513)421-9100 FAX(513)421-4291
URL www3.hilton.com Wi-Fi無料
ⓈⒹⓉ$133〜390、スイート$174〜411 ADMV 地P.375-A1

カリュータワーの一角を占める老舗ホテル。パームコートにある「オーチャード」は最高レストラン賞を受賞。561室。

メモ ファインドレイマーケットへの行き方とおすすめレストラン▶ダウンタウンからベルコネクターに乗りFindlay Market-Elm駅下車。マーケットの隣にはローカルに人気のベトナム料理屋があり、いつもにぎわっている。Pho Lang Thang ☎(513)376-9177 URL www.pholangthang.com 開毎日11:00〜21:30

デトロイト Detroit

破綻から復活を遂げたモータータウン

トラのオブジェが入口で迎えるコメリカパークは、MLBデトロイト・タイガースの本拠地

2013年の財政破綻を契機に、町は成長の一途をたどっている。地価が急落した恩恵を受け、ベンチャー企業や若者たちが移住した。公共事業を増やし、雇用を創出した。そして2014年、こともなげに危機的状況から脱してみせた。デトロイトは実にたくましく破綻から復活を遂げ、現在はネクストステージに突入している。

もともとアフリカンアメリカンの割合が多い町であり、彼らの鋭い感覚と感性は、デトロイトの音楽シーンに多大なる影響を及ぼした。シュープリームスやマーサ&ザ・バンデラス、マービン・ゲイなどはデトロイトにある音楽レーベルMotownで花開いたし、エミネム擁するD12やスラムビレッジなど、ヒップホップの文化はいまだに世界的な影響力をもつ。デリック・メイ、ホアン・アトキンスに代表されるデトロイトテクノも例外ではない。

郊外は現在も廃墟だらけだが、空き地にはゴミで造られたオブジェがあったり、廃墟には息をのむような壁画があったりと、ネガティブな側面ばかりではなく、ポジティブな要素も多分にある。いまだに土台が不安定ではあるが、その上にたつ歴史や文化は、アメリカのどの都市よりも刺激的だ。

一度は音楽を聴きたい町

DATA

人口▶約67万3100人
面積▶359km²
標高▶最高205m、最低175m
TAX▶セールスタックス　6%
ホテルタックス　14%
属する州▶ミシガン州
Michigan
州のニックネーム▶グレート・レイクス州　Great Lakes State
州都▶ランシング　Lansing
時間帯▶東部標準時（EST）
繁忙期▶3～9月 ➡P.631

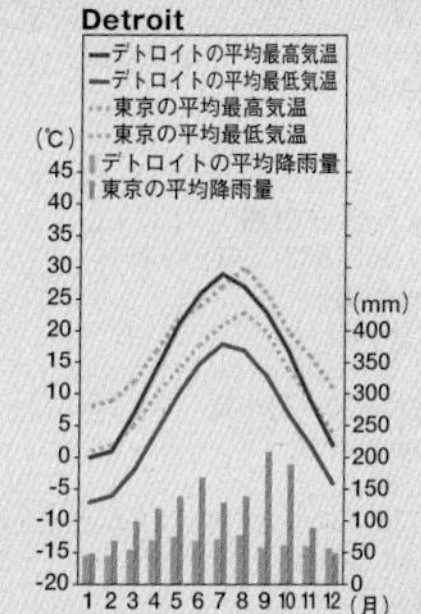

エミネムも出演したクラブ▶ダウンタウンにあるクラブ、シェルターは、ビッグネームもたびたび登場する若者に人気のスポット。本場のヒップホップやテクノを生で体感してみては？　The Shelter　住431 E. Congress St.　☎(313)961-8961　URL www.saintandrewsdetroit.com　開イベントにより異なる　地P.384-B4

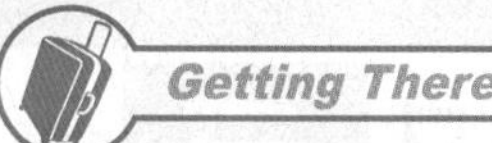

デトロイトへの行き方

デトロイト・メトロ空港
地 P.388-A外
☎ (734) 247-7678
URL www.metroairport.com

空港でレンタカー
主要レンタカー会社が集まるレンタカーキャンパスRental Car Campusは空港の北東にあり、そこまでは各ターミナルのGround Transportation Centerから、各レンタカー会社のシャトルバスでアクセスすることができる

飛行機 Plane

デトロイト・メトロ空港
Detroit Metro Airport (DTW)

ダウンタウンの南西約35km。成田空港から毎日、中部セントレア空港から週4～5便、デルタ航空の直行便が発着する。国内線に乗り継ぐ場合は、入国審査を済ませたあと一度荷物を受け取り、乗り継ぎ用の荷物預け場所で再び荷物を預ける。X線の検査を受けて2階に行けば、国内線のターミナルだ。ターミナルはふたつ。マクナマラターミナルは成田空港と中部国際空港からの直行便が発着。ノースターミナルはアメリカン航空やユナイテッド航空など11社が発着している。

■ 空港から／空港へのアクセス

	種類／名称／連絡先	行き先／運行／料金	乗車場所／所要時間／備考
路線バス	スマートバス #261 SMART Bus #261 Free (1-866) 962-5515 URL www.smartbus.org	**行き先▶**ダウンタウンのFort & Cass Sts.などのバス停 **運行▶**ノースターミナルを出発してマクナマラターミナルに停車、ダウンタウンのローザ・パークス・トランジットセンターへ行く。月～金4:58～23:24の約35分間隔、土6:27～24:00の約45分間隔、日6:28～23:05の約45分間隔。所要約1時間 **料金▶**$2	**空港発▶**両ターミナルともGround Transportation Centerから出発。マクナマラはターミナル向かい立体駐車場の4階にあり、ノースはターミナルを出た道路を越えた1階にあるが、アクセスは道路上のブリッジを渡る **空港行き▶**ダウンタウンの Larned St. & Woodward Ave.などからマクナマラ、ノースの両ターミナル行きが交互に運行される。利用ターミナルを確認してから乗車すること **所要時間▶**ダウンタウンまで約1時間20～40分
タクシー	メトロ・キャブ Metro Cab ☎ (734) 997-6500	**行き先▶**市内や周辺どこでも **運行▶**24時間随時 **料金▶**ダウンタウンまで約$50、ディアボーンまで約$40	**空港発▶**バゲージクレーム（預託荷物のピックアップ場所）を出て"Taxi"のサインに従う。橋を越えた道路の向かいが乗り場 **空港行き▶**事前に電話予約、または主要ホテルから乗車 **所要時間▶**ダウンタウンまで30分

※それぞれの乗り物の特徴については ➡P.665

グレイハウンド・バスディーポ
地 P.384-A4
住 1001 Howard St.
☎ (313) 961-8011
開 毎日6:00～翌1:30

清潔なバスディーポはダウンタウンの西にある

アムトラック駅
Free (1-800) 872-7245
●Detroit駅
地 P.384-A1
住 11 W. Baltimore Ave., Detroit
開 毎日5:30～翌0:30
●Dearborn駅
地 P.388-A
住 21201 Michigan Ave. (John D. Dingell Transit Center), Dearborn
開 毎日6:00～21:30

長距離バス Bus

グレイハウンド・バスディーポ
Greyhound Bus Depot

ルネッサンスセンターの西約2kmに位置する。入口はHoward St.側で、規模は小さい。シカゴ、クリーブランドなどへの便がある。ルネッサンスセンターまで歩いて約30分だが、徒歩は昼間に限ること。タクシーなら約5分で、約$10。

鉄道 Train

アムトラック駅
Amtrak Station

デトロイト駅
中心部の北西、Woodward Ave.沿い。シカゴとポンティアック間を走るWolverine号が毎日3本停まる。ダウンタウンへはDDOTバス#16などで所要約20分。

ディアボーン駅
ジョン・D・ディンゲル・トランジットセンターに駅がある。Michigan Ave.を通るスマートバス#200（平日のみの運行）でデトロイトからディアボーンへ行ける。

旅のアドバイス **デトロイトの治安について▶** 治安が問題視されている町ではあるが、悪いのはダウンタウンを少し出た所からディアボーンなど郊外の町までのドーナツエリア。デトロイト川、MI-10、I-75、I-375に囲まれた所は夜でなければまず問題ないが、高速を越えたあたりから治安が悪くなる。空きビルや火災に遭った建物が現れてきたら注意を。

デトロイトの歩き方　Getting Around

変革の時期にあるデトロイト。注意したいのは、DDOTバスやスマートバスの減便、路線の統合、変更がある点だ。市内では工事している箇所が多く迂回する路線も多いので、事前にウェブサイトで最新情報を確認しよう。見どころはダウンタウンの北に集中しており、目抜き通りWoodward Ave.を走るDDOTバス#4やCass Ave.を走るDDOTバス#16が南北の移動に便利だ。治安に関しては、本書地図内➡P.384は明るいうちであれば問題ないが、注意は怠らないように。また、宿はディアボーンにするか、デトロイトの場合はピープルムーバーの走るエリア内をすすめる。

デトロイトはカジノも人気

観光案内所　Visitors Information

デトロイト観光局
Detroit Metro Convention & Visitors Bureau

Washington Blvd.とFort St.の角にある背の高いビルの10階。市内の地図や見どころのパンフレットなどが揃う。

デトロイト観光局
地P.384-A4
住211 W. Fort St.（10階）
☎(313) 202-1800
Free(1-800) 338-7648
URL www.visitdetroit.com
開月～金9:00～17:00

市内の交通機関　Public Transportation

ダウンタウンのCass & Michigan Aves.に、バスとピープルムーバーの乗り換えができるローザ・パークス・トランジットセンターRosa Parks Transit Center（Rosa Parksは差別撤廃を訴えてバスに座り込みを続けた黒人女性の名。公民権運動のきっかけともなった）があり、ここがひとつの起点となっている。

市バスはローザ・パークス・トランジットセンターを発着する

DDOTバス
Detroit Department of Transportation（DDOT）

デトロイト市の交通局が運行する路線バス。黄色と緑のラインが入った車体が目印だ。ルートや時刻表はウェブサイトや、ダウンタウンのローザ・パークス・トランジットセンターでも入手できる。なお、DDOTバスは路線の統合や減便されることもあるので、現地で必ず確認しよう。

DDOTバス
☎(313) 933-1300
URL www.ridedetroittransit.com
料$1.50、トランスファー（乗り換え）は25¢

●ローザ・パークス・トランジットセンター
地P.384-A4
住1310 Cass Ave.
開24時間（窓口は月～金8:00～17:00）

スマートバス
Suburban Mobility Authority for Regional Transportation（SMART）

上記のDDOTバスよりも広い範囲のミシガン州南東部をカバーする路線バス。通勤用なのでデトロイトのダウンタウンまで乗り入れるのはラッシュ時のみの路線が多い。ディアボーン方面#200などのルートが便利。車体は赤とオレンジのラインが入ったもの。

スマートバス
Free(1-866) 962-5515
URL www.smartbus.org
運行／毎日5:00頃～翌1:00頃（日中はデトロイトのダウンタウンまで行かない路線も多いので注意）
料$2、郊外へは$4。トランスファーは25¢

ピープルムーバー
Detroit People Mover（DPM）

ダウンタウンを環状に走る高架の無人電車。ルネッサンスセンターやグリークタウン、スポーツ会場への足となる。約15分で1周できるので、デトロイト観光の初めにひと回りするのもいい。囲まれたエリアは治安も悪くない。駅は全部で13駅。

ピープルムーバー
☎(313) 224-2160
URL www.thepeoplemover.com
運行／月～金6:30～24:00（金～翌2:00）、土9:00～翌2:00、日12:00～24:00
料75¢。トークンと呼ばれるコインを買うか、現金の場合、5¢、10¢、25¢のコインで

ストリートカーの登場▶2017年春、デトロイトのダウンタウンからミッドタウンを通り、フィッシャービルディングまで延びるストリートカーが運行を開始した。全12駅。各駅に自動券売機がある。QLINE　☎(313)528-3044　URL qlinedetroit.com　料$1.50、1日券$3　開月～金6:00～24:00（金～翌2:00）、土・日8:00～翌2:00（日～23:00）

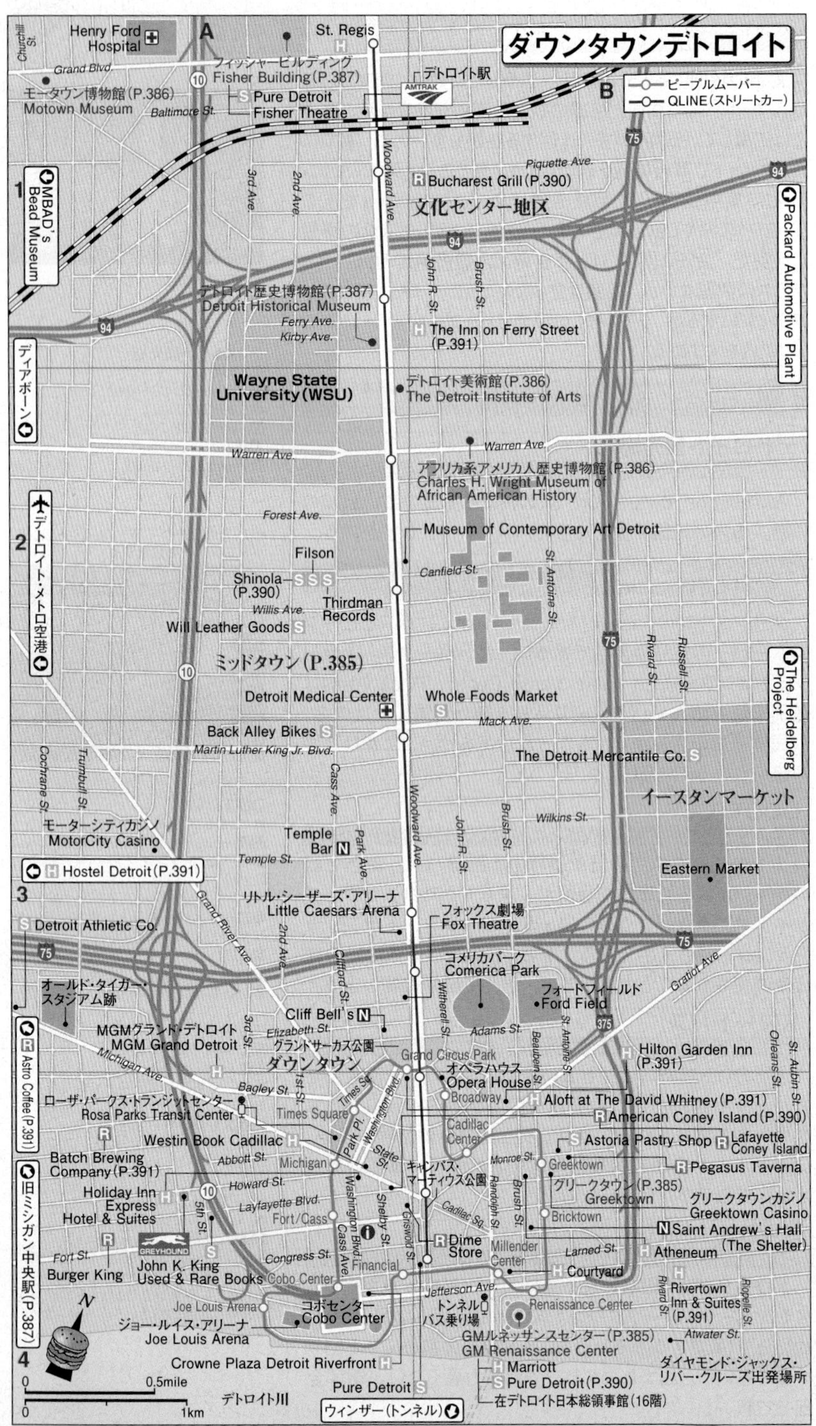
ダウンタウンデトロイト
ピープルムーバー
QLINE（ストリートカー）
Henry Ford Hospital
St. Regis
フィッシャービルディング
Fisher Building（P.387）
デトロイト駅
Pure Detroit
Fisher Theatre
モータウン博物館（P.386）
Motown Museum
Bucharest Grill（P.390）
文化センター地区
MBAD's Bead Museum
Packard Automotive Plant
デトロイト歴史博物館（P.387）
Detroit Historical Museum
The Inn on Ferry Street（P.391）
ディアボーン
Wayne State University（WSU）
デトロイト美術館（P.386）
The Detroit Institute of Arts
アフリカ系アメリカ人歴史博物館（P.386）
Charles H. Wright Museum of African American History
Museum of Contemporary Art Detroit
デトロイト・メトロ空港
Filson
Shinola（P.390）
Thirdman Records
Will Leather Goods
ミッドタウン（P.385）
The Heidelberg Project
Detroit Medical Center
Whole Foods Market
Back Alley Bikes
The Detroit Mercantile Co.
イースタンマーケット
モーターシティカジノ
MotorCity Casino
Temple Bar
Hostel Detroit（P.391）
Eastern Market
リトル・シーザーズ・アリーナ
Little Caesars Arena
フォックス劇場
Fox Theatre
Detroit Athletic Co.
コメリカパーク
Comerica Park
オールド・タイガー・スタジアム跡
フォードフィールド
Ford Field
Cliff Bell's
MGMグランド・デトロイト
MGM Grand Detroit
グランドサーカス公園
ダウンタウン
Hilton Garden Inn（P.391）
オペラハウス
Opera House
Astro Coffee（P.391）
ローザ・パークス・トランジットセンター
Rosa Parks Transit Center
Aloft at The David Whitney（P.391）
American Coney Island（P.390）
Westin Book Cadillac
Astoria Pastry Shop
Lafayette Coney Island
Batch Brewing Company（P.391）
キャンパス・マーティウス公園
Pegasus Taverna
グリークタウン（P.385）
Greektown
グリークタウンカジノ
Greektown Casino
Holiday Inn Express Hotel & Suites
旧ミシガン中央駅（P.387）
Saint Andrew's Hall（The Shelter）
Dime Store
Atheneum
Burger King
John K. King Used & Rare Books
Courtyard
コボセンター
Cobo Center
トンネルバス乗り場
Rivertown Inn & Suites（P.391）
ジョー・ルイス・アリーナ
Joe Louis Arena
GMルネッサンスセンター（P.385）
GM Renaissance Center
Crowne Plaza Detroit Riverfront
Marriott
ダイヤモンド・ジャックス・リバー・クルーズ出発場所
Pure Detroit
Pure Detroit（P.390）
デトロイト川
ウィンザー（トンネル）
在デトロイト日本総領事館（16階）
0.5mile
1km

旅のアドバイス デトロイトのホテル ▶ ダウンタウンのホテルは数えるほどしかない。車があれば自由に動けるが、車がない場合は荷物を持ってホテルを探し回るのは時間の無駄なので事前に決めておこう。できれば料金が高くてもピープルムーバーのエリア内、場合によってはグリークタウンやMGMなど、カジノ併設のホテルに泊まるのもいい。

おもな見どころ Sightseeing

ダウンタウン地区 Downtown

円筒形の摩天楼はデトロイトのシンボル 地P.384-B4

GMルネッサンスセンター
GM Renaissance Center

デトロイトの顔としてよく紹介される、ガラス張りの円筒形の集合建築、通称**レンセンRen Cen**。再開発計画のシンボルとして1977年に建てられた。中央にある73階建てのタワーにはホテルが入り、囲むように39階建ての4棟が並ぶ。北西の棟は100、北東が200、南東は300、南西は400と名称がつけられている。一角には人気ショップや1110人収容可能なフードコート、レストランも多く営業している。デトロイト必見のポイントだ。

GM ワールド（ショールーム） GM World（Showroom）

ルネッサンスセンターにある GM ワールドは必見

アメリカで売り上げ台数ナンバーワンのメーカー、GMのショールームで、GM歴代の名車や新車が並ぶ。隣接した5階建ての**ガラスの植物園GM Wintergarden**からはカナダも見渡せる。

ツアー GM レンセン　Tour of the GMRENCEN

ガイドと一緒にルネッサンスセンターを回るウオーキングツアー。GM Worldも含まれ、所要約1時間。

ダウンタウンで唯一夜までにぎやか 地P.384-B4

グリークタウン
Greektown

その名のとおりギリシャ系の移民が定住した地域。夜遅くまでにぎわう所だ。Monroe St.を歩くと、トランペットやギターの音が聞こえてきて、モータウンレコードが生まれた町であることが実感できる。**グリークタウンカジノ Greektown Casino**は24時間営業のカジノホテル。21歳未満は入場不可。

最もヒップで熱いエリア 地P.384-A2

ミッドタウン
Midtown

ダウンタウンの北に位置するミッドタウンは、現在のデトロイトを象徴するショップやカフェなどが多く集まるエリア。デトロイト生まれのシャイノラ➡P.390を中心に話題の店が軒を連ねている。デトロイトの南北を走るWoodward Ave.の西側が特に活気がある。

日本領事館もある、最もデトロイトらしいビル群

GMルネッサンスセンター
住400 Renaissance Center
☎(313)567-3126
URL gmrencen.com
●GM World
開24時間（イベント時は除く。係員がいるのは月～金7:00～18:00）
●Tour of the GMRENCEN
☎(313)568-5624
出発／月～金12:00、14:00。所要約1時間
料無料
休土・日、おもな祝日とイベントのある日
※予約は必要ないが、ツアーが始まる10分ほど前までに、Tower 400 Level 1のPURE DETROITにあるカウンターでツアー参加の記名をしておく

グリークタウン
行ピープルムーバーGreektown駅がグリークタウンカジノに直結している。にぎやかなのはMonroe St.を東に100mほどの間
●Greektown Casino
地P.384-B4
住555 E. Lafayette Blvd.
☎(313)223-2999
URL www.greektowncasino.com
開24時間
※入場時に年齢確認と荷物検査があり、大きな荷物を持っての入場はできない

ミッドタウン
URL midtowndetroitinc.org

デトロイトの今を知ることができるエリア

メモ ダイヤモンド・ジャックス・リバー・クルーズ▶アメリカ、カナダの2ヵ国を同時に楽しめるリバー・クルーズ・ツアー。出発はレンセンの東にあるRivard Plazaから。所要約2時間。☎(313)843-9376 URL diamondjack.com 開6月上旬～9月上旬の木～日 13:00、15:30 料$20 地P.384-B4

文化センター地区　Cultural Center

ここから数々の名曲が生まれた

伝説のスタジオで酔いしれる　地P.384-A1

モータウン博物館
Motown Museum

スティービー・ワンダー、シュープリームス、マービン・ゲイ、テンプテーションズ、マーサ&ザ・バンデラス、ダイアナ・ロス、そしてマイケル・ジャクソン。世界を席巻したブラックミュージックのヒット曲は、デトロイトの小さなスタジオから生まれた。創立者バリー・ゴーディJr.は購入した家の地下室をレコーディングスタジオに改造し、1959年にモータウンレコードを設立。現在はモータウンの歴史、そしてアメリカ音楽史を語る博物館として公開されている。

2階ではモータウンの歴史とスターの写真、ゴールドとプラチナディスク、シュープリームス、テンプテーションズの衣装などが並ぶが、なかでもひときわ目を引くのが"King of Pop"マイケル・ジャクソンの使用済み帽子と白い手袋。階下では当時のままのスタジオAが見学でき、音も聞かせてくれる。

モータウン博物館
住2648 W. Grand Blvd.
☎(313)875-2264
URL www.motownmuseum.org
開火～土10:00～18:00(夏期は延長あり)
休日・月、おもな祝日(夏期は日曜のみ閉館)
料$15、シニア・5～17歳$10
行DDOTバス#16で約25分

アフリカ系アメリカ人の苦難の歴史がわかる　地P.384-B2

アフリカ系アメリカ人歴史博物館
Charles H. Wright Museum of African American History

アフリカ系アメリカ人博物館としては最大規模であり、公民権運動の起きた1965年に創立された。圧巻は常設展示の"And Still We Rise"。20のジオラマから構成され、有史前のアフリカ大陸に始まり、強制的に連れてこられた先祖の理不尽な歴史をたどり、今日のアフリカ系アメリカ人社会の成り立ちまでを時系列で解説している。

アフリカ系アメリカ人歴史博物館
住315 E. Warren Ave.
☎(313)494-5800
URL www.thewright.org
開火～日9:00～17:00(日13:00～)
休月、おもな祝日
料$8、62歳以上・3～12歳$5
行ストリートカー、またはDDOTバス#4でWarren Ave. & Woodward Ave.下車、東へ2ブロック。約25分

奴隷船の生々しい展示がある

入館料が安く思える必見の美術館　地P.384-A2

デトロイト美術館
The Detroit Institute of Arts (DIA)

6万5000点の作品を収蔵する全米屈指の美術館。1885年の創立で、博物館などが多く集まる文化地区の中心にある。セザンヌ、ゴッホ、ルノワールの印象派の作品が並ぶヨーロッパ美術のセクションをはじめ、日本や中国を含むアジア・イスラムセクションやアフリカ・オセアニアのセクションも充実。ウォーホルやエバ・ヘッセなどポップアートやポスト・ミニマリズムの作品も秀逸だ。なかでも中央の展示室にある、四方の壁を使って描かれた**ディエゴ・リベラDiego Rivera**の壁画**"デトロイトの産業Detroit Industry"**は、1930年代に工業の隆盛を迎えたデトロイトを描いた大作で、デトロイトのマストシーだ。ディエゴ・リベラは芸術とは大衆のためのものと、誰もが公の場所で鑑賞できる壁画というメディアにこだわった。産業と技術こそがデトロイトの誇れる文化、とでも語っているかのように、リベラの鋭い目をとおして描かれた27のパネルは見る側に多くの問題を投げかける。

デトロイト美術館
住5200 Woodward Ave.
☎(313)833-7900
URL www.dia.org
開火～金9:00～16:00(金～22:00)、土・日9:00～17:00
休月
料$14、シニア$9、6～17歳$6
行ストリートカー、またはDDOTバス#4で美術館前下車。約15分

リベラの大迫力の作品は必見

メモ　大人な夜を味わう▶ダウンタウンの北にあるクリフベルズは、耳の肥えた音楽好きたちが集まるジャズクラブ兼レストラン。もちろん演奏だけ楽しむのもあり。Cliff Bell's 住2030 Park Ave. ☎(313)961-2543 URL www.cliffbells.com 開火～土17:00～24:00（土～24:30)、日11:00～22:00（月はイベントにより異なる）地P.384-A3

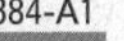

モータータウンの歴史を知ろう　地P.384-A1

デトロイト歴史博物館

Detroit Historical Museum

　自動車だけではないデトロイトの歴史がここに来れば一目瞭然。例えば、南北戦争前、奴隷解放のための地下組織アンダーグラウンド・レイルロード➡P.376は、カナダへ奴隷を逃がすためデトロイトに大きな拠点を構えていた史実が残されていたり、地階では、時代ごとに昔のデトロイトを再現した"The Streets of Old Detroit"が人気で、ドラッグストア、歯医者、理髪店などポップな展示もある。もちろん、世界で最初に舗装道路と高速道路ができた町など、車にかかわる歴史も紹介されている。

デトロイト歴史博物館
住5401 Woodward Ave.
☎(313)833-1805
URL detroithistorical.org
開火～金9:30～16:00、土・日10:00～17:00
休月
料無料
行ストリートカー、またはDDOTバス#4で約15分

ひときわ存在感を放つ建築物　地P.384-A1

フィッシャービルディング

Fisher Building

　ドイツ生まれでデトロイトを代表する建築家アルベルト・カーンが、1928年に建てたアールデコ様式の高層建築。1989年にはアメリカの国定歴史建造物に認定された。完成当時から続く伝統あるフィッシャー劇場**Fisher Theatre**では、人気ミュージカルの公演も行われている。

フィッシャービルディング
住3011 W. Grand Blvd.
●Fisher Theatre
☎(313)872-1000
URL www.broadwayindetroit.com
行ストリートカーで約25分

歴史的に価値の高い建築

美しく、虚しく、たたずむ　地P.384-A4外

旧ミシガン中央駅

Michigan Central Station

　1913年に完成し、1988年に閉業したかつての中央駅。世界いちの高さを誇っていた駅舎で、1日200以上の列車が発着していたときもあった。廃墟を巡るツアーもあるほどデトロイトの廃墟は美しいが、最も人気なのがここだ。ただし、中に入ることはできない。

旧ミシガン中央駅
住2001 15th St.
行DDOTバス#2でMichigan Ave. & 16th St.下車。そこから南へ徒歩5分

デトロイトの裏名物スポット

郊外の見どころ　Excursion

ディアボーン市　Dearborn

外せないデトロイトの人気観光スポット　地P.388-A

ヘンリー・フォード

The Henry Ford

　ダウンタウンの西約14マイル（約22km）にあるディアボーン市には、デトロイト観光の最大の目玉、**ヘンリー・フォードThe Henry Ford**がある。博物館と昔の村をまるごと再現したグリーンフィールドビレッジ、そして1914年から稼働しているフォードのルージュ工場見学ツアーなどをまとめてヘンリー・フォードThe Henry Fordと呼ぶ。

広告で有名なウインナーモービルもある

ヘンリー・フォード
住20900 Oakwood Blvd., Dearborn
☎(313)982-6001
URL www.thehenryford.org
行スマートバス#200でOakwood Blvd.下車（約45分）、Oakwood Blvd.を左（南）へ徒歩7～8分で自動車の殿堂とヘンリー・フォードが見えてくる。もしくはDDOT#2でFairlane Town Centerまで行き、そこからスマートバス#200に乗り換える。なお、#200のバスはダウンタウンへは朝夕のラッシュアワーのみの運行で、土・日はFairlane Town Centerとダウンタウン間は走らない

メモ　Old Car Festival▶ ヘンリー・フォードでは毎年Old Car Festivalが開催される。1890～1932年に製造されたクラシックカーのオーナーたちが全国から集まり、Greenfield Villageでパレードを行う。2019年は9月7、8日に行われる予定。

●Henry Ford Museum
開毎日9:30〜17:00
料$23、62歳以上$21、5〜11歳$17.25
※総合案内の受付では日本語のパンフレットも用意されている

●Greenfield Village
開〈4/14〜10/28〉毎日9:30〜17:00、〈10/29〜11/25〉金〜日9:30〜17:00、〈11/26〜12/31〉日によって異なるのでウェブサイトで確認を（2018年のデータ）
休1月上旬〜4月中旬
料$28、62歳以上$25.50、3〜11歳$21

●Ford Rouge Factory Tour
ツアー／月〜土9:30〜17:00の15〜20分間隔。ツアーの最終便は15:00出発
料$18、62歳以上$16.25、5〜11歳$13.25
※割引のパッケージ料金あり

クラシックな光景が広がる

ヘンリー・フォード博物館　Henry Ford Museum

ヘンリー・フォードの中核となる博物館。メインはアメリカの自動車の歴史。T型フォード、マスタングの生産1号車など歴史に名を残す車が年代順に展示され、どのように普及していったかが紹介されている。ケネディ大統領がダラスで暗殺されたときに乗車していたリムジンや公民権運動のきっかけとなったローザ・パークスがひとりで座り込んだバスも一角に置かれ、同じ席に座ってみることもできる。ほかにもリンカーンが1865年4月の暗殺時に座っていた椅子や機関車、飛行機、住宅、農機具など幅広く展示され、アメリカ文明史そのものが見られる。

グリーンフィールドビレッジ　Greenfield Village

博物館の隣、広大な敷地内に開拓時代の村が再現されている。エジソンの研究室や人類初飛行に成功したライト兄弟の自転車店などが移築された敷地には、T型フォードが走り、しばし昔のアメリカにタイムトリップできる。

ルージュ工場ツアー　Ford Rouge Factory Tour

フォードの車工場を見学するツアー。見学前にはフォード110年の歴史や、4-Dを体感しながら車の製造に加わっているような映画が見られる。生産ラインで組み立てられているのは、フォードの主力モデルのピックアップトラックF-150。なお、工場内の写真撮影は禁止されている。

自動車産業を支えた偉人たち　地P.388-A

自動車の殿堂
Automotive Hall of Fame

自動車産業に貢献した人々をたたえる殿堂。ガソリンエンジンの発明家、ニコラウス・オットーや、世界初の自動車を製作したカール・ベンツなどの名が連なる。日本からは本田宗一郎、豊田英二、田口玄一、片山豊、梁瀬次郎、石橋正二郎、豊田章一郎、豊田喜一郎が殿堂入りしている。

自動車の殿堂
住21400 Oakwood Blvd., Dearborn
☎(313) 240-4000
URL automotivehalloffame.org
開〈5/1〜9/30〉水〜日9:00〜17:00、〈10/1〜4/30〉金〜日9:00〜17:00
休6〜8月の月・火、9〜5月の月〜木、おもな祝日
料$10、62歳以上・13〜18歳$6、5〜12歳$4
行ヘンリー・フォードから北に歩いて3分ほど。駐車場の先にある

今こそアラブ系移民について学ぼう　地P.388-A

アラブ系アメリカ人博物館
Arab American National Museum

デトロイト周辺には多くのアラブ系移民が住む。各分野で活躍する有名なアラブ系アメリカ人、アラブ民族の伝統や文化を紹介する、アメリカ初の博物館。

アラブ系アメリカ人博物館
住13624 Michigan Ave., Dearborn
☎(313) 582-2266
URL www.arabamericanmuseum.org
開水〜土10:00〜18:00、日12:00〜17:00
休月・火、おもな祝日
料$8、59歳以上・6〜12歳$4
行DDOT#2もしくはスマートバス#200、261で約30分

メモ　ヘンリー・フォードの新アトラクション▶Giant Screen Experience。4Kの巨大スクリーンで映画が上映されている。料$10〜14、シニア$9〜12.50、5〜11歳7.50〜10.50

ウインザー（カナダ） Windsor (Canada)

デトロイトのダウンタウンから、バスでトンネルを抜けて川の向こうへ渡れば、そこはもうカナダ。たった15分、たった川1本でアメリカとは違ったカナダの雰囲気が楽しめる。入国審査があるのでパスポートを忘れずに。

ウインザー
地P.388-B
●Tunnel Bus
☎(519)944-4111
URL www.citywindsor.ca
運行／月～土5:30～翌0:30、日8:00～24:00。30～40分間隔
料米ドル、カナダドルとも$5
乗り場／デトロイトからは、ローザ・パークス・トランジット・センターなど4ヵ所のバス停がある

国境を越えるから
路線バスでの国境越えではあるが、もちろん入国審査がある。旅行者はあまり利用しないらしく、場合によってはかなりしつこく理由を聞かれるなど、簡単に通過できないことがある。頭に入れておきたい

国境を越えてカジノを楽しみに行こう！ 地P.388-B

シーザースウインザー
Caesars Windsor

カナダ川でひときわ目立つシーザースのカジノ

デトロイトにもカジノがたくさんあるが、対岸のウインザーに渡る人の多くが、ここのカジノを目指しているといっても大げさではない。ルーレット、ブラックジャック、バカラのほか、ずらりと並んだスロットマシンではローカル、観光客問わず多くの客が真剣な眼差しでリールを見つめている。そのほかバフェで舌鼓を打ったり、5000席ある劇場コロセウムで行われる有名アーティストのコンサートに行くのもいい。

シーザースウインザー
住377 Riverside Dr. E., Windsor, Ontario, CA N9A 7H7
Free (1-800)991-7777
URL www.caesars.com
開24時間
行ダウンタウンデトロイトからトンネルバスでシーザースウインザー前下車。約15分

スポーツ観戦 Spectator Sports

ベースボール MLB

デトロイト・タイガース（アメリカンリーグ中地区）
Detroit Tigers

2010年代最強チームのひとつで、アメリカンリーグとともに誕生。1909年タイトルを総なめにした球聖タイ・カッブも在籍した。2011年から4年連続で地区優勝を果たすなど、プレイオフ常連となっていたが、2015年以降プレイオフ進出もできずにいる。3年連続2桁勝利のマイケル・フルマーと、2年連続20本塁打のニコラス・カステヤノスらの奮起でBクラスからの脱出を目指す。

トラずくめのコメリカパーク

デトロイト・タイガース
(1894年創設) 地P.384-B3
本拠地――コメリカパークComerica Park（4万1782人収容）
住2100 Woodward Ave.
☎(313)962-4000
URL www.mlb.com/tigers
行ピープルムーバーのGrand Circus Park駅、またはBroadway駅下車。徒歩3分

この選手に注目！
ニコラス・カステヤノス（外野手など）

アメリカンフットボール NFL

デトロイト・ライオンズ（NFC 北地区） Detroit Lions

2年連続9勝と勝ち越したものの、2017シーズンはプレイオフに届かず。0勝で終わった2008シーズンを忘れさせる好調ぶりだが、最重要課題をプレイオフに残している。8連続初戦敗退という不名誉な記録を打破しなくては何も変わらない。チームカラーはホノルルブルー、シルバー。

デトロイト・ライオンズ
(1930年創設) 地P.384-B3
本拠地――フォードフィールド Ford Field（6万5000人収容）
住2000 Brush St.
Free (313)262-2222（チケット）
URL www.detroitlions.com
行ピープルムーバーBroadway駅下車。徒歩5分

この選手に注目！
マシュー・スタフォード

メモ　アメリカドルとカナダドルのレート ▶$1＝CA$1.31（2018年10月31日現在）

バスケットボール　NBA

デトロイト・ピストンズ（東・中地区）
Detroit Pistons

デトロイト・ピストンズ
（1941年創設）
地P.384-A3
本拠地――リトル・シーザーズ・アリーナ
Little Caesars Arena（2万1000人収容）
住2645 Woodward Ave.
☎（248）377-0100
URL www.nba.com/pistons
行ピープルムーバーのGrand Circus Park駅から徒歩10分

この選手に注目！
ブレイク・グリフィン

2007-08シーズンの59勝から急失速、以降の10シーズンで勝ち越し1回という低迷期に。今シーズン、クリッパーズからグリフィンが加入、新「バッドボーイズ」を名乗れるか。チームカラーはロイヤルブルー、ネイビーブルー、クローム、レッド、ホワイト。

デトロイトはバスケット熱が高い

アイスホッケー　NHL

デトロイト・レッドウイングス（東・太平洋地区）
Detroit Red Wings

デトロイト・レッドウイングス
（1926年創設）
地P.384-A3
本拠地――リトル・シーザーズ・アリーナ
Little Caesars Arena（2万人収容）
住2645 Woodward Ave.
☎（313）471-7575（チケット）
URL www.nhl.com/redwings
行ピープルムーバーのGrand Circus Park駅から徒歩10分

この選手に注目！
ディラン・ラーキン

1926年に創設された伝統のチーム。低迷期とはまったく無縁の常勝エリート軍団だったがプレイオフ進出の連続記録が25でストップした2016-17年シーズン以降は2年連続でプレイオフを逃している。攻撃の中心となっていたゼッターバーグが引退し、ラーキンひとりにその重責を負わすのは酷か。

ショップ&レストラン
Shops & Restaurants

S　アクセサリー・雑貨
デトロイト発のスーパーブランド
シャイノラ
Shinola
住441 W. Canfield St.
☎（313）285-2390　URL www.shinola.com　AMV
開月〜土9:00〜19:00、日10:00〜17:00　地P.384-A2

全米でも人気を博すシャイノラの旗艦店。時計や自転車などの代表的なものから、革製品や文房具なども取り扱う。同じ通りには高感度のショップが並ぶ。

S　雑貨
クールな"Detroit"のロゴ入りグッズが揃う
ピュアデトロイト
Pure Detroit
住GM Renaissance Center, Tower 400
☎（313）259-5100　URL www.puredetroit.com　AMV
開月〜土10:30〜17:30　休日　地P.384-B4

"Detroit"とプリントされたTシャツ、帽子などが揃う。自動車の町らしく、車をモチーフにしたおみやげが見つかる。フィッシャービル、ガーディアンビルなどに支店あり。

R　ルーマニア料理
デトロイトの人気ファストフード
ブカレストグリル
Bucharest Grill
住110 Piquette Ave.　☎（313）965-3111
URL www.bucharestgrill.com
開毎日10:00〜23:00（土・日11:00〜）　AMV　地P.384-B1

デトロイトに4店舗を構える人気レストラン。名物のシャワルマ（$5.50〜）は棒状で銀紙に包まれてくる。デトロイターの食べ方は、半分ほどのところの銀紙を1周破り、片方の銀紙を抜きとる。

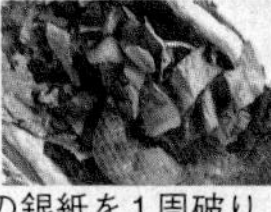

R　ファストフード
熱々のホットドッグをほおばりたい！
アメリカン・コニーアイランド
American Coney Island
住114 W. Lafayette Blvd.　☎（313）961-7758
URL www.coneykit.com
開24時間　AMV　地P.384-A4

1917年創業のデトロイトの名物店。かわいらしいカラフルな家具が並びレトロな雰囲気。ニューヨークのコニーアイランドで生まれた人気のホットドッグ（$3）は、ここでもおすすめの一品。ジューシーな味を堪能しよう。

レストラン&ホテル
Restaurants & Hotels

ブリュワリー

R 週末の夜は多くの人でにぎわう

バッチブリューイング・カンパニー
Batch Brewing Company

住1400 Porter St. ☎(313) 338-8008
URL www.batchbrewingcompany.com AMV
開毎日11:00〜22:00(金・土〜24:00、日10:00〜) 地P.384-A4

ダウンタウンの西に位置する小さなブリュワリー。できたてのビールのほかにナチョスやプレッツェル、ソーセージなど、つまみも充実している。DDOTバス#27、1で約15分。

カフェ

R 朝食はここで食べたい

アストロコーヒー
Astro Coffee

住2124 Michigan Ave. ☎(313) 808-0351
URL www.astrodetroit.com AMV 開火〜土7:30〜18:00(土8:30〜)、日9:00〜17:00 休月 地P.384-A4外

ダウンタウンの西、コークタウン地区にある人気のカフェ。最近はメディアにもたびたび登場しており、人気に拍車がかかっている。Michigan Ave.沿い、DDOTバス#2で約15分。

ホステル

H 親切なスタッフがいるホステル

ホステルデトロイト
Hostel Detroit

住2700 Vermont St., Detroit, MI 48216 ☎(313) 451-0333
URL www.hosteldetroit.com Wi-Fi無料
ドミトリー$30〜42、個室$70〜94 ADJMV 地P.384-A3外

ダウンタウンの西3km、DDOTバス#18、2で約20分、コークタウン地区の北にある。デトロイトで唯一のホステルで、教育をモットーとする非営利団体によって運営されている。途中かなり閑散としており、特に夜はタクシーでの移動をすすめる。ドミトリーは男女混合のことも。35ベッド。要予約。

エコノミーホテル

H ルネッサンスセンターから東へ2ブロック

リバータウンイン&スイーツ
Rivertown Inn & Suites Downtown Detroit

住1316 E. Jefferson Ave., Detroit, MI 48207 ☎(313) 568-3000
URL www.therivertowninn.com(予約は電話で) Wi-Fi無料
ⓈⓉⒹ$70〜100 AMV 地P.384-B4

ルネッサンスセンターからJefferson Ave.を東へ2ブロック。高級ホテルが多いダウンタウンのなかで低価格で泊まることができる唯一のモーテルだ。宿泊客の評判もいい。暗くなってからは外に出ないように。54室。

中級ホテル

H MLB、NFL観戦におすすめ

ヒルトン・ガーデンイン・デトロイト・ダウンタウン
Hilton Garden Inn Detroit Downtown

住351 Gratiot Ave., Detroit, MI 48226 ☎(313) 967-0900
FAX(313) 967-0908 URL hiltongardeninn3.hilton.com
ⓈⒹⓉ$179〜429 ADJMV Wi-Fi無料 地P.384-B4

ピープルムーバーのCadillac Center駅、Greektown駅にいずれも徒歩5分で、コメリカパークとフォードフィールドにも近い。フィットネスルームやプール、コインランドリーの設備があり、ドライヤーやアイロン台など客室内のアメニティも充実。198室。

中級ホテル

H 文教地区のど真ん中にある宿

イン・オン・フェリーストリート
The Inn on Ferry Street

住84 E. Ferry St., Detroit, MI 48202 ☎(313) 871-6000
FAX(313) 871-1473 URL www.innonferrystreet.com
ⓈⒹⓉ$179〜359 ADMV Wi-Fi無料 地P.384-B1

デトロイト美術館近くの歴史的住宅地区にあるホテル。6軒の住宅を改造して営業。朝食と8km以内のシャトルサービスは無料。チェックイン時に水とクッキーがもらえる。40室。

高級ホテル

H 立地抜群のモダンホテル

アロフト・デトロイト・アット・ザ・デイビッド・ホイットニー
Aloft Detroit at The David Whitney

住1 Park Ave., Detroit, MI 48226 ☎(313) 237-1700
URL www.aloftdetroit.com ⓈⒹⓉ$249〜399 ADMV Wi-Fi無料 地P.384-A4

ピープルムーバーのGrand Circus Park駅に隣接しており、親切なスタッフがいるホテル。室内はモダンな家具でまとめられ、コーヒーメーカーや電子レンジ、冷蔵庫、ドライヤーなどアメニティも充実。ゆったりとした室内は、きっと旅の疲れを癒やしてくれる。また、ロビーにはバーもあり、夜遅くまで宿泊客で盛り上がっている。136室。

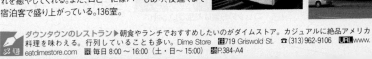

メモ **ダウンタウンのレストラン**▶朝食やランチでおすすめしたいのがダイムストア。カジュアルに絶品アメリカ料理を味わえる。行列していることも多い。Dime Store 住719 Griswold St. ☎(313) 962-9106 URL www.eatdimestore.com 開毎日 8:00 〜 16:00(土・日〜 15:00) 地P.384-A4

Cleveland クリーブランド

エリー湖畔の観光都市

古くから高層建築のあったクリーブランド

「ロックンロール」とは、クリーブランドのラジオDJ、アラン・フリードが世に広めた言葉だ。それまでネガティブな意味合いも多かった言葉を彼は多用し、現在の意味に定着させた。そう、クリーブランドはある意味「ロックンロール」が生まれた町なのだ。そんなロックンロールの故郷ともいえる場所に1995年、ロックンロールの殿堂と博物館がオープン。ロックだけにとどまらず、幅広いジャンルの音楽に焦点を当てた展示で、世界各国の音楽ファンを魅了している。また、五大湖のひとつであるエリー湖に面し、市内をカヤホガ川が流れる、水資源豊かな町でもある。そのため水運が容易で、五大湖工業地帯の中核として発展してきた。後に重工業が衰退、近年は医療や保険、観光などへのシフトチェンジが図られている。さらに東部にあるユニバーシティサークルでは、世界屈指のオーケストラ、クリーブランド管弦楽団が本拠地を構え、医学、生化学の分野で全米屈指のレベルにあるケース・ウエスタン・リザーブ大学の広大なキャンパスもある。さまざまな表情をもつクリーブランドは、決して大都市ではないが、ほかの都市にも負けない魅力をもっている。

ロックの殿堂はお宝がいっぱい

DATA

人口▶約 38万5500人
面積▶約201km²
標高▶最高320m、最低174m
TAX▶セールスタックス　8%
ホテルタックス　16.50%
属する州▶オハイオ州　Ohio
州のニックネーム▶トチノキ州
Buckeye State
州都▶コロンバス　Columbus
時間帯▶東部標準時（EST）
➡P.631
繁忙期▶5〜9月

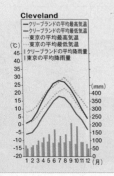

Cleveland
―クリーブランドの平均最高気温
―クリーブランドの平均最低気温
…東京の平均最高気温
…東京の平均最低気温
▮クリーブランドの平均降雨量
▮東京の平均降雨量
(℃) 45 40 35 30 25 20 15 10 5 0 -5 -10 -15 -20
(mm) 400 350 300 250 200 150 100 50 0
1 2 3 4 5 6 7 8 9 10 11 12 (月)

クリーブランドへの行き方 Getting There

飛行機 Plane

クリーブランド・ホプキンス国際空港
Cleveland Hopkins International Airport（CLE）

ダウンタウンの南西約20kmにある空港。規模はあまり大きくないが、ニューヨークやシカゴ、ワシントンDCを約1時間30分で結ぶ。地下にはRTAラピッドトランジット・レッドラインが乗り入れている。

クリーブランド・ホプキンス国際空港
地P.395-A3外
住5300 Riverside Dr.
☎(216) 265-6000
URL www.clevelandairport.com

■ 空港から／空港へのアクセス

	種類／名称／連絡先	行き先／運行／料金	乗車場所／所要時間／備考
鉄道	RTA ラピッドトランジット・レッドライン RTA Rapid Transit Red Line ☎(216) 621-9500 URL www.riderta.com	行き先▶ダウンタウンのTower City駅、ユニバーシティサークルのCedar University駅など ※Tower City駅はほかの路線やバスへ乗り換えるのに便利 運行▶毎日3:52〜翌1:23の10〜15分間隔 料金▶$2.50	空港発▶バゲージクレーム（預託荷物のピックアップ場所）の下の階に駅があるので、そこから乗車 空港行き▶レッドラインの最寄り駅から乗車 空港行き▶ダウンタウンまで約30分、ユニバーシティサークルまで約50分
タクシー	エースタクシー Ace Taxi ☎(216) 361-4700 URL www.acetaxi.com	行き先▶市内や周辺どこでも 運行▶24時間随時 料金▶ダウンタウンまで約$50	空港発▶バゲージクレームを出た南側から乗車 空港行き▶事前に電話予約、または主要ホテルから乗車 所要時間▶ダウンタウンまで約20分

※それぞれの乗り物の特徴については ➡P.665

長距離バス Bus

グレイハウンド・バスターミナル
Greyhound Bus Terminal

ダウンタウンの東端にある。オハイオ州都のコロンバスやシンシナティのほか、シカゴ、デトロイト、ピッツバーグなどからのバスが発着。売店には椅子とテーブルがある。ダウンタウンの中心パブリックスクエアへは徒歩約15分。

グレイハウンド・バスターミナル
地P.395-B1
住1465 Chester Ave.
☎(216) 781-0520
開24時間

ダウンタウンの東にあるグレイハウンド・バスターミナル

鉄道 Train

アムトラック駅
Amtrak Station

シカゴやニューヨーク、ボストン、ワシントンDCなどを結ぶ列車が毎日停車する。発着時間は深夜と早朝のみ。

アムトラック駅
地P.395-A1
住200 Cleveland Memorial Shoreway
Free (1-800) 872-7245
開毎日0:00〜7:30

クリーブランドの歩き方 Getting Around

町歩きの拠点はターミナルタワー。バス停や電車の駅もターミナルタワー周辺に多い。エリー湖に面したクリーブランドいちの名所、ロックンロールの殿堂と博物館や、NFL、MLB、NBAのスポーツ会場はすべてダウンタウンの徒歩圏内にある。RTAバスも縦横に走っているので気軽に利用しよう。学生街であり文教地区でもあるユニバーシティサークルへは、ヘルスラインで約15分。全米屈指の実力を誇るクリーブランド管弦楽団のコンサートや、美術館など、芸術鑑賞に最適の場所だ。また、カヤホガ川を渡るとローカルが多く集まるオハイオシティやトレモント地区がある。

バス停にはバス番号が明示されている

観光案内所 *Visitors Information*

クリーブランド観光案内所
Cleveland Visitors Center

ダウンタウンの中心にある広場、パブリックスクエアから東へ1ブロックの所にある。各種資料が揃い、親切なスタッフも常駐している。

クリーブランド観光案内所
地 P.395-A2
住 334 Euclid Ave.
☎ (216) 875-6680
Free (1-800) 321-1001
URL www.thisiscleveland.com
開 月～土9:00～18:00
休 日

Euclid Ave. 沿いにある観光案内所

市内の交通機関 *Public Transportation*

クリーブランド地域交通局（RTA）
Greater Cleveland Regional Transit Authority (RTA)

クリーブランド郊外までをカバーする公共交通システム。鉄道（RTAラピッドトランジット）とバス（RTAバス）、そしてダウンタウンを循環するトロリー（RTAトロリー）を運行している。**案内所Customer Service Center**はRTAラピッドトランジットのTower City Center駅にあるので、そこで時刻表や路線図を手に入れよう。チケットも販売している。

RTA ラピッドトランジット　RTA Rapid Transit

路線はレッド、ブルー、グリーン、ウオーターフロントの4つで、すべてターミナルタワーの地下にあるTower City Center駅を通る。空港やユニバーシティサークルを結ぶレッドラインと、ノースコースト地区へ行くウオーターフロントラインは観光に便利。ウオーターフロントラインは、グリーンラインとブルーラインの一部列車が直接乗り入れている。

RTA ヘルスライン　RTA HealthLine

パブリックスクエアとレッドライン終点のLouis Stokes駅を結ぶバスルート。2両バスが医療機関や大学病院の集まるEuclid Ave.を日中5～30分間隔で走る。ユニバーシティサークルの見どころを巡るのに便利だ。

RTA バス　RTA Bus

灰色の車体の上部に赤と青のラインが入ったバス。約60のルートがダウンタウンと郊外を結んでいる。

RTA トロリー　RTA Trolley

ダウンタウンを循環するトロリーバス。W. 6th St.→Superior Ave.→Euclid Ave.を通るEライン、パブリックスクエア周辺を反時計回りに巡回するBラインがある。平日のみ7:00～19:00を10分おきに運行。そのほかSt. Clair Ave.やEuclid Ave.を通るCライン、平日の朝・夕のラッシュ時間帯のみ運行するナイン・トゥエルブライン（無料）がある。

クリーブランド地域交通局（RTA）
☎ (216) 621-9500
URL www.riderta.com
運行／路線により異なるが、RTAラピッドトランジット、RTAバスのいずれも早朝から深夜まで運行している
料 RTAラピッドトランジットとRTAバスは$2.50、RTAトロリー無料。1日券$5.50（鉄道、バス共通）
●Customer Service Center
（Tower City Center駅）
地 P.395-A2
☎ (216) 356-3700
開 月～金7:00～18:00

RTA バスよりも大型なヘルスライン

ツアー案内 *Sightseeing Tours*

ローリー・ザ・トロリー
Lolly the Trolley

トロリーバスに乗って、クリーブランドのおもなアトラクションを車上から見学する約1時間のツアー。ウエアハウス地区やロックンロールの殿堂と博物館のあるノースコーストなどを、ドライバーの説明を聞きながら回る。要予約。

ローリー・ザ・トロリー
地 P.395-A2（乗り場）
☎ (216) 771-4484
Free (1-800) 848-0173
URL www.lollytrolley.com
出発時間／〈5～10月〉月～土12:30、日15:30、〈11～4月〉金・土12:30（1月はツアーを催行していない）
料 1時間ツアー：$15、シニア$13、17歳以下$10
出発場所／フラット地区のPowerhouse (Elm St. & Winslow Ave.)
※2時間30分のツアーもあり

おもな見どころ Sightseeing

タワーシティ地区 Tower City District

多くの人でにぎわうターミナルタワー前

RTAラピッドトランジットの全路線が発着するTower City Center駅。地上52階の**ターミナルタワーTerminal Tower**ビルは1928年に開業した。当時としては珍しい高層建築で、威風堂々としたその姿はクリーブランドのシンボルだ。中にはショップやフードコートがあるので、立ち寄る機会が多いだろう。RTAバスの起・終点である**パブリックスクエアPublic Square**は目の前にあり、乗り換えに便利。東へ1ブロック行けば飲食店などが並ぶ**イーストフォース通りE. 4th St.**がある。

ダウンタウンクリーブランド

- - - ヘルスライン
— RTAレッドライン
— RTAグリーンライン
— RTAブルーライン
— RTAウオーターフロントライン
— RTAトロリーBライン
— RTAトロリーCライン
— RTAトロリーEライン
— RTAトロリー9/12ライン

Burke Lakefront Airport
ロックンロールの殿堂と博物館 Rock and Roll Hall of Fame & Museum（P.396）
USS Cod
Goodtime III
ノースコースト
エリー湖 Lake Erie
FirstEnergy Stadium
グレートレイク科学センター Great Lakes Science Center（P.396）
Amtrak駅
W.3rd St.駅
S.Harbor駅
N. Coast駅
市庁舎
Galleria at Erieview
St. Peter's Church
Slyman's
Comfort Inn Downtown（P.400）
クリーブランド州立大学 Cleveland State University
プレイハウススクエア
Convention Center
Marriott Downtown
図書館
Holiday Inn Express（P.400）
Wyndham Cleveland
Public Square
Terminal Tower
Renaissance
Residence Inn
Lola
Flats East Bank駅
グレータークリーブランド水族館
ローリー・ザ・トロリー発着場
Settlers Landing駅
Tower City駅
Customer Service Center
Jack Casino
Tower City Center
Quicken Loans Arena
Progressive Field
Hilton Garden Inn
Cleveland Clothing Co.（P.400）
Stephanie Tubbs Jones Transit Center
ユニバーシティサークル地区（P.397）、University Hotel & Suites（P.400）
Hyatt Regency
The Arcade
Chocolate Bar
Cuyahoga River
カヤホガ川
Nano Brew（P.400）
オハイオシティ
Dave's Market
Phnom Penh
W.25th/Ohio City駅
ウエストサイド・マーケット West Side Market（P.397）
Cleveland Hostel（P.400）
The Black Pig
Flying Fig
Great Lakes Brewing Co.（P.400）
Greek Orthodox Church of Annunciation
トレモント Tremont（P.397）
Parallax
St. John Cantius Church
Ukrainian Museum Archives
Fahrenheit
St. Augustine Church
Tremont Farmers Market
リンカーンパーク Lincoln Park
St. Theodosius Orthodox Cathedral
United Church of Christ
Grumpy's Café
Lucky's Cafe
Sheraton Cleveland Airport Hotel
クリーブランド・ホプキンス国際空港
0 0.25mile
0 500m

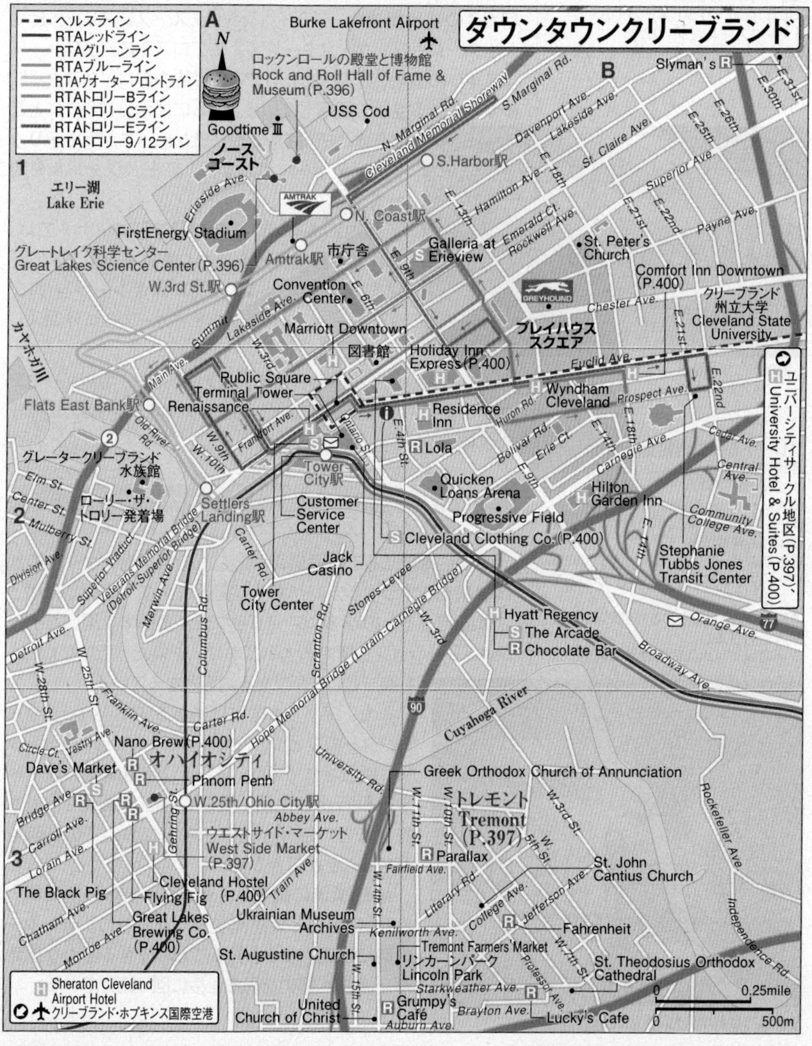

ロックンロールの殿堂と博物館は必訪だ

ロックンロールの殿堂と博物館
住1100 Rock and Roll Blvd.
☎(216)781-7625
URL www.rockhall.com
開毎日10:00～17:30（水～21:00）
休サンクスギビング、12/25
料$26、シニア$24、6～12歳$16、5歳以下無料

ノースコースト地区 North Coast

ダウンタウン北側のエリー湖畔がノースコースト地区。クリーブランドで一番人気の観光スポット、ロックンロールの殿堂と博物館がある。隣接するのは子供も楽しめるグレートレイク科学センター。その先には、NFLブラウンズの巨大なスタジアムがそびえ立つ。

ロックンロール・マニアは必ず行くべし 地P.395-A1

ロックンロールの殿堂と博物館
Rock and Roll Hall of Fame & Museum

“Rock'n Roll”という言葉を世に送り出したクリーブランドのラジオDJ、アラン・フリードは、伝説のヒーローとして地元っ子の誇りだ。アメリカ文化ともいえる“ロック”を取り上げたこの博物館では、ジミ・ヘンドリクス、プレスリー、ビートルズ、ローリング・ストーンズ、エアロスミス、ビリー・ジョエル、U2など、アメリカだけでなく世界中のロックスターにゆかりのある品々を展示している。さらに展示はロックにとどまらず、Run-DMCやビヨンセ、ファンカデリック、レディー・ガガなど、新旧、ジャンルを問わず、幅広い。

お宝がずらりと並ぶ

館内にある“ロックの殿堂”コーナーでは、これまで殿堂入りを果たしたアーティストの記録を紹介している。2018年はボン・ジョヴィ、ダイヤー・ストレイツ、ザ・カーズらが仲間入りした。

ギフトショップにはギターをモチーフにしたキーホルダーやアクセサリー、Tシャツ、CDなど、ロックテイストたっぷりのグッズが揃っている。

グレートレイク科学センター
住601 Erieside Ave.
☎(216)694-2000
URL www.greatscience.com
開火～日10:00～17:00（日12:00～）。夏期は月も営業する
休冬期の月、サンクスギビング、12/25、クリーブランド・ブラウンズのホームゲーム日
料$16.95、2～12歳$13.95（オムニマックスは別料金）
※15歳以下は大人の同伴が必要

体験型博物館 地P.395-A1

グレートレイク科学センター
Great Lakes Science Center

エリー湖畔にある、子供たちに人気の科学センター。参加体験型のアトラクションが多く、実際に見て、聞いて、触って体験できるものが多い。スタッフによる科学を用いたデモンストレーションも随時行われており、子供だけではなく大人も楽しむことができる内容となっている。

子供たちは科学の力に大はしゃぎ

また、アメリカ国内に14あるNASAのビジターセンターのひとつ、NASAグレン・ビジターセンターも併設されており、ここでは宇宙開発の歴史や宇宙飛行士の生活、実際に宇宙で着用していた衣服などの展示があり、宇宙についての知識を深めることができる。

地球環境に配慮し、センター全体の消費電力の7%は風力と太陽光発電によるもの。センターの前には遠くからも見ることのできる巨大な風車が、施設へ電力を送るために回り続けている。

メモ マティーニが評判のチョコレート専門店▶チョコレートケーキやチョコレートフォンデュなどのデザートもおいしいが、この店のウリはチョコレートマティーニだ。ここを訪れるならぜひ挑戦したい。ステーキやパスタなどの食事も好評。Chocolate Bar 住347 Euclid Ave. ☎(216)622-2626 URL www.thechocolatebar.com 地P.395-A2

オハイオシティ／トレモント地区 Ohio City/Tremont District

ダウンタウンからカヤホガ川を挟んだ南西にオハイオシティ、南の高台にトレモントと歴史のある地域が続く。近年、オハイオシティはレストランが続々とオープンしており、クリーブランドの注目エリアだ。オハイオシティへはRTAラピッドトランジット・レッドライン、トレモントへはRTAバス#81が便利。

ヨーロッパのようなマルシェがここにある 地P.395-A3

ウエストサイド・マーケット
West Side Market

ドイツ、アイルランド、ポーランド、スロバキア、ロシア、ウクライナ、ギリシャなど多くの民族がトレモントに住み始めて2世紀近くになる。それぞれの胃袋に応えるべく、ウエストサイド・マーケットは巨大で多国籍な食のデパートとして、欠かせない役割を果たしてきた。地元の買い物客と観光客で、マーケット内はいつも混み合っている。

ウエストサイド・マーケット
住1979 W. 25th
☎(216) 664-3387
URL westsidemarket.org
開月・水7:00～16:00、金・土7:00～18:00、日10:00～16:00
休火・木
行RTAラピッドトランジット・レッドライン、W.25th – Ohio City駅下車、徒歩3分

活気あふれるマーケット内は見るだけでも楽しい

多民族がともに暮らす町 地P.395-A3～B3

トレモント
Tremont

トレモントは全米でも珍しい教会の密集地区。庶民の暮らしを多様な宗教が支えてきた様子をうかがい知ることができる。トレモントで最も有名な教会、**聖テオドシウスロシア正教寺院St.Theodosius Orthodox Cathedral**は1912年に完成し、映画『ディアハンター』(1978年) の撮影にも使われた。トレモントの中心部にある公園、リンカーンパークの近くに位置している。

質素な労働者階級の家々が並ぶこの一帯は、1970～80年代にかけてアーティストたちが住み始めたことでギャラリーが急増。現在はアートイベントが定期的に行われ、イベント情報はトレモントのウェブサイトで確認することができる。また、リンカーンパークでは5～10月の火曜日に**トレモント・ファーマーズ・マーケットTremont Farmers' Market**が開催。40以上の店が軒を連ね、地元の野菜や果物、アート作品などが公園内で販売される。

異文化が入り交じるトレモントはおいしいエスニックレストランも多い。ギャラリーを散策しがてら、ランチはエスニック料理を食べるのもいい。

トレモント
住W. 14th St. & Starkweather Ave.周辺
URL www.tremontwest.org
行RTAバス#81でStarkweather Ave. & W. 11th St.またはW.14th St.で下車

●St.Theodosius Orthodox Cathedral
地P.395-B3
住733 Starkweather Ave.
☎(216) 741-1310
URL www.sttheodosius.org
開おもに土・日だが、イベントなどにより流動的なので、事前にウェブサイトか電話で確認を

●Tremont Farmers' Market
住W. 14th St. & Howard Ave.（リンカーンパーク内）
☎(216) 272-3560
URL jim-votava.squarespace.com
開5～10月の火16:00～19:00

屋根が特徴的な聖テオドシウスロシア正教寺院

ユニバーシティサークル地区 University Circle

ダウンタウンの東約8kmにある。ケース・ウエスタン・リザーブ大学や大学病院、博物館や美術館、植物園やコンサートホールなどが集まった文教エリアだ。見どころは歩いて回ることもできるが、**サークルリンクCircleLink**(ブルー：運行／月～金6:30～18:00、土・日12:00～18:00の20～30分間隔) という無料バスが走っているので利用しよう。

ユニバーシティサークル地区
住P.395-B2外
URL www.universitycircle.org
行パブリックスクエアからRTAヘルスラインで約25分。Little Italy-University Circle駅下車

旅のアドバイス ユニバーシティサークルにある観光案内所▶Euclid Ave.沿いにあり、特徴的なガラスの建物、現代美術館の向かいにある。住11330 Euclid Ave. ☎(216) 707-4640 URL www.universitycircle.org 開月～金10:00～17:00 地P.398

1916年創設の美術館 地P.398

クリーブランド美術館
The Cleveland Museum of Art

無料だが見応え十分の美術館

ユニバーシティサークルで何としても見逃せないのがクリーブランド美術館だ。コレクション（約4万5000点）の充実ぶりには目を見張るものがある。1916年に開館した本館に、東、西、北の4つの棟から構成されている。長らく拡張工事を行っていたが、近年西棟の拡張工事を終え、展示内容も豪華になった。

印象派コレクションではルノワール、モネ、マネ、セザンヌ、ゴーギャン、ゴッホ、近代・現代美術コレクションではピカソ、モディリアーニ、ウォーホルなど、数々の名作が飾られている。

クリーブランド美術館
住11150 East Blvd.
☎(216) 421-7350
URL www.clevelandart.org
開火～日10:00～17:00（水・金～21:00）
休月、おもな祝日
料無料。特別展は別途有料

目玉は「ルーシー」の模型 地P.398

クリーブランド自然史博物館
Cleveland Museum of Natural History

恐竜や剥製に交じり、いちばんの見どころといえば、**“ルーシーLucy”**と名づけられた人類の祖先アウストラロピテクス・アファレンシスの骨格模型。これだけ完全な形で発掘された化石は他に類を見ないという。ルーシーは、1974年にクリーブランド自然史博物館の探索隊によってエチオピアで発掘され、原物はエチオピア国立博物館に所蔵されている。ほかには、2016年夏にリニューアルオープンしたPerkins Wildlife Center、プラネタリウム、展望台などもある。

クリーブランド自然史博物館
住1 Wade Oval Dr.
☎(216) 231-4600
URL www.cmnh.org
開毎日10:00～17:00（水～22:00、日12:00～）
休おもな祝日
料$17、シニア・3～18歳$14。プラネタリウムは別途$6

ノスタルジックな展示がほのぼのとさせてくれる 地P.398

ウエスタンリザーブ歴史協会
Western Reserve Historical Society

1867年から続く、クリーブランドで最も古い文化団体が運営する施設。館内にあるクロウフォード自動車・航空機博物館Crawford Auto Aviation Museumでは170のクラシックカー、21の二輪車やボート、12の航空機など、乗り物に特化した展示を見ることができる。そのほか、1870～1930年代のファッション史を学ぶことができる展示や、クリーブランドの服飾産業にまつわる展示など、一風変わった展示も行っている。館内のいちばん西側には、かつてクリーブランドの遊園地で使われていたレトロでかわいいメリーゴーラウンドがあり、子供たちに人気だ。

ウエスタンリザーブ歴史協会
住10825 East Blvd.
☎(216) 721-5722
URL www.wrhs.org
開火～日10:00～17:00
休月、おもな祝日
料$10、シニア$9、3～12歳$5

レイクフロントの公園から移設されたメリーゴーラウンド

メモ **ユニバーシティサークルにあるリトルイタリー**▶Euclid Ave.とMayfield Rd.の交差点から東へ徒歩で約10分行ったあたりはリトルイタリーと呼ばれ、イタリアンレストランが軒を連ねる。Presti's Bakery & Caféは1943年から続く老舗ベーカリー。住12101 Mayfield Rd. URL prestisbakery.com 地P.398外

エンターテインメント Entertainment

クリーブランド管弦楽団　Cleveland Orchestra

1918年創立。ジョージ・セルに率いられていた1946〜1970年、世界のトップクラスに上りつめたオーケストラだ。その後、1990年代後半にC・ドホナーニが第2の黄金時代を築いた。2017年、2度目のグラミー賞を受賞した内田光子氏だが、1度目の受賞は2011年、クリーブランド管弦楽団とともに果たしている。

プレイハウススクエア　PlayhouseSquare

ダウンタウンのプレイハウススクエアを中心としたエリアは1920年代に造られた劇場などが改装され、ミュージカル、オペラなどさまざまなパフォーミングアートを楽しむことができる。

クリーブランド管弦楽団
ホームホール——セベランスホール Severance Hall
地P.398
住11001 Euclid Ave.
☎(216)231-1111(チケット)
URL www.clevelandorchestra.com

プレイハウススクエア
地P.395-B1
住1501 Euclid Ave.
※イベントスケジュールはウェブサイト（URL www.playhousesquare.org）で確認することができる

スポーツ観戦

ベースボール　MLB

クリーブランド・ガーディアンズ（アメリカンリーグ中地区）
Cleveland Guardians

1901年創設。本拠地移転のない伝統あるチームだ。盤石の投手陣と生え抜きの若手が活躍して2016年より3年連続地区優勝。2018年のプレイオフは1回戦で前年優勝のヒューストン・アストロズに敗退。なかなか駒を進めることができないでいる。チームはベテラン、中堅、若手とバランスもいいので、ぜひ世界制覇を狙ってほしい。

クリーブランド・ガーディアンズ
(1901年創設) 地P.395-B2
本拠地——プログレッシブフィールド Progressive Field(3万7000人収容)
住2401 Ontario St.
☎(216)420-4487(チケット)
URL www.mlb.com/indians
行タワー・シティ・センターから徒歩10分

この選手に注目!
コーリー・クルーバー(投手)

アメリカンフットボール　NFL

クリーブランド・ブラウンズ（AFC 北地区）
Cleveland Browns

2007シーズンの10勝を最後に10年連続負け越しが続き、2016シーズンは1勝、2017シーズンは未勝利という不名誉な記録も刻んでいる。不振に合わせ、HCも2年もたない状況が続き、再建を委ねられたHCジャクソンだったが2018シーズン途中で解任、2年半でわずか3勝では仕方ない。チームカラーはブラウン、オレンジ、ホワイト。

クリーブランド・ブラウンズ
(1946年創設) 地P.395-A1
本拠地——ファーストエナジー・スタジアム　FirstEnergy Stadium (6万7895人収容)
住100 Alfred Lerner Way
☎(440)891-5000(チケット)
URL www.clevelandbrowns.com
行RTAラピッドトランジット・ブルー、グリーン、ウオーターフロントラインのW.3rd駅下車

この選手に注目!
ベイカー・メイフィールド

バスケットボール　NBA

クリーブランド・キャバリアーズ（東・中地区）
Cleveland Cavaliers

2014-15シーズン、レブロンがヒートから戻ると4年連続ファイナルに出場、2015-16シーズンは初の栄冠も手にした。しかし2018年、レブロンがレイカーズに去り、ウォリアーズとの対峙も幻と化してしまうのか。チームカラーはワイン、ゴールド、ネイビーブルー、ブラック。

試合前後のチームショップは大混雑

クリーブランド・キャバリアーズ
(1970年創設) 地P.395-B2
本拠地——ロケット・モートゲージ・フィールドハウスRocket Mortgage Field House(2万562人収容)
住1 Center Court
Free (1-800)820-2287(チケット)
URL www.nba.com/cavaliers
行タワー・シティ・センターから徒歩5分

ケビン・ラブ

ギフトショップ

みやげにも、おしゃれにも
クリーブランド・クロージング・カンパニー
Cleveland Clothing Co.

住342 Euclid Ave. ☎(216)736-8879
URL www.cleclothingco.com AMV 開月～土11:00～21:00、日12:00～18:00 地P.395-A2

ダウンタウンの観光案内所に隣接する、クリーブランドグッズが豊富に揃うショップ。おみやげとしてはもちろん、普段使いでもかわいいデザインのものが多い。人気のパーカーは$50～。

アメリカ料理

老舗の地ビールレストラン
グレートレイクス・ブリューイング・カンパニー
Great Lakes Brewing Co.

住2516 Market Ave. ☎(216)771-4404
URL www.greatlakesbrewing.com AMV
開月～土11:30～22:30(金・土～23:30) 休日 地P.395-A3

工場に隣接するレストランとバーでは各種クラフトビールを料理と一緒に楽しめる。おすすめはご当地食、お焼きのようなプローギー（Pierogi）とブラートヴルスト（Bratwurst）のセット（$12～14）。

アメリカ料理

ローカルから絶大な支持を得る
ナノブリュー
Nano Brew

住1859 W. 25th St. ☎(216)862-6631
URL nanobrewcleveland.com AMV 開毎日16:30～翌2:30（金～日11:00～） 地P.395-A3

ダウンタウンの西、オハイオシティにある人気のブリュワリー。クラフトビールはおいしいが、さらに人気メニューがピリ辛なハンバーガーSpicy（$10～）。ビールとの相性は抜群だ。

ホステル

クリーブランド唯一のホステル
クリーブランドホステル
Cleveland Hostel

住2090 W. 25th St., Cleveland, OH 44113
☎(216)394-0616 URL theclevelandhostel.com ドミトリー$26～、個室$65～ AMV Wi-Fi無料 地P.395-A3

クリーブランドで唯一のホステル。RTAラピッドトランジット・レッドラインのW.25th-Ohio City駅から徒歩約3分。レストランやバーも近くにあるので食事に困ることはない。広々としたリビングとキッチンは明るく清潔。60ベッド。

中級ホテル

ダウンタウンで安く抑えるならここ
コンフォートイン・ダウンタウン
Comfort Inn Downtown

住1800 Euclid Ave., Cleveland, OH 44115 ☎(216)861-0001
FAX(216)619-4779 URL www.choicehotels.com
ⓈⒹⓉ$119～230 ADJMV Wi-Fi無料 地P.395-B2

Euclid Ave.と18th St.の角にあり、タワー・シティ・センターまで徒歩約20分。グレイハウンド・バスターミナルまで10分ほどだ。立地を考えたらお得な値段。朝食無料。145室。

中級ホテル

ユニバーシティサークルに行きやすい
ユニバーシティ・ホテル & スイーツ
University Hotel & Suites

住3614 Euclid Ave., Cleveland, OH 44115
☎(216)361-8969 URL universityhotelcleveland.com
ⓈⒹⓉ$74～106 ADJMV Wi-Fi無料 地P.395-B2外

RTAヘルスラインのルート上にあり、文教地区や大学病院、ダウンタウンのスポーツ観戦にも便利な場所にあるホテル。客室も広々としており、清潔に保たれている。無料の朝食付きで、駐車場も市内電話も無料。161室。

中級ホテル

好立地でアクセス抜群！
ホリデイイン・エクスプレス・ダウンタウン・クリーブランド
Holiday Inn Express Downtown Cleveland

住629 Euclid Ave., Cleveland, OH 44114 ☎(216)443-1000
URL www.ihg.com ADJMV
ⓈⒹⓉ$119～254、スイート$139～294 Wi-Fi無料 地P.395-B2

タワー・シティ・センターから徒歩約10分、RTAヘルスラインE. 6th St.駅の目の前に建つホテル。築約125年の歴史ある建物で、天井の高い客室は明るく内装もシンプルでモダンにまとまっている。ホテルの周辺にはレストランやドラッグストアがあり便利だ。朝食無料。141室。

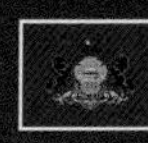

ピッツバーグ Pittsburgh

快適な住環境が魅力のアーバンシティ

川の合流点のゴールデントライアングルが町の中心

フォーブス誌の調査で「アメリカで最も住みやすい町Most Livable City」に選ばれたことのあるピッツバーグ。すばらしい博物館や美術館をもち、オペラやクラシック音楽、劇場の多さなどアカデミックな面が光るが、プロスポーツも強豪揃い。加えて、川と峡谷が造り出す変化に富んだ地形、バラエティ豊かなレストラン、公共交通機関の充実など、実際に歩いてみればその言葉を実感できるだろう。

ピッツバーグはアパラチア山脈の西に広がる丘陵地帯にあり、北を流れるアルゲイニー川と、南のマノンガヘイラ川が合流するオハイオ川の、3つの川Three Riversに囲まれている。南には高い崖が迫り、崖上と下を結ぶインクラインは、サンフランシスコのケーブルカーと並ぶ、人気の観光アトラクションだ。

鉄鋼業をはじめとする製造業に支えられたこの町も一時期は衰退したが、産業転換がうまく成功した。ピッツバーグが輩出した大実業家たちが残したインフラは、確実に医療やナノテクといった新しい学術産業を生み出し続けている。

ピッツバーグ大学には世界各国の装飾が美しい教室がある

DATA

人口▶約30万2400人
面積▶約143km²
標高▶最高418m、最低216m
TAX▶セールスタックス　7%
（生鮮食料品と衣料品などは0%）
ホテルタックス　14%
属する州▶ペンシルバニア州
Pennsylvania
州のニックネーム▶キーストーン（「かなめ」のこと）州 Keystone State
州都▶ハリスバーグ　Harrisburg
時間帯▶東部標準時（EST）
P.631
繁忙期▶4、5、7、9〜11月

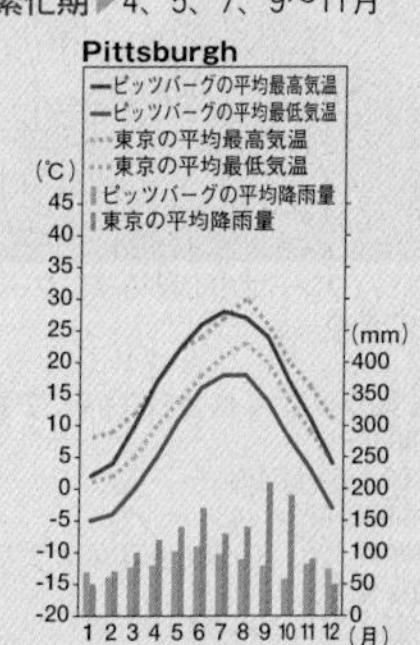

空港がショッピングモール

ピッツバーグ国際空港
地P.403-A2外
☎(412) 472-3525
URL www.flypittsburgh.com

飛行機 Plane

ピッツバーグ国際空港
Pittsburgh International Airport (PIT)

ダウンタウンの西約30kmに位置する近代的な空港。最大の特徴は**エアモール Airmall**と呼ばれるショッピングモールがあること。空港はバゲージクレーム（預託荷物のピックアップ場所）とチェックインカウンターがあるランドサイドターミナル、4つのコンコースとエアモールのあるエアサイドターミナルに分かれ、このふたつの間は、ピープルムーバーと呼ばれる地下鉄でつながっている。バゲージクレーム近く、建物の1階中央に観光案内所があるので立ち寄ろう。

空港から／空港へのアクセス

	種類／名称／連絡先	行き先／運行／料金	乗車場所／所要時間／備考
空港シャトル	スーパーシャトル SuperShuttle Free (1-800) 258-3826 URL www.supershuttle.com	**行き先▶**市内や周辺どこでも **運行▶**随時運行。空港行きは予約時に時間指定される **料金▶**ダウンタウンまで片道$28、オークランド地区まで片道$28	**空港発▶**1階ドアの近くにある同社のカウンターで申し込むとシャトルまで連れていってくれる **空港行き▶**主要ホテルから乗車する。24時間前までに予約が必要
路線バス	#28X エアポートフライヤー #28X Airport Flyer ☎(412) 442-2000 URL www.portauthority.org	**行き先▶**ダウンタウン経由オークランド地区 **運行▶**空港発毎日4:30～24:00の30分間隔、空港行きオークランド発毎日3:25～22:55の30分間隔 **料金▶**$2.75（現金）	**空港発▶**バゲージクレームを出たバス停から乗車 **空港行き▶**Liberty Ave.（ダウンタウン）、Forbes Ave.（オークランド地区）沿いのバス停などから乗車 **所要時間▶**ダウンタウンまで約40分、オークランド地区まで約50分
タクシー	ズィートリップ zTrip ☎(412) 777-7777	**行き先▶**市内や周辺どこでも **運行▶**24時間随時 **料金▶**ダウンタウンまで$40～50、オークランド地区まで$50～60	**空港発▶**バゲージクレームを出てすぐから乗車 **空港行き▶**事前に電話予約、または主要ホテルから乗車 **所要時間▶**ダウンタウンまで約30分、オークランド地区まで約40分

※それぞれの乗り物の特徴については P.665

インターモーダル・ステーション（グレイハウンド）
地P.403-B1
住55 11th St.
☎(412) 392-6514
開24時間
行中心部までは歩いて10分ほど

グレイハウンドは中心部の東にターミナルがある

アムトラック・ペンシルバニア駅
地P.403-B1
住1100 Liberty Ave.
Free (1-800) 872-7245
開24時間（火・水0:30～4:30はチケット売場は休み）
行上記、グレイハウンドと同じ

長距離バス Bus

インターモーダル・ステーション（グレイハウンド）
Intermodal Station (Greyhound Bus)

ダウンタウンの東に位置するターミナルの1階がグレイハウンド。Liberty Ave.を挟んだ向かいにはアムトラックのペンシルバニア駅がある。ターミナルには最新設備が整う。

鉄道 Train

アムトラック・ペンシルバニア駅
Amtrak Pennsylvania Station

クラシックな建物の北側に入口があり、ホーム、チケットカウンター、待合室は建物の2階。ペンシルバニアン号（ニューヨーク方面）、キャピトルリミテッド号（シカゴ、ワシントンDC方面）がそれぞれ1日1往復している。歴史のあるペン駅舎と隣接する。

アムトラック駅のある歴史的なビル。駅舎は2階の奥にある

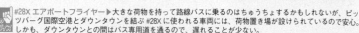

#28X エアポートフライヤー▶大きな荷物を持って路線バスに乗るのはちゅうちょするかもしれないが、ピッツバーグ国際空港とダウンタウンを結ぶ #28Xに使われる車両には、荷物置き場が設けられているので安心。しかも、ダウンタウンとの間はバス専用道を通るので、遅れることが少ない。

ピッツバーグの歩き方 Getting Around

ピッツバーグのダウンタウンは**ゴールデントライアングル Golden Triangle**と呼ばれる3つの川と高速（I-579）に囲まれたエリア。高層ビルが林立し、コンベンションセンター、劇場、コンサートホールが並ぶピッツバーグの中心で、公共交通の起点でもある。マノンガヘイラ川南のサウスサイドには崖の上に小高い山があり頂上を2本のインクラインが結んでいる。頂上からはピッツバーグの鳥瞰図が望めるので、名物のインクラインとともに楽しみたい。アルゲイニー川を挟んだ北側がノースショア。全米屈指のスカイラインが望めるPNCパーク（MLBパイレーツの本拠地）やウォーホルの美術館など観光ポイントも多い。バスで15分ほど東にあるオークランド地区は学生街。ミュージアムもすばらしく、ぜひ立ち寄って学生街の活気を感じてほしい。

インクラインで山に登り、ダウンタウンの鳥瞰図を楽しもう

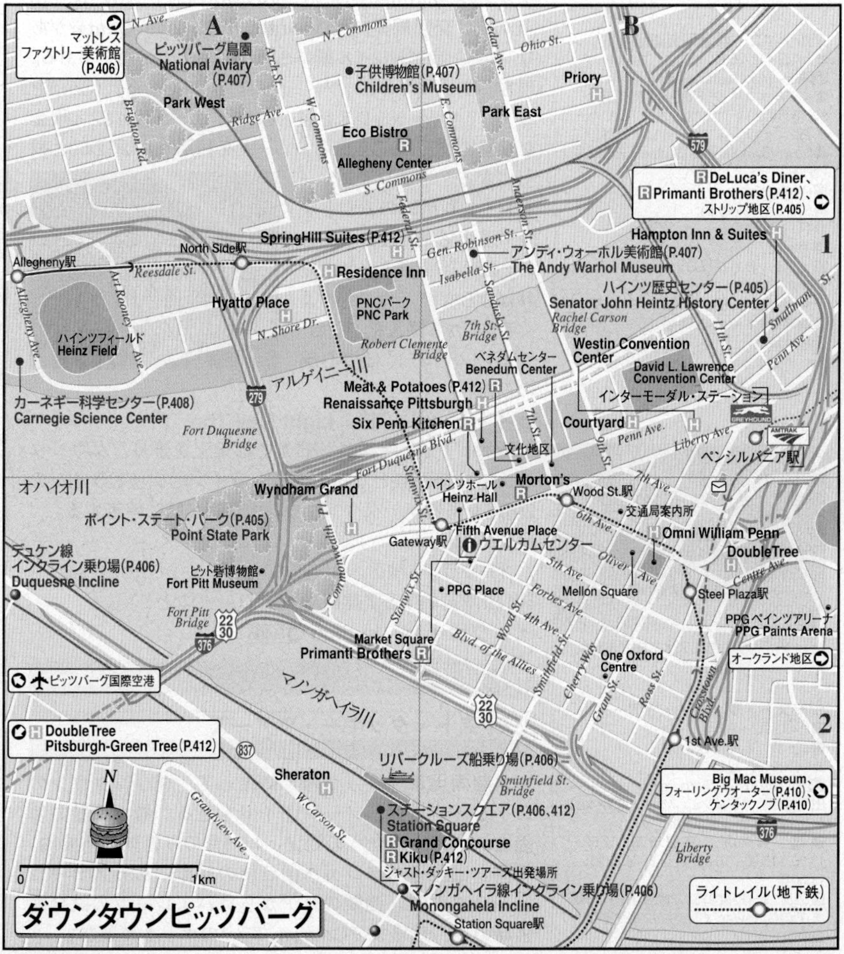

ダウンタウンピッツバーグ

マットレスファクトリー美術館（P.406）
ピッツバーグ鳥園 National Aviary（P.407）
子供博物館（P.407） Children's Museum
Park West
Park East
Priory
Eco Bistro
Allegheny Center
DeLuca's Diner、Primanti Brothers（P.412）、ストリップ地区（P.405）
SpringHill Suites（P.412）
North Side駅
Allegheny駅
Residence Inn
アンディ・ウォーホル美術館（P.407） The Andy Warhol Museum
Hampton Inn & Suites
Hyatto Place
PNCパーク PNC Park
ハインツフィールド Heinz Field
ハインツ歴史センター（P.405） Senator John Heintz History Center
Westin Convention Center
David L. Lawrence Convention Center
ベネダムセンター Benedum Center
アルゲイニー川
Meat & Potatoes（P.412）
Renaissance Pittsburgh
Six Penn Kitchen
カーネギー科学センター（P.408） Carnegie Science Center
インターモーダル・ステーション
Courtyard
ペンシルバニア駅
文化地区
オハイオ川
Wyndham Grand
ハインツホール Heinz Hall
Morton's
Wood St.駅
交通局案内所
ポイント・ステート・パーク（P.405） Point State Park
Fifth Avenue Place
Gateway駅
ウエルカムセンター
Omni William Penn
DoubleTree
デュケン線インクライン乗り場（P.406） Duquesne Incline
ピット砦博物館 Fort Pitt Museum
PPG Place
Mellon Square
Steel Plaza駅
PPGペインツアリーナ PPG Paints Arena
Market Square
Primanti Brothers
One Oxford Centre
オークランド地区
ピッツバーグ国際空港
マノンガヘイラ川
DoubleTree Pitsburgh-Green Tree（P.412）
1st Ave.駅
リバークルーズ船乗り場（P.406）
Sheraton
Big Mac Museum、フォーリングウオーター（P.410）、ケンタックノブ（P.410）
ステーションスクエア（P.406、412） Station Square
Grand Concourse
Kiku（P.412）
ジャスト・ダッキー・ツアーズ出発場所
マノンガヘイラ線インクライン乗り場（P.406） Monongahela Incline
Station Square駅
ライトレイル（地下鉄）
0 1km

メモ **世界いち橋が多い町**▶オハイオ川、アルゲイニー川、マノンガヘイラ川と3つの川が流れるピッツバーグは橋が多い町。その数は446とイタリアのベニスよりも多く、世界でいちばん橋が多い町なのだ。

観光案内所 *Visitors Information*

ピッツバーグ観光案内所（ウエルカムセンター）
Visit Pittsburgh Information Center（Welcome Center）

ダウンタウンの中心にある商業施設**フィフス・アベニュー・プレイスFifth Avenue Place**の1階。案内所には地図やバスの路線図のほか、ギフトショップも併設されている。2階にはフードコートもあって便利。

ピッツバーグ観光案内所（ウエルカムセンター）
地P.403-B2
住120 5th Ave.,1F
☎(412)281-7711
Free(1-800)359-0758
URL www.visitpittsburgh.com
開月～金10:00～18:00、土～17:00。日曜は季節により開く

観光案内所はオフィスビルの1階にあり、便利

市内の交通機関 *Public Transportation*

アルゲイニー郡港湾交通局
Port Authority of Allegheny County

ピッツバーグ市を中心にアルゲイニー郡全域でライトレイル“T”、バス、インクラインを運行させている機関。運行本数や頻度が高く、どこへ行くにも利用しやすい。ダウンタウンのSmithfield St.沿いのStrawberry Way & 6th St.の間に**交通局案内所Downtown Service Center**があり、また、ライトレイル駅にもバスの時刻表が置いてある。現在、交通局ではピッツバーグのICカードConnectCardを導入してキャッシュレスを図っている。カード代は$2。現金なら運賃が$2.75のところ、カードを利用すれば$2.50と割引になる。トランスファーもカード利用時のみ$1となり、現金で乗り換える場合はそのつど$2.75を払わなければならない。カードはよく考えてから購入を。なお、ライトレイル“T”は中心部のみ無料。

ライトレイル、通称〝T〟はダウンタウンの中心部に限り無料

アルゲイニー郡港湾交通局
☎(412)442-2000
URL www.portauthority.org
料$2.50（コネクトカード使用時）、$2.75（現金）。コネクトカード（ICカード）$2。トランスファー$1。1日券$7
●**Downtown Service Center（交通局案内所）**
地P.403-B2
住623 Smithfield St.
☎(412)255-1356
開月～金7:30～17:00
休土・日、おもな祝日
●**Light Rail The “T”**
※Allegheny駅、North Side駅、Gateway駅、Wood St.駅、Steel Plaza駅間は無料

ライトレイル“T” Light Rail The “T”

通称“T”と呼ばれ、郊外では地上を走り、ダウンタウンでは地下鉄となる。ブルーラインとレッドラインの2路線があるが、ダウンタウン内は同じ駅に停車する。

バス Bus

オークランド地区へは、ダウンタウンからForbes Ave.や5th St.を経由する路線61A～Dや71A～Dなどで。

ピッツバーグの市バスはさまざまな色

インクライン Incline ➲P.406

ツアー案内 *Sightseeing Tours*

ジャスト・ダッキー・ツアーズ
Just Ducky Tours

水陸両用車“ダック号”に乗って、ダウンタウンのストリップ地区、ノースサイドを巡る。最大の魅力は陸上、水上両方からの観光。4～9月のみ運航。所要約1時間。出発はマノンガヘイラ川の対岸にあるステーションスクエア。西隣のピアからはパイレーツの試合開催時のみ、球場までGateway Fleetのボートが運航。

ジャスト・ダッキー・ツアーズ
地P.403-A2～B2
住125 W. Station Sq. Dr.
☎(412)402-3825
URL www.justduckytours.com
出発場所／ステーションスクエア ➲P.406のTexas de Brazilの西隣
運航／〈4～9月〉毎日10:30、12:00、13:30、15:00、16:00（土日は16:30）、18:00発
料$25、3～12歳$15、2歳以下$5（球場までのGateway Clipperのボートは片道$6）

メモ **ピッツバーグが舞台の映画**▶3つの川との中州に発展してきたピッツバーグは、数々の映画の舞台になった絵になる町。『フラッシュダンス』（1983年公開）もそのひとつで、ピッツバーグの町並み、インクラインや郊外の製鉄所などが続々と登場する。

おもな見どころ Sightseeing

ダウンタウン地区 Downtown

ペンシルバニア西部の歴史をたどる 地P.403-B1

ハインツ歴史センター
Senator John Heintz History Center

アメリカの国民的調味料、ケチャップで有名なハインツ社はピッツバーグを代表する企業。センターは、アメリカ上院議員在職中に不慮の事故で亡くなったジョン・ハインツ3世の遺志により創設された。6階にわたるスペースには建国前のフレンチ・インディアン戦争のジオラマ、水運流通の中継地としての変遷、奴隷を北部へ解放する運搬船の様子、1900年代の印刷技術やリンカーンのベッドといったお宝や、道具や機械、ハインツ社の歴史なども紹介している。併設の**スポーツ博物館West Pennsylvania Sports Museum**は1960年のワールドシリーズでサヨナラホームランを放ってパイレーツを優勝に導いたBill Mazeroskiの映像をはじめ、強豪スティーラーズの優勝瞬間など臨場感あふれる展示が楽しい。

ケチャップでおなじみの博物館

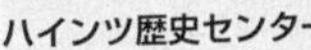

ハインツ歴史センター
住 1212 Smallman St.
☎ (412) 454-6000
URL www.heinzhistorycenter.org
開 毎日10:00～17:00
休 イースター、サンクスギビング、12/25、1/1
料 $18、シニア$15、学生・6～17歳$9

ちょっとヒップな庶民の通り 地P.403-B1外

ストリップ地区
Strip District

高速の東側は、生活の匂いがあふれるストリップ地区Strip District。チーズ専門店や海産物などの生鮮食料品店、ベトナムや中国系のスーパー、新鮮な野菜や果物、生花の露店、中古CD店などが並ぶ。人気の老舗レストランやクラブも営業していて、ちょっとアブナイ雰囲気だが夜遅くまでにぎわう。

ストリップ地区には壁画も多い

ストリップ地区
住 16th St.、Smallman St.、31st St.、Penn Ave. に囲まれたあたり
行 バス#86、87、88など。徒歩の場合、ハインツホールからPenn Ave.を東に約20分

噴水が美しい市民の憩いの場 地P.403-A2

ポイント・ステート・パーク
Point State Park

ゴールデントライアングルの先端に位置する公園。もともとデュケン砦とピット砦があった所で、ピット砦は北米大陸でイギリス軍最大の砦だった。園内の**ピット砦博物館 Fort Pitt Museum**では、フレンチ・インディアン戦争時の砦をジオラマで再現したり、当時の市井の人々の様子を絵画で見せている。園内のポイント・ステート・パーク・ファウンテンはピッツバーグの名所だ。

ポイント・ステート・パーク
●Fort Pitt Museum
住 601 Commonwealth Pl.
☎ (412) 281-9284
URL www.heinzhistorycenter.org/fort-pitt
開 毎日10:00～17:00
休 イースター、サンクスギビング、12/25、1/1
料 $8、シニア$7、学生・6～17歳$4.50

三角形の先端にある噴水が町の名物

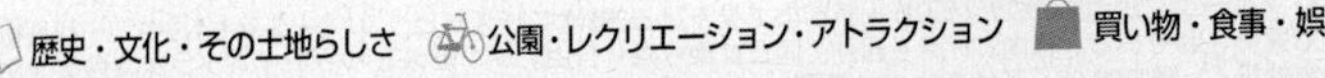
歴史・文化・その土地らしさ　公園・レクリエーション・アトラクション　買い物・食事・娯楽
☆編集室オススメ

サウスサイド地区 South Side

急勾配を一気に上る名物のケーブルカー　地P.403-A2

インクライン
Incline

マノンガヘイラ川南岸の急斜面を上り下りするケーブルカー。崖上の住民の足としてかつては15路線もあったインクラインだが、今はマノンガヘイラ線 Monongahela Inclineと、デュケン線 Duquesne Inclineのふたつだけ。丘の頂上から一望する町の景色は格別だ。

マノンガヘイラ線 Monongahela Incline

1870年に初めて運行されたインクライン。丘を登りきったGrandview Ave.沿いには展望台がいくつか設けられ、眺めも抜群。乗り場はステーションスクエアの目の前だ。

デュケン線 Duquesne Incline

3つの川とそれらが交わるポイント・ステート・パークを見下ろす。丘の上からも、木のぬくもりが残る車中からもすばらしい絶景が楽しめる。開業は1877年。売店もある。

ショッピング＆レストランスポット　地P.403-A2～B2

ステーションスクエア
Station Square

ライトレイルのステーションスクエア駅から道路を隔てた川沿いに建つ、古い駅舎を改造した複合施設。セグウエイやクルーズ船の申し込みカウンターがあるほか、ショップやレストランが約30軒入り、ナイトスポットとして人気が高い。

３つの川が楽しめる　地P.403-A2

リバークルーズ
River Cruises

3つの川が合流する町、ピッツバーグほどリバークルーズが似合うところはない。最もポピュラーな1時間クルーズから、予約が必要なディナークルーズ、ブランチクルーズまでコースはいくつもある。新旧さまざまな橋の下を一つひとつ潜りながら、水上からゆっくりピッツバーグの町並みを楽しむのもまた一興。

ノースショア地区 North Shore

新鋭芸術家たちの斬新な作品が揃う　地P.403-A1外

マットレスファクトリー美術館
Mattress Factory Art Museum

名前のとおり、マットレスの工場を改造したユニークな美術館だ。部屋やフロア全体をひとつのキャンバスに見立てたインスタレーションアート（その場限りの芸術作品）が主体だが、1年ほどで内容が入れ替わり、これまで750人以上のアーティストの作品が展示されてきた。

常設に日本人アーティスト、草間彌生 Yayoi Kusamaの鏡を使った作品『Repetitive Vision』と『Infinity Dots Mirrored Room』があり、モチーフの水玉がどのように展開されているか必見。歩いて2分の所には別館もある。

インクライン
料片道$2.50
●Monongahela Incline
地P.403-A2
運行／月～土5:30～翌0:45、日、おもな祝日8:45～24:00
行ライトレイルStation Square駅からすぐ
●Duquesne Incline
地P.403-A2
☎(412)381-1665
URL www.duquesneincline.org
運行／月～土5:30～翌0:30、日、おもな祝日7:00～翌0:30
行バス#26、27、29、31で橋を渡ったらすぐ下車

インクラインは２路線あり、急勾配を体感できる

ステーションスクエア
住125 W. Station Sq. Dr.
☎(412)261-2811
Free (1-800)859-8959
URL www.stationsquare.com
開月～土10:00～21:00、日12:00～17:00（季節、レストランによって変更あり）
行ライトレイル Station Square駅下車、徒歩1分

リバークルーズ
●Gateway Clipper Fleet
住350 W. Station Square Dr.
☎(412)355-7980
URL www.gatewayclipper.com
運航／クルーズの種類によって運航日、出航時間が異なる。人気のある観光クルーズ（1時間）は土・日は便数が多く、月～金は季節によっては運航しない（11～3月は運休）
料観光クルーズ（1時間）$22、3～12歳$12。クルーズの種類により変動あり
出発場所／ステーションスクエア
行ステーションスクエア（ライトレイルStation Square駅下車）のシェラトンホテル西隣のピアより出発

マットレスファクトリー美術館
住500 Sampsonia Way
☎(412)231-3169
URL www.mattress.org
開火～日10:00～17:00（日13:00～）
休月、おもな祝日
料$10、シニア・学生$8、6歳以下無料
行バス#13、16、17で約20分、Brighton Rd. & Taylor Ave.で下車。ライトレイルNorth Side駅より徒歩約20分

メモ　**ピッツバーグに2階建て観光バス**▶人気都市で見かける2階建てバスがピッツバーグでも4月中旬～12月初旬まで運行されている。市内21ヵ所を回り、同日は乗り降り自由。アクセスしづらいインクラインのデュケン線まで行く。料$29.95、子供$24.95　URL www.pghtours.com

生まれ故郷にあるウォーホルの美術館 地P.403-B1

アンディ・ウォーホル美術館
The Andy Warhol Museum

アメリカンポップアートの旗手、ウォーホルはピッツバーグ出身。1928年に東欧から移住した両親の3男として誕生、オークランド地区で育った。17歳でカーネギー技術研究所（現在のカーネギー・メロン大学）に入学、卒業と同時にニューヨークに移り、その後の彼の活躍ぶりは周知のとおりだ。

7階建ての美術館には、まだ学生であった時代の作品から1987年に亡くなるまでの約900点の絵画、約100点の彫像、約1000点の印刷物、約4000点の写真が収蔵されている。ひとりのアーティストの作品を集めた美術館としては全米で最大規模だ。シルクスクリーン、素描、オブジェ、フィルムなど、ジャンルを超えたウォーホルの作品群のなかでも、『自由の女神』『エリザベス・テイラー』『マリリン』など、代表作といわれる複写のシルクスクリーンは見る者を圧倒する。このほか、私生活を語る家族のポートレート、クラスメートや大学時代の写真、ウォーホル個人のコレクション、彼あてのレター、手がけた雑誌『インタビュー』の表紙など、多角的にウォーホルをとらえている。

ポップアートの代表作品は台所用洗剤入りパッド『ブリロ・ボックス』
Andy Warhol, Brillo Box, 1964 ©AWF

壁中に牛をあしらった部屋は必見
Andy Warhol, Cow, 1966 ©AWF

アンディ・ウォーホル美術館
住117 Sandusky St.
☎(412) 237-8300
URL www.warhol.org
開火～日10:00～17:00（金～22:00）
休月、おもな祝日
料$20、学生・3～18歳$10。金曜の17:00～22:00は半額
行アルゲイニー川の向こう側。徒歩約15分。バス#13、15、16などで約10分。Federal & General Robinson Sts.で下車

世界中の鳥が集められた 地P.403-A1

ピッツバーグ鳥園
National Aviary

世界中から集められた150種以上、約500羽の鳥が飼育されている。熱帯雨林のインコから、寒冷地に住むペンギンまで、園内に設けられた別々の生息区域の大切に保たれた環境の中で、鳥たちを観察できる。絶滅危惧種や野鳥の保護生育にも努めている。

世界中の珍しい鳥が集まるピッツバーグ鳥園

ピッツバーグ鳥園
住700 Arch St.
☎(412) 323-7235
URL www.aviary.org
開毎日10:00～17:00
休サンクスギビング、12/24、12/25など
料$16、シニア、子供（2～12歳）$14
行バス#16、17などで約20分、North Ave. & Arch St.で下車。中心部から徒歩約25分

子供の想像力をかきたてる遊びの館 地P.403-A1

子供博物館
Children's Museum

アルゲイニーコモンズは1867年に造られた由緒ある公園。その一角に子供のための博物館がある。お絵描きや大工仕事、芝居、泥んこ遊びなど、テーマごとに活動プログラムが作られ、自由に子供たちを参加させる。こうした体験をとおして、生きた知識と技術を身につけさせるというのが博物館の考え方だ。

子供博物館
住10 Children's Way
☎(412) 322-5058
URL www.pittsburghkids.org
開毎日10:00～17:00
休おもな祝日
料$16、シニア・子供（2～18歳）$14
行バス#16で20分。N. Commons & E. Commonsで下車。中心部から徒歩約20分

メモ
ビッグマック博物館▶マクドナルドの人気商品ビッグマックはピッツバーグ郊外生まれ。マクドナルドの店舗も兼ねたビッグマック博物館Big Mac Museumが人気を集めている。
住9061 US Hwy. 30, North Huntingdon 開毎日5:00～23:00（金・土～24:00） 地P.403-B2外

科学センターの鉄道模型も見応えあり

実際に触れて試してみよう　地P.403-A1

カーネギー科学センター
Carnegie Science Center

見る、聴く、触るなど、人間の五感をとおして科学に親しむ。その理念から生まれた博物館がカーネギー科学センターだ。起振装置で1994年のニュージーランド地震を体感したり、ピアノの音を波動で見せたり、さまざまな事象が体感できる。

見逃せないのが大型鉄道模型だ。製鉄工場、川を航行する船からインクライン、落水荘まで、ピッツバーグの町が驚くほど緻密に再現されている。圧迫感のある狭い艦内に、さまざまな機器が搭載されている第2次世界大戦中の**潜水艦レクイン号 USS Requin**、高解像度の設備を備えたプラネタリウムやオムニマックスもぜひ見ておきたい。

センターは斬新な企画で脚光を浴びる、**スポーツワークス SportsWorks**を併設。より身近にスポーツを楽しんでもらい、体を動かすアトラクションをとおして、物理の法則や人体について楽しく学べる。スポーツを"科学"する所だ。

カーネギー科学センター
住1 Allegheny Ave.
☎(412)237-3400
URL www.carnegiesciencecenter.org
開毎日10:00〜17:00
料$19.95、3〜12歳$11.95。オムニマックスシアターは別途有料（コンビチケットもあり）
行ライトレイル Allegheny駅下車
●SportsWorks
料カーネギー科学センターの入館料に含まれる

オークランド地区　Oakland

ダウンタウンの東、ピッツバーグ大学、カーネギー・メロン大学、ミュージアムなどの観光スポットが集まる地区。

かつての実業家の邸宅と美術コレクション　地P.408-外

ザ・フリック
The Frick Art & Historical Center

アンドリュー・カーネギーと並び、ピッツバーグ出身の実業家として必ず名を挙げられるのがヘンリー・クレイ・フリック。大富豪として知られる彼は美術愛好家としてもその名を残し、ニューヨークのフリックコレクションP.534の創設者としても

ザ・フリック
住7227 Reynolds St.
☎(412)371-0600(ツアー予約)
URL www.thefrickpittsburgh.org
開火〜日10:00〜17:00(金〜21:00)
休月、おもな祝日
料入場無料。クレイトンの見学$15、シニア・学生$13、16歳以下$8
※クレイトンの見学はツアーのみ。要予約
行バス#67で約30分。Homewood Ave.で下車し、徒歩約10分

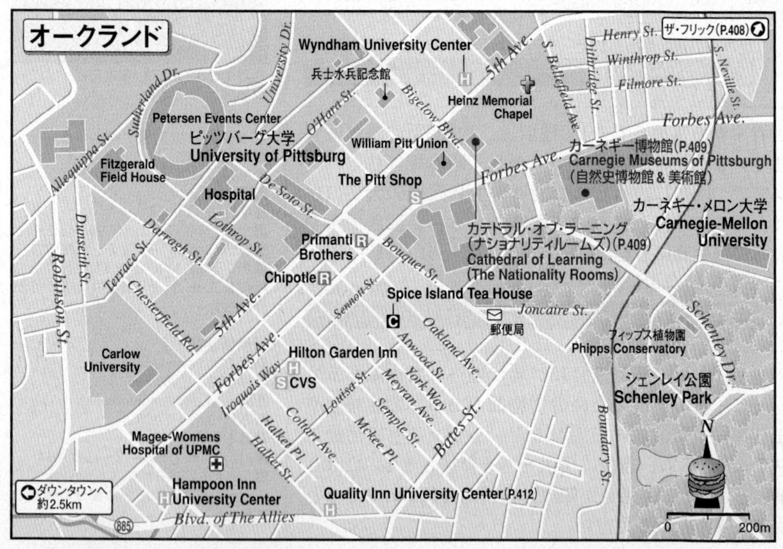

メモ　カーネギー▶製鉄王として知られるアンドリュー・カーネギーは財産の多くを慈善事業に費やし、生まれ故郷のスコットランドをはじめ、アメリカ全土に図書館や教育、文化施設を設立した。なかでもニューヨークのカーネギーホールは有名。

知られる。ここオークランド地区のザ・フリックには一家が暮らしたシャトースタイルの邸宅**クレイトン Clayton**を中心に、1級のヨーロッパ絵画や彫刻が展示されている美術館、博物館や植物園などがある。1914年のロールス・ロイス・シルバー・ゴーストや馬車をはじめ、希少価値の高い品々は必見。

博物館と美術館の両方が楽しめる 地P.408

カーネギー博物館
Carnegie Museums of Pittsburgh

カーネギー博物館は、自然史博物館と美術館、図書館、音楽ホールから構成される。1895年にアンドリュー・カーネギーによって図書館棟が建設され、1907年に自然史博物館棟、1975年に東側の近代的な美術館が建てられた。いちばん古い図書館、音楽ホール棟を除いて内部の行き来は自由で、美術と自然史が一度に見学できる。

カーネギー自然史博物館
Carnegie Museum of Natural History

ネイティブアメリカンの生活様式、鉱物と宝石、北アメリカ＆アフリカの野生生物、古代エジプトなど、見応えのあるコーナーが続く。恐竜コーナーは特に充実し、**パレオラボPaleoLab**では恐竜の骨格や化石などを復元する作業現場が見られる。

カーネギー美術館　Carnegie Museum of Art

16世紀以降近代までのヨーロッパ・アメリカ美術のコレクションが有名。そして全米屈指の現代美術のコレクションはカーネギー自身が提唱した国際展International Exhibitionの功績が大きいといわれている。当時珍しかった"コンテンポラリー（現代）アート"を推奨した展覧会では有望な芸術家の作品を紹介し、コレクションに加えた。また、美術館の一角を占める北米最大の彫刻・彫像コーナーではミロのビーナス、サモトラケのニケなど、世界の彫像が見られる。紀元前3世紀からの中国の陶器や19世紀の日本の浮世絵、15～16世紀の宗教画、17世紀のアメリカ装飾美術、印象派など世界的視野で鑑賞できる貴重な場所だ。

世界各国の建築様式が一度に見られる 地P.408

ナショナリティルームズ
The Nationality Rooms

ピッツバーグ大学のキャンパスのなかでひときわ目を引く、ゴシック復古調の壮麗な高層建築が**カテドラル・オブ・ラーニングCathedral of Learning**（学習の大聖堂）。42階建て（約162m）の学舎の1～3階にはナショナリティルームズと呼ばれる、それぞれに国名が付けられた30の教室があり、今も大学の授業に使われている。地域社会を支える多くの民族の文化を紹介しあう目的で、1938年にスコットランドルーム、ロシアルーム、ドイツルーム、スウェーデンルームが造られた。民家を模したジャパンルームもある。授業が行われているときはもちろん入れないが、授業の行われていない部屋は見学することができる。のぞき窓で確認してから入ろう。

豪邸のほかに美術館もある

カーネギー博物館
住4400 Forbes Ave.
☎(412)622-3131
開水～月10:00～17:00（木～20:00）
休火、おもな祝日
料自然史博物館と美術館共通$19.95、シニア$14.95、学生・3～18歳$11.95
行バス#61A～DがForbes Ave.に、#71A～Dが5th Ave.に面した入口前のバス停に停車する
●Carnegie Museum of Natural History
URL carnegiemnh.org
●Carnegie Museum of Art
URL cmoa.org

自然史博物館は恐竜で有名

ナショナリティルームズ
住4200 5th Ave.
☎(412)624-6000
URL www.nationalityrooms.pitt.edu
開毎日9:00～14:30（日11:00～）
休サンクスギビング、クリスマス前後、1/1
料授業のある日は無料、それ以外は$4（ツアーを含む）、6～18歳$2
行案内所とギフトショップはカテドラル・オブ・ラーニングの1階。教室は1階と3階にある

荘厳な威容で圧倒的な存在感を誇るカテドラルだ

メモ インクライン以外のピッツバーグの鳥瞰図が楽しめる所▶ナショナリティルームズのタワー36階からピッツバーグの町を眺めることができる。東側から眺めるダウンタウンもまた一興。クラシックなエレベーターで昇ってみよう（台数が少ない）。

Excursion

郊外の見どころ

フランク・ロイド・ライトの代表作「落水荘」はピッツバーグの郊外にある

フォーリングウオーター
住1491 Mill Run Rd., Mill Run
☎(724) 329-8501（予約）
URL www.fallingwater.org
開3～11月の水曜を除く毎日、12月の土・日と年末
ツアー／10:00～16:00（12月は12:00～15:00、6歳以下はツアー参加不可）
休水、おもな祝日
料Guided House Tour：$30、6～12歳$18。（日本語音声ガイド無料あり）
行ダウンタウンピッツバーグからI-376を東へ23km。Exit 85からI-76 Eに乗り換え30km南下。Exit 75からPA-66を経由してUS-119 Sを23km南下し、PA-711(Snyder St.)を左折後13km東へ。そのままPA-381を11km南下すると、右側に"Fallingwater"の看板が見える

ケンタックノブ
住723 Kentuck Rd., Chalk Hill
☎(724) 329-1901
URL kentuckknob.com
ツアー／〈3～10月〉毎日9:00～17:00（水12:00～）、〈11月〉毎日9:00～15:00（水12:00～）、〈12月〉土・日と年末10:00～15:00
料$25、6～18歳$18
行FallingwaterからPA-381をさらに南へ6km、Ohiopyle Rd.を西に進み、Kentuck Rd.を左へ。道なりに3kmほど丘を上ると左側に見える

旧帝国ホテルの設計者として日本人にとってはなじみの深い建築家**フランク・ロイド・ライトFrank Lloyd Wright**。ニューヨークのグッゲンハイム美術館➡P.534をはじめ、全米各地に数多くの作品を残している。ピッツバーグ郊外の丘陵地にも2軒の住宅を手がけ、どちらもピッツバーグから車で約1時間30分の距離。交通手段はレンタカーかタクシーしかないが、足を延ばすだけの価値は十分ある。

見学するにはウェブサイト、もしくは電話で予約申し込みが必要。

世界で最も有名な住宅建築 地P.403-B2外

フォーリングウオーター（落水荘）
The Fallingwater

日本語で落水荘と名づけられたこの家ほど、世界中から注目された住宅はない。ピッツバーグのデパート王、カウフマンが家族と過ごす週末用の別荘としてライトに設計を依頼し、1939年に完成した。流れる滝の真上に建てられた大胆な構造は、家が周囲の自然に溶け込むように設計されている。浮世絵をはじめ、居住空間の随所にライトが日本滞在で集積した和の感性が反映されている。近代住宅の原点ともいえる名建築を見に、完成から約80年たった今も、世界中から観光客が絶えない。

ライトによるもうひとつの別荘 地P.403-B2外

ケンタックノブ
Kentuck Knob

フォーリングウオーターから南西に11km行った美しい山稜地に、ライトが1950年代に考案したユーソニアンハウス（住み心地のいい家）の1例である家がある。六角形と三角形の面が特徴のデザインは、当時では珍しい床暖房が使われ、小回りの利く使い勝手のよい台所など、その居住性は高い。

無駄を省き、予算を抑えたユーソニアンハウスをライトは晩年に提唱した

Entertainment

エンターテインメント

ピッツバーグ交響楽団
ホームホール——ハインツホール Heinz Hall
地P.403-B2
住600 Penn Ave.
☎(412) 392-4900
URL www.pittsburghsymphony.org

ピッツバーグ交響楽団
Pittsburgh Symphony Orchestra

1895年創立のピッツバーグ交響楽団は、歴史ある全米屈指の交響楽団。過去7度の来日を果たすなど人気は高く、客演者も超一流が顔を揃える。音楽監督はオーストリア生まれのマンフレッド・ホーネック。ホーネックと同楽団のコンビによるマーラーのシリーズは高評価を得ている。

メモ **ダウンタウンのアルゲイニー川沿い**▶ピッツバーグ交響楽団のホームコンサートホール、ハインツホールのあるエリアは「文化地区Cultural District」と呼ばれる劇場街。O'Reilly Theater、Cabaret at Theater Square、Byham Theaterなどの劇場があり、ブロードウエイのミュージカルなどが上演される。

ピッツバーグオペラ&ピッツバーグバレエ
Pittsburgh Opera & Pittsburgh Ballet Theatre

文化地区を代表する劇場のひとつベネダムセンター**Benedum Center**は、1928年のこけら落としから1987年まで、Stanley Theaterの名前で市民に親しまれた。オーケストラピットのある本格的なオペラ劇場は、1939年設立のピッツバーグオペラPittsburgh Operaのホームホール。ピッツバーグバレエ団Pittsburgh Ballet Theatreの定期公演やミュージカルもここで行われる。

ピッツバーグオペラ&ピッツバーグバレエ
ホームホール――ベネダムセンター
Benedum Center for Performing Arts
地P.403-B1 住237 7th St.
☎(412)471-6070
☎(412)456-6666(チケット)
URL www.trustarts.org
(文化地区すべての公演案内)
ピッツバーグオペラ
URL www.pittsburghopera.org
ピッツバーグバレエ
URL www.pbt.org

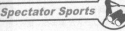

スポーツ観戦 Spectator Sports

ベースボール MLB

ピッツバーグ・パイレーツ(ナショナルリーグ中地区)
Pittsburgh Pirates

2013年から3年連続でポストシーズンに駒を進めたものの、2016年以降は地区3、4位にとどまっている。主砲マカッチェンを放出し、しばらくは厳しいシーズンとなりそうだ。しかし、全米屈指の美しい景観が望める球場は足を運ぶ価値がある。ここでは必ず3塁側(パイレーツ側)に座ろう。息をのむ美しさのスカイラインは必見。ワールドシリーズ制覇5回。

選手からサインをもらえることも

ピッツバーグ・パイレーツ
(1882年創設)地P.403-A1〜B1
本拠地――PNCパーク PNC Park(3万8362人収容)
住115 Federal St.
☎(412)321-2827
URL pittsburgh.pirates.mlb.com
行ダウンタウンの中心から6th St. (Roberto Clemente) Bridgeを渡って徒歩15分。試合開催時、同橋は歩行者天国になる。また、ゲームのある日は試合開始の2時間前からステーションスクエアからシャトルボートが30分間隔で運航される。料往復$12
URL www.gatewayclipper.com/shuttle-service/

この選手に注目!
コーリー・ディッカーソン(外野手)

アメリカンフットボール NFL

ピッツバーグ・スティーラーズ(AFC 北地区)
Pittsburgh Steelers

2004シーズンから負け越しておらず、ここ4シーズンは2桁勝利とプレイオフ連続出場を重ね、長きに渡り、スーパーボウル有力候補の一角を占めている。RBにタレントを欠くが、12シーズン目のHCトムリンと36歳のQB「ビッグベン」ロスリスバーガーの勝ち味を知るコンビはそれを補う術を知る。チームカラーはブラック、ゴールド。

ピッツバーグ・スティーラーズ
(1933年創設)地P.403-A1
本拠地――ハインツフィールド Heinz Field(6万8400人収容)
住100 Art Rooney Ave.
☎(412)323-1200(チケット)
URL www.steelers.com
行ライトレイルAllegheny駅下車

この選手に注目!
ベン・ロスリスバーガー

アイスホッケー NHL

ピッツバーグ・ペンギンズ(東・メトロポリタン地区)
Pittsburgh Penguins

現在12シーズン連続でプレイオフに進出中。その間に4度ファイナルに駒を進め、3度の優勝を誇るリーグ最強チーム。ほかのチームへ行けばそれぞれがエースになれるマルキン、クロスビー、ケセルは健在でまだまだ黄金時代が続くだろう。

ピッツバーグ・ペンギンズ
(1967年創設)地P.403-B2
本拠地――PPGペインツアリーナPPG Paints Arena(1万8387人収容)
住1001 5th Ave.
☎(412)642-1842
URL www.nhl.com/penguins/
行ダウンタウンの東、I-579の高速を越えてすぐ。中心部から徒歩15分

この選手に注目!
シドニー・クロスビー

旅のアドバイス ピッツバーグではこれを食べよう!▶ピッツバーグの名物料理は大盛りの具が詰まったサンドイッチ。➡P.412で紹介しているプリマンティブラザーズで食べられるのでトライしてみよう。パイレーツのPNCパーク、スティーラーズのハインツフィールドにも支店がある。

ショップ＆レストラン＆ホテル
Shop & Restaurants & Hotels

S ショッピングモール
ご当地グッズを探すなら
ステーションスクエア
Station Square

住125 W. Station Square Dr. ☎(412) 261-2811 URL www.stationsquare.com 開月～土10:00～21:00、日12:00～17:00（レストランは延長あり） 地P.403-A2～B2

かつてのターミナル駅舎に約28軒の個性的な店やレストラン、ツアーのブースが集まる。地元スポーツチームのグッズや珍しい地元の物産が1ヵ所で手に入る。

R アメリカ料理
ちょっとおしゃれな庶民派料理
ミート＆ポテトズ
Meat & Potatoes

住649 Penn Ave. ☎(412) 325-7007 URL meatandpotatoespgh.com 開ディナー：毎日17:00～22:00（金・土～24:00）、ブランチ：土・日10:30～14:00 AMV 地P.403-B1

ハンバーガーなどいつものアメリカ料理が、おしゃれでヘルシーに変身！　地元っ子に人気の店なので早めに行くか予約を。

R ファストフード
ピッツバーグの名物サンドイッチ
プリマンティブラザーズ
Primanti Brothers

住46 18th St. ☎(412) 263-2142 URL www.primantibros.com 開24時間 AMV 地P.403-B1外

ここのサンドイッチは味もさることながら、食べ方がユニーク。サンドイッチが包まれた紙を広げ、中に挟まれたポテトを抜きながら食べるのが通の食べ方。予算は$7前後。

R 日本料理
いつもの味と雰囲気にほっとひと息
菊
Kiku

住ステーションスクエア内 225 W. Station Sq. Dr. ☎(412) 765-3200 URL kikupittsburgh.net 開ランチ火～金12:00～14:00、土・日～15:00、ディナー月～木17:00～22:00、金～23:00、土16:30～23:00、日16:30～22:00 AMV 地P.403-A2

日本人の板前さんが作る料理は、やっぱり落ち着く。寿司、トンカツ、うな重、イカ納豆、揚げ出し豆腐、シャケの塩焼き、から揚げなどうれしいメニューが並ぶ。予算＄20～。

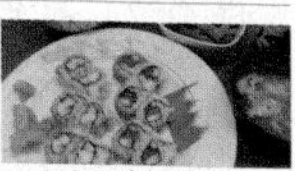

H 中級ホテル
オークランドの大学と博物館に近い
クオリティイン・ユニバーシティ・センター
Quality Inn University Center

住3401 Blvd. of the Allies, Pittsburgh, PA 15213 ☎(412) 683-6100 FAX(412) 683-6101 URL www.choicehotels.com Wi-Fi無料 ⓈⒹⓉ$109～159 ADJMV 地P.408

大学と周辺の美術館、博物館の見学に便利な宿。大学病院へのシャトルを利用することもできる。手頃でおいしいレストランが集まるForbes Ave.にも近い。119室。

H 中級ホテル
PNCパークとハインツフィールドに近い
スプリングヒル・スイーツ・ピッツバーグ・ノースショア
SpringHill Suites Pittsburgh North Shore

住223 Federal St., Pittsburgh, PA 15212 ☎(412) 323-9005 FAX(412) 323-9555 URL www.marriott.com Wi-Fi無料 料スタジオ$229～519 ADJMV 地P.403-A1

パイレーツのホームグラウンド、PNCパークの目の前にある。ウォーホル美術館へ徒歩5分、川を隔てた劇場街やストリップ地区へも徒歩で行ける。朝食付きで、電子レンジもある。198室。

H 高級ホテル
ダウンタウンと空港の間
ダブルツリー・ピッツバーグ・グリーンツリー
DoubleTree Hotel Pittsburgh-Green Tree

住500 Mansfield Ave., Pittsburgh, PA 15205 ☎(412) 922-8400 FAX(412) 922-8981 URL doubletree3.hilton.com Wi-Fi $9.95 ⓈⒹⓉ$103～239、スイート$155～519 ADMV 地P.403-A2外

ダウンタウンから4マイル、空港からは無料のシャトルで約20分。レストラン、充実した売店、フィットネスセンターなどの施設も整い、客室は広くて清潔、寝具もいい。中心部まで遠いぶん、近くのバス停や日によってはダウンタウンまでシャトルを運行しているので確認するといい。ロビーやレストランはWi-Fi無料。460室。

中心部を少し離れるがピッツバーグ国際空港へは無料のシャトルを走らせている

快適な客室でゆったりステイできる

投稿 おすすめアメリカンダイナー▶1950年創業のデルーカズダイナー。グレイハウンドから徒歩15分のストリップ地区にある。朝食メニューが評判だ。DeLuca's Diner 住2015 Penn Ave. ☎(412) 566-2195 URL www.delucastripdistrict.com 開月～金6:30～14:30、土6:00～15:00、日7:00～15:00 地P.403-B1外（福岡県 福元 仁 '16）['18]

世界いち有名な滝

ナイアガラフォールズ
Niagara Falls

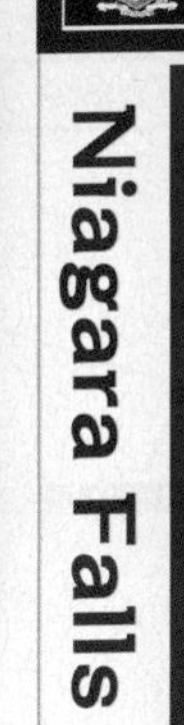

滝壺まで近づくボートの乗船がいちばん人気

アメリカ滝、カナダ滝、ブライダルベール滝の3つからなるナイアガラフォールズ。南米のイグアスの滝とアフリカのビクトリア滝とともに世界3大瀑布と称される。世界中の人が1度は訪れたいと思う北米有数の景勝地であり、年間1400万人が訪れる人気デスティネーションだ。

落ち着いた雰囲気のなか、州立公園から滝を眺めることができるアメリカ側と、ホテルや娯楽施設が建ち並ぶ繁華街で、3つの滝を正面から眺めるカナダ側。滝だけを楽しみたいならばアメリカ側でも十分だが、宿泊施設やレストラン、そのほかのアトラクションなどはカナダ側が充実している。また、歩いて国境を渡るという珍しい体験ができるのもナイアガラならでは。アメリカ、カナダの国境に架かるレインボーブリッジの上から両方の滝を見渡す大パノラマは、まさに圧巻だ。

支給される青いレインコートをまとって乗る霧の乙女号

もっと詳しく

地球の歩き方B16カナダ編（1700円+税）、B18カナダ東部編（1600円+税）でもナイアガラフォールズを紹介していますので、ご活用ください。

DATA

人口▶約5万200人（アメリカ）、約8万3000人（カナダ）
標高▶アメリカ側約177m、カナダ側約188m
TAX▶セールスタックス／アメリカ側8%、カナダ側13%　ホテルタックス／アメリカ側13%、カナダ側16%
属する州▶ニューヨーク州（アメリカ側）、オンタリオ州（カナダ側）
州のニックネーム▶帝国州 Empire State（ニューヨーク州）
州都▶オールバニ　Albany
時間帯▶東部標準時（EST）

➡P.631

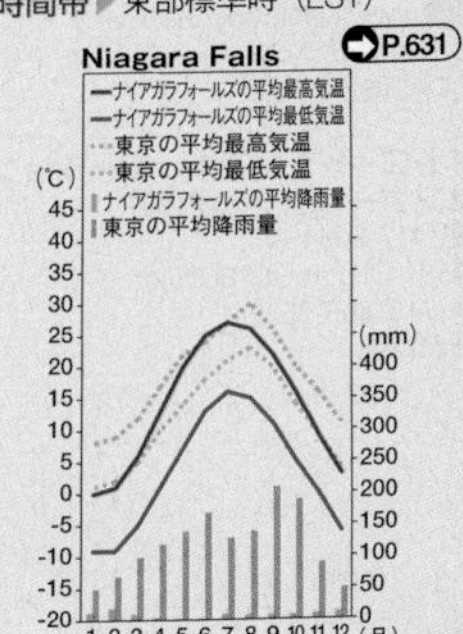

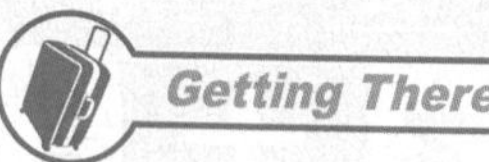

ナイアガラフォールズへの行き方

飛行機 Plane

通貨の単位に注意
$／米ドル
CA$／カナダドル

バッファロー・ナイアガラ国際空港（アメリカ側）
地P.417-B2外
住4200 Genesee St., Buffalo
☎(716)630-6000
URL www.buffaloairport.com

バッファロー・ナイアガラ国際空港（アメリカ側）
Buffalo Niagara International Airport (BUF)

国際空港と名前はついているが規模は小さく、1日約100便が発着している。アメリカン航空、ユナイテッド航空、デルタ航空、サウスウエスト航空、ジェットブルー航空などの国内線が乗り入れており、ボストン、シカゴなど約30空港をノンストップで結ぶ。

■ 空港から／空港へのアクセス

	種類／名称／連絡先	行き先／運行／料金	乗車場所／所要時間／備考
空港シャトル	エアポートタクシー Airport Taxi ☎(716)633-8294 Free (1-800)551-9369 URL www.buffaloairporttaxi.com	行き先▶ナイアガラフォールズの主要ホテル 運行▶空港発、空港行きともに24時間随時 料金▶アメリカ側$50、カナダ側$65	空港発▶到着階のバゲージクレーム（預託荷物のピックアップ場所）の近くにあるカウンターでチケットを購入し、外にある看板の前から乗車 空港行き▶事前に電話やウェブサイトで予約をしてから乗車（要事前予約）
空港シャトル	ナイアガラ・エアバス Niagara Airbus ☎(716)835-8111（アメリカ） ☎(905)374-8111（カナダ） URL www.niagaraairbus.com	行き先▶カナダ側ナイアガラフォールズにある主要ホテル 運行▶空港発、空港行きともに24時間随時 料金▶片道CA$105、往復CA$179	空港発▶バゲージクレームにある案内所で申し込んでから乗車 空港行き▶事前に電話やウェブサイトで予約をしてから乗車
路線バス	NFTA メトロ #24、204 バッファローで乗り換えて #40 NFTA Metro #24、204 transfer at Buffalo to #40 ☎(716)855-7211 URL metro.nfta.com	行き先▶アメリカ側ナイアガラフォールズ（バッファローで乗り換え） 運行▶ 脚注 料金▶$2	空港発▶空港からは#24、#204のバスで、まずバッファローのダウンタウンにあるトランスポーテーションセンターまで行き、そこで#40に乗り換える 空港行き▶ナイアガラフォールズにあるバス停から#40に乗車し、バッファローへ行き、そこから#24、#204の空港行きに乗り換える
タクシー	エアポートタクシー Airport Taxi ☎(716)633-8294	行き先▶市内や周辺どこでも 運行▶24時間随時 料金▶アメリカ側まで約$70、カナダ側まで約$85	空港発▶ターミナル外から乗車 空港行き▶事前に電話などで予約をしてから乗車 所要時間▶アメリカ側へは約30分、カナダ側へは約45分

※それぞれの乗り物の特徴については P.665

トロント・ピアソン国際空港（カナダ側）
住6301 Silver Dart Dr., Mississauga, ON L5P 1B2, Canada
☎(416)247-7678
URL www.torontopearson.com

ナイアガラ・エアバス（シャトル）
☎(905)374-8111
URL www.niagaraairbus.com
料ナイアガラフォールズ周辺まで片道約CA$88

メトロ・トランスポーテーション・センター（アメリカ側）
地P.417-B2外
住181 Ellicott St., Buffalo
☎(716)855-7532
開24時間

トロント・ピアソン国際空港（カナダ側）
Toronto Pearson Airport (YYZ)

国際線が乗り入れているためにゲートシティとして人気があるが、ナイアガラフォールズから125km離れている。ナイアガラフォールズへの足はシャトルが最も便利で、そのほかは路線バスや地下鉄、鉄道を乗り継ぐしかない。

長距離バス Bus

メトロ・トランスポーテーション・センター（アメリカ側）
Metro Transportation Center (Greyhound)

グレイハウンド利用者は、まずバッファローまで行き、そこからNFTAメトロ#40でナイアガラフォールズへ向かうのが賢明だ。NFTAメトロ#40はグレイハウンド駅の南、N.Division St.から乗ることができる。バッファローへはニューヨークやボストン、クリーブランドからグレイハウンドが乗り入れる。

メモ　NFTA メトロ #24、204、40 の運行▶ #24 空港発月～金 4:44 ～ 23:48、土～ 6:21 ～ 24:00、日 6:57 ～ 23:50 の 30 ～ 50 分間隔、#204（急行）空港発月～金 6:25 ～ 17:05 の 30 ～ 60 分間隔、#40 バッファローダウンタウン発月～金 5:03 ～ 23:40、土 6:35 ～ 23:19、日 8:05 ～ 23:30 の 30 ～ 60 分間隔

ナイアガラフォールズ・バスターミナル（カナダ側）
Niagara Falls Bus Terminal

ナイアガラフォールズのバスターミナルは、滝から離れたダウンタウンの北にあり、滝まではウィーゴーのグリーンライン➡P.420かタクシーを利用。カナダ側ナイアガラフォールズへは、トロントからグレイハウンド（CA$20.90〜）と、メガバス（CA$16〜）が1日13便走っている。所要約1時間30分〜2時間。

ナイアガラフォールズ・バスターミナル（カナダ側）
地P.417-B1
住4555 Erie Ave., Niagara Falls, ON
☎(905) 357-2133
開毎日7:00〜22:30

ナイアガラ・アムトラック駅（アメリカ側）
地P.417-B1
住825 Depot Ave.W., Niagara Falls, NY
Free(1-800) 872-7245
開毎日3:00〜23:00

大きな看板を目印に

鉄道 Train

ニューヨークとトロントを結ぶメープルリーフ号が1日1往復している。途中、アメリカ側とカナダ側のナイアガラフォールズ駅に停車する。ニューヨークから約9時間、トロントから約2時間。

ナイアガラ・アムトラック駅（アメリカ側）
Niagara Amtrak Station

町の中心から北東約2マイル（約3km）の所に位置する。滝へ行くにはタクシーの利用（約$10）が便利だ。バスで行く場合は、NFTAメトロ#50で約10分。Main St. & Ontario Ave.から乗車し3rd St. & Niagara St.で下車後、Main St.を北へ300mほど歩く。

ナイアガラフォールズ・VIA駅（カナダ側）
Niagara Falls VIA Station

カナダ側の駅は、バスターミナル同様、滝から離れた場所にあるので、滝まではウィーゴー、またはタクシー（料CA$15程度）の利用となる、約10分。徒歩の場合約40分。

ナイアガラフォールズ・VIA駅（カナダ側）
地P.417-B1
住4267 Bridge St., Niagara Falls, ON
Free(1-888) 842-7245
開毎日9:48〜10:33、16:10〜18:00

落ち着いたエリアにある

アメリカ側の歩き方  

着いたらまず、州立公園内の**プロスペクトポイントProspect Point**を目指そう。途中ビジターセンターでマップや資料を手に入れれば迷うことはない。しばし滝を観賞したら次はゴート島の**テラピンポイント Terrapin Point**へ。ここは右側にアメリカ滝、左側にカナダ滝と、ナイアガラフォールズの全貌を見渡すことができる、アメリカ側で最も眺めのいい場所だ。船で滝壺に接近したり、風の洞窟ツアーに参加したり観光方法はいくつもあるが、1日あればほとんどの見どころを回ることができる。また、シーニック・トロリーを利用すれば、半日で観光することも可能だ。

 市内の交通機関 Public Transportation

NFTAメトロ
NFTA Metro

ナイアガラフォールズ（アメリカ側）とバッファローにバス網をもつ。ダウンタウンの北にトランスポーテーションセンターがあり、バッファローからの#50のバスはここに停車する。バッファロー市内ではライトレイルも運行している。

NFTAメトロ
地P.417-B1
住1162 Portage Rd., Niagara Falls, NY
（トランスポーテーションセンター）
☎(716) 855-7300
URL metro.nfta.com
料$2、1日券$5

行かなくても困らないが、トランスポーテーションセンターもある

旅のアドバイス　ニューヨークから日帰り▶格安航空会社のジェットブルー航空JetBlueはニューヨークのJFK空港とバッファローを毎日6〜7往復（2018年10月現在）している。ニューヨークを早朝に出発すればナイアガラフォールズ日帰り観光も可能。

ツアー案内 Sightseeing Tours

グレイライン（アメリカ側）
Gray Line of Niagara Falls

ナイアガラフォールズのおもな見どころを網羅しているツアー会社。24時間前までに予約すればホテルへのピックアップサービスがある。いちばん人気のツアーはNiagara Falls Maid in America Tour。

グレイライン
☎(716) 285-2113
URL www.graylineniagarafalls.com
●Niagara Falls Maid in America Tour
料$109.95、5～12歳$79.95
運行／5～10月の毎日。朝、昼、夕発
所要時間／約4時間
内容など／アメリカ側のナイアガラフォールズのほとんどの見どころを回る

そのほかのツアー
オーバー・ザ・フォールズ・ツアー
住 1246 Pine Ave.
☎(716) 283-8900
Free (1-877) 783-8900
URL overthefallstoursniagara.com
●All American Tour
料$104.95、5～12歳$69.95
ネット予約をすると10%割引
運行／4～11月の毎日。午前と午後発
所要時間／4～5時間
内容など／アメリカ側のナイアガラフォールズのほとんどの見どころを回る

レインボーエアー
地 P.417-B2
住 454 Main St.
☎(716) 284-2800
URL www.rainbowairinc.com
●Helicopter Tour
料$120、子供（身長101～127cm）$95
運行／4月の週末9:00～17:30、5～8月の毎日9:00～19:00、9・10月の毎日9:00～17:30、11月中旬の週末9:00～16:00
休 11月下旬～3月
所要時間／10分

ヘリコプターツアーはナイアガラを俯瞰する体験ができる

ナイアガラフォールズ

WEGOレッドライン
WEGOブルーライン
WEGOグリーンライン
N
0 500m
ナイアガラヘリコプターズ
Bridge St.
6th Ave. 5th Ave. 4th Ave. 3rd Ave. 2nd Ave. 1st Ave.
Queen St.
Buckley Ave. St. Lawrence Ave.
Morrison St.
Valley Way
図書館
Victoria Ave.
St. Clair Ave.
Simcoe St.
Stanley Ave.
Armoury St.
1
カナダ側 CANADA
Jepson St.
7-Eleven
Ryerson Cir.
Palmer Ave.
Rosedale Dr.
McRae St.
オンタリオ・トラベル・インフォメーションセンター
Niagara Center for the Arts
Sheraton on the Falls (P.424)
Eastwood Cir.
Stamford St.
MacDonald Ave.
Falls Ave.
カジノナイアガラ Casino Niagara
420
Canada One Brand Name Outlets (P.423)
Buchanan Blvd.
Kitchener St.
Skyline Hotel
Niagara Skywheel
John St.
Yanks Old Niagara Bar & Grill
Walnut St.
Hiram St.
River Rd.
Antica Pizzeria & Ristorante (P.423)
Lewis Ave.
Centre Ave.
Crowne Plaza
National Geographic Gift Shop (P.423)
McGrail Ave.
税関
Ellen Ave.
アイマックスシアター・ナイアガラフォールズ (P.421) IMAX Theatre Niagara Falls
Travelodge (P.424)
Clifton Hill
Falls Ave.
クリフトンヒル (P.422) Clifton Hill
レインボーブリッジ Rainbow Bridge
Ferry St.
Victoria Ave.
ホーンブロワー・ナイアガラ・クルーズ (P.422) Hornblower Niagara Cruises
ナイアガラ州立公園 Niagara Falls State Park
Fallsview Blvd.
雪国
霧の乙女号 (P.418) Maid of the Mist
Queen Victoria Park
展望タワー (P.418) The Observation Tower
Passage To India
Revolving
プロスペクトポイント
Holiday Inn By the Falls
スカイロンタワー Skylon Tower (P.421)
アメリカ滝 American Falls
Best Western Fallsview
2
Murray
Hilton Niagara Falls Fallsview
風の洞窟ツアー (P.418) Cave of the Winds Trip
グリーン島 Green Island
Main St.
Four Points by Sheraton
テラピンポイント Terrapin Point
ゴート島 (P.419) Goat Island
The Oakes Hotel Overlooking the Falls (P.424)
Niagara Parkway
インクライン・レイルウエイ
ジャーニー・ビハインド・ザ・フォールズ Journey Behind the Falls
ホースシュー滝 Horseshoe Falls
Marriott Niagara Falls Fallsview
Marriott on the Falls
テーブルロック (P.421) Table Rock
Elements on the Falls (P.423)
A

投稿 霧の乙女号 P.418 ▶乗船中は水しぶきがすごいので、スマートフォンで写真を撮りたいなら、ジップ付きのビニール袋のようなものに入れるのが○。
（埼玉県　高橋信二　'16）['18]

観光案内所 Visitors Information

ナイアガラUSAオフィシャル観光案内所
Niagara USA Official Visitor Center

ダウンタウンにあるビジターセンター。市内の地図や見どころのパンフレットのほか、トイレや荷物預けのサービス、無料のWi-Fiがあるなど、観光客に便利な仕様となっている。ナイアガラ州立公園内にもあり。

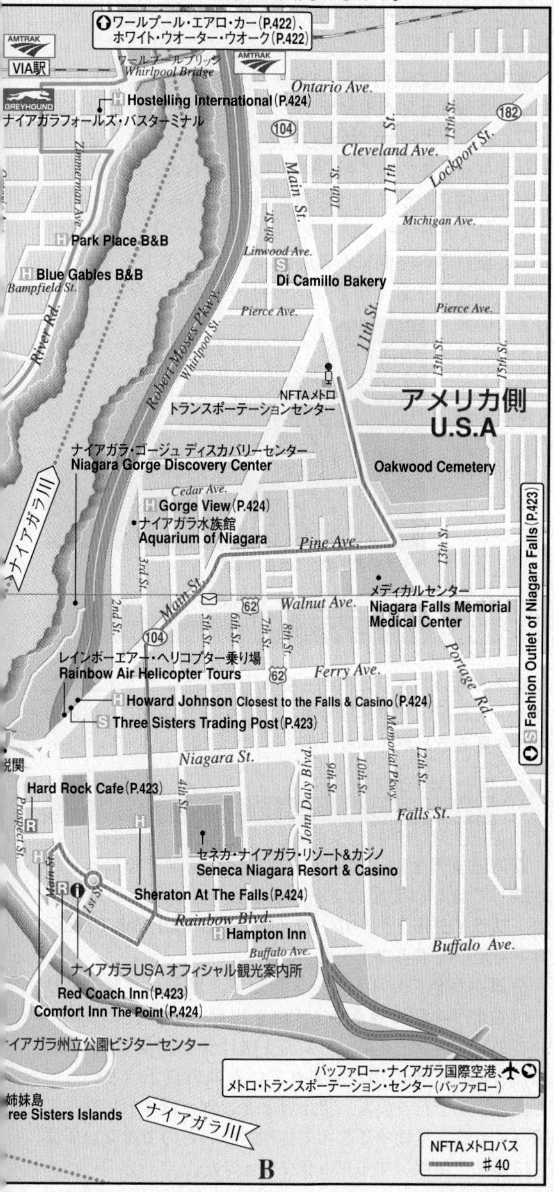

ワールプール・エアロ・カー(P.422)、
ホワイト・ウオーター・ウオーク(P.422)
AMTRAK
VIA駅
ワールプールブリッジ
Whirlpool Bridge
GREYHOUND
ナイアガラフォールズ・バスターミナル
Hostelling International(P.424)
Ontario Ave.
182
104
Cleveland Ave.
Lockport St.
Main St.
10th St.
11th St.
13th St.
Zimmerman Ave.
8th St.
Michigan Ave.
Park Place B&B
Blue Gables B&B
Bampfield St.
Linwood Ave.
Di Camillo Bakery
Pierce Ave.
Pierce Ave.
River Rd.
Robert Moses Pkwy.
Whirlpool St.
11th St.
13th St.
15th St.
NFTAメトロ
トランスポーテーションセンター
アメリカ側
U.S.A
ナイアガラ・ゴージュ ディスカバリーセンター
Niagara Gorge Discovery Center
Oakwood Cemetery
ナイアガラ川
Cedar Ave.
Gorge View(P.424)
ナイアガラ水族館
Aquarium of Niagara
Pine Ave.
3rd St.
13th St.
Fashion Outlet of Niagara Falls(P.423)
メディカルセンター
Niagara Falls Memorial
Medical Center
Main St.
62
Walnut Ave.
2nd St.
5th St.
6th St.
7th St.
8th St.
104
Portage Rd.
レインボーエアー・ヘリコプター乗り場
Rainbow Air Helicopter Tours
62
Ferry Ave.
Howard Johnson Closest to the Falls & Casino(P.424)
Three Sisters Trading Post(P.423)
Memorial Pkwy.
Niagara St.
Hard Rock Cafe(P.423)
4th St.
John Daly Blvd.
9th St.
10th St.
12th St.
Falls St.
Prospect St.
Main St.
1st St.
セネカ・ナイアガラ・リゾート&カジノ
Seneca Niagara Resort & Casino
Sheraton At The Falls(P.424)
Rainbow Blvd.
Hampton Inn
Buffalo Ave.
Buffalo Ave.
ナイアガラUSAオフィシャル観光案内所
Red Coach Inn(P.423)
Comfort Inn The Point(P.424)
ナイアガラ州立公園ビジターセンター
バッファロー・ナイアガラ国際空港、
メトロ・トランスポーテーション・センター(バッファロー)
姉妹島
ree Sisters Islands
ナイアガラ川
NFTAメトロバス
#40
B

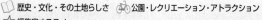

ナイアガラUSAオフィシャル観光案内所
地 P.417-B2
住 10 Rainbow Blvd.
☎ (716) 282-8992
URL www.niagarafallsusa.com
開 毎日9:00～19:00（冬期は短縮あり）

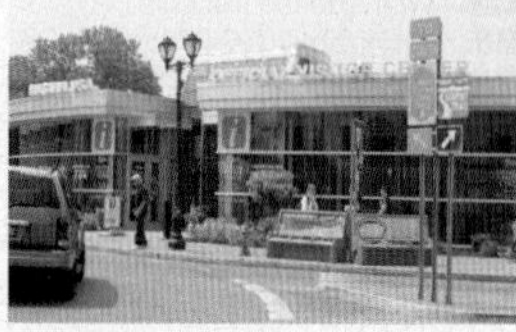

ダウンタウンにある広々とした案内所

●ナイアガラ州立公園ビジターセンター
地 P.416-A2
住 332 Prospect St.
☎ (716) 278-1796
URL www.niagarafallsstatepark.com
開 日～木8:00～21:00、金・土～22:00（冬期は短縮。時期によって変動あり）
休 サンクスギビング、12/25、1/1

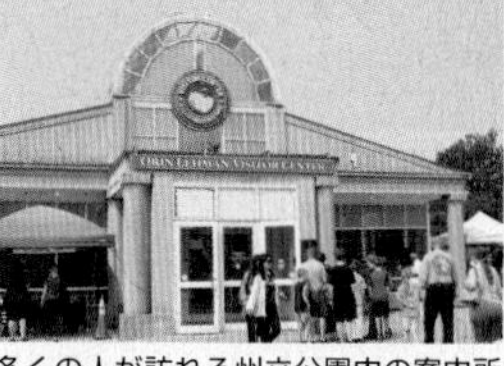

多くの人が訪れる州立公園内の案内所

ナイアガラ観光のお得なパス

ナイアガラフォールズ州立公園のビジターセンターで販売しているパス。霧の乙女号、風の洞窟、アドベンチャーシアター、ディスカバリー・センター、水族館の5つの見どころとアトラクション、ナイアガラ・シーニック・トロリーのフリーライド込みのお得な周遊券

●Niagara USA Discovery Pass
☎ (716) 278-1796
URL www.niagarafallsstatepark.com
料 $46、6～12歳$35

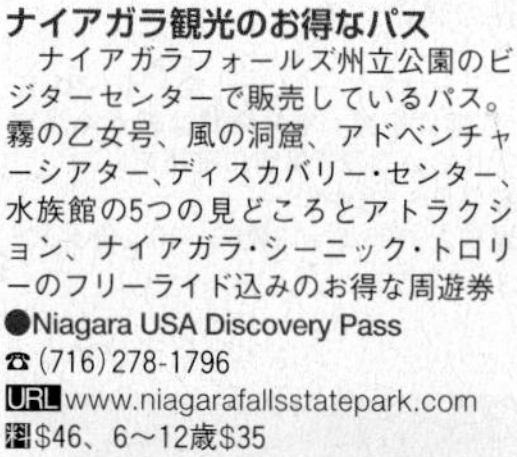

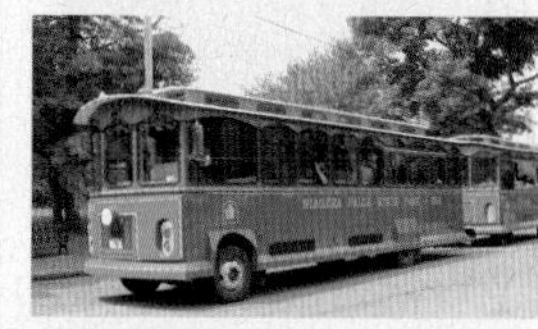

観光に便利なシーニック・トロリーの乗車券も含まれている

おもな見どころ（アメリカ側）

ナイアガラに来たら必ずトライしよう　地P.416-A2

霧の乙女号
Maid of the Mist

ナイアガラフォールズで最も人気の高いアトラクション。船に乗ってカナダ滝の滝壺寸前まで接近する、迫力満点のツアーだ。カナダ側から出発する船もほぼ同じコースで、ホーンブロワー・ナイアガラ・クルーズといわれる。乗船時間は約20分。

落下してくる水の勢いで船がグラグラ揺れ、カナダ滝の手前で停止するクライマックスでは、目を開けていられないくらいすごい勢いで水しぶきが襲いかかってくる。レインコートを着ていても、かなりぬれてしまうほど。カメラなどを持っている人は注意が必要だ。滝シャワーの洗礼を受けてさらにリフレッシュしたいという人は、ぬれついでに乗り場の左側にある展望スペースへも足を運ぼう。ここには岩場を登る小さな木の階段があり、真上からものすごい滝の水しぶきが落下してくる。乗船のときにもらったレインコートが役立つ。

大迫力の滝を感じる最善の方法

霧の乙女号
住151 Buffalo Ave.
☎(716)284-8897
URL www.maidofthemist.com
運航／毎日9:00～20:00の15分間隔（冬期は短縮。時期によって変動あり）
休11月上旬～4月
料$19.25、6～12歳$11.20、5歳以下無料
行プロスペクトポイント展望タワーの入口から乗船

古くからあるアトラクション
今でこそディーゼルエンジンの白い立派な船だが、1846年の就航当時は木製の蒸気船だったとか

乗船前に支給されるレインコートをしっかり着よう

アメリカ滝とカナダ滝を同時に眺めよう　地P.416-A2

展望タワー
The Observation Tower

眺めの悪いアメリカ側から突き出るようにして造られたタワー。おかげでアメリカ滝とカナダ滝を同時に、斜め前方から見ることができる。

展望タワー
☎(716)278-1796
開毎日9:30～20:00(冬期は10:00～16:30(時期によって変動あり))
休サンクスギビング、12/25、1/1
料4月下旬～11月上旬$1.25

滝を体験する!?　地P.416-A2

風の洞窟ツアー
Cave of the Winds

霧の乙女号と並んで、アメリカ側を見学するならぜひ体験してほしい究極のアトラクション。アメリカ滝の支流、**ブライダル・ベール・フォールズBridal Veil Falls**の真下を歩いて渡るツアーだ。

分厚い黄色のレインコートを着て、足元は革製のスリッパのような靴に履きかえ、いざ出発。案内役の人についてエレベーターを降り、洞窟を抜けると岩場に出る。ここから歩いて木の橋が組まれている滝の真下（といっても支流）まで行くのだ。見上げると、水が固まりになって降ってくる。見物するなんて生やさしいものではない。まさに滝を“体験”するアトラクションだ。

風の洞窟ツアー
☎(716)285-0705
開日～木9:00～20:15、金・土～21:15（冬期は短縮。営業時間は細かく設定されているので事前に確認を）
休11月～5月中旬
料$12～19、6～12歳$9～16（身長106cm以上）

轟音はしばらく耳から離れない

観光ポイントは▶アメリカ側、カナダ側に分かれている。ふたつの滝が正面に見られるカナダ側のほうが景色はよく、ほとんどの人がカナダ側にしか行かないようだが、少し時間を割いてアメリカ側にも行ってみよう。

すぐそこに滝があるとは信じられないくらいのどか 地P.416-A2～417-B2

ゴート島
Goat Island

1時間もあれば1周でき、美しい木々に囲まれているゴート島。島の北東にある**テラピンポイント Terrapin Point**は、カナダ滝を最も近くで見られる、アメリカ側でいちばん眺めのよい場所だ。この島から望むナイアガラ川は、滝とは対照的にゆったりしていて心和む。ゴート島の南にある**三姉妹島 Three Sisters Islands**は、小さな島が3つ並んでいることから、こう名づけられた。

各所に望遠鏡が設置されている

国境越え Passing Across the Border

滝からいちばん近くの**レインボーブリッジ Rainbow Bridge**を渡ってアメリカとカナダを自由に行き来することができる（年中無休、24時間通行可）。ただし、国境を越えるわけだからパスポートは絶対必要。

アメリカからカナダへ

アメリカ出国はノーチェック。eTA➡側注の申請・取得は不要。イミグレーションオフィス脇の回転扉を通ってレインボーブリッジの歩道へ出る。歩いて行けば数分で国境を越えてしまう。カナダ側のイミグレーションオフィスにはゲートがあるので、アメリカドルまたはカナダドルどちらか50¢を払って通る。係官にパスポートを見せ、スタンプを押してもらえば入国完了。車の場合、US$3.75、CA$4.75。

カナダからアメリカへ

行程はアメリカからカナダへの場合の逆。日本から直接カナダに入り、過去3ヵ月以内にアメリカに入国していない人は入出国カード（I-94W）の記入とアメリカドルで手数料$6が必要になる。アメリカ側からカナダ側へ一時出国し、再入国する人は、カナダ側へ行った理由、滞在時間などを尋ねられるので、準備しておくこと。また、車でアメリカ入国の際には手続きに時間がかかるので、余裕をみておこう。

アメリカ入国管理
☎(716)284-6444
URL www.cbp.gov

カナダ入国管理
Free (1-800)461-9999
URL www.cbsa.gc.ca

レインボーブリッジ
Niagara Falls Bridge Commission
アメリカ側
☎(716)285-6322
URL niagarafallsbridges.com
カナダ側
Free (905)354-5641
URL niagarafallsbridges.com

ESTAの申請
陸路でカナダからアメリカへ入国する場合、事前にESTAによる渡航認証の申請・取得は不要。I-94W ➡P.662を提出する。ESTA ➡P.646

eTAについて
Electronic Travel Authorizationの略で、イーティーエーやイータと呼ぶ。カナダ版のESTAのようなもの。空路でカナダに入国する場合は必要だが、アメリカ側から陸路で入国する際は不要

国境を越えるときに注意したいこと

旅のアドバイス

ナイアガラフォールズはアメリカとカナダの国境にあり、レインボーブリッジを渡り簡単に行き来できるが、それぞれの入国管理官による入国手続きが行われる。徒歩、自転車、車、タクシーのいずれでも、国境を渡るときは通行料金とパスポート、車の場合は国際免許が必要だ。徒歩、車どちらも、アメリカからカナダへの入国時に混雑が起こる。特に夏の日中は、入国待ちの長蛇の列ができていることもある。越境する際は時間に余裕をもって行動しよう。また、レインボーブリッジの北にあるWhirlpool Bridgeは原則越境できないので、注意すること。

アメリカからカナダへ行く際の列

カナダドルへの両替▶ナイアガラフォールズのカナダ側にはカジノがある。アメリカからカナダへ渡って、カナダドルが必要になったらカジノで両替という方法も可能だ。また、カナダ側の繁華街クリフトンヒルにも両替所が点在している。実際クレジットカードで済ます人も多い。

真正面からナイアガラ大瀑布を眺められるのがカナダ側だ。ホテル、ショップ、レストラン、カジノなどの娯楽施設が集中するのもカナダ側。タワーに上って時間ごとに表情を変える滝を観賞したり、クリフトンヒルでナイトライフを楽しむなど、エンターテインメント性が高い。

ウィーゴーやシャトルを利用して下流にあるホワイト・ウオーター・ウオークの急流を散策したり、大きな渦が巻く上をワールプール・エアロ・カーで渡るのもいい。

観光はカナダ側がいい

ツアー案内 Sightseeing Tours

グレイライン（カナダ側）
Gray Line of Niagara Falls

カナダ側ナイアガラのほとんどの見どころを回る。予約はウェブサイトから。ホテルまでのピックアップあり。

ナイアガラヘリコプターズ
Niagara Helicopters

発着場は滝から離れたワールプール・エアロ・カーの近くだが、空中からアメリカ滝とカナダ滝の醍醐味を味わうことができる。飛行時間約9分。冬期も運航。

観光案内所 Visitors Information

オンタリオ・トラベル・インフォメーションセンター
Ontario Travel Information Center

カナダ側にあるオフィシャルの観光案内所。テーブルロック内にあり、各資料が豊富に揃う。

市内の交通機関 Public Transportation

ウィーゴー
WEGO

ナイアガラフォールズ観光用のカナダ側バスシステム。テーブルロックを起点に、レッド、ブルー、グリーン、オレンジの4ラインがアトラクションや観光地、主要ホテルを結んでいる。最も頻繁に運行しているブルーラインは、通年で20～40分間隔。路線ごとに運行間隔や運行時間が異なるので注意しよう。チケットはデイパスのみで、ナイアガラフォールズ・アドベンチャーパスや、ナイアガラフォールズ・ワンダーパス(➡脚注)にも含まれている。

グレイライン
☎(716)285-2113
Free (1-800)472-9546（カナダ）
URL www.graylineniagarafalls.com
●Niagara Falls Rainbow Tour
料 $109.95、5～12歳$79.95
運行／5～10月の毎日朝、昼、夕発
所要時間／約4時間
内容など／カナダ側のナイアガラのほとんどの見どころを回る

ナイアガラヘリコプターズ
地 P.416-A1外
住 3731 Victoria Ave., Niagara Falls, ON
☎(905)357-5672
URL www.niagarahelicopters.com
運航／好天時9:00～日没
料 CA$145、3～11歳CA$89

オンタリオ・トラベル・インフォメーションセンター
地 P.416-A1
住 5355 Stanley Ave., Niagara Falls, ON
☎(905)358-3221
Free (1-800)668-2746
URL www.niagarafallstourism.com
開〈6～9月〉毎日8:00～20:00、〈10～5月〉毎日8:30～16:30

ウィーゴー
運行／毎日10:00～翌0:30（路線、時期により異なる）
URL www.wegoniagarafalls.com
料 1日券CA$8、6～12歳CA$5
チケットは観光案内所や主要ホテル、乗車時などに購入可能

使い勝手のいいウィーゴー

旅のアドバイス カナダ側観光のお得なパス▶時期によりふたつのパスがある。Niagara Falls Adventure Pass Classic（5月上旬～11月上旬）はジャーニー・ビハインド・ザ・フォールズ、ホワイト・ウオーター・ウオーク、ホーンブロワー・ナイアガラ・クルーズ、ナイアガラズフューリーの4つの見どころと、ウィーゴーの2日分乗車券↗

おもな見どころ（カナダ側） Sightseeing

滝を裏側から眺める 地P.416-A2

テーブルロック
Table Rock

カナダ滝のすぐ西側にある建物。ここで体験してほしいのが、**ナイアガラズフューリーNiagara's Fury**。最新テクノロジーを駆使した"4-D"の体験型アトラクションだ。また、**ジャーニー・ビハインド・ザ・フォールズ Journey Behind the Falls**（滝の裏側ツアー）も必見。このツアーは地下に掘られたトンネルから滝の裏側をのぞくというもの。滝は水しぶきがすごく、流れ落ちる水の轟音が響くだけ。

また、建物内にはショップやレストランがあり、ひと休みしたいときに便利だ。子供やお年寄りが滝まで歩くのが大変な場合は、建物の南側に隣接する有料駐車場Falls Parkingに車を停めよう。建物の中からは、ぬれずに滝を見ることができる。

観光案内所もある

2階にあるレストラン「エレメンツ・オン・ザ・フォールズ」では、すぐ前で滝が落ちるのを眺めながら食事ができるという珍しい体験が味わえる。

テーブルロック
住6650 Niagara Pkwy.,Niagara Falls,ON
URL www.niagaraparks.com
開毎日9:00～22:00頃（冬期は短縮。時期によって変動あり）
休無休
●Niagara's Fury
開毎日9:15～21:00（冬期は短縮。時期によって変動あり。詳細はウェブサイトで確認を）、30分おき
料CA$15、6～12歳CA$9.75
●Journey Behind the Falls
開毎日9:00～22:00（冬期は短縮。時期によって変動あり）
料CA$19.95、6～12歳CA$13（冬期は割引あり）
※歩いて滝まで行くため、ぬれてもかまわない服装で参加しよう

特に水しぶきが舞うテーブルロック

ナイアガラの全体を見てみよう 地P.416-A2

スカイロンタワー
Skylon Tower

ナイアガラフォールズでいちばん高い展望台で、その高さは160m。ナイアガラ全体の眺望を楽しめる。展望台の1階下はバフェ（食べ放題の食事）のレストラン**Summit Suite**、さらに下（2階下）は回転レストラン**Revolving**になっている。

展望台からの眺め

スカイロンタワー
住5200 Robinson St., Niagara Falls, ON
☎(905) 356-2651
URL www.skylon.com
開〈夏期〉毎日8:00～24:00、〈冬期〉毎日8:00～22:00
料CA$16.24、3～12歳CA$10.44
行ウィーゴーブルーライン Skylon Tower下車

ナイアガラについてもっと知りたいのなら 地P.416-A2

アイマックスシアター・ナイアガラフォールズ
IMAX Theatre Niagara Falls

スカイロンタワーに隣接するピラミッド型のアイマックスシアターでは、『Niagara:Miracles, Myths & Magic』が上映されている。巨大スクリーンで見るナイアガラの開拓史と映像美は圧巻。上映時間は約1時間。

アイマックスシアター・ナイアガラフォールズ
住6170 Fallsview Blvd., Niagara Falls, ON
☎(905) 358-3611
URL imaxniagara.com
開毎日9:00～21:00（冬期は短縮。詳細はウェブサイトで確認を）
料CA$15.02、4～12歳CA$11.02（税込み）
行Niagara Pkwy.からは、スカイロンタワー方向へMurray St.の坂を上りきって右折。大きな駐車場の中にある

スカイロンタワーから坂を登った所にあるアイマックスシアター

↘料CA$85、6～12歳CA$55。Niagara Falls Wonder Pass〈11月中旬～4月上旬〉はジャーニー・ビハインド・ザ・フォールズ、バタフライ温室、ナイアガラズフューリーの3つと、ウィーゴーの2日分乗車券。料CA$65、6～12歳CA$55。ともにウェブサイトでの割引料金もあり。URL www.niagaraparks.com

ホーンブロワー・ナイアガラ・クルーズ
住5920 Niagara Pkwy., Niagara Falls, ON
Free (1-855) 264-2427
URL www.niagaracruises.com
運航／毎日8:30～20:30（冬期は短縮。時期によって変動あり）
休12～4月
料CA$25.95、5～12歳CA$15.95、4歳以下無料
行ウィーゴーグリーンラインHornblower Niagara Falls下車

クリフトンヒルの中心にあるSkyWheel

クリフトンヒル
住4960 Clifton Hill, Niagara Falls, ON
☎(905) 358-3676
URL www.cliftonhill.com

● Niagara SkyWheel
地P.416-A2
住4950 Clifton Hill, Niagara Falls, ON
☎(905) 358-4793
料CA$12.99、12歳以下CA$6.99

ワールプール・エアロ・カー
住3850 Niagara Pkwy., Niagara Falls, ON
Free (1-877) 642-7275
運航／〈4月中旬～11月上旬〉毎日10:00～17:00（土・日、夏期は延長あり）。15分間隔で運航
休11月中旬～4月上旬
料CA$15、6～12歳CA$9.75、5歳以下無料
行ウィーゴーグリーンラインWhirlpool Aero Car下車

ホワイト・ウオーター・ウオーク
住4330 Niagara Pkwy., Niagara Falls, ON
開〈4月中旬～11月上旬〉毎日10:00～17:00、夏期は延長あり、また週末など変則的。必ず事前に確認すること
休11月中旬～4月上旬
料CA$13、6～12歳CA$8.45
行ウィーゴーグリーンラインWhite Water Walk下車

カナダ版霧の乙女号 地P.416-A2

ホーンブロワー・ナイアガラ・クルーズ
Hornblower Niagara Cruises

カナダ側でも運航していた霧の乙女号に代わり、2014年より運航を開始した遊覧船。ルートはアメリカ側の霧の乙女号➲P.418とほぼ同じ。カナダ側のほうが混雑している。

夜もにぎやかな繁華街 地P.416-A2

クリフトンヒル
Clifton Hill

Niagara Pkwy.に交差するクリフトンヒルは、ナイアガラフォールズの繁華街だ。ホテルやショッピングセンター、アミューズメント施設、カジノ、みやげ物屋、レストランなどが建ち並ぶ。1周約10分の**観覧車Niagara SkyWheel**では、地上約53mの高さから滝を眺めることができる。また、ナイトクラブやディナーショーを行う劇場などもあり、大人から子供まで楽しめ、1日中にぎわっている。

観光地らしい景色が広がる

上から渦を眺める 地P.417-B1外

ワールプール・エアロ・カー
Whirlpool Aero Car

オンタリオ湖に向かう途中にナイアガラ川が急なカーブを描く淵があり、流れが大きな渦潮となっている。渦の上76mの高さを渡るワールプール・エアロ・カーというロープウエイに乗って真上から見物しよう。

滝から流れた水が作る巨大な渦の上を行く

激流は大迫力 地P.417-B1外

ホワイト・ウオーター・ウオーク
White Water Walk

ナイアガラの滝を通過した大量の水は川の一部となり、オンタリオ湖へ向かう。途中川幅が狭くなり、“超”激流となってこのポイントを通過していく。みやげ物屋の中のエレベーターで地下に降りトンネルを進むと、滝を流れ落ちたナイアガラ川の激流を、至近距離で見ることができる。

その名のとおり水は白い激流となっている

旅のアドバイス カナダ側もうひとつのバスシステム▶ウィーゴー以外にナイアガラフォールズ・トランジットというバスも走っており、14のルートをもつ。本数が少なく、日曜は運休。見どころのほとんどはウィーゴーでカバーできるが、滞在先によっては必要になってくるので覚えておくといい。Niagara Falls Transit ☎(905) 356-7521 ↗

ショップ&レストラン
Shops & Restaurants

ギフト&雑貨

S 三姉妹が経営する個性的なみやげ物屋〈アメリカ側〉

スリー・シスターズ・トレーディング・ポスト
Three Sisters Trading Post

住454 Main St. ☎(716) 284-3689
URL www.threesisterstradingpost.com
開毎日9:00～17:00（日～16:00） AMV 地P.417-B2

玄関正面に"お話し"する壁掛けのムースが出迎えてくれる。ネイティブアメリカンの人形や彫り物、宝石コーナーがあり、珍しいTシャツも見つかる。

ギフト

S 総合科学雑誌のショップ〈カナダ側〉

ナショナルジオグラフィック・ギフトショップ
National Geographic Gift Shop

住6170 Fallsview Blvd., Niagara Falls, ON（IMAXシアター内）
☎(905) 358-3611
開〈6～9月〉毎日9:00～21:00、〈10～5月〉毎日10:00～17:00
AMV 地P.416-A2

日本でもおなじみの雑誌「ナショナルジオグラフィック」のオフィシャルショップ。ナショナルジオグラフィックは1888年に設立された世界最大の非営利学術研究団体組織。店では教育的な玩具やぬいぐるみなどを販売している。もちろん雑誌も扱う。

アウトレット

S 休憩がてらアウトレットへ〈アメリカ側〉

ファッションアウトレット・オブ・ナイアガラフォールズ
Fashion Outlet of Niagara Falls

住1900 Military Rd. ☎(716) 297-1233
URL www.fashionoutletsniagara.com
開毎日10:00～21:00（日～18:00） 地P.417-B2外

NFTAメトロ#50、55で約30分の所にある。200以上のショップ、レストランが入店し、ナイアガラ観光に疲れたときにはもってこいの場所だ。20%～最大70%オフ。

アウトレット

S 滝を見たあとはここへ行こう〈カナダ側〉

カナダ・ワン・ブランド・ネーム・アウトレット
Canada One Brand Name Outlets

住7500 Lundy's Ln., Niagara Falls, ON ☎(905) 356-8989
URL www.canadaoneoutlets.com
開毎日10:00～21:00（日～18:00） 地P.416-A2外

ナイアガラフォールズから西へ約5km行った所にある大型アウトレットショップ。キレイ目からスポーティ系まで幅広いショップが入店。ウィーゴーレッドラインでCanada One Factory Outlets下車。

アメリカ料理

R 州立公園に隣接〈アメリカ側〉

ハードロック・カフェ
Hard Rock Cafe

住333 Prospect St. ☎(716) 282-0007
URL www.hardrock.com 開毎日11:00～23:00
ADJMV 地P.417-B2

アメリカ側のアトラクションを回るにはうれしい立地。店内はロックファン大喜びの珍しい展示品が飾られている。おすすめは約350gのニューヨーク・ストリップ・ステーキ（$25.95）。併設するギフトショップにはオリジナルグッズもある。

アメリカ料理

R 滝に最も近いレストラン〈カナダ側〉

エレメンツ・オン・ザ・フォールズ
Elements on the Falls

住6650 Niagara Pkwy., Niagara Falls, ON ☎(905) 354-3631
開〈夏期〉毎日11:30～22:00、〈冬期〉毎日11:30～18:00（金～日～19:00）（営業時間は時期により異なるので、事前に確認を） AMV 地P.416-A2

カナダ滝の観光の中心ともいえるテーブルロックの2階にある。滝を眺めながら食事を楽しめる。ランチはサンドイッチやハンバーガー（$21～）が、ディナーはステーキ（$39～）が人気。

アメリカ料理

R 老舗のレストラン〈アメリカ側〉

レッドコーチイン
Red Coach Inn

住2 Buffalo Ave. ☎(716) 282-1459 URL www.redcoach.com
開〈5～10月〉毎日7:30～21:30 （金・土～22:30）、〈11～4月〉毎日7:30～21:00（金・土～22:00） AMV 地P.417-B2

ゴートアイランドに最も近く、歴史のあるB&Bに入るレストラン。朝食からディナーまで宿泊客以外も利用することができる。ディナーの予算は$30～。

イタリア料理

R 釜焼きピザが美味〈カナダ側〉

アンティカピッツェリア&リストランテ
Antica Pizzeria & Ristorante

住5785 Victoria Ave., Niagara Falls, ON ☎(905) 356-3844
URL www.anticapizzeria.ca 開〈6～9月〉毎日12:00～23:00、〈10～5月〉毎日12:00～22:00 AJMV 地P.416-A2

クリフトンヒルの坂を上がり、Victoria Ave.を左に曲がると見えてくる。地元の評判も高く、ピザ（$16.99～）はどれを食べてもおいしい。

↘ URL www.niagarafalls.ca 開 運行／月～土 6:30 ～ 17:30（路線により異なる）の 30 分～1 時間間隔
料CA$3、1 日券 CA$7

ホテル
Hotels

ホステル

アメリカ側のユース〈アメリカ側〉
ゴージビュー
Gorge View

住723 3rd St., Niagara Falls, NY 14301
☎(716) 286-0707 URL www.gorgeview.net
ドミトリー$24〜40、個室$60〜100
AMV Wi-Fi無料 地P.417-B1

ナイアガラ水族館からすぐの場所に建つ。レインボーブリッジまでは徒歩15分。客室は清潔でモダンな雰囲気。28ベッド。

ホステル

カナダ側のユース〈カナダ側〉
ホステリング・インターナショナル・ナイアガラフォールズ
Hostelling International Niagara Falls

住4549 Cataract Ave., Niagara Falls, ON, Canada L2E 3M2
☎(905) 357-0770 Free(1-888) 749-0058
URL hostellingniagara.com Wi-Fi無料
ドミトリーCA$31〜、個室CA$78〜 AJMV 地P.417-B1

カナダ側のアムトラック駅、バスディーポのすぐ近くにある。中心部まではウィーゴーグリーンライン、もしくはナイアガラフォールズ・トランジット(→P.422脚注)#104で。88ベッド。

エコノミーホテル

アメリカ滝にいちばん近いホテル〈アメリカ側〉
コンフォートイン・ザ・ポイント
Comfort Inn The Pointe

住1 Prospect Pointe, Niagara Falls, NY 14303
☎(716) 284-6835 Free(1-800) 284-6835
URL www.comfortinnthepointe.com Wi-Fi無料
ⓈⒹⓉ$101〜287 ADMV 地P.417-B2

プロスペクトポイントに近く、滝のしぶきが感じられるほど。目前にはニューヨーク州立公園の緑が広がる。無料の朝食がうれしい。110室。

エコノミーホテル

繁華街のど真ん中〈カナダ側〉
トラベロッジ・ナイアガラフォールズ
Travelodge Niagara Falls

住4943 Clifton Hill, Niagara Falls, ON, Canada L2G 3N5
☎(905) 357-4330 Free(1-800) 525-4055
URL www.wyndhamhotels.com Wi-Fi無料
ⓈⒹⓉCA$70〜400 AMV 地P.416-A2

クリフトンヒルのいちばんにぎわうエリアにある。周囲はエンターテインメント施設が充実しており、朝から晩まで滝以外の楽しみも多い。コインランドリーや両替など、旅行者に便利なアメニティも多数。63室。

中級ホテル

カナダ滝に歩いて行ける〈アメリカ側〉
ハワード・ジョンソン・クローゼスト・トゥー・ザ・フォールズ・アンド・カジノ
Howard Johnson Closest to the Falls and Casino

住454 Main St., Niagara Falls, NY 14301 ADJMV
☎(716) 236-8503 Free(1-800) 221-5801 Wi-Fi無料
URL www.wyndhamhotels.com ⓈⒹⓉ$69〜245 地P.417-B2

アメリカ側の見どころに近く、カナダ側への玄関口、レインボーブリッジまで徒歩3分。無料の朝食、温水プールとサウナ付き。80室。

中級ホテル

滝を望める中級ホテル〈カナダ側〉
オークス・ホテル・オーバールッキング・ザ・フォールズ
The Oakes Hotel Overlooking the Falls

住6546 Fallsview Blvd. Niagara Falls, ON, Canada L2G 3W2
Free(1-877) 843-6253 URL www.oakeshotel.com
Wi-Fi無料(リゾートフィーに含む) ⓈⒹCA$89〜242 AMV 地P.416-A2

カナダ滝に近い場所に建ち、中級ホテルでは唯一、滝を眺められる部屋がある。14階の展望ラウンジからも滝が眺められる。289室。

高級ホテル

落ち着いた安心の宿〈アメリカ側〉
シェラトン・アット・ザ・フォールズ
Sheraton At The Falls

住300 3rd St., Niagara Falls, NY 14303
☎(716) 285-3361 FAX(716) 285-3900
URL sheratonatthefalls.com ⓈⒹⓉ$99〜309
ADJMV Wi-Fi無料(リゾートフィーに含む) 地P.417-B2

アメリカ側で最も規模の大きなホテル。観光にもビジネスでも安心して泊まれる。プール、フィットネスセンター、ビジネスセンターなど設備は整っている。392室。

高級ホテル

滝の眺めはまさに絶景〈カナダ側〉
シェラトン・オン・ザ・フォールズ
Sheraton on the Falls

住5875 Falls Ave., Niagara Falls, ON, Canada L2G 3K7
☎(905) 374-4445 Free(1-888) 229-9961
URL www.sheratononthefalls.com Wi-Fi無料(リゾートフィーに含む) ⓈⒹⓉCA$119〜409 ADJMV 地P.416-A2

ホテルの部屋からもじっくり滝を眺めたい、そんな人にぜひおすすめしたいホテル。夜のイルミネーションも十分に堪能できる。669室。

フロリダと南部

Florida & South

アトランタ……427
ルイビル……441
ナッシュビル……443
メンフィス……447
トゥペロ……451
リトルロック……453
モントゴメリー……455
ニューオリンズ……457
リッチモンド（バージニア州）……469
シャーロット……471
チャールストン（サウスカロライナ州）…477
サバンナ……481
オーランド……484
マイアミ……498
キーウエスト……510

ビビッドで個性豊かなマイアミのライフガード・スタンドは、町の名物

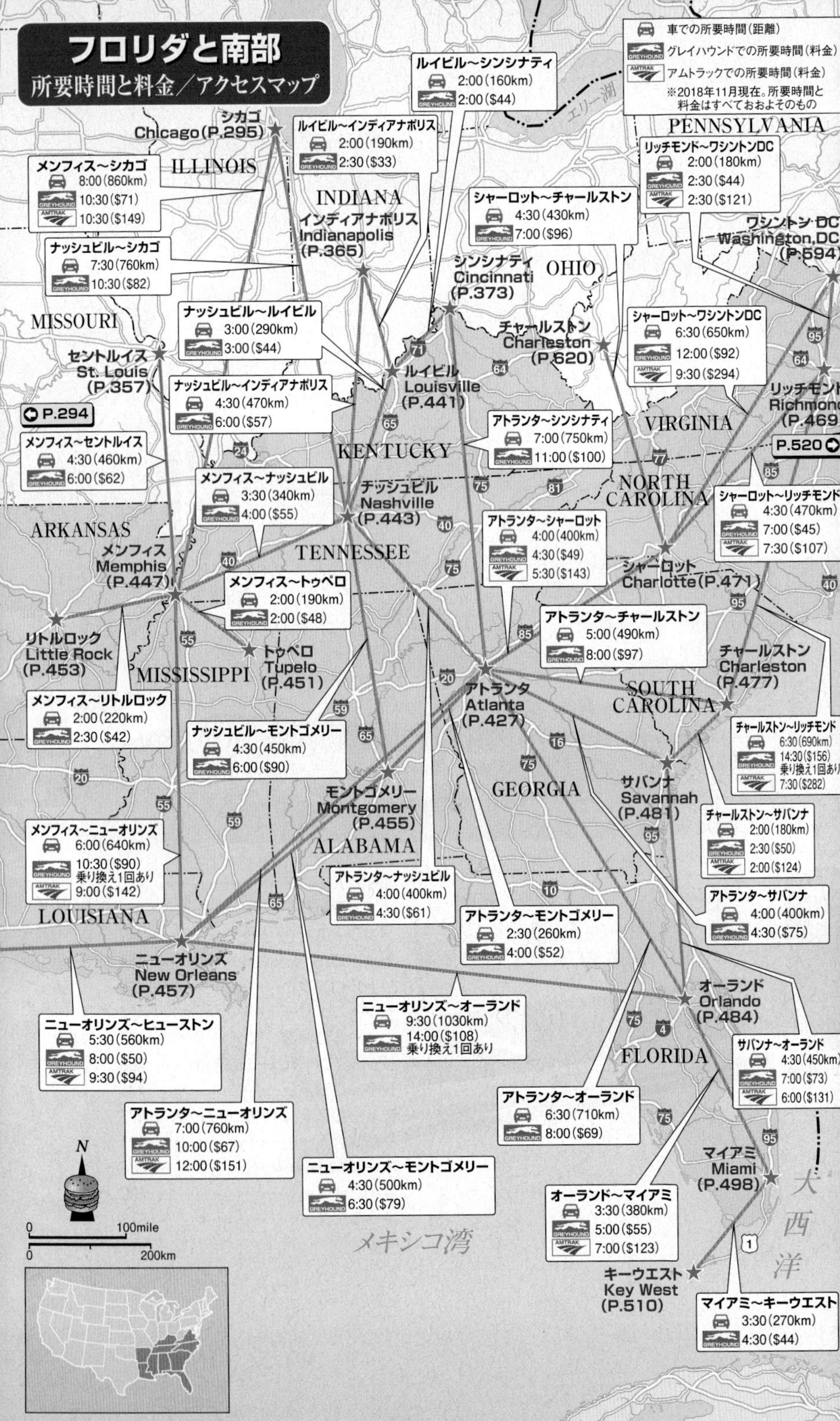

フロリダと南部
所要時間と料金／アクセスマップ
車での所要時間（距離）
グレイハウンドでの所要時間（料金）
アムトラックでの所要時間（料金）
※2018年11月現在。所要時間と料金はすべておおよそのもの
ルイビル～シンシナティ 2:00（160km） 2:00（$44）
ルイビル～インディアナポリス 2:00（190km） 2:30（$33）
メンフィス～シカゴ 8:00（860km） 10:30（$71） 10:30（$149）
ナッシュビル～シカゴ 7:30（760km） 10:30（$82）
シャーロット～チャールストン 4:30（430km） 7:00（$96）
リッチモンド～ワシントンDC 2:00（180km） 2:30（$44） 2:30（$121）
ナッシュビル～ルイビル 3:00（290km） 3:00（$44）
シャーロット～ワシントンDC 6:30（650km） 12:00（$92） 9:30（$294）
ナッシュビル～インディアナポリス 4:30（470km） 6:00（$57）
アトランタ～シンシナティ 7:00（750km） 11:00（$100）
メンフィス～セントルイス 4:30（460km） 6:00（$62）
メンフィス～ナッシュビル 3:30（340km） 4:00（$55）
シャーロット～リッチモンド 4:30（470km） 7:00（$45） 7:30（$107）
アトランタ～シャーロット 4:00（400km） 4:30（$49） 5:30（$143）
メンフィス～トゥペロ 2:00（190km） 2:00（$48）
アトランタ～チャールストン 5:00（490km） 8:00（$97）
メンフィス～リトルロック 2:00（220km） 2:30（$42）
ナッシュビル～モントゴメリー 4:30（450km） 6:00（$90）
チャールストン～リッチモンド 6:30（690km） 14:30（$156） 乗り換え1回あり 7:30（$282）
チャールストン～サバンナ 2:00（180km） 2:30（$50） 2:00（$124）
メンフィス～ニューオリンズ 6:00（640km） 10:30（$90） 乗り換え1回あり 9:00（$142）
アトランタ～ナッシュビル 4:00（400km） 4:30（$61）
アトランタ～サバンナ 4:00（400km） 4:30（$75）
アトランタ～モントゴメリー 2:30（260km） 4:00（$52）
ニューオリンズ～オーランド 9:30（1030km） 14:00（$108） 乗り換え1回あり
ニューオリンズ～ヒューストン 5:30（560km） 8:00（$50） 9:30（$94）
サバンナ～オーランド 4:30（450km） 7:00（$73） 6:00（$131）
アトランタ～オーランド 6:30（710km） 8:00（$69）
アトランタ～ニューオリンズ 7:00（760km） 10:00（$67） 12:00（$151）
ニューオリンズ～モントゴメリー 4:30（500km） 6:30（$79）
オーランド～マイアミ 3:30（380km） 5:00（$55） 7:00（$123）
マイアミ～キーウエスト 3:30（270km） 4:30（$44）
シカゴ Chicago（P.295）
インディアナポリス Indianapolis（P.365）
シンシナティ Cincinnati（P.373）
ワシントンDC Washington,DC（P.594）
セントルイス St. Louis（P.357）
チャールストン Charleston（P.620）
ルイビル Louisville（P.441）
リッチモンド Richmond（P.469）
ナッシュビル Nashville（P.443）
メンフィス Memphis（P.447）
シャーロット Charlotte（P.471）
リトルロック Little Rock（P.453）
トゥペロ Tupelo（P.451）
チャールストン Charleston（P.477）
アトランタ Atlanta（P.427）
サバンナ Savannah（P.481）
モントゴメリー Montgomery（P.455）
ニューオリンズ New Orleans（P.457）
オーランド Orlando（P.484）
マイアミ Miami（P.498）
キーウエスト Key West（P.510）
P.294
P.520
ILLINOIS INDIANA OHIO PENNSYLVANIA MISSOURI KENTUCKY VIRGINIA NORTH CAROLINA ARKANSAS TENNESSEE MISSISSIPPI SOUTH CAROLINA ALABAMA GEORGIA LOUISIANA FLORIDA
エリー湖
メキシコ湾
大西洋
N
0 100mile
0 200km

アトランタ Atlanta

南部最大の商業都市

アトランタのヒーローは大リーグのホームラン王、ハンク・アーロンだ

1996年には夏季オリンピックが開催され、『風と共に去りぬ』が生まれた町アトランタは、南部を代表する大都市だ。しかし、南部のほかの地方の人々は「アトランタは南部ではない」と言う。確かに、“南部”という言葉から連想される、大農園、豪邸での舞踏会などの面影は、アトランタの周辺では見受けられない。世界No.1の利用者数を誇る巨大空港をもつ交通の要衝、多くの大企業が本社を構える産業の中心、そして、一大コンベンション都市でもあり、高層ビルが林立する近代都市が現在のアトランタなのである。町のいたるところにクレーンが立ち、特にここ数年の変貌は著しい。

しかし、この町は南部の心を失ってはいない。道端でぼんやりしていると気軽に声をかけてくれる。この思いやりこそが“サザンホスピタリティ”なのだ。南部最大の商業都市と人のあたたかさを感じながら歩いてみたい。

コカ・コーラのパビリオンはアトランタで人気No.1のアトラクション

もっと詳しく

地球の歩き方B12アメリカ南部編（1800円＋税）でもアトランタを紹介していますので、ご活用ください。

DATA

人口▶約48万6000人
面積▶約345km²
標高▶最高331m、最低225m
TAX▶セールスタックス　8.90%
ホテルタックス　15.75〜16.90%＋1泊$5
属する州▶ジョージア州　Georgia
州のニックネーム▶南部の帝国州　Empire State of South、モモの州　Peach State
州都▶アトランタ　Atlanta
時間帯▶東部標準時（EST）

➡P.631

繁忙期▶6〜8月

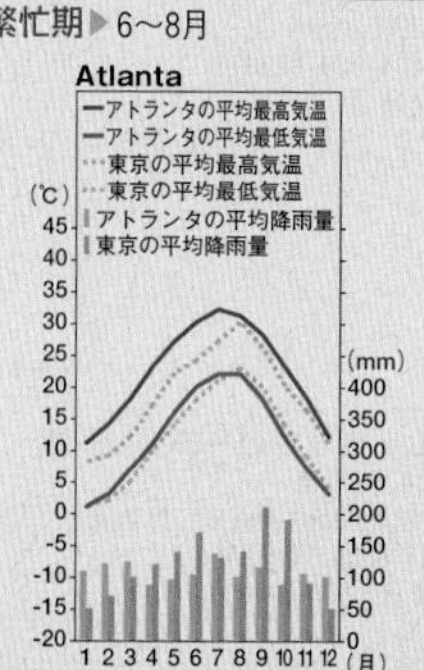

Getting There アトランタへの行き方

飛行機 Plane

ハーツフィールド・ジャクソン・アトランタ国際空港
Hartsfield-Jackson Atlanta International Airport (ATL)

ハーツフィールド・ジャクソン・アトランタ国際空港
地P.435-A4外
住6000 N. Terminal Pkwy.
☎(404) 209-1700
Free(1-800) 897-1910
URL www.atl.com

ダウンタウンの南西約16kmに位置する世界最大級の空港。1日の乗降客は約27万5000人、アメリカ国内150ヵ所を結び、世界約50ヵ国への便がある。成田空港からは、デルタ航空が直行便を毎日運航。空港はコンコースT、A〜Fに分かれており、成田からの便はコンコースF（ジャクソン国際ターミナルMaynard H. Jackson Jr. International Terminal）に到着、それぞれを無人の地下鉄が結んでいる（2分ごとの運行。無料）。バゲージクレームが国際線はコンコースF、国内線はコンコースTにつながる国内線ターミナルTerminalにある。国内線は航空会社によって南（赤）、北（青）に分かれ、文字にするとややこしいが、空港としては機能的。

国内線は赤と青に分かれている

■ 空港から／空港へのアクセス

	種類／名称／連絡先	行き先／運行／料金	乗車場所／所要時間／備考
空港シャトル	アトランタ・スター・シャトル Atlanta Star Shuttle ☎(770) 653-8873 URL www.atlantastarshuttle.com	**行き先▶**市内の各ホテル **運行▶**フライトがある時間帯 **料金▶**ダウンタウンまで片道$16.50、バックヘッドまで片道$45	**空港発▶**国内線ターミナルを出たひとつめの中州から乗車 **空港行き▶**事前にホテルのフロントや自分で予約してから乗車 **所要時間▶**ダウンタウンまで20分
地下鉄	マルタレイル MARTA Rail ☎(404) 848-5000 URL www.itsmarta.com	**行き先▶**MARTA各駅。ダウンタウンならPeachtree Center駅、バックヘッドならBuckhead駅 **運行▶**月〜金4:45〜翌1:18の20分間隔（6:00〜19:00は10分間隔）、土・日、おもな祝日6:00〜翌1:00の20分間隔 **料金▶**$2.50＋ブリーズカード代$2	**空港発▶**国内線ターミナルの西にあるマルタ・レッド&ゴールドライン Airport駅から乗車 **空港行き▶**最寄りの地下鉄駅から乗車 **所要時間▶**Five Points駅まで16分
タクシー	スータクシー Su Taxi ☎(404) 255-6333 URL www.sutaxicab.com	**行き先▶**中心部へは均一料金 **運行▶**24時間随時 **料金▶**ダウンタウンまでひとり$30、バックヘッドまでひとり$40。以降ひとり増えるごとに$2ずつ加算	**空港発▶**国内線ターミナルを出たカーブサイドから乗車 **空港行き▶**事前に電話予約、または主要ホテルから乗車 **所要時間▶**ダウンタウンまで約20分

※それぞれの乗り物の特徴については ➡P.665

長距離バス Bus

グレイハウンド・バスターミナル
Greyhound Bus Terminal

グレイハウンド・バスターミナル
地P.432-A3
住232 Forsyth St.
☎(404) 584-1728
開24時間

マルタレイルGarnett駅を西側に出てすぐの所にある。入口前にはタクシーが常時待機。ナッシュビル（所要約4時間30分）やオーランド（所要約8時間）などから乗り入れる。周囲の治安がよくないので、気をつけること。

鉄道

アムトラックピーチツリー駅
Amtrak Peachtree Station

アムトラックピーチツリー駅
地P.435-A1外
住1688 Peachtree St., N.W.
Free(1-800) 872-7245
開毎日7:00〜21:30

中心部の北約7kmに位置する。Arts Center駅よりマルタバス#110で約5分。ニューヨーク〜ワシントンDC〜ニューオリンズ間を走るクレセント号が1日1往復する。

アトランタの歩き方 *Getting Around*

アトランタは広い町で、見どころも分散している。しかし、思いのほか歩きやすいのは、交通機関が整備されているため。地下鉄と路線バスを使えば、ほとんどの見どころへ行くことができる。

人気の観光ポイントは、世界最大級の水族館であるジョージア水族館、世界で最も飲まれているソフトドリンク、コカ・コーラの博物館ワールド・オブ・コカ・コーラ、1996年夏季オリンピックを記念したセンテニアルオリンピック公園など。『風と共に去りぬ』の面影を訪ねるなら、マーガレット・ミッチェル・ハウス記念館がおすすめ。

観光案内所 *Visitors Information*

アトランタ観光局
Atlanta Convention and Visitors Bureau（ACVB）

アトランタ観光局は、マルタレイルFive Points駅より徒歩5分ほどの所に観光案内所を設けている。周囲は閑散としているので注意したい。そのほかにも空港（開月～金9:00～21:00、土9:00～18:00、日12:00～18:00）や、ジョージア・ワールド・コングレス・センター（大きなコンベンションが開催時のみオープン）にも観光案内所がある。

市内の交通機関 *Public Transportation*

アトランタ都市圏交通局（マルタ）
Metropolitan Atlanta Rapid Transit Authority（MARTA）

東西、南北の地下鉄**マルタレイルMARTA Rail** 4路線とバスの**マルタバスMARTA Bus**90路線余りを運行。アトランタ周辺の観光スポットは、これでほとんどカバーできる。

MARTAの料金は$2.50均一。地下鉄に乗る際は、ブリーズカードBreeze Cardというプリペイドカードを購入しなくてはならない。ブリーズカードは、日本のSuicaやIcocaカードと同じようなもので、初回購入時に$2の料金がかかる。券売機にて、初回購入はBuy、次回からのチャージ（入金）はReload、残高確認はCheck Balanceを押す。バスは現金でも乗ることができるが、ブリーズカードで乗車の場合のみ乗り換え無料。また、1日に4回以上乗車する場合はビジターパス（1、2、3、4、7日券）がお得だ。

マルタレイル路線図

North Springs
Sandy Springs
Dunwoody
Medical Center
バックヘッド地区
Buckhead
Lenox
Brookhaven/Oglethorpe
Chamblee
Doraville
Lindbergh Center
Arts Center
Midtown
ミッドタウン
North Ave.
Civic Center
Philips Arena/CNN Center
Peachtree Center
Five Points
ストーン・マウンテン・パーク
Stone Mountain Park
シックスフラッグス
Six Flags
Hamilton E. Holmes
Bankhead
West Lake
Ashby
Vine City
Dome/GWCC/Philips Arena/CNN Center
Georgia State
King Memorial
Inman Park/Reynoldstown
Edgewood/Candler Park
East Lake
Decatur
Avondale
Kensington
Indian Creek
ダウンタウン
Garnett
West End
Oakland City
Lakewood/Ft. McPherson
East Point
College Park
ハーツフィールド・ジャクソン・アトランタ国際空港
Airport
レッドライン
ゴールドライン
ブルーライン
グリーンライン

シティパス ➡P.693
Free (1-888)330-5008
URL www.citypass.com
料 $76、3～12歳$61
5ヵ所で使え、9日間有効。下記1～3しか訪れない場合はあまりお得とはいえない。購入は対象施設の窓口で
1. ワールド・オブ・コカ・コーラ ➡P.430
2. ジョージア水族館 ➡P.432
3. CNNスタジオツアー ➡P.431
4. 公民権＆人権センター ➡P.433、またはアトランタ動物園
5. ファーンバンク自然史博物館、または大学フットボールの殿堂

アトランタ観光局
●ACVB Visitor Center - Underground Atlanta
地 P.432-B2～B3
住 65 Upper Alabama St.
☎ (404)577-2148
URL www.atlanta.net
開 毎日10:00～18:00（日12:00～）

アトランタ都市圏交通局（マルタ）
☎ (404)848-5000
URL www.itsmarta.com
料 $2.50（ただし、ブリーズカード購入時には$2が追加でかかる）。3年間有効。また、チャージ8回分まで、90日間有効の紙製カード、ブリーズチケット$1もある（再入金不可）。ビジターパス1日券$9、2日券$14、3日券$16、4日券$19、7日券$23.75

ブリーズカードで簡単に乗れるマルタレイル

バスとレイルでほとんどの見どころへ行ける

マルタレイル　MARTA Rail

マルタレイルは4路線あり、色分けされている。南北に走るレッドラインRed Line、ほぼレッドラインと同じ線路を走り、途中から北東に分岐するゴールドラインGold Line、東西に走るブルーラインBlue Lineと、ほぼブルーラインと同じ線路を走り、途中から北西部に分岐するグリーンラインGreen Lineで、中心部では地下を走る。なお、マルタレイルの駅からマルタバスへの乗り継ぎは、とても効率的にできていて、駅からは標識のとおり進めばバス停に出る仕組み。

●MARTA Rail
運行／月～金4:45～翌1:00、土・日6:00～翌1:00の10～20分間隔（路線により異なる）

マルタバス　MARTA Bus

白地に青、黄、オレンジのラインが目印。地下鉄の駅を起点に走る路線が多いので、乗り換えがとても便利だ。料金はブリーズカードのほか現金で支払うこともできる。

●MARTA Bus
運行／毎日5:00～翌1:00頃（土・日、おもな祝日～翌0:30。路線により異なる）
※ブリーズカードを持っていればマルタレイル～バスの相互乗り換え（トランスファー）とバス間の乗り換えは無料。ただし、決まった駅やバス停のみ

ツアー案内　Sightseeing Tours

アトランタ・サイトシーイング・バスツアー
Atlanta Sightseeing Bus Tours

アトランタシティ・バスツアー
Atlanta City Bus Tour

ミニバスによる約5時間のツアー。キング牧師歴史地区、クロッグストリート・マーケット、ポンスシティ・マーケット、アトランティックステーション、バックヘッドの高級住宅街、マーガレット・ミッチェル・ハウス、センテニアルオリンピック公園、CNNセンターなどを回る。

アトランタ・サイトシーイング・バスツアー
Free (1-800) 279-9160
URL atlsightseeingtours.net
●アトランタシティ・バスツアー
運行／毎日9:00発。所要5時間
料 $69、3～12歳$59
出発場所／ピーチツリー・センター・モール
住 231 Peachtree St. NE, Atlanta

Sightseeing　おもな見どころ

ダウンタウン中心部　Central Downtown

コカ・コーラのことなら何でもわかる　地 P.435-A2

ワールド・オブ・コカ・コーラ
World of Coca-Cola

コカ・コーラ発祥の地は、ここアトランタだ。1886年ダウンタウンの薬局でコカ・コーラが売り出されてから、現在世界約200ヵ国で飲まれているという。コカ・コーラのことなら何でもわかるパビリオンはアトランタNo.1の人気ポイント。

館内では、歴代のポスターや看板、グッズ、製造法の解説、世界のテレビ広告を集めたフィルムなどがある。世界のコカ・コーラ社製造の飲み物の試飲も人気。

飲んだことのない味がたくさんある

ワールド・オブ・コカ・コーラ
住 121 Baker St.
☎ (404) 676-5151
Free (1-800) 676-2653
URL www.worldofcoca-cola.com
開 毎日10:00～17:00（金・土9:00～）。夏期や繁忙期は毎日9:00～19:00
休 サンクスギビング、12/25
料 $17、シニア$15、3～12歳$13
行 マルタレイルPeachtree Center駅下車。Baker St.を西へ歩いて5分ほど

ジョン・ペンバートン ▶ コカ・コーラの創業者である彼は、アトランタの薬剤師だった。コカの葉などを使った甘い香りのシロップに炭酸水を混ぜたのがコカ・コーラ誕生のきっかけ。

カーター元大統領も働いていた！ 地P.432-B3～C3

ジョージア州議事堂

Georgia State Capitol

ダウンタウンに輝く金色のドームがジョージア州議事堂だ。1889年の完成で、ドームの高さは237フィート（約72m）。頂上には右側にトーチ、左側に剣を持つ女神像が立つ。ドームの金箔は北ジョージアから採掘された物。2、3階にはキング牧師、カーター元大統領など、ジョージア州出身の著名人の肖像画が並び、4階はジョージア州議事堂博物館でジョージアの自然や歴史を知ることができる。

24時間ニュース専門局の舞台裏がわかる 地P.432-A1

CNNセンター

CNN Center

日本でもケーブルを通じて放映され、アメリカ国内でもCBS、NBC、ABC、FOXに次ぐメジャーTV局のひとつとなったCNN（Cable News Network）の本部ビルだ。1976年に完成、2000人以上の人々が働いているこのビルには、ホテル、CNN本社のほか、CNNグッズを売るCNNストア、MLBのブレーブスのショップ、フードコートなどが入っている。

ここの目玉は何といってもCNNスタジオツアーだ。24時間、世界中のニュースを報道し続けるテレビ放送局。その内部をツアーでのぞいてみよう。生放送のスタジオをガラス越しに見学したり、天気予報でよく目にする予報士と天気図の撮影方法のトリックの仕組み（体験モデルに選ばれるために青い服を着て行こう！）も説明してくれる。所要50分のツアーだ。

CLOSED

生放送の現場を見せてくれる

オリンピック100周年を記念した公園 地P.432-A1

センテニアルオリンピック公園

Centennial Olympic Park

1996年、近代オリンピック100周年記念大会が、ここアトランタの地で開催されたことをご記憶の方は多いと思う。開催を記念して、ピーチツリーセンターの西側に広がる21エーカー（約8万4990m^2）の広大な敷地が公園になった。オリンピックのハイライトを思い出しながら散策してみよう。ぜひ見学しておきたいのが、五輪の輪をイメージした幅25mの噴水のショーだ。ショーは1日4回行われる。

単にオリンピックを記念した公園というだけでなく、公園内の野外劇場などでは無料コンサートやパフォーマンス、フェスティバルなどがしばしば催されている。

ジョージア州議事堂
住206 State Capitol
☎（404）463-4536
URL www.libs.uga.edu/capitolmuseum/
開月～金8:00～17:00（入場は16:00まで）
休土・日、おもな祝日
料無料
行マルタレイルGeorgia State駅から南西へ1ブロック。Five Points駅から歩いても10分ほど

ジョージア産の金箔が輝くドーム

CNNセンター
住190 Marietta St.
☎（404）827-2300
Free（1-877）426-6868（スタジオツアー予約）
URL tours.cnn.com
スタジオツアー／毎日9:00～17:00の20分間隔、チケットは8:45から売り出す
休おもな祝日
料$15、シニア・学生$14、4～12歳$12
行マルタレイルDome/GWCC/Philips Arena/CNN Center駅下車。徒歩5分。Five Points駅から歩いても15分ほど
※金属探知機、手荷物検査あり
※日本語の解説書あり（ツアー終了後に返却すること）

CLOSED

センテニアルオリンピック公園
住265 Park Ave.
☎（404）223-4412
URL www.centennialpark.com
開毎日7:00～23:00
行マルタレイルPeachtree Center駅からInternational Blvd.を西へ徒歩5分
噴水ショー／毎日12:30、15:30、18:30、21:00

タイミングが合えば噴水ショーを見られる

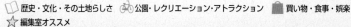

ジョージア水族館
住225 Baker St.
☎(404)581-4000
URL www.georgiaaquarium.org
開毎日10:00～21:00(繁忙期は8:00～21:00)
料$35.95、シニア$32.95、3～12歳$29.95。入館日、入館時間などにより変更あり
行マルタレイルPeachtree Center駅を北に出て、Baker St.を左折して4ブロック

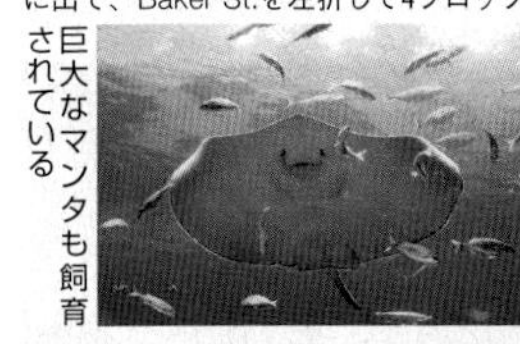
巨大なマンタも飼育されている

全米最大の水族館 地P.435-A2

ジョージア水族館
Georgia Aquarium

アメリカで最大の大きさを誇るジョージア水族館は、アトランタの人気アトラクションのひとつ。週末ともなると、家族連れでたいへんな混雑となる。6つのコーナーに分かれているが、まずはOcean Voyagerへ向かおう。10万匹以上の魚が泳ぐなかで、人気はジンベイザメWhale Sharkで、成長すると12m以上にもなる。白いベルーガクジラのいるCold Water Quest、カリフォルニアアシカのショーが見られるPier 225、また大迫力の4-D Theaterも人気

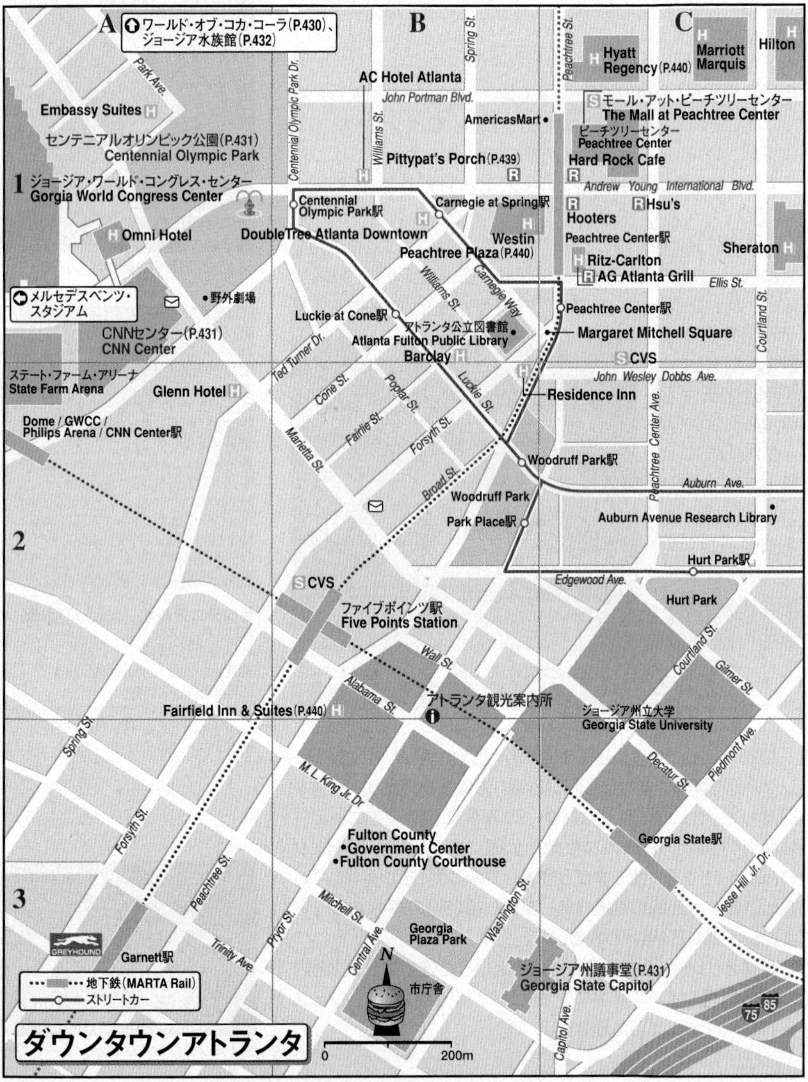

ダウンタウンアトランタ

A B C
1 2 3
ワールド・オブ・コカ・コーラ(P.430)、ジョージア水族館(P.432)
Park Ave.
Embassy Suites
センテニアルオリンピック公園(P.431)
Centennial Olympic Park
ジョージア・ワールド・コングレス・センター
Gorgia World Congress Center
Omni Hotel
メルセデスベンツ・スタジアム
野外劇場
CNNセンター(P.431)
CNN Center
ステート・ファーム・アリーナ
State Farm Arena
Glenn Hotel
Dome / GWCC / Philips Arena / CNN Center駅
Centennial Olympic Park Dr.
Williams St.
AC Hotel Atlanta
John Portman Blvd.
Spring St.
AmericasMart
Pittypat's Porch(P.439)
Centennial Olympic Park駅
Carnegie at Spring駅
DoubleTree Atlanta Downtown
Westin Peachtree Plaza(P.440)
Carnegie Way
Luckie at Cone駅
アトランタ公立図書館
Atlanta Fulton Public Library
Barclay
Ted Turner Dr.
Cone St.
Poplar St.
Luckie St.
Fairlie St.
Forsyth St.
Marietta St.
Broad St.
Woodruff Park
Park Place駅
Woodruff Park駅
Peachtree St.
Hyatt Regency(P.440)
Marriott Marquis
Hilton
モール・アット・ピーチツリーセンター
The Mall at Peachtree Center
ピーチツリーセンター
Peachtree Center
Hard Rock Cafe
Andrew Young International Blvd.
Hooters
Hsu's
Peachtree Center駅
Sheraton
Ritz-Carlton
AG Atlanta Grill
Ellis St.
Courtland St.
Peachtree Center駅
Margaret Mitchell Square
CVS
John Wesley Dobbs Ave.
Residence Inn
Peachtree Center Ave.
Auburn Ave.
Auburn Avenue Research Library
Hurt Park駅
Edgewood Ave.
Hurt Park
CVS
ファイブポインツ駅
Five Points Station
Wall St.
Alabama St.
アトランタ観光案内所
Fairfield Inn & Suites(P.440)
Courtland St.
Gilmer St.
ジョージア州立大学
Georgia State University
Piedmont Ave.
Decatur St.
Spring St.
M. L. King Jr. Dr.
Fulton County Government Center
Fulton County Courthouse
Georgia State駅
Jesse Hill Jr. Dr.
Forsyth St.
Peachtree St.
Mitchell St.
Washington St.
Pryor St.
Trinity Ave.
Central Ave.
Georgia Plaza Park
GREYHOUND
Garnett駅
地下鉄(MARTA Rail)
ストリートカー
N
市庁舎
ジョージア州議事堂(P.431)
Georgia State Capitol
Capitol Ave.
75 85
0 200m

が高い。Dolphin Celebrationのコーナーでは、屋内で行われるイルカのショーを見ることができる。

自由と平等について考える博物館 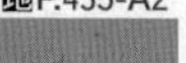

地P.435-A2

公民権＆人権センター
Center for Civil & Human Rights

公民権運動に加えて、世界の人権問題を考える博物館。1950〜1960年代、おもにアメリカ南部で黒人差別の解消や投票権を求めて起きたムーブメントを映像、写真などでたどることができる。また世界各地で起きている少数民族、女性、子供、性的マイノリティなどの人権問題も詳しく解説。地階にはキング牧師の書簡などを集めたギャラリーもあり。

公民権＆人権センター
住100 Ivan Allen Jr. Blvd.
☎(678)999-8990
URL www.civilandhumanrights.org
開毎日10:00〜17:00(日12:00〜)
料$21.77、学生・シニア$19.59、4〜12歳$17.41
行マルタレイルPeachtree Center駅下車。Baker St.を西へ歩いて約5分。ワールド・オブ・コカ・コーラの奥にある

ワールド・オブ・コカ・コーラの奥に2014年にオープンした

公民権運動の偉大なリーダーはアトランタ出身

地P.435-B3

マーチン・ルーサー・キング・ジュニア牧師国立歴史地区
Martin Luther King Jr. National Historic Site

公民権運動最大の指導者マーチン・ルーサー・キング・ジュニア(以下キング牧師とする)は、アトランタで生まれ育った。その生家や周囲の町並みを保存してあるのがこの地区だ。ここは自由と平等を愛する人々にとって心の寄りどころ。キング牧師の生きた激動の時代と、それとはおよそ似つかわしくない彼の温和な人柄をしのび、公民権運動の意味を考え直してみよう。

ビジターセンターでは写真パネルやフィルムでキング牧師の生前の活動ぶりを紹介。Auburn Ave.を渡って左側にあるフリーダムホールには、キング牧師の遺品や牧師の功績や牧師が尊敬するガンジーについて展示されている。そして、その建物前の人工池の中央に横たわる棺がキング牧師の墓だ。隣には2006年1月に亡くなったコレット夫人の柩も安置されている。西隣のエベニザー・バプテスト教会は彼が牧師として歩み始めた場所。

キング牧師の生家Birth Homeはツアーでしか入れない。無料のツアーチケットはビジターセンターで入手できる。キング牧師が生まれ、12歳になるまで暮らした家は、当時のままの内装だ。のちにノーベル平和賞を受賞し、暗殺されてこの世を去る人物が、キッチンで隠れて物を食べるのが好きだったとか、ピアノレッスンが大嫌いだったという話を聞いていると、親近感すら覚える。一帯は牧師生前の頃のまま保存されている。

マーチン・ルーサー・キング・ジュニア牧師国立歴史地区
住450 Auburn Ave.
☎(404)331-5190
URL www.nps.gov/malu
開毎日9:00〜17:00
休サンクスギビング、12/25、1/1
料無料
行マルタレイルPeachtree Center駅からストリートカーで約10分

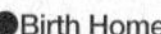
●Birth Home
住501 Auburn Ave.
ツアー／毎日10:00〜16:00の30〜60分間隔
休サンクスギビング、12/25、1/1
※生家ツアーは人気。早めに行ってチケットを入手しよう

牧師と夫人の墓が歴史地区の人工池の中にある

旅のアドバイス マーチン・ルーサー・キング・ジュニア牧師国立歴史地区の治安▶周辺は治安があまりよくないので安全には気をつけよう。アクセスは必ずストリートカーで。

ミッドタウン地区 Midtown

町のなかの新しいコミュニティ 地P.435-A1

アトランティックステーション
Atlantic Station

マルタレイルArts Center駅の西、I-75の陸橋を越えた所に、ひとつの巨大ニュータウンが誕生した。ここには、ショップやレストランが入ったショッピングモール、18スクリーンのシネマコンプレックス、ギャラリー、ホテルなどがあり、高級住宅やコンドミニアムなども隣接する。17th St.の西に、高さ25mの**ミレニアムゲートMillennium Gate**がそびえ、内部はアトランタ&ジョージア州の歴史博物館になっている。

アトランティックステーション
住1380 Atlantic Dr.
☎(404)410-4010
URL atlanticstation.com
行マルタレイルArts Center駅のバス停から無料シャトルが運行されている。毎日5:00～翌1:00の10～15分間隔

古代ローマの凱旋門を再現したミレニアムゲート

『風と共に去りぬ』の生まれた家 地P.435-B1

マーガレット・ミッチェル・ハウス記念館
Margaret Mitchell House & Museum

アトランタの名前を一躍有名にした小説が、世界No.2のベストセラーといわれる『風と共に去りぬThe Gone with the Wind』(No.1は『聖書』)。作者のミッチェルは、1925年から7年間、ミッドタウンのこぢんまりとしたアパートに住み、そこでこの長編小説を書き上げた。アパート自体はその後、老朽化が進み、1994年の放火を機に修復が進められたが、1996年に再び放火されるという数奇な運命をたどる。しかし、1997年に再度復元され、記念館としてオープンした。

見学は、約30分のガイドツアーで行われる。まず、記念館横のビジターセンターでミッチェルの生涯を振り返るフィルムや、彼女の肖像画、写真などを見てから記念館へ。フロントポーチを入って階段を下りると、彼女の住んでいた1号室があり、暮らしていた頃の様子を再現している。あの大作がここで生み出されたとは思えないほど小さい。そのほかの部屋は展示室になっている。何といってもここの目玉は、彼女が死ぬまで愛用していたというタイプライター。夫のジョンから贈られたものだ。中庭を隔てた向かいには、映画についてのギャラリーがある。

マーガレット・ミッチェル・ハウス記念館
住979 Crescent Ave.
☎(404)249-7015
URL www.atlantahistorycenter.com
開毎日10:00～17:30(日12:00～)
ツアー／月～土10:30～16:30の30分間隔、日12:30～16:30の30分間隔
休おもな祝日
料$13、シニア・学生$10、4～12歳$8.50
行マルタレイルMidtown駅下車、10th St.を東へ進み、Peachtree St.の角にある

マーガレット・ミッチェルがどんな暮らしをしていたか見学できる

落ち着いて見学できる美術館 地P.435-A1

ハイ美術館
High Museum of Art

ウッドラフ芸術センターWoodruff Arts Center内にある白亜の美術館。リチャード・マイヤーによる設計で、太陽の明るさを十分に利用した吹き抜けのある館内、各階を結ぶ緩やかなスロープなど、リラックスして見学できるよう配慮されている。増築部の設計を行ったのはレンゾ・ピアノ。

見学は4階までエレベーターで昇り、上から下へ見学していくといい。4階はおもに特別展のコーナー。3階と2階は、美術館収蔵品のなかから、ある特定のテーマに沿ってセレクトした作品が並ぶ。また、2階には19～20世紀のアメリカ美術や中世ヨーロッパ美術、アフリカ美術などの常設展示もある。

ハイ美術館
住1280 Peachtree St.
☎(404)733-4400
URL www.high.org
開火～日10:00～17:00(金～21:00、日12:00～)
休月、おもな祝日
料$7.25。5歳以下無料
行マルタレイルArts Center駅下車、徒歩3分

美術館の建物自体もひとつの芸術品だ

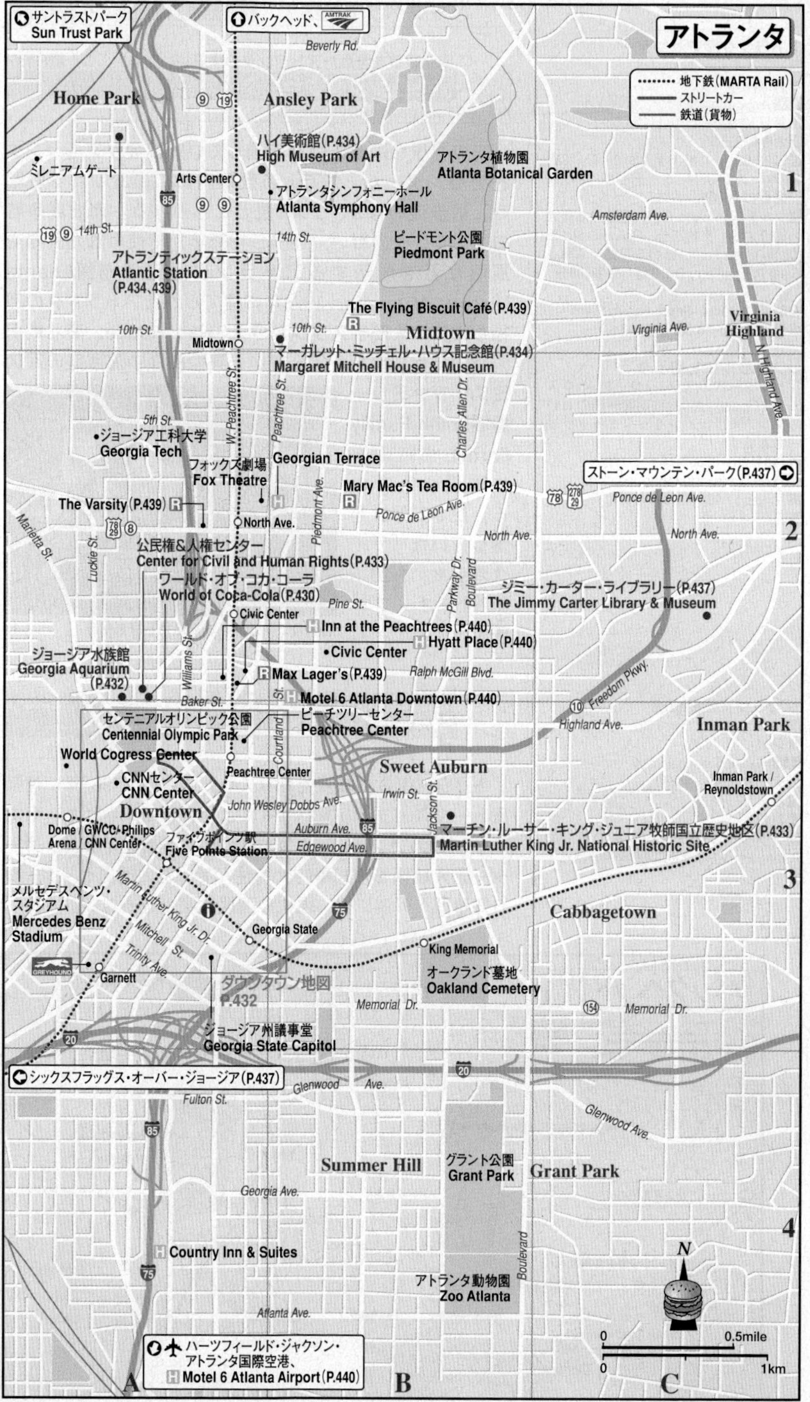
アトランタ
地下鉄(MARTA Rail)
ストリートカー
鉄道(貨物)
サントラストパーク
Sun Trust Park
バックヘッド、AMTRAK
Beverly Rd.
Home Park
Ansley Park
ハイ美術館(P.434)
High Museum of Art
アトランタ植物園
Atlanta Botanical Garden
ミレニアムゲート
Arts Center
アトランタシンフォニーホール
Atlanta Symphony Hall
Amsterdam Ave.
14th St.
ピードモント公園
Piedmont Park
アトランティックステーション
Atlantic Station
(P.434、439)
The Flying Biscuit Café(P.439)
10th St.
Midtown
Virginia Ave.
Virginia Highland
マーガレット・ミッチェル・ハウス記念館(P.434)
Margaret Mitchell House & Museum
W. Peachtree St.
Peachtree St.
Charles Allen Dr.
N Highland Ave.
5th St.
ジョージア工科大学
Georgia Tech
フォックス劇場
Fox Theatre
Georgian Terrace
Mary Mac's Tea Room(P.439)
ストーン・マウンテン・パーク(P.437)
Piedmont Ave.
Ponce de Leon Ave.
The Varsity(P.439)
North Ave.
Marietta St.
Luckie St.
公民権&人権センター
Center for Civil and Human Rights(P.433)
ワールド・オブ・コカ・コーラ
World of Coca-Cola(P.430)
Parkway Dr.
Boulevard
ジミー・カーター・ライブラリー(P.437)
The Jimmy Carter Library & Museum
Pine St.
Civic Center
Inn at the Peachtrees(P.440)
Hyatt Place(P.440)
ジョージア水族館
Georgia Aquarium
(P.432)
Williams St.
Max Lager's(P.439)
Ralph McGill Blvd.
Freedom Pkwy.
Baker St.
Motel 6 Atlanta Downtown(P.440)
センテニアルオリンピック公園
Centennial Olympic Park
ピーチツリーセンター
Peachtree Center
Highland Ave.
Inman Park
World Cogress Center
Courtland St.
Sweet Auburn
CNNセンター
CNN Center
Peachtree Center
Irwin St.
Inman Park / Reynoldstown
Downtown
John Wesley Dobbs Ave.
Jackson St.
Dome / GWCC・Philips Arena / CNN Center
ファイブポインツ駅
Five Points Station
Auburn Ave.
Edgewood Ave.
マーチン・ルーサー・キング・ジュニア牧師国立歴史地区(P.433)
Martin Luther King Jr. National Historic Site
メルセデスベンツ・スタジアム
Mercedes Benz Stadium
Martin Luther King Jr. Dr.
Mitchell St.
Trinity Ave.
Georgia State
Cabbagetown
King Memorial
Garnett
ダウンタウン地図 P.432
オークランド墓地
Oakland Cemetery
Memorial Dr.
ジョージア州議事堂
Georgia State Capitol
シックスフラッグス・オーバー・ジョージア(P.437)
Glenwood Ave.
Fulton St.
Summer Hill
グラント公園
Grant Park
Grant Park
Georgia Ave.
Country Inn & Suites
アトランタ動物園
Zoo Atlanta
Atlanta Ave.
ハーツフィールド・ジャクソン・アトランタ国際空港、
Motel 6 Atlanta Airport(P.440)
0.5mile
1km
A
B
C
1
2
3
4

バックヘッド地区 Buckhead

南北戦争を含めたアトランタの歴史がわかる 地P.436

アトランタ歴史センター
Atlanta History Center

町の貴重な遺産を保存管理している協会がアトランタ歴史センターだ。13万m^2の敷地内に、緑あふれる庭園や、散歩道のほか、3つの見どころがある。南北戦争時のアトランタの戦い（1861～1865年）で使われた武器や軍服などを展示する**アトランタ歴史博物館Atlanta History Museum**、1928年に建てられたアトランタの裕福な家族の大邸宅**スワンハウスSwan House**、南北戦争前1860年代に農業を営んでいた典型的な中流家庭の家**スミス・ファミリー農場Smith Family Farm**も当時のまま再現されている。かつて好評を博していた「サイクロラマ」も2019年2月にオープン予定。

南部のエレガントさを伝える家も保存

アトランタ歴史センター
住130 W. Paces Ferry Rd.
☎(404)814-4000
URL www.atlantahistorycenter.com
開毎日10:00～17:30（日12:00～）
休おもな祝日
料$21.50、シニア・学生$18、4～12歳$9（マーガレット・ミッチェル・ハウス記念館にも有効）
行マルタレイルArts Center駅より北行き#110のバスで約20分、Roswell Rd.とWest Paces Ferry Rd.の五差路で下車。West Paces Ferry Rd.を西へ徒歩約8分

●Swan House、Smith Family Farm
開毎日11:00～16:00（日13:00～）

レストランにも寄ろう
センター内のスワン・コーチ・ハウスSwan Coach Houseは南部料理のおいしいレストラン。ショップとギャラリーもある
☎(404)261-0636
URL www.swancoachhouse.com
開月～土11:00～14:30
休日

州知事の家が一般公開されている 地P.436-外

ジョージア州知事邸
Georgia State Governor's Mansion

ギリシャ復古調様式を取り入れた建物は、1967年に建築家トーマス・ブラッドバリーによりデザインされた。南北戦争時代のアンティーク家具のコレクションは必見。カーター元大統領も州知事時代に住んでいた。歴史センターから知事邸への道には、現代の高級住宅が建ち並ぶ。

ジョージア州知事邸
住391 W. Paces Ferry Rd.
☎(404)261-1776
URL mansion.georgia.gov
開火～木10:00～11:30
休金～月
料無料
行アトランタ歴史センターの西、W. Paces Ferry Rd.を西に徒歩15分ほど

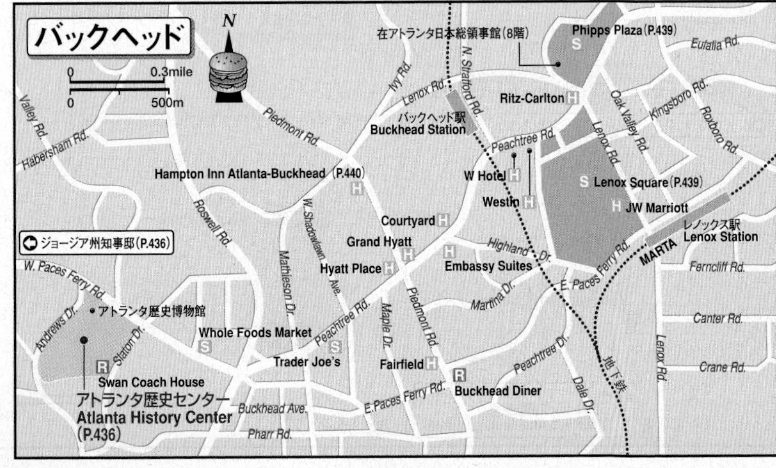

その他の地域　Other Area

カーター元大統領のあたたかい人柄が伝わってくる　地P.435-C2

ジミー・カーター・ライブラリー
The Jimmy Carter Library & Museum

ピーナッツ畑の農園主から合衆国大統領へ——このサクセスストーリーを極めた人物が、ジョージア州が生んだジミー・カーターだ。カーターは第39代大統領として、特に平和外交に努め、2002年にはノーベル平和賞を受賞した。ライブラリーは2700万枚の文書を有し、カーター元大統領の写真パネル、一生を紹介したフィルム、再現された大統領執務室などが公開されている。ノーベル賞のメダルもお見逃しなく。

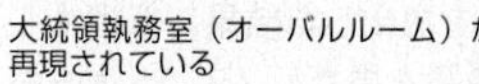

大統領執務室（オーバルルーム）が再現されている

ジミー・カーター・ライブラリー
住441 Freedom Pkwy.
☎(404)865-7100
URL www.jimmycarterlibrary.gov
開毎日9:00～16:45（日12:00～）
休サンクスギビング、12/25、1/1
料$8、シニア・学生$6、16歳以下無料
行マルタレイルFive Points駅より#816 "North Highland Ave."のバスで約20分。帰りはセンターの反対側のバス停から

郊外の見どころ　Excursion

公共の交通機関で行ける絶叫ライドのパーク　地P.435-A4外

シックスフラッグス・オーバー・ジョージア
Six Flags Over Georgia

アトランタの西20kmにある絶叫マシンの遊園地。絶叫マシン、ずぶぬれマシンが数々ある。木造コースターのツイステッド・サイクロン・ローラーコースターはきしみ具合がスリル満点と人気。スリリングなスタントショーをはじめ園内各所で行われるショーや、ぬいぐるみが景品のゲームコーナーも楽しい。

シックスフラッグス・オーバー・ジョージア
住275 Riverside Pkwy., Austell
☎(770)739-3400
URL www.sixflags.com
開5月下旬～8月初旬は毎日、それ以外は週末のみの開園。時間は10:00～18:00から22:00とまちまちなので確認しよう。1～2月は休園
料$69.99、身長約122cm以下$49.99
行マルタレイルHamilton E. Holmes駅から#201 "Six Flags Over Georgia Shuttle"（10～40分間隔）で約12分

できれば１日かけて訪れたい　地P.435-C2外

ストーン・マウンテン・パーク
Stone Mountain Park

アトランタ周辺は豊かな緑で覆われているが、ダウンタウンの東25kmの所に、まるで緑の絨毯からコブのように突然飛び出た灰色の山がある。世界最大級の花こう岩からなるこの山がストーン・マウンテンだ。この山は側面に彫られた南軍の英雄（向かって左から）、デービス将軍、リー将軍、ジャクソン将軍の3人の騎馬像のレリーフConfederate Memorial Carvingで知られる。レリーフの大きさは幅58m、高さ27mにも達する。

さらに、周囲は広大な公園になっていて、さまざまな施設やアトラクションが集中している。20以上の実物大の恐竜模型が迎えてくれるダイナソーエクスプロアDinosaur Exploreや目、耳に加え鼻や肌で体感できる4-Dシアターはマスト。そのほか当時のコスチュームを着た人々がキャンディやキャンドル、ガラス作りのデモンストレーションを行っている。土曜夜のレーザーショーもスケールアップした。

ストーン・マウンテン・パーク
住1000 Robert E. Lee Blvd., Stone Mountain
Free (1-800)401-2407
URL www.stonemountainpark.com
開〈夏期〉毎日10:30～20:00、〈冬期〉毎日10:00～17:00（時期により異なるので、事前にウェブサイトで確認を）
料車1台$20。1日アトラクションパスは$34.95
行I-20 EAST→I-285 NORTH→US-78 EASTと走り、Exit 8で下りるとメインゲート。ダウンタウンから約40分。車がない場合は日帰りバスツアーを利用することになる

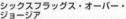

巨大な花こう岩は迫力満点

Entertainment エンターテインメント

アトランタ交響楽団
ホームホール――アトランタシンフォニーホール Atlanta Symphony Hall
地P.435-A1～B1
住1280 Peachtree St., bet.15th & 16th Sts.
☎(404)733-5000(チケット)
URL www.atlantasymphony.org
行マルタレイルArts Center駅下車

アトランタ交響楽団 Atlanta Symphony Orchestra

ウッドラフ芸術センター内のシンフォニーホールを舞台に活躍している。音楽監督のロバート・スパーノは2001年から指揮を執ってもおり、2019年で18年目を迎える。精力的な活動ぶりからグラミー賞の受賞も多い。ポップス歌手を招いてのジョイントコンサートも開き、人気を博している。

Spectator Sports スポーツ観戦

ベースボール MLB

アトランタ・ブレーブス
(1876年創設) 地P.435-A1外
本拠地――サントラストパーク Sun Trust Park(4万1000人収容)
住755 Battery Ave.
Free(1-800)745-3000(チケット)
URL www.mlb.com/braves
行マルタレイルArts Center駅よりCobbLincのバス#10で約30分。ケンタッキー・フライド・チキンの店が見えたら下車

この選手に注目!
フレディ・フリーマン(一塁手)

アトランタ・ブレーブス(ナショナルリーグ東地区) Atlanta Braves

かつてはマダックスやハンク・アーロンも所属していた名門。2014～2015年に続々と選手を放出した結果、低迷もしたが2018年は古豪復活。地区優勝を果たし、スニッカーも最優秀監督に選ばれた。また、2017年に完成した新球場はまるでひとつの町のように楽しいところ。アトランタ独自の応援方法は、うなり声をあげてのトマホークチョップ。

アメリカンフットボール NFL

アトランタ・ファルコンズ
(1966年創設) 地P.435-A3
本拠地――メルセデスベンツ・スタジアム Mercedes-Benz Stadium(7万1000人収容)
住1 AMB Dr.
☎(404)223-8000(チケット)
URL www.atlantafalcons.com
行マルタレイルDomeまたはVine City駅下車

この選手に注目!
マット・ライアン

アトランタ・ファルコンズ(NFC南地区) Atlanta Falcons

2015年に就任したHCクインが凋落のチームを救った。1年目こそ5割に留まったものの、2016シーズンには11勝を上げ、チーム史上2度目のスーパーボウルへ。2017シーズンも10勝と2桁勝利を重ね、評判を高める結果に。タレント揃いのチームは虎視眈々と初の栄冠を狙う。チームカラーはレッド、ブラック、シルバー、ホワイト。

バスケットボール NBA

アトランタ・ホークス
(1946年創設) 地P.432-A1～A2
本拠地――ステート・ファーム・アリーナ State Farm Arena(1万8118人収容)
住1 Philips Dr.
Free(1-866)715-1500(チケット)
URL www.nba.com/hawks
行マルタレイルDome駅を出て目の前

この選手に注目!
トレイ・ヤング

アトランタ・ホークス(東・南東地区) Atlanta Hawks

2014-13シーズンの60勝をピークに加速度的に星を減らし、2017-18は24勝と大きく負け越した。これにより2007-08から続いていたプレイオフ連続出場も10回で途絶える結果に。チームカラーはトーチレッド、ボルトグリーン、ジョージア・グラナイトグレイ。

サッカー MLS

アトランタ・ユナイテッドFC
(2014年創設) 地P.435-A3
本拠地――メルセデスベンツ・スタジアム Mercedes-Benz Stadium(7万1000人収容)
住行アトランタ・ファルコンズを参照
☎(470)341-1500(チケット)
URL www.atlutd.com
行アトランタ・ファルコンズ参照

この選手に注目!
ミゲル・アルミロン

アトランタ・ユナイテッドFC(東地区) Atlanta United FC

2017年に新チームとしてMLSに参入。シーズン開始から圧倒的な攻撃力でいきなり旋風を巻き起こし、翌年にはリーグ2位の成績を残した。好カードにはメルセデスベンツ・スタジアムを7万人を超えるサポーターで埋める人気クラブだ。

ショップ&レストラン
Shops & Restaurants

S ショッピングモール
1日中楽しめる
レノックススクエア
Lenox Square

住3393 Peachtree Rd. ☎(404)233-6767
URL www.simon.com 開月〜土10:00〜21:00、日11:00〜19:00 地P.436

バックヘッドの中心となる大型ショッピングモールで、約250軒と規模も大きい。アーバンアウトフィッターズやトリーバーチからルイ・ヴィトン、プラダとさまざまな客層に応えられるようになっている。

S ショッピングモール
高級ショッピングモール
フィップスプラザ
Phipps Plaza

住3500 Peachtree Rd. ☎(404)261-0992 地P.436
URL www.simon.com 開月〜土10:00〜21:00、日12:00〜17:30

Peachtree Rd.を挟んだレノックススクエアの斜め前に位置する。エレガントでゆったりとした雰囲気のモール。サックス・フィフス・アベニュー、ノードストロームのデパートが2軒、ベルサーチ、グッチ、ティファニーなどの高級ブランド約100軒に加えて映画館も入っている。

S ショッピングモール
新しい町の新しいモール
アトランティックステーション
Atlantic Station

住1380 Atlantic Dr. ☎(404)410-4010
URL atlanticstation.com 開月〜土10:00〜21:00、日12:00〜19:00(店舗により異なる) 地P.435-A1

ミッドタウンの再開発地区に誕生した居住エリアを備えた屋外型ショッピングモール。デパート、H&M、ビクトリアズシークレット、IKEA、Target、スーパーマーケットなどが入っている。マルタレイルArts Center駅から無料のシャトルあり。

R ファストフード
世界最大のドライブインでチリドッグを！
ヴァーシティ
The Varsity（ダウンタウン店）

住61 North Ave. ☎(404)881-1706
URL www.thevarsity.com
開毎日10:00〜22:30(金・土〜23:30) AMV 地P.435-A2

1928年から続いている有名店で、座席数約800、1日平均300ガロンのチリが消費される。名物のホットドッグ（$1.72〜3.58）とピーチパイ（$2.04）をどうぞ。空港のCゲートと国際線ターミナルに支店あり。

R アメリカ料理
作りたてのビールがキリッとおいしい
マックスラガー
Max Lager's

住320 Peachtree St. ☎(404)525-4400
URL maxlagers.com AMV
開毎日11:00〜22:30(日16:00〜) 地P.435-A2

アトランタの有名店。レストランの中にビールの醸造所があり、作り立てのビールの味は格別だ。ビールは8種類で、おすすめはブラックエールのDark Side India。料理は一般的なアメリカ料理、雰囲気もいたってカジュアル。予算$25〜。

R 南部料理
南部の家庭料理が味わえる気取らない店
メアリー・マックス・ティールーム
Mary Mac's Tea Room

住224 Ponce de Leon Ave. ☎(404)876-1800
URL www.marymacs.com 開毎日11:00〜21:00
AMV 地P.435-B2

1940年代から営業している店で、カーター元大統領もファンだったとか。おすすめはSouthern Special ($27.50)。メニューは南部のお袋の味ばかり。予算は$35前後。

R 南部料理
南部料理に挑戦するならここへ
ピティパッツポーチ
Pittypat's Porch

住25 Andrew Young International Blvd. ☎(404)525-8228
URL www.pittypatsrestaurant.com 開毎日17:00〜21:00(金・土〜22:00) AMV 地P.432-B1

伝統的な南部料理が楽しめる有名店。フライドチキン、ナマズ、コーンブレッドに加え、サラダバーが充実。店名のピティパッツは『風と共に去りぬ』に登場するピティパットおばさんのこと。予算は$30〜。

R 南部料理&カフェ
オーガニックの南部料理
フライング・ビスケット・カフェ
The Flying Biscuit Café

住1001 Piedmont Ave. ☎(404)874-8887
URL www.flyingbiscuit.com
開毎日7:00〜22:00 AMV 地P.435-B1

早朝から営業している雰囲気のいいカフェで、オーガニックの野菜を使った料理が楽しめる。ミートローフやステーキ、シーフードなどメニューも豊富。ランチ$12以下、ディナーは$15前後と値段も庶民的。

ホテル
Hotels

エコノミーホテル

空港近くの便利なホテル

モーテルシックス・アトランタ・エアポート
Motel 6 Atlanta Airport

住1377 Virginia Ave., Atlanta, GA 30344 ☎(404)762-5111
Free(1-800)899-9841 URLwww.motel6.com
ⓈⒹ$60.99～109.99 AMV Wi-Fi無料 地P.435-A4外

空港からは無料シャトルバスで約5分。バゲージクレーム（預託荷物のピックアップ場所）横のホテルバン用のターミナルから出発している。ホテル内にはレストラン、コインランドリーがあり便利だ。部屋によっては冷蔵庫、電子レンジ付き。193室。

エコノミーホテル

実用的でお得なホテル

モーテルシックス・アトランタ・ダウンタウン
Motel 6 Atlanta Downtown

住311 Courtland St., Atlanta, GA 30303
☎(404)659-4545 Free(1-800)899-9841 Wi-Fi無料
URLwww.motel6.com
ⓈⒹⓉ$76～160 AMV 地P.435-B2

Peachtree Center駅から北へ3ブロック。何の飾り気もないが、設備はしっかりしている。市内通話、駐車場は無料。全館禁煙。68室。

中級ホテル

ロケーション抜群！

フェアフィールドイン&スイーツ・アトランタ・ダウンタウン
Fairfield Inn & Suites Atlanta Downtown

住54 Peachtree St., Atlanta, GA 30303
☎(678)702-8600 Free(1-888)236-2427 Wi-Fi$4.95
URLwww.marriott.com スイート$144～439
ADJMV 地P.432-B2

マルタレイルFive Points駅の目の前にある全室スイート仕様のホテル。ジョージア州議事堂といった見どころまで徒歩数分で行くことができ、マルタレイルでの移動にも便利。朝食無料。コインランドリーあり。夜は治安に注意。156室。

中級ホテル

ダウンタウンの外れにある

イン・アット・ザ・ピーチツリー
Inn at the Peachtrees

住330 W. Peachtree St., Atlanta, GA 30308
☎(404)577-6970 Free(1-800)242-4642 FAX(404)659-3244
URLwww.innatthepeachtrees.com ⓈⒹⓉ$139～209
ADJMV Wi-Fi無料 地P.435-A2

マルタレイルPeachtree Center駅とCivic Center駅の両方から徒歩7分と便利。ミニ冷蔵庫完備で温かい朝食付き。全館禁煙。109室。

中級ホテル

清潔、快適、中心部のホテル

ハイアットプレイス・アトランタ・ダウンタウン
Hyatt Place Atlanta Downtown

住330 Peachtree St., Atlanta, GA 30308
☎(404)577-1980 Free(1-800)233-1234 FAX(404)688-3706
URLatlantadowntown.place.hyatt.com Wi-Fi無料
ⓈⒹⓉ$139～229 ADJMV 地P.435-A2

ピーチツリーセンターから徒歩約5分。朝食は無料だ。ロビー隣に軽食を取れるカフェを併設している。全館禁煙。95室。

中級ホテル

バックヘッド地区でTrader Joe'sまで徒歩12分

ハンプトンイン・アトランタ・バックヘッド
Hampton Inn Atlanta-Buckhead

住3398 Piedmont Rd. NE, Atlanta, GA 30305
☎(404)233-5656 FAX(404)237-4688
URLhamptoninn3.hilton.com
ⓈⒹⓉ$117～371 AMV Wi-Fi無料 地P.436

マルタレイルBuckhead駅から徒歩10分。毎日7:00～22:00（日～15:00）は3マイル以内へ無料シャトルを運行。客室はシャワーのみなので注意を。無料の朝食付きで、バックヘッドのホテルでは安め。153室。

高級ホテル

ピーチツリーセンターに隣接

ハイアット・リージェンシー・アトランタ
Hyatt Regency Atlanta

住265 Peachtree St., Atlanta, GA 30303
☎(404)577-1234 Free(1-800)233-1234 FAX(404)460-6444
URLwww.hyatt.com ⓈⒹⓉ$179～389 ADJMV
Wi-Fi無料 地P.432-C1

1967年にできた当時、22階までの吹き抜けは珍しく地元の話題をさらったというホテル。金庫、アイロン、ドライヤーなど客室内のアメニティも充実している。1260室。

高級ホテル

円筒形のビルはダウンタウンのランドマーク

ウェスティン・ピーチツリープラザ
Westin Peachtree Plaza

住210 Peachtree St. NW, Atlanta, GA 30303
☎(404)659-1400 Free(1-888)627-7087
URLwww.westinpeachtreeplazaatlanta.com
ⓈⒹⓉ$129～700 ADJMV Wi-Fi$14.95 地P.432-B1

国際会議も開かれるアトランタを代表するホテル。最上階には展望フロアと回転レストランがあり、眼下のアトランタの町はもちろん、ストーンマウンテンの向こうに広がる地平線まで一望できる。マルタレイルPeachtree Center駅の目の前。1073室。

日本からアメリカへの国際電話のかけ方➡P.8～9
国際電話認識番号（001/0033/0061）＋（010）＋アメリカの国番号（1）＋市外局番＋電話番号

ビル・スラッガー博物館前にある巨大バット

競馬ファンは見逃せない

ルイビル
Louisville

町を離れると、見渡す限りのブルーグラス（牧草の一種）の絨毯が広がるケンタッキー州。ブルーグラスが強い競走馬を育てるのに適したことから、競馬レースが盛んに行われている。なかでも、毎年5月の第1土曜日に開催されるケンタッキーダービーは、世界中からたくさんの人が訪れ、「スポーツの世界で最も偉大な2分間」といわれるほど特別なレースだ。

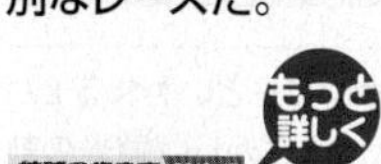

地球の歩き方B12アメリカ南部編（1800円＋税）でもルイビルを紹介していますので、ご活用ください。

ボストン
ニューヨーク
シカゴ
ソルトレイク・シティ
サンフランシスコ
ルイビル
ワシントンDC
ロスアンゼルス
アトランタ
ニューオリンズ
マイアミ

DATA

人口▶約62万1300人
面積▶約842km²
標高▶最高232m、最低116m
TAX▶セールスタックス　6%
ホテルタックス　16.07%
属する州▶ケンタッキー州　Kentucky
州のニックネーム▶ブルーグラス州
Bluegrass State
州都▶フランクフォート　Frankfort
時間帯▶東部標準時（EST） ➡P.631
繁忙期▶5月初旬、9月中旬〜10月

Louisville
ールイビルの平均最高気温
ールイビルの平均最低気温
…東京の平均最高気温
…東京の平均最低気温
ルイビルの平均降雨量
東京の平均降雨量
(℃) 45 40 35 30 25 20 15 10 5 0 -5 -10 -15 -20
(mm) 400 350 300 250 200 150 100 50 0
1 2 3 4 5 6 7 8 9 10 11 12 (月)

ルイビルへの行き方&歩き方 Getting There & Around

シカゴやダラスなどからの便がある**ルイビル国際空港 Louisville Regional Airport**はダウンタウンの南約10km。

町の中心は「4th Street Live!」というショッピングモール。

観光案内所 Visitors Information

ルイビル観光案内所
Louisville Visitors Center

4th St.とJefferson St.の角にあり、コンベンションセンターは目の前。館内にギフトショップとケンタッキーバーボンやケンタッキーフライドチキンに関するミニ博物館を併設している。

 市内の交通機関 Public Transportation

タークバス／ゼロバス
TARC Bus／ZeroBus

市内と郊外に路線をもつ市バス。ダウンタウンを走るゼロバス（ZeroBus）は電気バスで無料、観光に便利。東西に往復するMain-Market ZeroBus（東行きはMarket St.を通る）と、南北に往復する4th St. ZeroBusがある。

ルイビル国際空港（SDF）
地P.442-外
住600 Terminal Dr.
☎(502) 367-4636
URL www.flylouisville.com
行ダウンタウンへは、タークバス#2で30分（料$1.75）、タクシーで15分（料約$23）

グレイハウンド・バスディーポ
住1211 W. Broadway
開毎日12:30〜19:30、22:30〜翌10:30

ルイビル観光案内所
地P.442
住301 S. 4th St.
☎(502) 379-6109
URL www.gotolouisville.com
開月〜土10:00〜18:00、日12:00〜17:00（夏期は延長あり）
休おもな祝日

タークバス／ゼロバス
☎(502) 585-1234
URL www.ridetarc.org
運行／ZeroBus：月〜金6:00〜20:00、土・日10:00〜18:00の10〜25分間隔（Main-Market線は日曜運休）
料$1.75

メモ　ルイビル国際空港からダウンタウンへ ▶タクシー：Taxi 7 ☎(502) 777-7777 URL www.taxi7louisville.com、Yellow Cab ☎(502) 636-5511

Sightseeing おもな見どころ

ルイビル・スラッガー博物館
住800 W. Main St.
Free(1-877)775-8443
URL www.sluggermuseum.com
開毎日9:00～17:00（日11:00～）。最終の工場見学ツアーは閉館の30分前（閉館90分前に到着していることを推奨している）に出発。なお夕方、週末などは製造ラインが止まっていることもある
休サンクスギビング、12/25
料$15、60歳以上$14、6～12歳$8

チャーチルダウン競馬場
住700 Central Ave.
☎(502)636-4400
URL www.churchilldowns.com
開レースはおもに4月下旬～6月、9～11月の水～日に開催
●Kentucky Derby Museum
開毎日8:00～17:00（日11:00～）
休ダービー開催日＆前日、サンクスギビング、12/25など
料$15、シニア$14、5～14歳$8（ツアー料金を含む）
行南へ向かうタークバス#4で約20分。4th St. & Central Ave.下車、徒歩5分

モハメド・アリ・センター
住144 N. 6th St.
☎(502)584-9254
URL www.alicenter.org
開火～日9:30～17:00（日12:00～）※最終入場は16:15
休月、おもな祝日
料$14、シニア$13、学生$10、6～12歳$9

野球のバット工場見学が大人気 地P.442

ルイビル・スラッガー博物館
Louisville Slugger Museum

数多くのメジャーリーガーが使っているバットの製造工場がダウンタウンにあり、見学ツアーはルイビル屈指のアトラクション。併設の博物館とギフトショップも充実していて、バットに名前を刻印してもらうこともできる。

世界最高の馬がここで生まれる 地P.442-外

チャーチルダウン競馬場
Churchill Downs

1875年から続く伝統のレース、ケンタッキーダービーが開催される競馬場。入口ゲートの隣に**博物館Kentucky Derby Museum**があり、ここから競馬場を見学するツアー（所要約30分）が出ている。

ボクシングに興味のない人も必見 地P.442

モハメド・アリ・センター
Muhammad Ali Center

ルイビル出身で、世界で最も偉大なボクサーといわれるモハメド・アリの博物館。2016年6月逝去したが、輝かしい栄光の軌跡、人種差別やパーキンソン病との闘いなど、波瀾に満ちた人生について知ることができる。

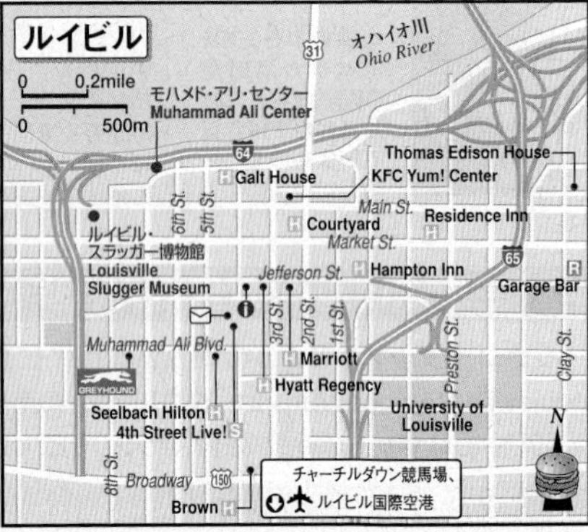

アリの壮絶な人生を知ることができる

ホテル
Hotels

高級ホテル

ダービー優勝騎手の手形がロビーに並ぶ

ゴルト・ハウス・ホテル
Galt House Hotel

住140 N. 4th St., Louisville, KY 40202 ☎(502)589-5200
Free(1-800)843-4258 URL www.galthouse.com
Wi-Fi 使用量により$0～9.95
ⓈⒹⓉ$139～254、スイート$204～649 AMV 地P.442

オハイオ川を見下ろすクラシックな高層ホテル。ダイニング7軒、スパ、ビジネスセンターなどがある。1310室。

高級ホテル

ダウンタウンの中心でどこへ行くにも便利

ハイアットリージェンシー
Hyatt Regency

住320 W. St., Louisville, KY 40202 ADJMV
☎(502)581-1234 FAX(502)581-0133 Wi-Fi 無料
URL louisville.regency.hyatt.com ⓈⒹⓉ$169～355 地P.442

コンベンションセンターに接続しているためビジネスマンの利用が多い。「4th Street Live!」というショッピングモールともつながっている。客室の寝具やカーペットからアレルギー物質を徹底的に排除した部屋も好評。393室。

投稿 **ルイビル・スラッガー博物館でのミニバット**▶工場見学ツアーのあとにもらえるミニバットは、日本へ帰国する際には預託荷物に入れよう。機内持ち込みの荷物に入れてしまうと、没収されることもある。
（東京都 Lonestar '15）['18]

ナッシュビルの名物ホテルがゲイロード・オープリーランド・リゾート

カントリー音楽の聖地

ナッシュビル

Nashville

アメリカ人の心を歌う「カントリー音楽」の中心地、ナッシュビル。最盛期には、カントリー音楽の90%以上がナッシュビルのスタジオで録音されていた。現在でも、カントリー音楽を贈り続ける全米最長のラジオ番組の公開放送が行われ、ライブハウス（英語では"Music Venue"）の数も非常に多い。中心部のバーでは昼間から生演奏を楽しむことができる。

もっと詳しく

地球の歩き方B12アメリカ南部編（1800円＋税）でもナッシュビルを紹介していますので、ご活用ください。

DATA

- 人口▶約60万7600人
- 面積▶約1231km²
- 標高▶最高354m、最低117m（デビッドソン郡）
- TAX▶セールスタックス　9.25%
- ホテルタックス　15.25%＋1泊$2.50
- 属する州▶テネシー州　Tennessee
- 州のニックネーム▶ボランティア州 Volunteer State
- 州都▶ナッシュビル　Nashville
- 時間帯▶中部標準時（CST）

- 繁忙期▶5～10月

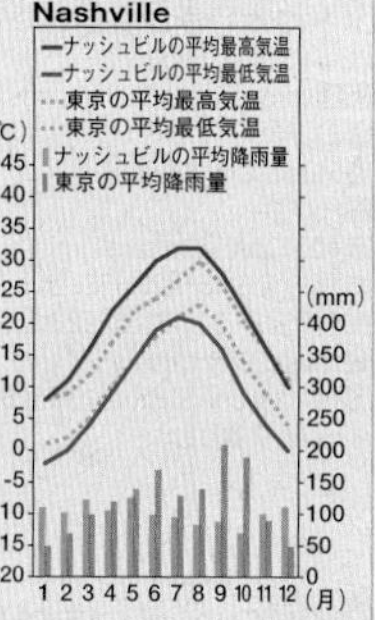

ナッシュビルへの行き方 Getting There

飛行機 Plane

ナッシュビル国際空港
Nashville International Airport (BNA)

ダウンタウンの南東約12kmに位置し、シカゴやワシントンDC、ロスアンゼルスをノンストップで結ぶ。市内へはMTAバス#18が1時間に1本ダウンタウンまで行く（料$1.70）。さらに空港とダウンタウンを結ぶナッシュビル・エクスプレスの空港シャトルや、ミュージックバレーにあるゲイロード・オープリーランド・リゾートへ空港から直通のシャトルバスも運行されている。もちろんタクシーでのアクセスもいい。

長距離バス Bus

グレイハウンド・バスディーポ
Greyhound Bus Depot

ブリヂストンアリーナから5ブロック南東に位置する。メンフィス、アトランタ、シカゴ方面などへの路線がある。

ナッシュビル国際空港
地P.444-外
住1 Terminal Dr.
☎(615)275-1675
URL www.flynashville.com

●Nashville Express Shuttle（空港シャトル）
☎(615)335-6479
URL nashvilleexpressshuttle.com
運行／毎日4:00～23:00
料ダウンタウンまで片道$29（約20分）

●Gaylord Opryland Shuttle
☎(615)871-6169
URL www.gaylordhotels.com
運行／毎日7:00～18:00の30分間隔
料往復$35

●Yellow Cab（タクシー）
☎(615)256-0101
料ダウンタウン、ミュージックバレーまで一律$25

グレイハウンド・バスディーポ
地P.444-外
住709 5th Ave. S.
☎(615)255-3556
開24時間（チケット窓口は毎日21:00～翌7:30、9:00～19:00）

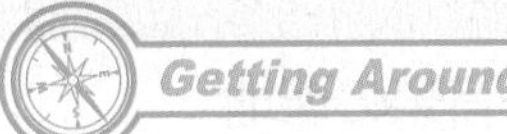

ナッシュビルの歩き方

おもな見どころはダウンタウンと北東にあるゲイロード・オープリーランド・リゾートに集中していて、ふたつのエリアはMTAバスが結ぶ。ダウンタウンだけなら十分歩いて回れる。

観光案内所 *Visitors Information*

ナッシュビル観光案内所
Nashville Visitors Information Center

音楽の殿堂近くに案内所がある

ブリヂストン・アリーナ・センター（アリーナ）の一角にあり、ギフトショップも併設している。Wi-Fiも開通している。

ナッシュビル観光案内所
Free (1-800) 657-6910
URL www.visitmusiccity.com
●5th Ave. South & Broadway
地 P.444
住 501 Broadway
☎ (615) 259-4747
Free (1-866) 830-4440
開 月～土8:00～17:30、日10:00～17:00
●4th Ave. North & Commerce
地 P.444
住 150 4th Ave.
☎ (615) 259-4730
開 月～金8:00～17:00（金～16:00）
休 土・日

市内の交通機関 *Public Transportation*

メトロポリタン交通局
Metropolitan Transit Authority (MTA)

市内をカバーする路線バス。観光案内所で時刻表と路線図が置いてあるので入手しておこう。おもな路線はダウンタウンのミュージックシティ・セントラル駅**Music City Central**を発着する。また、ダウンタウンを巡回する無料バス、ミュージックシティ・サーキット**Music City Circuit**が2ルートあり、15～30分おきに運行している。

メトロポリタン交通局
☎ (615) 862-5950
URL www.nashvillemta.org
料 $1.70
●Music City Central
地 P.444
住 400 Charlotte Ave.
開 月～金5:15～23:15、土・日、おもな祝日6:00～21:15（土～22:15）
●Music City Circuit
運行／Green、Blue：毎日6:00～23:00（Green 7:00）

おもな見どころ

ダウンタウン地区 Downtown

南部のカーネギーホール 地 P.444

ライマン公会堂
Ryman Auditorium

1925年から続く、世界最長のラジオ番組『グランド・オール・オープリー』の収録会場。1943年から1974年までここで収録されていた。現在は郊外の収録会場へ移ってしまったが、11～12月の間のみ、今もここで収録している。

ライマン公会堂
住 116 5th Ave. N.　☎ (615) 889-3060
URL www.ryman.com
開 毎日9:00～16:30
料 セルフガイドツアー$21.95、4～11歳$16.95

今も現役のコンサートホール

ハッチショー印刷店 Hatch Show Print ▶昔ながらの印刷工程で長年Grand Ole Opryのポスターを刷ってきた印刷屋。現在はカントリー音楽の殿堂と博物館内にあり、ガラス窓越しに見ることができる。住 224 5th Ave. S.　☎ (615) 577-7710　URL hatchshowprint.com　開 毎日 9:30～18:00　休 おもな祝日　地 P.444

カントリー音楽の都ならではの博物館 地P.444

カントリー音楽の殿堂と博物館
Country Music Hall of Fame and Museum

ピアノの鍵盤をイメージした巨大な窓のある建物は、空から見ると“ヘ音記号”の形をしている。音と映像をふんだんに使った展示が人気だ。楽譜、レコードなど貴重なコレクションを保存する公文書館としての役割も担っており、スターの楽器や衣装なども見ることができる。殿堂入りのレリーフのなかにはプレスリーもある。

アメリカ人にとってカントリー音楽は日本の演歌に近い。その殿堂

カントリー音楽の殿堂と博物館
住222 5th Ave. S.
☎(615)416-2001
URL countrymusichalloffame.org
開毎日9:00〜17:00
休おもな祝日
料$25.95、6〜12歳$15.95

ゲイロード・オープリーランド地区 Gaylord Opryland

ダウンタウンから北東へ17kmの所にあるエリア。広大な屋内植物園をもつドーム状の名物ホテルやコンサートホール、リバーボートのクルーズやアウトレットモールなどがあり、ナッシュビル観光のもうひとつの拠点。

ゲイロード・オープリーランド地区
行MTAバス#34“Opry Mills”行きで30〜55分

宿泊しなくても一見の価値あり 地P.444-外

ゲイロード・オープリーランド・リゾート
Gaylord Opryland Resort

ホテル全体がガラスのドームに覆われている大型ホテル。全米での知名度抜群のホテルで、ここを訪れる人の半数以上が宿泊客ではない。つまりわざわざ見に来る人が多いのだ。4つのエリアに分かれた植物園といった造りで、川も流れている。1周15分のボートツアーで、南部の湿原の雰囲気を感じよう。

植物園を巡るボートツアーもある

ゲイロード・オープリーランド・リゾート
住2800 Opryland Dr.
☎(615)889-1000
ボートツアー／$10.50、4〜11歳$8.50
開毎日10:00〜16:00

全米最長寿のラジオ番組の舞台 地P.444-外

グランド・オール・オープリー・ハウス
Grand Ole Opry House

アメリカ最古のラジオ番組『グランド・オール・オープリー』の収録が1974年から行われているコンサート会場。チャンスがあれば、ぜひショーを見てほしい。アメリカ人のカントリー愛が伝わってくる。

ほぼ毎日バックステージツアーが行われており、衣装部屋の見学やステージで記念撮影をすることができる。またショーがある日にはVIPツアーも催行。

カントリー音楽の長寿ラジオ番組は公開されていて誰でも見ることができる

グランド・オール・オープリー・ハウス
住2804 Opryland Dr.
☎(615)871-6779
Free(1-800)733-6779
URL www.opry.com
開ショーは金・土19:00。時期により21:30の回もあり。3〜12月中旬のみ火19:00もある。なお11〜12月はダウンタウンのライマン公会堂➡P.444で収録される
料メインフロア$45〜99
バックステージツアー／〈2〜10月〉毎日9:30〜16:00の30分おき（イベント時は休みが多い）
料$27、子供（4〜11歳）$22。チケットは2週間前からウェブサイトまたはFree(1-800)733-6779で予約可能。ボックスオフィスで購入することもできる。ショーのある日は終了後のツアーPost-Show Tourも行われている（＋$2）

グランド・オール・オープリー・ハウスのVIPツアー
ショーが始まる直前に舞台裏でスタッフが働く様子や控え室などを見学。ステージの内側から幕が上がる瞬間も体験できる。
開ショーがある日の18:30、18:35（日によって変更あり）
料$150
※参加はそのショーのチケットを所有している12歳以上

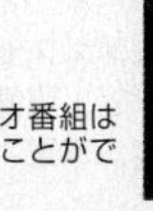

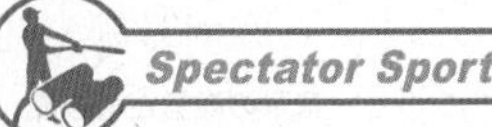

スポーツ観戦

テネシー・タイタンズ
（1960年創設）
本拠地――ニッサンスタジアム
Nissan Stadium（6万9143人収容）
地P.444-外
住1 Titans Way
☎(615)565-4200（チケット）
URL www.titansonline.com
行カンバーランド川を挟んでダウンタウンの対岸にある。歩いて行くことができる

この選手に注目！
マーカス・マリオタ

ナッシュビル・プレデターズ
（1998年創設）
本拠地――ブリヂストンアリーナ
Bridgestone Arena（1万7113人収容）
地P.444
住501 Broadway
☎(615)770-2355
URL predators.nhl.com
行ダウンタウンの真ん中にある

この選手に注目！
P.K.スバン

アメリカンフットボール　NFL

テネシー・タイタンズ（AFC 南地区）
Tennessee Titans

低調にあえいでいたチームを2016年就任のHCムラーキーが見事に立て直した。2年連続で勝ち越しを決め、2年連続の地区最下位から脱却、2017シーズンは2008年以来のプレイオフにも駒を進めた。2018シーズンからヘルメットカラーを変更している。チームカラーはタイタンズブルー、ネイビー、レッド、シルバー、ホワイト。

アイスホッケー　NHL

ナッシュビル・プレデターズ（西・中地区）
Nashville Predators

1998年に創設。直近の10シーズンで7度もプレイオフに進出し、2016-17シーズンにはチーム創設以来初となるスタンレーカップ・ファイナルを経験した。突出したスコアラーはいないがディフェンスマンでありながらフォワード並みの攻撃力を備えるP. K. スバンからは目が離せない。

ナイトスポット&ショップ&ホテル
Night Spot & Shop & Hotels

N カントリー

ナッシュビル随一の名物ラウンジ

トッツィーズ・オーキッド・ラウンジ
Tootsie's Orchid Lounge

住422 Broadway　☎(615)726-0463
URL www.tootsies.net
開毎日10:00～翌3:00（日によって延長あり）　AMV　地P.444

ブロードウエイに面した古ぼけたバー。恵まれない歌手の面倒を見続けたTootsieおばさんが経営していた店で、今も多くのカントリーファンに支えられている。ふたつのステージがあり、ふたつのバンド演奏が楽しめる。

S CD&DVD

カントリー音楽のCDはここで

アーネスト・タブ・レコードショップ
Ernest Tubb Record Shops

住417 Broadway　☎(615) 255-7503
URL www.etrecordshop.com　開月～木10:00～22:00、金・土10:00～24:00　休日　AMV　地P.444

カントリーミュージシャンのアーネスト・タブが経営していた老舗レコードショップ。創業してから70年以上になる。カントリー、ブルーグラス、ゴスペルなど品揃えも豊富。関連したDVDや本なども販売している。

H ホステル

世界の若者が集まるユース

ナッシュビル・ダウンタウン・ホステル
Nashville Downtown Hostel

住177 1st Ave. N., Nashville, TN 37201　☎(615)497-1208
URL www.nashvilledowntownhostel.com　Wi-Fi無料
ドミトリー$35～56、個室$120～230　ADJMV　地P.444

ヒストリック・セカンド・アベニューから1ブロックの所にあり、ダウンタウンなら夜も歩いて帰れる。1日中コーヒー、紅茶のサービスがあり、清潔。コインランドリーもある。300ベッド。

H 中級ホテル

ダウンタウンの中心部にほど近い

ホリデイイン・エクスプレス・ダウンタウン
Holiday Inn Express Downtown

住920 Broadway, Nashville, TN 37203
☎(615)244-0150　FAX(615)244-0445
URL www.ihg.com　Wi-Fi無料
ⓈⒹⓉ$179～387、スイート$222～430　ADJMV　地P.444

ビジネスセンターやコインランドリー、フィットネスセンター、屋外プールなど、設備が充実しているホテル。230室。

投稿　**子供も楽しめるライブハウス**▶夜になると子供の入場ができなくなる店が多いなか、その日は子供の入場が可能だった（※18歳未満要保護者同伴／編集室より）。20オンス（約600mℓ）のビールジョッキをおみやげとして持ち帰れるのも最高。ワイルドホースサルーン Wildhorse Saloon　住120 2nd Ave. N.　地P.444（愛知県　匿名　'12）［'18］

ライブハウスが軒を連ねるビール通り

ブルースのふるさと

メンフィス
Memphis

綿花畑で過酷な労働を強いられた黒人たち。彼らが生んだ、叫びにも近いリズムはメンフィスでブルースになった。子供の頃から黒人音楽に親しんだエルビス・プレスリーは、ここで成功への切符を手にする。

メンフィスは黒人解放運動に尽力したキング牧師が凶弾に倒れた地でもある。さまざまな時代と文化が息づくメンフィスは、ブルースのように奥深い。

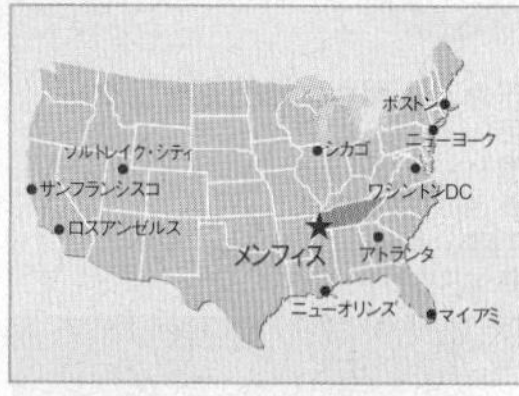

地球の歩き方B12 アメリカ南部編（1800円＋税）でもメンフィスを紹介していますので、ご活用ください。

DATA

人口▶約65万2200人
面積▶約723km² 標高▶約80m
TAX▶セールスタックス 9.25%
ホテルタックス 17.75%＋1泊$2
属する州▶テネシー州 Tennessee
州のニックネーム▶ボランティア州 Volunteer State
州都▶ナッシュビル Nashville
時間帯▶中部標準時（CST）
➡P.631
繁忙期▶4、6、11月

Memphis
—メンフィスの平均最高気温
—メンフィスの平均最低気温
…東京の平均最高気温
…東京の平均最低気温
▮メンフィスの平均降雨量
▮東京の平均降雨量
(℃) 45 40 35 30 25 20 15 10 5 0 -5 -10 -15 -20
(mm) 400 350 300 250 200 150 100 50 0
1 2 3 4 5 6 7 8 9 10 11 12（月）

メンフィスへの行き方 Getting There

飛行機 Plane

メンフィス国際空港
Memphis International Airport（MEM）

南部屈指の大空港。デルタ航空のハブとしてロスアンゼルスやシカゴ、ヒューストンなどおもな都市から乗り入れる。空港はダウンタウンの南東約15kmにあり、ダウンタウンからほど近い。ホテルまでの移動はシャトルが便利だ。

長距離バス Bus

グレイハウンド・バスディーポ
Greyhound Bus Depot

ダウンタウンの南東15km、メンフィス国際空港の北西1kmに位置し、セントルイス（所要約6時間）やナッシュビル（所要約4時間）などからの便が乗り入れる。ダウンタウンまでは、MATAバス、もしくは、タクシーで。ただし、MATAバスは土曜には運行本数が減るので要注意。また、日曜はバスが乗り入れていないのでタクシーを利用しよう。

メンフィス国際空港
地 P.448-外
住 2491 Winchester Rd.
☎ (901) 922-8000
URL www.flymemphis.com
行 MATAバス#64が1時間間隔で走っている。途中、Airways Transit Centerで#2（平日1時間ごと、土曜2時間ごと、日曜運休）に乗り換えが必要。夜間の利用は避けよう
●Blues City Tours（空港シャトル）
☎ (901) 522-9229
URL bluescitytours.com
料 片道$25、往復$40
●Yellow Cab（タクシー）
☎ (901) 577-7777
料 ダウンタウンまで約$35＋空港使用料$3

グレイハウンド・バスディーポ
地 P.448-外 住 3033 Airways Blvd.
☎ (901) 395-8770
開 24時間
行 ダウンタウンへは、MATAバス#2で終点のHudson Transit Center下車。約50分。平日1時間ごと、土曜2時間ごと、日曜運休

空港でレンタカー▶メンフィス国際空港のターミナルB、バゲージクレーム階に主要レンタカー会社9社のカウンターがある。

鉄道 Train

アムトラック駅
地 P.448
住 545 S. Main St.
Free (1-800) 872-7245
開 毎日5:45〜23:00

アムトラック駅
Amtrak Station

シカゴとニューオリンズを結ぶシティ・オブ・ニューオリンズ号がメンフィスに毎日1便停車する。発着時間が早朝と夜間なので、ホテルまではタクシーで移動すること。

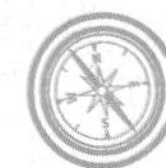

Getting Around メンフィスの歩き方

見どころはダウンタウンと郊外にあり、ほとんど市バスやトロリー、サンスタジオ・シャトルで行くことができる。夜はビール通りのライブハウスでブルースを！

観光案内所 Visitors Information

テネシー州ウエルカムセンター
地 P.448
住 119 N. Riverside Dr.
☎ (901) 543-5333
URL www.memphistravel.com
開 毎日7:00〜23:00

案内所に立つB.B.キングの像

テネシー州ウエルカムセンター
Tennessee State Welcome Center

マッドアイランド行きモノレイル駅の西側、ミシシッピ川沿いの駐車場の一角にテネシー州ウエルカムセンターがあり、情報収集ができる。

市内の交通機関 Public Transportation

メンフィス交通局
☎ (901) 274-6282
URL www.matatransit.com
料 バス$1.75、トロリー$1、トロリー用1日券は$3.50、3日券は$9

サンスタジオ・シャトル
☎ (901) 205-2533
運行／毎日10:15〜18:30（路線により異なる）
グレースランド毎正時発
サンスタジオ毎時15分発
メンフィス・ロックンソウル博物館毎時30分発

メンフィス交通局
Memphis Area Transit Authority (MATA)

MATA バス

ダウンタウンから郊外へ走る便利な市バス。おもな見どころへはこれで行くことができる。

トロリー　Trolley

移動に便利なトロリー

メインストリート・ライン、リバーフロント・ラインとマディソンアベニュー・ラインの3つの路線がある。Main St.を走るメインストリート・ラインは、北はA. W. Willis Ave.から南はButler Ave.まで折り返し運転している。リバーフロント・ラインは、Riverside Dr.とFront St.を走るトロリー。マッドアイランド行きモノレイル乗り場、観光案内所などを通る。Madison Ave.を走るマディソンアベニュー・ラインは、Front St.からMadison Park間のMadison Ave.沿いを走る。

サンスタジオ・シャトル
Sun Studio Shuttle

グレースランド、サンスタジオ、ダウンタウンのメンフィス・ロックンソウル博物館の3ヵ所を結ぶ無料のシャトルバス。運行スケジュールは流動的なので要確認。

おもな見どころ Sightseeing

ブルース発祥の地といわれる

ビール通り
Beale Street

地P.448

メンフィスきっての観光スポットであるビール通りは、禁酒法時代、もぐりの賭博場で悪名をはせた所だ。現在は、ブルース界のレジェンドB.B.キングが生前所有していたB.B.キング・ブルースクラブ➔P.450など、20以上のライブハウスが軒を連ねる。日が暮れると、周辺のライブハウスからパワフルな演奏が聞こえ出し、通りが音であふれていく。通りの東、4th St.を左折した所にあるのが**W.C.ハンディ・ホーム博物館W.C. Handy Home & Museum**。ブルースの父と呼ばれるW.C. Handyが住んでいた小さな家が保存され、楽器、楽譜、写真などが展示されている。

夜のビール通りはネオンがきれい

© Memphis CVB

ビール通り
住ダウンタウンの東西を走る通りがBeale St.
URL www.bealestreet.com
●**W.C. Handy Home & Museum**
地P.448
住352 Beale St.
☎(901)527-3427
URL www.wchandymemphis.org
開〈6～8月〉火～土10:00～17:00、〈9～5月〉火～土11:00～16:00
料$6、子供$4

キング牧師最期の地

国立公民権博物館（ロレインモーテル）
National Civil Rights Museum (The Lorraine Motel)

地P.448

黒人解放運動に尽力したマーチン・ルーサー・キング牧師。彼は、メンフィスを遊説中の1968年4月4日、ロレインモーテル306号室のバルコニーで暗殺される。志半ばでこの世を去った彼の遺志を引き継ぐべくこの博物館が誕生した。なかでも事件当時のキング牧師の部屋を復元した展示は臨場感にあふれ見逃せない。

目を背けたくなる展示が並ぶ

©Memphis CVB

国立公民権博物館（ロレインモーテル）
住450 Mulberry St.
☎(901)521-9699
URL www.civilrightsmuseum.org
開水～月9:00～17:00
休火、おもな祝日
料$16、シニア・学生$14、5～17歳$13、4歳以下無料
行トロリーのメインストリート・ラインでButler Ave.下車、東へ1ブロック歩く

郊外の見どころ Excursion

ロックンロールが誕生した伝説のスタジオ

サンスタジオ
Sun Studio

地P.448

才能はあるが資金のないミュージシャンのために開設され、数多くのミュージシャンがここから羽ばたいていった。誰よりもここを有名にしたのは、エルビス・プレスリー。今もこのスタジオに憧れる有名ミュージシャンがあとを絶たない。日本人ミュージシャンもレコーディングしているほど。約1時間のツアーではエルビスのデビュー秘話を聞いたり、数々の伝説が残るスタジオを見学できる。

エルビスファンの写真も飾られている

サンスタジオ
住706 Union Ave.
Free (1-800)441-6249
URL www.sunstudio.com
開10:00～18:15
休11月第4木曜、12/25、1/1
ツアー／10:30～17:30の毎時30分発
料$14、5～11歳無料、5歳未満入場禁止
行サンスタジオ・シャトルか、MATAバス#34、56で約10分。Union Ave. & Myrtle St.で下車

サンスタジオのギフトショップ
レコードをモチーフにしたロゴ入りグッズが豊富。黒と黄色のデザインで人気がある。キャップ、Tシャツ、キーホルダー、エコバッグやマグネットなど。おみやげにもぴったりだ

メモ Blues City Cafe▶夜遅くまで営業しており、地元の人にも人気のレストラン。なかでも24oz（約680g）のカウボーイカット・リブアイ（$33.95）が絶品。よほどの自信があれば、ひとりで食べきれるかも。 住138 Beale St. ☎(901)526-3637 URL www.bluescitycafe.com 開毎日11:00～翌3:00（金・土～翌5:00） 地P.448

グレースランド
住3765 Elvis Presley Blvd.
☎(901)332-3322
Free(1-800)238-2000
URL www.graceland.com
開毎日9:00〜17:00(日〜16:00) 時期によって細かく設定されているので事前にウェブサイトで確認を
料邸宅ツアー$39.75、アルティメイトVIPツアー$169
行サンスタジオ・シャトルもしくはMATAバス#46(平日に1日5便のみ)でグレースランド前下車、約35分

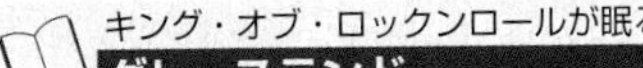

キング・オブ・ロックンロールが眠る 地P.448-外

グレースランド
Graceland

メンフィスをどの町よりも愛したエルビス。彼は今もここに眠っている。2017年3月、およそ45億円をかけた拡張工事を終え、新たに生まれ変わったグレースランド。新グレースランドの敷地はひとつの町のようになっており、さながらエルビスのテーマパークだ。邸宅はもちろん、自家用ジェット、生い立ち、数々の衣装やギター、愛車遍歴など、エルビスのすべてを知ることができる。また、南部のホスピタリティあふれるホテルやクラシックなダイナー、ギフトショップもある。

Spectator Sports スポーツ観戦

メンフィス・グリズリーズ
(1995年創設)
本拠地——フェデックスフォーラム
FedEx Forum(1万8119人収容)
地P.448
住191 Beale St.
☎(901)888-4667
URL www.nba.com/grizzlies

この選手に注目!
渡邊雄太

バスケットボール NBA

メンフィス・グリズリーズ(西・南西地区)
Memphis Grizzlies

2017-18シーズンは22勝に終わり、2010-11から続けていた勝ち越しとプレイオフ出場が途絶えた。今シーズン、田臥勇太以来2人目の日本人選手・渡邊雄太がデビュー、刺激的な存在となるか。チームカラーはメンフィス・ミッドナイトブルー、ビールストリート・ブルー、スティールグレイ、ゴールド。

ナイトスポット&レストラン&ホテル
Night Spot & Restaurant & Hotels

N ライブハウス
故・B.B.キングが経営していた
B.B.キング・ブルースクラブ
B.B. King's Blues Club

住143 Beale St. ☎(901)524-5464 MV 地P.448
URL www.bbkings.com
開毎日11:00〜24:00(金・土〜翌1:00)

ビール通りを代表するライブハウス。ブルースに限らず、R&Bやカントリーウエスタンなどのライブが行われる。食事も可能。夜のライブには一流ミュージシャンが出演し、混雑している。

R アメリカ料理
地元でも大人気
ランデブー
Rendezvous

住52 S. 2nd St. ☎(901)523-2746 URL www.hogsfly.com
開火〜木16:30〜22:30、金・土11:00〜23:00(土11:30〜)
休日・月 AMV 地P.448

バーベキューが有名なメンフィス。なかでも人気があるランデブー。さっぱりとした炭焼きポークリブ($16.25〜21.50)はいくらでも食べられる。

H 中級ホテル
ダウンタウンの真ん中で便利
スリープイン・アット・コートスクエア
Sleep Inn at Court Square

住40 N. Front St., Memphis, TN 38103 ☎(901)522-9700
FAX(901)522-9710 URL www.choicehotels.com
ⓈⒹⓉ$98〜199 ADJMV Wi-Fi無料 地P.448

シンプルだがくつろげる客室。ベーグル、ワッフルなどの無料朝食が付く。ホテル前にトロリー駅があり、ビール通りをはじめダウンタウンの見どころにも近い。観光もしやすく便利。全館禁煙。118室。

H 高級ホテル
メンフィスの有名老舗ホテル
ピーボディメンフィス
The Peabody Memphis

住149 Union Ave., Memphis, TN 38103
☎(901)529-4000 Wi-Fi無料(リゾート料に含まれる)
URL www.peabodymemphis.com
ⓈⒹⓉ$199〜599、スイート$649〜2139 AMV 地P.448

ホテルのロビーにいるマガモがシンボルで、毎日11:00と17:00にダックマーチが行われる。1869年から営業しているメンフィスを代表する老舗ホテルだ。464室。

エルビスの生家は一般公開されている

エルビスの生まれた町

トゥペロ

Tupelo

メンフィスから車で約2時間、ミシシッピ州の北東部にトゥペロは位置している。ロックンロールの帝王、エルビス・プレスリーの生家があることで有名な町だ。エルビスが通っていたロウホン小学校や、母親にギターを買ってもらった店トゥペロ・ハードウエア・カンパニーなど、エルビスゆかりの地が点在している。

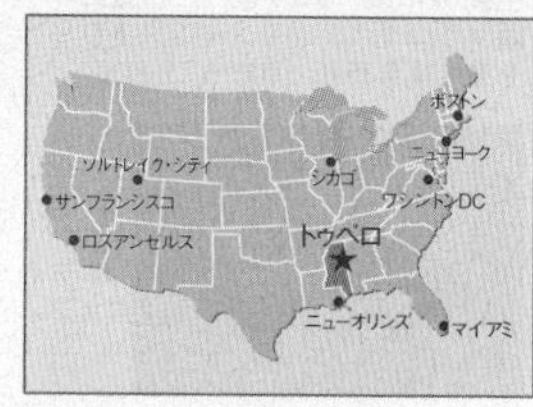

地球の歩き方B12アメリカ南部編（1800円＋税）でもミシシッピ州の見どころを紹介していますので、ご活用ください。

DATA

人口▶約3万8100人
面積▶133km²
標高▶約85m
TAX▶セールスタックス　7.25%
ホテルタックス　9.25%
属する州▶ミシシッピ州 Mississippi
州のニックネーム▶マグノリア（モクレン＝花の一種）州　Magnolia State
州都▶ジャクソン　Jackson
時間帯▶中部標準時（CST）➡P.631
繁忙期▶1～3、5、6月

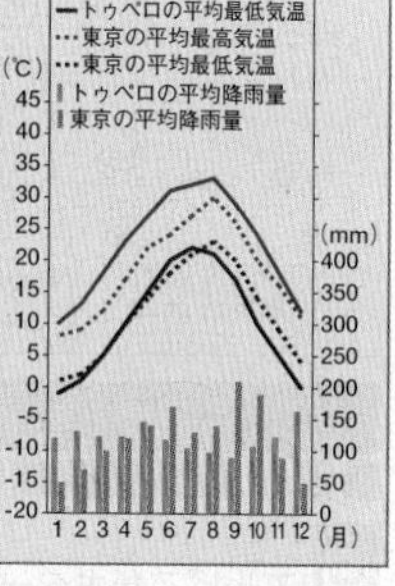

トゥペロへの行き方 Getting There

トゥペロ空港Tupelo Regional Airportは、ダウンタウンの西約6kmに位置し、ナッシュビル便のみを運航。それ以外の都市への発着便はないので利便性は低いが、ナッシュビルまでは格安料金で行くことができる。**グレイハウンド**はメンフィスから1日1～2便（所要約2時間）、アラバマ州バーミンガムから1日1～2便（所要約2時間30分）が運行されている。駅はダウンタウンの東約7kmに位置し、EAGLEというガソリンスタンド内にある。ダウンタウンへはタクシーで。約$15。

トゥペロ空港（TUP）
地 P.452-外
住 2763 W. Jackson St.
☎ (662) 841-6570
URL www.flytupelo.com
●Tupelo Cab Company（タクシー）
☎ (662) 842-1133

グレイハウンド・バスディーポ
地 P.452-外
住 2831 S. Eason Blvd.
☎ (662) 842-4557
開 毎日10:00～17:00

トゥペロの歩き方 Getting Around

トゥペロを訪れる観光客のほぼ全員が、エルビス・プレスリーの生家を目指す。ダウンタウンから生家までは約2.5kmの距離だ。公共の交通機関が運行されていないため、車のない人は歩くしかない。小さなダウンタウンに観光案内所やレストラン、ショップなどが集まっているので、徒歩でも観光は可能だ。車があれば、町の北西（MS-145沿い）に集中するチェーン系モーテルも利用できる。

トゥペロ観光局
地 P.452
住 399 E. Main St.
☎ (662) 841-6521
FAX (662) 841-6558
URL www.tupelo.net
開 月～金8:00～17:00、土9:00～13:00
休 日

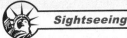

おもな見どころ

エルビス・プレスリーの生家と博物館
住306 Elvis Presley Dr.
☎(662) 841-1245
URL www.elvispresleybirthplace.com
開毎日9:00〜17:00（日13:00〜）
休おもな祝日
料生家と博物館：$18、シニア$14、7〜12歳$8
生家のみ：$8、シニア$8、7〜12歳$5
行ダウンタウンからメインストリートを東に徒歩35分。車なら7分程度

教会のステンドグラスも必見

アメリカを代表するスターが生まれた家　地P.452

エルビス・プレスリーの生家と博物館
Elvis Presley Birthplace and Museum

音楽界に革命を起こし、今でも世界中に熱狂的なファンをもつエルビス・プレスリー。彼が生まれたのはここ深南部ミシシッピ州、トゥペロだ。"ショットガンハウスShotgun House"と呼ばれる家は、弾丸が突き抜けてしまうほど小さいという意味で、内部が一般公開されている。

隣には信心深い母に連れられて通った教会もある。ここで耳にした賛美歌は後のエルビスに大きな影響を与えた。時間があれば、エルビスゆかりの品が展示されている博物館にも寄りたい。生家から400mほど南へ行った所には、彼が通ったロウホン小学校もある。

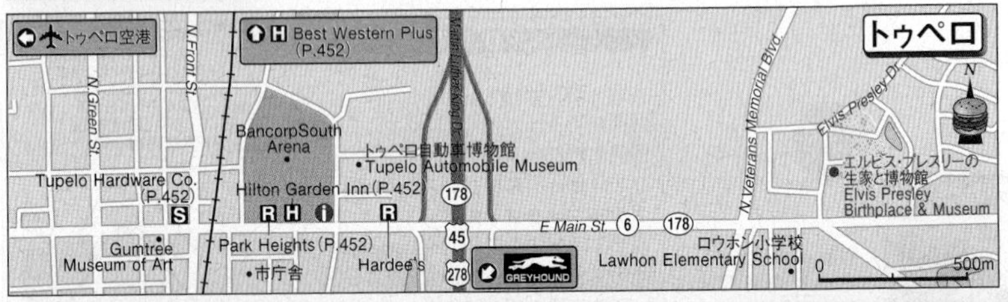

ショップ&レストラン&ホテル
Shop & Restaurant & Hotels

雑貨

S エルビスがギターを買ってもらった

トゥペロ・ハードウエア・カンパニー
Tupelo Hardware Co.

住114 W. Main St.　☎(662) 842-4637
URL tupelo-hardware.myshopify.com　ADJMV
開月〜土7:00〜17:30（土〜12:00）　休日　地P.452

エルビスが誕生日プレゼントに母親からギターを買ってもらった店。当初エルビスは銃を欲しがったという。店先には「エルビスが最初のギターを手にした店」と記されたプレートが見られる。

アメリカ料理

R 町いちばんのエレガントなレストラン

パーク・ハイツ・レストラン
Park Heights Restaurant

住335 E. Main St.　☎(662) 842-5665
URL www.parkheightsrestaurant.com　開月〜金11:00〜14:00、17:30〜21:30、土17:30〜21:30　休日　AMV　地P.452

ダウンタウン中心部にある雰囲気のいい店。春から夏の間は屋上にスペースを設け、夜景を見ながら夕食が楽しめる。メニューは南部テイストが加味されたアメリカ料理で、ボリュームたっぷり。おすすめはタイのグリル（$32）。デザートには南部らしいフライド・ピーチ・パイ（$9）がおすすめ。

エコノミーホテル

H ダウンタウンより北へ約6km

ベストウエスタン・プラス・トゥペロ・イン&スイーツ
Best Western Plus Tupelo Inn & Suites

住3158 N. Gloster St., Tupelo, MS 38804　☎(662) 847-0300
FAX (662) 847-0301　URL www.bestwestern.com　ⓈⒹⓉ$129〜172、スイート$134〜192　AMV　Wi-Fi無料　地P.452-外

ダウンタウンの西にあるGloster St.を北へ。車で5分ほど走ると右側に見えてくる。清潔でフレンドリーなホテルで、客室内はコーヒーメーカーや冷蔵庫、電子レンジからドライヤーまで設備が充実しており、トゥペロのホテルのなかでも1、2位の人気がある。駐車場や朝食は無料。72室。

中級ホテル

H 町の中心にある

ヒルトン・ガーデンイン・トゥペロ
Hilton Garden Inn Tupelo

住363 E. Main St., Tupelo, MS 38804　☎(662) 718-5500
FAX (662) 718-5550　URL www.hiltongardeninn3.hilton.com
ⓈⒹⓉ$91〜229　AMV　Wi-Fi無料　地P.452

過剰なサービスと装飾を省いた、ヒルトン系のお手頃チェーン。観光案内所もすぐの所にあり、周囲にはレストランやショップも多い。ホテルにはコインランドリーやプールがあり、ビジネス客にも好評だ。フィットネスセンターは無料。158室。

歴史・文化・その土地らしさ　公園・レクリエーション・アトラクション　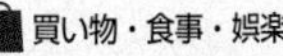買い物・食事・娯楽
編集室オススメ

学生の公民権運動の場となったセントラル高校

実は、全米いちのコメどころ

リトルロック
Little Rock

アーカンソー州都「リトルロック」の名を全米の人々が胸に刻むことになった事件がある。それは公民権運動の初期、黒人生徒の公立高校編入を阻止せんと事件が起こった1957年の「リトルロック危機」である。現在のリトルロックは、かつての緊張を感じさせない穏やかな町。クリントン元大統領の博物館や飢餓撲滅を目指すNPOの本部もある。リバーマーケットも人気だ。

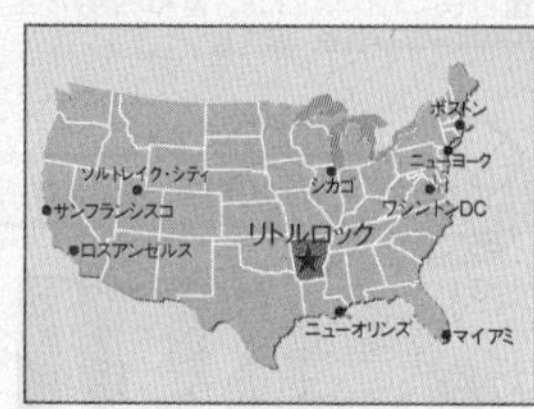

もっと詳しく

地球の歩き方B12アメリカ南部編（1800円+税）でもリトルロックを紹介していますので、ご活用ください。

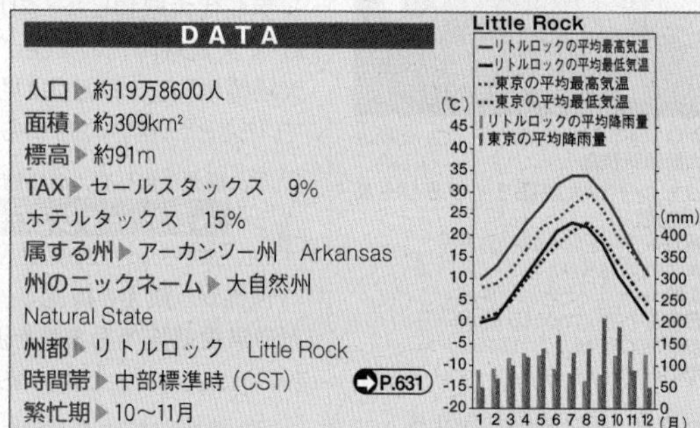

DATA

人口▶約19万8600人
面積▶約309km²
標高▶約91m
TAX▶セールスタックス　9%
ホテルタックス　15%
属する州▶アーカンソー州　Arkansas
州のニックネーム▶大自然州
Natural State
州都▶リトルロック　Little Rock
時間帯▶中部標準時（CST）➡P.631
繁忙期▶10～11月

リトルロックへの行き方

クリントン・ナショナル空港Clinton National Airportはダウンタウンの東約7kmに位置し、アメリカン航空やデルタ航空などが、ダラスやシカゴ、アトランタ、ヒューストンなどから乗り入れている。空港はWi-Fi無料。

アムトラックの駅はダウンタウンの西端にあり、シカゴとサンア

クリントン・ナショナル空港（LIT）
地P.453-外　住1 Airport Dr.
☎(501)372-3439
URL www.clintonairport.com　行ダウンタウンまでタクシーで（10分、約$20）
●Yellow Cab（タクシー）
☎(501)222-2222

アムトラック・ユニオン駅
地P.453　住1400 W. Markham St.
開毎日22:30～翌8:00
行ダウンタウンまで徒歩約20分

自立を促すヘファーインターナショナルの本部

メモ　クリスタルを採掘してみよう▶リトルロックから車で南西へ160km（約2時間）のウエグナー水晶鉱山Wegner Quartz Crystal Minesではクリスタルが採れる。詳しくはURL www.wegnercrystalmines.com

観光案内所
地P.453 住101 S. Spring St., 4th Floor
☎(501)376-4781 Free(1-800)844-4781
URL www.littlerock.com 開月～金8:30～17:00 休土・日、サンクスギビング、12/25、1/1

ントニオを結ぶテキサスイーグル号が1日1往復する。グレイハウンドは運行されていない。

Getting Around リトルロックの歩き方

メトロバス Rock Region Metro
☎(501)375-6717 URL rrmetro.org
料$1.35、1日パス$3.75。週末の最終バスの時間が早いので、要注意

ダウンタウンは歩ける範囲にある。中心部と対岸のノース・リトルロックへはストリートカー［ブルーライン開月～土8:20～22:16（木～土～翌0:14）、日11:40～19:04、料$1、1日パス$2］も運行され、日中は大統領センターやヘファーインターナショナルへも行く。

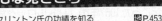

Sightseeing おもな見どころ

クリントン元大統領が働いていた頃の大統領執務室

クリントン大統領ライブラリー＆博物館
住1200 President Clinton Ave.
☎(501)374-4242
URL www.clintonlibrary.gov
開毎日9:00～17:00（日13:00～）
休サンクスギビング、12/25、1/1
料$10、シニア・学生$8、6～17歳$6

ヘファーインターナショナル
住1 World Ave. Free(1-855)948-6437
URL www.heifer.org/heifervillage
開月～土9:00～17:00
休日、おもな祝日 料無料

リトルロックセントラル高校国立歴史地区
住2120 W. Daisy L. Gatson Bates Dr.
☎(501)374-1957
URL www.nps.gov/chsc
開毎日9:00～16:30
休サンクスギビング、12/25、1/1
料無料ガイドツアーあり（要予約）

人気の大統領、クリントン氏の功績を知る 地P.453

クリントン大統領ライブラリー＆博物館
Clinton Presidential Library & Museum

第42代大統領ビル・クリントンの博物館兼公文書館。選挙戦や、大統領時代の業績が輝かしく展示されている。復元された大統領執務室と閣議室は見応えあり。退任後も平和外交に努めていることや、世界のVIPからの贈り物も展示されている。

飢えに苦しむ人の撲滅を目指す 地P.453

ヘファーインターナショナル
Heifer International（Heifer Village）

世界から飢えを根絶し、人々の自立を目指して、家畜の飼育や果樹栽培の指導員を派遣する非営利団体。"エコ"な建物のHeifer Villageでは、彼らの活動内容が紹介されている。

全米に波及した高校生の公民権運動 地P.453

リトルロックセントラル高校国立歴史地区
Little Rock Central High School National Historic Site

セントラル高校は、公民権運動の重要な舞台となった所。1957年、9人の黒人生徒がこの高校に通学しようとした際、猛烈な妨害に遭った。連邦政府は空挺部隊1200人を出動させて9人を護衛、最終的には5人が卒業した。勇気ある9人は「リトルロック・ナイン」と呼ばれ、その経緯はビジターセンターと高校内の展示で知ることができる。

ホテル
Hotels

中級ホテル

リーズナブルに泊まるなら

コンフォートイン＆スイーツ・プレジデンシャル
Comfort Inn & Suites Presidential

住707 I-30, Little Rock, AR 72202 ☎(501)687-7700
FAX(501)404-9610 URL www.choicehotels.com Wi-Fi無料
ⓈⒹⓉ$94～143、スイート$106～269 AMV 地P.453

中心部から少し離れるため、空港とダウンタウンへは無料のシャトルが運行している。大統領ライブラリーは徒歩圏内。客室はシンプルだが、清潔で使いやすい。冷蔵庫と電子レンジもある。種類の豊富な朝食が無料。150室。

高級ホテル

町の中心、町のNo.1ホテル

キャピタルホテル
Capital Hotel

住111 W. Markham St., Little Rock, AR 72201 ☎(501)374-7474
Free(1-877)637-0037 URL www.capitalhotel.com Wi-Fi無料
ⓈⒹⓉ$195～432、スイート$315～682 ADMV 地P.453

町の中心部にある優雅な雰囲気に包まれた5つ星ホテル。旧州議事堂や図書館、歴史博物館が徒歩圏内にある。必要な設備はすべて整っており、贅沢な時間を過ごしたい人にはもってこい。ホテル内にある高級アメリカ料理のOne Elevenも好評だ。94室。

メモ リトルロックの名物ステーキ店 ▶Doe's Eat Place はステーキもおいしいが Hot Tamales（$6.25～）が名物。Doe's Eat Place 住1023 W. Markham St. ☎(501)376-1195 URL www.doeseatplace.net 開ランチ月～金 11:00～14:00、ディナー月～土 17:30～21:30（金・土～22:00） 地P.453

ローザ・パークス博物館のローザ・パークス像

サザンホスピタリティあふれる

モントゴメリー

Montgomery

この町は、アメリカ近現代史に深く刻まれたいくつかのできごとの舞台であった。ひとつは、南北戦争時に南部同盟最初の首都であったこと。わずか4ヵ月後に首都はバージニア州リッチモンドへ移ることになったが、南北戦争時には重要な役割を果たした。もうひとつは、黒人市民によるバスボイコット運動が起こったこと。この騒動が公民権運動拡大の発端となったのだ。

地球の歩き方B12アメリカ南部編（1800円+税）でもモントゴメリーを紹介していますので、ご活用ください。

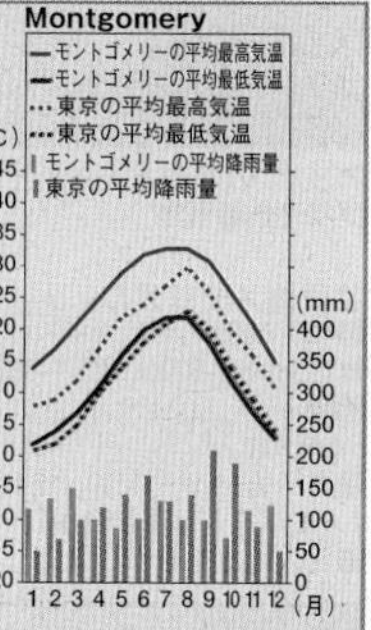

DATA

人口▶約19万9500人
面積▶413.2km²
標高▶約74m
TAX▶セールスタックス　10%
ホテルタックス　15%＋1泊$2.25
属する州▶アラバマ州　Alabama
州のニックネーム▶イエローハマー（キオアジという鳥）州　Yellowhammer State
州都▶モントゴメリー　Montgomery
時間帯▶中部標準時（CST）　➡P.631
繁忙期▶2〜4、8〜10月

Montgomery
— モントゴメリーの平均最高気温
— モントゴメリーの平均最低気温
… 東京の平均最高気温
… 東京の平均最低気温
モントゴメリーの平均降雨量
東京の平均降雨量
(℃) 45 40 35 30 25 20 15 10 5 0 -5 -10 -15 -20
(mm) 400 350 300 250 200 150 100 50 0
1 2 3 4 5 6 7 8 9 10 11 12 (月)

モントゴメリーへの行き方＆歩き方　*Getting There & Around*

モントゴメリー空港Montgomery Regional Airportは、ダウンタウンの南西約15km、グレイハウンド・バスディーポはダウンタウンの南約8kmにある。おもな見どころはダウンタウンに集まっているので、歩いて回ることができる。ただし夜間や休日は極端に人通りが少なくなるので、短い距離でもタクシーを利用したほうが無難だ。

モントゴメリー空港（MGM）
地P.456-外
住4445 Selma Hwy.
☎(334) 281-5040
URL www.flymgm.com
行ダウンタウンへはタクシーで約20分（約$30）

グレイハウンド・バスディーポ
住495 Molton St.
☎(334) 286-0658
開毎日8:00〜17:30
行ダウンタウンへはタクシーで約10分（約$15）

観光案内所　*Visitors Information*

モントゴメリーエリア観光案内所
Montgomery Area Visitor Center

ダウンタウンの西端、アラバマ川沿いにある。旧ユニオン駅を改装したもので、みやげものも各種販売している。

モントゴメリーエリア観光案内所
地P.456
住300 Water St.
☎(334) 262-0013
URL visitingmontgomery.com
開月〜土8:30〜17:00　休日

市内の交通機関　*Public Transportation*

MATSバス
MATS Bus

全14ルートあり、その多くがダウンタウンを通るが、運行本数が少ないので観光には不便。

MATSバス
☎(334) 262-7356
URL montgomerytransit.com
運行／月〜金5:30〜20:30の1時間に1本、土7:30〜17:30の2時間に1本（ルートにより異なる）
休日、サンクスギビング、12/25
料$2

旅のアドバイス　モントゴメリーのタクシー会社▶Wilson Cab ☎(334) 306-3351　URL wilsoncab.com

おもな見どころ

ローザ・パークス博物館
住252 Montgomery St.（トロイ大学内）
☎(334)241-8615
URL www.troy.edu/rosaparks
開月～土9:00～17:00（土～15:00）
休日、おもな祝日
料$7.50、12歳以下$5.50

アラバマ州議事堂
住600 Dexter Ave.
☎(334)242-3188
URL ahc.alabama.gov
開月～金8:00～16:00、土9:00～15:00
休日、おもな祝日　料無料
ツアー／土9:00、11:00、13:00、15:00

アラバマの歴史を知ることができるアラバマ州議事堂

公民権メモリアル
住400 Washington Ave.
☎(334)956-8200　free(1-888)414-7752
URL www.splcenter.org/civil-rights-memorial
開月～金9:00～16:30、土10:00～16:00（メモリアルは見学自由）
休日、おもな祝日　料$2

勇気ある女性の行動が社会を変えた　地P.456

ローザ・パークス博物館
Rosa Parks Museum

1955年、市バスに乗っていた黒人女性ローザ・パークスは、「白人客に席を譲らなかった」との理由で逮捕された。この不条理に抗議して、黒人市民が約1年間市バスに乗らず、歩いて通勤通学したのが「バスボイコット運動」。それを先導したのがキング牧師だ。博物館ではこの運動の推移と、当時の人種差別社会を知ることができる。

町を見下ろす白亜のドーム　地P.456

アラバマ州議事堂
Alabama State Capitol

ダウンタウンの中心にそびえるギリシア復古調の建物。南北戦争の初期、南部同盟の議会がここで開かれた歴史をもち、また1965年、キング牧師を先頭に約3000人が公民権を求めて歩んだ「自由の行進」の終着点としても知られている。内部はガイドツアーでも見学できる。

自由と平等を求めた人々に思いをはせる　地P.456

公民権メモリアル
Civil Rights Memorial

公民権運動の犠牲になった40人の名前が黒い花こう岩に刻まれ、魂を鎮めるように清らかな水が流れ落ちる。人種差別撤廃を進める団体の本部前にある。

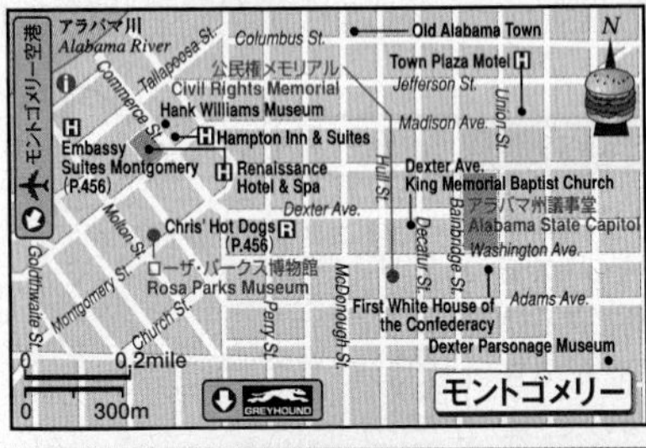

公民権メモリアルには、公民権運動の犠牲になった人の名前が刻まれている

レストラン&ホテル
Restaurant & Hotel

アメリカ料理

プレスリーも訪れた名物レストラン

クリス・ホットドッグ
Chris' Hot Dogs

住138 Dexter Ave.　☎(334)265-6850
URL chrishotdogs.com
開月～土10:00～19:00（金～20:00）　休日　MV　地P.456

モントゴメリーで最も有名なレストランで1917年から営業している。いちばんの人気メニューはホットドッグ。キャベツ、タマネギ、チリソースがたっぷりかかって$2.50だ。入口が小さくてわかりにくいが、緑&白のストライプの日よけが目印。

中級ホテル

観光案内所の目の前

エンバシースイーツ・モンゴメリー
Embassy Suites Montgomery

住300 Tallapoosa St., Montgomery, AL 36104
☎(334)269-5055　FAX(334)269-0360
URL embassysuites3.hilton.com
スイート$139～525　AMV　Wi-Fi $4.95　地P.456

全室スイートで電子レンジと冷蔵庫付き。バフェ形式の無料朝食も好評だ。コインランドリーもある。空港送迎あり。237室。

モントゴメリーのモーテル ▶ ダウンタウンにはホテルが少ないが、郊外のハイウエイI-85 Exit 6付近にモーテルが集まっているので、車がある人はここで探すといい。

ニューオリンズ New Orleans

エキゾチックな音楽の都

日中は歩行者天国になるロイヤル通り

半開きのドアから漏れてくるジャズやブルースの旋律。路地裏で歓声をあげる若者たちと、それをバルコニーから眺める観光客……。夜のバーボンストリートは、アメリカでもヨーロッパでもない独特の空気が漂う所だ。狭い道に、バーやライブハウス、アダルトショップなどが軒を連ね、いつものアメリカとはまったく違う表情を見せてくれる。

ニューオリンズはルイジアナ州の南に位置し、ミシシッピ川に面する。ジャズ発祥の地として、世界3大祭りの"マルディグラ"の開催地として、全世界の旅行者を虜にしている。意外に知られていないが、アメリカ国内では美食の町としての評価も高い。

水害に何度も遭遇してきた町は、今も笑顔でよそ者をあたたかく迎えてくれる。アメリカ文化の多様性を知るためにもぜひ訪れてほしい町、それがニューオリンズだ。

夕方から歩行者天国になるバーボン通りを行くセカンドラインのパレード

地球の歩き方B12アメリカ南部編（1800円＋税）でもニューオリンズを紹介していますので、ご活用ください。

DATA

人口▶約39万3300人
面積▶468km²
標高▶約1m
TAX▶セールスタックス　9.45%（外国人旅行者のための売上税払い戻し制度あり）　ホテルタックス　15.75%+1泊$1~3（ホテルの規模による）
属する州▶ルイジアナ州　Louisiana
州のニックネーム▶ペリカン州 Pelican State
州都▶バトンルージュ Baton Rouge
時間帯▶中部標準時（CST）
➡P.631
繁忙期▶春と秋、マルディグラ

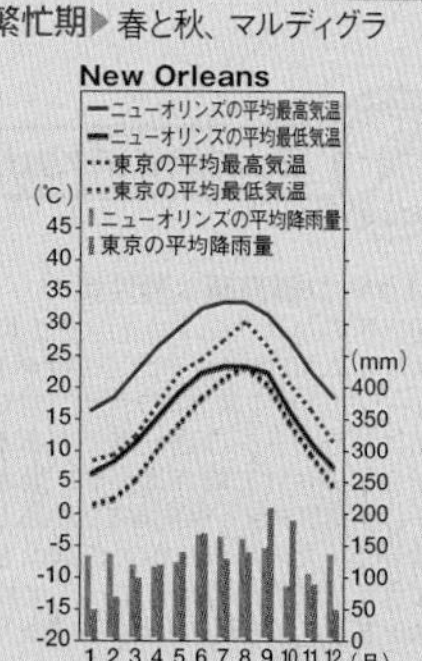

Getting There ニューオリンズへの行き方

ルイ・アームストロング・ニューオリンズ国際空港
地P.460-A1外
住900 Airline Dr., Kenner
☎(504) 303-7500
URL www.flymsy.com

飛行機 Plane

ルイ・アームストロング・ニューオリンズ国際空港
Louis Armstrong New Orleans International Airport（MSY）

ダウンタウンの西約20kmに位置し、ターミナルは4つに分かれている（Aは改装工事中）。コンコースBにサウスウエスト航空、Cにアメリカン航空、Dにデルタ航空とユナイテッド航空が乗り入れている。コンコースCの出入口の近くに、売上税払い戻しのカウンターがあるP.465。

■ 空港から／空港へのアクセス

	種類／名称／連絡先	行き先／運行／料金	乗車場所／所要時間／備考
空港シャトル	エアポートシャトル Airport Shuttle ☎(504) 522-3500 URL www.airportshuttleneworleans.com	行き先▶市内のホテル 運行▶毎日3:30～翌2:00 料金▶片道$24、往復$44	空港発▶バゲージクレーム（預託荷物のピックアップ場所）を出たGround Transportationでチケットを購入し、出口外側から乗車 空港行き▶24時間前までに電話などで予約をしてから乗車 所要時間▶フレンチクオーターまで20～50分
路線バス	ジェファソントランジット #E-2 Jefferson Transit（Jet）#E-2 ☎(504) 818-1077 URL www.jeffersontransit.org	行き先▶セントラル・ビジネス地区（CBD）のエルクプレイス（Tulane Ave.とLoyola Ave.の角） 運行▶月～金5:20～18:14の15～50分間隔 料金▶$2	空港発▶出発階の7番出口外側から乗車 空港行き▶セントラル・ビジネス地区（CBD）のエルクプレイス（Tulane Ave.とLoyola Ave.の角）から乗車 ※CBDのエルクプレイスからフレンチクオーターへはキャナルストリートカーで約5分
タクシー	ユナイテッドキャブ United Cabs ☎(504) 522-9771 URL www.unitedcabs.com	行き先▶市内や周辺どこでも 運行▶24時間随時 料金▶フレンチクオーターまで2人まで$36、3人以上は1人当たり$15	空港発▶到着階の出口外側から乗車 空港行き▶事前に電話予約、または主要ホテルから乗車 所要時間▶フレンチクオーターまで20～40分

※それぞれの乗り物の特徴についてはP.665

ユニオン・パッセンジャー・ターミナル
地P.460-A1
住1001 Loyola & Howard Aves.
●Greyhound
☎(504) 525-6075
開毎日5:15～22:00
●Amtrak
Free (1-800) 872-7245
開毎日5:00～22:00
行ターミナルを出て右手にある乗り場から、ランパート・セントクロード・ストリートカー（15～20分間隔。料$1.25）に乗って約10分でフレンチクオーターに行くことができる

長距離バスと鉄道 Bus & Train

ユニオン・パッセンジャー・ターミナル（UPT）
Union Passenger Terminal（UPT）

メルセデス-ベンツ・スーパードーム近くにある、グレイハウンドバスとアムトラックの合同ターミナル。Loyola Ave.側から入ると正面にアムトラック、左にグレイハウンドのチケットカウンターがあり、それぞれの奥が乗り場になっている。タクシー乗り場はLoyola Ave.側。

2012年にUPTとCanal St.をつなぐストリートカーが開通し、フレンチクオーターへ行くのも楽になった

Getting Around ニューオリンズの歩き方

ハリケーン襲来時は要注意
2005年のハリケーンカトリーナに代表されるようにルイジアナ、アラバマ、ジョージア、サウスカロライナ、フロリダ州はハリケーンの通り道でもある。夏から秋にかけて訪れる人は、気象情報を必ず毎日チェックすること。もし、接近していたらホテルの人の指示を仰ぐようにしよう。場合によっては観光を中止することも頭に入れておきたい

ニューオリンズNo.1の観光ポイントはフレンチクオーター。いつものアメリカとはまったく異なる、狭い路地に19世紀の町並みが残るエキゾチックな旧市街だ。

ニューオリンズの観光の仕方は、フレンチクオーターをぶらぶら歩くこと。そして、名物の市電に乗ってガーデンディストリクトへ行ってみよう。時間があったらプランテーションツアーやミシシッピ川クルーズにも参加して、南部の空気を満喫するのもいい。

旅のアドバイス 空港からフレンチクオーターまでは▶ふたり以上ならエアポートシャトルよりタクシーのほうが割安だ。速さの点からもタクシーがおすすめ。

観光案内所 *Visitors Information*

ルイジアナ観光局ウエルカムセンター
Louisiana Office of Tourism Welcome Center

フレンチクオーター内、ジャクソン広場に面した所にある観光案内所。地図やパンフ類が豊富に揃っているほか、いくつかのホテルへの予約のための無料電話（ホットライン）が設置されており、宿泊ディスカウントクーポンも入手できる。

市内の交通機関 *Public Transportation*

ニューオリンズ地域交通局
New Orleans Regional Transit Authority (RTA)

リバーフロントストリートカー
Riverfront Streetcar

ミシシッピ川沿いにフレンチマーケット側のEsplanade Ave.からコンベンションセンター（Thalia St.）まで走る市電（Canal St. – Thalia St.間は工事のため運休中）。

キャナルストリートカー　Canal Streetcar

フレンチクオーターとセントラル・ビジネス地区Central Business District（CBD）を分けるCanal St.を抜ける市電。City Park / Museum行きとCemeteries行きがあり、市立公園へ行くときには前者に乗る。

セントチャールズ・ストリートカー
St. Charles Streetcar

ニューオリンズ名物の市電。St. Charles St.をアップリバー方面へ。ガーデンディストリクトを通り抜け、オーデュボン公園、アップタウンまで走る。バーボンストリートからキャナルストリートを渡ったCarondelet St.角から出発。中心部へ戻る便は、リーサークルを抜けるとSt. Charles Ave. より1本レイクサイドのCarondelet St.を走る。

ランパート・セントクロード・ストリートカー
Rampart-St. Claude Streetcar

フレンチクオーターの北端に沿って延びるランパート通りと、ユニオン・パッセンジャー・ターミナル（UPT）をつないで走る市電。

ツアー案内 *Sightseeing Tours*

グレイライン
Gray Line of New Orleans

出発場所／フレンチクオーター、ミシシッピ川沿いのチケットオフィス"Lighthouse"（地P.461-C2）より。

ミシシッピクルーズでひと味違った観光が楽しめる

ニューオリンズの気候
亜熱帯に近い気候のニューオリンズ。真夏の高温多湿は大変なもの。暑さとうまくつき合って旅をしよう

ルイジアナ観光局ウエルカムセンター
地P.461-C2～D2
住529 St. Ann St.
☎(504) 568-5661
URL www.crt.state.la.us
開毎日8:30～17:00
休イースター、サンクスギビング、12/25、1/1

ニューオリンズ地域交通局
☎(504) 248-3900
URL www.norta.com
料$1.25、トランスファー（乗り換え）25¢
●Jazzy Pass
市電や市バスに期間内乗り放題のパス1日券（料$3）はドライバーから購入できるが、3日券（料$9）はキャナルストリートの市電駅にある自動券売機などであらかじめ購入しておくこと
●Riverfront Streetcar
運行／毎日24時間
●Canal Streetcar
運行／Museum行きは毎日6:07～23:52
●St. Charles Streetcar
運行／24時間
●Rampart-St. Claude Streetcar
運行／毎日6:10～23:20

戯曲にも登場したニューオリンズの市電

グレイライン
☎(504) 569-1401
Free (1-800) 233-2628
URL www.graylineneworleans.com

ツアー名	料金	運行	所要時間	内容など
Super City Tour	$44	毎日9:00、12:00、14:00発（夏期は15:00もあり）	約2.5時間	市内の歴史的建造物や墓地を見て回るバスツアー。一部、歩きとなる
Oak Alley Plantation	$65	毎日12:00発	約5時間	樹齢250年以上のカシの木の並木が美しいプランテーション。テレビや映画のロケ地としても知られる屋敷を訪れる

メモ　第2次世界大戦の博物館▶太平洋戦争やノルマンディー上陸作戦などの展示がある。The National WWII Museum　住945 Magazine St.　☎(504) 528-1944　URL www.nationalww2museum.org　開9:00～17:00　休11月第4木曜、12/24、12/25、マルディグラ　料$28、シニア$24、学生$18　地P.460-A3

Sightseeing おもな見どころ

フレンチクオーター地区 French Quarter

注意！
夜のフレンチクオーターは、通りを1本入っただけでガラリと雰囲気が変わる。キャナルストリート寄りのバーボンストリート＆ロイヤルストリート以外は、人通りも少ないので、特に深夜は短距離でもタクシーを利用しよう

ニューオリンズの旧市街地 地P.460-B1～B3、461-C1～C3、D1～D2

フレンチクオーター
French Quarter

ニューオリンズ観光の中心であり、町の旧市街。**ヴ・カレ Vieux Carré**ともいう。ミシシッピ川、ランパートストリート

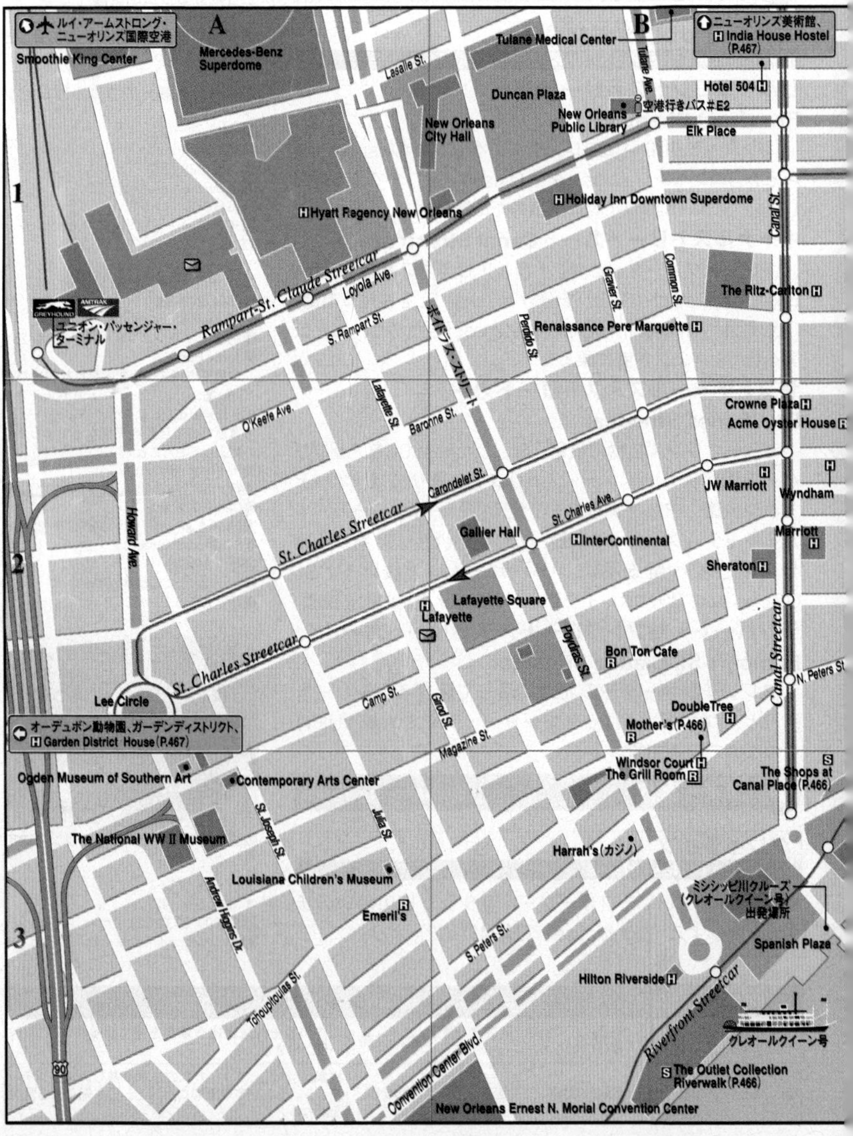

ルイ・アームストロング・ニューオリンズ国際空港
A
B
Smoothie King Center
Mercedes-Benz Superdome
Tulane Medical Center
ニューオリンズ美術館、H India House Hostel (P.467)
Lasalle St.
Tulane Ave.
Hotel 504
Duncan Plaza
空港行きバス#E2
New Orleans City Hall
New Orleans Public Library
Elk Place
1
Holiday Inn Downtown Superdome
Hyatt Regency New Orleans
Canal St.
Gravier St.
Common St.
Rampart-St. Claude Streetcar
Loyola Ave.
The Ritz-Carlton
GREYHOUND AMTRAK
ユニオン・パッセンジャー・ターミナル
S. Rampart St.
ポイドラス・ストリート
Perdido St.
Renaissance Pere Marquette
Lafayette St.
O'Keefe Ave.
Baronne St.
Crowne Plaza
Acme Oyster House
Carondelet St.
JW Marriott
Wyndham
St. Charles Streetcar
St. Charles Ave.
Gallier Hall
InterContinental
Marriott
Howard Ave.
2
Sheraton
Lafayette Square
Lafayette
Poydras St.
Canal Streetcar
Bon Ton Cafe
St. Charles Streetcar
N. Peters St.
Camp St.
Lee Circle
DoubleTree
Gravier St.
Mother's (P.466)
オーデュボン動物園、ガーデンディストリクト、H Garden District House (P.467)
Magazine St.
Windsor Court
The Grill Room
The Shops at Canal Place (P.466)
Ogden Museum of Southern Art
Contemporary Arts Center
St. Joseph St.
Julia St.
The National WW II Museum
Harrah's (カジノ)
Andrew Higgins Dr.
Louisiana Children's Museum
ミシシッピ川クルーズ（クレオールクイーン号）出発場所
Emeril's
3
S. Peters St.
Spanish Plaza
Tchoupitoulas St.
Hilton Riverside
Riverfront Streetcar
クレオールクイーン号
90
Convention Center Blvd.
The Outlet Collection Riverwalk (P.466)
New Orleans Ernest N. Morial Convention Center

歴史・文化・その土地らしさ　公園・レクリエーション・アトラクション　買い物・食事・娯楽
編集室オススメ

Rampart St.、キャナルストリートCanal St.、エスプラナードアベニューEsplanade Ave.に囲まれたエリア（地P.460-B1～B3、P.461-C1～C3、D1～D2）で、見どころはミシシッピ川寄りの約半分に集まる。フレンチクオーターという名前だが、実際の家々はスペイン人によって建てられた。フランス人が築いた建物は1788、1794年の大火によって焼失。このときに町を統治していたスペイン人によって、通りに張り出した2階のバルコニーと鉄レース細工を施したフェンス、"パティオ"と呼ばれる中庭などが広められ、現在の町並みが築かれた。

フレンチクオーターへは昼と夜の２回行ってみるとおもしろい

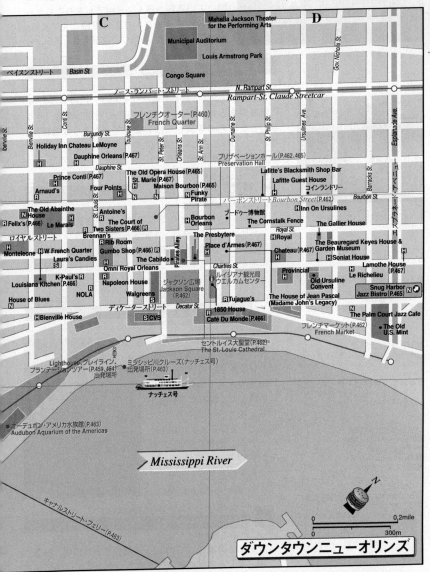

ダウンタウンニューオリンズ

C
D
Mahalia Jackson Theater for the Performing Arts
Municipal Auditorium
Louis Armstrong Park
Congo Square
ベイスンストリート Basin St.
ノース・ランパート・ストリート N. Rampart St.
Rampart-St. Claude Streetcar
Gov. Nicholls St.
Iberville St.
Bienville St.
Conti St.
Toulouse St.
St. Peter St.
Orleans St.
St. Ann St.
Dumaine St.
St. Philip St.
Ursulines Ave.
Esplanade Ave.
Barracks St.
フレンチクオーター（P.460） French Quarter
Burgundy St.
Holiday Inn Chateau LeMoyne
Dauphine Orleans（P.467）
Dauphine St.
プリザベーションホール（P.462、465） Preservation Hall
Lafitte's Blacksmith Shop Bar
Lafitte Guest House
コインランドリー
Prince Conti（P.467）
The Old Opera House（P.465）
St. Marie（P.467）
Maison Bourbon（P.465）
Arnaud's
Four Points
Funky Pirate
バーボンストリート Bourbon Street（P.462）
Bourbon St.
The Old Absinthe House
Felix's（P.466）
Le Marais
St. Louis St.
Antoine's
The Court of Two Sisters（P.466）
Bourbon Orleans
ブードゥー博物館
Inn On Ursulines
The Cornstalk Fence
The Gallier House
エスプラネード・アベニュー
ロイヤルストリート
Brennan's
Royal St.
Royal
The Beauregard Keyes House & Garden Museum
Monteleone
W French Quarter
Rib Room
Gumbo Shop（P.466）
The Presbytere
Place d'Armes（P.467）
Chateau（P.467）
Soniat House
Laura's Candies
The Cabildo
Pirates Alley
Lamothe House（P.467）
Omni Royal Orleans
Chartres St.
Provincial
Le Richelieu
K-Paul's Louisiana Kitchen（P.466）
Napoleon House
ジャクソン広場 Jackson Square（P.462）
ルイジアナ観光局ウエルカムセンター
Old Ursuline Convent
Snug Harbor Jazz Bistro（P.465）
NOLA
Walgreens
Tujague's
The House of Jean Pascal (Madame John's Legacy)
House of Blues
ディケーターストリート Decatur St.
1850 House
The Palm Court Jazz Cafe
Bienville House
CVS
Café Du Monde（P.466）
フレンチマーケット（P.462） French Market
The Old U.S. Mint
セントルイス大聖堂（P.462） The St. Louis Cathedral
Lighthouse、グレイライン、プランテーションツアー（P.459、464）出発場所
ミシシッピ川クルーズ（ナッチェス号）出発場所（P.463）
ナッチェス号
オーデュボン・アメリカ水族館（P.463） Audubon Aquarium of the Americas
Mississippi River
キャナルストリート・フェリー（P.463）
N
0 0.2mile
0 300m

メモ ロイヤルストリート▶バーボンストリートより１本川寄りの通りで、アンティークショップとギャラリーが多く並ぶ。915番地の「コーンストークフェンス The Cornstalk Fence」（地P.461-D2）の細工に注目しよう。

夜になると活気づく名物ストリート 地P.460-B2〜461-D2

バーボンストリート
Bourbon Street

夜になるといっそうにぎやかになる

フレンチクオーターの中央をミシシッピ川と平行に貫く、ニューオリンズ一番の名物通り。ライブハウス、ニューオリンズ料理やオイスターバーのレストラン、かなり目を引くアダルトショップ、町角に立つジャズマンのタマゴや大道芸人……。ライブハウスは昼から開いている店も多く、日中でもあちこちからジャズやブルースのリズムが聴こえてくる。しかし、やはりこの通りは夜がおもしろい。

ジャズファンはここを目指す 地P.461-C2

プリザベーションホール
Preservation Hall

プリザベーションホール。ニューオリンズを訪れたなら、ぜひ本場のジャズを体験したい

ニューオリンズで最も有名なジャズのライブハウス。その渋味のあるたたずまいや鉄鋼細工の看板と扉は、さながらセピア色の写真から抜け出してきたような雰囲気。建物は1817年完成という年代ものだ。詳しくはナイトスポットの項➡P.465参照。

フレンチクオーターのヘソ 地P.461-C2

ジャクソン広場
Jackson Square

1856年に、ニューオリンズの激戦で一躍英雄となったアンドリュー・ジャクソンを記念して、ジャクソン広場と呼ばれている公園。後に第7代大統領になった彼の像が公園の中心に立っている。公園では年間をとおして画家らアーティストやストリートミュージシャンたちが集まる。

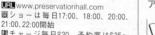

ニューオリンズのランドマーク 地P.461-C2

セントルイス大聖堂
The St. Louis Cathedral

ジャクソン広場の正面にそびえるスペイン風の大聖堂。1722年のハリケーン、1788年の大火で壊れ、1794年に再建した。現在の建物は3代目にあたり、現存する大聖堂としてはアメリカ最古といわれる。内部の壁画やステンドグラスも見事だ。静かに見学しよう。

町のシンボルである大聖堂だ

ニューオリンズ市民の生活を垣間見られる 地P.461-D2

フレンチマーケット
French Market

1791年に開業し、200年以上の歴史をもつ市場。野菜やフルーツ、その日に陸揚げされたカキなどが店頭に所狭

プリザベーションホール
住726 St. Peter St.
☎(504)522-2841
URL www.preservationhall.com
開ショーは毎日17:00、18:00、20:00、21:00、22:00開始
料チャージ毎日$20、予約席は$35〜50

ジャクソン広場
URL www.nola.gov/parks-and-parkways/parks-squares/jackson-square/
開毎日8:00〜18:00、夏時間中は〜19:00
ジャクソンとは、20ドル札に描かれている人物

セントルイス大聖堂
住615 Pere Antoine Alley
☎(504)525-9585
URL www.stlouiscathedral.org
開毎日8:30〜16:00

フレンチクオーターでの昼と夜の過ごし方
昼間はジャクソン広場周辺の由緒ある建物をのぞいたり、ロイヤルストリートのアンティークショップをひやかしたりして過ごし、あたりが暗くなってからバーボンストリートへ。これがノーマルかつベストなパターンだ

メモ **ルイジアナ州立博物館**▶セントルイス大聖堂の隣のカビルド The Cabildo［住701 Chartres St. ☎(504)568-6968 開火〜日10:00〜16:30 休月 料$6 地P.461-C2］と旧造幣局 The Old U.S. Mint［住400 Esplanade Ave. ☎(504)568-6993 開火〜日10:00〜16:30 休月 料$6 地P.461-D2］はルイジアナ州立博物館↗

しと並べられている。観光客目当てのギフトショップもあり、クレオールやケイジャン料理用のスパイスミックスも売られている。

そして、ここへ来たら決して素通りできないカフェが**カフェ・デュ・モンドCafé Du Monde**➡P.466。軽い口当たりのドーナツ、ベニエとカフェオレは、辛党の人でも1度は食べなければならない、ニューオリンズの味だ。

アメリカの大動脈をクルーズしよう　地P.461-C2

ミシシッピ川クルーズ（ナッチェス号）
Mississippi River Cruise（Natchez）

ミシシッピ川を優雅に航行する外輪船はかつての重要な交通機関。現在は観光クルーズ船としてお目見えしている。**ナッチェス号Natchez**は、ジャクソン広場の近く、ジャックスブリュワリーの前から出航している最もポピュラーなクルーズ。昼間に催行される**Harbor Jazz Cruise**と夜に催行される**Dinner Jazz Cruise**がある。運航日が流動的なので必ず事前にウェブサイトなどで確認すること。

セントラル・ビジネス地区　Central Business District(CBD)

大人も子供も楽しめる　地P.460-B3〜461-C3

オーデュボン・アメリカ水族館
Audubon Aquarium of the Americas

南北アメリカ大陸にテーマを絞った水族館で、2層構造の館内には600種、約1万5000匹の海洋生物が生息している。なかでもカリブ海の海底を再現したコーナーが圧巻。アマゾンの熱帯雨林を再現したコーナーでは、極彩色の鳥や巨大なワニ、ピラニアなどを見ることができる。ほかにもタツノオトシゴ、クラゲ、ラッコのコーナーなども人気を集めている。

$2でクルーズ気分が味わえる　地P.461-C3

キャナルストリート・フェリー
Canal Street Ferry

キャナルストリートの突き当たりにフェリー乗り場がある。ミシシッピ川を横切り、対岸のアルジェAlgiersとを結ぶフェリーだ。ちょっとしたリバークルーズの気分が味わえる。アルジェは観光ポイントもなく、治安もあまりよくないので、ひと休みしたら帰ろう。

ローカルに混じってショッピングを楽しもう

フレンチマーケット
住800〜1300 Decatur St. & N. Peters St.
☎(504)636-6400
URL www.frenchmarket.org
開〈ショップ〉毎日10:00〜18:00、〈ファーマーズマーケット〉毎日9:00〜18:00（店により異なる）

ミシシッピ川クルーズ（ナッチェス号）
☎(504)586-8777
Free (1-800)365-2628
URL www.steamboatnatchez.com
休サンクスギビング、12/25、マルディグラ
●Harbor Jazz Cruise
運航／月〜土11:30、14:30
料$34、6〜12歳$13.50。ランチ付き$46、6〜12歳$23
●Dinner Jazz Cruise
運航／毎日19:00
料$48、6〜12歳$24。ディナー付き$83、6〜12歳$38

オーデュボン・アメリカ水族館
住1 Canal St.
Free (1-800)774-7394
URL www.auduboninstitute.org
開火〜日10:00〜17:00
料$29.95、65歳以上$24.95、2〜12歳$21.95。アイマックスや昆虫館とのコンビネーションチケットあり

キャナルストリート・フェリー
運航／毎日6:15（土・日10:45）から毎時15、45分ニューオリンズ側発。帰りは毎時00、30分アルジェ側発で、最終は日〜木21:30、金・土23:30
料$2、65歳以上$1

リオのカーニバルに負けないマルディグラ Mardi Gras

マルディグラとはフランス語で「肉食の火曜日」の意味で、カーニバル（謝肉祭）の最終日のこと。世界3大カーニバルのひとつともいわれる盛大な祭りだ。期間は年によって異なる（2019年3月5日、2020年2月25日）が、マルディグラの11日前の週末から市内各所でパレードが行われる。とにかくすごい人出、すごい騒ぎ。パレードには約60のグループが参加し、高さが家の3階にも達する巨大なフロート（山車）の上から、ビーズのネックレスやコインを沿道の見物客に投げる。コインをキャッチできると幸運が訪れるといわれており、これ欲しさに皆「ミスター！」などと声を限りに叫ぶのだ。パレードはセントラル・ビジネス地区を中心に行われる。特にマルディグラ・デイ3日前からは混雑がひどく、ホテルは半年以上前から予約で満杯になる。

↘Louisiana State Museumの一部。カビルドはフランスとアメリカの間でルイジアナ買収の締結がされた所だ。詳細は URL louisianastatemuseum.org

Excursion 郊外の見どころ

南部の面影を残す大邸宅見学 地P.461-C2（出発場所）

プランテーションツアー
Plantation Tour

ニューオリンズから北西の州都バトンルージュ Baton Rougeにかけて、ミシシッピ川に沿って広がる地域を“リバーロード”と呼ぶ。ここにはかつて、サトウキビ栽培で財をなした地主たちの豪邸が並んでいた。そのうちのいくつかは現在も残り、往年の南部の栄華を今に伝えている。Houmas House、Laura、San Franciscoなど約10の家屋が、一般またはツアーで公開されているが、最も人気が高いのが**オークアレイOak Alley**。樹齢250年を超えるカシの木の並木が約400mのトンネルを造っていて壮観だ。邸宅は1837年から2年かけて建設されたもので、四方にあるベランダは奥行きが4mもあり、直射日光を避けるなど真夏の暑さと湿気対策が施されている。

オークアレイ・プランテーション。ニューオリンズからツアーが出ている

プランテーションツアー
●Gray Line Oak Alley Plantation Tour
➡P.459

オークアレイ
住3645 LA-18, Vacherie
☎(225)265-2151
Free(1-800)442-5539
URL www.oakalleyplantation.com
開9:00～17:00
休サンクスギビング、12/25、1/1、マルディグラ
料$25、13～18歳$10、6～12歳$7
行グレイラインなどのツアーに参加するか、自分で行く場合は車のみ。ニューオリンズからI-10を西へ走り、Exit 194でLA-641を南へ。橋を渡ってすぐの所でハイウエイを下り、LA-18を西へ約11km。ダウンタウンから約1時間

Spectator Sports スポーツ観戦

アメリカンフットボール NFL

ニューオリンズ・セインツ（NFC 南地区）
New Orleans Saints

2017シーズンは11勝を上げ、3年連続7勝の負け越しシーズンにようやく終止符を打った。プレイオフにも進んだが、2回戦を勝ち上がれない状況は変わらず、HCペイトン、QBブリーズのコンビがこれをどう乗り越えるか見守りたい。チームカラーはオールドゴールド、ブラック、ホワイト。

セインツの人気は全米屈指

ニューオリンズ・セインツ
（1967年創設）地P.460-A1
本拠地――メルセデス-ベンツ・スーパードーム
Mercedes-Benz Superdome（7万2968人収容）
住1500 Sugar Bowl Dr.
☎(504)731-1700（チケット）
URL www.neworleanssaints.com
行Canal & Magazine Sts.からバス#16で正面まで行く

この選手に注目！
ドゥリュー・ブリーズ

バスケットボール NBA

ニューオリンズ・ペリカンズ（西・南西地区）
New Orleans Pelicans

2017-18シーズンは48勝をあげ、シード6位を獲得、愛称変更した5年間で2度目のプレイオフに進み、久々に初戦を突破してみせた。2015年就任のHCジェントリーは毎年星を積み上げており、今後の期待も高まる。チームカラーはネイビーブルー、ゴールド、レッド。

ニューオリンズ・ペリカンズ
（1988年創設）地P.460-A1
本拠地――スムージー・キング・センター Smoothie King Center（1万8000人収容）
住1501 Dave Dixon Dr.
☎(504)587-3822（チケット）
URL www.nba.com/pelicans
行メルセデス-ベンツ・スーパードームの西隣

この選手に注目！
アンソニー・デイビス

メモ ニューオリンズの名物レストラン①▶エレガントなクレオール料理を食べることができる。オイスターロックフェラー発祥の地。アントワンズ Antoine's 住713 St. Louis St. ☎(504)581-4422 URL www.antoines.com 開月～土11:30～14:00、17:30～21:00、日11:00～14:00 地P.461-C2

ナイトスポット
Night Spots

ジャズ

伝統的ニューオリンズジャズを聴くならここ
プリザベーションホール
Preservation Hall

住726 St. Peter St.　☎(504)522-2841
URL www.preservationhall.com
開毎日17:00、18:00、20:00、21:00、22:00　地P.461-C2

伝統的ニューオリンズジャズを保存することを目的に開業したジャズホール。知名度は抜群。入場料$20（現金のみ）。演奏中の撮影、録音は禁止だ。

ジャズ

本格的なディキシーランドジャズなら
メゾンバーボン
Maison Bourbon

住641 Bourbon St.　☎(504)522-8818　AJMV
開毎日11:00〜翌1:00（金・土〜翌2:00）　地P.461-C1

観光客で、この店の演奏を聴かない人はいないはず。バーボンストリートの中心ともいうべき St. Peter St.の角で、大きく開け放たれた窓には、常に数人の"観客"がへばりついている。カバーチャージなし。

ジャズ

クレオール料理も楽しめるナイトクラブ
スナッグ・ハーバー・ジャズ・ビストロ
Snug Harbor Jazz Bistro

住626 Frenchmen St.　☎(504)949-0696　URL www.snugjazz.com
開毎日17:00〜22:45（金・土〜23:45）　AJMV　地P.461-D2外

モダンジャズとブルースで知られる一流のクラブ。地元出身の大物アーティストでマルサリス親子やシャーメイン・ネビルなどがレギュラー出演する。旧合衆国造幣局からフレンチクオーターの外へ1ブロック行った所。夜はタクシーを利用しよう。カバーチャージは$15〜40。ショーは20:00と22:00の2回。

ザイデコ

ニューオリンズらしい音楽ならここ
オールド・オペラ・ハウス
The Old Opera House

住601 Bourbon St.　☎(504)522-3265　AMV　地P.461-C1
URL www.oldoperahouse.com　開月〜金17:00〜、土・日14:00〜

ザイデコ➡下段の旅のアドバイスが楽しめる有名なライブハウス。ラブボードと呼ばれる洗濯板のような楽器にアコーディオンが特徴だ。ビッグネームも登場する。Toulouse St.の角にある。

ニューオリンズはこう楽しむ！〜音楽&買い物編〜

ケイジャンとザイデコってなに?

フレンチクオーターを歩いていると、アコーディオンを中心にした軽快な音楽が聴こえてくる。

かつて、カナダからやってきたフランス系住民は自らをアケーディアンAcadienと呼んだが、それが転じて**ケイジャンCajun**となった。彼らが持ち込んだ文化や料理にケイジャンの名がつけられたが、音楽もそのひとつ。アコーディオンとフィドル（バイオリン）、そしてブリキの洗濯板を首からつるしスプーンでこすってリズムを取るのが原形になったラブボードという楽器を使った音楽がケイジャン音楽Cajun Musicと呼ばれた。

そのケイジャン音楽に、ブルースやR&B、そしてカリブ音楽といった黒人音楽の要素が加わって発展したのが**ザイデコZydeco**（発音はズェコウに近い）だ。バンドの中心はアコーディオンとラブボード。軽快でダンサブルなものが多いが、ブルースっぽいものや、なかにはカントリーに近い歌もある。

ナイトライフを楽しまなきゃ

ニューオリンズといえば、まず思い浮かぶのがジャズだが、最近ではR&Bやブルースなどの演奏を聴かせる店も増えてきている。特にバーボンストリートはライブハウスが並び、さまざまなジャンルの音楽が路上に流れ出てくる。21:00を過ぎた頃から通りはいっそう活気づく。ブラブラと歩きながら気に入ったバーをのぞくというのがこの町の流儀だ。

売上税の払い戻し制度について

ルイジアナ州は、外国人旅行者のための売上税（日本の消費税のようなもの）払い戻し制度を実施している。対象はパスポートと90日以内に帰国するチケットを持っている外国人旅行者。この制度に加盟している店は州内に約1500あり、これらの店で買い物をしたら支払いの際にパスポートを呈示すれば、税金の領収書（バウチャー）がもらえる。これをニューオリンズ国際空港の**払い戻しセンターTax Free Refund Center**（開月〜金8:00〜17:00、土・日9:00〜15:00）へ持って行けば、払った税金分を返してくれるという仕組み。郵送もOKだが、その際航空券のコピー（eチケットでも可能）、バウチャー、レシート、パスポート番号、氏名、アメリカ入国のスタンプのコピー、郵送になった理由が必要だ。ルイジアナ州はもともと売上税が高いので、高額の買い物をする人にはうれしい制度。金額に応じた手数料がかかる。

宛先／Louisiana Tax Free Shopping Refund Center
住P.O. Box 20125, New Orleans, LA 70141
☎(504)467-0723　URL www.louisianataxfree.com

プリザベーションホールの予約▶一部の席はウェブサイトから事前購入できる（料$35〜50）。当日入場する際、購入時と同じクレジットカードとパスポートなどのID提示を求められる。

ショップ&レストラン
Shops & Restaurants

アウトレット

大都市の中心にあるアウトレットモール
アウトレット・コレクション・リバーウオーク
The Outlet Collection Riverwalk

住500 Port of New Orleans Pl. ☎(504)522-1555
URL www.riverwalkneworleans.com
開毎日10:00～21:00(日～19:00) 地P.460-B3

ミシシッピ川沿い、キャナル通りからコンベンションセンター手前まで延びる。Coach、Gap、Forever21など75店舗が入っているほか、売上税払い戻しセンター［開毎日10:00～18:00（日11:00～）］もある。

ショッピングモール

ニューオリンズでブランドショッピングなら
ショップス・アット・キャナルプレイス
The Shops at Canal Place

住333 Canal St. ☎(504)522-9200
URL www.theshopsatcanalplace.com 開毎日10:00～19:00（土～20:00、日12:00～） 地P.460-B3

高級デパートのSaks Fifth Avenueを中心に約30店舗入っており、Banana Republic、Brooks Brothers、Tiffany & Co.などのブランド店が多い。ウェスティンホテルは同じ建物。

カフェ

ニューオリンズを代表するカフェ
カフェ・デュ・モンド
Café Du Monde

住800 Decatur St. ☎(504)525-4544
URL www.cafedumonde.com 開24時間（クリスマスを除く）
現金のみ 地P.461-C2～D2

ジャクソン広場の東の角の向かい。ベニエはサクッとした軽い舌触りの四角いドーナツで、粉砂糖をかけて食べる。カフェオレとのセットがニューオリンズの味だ。

南部料理

カジュアルなレストランでジャンバラヤを
ガンボショップ
Gumbo Shop

住630 St. Peter St. ☎(504)525-1486 開毎日11:00～22:00（金・土～23:00） ADJMV 地P.461-C2

伝統的なクレオール料理をおいしく手頃な値段で食べられる。ガンボはもちろん、ジャンバラヤ、シュリンプクレオール、レッドビーンズの3種を1度に味わえるコンビネーションプレート（Combination Plate、$14.99）も人気だ。同じSt. Peter St.に、紛らわしい名前や、よく似た看板のレストランがあるので間違えないように。

南部料理

ニューオリンズを代表する料理店
コート・オブ・トゥ・シスターズ
The Court of Two Sisters

住613 Royal St. ☎(504)522-7261
URL www.courtoftwosisters.com ADMV 地P.461-C2
開ジャズブランチ毎日9:00～15:00、ディナー毎日17:30～22:00

ロイヤルストリートからバーボンストリートまでを貫いていて、双方の通りに入口がある。情報誌“where”でベストダイニングに選ばれた料理を楽しめる。ジャズブランチはワイン付きで$51。

南部料理

ケイジャン料理を広めたシェフのレストラン
ケイ・ポールズ・ルイジアナ・キッチン
K-Paul's Louisiana Kitchen

住416 Chartres St. ☎(504)596-2530
URL www.kpauls.com AMV 地P.461-C2
開ディナー月～土17:30～22:00

シェフはケイジャン料理を全米に広めたといわれる有名人で、店は常に満席。メニューは日替わりで比較的辛い料理が多い。オリジナル調味料がレストラン隣のみやげ物屋で販売されている。ディナーは$40～。要予約。服装はあまりラフ過ぎないように。

南部料理

カフェスタイルでニューオリンズの家庭料理を
マザーズレストラン
Mother's Restaurant

住401 Poydras St. ☎(504)523-9656 AMV 地P.460-B2 URL www.mothersrestaurant.net 開毎日7:00～22:00 休おもな祝日

ボリューム、味ともに満点のニューオリンズ家庭料理が味わえるカフェテリア。この店の名物は、70年以上の伝統を誇る自家製ハムを使ったポーボーイ、ガンボなど。朝食時は観光客より地元の人が行列を作る。予算は$10～15。

シーフード

生ガキとクレオール料理なら
フェリックス
Felix's

住739 Iberville St. ☎(504)522-4440 開11:00～22:00、金・土～23:00 URL www.felixs.com AMV 地P.461-C2

バーボン通りにも入口があり、いつも行列ができている人気の店。オイスターバーのカウンターがあり、目の前で手際よく殻を剥いてくれる生ガキは1ダース$16、炭で焼いてもらうと$21。そのほかにもガンボスープやジャンバラヤなどニューオリンズならではの料理が手ごろな値段で味わえる。

ニューオリンズの名物レストラン②▶堅苦しくなく若者に人気のクレオールが楽しめる、カリスマシェフ、エメリルの店。ノーラ NOLA 住534 St. Louis St. ☎(504)522-6652 URL www.emerils.com 開11:30～22:00、金・土～23:00 地P.461-C2

ホテル
Hotels

ホステル
ストリートカーの停留所に近い
インディア・ハウス・ホステル
India House Hostel

住124 S. Lopez St., New Orleans, LA 70119 Wi-Fi無料
☎(504) 821-1904 URL www.indiahousehostel.com
ドミトリー$17～20、個室Ⓓ$45～70 AMV 地P.460-B1外

アメリカのユースのなかで高評価を受けている。住宅街にあり、中庭にはプールや野外キッチンがある。キャナルストリートカーでフレンチクオーターまで約10分。148ベッド。

ホステル
閑静な住宅街にあるホステル
ガーデン・ディストリクト・ハウス
Garden District House

住1660 Annunciation St., New Orleans, LA 70130
☎(504) 644-2199 URL www.gardendistricthouse.com AMV
ドミトリー$18～、個室$49～149 Wi-Fi無料 地P.460-A2外

セント・チャールズの市電でフレンチクオーターまで約15分。パティオではバーベキューパーティも催される。朝食無料。24ベッド、13室。

中級ホテル
ヤシの木のある中庭でくつろぎたい
ダフィーンオーリンズ
Dauphine Orleans

住415 Dauphine St., New Orleans, LA 70112
☎(504) 586-1800 Free (1-800) 521-7111 Wi-Fi無料
URL www.dauphineorleans.com
ⓈⒹ$107～409 AMV 地P.461-C1

バーボンストリートの中心まで南東へ1ブロック、Dauphine St.沿いに建つ小粋なホテル。全室にコーヒーメーカー、バスローブ、室内金庫がある。朝食付き。プール、駐車場あり。111室。

中級ホテル
これ以上のロケーションは望めない！
ホテル・セントマリー
Hotel St. Marie

住827 Toulouse St., New Orleans, LA 70112
☎(504) 561-8951 Free (1-888) 626-4812
URL www.hotelstmarie.com
ⓈⒹⓉ$143～339 AMV Wi-Fi無料 地P.461-C1

バーボンストリートから北西へ半ブロック、プリザベーションホールへも1ブロック南東と便利。部屋は静かなパティオ側がいい。103室。

中級ホテル
ジャクソン広場近くの中庭が自慢のホテル
プラスダーム・ホテル
Place d'Armes Hotel

住625 St. Ann St., New Orleans, LA 70116
☎(504) 524-4531 Free (1-888) 626-5917 Wi-Fi無料
URL www.placedarmes.com ⒹⓉ$69～271 AMV 地P.461-C2

よく手入れされた美しいパティオと大きなプールが自慢。なかには窓のない部屋があるので予約、チェックイン時に、ぜひ窓のある部屋にしてもらおう。朝食付き。84室。

中級ホテル
バーボンストリートへは半ブロック南へ
プランス・コンティ・ホテル
Prince Conti Hotel

住830 Conti St., New Orleans, LA 70112
☎(504) 529-4172 Free (1-888) 626-4319
URL www.princecontihotel.com Wi-Fi無料
ⓈⒹⓉ$79～285 AMV 地P.461-C1

バーボンストリートで夜遅くまで遊び歩いても、帰りの心配がまったくいらない。半ブロック先のにぎわいがうそのような落ち着いたホテル。部屋は狭いが清潔。76室。

中級ホテル
ロマンティックなムードが魅力
シャトー
Chateau

住1001 Chartres St., New Orleans, LA 70116
☎(504) 524-9636 Free (1-800) 650-3323
URL www.chateauneworleans.com Wi-Fi無料
Ⓢ$99～249、ⒹⓉ$89～627 AMV 地P.461-D2

ジャクソン広場から2ブロック。インテリアは古く、バスルームも狭いが、ホテル全体の雰囲気がいい。スタッフもフレンドリー。冷蔵庫あり。パティオにプールあり。中心部に位置するわりには格安だ。45室。

中級ホテル
ビクトリア調のゲストハウス
ラモスハウス
Lamothe House

住621 Esplanade Ave., New Orleans, LA 70116
Free (1-800) 535-7815 FAX (504) 302-2019
URL www.lamothehouse.com Wi-Fi無料
ⓈⒹⓉ$120～329 AMV 地P.461-D2

Chartres St.とRoyal St.の間にある。150年以上前に建てられたビクトリア調のタウンハウス。35室。

ニューオリンズはこう楽しむ！〜食べ物編〜

アメリカの町はどこへ行っても似たような飲食店が並び、毎度おなじみの味に出くわすことが多いが、ニューオリンズは例外中の例外。歴史的にみれば、フランス、スペインの植民地時代の宗主国の影響に加え、黒人の強制移住はスパイスやアフリカ料理の要素をもたらした。地理的にみても、メキシコ湾、ミシシッピ川で取れる魚介類、そして野菜や果物調達の容易さがある。ニューオリンズの味は、町の変遷や民族の調和、肥沃な土壌と海産物の豊かさに象徴される独特なものだ。

ニューオリンズの代表料理、クレオールとケイジャン

●クレオール料理

バターなどを使ったルウをベースとした都会派の料理。スパイスのほかにハーブも多く使われ、ソースと一緒に魚介類が多く出てくる。代表的なものは、オイスターロックフェラー Oyster Rockefeller（カキにホウレンソウのピューレとバターをのせたオーブン焼き）、シュリンプクレオール Shrimp Creole（ピーマン、ニンニクなどが入った小エビたっぷりのソース）など。

●ケイジャン料理

香辛料の効いた田舎風の濃い味つけ。ブラウンソースがベースとなっている。代表的な料理として、クローフィッシュビスク Crawfish Bisque（ザリガニの濃厚なスープ）、クローフィッシュエトゥフェ Crawfish Étouffée（ザリガニのスパイシーシチュー）、アンドゥイユ Andouille（豚肉の腸詰め）など。

実のところこのふたつの料理は明確に分けられているわけではない。

食べ逃したら後悔する！　ニューオリンズならではの名物料理

●ジャンバラヤ　Jambalaya

カントリーの名曲『ジャンバラヤ』。このジャンバラヤとはニューオリンズを代表する名物料理の名前だ。米を肉汁で煮てチキンやシーフード、ときにはナマズなどを混ぜ、香辛料を効かせたルイジアナ風パエリヤといったところ。$10 前後でメインディッシュとして食べられる。

●ガンボスープ　Gumbo Soup

どろりとしたルウをベースにしたスパイシーでホットなスープ。エビやカキ、チキンなどの種類があるが、必ずオクラが入っているのが特徴。ボウル（$4〜8）で頼めばランチになるし、オードブルならカップ（$2〜5）で十分。

●生ガキ　Raw Oyster

ミシシッピ河口で取れるカキは新鮮でデッカクてウマイ！　そのうえ1ダース食べても $16 ほどと日本と比べて安いのがうれしい！　おすすめはオイスターバーの看板が出ている店のカウンター席。目の前で次々と殻を開けてくれるカキに、レモンやケチャップ、ホースラディッシュ（西洋わさび）をつけて食べる。カキは1年中食べられるが、やはり月の名前にRが付く頃（9〜4月）、特に冬がいちばんおいしい。

●オイスターロックフェラー Oyster Rockefeller

フレンチクオーターの中にある最高級レストラン、アントワンズ（1840 年創業）➡P.464 脚注で、最初に作られたメニュー。

カキの上にホウレンソウのソースをのせ、オーブン焼きにした料理。

●オイスタービエンビル　Oyster Bienville

カキの上にチーズとクリームソースをのせてオーブンで焼いた料理。アーノーズ Arnaud's（住 813 Bienville St.　地 P.461-C1）が元祖だが、一気にニューオリンズ中に広がった人気メニューだ。

●ポーボーイ　Po-Boy's

フランスパンにエビ、カキ、ナマズ、ソーセージなど好みの具と野菜を挟み、タバスコをかけて食べるサンドイッチ。$5〜でレストランやマーケット、デリなどで食べられる。

●ナマズ Catfishとザリガニ Crawfish

ナマズは切り身をフライにしてビールのおつまみやサンドイッチに。ザリガニはスープ、フライ、パスタソース、ジャンバラヤなど使い道もいろいろで、どこのレストランのメニューにも必ず登場する。

●ハリケーンカクテル　Hurricane Cocktail

レモンとラムを効かせたカクテル。バーボンストリートあたりのバーの入口で、プラスチックのカップで売られている物は、甘くてアルコールも少なめ。

●ベニエ　Beignet

フランス語で揚げ物の意味だが、ここでは粉砂糖をかけた四角いドーナツのこと。軽い口当たりなので男性にもファンが多い。あちこちのカフェにあるが、やはり元祖カフェ・デュ・モンド➡P.466で試してみたい。

ザリガニなどを用い、濃厚なソースで味つけしているのが、ニューオリンズらしい

映画『リンカーン』のほとんどがリッチモンドで撮影された

南北戦争を経て発展したビジネスシティ

リッチモンド

Richmond

北米大陸にイギリス初の植民地が誕生し、植民地時代には首都がおかれ、幾人もの大統領をワシントンに送ってきたバージニア州。そのほぼ中心に位置する州都リッチモンドは南北戦争時に南軍の首都となるが、敗戦濃厚な1865年4月、町は焼け野原となった。

現在は金融関係やハイテク産業が進出するビジネスシティで、近代的なビルの中に歴史的な建物が点在する。

地球の歩き方B12アメリカ南部編（1800円＋税）でもリッチモンドを紹介していますので、ご活用ください。

DATA

人口▶約22万7000人
面積▶約155km²
標高▶約52m
TAX▶セールスタックス　5.3%
ホテルタックス　13.3%
属する州▶バージニア州　Virginia
州のニックネーム▶オールドドミニオン（旧自治領）の州 The Old Dominion
州都▶リッチモンド　Richmond
時間帯▶東部標準時（EST）➡P.631
繁忙期▶3〜5、9、10月

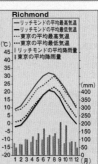

Richmond
—リッチモンドの平均最高気温
—リッチモンドの平均最低気温
···東京の平均最高気温
···東京の平均最低気温
▮リッチモンドの平均降雨量
▮東京の平均降雨量
(℃) 45 40 35 30 25 20 15 10 5 0 -5 -10 -15 -20
(mm) 400 350 300 250 200 150 100 50 0
1 2 3 4 5 6 7 8 9 10 11 12 (月)

リッチモンドへの行き方&歩き方 Getting There & Around

シカゴやアトランタからの便があるリッチモンド国際空港は、ダウンタウンの東約10kmにあり、タクシーで20分ほど。

碁盤の目状に整備されたダウンタウンは川に向かって緩やかに下っている。おもな観光ポイントは州議事堂周辺にある。

観光案内所 Visitors Information

リッチモンド観光案内所
Richmond Visitor Center

ダウンタウンのコンベンションセンターの1階（3rd St.側）にあり、観光の資料が豊富なほか、市バスの時刻表も揃う。隣接するギフトショップにはリッチモンドのロゴグッズが並んでいて、おみやげにぴったり。空港にもブースがある。

市内の交通機関 Public Transportation

GRTCバス
GRTC Transit System

リッチモンドに多くの路線をもつが、ダウンタウンのおもな見どころは歩いて回れる。各ホテルのシャトルも利用しよう。

リッチモンド国際空港（RIC）
地 P.470-外
住 1 Richard E. Byrd Terminal Dr.
☎ (804) 226-3000
URL flyrichmond.com
行 ダウンタウンへはタクシーで約20分。$28〜35

グレイハウンド・バスディーポ
地 P.470-外　住 2910 N. Boulevard
☎ (804) 254-5910　開 24時間　行 ダウンタウンへはBoulevard & Ellenの角から南へ走るGRTCバス#14で約25分

アムトラック・メイン通り駅
地 P.470　住 1500 E. Main St.（ダウンタウン）　Free (1-800) 872-7245
開 毎日9:00〜19:00（金〜21:00、土・日〜20:30）※住 7519 Staples Mill Rd.にも駅あり

リッチモンド観光案内所
地 P.470　住 401 N. 3rd St.
☎ (804) 783-7450
Free (1-888) 742-4666
URL www.visitrichmondva.com
開 毎日9:00〜17:00

GRTCバス
☎ (804) 358-4782
URL ridegrtc.com
運行／毎日5:00〜翌1:00（ルートにより異なる）
料 $1.50

メモ 同名の町に注意▶リッチモンドという地名は全米に多数ある。鉄道やバスの切符などを買うときは“Richmond, Virginia”というように州名（バージニア州）も必ず伝えよう。

Sightseeing おもな見どころ

バージニア州議事堂
住1000 Bank St., Capitol Sq.
☎(804)698-1788
URL virginiacapitol.gov
開毎日9:00～17:00(日13:00～)
休サンクスギビング、12/25、1/1
料無料

リッチモンドはバージニア州の州都。町の中心に位置する

ヒストリックトレデガー
住490 Tredegar St.
☎(804)771-2145
URL acwm.org
開毎日9:00～17:00
休サンクスギビング、12/25、1/1
料$12、学生・シニア$10、6～17歳$6

ポー博物館
住1914 E. Main St.
☎(804)648-5523
URL www.poemuseum.org
開火～日10:00～17:00(日11:00～)
休月、サンクスギビング、12/25、1/1
料$8、シニア・7～17歳$6

ポーは幼い頃リッチモンドに住んだことがある

トーマス・ジェファソンが設計した
地P.470

バージニア州議事堂
Virginia State Capitol

ダウンタウン中央に鎮座する1788年完成の白亜の殿堂。建築家でもあった第3代大統領ジェファソンがローマ神殿を模して設計した。バージニアの歴史と著名人を紹介するフィルムが上映されており、ガイドツアー［月～土10:00～16:00（日13:00～）］に参加すれば会議室なども見学できる。

町の産業史と南北戦争を解説
地P.470

ヒストリックトレデガー
Historic Tredegar

1860年代全米第3の鉄鋼の町だったリッチモンド。南軍向けに銃や大砲を鋳造した鉄工所が保存されている。併設する博物館では南北戦争の武器や馬具、軍旗を公開。

19世紀のミステリー作家の生涯をたどる
地P.470

ポー博物館
Poe Museum

代表作『黒猫』や推理小説で知られるエドガー・アラン・ポー。3歳で両親を失い、リッチモンドの裕福な家庭に引き取られた。書簡、初版本などが公開されている。

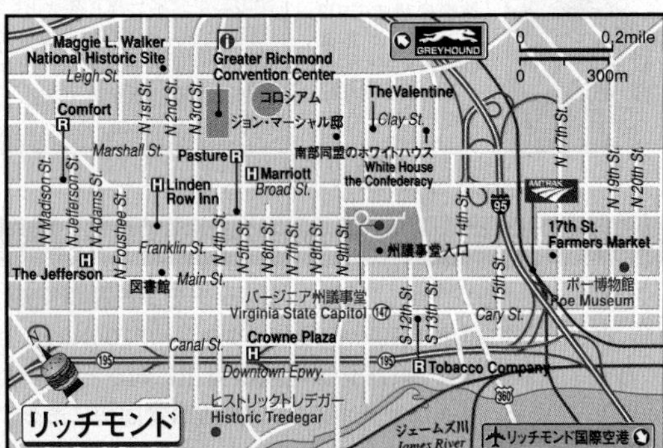

ホテル
Hotels

中級ホテル
町の中心にある歴史的ホテル

リンデン・ロウ・イン
Linden Row Inn

住100 E. Franklin St., Richmond, VA 23219 ☎(804)783-7000
FAX(804)648-7504 URL www.lindenrowinn.com Wi-Fi無料
ⓈⒹⓉ$119～249、スイート$209～273 AMV 地P.470

繁華街Broad St.に近く、州議事堂も徒歩圏内。ダウンタウン内へ無料のシャトルサービス（毎日7:00～22:30）を行っていて便利。客室はさまざまなタイプがある。70室。

高級ホテル
見るだけでも価値がある最高級ホテル

ジェファソン
The Jefferson

住101 W. Franklin St., Richmond, VA 23220
☎(804)649-4750 Free(1-888)918-1895 FAX(804)225-0334
URL www.jeffersonhotel.com Wi-Fi無料
ⓈⒹ$275～315、スイート$500～1000 AMV 地P.470

大統領が13人も宿泊した歴史的ホテル。ロビーの階段や客室の豪華さで他を圧倒している。周辺へのシャトルあり（要予約）。181室。

メモ 映画『リンカーン』のロケ地▶2013年日本でも公開され、ダニエル・デイ=ルイスがアカデミー主演男優賞を受賞した映画『リンカーン』。舞台はワシントンDCだが、撮影はリッチモンドで行われた。なかでもバージニア州議事堂は主役級のロケ地だった。URL www.virginia.org/lincolnmovietrailsites

シャーロット Charlotte

ニューヨークに次ぐ金融都市

メガバンクの本社もあるシャーロット

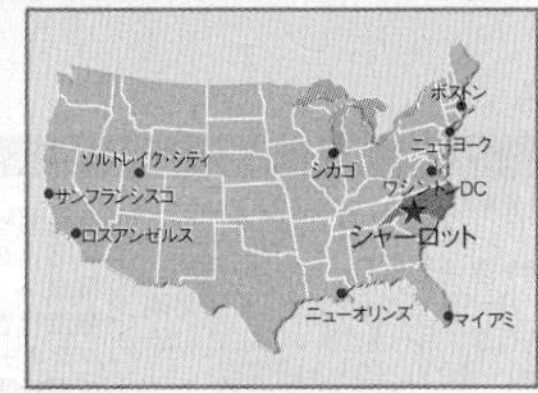

ノースカロライナ州最大の都市シャーロット。ノースカロライナ州はノース（北）という言葉からアメリカ北部にあると思われがちだが、実はアメリカ南部にあり、シャーロットは同州の南に位置する。

町のニックネームは“クイーンシティ”。これは、18世紀後半のイギリス王妃、シャーロットに由来する。名前にふさわしく町中が花や緑であふれ、いたるところで女性らしさが漂っている。

シャーロットは金融都市としても知られており、中心部のセンターシティには全米最大級の銀行“バンク・オブ・アメリカ”が本部をおき、その規模はウォール街を抱えるニューヨークに次いで、アメリカ国内2番目といわれている。そのため平日のダウンタウンは、多くのビジネスマンやビジネスウーマンが闊歩し、活気づいている。

シャーロットはストックカーレースの最高峰、ナスカー（NASCAR）の開催地でもある。市内にある殿堂博物館は連日多くの人が訪れる、市内いちの観光スポットだ。

高い建物が林立しているダウンタウン

DATA

人口▶約85万9000人
面積▶約771km²
標高▶最高239m、最低158m
TAX▶セールスタックス　7.25%
ホテルタックス　15.25%
属する州▶ノースカロライナ州 North Carolina
州のニックネーム▶タールヒール州（タールが州の産物だったことによる） Tar Heel State
州都▶ローリー　Raleigh
時間帯▶東部標準時（EST）

P.631

繁忙期▶6、7、10月

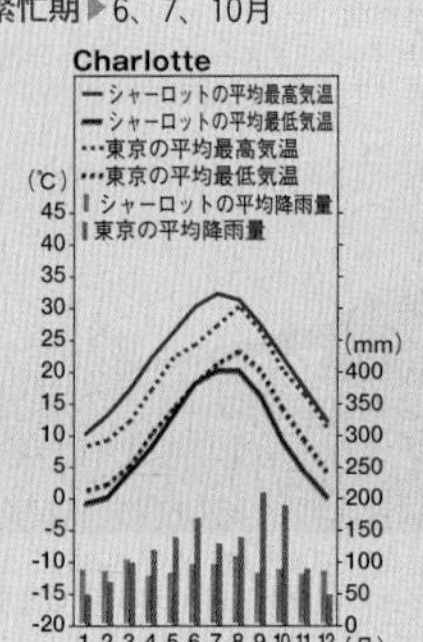

Getting There シャーロットへの行き方

シャーロット・ダグラス国際空港
地P.474-A1外
住5501 Josh Birmingham Pkwy.
☎(704)359-4013
URL www.cltairport.com
●Visitor Info Center
開毎日7:45〜23:00　☎(704)359-4027

空港内の観光案内所

飛行機 Plane

シャーロット・ダグラス国際空港 Charlotte Douglas International Airport（CLT）

センターシティの西約12kmの所にある。ターミナルはひとつでコンコースはA〜Eの5つ。ユナイテッド航空、デルタ航空やアメリカン航空が、シカゴやヒューストン、ワシントンDCなどから乗り入れている。到着階（1階）の中央には**ビジターインフォセンターVisitor Info Center**がある。ターミナル内にはファストフード類が充実したフードコートもあり。Wi-Fiは無料で利用できる。

■ 空港から／空港へのアクセス

	種類／名称／連絡先	行き先／運行／料金	乗車場所／所要時間／備考
路線バス	CATS バス #5 "スプリンター" CATS Bus #5"Sprinter" ☎(704)336-7433 URL www.ridetransit.org	**行き先▶**センターシティのシャーロット・トランスポーテーション・センター **運行▶**空港発は月〜金5:24〜翌0:59、土・日5:57〜翌0:55の20〜30分間隔。空港行きは月〜金5:05〜翌0:30、土・日6:10〜翌0:30の20〜30分間隔 **料金▶**$2.20	**空港発▶**ターミナル1階（預託荷物のピックアップ階）を出て右側に行った所にあるバス停から乗車 **空港行き▶**センターシティのシャーロット・トランスポーテーション・センターから乗車 **所要時間▶**センターシティまで約25分
タクシー	クラウンキャブ Crown Cab ☎(704)334-6666 URL www.crowncabinc.com	**行き先▶**市内や周辺どこでも **運行▶**24時間随時 **料金▶**センターシティまで約$25（2人までの料金。3人目からひとりにつき$2追加）	**空港発▶**ターミナル1階を出て目の前にあるタクシー乗り場から乗車 **空港行き▶**事前に電話予約、または主要ホテルから乗車 **所要時間▶**センターシティまで約15分（朝や夕方は渋滞が激しいので30分はみておきたい）

※それぞれの乗り物の特徴については P.665

グレイハウンド・バスターミナル
住518 W. 4th St.
☎(704)372-0456
開24時間

長距離バス Bus

グレイハウンド・バスターミナル Greyhound Bus Terminal

ダウンタウンのトゥルイストフィールドの北ブロックの所にある。アトランタ（所要約4時間15分）やウエストバージニア州チャールストン（所要約7時間）、バージニア州リッチモンド（所要約7時間）などから乗り入れる。バスターミナルからシャーロットの中心であるTrade & Tryon Sts.へはCATSバス#7、タクシーで約5分、徒歩なら約15分。早朝や深夜に利用するときは、タクシーで。

アムトラック駅
地P.474-B1外
住1914 N. Tryon St.
Free (1-800)872-7245
開24時間
行リンクス・ブルーライン25th St.駅に隣接している。中心部まで約10分

駅は中心部より離れた所にあり、周辺はあまり雰囲気がよくないので注意

鉄道 Train

アムトラック駅 Amtrak Station

センターシティからTryon St.を北東方向へ約3km行った所にある。ニューヨークとシャーロットを結ぶカロライニアン号が毎日2往復、ローリーとシャーロットを結ぶピードモント号が3往復、ニューオリンズとニューヨークを結ぶクレセント号が1往復ずつ発着する。

シャーロットの歩き方 Getting Around

シャーロットの中心部はI-77とI-277に囲まれたエリアで、**センターシティCenter City**と呼ばれている。センターシティは高層ビルが建ち並ぶビジネス街だが、観光案内所や博物館、市バスのトランジットセンターもある。センターシティのTryon & Trade Sts.の交差点がシャーロットの町の中心。この交差点を起点として東西南北に住所の数字が増えていく。まずはここから歩き始めよう。

センターシティとアップタウン
地元の人は、センターシティのことをアップタウンと呼ぶこともある

観光案内所 Visitors Information

シャーロット観光案内所
Charlotte Visitor Info Center

College St. & Martin Luther King Jr. Blvd.の角、コンベンションセンターの1階にある。市内や周辺エリアにある見どころのパンフレット、地図などを手に入れることが可能。ギフトショップも兼ねている。ほかにも3ヵ所ある。

シャーロット観光案内所
地P.474-A2
住501 S. College St.
Free (1-800) 231-4636
URL www.charlottesgotalot.com
開月～金9:00～17:00
休土・日

市内の交通機関 Public Transportation

CATS（シャーロット交通局）
CATS (Charlotte Area Transit System)

シャーロット市内と郊外を結ぶ市バスを運行している。ほとんどのバス路線の起点はセンターシティにある**シャーロット・トランスポーテーション・センター（CTC）**。20以上の乗り場があるほか、交通案内所、ファストフードの店舗がある巨大なバスターミナルだ。

リンクス
LYNX

センターシティを挟んで東西に走るライトレイルのブルーラインと、センターシティから南東に走るストリートカーのゴールドラインの2路線があり、どちらもCTCを通る。

町を大きく移動するときに便利なブルーライン

CATS（シャーロット交通局）
☎ (704) 336-7433
URL www.ridetransit.org
料$2.20、エクスプレス$3～4.40（路線により異なる）
運行／毎日5:00～翌2:00（路線により異なる）
●Charlotte Transportation Center（CTC。インフォメーションブース）
地P.474-B2
住310 E. Trade St.
開月～金5:30～22:00、土・日7:00～12:00、13:00～16:00

リンクス
運行／ブルーライン月～金5:11～翌1:27、土6:05～翌1:45、日6:15～翌12:25の10～30分間隔　料$2.20
ゴールドライン月～金6:00～23:40、土8:00～、日9:00～19:00の10～30分間隔
料無料

シャーロットのタクシー
シャーロットにはタクシー会社がいくつかある。Crown CabとCity Cabなどは比較的、目にすることが多い
●Crown Cab
☎ (704) 334-6666
●City Cab
☎ (704) 333-3327

おもな見どころ Sightseeing

コットン栽培が盛んだったシャーロットの歴史を知る 地P.474-B1

レビン・ニューサウス博物館
Levine Museum of the New South

南北戦争のあと、シャーロット周辺のエリアのことをニューサウスと呼ぶようになった。ここは、ニューサウスの歴史や人々の生活を学べる博物館である。

1階は常設展示の「Cotton Fields to Skyscrapers」。1860年代頃の綿花畑での農作業の様子や南部における初期の黒人専用の病院から、シャーロットがアメリカ第2の

レビン・ニューサウス博物館
住200 E. 7th St.
☎ (704) 333-1887
URL www.museumofthenewsouth.org
開毎日10:00～17:00（土～16:00、日12:00～）
休おもな祝日
料$10、シニア（62歳以上）・学生$8、6～18歳$6（日曜はすべて半額）

メモ ローカルに特化したショップが集結 ▶ リンクス7th St駅に隣接するビルの1階はマーケット風のフードコート。新鮮でおいしいものを求める人々でにぎわっている。ビルの駐車場は90分まで無料（駐車券の認証はMarket at Gateau Baking Co.で）。7th Street Public Market 住224 E. 7th St. URL www.7thstreetpublicmarket.com 地P.474-B1

ミント美術館アップタウン
住500 S. Tryon St.
☎(704) 337-2000
URL www.mintmuseum.org
開水～土11:00～18:00（水・金～21:00）、日13:00～17:00
休月・火、おもな祝日
料$15、シニア・学生$9、5～17歳$10。5～17歳$6。入場券は2日間有効。水曜17:00以降は入場無料
●Mint Museum Randolph
地P.474-B2外
住2730 Randolph Rd.
☎開料アップタウン館と同じ

新旧さまざまなコレクションを収蔵する美術館。写真はアップタウン館

ディスカバリープレイス
住301 N. Tryon St.
☎(704) 372-6261
URL www.discoveryplace.org
開月～金9:00～16:00、土9:00～17:00、日12:00～17:00
休おもな祝日
料$17、シニア$15、2～13歳$13。アイマックスシアター、特別展は別途有料

金融都市になるまでの歴史などが、写真パネルを使いわかりやすく解説されている（有料ガイドツアーあり）。2階は期間限定の特別展示が催され、ナスカーの歴史や、かつてのアフリカ系学校の紹介、ノースカロライナをテーマにした写真展など毎回興味深い展示内容だ。

工芸品と美術品が一度に鑑賞できる　地P.474-A2

ミント美術館アップタウン
Mint Museum Uptown

1936年ノースカロライナ州初の美術館として誕生。アメリカ美術を中心に、装飾美術、工芸品、現代美術などを収蔵し、センターシティの**アップタウン館Uptown**と郊外の**ランドルフ館Randolph**の2館から構成されている（無料シャトルあり ➡脚注）。アメリカ初期の肖像画家コープリーやギルバート・スチュアートの作品群、祭礼用具など南北アメリカ大陸の約4300年にわたる先住民美術などの幅広いコレクションが自慢。

子供におすすめの科学博物館　地P.474-B1

ディスカバリープレイス
Discovery Place

実践的な学習の場として人気の博物館。建物の素材や構造について学べるコーナーや、ナノサイエンスと私たちの生活における密接な関係を素材やパネルをとおして知ることができるコーナーなど、大人も楽しめる内容となっている。またIMAX Theatreでは、最新機器で制作された立体映像作品を楽しむことができる。

センターシティ シャーロット

Johnson & Wales University
Cedar Street Tavern
DoubleTree
Duckworth's Grill & Taphouse (P.476)
Harris Teeter（スーパーマーケット）
ディスカバリープレイス(P.474) Discovery Place
Dunhill
Marriott
図書館
The King's Kitchen (P.476)
Holiday Inn (P.476)
Residence Inn
Bank of America
バンク・オブ・アメリカ・スタジアム Bank of America Stadium
McCormick & Schmick's
Mert's Heart & Soul (P.476)
Omni
Courtyard
Bechtler Museum of Modern Art
ミント博物館アップタウン(P.474) Mint Museum Uptown
Hilton
シャーロット・コンベンションセンター Charlotte Convention Center
シャーロット観光案内所
Embassy Suites
Westin Charlotte (P.476)
Stonewall駅
3rd St./Convention Center駅
CTC駅
CTC/Arena駅
7th St.駅
9th St.駅
Davidson St.駅
McDowell St.駅
Carson駅
McColl Center for Art + Innovation
レビン・ニューサウス博物館(P.473) Levine Museum of the New South
7th Street Public Market
Local Loaf (P.476)
Aloft
Epicenter
First Ward Park
スペクトラムセンター Spectrum Center
シャーロット・トランスポーテーション・センター(CTC)
Bojangles
Hilton Garden Inn (P.476)
Hampton Inn
ナスカーの殿堂博物館(P.475) NASCAR Hall of Fame
Marshall Park
シャーロット・ダグラス国際空港
シャーロット歴史博物館とヘゼカイア・アレキサンダーの家
ミント美術館ランドルフ
The Morehead Inn (P.476)
リンクス・ブルーライン
シティリンクス・ゴールドライン
0 0.5mile
0 1km

メモ アップタウン館とランドルフ館を結ぶシャトルが運行▶ミュージアムメンバー、入場券購入者、ミュージアムショップで$10以上の買い物をした人が対象で、乗車時に会員証やレシートを提示する。運行／水・金・土11:00～16:00（水～20:00）、ランドルフ館を毎正時、アップタウン館を毎時30分に出発する。

ナスカーの拠点 地P.474-A2

ナスカーの殿堂博物館

NASCAR Hall of Fame

アメリカで人気のカーレース、ナスカー。シャーロットは郊外にサーキットがあり、多くのチームが拠点をおくナスカーの中心地だ。2010年センターシティにオープンしたナスカーの殿堂博物館には、歴史的な記録を出した車体が展示されているほか、エンジンの仕組みや車体について学べる展示、タイヤ交換を体験できるコーナーなどがある。いちばん人気はレースのシミュレーター（料入場料とのコンボチケット$34～）で、Qualifyingコーナーでレースへの参加資格を獲得しなければならないという本格的なものだ。入場の際に作成するハードカードは館内にある50以上のインタラクティブな展示を閲覧する際に使用したり、シミュレーターの結果を記録したりできる。時間があるなら館内にあるカフェでの食事券やレースのシミュレーターなどが一緒になっているタイプのコンボチケットがお得。

本格的なレース体験ができるシミュレーターに挑戦してみよう

ナスカーの殿堂博物館
住400 E. Martin Luther King Jr. Blvd.
☎(704)654-4400
URL www.nascarhall.com
開水～月10:00～18:00
休火、おもな祝日
料$25、シニア$22、8～12歳$18、3～7歳$12(コンボチケットは$34～49)
行リンクス・ブルーラインの3rd/Convention Center駅下車、徒歩5分

ナスカーの殿堂博物館は中心部から近い

ナスカーの構造をわかりやすく解説している

スポーツ観戦 Spectator Sports

アメリカンフットボール NFL

カロライナ・パンサーズ（NFC南地区）
Carolina Panthers

ここ5シーズンで4度のプレイオフ進出、2015シーズンにはチーム2度目のスーパーボウル出場も果たしている。しかし2桁勝利の翌年は負け越しと「ジェットコースター」状態を繰り返し、2017シーズンに11勝をあげている状況からファンとしては不安ばかりが膨らんでいく。チームカラーはパンサーブルー、ブラック、シルバー。

カロライナ・パンサーズ
(1993年創設) 地P.474-A1
本拠地──バンク・オブ・アメリカ・スタジアム Bank of America Stadium（7万5525人収容）
住800 S. Mint St.
☎(704)358-7800(チケット)
URL www.panthers.com
行シャーロット・トランスポーテーション・センターからCATSバス#2がスタジアム前まで運行

この選手に注目!
キャム・ニュートン

バスケットボール NBA

シャーロット・ホーネッツ（東・南東地区）
Charlotte Hornets

2014年、ボブキャッツが旧愛称を復活させ、再出発となった。4シーズンが経過したが2015-16シーズンこそ48勝をあげ、プレイオフに進んだものの、それ以外は30勝台と苦しい戦績が続いている。チームカラーはティール、ダークパープル、グレイ、ホワイト。

シャーロット・ホーネッツ
(2004年創設) 地P.474-B1～B2
本拠地──スペクトラムセンター Spectrum Center(1万9077人収容)
住333 E. Trade St.
☎(704)467-6387
Free(1-800)495-2295(チケット)
URL www.nba.com/hornets
行シャーロット・トランスポーテーション・センターの向かい

この選手に注目!
ケンバ・ウォーカー

メモ 家具好きは必見 ▶ 車でシャーロットより北西へ約1時間行くとヒッコリーという町があり、国内で最も古い家具メーカーのヒッコリーホワイトの本社がある。さらに町には家具屋が点在し、国内有数の家具のアウトレットモールもある。Hickory Furniture Mart 住2220 US-70 SE, Hickory Free(1-800)462-6278 URL www.hickoryfurniture.com

レストラン&ホテル

Restaurants & Hotels

南部料理

R シャーロットで地産地消の南部料理を

キングスキッチン

The King's Kitchen

住129 W. Trade St. ☎(704)375-1990 URL kingskitchen.org
開ランチ月～金11:00～14:30、ディナー月～土17:00～21:00（金・土～22:00） 休日 AMV 地P.474-A1

地元の素材を積極的に使用して料理を提供する非営利のレストラン。コーンブレッド、フライドチキンなど一般的な南部料理が人気だ。デザートのバナナプディングも美味。予算$15～。

南部料理

R 南部料理を体験

マーツ・ハート&ソウル

Mert's Heart & Soul

住214 N. College St. ☎(704)342-4222
開日～金11:00～21:30（金～23:30、日9:00～）、土9:00～23:30
URL mertscharlotte.com AMV 地P.474-B1

気軽に入れるアメリカ南部料理の店。フライドチキンやバーベキュー、コーンブレッドなどを食べることができる。また、ハンバーガーやサンドイッチもおすすめ。予算はランチが$10～、ディナーでも$15～。

カフェ

R グルメサンドイッチを召しあがれ

ローカルローフ

Local Loaf

住224 E. 7th St. 7th Street Public Market内 AMV
☎(704)503-9484 URL localloafcharlotte.com 地P.474-B1
開月～土7:00～16:00（金・土8:30～）、日8:30～17:00

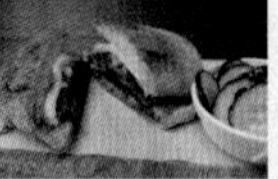

手作りパンに、地元産の野菜とグリルしたお肉をたっぷり挟みこんだサンドイッチ類$9～が好評。フレンチトーストやパンケーキなどの朝食メニューは$8～、バーガー類は$9.50～。

アメリカ料理

R チーズステーキが有名

ダックワース・グリル&タップハウス

Duckworth's Grill & Taphouse

住330 N. Tryon St. ☎(980)939-1166（Uptown店）
URL duckworths.com
開毎日11:00～翌2:00 AMV 地P.474-B1

ノースカロライナスタイルのポークBBQ（コールスロー、トースト付き）$11.99～、フィリー・チーズステーキ（ホットドッグスタイル）$10.99～など、アメリカの国民食がずらり。世界のクラフトビールも取り揃えている。

中級ホテル

H ホーネッツファンなら

ホリデイイン・シャーロット・センターシティ

Holiday Inn Charlotte-Center City

住230 N. College St., Charlotte, NC 28202
☎(704)335-5400
URL www.ihg.com ⓈⒹⓉ$171～246、スイート$222～260
ADJMV Wi-Fi無料 地P.474-B1

センターシティのほぼ真ん中に建つ、15階建てのホテル。どこへ行くにも便利な場所で、レストランも多数ある。フィットネスセンターあり。296室。

中級ホテル

H ナスカーの殿堂博物館の隣

ヒルトン・ガーデンイン・シャーロット・アップタウン

Hilton Garden Inn Charlotte Uptown

住508 E. Martin Luther King Jr. Blvd., Charlotte, NC 28202
☎(704)347-5972 FAX(704)377-1519
URL hiltongardeninn3.hilton.com Wi-Fi無料
ⓈⒹⓉ$174～267、スイート$205～304 ADJMV 地P.474-A2

ダウンタウン中心部まで徒歩圏内。ビジネスセンター、コインランドリー完備でレストランも併設しており、観光にもビジネスにも最適。181室。

高級ホテル

H センターシティでひときわ目立つ

ウェスティン・シャーロット

Westin Charlotte

住601 S. College St., Charlotte, NC 28202 ☎(704)375-2600
URL www.westincharlottehotel.com Wi-Fi$12.95
ⓈⒹⓉ$219～383、スイート$319～573 AMV 地P.474-A2

横幅のある25階建ての建物。コンベンションセンターからは通りを挟んだ向かいにあるため、ビジネス客の利用が多い。客室には広めの机とインターネット接続の設備が整っている。寝具も快適。700室。

B&B

H 1917年に建てられた邸宅に泊まる

モアヘッドイン

The Morehead Inn

住1122 E. Morehead St., Charlotte, NC 28204 ☎(704)376-3357
Free(1-888)667-3432 FAX(704)335-1110 ADJMV Wi-Fi無料
URL www.moreheadinn.com ⓈⒹⓉ$149～182 地P.474-A2外

センターシティまで徒歩約20分の所。客室のベッドは大きめで、旅の疲れを癒やせる。朝食込みで南部の朝食として有名なトウモロコシでできたお粥、グリッツがサーブされることもある。12室。

メモ シャーロット発、南部料理のファストフードのチェーン店▶フライドチキンをビスケットで挟んだものが定番メニュー。コンボの付け合わせもダーティーライスやマカロニ&チーズなど南部テイストたっぷり。ボージャングルズ Bojangles' 住310 E. Trade St. URL www.bojangles.com 開毎日5:30～22:00（日6:00～） 地P.474-B2

歴史地区の散策には馬車ツアーをおすすめ

南部情緒満点のかぐわしき都

チャールストン
Charleston

建国以前から貿易港として栄え、ヨーロッパ人入植時の教会や、財をなした人の豪邸の数々があり、アメリカ人の間では不変の人気を誇る観光地。町の歴史は、1670年、イギリスからの入植者160名のサウスカロライナ上陸に始まる。南北戦争では敗北したものの、海運業で発展し"南部で最も輝かしい町"と賛辞を受けることとなった。いにしえのロマンティックな町並みは、今も守り続けられている。

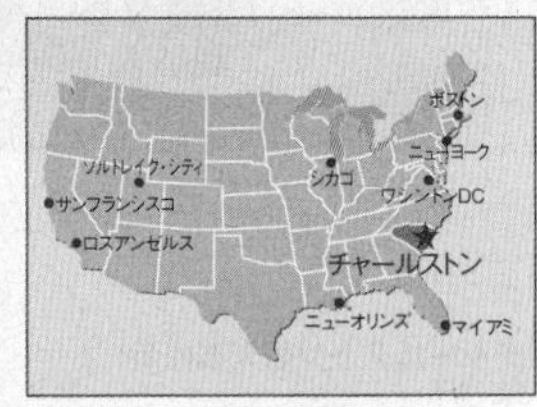

地球の歩き方B12アメリカ南部編（1800円+税）でもチャールストンを紹介していますので、ご活用ください。

DATA

人口▶約13万4900人
面積▶251.2km² 標高▶約5m
TAX▶セールスタックス 9%
ホテルタックス 14%+1泊$2
属する州▶サウスカロライナ州 South Carolina
州のニックネーム▶パルメット（パルメットヤシという樹木）州 Palmetto State
州都▶コロンビア Columbia
時間帯▶東部標準時（EST） P.631
繁忙期▶2～6月

Charleston
—チャールストンの平均最高気温
—チャールストンの平均最低気温
…東京の平均最高気温
…東京の平均最低気温
▮チャールストンの平均降雨量
▮東京の平均降雨量
(℃) 45 40 35 30 25 20 15 10 5 0 -5 -10 -15 -20
(mm) 400 350 300 250 200 150 100 50 0
1 2 3 4 5 6 7 8 9 10 11 12（月）

チャールストンへの行き方 Getting There

飛行機 Plane

チャールストン国際空港
Charleston International Airport (CHS)

ダウンタウンの北約20kmにあり、アトランタ、ワシントンDC、シカゴなどから数多くのフライトがある。

長距離バス Bus

グレイハウンド・バスディーポ
Greyhound Bus Depot

アムトラック駅（下記）に移転した。ジョージア州サバンナから毎日1便、アトランタから2便が走っている。

鉄道 Train

アムトラック駅
Amtrak Station

ニューヨークとマイアミの間を往復する列車が毎日2便停車する。駅は空港とグレイハウンド・バスディーポの中間にある。

チャールストン国際空港
地P.478-外
住5500 International Blvd.
☎(843)767-7000
URL www.iflychs.com
行ダウンタウンへは急行のCARTAバス#4で約30分（$3.50）
●Charleston Green Taxi
☎(843)819-0846
料$30～35

グレイハウンド・バスディーポ
地P.478-外
住4565 Gaynor Ave.
☎(843)744-4247
開毎日10:00～19:00

アムトラック駅
地P.478-外
住4565 Gaynor Ave.
Free (1-800)872-7245
開毎日4:00～11:45、16:00～23:45
行ダウンタウンへはCARTAバス#10で約35分。もしくはタクシーで約20分、$20～30

Getting Around チャールストンの歩き方

夏は水遊びをする子供でにぎわうウオーターフロントパーク

チャールストンのダウンタウンはふたつの川の河口に面し、丸1日かけて歩くのにちょうどいい大きさだ。18～19世紀の教会と邸宅が集まるエリアは歴史地区となっていて、高層ビルはひとつもない。繊細な装飾を施したフェンスに手入れの行き届いた庭、見事な花をつけた街路樹など、南部らしい風情をゆっくりと楽しもう。町の南端にあるBattery St.周辺は特に美しいので、見逃さないようにしたい。

また、沖に浮かぶサムター砦は南北戦争開戦の場所だ。ダウンタウンからはクルーズツアーで訪れたい。郊外のプランテーションを訪れるなら車か日帰りツアーを利用しよう。

観光案内所 Visitors Information

チャールストン観光案内所
Charleston Visitor Center

観光都市にふさわしい充実した観光案内所。場所はダウンタウンの北寄りで、鉄道の車庫だったというれんが色の細長い建物の中に入っている。

チャールストン観光案内所
地P.478
住375 Meeting St.
Free (1-800) 774-0006
URL www.charlestoncvb.com
開毎日8:30～17:00（4～10月～17:30）
休サンクスギビング、12/25、1/1

市内の交通機関 Public Transportation

CARTAバス／ダッシュトロリー
CARTA Bus／DASH Trolley

チャールストン市内と郊外に約20の路線をもつ市バス。ほとんどの路線が観光案内所から発着する。ダウンタウンを走るトロリーは無料で乗れるので、歩き疲れたら利用したい。#211のダッシュトロリーはショップやホテルの多いKing St.を南下して歴史地区まで行く（北へ戻るときにはMeeting St.を走る）。#210のダッシュトロリーはサウスカロライナ水族館＆サムター要塞へ行くときに便利だ。

CARTAバス／ダッシュトロリー
☎ (843) 724-7420
URL www.ridecarta.com
運行／#210：月～金6:28～21:53、土・日9:00～20:00の10～20分間隔、#211：月～金7:26～20:45、土・日8:26～20:47の15～40分間隔、#213：月～金6:20～20:35、土8:20～20:20、日9:20～18:20の45分間隔
料$2、急行$3.50、乗り換え50¢。1日券は$7、ダッシュトロリーは無料

無料のダッシュトロリーを活用してダウンタウンをひと回りするといい

サウスカロライナ水族館の巨大水槽は何とも幻想的

メモ **馬車に乗ろう** ▶チャールストンは馬車がよく似合う町だ。Guignard St. & Rafers Alley から出ている1時間の歴史地区ツアーは1人 $26 と手軽なので、ぜひ1度乗ってみたい。プライベートツアー（料2人 $150～）はハネムーナーに人気。Palmetto Carriage URL www.palmettocarriage.com 地P.478（馬車ツアー発着所）

おもな見どころ Sightseeing

チャールストンを代表する屋敷 地P.478

エドモンズトン・オルストン邸
Edmondston-Alston House

クーパー川に面して建つクラシックな邸宅で、1825年に地元の貿易商が建てたもの。大きなバルコニーからは沖に浮かぶサムター砦まで一望できる。あたりは歴史地区のなかでも特に絵になる一角で、川沿いに並ぶヤシの木とともに、チャールストンで人気の写真スポットになっている。

チャールストンでも有数の豪邸

エドモンズトン・オルストン邸
住21 E. Battery St.
☎(843)722-7171
開毎日10:00〜16:30(日・月13:00〜)
料$12

アメリカ史の汚点を正面から扱った 地P.478

旧奴隷市場博物館
Old Slave Mart Museum

歴史地区の一角、教会とギャラリーが多い静かな場所に、多くのアメリカ人にとって思い出したくない歴史を伝える建物がある。17〜19世紀、アフリカから連れてこられた黒人奴隷は、アメリカに上陸すると家畜のごとくせりにかけられ、プランテーションへ売られていった。その市場の建物が負の遺産として保存され、現在は悲惨な歴史と黒人文化を伝える博物館になっている。

旧奴隷市場博物館
住6 Chalmers St.
☎(843)958-6467
URL www.charleston-sc.gov
開月〜土9:00〜17:00
休日、おもな祝日
料$8、シニア・5〜17歳$6

黒人文化について学ぼう

真っ白いワニもお見逃しなく 地P.478

サウスカロライナ水族館
South Carolina Aquarium

サウスカロライナ沖の海や南部の沼地の様子を再現した水族館。2階まで吹き抜けの高さ13m以上ある巨大な水槽が圧巻で、サメなどが優雅に泳いでいる。

サウスカロライナ水族館
住100 Aquarium Wharf
☎(843)577-3474
URL www.scaquarium.org
開毎日9:00〜16:00(時期により異なるので事前に確認を)
休サンクスギビング、12/25
料$29.95、3〜12歳$22.95

郊外の見どころ Excursion

南北戦争の火ぶたが切られた 地P.478-外

サムター要塞
Fort Sumter

アメリカ人観光客が必ず訪れる重要な場所。1861年4月12日、チャールストン沖の小島にあった砦を南軍が攻撃。これをきっかけに、アメリカは4年に及ぶ南北戦争へ突入した。ダウンタウンから出ている約2時間のクルーズツアーで訪れる。大人気なので朝のうちに参加しよう。

南北戦争にいたった経緯を学べる

サムター要塞(クルーズ)
住340 Concord St.(クルーズ乗り場。地P.478)
☎(843)722-2628
URL www.fortsumtertours.com
開3〜11月:毎日9:30、12:00、14:30発。ほかの時期はウェブサイトで確認を
※出発時間、時期により復路がない場合もあるので、事前にウェブサイトで確認すること
休サンクスギビング、12/25、1/1
料$22、4〜11歳$14

歴史・文化・その土地らしさ　公園・レクリエーション・アトラクション　買い物・食事・娯楽
★編集室オススメ

古きよき南部の面影を残す　地P.478-外

ブーンホール・プランテーション

Boone Hall Plantation

ブーンホール・プランテーション
住1235 Long Point Rd., Mt. Pleasant
☎(843) 884-4371
URL www.boonehallplantation.com
開毎日9:00～17:00（日12:00～）。夏期は延長あり
休サンクスギビング、12/25
料$24、6～12歳$12
行ダウンタウンから車でUS-17を東へ走って約15分

邸宅まで続く樫の並木と奴隷小屋

南北戦争前、南部各地に数多くあった綿花の大農園のひとつ。豪邸と奴隷小屋も必見だが、何といっても全長1.5kmにわたってズラリと並んだ樫の巨木が壮観だ。

ショップ＆レストラン＆ホテル

Shop & Restaurants & Hotels

S　工芸品＆食料品

観光ポイントとしても人気

シティマーケット

City Market

住188 Meeting St.　☎(843) 937-0920
URL thecharlestoncitymarket.com
開毎日9:30～18:00（金・土18:30～22:30もあり）　地P.478

1804年から営業している屋内市場。生鮮食品＆手工芸の店が多く、いつも混雑している。スイートグラスという植物を編んだ手作りバスケットは観光客に人気だ。

R　シーフード

ひとりで手軽にシーフード

167ロウ

167 Raw

住289 E. Bay St.　☎(843) 579-4997
URL 167raw.com　開月～土11:00～22:00
休日　MV　地P.478

カウンターもあり、カジュアルな雰囲気のシーフードレストラン。ローカルに人気があり、たびたびメディアでも紹介されている。新鮮なシーフードだが料金は手頃で、ツナバーガー（$20）や時価のロブスターロール、ハワイ料理のポキ（$14）などがある。アルコール類も豊富だ。

R　南部料理

上品な南部料理なら

マグノリアズ

Magnolias

住185 E. Bay St.　☎(843) 577-7771
URL magnoliascharleston.com　AMV
開毎日11:30～22:00（金・土～23:00、日10:00～）　地P.478

1990年の創業以来、地元の人々でにぎわっている名店。典型的な南部料理を現代風にアレンジしたメニューは、どれを食べても外れがない。雰囲気はおしゃれだが、値段は手頃なのがうれしい。予算は$40～。事前予約をすすめる。

H　ホステル

1840年代建築の歴史ある建物

ノットソーホステル

NotSo Hostel

住156 Spring St., Charleston, SC 29403　☎(843) 722-8383
URL notsohostel.com　Wi-Fi無料
ドミトリー$30～34、個室$70～106　AMV　地P.478

ダウンタウンから徒歩10分ほどの閑静な住宅街にある。キッチンは自由に使うことができる。チェックインは17:00～21:00のみで、遅れる場合は電話すること。24ベッド。14室。

H　高級ホテル

観光にもショッピングにも便利な

キング・チャールズ・イン

King Charles Inn

住237 Meeting St., Charleston, SC 29401　☎(843) 723-7451
Free (1-866) 546-4700　URL www.kingcharlesinn.com　Wi-Fi無料
ⓈⒹⓉ＄129～379、スイート＄229～429　AMV　地P.478

シティマーケットから北へ2ブロックで、どこへ行くにも便利なロケーション。町の雰囲気に合わせて寝室もバスルームもエレガントな造りだ。室内に冷蔵庫あり。夕方に紅茶、クッキー、チーズなどのサービスがある。91室。

H　B&B

アンティーク家具にも注目したいB&B

ジョン・ラトリッジ・ハウス・イン

John Rutledge House Inn

住116 Broad St., Charleston, SC 29401　☎(843) 723-7999
Free (1-800) 476-9741　Wi-Fi無料
URL www.johnrutledgehouseinn.com　ⓈⒹⓉ＄219～400、スイート＄349～480　ADMV　地P.478

1763年に完成した邸宅で、なんとジョージ・ワシントンも滞在したことがあるという。無料の朝食が付く。19室。

メモ　**チャールストン随一の高級ホテル**▶ダウンタウンにあるベルモンド・チャールストン・プレイス・ホテルは、客室フロアにもシャンデリアがあるほどの豪華さを誇る。ショッピングアーケードやプール、スパなども完備されている。Belmond Charleston Place Hotel　住205 Meeting St.　☎(843)722-4900　URL www.belmond.com　地P.478

サバンナに数ある教会の中でも出色の
セント・ジョン・バプティスト大聖堂

麗しきガーデンシティ

サバンナ

Savannah

全米屈指の美しさを誇る小都市で、誕生は1733年と古い。コロニアル時代には州都として栄えた。国立歴史地区に指定された中心部にはスクエアと呼ばれる小さな広場が22もあり、大木の枝から垂れ下がるスパニッシュモスが南部情緒を醸し出している。木陰のベンチで世間話に興じる老人たち。その横を観光馬車が通り過ぎる。映画『フォレスト・ガンプ／一期一会』の冒頭シーンは、この町で撮影された。

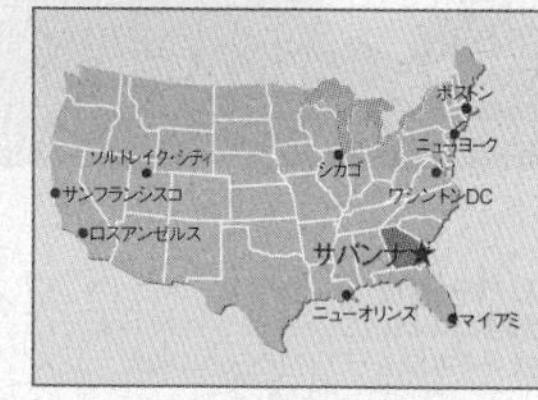

地球の歩き方B12 アメリカ南部編（1800円＋税）でもサバンナを紹介していますので、ご活用ください。

DATA

人口▶約14万6400人
面積▶約193.5km²
標高▶約14m
TAX▶セールスタックス　7%
ホテルタックス　13%＋1泊$6
属する州▶ジョージア州　Georgia
州のニックネーム▶南部の帝国州　Empire State of South、モモの州　Peach State
州都▶アトランタ　Atlanta
時間帯▶東部標準時（EST）　➡P.631
繁忙期▶2、4〜7月

Savannah
—サバンナの平均最高気温
—サバンナの平均最低気温
…東京の平均最高気温
…東京の平均最低気温
▌サバンナの平均降雨量
▌東京の平均降雨量
(℃) 45 40 35 30 25 20 15 10 5 0 -5 -10 -15 -20
(mm) 400 350 300 250 200 150 100 50 0
1 2 3 4 5 6 7 8 9 10 11 12（月）

サバンナへの行き方＆歩き方

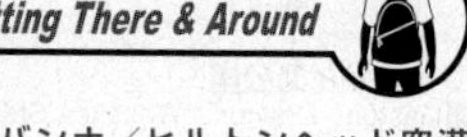

サバンナへは、アトランタなどから飛行機やグレイハウンド、アムトラックでアクセスすることができる。

サバンナ最大の見どころは町並みそのもの。数ブロックごとに配置されたスクエアで休憩しながら、丸1日かけてのんびりと歩くのが楽しい。疲れたら無料シャトルバスに乗るといい。

観光案内所　Visitors Information

サバンナ観光案内所
Savannah Visitors Center

ダウンタウン歴史地区の西端にあるれんが造りの建物で、歴史博物館を併設している。DOTシャトルやツアーバスも発着する。なお、リバー通りやフォーサイス公園にも小さな案内所がある。

市内の交通機関　Public Transportation

DOTシャトル
DOT Shuttle

歴史地区のおもな見どころ24ヵ所をつないで走る無料のシャトルバス。10分ごとに2つのルートで巡回する。

サバンナ／ヒルトンヘッド空港（SAV）
地P.482-外　住400 Airways Ave.
☎(912)964-0514
URL savannahairport.com
行ダウンタウンへはタクシーで約15分(約$30)

グレイハウンド・バスディーポ
地P.482
住610 W. Oglethorpe Ave.
☎(912)232-2135　開24時間
行ダウンタウンまで徒歩5分

アムトラック駅
地P.482-外
住2611 Seaboard Coastline Dr.
Free(1-800)872-7245
開毎日17:15〜翌13:30
行ダウンタウンまでタクシーで約10分(約$15)

サバンナ観光案内所
地P.482　住301 M.L. King Jr. Blvd.
☎(912)944-0455
URL www.visitsavannah.com
開毎日9:00〜17:30(冬期は短縮あり)

DOTシャトル
☎(912)233-5767
URL www.connectonthedot.com
料無料　運行／7:00〜24:00、土10:00〜、日10:00〜21:00

空港からダウンタウンまで安く行く▶市バス CAT バス #100X で約 30 分、$5。空港発：月〜土 8:30 〜 17:00、日 9:30 〜 16:35 の 85 分間隔、空港行き：月〜土 8:00 〜 16:30、日 9:00 〜 16:05 の 85 分間隔（空港行きはダウンタウンのグレイハウンド駅に隣接するトランジットセンターから乗車）。 URL www.catchacat.org

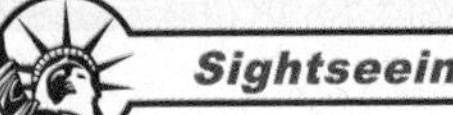

Sightseeing　おもな見どころ

気になったお店をのぞきながらのんびりと散策するのがリバー通りの楽しみ方

石畳のショッピングストリート　地P.482

リバー通り
River Street

高台にある歴史地区から1段下がった川沿いの小路。約4kmにわたって石畳が続き、外輪船が浮かぶサバンナ川に面してクラフトショップ、ギャラリー、レストランなどが軒を連ねる。川面に明かりが揺らめく夜は特にロマンティック。

有名な女性像がある　地P.482

エメット公園
Emmet Park

サバンナ川に面した小さな公園。行き来する船を眺めながら休憩するのにちょうどいい。ここに立つ**ウエイビングガールWaving Girl**は、町のシンボルのひとつになっている有名な銅像。サバンナ沖の小島で灯台守をしていた女性の像で、彼女は44年間にわたって島の近くを通る船に手を振り続けたという。

南部で最も古い美術館　地P.482

テルフェア美術館
Telfair Museums

1818年に建てられた大邸宅を改装した**テルフェアアカデミーTelfair Academy**、その斜め前にある**ジェプソンセンターJepson Center**、ダウンタウンの東にある**オーウェンズ・トーマス邸Owens Thomas House**を総称したもの。18～20世紀にかけてのコレクションを、3館あわせて4500点以上収蔵している。

花に囲まれたフランス風の噴水は必見　地P.482

フォーサイス公園
Forsyth Park

歴史地区の南に広がる大きな公園。中央の白い噴水はパリのコンコルド広場にある噴水を模したといわれ、今日ではサバンナのシンボルになっている。

リバー通り
URL www.riverstreetsavannah.com
開 多くのショップは10:00～18:00、レストランは11:00～23:00くらい

エメット公園
住 River St.の東端、Lincoln St.～Broad St.の間

テルフェア美術館
☎ (912) 790-8800
URL www.telfair.org
開 毎日10:00～17:00（日・月12:00～）
料 $20、シニア（65歳以上）$18、学生（13～25歳）$15（3館共通、1週間有効）
●Telfair Academy
住 121 Barnard St.
●Jepson Center
住 207 W. York St.
●Owens Thomas House
住 124 Abercorn St.

フォーサイス公園
住 Gaston、Drayton、Whitaker Sts.、Park Ave.に囲まれたエリア

映画『真夜中のサバナ』にも登場したフォーサイス公園

メモ　サバンナのタクシー会社 ▶Yellow Cab ☎ (912) 236-1133 URL yellowcabsavannah.com

荘厳なステンドグラスにも注目

地P.482

セント・ジョン・バプティスト大聖堂

Cathedral of St. John the Baptist

アメリカ南部で最も美しいとたたえられる大聖堂。18世紀末にフランス人によって作られ、19世紀末に現在のような威容になった。インスブルック製のステンドグラスも見応えがある。

美しいステンドグラスは必見

セント・ジョン・バプティスト大聖堂
住222 E. Harris St.
☎(912)233-4709
URL savannahcathedral.org
開月～土9:00～11:45、12:45～17:00
料$3(寄付制)

レストラン&ホテル

Restaurants & Hotels

R 南部料理

南部家庭料理の名店

レディ&サンズ

Lady & Sons

住102 W. Congress St.　☎(912)233-2600
URL www.ladyandsons.com　AMV
開毎日11:00～21:00(金・土～22:00)　地P.482

料理番組に出演するなど人気のシェフ、ポーラおばさんが、ふたりの息子とともに切り盛りするレストラン。南部の家庭料理がいろいろ味わえるバフェ（$18）が特に人気だ。接客のていねいさにも定評がある。要予約。

 シーフード&ギリシア料理

安くてボリュームたっぷり

オリンピアカフェ

Olympia Cafe

住5 E. River St.　☎(912)233-3131
URL olympiacafe.net
開毎日11:00～22:00　AMV　地P.482

リバー通りの観光案内所のすぐ隣にある、いつもにぎやかなカジュアルレストラン。ランチ$15前後、ディナーでも$25以内でたっぷり食べられる。

H エコノミーホテル

グレイハウンド利用者におすすめ

サンダーバードイン

Thunderbird Inn

住611 W. Oglethorpe Ave., Savannah, GA 31401
☎(912)232-2661　FAX(912)233-5551
URL www.thethunderbirdinn.com
ⒹⓉ$88～291　MV　Wi-Fi無料　地P.482

グレイハウンド・バスディーポの目の前にあるモーテル。歴史地区の見どころまで歩いて5分ほど。全米でも有名なレトロなモーテルは、太陽光発電を取り入れている。室内に冷蔵庫あり。42室。

 中級ホテル

どこへ行くにも便利なロケーション

プランターズイン

Planters Inn

住29 Abercorn St., Savannah, GA 31401
Free(1-800)554-1187
URL www.plantersinnsavannah.com
ⒹⓉ$109～379　AMV　Wi-Fi無料　地P.482

歴史地区の真ん中にあるロマンティックなホテル。室内金庫やコーヒーメーカー、ドライクリーニングなどサービスも充実している。朝食付き。60室。

 高級ホテル

リバー通りに面した

オールド・ハーバー・イン

Olde Harbour Inn

住508 E. Factors Walk, Savannah, GA 31401
☎(912)234-4100　Free(1-800)553-6533　FAX(912)233-5979
URL www.oldeharbourinn.com　Wi-Fi無料
全室スイート$136～384　AMV　地P.482

1892年に建てられた川沿いの倉庫を改装したホテル。ワインなどのサービスも充実。朝食は$9.95。全館禁煙。24室。

 高級ホテル

サバンナ屈指の美しさを誇るB&B

ガストニアン

Gastonian

住220 E. Gaston St., Savannah, GA 31401
☎(912)232-2869　Free(1-800)322-6603　FAX(912)232-0710
URL www.gastonian.com　ADMV　Wi-Fi無料
ⒹⓉ$177～398、スイート$271～492(朝食付き)　地P.482

ゲストルームもバスルームも優雅なB&Bで、ハネムーナーにおすすめ。南部風の豪華な朝食やアフタヌーンティーも格別。17室。

オーランド Orlando

世界いちのテーマパークシティ

オーランドのユニバーサルには「ダイアゴン横丁」があり、ナイトバスも

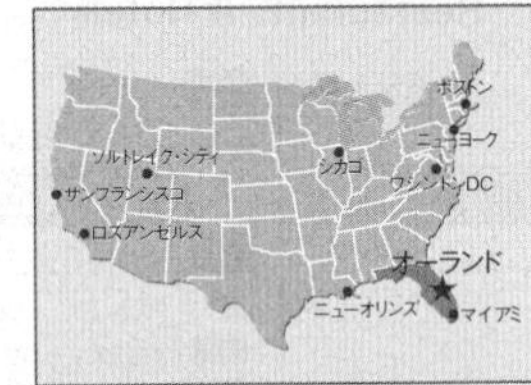

1971年、中央フロリダの湿地帯に忽然と、きらびやかな城が姿を現した。それは、"テーマパーク"という新しい文化を開拓したウォルト・ディズニーの描いた理想郷の誕生であった。以来、オーランドは世界に冠たるテーマパーク王国として急成長を遂げ、世界中の人々が憧れる人気観光地として、隆盛を極めている。

現在、オーランド市を中心とするエリアには、4つのテーマパークとふたつのウオーターパークを有するウォルト・ディズニー・ワールド(WDW)、映画のテーマパークであるユニバーサル・オーランド・リゾート、宇宙への玄関口であるケネディ宇宙センターやシーワールドに加え、世界的に有名なゴルフコースや中心部にはアウトレットがあり、ほかのアメリカの町とは様相を異にする。

ダイアゴン横丁のショップは1軒ずつ凝っている

WDWのディズニー・ハリウッド・スタジオでは、2019年秋に世界中の『スター・ウォーズ』ファン待望のテーマエリア「スター・ウォーズ:ギャラクシーズ・エッジ」もオープンする。オーランドの進化は止まらない。

もっと詳しく

地球の歩き方B10フロリダ編(1700円+税)、地球の歩き方リゾートR16テーマパークinオーランド編(1700円+税)でもオーランドを紹介していますので、ご活用ください。

DATA

人口▶約28万人
面積▶約265km²
標高▶約25m
TAX▶セールスタックス 6.5%
ホテルタックス 12.5%
属する州▶フロリダ州 Florida
州のニックネーム▶サンシャイン州 Sunshine State
州都▶タラハシー Tallahassee
時間帯▶東部標準時(EST) ➡P.631
繁忙期▶10〜5月

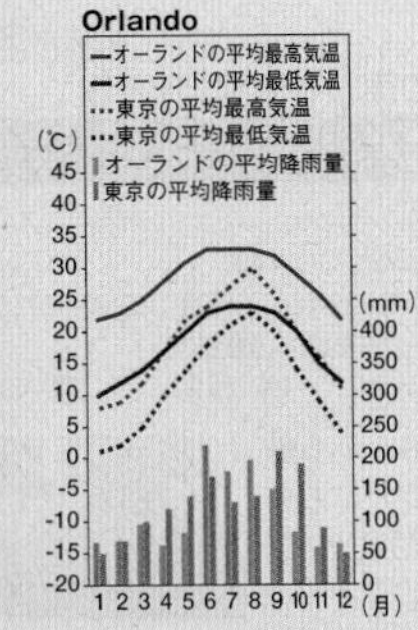

オーランドへの行き方 Getting There

飛行機 Plane

オーランド国際空港
Orlando International Airport（MCO）

オーランドの中心インターナショナルドライブの東約20kmに位置する、バケーション王国の玄関口にふさわしい近代的な空港。人気の観光地だけあって全米各地より直行便が飛んでいる。ターミナルはA（Gates 1〜29、100〜129）とB（Gates 30〜59、60〜99）のふたつに分かれており、ゲートターミナルと空港ビルとの間にシャトルトレイン（モノレール）が走っている。シャトルを降りた所は空港ビル3階のコンコース。ここはA、Bサイドに分かれておらずに1フロア。ディズニー・ワールド、ユニバーサル、ケネディ宇宙センターのギフトショップがあり、2階はバゲージクレーム。1階はトランスポーテーションエリアで、そこから各交通機関が利用できる。空港内はWi-Fi無料。

オーランド国際空港
地P.488-B2
住1 Jeff Fuqua Blvd.
☎(407) 825-2001
URL ja.orlandoairports.net（日本語）

早朝の出発に便利なホテル
オーランド国際空港内のハイアットは設備もサービスもよく、早朝の出発のときに安心
●Hyatt Regency Orlando Int'l Airport
URL orlandoairport.hyatt.com

■ 空港から／空港へのアクセス

	種類／名称／連絡先	行き先／運行／料金	乗車場所／所要時間／備考
空港シャトル	ミアーズ・トランスポーテーション Mears Transportation ☎(407) 423-5566 URL www.mearstransportation.com	行き先▶ディズニーワールド周辺 運行▶24時間随時 料金▶WDW周辺片道$23	空港発▶ターミナル1階A、B両サイドにあるカウンター（開7:30〜24:00）で申し込んでから乗車。時間外は電話で呼ぶ 空港行き▶ウェブサイトで予約をしてから乗車
路線バス	リンクス #42 Lynx #42 ☎(407) 841-5969 URL www.golynx.com	行き先▶インターナショナルドライブやコンベンションセンター 運行▶月〜金5:45〜22:10、土5:35〜20:05、日6:25〜21:25の30分間隔 料金▶$2	空港発▶メインターミナル1階のAサイドを外に出た所にあるLynxバス停から乗車 空港行き▶最寄りのバス停から乗車 所要時間▶インターナショナルドライブまで約1時間
タクシー	ダイヤモンドキャブ Diamond Cab Co. ☎(407) 523-3333 オーランドタクシー Orlando Taxi(Mears) ☎(407) 422-2222	行き先▶市内や周辺どこでも 運行▶24時間随時 料金▶インターナショナルドライブ$40〜63、レイク・ブエナ・ビスタとWDW$56〜82。空港利用料$1加算	空港発▶ターミナル1階A、B両サイドのカーブサイドから 空港行き▶事前に電話予約、または主要ホテルから乗車 所要時間▶インターナショナルドライブ、ダウンタウン、レイク・ブエナ・ビスタまで20〜40分、WDWまで35〜50分

※それぞれの乗り物の特徴については P.665

テーマパークを効率よく回るために〜どこに泊まり、どう動くか〜

テーマパークから発展した町だけに、オーランドは一般的な町の造りとは大きく異なる。中心のインターナショナルドライブからテーマパークは離れた所にあり、歩ける距離ではない。まずはテーマパークとホテルの位置を考えよう。

●インターナショナルドライブに泊まる
オーランドの中心でホテルやモーテルも多く、各ホテルではテーマパークへの送迎シャトル（一部有料）を運行させている。またリンクス（市バス）やアイライドを乗り継げばWDWへも行ける。

● WDW 内に泊まる
オーランドではWDWだけを楽しむ！という人は、WDW内に泊まるのがいい。WDW内は誰でも無料で利用できる独自の交通網が整い、終日運行している。ひとりでも安全だ。ホテルのランクも最高級からエコノミーまで揃っている。

●レイク・ブエナ・ビスタに泊まる
WDWの東側のエリア。中級から高級ホテルが多く、各ホテルはWDWへ無料（一部有料）送迎してくれるが、ホテルによっては運行本数が少ない。

●キシミー（US-192沿い）に泊まる
お金を節約したいレンタカー旅行者にいちばん人気のエリア。WDWに近いUS-192沿いには比較的安いモーテルが並びWDWまではリンクス#56で。

● ダウンタウンに泊まる
ダウンタウンはテーマパークへのアクセスも悪く、完全にビジネスの町。グレイハウンドやアムトラックでオーランドに着いたなら、タクシーでホテルまで行くことをすすめる。

旅のアドバイス タクシーも一考▶宿泊先のホテルからテーマパークへのシャトルは、運行本数が限られていることがある。テーマパークではやはりできるだけ多くの時間を取って楽しみたい。シャトルのタイミングが悪ければタクシーも考えよう。旅先での「時間」は貴重だ。なお、テーマパークからのタクシーはぼられることはほとんどない。

長距離バス Bus

グレイハウンド・バスディーポ Greyhound Bus Depot

ダウンタウンの西の外れにあるバス停。マイアミ(9～10便4時間25分～)やアトランタ(4～5便8時間～)、サバンナ(5便6時間～)などへ乗り継ぎなしで行ける。タクシーがたいてい待機しているので、急いでいるときも困らないだろう。

インターナショナルドライブやWDW周辺へはここからバスのリンクスを使って行くこともできるが、一度ダウンタウンのリンクス・セントラル・ステーションまで戻らなければならない。日曜は本数が少ないので、タクシーを利用するのが現実的。

グレイハウンド・バスディーポ
地P.488-B1
住555 N. John Young Pkwy.
Free (1-800) 231-2222
開24時間
行ダウンタウンへはリンクス#25で約15分。月～土は30分間隔の運行だが、日・祝日は1時間に1本程度

グレイハウンドのバスディーポはダウンタウンの外れにあり、テーマパークからは遠い

鉄道 Train

アムトラック駅 Amtrak Station

ニューヨーク～マイアミを結ぶシルバースター、シルバーミーティア号がそれぞれ1日1往復している。駅はダウンタウンの南。

アムトラック駅
地P.488-B1
住1400 Sligh Blvd.
Free (1-800) 872-7245
開毎日8:30～20:15
行ダウンタウンへはリンクス#40で約17分。毎日1時間に1本の運行

Getting Around オーランドの歩き方

大多数の人はテーマパークが目的のはず。WDW直営ホテル宿泊者でWDWだけが目的なら問題ないが、それ以外のホテルからどのようにテーマパークへ行けばいいのか。テーマパーク王国だけに、オーランドと隣接するレイク・ブエナ・ビスタ、キシミーのほぼすべてのホテルから各テーマパークへはシャトルが運行されている。有料、無料、運行本数はホテルのクラス、場所によって異なるので、ホテルに着いたら、シャトルの運行時間と金額を確認しよう。ホテルによっては予約が必要。公共交通機関のリンクスのバスや、アイライドトロリーと合わせても行けるが、時間がかかる。

オーランド周辺のホテルでは各テーマパークへシャトルを走らせている。有料であることも

ホテルのシャトルに乗り遅れた
安いホテルはテーマパークへのシャトルが1日1往復しかないこともざら。もし、乗り遅れてしまったら、タクシーも考えよう。テーマパークからのタクシーは基本的に契約業者しか乗り入れていないので、ぼられることはとても少ない

観光案内所 Visitors Information

オーランド観光局オフィシャル・ビジターセンター Visit Orlando, Official Visitor Center

オーランド周辺のアトラクション、ホテル、交通機関などの情報を仕入れるならまずここへ。オーランド観光の中心、International Dr.沿いのSand Lake Rd.との交差点の南西側、Mango's Tropical Caféの北隣にある。アトラクションの割引券を扱っているほか、両替も行っているので、覚えておくと便利だ。

CLOSED

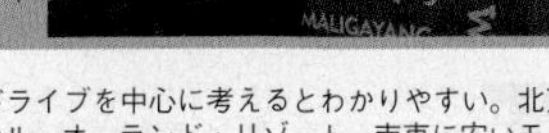

インターナショナルドライブのほぼ中央にある観光案内所

オーランド観光局オフィシャル・ビジターセンター
地P.488-A2
住8102 International Dr.
☎(407) 363-5872
Free (1-800) 972-3304
URL www.visitorlando.com
開毎日8:00～21:00
休12/25
CLOSED

私設の観光案内所に注意
インターナショナルドライブ沿いには、私設の案内所がたくさんあり、ディスカウントチケットを売っているが、条件のあやしげなチケットもあるので要注意

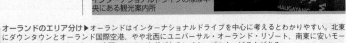

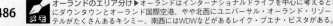

メモ **オーランドのエリア分け**▶オーランドはインターナショナルドライブを中心に考えるとわかりやすい。北東にダウンタウンとオーランド国際空港、やや北西にユニバーサル・オーランド・リゾート、南東に安いモーテルがたくさんあるキシミー、南西にはWDWなどがあるレイク・ブエナ・ビスタがある。

市内の交通機関 *Public Transportation*

リンクス
Lynx

ダウンタウンを起点に市内とその周辺を走るバス。路線によっては、夜間や週末の運行をしていないので、ダウンタウンの**リンクス・セントラル・ステーション Lynx Central Station**やウェブサイトでタイムテーブルを入手しておきたい。ちなみに、ダウンタウンからインターナショナルドライブを経由してWDWのマジックキングダム・パーク（トランスポーテーションセンター）へ行くのは#50（毎日30分に1本）、ユニバーサル・オーランド・リゾートに行くのは#21（月～土は30分に1本、日曜は1時間間隔）、#40（毎日1時間間隔）だ。

ダウンタウンからインターナショナルドライブへ行く路線（#8、38）は運行本数（15～90分に1本）も多い。

リンクス
☎(407) 841-5969
URL www.golynx.com
料$2、トランスファー（乗り換え）は90分以内ならば無料。1日券$4.50
●Lynx Central Station
地P.488-B1
住455 N.Garland Ave.

WDW トランスポーテーションセンターに乗り入れるリンクス #50 のバス。とても利用者が多い

アイライドトロリー
I-Ride Trolley

観光の中心インターナショナルドライブInternational Dr.を南北に走るトロリーバス。路線はふたつで、**メインライン Main Line**と**グリーンラインGreen Line**だ。メインラインは、北はプレミアム・アウトレット・インターナショナルドライブから、南はプレミアム・アウトレット・バインランドアベニューまで。グリーンラインは、International Dr.と平行に走るUniversal Blvd.を中心に走る。シーワールドや周辺のホテルも通り、食事やショッピングなどにも気軽に行くことができてとても便利。

アイライドトロリーはインターナショナルドライブのホテルに泊まっている人の足

アイライドトロリー
☎(407) 354-5656
URL www.iridetrolley.com
運行／毎日8:00～22:30の20分間隔
料$2、1日券$5、3日券$7、5日券$9

レンタカー
Rent-a-Car

アトラクションが広域に点在し、公共の交通機関の発達していないオーランドでは、レンタカーが威力を発揮する。何人か集まれば料金も安い。大手のレンタカー会社は空港のほかにも、オーランド市内や一部のホテルにオフィスをもっている。自分の行きたい場所に合わせて安いモーテルを移動すれば意外に経済的だ。混雑する日中はモーテルへ帰って昼寝をして、夜は遅くまで遊ぶということもできる。

オーランド国際空港からWDWのディズニー・スプリングスまでは約22マイル（約36km）。オーランドの中心を走るI-4を南へ走れば標識がそれぞれの目的地まで案内してくれる。シーワールドはExit 72、WDWはExit 67、ユニバーサル・オーランド・リゾートはExit 74Bか75Aを利用するとよい。

レンタカー
料小型車ならば1日$60～（保険＆税込み、ガソリン代別）、1週間$280～400。日本から予約した場合、割引料金もある。レンタカーについては➡P.678

空港のおもなレンタカー会社
ターミナルA、Bの1階にレンタカー会社が揃っている
●Alamo
Free (1-800) 327-9633
●Avis
Free (1-800) 831-2847
●Budget
Free (1-800) 527-0700
●Dollar
Free (1-800) 800-4000
●Hertz
Free (1-800) 654-3131

やはり車が便利だが、駐車場代がけっこう高い

オーランドとマイアミを結ぶ便利なバス▶レッドコーチRed Coachのバスがオーランド（住1777 McCoy Rd.）とマイアミ（空港コンコースH）を結んで走っている。快適なバスで、地元の人に好評。毎日4便、約4時間、料$16～83。URL www.redcoachusa.com

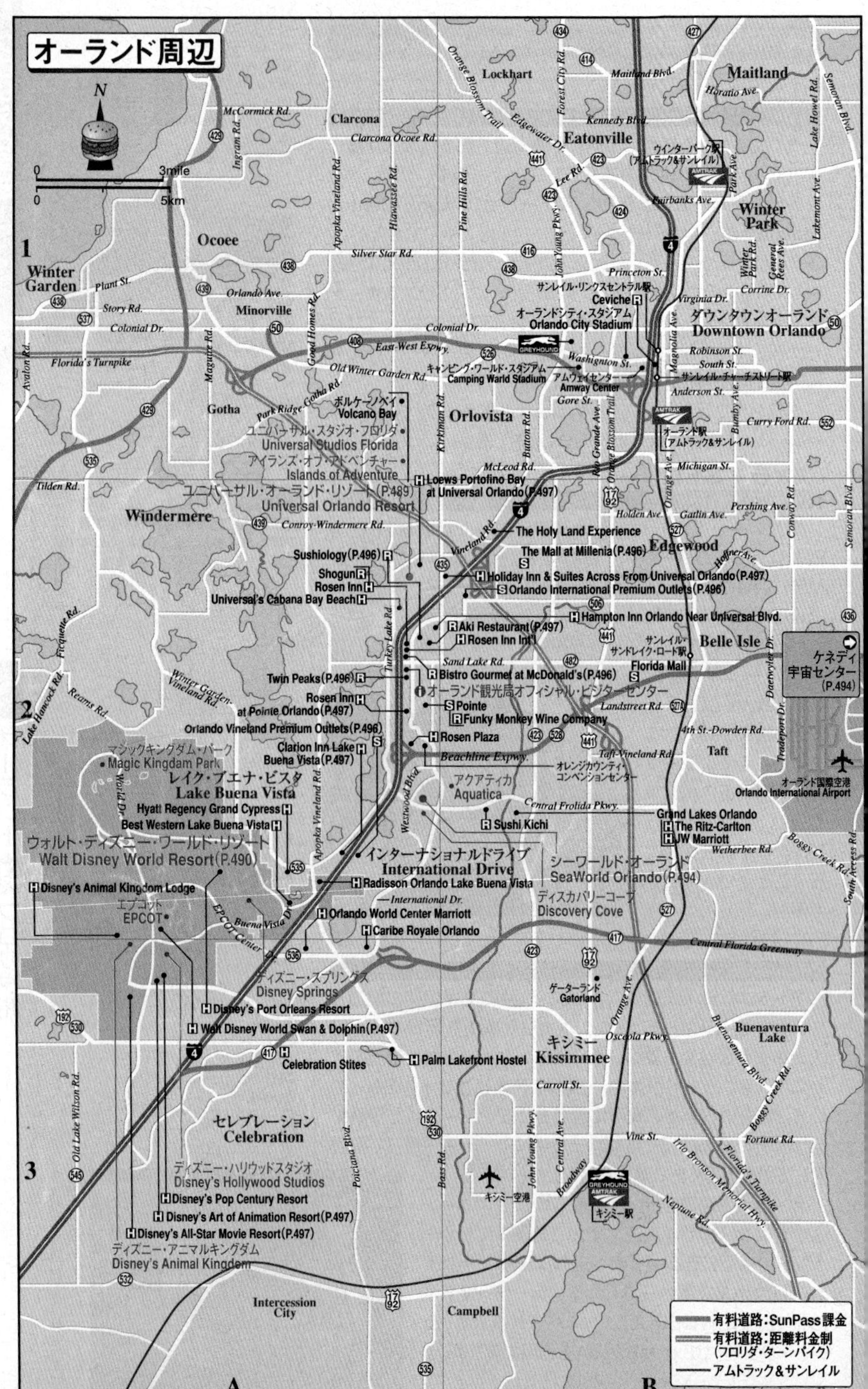

オーランド周辺
N
0
3mile
0
5km
Lockhart
Maitland
Clarcona
Eatonville
Winter Park
Ocoee
Winter Garden
Minorville
Gotha
Orlovista
Windermere
Edgewood
Belle Isle
Taft
ウインターパーク駅
（アムトラック&サンレイル）
ダウンタウンオーランド
Downtown Orlando
サンレイル・リンクスセントラル駅
Ceviche
オーランドシティ・スタジアム
Orlando City Stadium
キャンピング・ワールド・スタジアム
Camping World Stadium
アムウェイセンター
Amway Center
サンレイル・チャーチストリート駅
オーランド駅
（アムトラック&サンレイル）
ボルケーノベイ
Volcano Bay
ユニバーサル・スタジオ・フロリダ
Universal Studios Florida
アイランズ・オブ・アドベンチャー
Islands of Adventure
Loews Portofino Bay
at Universal Orlando（P.497）
ユニバーサル・オーランド・リゾート（P.489）
Universal Orlando Resort
The Holy Land Experience
The Mall at Millenia（P.496）
Sushiology（P.496）
Shogun
Rosen Inn
Universal's Cabana Bay Beach
Holiday Inn & Suites Across From Universal Orlando（P.497）
Orlando International Premium Outlets（P.496）
Hampton Inn Orlando Near Universal Blvd.
Aki Restaurant（P.497）
Rosen Inn Int'l
サンレイル・
サンドレイク・ロード駅
Florida Mall
ケネディ
宇宙センター
（P.494）
Bistro Gourmet at McDonald's（P.496）
Twin Peaks（P.496）
オーランド観光局オフィシャル・ビジターセンター
Rosen Inn
at Pointe Orlando（P.497）
Pointe
Funky Monkey Wine Company
Orlando Vineland Premium Outlets（P.496）
Rosen Plaza
Clarion Inn Lake
Buena Vista（P.497）
オレンジカウンティ・
コンベンションセンター
オーランド国際空港
Orlando International Airport
マジックキングダム・パーク
Magic Kingdom Park
レイク・ブエナ・ビスタ
Lake Buena Vista
アクアティカ
Aquatica
Hyatt Regency Grand Cypress
Best Western Lake Buena Vista
Sushi Kichi
Grand Lakes Orlando
The Ritz-Carlton
JW Marriott
ウォルト・ディズニー・ワールド・リゾート
Walt Disney World Resort（P.490）
インターナショナルドライブ
International Drive
シーワールド・オーランド
SeaWorld Orlando（P.494）
Disney's Animal Kingdom Lodge
Radisson Orlando Lake Buena Vista
ディスカバリーコーブ
Discovery Cove
エプコット
EPCOT
Orlando World Center Marriott
Caribe Royale Orlando
ディズニー・スプリングス
Disney Springs
ゲーターランド
Gatorland
Disney's Port Orleans Resort
Walt Disney World Swan & Dolphin（P.497）
Buenaventura Lake
Celebration Stites
Palm Lakefront Hostel
キシミー
Kissimmee
セレブレーション
Celebration
ディズニー・ハリウッドスタジオ
Disney's Hollywood Studios
Disney's Pop Century Resort
Disney's Art of Animation Resort（P.497）
Disney's All-Star Movie Resort（P.497）
ディズニー・アニマルキングダム
Disney's Animal Kingdom
キシミー空港
キシミー駅
Intercession City
Campbell
有料道路：SunPass課金
有料道路：距離料金制
（フロリダ・ターンパイク）
アムトラック&サンレイル
1
2
3
A
B

メモ 「アイドライブ」って何?▶オーランドにいると地元の人が「アイドライブ」と言うのを耳にするだろう。これは"International Drive"の略のこと。

おもな見どころ Sightseeing

発展を続ける映画の巨大テーマパーク 地P.488-A2

ユニバーサル・オーランド・リゾート
Universal Orlando Resort

日本にもテーマパークが誕生して一気に知名度が上がったユニバーサル・スタジオ。フロリダは"ユニバーサル・オーランド・リゾート"という巨大エンタメ・コンプレックスとして世界の映画ファンを魅了している。主軸はふたつ。映画のアトラクションと本物の映画・テレビ制作スタジオを兼ねた**ユニバーサル・スタジオ・フロリダ Universal Studios Florida**と、映画心いっぱいのライド系アトラクションがあふれている**アイランズ・オブ・アドベンチャー Islands of Adventure**。ほかにも食事や映画、ショッピングなどが深夜まで楽しめる**ユニバーサル・シティウォーク Universal CityWalk**、2017年5月に開業した遊び心いっぱいで緑の多いウオーターパーク**ボルケーノ・ベイVolcano Bay**、そして特典の付く6軒のユニバーサル・オンサイト・ホテルなどがある。

ユニバーサル・スタジオ・フロリダ Universal Studios Florida

映画の世界をアトラクションとして体感できるのが、ユニバーサル・スタジオ・フロリダだ。

世界で唯一の**ダイアゴン横丁Diagon Alley**はハリー・ポッターのふたつめのパーク。人気は**ハリー・ポッターとグリンゴッツからの脱出Harry Potter and the Escape From Gringotts**だ。3-Dで演出が見事。次に制覇したい**トランスフォーマー：ザ・ライド-3-D Transformers :The Ride-3-D**は日本のタカラトミーの変形ロボットのおもちゃがベース。ライドでは、正義の味方と悪の帝国がロボットとは思えない死闘を3-Dで繰り広げる。**ディスピカブル・ミー・ミニオン・メイヘムDespicable Me Minion Mayhem**はミニオンが大活躍する3-Dで、バナナ好きのミニオンたちがキュート。**ハリウッド・リップ・ライド・ロケットHollywood Rip Ride Rocket**は、自分の好きな音楽を聴きながら猛スピードが体感できる絶叫コースター。**ワイルドスピード・スーパーチャージFast & Furious-Supercharged**は、人気映画『ワイルドスピード』のカーアクションが4Dで体験できて、このうえなくスリリング。

ユニバーサル・オーランド・リゾート
住6000 Universal Blvd.(駐車場の住所)
☎(407) 363-8000
URL www.universalorlando.com
開毎日9:00〜19:00(夏期は延長、季節や曜日によって変動がある。電話、またはウェブサイトで確認すること)
料1日券(2パーク)$170〜179、3〜9歳$165〜174、1日券(1パーク)$115、3〜9歳$110、2日券(2パーク)$264.99、3〜9歳$254.99
行ダウンタウンからはリンクス#21、40で、所要約1時間。インターナショナルドライブからはアイライドトロリーの4番バス停で下車し、そこを走るリンクス#37(西方面)が行く。車ならコンベンションセンターからUniversal Blvd.を北へ約5.5km、10分の距離

ユニバーサル・オーランド・リゾートを満喫したいなら
ユニバーサル・オーランド・リゾートのオンサイトホテルの宿泊者には、一般より1時間早く入場できたり、混雑期も並ばずにアトラクションに乗ることができる特典などがある。すべてのオンサイトホテルの特典ではない

ユニバーサル・スタジオ・フロリダそのほかの人気アトラクション
● メン・イン・ブラック Men In Black
宇宙外生物と戦うコメディ映画『メン・イン・ブラック』。エイリアンをやっつける体験ができる。このアトラクションはフロリダにしかない
● E.T.アドベンチャー E. T. Adventure
不朽の名作といわれる映画『E.T.』。映画のストーリーとその後の世界が描かれている。最後に、E.T.がみんなに友情の印として名前を呼んでくれる

カーチェイスが大迫力の『ワイルドスピード・スーパーチャージ』

公共の交通機関を使ってテーマパークを回る方法 (旅のアドバイス)

WDWだけでなく、ユニバーサル・オーランド・リゾートもシーワールドも合わせて徹底的に安く回りたいのなら、インターナショナルドライブ沿いの格安モーテルに泊まり、アイライドトロリーを利用して観光するといい。ユニバーサルスタジオへはアイライド5番のバス停から歩いて約20分、またはリンクス#37で。シーワールドへはアイライドのメイン&グリーン(28番)が走っている。WDWへはアイライドでシーワールドそばのルネッサンスオーランド(27番、G12番)へ。ホテルの前の道がSea Harbor Dr.で、ここからリンクスバスの#50 "Magic Kingdom" 行きに乗車すると、終点はWDWのTTC(チケット&トランスポーテーションセンター)だ。

TTCからフェリーに乗ればマジックキングダム・パークもすぐ。そこからほかのパークへもアクセスできる。WDW内は道がわかりにくいので、レンタカー利用者もTTC前の駐車場に停めてWDWの交通機関を使おう。

メモ 6番目のオンサイトホテル▶2016年初夏のロウズ・サファイア・フォールズ・リゾートLoews Sapphire Falls Resortに続き、第6のオンサイトホテル、ユニバーサル・アベンチュラ・ホテルUniversal Aventura Hotelがオープンした。最新の設備が導入され、少しリーズナブル。なお、アトラクションの優先入場の特典はない。

ハルクのパワーのオソロシサを実感
©Universal Orlando Resort 2018

アイランズ・オブ・アドベンチャーそのほかのアトラクション
ほかにも、フリーフォール形式のドクター・ドゥームス・フィアフォールDoctor Doom's Fearfall、思いきりズブぬれになるポパイ&ブルートズ・ビルジラット・バージスPopeye & Bluto's Bilge-Rat Bargesなどがある

ウォルト・ディズニー・ワールド・リゾート
☎(407)939-2273
URL www.disneyworld.jp(日本語)
disneyworld.disney.go.com(英語)
行 インターナショナルドライブ沿いのホテルなら、アイライドトロリーで27番のバス停(ルネッサンス・ホテル前)で降り、そこからリンクス#50のバス"Magic Kingdom"行きで終点のWDWトランスポーテーションセンター(TTC)へ。センターからマジックキングダムパークへはボートやモノレイルでも行ける。そこからほかのテーマパークへはバスで

ディズニーワールドの開園時間
基本的に9:00～20:00だが、かなりの変動があるためウェブサイトなどで確認を

WDWの入園料(税別)
●Base Ticket
マジックキングダム・パーク、エプコット、ディズニー・ハリウッドスタジオ、ディズニー・アニマルキングダムの4つのテーマパークのうち、1日につきどれかひとつに入園できる
料 1日券$102～122(マジックキングダム・パークのみ$109～129)、3～9歳$96～116(マジックキングダム・パークのみ$103～123)など
●Park Hopper Option
料 $65～75

アイランズ・オブ・アドベンチャー Islands of Adventure

映画色の濃いユニバーサル・スタジオ・フロリダに対して、絶叫マシンなどのライド類が盛りだくさんなのが、アイランズ・オブ・アドベンチャーだ。

自分の目を疑いたくなるほど、映画の世界そのままの『ハリー・ポッター』のテーマエリアへはいちばん初めに行こう。**ハリー・ポッターと禁じられた旅Harry Potter & the Forbidden Journey**は、ハリーと一緒にドラゴンに追いかけられたり、クィディッチの試合に参加するなど映画のシーンが体験できる。

最新のアトラクション**髑髏島の巨神：コングの王国Skull Island：Reign of Kong**は、大迫力の3-D。私たちが迷い込んだ所は、キングコングが支配する島だった。背筋が寒くなるような雰囲気の島で、恐竜とコングが死闘を演じる。

昔、深夜番組で日本でも大ブレイクした『超人ハルク』。彼が暴れ出した**インクレディブル・ハルク・コースターIncredible Hulk Coaster**はバージョンアップして半端ないほどパワフル。「さすがユニバーサル!」とうならせるのが**アメイジング・アドベンチャーズ・オブ・スパイダーマンThe Amazing Adventures of Spider-Man**。3-Dの映像に特殊効果が加わったリアルな世界に、感心することしきり。あつーいフロリダだからこそ乗りたいのが、**ジュラシック・パーク・リバー・アドベンチャーJurassic Park River Adventure**だ。恐竜たちの森をボートで進むと、突然緊急事態発生。ボートは一気に滝壺へ。

夢と魔法の巨大王国　地P.488-A2～A3

ウォルト・ディズニー・ワールド・リゾート
Walt Disney World Resort (WDW)

誕生以来、世界のテーマパークをリードし続けているのが、ウォルト・ディズニー・ワールド(Walt Disney World、通称"WDW")だ。いまやアメリカ文化のひとつであり、ディズニーファンならずとも一度は訪れたい場所である。山手線の1.6倍の広さに、4つのテーマパーク、ふたつのウオーターパーク、25を超える直営ホテル、ショッピングや食事、ショーも楽しめるエンターテインメントエリアなどがあり、これらは日々進化し、1週間いても遊び尽くせない。

ここでは、滞在日数がいちばんの問題になってくる。4大テーマパークは、それぞれに1日はかけたい(ディズニーでは5泊以上を推奨)から、それだけでも4日かかる。前日までにウェブサイトで各パークの開閉園時間やパレードの時間をチェックして、当日は計画的に動くこと。早め早めの行動が効率的に回るコツ。

旅のアドバイス　ブルーマン・グループのショーがオーランドでも観られる!

ニューヨークでのハチャメチャぶりが評判を呼び、ボストン、シカゴ、ラスベガスでもロングランを続けるブルーマン・グループBlue Man Group。彼らのショーはユニバーサル・オーランド・シティウォーク内で観られる。オーランドのテーマパーク王国ならではのひと工夫があるのがすごい。夜はぜひブルーマンを。
URL www.blueman.com

CLOSED

ブルーマンはオーランドでも鑑賞できる
©Blue Man Group/Universal Orlando Resorts

ふたつのハリー・ポッターのテーマエリアを結んで▶ユニバーサル・スタジオ・フロリダの「ダイアゴン横丁」とアイランズ・オブ・アドベンチャーの「ホグズミード村」を結んで、ホグワーツ特急The Hogwarts Expressが走っている。1日に2パーク回れるパスを持った人のみ利用可能。車窓も凝っている。

入場チケットについて

4大テーマパークの入場チケットの**ベースチケット Base Ticket**はチケットの日数分いずれかひとつに入場可能なチケットだが、時間の限られた旅行者なら、これに**パークホッパー・オプション Park Hopper Option**を加えることをすすめる。ホッパーを付ければ、WDW内の4大テーマパークに自由に入退場できる。チケットはウェブサイトからも購入可。

いつ訪れるのがベスト?

特にクリスマス前後、イースター（3月下旬〜4月中旬）、サンクスギビング（11月下旬）の混雑ぶりはひどく、どのアトラクションも30分から1時間以上待たされる。反対にすいているのは1月下旬〜2月中旬で、1週間のなかでは金曜と日曜が比較的人が少ないそうだ。

マジックキングダム・パーク Magic Kingdom Park

基本的にはカリフォルニアのディズニーランドがベースになっているが、最大の違いが拡張した**ファンタジーランドFantasyland**。これまでの2倍の広さとなり、2機ある**空飛ぶダンボDumbo Flying Elephant**、**アンダー・ザ・シー：ジャーニー・オブ・リトル・マーメイドUnder the Sea：Journey of Little Mermaid**、**七人の小人マイントレインSeven Dwarfs Mine Train**などはこれまでにない乗り心地と好評だ。WDWにしかない小さな子供も乗ることのできる**アラジンのマジックカーペット The Magic Carpets of Aladdin**は、"空飛ぶダンボ"の"魔法の絨毯"版。フロリダの**スペースマウンテン Space Mountain**はタテ1列に並ぶコースターなので、スピードを体いっぱいに感じることができる。タウンスクエアに行けばミッキーやティンカー・ベルとの写真撮影も可能だ。

WDWはマジックバンドMagic Band

日本では取り扱っていないが、現地で利用されているマジックバンドは直営ホテルのルームキーになるだけでなくWDW内の買い物や食事などの支払いができ、食事の予約やファストパス・プラスの予約もできる（1日1パーク3つまで）。自分でチケットの購入や直営ホテルの予約をする人は英語のサイトからアカウントを作って予約してみよう

現地で入手しよう、マップとタイムガイド

WDWを回るための必需品が、現地で入手できるマップとタイムガイドだ。マップは各パークのゲストリレーションに行けば、日本語も用意されている。タイムガイドには、パレードやショーの時間、アトラクションやレストランなどの営業している時間が記載され、とても便利。計画を練るうえで、欠かせない

マジックキングダム・パークのパレード&ショー

● ディズニー・フェスティバル・オブ・ファンタジー・パレード

ニューファンタジーランドのオープンを記念して、キャラクターや映画の主人公たちが勢揃い。アメリカ最大の祭り、マルディグラを思わせる華やかなフロートに乗って歌い踊る。色の演出が見事

● ワンス・アポン・ア・タイム

シンデレラ城に次々とディズニー映画のワンシーンが映し出されるプロジェクションマッピング。最後はレーザー光線と花火の演出で締めくくられる。約13分

● ハッピリー・エバー・アフター

シンデレラ城をスクリーンに展開されるプロジェクションマッピングがメインの夜のショー。ディズニー映画を彩ってきた主人公が音楽とともに次々と現れる

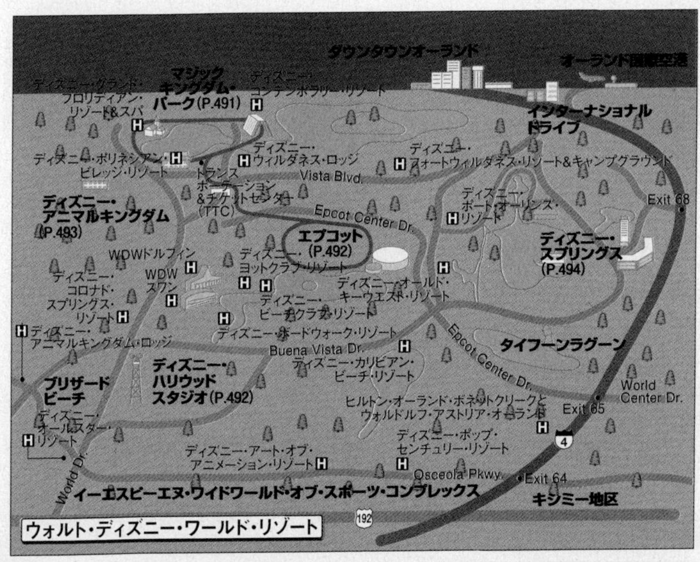

メモ 子供だけの入場は注意▶18歳未満の子供だけで、ディズニー・ワールドには入場できない。18歳未満の人が入場するときは、必ず18歳以上の人の同伴が必要。

エプコット EPCOT

“Experimental Prototype Community Of Tomorrow──未来社会の実験的なモデル”の頭文字から名付けられたEPCOT。フューチャーワールド（未来の世界）とワールドショーケースのふたつのエリアから構成され、ディズニーだけでなく、アメリカのトップ企業の最先端技術が結集されているのが特徴。

テストトラック Test Trackは、新車開発のための試験走行をイメージしたもので、自分好みの車を作ってテストを行う（日本語あり）。鳥の目線で世界旅行が楽しめる**ソアリンSoarin'**もお見逃しなく。エプコットの象徴である巨大球体の中のアトラクションは**スペースシップ・アース**という人類のコミュニケーションの歴史をたどるもの。ワールドショーケースは世界の国の伝統文化を紹介するパビリオンから構成。11ヵ国のパビリオン前では、ダンスやライブ、寸劇が行われたり、各国の料理も堪能できる。ノルウェー館の**フローズン・エバー・アフターFrozen Ever After**のライドにも乗っておきたい。

穏やかでハッピーな気分になるマジックキングダムの夜のショー、ハッピリー・エバー・アフター（左）、エプコットの春は植物のキャラクターがお出迎え（右）

ディズニー・ハリウッド・スタジオ Disney's Hollywood Studios

アニメーション映画の制作からスタートしたディズニー。パークではおなじみのディズニーキャラクターだけでなく、インディ・ジョーンズやスター・ウォーズなど映画のヒーロー、ヒロインに会えてしまう。近年は特にテーマ性が充実し、2018年6月トイ・ストーリーランドのオープンに続き、2019年秋にはファン待望のスター・ウォーズの「スター・ウォーズ：ギャラクシーズ・エッジ」も誕生する。

日本館で日本食

どうしても恋しくなってしまう日本食。ワールド・ショーケースの日本館では本格的なものからささっと食べられる軽食的なものまでいろいろな日本料理が食べられる。桂グリルはリーズナブルな料金でラーメン、うどん、そばなどが食べられる。あまり待たないのもうれしい

スコール対策にはポンチョがおすすめ

夏のオーランドで絶対に欠かせないのがスコール対策。ほとんど毎日のように、夕方になるとすごいシャワーが降る。でもたいていは短時間なので、傘よりもポンチョをおすすめする。活動しやすいし、雨がやんだら小さくたためるので便利

旅のアドバイス WDW 知っておくと得する情報

●ミッキーやミニーに会える場所

マジックキングダム・パーク──タウンスクエアのタウンスクエア・シアター、ピートのシリー・サイドショー

エプコット──エプコット・キャラクター・スポット

ディズニー・ハリウッド・スタジオ──コミサリー・レーン

ディズニー・アニマルキングダム──アドベンチャー・アウトポスト

ただし、必ずしもいつもこれらの場所にいるわけではないことをお忘れなく。

●必勝作戦“ファストパス・プラス FASTPASS +”

「ファストパス・プラス」のシステムは終了しました。

従来のファストパスは、入園した日にアトラクションの入口で予定入場のパスをもらい、その時間に行けば待ち時間がほとんどなくて済むというシステム。さらに便利になったのがファストパス・プラスで、ディズニーのウェブサイトからアカウント（口座のようなもの）を作り、チケットを購入し、インターネットをとおして、60～30日前からパスの予約ができる。現地では直営ホテルや各パークのキオスクで予約もできる。従来と異なるのは、1日1パークのみで、最高3つまでパスが取れる点。3つを使い切れば4つ目をキオスクで発行してもらえる。取得のウェブサイトは URL disneyworld.disney.go.com/plan/my-disney-experience/（英語のみ）。なお、この情報は2018年10月現在のもの。

●ディズニー・ショー・トランスレーター

WDWのいくつかのアトラクションは、ヘッドホンを借りれば日本語の解説を聞くことができる。使用料は無料だが、保証金$25が必要。各パークのゲストリレーションで貸し出している。

マジックキングダム──ジャングルクルーズ、ホーンテッドマンション、ウォルト・ディズニーの魅惑のチキルーム、ホール・オブ・プレジデンツ

エプコット──ミッション：スペース、ジャーニー・イントゥ・イマジネーション・ウィズ・フィグメント、リビング・ウィズ・ランド、中国館、アメリカン・アドベンチャー館、カナダ館

ディズニー・ハリウッド・スタジオ──トワイライト・ゾーン・タワー・オブ・テラー、ウォルト・ディズニー・プレゼンツ、マペット・ビジョン3D

ディズニー・アニマルキングダム──ダイナソー、イッツ・タフ・トゥ・ビー・ア・バグ！

映画『アナと雪の女王』の大ヒットを受けて始まったフローズン・シングアロング・セレブレーションFor the First Time in Forever: A "Frozen" Sing-Along Celebrationは元気いっぱいのミュージカル。一緒に"Let It Go"を歌おう。

たたき落とされるタイミングが絶妙なトワイライト・ゾーン・タワー・オブ・テラー The Twilight Zone Tower of Terrorはフリーフォール式のライドだが、映画の要素たっぷり。ロックンローラー・コースター Rock'n Roller Coasterは、世界的ロックアーティスト、エアロスミスが演出するローラーコースター。スタートから、わずか3秒で時速97kmに達する。ロックが響くなか絶叫の世界へ。3-Dめがねをかけながら、敵をシューティングして突き進むトイ・ストーリー・マニア! Toy Story Mania! は、いつの間にか夢中になってしまうおもしろさ。同じエリアのトイ・ストーリーランドに誕生したスリンキー・ドッグ・ダッシュSlinky Dog Dashは胴がコイル状のスリンキー・ドッグのコースター。かわらしい姿ながら意外にスリルがあると評判だ。スター・ツアーズStar Toursは3-Dとなってリアルな宇宙の旅を体感する。

ストーリー仕立てが楽しいエアロスミス演出のコースター

ディズニー・アニマルキングダム Disney's Animal Kingdom

WDW4つ目のテーマパークは、実在の動物だけでなく空想上や、あるいは絶滅してしまった動物たちと遭遇できる所。７つのエリアに分かれたパーク内には、熱帯雨林、ヒマラヤなどが再現され、300種、約1500匹の動物たちが暮らす、まさに動物たちの王国だ。

WDWのマストが、アカデミー賞受賞作『アバター』をベースにしたテーマランド、パンドラ―ザ・ワールド・オブ・アバターPandra—The World of Avatorだ。映画の世界が見事に再現され、ファンタジーの世界へといざなう。人気の高いアトラクションが、エクスペディション・エベレスト Expedition Everest。世界で最も高い山であるエベレストがモチーフのコースターで、途中、伝説の雪男イエティに襲われるなど、スリル満点だ。また、このパークらしいのが、キリマンジャロサファリ Kilimanjaro Safarisで、何百もの動物たちが自由に暮らす広大なエリアを、サファリトラックに乗って見学する。ダイナソー Dinosaurは、恐竜の発掘現場を再現したエリア"ディノランドUSA"にあるライド。6500万年前にタイムスリップし、巨大隕石から恐竜を救うという、スリリングな冒険が味わえる。

ハリウッドスタジオの人気ショー

●スター・ウォーズ：ギャラクティック・スペクタキュラー
チャイニーズシアターを中心にプロジェクションマッピング、花火、レーザー、音響を駆使し『スター・ウォーズ』のストーリーが展開される。まさに圧巻

●ファンタズミック！
光と映像、花火を使ったスペクタクルショーで、大人も大感激。魔法使いに扮したミッキーが悪の力と対決する。キャラクターの勢揃いも見応えあり。ハリウッドスタジオの特設会場で行われ、弁当持参で早めに席を取りたい

アニマルキングダムの人気ショー

●ツリー・オブ・ライフ・アウェイクニング
アニマルキングダムのシンボルであるツリー・オブ・ライフの木をスクリーンに展開されるプロジェクションマッピング。幻想的な雰囲気のなか、バンビの冒険が始まる

●リバーズ・オブ・ライト
ラグーンで行われるエキゾチックな夜のショー。ウオータースクリーンに浮かび上がる映像と、青森のねぶたのように水面を流れていく動物のフロートや花の噴水のダンスが見事

アニマルキングダムではサファリルックのミッキーとミニーに会える

WDW 内の直営ホテルに宿泊すると特典あり！ 旅のアドバイス

・エキストラ・マジック・アワー……各パークや日にちによるが、直営ホテル宿泊者は一般より１時間早く入園できたり、閉園時間より２時間長く滞在できる
・オーランド国際空港から、直営ホテルまで直行バス（無料）が利用できる
・ワールド内で購入したおみやげをホテルまでデリバリーしてくれる（出発の前日は利用できない）
・WDW 直営ホテル間の荷物のデリバリー

直営ホテル、入場チケットの予約先などは、URL disneyworld.disney.go.com（英語）

レンタカー利用者のおすすめ宿泊エリア▶キシミー（US-192沿い）やダウンタウンのホテルに泊まると、安くあげられる。

ディズニー・スプリングスでは気球に乗ることもできる

シーワールド・オーランド
住7007 Sea Harbor Dr.
☎(407)545-5550
URL seaworld.com/orlando
開毎日10:00～18:00（季節により9:00～23:00）
料3歳以上$99.99（ウェブサイトや観光局で割引チケットを扱っている）
※ほかにもアクアティカやディスカバリーコーブとのコンボチケットも販売されている。詳しくはウェブサイトで
行ダウンタウンからリンクス#8がシーワールドを通っている。インターナショナルドライブからはアイライドトロリー28番のバス停で下車

●Discovery Cove
地P.488-A2
住6000 Discovery Cove Way（シーワールドの向かい）
☎(407)513-4600
URL discoverycove.com
開毎日9:00～17:00（予約制）
料$199～380
●Aquatica
地P.488-B2
住5800 Water Play Way（シーワールドの向かい）
☎(407)545-5550
URL www.aquaticabyseaworld.com
開毎日10:00～17:00（季節によって変動あり）
料$69.99

シャチのショーは間もなく終了予定だから、今のうちに見ておくこと!!

ディズニー・スプリングス Disney Springs

ディズニー・スプリングスは、まるでもうひとつの無料のテーマパーク。おみやげ探し、食事、映画やエンターテインメントなどが楽しめ、テーマパーク閉園後の夜遅くまで営業している（毎日10:00～23:00だが曜日や季節によって変わる）。テーマパークで遊んだあとにぜひ寄りたい。

人気のショップは、世界最大の**ワールド・オブ・ディズニーWorld of Disney**。WDWのグッズがほとんど揃うが、アトラクションに隣接するショップにしか売っていない物もあるから気をつけて。旅行グッズもディズニーにこだわりたいなら**ディズニー・タグDisney Tag**、スター・ウォーズのグッズなら**スター・ウォーズ・トレーディング・ポストStar Wars Trading Post**へ。ほかにもユニクロやトゥミ、ケイトスペードなど一般的な人気店も揃い、ファストフードやレストラン、シネコン、気球ライドなど、お楽しみはいっぱい。

海の生物のショーが見事 地P.488-A2

シーワールド・オーランド
SeaWorld Orlando

全米屈指の絶叫ライドが楽しめ、海の動物たちと触れ合える世界最大規模のマリンパーク。見逃せないのが、シャムー（シャチ）のショーと生態系について解説する**ワンオーシャンOne Ocean**。ショーは2019年に終了予定だ。おすすめは、**アンターティカ（南極大陸）：ペンギンの帝国Antarctica: Empire of the Penguin**。ライドと飼育エリアのコラボで、ライドでペンギンたちの環境を学んだあとに現れる、ペンギンたちの世界にきっと癒やされるはず。世界初のドーム型3-Dシアターで、海ガメの目線で大海を冒険する**タートルトレック Turtle Trek**。ライド系ではまず、オーランド最速、最長、最高峰のコースター、**マコMako**にもトライしたい。**マンタ Manta**はフロリダ周辺の海域に多く生息するエイの一種であるマンタを想像させるような絶叫マシンだ。胸を固定して、海に飛び込んだかと思えば、次の瞬間には空高く上がっていく、壮快なライド。

シーワールドの向かいにイルカや熱帯魚など海の生物たちと人間が直接触れ合うことのできる**ディスカバリーコーブ Discovery Cove**がある。なかでも“イルカと泳ぐ”は癒やしの効果を体験できる。なお、ディスカバリーコーブの入場には、予約が必要。

新しいタイプのウオーターパークである**アクアティカAquatica**も評判が高い。浮き輪に乗りながら熱帯魚が群れる水槽を眺めたり、イルカが泳ぐなかを滑り抜けるウオータースライドなど、シーワールドらしい工夫も凝らされている。

Excursion 郊外の見どころ

スペースシャトル「アトランティス」が常設展示 地P.488-B2外

ケネディ宇宙センター
Kennedy Space Center

フロリダの湿原が大西洋に出合う広大な土地に“宇宙の窓

旅のアドバイス **早め早めの行動を▶**夏期など、テーマパークの人気アトラクションはどこも長蛇の列。そんなときにうまく回る秘訣がある。それは、早め早めに行動することだ。アメリカ人は、意外にのんびりしていて、朝はそれほど早くない。開門と同時に人気のアトラクションを次々制覇していけば、思った以上にスムーズにいく。

ロ"、ケネディ宇宙センターはある。2011年に最後のスペースシャトルが発射した現役のNASAの施設なのだが、その一部が"KSC Visitor Complex"として観光客向けのテーマパークとなっている。現在もここからさまざまなロケットが打ち上げられていて、タイミングがよければ発射場で待つロケットを見ることができる。

バスツアー
Bus Tour

広大な敷地に建つ施設の一部を見学することができる。バスは**シャトル発射場LC-39 Gantry Launch**などを車窓から見ながら**アポロ／サターン5センターApollo / Saturn V Center**に停車してセンター内を見学する。セルフガイドのツアーなので、ゆっくりと時間を取って見学することができ、スペースシャトルの打ち上げ準備から発射までの過程や歴史を学べる。また、月面着陸したアポロの実物も展示されているので、見逃さないように。

アイマックスシアター　IMAX Theater

シアターは2館あり、常時2本の映画を上映している。2018年10月現在観られるのはNASAの過去の業績、現在のプロジェクト、そして火星着陸を含む未来の計画を描いた"Journey to Space 3D"。ほかにもスペースシャトルから地球を見た"A Beautiful Planet"も上映されている。

スペースシャトル「アトランティス」
Space Shuttle Atlantis Exhibit

2011年7月、アメリカのスペースシャトル計画が終了。3機残ったシャトルのうち、最後のミッションを果たしたアトランティスがケネディ宇宙センターに展示されている。アトランティス用に造られたパビリオンでは、シャトルに対面するまでの演出が実にドラマチック。シャトル製造やミッションの苦悩がフィルムなどで紹介されている。おなかが開いたように内部が見える状態で展示されているシャトルは世界でもここだけ。

スペースシャトル発射体験
Shuttle Launch Experience

宇宙へと飛び立つスペースシャトルの発射が体験できるアトラクション。発射時に全身に加わる重力は想像以上だ。発射のあとは、宇宙空間を漂う感じも体験できる。

ケネディ宇宙センター
住FL-405, Kennedy Space Center
Free (1-855) 433-4210
URL www.kennedyspacecenter.com
開毎日9:00〜18:00（季節によって変動あり）
料$50、3〜11歳$40（バスツアー、アイマックスシアター、アトランティスなどの展示、宇宙飛行士と会う、ロケットガーデン、宇宙飛行士の殿堂の入場料込み）
行公共の交通機関では行けない。オーランドからツアーに参加するかレンタカーで。車の場合はインターナショナルドライブを交差するFL-528を東へ。FL-407→FL-405へ進み、Kennedy Space Centerの標識に従って行くと、KSC Visitor Complexが右に見える。約1時間10分

オーランドからケネディ宇宙センターへの日本語ツアーを催行する日系の旅行会社
キャラバン・セライ・オーランド
URL www.caravanline.com

●日本語解説
センター内を日本語ガイドのデバイスを持ちながら回ることができる。レンタル料$9。音質が悪い

ロケットが展示されているケネディ宇宙センター

スポーツ観戦　Spectator Sports

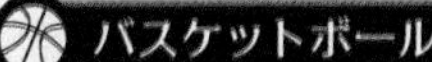

バスケットボール　NBA

オーランド・マジック（東・南東地区）　Orlando Magic

2008-09シーズンのファイナル進出からジリ貧状態で星を減らし、2012-13は20勝までに落ち込んだ。以降も負け越しが続き、地区下位に沈んでいる。悪い魔法が解けるのをファンは祈るばかりだがよい兆しは見えない。チームカラーはブルー、ブラック、シルバー。

オーランド・マジック（1989年創設）
本拠地――アムウェイセンター Amway Center（1万8846人収容）地P.488-B1
住400 W. Church St.
☎(407) 440-7900
URL www.nba.com/magic
行ダウンタウンの南。インターナショナルドライブから#38のバスで約30分。夜は必ずタクシーで

この選手に注目!
ニコラ・ブチェビッチ

メモ　スペースシャトルと日本人▶アトランティスは、唯一日本人宇宙飛行士が乗船していないスペースシャトル。日本人初の宇宙飛行士毛利衛さんら3人が乗船したエンデバーはロスアンゼルスのサイエンスセンターで、向井千秋さん、若田光一さんら5人が乗船したディスカバリーはワシントンDCの航空宇宙博物館の別館で公開中。

オーランド・シティSC
（2013年創設）
本拠地――オーランドシティ・スタジアム
Orlando City Stadium（6万5000人収容）
地P.488-B1
住655 W. Church St.
Free（1-855）675-2489（チケット）
URL www.orlandocitysc.com
行アムウェイセンターの西2ブロック。インターナショナルドライブから#38のバスで

この選手に注目！
ドム・ドゥワイヤー

サッカー MLS

オーランド・シティSC（東地区）
Orlando City SC

2015年にリーグ21番目のチームとして参戦するが、2018年まで一度もプレイオフに進んだことがない。だが、本拠地のオーランドシティ・スタジアムには平均2万5000人が集まる人気クラブだ。カカが抜けた後、チームの若返りを行っている。

ショップ&レストラン
Shops & Restaurants

S ショッピングモール
日本人好みのブランドが集まる
モール・アット・ミレニア
The Mall at Millenia

住4200 Conroy Rd. ☎(407) 363-3555
URL www.mallatmillenia.com
開月〜土10:00〜21:00、日11:00〜19:00 地P.488-B2

アイドライブの北東に、3軒のデパート、約150のショップが入った巨大なショッピングモールがあり、グッチ、シャネルなど、日本人におなじみの高級ブランドが入る。ユニバーサルスタジオとダウンタウンを結ぶリンクスのバス#40で行ける。

S アウトレットモール
WDWに近いアウトレット
オーランド・バインランド・プレミアム・アウトレット
Orlando Vineland Premium Outlets

住8200 Vineland Ave. ☎(407) 238-7787 地P.488-A2
URL www.premiumoutlets.com 開毎日10:00〜23:00

人気ブランドのアウトレットが多いことで有名なプレミアム・アウトレットのオーランド店。コーチ、バーバリー、ラルフ・ローレン、プラダ、トリーバーチなど約160のブランドが集まっている。アイライドトロリーも乗り入れるなどアクセスもよく、営業時間も長い。

S アウトレットモール
ユニバーサルに近いアウトレット
オーランド・インターナショナル・プレミアム・アウトレット
Orlando International Premium Outlets

住4951 International Dr. ☎(407) 352-9600
URL www.premiumoutlets.com
開毎日10:00〜23:00 地P.488-B2

アイライドトロリー（赤）北の終点の便利な場所。ロクシタン、ブルックス・ブラザーズ、マイケル・コース、ノースフェイス、U.S.ポロ、ビクトリアズシークレット、コーチ、ケイト・スペードなど約180軒が入る。

R ファストフード
世界最大級の遊び場があるマクドナルド
ビストロ・グルメ・アット・マクドナルド
Bistro Gourmet at McDonald's

住6875 W. Sand Lake Rd.
☎(407) 351-2185 URL www.mcdonalds.com
開24時間 AMV 地P.488-A2

ガラス貼りのスタイリッシュな外観。通常のマクドナルドをグレードアップしたメニューで、本格志向のハンバーガー、ピザ、パスタ、ケーキなど種類が多い。タッチパネルでオーダーできる。遊び場は世界のマクドナルドのなかでNo.1の広さ。

R アメリカ料理
健康的なウエートレスと冷えたビール
ツインピークス
Twin Peaks

住8350 International Dr. ☎(407) 680-2811
URL twinpeaksrestaurant.com 開毎日11:00〜24:00
（水〜土〜翌2:00） AMV 地P.488-A2

オーランドでいちばんにぎやかなエリアにある、ウエートレスとビールが名物の人気店。蒸し暑いオーランドで、キュートで健康的なウエートレスさんがサーブするキンキンのビールは、生き返るおいしさ！ 料理の質も高い。

R 日本料理
リーズナブルで手軽なお寿司
スシオロジー
Sushiology

住6400 International Dr., #130 ☎(407) 345-0245
URL www.sushiology.net
開月〜土11:00〜22:00（金・土〜23:00） MV 地P.488-A2

アメリカらしい変わり巻き寿司をリーズナブルな料金で食べられるのがここ。持ち帰りもOK。アボカドやソフトシェルクラブを使ったスパイダーロールは1人前$8.75。牛丼（$8）や天丼（$8.75）などもある。

レストラン&ホテル
Restaurants & Hotels

日本料理

R 日本の食堂風メニューでひと息

アキレストラン
Aki Restaurant

住7460 Universal Blvd.　☎(407) 354-0025
営ランチ月〜土12:00〜14:00、ディナー月〜土17:30〜21:00
休日　ADJMV　地P.488-A2
CLOSED

生姜焼きやカレーライス、焼き魚などアメリカの日本食店にはないメニューが充実。板前さんが日本人なので味も安心。寿司をはじめ、値段も良心的で言うことなし！　ついくつろいでしまう店だ。

エコノミーホテル

H コンベンションセンターのすぐ近く

ローゼン・イン・アット・ポイント・オーランド
Rosen Inn at Pointe Orlando

住9000 International Dr., Orlando, FL 32819
☎(407) 996-8585　Free(1-800) 999-8585　FAX(407) 996-6839
URLwww.roseninn9000.com　Wi-Fi無料
ⓈⒹⓉ$90〜156　ADJMV　地P.488-A2

インターナショナルドライブのほぼ中心、ショッピングモールが目の前にあり夕食やショッピングにも安心して外出できる。冷蔵庫や電子レンジがあって便利。1020室。

エコノミーホテル

H WDWのパークまで無料送迎あり

クラリオンイン・レイク・ブエナビスタ
Clarion Inn Lake Buena Vista

住8442 Palm Pkwy., Lake Buena Vista, FL 32836
☎(407) 996-7300　Free(1-800) 999-7300　FAX(407) 996-7301
URLwww.clarionlbv.com　Wi-Fi無料
ⓈⒹⓉ$75〜155　ADJMV　地P.488-A2

WDWのテーマパーク、ユニバーサル、アウトレットへは予約不要の無料シャトルバスが定期運行。売店にはおいしいサンドイッチ、カップラーメンなどが揃う。640室。

中級ホテル

H ユニバーサルに近く清潔

ホリデイイン&スイーツ・アクロス・フロム・ユニバーサル・オーランド
Holiday Inn & Suites Across From Universal Orlando

住5905 S. Kirkman Rd., Orlando, FL 32819
☎(407) 351-3333　FAX(407) 351-3527
URLwww.hiuniversal.com　Wi-Fi無料　ⓈⒹⓉ$100〜358、スイート$125〜426　ADJMV　地P.488-B2

UORのエントランスの交差点のすぐそば。シンプルな客室だが、使いやすく清潔。スイートはミニキッチンが付いていて家族連れに好評。T.G.I.フライデイのレストランあり。390室。

中級ホテル

ニモやアリエルの世界を徹底、WDW最新ホテル

ディズニー・アート・オブ・アニメーション・リゾート
Disney's Art of Animation Resort

住1850 Animation Way, Lake Buena Vista, FL 32830
☎(407) 938-7000　FAX(407) 938-7070　Wi-Fi無料　ⓈⒹⓉ$136〜237、スイート$325〜545　ADJMV　地P.488-A3

©Disney

『ファインディング・ニモ』『カーズ』『ライオン・キング』『リトルマーメイド』などのアニメ映画がテーマ。スイートは6人まで泊まれる。1984室。

エコノミーホテル

H 価格設定がうれしい

ディズニー・オールスター・ムービーリゾート
Disney's All-Star Movie Resort

住1901 W. Buena Vista Dr., Lake Buena Vista, FL 32830
☎(407) 939-7000　FAX(407) 939-7111　Wi-Fi無料
ⓈⒹⓉ$99〜216　ADJMV　地P.488-A3

©Disney

WDWの直営ホテル。スポーツ、ミュージック、ムービーのテーマに分かれたホテルのひとつ。客室内の設備はテーマごとの個性が楽しい。1920室。

高級ホテル

H 日本人利用客の人気が高い

ウォルト・ディズニー・ワールド・スワン&ドルフィン
Walt Disney World Swan & Dolphin

住1200（スワン）、1500（ドルフィン）Epcot Resorts Blvd., Lake Buena Vista, FL 32830　☎(407) 934-4000（スワン＆ドルフィン）　FAX(407) 934-4884（スワン＆ドルフィン）
URLwww.swandolphin.com　Wi-Fi無料
ⓈⒹⓉ$200〜510　ADJMV　地P.488-A2

白鳥とイルカが目印のホテル。レストランやショップが集まるボードウオークは徒歩圏内。エキストラ・マジック・アワーの特典あり。2270室。

高級ホテル

H ユニバーサルの敷地内にあるオンサイトホテル

ロウズ・ポートフィーノベイ・ホテル・アット・ユニバーサル・オーランド
Loews Portofino Bay Hotel at Universal Orlando

住5601 Universal Blvd., Orlando, FL 32819
☎(407) 503-1000　Free(1-888) 430-4999　FAX(407) 503-1010
URLwww.loewshotels.com　Wi-Fi無料　ⓈⒹⓉ$329〜534、スイート$639〜1364　ADJMV　地P.488-A2

ユニバーサルを楽しみたい人には、便利なホテル。ホテル内から専用の船でシティウォークに到着できる。ユニバーサルのパーク内で優先入場などの特典がある。750室。

ウォルト・ディズニー・ワールド・スワン＆ドルフィン▶直営ホテルではないが、直営に準じたサービスでエプコット、ハリウッドスタジオまで無料のウオータータクシーとシャトルのサービスも利用できる。ないのは国際空港への送迎。

Miami マイアミ

太陽が選んだリゾート

クールなデザインのライフガード・スタンドをお見逃しなく

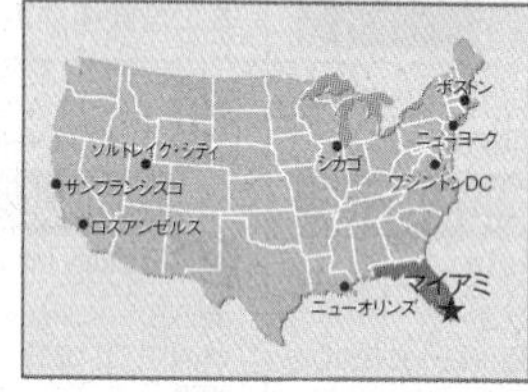

冬でも温暖な気候と美しいビーチ、パームツリーにアールデコ調の建物。マイアミは全米随一の避寒地だ。一方で中南米への玄関口でもあり、市内にはスペイン語があふれている。中南米経済にとってマイアミは、表裏両面で重要なことから、「マイアミは中南米の首都だ」とする識者もいるほどだ。

リゾートとしてのマイアミを楽しみたいなら、マイアミビーチやココナッツグローブを歩いてみよう。亜熱帯のまぶしい日差しを全身に浴び、エメラルドグリーンの水平線を見つめ、コーラルピンクの町でウインドーショッピングを。中南米の首都としてのマイアミを感じるなら、ダウンタウンやリトルハバナをのぞいてみるのもいい。自分の興味のある過ごし方を楽しめるのは、幅広い魅力を備えたマイアミならではは。いずれにしても、今、アメリカで最も活気のある町の空気を肌で感じてみよう。

アールデコ調の建物がずらりと並ぶオーシャンドライブ

DATA

人口▶マイアミ市 約46万3300人
マイアミビーチ市 約9万2300人
面積▶約9km²
標高▶最高9m、最低0m
TAX▶セールスタックス　7%
ホテルタックス　マイアミ市13%、マイアミビーチ市14%
属する州▶フロリダ州　Florida
州のニックネーム▶サンシャイン州 Sunshine State
州都▶タラハシー　Tallahassee
時間帯▶東部標準時（EST）

P.631

繁忙期▶10〜4月

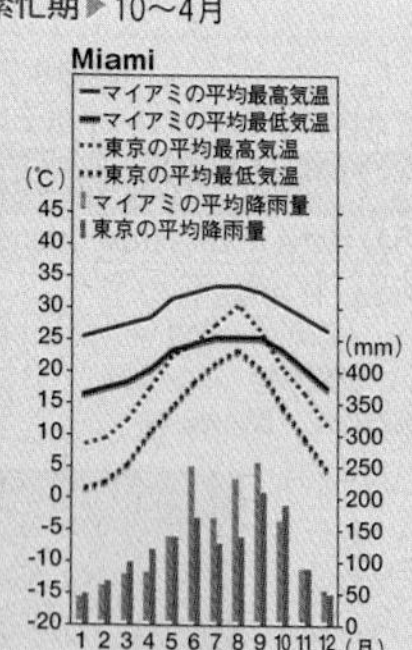

もっと詳しく

地球の歩き方B10フロリダ編（1700円＋税）でもマイアミを紹介していますので、ご活用ください。

マイアミへの行き方 Getting There

 飛行機 Plane

マイアミ国際空港 Miami International Airport（MIA）

ダウンタウンの西約10kmにある国際空港。全米の大都市や中南米の都市から直行便が乗り入れている。半円型に5つのターミナルがあり、ターミナルDにはアメリカン航空、ターミナルGにはユナイテッド航空、ターミナルHにはデルタ航空が発着する。ターミナルDは東西に長いため、Skytrainというトラムが走っている。全ターミナルの出発フロアは2階で、到着便とバゲージクレーム（預託荷物のピックアップ場所）は1階だ。ただし、ターミナルHに到着する国際線のバゲージクレームは3階になる。タクシー、スーパーシャトルは1階から乗車。ホテルのシャトルサービスは2階。RCC（レンタカーセンター）へは、3階から無料トラムのMIAムーバーMIA Moverで。

マイアミ国際空港
地 P.506
住 2100 NW 42nd Ave.
☎ (305) 876-7000
URL www.miami-airport.com
●Information（コンコースE）
2階のターミナルEに観光案内カウンターが設置されている
☎ (305) 876-7000
開 毎日6:00～22:00

アメリカン航空のハブでもある大空港

■ 空港から／空港へのアクセス

	種類／名称／連絡先	行き先／運行／料金	乗車場所／所要時間／備考
空港シャトル	スーパーシャトル SuperShuttle free (1-800) 258-3826 URL www.supershuttle.com	行き先▶市内や周辺どこでも 運行▶24時間随時 料金▶[illegible] マイアミビーチ（サウスビーチ）まで片道$22	空港発▶バゲージクレームを出た所にいる、同社の係員に手配してもらい乗車 空港行き▶事前に電話などで予約をしてから乗車。乗車の24時間前までに予約が必要 所要時間▶ダウンタウンまで約20分、マイアミビーチまで約30分
メトロレイル	メトロレイル・オレンジライン Metrorail Orange Line ☎ (305) 891-3131 URL www.miamidade.gov/transit	行き先▶Dadeland South駅 運行▶空港発／行きともに毎日5:00頃～24:00頃の15～30分間隔 料金▶$2.25	空港発▶MIAムーバーの終点セントラル駅にターミナルがある 空港行き▶ダウンタウンのメトロレイル駅から乗車 所要時間▶約15分
路線バス	メトロバス #150 Metro Bus #150 ☎ (305) 891-3131 URL www.miamidade.gov/transit	行き先▶マイアミビーチ 運行▶Airport Express（#150） 空港発：毎日6:00～23:40の20～30分間隔 空港行き：毎日5:10～22:55の20～40分間隔 料金▶Airport Express（#150）$2.25	空港発▶MIAムーバーの終点セントラル駅にターミナルがある 空港行き▶ビーチのWashington Ave.などのバス停から乗車 所要時間▶Airport Express（#150）でマイアミビーチまで30～40分
タクシー	スーパーイエロータクシー Super Yellow Taxi ☎ (305) 888-7777	行き先▶市内や周辺どこでも 運行▶24時間随時 料金▶ダウンタウンまで約$27、マイアミビーチまで約$35	空港発▶各ターミナルを出た所から乗車 空港行き▶事前に電話予約、または主要ホテルから乗車 所要時間▶ダウンタウンまで約15分、マイアミビーチまで20～30分

「スーパーシャトル」の運行は終了しました。

※それぞれの乗り物の特徴については ➡P.665

長距離バス Bus

グレイハウンド・バスディーポ Greyhound Bus Depot

空港の東側、セントラル駅➡P.500の中にあり、キーウエスト行きの便も発着している。空港からMIAムーバーで直結、ダウンタウンやビーチへも同駅からメトロレイルやバスが出ていて便利。

グレイハウンド・バスディーポ
●Miami
地 P.506
住 3801 NW 21st St.
☎ (305) 871-1810
開 24時間
行 ダウンタウンへはメトロレイル・オレンジラインに乗り、Goverment Center駅下車。マイアミビーチへはメトロバス#150で

旅のアドバイス　マイアミのシーズン▶観光シーズンは冬なので、夏は暑さが厳しい代わりにビーチ沿いの高級ホテルにもかなり安く泊まれる。南国ビーチシティで快適ステイを楽しみたい。

鉄道 Train

アムトラック駅
Amtrak Station

2018年11月現在、ダウンタウンの北約10kmに位置する。近いうちにセントラル駅➲下記「旅のアドバイス」に移転予定。ニューヨークとマイアミを結ぶシルバースター、シルバーミーティアがそれぞれ1日1往復している。ダウンタウンへは、アクセスがよくないのでタクシーで移動するのがベスト。ビーチへはメトロバス#112Lで約1時間15分。

アムトラック駅
地P.506
住8303 NW 37th Ave.
Free (1-800) 872-7245
開毎日7:00〜21:15
行ビーチへはメトロバス#112Lが通るが、アムトラック駅へ行く際は、行き先が"Amtrak Station"の便で。30分〜1時間15分間隔（土・日は朝と夜に合わせて8便のみ）。ダウンタウンへのタクシーは$30前後

Getting Around マイアミの歩き方

マイアミは、**ダウンタウンのある本土側のマイアミ市と、ビスケーン湾を挟んで南北に細長く延びた島マイアミビーチ市に分かれる**。両市はいくつもの橋や堤道で結ばれている。この両市と周辺の地域を合わせて、グレーターマイアミと呼ぶ。見どころは、グレーターマイアミに点在しており、ここもあそこもと欲張るのはかなりきつい。ポイントを絞り、メトロバスやメトロレイル、メトロムーバーを駆使して回ろう。広いマイアミではレンタカーがいちばん威力を発揮するが、一部治安の悪いエリアもあるので、レンタカー会社の係員に確認しておこう。

いちばんふさわしいマイアミの観光方法というと、ビーチでの日光浴か海水浴だろう。どこまでも続く白い砂浜は、とても気持ちがいい。また、**アールデコ地区**➲P.503のビーチ沿い、オーシャンドライブ Ocean Dr.は、夜も若者でにぎやかなエリアだ。人通りの少ない所を歩かないよう注意して、このあたりをぶらつくのも楽しい。ビーチの**リンカーン・ロード・モール**➲P.503のあたりも人気がある。特にアトラクションがあるわけではないが、流行のレストランやカフェが並び夜までにぎわっている。ダウンタウンの見どころは**ベイサイドマーケットプレイス**➲P.504と**リトルハバナ**➲P.505など。ダウンタウンは一部治安の悪いエリアもあるので暗くなってからは出歩かないようにしよう。

なお、マイアミ市の住所表示はFlagler St.とMiami Ave.の角を起点として、北東（NE）、北西（NW）、南東（SE）、南西（SW）の4エリアに分かれている。東西の通りはストリート、南北の通りはアベニューだ。マイアミビーチ市では南から1st St.、2nd St.……と数が増えてゆく。

レンタカー利用者へ
フリーウエイまでの道順はレンタカー会社の係員に十分に確認するように

マイアミ市のバスがメトロバス。運行本数は多い

夜のオーシャンドライブ

旅のアドバイス マイアミ空港周辺の交通機関が1ヵ所に集約「セントラル駅」

使いにくいと言われていたマイアミの公共交通機関が、2013年秋マイアミ国際空港の東、42nd Ave.の東側に位置するセントラル駅Miami Central Station（地P.506）に集約された。駅構内には空港のレンタカーセンターと、メトロレイル&メトロバス、トライレイル、グレイハウンドのターミナルがある。近いうちにアムトラックの鉄道も乗り入れ、交通の一大拠点となる予定だ。国際空港からはMIAムーバーの無料トラムが運行されるなど、空港からのアクセスも簡単。駅からビーチへはメトロバス#150、ダウンタウンへはメトロレイル・オレンジラインが走る。

旅のアドバイス マイアミの治安▶悪いと言われ続けたマイアミの治安だが、歩くとわかるが以前に比べかなりよくなってきている。ただし夜は明るい所だけを歩こう。注意するに越したことはない。

観光案内所 Visitors Information

グレーターマイアミ観光局
Greater Miami Convention & Visitors Bureau

マイアミ市側にある観光局。マイアミのダウンタウンや近郊の見どころについての情報を揃えている。高層ビルの中。

マイアミビーチ観光局
Miami Beach Chamber of Commerce

マイアミビーチ市にある観光案内所。リンカーン・ロード・モールに近い。各種資料や地図、割引クーポンが豊富に揃っているほか、おみやげも売っている。

市内の交通機関 Public Transportation

マイアミ-デード・トランジット
Miami-Dade Transit

メトロバスやメトロレイル、メトロムーバーを運営するマイアミ・デード・トランジットMiami-Dade Transit。

料金は、メトロバスとメトロレイルが共通で$2.25（1日券$5.65、7日券$29.25）。メトロムーバーは無料だ。なお、乗車にあたっては**イージーチケットEasy Ticket**または**イージーカードEasy Card**（$2）というプリペイドカードを購入しなければならないが、バスだけは現金でも乗ることができる。購入やチャージは駅の券売機にて。

メトロバス　Metrobus

ルート数、運行本数ともに多くて便利。ダウンタウンのFlagler St.とSW 1st St.の間、SW 1st Ave.にターミナルがあり、マイアミビーチ方面など多くのバスがここから出ている。メトロレイルのGovernment Center駅で路線図や時刻表が入手できるので、ぜひ利用しよう。

メトロレイル　Metrorail

ダウンタウンを縦断し、おもに通勤に利用されている高架鉄道だ。ダウンタウンの駅はGovernment Center駅。南へ2駅目のVizcaya駅で降りると、ビスカヤミュージアム＆ガーデンなどへ行ける。空港へ行くときにも便利。

メトロムーバー　Metromover

無料のモノレイル。南方面と北方面に走る2本のルートとダウンタウンを周回するルートがあり、3ルートともダウンタウン内は環状に走る。Adrienne Arsht Center駅やGovernment Center駅はメトロバス発着の拠点なので、乗り継ぎが便利だ。

ダウンタウンが初めての人におすすめしたい無料のメトロムーバー

グレーターマイアミ観光局
地 P.506
住 701 Brickell Ave., #2700
☎ (305) 539-3000
free (1-800) 933-8448
URL www.miamiandbeaches.com
開 月～金8:30～18:00
休 土・日、おもな祝日

マイアミビーチ観光局
住 100 16th St., #6, Miami Beach
☎ (305) 672-1270
URL www.miamibeachguest.com
開 毎日10:00～16:00

マイアミ-デード・トランジット
☎ (305) 891-3131
URL www.miamidade.gov/transit
●Transit Service Center
時刻表やイージーカードなどが入手できるトランジット・サービスセンターは、Government Center駅の2階にある
地 P.504
住 111 NW 1st St.
開 月～金7:00～18:00
休 土・日、おもな祝日

●Metrobus
運行／毎日5:00～24:00頃
料 $2.25、市外へのエクスプレス$2.65。トランスファー（乗り換え）は現金払いの場合はなし、イージーカード使用の場合は3時間まで無料。メトロレイルへのトランスファーは、"Rail Transfer, please."と言って60¢払う

●Metrorail
運行／毎日5:00～24:00頃
料 $2.25、バスへのトランスファーは60¢

●Metromover
運行／5:00～23:00、金～24:00、土6:00～24:00、日6:00～23:00
料 無料

●Miami Trolley
マイアミ・ダウンタウンのBiscayne Blvd.とBrickell Ave.などを南北に走る無料のトロリー。11ルートある
運行／月～土6:30～23:00、日8:00～20:00の20分間隔（路線により異なる）

旅のアドバイス　マイアミビーチの移動に ▶ 市電型の無料バス、マイアミビーチトロリー Miami Beach Trolley が便利。サウスビーチでは、時計回りの Loop A、反時計回りの Loop B、8 の字に循環する VIA 10 St. の 3 ルートが Washington Ave. などを走っている。運行は 6:00 ～ 24:00、日 8:00 ～。15 ～ 35 分間隔。

キーウエストにあるUS-1の終点&始点サイン

キーウエストへのツアー会社

●Miami Nice Tours
☎(305)949-9180
URL www.miami-nice.com
1 Day Key West
ツアー／毎日5:45〜7:15、ホテルにピックアップ。帰着は21:00頃
料$79（オンラインで購入の場合$69）

●Island Queen Cruises ➲P.505
住401 Biscayne Blvd.（ベイサイドマーケットプレイス内）
Free(1-844)295-8034
URL islandqueencruises.com
Transportation to Key West By Bus
ツアー／毎日6:10〜7:30、ホテルにピックアップ。帰着は20:30〜21:30頃
料$69（オンライン購入で$35）、4〜12歳$35

ツアー案内 *Sightseeing Tours*

マイアミからキーウエストへの日帰りツアー
One Day Tours from Miami to Key West

「キーウエストへ行ってみたいけれど、あまり時間がない」という人も多いだろう。1日だけ時間が取れるのなら、マイアミ発の日帰りツアーに参加するのがおすすめだ。キーウエストへの日帰りツアーは、マイアミの旅行会社ならほとんどが扱っている。ホテルのフロントに相談するのもいい。

申し込みは、直接旅行会社に出向いてもいいし、多少の英語力があれば電話1本、またはウェブサイトでできる。ただし、電話の場合は支払い方法など、事前にしっかり確認しておくこと。また、大きなホテルなら入口まで直接迎えに来てくれるが、小さなホテルの場合は近くの大きなホテルをピックアップ場所に指定されることが多い。

ツアーは、7:00頃いろいろな場所で客をピックアップし、小型バンで向かう。途中、トイレ休憩や食事の休憩もあるので、食べ物に困ることはないが、念のため水を持っていくといいだろう。また、風光明媚な所で停車して、写真撮影の時間を取ってくれるのもツアーならでは。ただし、セブンマイル・ブリッジ➲P.516「旅のアドバイス」は法律によって途中で車を停めることはできない。キーウエスト到着後はほとんど自由行動となるから、集合場所と時間を確認しておくように。最後にガイドのサービスがよかったら、チップを渡そう。

よほど混雑するシーズンでない限り、前日に申し込んでも問題ない。

旅のアドバイス

レンタカーを利用してフロリダのドライブを楽しもう

世界遺産、エバーグレーズ国立公園へ

マイアミからターンパイクを南下、終点から標識に従って走る。マイアミからゲートまで約1時間の行程だ。**エバーグレーズ国立公園Everglades National Park**のメインエントランス近くにあるビジターセンターErnest Coe Visitor Centerは、9:00〜17:00（変更あり）のオープン。ここで園内の地図を入手しよう。短いトレイルもあるのでぜひ歩いてみたい。おすすめは、水鳥やワニなどを見ることができるアンヒンガトレイルAnhinga Trailだ。ただし、想像を絶するほど蚊が多いので（特に夏期）、服装や虫よけスプレーなど、十分な準備を忘れずに。

低い雲が移動し、太陽光線を遮る。遠くに雨の固まりが落ちているのが見える。またたく間に黒い雲が空を覆い、強烈な雨が地面をたたく。湿原の植物たちは、身じろぎもせず淡々と雨に打たれている。そんな大自然のドラマを特大の劇場で眺めてみよう！

●Everglades National Park
住40001 State Rd. 9336, Homestead
☎(305)242-7700　URL www.nps.gov/ever
料車1台$25、バイク$20、それ以外の方法は1人$8(7日間有効)

フロリダでのドライブ時の注意

マイアミでは、レンタカーを狙った犯罪が多発した時期もあったが、現在は減少している。とはいえ油断は禁物。フロリダでは次の点に注意を。

●車を借りるとき、係員にどのあたりの治安がよくないか、あわせて目的地への行き方も確認する。

●フロリダはトールロード（有料道路）が多い。ETCが普及して、料金所がない場所もある。マイアミで借りる場合、ほとんどの車にETCが搭載されていて（シール型もある）、通行料は後日請求される。

●トールロードのレーン解説——白のレーン=Sun Passという ETC専用レーン。青いレーン=おつりが不要な車用。バスケットにコインを投げ込むか、係員に正確な金額を渡す。緑のレーン=おつりが必要な車用。

野生のワニに出合えるのがエバーグレーズ国立公園

投稿　Island Queen Cruises ➲上記側注について▶ウェブサイトで申し込んでも、必ずツアー会社に電話をかけてピックアップの時間を相談する必要がある。また、ピックアップのため滞在している空港近くのホテル名を伝えると「そんな所には行かない。ダウンタウンまで来て」と場所を指定された。（福岡県　匿名　'16）['18]

マイアミビーチ Miami Beach

南国の日差しとよく調和する建築様式 地P.503-B

アールデコ地区
Art Deco District

ビーチの南端、5th St.から17th St.のあたりまでは、もともとアールデコ調の凝った建物が多かったエリア。これらの建物を修繕して町の美観を整えようと、おもな建物やホテルの外壁がパステルカラーに統一されてアールデコ地区となった。コーラルピンクやペパーミントグリーンがかわいい町並みは、ヤシの木やエメラルドの海によく似合う。**オーシャンドライブ Ocean Dr.**沿いには、おしゃれなカフェやレストランが並び、マイアミの若者たちで深夜までにぎわう。まるで映画の世界のよう。

マイアミのマストがここ 地P.503-B

リンカーン・ロード・モール
Lincoln Road Mall

Washington Ave.の西、16th St.を1本北に入ると、一般車両立ち入り禁止の遊歩道になっている。そこがリンカーン・ロード・モール地区だ。誰もが集うマイアミいちの繁華街で、道の両側には小粋なブティックや、評判の料理を食べさせてくれるレストラン、ショップ、クラブなど約160軒が連なっている。店やレストランの営業時間も長く、夜遅くまでにぎやか。日曜の午後は、オープンカフェでお茶をしよう。

アールデコ地区
行 ダウンタウンからメトロバス#113M、#119S、#120など"Miami Beach"へ行く路線に乗り約20分。ウェルカムセンターへ行く場合はWashington Ave. & 9th St.で下車

アールデコ・ウェルカムセンター
地P.503-B
住1001 Ocean Dr., Miami Beach
☎(305)672-2014 URL www.mdpl.org
開毎日10:00〜17:00(木〜19:00)
休おもな祝日

建物を見るだけでも価値がある

リンカーン・ロード・モール
住16th St.と17th St.の間に位置する。Lincoln Rd.のWashington Ave.からAlton Rd.の間
行メトロバス#103C、112L、113M、119S、120でLincoln Rd.で下車

マイアミビーチに来たら必ず寄りたいリンカーン・ロード・モール

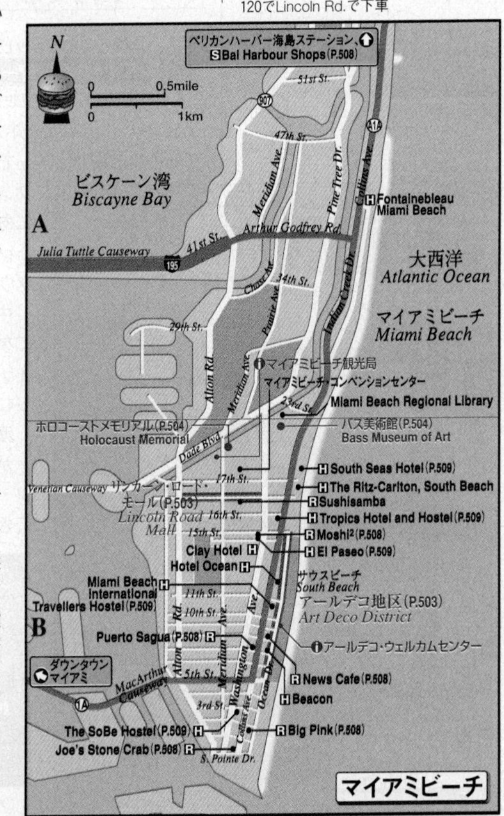

メモ アールデコ地区のウオーキングツアー▶アールデコ・ウェルカムセンターにあるギフトショップから出発するウオーキングツアーが毎日行われている。ツアーは毎日10:30出発（木のみ18:30もあり）。所要時間90分。予約不要だが、出発時間の15分前までにウェルカムセンターへ行きチケットを購入しよう。料$25、学生・シニア$20

ホロコーストメモリアル
住1933-1945 Meridian Ave., Miami Beach
☎(305)538-1663
URL holocaustmemorialmiamibeach.org
開毎日9:30〜日没　料無料
行リンカーン・ロード・モールから北へ3ブロック

犠牲者に哀悼の意を表する所

犠牲になったユダヤ人のための慰霊碑　地P.503-B

ホロコーストメモリアル
Holocaust Memorial

フロリダのぬけるような青空に向かって、救いを求めるように差し上げられた大きな手。第2次世界大戦中、ナチスによって大虐殺された600万人のユダヤ人のための慰霊碑で、約13mの高さをもつ迫力のブロンズ像。周囲の大理石には、犠牲者の名前がびっしりと書き連ねられており、パネル写真はホロコースト（大虐殺）の残酷さを強烈に伝えている。奥には祈りのスペースもある。

バス美術館
住2100 Collins Ave., Miami Beach
URL thebass.org
地P.503-B
住227 27nd St., Miami Beach
開10:00〜17:00
休月・火、サンクスギビング、12/25
料$10、65歳以上＆13〜18歳$5
行無料のマイアミビーチトロリーでバス美術館前下車。すべてのルートが通る

現代美術の鑑賞なら　地P.503-B

バス美術館
Bass Museum of Art

1964年にオープンした美術館で、エジプト美術から浮世絵まで幅広い収蔵品を誇る。サンゴ岩でできたクラシックな建物が目を引くが、現在の展示は現代美術が中心で、世界中で活躍するアーティストの作品を数ヵ月ごとに紹介している。なかにはルネッサンス期の絵画と現代美術とのコラボ作品もある。屋外の展示もお見逃しなく。

マイアミ市　Miami

ベイサイドマーケットプレイス
住401 Biscayne Blvd.
☎(305)577-3344
URL www.baysidemarketplace.com
開月〜土10:00〜22:00（金・土〜23:00）、日11:00〜21:00（レストランは延長）
行メトロムーバーCollege/Bayside駅下車。東へ1ブロック

南国らしいショッピングモール　地P.504

ベイサイドマーケットプレイス
Bayside Marketplace

ビスケーン湾のヨットハーバーに面した、明るいショッピングモール。屋根があってアーケード状になってはいるが、オープンモールに近い構造で、南国の日差しにあふれている。店も明るい原色を用いたレイアウトで、いかにもマイアミらしい。ダウンタウンNo.1の見どころだ。

中央のハーバーに面した広場では、夜になると無料コンサートが開かれる。ダイキリでも飲みながら、ポップなリズムを楽しむのもいい。

南棟の2階に国際色豊かなフードコートがあり、同じエリアにはハードロック・カフェ、北棟にフーターズもあり、にぎやかな雰囲気だ。

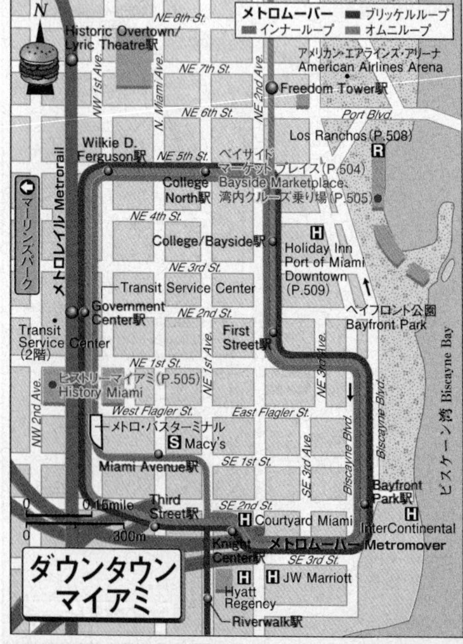

いつもにぎやかで、ライブ演奏なども行われている

歴史・文化・その土地らしさ　公園・レクリエーション・アトラクション　買い物・食事・娯楽
★編集室オススメ

まずは手近なクルーズで気分を盛り上げよう 地P.504

湾内クルーズ
Island Cruises

ベイサイドマーケットプレイスから出航しているクルーズツアーは、マイアミに到着したら真っ先に乗っておきたいアトラクション。海沿いに建ち並ぶのは、人気歌手グロリア・エステファン、TVドラマ『マイアミ・バイス』でおなじみのドン・ジョンソンら億万長者たち……の豪邸！

これら豪邸を巡る**Millionaire's Row Cruises**ほか、ビスケーン湾をボートで巡る**Bayside Blaster**など多様なクルーズツアーを行っている**アイランド・クイーン・クルーズ Island Queen Cruises**。キーウエストやエバーグレーズへのツアーもあるのでマイアミ観光の選択の幅が広がるはずだ。

湾内クルーズ
●Island Queen Cruises
☎(305)379-5119
Free(1-800)910-5119
URL islandqueencruises.com
Millionaire's Row Cruises
運航／毎日10:30、11:00～19:00の1時間間隔
料$28、4～12歳$19
Bayside Blaster
運航／土・日13:30～17:30の2時間間隔
料$28、4～12歳$19。両クルーズともにオンライン購入で$5引き

南フロリダ１万年の歴史を知る 地P.504

ヒストリーマイアミ
History Miami

先史時代のネイティブアメリカン文化、スペイン人などの侵入、リゾート開発といったフロリダの歴史から、沈没船の宝物探しやスポーツまで、幅広い展示が自慢だ。パネルだけでなく、模型や実物を使って見せるなど変化に富んだ展示方法にも注目。入口横のギフトショップには、フロリダの歴史と自然に関する本が揃っており、絵はがきやアクセサリーも多く、充実している。

ヒストリーマイアミ
住101 W. Flagler St.
☎(305)375-1492
URL www.historymiami.org
開10:00～17:00(日12:00～)
休月、おもな祝日
料$10、シニア・学生$8、6～12歳$5
行メトロレイルGovernment Center駅から南へ1ブロック

オウムたちのカシコイ芸に拍手 地P.506

ジャングルアイランド
Jungle Island

マイアミのダウンタウンとマイアミビーチを結ぶMacArthur Cswy.の途中の島にある子供に人気のアトラクション。ジャングルを思わせる敷地に、極彩色のオウムをはじめとしてフラミンゴ、クジャクなどの鳥類やナマケモノやオランウータンなどが飼育されている。1日数回行われるバードショーは必見。オウムたちがさまざまな芸を披露してくれる。希望すれば、オウムを抱いて記念撮影できる。

ジャングルアイランド
住1111 Parrot Jungle Trail
☎(305)400-7000
URL www.jungleisland.com
開毎日10:00～17:00、夏期延長あり
料$52.95、3～10歳$39.95
行メトロバスでも行けるが不便なので、ツアー参加がおすすめ

カラフルなオウムたちが出迎えてくれる

グレーターマイアミ Greater Miami

キューバの雰囲気が漂うエリア 地P.506

リトルハバナ
Little Havana

1960～1970年代、カストロ首相の台頭とともにマイアミへ移ってきた大勢のキューバ人がコミュニティをつくったのがこの地域。現在、マイアミ周辺には約120万人のキューバ系の人々が住んでいる。中心街は**カジェ・オチョ Calle Ocho**（スペイン語で8番街の意）と呼ばれるSW 8th St.のSW 4th～27th Aves.あたりまでの間だ。店の看板はすべてスペイン語。**ドミノ広場Domino Park**では老人たちがドミノやチェスを楽しんでいる。時間があればカフェでキューバンコーヒーを味わったり葉巻屋さんをのぞいたり、のんびり散歩してみよう。

リトルハバナ
行メトロレイルまたはメトロムーバーBrickell駅からメトロバス#8で

テーブルゲームに興じる人々

旅のアドバイス **ミュージアムパークがオープン**▶アメリカン・エアラインズ・アリーナ（地P.504）の北、Biscayne Blvd. 沿いにミュージアムパークがオープンし、マイアミ美術館がPerez Art Museum Miamiと改名して開館した。さらに2017年5月には最先端技術を結集した科学博物館Frost Museum Scienceも開館した。

ココナッツグローブ
URL www.coconutgrove.com
行 メトロレイルでCoconut Grove駅まで行き無料のマイアミトロリーで

●Coco Walk
住 3015 Grand Ave., Coconut Grove
☎ (305) 444-0777
URL www.cocowalk.net
開 毎日10:00〜22:00(金・土〜23:00)。レストランは延長あり

ビスカヤミュージアム&ガーデン
住 3251 S. Miami Ave.
☎ (305) 250-9133
URL vizcaya.org
開 水〜月9:30〜16:30
休 火、サンクスギビング、12/25
料 $22、シニア$10、13〜17歳$15、6〜12歳$10
行 メトロレイルVizcaya駅からUS-1にかかる歩道橋を渡り、南へ5分歩く

コーラルゲーブルズ
●Venetian Pool
住 2701 De Soto Blvd., Coral Gables
☎ (305) 460-5306
URL www.coralgables.com
開 月〜金11:00〜17:30、土・日10:00〜16:30。夏期は延長あり
休 冬期の月、おもな祝日
料 $15、3〜12歳$10
行 メトロレイルVizcaya駅からメトロバス#24で約20分。SW 24th St. at Toledo St.で下車
●Biltmore Hotel
住 1200 Anastasia Ave., Coral Gables
Free (1-855) 311-6903
URL www.biltmorehotel.com
行 メトロレイルVizcaya駅からメトロバス#24で約20分。SW 24th St. & Columbus Rd.で下車、南へ8ブロック歩く

日差しがまぶしいショッピングゾーン 地P.506

ココナッツグローブ
Coconut Grove

ビスカヤの南は、マイアミの高級住宅街で、緑豊かな街路樹の中に瀟洒な家が連なっている。地元の若者でにぎわう**ココウオーク Coco Walk**というオープンモールもあり、白いサンゴ石でできた階段や手すりがココナッツグローブらしい。日本でも人気のGAPのほかに、リゾートウエアのAzur、葉巻専門店のCoco Cigarsなど個性的な店が並ぶ。映画館や、夜遅くまで営業しているバーやクラブ、レストランもある。

これが個人宅? 地P.506

ビスカヤミュージアム & ガーデン
Vizcaya Museum & Gardens

個人の邸宅としてはアメリカ最大といわれるのが、ここビスカヤだ。"ビスカヤ"はスペインのバスク地方の言葉で"高潔な場所"の意味。この家はかつての億万長者、インターナショナル・ハーベスター社の副社長ジェームス・ディアリングが、マイアミで冬を過ごすために造ったもので、完成は1916年。彼は完成後から死ぬまでの9年間、毎冬をここで過ごしていた。

庭園に建つイタリア・ルネッサンス・スタイルの豪邸は、3階建てで70部屋。ヨーロッパのアンティークを収納できるように設計されているだけあって、どの部屋にも絵画や置物、タペストリーなど、15〜19世紀初めの美術品や骨董品が美しく飾られている。建物の東側の海に面した所には、飾り船(Barge)があり、ディアリングの豊かさをあらためて感じる。庭園は迷ってしまうほど広い。

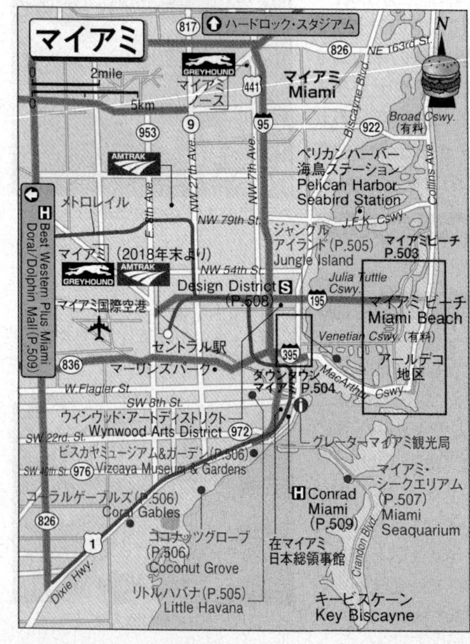

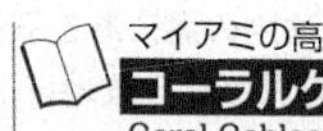

マイアミの高級住宅街 地P.506

コーラルゲーブルズ
Coral Gables

ロスアンゼルスにビバリーヒルズがあるように、マイアミにはコーラルゲーブルズがある。広い道路、緑濃い街路樹、地中海スタイルの大邸宅……。南国の高級住宅地は一風変わった雰囲気を醸し出している。道行く人も、観光客より地元のおしゃれな若者が多い。ここはマイアミ市に囲まれたコーラルゲーブルズ市なのである。

サンゴ石の石切場跡を利用して造った**ベネチアンプール Venetian Pool**は公共のプール。その美しさは一見の価値がある。もうひとつの見どころは、スペイン風タワーが美しい**ビルトモアホテル Biltmore Hotel**。外観もさることながら内装も豪華だ。

人魚のモデルとご対面 地P.506

マイアミ・シークエリアム
Miami Seaquarium

ビスケーン湾に浮かぶバージニアキーにある。「水族館」のイメージとはまったく違うユニークな展示が人気だ。熱帯の木々が茂っている。その周りを水路が走り、ウミガメ、エイ、サメやその他さまざまな魚が泳ぐ。ここはまた、ショーが充実しており、シャチ、イルカ、アザラシ、アシカなど多くのショーが園内のあちこちで行われている。絶滅危惧種で、船のスクリューとの接触事故から保護したマナティも人気。

マイアミ・シークエリアム
住4400 Rickenbacker Cswy.
☎(305) 361-5705
URL www.miamiseaquarium.com
開毎日10:00～18:00
料$46.99、3～9歳$36.99
行メトロレイルBrickell駅からメトロバス#102Bで約20分。シークエリアムの駐車場で下車

シャッターチャンスを見逃さないように

スポーツ観戦 Spectator Sports

ベースボール MLB

マイアミ・マーリンズ（ナショナルリーグ東地区）
Miami Marlins

1993年に誕生し、創設5シーズン目と2003年に世界制覇を果たした若い球団。2003年以降チーム状態は浮上せず、Bクラスが定着しつつある。イチロー選手が在籍した2015～2017年のシーズンは地区3位、2位と奮起するが、球界一の飛ばし屋ジャンカルロ・スタントンら主力選手を放出すると、2018年は最下位と逆戻り。しかし、チームのCEOはヤンキースで活躍したジーター。どのような立て直しを図るか、フロントにも期待がかかる。

マイアミ・マーリンズ
（1993年創設）
本拠地――マーリンズパーク
Marlins Park（3万7000人収容）
地P.504-外、506
住501 Marlins Way
☎(301) 480-1300
URL miami.marlins.mlb.com
行試合開始90分前から、メトロレイルCulmer駅からシャトルバスが運行される

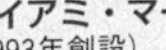
この選手に注目!
ブライアン・アンダーソン（外野手）

アメリカンフットボール NFL

マイアミ・ドルフィンズ（AFC 東地区） Miami Dolphins

2016年、HCゲイズが就任すると10勝を刻み、2008シーズン以来の2桁勝利とプレイオフをチームにもたらした。しかし2017シーズンは6勝と失速、「パーフェクトシーズン」を記録した伝統あるチームの復興はまだまだ遠い。本拠は2020年に行われる第54回スーパーボウル会場となる。チームカラーはアクア、オレンジ、ホワイト。

マイアミ・ドルフィンズ
（1966年創設）
本拠地――ハードロック・スタジアム
Hard Rock Stadium（6万5326人収容）
地P.506-外
住347 Don Shula Dr., Miami Gardens
☎(305) 943-8000
Free (1-888) 346-7849（チケット）
URL www.miamidolphins.com
行ダウンタウンの北約23km。タクシーで約30分（料約$50～60）

この選手に注目!
ライアン・タネヒル

バスケットボール NBA

マイアミ・ヒート（東・南東地区） Miami Heat

2010-11シーズンから4年連続ファイナル出場、2011-12、2012-13には連覇も遂げた。レブロンとの蜜月が終わり、ショックに襲われたが、ここ3シーズンは5割台を維持、立ち直りをみせている。2017-18はプレイオフ初戦で敗退したが、彼なしでも戦い抜けることを示したい。チームカラーはレッド、ブラック、イエロー。

マイアミ・ヒート
（1988年創設）
本拠地――アメリカン・エアラインズ・アリーナ American Airlines Arena（1万9600人収容）
地P.504
住601 Biscayne Blvd.
☎(786) 777-1000
URL www.nba.com/heat
行メトロムーバーFreedom Tower駅下車

この選手に注目!
ゴラン・ドラギッチ

ショッピングモール

リッチなお買い物はここで

バル・ハーバー・ショップス
Bal Harbour Shops

住9700 Collins Ave., Bal Harbour ☎(305)866-0311
URL www.balharbourshops.com
開月〜土10:00〜21:00、日12:00〜18:00 地P.503-A外

マイアミビーチの北に位置するバル・ハーバー・ショップスは、とてもファッショナブルで高級なショッピングビル。シャネル、プラダ、フェラガモ、フェンディ、インターミックス、トリー・バーチなどが入店している。マイアミビーチから北行きのメトロバス#120に乗り、96th St.で降りると目の前。

ショッピングストリート

マイアミ随一のホットスポット

デザイン地区
Design District

住NE 38th〜42nd Sts. & NE 2nd Ave.〜N. Miami Ave.
URL www.miamidesigndistrict.net 開店舗によって異なる 地P.506

4×3ブロックのエリアに100軒以上の高級ブランドショップやレストランが集まる。どの店もデザイン性が高く、通りにもアート作品があふれている。ダウンタウンから無料マイアミトロリーBiscayne Route、メトロバス#3で。

カフェ

24時間オープンの名物カフェ

ニュースカフェ
News Cafe

CLOSED

住800 Ocean Dr., Miami Beach ☎(305)538-6397
URL www.newscafe[illegible] 開24時間 [illegible]V 地P.503-B

チェアにゆったり腰をかけて新聞でも読みながら、あるいは大西洋を眺めながらコーヒーを飲む、そんなことが似合う店だ。バラエティに富んだコーヒー（$3.75〜5.50）がおいしい。朝食セットは$8.75〜、メインは$12.75〜。

アメリカ料理

ビーチでハンバーガーといえばここ！

ビッグピンク
Big Pink

住157 Collins Ave. at 2nd St., Miami Beach
☎(305)532-4700 開毎日8:00〜24:00（木〜翌2:00、金・土〜翌5:00） AMV 地P.503-B

サウスビーチにあるハンバーガー店。ボリュームのあるハンバーガーが$12.25〜21.25で食べられる。営業時間が長いのも心強い。

アメリカ料理

ステーキがおいしいと評判

ロスランチョス
Los Ranchos

CLOSED

住401 Biscayne Blvd., Miami ☎(305)375-8188
URL www.beststeakinmiami.com ADMV 開月〜金11:30〜22:00（金〜23:00）、土・日12:00〜[illegible]（[illegible]〜22:00） 地P.504

ベイサイドマーケットプレイスのいちばん北にある。雑誌で"Best Steaks"と賞されたことも。人気のメニューは炭火で焼いたテンダーロインステーキChurrasco Los Ranchos（$22.95）。

シーフード

並んででも絶対食べたい名物のカニ

ジョーズ・ストーン・クラブ
Joe's Stone Crab

住11 Washington Ave., Miami Beach ☎(305)673-0365
URL www.joesstonecrab.com
開〈10月中旬〜5月中旬〉ランチ火〜土11:30〜14:30、ディナー毎日18:00〜22:00（金・土〜23:00）、〈5月下旬〜7月下旬〉水〜日18:00〜22:00（金・土〜23:00） 休8月〜10月上旬 AMV 地P.503-B

1913年創業。ここのストーンクラブというカニは、本当においしい！　ストーンクラブはツメの大きさと個数によって$50前後。隣接するテイクアウトコーナーなら並ばずに買える。なお、カニはシーズンがあるので営業日に注意。

日本料理（居酒屋）

気軽にうれしい懐かしの味

もしもし
Moshi²

住1448 Washington Ave., Miami Beach ☎(305)531-4674
URL www.moshimoshi.us 開毎日12:00〜翌5:00 AJMV
地P.503-B

リンカーンモールから3ブロック。日本人シェフが作り出す巻き物や50種類にも及ぶ前菜、ラーメンなど値段も手頃で、味も折り紙つき。営業時間も長く、居酒屋のよう。

キューバ料理

手頃で人気のキューバ料理

プエルトサグア
Puerto Sagua

住700 Collins Ave., Miami Beach ☎(305)673-1115
開毎日7:00〜翌2:00 MV 地P.503-B

マイアミに来たらぜひ試してみたいのがキューバ料理。地元の人と観光客で常ににぎわう町の食堂といった雰囲気だ。おすすめはひき肉と豆のご飯がけのPicadillo a La Criolla（$10.75）。

ホテル
Hotels

ホステル

ビーチに近い快適ユース
マイアミビーチ・インターナショナル・トラベラーズ・ホステル
Miami Beach International Travellers Hostel

住1051 Collins Ave., Miami Beach, FL 33139 ☎(305)534-0268
URL hostelmiamibeach.com Wi-Fi
ドミトリー$24〜 地P.503-B

CLOSED

ビーチまで東へ1ブロック。全室バス、トイレ、エアコン付き。スタッフは親切で、掃除が行き届いている。自由に使えるキッチンと冷蔵庫もあり。毎日2食を無料で提供しているのは貴重。18室。

ホステル

バーを併設したホステル
ソービー・ホステル
The SoBe Hostel

住235 Washington Ave., Miami Beach, FL 33139
☎(305)534-6669
URL www.sobe-hos 17〜50
ADMV Wi-Fi無料 地P.503-B

CLOSED

Washington Ave.沿いにある私設ホステル。空港への送迎あり（1日4回）。毎日夕方のハッピーアワーには、併設のバーで宿泊者特典あり。朝食と夕食は無料。ドミトリーは4〜12人部屋。38室。

ホステル

リンカーン・ロード・モールに近い
トロピックス・ホテル・アンド・ホステル
Tropics Hotel and Hostel

住1550 Collins Ave., Miami Beach, FL 33139
☎(305)531-0361 FAX(305)531-8676
URL tropicshotel.com Wi-Fi無料
ドミトリー$16〜26、個室$69〜119 MV 地P.503-B

ビーチに近く、ショップやレストランが建ち並ぶリンカーン・ロード・モールから数ブロックの距離にある。昼はビーチ、夜はナイトライフを思いきり楽しめる。60室＋36ベッド。コインランドリーあり。

中級ホテル

サウスビーチの中心にある
エル・パセオ
El Paseo

住405 Española Way, Miami Beach, FL 33139 ☎(305)400-0767
Free(1-855)417-8483 URL www.elpaseohotel.com Wi-Fi無料
ⒹⓉ$104〜429 ADMV 地P.503-B

14th St.と15th St.の間のスペイン風の路地、エスパニョーラウエイにある。ビーチまで2ブロック。建物も客室もロマンティック。冷蔵庫あり。夕方、ワインのサービスあり。

中級ホテル

ベイサイドマーケットプレイスの目の前
ホリデイイン・ポート・オブ・マイアミ・ダウンタウン
Holiday Inn Port of Miami Downtown

住340 Biscayne Blvd., Miami, FL 33132
☎(305)371-4400 Free(1-800)465-4329
URL www.ihg.com Wi-Fi無料
ⓈⒹⓉ$99〜299 ADJMV 地P.504

マイアミ港、アメリカン・エアラインズ・アリーナは徒歩圏内、メトロムーバー駅も近い。客室はシンプルな雰囲気だが快適。フィットネスセンター（無料）、屋外プールあり。浴室はバスタブ付き。200室。

中級ホテル

温かい朝食付き
ベストウエスタン・プラス・マイアミ・ドーラル・ドルフィン・モール
Best Western Plus Miami-Doral/Dolphin Mall

住3875 NW 107th Ave., Miami, FL 33178
☎(305)463-7195 Free(1-800)780-7234
URL bestwesternflorida.com Wi-Fi無料
ⓈⒹⓉ$129〜295 ADJMV 地P.506-外

マイアミ空港から西に車で約15分。外装、内装ともにきれいだ。部屋には冷蔵庫や電子レンジがあり、無料の温かい朝食付き。コインランドリーあり。96室。

中級ホテル

ビーチに直結、繁華街もすぐ
サウス・シーズ・ホテル
South Seas Hotel

住1751 Collins Ave., Miami Beach, FL 33139 ☎(305)538-1411
Free(1-800)345-2678 FAX(305)532-9477
URL www.southseashotel.com 料ⓈⒹⓉ$127〜477
ADMV Wi-Fi無料 地P.503-B

リンカーン・ロード・モールまで2.5ブロック。意外に静かで、疲れた体を休めるには最適。ビーチは目の前で、プールサイドで朝食（無料）を取るのもいい。客室は広くないが清潔。112室。

高級ホテル

抜群のサービスで快適な滞在を
コンラッド・マイアミ
Conrad Miami

住1395 Brickell Ave., Miami, FL 33131（レセプションは25階）
☎(305)503-6500 Free(1-800)266-7237
FAX(305)503-6510 URL conradhotels3.hilton.com
料ⓈⒹⓉ$195〜617 ADJMV Wi-Fi$14.95 地P.506

高層ビルが林立するダウンタウンの南に位置する。客室は広く清潔感にあふれ、広いバスルームでリラックスできる。レストラン、スパ、フィットネスルームあり。319室。

日本からアメリカへの国際電話のかけ方 P.8〜9
国際電話認識番号（001/0033/0061）＋（010）＋アメリカの国番号（1）＋市外局番＋電話番号

キーウエスト Key West

陽気な南の海の始まり

アメリカ最南端の碑では、記念撮影をする人が行列を作っている

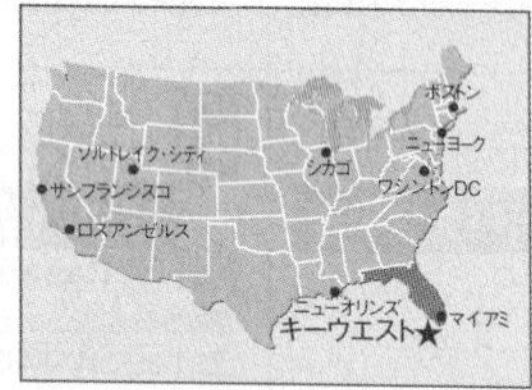

アメリカ合衆国本土の最南端キーウエストは、東西約5.5km、南北約2.5kmという小さな島だ。マイアミよりも、キューバの首都ハバナに近いという地理条件のため、かつて軍事戦略上の重要な基地だったが、現在はリゾート地としてにぎわっている。

ぬけるような青空、スコールに洗われた輝く緑、赤や黄色の鮮やかな花々。南国の強烈な色彩が美しい。

この島に住む人々は「コンク」と呼ばれる。物事にこだわらず、自由なこの島を愛するアメリカ人は多い。『老人と海』『武器よさらば』『誰がために鐘は鳴る』などで有名な作家アーネスト・ヘミングウェイが住んでいたことはよく知られている。葉巻を持って、犬を連れ、大きくだぼっとしたTシャツを着て闊歩する……。いつかは住みたい町としてアメリカ人に人気の秘密は、そんな開放的でのんびりしたところにあるのかもしれない。

アメリカの国道１号線はキーウエストのオールドタウンが始点になっている

DATA

人口▶約2万5200人
面積▶15.4km²
標高▶約2m
TAX▶セールスタックス　7.5%
ホテルタックス　12.5%
属する州▶フロリダ州 Florida
州のニックネーム▶サンシャイン州　Sunshine State
州都▶タラハシー　Tallahassee
時間帯▶東部標準時（EST）
P.631
繁忙期▶1〜3月

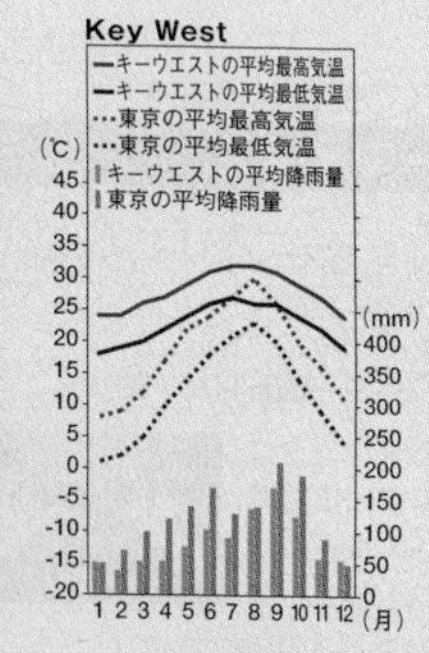

地球の歩き方B10フロリダ編（1700円＋税）でもキーウエストを紹介していますので、ご活用ください。

キーウエストへの行き方 Getting There

飛行機 Plane

キーウエスト国際空港
Key West International Airport（EYW）

マイアミ、アトランタなどから直行便が飛ぶ、小型機ばかりの小さな空港だ。繁華街のオールドタウンは島の西側にあるが、空港は島の南東側。オールドタウンへは市バスも走ってはいるが、あまりにも運行間隔が長いので、ここはタクシーをすすめる。

キーウエスト国際空港
地P.515-D2
住3491 S. Roosevelt Blvd.
☎(305)296-5439
URL keywestinternationalairport.com

■ 空港から／空港へのアクセス

	種類／名称／連絡先	行き先／運行／料金	乗車場所／所要時間／備考
タクシー	キーウエストタクシー Key West Taxi ☎(305)296-6666	行き先▶市内や周辺どこでも 運行▶24時間随時 料金▶オールドタウンまで約$20	空港発▶空港を出た所から乗車 空港行き▶事前に電話予約、または主要ホテルから乗車 所要時間▶オールドタウンまで約15分

※それぞれの乗り物の特徴については ➡P.665

長距離バス Bus

グレイハウンド・バスディーポ
Greyhound Bus Depot

マイアミのバスターミナルからマイアミ国際空港を経由して約4時間30分（料$21〜）、1日2便の運行。キーウエストのバスディーポはキーウエスト国際空港内、ターミナルの隣にある。ダウンタウンまでタクシーで15分、約$20。

キーズシャトル
Keys Shuttle

マイアミ国際空港から39の島を経由してキーウエストまでを3時間45分で結ぶシャトルバス。白い車体に赤いラインが入ったバスが目印だ。

グレイハウンド・バスディーポ
地P.515-D2
住3535 S. Roosevelt Blvd.
☎(305)296-9072
開毎日7:30〜11:00、16:00〜18:00

キーズシャトル
☎(305)289-9997
Free(1-888)765-9997
URL www.keysshuttle.com
料片道$90、往復$162
運行／キーウエスト行き：毎日11:00、13:00、15:00、17:00、19:00、21:00発、マイアミ国際空港行き：毎日2:30、5:30、7:30、9:30、11:30、13:30発
※9月は減便あり
※マイアミ国際空港のターミナルDとEの間、1階の中州にある"Public Bus Terminal"から乗車

キーウエストの歩き方 Getting Around

見どころは、島の西端のオールドタウンに集まっている。ほとんど歩いて行くことができる範囲にあるが、滞在時間が短い場合はレンタサイクルなどを利用しよう。

ここを訪れたなら、ビーチでのんびりと過ごしたり、夕日や夜遊びも楽しみたい。**マロリースクエアMallory Square**では、きれいな夕日を見ることができ、みやげ物屋やカフェもたくさんある。また、**デュバルストリートDuval St.**を中心に、ほかのアメリカの町では考えられないほど、夜も非常ににぎやかだ。ただしアメリカであることを忘れず、治安に注意しながら遊ぶように。見どころを回るだけなら、1日で十分だが、町を知るためにも2〜3日は滞在したい。また、島内を巡るだけでなく、海にも出てみよう。

観光のスタートはデュバルストリートから始めたい

観光案内所 *Visitors Information*

キーウエスト商工会議所
Key West Chamber of Commerce

スラッピー・ジョーズ・バーSloppy Joe's Bar➡P.517から、Greene St.を東へ50m行った右側にあり、各種資料やクーポン券がもらえる。また、ホテルの紹介もしてくれるので利用しよう。オールドタウンのイラストマップをもらっておくといい。

市内の交通機関 *Public Transportation*

キーウエスト市バス
City of Key West Transit

キーウエストとフロリダキーズのマラソンを結ぶ路線バスと、キーウエストの島内を循環するバスを運行している。島内はグリーン、ブルー、オレンジ、レッドの4路線。オレンジとレッド（日、おもな祝日は運休）は島の北側を通ってオールドタウンへ、グリーンとブルーは空港を経由して島を1周する。観光案内所で時刻表を必ず入手したい。

レンタサイクル、レンタルバイク
Bike Rental, Scooter Rental

キーウエストは自転車やスクーターで走るのにちょうどよい大きさの島。市バスは不便だし、観光用のバスは料金が高いので、これらの利用をすすめる。

モペッドホスピタル　The Moped Hospital

Truman Ave.とSimonton St.の角にある。少々高めだが、デポジットはクレジットカード番号を控えるだけ。パンクなどは無料で修理してくれるし、トラブルのときは電話するとその場に来てくれるのでありがたい。

ツアー案内 *Sightseeing Tours*

コンク・ツアー・トレイン
Conch Tour Train

島内のおもな見どころを約1時間30分かけて回るガイドツアー。陽気な運転手が楽しいおしゃべりで車内を盛り上げてくれる。停車はマロリースクエア前、Truman Ave.とDuval St.の角、Caroline St.とMargaret St.との角の3ヵ所。チケットは上記3ヵ所とウェブサイトで販売している。

オールドタウン・トロリーツアー
Old Town Trolley Tours

こちらのガイドツアーも島内を約1時間30分で回る。特徴は、途中ヘミングウェイの家やサザンモストポイントなど13ヵ所の乗車ポイントでの乗り降りが自由ということ。下車してゆっくり見学し、後続のトロリーに再乗車するなど、自分のペースで観光できるので便利。交通機関としても使える。チケットはマロリースクエアのブースやウェブサイトで販売。

キーウエスト商工会議所
地P.514-A1
住510 Greene St., 1F
☎(305)294-2587
URL www.keywestchamber.org
開毎日8:00～17:30（土・日9:00～）

キーウエスト市バス
☎(305)809-3910
URL www.kwtransit.com
運行／毎日6:00～20:00頃（グリーン～22:30頃）の1～2時間間隔
料$2（島内）。$4（キーウエスト～マラソン間）

白い車体にピンクとブルーのラインが入った市バス

貸出条件
ほとんどのレンタルショップでは利用する際、デポジットを必要とする。クレジットカードや現金、パスポートなど店によってかなり違うので十分検討してから借りよう

●The Moped Hospital
地P.514-A2
住601 Truman Ave.
Free(1-866)296-1625
URL www.mopedhospital.com
開毎日9:00～18:30、日10:00～19:00
料自転車：1日レンタル初日$12、2日目以降$8、1週間$40。スクーター：1日レンタル$35～65

コンク・ツアー・トレイン
Free(1-888)916-8687
URL www.conchtourtrain.com
運行／毎日9:00～16:30の30分間隔
料$31.45、4～12歳$15.75、3歳以下無料
休10月の最終土曜日

オールドタウン・トロリーツアー
Free(1-855)623-8289
URL www.trolleytours.com
運行／毎日9:00～16:30の30分間隔
料$38.80、4～12歳$15.75、3歳以下無料
休10月の最終土曜日

乗り降り自由なのがうれしい

旅のアドバイス　**無料シャトルを利用しよう ▶** オールドタウンには無料のシャトルバス、デュバルループ Duval Loop が運行されている。デュバル通りより1本西のWhitehead St.をサザンモストポイント近くまで南下し、デュバル通りより1本東のSimonton St.を北上する。6:00～10:00は30分間隔、以後24:00まで15分間隔で運行。

おもな見どころ Sightseeing

島いちばんの人気観光!?

地P.514-A1

サンセットセレブレーション Sunset Celebration

とても陽気な雰囲気のこの島では、夕日を見ることも"観光"になってしまう。日が沈む頃になると、**マロリースクエアMallory Square**にはみやげ物の屋台が増え、観光客が集い、夕日を見るベストポジションはいつの間にか占領されてしまう。南の島らしく太陽の光線も鮮やかで、海に沈む夕日はとてもロマンティックだ。じっくり夕日を眺めるチャンスなんてそうそうないので、この機会に楽しもう。おおよその日没時間はウェブサイトで確認できるので、事前にチェックしておこう。少し早めに行って絶好ポイントを確保したい。

サンセットセレブレーション
住Mallory Square
URL www.sunsetcelebration.org

夕暮れどきはよりいっそうゆったりとした時間が流れる

サメに触ることができる

地P.514-A1

キーウエスト水族館 Key West Aquarium

マロリースクエアの奥にある素朴な水族館。特にサメの数と種類が多く、ガイドツアー（所要40分）に参加すれば、最後にコモリザメに触らせてくれる。ほかにも各種の熱帯魚を見ることができるので、ダイビングに挑戦しようという人はここで予習しておくとよい。

キーウエスト水族館
住1 Whitehead St.
Free (1-888) 544-5927
URL www.keywestaquarium.com
開毎日9:00～18:00
料$17.19、4～12歳$10.74
ガイドツアー／11:00、13:00、15:00、16:30

鳥類を愛した学者の家

地P.514-A1

オーデュボンハウス Audubon House & Tropical Gardens

19世紀の中頃、水先案内人のジョン・H・ガイガーという男性が建てた木造の白い家。有名な鳥類学者のジョン・J・オーデュボンが滞在していたことから、現在は彼を記念した博物館として公開されている。オーデュボンは自然、特に鳥類を愛し、実に緻密な鳥のスケッチを多数残した。邸内には多数の作品を展示。繊細な線を用いた絵で、しかも表情や動きがあり、そのこまやかな観察力には驚かされる。また、深い緑に包まれた庭も一見の価値がある。

オーデュボンハウス
住205 Whitehead St.
☎ (305) 294-2116
URL audubonhouse.com
開毎日9:30～16:15
料$14、学生$10、6～12歳$5
行マロリースクエアからWhitehead St.を南に進み、Greene St.を過ぎた左側

キーウエストスタイルの家にも注目

キーウエストの灯台

地P.514-A2

ライトハウス（灯台）博物館 Lighthouse Museum

1848年に建造され、100年以上船乗りの道しるべとなった灯台だが、1969年にその役目を終え、現在は博物館として保存されている。高さ26mの塔の部分は2015年に修復を受け、まばゆいほどに白く輝いている。内部には、ライト部分に使われた直径3m以上のレンズや、第2次世界大戦中の日本の小型潜水艦に関する資料など、興味深い展示物がある。メキシコ湾が望める灯台のバルコニーにはぜひ上ってみよう。

また、灯台とは別棟に灯台守が住んでいた家があり、その中が博物館になっている。

ライトハウス（灯台）博物館
住938 Whitehead St.
☎ (305) 294-0012
URL www.kwahs.org/visit/lighthouse-keepers-quarters
開毎日9:30～16:30
休12/25
料$10、シニア$9、学生$5、6歳未満無料
行マロリースクエアからWhitehead St.を南へ徒歩10分。Olivia St.を過ぎたら右側にある

メモ 陽気で開放的な島 ▶Key Westとは、スペイン語で"骨の島"という意味。キーウエストの自由な空気は、多くのアーティストに愛されてきた。また、近年は同性愛者にフレンドリーな町としても知られている。

ヘミングウェイの家
住 907 Whitehead St.
☎ (305) 294-1136
URL www.hemingwayhome.com
開 毎日9:00～17:00
料 $14、6～12歳$6、5歳以下無料
行 マロリースクエアからWhitehead St.を南へ徒歩約10分。Olivia St.を過ぎたら左側にある

子猫の名前

ハリケーンのフランシスがフロリダを襲った2004年9月に生まれた子猫3匹は、それぞれのハリケーンの名前からとって「チャーリー」、「フランシス」、「アイバン」とつけられた。普通は有名人の名前からつけられるらしいが……

ヘミングウェイの愛した猫たちの子孫がいる

ノーベル賞作家の家 地 P.514-A2

ヘミングウェイの家
The Ernest Hemingway Home & Museum

『老人と海』などで有名な文豪アーネスト・ヘミングウェイが、1931年からの10年間を過ごした家。1851年建造のスパニッシュ・コロニアル風の家の内外には、猫好きだった彼が飼っていた猫の子孫が、今でもたくさんうろついている。この家には、破天荒な生涯を送った彼らしい逸話が残っている。当時、2万ドルの巨額を投じてキーウエスト初の真水プールを造った彼は、プールが完成した際に「最後の1セントまで使い果たしてしまった」とジョークを飛ばし、1セントコインをまだ乾ききっていないセメントに押しつけたという。この家から生み出された『持つと持たぬと』といった名作は、彼の作家としての名声を不動のものとした。邸内は、書斎やリビングルームなどが当時のまま残されている。見学はツアーのみ。

作品を読んだことがなくても、訪れたい

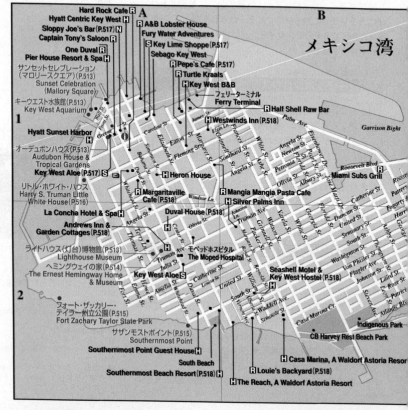

歴史・文化・その土地らしさ　公園・レクリエーション・アトラクション　買い物・食事・娯楽　★編集室オススメ

アメリカ最南端の地 地P.514-A2

サザンモストポイント
Southernmost Point

Whitehead St.を南下して海に突き当たった所に、アメリカ合衆国最南端地点の碑が立つ。いつも記念写真を撮る観光客でにぎわい、周辺にはコンク貝などを売る露店が出ている。ただし、本当の最南端地点は隣接する海軍基地内にあるので、忘れずに。

静かに楽しむ海水浴 地P.514-A2

フォート・ザッカリー・テイラー州立公園
Fort Zachary Taylor State Park

キーウエストでいちばん美しいといわれるビーチ。サンゴが砕けてできた砂は、日が当たると目がくらむほど白く輝く。有料なだけあって、シャワー、トイレ、売店などの施設が充実。毎日11:00から隣接しているザッカリー・テイラー砦について解説するツアーも行われている。

1日中のんびり過ごすのもいい

サザンモストポイント
行マロリースクエアからWhitehead St.を歩いて約20分

ブイの形をしたモニュメントは記念撮影スポット

フォート・ザッカリー・テイラー州立公園
入口／End of Southard St. on Truman Annex
☎(305) 292-6713
URL www.floridastateparks.org
開毎日8:00〜日没まで
料$2.50（徒歩、自転車）。車の場合は人数に応じて1人$4.50、2人〜8人$6.50
行マロリースクエアからはWhitehead St.を進み、Southard St.を右折。検問所のようなところがあるがそのまま通れる。2番目のゲートが料金所だ（South St.あたりのモーテル街から行くときもSouthard St.まで行かなくては入れないので注意）。徒歩だと約25分。自転車で行くのにちょうどいい距離だ

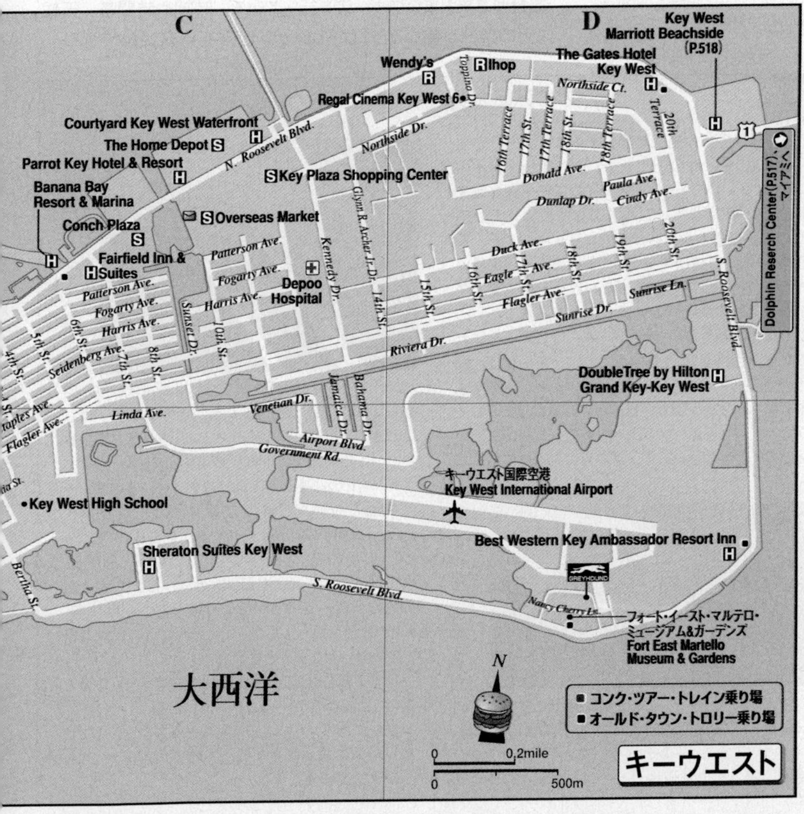

投稿 サザンモストポイントの行列▶年末年始だったせいか、朝9:00に行っても長蛇の列ができていて、写真を撮るのに30分近く並んだ。夕方に行くと列は伸びるので時間のない人は早めに行ったほうがいい。横入りしたアジア人は欧米人からひんしゅくを買っていた。 （ミシガン州　ひな　'13）['18]

リトル・ホワイト・ハウス
住111 Front St.
☎(305)294-9911
URL www.trumanlittlewhitehouse.com
開毎日9:00～16:30。20分ごとにツアーで邸宅内を回る
料$21.45、5～12歳$10.75
行マロリースクエアからFront St.を南下し、Caroline St.を過ぎた所

第33代大統領トルーマンの別荘が博物館に 地P.514-A1

リトル・ホワイト・ハウス
Harry S. Truman Little White House

マロリースクエアの近くにある瀟洒で洗練された邸宅で、1890年に建設されたもの。1946～1952年にかけて、第33代大統領トルーマンが、家族やスタッフを連れて、たびたびここに滞在したため"リトル・ホワイト・ハウス"と呼ばれるようになった。

そう、ポツダム会談、広島と長崎への原爆投下、トルーマン・ドクトリンなどで知られる、あのH.S.トルーマンだ。ソビエトとの冷戦時代に突入していった頃、この穏やかな島で彼がどんな日々を過ごしたのか想像しながらのぞいてみよう。博物館は彼が使用した当時そのままに再現され、休暇中の大統領の素顔を捉えた秘蔵フィルムも上映されている。

クルーズ
●Fury Water Adventures
地P.514-A1
Free (1-888)976-0899
URL www.furycat.com
運航／サンセットクルーズ：夏期は18:30～20:00、冬期は17:00～18:30（時期により異なる）
料サンセットクルーズ$42.95、6～12歳$29.95（スナック、飲み物付き）
●Sebago Key West
地P.514-A1
Free (1-800)507-9955
URL keywestsebago.com
料Catamaran Champagne Sunset Sail：$45、6～11歳$22.50

美しい海はクルーズで楽しもう 地P.514-A1

クルーズ
Cruise

青く澄み渡る太西洋と大海原に沈む雄大な夕日……。これらを十分に堪能するひとつの方法がクルーズ船だ。船底に付いた窓から魚たちを見る**グラスボトム・ボート Glass Bottom Boat**から**サンセットクルーズ Sunset Cruise**まで、数社がさまざまなクルーズを行っている。時期や時間帯、天候などの条件が重なるとすばらしいサンセットを見ることができる。

旅のアドバイス

マイアミからキーウエストへ

フロリダ半島の地図を開いてみると、その先端からさらに先、海の上を1本の道が走っているのに気づく。「オーバーシーズハイウエイ（海を越える道）」と呼ばれるUS-1（国道1号線）だ。約50の小さな島々が点在するフロリダキーズを、長短42もの橋で結びキーウエストにいたる「世界いち美しいハイウエイ」である。刻々と色を変えてゆく珊瑚礁の海を両側に見ながら走り抜ける。ここでしか味わえない快感だ。キーウエストを訪れるなら、往路か復路の少なくともどちらかは、飛行機を使わずにUS-1を走ってほしい。運転できる人ならぜひレンタカーで走ってみたいし、グレイハウンドバスとキーズシャトルも運行している。時間がなくとも1泊はして、キーウエストの町も楽しみたい。

マリーナから出航するボート。マラソンにて

マイアミ～キーウエスト間は約160マイル（約250km）。車なら片道約3時間30分の道のりだ。

マイアミからターンパイク（有料）を南下し約1時間。どこまでが沼地でどこからが海なのかわからない大湿原を越えると、フロリダキーズのうちで最も大きいKey Largoに入る。時間のある人なら、この島でダイビングなどのマリンスポーツを楽しむといい。この島を抜けると42の橋の始まりだ。マラソンという小さな町を通り過ぎると、このルートの白眉ともいうべきセブンマイル・ブリッジ Seven Mile Bridgeにかかる。全長6.79マイル（10.93km）の橋は、海を突き抜けてはるかに延びる。右側はメキシコ湾、左側は大西洋、広大な海と空に抱かれて、走るというより滑っていく爽快感。TVや映画で観た人も多いだろうが、この感覚は走ってみなければわからない。

真っすぐキーウエストへ延びるセブンマイル・ブリッジ

マイアミを出て3時間30分、天国を走り抜けた道は、西の果てキーウエストにいたる。

グレイハウンドバスにせよ、キーズシャトルにせよ、バスに乗るならなるべく前方の座席がよい。海が大迫力で楽しめる。

郊外の見どころ Excursion

海生哺乳類の研究所 地P.515-D1外

ドルフィン・リサーチ・センター
Dolphin Research Center

マイアミ～キーウエスト間のマラソンという町の郊外にある。イルカやアザラシなど、海生哺乳類の生態を調査する目的で設立された非営利機関だが、一般の人々にも一部施設を開放している。ここのイルカは、マリンワールドなどの水槽とは違った、自然の環礁に低い網を張っただけの環境で飼育されている。そのせいか、ボランティアの研究者たちとの交流がとても自然で、まるで友達同士がふざけて遊んでいるような、楽しそうな顔をする。この機関では、一般の人々にイルカの生態をより理解してもらうために、8種類前後のプログラムを用意している。代表的なものがDolphin Encounter（イルカとの出合い）。何人かのグループでイルカと一緒に泳ぎながら交流し、最後にその体験を話し合うというプログラムで、心に病をもつ人の治療にも用いられ、高い効果を上げているそうだ。ただし、このプログラムに参加するには、正確に英語を理解する能力が要求されるので、英語に自信のある人にだけおすすめ。要予約。

ドルフィン・リサーチ・センター
住58901 Overseas Highway, Grassy Key
☎(305) 289-1121
URL www.dolphins.org
開毎日9:00～16:30
休おもな祝日
料入場料$28、4～12歳$23。プログラムにより料金が異なる
行公共の交通機関はない。US-1のマイルマーカー59、大きなイルカの像が目印
●Dolphin Encounter
☎(305) 289-0002（予約）
料$199。参加は5歳以上

間近で見るイルカは本当にかわいい

ナイトスポット&ショップ&レストラン
Night Spot & Shops & Restaurant

N バー
ヘミングウェイも常連だった

スラッピー・ジョーズ・バー
Sloppy Joe's Bar

住201 Duval St. ☎(305) 294-5717
URL www.sloppyjoes.com
開毎日9:00～翌4:00（日12:00～） AMV 地P.514-A1

1933年、禁酒法の廃止と同時にオープンしたバー。4年後に現在の場所に移転した際、床がいつも水浸しで、ヘミングウェイに「水浸しsloppyのジョーって名前にしたら？」と提案されたそう。カクテル1杯$7.75～、ビール$5.25～。毎日数回ライブ演奏あり。

S コスメ
おみやげにも人気

キーウエストアロエ
Key West Aloe

住416 Greene St. ☎(305) 735-4927
URL keywestaloe.com
開毎日10:00～20:00 AMV 地P.514-A1

日本でも“医者いらず”として知られるアロエを使ったスキンケア製品と香水の専門店。300種類もの商品は、すべて島内の工場で生産されている。アロエは日焼け後の肌にもとてもいい。ボディローションやキャンドルが人気。男性用の製品もある。

S 食料品
名物のキーライムパイがおすすめ

キーライム・ショップ
Key Lime Shoppe

住200 Elizabeth St. Free(1-800) 376-0806
URL www.keylimeshop.com
開毎日9:00～21:30 AMV 地P.514-A1

かつては島の名産品だったキーライムの専門店。キーライムを使ったクッキー、キャンディ、バス用品、紅茶、ジュース、サルサなどが販売されている。

R アメリカ料理
お手頃な値段でシーフードを

ペペズカフェ
Pepe's Cafe

住806 Caroline St. (bet. William St. & Margaret St.)
☎(305) 294-7192 URL pepeskeywest.com
開毎日7:30～21:30 AMV 地P.514-A1

創業1909年のキーウエストでいちばん古いレストラン。ホームメイドのメニューは土地の料理を楽しみたい人にはおすすめだ。ここでは、ステーキ（約$17.45～34.95）よりもフィッシュサンドイッチ（$12.50～13.55）や魚料理（$25.95～）を食べたい。

投稿 ヘミングウェイのお気に入りだったスラッピー・ジョーズ・バー▶店は朝から営業しているので、ヘミングウェイの家を訪れてからバーに行くのも一興。ありし日のヘミングウェイと同じ道をたどってバーに行くという体験ができる。（東京都　松崎　祥久　'13）['18]

レストラン&ホテル
Restaurants & Hotels

R アメリカ料理

心地よい音楽を聴きながら

マルガリータビルカフェ
Margaritaville Cafe

住500 Duval St.　☎(305) 292-1435
URL www.margaritavillekeywest.com
開毎日11:00～24:00(季節により異なる)
ＡＪＭＶ　地P.514-A1

キーウエストを拠点に活動するカントリー歌手ジミー・バフェットがオーナー。彼の1977年の大ヒット曲の名を冠したレストラン。看板メニューのマルガリータは$11～13.50。

R シーフード

魚料理がおすすめの民家風レストラン

ルイズバックヤード
Louie's Backyard

住700 Waddell Ave.　☎(305) 294-1061
URL www.louiesbackyard.com　ＡＭＶ　地P.514-B2
開毎日11:30～15:00、18:00～22:00　休8月下旬、12/25

食事は裏庭でするのだが、近くに海岸があり景色もよく、テーブルにはキャンドルがともされ雰囲気も最高。グルーパーやイエローテイルなどの新鮮な魚料理がおすすめ。メイン料理で$34～40。オールドタウンからタクシーで行こう。

H ホステル&エコノミーホテル

バックパッカーのたまり場

シーシェルモーテル&キーウエスト・ホステル
Seashell Motel & Key West Hostel

住718 South St., Key West, FL 33040　☎(305) 296-5719
URL www.keywesthostel.com　Wi-Fi無料
ドミトリー$39～58、モーテル$99～239　ＡＭＶ　地P.514-B2

キーウエストらしい自由な雰囲気のユースホステルで、改装したばかりで清潔。世界中から若者が集まってくる。Simonton St.を南へ歩き、South St.を左折するとやがて右側。コインランドリーあり。ドミトリー30ベッド、モーテル14室。

H 中級ホテル

たいへん便利な白いゲストハウス

デュバルハウス
Duval House

住815 Duval St., Key West, FL 33040
☎(305) 294-1666
URL www.theduvalhouse.com
ⓈⒹⓉ$161～848　ＡＭＶ　Wi-Fi無料　地P.514-A2

南国の木々に囲まれたプールに白い木造の家。部屋も広くとても清潔。インテリアはシンプルに統一されており、開放的。朝食付き。28室。

H 高級ホテル

アメリカ最南端のモーテル

サザンモスト・ビーチリゾート
Southernmost Beach Resort

住1319 Duval St., Key West, FL 33040
☎(305) 295-6500　Free(1-800) 354-4455
URL www.southernmostbeachresort.com　Wi-Fi無料
ⓈⒹⓉ$198～409、スイート$424～　ＡＭＶ　地P.514-A2

Duval St.とUnited St.の角からビーチまでの2ブロックを占め、サザンモストポイントまですぐの、とても便利なモーテル。中庭にあるプールは快適度満点。124室。

H 高級ホテル

リゾートタイプのホテル

キーウエスト・マリオット・ビーチサイド
Key West Marriott Beachside

住3841 N. Roosevelt Blvd., Key West, FL 33040
☎(305) 296-8100　Free(1-866) 679-5490
URL www.marriott.com　Wi-Fi無料
ⓈⒹⓉ$192～676　ＡＤＭＶ　地P.515-D1

オーバーシーズ・ハイウエイの島の始まりにあり、目の前が海という抜群のロケーション。レストラン、プール、トレーニングジムあり。自転車も借りられる。空港送迎あり。全館禁煙。124室。

H B&B

寝室がかわいらしい

アンドリュースイン&ガーデン・コテージ
Andrews Inn & Garden Cottages

住223 Eanes Ln., Key West, FL 33040
☎(305) 294-7730　Free(1-888) 263-7393
URL www.andrewsinn.com　ＡＤＪＭＶ　Wi-Fi無料
ⓈⒹⓉ$174～325、コテージ$239～415　地P.514-A2

Duval St.の900番台のブロックに小さな看板がある。全室エアコン、TV付き。各コテージにはジャクージがある。繁忙期は3泊以上。朝食付き（コテージを除く)、6室。コテージ4棟。

H B&B

港へ2ブロック

ウエストウインズ・イン
Westwinds Inn

住914 Eaton St., Key West, FL 33040
☎(305) 296-4440　Free(1-844) 308-0080　FAX(305) 293-0931
URL www.westwindskeywest.com　Wi-Fi無料　ＡＤＪＭＶ
ⓈⒹⓉ$175～350、スイート$235～420　地P.514-A1

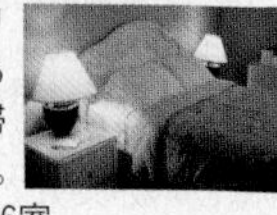

にぎやかなDuval St.やマロリースクエアから徒歩圏内ではあるが、喧騒から離れて静かに滞在したい人におすすめのB&B。朝食付き。繁忙期は2泊以上。26室。

日本からアメリカへの国際電話のかけ方➡P.8～9
国際電話認識番号(001/0033/0061)＋(010)＋アメリカの国番号(1)＋市外局番＋電話番号

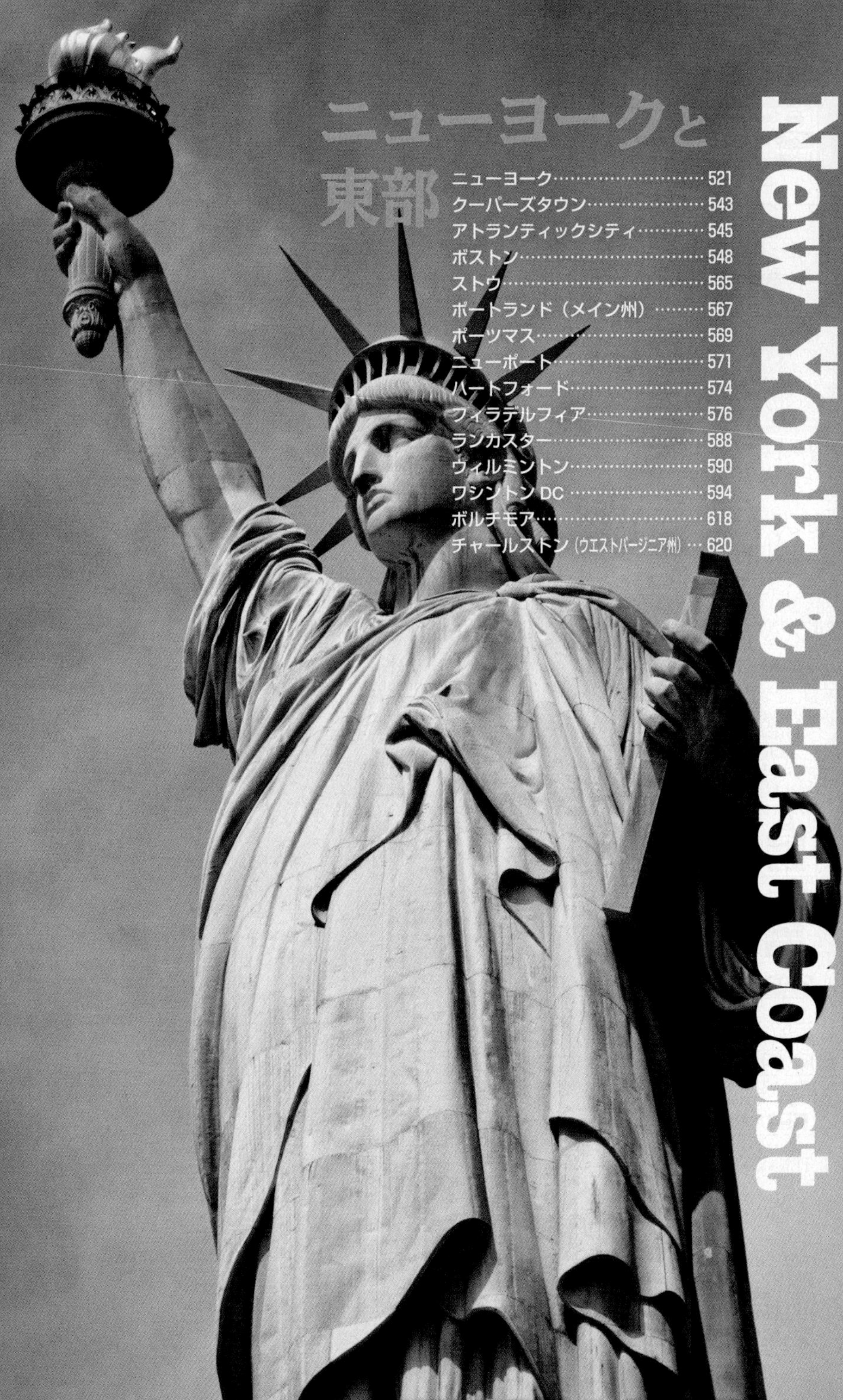

ニューヨークと東部

New York & East Coast

ニューヨーク……521
クーパーズタウン……543
アトランティックシティ……545
ボストン……548
ストウ……565
ポートランド（メイン州）……567
ポーツマス……569
ニューポート……571
ハートフォード……574
フィラデルフィア……576
ランカスター……588
ウィルミントン……590
ワシントンDC……594
ボルチモア……618
チャールストン（ウエストバージニア州）……620

いちばん有名なアメリカのシンボル、ニューヨークの「自由の女神」

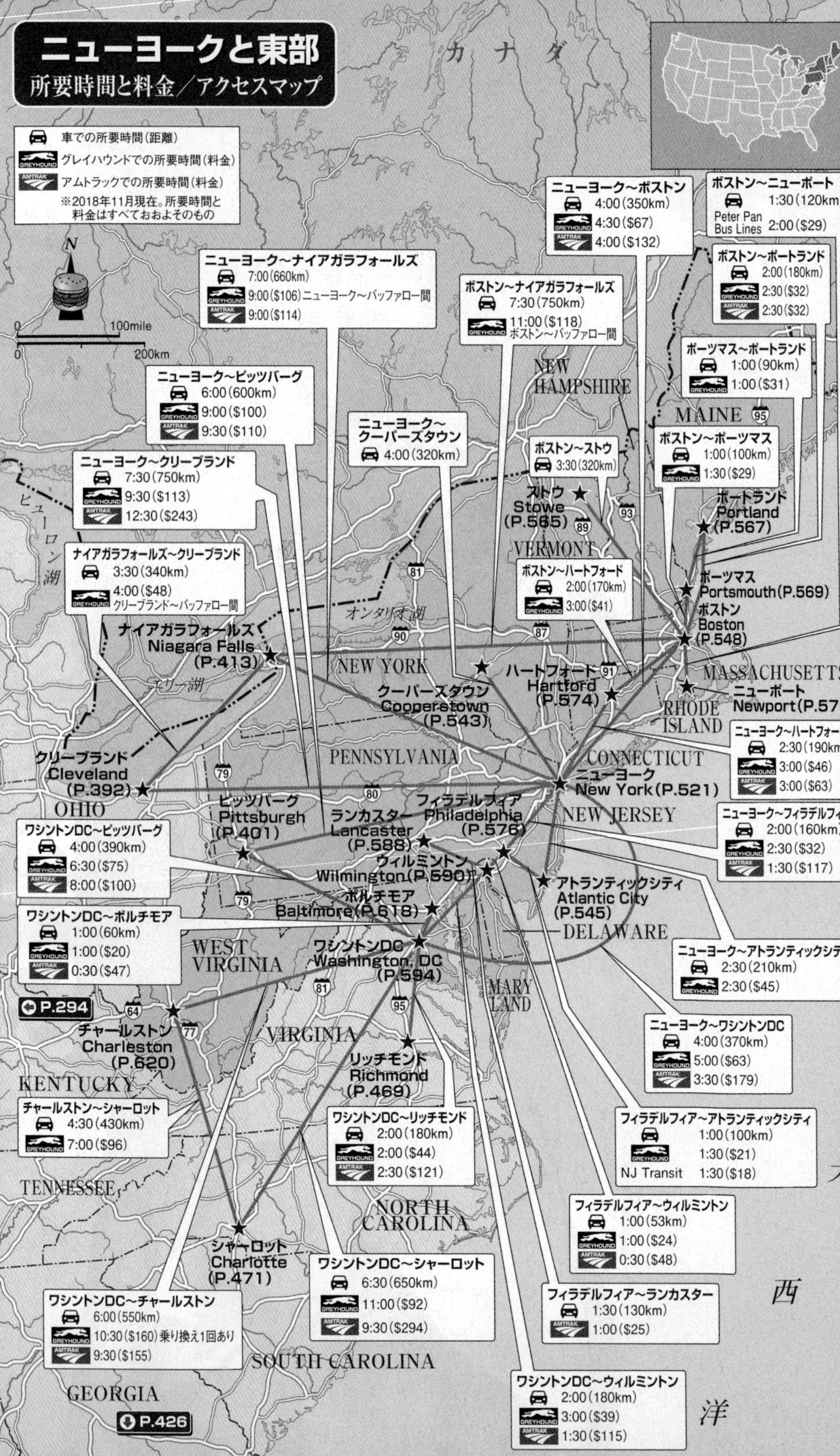

ニューヨークと東部
所要時間と料金／アクセスマップ
車での所要時間（距離）
GREYHOUND グレイハウンドでの所要時間（料金）
AMTRAK アムトラックでの所要時間（料金）
※2018年11月現在。所要時間と料金はすべておおよそのもの
N
0 100mile
0 200km
カナダ
ニューヨーク～ボストン
4:00（350km）
4:30（$67）
4:00（$132）
ボストン～ニューポート
1:30（120km）
Peter Pan Bus Lines 2:00（$29）
ボストン～ポートランド
2:00（180km）
2:30（$32）
2:30（$32）
ポーツマス～ポートランド
1:00（90km）
1:00（$31）
ボストン～ポーツマス
1:00（100km）
1:30（$29）
ニューヨーク～ナイアガラフォールズ
7:00（660km）
9:00（$106）ニューヨーク～バッファロー間
9:00（$114）
ボストン～ナイアガラフォールズ
7:30（750km）
11:00（$118）
ボストン～バッファロー間
ニューヨーク～ピッツバーグ
6:00（600km）
9:00（$100）
9:30（$110）
ニューヨーク～クーパーズタウン
4:00（320km）
ボストン～ストウ
3:30（320km）
ニューヨーク～クリーブランド
7:30（750km）
9:30（$113）
12:30（$243）
ナイアガラフォールズ～クリーブランド
3:30（340km）
4:00（$48）
クリーブランド～バッファロー間
ボストン～ハートフォード
2:00（170km）
3:00（$41）
NEW HAMPSHIRE
MAINE
VERMONT
ストウ Stowe（P.565）
ポートランド Portland（P.567）
ポーツマス Portsmouth（P.569）
ボストン Boston（P.548）
ヒューロン湖
オンタリオ湖
エリー湖
ナイアガラフォールズ Niagara Falls（P.413）
NEW YORK
ハートフォード Hartford（P.574）
MASSACHUSETTS
ニューポート Newport（P.571）
RHODE ISLAND
クーパーズタウン Cooperstown（P.543）
PENNSYLVANIA
CONNECTICUT
ニューヨーク～ハートフォード
2:30（190km）
3:00（$46）
3:00（$63）
クリーブランド Cleveland（P.392）
ニューヨーク New York（P.521）
OHIO
ピッツバーグ Pittsburgh（P.401）
ランカスター Lancaster（P.588）
フィラデルフィア Philadelphia（P.576）
NEW JERSEY
ニューヨーク～フィラデルフィア
2:00（160km）
2:30（$32）
1:30（$117）
ワシントンDC～ピッツバーグ
4:00（390km）
6:30（$75）
8:00（$100）
ウィルミントン Wilmington（P.590）
アトランティックシティ Atlantic City（P.545）
ボルチモア Baltimore（P.618）
DELAWARE
ワシントンDC～ボルチモア
1:00（60km）
1:00（$20）
0:30（$47）
WEST VIRGINIA
ワシントンDC Washington, DC（P.594）
ニューヨーク～アトランティックシティ
2:30（210km）
2:30（$45）
P.294
MARYLAND
チャールストン Charleston（P.620）
VIRGINIA
ニューヨーク～ワシントンDC
4:00（370km）
5:00（$63）
3:30（$179）
リッチモンド Richmond（P.469）
KENTUCKY
チャールストン～シャーロット
4:30（430km）
7:00（$96）
ワシントンDC～リッチモンド
2:00（180km）
2:00（$44）
2:30（$121）
フィラデルフィア～アトランティックシティ
1:00（100km）
1:30（$21）
NJ Transit 1:30（$18）
TENNESSEE
NORTH CAROLINA
フィラデルフィア～ウィルミントン
1:00（53km）
1:00（$24）
0:30（$48）
シャーロット Charlotte（P.471）
ワシントンDC～シャーロット
6:30（650km）
11:00（$92）
9:30（$294）
ワシントンDC～チャールストン
6:00（550km）
10:30（$160）乗り換え1回あり
9:30（$155）
フィラデルフィア～ランカスター
1:30（130km）
1:00（$25）
SOUTH CAROLINA
GEORGIA
P.426
ワシントンDC～ウィルミントン
2:00（180km）
3:00（$39）
1:30（$115）
大
西
洋

ニューヨーク New York

世界で最も刺激的な町

一度は見ておきたい、宝石をちりばめたようなニューヨークの夜景

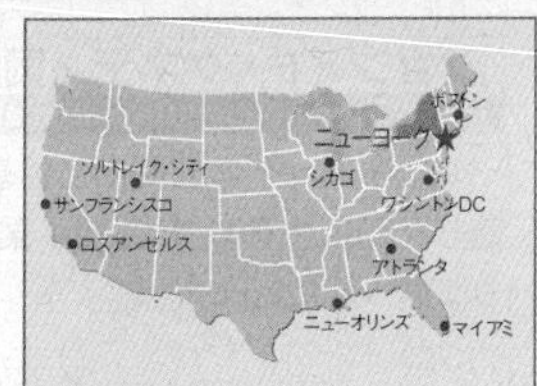

あらゆる人種と文化が混在する巨大都市ニューヨーク。アメリカの縮図であり、かつ最もアメリカらしくない町ともいわれる。同時にここはアメリカいち多くの旅行者が訪れる観光都市である。世界中から、あらゆる階層の人々を引き付けてやまない魅力がニューヨークにはあるのだ。時代に先駆けた芸術やエンターテインメントから、グローバル経済を揺さぶる金融活動まで、世界へ向けての発信源でもあり続けるこの町には、人種や国籍を超えて一流の頭脳と才能が集まる。そしてここで暮らす人々は、意思や目的は違っても、皆「自由」を尊重しつつ忙しく生きている。

ブロードウエイ、タイムズスクエア、5番街、グリニッチビレッジ、ソーホーなど、エネルギッシュで刺激に満ちた「生」のニューヨークに触れて、自分だけのニューヨーク素描を描いてほしい。

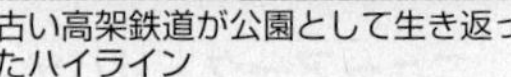

古い高架鉄道が公園として生き返ったハイライン

もっと詳しく

地球の歩き方B06ニューヨーク編（1750円＋税）でもニューヨークを紹介していますので、ご活用ください。

DATA

人口▶約862万人
面積▶784km²
標高▶最高125m、最低0m
TAX▶セールスタックス　8.875%（ニューヨーク市では$110未満の衣料品、靴などは非課税）ホテルタックス　14.76%＋1室につき1泊$3.50
属する州▶ニューヨーク州 New York
州のニックネーム▶帝国州 Empire State
州都▶オールバニー　Albany
時間帯▶東部標準時(EST) ➡P.631
繁忙期▶4〜6、9〜11月

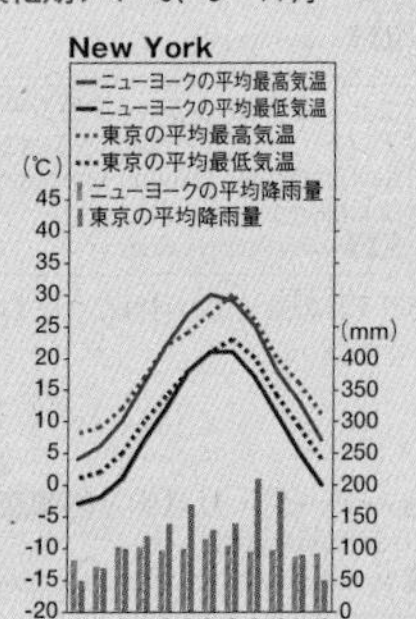

Getting There ニューヨークへの行き方

飛行機 Plane

ニューヨークには3つの空港があり、日本からの直行便が発着しているのはジョン・F・ケネディ国際空港とニューアーク・リバティ国際空港のふたつ。ラガーディア空港はおもに国内線の離発着に利用される。

主要駅やバス乗り場に行くNYC エアポーター

NYでの電話のかけ方
ニューヨークやシカゴなどの大都市で電話をかける際、ほかの都市と異なる点がある。同じエリアコードからの電話でも、1＋エリアコード（212、718、914、917、646、347、929）を含んだ計11桁の番号をダイヤルしなければならない

ジョン・F・ケネディ国際空港
☎(1-718) 244-4444
URL www.panynj.gov/airports/jfk.html

ジョン・F・ケネディ国際空港のターミナル8

ジョン・F・ケネディ国際空港 John F. Kennedy International Airport（JFK）

ニューヨークの玄関口となる空港。国際線と国内線が離発着し、80以上の航空会社が乗り入れている。マンハッタンからは東へ約27kmの距離。

■ 空港から／空港へのアクセス

	種類／名称／連絡先	行き先／運行／料金	乗車場所／所要時間／備考
空港バス	エヌワイシー・エアポーター NYC Airporter ☎(1-718) 777-5111 URL www.nycairporter.com	行き先▶グランド・セントラル・ターミナル、ポート・オーソリティ・バスターミナルなど 運行▶毎日6:00～23:30の30分間隔 料金▶片道$18、往復$35	空港発▶各ターミナルから出発。NYC Airporterと書いてあるユニホームを着た係員に料金を支払う 空港行き▶グランド・セントラル・ターミナル、ポート・オーソリティ・バスターミナルなどのバス停から乗車 所要時間▶グランド・セントラル・ターミナルまで60～95分、ポート・オーソリティ・バスターミナルまで約75～110分 「エヌワイシー・エアポーター」は、運行を終了しました。
空港シャトル	スーパーシャトル SuperShuttle Free (1-800) 258-3826 URL www.supershuttle.com	行き先▶市内や周辺どこでも 運行▶24時間随時 料金▶片道$25.04～（目的地により異なる）	空港発▶各ターミナルの交通案内カウンターで予約し、降車時に料金を支払う 空港行き▶事前に電話などで予約をしてから乗車 所要時間▶マンハッタンまで45～120分
エアトレイン＋地下鉄	エアトレイン AirTrain Free (1-877) 535-2478 URL www.jfkairtrain.com 地下鉄 Subway Free 511 URL www.mta.info	行き先▶地下鉄の各駅 運行▶エアトレイン、地下鉄ともに24時間随時 料金▶$7.75（エアトレイン$5＋地下鉄$2.75。LIRR利用の場合はエアトレインの料金＋$7.50～10.25）	空港発▶各ターミナルからエアトレインに乗車し、地下鉄駅へ。Howard Beach-JFK Airport駅からはAライン、Sutphin Blvd-Archer Av. JFK Airport駅からはE、J、Z、Jamaica駅からはLIRRの各ラインでマンハッタンへ 空港行き▶最寄りの地下鉄駅から乗車 所要時間▶マンハッタンまで40～50分
バス＋地下鉄	MTA バス Q10 & 地下鉄 MTA Bus Q10 & Subway Free 511 URL www.mta.info	行き先▶地下鉄の各駅 運行▶バスは24時間随時、約15分間隔。地下鉄は24時間随時 料金▶$5.50（バス$2.75＋地下鉄$2.75）※現金で購入 P.522 脚注	空港発▶ターミナル5からバスに乗車し、Ozone Park Lefferts Blvd.から地下鉄A、Kew Gardens Union Tpke.から地下鉄EまたはFに乗り換え 空港行き▶最寄りの地下鉄駅から乗車 所要時間▶マンハッタンまで100～120分
タクシー	ニューヨーク・シティ・タクシー・アンド・リムジン・コミッション New York City Taxi and Limousine Commission URL www.nyc.gov/taxi	行き先▶市内や周辺どこでも 運行▶24時間随時 料金▶約$70（空港からマンハッタンへは$52均一＋有料道路通行料＋チップ）	空港発▶ターミナル前にある正規のタクシー乗り場（NYCタクシーの乗務員がいる）から乗車 空港行き▶マンハッタンからJFKはメーター制。どこでもタクシーをひろうことができる 所要時間▶マンハッタンまで40～60分

※それぞれの乗り物の特徴については P.665

ニューアーク・リバティ国際空港 Newark Liberty International Airport（EWR）

ニュージャージー州にある。おもに中距離と大陸横断の国内線、国際線用に使われており、日本からの直行便も発着する。

ニューアーク・リバティ国際空港
☎(1-973) 961-6000
URL www.panynj.gov/airports/newark-liberty.html

メモ 空港からマンハッタンへ：MTAバス＋地下鉄の料金▶空港でメトロカードを購入する場合は、$6.50（メトロカード購入の最低料金$5.50＋メトロカード発行手数料$1。MTAバスから地下鉄への乗り換えは1回無料）。メトロカードの購入場所／JFK：ターミナル内のバゲージクレームにあるHudson News（売店）などにて購入 ↗

■ 空港から／空港へのアクセス

	種類／名称／連絡先	行き先／運行／料金	乗車場所／所要時間／備考
空港バス	ニューアーク・エアポート・エクスプレス Newark Airport Express Free (1-877) 894-9155 URL newarkairportexpress.com	行き先▶グランド・セントラル・ターミナル、ポート・オーソリティ・バスターミナル 運行▶毎日4:15～翌1:00の15～30分間隔 料金▶片道$16、往復$28	空港発▶各ターミナルのシャトル乗り場から乗車 空港行き▶グランド・セントラル・ターミナル、ポート・オーソリティ・バスターミナルなどのバス停から乗車 所要時間▶マンハッタンまで40～50分
空港シャトル	スーパーシャトル SuperShuttle Free (1-800) 258-3826 URL www.supershuttle.com	行き先▶市内や周辺どこでも 運行▶24時間随時 料金▶片道$23～（目的地により異なる）	空港発▶各ターミナルの交通案内カウンターで予約し、降車時に料金を支払う 空港行き▶事前に電話などで予約をしてから乗車 所要時間▶マンハッタンまで45～60分
エアトレイン＋鉄道	エアトレイン AirTrain Free (1-888) 397-4636 URL www.airtrainnewark.com アムトラック Amtrak Free (1-800) 872-7245 URL www.amtrak.com	行き先▶ニューヨークのペンシルバニア駅、フィラデルフィアやコネチカットなど 運行▶エアトレインは24時間随時。アムトラック（Northeast Corridor号）は毎日6:00～21:00頃まで 料金▶$37～（エアトレインは無料）	空港発▶各ターミナルからエアトレインに乗り、終点Newark Liberty International Airport駅でアムトラック（Northeast Corridor号）に乗り換え 空港行き▶ペンシルバニア駅から乗車する 所要時間▶マンハッタンまで30～40分
エアトレイン＋鉄道	エアトレイン AirTrain Free (1-888) 397-4636 URL www.airtrainnewark.com NJ トランジット NJ Transit ☎ (1-973) 275-5555 URL www.njtransit.com	行き先▶ペンシルバニア駅 運行▶エアトレインは24時間随時。NJトランジットは早朝から深夜まで 料金▶$13	空港発▶各ターミナルからエアトレインに乗り、終点Newark Liberty International Airport駅でNJトランジットに乗り換え 空港行き▶ペンシルバニア駅から乗車 所要時間▶マンハッタンまで約40分
タクシー	ニューアーク・タクシー・コミッション Newark Taxi Commission ☎ (1-973) 733-8912	行き先▶市内や周辺どこでも 運行▶24時間随時 料金▶$50～70＋有料道路通行料 ※ニューアーク・リバティ国際空港はニュージャージー州にあるため、料金には州外料金($17.50)が含まれる	空港発▶ターミナル前のNJタクシーの乗務員がいる乗り場から乗車 空港行き▶マンハッタンならどこでもタクシーをひろうことができる 所要時間▶マンハッタンまで40～100分

※それぞれの乗り物の特徴については P.665

ラガーディア空港
LaGuardia Airport (LGA)

マンハッタンから東へ約14kmの所にあり、中距離の国内線を中心に約20の航空会社が乗り入れている。

ラガーディア空港
☎ (1-718) 533-3400
URL laguardiaairport.com

■ 空港から／空港へのアクセス

	種類／名称／連絡先	行き先／運行／料金	乗車場所／所要時間／備考
空港バス	エヌワイシー・エアポーター NYC Airporter ☎ (1-718) 777-5111 URL www.nycairporter.com	行き先▶グランド・セントラル・ターミナル、ポート・オーソリティ・バスターミナル 運行▶毎日6:00～23:30の20～30分間隔 料金▶片道$16、往復$30	空港発▶ターミナルB、C、Dから乗車。料金は係員に支払う 空港行き▶グランド・セントラル・ターミナルなどのバス停から乗車 所要時間▶マンハッタンまで40～85分
空港シャトル	スーパーシャトル SuperShuttle Free (1-800) 258-3826 URL www.supershuttle.com	行き先▶市内や周辺どこでも 運行▶24時間随時 料金▶片道$19.60～（目的地により異なる）	空港発▶各ターミナルの交通案内カウンターで予約し、降車時に支払う。カウンターが閉まっているときは、セルフ・サービス・キオスクにて手続きする 空港行き▶事前に電話などで予約をしてから乗車 所要時間▶マンハッタンまで40～60分
バス＋地下鉄	MTA バス M60 ＆地下鉄 MTA Bus M60 & Subway Free 511 URL www.mta.info	行き先▶地下鉄の各駅 運行▶24時間随時、10～30分間隔の運行 料金▶$5.50（バス$2.75＋地下鉄$2.75）※現金で購入 P.522 脚注	空港発▶各ターミナル前にあるMTAのバス停から乗車し、クイーンズのAstoria Blvd.駅まで行き、そこから地下鉄N、Wで。もしくはマンハッタンの125th St.沿いの地下鉄駅から 空港行き▶地下鉄125th St.駅でバスに乗り換えて空港へ 所要時間▶マンハッタンまで30～50分
バス＋地下鉄	MTA バス Q48、Q70 ＆地下鉄 MTA Bus Q47,Q70 & Subway	行き先▶地下鉄の各駅 運行▶Q47は月～金5:00～24:00、10～20分間隔、土・日6:30～24:00、30分間隔。Q70は24時間、6～30分間隔。地下鉄は24時間随時 料金▶同上	空港発▶マリン・エア・ターミナル（ターミナルA）からはQ47のバス、それ以外のターミナルからはQ70のバスに乗車し、地下鉄のJackson Heights駅から地下鉄E、F、M、R、7に乗り換え 空港行き▶クイーンズにある地下鉄Jackson Heights駅でバスに乗り換え空港へ 所要時間▶マンハッタンまで約25分
タクシー	ジョン・F・ケネディ国際空港の項を参照 P.522	行き先▶市内や周辺どこでも 運行▶24時間随時 料金▶$25～37＋有料道路通行料＋チップ	空港発▶各ターミナル前にあるタクシー乗り場から乗車 空港行き▶マンハッタンならどこでもタクシーをひろうことができる 所要時間▶マンハッタンまで30～40分

「エヌワイシー・エアポーター」は、運行を終了しました。

※それぞれの乗り物の特徴については P.665

↘（すべてのターミナルで購入できるわけではないので注意）、LGA：自動券売機にて購入。メトロカードの詳細は P.526

長距離バス Bus

ポート・オーソリティ・バスターミナル
Port Authority Bus Terminal

中・長距離、通勤バスが約20ラインも発着する巨大バスターミナル。構内は広く、案内所でまず行き先を確認したほうがいい。夜間は、周辺の環境に注意が必要。

グレイハウンドGreyhoundのチケットカウンターは地下1階、バスゲートは地下2階を占める。マンハッタンの中心にあり、空港や近郊地域へのアクセスにはとても便利。

案内所を上手に使って情報を入手しよう

ポート・オーソリティ・バスターミナル
地P.528-A2
住8th Ave., bet. 40th & 42nd Sts.
☎(1-212)564-8484(テープ案内)
Free(1-800)221-9903
※案内所は8th Ave.側の入口にある
●Greyhound
☎(1-212)971-6789
開24時間

ずらりと並ぶカウンター

鉄道 Train

ペンシルバニア駅
Pennsylvania Station

ミッドタウンのマディソン・スクエア・ガーデンの地下がペンシルバニア駅(通称"ペンステーション")。駅の利用客は1日当たり約60万人。アムトラック、NJトランジット、ロングアイランド鉄道(LIRR)などが乗り入れており、アッパーレベルUpper Levelにチケットカウンター、案内所などがある。

アムトラックAmtrakのチケットを買ったら、"Train Departures"と書かれたリーフ式掲示板の下へ行き、自分の列車のゲート番号が表示されるのを待つ。出発5〜15分前にホームへの(下りのエスカレーター)ゲートが開く。

ペンシルバニア駅
地P.528-A2
住31st St.~33rd St., bet. 7th & 8th Aves.
●Amtrak
Free(1-800)872-7245
開24時間(カスタマーサービスは毎日7:00〜22:00)

巨大交通ターミナルのペンステーション

Getting Around ニューヨークの歩き方

マンハッタン島は、ちょうど東京の山手線内ほどの広さだが、南北に細長く、東西は短い。道路は区画整備されているので、住所がわかれば旅行者でも迷うことはない。歩いて見どころへ行くのも楽しいが、地下鉄やバスを乗り継いでの移動もしやすい町である。通りは、碁盤の目のようにきちんと配置されていて、原則的には南北を走るのがアベニュー(街)、東西を走るのがストリート(丁目)の名がつく。アベニューは東から西へと数字が大きくなり、ストリートは南から北へ数字が増える。

この決まりさえしっかり頭に入れておけば、一部のエリアを除きマンハッタンで迷子になることはない。

アベニューとストリートについて

マンハッタンの道路は14th St.以南は複雑であるが、それ以外は区画整備されていて、わかりやすい。

ストリートStreet(略してSt.)は数字で示されるものを"丁目"、それ以外は、"通り"と本書では表している。例/58th St.は58丁目、Bleecker St.はブリーカー通り。また、ストリートStreetは、5番街(Fifth Avenue)を境にウエストWest(W.)とイーストEast(E.)に分かれる。つまりE. 58th St.は58丁目のイーストサイドをいい、W. Houston St.はハウストン通りのウエストサイドをいう

旅のアドバイス シティパス➡P.693▶6ヵ所で使え、9日間有効。対象施設の窓口で購入可能。本来ならば合計$214.45、6〜17歳$196.95なので、かなりお得である。URL www.citypass.com 料$126、6〜17歳$104。対象施設は①エンパイア・ステート・ビル➡P.530、②アメリカ自然史博物館➡P.533、③メトロポリタン美術館(メット)↗

マンハッタンのエリアガイド

大きく分けると34丁目以南をダウンタウン Downtown、34丁目から59丁目をミッドタウン Midtown、59丁目以北をアップタウン Uptownと呼ぶことが多い。

ワールド・トレード・センター跡地に建てられた高層ビル、ワン・ワールド・トレード・センター

●アップタウン　Uptown

コロンビア大学に代表される**モーニングサイドハイツMorningside Heights**、アポロシアターが有名なアフリカ系アメリカ人の町の**ハーレムHarlem**、中南米からの移民が暮らす**イーストハーレムEast Harlem**、リンカーンセンターやコロンバスサークルのある**アッパー・ウエスト・サイドUpper West Side**、ニューヨーカーたちの憩いの場である**セントラルパークCentral Park**、メトロポリタン美術館を中心にしたミュージアム・マイルのある高級住宅地**アッパー・イースト・サイドUpper East Side**がある。

●ミッドタウン　Midtown

多くのショップ、劇場、レストランが軒を連ね、外国人ばかりでなくアメリカ国内からの旅行者が行き交うニューヨーク観光の中心。ホテルも集中する。

●ダウンタウン　Downtown

ギャラリーや流行のレストラン、セレクトショップなどが軒を連ねる**チェルシーChelsea**、歴史的建造物が建ち並ぶ閑静な住宅地区**グラマシーGramercy**、芸術の中心地として発展してきた文化の町**グリニッチビレッジGreenwich Village**などがある。ビレッジの東側のSt. Marks Place近辺に日系のレストランやスーパーなどが集中する**イーストビレッジEast Village**、観光名所はないが倉庫街などにレストランが進出し、食の流行発信地となっている**トライベッカTribeca**、高級ブティックやカフェ、ギャラリーが点在するおしゃれで洗練された町**ソーホーとノリータSoho & Nolita**、Mulberry St.を中心にイタリアンレストランやデリが並ぶ**リトルイタリーLittle Italy**、全米で最大規模の**チャイナタウンChinatown**が観光客に人気だ。そして、ユダヤ人、プエルトリコ人をはじめ多くの移民が住む町**ロウアー・イースト・サイドLower East Side**、金融街ウォールストリート、自由の女神へ行くフェリー乗り場、ワールド・トレード・センターのある**ロウアーマンハッタンLower Manhattan**がある。

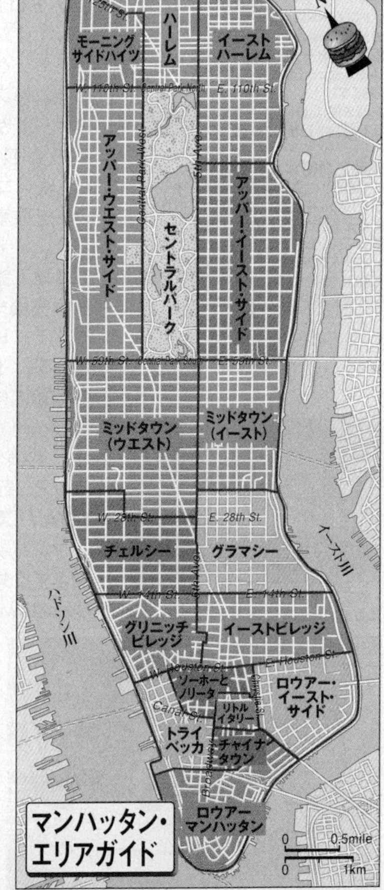

↘P.533、④グッゲンハイム美術館P.534もしくはロックフェラーセンター内P.529のトップ・オブ・ザ・ロック、⑤自由の女神とエリス島P.532もしくはサークルライン・クルーズP.527、⑥イントレピッド博物館もしくはワールド・トレード・センターP.531の9/11メモリアル・ミュージアム。

観光案内所 *Visitors Information*

ニューヨーク観光局
NYC Official Visitor Information Center

地下鉄やバス路線図、各種観光パンフレット、ホテル、レストラン、演劇、スポーツ情報など必要なものがすべて入手できる。ミッドタウンのメイシーズとタイムズスクエア、市庁舎に観光案内所がある。

市内の交通機関 *Public Transportation*

都市圏交通局
Metropolitan Transportation Authority（MTA）

縦に細長いマンハッタンの南北の移動は地下鉄、東西の移動はバスが基本。地下鉄は$2.75～3（支払い方法により異なる）、バスは$2.75。

地下鉄に乗車の際はプリペイド式のメトロカード、もしくはシングルライドチケットが必要。バスはメトロカードかぴったりの金額の現金（硬貨＝コインのみ）を乗車時に支払う。メトロカードは地下鉄駅の自動券売機やブース、観光案内所などで購入できる。シングルライドチケットは自動券売機のみで購入可能。

メトロカードの券売機。操作は簡単

地下鉄　Subway

路線名には数字とアルファベットがあり、アップタウン“Uptown（北行き）”とダウンタウン“Downtown（南行き）”の表示がある。改札によっては一方向だけのものもあるので、行き先の方角を確かめてから改札をくぐるように。

MTAバス　MTA Bus

マンハッタンのバスは、北上するアップタウンUptown、南下するダウンタウンDowntown、東西に走るクロスタウンCrosstownの3種類ある。バスからバスへの乗り換えは、乗車時の料金を支払う際にトランスファー（乗り換え）チケット Transfer Ticketをもらえば、2時間以内1回に限り無料。ただし、最初に乗ったのと同じ路線に乗ることはできない（同じ路線の逆方向も不可）。また、バスから地下鉄への乗り換えも不可。降車は窓枠横の黄色か黒のゴムテープまたは赤いボタンを押して知らせる。

ニューヨーク観光局
URL www.nycgo.com
オフィシャルNYCインフォメーションセンター
●Macy's Herald Square
地 P.528-A2
住 151 W. 34th St.（bet. 7th Ave. & Broadway、メイシーズ内）
開 毎日9:00～19:00（土10:00～、日11:00～）
休 サンクスギビング、12/25
●Times Square
地 P.528-A1
住 7th Ave.（bet. 44th & 45th Sts.）
開 毎日8:00～19:00
休 12/30～1/1
●City Hall
地 P.528-B2
住 Southern Tip of City Hall Park on the Broadway
開 月～金9:00～18:00、土・日10:00～17:00、祝日9:00～15:00　休 サンクスギビング、12/25、1/1

都市圏交通局
Free 511
URL www.mta.info
●Subway
料 シングルライド（1回乗車の切符）$3、メトロカードによる乗車$2.75均一
●MTA Bus
料 $2.75均一（現金払いは1¢硬貨と紙幣は使えない。おつりは出ない）、急行バス$6.50
※バス停によっては、事前に料金を支払える機械を設置している

便利でお得なメトロカード
1回ごとに乗車料金が引かれるレギュラーRegularと乗り放題のアンリミテッドライドUnlimited Rideの2種類がある
料 レギュラー$5.50～$80。アンリミテッドライド7日間$32、30日間$121
※新しくメトロカードを発行する際、カード発行料として$1を徴収される

1枚持っていれば、バスも地下鉄も使える

メトロカードがないときは小銭を$2.75分準備して乗ろう

旅のアドバイス　券売機でクレジットカード ▶ メトロカードの券売機でクレジットカードを利用する場合、5ケタのZIP Code（郵便番号）が必要になる。アメリカ国外のクレジットカードであれば「99999」と入力すればよい。

地下鉄とバスの乗り換えについて

支払い	バス→バス	バス→地下鉄	地下鉄→バス	備考
レギュラー（ペイ・パー・ライド）	2時間以内ならOK			トランスファーチケットは不要。乗り換え時にメトロカードを差し込むと「1XFER（ワン・トランスファー）OK」という表示が出て、料金は引き落とされない
アンリミテッドライド（乗り放題）	期間内であれば乗り放題			料金も乗り換えも気にしなくてよいので、あちこち動き回る旅行者にはおすすめ
シングルライド（1回乗車券）	乗り換えはできない			1回のみ有効な乗車券なので、乗り換え不可
現金	トランスファーチケットをもらえば可能	不可	現金では支払い不可	バスのみ現金（硬貨＝コイン）での支払いが可能

タクシー
Taxi

公認営業のタクシーは車体が黄色なので“イエローキャブ”と呼ばれる。料金はメーター式。日本と同じように、走っている車を手を挙げてつかまえるのが一般的。ただし、大きな駅前やホテルの前に乗り場がある場合は、そこで乗り込む。行き先は必ず「45th St. & 6th Ave., please」などとアベニューとストリートで指示する。店やホテルの名前や住所などを告げただけでは、わからないことが多い。

ニューヨークの足、イエローキャブは台数も多い

タクシー
料初乗り料金$2.50で、5分の1マイルごとに50¢追加されていく。ただし、道路が渋滞しているときは60秒ごとに50¢ずつの加算となる。20:00～翌6:00は乗車ごとに50¢、また平日の16:00～20:00は$1の追加料金が必要となる。
　チップは料金の15～20%が目安だが、最低でも$1。荷物や人数が多いときはチップも少し多めに払おう

ツアー案内　*Sightseeing Tours*

クルーズツアー
Cruise Tours

サークルライン　Circle Line

ハドソン川のピア83より出発するマンハッタン島を回るクルーズ。昼に運航するベスト・オブ・ニューヨーク・クルーズ（所要約2時間30分）は夏期毎日10:00～13:30の1日3便。夜間運航のハーバーライツ（所要約2時間）は夏期毎日19:00からの1日1便。時期により運航時間が異なるので、詳細はウェブサイトで確認すること。

サークルライン
出発場所／Pier 83（W. 42nd St.）
地P.528-A2
☎（1-212）563-3200
URL www.circleline.com
料ベスト・オブ・ニューヨーク・クルーズ：$42、子供（12歳以下）$35。ハーバーライツ：$39、子供（12歳以下）$32

グレイライン
Gray Line of New York

さまざまなツアーがある。Hop-On Hop-Offのダウンタウン路線はタイムズスクエア（住777 8th Ave., bet. 47th & 48th Sts.）、アップタウン路線は（住8th Ave., bet. 42nd & 43rd Sts.）から出発。

グレイライン
住1430 Broadway
☎（1-212）445-0848
Free（1-800）669-0051
URL www.grayline.com

ツアー名	料金	運行	所要時間	内容など
Hop-On Hop-Off New York City-2 Day Pass	大人$59 子供$49	①アップタウンツアー9:00～16:00（30分間隔）、②ダウンタウンツアー8:00～18:00（30分間隔）	1周2～3時間	ダブルデッカーバスに乗り、自分の好きな所で降りて観光する。チケットは24時間有効。①アップタウンツアー：セントラルパーク、コロンバスサークル、リンカーンセンター、メトロポリタン美術館、グッゲンハイム美術館ほか。②ダウンタウンツアー：エンパイア・ステート・ビル、タイムズスクエア、ワールド・トレード・センターほか、停車・車窓を含む。ブルックリンへのナイトツアーも込み
New York City Night Tour	大人$49 子供$39	タイムズスクエア出発18:00	約2時間	このツアーは好きな所での乗り降りはできない。タイムズスクエア、ロックフェラーセンター、エンパイア・ステート・ビル、ユニオンスクエア、ブルックリンブリッジなど

※上記以外にも、ヘリコプター、近郊の町へなど、いろいろなツアーがある。

タクシーでトラブルに遭ったら▶何か問題があったら、メーターの上に掲示されている運転手登録番号を書き取り、NYC タクシーリムジン委員会（Free 311　URL www1.nyc.gov/311）へ苦情を申し立てるとよい。

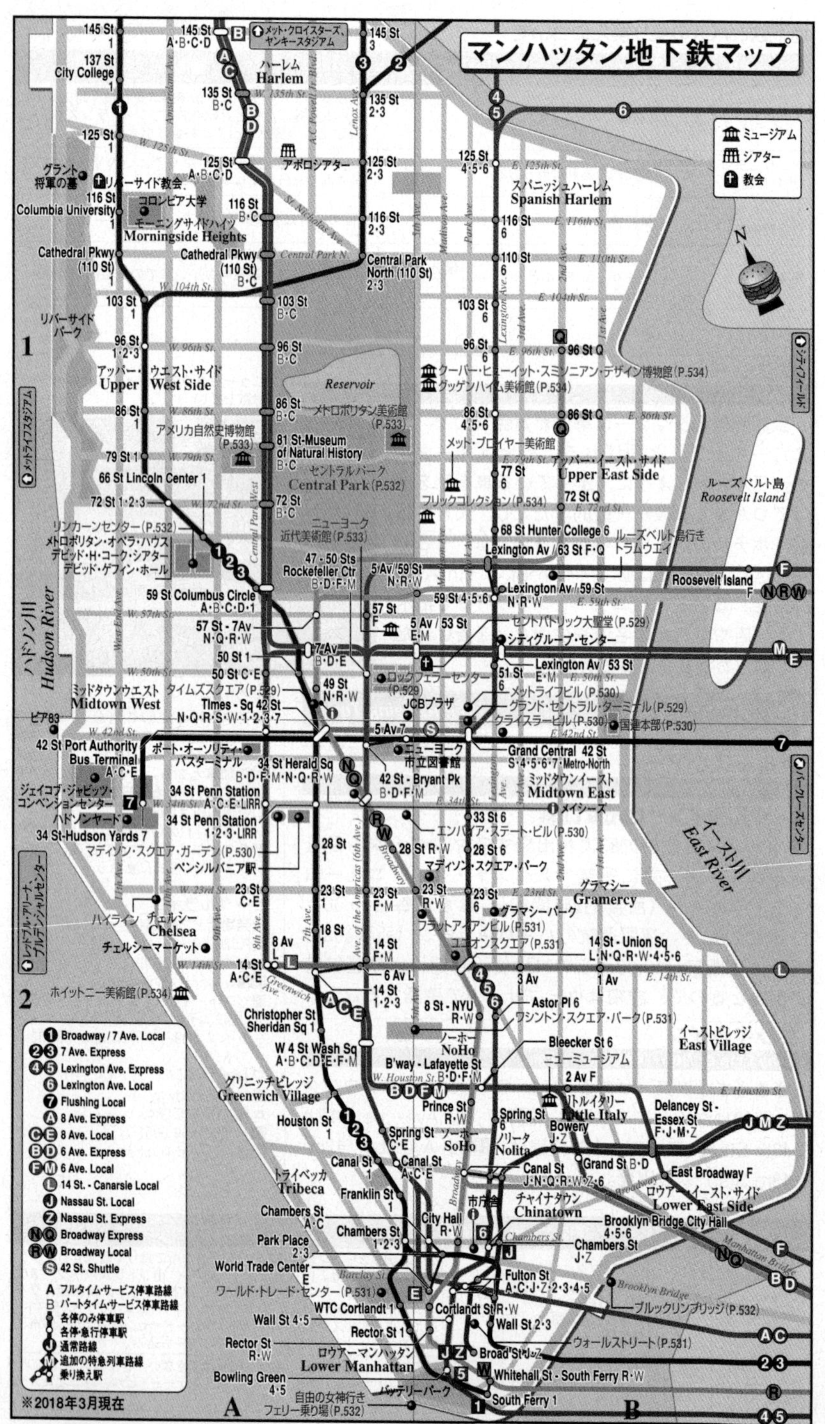

安くおみやげをゲット▶メトロポリタン美術館からグッケンハイム美術館までの5th Ave. 沿いの露店で、鈴やマグネットなどおみやげに最適なものを安く購入できた。（神奈川県　R.K　'17）['18]

おもな見どころ Sightseeing

ミッドタウン地区 Midtown

ブロードウエイをはじめ、5番街の一流ブランドのブティックや高級デパート、摩天楼など、見どころが集中する地区がミッドタウンだ。ここから観光を始めよう。

劇場街の中心 地P.528-A1

タイムズスクエア
Times Square

タイムズスクエアは、ブロードウエイと7番街が交差する42丁目から47丁目の一画。劇場、ホテル、レストランが密集する劇場街である。かつて新聞社のニューヨークタイムズ本社がここにあったことから名前がついた。

金色のプロメテウスで知られる 地P.528-A1

ロックフェラーセンター
Rockefeller Center

5番街と6番街、48丁目と51丁目に囲まれたエリアに19のビルが林立するマンモスコンプレックス（大複合体）。黄金の彫刻プロメテウスが象徴的なロウアープラザは、夏はオープンカフェとして色とりどりのパラソルに彩られ、冬は豪華なクリスマスツリーとアイススケートリンクで有名な場所だ。ロックフェラーセンターの中心ともいうべき70階建てのG.E.ビル最上階は**トップ・オブ・ザ・ロックTop of the Rock**の愛称で親しまれる展望台。昼夜を問わず見物客が絶えない名所だ。アールデコ様式の伝統ある劇場、**ラジオ・シティ・ミュージック・ホールRadio City Music Hall**はラインダンスで有名なザ・ロケッツのショーが毎冬に行われる。見学ツアーは毎日催行されるので、本場のエンターテインメントを体感しよう。

ゴシック様式が印象的 地P.528-B1

セントパトリック大聖堂
St. Patrick's Cathedral

1888年に建てられたニューヨーク最大のカトリック大聖堂。ゴシック様式の壮麗な尖塔は高さが約100m。聖堂内には約9000本のパイプで組まれたパイプオルガンがあり、ミサMassは一般客の入場も許される。

鉄道のもうひとつの玄関口 地P.528-B1～B2

グランド・セントラル・ターミナル
Grand Central Terminal

ペンシルバニア駅と並ぶミッドタウンの2大鉄道ターミナル駅で近・中距離列車が乗り入れる。建物は地下が2層になっていて、列車が発着しているが、観光客にとって見逃せないのがプラネタリウムさながらの星座の天井図。ほかにも大型ショッピングモールや1913年の駅開設以来営業し続けるレストラン、グランド・セントラル・オイスター・バー➡P.541などがある。

よくTVや雑誌に登場するタイムズスクエア

タイムズスクエア
URL www.timessquarenyc.org

ロックフェラーセンター
住 45 Rockefeller Plaza (bet. 5th & 6th Aves.)
☎ (1-212) 332-6868
URL www.rockefellercenter.com

アイススケートリンクとともに冬がやってくるニューヨーク

●Top of the Rock
ロックフェラーセンターの展望台。入口は5th Ave.と6th Ave.の間の50th St.側にある
住 30 Rockefeller Plaza (bet. 5th & 6th Aves.)
Free (1-877) 692-7625
URL www.topoftherocknyc.com
開 毎日8:00～24:00（展望台行きエレベーターは23:15まで） 料 $34、シニア(62歳以上) $32、6～12歳$28、6歳未満無料

●Radio City Music Hall, Stage Door Tour
住 1260 6th Ave. (bet. 50th & 51st Sts.)
☎ (1-212) 247-4777
URL www.radiocity.com
ツアー／毎日9:30～17:00（出発時間は日により異なるが、ほぼ30分おき）
料 $28、学生・シニア(62歳以上)・12歳以下$24
※チケットはウェブサイトまたは北隣のRadio City Sweets & Gift Shopで

セントパトリック大聖堂
住 460 Madison Ave. (bet. 50th & 51st Sts.)
☎ (1-212) 753-2261
URL www.saintpatrickscathedral.org
開 毎日6:30～20:45

グランド・セントラル・ターミナル
住 89 E. 42nd St. (at Park Ave.)
URL www.grandcentralterminal.com
開 毎日5:30～翌2:00

メモ グルメの宝庫グランド・セントラル・ターミナル ▶ 建築物としても見応えがある駅。バルコニー階西側にあるMichael Jordan's Steak Houseは気取らずに本格的なステーキが味わえるうえ、光ファイバー技術で装飾された天井を眺めながら食事ができる。ランチ$35～、ディナー$60～。また、ロウアー・レベルにシェイク・シャックも入店。

外観だけでなく内装にも注目　地P.528-B1

メットライフビル
MetLife Building

かつてはアメリカを代表する航空会社パンナムPANAMの本社ビルだったが、1992年にメットライフ MetLifeビルと名称が変わった。ニューヨークの摩天楼のなかでもひときわ目立つ建築であり、ランドマーク的存在でもある。

ニューヨークを代表する摩天楼　地P.528-B2

クライスラービル
Chrysler Building

アール・デコ・スタイルのうろこ状の頂部が特徴。1930年に完成した当時は頂部をもつビルとして世界いちの高さを誇っていたという。頂部は、ボルトを含め、すべてが輝きを放つステンレススチール製。

ニューヨークのシンボル　地P.528-A2

エンパイア・ステート・ビル
The Empire State Building

ワールド・トレード・センター➡P.531に次いで、ニューヨークで2番目に高い建物。地上381m（電波塔まで443.2m）の102階建てである。2階のチケット売り場で入場券を買い、まずエレベーターで80階まで上がり、再びエレベーターに乗り換えて86階（320m）の展望台に到着する。昼間の眺めはもちろん、イルミネーションで輝き出す夕暮れ時もおすすめだ。

ぜひ上ってみたい高層ビル

スポーツアリーナや劇場の入った　地P.528-A2

マディソン・スクエア・ガーデン
Madison Square Garden

7番街と33丁目の角に建つ大きな円柱形の建物が、スポーツとエンターテインメントの殿堂マディソン・スクエア・ガーデンだ。プロバスケットボールのニックスとアイスホッケーのレンジャーズの本拠地であるとともに、コンサートやプロレスなどの興行にも利用されている。地下には**ペンシルバニア駅 Pennsylvania Station**➡P.524がありアクセスも容易だ。1879年、ここより南東に位置する実際のマディソンスクエアに建物が建てられたことが名前のゆえん。

本部は見学可能　地P.528-B1～B2

国連本部
The United Nations Headquarters

国際連合（略して国連）は第2次世界大戦が終結した1945年秋に世界の安全保障と経済・社会の発展を目指して発足した。国連本部には国連総会ビル、会議場、事務局、ハマーショルド図書館の4つのビルがある。見学ツアーでは平和維持などの国連の活動ぶりが紹介される。

うろこ状のデザインはニューヨーク・ランドマークのひとつ ©Kayoko Ogawa

メットライフビル
住200 Park Ave. (at 45th St.)

クライスラービル
住405 Lexington Ave. (bet. 42nd & 43rd Sts.)
※1階のロビー以外は一般客の入場不可

エンパイア・ステート・ビル
住350 5th Ave.
☎(1-212)736-3100
URL www.esbnyc.com
開毎日8:00～翌2:00（最終の昇りエレベーターは閉館45分前まで）
料$37～、62歳以上$35～、6～12歳$31～、エクスプレス$65～。オーディオガイド無料(日本語あり)
※102階へのアクセスは大人$57、62歳以上$55～、6～12歳$51～、エクスプレス$85～(2階と86階のチケット売り場で購入可)

マディソン・スクエア・ガーデン
住4 Pennsylvania Plaza (bet. 31st & 33rd Sts.)
☎(1-212)465-6741
URL www.thegarden.com

国連本部
住1st Ave. & 46th St.
☎(1-212)963-4475
URL visit.un.org
ツアー／要予約。セキュリティスクリーニングを受けてから入場する（→脚注）。月～金9:30～16:45のほぼ30分間隔。所要45～60分(土・日、祝日は地下1階のギフトショップやカフェには入場可)
料$22、シニア(60歳以上)・学生$15、子供$13(5～12歳※5歳未満不可)
☎(1-212)963-8687
休土・日、祝、国連総会期間中

イーストリバー沿いにそびえ立つ国連事務局ビル

メモ　国連本部ツアー ▶ 国連本部内に入る前に念入りなセキュリティスクリーニングが行われるため、ツアー開始時間の60分前に到着していることが望ましい。セキュリティを通過したパスを受け取るために、パスポートなどの写真付きの身分証明書を提示する。

ダウンタウン地区 Downtown

三角形の特異な形をした街のシンボル 地P.528-B2

フラットアイアンビル
Flatiron Building

1902年建築。当時では珍しい鉄骨のビルで、建築家、都市計画家として活躍したダニエル・バーナムのデザイン。フラットアイアンビルがある23rd St.を西へ約10分、10th Ave.周辺はギャラリー街になっており、約350のギャラリーがひしめく。また、高架鉄道跡地を公園化した**ハイライン The High Line**が観光スポットとして注目されている。ホイットニー美術館があるGansevoort St.から、北に位置するミッドタウンを結ぶ約2.3kmの空中庭園を散策してみよう。

パリの凱旋門を模して1895年に建てられた 地P.528-A2～B2

ワシントン・スクエア・パーク
Washington Square Park

周囲をニューヨーク大学New York Universityに囲まれ、学芸や文化活動が盛んなグリニッチビレッジにある。第2次世界大戦後、政治、文学など時代の流行となったヒッピー文化が、サンフランシスコと同様に盛んだった。

多くのニューヨーカーが足を運ぶ青空市場 地P.528-B2

ユニオンスクエア
Union Square

いくつもの通りが交差するユニオンスクエアは、昔から市民に親しまれている公園のひとつ。ここで週4日開かれる**グリーンマーケットGreenmarket**では、140以上のベンダーが新鮮なローカル農産物を販売している。

ロウアーマンハッタン地区 Lower Manhattan

9.11の惨劇から立ち直るニューヨーク 地P.528-A2～B2

ワールド・トレード・センター
World Trade Center

2001年9月、アメリカ同時多発テロで崩壊したワールド・トレード・センター。跡地の再開発により、2014年5月に犠牲者を追悼する記念碑と悲惨なテロを後世に伝える記念博物館、**9/11 メモリアル・ミュージアム9/11 Memorial Museum**が完成した。同年11月には、全米いちの高さを誇る**ワン・ワールド・トレード・センターOne World Trade Center**が完成し、2015年5月には**展望デッキOne World Observatory**（100～102階部分）もオープンした。遺族や生存者が案内する**9/11トリビュート・ミュージアム9/11 Tribute Museum**では、惨事を検証する展示が行われている。

世界金融の中心地 地P.528-B2

ウォールストリート
Wall Street

ニューヨーク証券取引所 New York Stock Exchange（見学不可）、**連邦準備銀行 Federal Reserve Bank**、そして多くの銀行、証券会社が建ち並ぶ世界金融の中心地。

高さは87m、北側の狭いほうの角は2m弱しか幅がない

フラットアイアンビル
住175 5th Ave.(corner of 23rd St.)
●The High Line
地P.528-A2
住10th Ave.と12th Ave.の間、Gansevoort St.～34th St.
開〈12～3月〉毎日7:00～19:00、〈4～5月、10～11月〉毎日7:00～22:00、〈6～9月〉毎日7:00～23:00(変更あり)
URL www.thehighline.org

ワシントン・スクエア・パーク
住5th Ave.を南下した突き当たり

休日は多くの市民でごった返すユニオンスクエア

ユニオンスクエア
住14th St.、17th St.、Broadway、Park Ave.に囲まれた公園
●Greenmarket
URL www.grownyc.org
開月・水・金・土の8:00～18:00

ワールド・トレード・センター
●9/11 Memorial Museum
住180 Greenwich St.
URL www.911memorial.org
開毎日9:00～20:00(金・土～21:00)。最終入場は閉館の2時間前まで
料大人$24、シニア(65歳以上)・13～17歳$20、7～12歳$15、6歳以下は無料。火曜の17:00以降は入場無料
●One World Observatory
住285 Fulton St.(入口はWest St.側)
Free (1-212)602-4000
URL oneworldobservatory.com
開毎日9:00～21:00(2018年5/1～9/4 8:00～21:00)。チケット販売は閉館45分前まで
料大人$34、シニア(65歳以上)$32、6～12歳$28
●9/11 Tribute Center
住92 Greenwich St. (at Rector St.)
Free (1-866)737-1184
URL 911tributemuseum.org
開毎日10:00～18:00(日～17:00)
料大人$15($35)、シニア$10($35)、8～12歳$5($20) ※カッコ内はウオーキングツアーとのコンビネーションチケット。ツアーは日～木11:00～15:00の毎正時、金・土は増設あり
所要時間／1時間15分

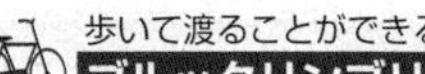

歩いて渡ることができる　地P.528-B2

ブルックリンブリッジ
Brooklyn Bridge

1883年にマンハッタン島とブルックリンの間に最初に架けられた橋。2層に分けられた上層には木製のボードウオークの歩行者区間が設けられ、片道約30分のウオーキングが楽しめる。

彼女に会いに行こう　地P.528-A2～B2（フェリー乗り場）

自由の女神
Statue of Liberty

自由の女神はマンハッタン島南端から約3km離れたリバティアイランドにあり、バッテリーパークからフェリーに乗って行く。観光客でいつも長蛇の列なので、日程が決まっていれば、事前にウェブサイトでフェリーの予約をしておくこと。同一の乗船券でリバティアイランドと、移民博物館のあるエリスアイランドにも上陸して見学することができる。また、自由の女神の内部を階段で上って冠の部分まで行くこともできる（要予約）。

アップタウン地区　Uptown

59丁目以北のアップタウンには市民の憩いの場であるセントラルパーク、クラシックとオペラの殿堂のリンカーンセンターがあり、世界屈指の博物館や美術館が軒を連ねる。

ニューヨーカーの憩いの場　地P.528-A1

セントラルパーク
Central Park

マンハッタンの中心、東西は5番街からセントラルパーク・ウエスト、南北は59丁目から110丁目までを占める人造公園。緑豊かな都会のオアシスには池や庭園、**動物園Central Zoo**や野外劇場などが点在している。自転車で散策したり、ジョギングにいそしむ人もいるが、芝生でのんびりするのが最高の贅沢かもしれない。園内マップは**デアリー案内所Dairy**で入手できる。

クラシック芸術の殿堂　地P.528-A1

リンカーンセンター
Lincoln Center

コロンバスサークルから北西へひと駅、62丁目から65丁目までの広大な敷地に**メトロポリタン・オペラ・ハウスMetropolitan Opera House**、**デビッド・ゲフィン・ホール　David Geffen Hall**、**デビッド・H・コーク・シアター　David H. Koch Theater**など、多くのホールが建つ。演劇、音楽、舞踊などニューヨークの舞台芸術➡P.536の中核をなす総合センターだ。

ブルックリンブリッジ
行地下鉄4・5・6・R・WのBrooklyn Bridge City Hall駅、J・ZのChambers St.駅から東へ徒歩5分

自由の女神行きスタチュークルーズ
地P.528-A2～B2
Free (1-877) 523-9849
URL www.statuecruises.com
開バッテリーパーク発：9:30～15:30（季節により変更あり）
料$18.50、シニア$14、4～12歳$9。オーディオツアー（日本語あり）付き

ニューヨークのシンボル自由の女神

見学当日の注意
フェリー乗船時や女神の内部入場時に、厳重なセキュリティチェックを行っている。入場に時間がかかるので、時間に余裕をもった行動を。身分証明書（写真付きID）を求められることもあるので、パスポートを忘れずに携帯しよう

セントラルパーク
URL www.centralparknyc.org
開毎日6:00～翌1:00
●**Central Park Zoo**
住5th Ave. & 64th St.の角
☎(1-212) 439-6500
URL centralparkzoo.com
開毎日10:00～17:00（季節や曜日によって変更あり）
チケットの販売は閉園時間の30分前まで
料$18、シニア$15、3～12歳$13
●**Dairy**
住65th St.のCentral Park East Dr.側
開毎日10:00～17:00

リンカーンセンター
住10 Lincoln Center Plaza (bet. 62nd ～65th Sts.)
☎(1-212) 875-5456
URL www.lincolncenter.org
行地下鉄1で66th St. /Lincoln Center駅下車。MTAバスならM5、M7、M10、M11、M66、M104が近くを通る
●**Lincoln Center Tour**
公演の行われていないときに、劇場の内部を見学して回るガイド付きのツアーが行われている。公演を観るチャンスがない人にとっては、劇場内に入って内装の豪華さを味わい、シートに座ってみるいい機会だ。運がよければリハーサル風景に出くわすことも……
☎(1-212)875-5350
ツアー／日によって変更されるが、おおむね毎日11:00～15:00の間、所要約1時間15分
料$25、学生$20（30歳未満。要ID）

メモ　**コロンバスサークルの便利な複合ビル、タイムワーナー・センター**▶セントラルパークの南西部に位置する円形の広場、コロンバスサークルにはタイムワーナー・センターがあり、ショッピングや食事を楽しめる。地下にはスーパーのホールフーズ・マーケットが入っているので、食料を調達することもできる。

ミュージアム＆ギャラリー Museum & Gallery

世界最大級を誇るメトロポリタン美術館を中心に、セントラルパークに沿った5番街は**ミュージアムマイルMuseum Mile**と呼ばれ、博物館や美術館が集中するスポットだ。

3日あっても回りきれない大美術館 地P.528-A1

メトロポリタン美術館（メット）

The Metropolitan Museum of Art（Met）

17世紀から20世紀初頭のアメリカ美術史に欠かせない作品が充実しているアメリカン・ウイングをはじめ、19世紀ヨーロッパの絵画・彫刻、ギリシア・ローマ美術など約20もの部門に分かれるメトロポリタン美術館。特別展や常設展を組み合わせたプログラムはいつ行っても見応えがあり、1日で見終えるのはとうてい不可能だ。

2016年春に分館の**メット・ブロイヤー美術館The Met Breuer**がオープン。20世紀から21世紀の芸術作品が中心で、2014年までホイットニー美術館だった建物を使っている。また、マンハッタンの北端にある分館の**クロイスターズ美術館The Cloisters**は、中世ヨーロッパ美術に特化した展示が魅力だ。

NY屈指の人気ポイント 地P.528-A1

ニューヨーク近代美術館（モマ）

The Museum of Modern Art（MoMA）

1929年、J.D. ロックフェラーJr. 夫人を含む3人のNY市民によって創設。建物は日本人建築家、谷口吉生氏のデザインによるもの。頻繁に行われる特別展では、毎回先鋭的なアーティストを採用し、モマならではの展示を見ることができる。名画も多く収蔵しており、マティスの『ダンス』、ダリの『記憶の固執』やピカソの『アヴィニヨンの娘たち』は必見。なお、大きな荷物などの持ち込みは禁止されているので、1階の無料クロークで預けること。

恐竜のコーナーが人気！ 地P.528-A1

アメリカ自然史博物館

American Museum of Natural History

“自然と人間との対話”をテーマに設立されたアメリカ自然史博物館は、セントラルパークから通りを渡った西側にある。約3200万点以上の標本や収蔵品のうち館内に展示されているのは、わずか数%。博物館の入口は、セントラル・パーク・ウエスト沿いにあり、地下1階から地上4階の5つのフロアで構成されている。まずはアメリカ先住民や海の生物から見始め、2階のアフリカの動物や民俗、さらに3階の霊長類と太平洋の人々、そして最後に当館最大の呼び物である4階の恐竜の展示を見学していくのがおすすめの道順である。81丁目側にある**ローズ宇宙センターRose Center for Earth and Space**はエキシビジョンエリアになっており、大迫力のプラネタリウムや地面に映像が映し出されるシアターなど、興味深い展示が多い。

メトロポリタン美術館（メット）
住1000 5th Ave.(at 82nd St.)
☎(1-212)535-7710
URL www.metmuseum.org
開毎日10:00〜17:30（金・土〜21:00）
休サンクスギビング、12/25、1/1、5月の第1月曜
料$25、シニア(65歳以上)$17、学生$12、12歳未満大人同伴の場合無料
※入館日から3日以内であればメット・ブロイヤー、クロイスターズ美術館にも入館可
●The Met Breuer
地P.528-B1
住945 Madison Ave.
☎(1-212)731-1675
開火〜日10:00〜17:30（金・土〜21:00）
休月、サンクスギビング、12/25、1/1
料メトロポリタン美術館と同じ
●The Cloisters
地P.528-A1外
住99 Margaret Corbin Dr., Fort Tryon Park
☎(1-212)923-3700
開〈3〜10月〉毎日10:00〜17:15、〈11〜2月〉毎日10:00〜16:45
休サンクスギビング、12/25、1/1
料メトロポリタン美術館と同じ

芸術好きにはたまらない美術館

ニューヨーク近代美術館（モマ）
住11 W. 53rd St. (bet. 5th & 6th Aves.)
☎(1-212)708-9400
URL www.moma.org
開毎日10:30〜17:30（金〜20:00）
料$25、シニア（65歳以上）$18、学生$14、16歳以下は大人同伴の場合無料

アメリカ自然史博物館
住Central Park West(at 79th St.)
☎(1-212)769-5100
URL www.amnh.org
開毎日10:00〜17:45
休サンクスギビング、12/25
料$23、学生(要ID)・シニア(60歳以上)$18、2〜12歳$13（アイマックスなどとのコンビネーションチケットあり）

映画『ナイトミュージアム』の舞台でもある

メモ **モマの金曜夕方は入場料が無料**▶金曜16:00〜20:00は入館が無料になる。16:00に54th St.の入口で無料チケットの配布がある（15:00頃からメインエントランスに列ができる）。ひとりで複数枚受け取ることも可能。入館とチェックルームに荷物を預ける際に、無料チケットの提示が求められる。

カタツムリの中で現代美術を鑑賞　地P.528-B1

グッゲンハイム美術館
Solomon R. Guggenheim Museum

国宝級の建物は必見

セントラルパークの東、5番街に面して建つグッゲンハイム美術館はフランク・ロイド・ライトの最後の建築。抽象画の父、カンディンスキーのほか、シャガール、ピカソ、クレー、ルソー、モジリアーニなど19世紀末の作品を中心に所蔵している。来館者たちが知らぬまに美術館を一巡しているというスパイラル構造が印象的な建築は、それ自体が美術作品として評価され、国定歴史建造物にも指定されている。

家具調度品にも注目したい　地P.528-B1

フリックコレクション
The Frick Collection

70丁目の5番街とマディソンアベニューの高級住宅街にたたずむ美術館。もともとは実業家ヘンリー・クレイ・フリック氏の邸宅だった建物に、夫妻が収集したルネッサンス期からロココ期、近代までの絵画、彫刻などが展示されている。総大理石の邸宅や落ち着いた雰囲気の中庭の噴水、家具調度のすべてが鑑賞に値する。

デザインを主題にした全米で唯一の美術館　地P.528-B1

クーパー・ヒューイット・スミソニアン・デザイン博物館
Cooper-Hewitt Smithsonian Design Museum

"デザイン"に焦点をあてた博物館で、建物は実業家アンドリュー・カーネギー邸を改築したもの。入館時に特殊なペンを渡され、館内にあるインタラクティブな展示に、書いたり、タッチして楽しむことができる。そのほか最新のテクノロジーを駆使した展示が多く、自分で書いたデザインが壁に映し出されたり、機械に体をスキャンして楽しんだりと、デザインに興味がなくても十分楽しめる展示が多い。館内のギフトショップでは、優れたプロダクトデザインの商品を販売している。

ハイラインの南端にあるシンボリックな美術館　地P.528-A2

ホイットニー美術館
Whitney Museum of American Art

2015年初夏、ミュージアムマイルからグリニッチビレッジに移転したホイットニー美術館。新しい美術館はイタリアの有名建築家であるレンゾ・ピアノが手がけたもの。ハドソン川に面して建つ美術館は8階建てで、屋上にも展示スペースが設けられている。

デ・クーニング、ジャスパー・ジョーンズ、アンディ・ウォーホル、ロイ・リキテンスタインなど、ニューヨーク派アーティストの展示品は見応えあり。

© NYC & Company/Julienne Schaer
ひと際目立つモダン建築

グッゲンハイム美術館
住1071 5th Ave. (at 89th St.)
☎(1-212) 423-3500
URL www.guggenheim.org
開金～水10:00～17:45(土～19:45)
休木、サンクスギビング、12/25
料$25、シニア(65歳以上)・学生$18、12歳未満無料、土17:45～19:45は任意の寄付制($10)

フリックコレクション
住1 E. 70th St. (bet. 5th & Madison Aves.)
☎(1-212) 288-0700
URL www.frick.org
開火～土10:00～18:00、日11:00～17:00
休月、祝
料$22、シニア(65歳以上)$17、学生(要ID) $12、10歳未満入場禁止。第1金曜18:00～21:00は無料(9月と1月は除く)、水曜14:00～18:00は任意の寄付制

クーパー・ヒューイット・スミソニアン・デザイン美術館
住2 E. 91st St. (bet. 5th & Madison Aves.)
☎(1-212) 849-8400
URL www.cooperhewitt.org
開毎日10:00～18:00(土～21:00)
休サンクスギビング、12/25
料$18、シニア$12、学生$9、18歳以下は無料(オンライン購入で割引あり)

ホイットニー美術館
住99 Gansevoort St. (bet. Washington St. & 10th Ave.)
☎(1-212) 570-3600
URL whitney.org
開水～月10:30～18:00(金・土～22:00)
休火
料$25、シニア・学生$18、18歳以下無料

メモ　ノリータのユニークな美術館ニューミュージアムNew Museum▶おもに現代美術品を所蔵・展示している。建物は日本人建築家ユニットのSANAA(妹島和世＋西沢立衛)によるもの。住235 Bowery (bet. Houston & Prince Sts.) ☎(1-212) 219-1222 URL www.newmuseum.org 開火～日11:00～18:00(木～21:00) 地P.528-B2

エンターテインメント Entertainment

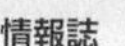

これほど多くのミュージカル、オペラ、演劇、コンサートが昼夜を問わずいたるところで繰り広げられる町は、世界でもニューヨークだけ。趣味、予算、時間、場所など、一人ひとりの好みで演目を選んで楽しみたい。

情報の集め方

『ニューヨーカー The New Yorker』『ニューヨークタイムズ New York Times（日曜版）』などの雑誌や新聞は、エンターテインメント情報も充実しており便利。これらは書店、駅前の売店などで入手できる。また、観光情報誌『ホエア where』『タイムアウト Time Out』はミュージカル、コンサート、ライブハウス、映画などを紹介。

チケットの入手方法

各劇場のボックスオフィス

演目、座席などを確認しながら決められるいちばん確実な購入方法。人気のショーでも、1週間ぐらい先なら入手できることが多い。売り切れでも、どうしても観たいときは、当日開演2時間くらい前から売り出す当日券（枚数は日によって異なる）を求める方法もある。立見券を発売する劇場もある。

チケッツ tkts

ブロードウエイなどの残った当日券を20～50%割引きで売っているチケットオフィス。前日までに売れ残ったチケットなので、大ヒット中のものは買えない場合が多い。売り場前の電光掲示板に当日売り出されるショーのタイトルが表示される。窓口も増えたが、けっこう長い時間並ぶ。時間があってお金を節約したい人向き。

チケット会社

「チケットマスターTicketmaster」や「テレチャージ Tele-Charge」は日本でいう「チケットぴあ」のような総合チケット会社。ブロードウエイのショー、スポーツ、イベントやコンサートなど幅広く取り扱う。ウェブサイトからの予約が一般的で、支払いはクレジットカードとなる。チケットはプリントアウトするか、劇場の窓口（Will Call）で受け取るかを選ぶ。

ウェブサイト以外の方法はチケットマスター、テレチャージどちらも電話予約が可能。チケットは当日開演前に劇場の窓口で受け取る。

情報誌

●The New Yorker
URL www.newyorker.com
●New York Times
URL www.nytimes.com
●where
URL www.wheretraveler.com/new-york-city
●Time Out
URL www.timeout.com

タイムズスクエアにあるチケッツ

tkts
URL www.tdf.org
料 手数料$4＋$5
A J M V
●Times Square
住 W. 47th St. & Broadway
開 夜の部：毎日15:00～20:00（火14:00～、日～19:00）、昼の部：水・木・土10:00～14:00、日11:00～15:00
●South Street Seaport
住 Front & John Sts.
開 毎日11:00～18:00（日～16:00）
休 2～3月の日曜

チケットマスター
Free (1-800) 745-3000
URL www.ticketmaster.com

テレチャージ
☎ (1-212) 239-2959（日本語）、(1-212) 239-6200
Free (1-800) 447-7400（24時間）
URL www.telecharge.com

ミュージカル

タイムズスクエア周辺の1000席を超える大劇場で行われる「ブロードウエイ」ミュージカル、ダウンタウンの劇場で上演される「オフ・ブロードウエイ」、そしてカフェやロフトなどの小劇場で行われる「オフオフ・ブロードウエイ」など、すべてがまさしく本場ニューヨークを代表するエンターテインメントだ。リンカーンセンターなどの大きなシアターで公演する演目もある。大小かかわらず、演者たちの熱を感じることができるはずだ。

今、ブロードウエイで最もチケットが取りにくい『ハミルトン』

投稿 寒がりは気をつけて！▶ブロードウエイでミュージカルを見ていると、冷房が強く、カーディガンを着ていたにもかかわらず震えるほど寒かった。（大阪府　大塚香奈）['18]

ブロードウエイ＆オフ・ブロードウエイの人気ミュージカル＆ショー

（2023年10月現在）

作品名／URL	劇 場	上演日	料 金	上演時間	電 話
ウィキッド　Wicked	Gershwin 住222 W. 51st St.	〈昼の部〉水・土・日 〈夜の部〉火～土	$109 ～ 169	2時間45分	Free (1-877) 250-2929
ライオン・キング　The Lion King	Minskoff 住200 W. 45th St.	〈昼の部〉水・土・日 〈夜の部〉火～土	$139 ～ 215	2時間45分	Free (1-866) 870-2717
オペラ座の怪人 The Phantom of the Opera	Majestic 住247 W. 44th St.	〈昼の部〉木・土 〈夜の部〉月～土	$29 ～ 179	2時間30分	☎ (1-212) 239-6200
キンキーブーツ Kinky Boots URL kinkybootsthemusical.com	Al Hirschfeld Theatre 住302 W. 45th St.	〈昼の部〉水・土・日 〈夜の部〉火～土	$79 ～ 163	2時間20分	Free (1-877) 250-2929
ブルーマン・グループ Blue Man Group （オフ・ブロードウエイ） URL www.blueman.com	Astor Place 住434 Lafayette St.	〈昼の部〉火・水・土・日 〈夜の部〉毎日	$56.80 ～ 111.30	1時間30～45分 （休憩なし）	Free (1-800) 258-3626
ストンプ　Stomp （オフ・ブロードウエイ） URL www.stomponline.com	Orpheum 住126 2nd Ave.	〈昼の部〉土・日 〈夜の部〉火～日	$48 ～ 100	1時間30分 （休憩なし）	Free (1-800) 982-2787

「オペラ座の怪人」「キンキーブーツ」のショーは終了しました。

※各演目の上演日は月によって異なるので事前にウェブサイトなどで確認を

オペラとクラシックとバレエ

一流の芸術家たちによるパフォーマンスは一度観ておきたい。公演場所はリンカーンセンターに集中する。

メトロポリタンオペラ　The Metropolitan Opera

1883年に設立され、130年以上の歴史をもつメトロポリタンオペラ（通称メトMET）。豪華な演出やキャスト、オペラハウスの規模や年間の公演回数など、どれをとっても世界トップレベルで、見るものを虜にしてやまない。シーズンは9月下旬から5月中旬。

オペラを見る際は服装に気をつけたい。立ち見席などはカジュアルでかまわないが、それ以外はこぎれいな格好で行くように。ドレスやスーツ姿の観客もたくさんいる。

メトロポリタン・オペラ・ハウスではバックステージツアーも行われており、楽屋やリハーサル室、舞台袖などを見学することができる。

メトロポリタンオペラ
ホームホール――メトロポリタン・オペラ・ハウス（リンカーンセンター内）
Metropolitan Opera House
地P.528-A1
住30 Lincoln Center Plaza (Columbus Ave., bet. 62nd & 65th Sts.)
☎(1-212)362-6000（チケット）
URL www.metopera.org
開ボックスオフィス／月～土10:00～20:00、日12:00～18:00
※立見席は$20～25（月～土）※手数料別。開演当日の10:00に売り出される
●Backstage Tour
☎(1-212)769-7028
開〈9月下旬～5月上旬〉月～金15:00～、日10:30～、13:30～※要確認
料$30

アメリカン・バレエ・シアター
American Ballet Theatre

1940年創立のアメリカを代表するバレエ団。定期公演は5～7月までメトロポリタン・オペラ・ハウスで行われ、10月後半にはデビッド・H・コーク・シアター David H. Koch Theaterでも公演が見られる。

アメリカン・バレエ・シアター
ホームホール――メトロポリタン・オペラ・ハウス（リンカーンセンター内）
Metropolitan Opera House
地P.528-A1
住メトロポリタンオペラと同じ
☎(1-212)477-3030
URL www.abt.org

ニューヨーク・シティ・バレエ
New York City Ballet

レパートリーに古典が少なく、振付家による作品が多いのが特色。見逃せないのが、ニューヨーカーにとって風物詩でもある『くるみ割り人形　Nutcracker』。11月末から12月末にかけて上演される。

ニューヨーク・シティ・バレエ
ホームホール――デビッド・H・コーク・シアター（リンカーンセンター内）David H. Koch Theater
地P.528-A1
住20 Lincoln Center
☎(1-212)496-0600（チケット）
URL www.nycballet.com

ニューヨーク・フィルハーモニック
New York Philharmonic

ゲスト指揮者、共演者の顔ぶれも超一流という世界でも名高い交響楽団。月に1～2回行われるオープンリハーサルでは、入場料$22で本公演のリハーサルが聴ける。

ニューヨーク・フィルハーモニック
ホームホール――デビッド・ゲフィン・ホール（リンカーンセンター内）David Geffen Hall
地P.528-A1
住10 Lincoln Center Plaza
☎(1-212)875-5656
URL nyphil.org

スポーツ観戦 Spectator Sports

 ベースボール MLB

ニューヨーク・ヤンキース（アメリカンリーグ東地区）
New York Yankees

ワールドシリーズ制覇27回、リーグ優勝40回と、誰もが認めるMLBの名門ヤンキース。1901年の創設以来、ベーブ・ルース、ルー・ゲーリッグら、数々のスター選手を輩出してきた。彼らの名前はモニュメントパークに刻まれているので、試合前に見学しておきたい。

2017〜2018年と2年連続ポストシーズンに駒を進めるヤンキースの強みは、若手の台頭。2018年に19勝をあげたルイス・セベリーノ、同年新人王候補に最後まで残ったミゲル・アンドゥハーとグレイバー・トーレスのふたりの野手。もちろん、田中将大投手の存在も大きい。

一度は見ておきたいヤンキースタジアム

ニューヨーク・メッツ（ナショナルリーグ東地区）
New York Mets

一説ではヤンキースよりファンが多いといわれるほど、ニューヨーカーに愛されているチーム。1962年の創設からしばらくは弱小球団であったが、1969年は周囲の予想を見事に裏切りワールドシリーズ制覇を達成した。この快挙から“ミラクルメッツ（奇跡のメッツ）”と呼ばれている。

2015年にワールドシリーズ、2016年はプレイオフに進出したものの、以降はBクラスに。サイ・ヤング賞候補になったジェイコブ・デグロム投手を中心に立て直しを図る。

アメリカンフットボール NFL

ニューヨーク・ジャイアンツ（NFC 東地区）
New York Giants

2007、2011シーズンにスーパーボウルを制覇、だが4度目の栄冠を手にした翌年から低迷、プレイオフが遠のく。2016シーズン、11勝をあげるもプレイオフ初戦で惨敗、これが響いたのか翌年は3勝、1983シーズン以来の不名誉な成績に。チームカラーはダークブルー、レッド、ホワイト。

ニューヨーク・ジェッツ（AFC 東地区）
New York Jets

2015年、HCボウルズは就任1年目で10勝を刻み、周囲を驚かせた。しかしプレイオフに及ばず、翌年以降は2年連続で5勝止まり、地区最下位に甘んじている。スタンドが繰り出す「ジェッツ・チャント」はNFL名物、ファンなら体験したい。チームカラーはハンターグリーン、ホワイト。

ニューヨーク・ヤンキース（1901年創設）
本拠地――ヤンキースタジアム Yankee Stadium（5万2325人収容） 地P.528-A1外
住1 E. 161st St. (bet. Jerome & River Aves.), Bronx
Free(1-877)469-9849（チケット）
URL www.mlb.com/yankees
行ミッドタウンから地下鉄4・B・Dの3路線で161st St. Yankee Stadium駅下車。ミッドタウンから25〜30分
球場ツアー／クラシックツアーは毎日11:00〜13:40まで20分おきに 料$25

この選手に注目!
ミゲル・アンドゥハー（三塁手）

ニューヨーク・メッツ（1962年創設）
本拠地――シティフィールド Citi Field（4万1800人収容） 地P.528-B1外
住120-1 Roosevelt Ave. at Flushing, Queens
☎(1-718)507-8499
URL www.mlb.com/mets
行ミッドタウンから地下鉄7でFlushing行きに乗って約30分。Mets/Willets Point駅で下車

この選手に注目!
ジェイコブ・デグロム（投手）

ニューヨーク・ジャイアンツ（1925年創設）
本拠地――メットライフスタジアム MetLife Stadium（8万2500人収容） 地P.528-A1外
住1 MetLife Stadium Dr., E. Rutherford, NJ
☎(1-201)935-8111、935-8222（チケット）
URL www.giants.com
行ポート・オーソリティ・バスターミナルからメットライフ・スポーツ・コンプレックス行きの直行バスCoach USA (#351)が運行されている（料片道$7、往復$14）

この選手に注目!
オーデル・ベッカム・ジュニア

ニューヨーク・ジェッツ（1960年創設）
本拠地――メットライフスタジアム MetLife Stadium（8万2500人収容） 地P.528-A1外
住1 MetLife Stadium Dr., E. Rutherford, NJ
☎(1-201)559-1515（スタジアム）
Free(1-800)469-5387（チケット）
URL www.newyorkjets.com
行ニューヨーク・ジャイアンツを参照

この選手に注目!
サム・ダーノルド

ニューヨーク・ニックス（1946年創設）
本拠地――マディソン・スクエア・ガーデン Madison Square Garden（1万9812人収容）
地P.528-A2 住4 Pennsylvania Plaza
Free(1-877)695-3865（チケット）
URL www.nba.com/knicks
行マディソン・スクエア・ガーデンを参照
➡P.530

この選手に注目!
ティム・ハーダウェイ・Jr.

バスケットボール　NBA

ニューヨーク・ニックス（東・大西洋地区）
New York Knicks(Knickerbockers)

2013-14シーズンから負け越しが続き、2014-15にチームワーストの17勝を記録、2017-18も29勝と不振の泥沼から抜け出せない。チームカラーはブルー、オレンジ、シルバー、ブラック、ホワイト。

ブルックリン・ネッツ（東・大西洋地区）
Brooklyn Nets

移転直後の2012-13シーズンからプレイオフに進出、話題となるが、以降は年々星を減らし、2016-17は20勝まで落ち込んだ。2017-18も28勝止まりで移転前の不振状態に戻っている。チームカラーはブラック、ホワイト。

アイスホッケー　NHL

ニューヨーク・レンジャーズ(東・メトロポリタン地区)
New York Rangers

1926年に創設。オリジナル6のひとつ。直近の10シーズンでは8度プレイオフに進出しており、古豪復活の気配あり。名の通ったスター選手はいないがドラフトで獲得した自前の若手選手が躍動している。

ニューヨーク・アイランダーズ(東・メトロポリタン地区)
New York Islanders

直近の10シーズンでプレイオフに届いたのは3度だけ。生え抜きで唯一のスター選手であったタバレスを放出し、現在チームは新人王のバーザルを中心に再建中。観客動員でもリーグ最低に沈み、ここ数年は我慢のシーズンが続く。

ニュージャージー・デビルズ（東・メトロポリタン地区）
New Jersey Devils

もとはカンザスシティで誕生しニュージャージーに移ってきたのは1982年。長らく低迷していたがトレードで獲得したホールが才能を開花させ2017-18シーズンは6シーズン振りにプレイオフに届いた。

サッカー　MLS

ニューヨーク・レッドブルズ（東地区）
New York Red Bulls

2006年にレッドブルがスポンサーとなり名前が変わった。2013、2015、2018年にレギュラーシーズン・リーグトップの成績を残したが、悲願の優勝は果たしていない。

ニューヨーク・シティFC（東地区）
New York City FC

2015年リーグに参入し、2016年からは毎年プレイオフ進出。もとスペイン代表のダビド・ビジャを中心に優勝を狙う。試合当日は本拠地であるヤンキースタジアムがサッカーフィールドに変身する。

ブルックリン・ネッツ（1967年創設）
本拠地――バークレーズセンター Barclays Center(1万7732人収容)　地P.528-B2外
住620 Atlantic Ave., Brooklyn
☎(1-718)933-3000
URL www.nba.com/nets
行地下鉄2、3、4、5、B、D、N、Q、RのAtlantic Ave.-Barclays Center駅下車

この選手に注目!
ディアンジェロ・ラッセル

ニューヨーク・レンジャーズ（1926年創設）
本拠地――マディソン・スクエア・ガーデン Madison Square Garden(1万8024人収容)
地P.528-A2 住4 Pennsylvania Plaza
☎(1-212) 465-6000　URL www.nhl.com/rangers
行マディソン・スクエア・ガーデンを参照 ➡P.530

この選手に注目!
ヘンリク・ランドクヴィスト

ニューヨーク・アイランダーズ
（1972年創設）
本拠地――バークレーズセンター Barclays Center(1万5795人収容)
地P.528-B2外 住620 Atlantic Ave., Brooklyn
☎(1-516) 501-6700　URL www.nhl.com/islanders　行ブルックリン・ネッツ参照

この選手に注目!
マシュー・バザール

ニュージャージー・デビルズ
（1974年創設）
本拠地――プルデンシャルセンター Prudential Center(1万7625人収容)
地P.528-A2外　住25 Lafayette St., Newark, NJ　☎(1-973)757-6200
URL www.nhl.com/devils
行NJトランジットまたはPATHトレインのニューアーク・ペンシルバニア駅下車。徒歩約2ブロック

この選手に注目!
タイラー・ホール

ニューヨーク・レッドブルズ
（1995年創設）
本拠地――レッドブル・アリーナRed Bull Arena(2万5000人収容)
地P.528-A2外
住600 Cape May St., Harrison, NJ
Free(1-877)727-6223(チケット)
URL www.newyorkredbulls.com
行PATHトレインのHarrison駅から徒歩10分

この選手に注目!
ブラッドレー・ライト・フィリップス

ニューヨーク・シティFC
（2015年創設）
本拠地――ヤンキースタジアムYankee Stadium(2万7545人収容)
地P.528-A1外
住行ニューヨーク・ヤンキース ➡P.537を参照
Free(1-855)776-9232
URL www.nycfc.com

この選手に注目!
マキシミリアノ・モラレス

ナイトスポット&ショップ
Night Spots & Shops

ジャズ

N 有名なジャズメンに会える！

ビレッジバンガード
Village Vanguard

住 178 7th Ave. S.（near Perry St.）
☎ (1-212) 255-4037 URL www.villagevanguard.com
開 毎日20:00～、ライブは毎日20:30、22:30
料 $35＋1ドリンク（$5～16） ADJMV

1935年に開店したジャズクラブの老舗。かつてマイルス・デイビスやジョン・コルトレーンなども出演していた。

ジャズ

N 日本でもおなじみ名門ジャズクラブ

ブルーノート
Blue Note

住 131 W. 3rd St.（bet. 6th Ave. & MacDougal St.）
☎ (1-212) 475-8592 URL www.bluenote.net/newyork
開 毎日18:00～翌2:00。ライブは毎日20:00、22:30（金・土は翌0:30も）、ブランチ日10:30～15:00（ライブ11:30、13:30）
料 バー－$15～、テーブル席$40前後 ADJMV

1981年にオープンした世界中の人々が訪れる人気ジャズクラブ。事前にウェブサイトから予約したほうがいい。

ジャズ

N 初心者も大丈夫なホットスポット

スモーク
Smoke

住 2751 Broadway（bet. 105th & 106th Sts.）
☎ (1-212) 864-6662 URL www.smokejazz.com ADJMV
開 毎日17:30～翌3:00（日11:00～）、ライブは19:00、21:00、22:30（日により異なる） 料 ミュージックチャージ$9～45（出演者や曜日により異なる）

地元誌『ニューヨーク・マガジン』のベスト・ジャズ・クラブに選ばれたこともある。

バー

N こだわりの生ビールが飲める

マックソーリーズ・オールド・エール・ハウス
McSorley's Old Ale House

住 15 E. 7th St.（bet. 2nd & 3rd Aves.）
☎ (1-212) 473-9148 URL mcsorleysoldalehouse.nyc
開 毎日11:00～翌1:00（日13:00～） 現金のみ

1854年からあるニューヨークで最も古いバー。この店専用のビール工場があり、独特のコクのある生ビールを飲ませてくれる。

デパート

S 地元市民に愛されて1世紀

メイシーズ
Macy's

住 151 W. 34th St.（bet. Broadway & 7th Ave.）
☎ (1-212) 695-4400 URL www.macys.com 開 月～土10:00～22:00、日10:00～21:00 AJMV

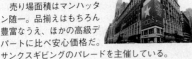

売り場面積はマンハッタン随一。品揃えはもちろん豊富なうえ、ほかの高級デパートに比べ安心価格だ。サンクスギビングのパレードを主催している。

ファッション

S カラフルなGAP系カジュアルウエア

オールド・ネイビー
Old Navy

住 150 W. 34th St.（near 7th Ave.）
☎ (1-212) 594-0049 URL www.oldnavy.com
開 月～土9:00～22:00、日10:00～22:00 ADJMV

Tシャツなどカラーバリエーション豊富。メンズ、レディス、キッズ、ベビー服まで揃う。$10以下のアイテムも多数あり、友人や家族のおみやげになりそうなものも多い。ニューヨークらしい斬新なものを選びたい。

ファッション

S スタイリッシュで高品質

ジェイ・クルー
J. Crew

住 91 5th Ave.（near 17th St.）
☎ (1-212) 255-4848 URL www.jcrew.com
開 月～土10:00~20:00、日11:00～19:00 AJMV

一度日本から撤退したが、ここ数年でイメージチェンジをはかり、デザイン性と品質の高さが話題となっている。定番アイテムもトレンドものも大人かっこいい。前大統領夫人のミシェル・オバマもこのブランドがお気に入り。

ディスカウントショップ

S 憧れブランドが90%OFFも！

センチュリー21
Century 21

住 22 Cortlandt St.（bet. Church St. & Broadway）
☎ (1-212) 227-9092 URL www.c21stores.com
開 月～水7:45～21:00、木・金7:45～21:30、土10:00～21:00、日11:00～20:00 AJMV

ニューヨークの名物的ショップ。ハイエンドからカジュアルブランドまで大幅オフ価格。7フロアの巨大店舗には、メンズ、レディス、キッズ、家庭用品などがずらり。根気よく探すのがコツ。

ショップ&レストラン
Shops & Restaurants

雑貨

愉快なキャラクターでおなじみ

エムアンドエムズ・ワールド・ニューヨーク
M&M's World(R)　New York

住1600 Broadway (at 48th St.)
☎(1-212) 295-3850　URL www.mmsworld.com
開毎日9:00～24:00　ADJMV

「お口で溶けて、手に溶けない」のキャッチフレーズでおなじみのM&Mチョコレートのオフィシャルストア。チョコ菓子のほか、カラフルでかわいいキャラクターグッズが揃う。普通のパッケージより色彩が豊か。

食料品

素材にこだわったグルメストア

ゼイバーズ
Zabar's

住2245 Broadway (at 80th St.)
☎(1-212) 787-2000　URL www.zabars.com
開月～土8:00～19:30(土～20:00)、日9:00～18:00　ADJMV

アッパー・ウエストにある老舗食材店。ロゴ入りエコバッグは日本でも人気がある。1階にはチーズや総菜など、2階にはキッチングッズが並ぶ。

コスメ

自然からのエッセンスが心地いい

キールズ
Kiehl's

住109 3rd Ave. (bet. 13th & 14th Sts.)
☎(1-212) 677-3171　URL www.kiehls.com　開月～土10:00～21:00、日11:00～19:00　休サンクスギビング、12/25　AMV

自然派化粧品の老舗。宣伝広告を控え、シンプルなパッケージでコストを抑えている。ロングセラー商品に新製品が加わり、200種類以上のスキンケア製品が揃う。

書店

NYの老舗本屋チェーン

バーンズ&ノーブル
Barnes & Noble

住555 5th Ave. (bet. 45th & 46th Sts.)
☎(1-212) 697-3048　URL www.barnesandnoble.com
開毎日9:00～21:00(土・日10:00～)　AMV

全米チェーンの書店。ほぼ毎日どこかの店舗でイベントが行われており、店によってソファやカフェがあってのんびりできる。マンハッタンではユニオンスクエア店が最大だが、5番街にあるこちらも連日大勢の読書好きでにぎわっている。

カフェ

季節によって異なるタルトがおすすめ

シティベーカリー
The City Bakery

住3 W. 18th St. (bet. 5th & 6th Aves.)
☎(1-212) 366-1414　URL thecitybakery.com
開月～土7:30～18:00 (土8:00～) 日9:00～18:00
休祝日　AMV

CLOSED

『SEX and the CITY』の舞台になって注目を浴びたサラダバー&デザートカフェ。グリーンマーケットで仕入れた野菜の総菜は、ベジタリアンにも人気がある。

ハンバーガー

日本にも上陸済みの絶品(上質?)バーガー

シェイクシャック
Shake Shack

住691 8th Ave. (at 44th St.)
☎(1-646) 435-0135　URL www.shakeshack.com
開毎日10:30～24:00　AJMV

ユニオンスクエア・カフェやグラマシー・タバーンを手がけるセレブシェフ、ダニー・メイヤーによるハンバーガーの有名店。その抜群のおいしさで、全米に支店が続々オープン。やっぱり本場で食べるのが、ウ・マ・イ!!

アメリカ料理

トライベッカで人気のアメリカンダイナー

バビーズ
Bubby's

住73 Gansevoort St. (at Washington St.)
☎(1-212) 219-0666　URL www.bubbys.com
開日～木8:00～22:00、金・土8:00～23:00　AMV

素材とホームメイドにこだわるお店。おすすめは有機卵を使用したエッグ・ベネディクト。パンケーキなどほかの朝食メニューも好評で、チェリーやアップルなどのパイもおいしい。デザートはテイクアウトして公園で食べるのもいい。

サラダ

おしゃれなサラダ専門店

スイートグリーン
Sweetgreen

住2937 Broadway (near 115th St.)
☎(1-917) 675-6616　URL www.sweetgreen.com
開毎日10:30～23:00　AMV　※支店多数あり

ローカル&オーガニックにこだわった野菜&フルーツとドレッシングを使用。オリジナルメニューもあるが並んだ野菜を見ながら、カスタマイズでオーダーできる。健康志向も手伝って、全米で支店を増加させている。日本人にはちょうどいいサイズ。

メモ　クリスマスセール▶12月26日から始まるセールはとてもお得。50～80%オフのものも多い。クリスマスグッズも店頭に並ぶ。

レストラン&ホテル
Restaurants & Hotels

R　ウクライナ料理
いつでもオープンしているカフェ&レストラン
ベセルカ
Veselka

住144 2nd Ave.(at 9th St.)
☎(1-212)228-9682　URL veselka.com
開24時間営業　AMV

老舗のウクライナ料理店。24時間営業なので、ランチやディナーを食べ損ねたときに重宝する。ウクライナ式水餃子(4つで$7)もお試しあれ。

R　フードコート
おしゃれでモダンな食空間
ブルックフィールド・プレイス/ハドソン・イーツ
Brookfield Place/Hudson Eats

住230 Vesey St.(near Liberty St.)
☎(1-212)978-1698　URL bfplny.com
開月～土10:00～21:00、日12:00～19:00　ADJMV

今、アメリカでヘルシー、おいしいフードコートが流行中だが、そのもとがニューヨーク。オフィス街の複合ビルの2階にある高級フードコートで、館内のパブリックスペースでも食べられる。オープンテラスもおすすめ。

R　フードコート
最新の食トレンドを発信し続ける
チェルシーマーケット
Chelsea Market

住75 9th Ave.(bet. 15th & 16th Sts.)
☎(1-212)652-2110　URL www.chelseamarket.com
開月～土7:00～21:00、日8:00～20:00　ADJMV

旧ナビスコ工場を改装。1997年のオープン以来、ニューヨークフードの集合テナントの先駆け的存在だ。フードコート以外にもおみやげにいいものがいろいろで、悩んでしまうかも。テイクアウトしてハイラインでのランチはいかが。

R　シーフード
海の幸ならグランドセントラル駅地下へ
グランド・セントラル・オイスター・バー
Grand Central Oyster Bar & Restaurant

住89 E. 42nd St., Grand Central Terminal B1F
☎(1-212)490-6650　URL www.oysterbarny.com
開月～土11:30～22:00　休日、おもな祝日　ADJMV

古きよき時代の駅の雰囲気をそのままに、1913年から営業しているレストラン。世界中から新鮮なシーフードを毎朝入荷し、その仕入れによって料理が決められる。予算は$40～。

H　ホステル
バックパッカーたちと情報交換もできる
ホステリング・インターナショナル－ニューヨーク
Hostelling International-New York

住891 Amsterdam Ave.(at 103rd St.), New York, NY 10025
☎(1-212)932-2300　FAX(1-212)662-6731　AJMV
URL www.hinewyork.org　ドミトリー$36～72　Wi-Fi無料

会員でなくても18歳以上宿泊可能。明るい雰囲気でバックパッカーらでにぎわう。部屋は共同と個室。地下鉄1の103 St.駅から1ブロック。654ベッド。

H　ホステル
アメリカ人に人気のホステル
ブロードウエイホテル&ホステル
Broadway Hotel & Hostel

CLOSED

住230 W. 101st St.(at Broadway), New York, NY 10025
☎(1-212)865-7710　FAX(1-212)865-2993　Wi-Fi無料
URL www.broadwayhotelnyc.com　ドミトリー$40～85、バス・トイレ共同ⓈⒹⓉ$75～198、ⓈⒹ$88～228　ADMV

全米で上位10位に入る人気ホステル。部屋は簡素だが清潔。セントラルパークまで徒歩10分、環境もいい。地下鉄1の103 St.駅へ2ブロック。コロンビア大学にも近い。120室。

H　ホステル
セントラルパークまで1ブロック
ジャズ・オン・ザ・パーク・ホステル
Jazz on the Park Hostel

住36 W. 106th St., New York, NY 10025　☎(1-212)932-1600
FAX(1-212)932-1700　URL www.jazzhostels.com
ドミトリー$26～65、個室$125～160　AJMV　Wi-Fi 1階のみ無料

アッパーウエストの閑静なロケーション。地下鉄B、Cの103 St.駅から北へ3ブロック。こぎれいで、BBQパーティなどのイベントも行う。270ベッド。

H　エコノミーホテル
ミッドタウンでリーズナブル
ホテルウォルコット
Hotel Wolcott

住4 W. 31st St.(bet. 5th Ave. & Broadway), New York, NY 10001　☎(1-212)268-2900　URL www.wolcott.com
ⓈⒹⓉ$150～285、スイート$160～320　Wi-Fi $9.95
AJMV

エンパイア・ステート・ビルから2ブロック南下。セキュリティもしっかりしていて安心して泊まれる。ロビーはクラシックな雰囲気だが、部屋はシンプルで清潔。トリプルルームもあり、喫煙室があるのは、いまや貴重。

メモ　ニューヨークで大人気のベーグル屋▶プレーンやレーズン、オニオンなど約15種類のベーグル($1.35)がある。サーモンとクリームチーズが入ったベーグル($10.50)は絶品。Ess-a-Bagle　住831 3rd Ave.(bet. 50th & 51st Sts.)　☎(1-212)980-1010　URL www.ess-a-bagel.com　開毎日6:00～21:00(土・日～17:00)

ホステル

セントラルパークの西側

インターナショナル・スチューデント・センター
International Student Center

住38 W. 88th St. (bet. Central Park W. & Columbus Ave.), New York, NY 10024 ☎(1-212) 787-7706
FAX(1-212) 580-9283 Wi-Fiなし
ドミトリー$35～50 MV

バックパッカー（18～35歳）が対象。基本は男女別のドミトリーで1部屋8～10人。ロビーにはTV、地下には自由に使えるキッチンがある。予約はウェブサイトで。要デポジット$10（チェックアウト時に返金）。チェックインは15:00～22:00まで。40ベッド。

エコノミーホテル

ウエストサイドにある"Y"

ウエストサイドYMCA
West Side YMCA

住5 W. 63rd St. (bet. Central Park W. & Broadway), New York, NY 10023 ☎(1-212) 912-2600 Wi-Fiロビーは無料 AMV
URLwww.ymcanyc.org/westside Ⓢ$112～140、Ⓓ$135～178(バス・トイレ共同、一部2段ベッド)、Ⓓ$165～178、4人部屋$250～285

セントラルパークやリンカーンセンターから近く、宿泊者はフィットネスセンター、室内プールが無料で使用できる。カフェやラウンジもあり。360ベッド。

エコノミーホテル

閑静な住宅街にある

ホテル・サーティーワン
Hotel 31

住120 E. 31st St. (bet. Lexington & Park Aves.), New York, NY 10016 ☎(1-212) 685-3060 FAX(1-212) 532-1232
URLwww.hotel31.com Wi-Fi無料 AJMV Ⓢ$95～159、Ⓓ$119～169、Ⓣ$119～169(バス・トイレ共同)、ⓈⒹ$143～224

エンパイア・ステート・ビルまで徒歩約8分。館内はヨーロピアンスタイルで、落ち着いた雰囲気が漂う。地下鉄6の28 St.駅から3ブロック。60室。

中級ホテル

ミッドタウンとビレッジの中間にある

チェルシーイン
Chelsea Inn

住46 W. 17th St. (bet. 5th & 6th Aves.), New York, NY 10011
☎(1-212) 645-8989 URLwww.chelseainn.com Wi-Fi無料
バス・トイレ共同ⓈⒹⓉ$79～450 ADMV

ユニオンスクエアのそばにあり、芸術の町グリニッチ・ビレッジやソーホーにも歩いて20分ほど。客室は柔らかなベージュで統一。共同バス・トイレも清潔。45室。

エコノミーホテル

非常に簡素だが、高級マンションに囲まれた

リバーサイド・タワー・ホテル
Riverside Tower Hotel

住80 Riverside Dr. (at 80th St.), New York, NY 10024
☎(1-212) 877-5200 FAX(1-212) 873-1400
URLwww.riversidetowerhotel.com（日本語あり）
ⓈⒹⓉ$144～169 AJMV Wi-Fi無料

自然史博物館から西へ4ブロック、リバーサイド・パークの正面にある。全室に電子レンジや冷蔵庫がある。食器も貸してくれる。120室。

エコノミーホテル

スタイリッシュ＆近未来的な客室

ポッド51
Pod51

住230 E. 51st St. (bet. 2nd & 3rd Aves.), New York, NY 10022
☎(1-844) 763-7666(予約) FAX(1-212) 755-5029 Wi-Fi無料
URLwww.thepodhotel.com 2段ベッド$90～185、Ⓢ$85～175(バス・トイレ共同)、ⓈⒹ$115～255 AMV

機能的でデザイン性の高いゲストルームには、全室に液晶テレビが完備されている。ロケーションから考えるととてもリーズナブルだ。353室。

高級ホテル

ロックフェラーセンターの近く

シェラトン・ニューヨーク・タイムズスクエア
Sheraton New York Times Square

住811 7th Ave. (at 53rd St.), New York, NY 10019
☎(1-212) 581-1000 Free(1-888) 627-7067 Wi-Fi$16.95
URLwww.sheratonnewyork.com
ⓈⒹⓉ$216～464、スイート$330～529 ADJMV

基本的な室内設備は申し分ない巨大ホテル。日本人利用客が多く、ロケーションもよいことから安心感がある。1780室。

高級ホテル

日本人向けのサービスも充実

ニューヨーク・ヒルトン・ミッドタウン
New York Hilton Midtown

住1335 6th Ave. (bet. 53rd & 54th Sts.), New York, NY 10019
☎(1-212) 586-7000 FAX(1-212) 315-1374
URLwww3.hilton.com Wi-Fi$14.95
ⓈⒹⓉ$204～629、スイート$504～994 ADJMV

ショッピング、ミュージカルに便利なロケーション。忙しいビジネスマンのためにビジネスセンターも充実。1929室。

これが野球の殿堂の建物

ベースボールの町

クーパーズタウン
Cooperstown

ニューヨークの北西約300kmに位置するクーパーズタウン。オツェゴ湖畔にある人口わずか1800人の町は、年間400万人が訪れる人気の観光地だ。ほとんどの観光客が訪れるのは野球の殿堂と博物館。館内には歴代の名プレイヤーたちの品々がところ狭しと並んでいる。数々の記録を打ち立てたイチロー選手もたびたび訪れる町は、野球の聖地として全米で認知されている。

町の中心部も野球一色だ。野球カード、MLBのチームグッズ、バット、ピンバッジの専門店が軒を連ね、MLBファンにはたまらない町となっている。

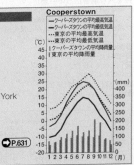

クーパーズタウン
ボストン
ニューヨーク
ソルトレイク・シティ
シカゴ
ワシントンDC
サンフランシスコ
ロスアンゼルス
ニューオリンズ
マイアミ

DATA

人口▶約1800人
面積▶4.7km²
標高▶377m
TAX▶セールスタックス　8%
ホテルタックス　12%
属する州▶ニューヨーク州　New York
州のニックネーム▶帝国州
Empire State
州都▶オールバニー　Albany
時間帯▶東部標準時（EST） ➡P.631
繁忙期▶5〜9月

Cooperstown
━クーパーズタウンの平均最高気温
━クーパーズタウンの平均最低気温
…東京の平均最高気温
…東京の平均最低気温
▮クーパーズタウンの平均降雨量
▮東京の平均降雨量
(℃) 45 40 35 30 25 20 15 10 5 0 -5 -10 -15 -20
(mm) 400 350 300 250 200 150 100 50 0
1 2 3 4 5 6 7 8 9 10 11 12 (月)

クーパーズタウンへの行き方&歩き方 Getting There & Around

空路の場合、**オールバニー国際空港Albany International Airport**が玄関口。ニューアーク・リバティ国際空港➡P.522やフィラデルフィア、シカゴなどから乗り入れている。空港からクーパーズタウンまでは車で約1時間30分。車以外では、ニューヨークのポート・オーソリティ・バスターミナル➡P.524から長距離バスの**トレイルウエイズTrailways**（グレイハウンドと提携）で行く方法。所要約6時間（約$60）で、毎日1本運行している。クーパーズタウンの停留所は中心地からも近く、車がなくても観光するには問題ない。

町の中心はオツェゴ湖にほど近いMain St.。約300mの間に見どころやレストラン、ギフトショップが集中している。

5月最終月曜（メモリアルデイ）〜9月第1月曜（レイバーデイ）の間のみ、おもな見どころを結ぶ**トロリーTrolley**が運行している。

トレイルウエイズのバス停はAAAの看板が目印

オールバニー国際空港（ALB）
地P.544-外
住737 Albany Shaker Rd., Albany, NY
☎(518) 242-2200
URL albanyairport.com
行クーパーズタウンまで車で約1時間30分

トレイルウエイズ停留所
地P.544
住71 Elm St.
URL trailwaysny.com
Free (1-800) 858-8555

クーパーズタウン観光局
地P.544
住20 Chestnut St.
☎(607) 322-4046
URL www.thisiscooperstown.com
開月〜金9:00〜17:00（時期により異なる）

トロリー
☎(607) 547-2411
URL cooperstownny.org
運行／5月最終月曜〜9月第1月曜の毎日8:30〜21:00、9月第1月曜の翌日〜10月第2月曜の土・日9:30〜19:15
料1日券$2

メモ トレイルウエイズのチケット▶トレイルウエイズのウェブサイトから予約することもできるが、ニューヨークのポート・オーソリティ・バスターミナルの地下にもチケット窓口がある。

Sightseeing おもな見どころ

野球の殿堂と博物館
住25 Main St.
☎(607)547-7200
URL baseballhall.org
開毎日9:00〜17:00(夏期は延長あり)
料大人$23、シニア$15、7〜12歳$12、6歳以下無料

MLBのエンターテインメント性は、日本のそれとはまったく異なる

殿堂入り選手たちの共演
毎年5月にHall of Fame Classicという、殿堂入り選手たちで行われる試合が開催されている。球場は中心部の南に位置するダブルデイ・フィールド
●Doubleday Field
地P.544
住1 Doubleday Ct.
☎(607)547-2270
Free(1-877)726-9028(チケット)
URL doubledayfield.com

ベースボール史のすべてがある 地P.544

野球の殿堂と博物館
National Baseball Hall of Fame & Museum

観光客のほぼ全員が訪れる野球の殿堂と博物館。1939年にオープンし、毎年コレクションを増やし続けている。建物は3階建てで、1階は殿堂入りを果たした関係者たちのレリーフが並ぶホール。殿堂入りはMLBの発展に大きく貢献した人に与えられるもので、選手にとどまらずコーチや裏方にまで及んでいる。2018年はブレーブスの黄金期をバットで支えたチッパー・ジョーンズ、MVPに輝くドミニカ出身のゲレーロ、おさえの切り札として圧倒的な強さを誇ったトレーバー・ホフマン、MLB歴代8位の通算本塁打数のジム・トーミの4人が受賞した。2階は名選手たちの展示が充実。現役選手、引退済みの選手問わず、実際に使用した用具が並び、ドジャースに所属するクレイトン・カーショーのスパイクや、エンゼルスに所属するマイク・トラウトのバットなど、ここでしか見られないものばかり。ベーブ・ルースの展示Babe Ruth: His Life and Legendも人気だ。3階には世界の本塁打王、ハンク・アーロンの半生を展示しているHank Aaron: Chasing the Dreamや、日本人選手の王貞治、イチローなど、さまざまな記録を打ち立てた選手の品が展示されている。

サイ・ヤングの使用していた用具もある

レストラン&ホテル
Restaurant & Hotel

R アメリカ料理

クーパーズタウンの名物ダイナー

クーパーズタウンダイナー
Cooperstown Diner

住136 1/2 Main St. ☎(607)547-9201
URL www.cooperstowndiner.com
開毎日6:00〜20:00(夏期は毎日〜21:00) MV 地P.544

昔ながらのアメリカンダイナー。小さな店内だが、名物のジャンボバーガー($6.99〜)は味も量もビッグ。テイクアウトも可能だ。

H B&B

あったかい雰囲気とおもてなし

ランドマークイン
Landmark Inn

住64 Chestnut St., Cooperstown, NY 13326
☎(607)547-7225 URL www.landmarkinncooperstown.com
ⓈⒹⓉ$99〜329 AMV 地P.544 Wi-Fi無料

ビクトリア調の建物で、中心部もトレイルウエイズのバス停にもほど近いホテル。室内は清潔でスタッフも親切。快適に滞在することができる。11室。

メモ 近郊にある見どころ ▶ クーパーズタウンの北西約6kmにあるフライクリーク・サイダーミル。搾りたてのリンゴジュースやリンゴソースなどを販売しており、夏は多くの観光客でにぎわっている。試食も豊富だ。
Fly Creek Cider Mill 住288 Goose St., Fly Creek ☎(607)547-9692 Wi-Fi www.flycreekcidermill.com 地P.544-外

ノスタルジックなボードウオーク

東海岸のカジノタウン

アトランティックシティ

Atlantic City

大西洋を望むアトランティックシティは、ニューヨークやフィラデルフィアなどの大都市からバスが頻繁に往来し、カジノを目指してやってくる観光客があとを絶たない。

アメリカ各地で見られるボードウオークと呼ばれる木製の遊歩道は、アトランティックシティが発祥の地。1870年に造られ、全米いちの長さと幅を誇っている。カジノが合法化される前、ボードウオークには海水浴客向けの店が並んでいたため、現在もどこか懐かしい風景が残っている。海風を感じながらぶらぶら散策するには最高のスポットだ。

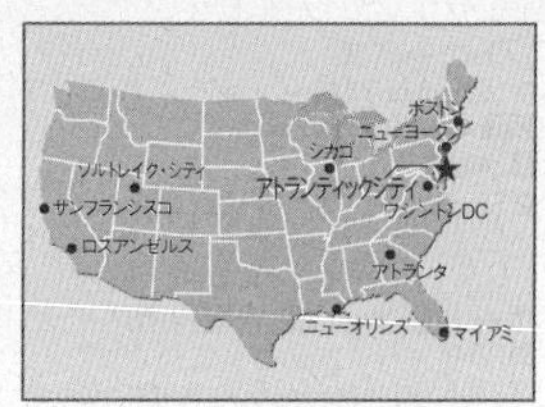

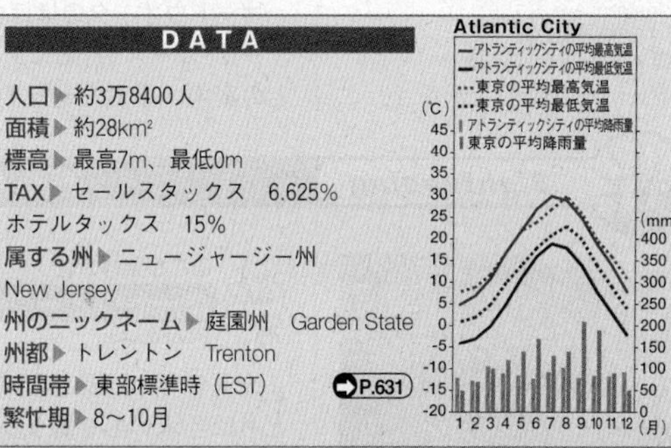

DATA

人口▶約3万8400人
面積▶約28km²
標高▶最高7m、最低0m
TAX▶セールスタックス　6.625%
ホテルタックス　15%
属する州▶ニュージャージー州
New Jersey
州のニックネーム▶庭園州　Garden State
州都▶トレントン　Trenton
時間帯▶東部標準時（EST）　➡P.631
繁忙期▶8〜10月

アトランティックシティへの行き方　Getting There

ニューヨークからグレイハウンドバス（毎日19往復以上）、フィラデルフィアからはNJトランジットバス（毎日30往復以上）とNJトランジット鉄道Atlantic City Line（毎日10往復以上）が早くて便利。**アトランティックシティ国際空港Atlantic City International Airport（ACY）**も近くにある。

グレイハウンド・バスディーポ
地P.545
住1901 Atlantic Ave.
☎(609) 345-5403
開24時間

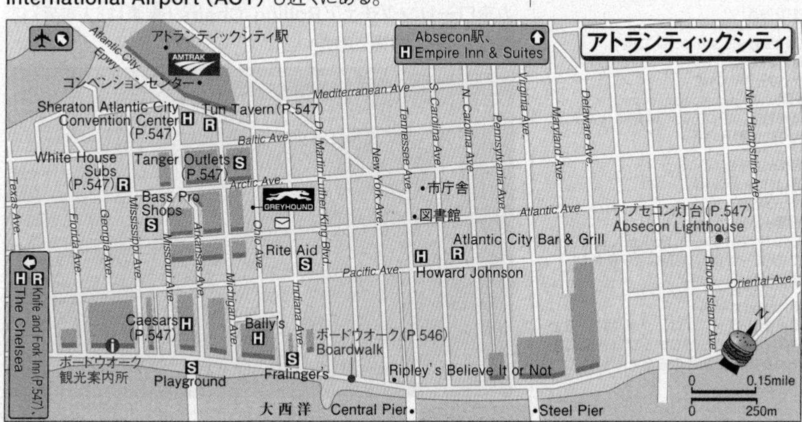

メモ　空港情報▶アトランティックシティ国際空港 Atlantic City International Airport は町の北西約20kmにあり、ボストン、フロリダなどからの直行便がある。住101 Atlantic City Int'l Airport　☎(609) 645-7895　URL www.sjta.com/acairport　地P.545-外

Getting Around アトランティックシティの歩き方

ボードウオークをはじめ、見どころはほとんど徒歩で移動できる。また、利用しやすい公営のミニバス、**ジトニーJitneys**（3路線）が駅やバスターミナル、主要カジノホテルの間を24時間運行している。

ジトニーはおもに海岸と平行するPacific Ave.を通る

アムトラック・アトランティックシティ駅（NJトランジット）
地P.545
住1 Atlantic City Expy.
☎(973) 275-5555
開24時間

ジトニーバス
☎(609) 646-8642
URL www.jitneyac.com
開24時間
料$2.25

観光案内所 Visitors Information

ボードウオーク観光案内所
Boardwalk Information Center

ボードウオークのほぼ中心にあるランドマーク、ボードウオーク・ホールの1階にある。ホテルやレストラン、ショーなどの案内、予約も行っている。

ボードウオーク観光案内所
地P.545
住2301 Boardwalk, Boardwalk Hall at Mississippi Ave.
Free (1-888) 228-4748
URL www.atlanticcitynj.com
開毎日9:30～17:30

Sightseeing おもな見どころ

ここが発祥の地 地P.545

ボードウオーク
Boardwalk

全長6.4kmに及ぶボードウオークは歴史が古く、幅と長さともに全米いちを誇る。巨大カジノが進出するまでは、海水浴客の宿泊するホテルや行楽客のための商店が数多く営業していた。当時の名残である**スティールピアSteel Pier**の遊園地や名物菓子店の**フラリンガーズ・ソルト・ウオーター・タフィFralinger's Salt Water Taffy**など、よき時代の片鱗を感じさせるレトロな風景が続く。そんな景色のなかに見世物小屋的な**リプリーズ・ビリーブイット・オア・ノットRipley's Believe It or Not**が存在感を放っている。人力車**ローリングチェアRolling Chairs**（乗車は3人まで）に乗ってのんびり過ごしたい。

名物菓子店は青い看板が目印

●Steel Pier
住1000 Boardwalk
Free (1-866) 386-6659
URL steelpier.com
開〈6月中旬～8月〉毎日13:00～24:00（土・日12:00～）、〈9月～10月中旬〉土・日12:00～21:00（4～6月の週末は営業していることもあるので、ウェブサイトで確認を）
休11～3月

●Fralinger's Salt Water Taffy
住1901 Boardwalk
☎(609) 344-0442
URL www.jamescandy.com
開毎日10:00～17:00（時期により延長あり） 休1月の平日

●Ripley's Believe It or Not
住1441 Boardwalk
☎(609) 347-2001
URL www.ripleys.com
開月～金11:00～19:00、土・日10:00～20:00（日～19:00）（時期により変更あり）
料$16.99

●Rolling Chairs
料料金は$7～、ブロック単位の距離と時間で計算。ただしチップは代金に含まれないので払うのを忘れないこと

カラフルなローリングチェアが走る

メモ **ボードウオークに登場したトラム**▶2015年から運行を開始した、ボードウオークを走るグリーンのトラム。ボードウオークでの移動に便利だ。☎(609) 347-7500 URL www.boardwalktours.com 料$4、1日券 $8 運行／10:00～翌1:00（土～翌2:00）

州でいちばん高い灯台

アブセコン灯台

Absecon Lighthouse

地P.545

アブセコン灯台は高さが52mあり、建てられてから150年以上たつ。州で最も高く、国内では4番目に高い灯台だ。敷地内には1857年の建設当時のフレスネルレンズが保存されている。228段の階段を上ると、アトランティックシティと大西洋が一望できて気持ちいい。

灯台守の家は復元されて小さな博物館になっている

アブセコン灯台
住31 S. Rhode Island Ave.
☎(609) 449-1360
URL www.abseconlighthouse.org
開〈9～6月〉木～月11:00～16:00、〈7～8月〉毎日10:00～17:00（木～20:00）
休9～6月の火・水、7～8月のおもな祝日
料$8、子供（4～12歳）$5

ショップ&レストラン&ホテル

Shop & Restaurants & Hotels

S　タンガーアウトレット

アウトレットモール

ダウンタウンを占領する

Tanger Outlets

住2014 Baltic Ave.　☎(609) 344-0095
URL www.tangeroutlet.com
開毎日10:00～20:00（日～19:00）　地P.545

ダウンタウンの9ブロックにわたり、約80店が軒を連ねる巨大アウトレット。平屋の建物が多く、開放的な雰囲気のなかショッピングを楽しむことができる。日本でも人気の商品をお得にゲットできるかも。

R　ホワイト・ハウス・サブ

アメリカ料理

数多くの著名人も来店

White House Subs

住2301 Arctic Ave.　☎(609) 345-8599
URL whitehousesubshop.net
開毎日10:00～21:00（金・土～22:00）　現金のみ　地P.545

1946年から続くサンドイッチ店。古きよきアメリカの香りが漂う店内には、今までに来店した著名人の写真がずらりと並んでいる。名物のサブマリン（細長い形状のサンドイッチ）はハーフサイズ（$6.70～）がちょうどいい。

R　ナイフ・アンド・フォーク・イン

アメリカ料理

禁酒法時代から営業

Knife and Fork Inn

住3600 Atlantic Ave.　☎(609) 344-1133　地P.545-外
URL www.knifeandforkinn.com　AMV
開土～木16:00～22:00（土～23:00）、金11:30～23:00

スピークイージー（不法酒場）だった建物をレストランに改造、裏には男女別々の入口が残る。時代の名残が感じられるダイニングとバーだ。バーは延長。

R　タンタバーン

アメリカ料理

地ビールが人気のビアレストラン

Tun Tavern

住2 Convention Blvd.　☎(609) 347-7800
URL www.tuntavern.com
開毎日11:30～翌2:00（日～火～23:00）　AMV　地P.545

アトランティックシティで唯一のブリュワリー兼レストラン。ステーキ（$39）と、マグロやクラブケーキといったシーフード（$24～）の両方が楽しめる。

H　シーザース・アトランティックシティ

中級ホテル

スタッフはフレンドリーで、楽しい時間を過ごせる

Caesars Atlantic City

住2100 Pacific Ave., Atlantic City, NJ 08401　☎(609) 348-4411
URL www.caesars.com　Wi-Fi無料（リゾートフィーに含まれる）
ⓈⒹⓉ$71～941、スイート$95～1799　ADJMV　地P.545

ショーが行われる劇場やスパ、スポーツ施設など、余暇を過ごす方法が充実。ホテル直結のピアショップは高級ブランド店やレストランが軒を連ねる。1140室。

H　シェラトン・アトランティックシティ・コンベンションセンター・ホテル

高級ホテル

コンベンションセンターも駅も目の前

Sheraton Atlantic City Convention Center Hotel

住2 Convention Blvd., Atlantic City, NJ 08401
☎(609) 344-3535　Free(1-888) 627-7212
URL www.sheratonatlanticcity.com　Wi-Fi $15.95
ⓈⒹⓉ$99～379　ADJMV　地P.545

コンベンションセンターの前に建つ便利な立地。歴代のミス・アメリカの衣装や優勝の冠などが展示されたロビーは一見の価値がある。502室。

旅のアドバイス　安い宿は▶NJ トランジットのアトランティックシティ・ラインで、アトランティックシティ駅の隣、Absecon 駅（地P.545-外）周辺に安い宿泊施設が集まっている。

ボストン Boston

アメリカの古都

フェンウェイパークの球場ツアーでグリーンモンスターを見よう

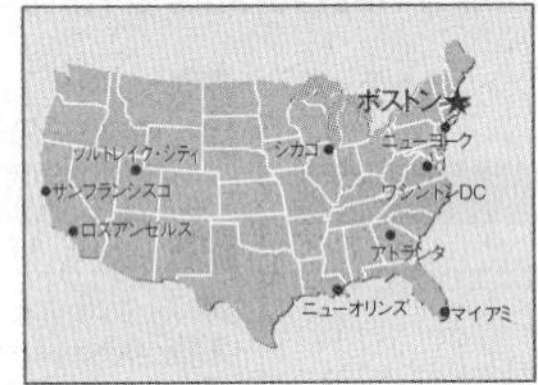

ボストンは、イギリスの13植民地のなかで、最も早く本国イギリスへ反旗を翻し（1775年レキシントン・コンコードの戦い）、独立戦争へと突き進んだ町である。ダウンタウンには古い建物が数多く残り、近代的なビルと調和して、新旧ふたつの建築群が同居する情緒豊かな町並みを作り出している。一方、チャールズ川を挟んでボストンと向かい合うケンブリッジには、ハーバード大学やマサチューセッツ工科大学などがあり、世界のエリートが集まっている。

2018年11月現在、成田空港からボストンまで直行便が運航しているので、日本からのアクセスもよい。

2018年、ワールドシリーズチャンピオンに輝いたボストン・レッドソックスや、小澤征爾氏が長年音楽監督を務めたボストン交響楽団、アメリカ3大美術館のひとつボストン美術館など、エンターテインメントも充実している。

ボストンらしい優雅な雰囲気が漂うエーコン通り

地球の歩き方B07ボストン編（1800円＋税）でもボストンを紹介していますので、ご活用ください。

DATA

人口▶約68万5000人
面積▶125km²
標高▶最高101m、最低0m
TAX▶セールスタックス　6.25%（靴や衣料品は1足、1着あたり$175まで無税）ホテルタックス　16.45%
属する州▶マサチューセッツ州 Massachusetts
州のニックネーム▶湾の州 Bay State
州都▶ボストン　Boston
時間帯▶東部標準時（EST）
➡P.631
繁忙期▶4〜7、9〜11月

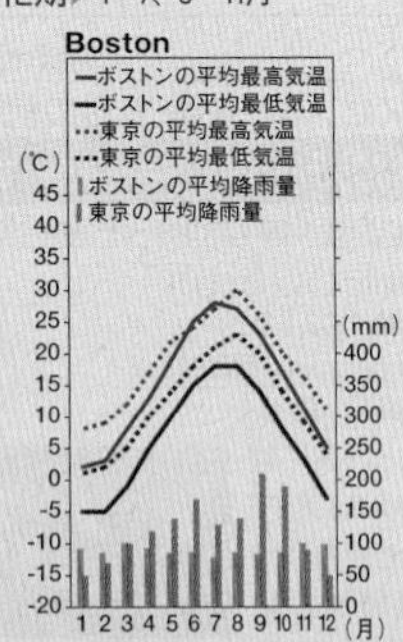

メモ　エーコン通り▶ビーコンヒル地区のMt. Vernon St.とChestnut St.の間にあり、Charles St.からもわずか2ブロックの所にあるのが、エーコン通りAcorn St.。小さくて細かい玉砂利が敷かれたこの道は、昔のボストンの面影を残していて、実にすばらしい。ボストンの絵はがきの構図にもよく使われている。↗

ボストンへの行き方 Getting There

飛行機 Plane

ボストン・ローガン国際空港
Boston Logan International Airport (BOS)

2018年11月現在、日本航空が成田空港より毎日1便直行便を運航し、ターミナルEを利用。ターミナルはA、B、C、Eの4つ。無料シャトルバス**On-Airport Shuttle**#22、33、55が各ターミナルと地下鉄ブルーラインのAirport駅、レンタカーセンター、#11、88が各ターミナル間を循環する。レンタカーセンターに主要レンタカー会社のカウンターが集まる。

ボストン・ローガン国際空港
地P.553-D3外
Free (1-800) 235-6426
URL www.massport.com/logan-airport
●On-Airport Shuttle
・#22はターミナルA、Bと地下鉄のAirport駅、レンタカーセンター(7:00～22:00)
・#33はターミナルC、Eと地下鉄のAirport駅、レンタカーセンター(7:00～22:00)
・#55は早朝と深夜のみ運行で全ターミナルと地下鉄のAirport駅、レンタカーセンター(4:00～7:00、22:00～翌1:00)
・#66は全ターミナルと地下鉄のAirport駅を結ぶ

■ 空港から／空港へのアクセス

	種類／名称／連絡先	行き先／運行／料金	乗車場所／所要時間／備考
空港シャトル	ゴー・ボストン・シャトル Go Boston Shuttle Free (1-888) 437-4379 URL www.gobostonshuttle.com	**行き先**▶ボストンやケンブリッジなど **運行**▶24時間随時 **料金**▶ダウンタウンまで$15～、ケンブリッジまで$26～、ブルックラインまで$45～	**空港発**▶バゲージクレーム（預託荷物のピックアップ場所）を出て、道路を渡った所から乗車 **空港行き**▶事前に電話などで予約をしてから乗車
バス	シルバーライン SL1 Silver Line SL1 ☎ (617) 222-3200 URL www.mbta.com ※シルバーラインの車体はバス。専用地下車線を走る	**行き先**▶サウスステーション **運行**▶毎日5:30前後～翌1:00前後の10～15分間隔 **料金**▶サウスステーションまで無料。サウスステーションで地下鉄レッドラインへの乗り換えも無料。空港へは$2.25～2.75	**空港発**▶各ターミナルのシルバーライン乗り場から乗車 **空港行き**▶地下鉄レッドラインのサウスステーション内にある専用ホームから乗車 **所要時間**▶サウスステーションまで約20分
地下鉄	ティー T ☎ (617) 222-3200 URL www.mbta.com	**行き先**▶地下鉄の各駅 **運行**▶毎日5:00前後～翌0:45前後の5～12分間隔 **料金**▶ダウンタウンまで$2.25～2.75	**空港発**▶各ターミナルから出ているOn-Airport Shuttle#22、33、55、66のバスで地下鉄ブルーラインのAirport駅まで行き、地下鉄に乗り換える **空港行き**▶最寄りの地下鉄駅から乗車
タクシー	タクシー会社 ➡P.551 側注	**行き先**▶市内や周辺どこでも **運行**▶24時間随時 **料金**▶ダウンタウンエリアの代表的なホテルへは$25～45	**空港発**▶バゲージクレームを出た所から乗車 **空港行き**▶事前に電話予約、または主要ホテルから乗車 **所要時間**▶ダウンタウンまで15～30分

※それぞれの乗り物の特徴については➡P.665

長距離バス Bus

サウスステーション・トランスポーテーションセンター
South Station Transportation Center

グレイハウンド、ピーターパン、コンコードコーチ、プリマス＆ブロックトンなど、ボストン近郊の中長距離バス会社がすべて入ったバスターミナル。地下鉄とアムトラック駅のサウスステーションSouth Stationの南隣に位置する。フードコート側の出口を出て、目の前のAtlantic Ave.を南へ1分ほど歩いた所。ニューヨーク(所要約4時間30分)やハートフォード(所要約2時間20分)などから乗り入れる。

サウスステーション・トランスポーテーションセンター
地P.553-D2
住700 Atlantic Ave. (at Beach St.)
URL www.south-station.net
開24時間
●Greyhound
Free (1-800) 231-2222
URL www.greyhound.com
●Peter Pan Bus
Free (1-800) 343-9999
URL peterpanbus.com
●Concord Coach Lines
Free (1-800) 639-3317
URL concordcoachlines.com
●Plymouth & Brockton
☎ (508) 746-0378
URL www.p-b.com

鉄道 Train

アムトラック・サウスステーション
Amtrak South Station

ワシントンDC（所要約8時間）やニューヨーク（所要約4時間）などから毎日発着している。地下鉄South Stationのすぐ上。

アムトラック・サウスステーション
地P.553-D2
住700 Atlantic Ave.
Free (1-800) 872-7245
URL www.amtrak.com
開24時間（チケット売り場は月～金4:45～21:40、土・日5:45～21:40）

↘ただし、2018年11月現在、私道であるため、一般の観光客の立ち入りは禁止されている。また、ビーコンヒル地区は高級住宅街でもあるので静かに見学すること。

Getting Around ボストンの歩き方

ショップやレストランが並ぶニューベリーストリートには、昼夜を問わず多くの人が繰り出す

シティパス ➡P.693
Free (1-888) 330-5008
URL www.citypass.com
料 $59、3～11歳$47
4ヵ所で使え、9日間有効。対象施設の窓口で購入可能。本来ならば合計$107.39、子供$83.19なので、かなりお得である
1. ニューイングランド水族館 ➡P.557
2. 科学博物館
3. プルデンシャルセンター・スカイウオーク展望台 ➡P.556
4. ハーバード自然史博物館、もしくは、ハーバー・クルーズ ➡P.558

ボストンコモン観光案内所
地 P.553-C2
住 139 Tremont St.
開 毎日8:30～17:00（土・日9:00～）
休 おもな祝日

コープリープレイス観光案内所
地 P.552-B3
住 100 Huntington Ave.
開 月～金9:00～17:00、土・日10:00～18:00
休 おもな祝日

ナショナルパーク・サービス観光案内所
ファニュエルホール
地 P.553-D1
住 1 Faneuil Hall
☎ (617) 242-5642
URL www.nps.gov/bost
開 毎日 9:00～18:00
休 サンクスギビング、12/25、1/1

チャールズタウン・ネイビーヤード
地 P.552-E
住 Charlestown Navy Yard
☎ (617) 242-5601
URL www.nps.gov/bost
開〈1月～5月上旬〉水～日10:00～17:00、〈5月中旬～6月中旬〉毎日9:00～17:00、〈6月下旬～9月〉毎日9:00～17:00、〈10～12月〉毎日10:00～17:00
休 サンクスギビング、12/25、1/1

地下鉄の入口に注意
上りと下りの入口が別になっている駅では、入る改札を間違うと料金を1回分損することになるので注意。
（静岡県　匿名　'13）['18]

ボストンの町はコンパクトにまとまっているうえに、地下鉄が発達しているのでおもな見どころにアクセスしやすい。さらに、**フリーダムトレイルFreedom Trail**（アメリカ建国への史跡）➡P.550 脚注という赤いラインに沿って歩けば、歴史的な観光ポイント（16ヵ所）を網羅できる。もちろん、海外で最高峰といわれている日本美術のコレクションを有するボストン美術館や、全米屈指のオーケストラ、ボストン交響楽団（9月下旬～4月下旬）など、芸術に親しむのもいい。また、かつては日本人選手も活躍していたMLBのボストン・レッドソックス観戦も忘れずに。

さらにボストンは、セールスタックスが安いうえ、1点**$175以下の衣類と靴は無税**だ。ニューベリーストリートやハーバードスクエア周辺にショップが集まっている。

観光案内所 *Visitors Information*

ボストンコモン観光案内所
Boston Common Visitor Information Center

パンフレットや地図（有料）など、各種情報、おみやげ類が揃う。ボストンコモン内にあり、トイレの設備も整っている。フリーダムトレイルはここからスタート。

コープリープレイス観光案内所
Copley Place Information Desk

コープリープレイスのモール2階、Dartmouth St.入口側にある。スタッフも常駐し、ボストンに関する地図やパンフレットが揃う。

ナショナルパーク・サービス観光案内所
National Park Service Visitor Information Center

ファニュエルホール1階にあり、資料やパンフレット、地図などが揃う。5月下旬～10月の間、パークレンジャーによる無料のフリーダムトレイル・ウオーキングツアー（所要約60分）が行われている。ツアーの始まる30分前からチケットを配るので入手すること（先着30人）。曜日により時間が異なるので、事前にウェブサイトで確認しよう。チャールズタウン・ネイビーヤードにも案内所がある。

市内の交通機関 *Public Transportation*

マサチューセッツ港湾交通局
Massachusetts Bay Transportation Authority (MBTA)

ボストンを走る地下鉄、バス、コミューターレイル、コミューターボートの管理運営を行っている。

運賃の支払い方法はおもにふたつ。入金（チャージ）することで繰り返し使える**チャーリーカード Charlie Card**（プラスチック製）と、使いきりの切符**チャーリーチケット Charlie Ticket**（紙製）がある。チャーリーカードに比べチャーリーチケットでの支払いは割高に設定されている。なお、チャーリーチケットは自動券売機で買えるが、チャーリ

メモ フリーダムトレイルとは▶ボストンコモン（地P.553-C2）からバンカーヒル記念塔（地P.552-E）まで約4kmの道には、赤いラインが引かれ、これをたどるとボストンの歴史にゆかりのある場所を順番に回れるようになっている。すべて歩くと約4時間の道のり。URL www.thefreedomtrail.org

ーカードは駅の案内窓口や指定のコンビニエンスストアでしか入手できない。チャーリーカードへの料金のチャージは自動券売機で。バスや改札口のない地上駅では、現金で支払うこともできるが、料金はチャーリーチケットと同じ。

地下鉄　ティー　"T"

ボストンの市内でよく見かける"T（ティー）"の標識は、地下鉄の入口だ。ボストンの地下鉄はアメリカでいちばん古い。

路線は全部で5つ。ブルー、オレンジ、レッド、グリーン、シルバーラインで、車両の外観、ホームの看板などで色分けされているのでわかりやすい。ただしシルバーラインの車両はバス。地下の専用車線を走っているため、地下鉄と区分されている。

色分けされていてわかりやすい地下鉄

バス　Bus

ボストン市内、市内から郊外へと縦横無尽に走っている。特に、地下鉄グリーンラインのHynes Convention Center駅とレッドラインのHarvard Square駅を結ぶ#1は便利。

マサチューセッツ港湾交通局
☎(617) 222-3200
Free (1-800) 392-6100
URL www.mbta.com
料1日券$12、7日券$21.25（地下鉄、バス、インナーハーバーフェリー乗り放題）

●T
料チャーリーカード$2.25、チャーリーチケット・現金$2.75

●Bus
料チャーリーカード$1.70（エクスプレスは$4〜5.25）、チャーリーチケット・現金$2（エクスプレスは$5〜7）

タクシー
●Boston Cab　☎(617) 536-5010
●Metro Cab　☎(617) 782-5500
料ボストンダウンタウンのタクシーはメーター制。スタート時が$2.60で、7分の1マイル（約230m）走行するごとに40¢加算されていく
※チップは料金の15％前後。荷物の出し入れをしてもらった場合、荷物1個につき$1〜2のチップをはずんであげよう

タクシー
Taxi

ボストンは流しのタクシーも多いのでひろいやすい。夜間の移動に利用しよう。タクシースタンドがあるホテルも多い。

ツアー案内　Sightseeing Tours

ボストン・ダック・ツアーズ
Boston Duck Tours

第2次世界大戦中に使用された水陸両用車両を改造して、観光用に活用されている。通常のボストン観光コースに加え、チャールズ川ではボートに変身して川下りも楽しませてくれる。カラフルな色にDuck（アヒル）が水に飛び込んでいるロゴマークが目印。所要約1時間20分。なお、1台に32人までしか乗ることができないため、早めにチケットを購入しよう。

ボストン・ダック・ツアーズ
地P.552-B3、P.553-C1、P.553-D1
出発場所／プルデンシャルセンターのHuntington Ave.沿いと科学博物館前、ニューイングランド水族館前
☎(617) 267-3825
URL www.bostonducktours.com
料$41.99、シニア（62歳以上）$33.99、3〜11歳$27.99、2歳以下$10.50
運行／〈3月下旬〜11月下旬〉毎日9:00〜日没1時間前まで。20〜60分間隔。ニューイングランド水族館発のツアーはウェブサイトで確認を

ダックツアーに参加したら、大声で「グワッ、グワッ」と叫ぼう

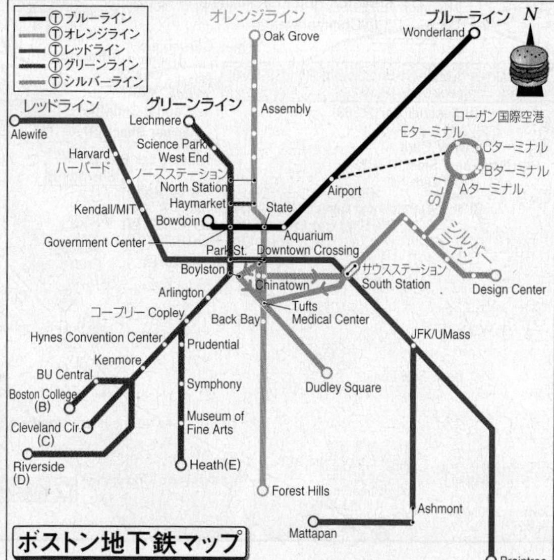

ボストン地下鉄マップ

メモ　フリーダムトレイルの帰り道 ▶4km余りの帰路がつらい人には、インナーハーバーフェリー Inner Harbor Ferryがおすすめ。Charlestown Navy YardとLong Wharf（ニューイングランド水族館前）間を結んでいる。開月〜金6:45〜20:15、土・日10:15〜18:15の15〜30分間隔　URL www.mbta.com　料$3.50

チャールズタウン
バンカーヒル記念塔
Bunker Hill Monument (P.559)
チャールズタウン・ネイビーヤード
Charlestown Navy Yard (P.558)
米国船コンスティテューション号博物館
USS Constitution Museum
チャールズタウン・ネイビーヤード・ナショナルパーク・サービス観光案内所
米国船コンスティテューション号
United States Ship Constitution
ロングワーフ行きフェリー乗り場
米国船 カシン・ヤング号
USS Cassin Young
ボストンハーバー
Boston Harbor
John Harvard Mall
Galvin Memorial Park
Paul Revere Park
Charlestown Bridge
ダウンタウン
CambridgeSide Galleria (P.562)
Royal Sonesta
MIT Coop at Kendall Sq.
Longfellow Bridge
チャールズ川
Charles River
ケンブリッジ市
Charles River Esplanade
バックベイ
Back Bay
Papa Razzi
Sweetgreen
Marathon Sports (P.562)
Atlantic Fish Company
CVS Pharmacy
Kashmir
コープリースクエア
Copley Square
Copley
トリニティ教会
Trinity Church (P.556)
Fairmont
The Westin
Lenox
ボストン公共図書館
Boston Public Library
Tおばさんの家 (P.564)
Kenmore
Boston Hotel Buckminster (P.564)
Commonwealth
Hynes Convention Center
Patagonia
Courtyard Marriott Boston Brookline (P.564)、
The Longwood Inn (P.564)
プルデンシャルセンター
Prudential Center
ジョン・ハンコック・タワー
John Hancock Tower
Back Bay
バックベイ駅
Bleacher Bar (P.563)
フェンウェイパーク
Fenway Park
Red Sox Team Store (P.562)
The Capital Grille
Summer Shack
Hilton Back Bay
Sheraton
Star Market Prudential
Boston Duck Tours
Hotel 140
Copley Place
コープリープレイス観光案内所
The Verb Hotel (P.564)
プルデンシャルセンター・スカイウオーク展望台
Prudential Center Skywalk Observatory (P.556)
The Shops at Prudential Center (P.562)
Top of the Hub (P.563)
Whole Foods Market
メアリー・ベーカー・エディ・ライブラリー
The Mary Baker Eddy Library (P.557)
Prudential
Copley Square
Boston Marriott Copley Place
The Midtown Hotel (P.564)
フェンウエイ
Fenway
シンフォニーホール
Symphony Hall
Symphony
Back Bay Fens
Massachusetts Ave.
サウスエンド
South End
Northeastern University
ボストン美術館
Museum of Fine Arts, Boston (P.557)
Museum of Fine Arts
イザベラ・スチュワート・ガードナー美術館
Isabella Stewart Gardner Museum (P.557)
Northeastern University
Samuel Adams Brewery

旅のアドバイス ダックツアー ▶ 夏は、チケットがすぐに売り切れてしまうが、1、2人なら空きがある場合がある。ウェブサイトで売り切れていても、現地の窓口で尋ねてみるといい。チケットが残っていることが多い。

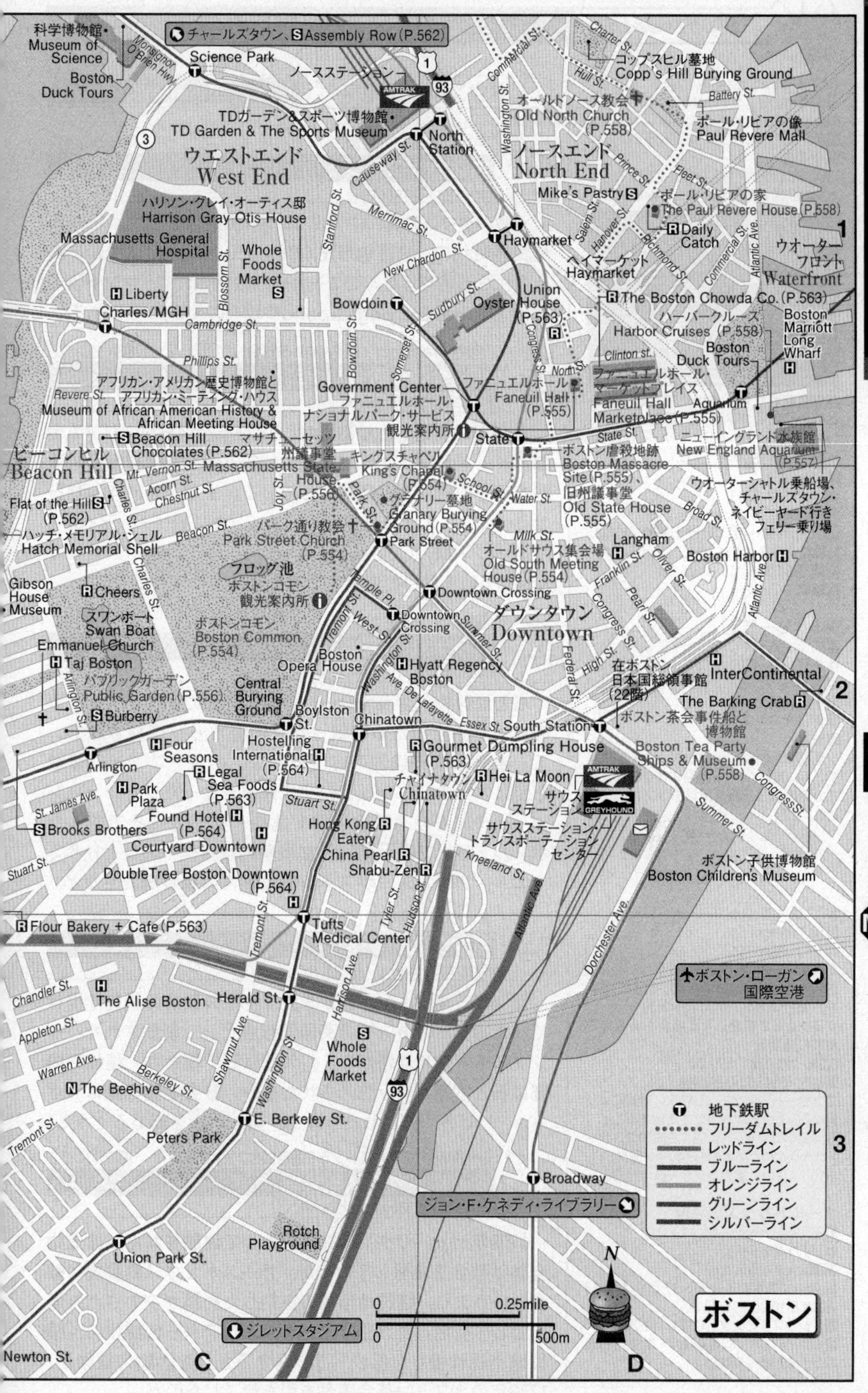
チャールズタウン、Assembly Row (P.562)
科学博物館・Museum of Science
Science Park
Boston Duck Tours
ノースステーション
TDガーデン&スポーツ博物館・TD Garden & The Sports Museum
North Station
ウエストエンド West End
ハリソン・グレイ・オーティス邸 Harrison Gray Otis House
Massachusetts General Hospital
Whole Foods Market
Liberty
Charles/MGH
Bowdoin
Haymarket
ノースエンド North End
オールドノース教会 Old North Church (P.558)
コップスヒル墓地 Copp's Hill Burying Ground
ポール・リビアの像 Paul Revere Mall
Mike's Pastry
ポール・リビアの家 The Paul Revere House (P.558)
Daily Catch
ヘイマーケット Haymarket
ウオーターフロント Waterfront
Union Oyster House (P.563)
The Boston Chowda Co. (P.563)
ハーバークルーズ Harbor Cruises (P.558)
Boston Duck Tours
Boston Marriott Long Wharf
アフリカン・アメリカン歴史博物館とアフリカン・ミーティング・ハウス Museum of African American History & African Meeting House
Government Center
ファニュエルホール・ナショナルパーク・サービス観光案内所
ファニュエルホール Faneuil Hall (P.555)
ファニュエルホール・マーケットプレイス Faneuil Hall Marketplace (P.555)
Aquarium
State
ニューイングランド水族館 New England Aquarium (P.557)
Beacon Hill Chocolates (P.562)
マサチューセッツ州議事堂 Massachusetts State House (P.556)
ビーコンヒル Beacon Hill
キングスチャペル King's Chapel (P.554)
ボストン虐殺地跡 Boston Massacre Site (P.555)
旧州議事堂 Old State House (P.555)
ウオーターシャトル乗船場、チャールズタウン、ネイビーヤード行きフェリー乗り場
Flat of the Hill (P.562)
グラナリー墓地 Granary Burying Ground (P.554)
パーク通り教会 Park Street Church (P.554)
Park Street
ハッチ・メモリアル・シェル Hatch Memorial Shell
Langham
Boston Harbor
オールドサウス集会場 Old South Meeting House (P.554)
フロッグ池
ボストンコモン観光案内所
Gibson House Museum
Cheers
Downtown Crossing
スワンボート Swan Boat
ボストンコモン Boston Common (P.554)
ダウンタウン Downtown
Emmanuel Church
Taj Boston
パブリックガーデン Public Garden (P.556)
Boston Opera House
Hyatt Regency Boston
在ボストン日本国総領事館 (22階)
InterContinental
The Barking Crab
Burberry
Central Burying Ground
Boylston St.
Chinatown
South Station
ボストン茶会事件船と博物館 Boston Tea Party Ships & Museum (P.558)
Four Seasons
Arlington
Hostelling International (P.564)
Gourmet Dumpling House (P.563)
Legal Sea Foods (P.563)
Park Plaza
チャイナタウン Chinatown
Hei La Moon
サウスステーション
Found Hotel (P.564)
Brooks Brothers
Courtyard Downtown
Hong Kong Eatery
サウスステーション・トランスポーテーションセンター
China Pearl
Shabu-Zen
ボストン子供博物館 Boston Children's Museum
DoubleTree Boston Downtown (P.564)
Flour Bakery + Cafe (P.563)
Tufts Medical Center
ボストン・ローガン国際空港
The Alise Boston
Herald St.
Whole Foods Market
The Beehive
E. Berkeley St.
Peters Park
Broadway
ジョン・F・ケネディ・ライブラリー
Rotch Playground
Union Park St.
ジレットスタジアム
0 0.25mile
0 500m
ボストン
Newton St.
地下鉄駅
フリーダムトレイル
レッドライン
ブルーライン
オレンジライン
グリーンライン
シルバーライン
1
2
3
C
D

Sightseeing おもな見どころ

ボストンコモン
住 Tremont, Boylston, Charles, Beacon, Park Sts.
行 ティーのグリーン、レッドラインPark St.駅下車
※24:00以降は立ち入り禁止。暗くなってからの公園は危険なので、行かないこと

観光に疲れたら、芝生に横たわってひと休みできるボストンコモン

パーク通り教会
住 1 Park St.
☎ (617) 523-3383
URL www.parkstreet.org
開 〈6月中旬〜8月〉火〜土9:30〜15:00。時期により異なるが、それ以外は予約制
礼拝／日8:30、11:00、16:00
料 無料

グラナリー墓地
住 95 Tremont St.
☎ (617) 635-4505
URL cityofboston.gov/parks/hbgi/granary.asp
開 毎日9:00〜17:00
料 無料
※夏期は入口脇に地図を持った人が立っている。貸してくれる地図には封筒が入っているので、その封筒にチップを入れること

キングスチャペル
住 58 Tremont St.
☎ (617) 523-1749
URL www.kings-chapel.org
開 〈春〜秋期〉毎日10:00〜17:00、〈冬期〉毎日10:00〜16:30（日13:30〜）
※日によって変更になる場合もあるので事前に確認を
礼拝／水17:30、日11:00
料 $2、子供50¢の寄付制
コンサート／火12:15、日17:00。時期により異なるのでウェブサイトにて確認すること
※火曜のコンサートは$3、日曜のコンサートは大人$20、学生$15の寄付が望ましい
※10〜4月の日曜のコンサートは月1回

オールドサウス集会場
住 310 Washington St.
☎ (617) 482-6439
URL www.osmh.org
開 〈4〜10月〉毎日 9:30〜17:00、〈11〜3月〉毎日10:00〜16:00
休 サンクスギビング、12/24、12/25、1/1
料 $6、シニア（62歳以上）・学生（18歳以上）$5、5〜17歳$1

ダウンタウン地区 Downtown

アメリカ最古の公園 地P.553-C2

ボストンコモン
Boston Common

ダウンタウンの真ん中にあるアメリカ最古の公園。1634年植民地時代の、植民地市民（おもにピューリタン）のために購入された土地だった。50エーカーの敷地内には、**セントラル墓地 Central Burying Ground**や種々のメモリアルがある。

"自由 Freedom" を象徴する教会 地P.553-C2

パーク通り教会
Park Street Church

八角形の尖塔をもつ教会は、1829年7月4日ウィリアム・ロイド・ギャリソンが、アメリカで初めて奴隷制度反対演説を行った場所として知られている。また、1831年7月4日サミュエル・スミスが初めて『マイ・カントリー・ティズ・オブ・ジーMy Country, 'Tis of Thee（別名）アメリカ America』を歌った場所としても有名だ。

建国の志士たちが眠る 地P.553-C2

グラナリー墓地
Granary Burying Ground

もとは穀物（グラナリー）倉庫のあった所で、アメリカの自由と独立のために戦った愛国者たちが埋葬されている。墓地に眠る建国の志士たちは、ボストニアンの尊敬を受けマサチューセッツの初代知事となったジョン・ハンコックやイギリス軍の攻撃を危機一髪のところで救ったポール・リビアP.558、独立戦争のリーダーのひとりサミュエル・アダムズ、ボストン虐殺事件の犠牲者たちなど。

実は英国国教会だった 地P.553-D2

キングスチャペル
King's Chapel

1686年、ボストン一帯がまだイギリス政府の統轄を受けていた頃、ボストン初の英国国教会として創設された。キングスチャペルは塔がなく、外壁は石で覆われ、建物の内部は石と木造がミックスされたもの。教会名物の鐘は、ポール・リビアが製造したもので、美しい音を奏でるそうだ。

旧州議事堂に続くボストンで２番目に古い公共建築物 地P.553-D2

オールドサウス集会場
Old South Meeting House

1729年ピューリタンの礼拝堂として建設された。建造物全体は教会を象徴しているが、オールドサウス集会場は教会というより、植民地市民の白熱した討論が交わされた場所として有名。たび重なるイギリス政府からの課税に、植民地市民は憤りを感じ、この場で下された討論の結果が、1773年のボストン茶会事件を引き起こしたのだ。

メモ パーク通り教会やファニュエルホール ▶ パーク通り教会やファニュエルホールなどの公共の建物は、しばしば奴隷制度廃止を唱える者たちの集会場として使われた。

現存するボストン最古の公共建築物
地P.553-D1

旧州議事堂
Old State House

旧州議事堂とボストン虐殺地跡周辺

1798年1月11日ビーコンヒルに現在の州議事堂が完成し、マサチューセッツ州の機関が移転するまで、州議事堂として機能していた。

1658年に建設された旧町会集会所が1711年に焼失。1713年その焼け跡に建てられた。それから独立戦争が勃発するまでの間、イギリスの植民地政府がおかれた。1776年7月18日、議事堂東側2階のバルコニーから、新マサチューセッツ市民に向かって独立宣言が読み上げられた場所としても有名だ。

現在は博物館となり、18世紀のボストンの写真パネルなどが陳列されている。

歴史はここで変わった
地P.553-D1

ボストン虐殺地跡
Boston Massacre Site

1770年3月5日、旧州議事堂のすぐ東側で群衆を鎮めようとしたイギリス兵が発砲し、5人のアメリカ人が殺された地。この事件（ボストン虐殺事件）を境に、独立戦争の機運が加速度的に高まっていったのだ。

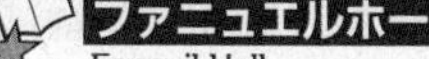
ジョン・F・ケネディも演説した
地P.553-D1

ファニュエルホール
Faneuil Hall

1742年、裕福な貿易商ピーター・ファニュエル Peter Faneuilがボストンの町に寄贈した、商業用兼、町の集会場用ホール。植民地時代から現在まで自由討論の場、アメリカ革命発祥の地として有名な建物でもある。

ファニュエルホール正面にはサミュエル・アダムズの像がある。アダムズはこのホールのことを“自由のゆりかご Cradle of Liberty”（ゆりかごCradleには文明民族発祥の地という意味がある）と名づけ、このホールでおもにアメリカ独立のための種々の演説を行った。またここでは、アメリカが独立の道をたどるまで、アダムズを中心に、イギリス本国政府に対する数々の抗議への討論が重ねられた。4階には**砲兵隊博物館 The Ancient and Honorable Artillery Company**がある。

クインシーマーケットとも呼ばれている
地P.553-D1

ファニュエルホール・マーケットプレイス
Faneuil Hall Marketplace

ファニュエルホールの隣にあり、ショップやレストランがひしめき合い、朝から晩まで多くのボストニアンや観光客でごった返している。ストリートパフォーマーもおり、1日中いても決して飽きない。ボストンのエンターテインメント全般の**半額チケット売場（BosTix）**もここにある。

旧州議事堂
住206 Washington St.
☎(617) 720-1713（“1713” は旧州議事堂が完成した年）
URL www.bostonhistory.org
開毎日9:00～17:00（5月下旬～9月上旬は18:00まで）
休サンクスギビング、12/25、1/1、2月の第1月曜～金曜。12/24は15:00まで
料$10、シニア・学生$8.50、18歳以下無料

ボストン虐殺地跡
住Devonshire & State Sts.

旧州議事堂前にあるアメリカ独立のきっかけとなった円形サークル

ファニュエルホール
住1 Faneuil Hall Square
URL www.nps.gov/bost/learn/historyculture/fh.htm
開毎日9:00～18:00。9:30～16:30の間は30分おきにレンジャートークあり（ボストン市主催のイベント時を除く）
休サンクスギビング、12/25、1/1
料無料

●The Ancient and Honorable Artillery Company
URL www.ahac.us.com
開月～金9:00～15:30
休土・日、おもな祝日
料無料
※カメラやビデオ撮影は禁止

ファニュエルホール正面にあるサミュエル・アダムズの像

ファニュエルホール・マーケットプレイス
住4 S. Market St.
☎(617) 523-1300
URL faneuilhallmarketplace.com
開ショップ／月～土10:00～21:00、日11:00～18:00、レストランのオープンは毎日11:00頃からで、閉店時間は店、時期により異なる
● BosTix
住1 Faneuil Hall Sq.
URL www.bostix.org
開火～日10:00～16:00
休月、サンクスギビング、12/25、1/1

ビーコンヒル地区 Beacon Hill

金色に輝くドームがひときわ目立つ 地P.553-C1～C2

マサチューセッツ州議事堂
Massachusetts State House

ボストンのランドマーク的存在で、ビーコンヒル最古の建物である。そのデザインは、新古典主義調（ジョージア王朝式とフェデラル様式のミックス）で、チャールズ・ブルフィンチの設計。柱廊は古代ギリシャ風の円柱、壁はペディメントと呼ばれる古典建築の、三角形の切妻壁だ。ドームは23金の金箔に覆われている。

バックベイ地区 Back Bay

アメリカではないような 地P.552-B2

トリニティ教会
Trinity Church

ボストンの繁華街のひとつで、朝から晩までにぎやかなコープリースクエアの東にある。教会内は、中世ヨーロッパの権威ある教会に紛れ込んだような荘厳な空気が漂い、太陽の光を浴びたステンドグラスの輝きが、まぶしい。アメリカ建築界のロマネスク復古調では先駆者的存在のヘンリー・ボブソン・リチャードソンにより設計、1877年に建立された。

名物のスワンボートに乗ろう！ 地P.553-C2

パブリックガーデン
Public Garden

ボストンコモンの隣にあるアメリカで最初にできた植物園。手入れの行き届いた美しい植物がきれいに植えられている。植物以外に忘れてはならない名物が、白鳥の形をした**スワンボートSwan Boat**（所要15分）で、敷地内のほぼ中央にある池を行き交う。また、ガーデン内には多くの銅像が立ち、Arlington St.とCommonwealth Ave.が交差するゲートの近くに立っている像はジョージ・ワシントンだ。

童話『かもさんおとおり』を記念して作られた、カモの親子の銅像

52階建てののっぽビル 地P.552-B3

プルデンシャルセンター・スカイウオーク展望台
Prudential Center Skywalk Observatory

ボストンでジョン・ハンコック・タワーに次ぐ高さを誇るビルの50階は**スカイウオークSkywalk**という展望台で、ここからボストンや周辺の町を眺望することができる。1、2階には、ショッピングセンターの**ショップス・アット・プルデンシャルセンターThe Shops at Prudential Center**➡P.562やレストランなどが入る。

マサチューセッツ州議事堂
住24 Beacon St.
☎(617) 727-3676
URL www.sec.state.ma.us/trs/trsidx.htm
開月～金8:45～17:00
ツアー／月～金10:00～15:30。所要30～45分
休土・日、おもな祝日
料無料
※資料をもらってセルフガイドツアーで回ることもできる
※入場前に手荷物のX線検査と、金属探知機のセキュリティチェックがある

マサチューセッツ州議事堂では、館内ツアーも催行されている

トリニティ教会
住206 Clarendon St.
☎(617) 536-0944
URL www.trinitychurchboston.org
開火～日10:00～16:30（日12:00～）（時期により異なる）
礼拝／日7:45、9:00、11:15、18:00、水17:45、木12:10（時期により異なる）
ガイドツアー／日曜10:00から（不定期だが、月に数回催行されるので、ウェブサイトで確認すること）
セルフガイドツアー／月～土9:00～16:45、日11:15～17:45
料$10、学生$8、16歳以下無料（館内案内地図付き）
※セルフガイドツアーもガイドツアーと同じ料金

パブリックガーデン
住Beacon, Arlington, Boylston & Charles Sts.
開毎日 日の出～23:30頃（暗くなってからは歩かないこと）
●**Swan Boat**
（2019年は4/13～9/2の運航）
☎(617) 522-1966
URL swanboats.com
運航／〈4/13～6/20〉毎日10:00～16:00、〈6/21～9/2〉毎日10:00～17:00
料$4、シニア$3.50、2～15歳$2.50
※雨や強風、猛暑の日は運休することもある

プルデンシャルセンター・スカイウオーク展望台
住800 Boylston St., 50th Fl.
☎(617) 859-0648
URL skywalkboston.com
開毎日10:00～20:00（夏期は22:00まで）。展望台への最終エレベーターはクローズ30分前発
※貸し切りイベントのため、営業時間内でも入れないこともある
料$20、シニア・学生$16、11歳以下$14
※チケットはプルデンシャルセンター2階のカウンター（開毎日10:00～クローズ30分前）、もしくは展望台入口で購入できる

旅のアドバイス　ボストン美術館➡P.557には▶代表的な作品の説明を聞くことができる日本語のオーディオガイドがある。料$6、17歳以下$4。

キリスト教一派の総本山 地P.552-B3

メアリー・ベーカー・エディ・ライブラリー
The Mary Baker Eddy Library

1879年、メアリー・ベーカー・エディMary Baker Eddyによって開かれたキリスト教の一派、"クリスチャンサイエンス"の総本山。直径約9mのステンドグラスでできた地球儀のような**マッペリアムMapparium**は、必見だ。

メアリー・ベーカー・エディ・ライブラリー
住200 Massachusetts. Ave.
☎(617) 450-7000
URL www.marybakereddylibrary.org
開毎日10:00～17:00。マッペリアムの最後のショーは16:40から
休おもな祝日
料$6、シニア・6～17歳$4
行ティーのグリーンライン（E）Prudential駅、またはSymphony駅、グリーンライン（B、C、D）Hynes Convention Center駅下車

フェンウェイ地区 Fenway

日本美術がすばらしい 地P.552-A3

ボストン美術館
Museum of Fine Arts, Boston

全米でもトップクラスの美術館。東洋美術からエジプト美術、ギリシャ・ローマ美術、ヨーロッパ・アメリカ装飾美術、染織と衣類、現代美術などまでが展示されている。見逃せないセクションは、歌麿、北斎、広重らの浮世絵のコレクション。さらに、尾形光琳の『松島図屏風』や狩野永徳の『龍虎図屏風』などの作品も収蔵する。一方、いちばん人気はエバンスウイング2階のモネを中心とした印象派の部屋。ミレーの『種をまく人』、モネの『日本娘』と『睡蓮』、ルノワールの『ブージバルの踊り』などはどれもボストン美術館を代表する傑作だ。

1日では回りきれないほどの展示数

ボストン美術館
住465 Huntington Ave.
☎(617) 267-9300
URL www.mfa.org
開毎日10:00～16:45（水～金～22:00）
休4月の第3月曜、7/4、サンクスギビング、12/25、1/1
料$25、シニア・学生$23、7～17歳$10、6歳以下無料。水曜16:00以降は寄付制($25)。7～17歳は月～金の15:00以降と週末は無料
※1月の第3月曜、5月の最終月曜、10月の第2月曜は無料の場合が多い
※10日以内ならば、同じ入場券で1回だけ再入場できる
※14歳以下は保護者の同伴が必要
行ティーのグリーンライン(E)Museum of Fine Arts駅下車。バスなら#39の美術館前で下車

個人の収蔵品とは思えない 地P.552-A3

イザベラ・スチュワート・ガードナー美術館
Isabella Stewart Gardner Museum

ボストン大富豪の未亡人、イザベラ・S・ガードナーのコレクションを展示する美術館。1～3階までがミュージアム用のフロア、4階は邸宅用で、以前ここにはガードナー未亡人が住んでいた。鑑賞用に設けられた広い壁や棚には、絵画や彫刻、工芸品、織物、楽器、家具、陶器などが展示されている。

イザベラ・スチュワート・ガードナー美術館
住25 Evans Way
☎(617) 566-1401
URL www.gardnermuseum.org
開水～月11:00～17:00（木曜は21:00まで、チケット売り場は閉館30分前まで、12/24は15:00まで）
休火、4月の第3月曜、7/4、サンクスギビング、12/25
料$15、シニア$12、学生$10、17歳以下無料
行ティーのグリーンライン（E）Museum of Fine Arts駅下車
※イザベラが大のレッドソックスファンだったため、レッドソックスのロゴ入りシャツ着用で、入場料が$2割引きになる。IDが必要だが誕生日には無料で入場できる

ウオーターフロント地区 Waterfront

海の仲間に出合える 地P.553-D1

ニューイングランド水族館
New England Aquarium

館内は、ジャイアント・オーシャン・タンクと名づけられた巨大水槽が大部分を占める。4階にまで及ぶタンクは、いろいろな位置から眺められる円筒型で、周囲の長さ40フィート、深さ26フィート、容積20万ガロンの巨大なもの。そのほかには、ペンギンのプールやアシカのコーナーなどがある。また、3月下旬～11月中旬まで催行される**ホエールウオッチWhale Watch**では、ほぼ間違いなくクジラが見られる。

ニューイングランド水族館
住1 Central Wharf
☎(617) 973-5200
URL www.neaq.org
開〈7～8月〉毎日9:00～18:00（金・土～19:00)、〈9～6月〉毎日9:00～17:00(土・日、おもな祝日～18:00)。1/1は12:00～
休サンクスギビング、12/25
料$27.95、シニア$25.95、3～11歳$18.95。アイマックスとのコンビネーションチケットあり
●Whale Watch
料$53、シニア(65歳以上) $45、3～11歳$33。料金には税金（City of Boston Convention Surcharge）が加算される
※燃料サーチャージがかかる場合もある。
※事前にウェブサイトでチケットを購入したほうがいい

ボストン美術館とイザベラ・スチュワート・ガードナー美術館を2日以内に訪れるなら▶最初に訪れた美術館の入場券とレシートを保存しておこう。もう一方の美術館の入場券を購入するときに提示すると、$2の割引を受けることができる。

港町ボストンを実感する 地P.553-D1

ハーバークルーズ
Harbor Cruises

ニューイングランド水族館付近には多くの桟橋があり、さまざまなクルーズが出航している。特に人気なのが、ダウンタウンを眺めながら、ボストンの植民地時代からの歴史について解説してくれるHistoric Sightseeing Cruise（所要約1時間30分）とWhale Watch（所要約3時間）だ。

ハーバークルーズ
☎(617) 227-4321
Free (1-877) 733-9425
URL www.bostonharborcruises.com
乗り場／1 Long Wharf
●Historic Sightseeing Cruise
運航／時期により出発時刻、催行回数は異なるが、毎日運航
料$29.95、シニア$27.95、3～11歳$25.95
●Whale Watch
運航／〈2018年は3/24～11/18〉時期により出発時間が異なる。スケジュールについては問い合わせのこと
料$53、シニア$45、3～11歳$33。月～金はすべての便、土・日9:00、17:00出発に限りファミリーパック（大人2人、子供2人）$142あり
※ホエールウオッチングに参加する際は、セーターやジャケットなどの防寒具を持参しよう

アメリカ独立への第一歩が踏み出されたきっかけ 地P.553-D2

ボストン茶会事件船と博物館
Boston Tea Party Ships & Museum

ボストン茶会事件（ボストン港に停泊していた貨物船からボストン市民が茶箱を海に投げ捨てた事件）が起こった木造船のレプリカが博物館として一般公開されている。30分ごとに出発するツアー（所要約1時間）でのみ見学可能。

ボストン茶会事件船と博物館
住306 Congress St.（Congress St. Bridge）
Free (1-866) 955-0667
URL www.bostonteapartyship.com
開毎日10:00～17:00（冬期は短縮あり）。ツアーは30分ごとに催行
料大人$29.95、シニア・学生$26.95、子供$18
※ウェブサイトで購入する場合割引あり

ノースエンド地区 North End

アメリカ建国の英雄の家 地P.553-D1

ポール・リビアの家
The Paul Revere House

“真夜中の疾駆 Paul Revere's Ride” で有名な、建国のヒーロー、ポール・リビアが1770～1800年まで住んだ家。リビアは、危機一髪のところでイギリス軍の攻撃からアメリカを救った人物として知られている。木造2階建ての簡素な家は、ボストン最古の建造物だ。

ポール・リビアの家
住19 North Sq.
☎(617) 523-2338
URL www.paulreverehouse.org
開〈4/15～10/31〉毎日9:30～17:15、〈11/1～4/14〉毎日9:30～16:15
休1～3月の月曜、サンクスギビング、12/25、1/1
料$5、シニア・学生$4.50、5～17歳$1
※公衆トイレあり

ここに掲げられたランタンがアメリカを救った 地P.553-D1

オールドノース教会
Old North Church

創設1723年、ボストン最古のキリスト教会。1775年4月18日の晩、教会の尖塔に、ふたつのランタンが掲げられた。この明かりを見たポール・リビアが、イギリス軍の奇襲を知らせるために、植民地軍の武器弾薬庫のあるコンコード、その中継点であるレキシントンに向かう。リビアの疾駆は、イギリス軍の攻撃を未然に防ぎ、植民地軍の士気を高め、アメリカ独立のワンステップとなったのだ。

オールドノース教会
住193 Salem St.
☎(617) 858-8231
URL oldnorth.com
開〈4/1～11/15〉毎日9:00～18:00、〈11/16～3/31〉毎日10:00～16:00
礼拝／日9:00、11:00
休サンクスギビング、12/25
料$8、シニア・学生$6、子供$4
行ティーのオレンジ、グリーンライン Haymarket駅下車

チャールズタウン地区 Charlestown

歴史的な船が係留されている 地P.552-E

チャールズタウン・ネイビーヤード
Charlestown Navy Yard

ネイビーヤードは軍用艦の造船所やドックであったが、現在は歴史公園として一般に公開されている。敷地内には、**米国船コンスティテューション号博物館USS Constitution Museum**や**米国船コンスティテューション号United States Ship Constitution**（フリゲート艦）、**米国船カシン・ヤング号USS Cassin Young**（駆逐艦）が停泊している。

輝かしい歴史をもつコンスティテューション号

チャールズタウン・ネイビーヤード
住1 Constitution Rd.
行ティーのオレンジ、グリーンライン North Station下車。またはティーのグリーン、オレンジラインのHaymarket駅からバス#93で。もしくは、ロングワーフからインナー・ハーバー・フェリーで

旅のアドバイス 美術館での写真撮影について ▶ ボストン美術館は「○○ギャラリー Gallery」と呼ばれる特別展などの展示エリア以外なら、フラッシュなしで撮影可能。「○○ギャラリー Gallery」では、ほかの美術館から借りている作品を展示している場合が多いので、著作権の関係上、撮影ができない。ガードナー美術館は写真撮影禁止。

米国船コンスティテューション号
United States Ship Constitution

現在も航行できる世界最古の戦艦は、"オールド・アイアン・サイド＝鉄の横腹をもつ彼女"と呼ばれる木造船。数知れないほどの敵の砲弾を浴びながらも、決して沈没することがなかった。

フリーダムトレイルの終点にある塔　地P.552-E

バンカーヒル記念塔
Bunker Hill Monument

1775年6月17日独立戦争の最中バンカーヒル周辺で起こった**バンカーヒルの戦いThe Battle of Bunker Hill**を記念して建てられた。高さ約67mの塔の内部はエレベーターがなく、294段の階段が展望階まで通じている。記念塔入口前のロッジでは、アメリカ独立のきっかけやバンカーヒルの戦いに関してのレンジャートークが行われている。

ケンブリッジ市　Cambridge

チャールズ川を挟んだボストンの対岸は、ハーバード大学やマサチューセッツ工科大学がある大学街。おしゃれなカフェやレストラン、ショップが集まっている。

1636年に創立されたエリート校　地P.560

ハーバード大学
Harvard University

アメリカ最古の大学としての伝統と教育水準の最高峰を維持し、8人の合衆国大統領、49人のノーベル賞、48人のピュリッツァー賞の受賞者が誕生している。大学は、12のCollegeやSchoolから構成され、学生や職員を含めて、ハーバード大学に携わる人々は約3万人、100ヵ国以上から集まっている。敷地内には、70以上の図書館、5つの博物館や美術館、そして研究所など約460もの校舎がある。

ハーバードヤード　Harvard Yard

ハーバード大学の中心にあるのがハーバードヤード。正門とされる**ジョンストンゲートJohnston Gate**から入ろう。左手に**ハーバードホールHarvard Hall**（1766年）、右手に**マサチューセッツホールMassachusetts Hall**（1720年）、正面に**ユニバーシティホールUniversity Hall**（1815年）が並んでいる。マサチューセッツホールは現存するハーバード最古の建物で、西側の時計の図は、昔その場所にあった時計台と鍵の名残だ。ユニバーシティホールの前には、"3つの嘘の像➡脚注"として有名なダニエル・チェスター・フレンチ作の**ジョン・ハーバードの像The Statue of John Harvard**がある。そのまま進むと、右手に世界最大級の大学図書館の**ワイドナー記念図書館Widener Memorial Library**、左手に第1次、第2次世界大戦で亡くなったハーバード大学生のために建てられた**記念教会Memorial Church**がある。

●USS Constitution Museum
地P.552-E
☎(617) 426-1812
URL ussconstitutionmuseum.org
開〈4～10月〉毎日9:00～18:00、〈11～3月〉毎日10:00～17:00
休サンクスギビング、12/25、1/1
料$5～15（寄付制）

●United States Ship Constitution
地P.552-E
URL www.navy.mil/local/constitution
開〈1月～4月上旬〉水～日10:00～16:00、〈4月中旬～下旬〉水～日10:00～18:00、〈5月～10月上旬〉火～日10:00～18:00、〈10月中旬～12月〉火～日10:00～17:00。変更になる場合もあるので事前に確認を
休おもな祝日
料無料
※手荷物検査などのセキュリティチェックあり。18歳以上は要ID

バンカーヒル記念塔
住43 Monument Square
☎(617) 242-5641
URL www.nps.gov/bost/learn/historyculture/bhm.htm
開毎日9:00～16:30（7～8月は18:00まで、冬期は13:00～）
※塔の上まで登る場合、クローズする30分前までに入ること
※改装工事や天候により、クローズする日もあるので、事前に確認すること
休サンクスギビング、12/25、1/1
行ティーのオレンジ、グリーンライン North Station下車

ケンブリッジ市
行ティーのレッドラインで。ハーバード大学ならHarvard Square駅下車、MIT（マサチューセッツ工科大学）ならKendall/MIT駅下車。あるいは、ティーのグリーンライン Hynes Convention Center駅前からMassachusetts Ave.沿いを走るバス#1で

ケンブリッジ観光案内所
地P.560-A3
住0 Harvard Square, Cambridge
☎(617) 441-2884
URL www.cambridgeusa.org
開毎日9:00～17:00（土・日～13:00）

ハーバード大学
URL www.harvard.edu
行ティーのレッドラインHarvard Square駅下車。駅の真上がハーバードスクエアで、横断歩道を渡った先がハーバードヤード

ハーバード大学案内所
地P.560-A3
住Smith Campus Center, 30 Dunster St., Cambridge
開月～土9:00～17:00　休日
※日本語のパンフレット（$2）やキャンパスマップがある

キャンパスツアー
URL www.harvard.edu/on-campus/visit-harvard/tours
ガイド付きヒストリカルツアー／月～土10:00、11:00、12:00、13:00、14:00、15:00、16:00
休日、おもな祝日、春休みや夏休みなど、学校が休みの期間は催行されない。詳細は大学案内所で確認を

3つの嘘の像▶「ジョン・ハーバード創設者 1638 年」と刻まれているジョン・ハーバードの銅像の銘板には、3つの嘘がある。1）ハーバード大学が作られたのは 1636 年、2）ジョン・ハーバードは創設者ではない、3）銅像のモデルは、ジョン・ハーバードではなくハーバードの学生であった、ということ。

ハーバード大学美術館
住32 Quincy St., Cambridge
☎(617)495-9400
URL www.harvardartmuseums.org
開毎日10:00～17:00
休おもな祝日
料$15、シニア$13、学生$10、18歳以下無料
行ティーのレッドラインHarvard Square駅下車
ツアー／金14:00、土・日11:00、15:00にロビーから出発。所要約50分

大学付属の美術館 地P.560-C3

ハーバード大学美術館
Harvard Art Museums

フォッグ美術館Fogg Museum、ブッシュ・ライジンガー美術館Busch-Reisinger Museum、アーサー・M・サックラー美術館Arthur M. Sackler Museumの3館がつながった珠玉の大学美術館。必見の作品には、ルノワールの『坐る浴女』やアンディ・ウォーホルの『キャンベルのスープ缶』、ピカソの『母と子』などがある。

Entertainment エンターテインメント

ボストン交響楽団とボストンポップス
ホームホール――シンフォニーホール Symphony Hall
地P.552-B3
住301 Massachusetts Ave.
☎(617)266-1492
Free (1-888)266-1200（チケット）
URL www.bso.org
行ティーのグリーンライン(E)Symphony駅下車

ボストン交響楽団
Boston Symphony Orchestra（BSO）

世界でも屈指のオーケストラ。1973年より29年にわたって音楽監督であった小澤征爾氏が名誉音楽監督を務める。10月上旬から5月上旬までは、シンフォニーホールを本拠地としてコンサートを行い、6月中旬～9月上旬はボストン郊外でタングルウッド音楽祭を開催する。音楽監督はアンドリス・ネルソン氏。

ボストンポップス　Boston Pops

ボストンポップスは、クラシックをリラックスして聴けるのが魅力。5月～9月上旬、シンフォニーホールとタングルウッドなどで演奏される。

ハーバード大学アンオフィシャルツアー ▶ ハーバード大学の卒業生が始めたキャンパスツアー。毎日10:30～16:00に数回催行（時期により異なるので要確認）。ケンブリッジ観光案内所➔P.559にえんじ色のハーバードのTシャツを着たガイドが待っている。所要約1時間10分。The Harvard Tour URL www.harvardtour.com 料$12

スポーツ観戦 Spectator Sports

ベースボール MLB

ボストン・レッドソックス（アメリカンリーグ東地区）
Boston Red Sox

2018年シーズン、圧倒的な強さでワールドシリーズ優勝を果たした。アレックス・コーラ監督は就任1年目に偉業を達成。首位打者に輝いたムーキー・ベッツ選手をはじめとする打撃のチームに生まれ変わり、球団最多の108勝を挙げた。過去には上原投手や松坂投手、野茂投手なども所属した。

アメリカンフットボール NFL

ニューイングランド・ペイトリオッツ（AFC 東地区）
New England Patriots

2001年に始まったHCベリチックとQBブレイディのコンビは8度のスーパーボウル出場、5度の制覇、負け越しを知らず、恐ろしいまでに勝ち星を重ねている。2桁勝利を15年継続中、シーズンチケットですらプラチナ状態だ。チームカラーはネイビー・ブルー、レッド、シルバー、ホワイト。

バスケットボール NBA

ボストン・セルティックス（東・大西洋地区）
Boston Celtics

2007-08シーズンの17度目のファイナル制覇以降も着実にプレイオフ出場を重ね、頂点を狙い続ける。2年連続、プレイオフ決勝でキャブスに敗退、レブロンが抜けた今、捲土重来のときが来た。チームカラーはグリーン、ブラウン、ブラック、ゴールド、ホワイト。

アイスホッケー NHL

ボストン・ブルーインズ（東・大西洋地区）
Boston Bruins

1924年に創設。現在アメリカで活動する最も古いプロアイスホッケーチーム。直近の10シーズンでプレイオフ進出は8度。そのうち2度スタンレーカップ・ファイナルに進み、2010-11シーズンには39年振りとなるリーグ制覇を成し遂げた。攻撃の軸はカナダ人のマーシャン。

サッカー MLS

ニューイングランド・レボリューション（東地区）
New England Revolution

2000年代と2014年に5回決勝に進出したが、優勝はまだない。2016～2018年はプレイオフを逃した。本拠地はジレットスタジアム。小林大悟（2014～2017）、ザカリー・エリボー（2015～現在）など日本人選手の所属チームだ。

ボストン・レッドソックス
（1901年創設） 地P.552-A3
本拠地――フェンウェイパーク Fenway Park（3万7755人収容）
住4 Jersey St.
Free(1-877)733-7699（チケット）
URL www.mlb.com/redsox
行ティーのグリーンライン（B、C、D）Kenmore Square駅下車、徒歩5分
球場ツアー／毎日9:00～17:00。所要1時間。球場前のギフトショップから
☎(617)226-6666
料$20、3～15歳$14

この選手に注目！
クリス・セール(投手)

ニューイングランド・ペイトリオッツ
（1960年創設） 地P.553-C3外
本拠地――ジレットスタジアム Gillette Stadium（6万8756人収容）
住1 Patriot Pl., Foxborough
Free(1-800)543-1776（チケット）
URL www.patriots.com
行South Stationから1便だけ特別列車が運行される。所要約1時間。試合開始2時間ほど前にSouth Stationを出発し、帰りは試合終了30分後に出発（料往復$20）

この選手に注目！
トム・ブレイディ

ボストン・セルティックス
（1946年創設） 地P.553-C1
本拠地――TDガーデン TD Garden（1万8624人収容）
住100 Legends Way
Free(1-866)423-5849（チケット）
URL www.nba.com/celtics
行ティーのグリーン、オレンジライン North Station下車。駅に隣接している

この選手に注目！
ジェイソン・テイタム

ボストン・ブルーインズ
（1924年創設） 地P.553-C1
本拠地――TDガーデン TD Garden（1万7565人収容）
住100 Legends Way
☎(617)624-2327（チケット）
URL www.nhl.com/bruins
行ティーのグリーン、オレンジライン North Station下車。駅に隣接している

この選手に注目！
ブラッド・マーシャン

ニューイングランド・レボリューション
（1995年創設） 地P.553-C3外
本拠地――ジレットスタジアムGillette Stadium（2万人収容）
住1 Patriot Pl., Foxborough
☎(508)543-8200
URL www.revolutionsoccer.net
行ニューイングランド・ペイトリオッツと同じ。特別列車は運行されない

この選手に注目！
クリスチャン・ペニヤ

メモ ジョン・F・ケネディ・ライブラリー▶今でも多くの人から愛されている、第35代大統領ジョン・F・ケネディの博物館。John F. Kennedy Presidential Library and Museum 地P.553-D3外 URL www.jfklibrary.org 行ティーのレッドライン JFK/UMass 駅下車。駅から無料のシャトルバス（8:00～17:00の20分おき）が運行。

ショップ

Shops

スポーツ

MLBレッドソックスのグッズストア
レッドソックス・チームストア
Red Sox Team Store

住19 Jersey St.　Free(1-800) 336-9299
URL www.19jerseystreet.com　開毎日9:00～17:00（試合がある日は試合開始1時間30分前からYawkey Wayが閉鎖されるので、ゲームのチケットがないと入れない）
AJMV　地P.552-A3

Tシャツや帽子などレッドソックスグッズの品揃えはいちばん。フェンウェイパーク、ゲートAの道を渡った向かい。

スポーツ

ボストンマラソンのゴール地点にある
マラソンスポーツ
Marathon Sports

住671 Boylston St.　☎(617) 267-4774
URL www.marathonsports.com
開月～土10:00～19:30（木～20:00、土～18:00)、日11:00～18:00
AMV　地P.552-B2

マラソンが盛んなボストンらしいショップ。NikeやNew Balance、Brooks、Asicsなどのランニングシューズのほか、Tシャツやスウェットパンツなどを取り扱う。

雑貨

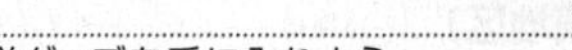

大学グッズを手に入れよう
クープ（生協）ハーバードスクエア店
The Coop(Harvard Square Coop)

住1400 Massachusetts Ave., Cambridge　☎(617) 499-2000
URL store.thecoop.com
開月～土9:00～22:00、日10:00～21:00　AMV　地P.560-A3

ハーバード大学の生協。文房具、Tシャツ、ネクタイなどハーバード大学のロゴ入りグッズが充実。グッズはブックストアではなく、Brattle & Palmer Sts. のCoopへ。

スイーツ

中毒になるほどおいしいチョコレート
ビーコンヒル・チョコレート
Beacon Hill Chocolates

住91 Charles St.　☎(617) 725-1900
URL www.beaconhillchocolates.com
開毎日11:00～19:00（日～17:30）　AMV　地P.553-C1

良質なカカオや乳製品を独自の配合で調合しているトリュフはまるで芸術作品のようだ。かわいらしい箱に入ったチョコレートボールはおみやげに最適。

雑貨

センスのいい小物が見つかる
フラット・オブ・ザ・ヒル
Flat of the Hill

住60 Charles St.　☎(617) 619-9977
URL www.flatofthehill.com　MV
開火～土11:00～18:00（土10:00～）、日12:00～17:00
1、8月の日曜は休み、12月の月曜はオープン　地P.553-C2

ビーコンヒルのCharles St.にあるこぢんまりとした雑貨店。キャンドルやペーパーウェイト、石鹸などおみやげに最適なものが見つかる。

アウトレット

ダウンタウンから地下鉄で約15分
アッセンブリーロウ
Assembly Row

住355 Artisan Way, Somerville　☎(617) 440-5565
URL www.assemblyrow.com　開月～土10:00～21:00、日11:00～18:00（店舗により異なる）地P.553-C1～D1外

Brooks BrothersやJ. Crewなど人気ブランドのアウトレット約40店のほか、有名レストラン、映画館やテーマパークのレゴランド・ディスカバリー・センターも入る。ティーのオレンジラインAssembly駅下車、徒歩3分。

ショッピングモール

ひときわ印象的な高層ビルの中
ショップス・アット・プルデンシャルセンター
The Shops at Prudential Center

住800 Boylston St.　Free(1-800) 746-7778
URL www.prudentialcenter.com
開月～土10:00～21:00、日11:00～20:00　地P.552-B3

約50店舗からなるモール。シェラトンホテルとマリオットホテルの間にあり、コープリープレイスにもつながっている。ティーのグリーンラインHynes Convention Center駅から徒歩5分。

ショッピングモール

公共交通機関で行けるショッピングモール
ケンブリッジサイド・ギャレリア
CambridgeSide Galleria

住100 CambridgeSide Pl., Cambridge　☎(617) 621-8666
URL www.cambridgesidegalleria.com
開月～土10:00～21:00、日12:00～19:00　地P.552-B1

120以上の専門店から構成されるショッピングセンター。ティーのグリーンラインLechmere駅から徒歩5分。レッドラインKendal/MIT駅からは無料シャトルが出ている。

レストラン

Restaurants

アメリカ料理

52階からボストンが一望できる

トップ・オブ・ザ・ハブ

Top of the Hub

住800 Boylston St. ☎(617)536-1775

URL topofthehub.net ADJMV 地P.552-B3

開毎日11:30～14:00、17:00～22:00(金・土～23:00)。ラウンジは翌1:00まで

CLOSED

プルデンシャルセンターの52階にある。ディナーのコースは$80。単品でも注文可。ラウンジでは毎日ジャズの演奏が行われ、20:00過ぎは$24以上注文しなくてはならない。

アメリカ料理

レストランからレッドソックスの試合を見られる

ブリーチャーバー

Bleacher Bar

住82A Lansdowne St. ☎(617)262-2424

URL bleacherbarboston.com AJMV

開毎日11:00～翌1:00（木～土～翌2:00） 地P.552-A3

フェンウェイパークの外野席下にあるレストラン。スープやサラダ、サンドイッチなどが食べられる。球場が見えるテーブルには試合中、45分以上は座れない。

シーフード

クラムチャウダーが人気

リーガル・シーフード

Legal Sea Foods

住26 Park Plaza ☎(617)426-4444

URL www.legalseafoods.com ADJMV

開毎日11:30～23:00（金・土～24:00、日12:00～） 地P.553-C2

CLOSED

「新鮮でなければリーガルじゃない」でおなじみのシーフードレストラン。いつも混んでいるので、予約を入れるか、早めに行くことをすすめる。予算は$30～。ボストン市内に13店舗あり。

シーフード

1826年創業の歴史あるレストラン

ユニオン・オイスター・ハウス

Union Oyster House

住41 Union St. ☎(617)227-2750

URL www.unionoysterhouse.com AJMV 地P.553-D1

開毎日11:00～21:30（金・土～22:00）、バーは24:00まで

ケネディ大統領もお気に入りで、2階には彼がいつも食事をしていたケネディブースと呼ばれるテーブルもある。1階にはオイスターバーやギフトショップあり。予算は$30～。

アメリカ料理

ハーバード大学の目の前

ミスターバートレイズ

Mr. Bartley's

住1246 Massachusetts Ave., Cambridge ☎(617)354-6559

URL www.mrbartley.com 開火～土11:00～21:00 休月・日

現金のみ 地P.560-B3

1960年創業の老舗ハンバーガーショップ。メニューには、トランプ大統領など有名人の名前やボストン近郊の大学名がつけられている。食事どきは、長い行列ができるので、開店と同時に入店しよう。

アメリカ料理

ヘルシー派のボストニアンに人気のサンドイッチショップ

フラワーベーカリー＋カフェ

Flour Bakery + Cafe

住131 Clarendon St. ☎(617)437-7700

URL flourbakery.com AMV 地P.553-C2

開月～金6:30～20:00、土・日8:00～18:00（日～17:00）

コンサルタントとして活躍していたハーバード大学卒の才女、Joanne Changがニューヨークの有名店で修業後にサウスエンドにて創業。ローストチキンやターキーのサンドイッチは$9.50。

中国料理

いつ行っても行列ができている

グルメ・ダンプリング・ハウス（南北風味）

Gourmet Dumpling House

住52 Beach St. ☎(617)338-6223

開毎日11:00～24:00（金・土～翌1:00） AMV（$20以上）

地P.553-C2

CLOSED

ジューシーな小籠包（$7.50）がとてもおいしい。16:00までのランチスペシャル（$7.95）では、50種類以上のメニューから選ぶことができる。どれも外れなし。安くておいしいのが魅力。店内は狭く、いつも混み合っている。

シーフード

クインシーマーケットで気軽にロブスターロールが味わえる

ボストン・チャウダ・カンパニー

The Boston Chowda Co.

住Quincy Market Bldg. ☎(617)742-4441

URL www.bostonchowda.com

開毎日10:00～21:00（日～18:00） AMV 地P.553-D1

ロブスターロールとポテトチップスのセットが$18.50～とお手頃の価格。購入後は、マーケット中央にあるテーブル席でロブスターを味わおう。

ボストン生まれの地ビール▶ツアーでビールの製造過程を見学し、試飲ができるビール工場。Samuel Adams Brewery 地P.552-B3外 住30 Germania St. ☎(617)368-5256 URL www.samueladams.com 開月～土10:00～20:00、ツアーは月～土10:00～15:00(金～17:30)

ホテル

Hotels

ホステル

読者から評判のよいユース

ホステリング・インターナショナル・ボストン
Hostelling International Boston

住19 Stuart St., Boston, MA 02116 ☎(617) 536-9455
FAX(617) 426-2158 URL www.hiusa.org
ドミトリー$30〜85、個室$150〜250
AMV 地P.553-C2 Wi-Fi無料

チャイナタウンの一角にある。キッチン、洗濯機、乾燥機があり、無料の朝食が付く。夏は予約を入れたほうがよい。481ベッド。

エコノミーホテル

清潔かつ環境抜群のホテル

ロングウッドイン
The Longwood Inn

住123 Longwood Ave., Brookline, MA 02446
☎(617) 566-8615 FAX(617) 738-1070
URL www.longwood-inn.com Wi-Fi無料
ⓈⒹⓉ$120〜250 AMV 地P.552-A3外

共同キッチン、冷蔵庫、コインランドリー、駐車場がある。バスは共同の部屋あり。周囲は住宅街で治安も申し分ない。ティーのグリーンライン(D)Longwood駅から徒歩5分。22室。

エコノミーホテル

レッドソックスの試合を見に行くなら

ボストン・ホテル・バックミンスター
Boston Hotel Buckminster

CLOSED

住645 Beacon St., Boston, MA 02215
☎(617) 236-7050 FAX(857) 263-8434
URL www.bostonhotelbuckminster.com
ⓈⒹⓉ$116〜368 ADJMV 地P.552-A2 Wi-Fi無料

ティーのグリーンラインKenmore駅が目の前。ダウンタウンまでティーで15分。フェンウェイパークまでは徒歩5分ほど。冷蔵庫や電子レンジなど必要最低限のものは揃っている。132室。

中級ホテル

中心部にしては比較的安い

ファウンドホテル
Found Hotel

住78 Charles St. S., Boston, MA 02116
☎(617) 426-6220 FAX(617) 350-0360
URL boston.foundhotels.com
ⓈⒹⓉ$143〜349 AMV 地P.553-C2 Wi-Fi無料

周囲にはレストランやクラブ、映画館などが多くある。シアターディストリクトにも近く、ティーのグリーンラインBoylston St.駅から徒歩5分。64室。

中級ホテル

便利なロケーション

ミッドタウンホテル
The Midtown Hotel

CLOSED

住220 Huntington Ave., Boston, MA 02115
☎(617) 262-1000 FAX(617) 262-8739
URL www.midtownhotel.com
ⓈⒹⓉ$109〜309 ADJMV 地P.552-B3 Wi-Fi無料

ホテル全体の内装は少し薄暗い印象だが、設備は整っている。客室内は空間に余裕があり、心地よい。ティーのグリーンライン(E)PrudentialとSymphony駅の間。159室。

中級ホテル

フェンウェイパークの裏にある

バーブホテル
The Verb Hotel

住1271 Boylston St., Boston, MA 02215
☎(617) 566-4500 FAX(617) 670-2869
URL www.theverbhotel.com ⓈⒹⓉ$129〜439
ADMV 地P.552-A3 Wi-Fi無料

ティーの最寄り駅まで徒歩13分とちょっと距離はあるが、カフェやレストラン、スーパーマーケットがあるので不自由しない。ボストン美術館まで歩いて行けるのがいい。93室。

中級ホテル

チャイナタウンや劇場街のそばにある

ダブルツリー・ボストンダウンタウン
DoubleTree Boston Downtown

住821 Washington St., Boston, MA 02111 ☎(617) 956-7900
FAX(617) 956-7901 URL doubletree3.hilton.com
ⓈⒹⓉ$130〜275、スイート$244〜375 ADJMV
地P.553-C2 Wi-Fi$9.95

ボストンコモンへは歩いて7分ほどの所にある。中国料理や韓国料理のレストランが近くにあるので食事には困らない。最寄りのティーの駅から徒歩1分。267室。

B&B

朝食がおいしい日本人経営のゲストハウス

Tおばさんの家
TBB Boston

CLOSED

住10 Dummer St., Brookline, MA 02446 ☎(617) 734-8714
FAX(617) 731-5201 URL www.tbbboston.com Wi-Fi $3
ⓈⒹⓉ$149〜159、スイート$205〜(1人の場合はプラス50%)
現金のみ 地P.552-A2外

高級住宅街のブルックラインにあるゲストハウス。ティーのグリーンライン(B) Boston University West駅から徒歩2〜3分。朝食無料。11室。

メモ 気楽にイタリア料理を ▶ ティーのグリーンライン Haymarket 駅を降りて徒歩5分。イタリア人街にあるデイリーキャッチでは、お手頃の値段で絶品パスタが食べられる。混雑するので早い時間に訪れるのが◎。Daily Catch 住323 Hanover St. ☎(617) 523-8567 URL thedailycatch.com 開毎日 11:00 〜 22:00 地P.553-D1

平和でゆったりした時間が流れるストウビレッジ

トラップファミリー安住の地

ストウ
Stowe

カナダにほど近いストウは、豊かな自然に囲まれた町だ。なだらかな丘と山々が連なるその景観はまるでヨーロッパのよう。それもそのはず、ストウは映画『サウンド・オブ・ミュージック』のモデルとなったトラップ一家が、ヨーロッパを離れてアメリカに移住し、最後にたどり着いた場所なのである。彼らは、平和をイメージさせるこの地に家を建てた。現在、その家はホテルとなって営業中だ。

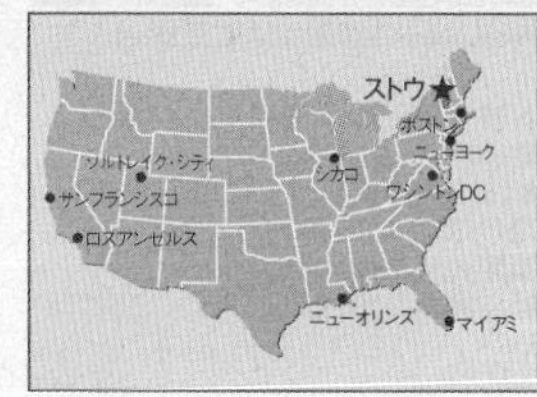

もっと詳しく

地球の歩き方B07ボストン編（1800円＋税）でもストウを紹介していますので、ご活用ください。

DATA

人口▶約450人
面積▶188.3km²
標高▶約330m
TAX▶セールスタックス　6%
ホテルタックス　10%
属する州▶バーモント州　Vermont
州のニックネーム▶緑の山の州
Green Mountain State
州都▶モントペリエ　Montpelier
時間帯▶東部標準時（EST）➡P.631
繁忙期▶6〜8月

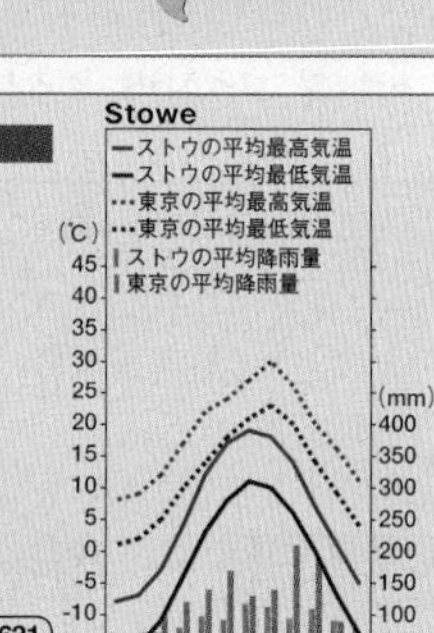

ストウへの行き方

Getting There

飛行機 Plane

バーリントン国際空港
Burlington International Airport (BTV)

ストウの西約60kmにある最寄りの空港。デトロイト、ニューヨークなどから主要航空会社が乗り入れる。空港からストウまでは車（約50分）でのみアクセス可能。

バーリントン国際空港
地 P.566-外
住 1200 Airport Dr., S. Burlington
☎ (802) 863-2874
URL www.btv.aero
行 ストウのダウンタウンへは、I-89を東に約32km行き、Exit 10でVT-100に移る。16km北上、約50分

ストウの歩き方

村の中心は、ストウビレッジStowe Villageと呼ばれるエリアで、歩いて回れる大きさだ。Main St.沿いにみやげ物屋が並び、Mountain Rd.には、レストランやホテルが多い。

観光案内所 Visitors Information

ストウエリア観光案内所
Stowe Area Association

ダウンタウンのMain St.沿いにあり、パンフレットや地図などを揃える。

ストウエリア観光案内所
地 P.566
住 51 Main St.
☎ (802) 253-7321
Free (1-877) 467-8693
URL www.gostowe.com
開 月〜土9:00〜18:00、日11:00〜17:00

メモ　バーリントン国際空港にあるおもなレンタカー会社▶Alamo Free (1-800) 327-9633、Avis Free (1-800) 331-1212、Budget Free (1-800) 527-0700、Hertz ☎ (802) 864-7409

おもな見どころ

美しい緑の中の散歩は気持ちいい

町歩きとサイクリングが楽しい 地P.566

ストウビレッジ
Stowe Village

ストウ観光の中心で、Main St.沿いに昔ながらの雑貨屋や高くそびえる白い教会などが並ぶ。教会の裏手には、牧歌的な田舎道を整備したストウ・レクリエーションパスと呼ばれるトレイルが整備されている。サイクリングや散歩を楽しもう。

トラップ一家が造り上げた美しい宿 地P.566

トラップ・ファミリー・ロッジ
Trapp Family Lodge

ストウビレッジから車で10分ほどの山頂に建つ広大なロッジ。オーストリアアルプスを思わせる山の上に、メインロッジやスイスの山小屋風のヴィラが建ち並び、美しい風景が広がっている。ここここそ、映画『サウンド・オブ・ミュージック』に登場したトラップ一家がアメリカ亡命後、最後にたどり着いた場所なのだ。農業をしながら音楽活動を続け、1950年、ロッジをオープンさせた。四季折々に魅力的だが、紅葉の美しさは格別。また、トラップ一家の歴史がわかるツアーもあるので、参加するといい。

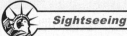

トラップ・ファミリー・ロッジ
住700 Trapp Hill Rd.
☎(802) 253-8511
Free (1-800) 826-7000
URL www.trappfamily.com
料ⓈⒹⓉ$175～525、スイート$275～850
AMV
※本館96室、ヴィラ18棟、ゲストハウスシャーレ(山小屋)100戸

花がきれいなトラップ一族の墓

ストウ
N
Stowe Mountain Lodge
Stowe Mountain Resort
ストウ Stowe
108
バーリントン国際空港
Topnotch Resort & Spa
Hill Rd.
ストウビレッジ Stowe Village (P.566)
Pinnacle Ski & Sports
Junior's
Mountaineer Inn
Harvest Market
Stone Hill Inn
Mountain Rd.
100
トラップ・ファミリー・ロッジ Trapp Family Lodge (P.566)
Trapp Hill Rd.
Brass Lantern Inn (P.566)
The Gables Inn
Shaw's General Store
Stoweflake Mountain Resort & Spa
Main St.
Stowe Inn (P.566)
0 1mile
0 2km
ベン&ジェリー・アイスクリーム工場

ホテル
Hotels

中級ホテル
ストウビレッジの中心にある宿

ストウイン
Stowe Inn

住123 Mountain Rd., Stowe, VT 05672 AMV 地P.566
☎(802) 253-4030 Free (1-800) 546-4030 Wi-Fi無料
URL www.stoweinn.com ⓈⒹⓉ$70～299、スイート$139～399

ストウビレッジの中心にあり観光に便利。歴史的建造物として認定されている建物は、1945年から宿泊施設として使用されている。評判のレストランやプールなどもあり。16室。

中級ホテル
あたたかいもてなしと朝食が自慢のイン

ブラスランタン・イン
Brass Lantern Inn

住717 Maple St., Stowe, VT 05672 ☎(802) 253-2229
Free (1-800) 729-2980 URL brasslanterninn.com
ⓈⒹⓉ$125～275 AMV 地P.566 Wi-Fi無料

バーモント産の食材を使った手作りの朝食が評判だ。かわいらしいキルトのベッドカバーは心をなごませる。ホストの人柄もよく、あたたかい宿。9室。

メモ **アイスクリーム工場** ▶ ストウの約16km南、ウオーターバリー Waterbury にはアメリカの大手アイスクリームメーカー、ベン&ジェリー Ben & Jerry のアイスクリーム工場があり、ツアー（料$4、12歳以下無料）を催行している。住1281 Waterbury-Stowe Rd., Waterbury ☎(802) 882-2047 URL www.benjerry.com 地P.566-外

こぢんまりとした町並み

大西洋を望む港
ポートランド
Portland

アメリカ本土で最も北東にあるメイン州。その南部に位置する港町がポートランドだ。沖合に浮かぶ離島ではカヤックなどのアクティビティが体験できる。1923年まで使われていた町のシンボル、ポートランド展望台は、港に入ってくる船や町の人々に旗や音でサインを出す目的で作られた。

時間があれば訪れたいのが、ポートランドの北約27kmにあるフリーポートFreeport。アウトレット店が建ち並び、大勢の客でにぎわう町だ。

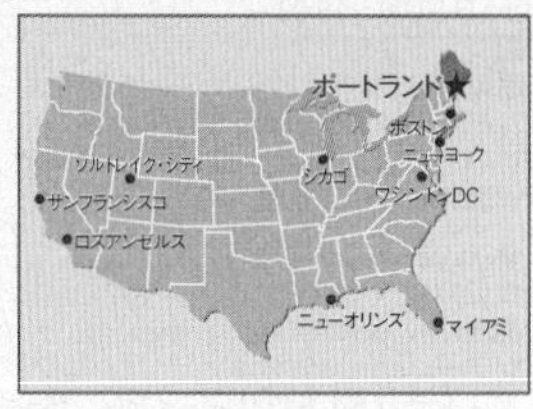

もっと詳しく

地球の歩き方B07 ボストン編（1800円＋税）でもポートランドを紹介していますので、ご活用ください。

DATA

人口▶約6万6800人
面積▶55.2km²
標高▶約20m
TAX▶セールスタックス　5.5%
ホテルタックス　9%
属する州▶メイン州　Maine
州のニックネーム▶松の木の州 Pine Tree State
州都▶オーガスタ　Augusta
時間帯▶東部標準時（EST）
繁忙期▶8月

➡P.631

Portland
━ポートランドの平均最高気温
━ポートランドの平均最低気温
…東京の平均最高気温
…東京の平均最低気温
▮ポートランドの平均降雨量
▮東京の平均降雨量
(℃) 45 40 35 30 25 20 15 10 5 0 -5 -10 -15 -20
(mm) 400 350 300 250 200 150 100 50 0
1 2 3 4 5 6 7 8 9 10 11 12 (月)

ポートランドへの行き方&歩き方 *Getting There & Around*

ポートランドへは、飛行機や鉄道（アムラック）、バスで行くことができる。**ポートランド国際空港Portland International Jetport**はダウンタウンの西約8kmにあり、市内へはタクシーで10分ほど。ボストンから行く場合、ノースステーション発のアムトラック・ダウンイースター号Amtrak Downeaster（1日5便、片道約2時間30分）か、サウスステーションまたはローガン国際空港発のコンコード・コーチラインのバス（1日28便、所要約2時間）が便利だ。到着するポートランド・トランスポーテーション・センターは、鉄道駅とバスターミナルを兼ねていて、ダウンタウンの西約4km。

ポートランドの中心は、港そばの**オールドポートOld Port**界隈。れんが造りの町並みが広がっている。ポートランド展望台やポートランド灯台へも行ってみよう。

ポートランド国際空港（PWM）
地P.568-外　住1001 Westbrook St.
☎(207)874-8877
URL www.portlandjetport.org

ポートランド・トランスポーテーション・センター（アムトラック&バス）
地P.568-外　住100 Thompson's Point Rd.
Free (1-800)639-3317
URL concordcoachlines.com
開毎日2:45～3:15、4:15～22:30。チケット窓口は月～金7:00～17:00、土・日6:00～16:00

●ABC Taxi（タクシー）
☎(207)772-8685

ポートランド観光案内所
地P.568　住14 Ocean Gateway Pier
☎(207)772-5800
URL www.visitportland.com
開〈11～4月〉月～土10:00～15:00、〈5月〉月～金9:00～16:00、土10:00～15:00、〈6～10月〉毎日9:00～17:00（土・日～16:00）

●Metro（市バス）
ポートランド市内と郊外を結ぶ。ポートランド国際空港には#5が乗り入れている
☎(207)774-0351
URL gpmetrobus.net
料$1.50

観光案内所 *Visitors Information*

ポートランド観光案内所
Visit Portland Visitor Information Center

ダウンタウンからCommercial St.を北東に3分ほどのオーシャン・ゲートウエイ・ターミナルにあり、地図やパンフレットなどが揃う。

メモ

港町を一望できるポートランド展望台▶アメリカで唯一現存する海洋信号司令塔。Portland Observatory 住138 Congress St.　☎(207)774-5561　URL portlandlandmarks.org　開〈5月下旬～10月中旬〉毎日10:00～17:00（最終ツアーの出発は16:30）　料$10、シニア・学生$8、6～15歳$5　地P.568

Sightseeing　おもな見どころ

オールドポート
www.portlandmaine.com

ポートランド灯台
住1000 Shore Rd., Cape Elizabeth
☎(207) 799-2661
URL portlandheadlight.com
開〈5月下旬〜10月〉毎日10:00〜16:00、〈4月中旬〜5月中旬、11月〜12月中旬〉土・日10:00〜16:00
料$2、子供$1
行車／ダウンタウンからME-77を約3km南下し、Cottage Rd.を右折して約4km直進すると、灯台のあるFort Williams Parkに到着。約15分

●Portland Discovery
☎(207) 774-0808
URL www.portlanddiscovery.com
ツアー／
ポートランド・トロリー・ツアー：〈5〜10月〉毎日11:30、13:30、15:30（夏期は増便あり）
料$28、子供$17、
ライトハウス・ラバーズ・クルーズ：〈5月中旬〜10月下旬〉毎日11:30、13:30、15:30（夏期は増便あり）
料$29、子供$17

れんが造りの家並みが郷愁をそそる町角　地P.568

オールドポート
Old Port

1866年の大火災のあと、再建されたのがオールドポートに残るれんが造りの町並みだ。古風なビクトリア調の建物が並び、くすんだ印象だが、それがまた郷愁をそそる。古い建物はショップやレストランに改装され、買い物や食事、そぞろ歩きが楽しい。港沿いには、観光案内所やフェリー乗り場、トロリーツアーの発着所などが並び、にぎやかだ。

れんが造りの建物が並ぶ

メイン州で指折りの絶景スポット　地P.568-外

ポートランド灯台
Portland Head Light

カスコベイに突き出すエリザベス岬に建つ灯台。メイン州を代表する風景として、ポスターなどでも紹介されている。英国軍の侵入を見張ることを目的に18世紀末に築かれたもので、一帯はかつて砦だった場所だ。1989年まで灯台守が住んでいたが、今は無人。灯台の下は博物館になっていて、売店もある。岬に沿ってハイキングトレイルも整備され、散策も楽しめる。市内から**ポートランド・ディスカバリー社Portland Discovery**のトロリー・ツアーで行くといい。

ショップ&ホテル
Shop & Hotel

魚屋
新鮮な魚介類やロブスターが買える

ハーバー・フィッシュ・マーケット
Harbor Fish Market

住9 Custom House Wharf
☎(207) 775-0251　URL www.harborfish.com
開月〜土8:30〜17:30、日9:00〜16:00　AMV　地P.568

港の桟橋にある魚屋。ロブスターの名産地らしく新鮮な魚介類が満載。ロブスターをゆでてもらって、ホテルで味わうなんてどう？

H

高級ホテル
町の中心部にある高級ホテル

ポートランド・ハーバーホテル
Portland Harbor Hotel

住468 Fore St., Portland, ME 04101
☎(207) 775-9090　Free (1-888) 798-9090　FAX (207) 775-9990
URL www.portlandharborhotel.com　Wi-Fi無料
ⓈⒹⓉ$152〜399、スイート$249〜529　ADMV　地P.568

オールドタウンの中心にある高級ホテル。便利な場所で、客室の雰囲気も申し分ない。スパやフィットネスルームも完備。97室。

メモ　ポートランド近郊の町、フリーポート ▶ メインストリート沿いには、L.L.Bean をはじめ Coach や Polo Ralph Lauren など 60 以上のアウトレット店が並ぶ。Freeport 行 ポートランドからタクシーで 20 分ほど、約 $50

町の中心にはショップやレストランが並ぶ

日本近代史に登場
ポーツマス
Portsmouth

主要産業のひとつが花こう岩の採掘であったことから“花こう岩の州”とニックネームがつけられたニューハンプシャー州。その大西洋岸にある町がポーツマスだ。ニューイングランド地方の小さな漁港にすぎなかったこの町が世界中に知られるきっかけとなったのが、1905年のポーツマス会議。大都市から近く、海軍基地もあったことがその舞台に選ばれた理由だという。日露戦争の戦後処理を決めることとなった会議の舞台を訪ねてみよう。

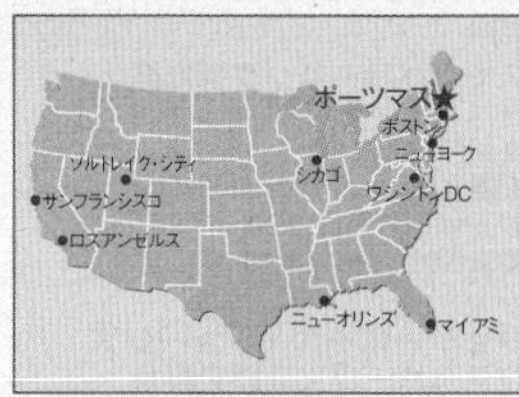

もっと詳しく
地球の歩き方B07ボストン編（1800円＋税）でもポーツマスを紹介していますので、ご活用ください。

DATA

人口▶約2万1700人
面積▶40.5km²
標高▶約51m
TAX▶セールスタックス　0%
ホテルタックス　9%
属する州▶ニューハンプシャー州
New Hampshire
州のニックネーム▶花こう岩の州 Granite State
州都▶コンコード　Concord
時間帯▶東部標準時（EST）➡P.631
繁忙期▶5～10月

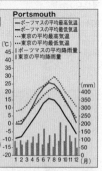

Portsmouth
—ポーツマスの平均最高気温
—ポーツマスの平均最低気温
…東京の平均最高気温
…東京の平均最低気温
▮ポーツマスの平均降雨量
▮東京の平均降雨量
(℃) 45 40 35 30 25 20 15 10 5 0 -5 -10 -15 -20
(mm) 400 350 300 250 200 150 100 50 0
1 2 3 4 5 6 7 8 9 10 11 12 (月)

ポーツマスへの行き方＆歩き方 Getting There & Around

ボストンからC&J（バス）とグレイハウンドで行けるが、到着バスターミナルが異なる。C&Jでは、ボストンのサウスステーションやローガン国際空港から所要1時間30分（毎日3:45～翌1:00の20～30便）。グレイハウンドでは、ボストンのサウスステーションから所要1時間20分（毎日3便）。

Market St.とDaniel St.が交差するマーケットスクエア周辺がダウンタウンの中心。おもな見どころは歩いて回れる。

C&Jバスステーション
地P.570-外
住185 Grafton Dr.
Free (1-800) 258-7111
URL www.ridecj.com
開24時間
行ダウンタウンへは、タクシーで約10分（約$15）
●Annie's Taxi（タクシー）
☎(603) 531-9955

グレイハウンド・バスディーポ
地P.570
住54 Hanover St.
開24時間

観光案内所 Visitors Information

ポーツマス商工会議所
Portsmouth Chamber of Commerce

ダウンタウンから北に徒歩15分、Market St.沿いにある。スタッフも親切で、市内だけでなく近郊の情報も教えてくれる。夏期は中心部のマーケットスクエアに案内所が出る。

夏期限定のマーケットスクエアに出る案内所

ポーツマス商工会議所
地P.570-外
住500 Market St.
☎(603) 610-5510
URL www.goportsmouthnh.com
開毎日9:00～17:00（土・日10:00～）
休10月中旬～5月中旬の土・日

メモ 歴史的な建物を利用したレストラン▶市内で最も有名な建築物のRockingham Houseに入るレストランで夕食にステーキはいかが。ライブラリーレストラン Library Restaurant 住401 State St. ☎(603) 431-5202 URL libraryrestaurant.com 開月～木 15:00～21:00、金～日 14:00～22:00（日～21:00） 地P.570

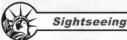

Sightseeing おもな見どころ

散策が楽しめるストロベリーバンク博物館

ストロベリーバンク博物館
住14 Hancock St.
☎(603) 433-1100
URL www.strawberybanke.org
開〈5～10月〉毎日10:00～17:00
料$19.50、5～17歳$9

ジョン・ポール・ジョーンズ・ハウス／ポーツマス歴史協会
住43 Middle St.
☎(603) 436-8420
URL portsmouthhistory.org
開〈5月下旬～10月上旬〉毎日11:00～17:00
料$6、12歳以下無料

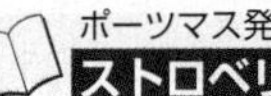
ポーツマス発祥の地 地P.570

ストロベリーバンク博物館
Strawbery Banke Museum

ピスカタクワ川を望むプレスコット公園前に広がる野外博物館。ポーツマスがまだストロベリーバンクと呼ばれていた、1623年当時の入植地がここ。町の中心は西側へと移ってしまったが、再開発計画が持ち上がり、取り壊される運命にあった約40棟の住居を、そっくりその場所に保存したのが、この博物館だ。昔の町並みを彷彿させるたたずまいで、のんびりと散策を楽しめる。

ポーツマス条約締結の舞台裏を知る 地P.570

ジョン・ポール・ジョーンズ・ハウス／ポーツマス歴史協会
John Paul Jones House / Portsmouth Historical Society

博物館の2階に「平和への誓い An Uncommon Commitment to Peace : Portsmouth Peace Treaty 1905」のコーナーがある。それは日露戦争の戦後処理をめぐり、日本とロシアが厳しく対立したポーツマス条約締結までの数日間の道のりを再検証したもの。厳しい状況下で両国が決裂しないよう、ホストであるポーツマス市民たちは、大使たちを野外に連れ出したり、パーティを催したり、心からもてなしたという。秘匿されてきた事実も公開された、歴史の裏舞台を知ることができる展示物だ。

日露戦争についての展示が豊富な博物館

ホテル
Hotels

高級ホテル
ハーバーサイドに建つホテル

シェラトン・ポーツマス・ハーバーサイド
Sheraton Portsmouth Harborside

住250 Market St., Portsmouth, NH 03801 ☎(603) 431-2300
URL www.sheratonportsmouth.com Wi-Fi無料
ⓈⒹⓉ$125～466、スイート$220～850 ADJMV 地P.570

ダウンタウンのハーバーサイドにあり、車のない旅行者にも便利。周りにはショップやレストランが集まっている。客室やサービスなどは申し分ない。180室。

高級ホテル
ポーツマス条約ゆかりのホテル

ウエントワース・バイ・ザ・シー
Wentworth by the Sea

住588 Wentworth Rd., New Castle, NH 03854 Wi-Fi無料
☎(603) 422-7322 Free(1-866) 384-0709 ADJMV
URL www.wentworth.com ⓈⒹⓉ$219～574 地P.570-外

講和条約締結のとき、日露の全権大使一行が泊まった宿。2003年に3000万ドルかけた改修工事を終え、再オープンした。極上のリゾートホテルだ。161室。

豪華絢爛なニューポートマンションズ

大富豪の別荘とヨット

ニューポート

Newport

19世紀後半から20世紀前半にかけて、鉄鋼業や鉄道業で財をなしたアメリカの大富豪は、こぞってニューポートに別荘を建てた。贅を尽くした大邸宅は現在一般に公開されていて、いちばんの見どころになっている。また、ニューポートは黒船来港で知られるペリー提督の出身地でもあり、毎年夏には黒船祭りが開催される。ヨットの最高峰レースが行われていたこともあり、マリーナも美しい。

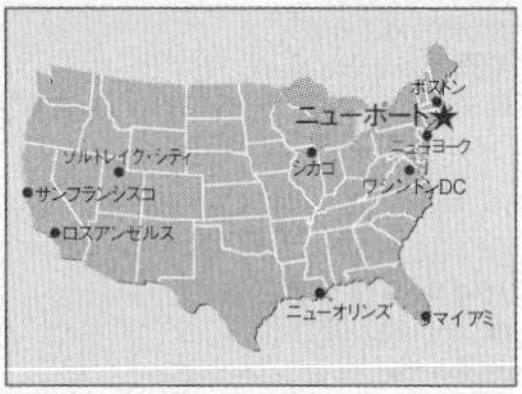

もっと詳しく
地球の歩き方B07ボストン編（1800円＋税）でもニューポートを紹介していますので、ご活用ください。

DATA

人口▶約2万4900人
面積▶19.8km²
標高▶10m
TAX▶セールスタックス　7%
ホテルタックス　13%
属する州▶ロードアイランド州 Rhode Island
州のニックネーム▶海洋の州　The Ocean State
州都▶プロビデンス　Providence
時間帯▶東部標準時（EST）➡P.631
繁忙期▶6～9月

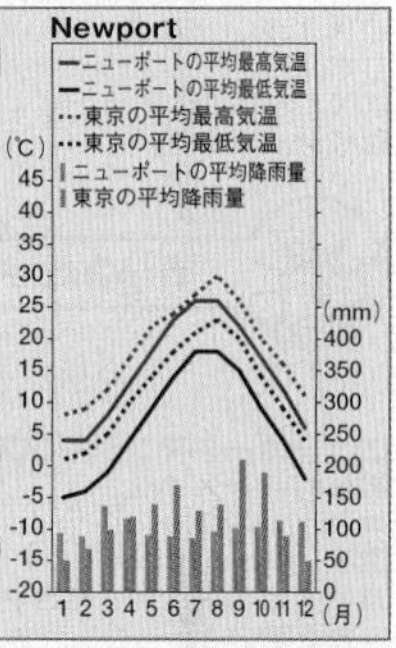

ニューポートへの行き方 Getting There

飛行機 Plane

T・Fグリーン国際空港
T.F. Green International Airport（PVD）

ニューポートの北約45kmに位置し、アメリカン航空やユナイテッド航空がシカゴやワシントンDCなどから乗り入れる。ダウンタウンへは、路線バス（約1時間）かタクシー（約45分）で。

T・Fグリーン国際空港
地P.572-外　住2000 Post Rd., Warwick
☎(401)691-2471
URL www.pvdairport.com
●RIPTA Bus #14（路線バス）
☎(401)781-9400
URL www.ripta.com
料$2（月～金は7便、土は4便）
●Airport Taxi（タクシー）
☎(401)737-2868
URL www.airporttaxiri.com

長距離バス Bus

ニューポート・ゲートウエイ・センター
Newport Gateway Center

CLOSED

ピーターパン（ボナンザ）バスが、ニューヨークから1日3便（所要約7時間）、ボストンから1日2～4便（所要約2時間）運行。バスターミナルは町の中心にある。

ニューポート・ゲートウエイ・センター
CLOSED
地P.572
住23 America's Cup Ave.
free (1-800)343-9999
URL peterpanbus.com
開月～金5:45～8:30、13:00～16:00（土・日はバス出発の30分前に窓口が開く）

ニューポートの歩き方 Getting Around

ブリック・マーケットプレイスBrick Marketplaceや Thames St.沿いにショップやレストランが並んでいる。

●Brick Marketplace
地P.572
住221 Goddard Row

ペリー提督の出身地▶江戸時代の日本に開国を迫ったペリー提督の出身地であることから、毎年夏に Black Ships Festival が開かれる。2019年は8/9～11。URL www.blackshipsfestival.com

観光案内所 Visitors Information

ニューポート観光案内所
Newport Visitors Center

ニューポート・ゲートウエイ・センター内にあり、地図やパンフレットが入手できるほか、各種ツアーの出発地点となっている。

ニューポート観光案内所
地P.572
住23 America's Cup Ave.
☎(401) 849-8048
URL www.discovernewport.org
開毎日9:00〜17:00
休サンクスギビング、12/24、12/25

市内の交通機関 Public Transportation

RIPTAバス
RIPTA Bus

ロードアイランド州が運営する。ほとんどの路線が観光案内所のニューポート・ゲートウエイ・センターより出発。おもな見どころは、#67 Bellevue/Salve Regina Univ.で行ける。

RIPTAバス
☎(401) 781-9400
URL www.ripta.com
料$2(トランスファーは$1)、1日券$6

ツアー案内 Sightseeing Tours

バイキングツアーズ
Viking Tours

ニューポート市内の歴史的な建物や豪邸など、おもな見どころを回るツアー。ニューポート観光案内所から出発する。

バイキングツアーズ
☎(401) 847-6921
URL www.vikingtoursnewport.com
運行／〈4月〉毎日10:00、13:30、〈5月〉毎日10:00、12:30、13:30、〈6〜10月〉毎日10:00、11:00、12:30、13:30、15:00、〈11〜12月〉毎日11:00、〈1〜3月〉火・金・土11:00
料$25〜、子供$15〜

Sightseeing おもな見どころ

大富豪たちが築いた豪華絢爛たる別荘群 地P.572

ニューポートマンションズ
Newport Mansions

巨万の富を築いたアメリカの大富豪たちは、19世紀末から20世紀初頭にかけて、ダウンタウンの南東に広がる大西洋岸の景勝地に、こぞって豪華絢爛な別荘を建設した。それらを総称してニューポートマンションズと呼ぶ。豪邸群のいくつかは一般公開され、館内ツアーで見学できる。なかでもいちばんの面積を誇るブレイカーズThe Breakersは必見。そのほかローズクリフRosecliff、エルムズThe Elmsなどの豪邸がある。

ニューポートマンションズ
住424 Bellevue Ave.
☎(401) 847-1000
URL www.newportmansions.org
開毎日10:00〜17:00(建物や時期により変更あり)
料5館見学$35、1館見学$17.50、ほかにコンビチケットもあり
●The Breakers
地P.572
住44 Ochre Point Ave.
料$24
行ニューポート・ゲートウエイ・センターからRIPTAバス#67で約15分

ブレイカーズ The Breakers

海運・鉄道業で財をなしたコーネリアス・バンダービルドの孫、コーネリアス・バンダービルド2世夫妻によって、1895年に建てられたイタリア風の宮殿。2年の年月をかけて建設され、20のバスルームを含む70もの部屋からなる。圧巻は1階中央に広がるグレートホール。

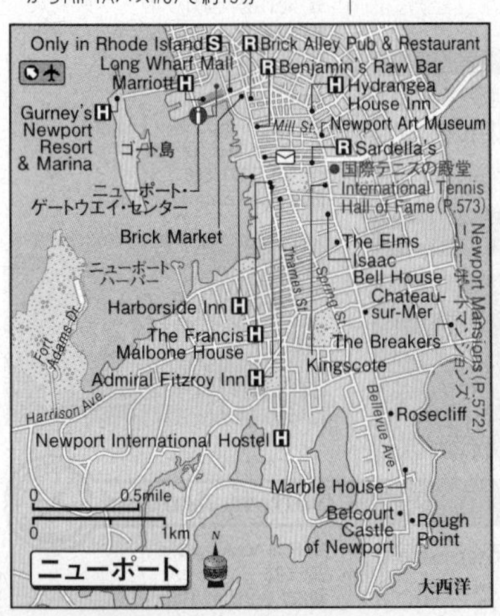

ブレイカーズはニューポートマンションズのなかでも最大の広さ

メモ 州内の名産品を扱う店 ▶ クラフトやジャム、州内で取れた貝の缶詰など、おみやげ探しに最適な店。オンリー・イン・ロードアイランド Only in Rhode Island 住43 Long Wharf Mall ☎(401) 363-3522 URL www.onlyinrhodeisland.com 開毎日10:00〜18:00 地P.572

USオープンテニスの前身はこの町で開催された　地P.572

国際テニスの殿堂
International Tennis Hall of Fame

国際テニスの殿堂は、1933年、1938年、1940年と3度の全米シングルス・チャンピオンに輝いたジェームズ・バン・アレンによって、ニューポートカジノがあった場所に創設された。ビクトリアスタイルの建物は、1880年に建造されたもの。現在はミュージアムも併設されており、1880年代のテニス道具や写真、歴史的なゲームの記録などを展示している。2018年は、ウィンブルドン選手権で優勝したことがあるミヒャエル・シュティヒと女子ダブルスで世界ランク1位にも輝いたヘレナ・スコバのふたりが殿堂入りした。

国際テニスの殿堂
住194 Bellevue Ave.
☎(401)849-3990
URL www.tennisfame.com
開毎日10:00～17:00（7～8月は18:00まで）　休1～3月の火、サンクスギビング、12/25　料$15、16歳以下無料

館内にはグラスコートもあり

レストラン&ホテル
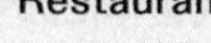
Restaurants & Hotels

R　イタリア料理
イタリアンといえば、この店！

サーデラス
Sardella's

住30 Memorial Blvd. W.　☎(401)849-6312
URL sardellas.com　AMV　地P.572
開毎日17:00～22:00

1980年創業のイタリア料理の名店。ニューポートの地元誌でベスト・イタリアンに選ばれたことも。味、雰囲気、サービスともによい。

R　アメリカ料理
新鮮なシーフードを

ベンジャミンズ・ロウバー
Benjamin's Raw Bar

住254 Thames St., Newport
☎(401)846-8768
開毎日7:00～24:00　AMV　地P.572

町の中心にあるシーフードがメインのレストラン。クラムチャウダー（$3.95～）やフィッシュ＆チップス（$12.95）などをお手頃価格で食べられる。

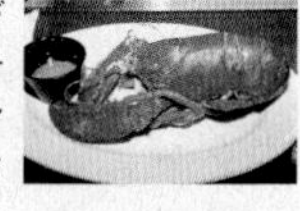

H　ホステル
ニューポートで唯一の私設ホステル

ニューポート・インターナショナル・ホステル
Newport International Hostel

住16 Howard St., Newport, RI 02840　AMV
☎(401)369-0243　URL www.newporthostel.com　Wi-Fi無料
ドミトリー：夏期$39～149、夏期以外＄29～35　地P.572

ブリック・マーケットプレイスから徒歩10分。私設だがオーナーが常駐しているので、女性も安心して宿泊できる。10～4月は閉館。7ベッド。

H　中級ホテル
女性好みのアットホームなイン

アドミラル・フィッツロイ・イン
Admiral Fitzroy Inn

住398 Thames St., Newport, RI 02840
Free(1-866)848-8780　URL www.admiralfitzroy.com
ⓈⒹⓉ$119～329　AMV　Wi-Fi無料　地P.572

ダウンタウンの中心部にあるので、とても便利。部屋は狭いが、かわいらしく整えられている。アットホームな雰囲気。週末の予約は2泊以上から。18室。

H　高級ホテル
桟橋のすぐそばにある

ハーバーサイド・イン
Harborside Inn

住1 Christie's Landing, Newport, RI 02840　☎(401)846-6600
URL www.newportharborsideinn.com　ⓈⒹⓉ$119～279、スイート$169～　AMV　Wi-Fi無料　地P.572

内装を整えブティックホテルのようなおしゃれなインに変身。町の中心にあるので便利だが、週末の予約は2泊以上から。朝食無料、15室。

H　高級ホテル
優雅な部屋と美しい中庭

フランシス・マルボーン・ハウス
The Francis Malbone House

住392 Thames St., Newport, RI 02840　☎(401)846-0392
Free(1-800)846-0392
URL www.malbone.com　AMV
料ⓈⒹⓉ$149～360、スイート$259～　Wi-Fi無料　地P.572

1760年頃の英国風建築で、統一感のある外観と内装がすばらしい。ジャクージ付きバスと、暖炉が完備のラグジュアリーな客室もある。朝食無料。20室。

メモ　家族連れでにぎわうカジュアルなレストラン▶アメリカンダイナーの雰囲気を残し、シーフードやピザ、パスタまで揃う人気店。ブリック・アレー・パブ＆レストラン Brick Alley Pub & Restaurant　住140 Thames St.　☎(401)849-6334　URL www.brickalley.com　開毎日10:00～翌1:00　休サンクスギビング、12/25　地P.572

古さと新しさが調和した町

ハートフォード
Hartford

コネチカット州の州都がある

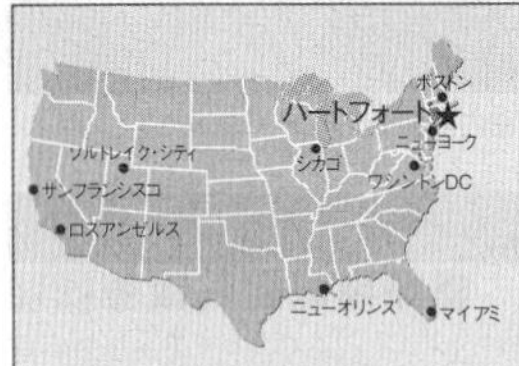

19世紀前半、コネチカット川を中心に英国やアジアに向けての海洋貿易が盛んになった。その際に起こる事故などのリスクを減らすため、ハートフォードに保険会社が誕生し、そこからハートフォードは発展していくことになる。1800年代後半にはマーク・トウェインやハリエット・ビーチャー・ストウが住んでいたこともあり、現在彼らの家は、町いちばんの観光スポットとして人気だ。

DATA

人口▶約12万3400人
面積▶45km²
標高▶5m
TAX▶セールスタックス　6.35%
ホテルタックス　15%
属する州▶コネチカット州　Connecticut
州のニックネーム▶憲法の州
Constitution State
州都▶ハートフォード　Hartford
時間帯▶東部標準時（EST）➡P.631
繁忙期▶6～10月

Hartford
—ハートフォードの平均最高気温
—ハートフォードの平均最低気温
…東京の平均最高気温
…東京の平均最低気温
▌ハートフォードの平均降雨量
▌東京の平均降雨量
（℃）（mm）（月）

もっと詳しく
地球の歩き方B07ボストン編（1800円＋税）でもハートフォードを紹介していますので、ご活用ください。

Getting There & Around ハートフォードへの行き方&歩き方

空路なら、ダウンタウンの北約25kmにある**ブラッドレー国際空港Bradley International Airport**が玄関口。デルタ航空やユナイテッド航空、アメリカン航空などが、ワシントンDCやシカゴなどから乗り入れる。ニューヨークやボストンからならグレイハウンド、またはアムトラックを利用するのが便利だ（所要2時間30分～3時間30分）。

おもな見どころは、市バスとハートフォード・ダッシュ・シャトルで行ける。なお、ダウンタウンはビジネス街のため、18:00以降はひと気が少なくなるので注意すること。

ブラッドレー国際空港（BDL）
住Schoephoester Rd., Windsor Locks
☎（860）292-2000
URL www.bradleyairport.com
行ダウンタウンまで市バス#30で約40分、$1.75。タクシーで約30分、約$60

グレイハウンド・バスディーポ
地P.575　住1 Union Pl.
☎（860）549-0683　開毎日5:45～22:30

アムトラック駅
地P.575
住グレイハウンド・バスディーポと同じ
Free（1-800）872-7245　開24時間

ハートフォード観光案内所
地P.575　住800 Main St.
☎（860）522-6766
開毎日10:00～17:00（日12:00～）

CTトランジット
☎（860）525-9181
URL www.cttransit.com
運行／毎日5:00～24:00（路線により異なる）
料$1.75、1日券＄3.50
●**Hartford Dash Shuttle**
☎、URL CTトランジットと同じ
運行／月～金7:00～19:00、約15分間隔。イベントが開催される土・日は運行
料無料

市内の交通機関 Public Transportation

CTトランジット
CT Transit

ハートフォード周辺をカバーする市バスとダウンタウンを循環する**ハートフォード・ダッシュ・シャトルHartford Dash Shuttle**を運営する。ダウンタウンの旧州議事堂前（State、Market & Main Sts.に囲まれたエリア）にインフォメーションブースあり。

メモ　ハートフォードの宿泊事情▶ダウンタウンのホテルは比較的料金が高い。コネチカット川を渡って徒歩5分のイーストハートフォードにあるホテルはお手頃。Hampton Inn & Suites Hartford/ East Hartford（住351 Pitkin St., E. Hartford）やHoliday Inn Hartford Downtown Area（住100 E. River Dr., E. Hartford）などがある。

おもな見どころ Sightseeing

トム・ソーヤの物語はこの家で生まれた 地P.575

マーク・トウェインの家&ミュージアム
The Mark Twain House & Museum

作家マーク・トウェインが1874～1891年まで暮らした家。当時、ヌークファーム（隠れ場所）と呼ばれていた一帯は森に囲まれ、トウェインや『アンクル・トムの小屋 Uncle Tom's Cabin』の作者ハリエット・ビーチャー・ストウらが、田舎暮らしを楽しんだ場所だった。トウェインは建築家エドワード・タッカーマン・ポーターにデザインを依頼し、1874年、ここに豪華な邸宅を建てた。その家をガイドの案内でのみ見学できる。トウェインは、『トム・ソーヤの冒険 The Adventures of Tom Sawyer』で大成功を収め、1881年予算オーバーで未完成のままだった邸宅に車寄せを造り、豪華なキッチンを足して内装を一新した。この家のビリヤード台がある部屋で、彼は『トム・ソーヤの冒険』や『ハックルベリー・フィンの冒険 Adventure of Hackleberry Finn』など、自身の代表作を書き上げたのだ。

また、マーク・トウェインの家&ミュージアムの向かいに**ハリエット・ビーチャー・ストウ・センターHarriet Beecher Stowe Center**がある。歴史を揺るがした名著『アンクル・トムの小屋』を書いた彼女は、晩年の1873～1896年までここで過ごした。

マーク・トウェインの家&ミュージアム
住351 Farmington Ave.
☎(860) 247-0998
URL marktwainhouse.org
開毎日9:30～17:30（最終ツアーは16:30出発）
休1、2月の火、おもな祝日
料$20、シニア$18、6～16歳$12、5歳以下無料
行バス／ダウンタウンからCTトランジット#60、62、64、66でFarmington Ave.とGillett St.の角で下車。約20分

ハリエット・ビーチャー・ストウ・センター
地P.575
住77 Forest St.
☎(860) 522-9258
URL www.harrietbeecherstowecenter.org
開毎日9:30～17:00（日12:00～）
休1～3月の火、おもな祝日
料$16、シニア$14、5～16歳$10

ダウンタウン郊外にあるマーク・トウェインの家

レストラン&ホテル Restaurant & Hotel

R アメリカ料理

夜はパブとして盛り上がる

トランブルキッチン
Trumbull Kitchen

住150 Trumbull St. ☎(860) 493-7412 URL www.maxrestaurantgroup.com/trumbull 開月～金11:30～23:00、土12:00～24:00、日16:00～22:00 AMV 地P.575

スパイシーツナロール（$9）や海鮮パッタイ（$27）などアジアンフードが充実している人気レストラン。夜はバーに様変わりし、連日多くのローカルで盛り上がっている。

H 高級ホテル

おしゃれな客室とほどよいサービス

ヒルトン・ハートフォード
Hilton Hartford

住315 Trumbull St., Hartford, CT 06103 ☎(860) 728-5151 FAX (860) 240-7247 URL www3.hilton.com ⓈⒹⓉ$39～299、スイート$529～799 ADJMV Wi-Fi無料 地P.575

内装がモダンなホテル。レストランやフィットネスルームも完備し、コンシェルジュも常駐している。サービスもよく、満足できる。393室。

フィラデルフィア Philadelphia

合衆国建国の地

独立記念館で独立宣言が採択されアメリカが始まった

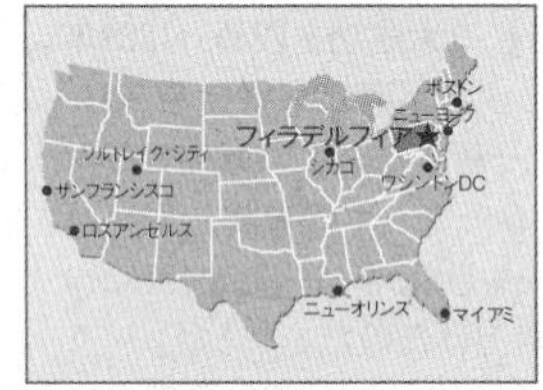

ギリシャ語で“兄弟愛”を意味するフィラデルフィア。1682年、この地に町を築いたクエーカー教徒のウィリアム・ペンがつけた名前である。

1776年の7月4日、植民地だったアメリカがイギリスから独立を宣言し、13州からなる新しい国家がここに誕生した。その日、町中に独立宣言の採択を知らせる自由の鐘（リバティベル）の音が高らかに響き渡ったという。

ワシントンDCが首府として完成するまでの間、大統領の家、上下院両議会、最高裁判所、軍本部など、今日の政府の原型がフィラデルフィアでつくられた。とりわけ憲法の制定がこの地で行われたことは、今もアメリカの国民にとっては特別な意味をもつ。

フィラデルフィアは歴史にとどまらない、美術館や博物館の充実した町でもある。なかでも日本で最長7時間待ちの記録を作った「幻のバーンズコレクション」も現在ここで鑑賞できる。さらに、クラシック音楽の全米「ビッグファイブ」に挙げられるフィラデルフィア交響楽団の演奏もすばらしいし、4大プロスポーツの観戦もアクセスが容易だ。ニューヨークからも、ワシントンDCからも近い。ぜひ時間を作って足を運んでほしい町だ。

公園の中の彫像が町のアクセントになっている

DATA

人口▶約158万900人
面積▶約347km²
標高▶最高134m　最低0m
TAX▶セールスタックス　8%（衣料品は無税）ホテルタックス 16.5%
属する州▶ペンシルバニア州 Pennsylvania
州のニックネーム▶キーストーン（「かなめ」のこと）州　Keystone State
州都▶ハリスバーグ　Harrisburg
時間帯▶東部標準時（EST）

➡P.631

繁忙期▶6～10月

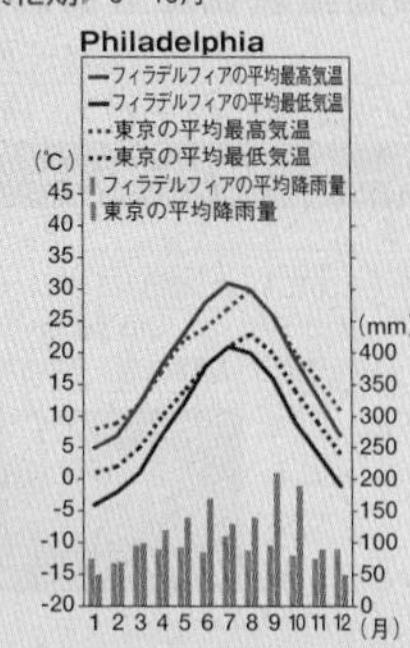

メモ　フィラデルフィア写真撮影の名所▶フィラデルフィア美術館の正面にある大階段は、映画『ロッキー』で有名になった場所。ロッキーの銅像や足跡（ステップ）なども作られて、すっかり観光名所として定着した。ロッキーステップ　地P.578-A1

フィラデルフィアへの行き方 Getting There

飛行機 Plane

フィラデルフィア国際空港
Philadelphia International Airport (PHL)

ダウンタウンの南西約15kmに位置する。アメリカン航空のハブのひとつで、ボストンへの直行便（所要1時間30分）が1日12便以上運航している。ターミナルはA（West、East）とB〜Fの7つに分かれ、それぞれバゲージクレーム（預託荷物のピックアップ場所）とセプタ／エアポート・リージョナル・レイル・ライン（近郊列車）の駅（ターミナルC/D、E/Fは合同）がある。Wi-Fi無料。

フィラデルフィア国際空港
地P.578-A2外
住8000 Essington Ave.
☎(215)937-6937
Free(1-800)745-4283
URL www.phl.org

空港に鉄道が乗り入れているので、鉄道で中心部へ行くのも簡単

■ 空港から／空港へのアクセス

	種類／名称／連絡先	行き先／運行／料金	乗車場所／所要時間／備考
鉄道	セプタ／エアポート・リージョナル・レイル・ライン（近郊列車） SEPTA Airport Regional Rail Line ☎(215)580-7800 URL www.septa.org	行き先▶30th St.駅などのセプタ各駅 運行▶空港発は毎日5:07〜翌0:07、空港行きはJefferson駅発毎日4:20〜23:20の30分間隔 料金▶$7〜8（曜日、時間帯により異なる）	空港発▶バゲージクレーム近くの4ヵ所のセプタの駅（ターミナルA、B、C／D、E／F）から乗車 空港行き▶セプタ／エアポート・リージョナル・レイル・ライン（近郊列車）の30th St.駅、Suburban駅などから空港行きに乗車 所要時間▶30th St.駅まで約20分
タクシー	フィラ・タクシー・サービス Phila Taxi Service ☎(267)309-2675	行き先▶市内や周辺どこでも 運行▶24時間随時 料金▶$28.50（中心部までの均一料金）	空港発▶各ターミナルを出た所から乗車 空港行き▶事前に電話予約、または主要ホテルから乗車 所要時間▶15〜20分

※それぞれの乗り物の特徴については P.665

長距離バス Bus

グレイハウンド・バスターミナル
Greyhound Bus Terminal

コンベンションセンターやレディング・ターミナル・マーケット P.585 から5ブロック東へ行った、たいへん便利な所にある。セプタ（近郊列車）や地下鉄の駅にも近い。ワシントンDCから約4時間、ニューヨークからは2時間かかる。

ダウンタウンの中心部にあるバスターミナル

グレイハウンド・バスターミナル
住618 Market St.
☎(215)931-4075
開毎日6:30〜20:00

鉄道 Train

アムトラック・サーティース・ストリート駅
Amtrak 30th St. Station

町の西に位置する鉄道黄金期のおもかげを残す壮麗な駅舎。アメリカ北東部の都市へ多くの列車が走り、ワシントンDCから普通列車で2時間、アセラ特急で約1時間40分、ニューヨークからは1時間30分ほど。アムトラックのほかにセプタ（地下鉄、近郊列車）、NJトランジットや中距離バスが発着する複合駅である。

アムトラック・サーティース・ストリート駅
地P.578-A1〜A2
住2955 Market St.
Free(1-800)872-7245
開24時間［チケット売り場は毎日5:15〜21:35（土・日6:10〜）］

ニューヨークやワシントンDCからの利用客が多い駅舎

旅のアドバイス　メガバス▶中東部の都市を結ぶ快適な2階建て長距離バス。フィラデルフィア〜ワシントンDC間を1日10本前後運行する。発着場所は30th St.駅西口外で、駅からは少し歩く。目印は小さな看板だけなので英語の得意な人以外すすめられない。予約は URL us.megabus.com から。

Getting Around　フィラデルフィアの歩き方

建国初期の史跡が集まる**オールドシティ地区**は、ダウンタウンの旧市街にあり、こぢんまりとしていて歩きやすい。西へ向かうとビジネスや行政の中心である**キャロウヒル地区**や、美術館と博物館が並び、バーンズ財団美術館のある**パークウエイ・ミュージアム地区**へと続く。高級ブティックや劇場が集まる**リットンハウス広場地区**、考古学人類学博物館や大学がある**ユニバーシティ・シティ地区**、商人の活気あふれる**ワシントン広場地区**、そして庶民的な**サウスフィラデルフィア地区**など、見どころがたくさん。時間のない場合はオールドシティ地区を中心に美術館や市庁舎タワーを巡るだけでも楽しいが、余裕があれば、サウスフィラデルフィアのスポーツ競技場へ足を延ばし、試合観戦もおすすめだ。バスと地下鉄が整備されているので、車がなくても困らない。

シティパス ➡P.693
Free(1-888)330-5008
URL www.citypass.com
料$49〜77、2〜12歳$37〜57
　3〜5ヵ所で使え、9日間有効。対象施設の窓口で購入可能。47〜49%お得。下記から3〜5ヵ所選ぶ

1. フランクリン科学博物館➡P.583脚注
2. ビッグバス1日乗り放題➡P.580
3. ワン・リバティ・オブザベーション・デッキ➡P.580脚注
4. バーンズ財団美術館
5. アメリカ独立革命博物館
6. 国立憲法センターなど

美術館前のロッキー像。写真を撮るために人々が並ぶ

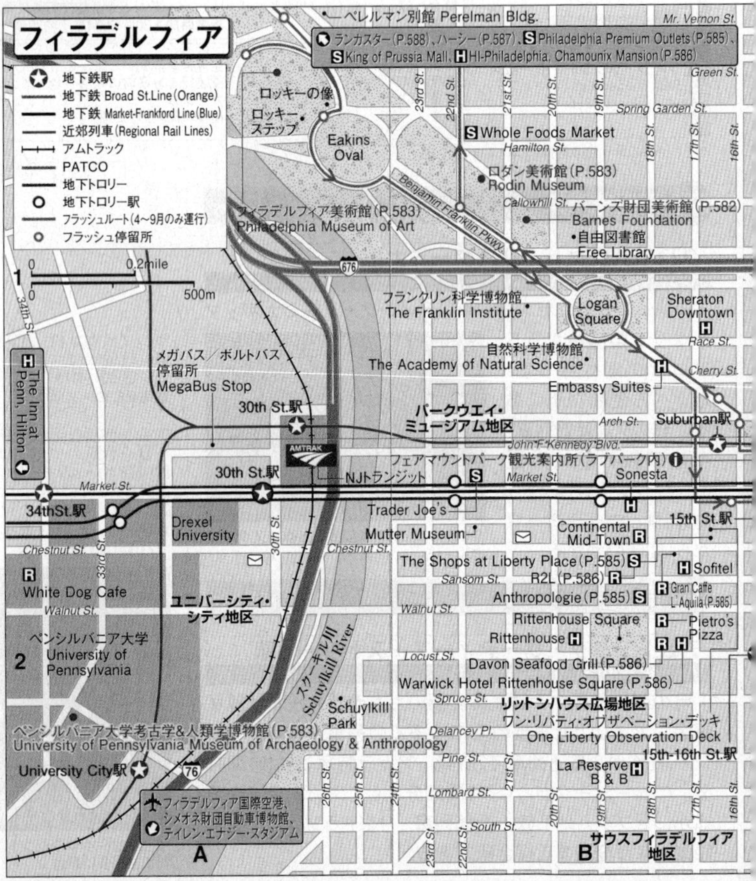

フィラデルフィア

- ✪ 地下鉄駅
- 地下鉄 Broad St.Line(Orange)
- 地下鉄 Market-Frankford Line(Blue)
- 近郊列車(Regional Rail Lines)
- アムトラック
- PATCO
- 地下トロリー
- ○ 地下トロリー駅
- フラッシュルート(4〜9月のみ運行)
- ○ フラッシュ停留所

0　0.2mile
0　500m

ペレルマン別館 Perelman Bldg.
ランカスター(P.588)、ハーシー(P.587)、Philadelphia Premium Outlets(P.585)、King of Prussia Mall、HI-Philadelphia, Chamounix Mansion(P.586)
ロッキーの像
ロッキー・ステップ
Eakins Oval
Whole Foods Market
ロダン美術館(P.583) Rodin Museum
フィラデルフィア美術館(P.583) Philadelphia Museum of Art
バーンズ財団美術館(P.582) Barnes Foundation
自由図書館 Free Library
フランクリン科学博物館 The Franklin Institute
Logan Square
Sheraton Downtown
自然科学博物館 The Academy of Natural Science
Embassy Suites
メガバス／ボルトバス停留所 MegaBus Stop
The Inn at Penn, Hilton
30th St.駅
パークウエイ・ミュージアム地区
Suburban駅
フェアマウントパーク観光案内所(ラブパーク内)
NJトランジット
34thSt.駅
Sonesta
Trader Joe's
15th St.駅
Drexel University
Mutter Museum
Continental Mid-Town
The Shops at Liberty Place(P.585)
Sofitel
R2L(P.586)
White Dog Cafe
Gran Caffe L'Aquila(P.585)
Anthropologie(P.585)
ユニバーシティ・シティ地区
Rittenhouse Square
Pietro's Pizza
Rittenhouse
ペンシルバニア大学 University of Pennsylvania
Davon Seafood Grill(P.586)
Warwick Hotel Rittenhouse Square(P.586)
スクーキル川 Schuylkill River
Schuylkill Park
リットンハウス広場地区
ワン・リバティ・オブザベーション・デッキ One Liberty Observation Deck
ペンシルバニア大学考古学&人類学博物館(P.583) University of Pennsylvania Museum of Archaeology & Anthropology
15th-16th St.駅
University City駅
La Reserve B & B
フィラデルフィア国際空港、シメオネ財団自動車博物館、テイレン・エナジー・スタジアム
サウスフィラデルフィア地区

歴史・文化・その土地らしさ　公園・レクリエーション・アトラクション　買い物・食事・娯楽　★編集室オススメ

観光案内所 *Visitors Information*

インディペンデンス観光案内所
Independence Visitor Center

インディペンデンス国立歴史公園の中にあり、町と国立公園局と兼用の観光案内所。独立記念館の見学ツアーの申し込みができるほか、町の歴史などを紹介するオリエンテーションフィルムも上映する。ウオーキングツアーや観光ツアーも申し込める。

国立公園局も管理している案内所。係員はとても親切

市庁舎観光案内所
City Hall Visitor Center

CLOSED

市庁舎1階（121号室）にあり、市庁舎タワーの見学申し込みはここで行う。月〜金曜の役所の営業時間に合わせて運営しているので、日曜はタワー見学は休み。ギフトショップを兼ねており、軽く立ち寄るのには便利な立地だ。

フィラデルフィア観光局
URL www.discoverphl.com

ビジット・フィラデルフィア
URL www.visitphilly.com

インディペンデンス観光案内所
地 P.579-D2
住 599 Market St.
Free (1-800) 537-7676
URL www.phlvisitorcenter. com
開 毎日8:30〜18:00（6〜8月は19:00まで）
休 サンクスギビング、12/25

市庁舎観光案内所
地 P.579-C2
住 Broad & Market Sts.
☎ (267) 514-1757
開 月〜金9:00〜17:00、一部の土11:00〜16:00
休 日、おもな祝日
CLOSED

旅のアドバイス 2017年4月にオープンした博物館▶イギリスの植民地であったフィラデルフィアがどのようにして独立するに至ったかがわかる。Museum of The American Revolution 住101 S. 3rd St. ☎(215) 253-6731 URL www.amrevmuseum.org 開毎日10:00〜17:00（夏期9:30〜18:00） 料$19、6〜17歳$12 地P.579-D2

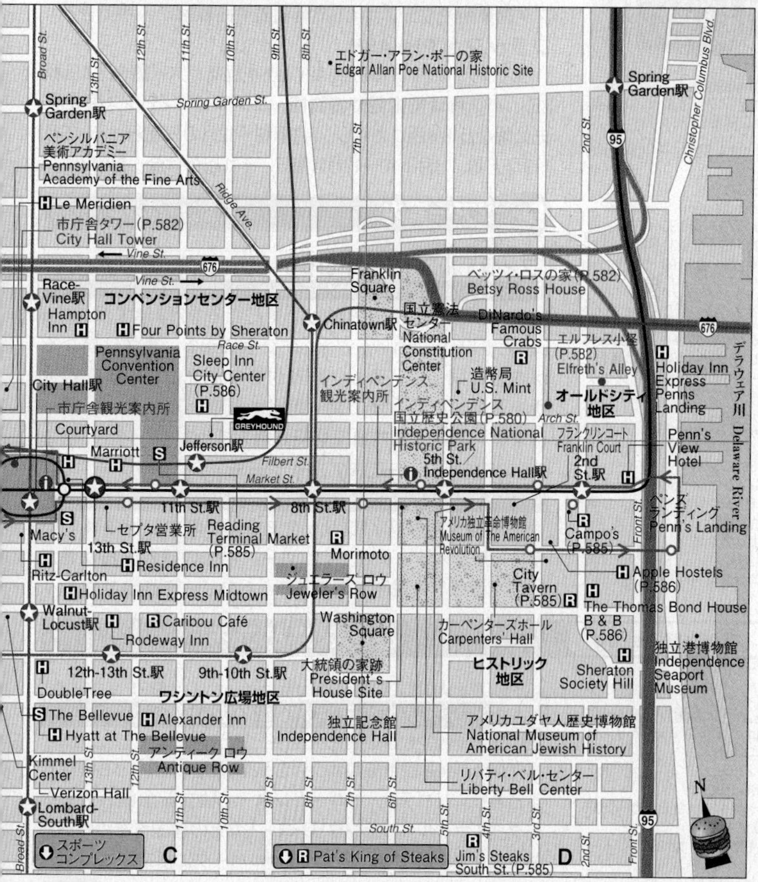

フェアマウントパーク観光案内所

Fairmount Park Welcome Center

町のほぼ中心、パークウエイ・ミュージアム地区の南東にあり、美術館、博物館の資料が揃う。ダウンタウンのど真ん中に位置するラブパーク内にあり、土曜でもツアーなどの申し込みができる。

フェアマウントパーク観光案内所
2018年9月現在、改装のため閉鎖中。下記は休館前のデータ
地P.578-B2
住1599 JFK Blvd.
Free (1-800) 537-7676
開月～土10:00～17:00
休日

市内の交通機関 Public Transportation

市内にはセプタSEPTAの地下鉄、路線バスと近郊列車、そしてニュージャージー州間を結ぶPATCOも地下を運行。夏期の毎日と春・秋の週末に運行するバスのフラッシュPHLASHは、観光客にとって便利な移動手段だ。

セプタ SEPTA

市内の地下鉄は南北に走るBroad St. (Orange) Line、東西に走るMarket-Frankford (Blue) Line、そして地下を走るTrolley (Green) Lineの3路線。リージョナル・レイル（近郊列車）は16路線あり、エアポート・リージョナル・レイル・ラインは空港にも乗り入れる。バスは市内を縦横に走り、セプタ営業所やウェブサイトで時刻表や路線図が入手できる。

セプタ
☎(215) 580-7800
URL www.septa.org
料地下鉄とバス$2.25、1日券$13。近郊列車$3.75～10（ゾーンと曜日、時間により異なる）
●SEPTA Sales Office（セプタ営業所）
地P.579-C2
住1234 Market St.
開月～金8:00～17:00　休土・日

フラッシュ PHLASH

フィラデルフィアの観光ポイントを回るバス（料$2、1日券$5）。バス停は美術館や博物館、インディペンデンス国立歴史公園など18ヵ所。ただし、3月下旬～12月のみ運行する（5月～9月上旬、11月下旬～12月は毎日、それ以外は金～日のみ）。

●PHLASH
URL www.ridephillyphlash.com
運行／10:00～18:00の15分間隔
休サンクスギビング、12/25、1/1

観光の便利な足がフラッシュ。1日券を買って乗りこなそう

ツアー案内 Sightseeing Tours

フィラデルフィア・トロリー・ワークス／ビッグバス

Philadelphia Trolley Works/Big Bus

フィラデルフィアのおもな見どころを2階建てバスBig Busとトロリー Trolley Worksが交互に走る。車体は異なるが内容は同じで、楽しい解説付きで観光ポイント約27ヵ所を巡る。好きな所で乗り降りが可能、車内やインディペンデンス観光案内所で切符を購入する。

フィラデルフィア・トロリー・ワークス／ビッグバス
☎(215) 389-8687
URL www.phillytour.com
運行／〈春・秋期〉日～金9:30～17:00、土～17:30、〈夏期〉日～金9:30～17:00、土～18:00、〈冬期〉日～金10:00～16:00、土9:30～16:00
休12/25、1/1
料$35、4～12歳$12（2日券は$55、4～12歳$18、3日券は$75、4～12歳$26）
出発場所／5th & Market Sts.の公園側。基本的に15～60分ごとに出発。チケットはトロリー、バス両方に有効

ミューラル・アーツ・フィラデルフィア

Mural Arts Philadelphia

全米最大規模のパブリックアートが町中にあふれているフィラデルフィアらしいツアー。市内の建物に描かれた壁画をガイドの説明を聞きながらトロリーや徒歩で回る。

ミューラル・アーツ・フィラデルフィア
☎(215) 925-3633
URL www.muralarts.org/public-tours
開土10:00、日13:00（ツアーにより異なる。所要約2時間）
料ツアーにより異なる
出発場所／128 N. Broad St.（ペンシルバニア美術アカデミー　地P.579-C1）

Sightseeing おもな見どころ

アメリカはここから始まった　地P.579-D1～D2

インディペンデンス国立歴史公園

Independence National Historical Park

"Birthplace of the Nation（合衆国誕生の地）"とも呼ばれるとおり、リバティ・ベル・センター、独立記念館、カーペンターズホール、フランクリンコートなどの建国にまつわる史跡がまとまって、ひとつのナショナルパークに指定されている。

インディペンデンス国立歴史公園
住おもにMarket、6th、Walnut、2nd Sts.に囲まれたエリア
☎(215) 965-2305
URL www.nps.gov/inde
開ビジターセンター／毎日8:30～18:00（6～8月は19:00まで）
休サンクスギビング、12/25

メモ　フィラデルフィアでいちばん高い展望台 ▶ ワン・リバティ・プレイスの57階にあり、市内を360度見渡せる。One Liberty Observation Deck　住1650 Market St.　☎(215) 561-3325　URL phillyfromthetop.com　開毎日10:00～21:00（時期により異なる）　料$14.95、3～11歳$9.50　地P.578-B2

リバティ・ベル・センター　Liberty Bell Center

自由の象徴であるリバティ・ベル（自由の鐘）が収められている。鐘は独立を宣言する際に鳴らされたが、その後大きな亀裂が入り、音色を聞くことはできなくなった。センターではビデオが上映され、モニターによっては日本語版も流れる。

独立記念館　Independence Hall

内部の見学は整理券が必要（1、2月は不要）で、整理券はインディペンデンス観光案内所➡P.579で入手する。1776年7月4日、トーマス・ジェファソン起草による独立宣言がここで採択されたほか、1787年の憲法制定会議もここで行われた。レンジャーの説明を聞きながら独立記念館と隣にある国会議事堂などを回る。ツアーの所要時間は30分。

フィラデルフィアのマスト中のマストが独立記念館

カーペンターズホール　Carpenters' Hall

1774年にイギリスの植民地弾圧政策に対抗するため、12の植民地代表が集まる第1回大陸会議がここで開かれた。建物はその名が示すように大工組合の寄り合い場所だったが、独立戦争中は病院として利用されたりした。米国最古の職業組合Carpenters' Companyが現在も所有する。

フランクリンコート　Franklin Court

ベンジャミン・フランクリンが所有していた軒続きの建物がMarket St.に面して3rd St.と4th St.の間にある。うち1軒は現在も活躍中の**郵便局Post Office**。建物奥には**ベンジャミン・フランクリン博物館Benjamin Franklin Museum**がある。

国立憲法センター　National Constitution Center

有名な"We, the People（われら人民は）"で始まるアメリカ合衆国憲法の前文はアメリカ国民でなくとも多くの人が知るところ。この憲法をテーマにした博物館だ。参加型の展示やマルチメディアを駆使することで、憲法の歴史から選挙などの身近な政治の問題をわかりやすく解説している。

憲法を知るための施設

※

このほかインディペンデンス国立歴史公園内には**旧市庁舎Old City Hall**、ペンタゴンの前身である**New Hall Military Museum**、**合衆国第1銀行First Bank of the United States**、**合衆国第2銀行Second Bank of the United States**、白い尖塔の**クライストチャーチChrist Church**、大統領の家跡President's House Site、**アメリカユダヤ人歴史博物館National Museum of American Jewish History**など、見どころは多い。

アメリカ人の誇りであるリバティ・ベル。開館時間外でもパビリオンの外からも見学できる

●Liberty Bell Center
地P.579-D2
住6th & Market Sts.
開毎日9:00〜17:00
料無料

フランクリンコートにはフランクリンの博物館のほか郵便局もある

●Independence Hall
地P.579-D2
住520 Chestnut St.（bet. 5th & 6th Sts.）
ツアー／毎日9:00〜17:00の15〜30分おき
休サンクスギビング、12/25
料無料
※内部見学のツアーに参加するには整理券が必要（1、2月は不要）。当日券はインディペンデンス観光案内所で8:30から配布されるほかURL www.recreation.govで事前に予約できる（手数料料$1）

●Carpenters' Hall
地P.579-D2
住320 Chestnut St.
☎(215)925-0167
URL www.carpentershall.com
開火〜日10:00〜16:00
休月、1・2月の火、おもな祝日
料無料

●Franklin Court
地P.579-D2
住Market St.（bet. 3rd & 4th Sts.）
開博物館：毎日9:00〜17:00
料$5、4〜16歳$2

●National Constitution Center
地P.579-D1
住525 Arch St.
☎(215)409-6600
URL constitutioncenter.org
開毎日9:30〜17:00（日12:00〜）
休サンクスギビング、12/25、1/1
料$14.50、6〜18歳$11

旅のアドバイス　造幣局 ▶ インディペンデンス国立歴史公園の北側には、アメリカ合衆国の造幣局があるので立ち寄ってみよう。なおセキュリティの関係上、荷物は極力小さくすること。要パスポート。U.S. Mint　住151 Independence Mall E.　☎(215)408-0112　URL www.usmint.gov/mint_tours　開月〜金 9:00〜16:30　休土・日　地P.579-D1

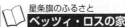

星条旗のふるさと　地P.579-D1

ベッツィ・ロスの家
Betsy Ross House

最初の星条旗を縫った女性として知られるベッツィ・ロス。家の中には裁縫道具、キッチン用具など愛用の品々が展示されており、当時の生活に思いをはせることができる。ギフトショップもあり、おみやげに星が13個の星条旗グッズはいかが？

ベッツィ・ロスの家
住239 Arch St.
☎(215)629-4026
URL historicphiladelphia.org/betsy-ross-house
開毎日10:00～17:00(12～2月は火～日)
料$5、12歳以下$4（オーディオツアーは$7、12歳以下$6）

今も市民が住む　地P.579-D1

エルフレス小径
Elfreth's Alley

オールドシティ地区に静かな石畳の小道がある。1720～1830年代に建設されたというアメリカ最古の住宅が集まるエリアだ。道の両側にかわいらしい家が32軒建ち並び、そのうちの126番地が**博物館Elfreth's Alley Museum**、124番地はギフトショップとして訪れることができる。ほかのすべての家には、居住者がいて、普通の暮らしを続けている。なるべく住民の生活をじゃましないよう、早朝や夕方以降の観光は避けよう。

昔の服装がマッチする町並み

エルフレス小径
住124-146 Elfreth's Alley
●Elfreth's Alley Museum
住126 Elfreth's Alley
☎(215)574-0560
URL www.elfrethsalley.org
開金～日12:00～17:00（時期により異なる）
料$3
行地下鉄Market-Frankford Lineの2nd St.駅で下車し、2nd St.を北へ徒歩約5分

フィラデルフィアで最も目立つ市庁舎。上ることができる

フィラデルフィアの中心に建つ　地P.579-C2

市庁舎タワー
City Hall Tower

フィラデルフィアの鳥瞰を楽しみ、全容を把握するために高さ167mの市庁舎タワーへ上ってみよう。タワーに立つのはフィラデルフィアの創設者、ウィリアム・ペンのブロンズ製の像で、高さ11m、重さ27トンある。ダウンタウンのほぼ中央に位置するこの市庁舎は1987年までフィラデルフィアで最も高い建造物だった。それは長い間、ペンの銅像を見下ろすことを禁じる「紳士協定」があったからだといわれている。

まずは1階の市庁舎観光案内所（121号室）でツアーチケットを購入し、指定時間までに9階へ行く。小さなエレベーターで上がった所が展望台だ。

市庁舎タワー
住Broad & Market Sts.
☎(267)514-4757
URL www.phlvisitorcenter.com/things-to-do/city-hall-tower-tour
開月～金9:30～16:15。15分おきにツアーがある。一部の土11:00～16:00
休日
料$8、学生$4
ツアー出発場所／市庁舎北東からエレベーターで7階へ。床の赤い線に従うとたどり着く9階のエレベーターホールから係員と一緒に展望台へ

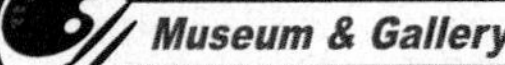

Museum & Gallery　ミュージアム＆ギャラリー

フィラデルフィア観光の目玉　地P.578-B1

バーンズ財団美術館
Barnes Foundation

非常に厳しい入場制限があることから「幻のコレクション」といわれたバーンズコレクション。ポスト印象派を中心とする珠玉の名作が、一般公開されている。

展示室は画家ごとに左右対称に絵画が掛けられ、中央には核になる作品が配置されている。セザンヌの『大水浴The Large Bathers』、寡作の画家スーラの『ポーズする女たちModels』は見逃せない。

バーンズ財団美術館
住2025 Benjamin Franklin Pkwy.
☎(215)278-7000
URL www.barnesfoundation.org
開水～月10:00～17:00
休火
料$25、シニア$23、13～18歳$5
行#32、33、38、48のバス、またはフラッシュ（3月下旬～12月のみ）で
見学方法／入場制限があるので、事前にウェブサイトで予約をしたほうがいい。入場制限に達していなければ、当日行って見学することもできるが、入場できるかどうかは当日美術館に行かないとわからない

メモ　**ペンズランディング▶**デラウェア川に沿って広がるウオーターフロント。イベントが行われる広場のFestival Pierや独立港博物館Independence Seaport Museumなどがある。Penn's Landing　地P.579-D2。Independence Seaport Museum　URL www.phillyseaport.org　地P.579-D2

全米屈指の規模を誇る 地P.578-A1

フィラデルフィア美術館
Philadelphia Museum of Art

24万点以上の作品を収蔵する、全米でも有数の規模を誇る美術館だ。1階北ウイングは19世紀後半のヨーロッパ絵画のコーナーで、セザンヌの『大水浴The Large Bathers』やゴッホの『ひまわりSunflowers』など美術館の代表作がある。また、マルセル・デュシャンの作品に関しては世界一といわれ、彼の代表作とされている通称『大ガラスThe Large Glass』は必見だ。

フィラデルフィア美術館
住2600 Benjamin Franklin Pkwy.
☎(215)763-8100
URL www.philamuseum.org
開火〜日10:00〜17:00(水・金〜20:45)
休月、7/4、サンクスギビング、12/25
料$20、シニア$18、13〜18歳$14
ツアー／西側の案内所がツアーデスクとなっていて、当日のツアー内容がラインアップされている。
※日本語のパンフレットあり
行#32、38、48のバス、またはフラッシュ(3月下旬〜12月のみ)で
※本館から通りを越えた北側には特別展を主としたペレルマン別館Perelman Bldg.があり、同じ入場券で見学することができる

ロダンの作品が一堂に見られる 地P.578-B1

ロダン美術館

Rodin Museum

ロダンの彫刻コレクションでは、フランス国外で最大のもの。『考える人The Thinker』を筆頭に『カレーの市民The Burghers of Calais』『地獄の門The Gates of Hell』など、有名な彫刻であふれている。

ロダン美術館
住2151 Benjamin Franklin Pkwy.
☎(215)763-8100
URL www.rodinmuseum.org
開水〜月10:00〜17:00
休火、7/4、サンクスギビング、12/25
料$10、シニア$8、13〜18歳$7(寄付制)
行#32、33、38、48のバス、またはフラッシュ(3月下旬〜12月のみ)で

ラムセス２世のスフィンクスは貴重な遺物 地P.578-A2

ペンシルバニア大学考古学＆人類学博物館
University of Pennsylvania Museum of Archaeology & Anthropology

アイビーリーグのひとつ、ペンシルバニア大学の博物館。歴史的価値の高い発掘品を間近に鑑賞することができる。なかでもエジプト・メンフィス王国の遺跡の柱が立ち並ぶホールは圧巻。

ペンシルバニア大学考古学＆人類学博物館
住3260 South St.
☎(215)898-4000
URL www.penn.museum
開火〜日10:00〜17:00(第1水曜〜20:00)
休月、おもな祝日
料$15、シニア$13、6〜17歳$10
行Market St.の下を走るトロリーの37th駅下車、徒歩7分、または、トロリーの33rd駅下車、徒歩10分

エンターテインメント *Entertainment*

フィラデルフィア管弦楽団
The Philadelphia Orchestra

「華麗なるフィラデルフィアサウンド」と呼ばれる名門オーケストラ。全米ビッグ5のひとつとして、常に世界的なソリストや指揮者を迎えての定期演奏が行われる。8代目音楽監督のヤニック・ネゼ=セガンは若々しく、ぐっと聴衆を引き込むタクトで楽しませてくれる。

ヤニック・ネゼ=セガンのパワフルな指揮

© Philadelphia Orchestra/ Chris Lee

フィラデルフィア管弦楽団
ホームホール——キメルセンターKimmel Center
地P.579-C2
住300 S. Broad St.
☎(215)893-1999(チケット)
URL www.philorch.org
行市庁舎から徒歩10分。地下鉄Broad St. LineのWalnut Locust駅下車、徒歩2分

スポーツ観戦 *Spectator Sports*

ベースボール *MLB*

フィラデルフィア・フィリーズ(ナショナルリーグ東地区)
Philadelphia Phillies

2011年まで続いた黄金期から低迷期に突入。若手が育ってはいるもののBクラスがしばらく続きそうだ。フィラデルフィアはファンのヤジのきつさも有名な町。球場では名物のチーズステーキが食べられる。

フィラデルフィア・フィリーズ
(1883年創設) 地P.579-C2外
本拠地——スポーツコンプレックス内シチズンズ・バンク・パーク Citizens Bank Park(4万3035人収容)
住One Citizens Bank Way
☎(215)463-1000(チケット)
URL philadelphia.phillies.mlb.com
行地下鉄Broad St. Lineの南の終点NRG駅で下車し、徒歩約5分

この選手に注目!
アーロン・ノラ(投手)

メモ フランクリン科学博物館▶アメリカ建国の父のひとりであり、科学者でもあったベンジャミン・フランクリンの偉業をたたえた博物館。物理、天文、科学をテーマにした体験型展示が豊富だ。The Franklin Institute 住222 N. 20th St. ☎(215)448-1200 URL www.fi.edu 開毎日 9:30〜17:00 休おもな祝日 料$23、3〜11歳 $19 地P.578-B1

アメリカンフットボール　*NFL*

フィラデルフィア・イーグルス（NFC東地区）

Philadelphia Eagles

2016年就任のHCペダーソンは1年目こそ負け越しに終わったが、2017シーズンは13勝を積み上げ、プレイオフを快進撃。2004年以来のスーパーボウルに進出すると常勝ペイトリオッツを退け、チームに初の栄冠をもたらした。若いタレントが多く、連覇の可能性も期待値も膨らむ。チームカラーはミッドナイトグリーン、ブラック、シルバー、ホワイト。

イーグルスの本拠地はシチズンズ・バンク・パークの向かい

フィラデルフィア・イーグルス
（1933年創設）　地P.579-C2外
本拠地――スポーツコンプレックス内リンカーン・ファイナンシャル・フィールド Lincoln Financial Field（6万7594人収容）
住One Lincoln Financial Field Way
☎(215)463-5500（チケット）
URL www.philadelphiaeagles.com
行シチズンズ・バンク・パークの南側

この選手に注目!
カーソン・ウェンツ

バスケットボール　*NBA*

フィラデルフィア・セブンティシクサーズ（東・大西洋地区）

Philadelphia 76ers

2010-11シーズン以降、徐々に星を減らし、2015-16には10勝まで落ち込んだ。2013年就任のHCブラウンのチーム作りがようやく芽吹いたか、2016-17は28勝、2017-18は52勝でシード3位へ駆け上がり、準決勝まで進んだ。2001年以来のファイナル進出もそう遠くない。チームカラーはブルー、レッド、ネイビー、シルバー、ホワイト。

フィラデルフィア・セブンティシクサーズ
（1946年創設）　地P.579-C2外
本拠地――スポーツコンプレックス内ウエールズファーゴセンター Wells Fargo Center（2万1000人収容）
住3601 S. Broad St.
☎(215)339-7676（チケット）
URL www.nba.com/sixers
行シチズンズ・バンク・パークの南西すぐ

この選手に注目!
ジョエル・エンビート

アイスホッケー　*NHL*

フィラデルフィア・フライヤーズ（東・メトロポリタン地区）

Philadelphia Flyers

1967年に創設。90年代初頭に一瞬だけ低迷したがそれ以外は常にプレイオフに出て当たり前の強豪チーム。近年は以前ほどの安定感はなく過去6シーズンに限るとプレイオフ進出は3度のみ。注目はエースのジルー。2017-18年シーズンには102ポイントをマークし、リーグ全体の2位にランクされた。

フィラデルフィア・フライヤーズ
（1967年創設）　地P.579-C2外
本拠地――スポーツコンプレックス内ウエールズファーゴセンター Wells Fargo Center（1万9600人収容）
住3601 S. Broad St.
☎(215)218-7825（チケット）
URL www.nhl.com/flyers
行シチズンズ・バンク・パークの南西すぐ

この選手に注目!
クロード・ジルー

サッカー　*MLS*

フィラデルフィア・ユニオン（東地区）

Philadelphia Union

2010年にMLSに参入。低迷が続いたが、2018年には3度目のプレイオフ進出。監督やコーチにはMLSの元選手を集め、アメリカらしい強いチームになりつつある。テイレン・エナジー・スタジアムは毎試合ほぼ満席になる。

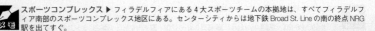

フィラデルフィア・ユニオン
（2008年創設）　地P.578-A2外
本拠地――テイレン・エナジー・スタジアム Talen Energy Stadium（1万8500人収容）
住1 Stadium Dr., Chester
Free(1-877)218-6466（チケット）
URL www.philadelphiaunion.com
行近郊列車Wilmington/Newark Regional Rail LineのHighland Ave.駅下車、徒歩20分。試合開始4時間前から、Chester Transportation Center駅とスタジアムを行き来する無料シャトルが運行する

この選手に注目!
アレハンドロ・ベドヤ

メモ　スポーツコンプレックス▶フィラデルフィアにある4大スポーツチームの本拠地は、すべてフィラデルフィア南部のスポーツコンプレックス地区にある。センターシティからは地下鉄Broad St. Lineの南の終点NRG駅を出てすぐ。

ショップ&レストラン
Shops & Restaurants

ファッション

S 人気ブランドはここで生まれた

アンソロポロジー
Anthropologie

住1801 Walnut St. ☎(215) 568-2114
URL www.anthropologie.com ADJMV 開月12:00～17:00、火～土10:00～20:00、日11:00～19:00 地P.578-B2

全国展開する人気のファッションブランドはここフィラデルフィアが発祥の地。リットンハウス広場店は格式の高い地区にあり、建物や店構えからしても見応えがある。

ショッピングモール

S フードコートが充実

ショップス・アット・リバティ・プレイス
The Shops at Liberty Place

住1625 Chestnut St. ☎(215) 851-9055
URL www.shopsatliberty.com
開月～土9:30～19:00、日12:00～18:00 地P.578-B2

中央吹き抜けのロタンダ(円形広間)を中心に、洗練されたショップ、レストラン約50店舗が集まったショッピングモール。J. Crew、Kiehl's、Victoria's Secretなどが入っている。

マーケット

S ご当地の物産が手に入る

レディング・ターミナル・マーケット
Reading Terminal Market

住51 N. 12th St. ☎(215) 922-2317
URL www.readingterminalmarket.org
開毎日8:00～18:00 休おもな祝日 地P.579-C2

コンベンションセンターに直結する、長い歴史をもつ便利な市場。近隣の農家やアーミッシュの人々の作った新鮮な野菜を扱う食料品店やみやげ物屋、軽食や地ビールなどが味わえるレストランもある。

アウトレット

S ブランド品がお買い得!

フィラデルフィア・プレミアム・アウトレット
Philadelphia Premium Outlets

住18 W. Lightcap Rd., Pottstown ☎(610) 495-9000
URL www.premiumoutlets.com/outlet/philadelphia
開毎日10:00～21:00(日～19:00) 地P.578-A1～B1外

おなじみのブランド品をバーゲン価格で。衣料と靴は無税だからさらに割安感がある。30th St.駅から近郊列車のManayunk/Norristown LineでMain St.駅まで行き、バス#93でLight Cap Rd. & Evergreen Rd.下車、徒歩7分。

カフェ&イタリア料理

R 本場イタリアのジェラートを

グラン・カフェ・ラクイラ
Gran Caffe L' Aquila

住1716 Chestnut St. ☎(215) 568-5600
URL grancaffelaquila.com 開月～金7:00～22:00(金～23:00)、土・日8:00～23:00(日～22:00) ADJMV 地P.578-B2

イタリアでジェラートコンテストのチャンピオンに輝いたステファノさんと有名コーヒー焙煎人のミケーレさんが2014年にオープンした。カフェバーでは、コーヒーやジェラート、2階のレストランでは、パスタ($13～)などを味わえる。

ファストフード

R フィラデルフィアの味、チーズステーキ

ジムズステーキ・サウスストリート
Jim's Steaks South St.

住400 South St. ☎(215) 928-1911
URL www.jimssouthstreet.com
開月～土10:00～ CLOSED 日11:00～翌1:00
現金のみ 地P.579-D2

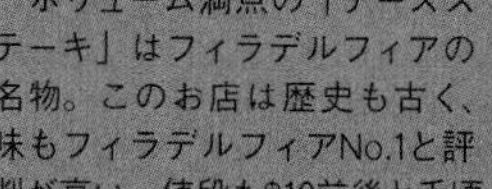

ボリューム満点の「チーズステーキ」はフィラデルフィアの名物。このお店は歴史も古く、味もフィラデルフィアNo.1と評判が高い。値段も$10前後と手頃だ。

ファストフード

R ベジタリアンもあるチーズステーキ

カンポス
Campo's

住214 Market St. ☎(215) 923-1000
URL www.camposdeli.com
開毎日10:00～22:00(日～21:00) 現金のみ
地P.579-D2

Market St.沿いの便利な場所にあり、地元っ子に人気の店。チーズステーキはベジタリアン用もあり、ボリュームも満点。注文を受けてから焼くので、おいしさ倍増。$9～。

アメリカ料理

R イギリスの植民地時代から営業する

シティタバーン
City Tavern

住138 S. 2nd St. ☎(215) 413-1443 URL www.citytavern.com
開ランチ毎日11:30～、ディナー毎日16:00～21:00(金・土～22:00、日15:00～) AM CLOSED

1773年創業の老舗レストラン。植民地時代に食べられていた料理を当時の雰囲気のなか楽しむことができる。スタッフの衣装も当時の雰囲気がある。予算はランチで$20～、ディナーで$30～50。

メモ フィラデルフィアのショッピングストリート ▶ South St.(地P.579-C2～D2)の2nd～7th Sts.の間は衣類、雑貨、民芸品などのショップが建ち並ぶエリア。カフェやレストランも多いので、歩き疲れても安心。

レストラン&ホテル
Restaurants & Hotels

アメリカ料理

R 360度の眺望が楽しめる

アール・ツー・エル
R2L

住50 S. 16th St., 37th Fl. 地P.578-B2
☎(215)564-5337 URL www.r2lrestaurant.com
開毎日17:00～22:00(日～21:00) AMV

ショップス・アット・リバティ・プレイス➔P.585の Two Liberty Place ビルの 37 階にある。夕暮れのフィラデルフィア、または美しい夜景を楽しみながら食事ができる人気のレストラン。メインは $24 ～。ドレスコードあり。

アメリカ料理

R 近隣で働く会社員がお祝い事で利用する

デボン・シーフード・グリル
Devon Seafood Grill

住225 S. 18th St. ☎(215)546-5940
URL www.devonseafood.com 開毎日11:00～22:00(水・木～23:00、金・土～24:00) AMV 地P.578-B2

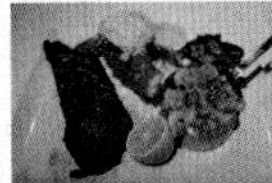

毎日産地から届くロブスター($48～) やサーモン ($29 ～) がおいしいと評判のレストラン。カリフォルニア州ナパやソノマ産を含め、常時約 150 種類のワインを取り揃える。ランチは、選べるコース (前菜、メイン、デザート) $22 が人気。

ホステル

H 観光に便利なロケーション

アップルホステルズ
Apple Hostels

住32 Bank St., Philadelphia, PA 19106 Free(1-877)275-1971
FAX(215)689-4555 URL applehostels.com Wi-Fi無料
ドミトリー$22～39、個室$72～140 AMV 地P.579-D2

インディペンデンス国立歴史公園に近い便利なロケーションのホステル。ロッカー、キッチン、ランドリーなど設備が充実している。常に混雑しているので予約は必須。長期の宿泊は割引あり。72ベッド。

ホステル

H フェアモント公園内のすてきなユース

HI-フィラデルフィア・シャモニー・マンション
HI-Philadelphia, Chamounix Mansion

CLOSED

住3250 Chamounix Dr., Philadelphia, PA 19131
☎(215)878-3676 FAX(215)871-4313 地P.578-A1～B1外
URL www.philahos[...]ミトリー$22 MV

ダウンタウンの西約10km。チェックインは8:00～11:00、16:30～翌2:00。ダウンタウンからはバス#38で約1時間。夜はタクシーで。空港から約$40。タクシーで行く場合は高額請求に注意するように。80ベッド。

エコノミーホテル

H チャインタウンにあってコスパよし

スリープイン・シティセンター
Sleep Inn City Center

住1020 Cherry St., Philadelphia, PA 19107 ☎(267)417-8990
URL www.sleepinncentercity.com
ⓈⒹⓉ$119～274 AMV Wi-Fi無料 地P.579-C1

コンベンションセンターから1ブロック、市庁舎タワーなども徒歩圏内。客室はシンプルだが、冷蔵庫と電子レンジ、コーヒーメーカーも付いて使い勝手もいい。清潔度は◯とは言えないかもしれないが、中心部としてはこの料金はお値打ち物。朝食付き。

B&B

H 1769年に完成したトラディショナルな宿に滞在

トーマス・ボンド・ハウスB&B
The Thomas Bond House B & B

住129 S. 2nd St., Philadelphia, PA 19106 ☎(215)923-8523
Free(1-800)845-2663 FAX(215)923-8504 Wi-Fi無料 地P.579-D2
URL www.thomasbondhousebandb.com ⓈⒹⓉ$145～215 AMV

デラウェア川にほど近い場所にあるB&B。こぢんまりとしているが掃除が行き届き清潔だ。ダイニングや客室の調度品はアンティークのもので揃っている。朝食無料、12室。

中級ホテル

H 歴史的建造物に指定されている

ワーウィック・ホテル・リットンハウス・スクエア
Warwick Hotel Rittenhouse Square

住220 S. 17th St., Philadelphia, PA 19103 ☎(215)735-6000
FAX(215)790-7766 URL www.warwickrittenhouse.com Wi-Fi無料
料ⓈⒹⓉ$199～589、スイート$234～2100 AMV 地P.578-B2

リットンハウス広場地区にあるブティックホテル。1925年に完成したルネッサンス様式の建物に入る。近年20億ドルのリノベーションを終え、館内はスタイリッシュなデザインに生まれ変わった。徒歩圏内にはレストランやショップが多数ある。301室。

フィラデルフィアにまつわる写真が飾られている客室

高級住宅街であり、ショッピング街としてにぎわうエリアにある

メモ **クラシックレースカーの博物館** ▶ フェラーリやアルファロメオ、ベントレー、ジャガー、アストンマーティンなどが約65 台展示されている。Simeone Foundation Autmotive Museum 住6825 Norwitch Dr. ☎(215)365-7233 URL www.simeonemuseum.org 開 火～日 10:00 ～ 18:00 (土・日～ 16:00) 休 月、おもな祝日 料$12 地P.578-A2 外

フィラデルフィアからのショートトリップ　～ハーシー～

旅のアドバイス

フィラデルフィアから北西に155km行った所にある**ハーシーHershey**。アメリカを代表するチョコレートメーカー、ハーシー社の本社がある城下町だ。1894年に創設されたハーシー社は、1905年にチョコレート工場をこの町に設立し、キスチョコレートをはじめ、板チョコ、ヌガーチョコレートなど数多くのスイーツを生み出してきた。チョコレートタウンとも呼ばれているハーシーには、チョコレートをテーマにした博物館やクラシックカーの博物館、アウトレットモール、ホテルなどが点在する。

町いちばんの見どころ、**ハーシー・チョコレート・ワールドHershey's Chocolate World**は、子供から大人までが楽しめる博物館。パッケージデザインやチョコレートを選んで自分だけの板チョコを作ることができるCreate Your Own Candy Bar（料$21.95）や、3～4種類の異なる味のチョコレートをテイスティングできるChocolate Tasting Experience（料$10.95）などの体験教室がある。

日本未発売のチョコレートを販売するギフトショップもあるハーシー・チョコレート・ワールド

ハーシーストーリーThe Hershey Storyは、ハーシー社を創業したミルトン・ハーシーの生涯をたどる博物館。工場や学校、ホテルなどを設立したミルトン・ハーシーが、いかにこの町の発展に貢献してきたかがわかる展示が充実する。実際にチョコレート作りを楽しめるChocolate Lab（料$12.50）や異なるカカオの産地によってチョコレートの味も違うことを知ることができるChocolate Tastings（料$6～）などのワークショップも開催している。

クラシックカー博物館AACA（Antique Automobile Club of America）Museumには、映画『フォレスト・ガンプ　一期一会』にも登場したゼネラルモーターズのバスやフォードの1909年製T型モデルなど、珍しい自動車が約100台展示されている。すべてが寄付によるもので、ていねいに修理されたビンテージカーは実際に走ることができるそう。

歌手のホイットニー・ヒューストンが所有していたロールス・ロイス社のシルバースパーも展示しているクラシックカー博物館

ハーシー・チョコレート・ワールドを見下ろす丘に建つ**ホテルハーシーThe Hotel Hershey**は、1930年代に完成した高級リゾート。館内は豪華で荘厳な雰囲気が漂い、近年AAAの4ダイヤモンドとForbesの4つ星を獲得している。18ホールのゴルフコースやスパ施設、屋外プール、テニスコート、バスケットボールコートなどがあり、アウトドアアクティビティも豊富だ。

家族連れでも満喫できるリゾート

●ハーシーHershey
地P.578-A1～B1外　行フィラデルフィアからI-76を北西に160km行き、I-283、US-322、PA-72を北東に15km進む。所要2時間10分。

●ハーシー・ハリスバーグ観光局Visit Hershey & Harrisburg
住3211 N. Front St., Suite 301-A, Harrisburg
☎(717)231-7788　URL www.visithersheyharrisburg.org

●Hershey's Chocolate World
住101 Chocolate World Way, Hershey　☎(717) 534-4900　URL www.hersheys.com/chocolateworld
開時期、曜日により異なるが、基本的に毎日9:00～18:00(夏期は～23:00)　休12/25　料無料

●The Hershey Story
住63 W. Chocolate Ave., Hershey　☎(717)534-8939
URL hersheystory.org　開〈1月〉毎日10:00～17:00、〈2月～6月中旬、9月中旬～12月〉毎日9:00～17:00、〈6月下旬～9月上旬〉毎日9:00～19:00　休サンクスギビング、12/25　料$12.50、3～12歳$9

●AACA(Antique Automobile Club of America) Museum
住161 Museum Dr., Hershey　☎(717) 566-7100
URL www.aacamuseum.org　開毎日9:00～17:00
休サンクスギビング、12/24、12/25、1/1　料$12.50、シニア$11.50、4～12歳$9.50

●The Hotel Hershey
住100 Hotel Rd., Hershey　☎(717)533-2171
FAX (717)534-8887　URL www.thehotelhershey.com
Ⓢ Ⓓ Ⓣ $259～499、スイート$1700～2000　276室
A M V

メモ　フィラデルフィア近郊の巨大ショッピングモール▶ショップやレストラン、デパートが400店以上集まる。King of Prussia Mall　地P578-A1～B1外　住160 N. Gulph Rd., King of Prussia　☎(610)265-5727　URL www.simon.com/mall/king-of-prussia　開月～土10:00～21:00、日11:00～18:00　行30th St.駅周辺からバス#124で約40分

時間が止まった町

ランカスター

Lancaster

独自の生活には驚くのみ

成人男性はストローハットをかぶり、あごにはヒゲを蓄え、女性は白いケープを頭にかぶり、飾り気のない黒い服をまとっている。日常生活で電気は使わず、室内の冷蔵庫や照明などはガソリンやガスでまかない、食事は自給自足。車は使わず、移動はバギー（馬車）かタイヤの大きなキックボード……。先進国アメリカにありながら、外の世界と一線をおく少数民族アーミッシュ。ドイツ系の移民であり、宗教の名前でもある。ランカスター近郊にはアメリカ屈指のアーミッシュコミュニティが広がっており、その思想や文化が多くの観光客を魅了してやまない。

DATA

人口▶約5万9700人
面積▶18.73km²
標高▶約110m
TAX▶セールスタックス　6%
ホテルタックス　11%
属する州▶ペンシルバニア州 Pennsylvania
州のニックネーム▶キーストーン州　Keystone State
州都▶ハリスバーグ　Harrisburg
時間帯▶東部標準時（EST） ➡P.631
繁忙期▶6～8月

Lancaster
— ランカスターの平均最高気温
— ランカスターの平均最低気温
… 東京の平均最高気温
… 東京の平均最低気温
▌ランカスターの平均降雨量
▌東京の平均降雨量
（℃）45 40 35 30 25 20 15 10 5 0 -5 -10 -15 -20
（mm）400 350 300 250 200 150 100 50 0
1 2 3 4 5 6 7 8 9 10 11 12（月）

Getting There & Around ランカスターへの行き方＆歩き方

アムトラック駅
地P.589
住53 McGovern Ave.
Free (1-800) 872-7245
開月～金5:00～23:59、土・日7:15～23:15

ランカスター観光案内所
地P.589　住38 Penn Sq.
☎(717) 517-5718
URL www.visitlancastercity.com
開月～土9:00～16:00（第1・3金～20:00）、日11:00～15:00（1～3月は火・金・土9:00～16:00）

RRTAバス
地P.589
住225 N. Queen St.（トランジットセンター）
☎(717) 393 3315
URL www.redrosetransit.com
開毎日5:00～22:30（路線により異なる。土・日は運行していない路線もあり）
料ゾーン制で$1.70～2.90。1日券$3.40～5.25

アムトラックのキーストーン号（1日7～14便）、ペンシルバニアン号（1日1便）がニューヨークとフィラデルフィア、ピッツバーグから乗り入れている。

ランカスターのダウンタウンはQueen St.を中心に南北に細長く、北はアムトラック駅、南は観光案内所の間がにぎわっている。しかしアーミッシュの多いインターコースやバード・イン・ハンドはランカスターの東にあり、車かバスでのアクセスとなる。朝と夜はダウンタウンで寝食し、日中にアーミッシュのエリアを観光するプランがおすすめだ。

昔ながらの農作業だ

市内の交通機関 *Public Transportation*

RRTAバス
Red Rose Transit Authority(RRTA)

市内と郊外を結ぶ市バスを運営。トランジットセンターがダウンタウンにあり、ほとんどのバスがそこを発着する。

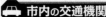

絶品クレープが食べられるレストラン▶ダウンタウンのカフェ、レイチェルズ。味、食べ応えともに抜群のクレープが食べられる。朝食におすすめ。Rachel's　住201 W. Walnut St.　☎(717) 399-3515　URL www.rachelscreperie.com　開火～金7:00～20:00（土9:00～）、日9:00～15:00　地P.589

おもな見どころ Sightseeing

アーミッシュの生活を知る　地P.589-外

アーミッシュ・ファーム&ハウス
Amish Farm & House

アーミッシュはどういう暮らしをしているのか、実際に見て、触れて、体験できる施設。普段見ることのできないアーミッシュのキッチンや寝室などを見て回り、ガイドが細かく解説してくれる。世俗的な生活と違い、質素で、無駄な装飾など一切ない彼らの生活は、考えさせられることも多い。そのほかアーミッシュの食事を堪能できるツアー（$49.95）やバスで周辺のアーミッシュ施設を巡るツアー（$22.95）なども催行。ギフトショップも併設されている。スーパーのTargetを目印に行こう。

アーミッシュについての知識を深められる

アーミッシュの生活が広がる　地P.589-外

バード・イン・ハンド／インターコース
Bird in Hand / Intercource

ランカスターから東に延びる州道PA-340沿いには、アーミッシュに関する商業施設が点在している。周辺の道路はアーミッシュが乗る馬車のために、専用道が設けられ、実際に生活しているアーミッシュの姿を見られるだろう。

バード・イン・ハンドでは**Log Cabin Quilt Shop**➡脚注と**Farmer's Market**➡脚注を訪れたい。アーミッシュ製のキルトや、手作りの帽子などを見ることができる。さらにPA-340を進むとインターコースというエリアがあり、40のショップやレストランが集まる**Kitchen Kettle Village**にはツアーバスも乗り入れ、多くの観光客でにぎわっている。

日本でも有名なアーミッシュキルト

アーミッシュ・ファーム&ハウス
住2395 Limcoln Hwy. E.
☎(717)394-6185
URL www.amishfarmandhouse.com
開毎日9:00〜17:00
料$9.95、5〜11歳$6.95
行RRTAバス#14でLincoln Hwy. & Bowman Rd.下車、約25分

バード・イン・ハンド／インターコース
行RRTAバス#13で20〜25分。本数が少ないので注意
●**Kitchen Kettle Village**
住3529 Old Philadelphia Pike, Intercourse ☎(717)768-8261
URL www.kitchenkettle.com
開月〜土9:00〜18:00（11〜4月〜17:00。日によって異なる） 休日

ランカスター

AMTRAK
バード・イン・ハンド／インターコース（P.589）
Liberty St.
Ross St.
Knights Inn（P.589）、アーミッシュ・ファーム&ハウス（P.589）
Clay St.
Turkey Hill Market
Slugger's Pizzeria
Frederick St.
Prince St.
Queen St.
Duke St.
James St.
Lancaster Cemetery
Lime St.
Lemon St.
CVS Pharmacy
Walnut St.
Rachel's Café & Creperie
トランジットセンター
Chestnut St.
図書館
Hotel Lancaster
Orange St.
Central Market（P.589）
ランカスター観光案内所
King St.
Aussie and The Fox
Marriott at Penn Square
0　200m

ショップ&ホテル Shop & Hotel

マーケット

アーミッシュが作った物も販売

セントラルマーケット
Central Market

住23 N. Market St.　☎(717)735-6890
URL www.centralmarketlancaster.com
開火・金・土6:00〜16:00（土〜14:00）　休月・水・木・日　地P.589

観光案内所近くにあるランカスターで最も古い市場。アーミッシュの人たちもお手製ジャムなどを販売している。限られた曜日しか営業していないので注意。

エコノミーホテル

経済的に滞在したいなら

ナイツイン・ランカスター
Knights Inn Lancaster

住2151 Lincoln Hwy. E., Lancaster, PA 17602　Wi-Fi無料
☎(717)299-8971　AMV
URL www.knightsinn.com　ⓈⒹⓉ$70〜99　地P.589-外

ダウンタウンから#14のバスで約20分。Lincoln Hwy.沿いにあり、周辺には安価なモーテルが集まっている。朝食無料、67室。

メモ　バード・イン・ハンドのおすすめ ▶Log Cabin Quilt Shop　住2679 Old Philadelphia Pike, Bird In Hand　☎(717)393-1702　URL www.lcquiltshop.com　開月〜土9:00〜17:00、Farmer's Market　住2710 Old Philadelphia Pike, Bird in Hand　☎(717)393-9674　URL birdinhandfarmersmarket.com　開金・土8:30〜17:30（夏期は延長あり）

総合化学企業デュポン社のお膝元

ウィルミントン
Wilmington

アメリカの大富豪の生活を見学しよう

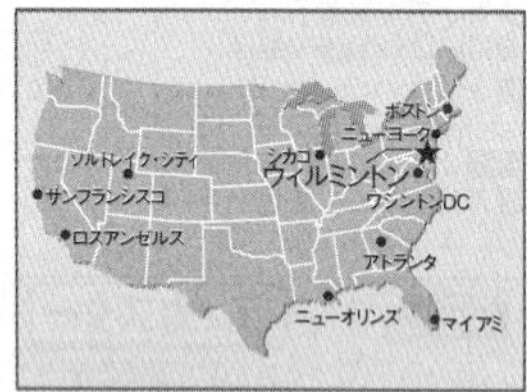

ニューヨークとワシントンDCの中間に位置するデラウエア州は全米で2番目に小さな州。1787年に合衆国憲法を批准した「1番目の州First State」でもある。州内最大の都市がウィルミントンで、全米上場企業の約半数がここに本社、支社をおいている。その代表がこの地で生まれた総合化学メーカーのデュポンだ。デュポンは博物館や美術館をもつことで、その富を市民に還元した。そんなウィルミントンでは郊外に観光スポットが点在する。ドライブ道の景観も美しく、できれば車を借りてデュポン社の遺産を訪ねたい。

DATA

人口▶約7万1100人
面積▶28.2km² 標高▶約30m
TAX▶セールスタックス 0%
ホテルタックス 13%
属する州▶デラウエア州 Delaware
州のニックネーム▶1番目の州 First State
州都▶ドーバー Dover
時間帯▶東部標準時（EST）
➡P.631
繁忙期▶5～10月

Wilmington
ーウィルミントンの平均最高気温
ーウィルミントンの平均最低気温
…東京の平均最高気温
…東京の平均最低気温
▮ウィルミントンの平均降雨量
▮東京の平均降雨量

Getting There ウィルミントンへの行き方

飛行機でのアクセス

ウィルミントンの北東約35kmにあるフィラデルフィア国際空港（➡P.577）が最寄りの空港。アクセスは空港シャトルまたはタクシーで。空港シャトルはDelaware Express［☎(302)454-7800、URL www.delexpress.com］でダウンタウンまで所要約40分（料$45.50～）

グレイハウンド・バスターミナル
地P.592-B2
住101 N. French St.
☎(302)655-6111
開毎日4:00～19:00、22:00～23:00［チケット窓口は毎日7:30～19:00(火・水8:30～)］

アムトラック（ジョセフ・バイデン）駅
地P.592-A2～B2
住100 S. French St.
Free (1-800)872-7245
開毎日4:00～翌1:00（チケット窓口は月～金5:45～21:45、土・日6:00～21:45）
●Septa
URL www.septa.org
開月～金6:00～10:00、11:00～18:00、土・日8:00～14:00（チケット売場）

長距離バス Bus

グレイハウンド・バスターミナル
Greyhound Bus Terminal

アムトラック駅の斜め向かいにある。ニューヨークから毎日5～7便（所要約2時間30分）、ワシントンDCから毎日7～8便（所要約3時間）、フィラデルフィアから毎日3便（所要約1時間）の運行。

鉄道 Train

アムトラック（ジョセフ・バイデン）駅
Amtrak（Joseph R. Biden, Jr. Railroad）Station

ニューヨークやワシントンDCからはアムトラックが毎日25便以上（所要各約1時間30～45分）、フィラデルフィアからはセプタのリージョナルレイルWilmington/Newark Lineも毎日8～20便（所要約1時間）乗り入れる。ジョセフ・バイデンは地元出身の前副大統領（オバマ政権下）で、上院議員時代ウィルミントンとDC間を電車通勤した。

メモ デラウエア州ではショッピング時の計算が簡単▶セールスタックスがかからないので、商品を値札の値段のまま買うことができる。

ウィルミントンの歩き方 *Getting Around*

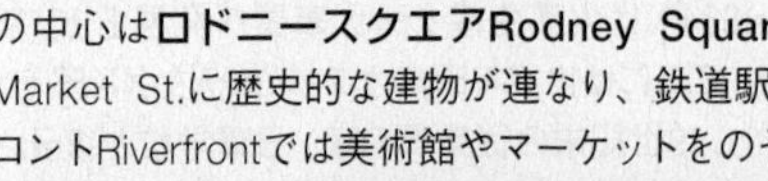

ポイントは中心部から6～12マイルの所にあり、どれも広い。バスで行ける場所もあるが、断然車がおすすめ。中心から北西に延びるDE-52は有名な景勝道だ。ダウンタウンの中心は**ロドニースクエアRodney Square**。南を走るMarket St.に歴史的な建物が連なり、鉄道駅南のリバーフロントRiverfrontでは美術館やマーケットをのぞくのもいい。

庭園が美しいネモースもぜひ寄りたい

観光案内所 *Visitors Information*

ウィルミントン観光案内所
Wilmington Downtown Visitor Information Center

ロドニースクエアから10th St.を西に2ブロック、ビルの1階にある。市内やブランディワインバレーの地図のほか、市バスの時刻表もある。

ウィルミントン観光案内所
地P.592-B1
住100 W. 10th St.
Free (1-800) 489-6664
URL www.visitwilmingtonde.com
開月～木9:00～17:00、金8:30～16:30
休土・日、おもな祝日

市内の交通機関 *Public Transportation*

ダート
DART（Delaware Transit Corporation）

ロドニースクエアを発着する公営バス。バスでアクセスできるのは美術館、ハグリー博物館、ウインターサーなど。

ダート
Free (1-800) 652-3278
URL www.dartfirststate.com
料$2、1日券$4.20。Zone1～7があり、Zoneをまたぐ場合は追加料金が必要

おもな見どころ *Sightseeing*

先鋭的な作品が多い 地P.592-A2

デラウエア現代美術センター
Delaware Center for the Contemporary Arts

年に25を数える展示会を開催。日用品が姿を変えたオブジェ、不思議な空間を作るインスタレーション、首を傾げてしまう動画など、斬新なアートとの出合いには新しい発見がある。

デラウエア現代美術センター
住200 S. Madison St.　☎(302) 656-6466
URL www.decontemporary.org
開火～日10:00～17:00（火・日12:00～）、水12:00～19:00　休月、おもな祝日
料$12（寄付）　行DARTバス#13でMarket St. & Rosa Parks Dr.下車。徒歩でデュポンホテルから約20分

野鳥観察が最も人気 地P.592-A2外

デュポン環境教育センター
DuPont Environmental Education Center

リバーフロントにある自然保護センター。広さ約86万m²の湿地帯の遊歩道を歩きながら、アオサギなどの渡り鳥から、アライグマやニシキガメ、アシの木までさまざまな種類の動植物を観察できる。センターからの眺望もお見逃しなく。

デュポン環境教育センター
住1400 Delmarva Ln.
☎(302) 656-1490
URL www.delawarenaturesociety.org
開〈4～10月〉火～土11:00～17:00、日12:00～16:00、〈11～3月〉火～土10:00～15:00、日12:00～16:00、敷地内の湿地帯は年中開放　休月、おもな祝日　料無料　行DARTバス#12でChase Center at the Riverfront下車、徒歩約10分

郊外の見どころ *Excursion*

地元からの支援で運営 地P.592-A1外

デラウエア美術館
Delaware Art Museum

19世紀末からイラストレーターとして活躍した地元のハワード・パイルの作品のために1912年に創設された美術館。イギリス国外では最大規模といわれるラファエル前派の絵画コレクションや、アッシュカン派のジョン・スローンの作品が有名。18世紀末のイーキンズやロバート・ヘンリー、A・ワイエス、ホッパーの肖像画や風景画、チフリーのガラス工芸なども収蔵する。

デラウエア美術館
住2301 Kentmere Pkwy.
☎(302) 571-9590
URL delart.org
開水～日10:00～16:00（木～20:00）
休月・火、おもな祝日
料$12、シニア$10、学生$6
行DARTバス#10で17th St. & Woodlawn Ave.下車（約10分）、徒歩8分

旅のアドバイス　ウインターサーとハグリー博物館、デラウエア美術館への公共交通手段▶アムトラック駅を出発し、ロドニースクエアを通るバスDART#52（Kennett Park - Centreville行き）がウインターサーやハグリー博物館、デラウエア美術館近くまで行く。平日の朝夕のみの運行なので注意（ウインターサーまで行かないものもある）。

デュポン社創業の地 地P.592-A1外

ハグリー博物館

Hagley Museum and Library

世界に名立たる総合化学企業**デュポンDu Pont社**の始まりは、アメリカの会社経営の始まりともいわれる。創業者のE.I.デュポン（1771～1834）は火薬生産を一大事業へ発展させ、莫大な財をなした。ここには1837年頃のオフィス兼デュポン邸（ツアーによる見学）、19世紀末の従業員の家、日曜学校が復元されている。工場跡では火薬の製造方法を動く模型で解説し、蒸気機関のデモンストレーションも行われる。時間があれば、約3km東にある全米最大のフランス風庭園が有名な**ネモースエステートNemours Estate**にも寄りたい。

アンティークと庭園設計を見逃すな！ 地P.592-A1外

ウインターサー

Winterthur Museum, Garden & Library

デュポン家が1839～1969年の間、4代にわたって住んだ邸宅と広大な庭園。アメリカ建築の優雅さを伝える邸宅には175もの部屋があり、一部をツアーで見学できる。ご自慢は9万点を超えるアンティークのコレクション。園芸家でもあったヘンリー・フランシス・デュポン自ら演出した部屋Period Roomsは必見。庭園も一つひとつの植栽の位置と開花時期、全景にいたるまで、デュポンの意図が映し出されたすばらしい内容。

アンドリュー・ワイエスのふるさと 地P.592-A1外

ブランディワイン・リバー美術館

Brandywine River Museum of Art

アメリカを代表する写実主義画家アンドリュー・ワイエスAndrew Wyethと父N.C.、そして息子のジェイミーとともに3代に及ぶワイエス家の画家たちの作品が収蔵されている。繊細な作風のアンドリューは外出をあまりせず、近しい人々と家と美術館のある一帯を描き続けた。ツアー（有料）に参加すれば1000点以上が描かれた牧場や父とアンドリューの制作室も見学できる。

息子ジェイミーの筆。父に似ている

ハグリー博物館
住200 Hagley Creek Rd.
☎(302)658-2400
URL www.hagley.org
開毎日10:00～17:00（時期により異なる）
休サンクスギビング、12/25
料$15、シニア・学生$11、6～14歳$6
行DARTバス#10でRising Sun Ln. & 19th St.下車（約20分）、徒歩15分

ウインターサー
住5105 Kennett Pike (DE-52)
☎(302)888-4600
URL www.winterthur.org
開火～日10:00～17:00
休月、おもな祝日
料$20、シニア・学生$18、2～11歳$6
行DARTバス#52でKennett Pike & Old Kennett Rd.下車（約20分）、徒歩15分

少なくとも半日はかけたい

ブランディワイン・リバー美術館
住1 Hoffman's Mill Rd., Chadds Ford, PA
☎(610)388-2700
URL www.brandywine.org
開毎日9:30～17:00
休サンクスギビング、12/25
料$18、シニア$15、学生・6～18歳$6
行車でウインターサーからKennett Pikeを2km北上、Twaddell Mill Rd.を突き当たりまで行き、DE-100を北に約4km、約10分。タクシーで約$45

ウィルミントン郊外にある庭園マウントキューバ・センターMt. Cuba Center▶デュポン家の一族が造った庭園。山麓の地形を生かしありのままの自然を観察することができる。Mt. Cuba Center 住3120 Barley Mill Rd., Hockessin, DE ☎(302)239-4244 URL www.mtcubacenter.org 地P.592-A1～A2外

ガーデニング好きにはもってこい　地P.592-A1外

ロングウッド庭園
Longwood Gardens

全米で1、2を争うすばらしい庭園。中心部から約20kmのペンシルバニア州側にあり、広さは約4.4km²と東京ドームの100倍。優美な水のショーが人気の噴水を中心に、エキゾチックな花が咲き誇る大温室、ボタン園やバラ園、秋には紅葉の森など、1年を通して美しい植物や樹木を満喫できる。

温室、屋外とも広大過ぎる植物園

ロングウッド庭園
住1001 Longwood Rd., Kennett Square, PA
☎(610)388-1000
URL longwoodgardens.org
開日～水9:00～18:00、木～土～21:00(時期により異なる)
料$23、シニア・学生$20、5～18歳$12、4歳以下無料、クリスマス時期は料金が異なる
行車でウインターサーからKennett Pikeを12km北上し、E. Baltimore Pikeで左折する。1km西へ行き、Longwood Rd.に入ってすぐ右側。タクシーで約$50

ショップ＆レストラン＆ホテル
Shop & Restaurant & Hotels

R　アメリカ料理
ビール片手に定番ピザを

チェルシータバーン
Chelsea Tavern

住821 N. Market St.　☎(302)482-3333
URL www.chelseatavern.com
開毎日11:30～翌1:00(土・日10:00～)　AMV　地P.592-B1

深夜まで営業しているパブ兼レストランで、ビールの種類は30種類以上！　チキンウイングやイカ揚げ（カラマリ）などおつまみも揃うが、軽い口当たりのピザもおすすめ($13～15)。

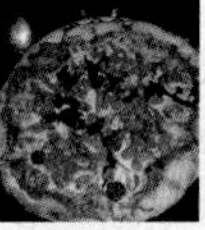

R　フランス料理
洗練されたアメリカンフレンチ

ラフィア
La Fia

住426 N. Market St.　☎(302)543-5574
URL www.lafiawilmington.com　開月～金11:00～14:00、17:00～21:00(金～21:30)、土17:00～21:30　休日　AMV　地P.592-B2

見た目にも美しい繊細なフランス料理が自慢のビストロ。フレンチといってもアメリカ風にアレンジされ、素材の味が生かされているのも特徴。店は小さいので19:00を過ぎると満席になる。ワインやビールの種類も豊富で、デザートも美味。

H　中級ホテル
車での移動に便利でリーズナブル

ベストウエスタン・プラス・ブランディワイン・バレー・イン
Best Western Plus Brandywine Valley Inn

住1807 Concord Pike, Wilmington, DE 19803
☎(302)656-9436　FAX(302)543-6152
URL www.brandywineinn.com
ⓈⒹⓉ$129～159、スイート$169～495
AMV　Wi-Fi無料　地P.592-A1～B1外

ダウンタウンからDARTバス#2、35で約20分、車で回る人にはアクセスのよいブランディワイン・バレーにある。ショッピングセンターが隣接し、レストランやドラッグストアもあるので便利。朝食無料。95室。

H　高級ホテル
豪華絢爛なデュポンのホテル

ホテルデュポン
Hotel du Pont

住42 W 11th St., Wilmington, DE 19801
☎(302)594-3100　Free(1-800)441-9019　FAX(302)594-3108
URL www.hoteldupont.com　ADJMV　Wi-Fi無料
ⓈⒹⓉ$159～599、スイート$628～1080　地P.592-B1

ロドニースクエアの西隣にある最高級ホテル。イタリア・ルネッサンス様式の建築は誉れ高く、一見の価値あり。タイムトリップしたような豪華な広間もある。217室。

H　高級ホテル
ビジネスマンの利用が多い

シェラトン・スイーツ・ウィルミントン
Sheraton Suites Wilmington Downtown

住422 Delaware Ave., Wilmington, DE 19801
☎(302)654-8300
FAX(302)576-8010
URL www.sheratonsuiteswilmington.com
スイート$119～339　ADJMV　Wi-Fi$9.95　地P.592-B1

オフィス街にあるが、ロドニースクエアへ徒歩7分と便利なロケーション。全室スイートタイプだけに客室は広くて清潔。最大5人まで宿泊できる。ビジネス用の広い机と、冷蔵庫と電子レンジ、小さなキッチン付きでビジネスパーソンにも好評。市内通話が無料なのもうれしい。223室。

ちょっとアットホームなシェラトンだ

中心部にあるシェラトン・スイーツ

メモ　生きのいい魚介類が楽しめる「バンクス・シーフード・キッチン＆ロウ Bank's Seafood Kitchen & Raw」▶日替わりメニューを出すほど、魚介類の鮮度が自慢。住101 S. Market St.　URL www.bankseafoodkitchen.com
開月～土11:00～16:00、17:00～22:00(月～21:00、金・土～23:00)、日12:00～21:00　AMV　地P.592-A2

ワシントンDC

Washington, DC

アメリカを動かす行政の中枢

アメリカの国会議事堂は「連邦議会議事堂」になる

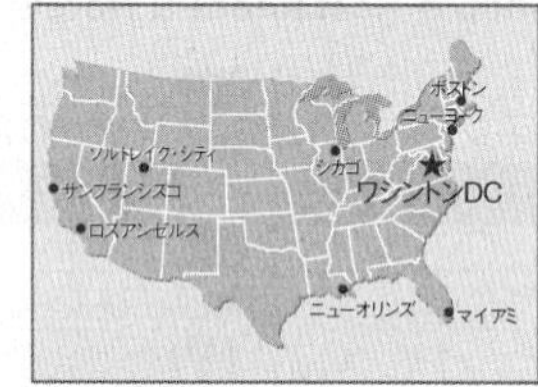

2016年11月の大統領当選以来、常にマスコミをにぎわせているトランプ大統領。彼のホテルは今やDCの観光名所となり、みやげ物店ではトランプグッズにあふれている（いい意味ではない）。政治の町である首都ワシントンDCだが、観光で訪れる限り政治色を感じることは少ない。正式な名称は“Washington, District of Columbia”、日本語では『ワシントン・コロンビア特別行政区』。ここは全米50州のどの州にも属さない、連邦政府直轄の地区としてできあがった町。特別行政区は連邦政府の立法、行政、司法の機能だけをもち、住民のほとんどが公務員と弁護士といわれる。

また、ワシントンDCは地球と人類の遺産を網羅する世界最大の博物館群（19の博物館と美術館、動物園）を有する町でもある。博物館群の名はスミソニアン協会。スミソニアンを含め、町のほとんどの博物館の入場料は無料であり、無料であることが信じられないほど充実している。2016年には待望のアフリカ系アメリカ人の歴史と文化を扱った博物館も誕生。第2次世界大戦時「日本への原爆投下は必要ない」と進言したアイゼンハワー大統領のモニュメントも完成する。日々進化をしているダイナミックな町がDCだ。ちなみに北西部のワシントン州と混同しないように行政区を『ワシントンDC』、または『DC』と呼ぶ。

もっと詳しく

地球の歩き方B08ワシントンDC編（1700円＋税）でもワシントンDCを紹介していますので、ご活用ください。

DATA

人口▶約69万3900人
面積▶158km²
標高▶最高125m　最低0m
TAX▶セールスタックス　6%（バージニア州　6%、メリーランド州　6%）
ホテルタックス　14.95%（バージニア州12〜14.5%、メリーランド州13%）
外食税　10%（DCのみ）、アルコールは10.25%
時間帯▶東部標準時（EST）
➡P.631
繁忙期▶3〜5、9〜11月

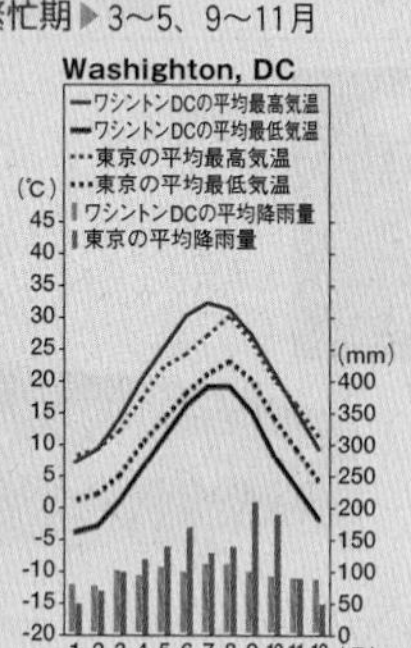

ワシントンDCへの行き方 Getting There

飛行機 Plane

ワシントン・ダレス国際空港
Washington Dulles International Airport (IAD)

DC周辺にある3つの空港のひとつで、日本から全日空とユナイテッド航空の直行便が飛んでいる。ダウンタウンの西43kmに位置し、有名な建築家サーリネンの設計による、ジェット機時代に対応するために造られた最初の飛行場だ。一般的な空港の造りとはかなり異なるので、よく見てみよう。3つあるターミナル間の移動は地下を走るエアロトレインか、モービルラウンジという一見変わったバス。なお、2020年の完成を目指してダレス空港とDCを結ぶメトロレイル（地下鉄）の建設工事が進行中。ダレス空港は中心部より遠いので、時間に余裕をもって行動したい。なお、Door-to-Doorのサービスで便利だった空港シャトルのスーパーシャトルSuperShuttleは、ダレス空港から事務所を撤退させたが、引き続きウェブサイトからの申し込みは受け付けている。乗車の24時間前までに申し込むこと。片道$33。

ワシントン・ダレス国際空港
地 P.600-A1外
☎ (703) 572-2700
URL www.flydulles.com

スーパーシャトル
URL www.supershuttle.com

流線型の美しい姿が珍しいダレス国際空港。日本からの直行便が到着する

ダレスではこの看板の下で#5Aのバスを待つ（上）、中心部までは#5Aのバスがわかりやすく、安い（下）

■ 空港から／空港へのアクセス

	種類／名称／連絡先	行き先／運行／料金	乗車場所／所要時間／備考
空港バス＋地下鉄（メトロレイル）	シルバーライン・エクスプレスバス＋メトロレイル Silver Line Express + Metrorail Silver Line Express ☎ (703) 572-7661 URL www.flydulles.com→Transportation Metrorail ☎ [illegible] URL [illegible]	行き先▶地下鉄の各駅 運行▶空港発Wiehle-Reston駅発とも毎日6:00～22:20（土・日7:45～）の15～20分間隔。地下鉄シルバーラインは月～金5:00～23:30（金～翌1:00）、土7:00～翌1:00、日8:00～23:00の8～20分間隔 料金▶[illegible]スバス$5＋メトロレイル$2～6	空港発▶メインターミナル中2階のドア4付近にあるSilver Line Expressのカウンターでチケットを買い、バスに乗車。地下鉄Wiehle-Reston駅で地下鉄シルバーラインに乗り換えダウンタウンへ 空港行き▶地下鉄の各駅からシルバーラインWiehle駅へ行き、シルバーライン・エクスプレスバスに乗り換える。運賃は降車時に支払う 所要時間▶空港から地下鉄Wiehle-Reston駅まで[illegible]約[illegible]
路線バス	メトロバス#5A Metrobus #5A ☎ (202) 637-7000 URL www.wmata.com	行き先▶ダウンタウンにある地下鉄L'Enfant Plaza駅が終点。途中Rosslyn駅にも停車する 運行▶空港発は月～金5:50～23:35、土・日6:35～23:35（日～23:25）。空港行きは月～金4:50～22:30、土・日5:30～22:30（日～22:15）の40～75分間隔 料金▶$7.50	空港発▶メインターミナル外のひとつめの中州の2Eのメトロバス乗り場から#5Aに乗車 空港行き▶地下鉄L'Enfant Plaza駅、またはRosslyn駅にあるバス停から#5Aに乗車 所要時間▶Rosslyn駅まで約40分、L'Enfant Plaza駅まで50～70分
タクシー	ワシントン・フライヤー・タクシー Washington Flyer Taxi ☎ (703) 572-8294 URL www.flydulles.com→Transportation	行き先▶市内や周辺どこでも 運行▶24時間随時 料金▶ダウンタウンまで約$70	空港発▶メインターミナルのドア2と6を出てすぐのタクシー乗り場から乗車。昼間は係員がいる 空港行き▶事前に電話予約、または主要ホテルから乗車 所要時間▶ダウンタウンまで35～60分

「空港バスのシルバーライン・エクスプレスバス」と「メトロバス #5A」の運行は終了しました。代わりにメトロレイル（中心部は地下、郊外は地上を走行）・シルバーラインがダレス国際空港からダウンタウンまで運行されるようになりました。中心部まで 50 ～ 70 分、$4 ～ 6。

※それぞれの乗り物の特徴については ➡P.665

レーガン・ナショナル空港
地P.601-C3外
☎(703)417-8000
URL www.flyreagan.com

地下鉄は地上
メトロレイル(地下鉄)のナショナル空港駅は高架となっており、実際には地上にある

レーガン・ナショナル空港
Reagan National Airport (DCA)

DCの中心部に最も近い空港。公式には元大統領の名が付いているが、地元では「ナショナル」や「レーガン」と呼ぶ。場所はポトマック川を挟んでダウンタウンの南約5km。空港ターミナルと地下鉄駅（地上）が直結しているので、ダウンタウンへは地下鉄で約20分ととても近い。また、ターミナルはショップやレストランが充実して、まるでショッピングモールのよう。

DCの中心部に近いナショナル空港

■ 空港から／空港へのアクセス

	種類／名称／連絡先	行き先／運行／料金	乗車場所／所要時間／備考
空港シャトル	スーパーシャトル SuperShuttle Free (1-800)258-3826 URL www.supershuttle.com	「スーパーシャトル」の運行は終了しました。 行き先▶市内や周辺どこでも 運行▶飛行機の発着に合わせて運行 料金▶ダウンタウンまで片道$19 (同じ行き先の場合は1人追加$10)	空港発▶ターミナル3階のカーブサイドのドア3、4のあたりに青いポロシャツを着た係員がいる[illegible]申し込み、すぐ外で乗車 空港行き▶前日までに予約をして乗車 所要時間▶ダウンタウンまで15～40分
地下鉄	メトロレイル Metrorail ☎(202)637-7000 URL www.wmata.com	行き先▶メトロレイルの各駅 運行▶月～金5:00～23:30（金～翌1:00）、土7:00～翌1:00、日8:00～23:00の8～20分間隔 料金▶ワシントン市内まで$2～6	空港発▶ターミナルB、Cにつながっている地下鉄ブルー、イエローラインRonald Reagan Washington National Airport駅から乗車（駅は地上） 空港行き▶メトロレイルの各駅から乗車し、ブルー、イエローラインでRonald Reagan Washington National Airport駅へ 所要時間▶ダウンタウンのMetro Centerまで約20分
タクシー	ダイヤモンドキャブ Diamond Cab ☎(202)387-6200	行き先▶市内や周辺どこでも 運行▶24時間随時 料金▶ダウンタウンまで$15～30	空港発▶ターミナル外のタクシー乗り場から乗車 空港行き▶事前に電話予約、または主要ホテルから乗車 所要時間▶ダウンタウンまで10～30分

※それぞれの乗り物の特徴については P.665

ボルチモア・ワシントン国際空港
地P.601-D1外
☎(410)859-7111
Free (1-800)435-9294
URL www.bwiairport.com

ボルチモア・ワシントン国際空港
Baltimore/Washington International Thurgood Marshall Airport (BWI)

ワシントンDCの北東52km、メリーランド州ボルチモアとDCの間にある国際空港。ボルチモアのダウンタウンからはライトレイルという列車で簡単にアクセスできる。

■ 空港から／空港へのアクセス

	種類／名称／連絡先	行き先／運行／料金	乗車場所／所要時間／備考
空港シャトル	スーパーシャトル SuperShuttle Free (1-800)258-3826 URL www.supershuttle.com	「スーパーシャトル」の運行は終了しました。 行き先▶市内や周辺どこでも [illegible] 料金▶ダウンタウンまで$43	空港発▶コンコースCのバゲージクレームの向かいにあるカウンターで申し込み、名前を呼ばれたら乗[illegible] 空港行き▶前日までに予約をして乗車 所要時間▶ダウンタウンまで50～90分
鉄道	アムトラック Amtrak Free (1-800)872-7245 URL www.amtrak.com	行き先▶ワシントンDCのユニオン駅 運行▶毎日6:25～翌0:56（週末は減便）前後の約40～90分間隔 料金▶ユニオン駅まで$17～73	空港発▶1階のターミナルを出た4ヵ所あるバス乗り場から無料のAmtrak/Marcのシャトルバスで BWI Airport駅へ行き、アムトラックの列車に乗車 空港行き▶ユニオン駅からアムトラックに乗車 所要時間▶ユニオン駅まで25～40分
鉄道	マーク Marc ☎(410)539-5000 Free (1-866)743-3682 URL mta.maryland.gov	行き先▶ワシントンDCのユニオン駅 運行▶BWI駅発は月～金4:42～21:50。BWI駅行きは月～金5:50～22:45の1日約25本の運行（土・日曜も1日6～9本の運行） 料金▶ユニオン駅まで$7	空港発▶上記アムトラックと同様、シャトルバスでBWI Airport駅へ行き、マークのPenn Lineに乗車 空港行き▶ワシントンDCのユニオン駅からマークのPenn Lineに乗車 所要時間▶ユニオン駅まで約45分
タクシー	BWIエアポートタクシー BWI Airport Taxi ☎(410)859-1100 URL www.bwiairporttaxi.com	行き先▶市内や周辺どこでも 運行▶24時間随時 料金▶ワシントンDCまで約$90	空港発▶各ターミナルを出た1階の"Taxi"のサインから乗車 空港行き▶事前に電話予約、または主要ホテルから乗車 所要時間▶ダウンタウンまで40～50分

※それぞれの乗り物の特徴については P.665

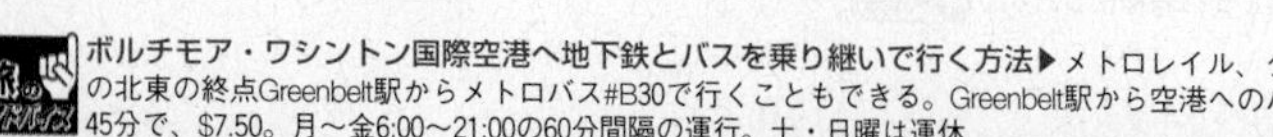
ボルチモア・ワシントン国際空港へ地下鉄とバスを乗り継いで行く方法▶メトロレイル、グリーンラインの北東の終点Greenbelt駅からメトロバス#B30で行くこともできる。Greenbelt駅から空港へのバスは、所要約45分で、$7.50。月～金6:00～21:00の60分間隔の運行。土・日曜は運休

長距離バスと鉄道 Bus &Train

ユニオン駅
Union Station

ワシントンDC公共交通機関の起点がユニオン駅だ。アムトラックAmtrakとメリーランド州の列車マークMarc、DCの地下鉄メトロレイルMetrorailの鉄道や、グレイハウンドGreyhoundやボルトバスBolt Bus、メガバスMegabus、サーキュレーターCirculatorなど近・中・長距離バス、ストリートカー、観光バスのグレイライン、タクシーが乗り入れ、ショッピングモールを含めると年間の利用客数は4000万を数える。鉄道は1階、バスは3階に発着する。駅は、ショップやレストランなどが80軒以上集まるDCの人気観光ポイントでもあり、両替所やレンタカーのオフィス、トラベラーズエイド（旅行者をサポート）もある。建物は24時間オープンしているが、アムトラックの窓口は24時間営業ではない。なお、アムトラック利用者は、観光客でなく、スーツをびしっと決めたキャリア組なのもおもしろい。2018年10月現在大改装中。

ユニオン駅
地P.601-D2
住50 Massachusetts Ave. NE

●Greyhound
地P.601-D2
Free (1-800)231-2222
開24時間

●Amtrak
地P.601-D2
Free (1-800)872-7245
開24時間〔チケット売り場は毎日4:30～22:10（土・日5:00～）〕。自動券売機は24時間

ユニオン駅はフードコートやショップもあって、人気の観光ポイントでもある

ワシントンDCの歩き方 Getting Around

見どころが多過ぎて困るほどのこの町では、まず興味のあるものに的を絞ること。見どころを大きくふたつに分けると、①スミソニアンを中心とした博物館や美術館、②アメリカの首都としての顔、連邦政府の建物や大統領のモニュメントなどだ。地図を見て、各ポイントの位置関係と自分の興味の度合いを考えて効率的なプランを立てよう。旅行者にとってうれしいのは、観光ポイントのほとんどが入場無料ということ。本書には有料の場合のみ料金を掲載している。

DC観光はモールから

DC観光の中心はモール。Constitution Ave.とIndependence Ave.に挟まれた、東は国会議事堂から西はリンカーン記念館までの東西約4kmの長方形のエリアで、大きな公園のようになっている。ここにはスミソニアンの博物館や美術館、ホワイトハウスや各種モニュメントが集まっている。DCではモールから観光を始めるのがいちばんだ。

DC住所解読法

DCは国会議事堂を中心として、NW（北西）、NE（北東）、SW（南西）、SE（南東）の4つの地域に分けられ、見どころはNWに集中する。

国会議事堂を中心として南北に走る通りには数字、東西に走る通りにはアルファベットが、斜めに走るアベニューは州の名がつけられている。1ブロックは100単位なので、「1550 K St. NW」といえば北西地区のKストリートで15thと16thの間。

DCは政治の町。地元の人はオバマを恋しがっているとか

DCの利点は無料のミュージアムが多いこと。タダで世界的な名画を鑑賞しよう

観光案内所 *Visitors Information*

ホワイトハウス・ビジターセンター
White House Visitor Center

ホワイトハウス南のエリプス広場の東側、商務省Department of Commerceの北側1階にある観光案内所は、国立公園局が運営している。90を超えるホワイトハウスからのコレクションが展示され、昭和天皇がフォード大統領に面会した際座られた椅子もある。ショップも充実。なお、町の観光案内所は不便な場所にあるので、空港や駅のトラベラーズエイドを利用したり、地図などは宿泊先のホテルで入手を。

ホワイトハウス・ビジターセンター
地P.601-C2
住1450 Pennsylvania Ave. NW
☎(202) 208-1631
URL www.nps.gov/whho
開毎日7: 30～16:00
休サンクスギビング、12/25、1/1

資料や電話、ウェブサイトはこちら
●デスティネーションDC Destination DC
DCの観光局。ちょっと不便な場所にあるため、電話やウェブサイトのみの利用がベター
住901 7th St. NW, 4F
☎(202) 789-7000
URL washington.org
開月～金8:30～17:00

市内の交通機関 *Public Transportation*

DCサーキュレーター
DC Circulator

「地下鉄よりわかりやすくて便利」と評判の高い循環バス。運賃の安さも手伝って、現在DC中心部に6路線が運行されている。赤い車体に"Circulator"の文字が目印だ。すべての路線は10分間隔の運行だが、DCの交通渋滞はひどいので、時間に余裕をもつように。観光客が使いやすいのは、ジョージタウン～ユニオン駅ルート。

- **ジョージタウン～ユニオン駅** 月～木6:00～24:00、金～翌3:00、土7:00～翌3:00、日7:00～24:00
- **ユニオン駅～コングレスハイツ** 毎日6:00～21:00（土・日7:00～）
- **ウッドレーパーク～アダムス・モーガン～マクファーソン** 日～金6:00～24:00（金～翌3:30、日7:00～）、土7:00～翌3:30
- **デュポンサークル～ジョージタウン～ロスリン** 日～金6:00～24:00（金～翌3:00、日7:00～）、土7:00～翌3:00
- **イースタンマーケット～ランファンプラザ** 毎日6:00～21:00（土・日7:00～）
- **ナショナルモール** 月～金7:00～20:00、土9:00～（10～3月は月～金7:00～19:00、土・日9:00～19:00）

DCサーキュレーター
URL www.dccirculator.com
運行／ルートによって異なるが、どのルートも約10分間隔
料$1、メトロレイルとメトロレイルからのトランスファー（乗り換え）はSmarTripカードを使用すれば無料

イースタンマーケット～ランファンプラザ・ルートはスポーツ開催日に延長
MLBナショナルズとMLS DCユナイテッドの試合開催日は、上記のルートが球場近くまで運行される。ナイターの日は帰りも23:00まで走っているので便利。

サーキュレーターは$1で約10分間隔の運行

首都ワシントンDCの誕生

アメリカ合衆国の首都は、歴史上2回変更になっていて、最初がニューヨーク、2番目がフィラデルフィア、そして3番目がこのワシントンDCである。1790年、新独立国の首都をフィラデルフィアから改める際、北のニューイングランド人とデキシーこと南部人との間に衝突が生じた。そこで連邦初代大統領ワシントンの右腕、財務長官のハミルトンは、得意の外交手腕を発揮。独立戦争の戦費負債を南部諸州に肩代わりしてもらう代わりに、彼らの意見を受け入れ、バージニア州とメリーランド州の間を流れるポトマック川の河畔に新首都を設立することを決定した。新しい首都の都市計画立案の仕事は、独立戦争の参謀将校であったフランス人ランファンに任せられた。彼の計画に従い、ポトマック川にまたがる100平方マイルの地域を、メリーランド州から69.25平方マイル、バージニア州から30.75平方マイルもらって新首都は成立した。各対角線が東西南北を指す正方形で、その中心に国会議事堂が位置する計画であったが、1847年、ポトマック川西岸のバージニア州側の土地が同州の要求で返還され、今のような不規則な形になってしまった。

メトロレイル（地下鉄）
Metrorail

静かで清潔、安全、しかも正確に目的地まで運んでくれるDCの地下鉄（郊外では地上を走る）。通称“メトロ”。路線は**レッド**、**ブルー**、**オレンジ**、**イエロー**、**グリーン**の5つに加え、2020年にダレス国際空港まで開通予定の**シルバーライン**が、途中のWiehle-Reston East駅まで開業している。“M”のポールが駅の入口。ラインは色分けされていないため、路線や行き先に注意しよう。

DCでもICカードのスマートリップSmarTripが普及し、すでに紙の切符は廃止されている。カード購入時に$10（カード代$2＋チャージ分$8）かかるが、運賃だけでなく1日パス、1週間パスもカードにチャージすることができる。精算時に運賃が足りない場合は、出口近くの精算機Exitfareで精算する。なお、運賃はニューヨークのように均一料金ではなく、距離と時間帯に応じて変わる。運賃は自動券売機の上の運賃表で確認できる。なお、スマートリップのカードはメトロレイルやメトロバスだけでなく、DC周辺の近郊列車や路線バスにも使える。

メトロバス
Metrobus

ワシントンDC全域と、郊外のメリーランド州とバージニア州の一部をカバーしている。ダレス空港や郊外のタンガー・アウトレットモールへ行くときに利用しよう。

川崎重工製の車両をかなり見かけるようになった

メトロレイル（地下鉄）
☎(202)637-7000。電話応対は月～金7:00～20:00、土・日8:00～18:30
URL www.wmata.com
運行／月～金5:00～23:30（金～翌1:00）、土7:00～翌1:00、日8:00～23:00の4～20分間隔
料 距離と時間帯によって$2～6。1日パス$14.75、7日パス$38.50（7日パスは1区間$3.85まで）。
2018年10月現在、DCの地下鉄は以下のふたつの運賃（時間帯制）に分かれている。
ピークPeak Time：月～金の始発～9:30と15:00～19:00
オフピークOff-Peak：普通以外の時間帯

メトロバス
電話、ウェブサイトはメトロレイルと同じ
運行／路線によって多少異なるが、ほとんどの路線が毎日の運行
料 $2、エクスプレスは$4.25、空港行きのみ$7.50。もちろんSmarTripカードも使える

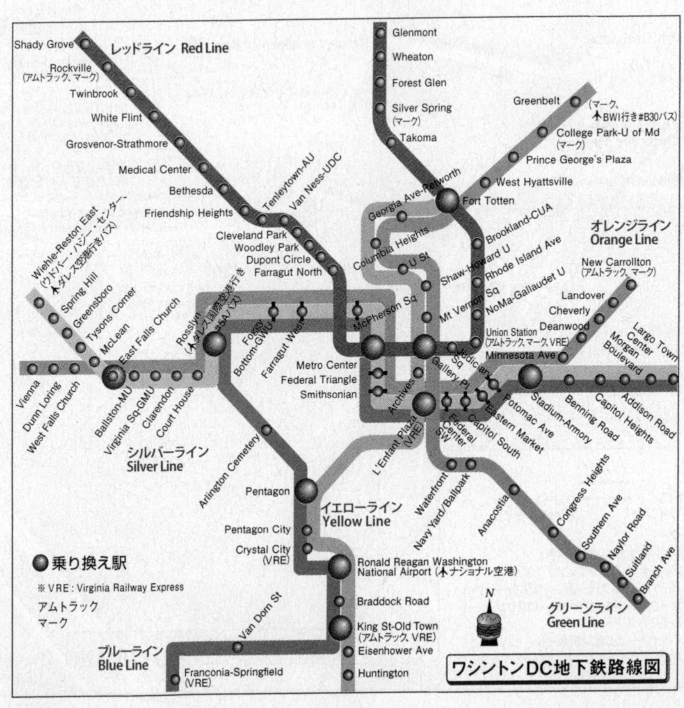

メモ **DCの地下鉄は日本の技術**▶2015年春より地下鉄（メトロレイル）の車両は日本の川崎重工業のものが導入されている。製造は米国ネブラスカ州ではあるが、技術は日本。ステンレス製の車体とLEDを使った案内表示など、乗客にも好評。実際のところ、まだ古い車両も多い。

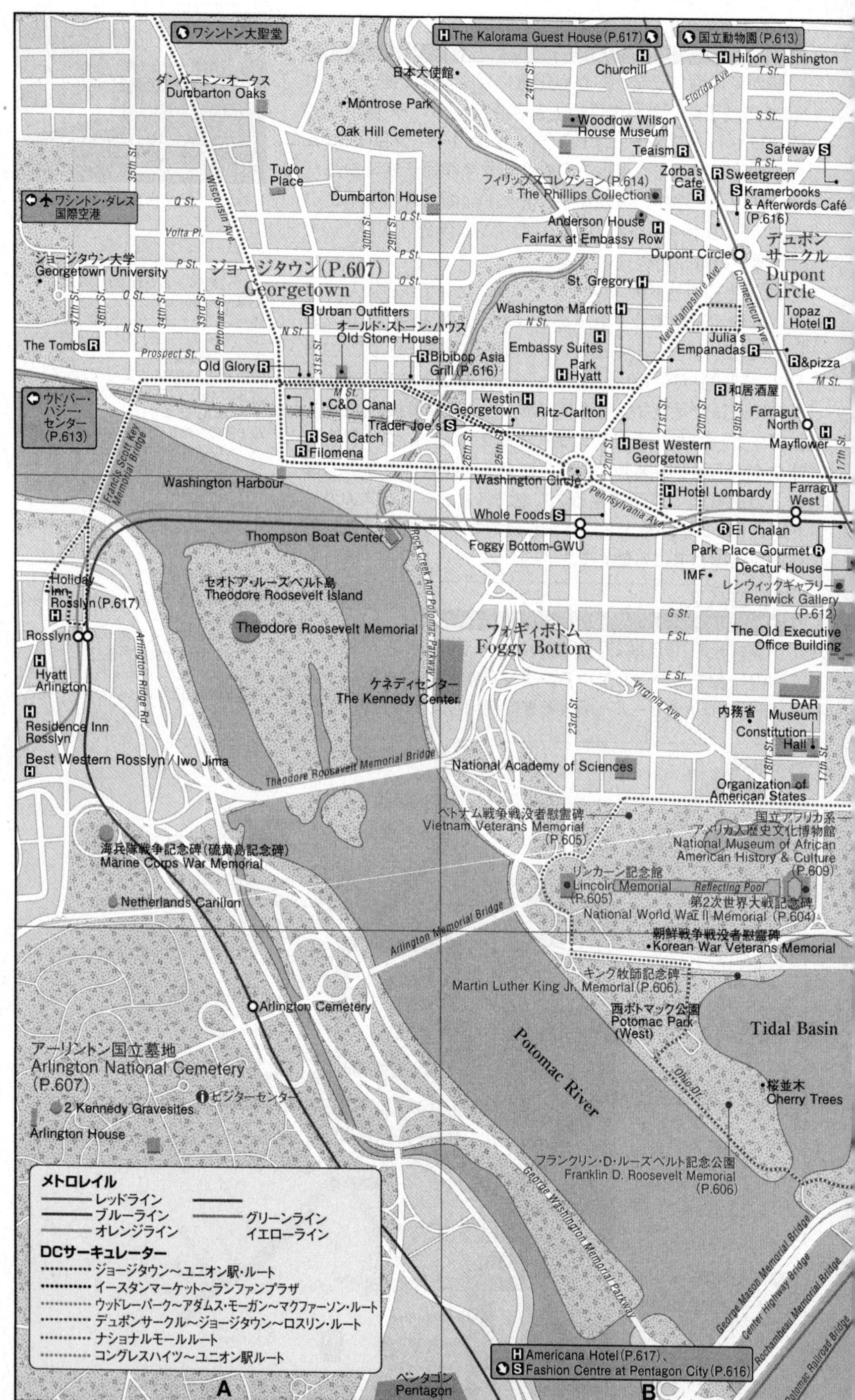
ワシントン大聖堂
The Kalorama Guest House (P.617)
国立動物園 (P.613)
Hilton Washington
Churchill
日本大使館
ダンバートン・オークス
Dumbarton Oaks
Montrose Park
Oak Hill Cemetery
Woodrow Wilson House Museum
Teaism
Safeway
Tudor Place
フィリップスコレクション (P.614)
The Phillips Collection
Zorba's Cafe
Sweetgreen
Kramerbooks & Afterwords Café (P.616)
ワシントン・ダレス国際空港
Dumbarton House
Anderson House
Fairfax at Embassy Row
ジョージタウン大学
Georgetown University
ジョージタウン (P.607)
Georgetown
Dupont Circle
デュポンサークル
Dupont Circle
St. Gregory
Urban Outfitters
Washington Marriott
Topaz Hotel
オールド・ストーン・ハウス
Old Stone House
The Tombs
Embassy Suites
Julia's Empanadas
Old Glory
Bibibop Asia Grill (P.616)
Park Hyatt
&pizza
和居酒屋
ウドバー・ハジー・センター (P.613)
C&O Canal
Westin Georgetown
Ritz-Carlton
Farragut North
Trader Joe's
Mayflower
Sea Catch
Filomena
Best Western Georgetown
Washington Harbour
Washington Circle
Hotel Lombardy
Farragut West
Whole Foods
Thompson Boat Center
El Chalan
Foggy Bottom-GWU
Park Place Gourmet
Decatur House
IMF
レンウィックギャラリー
Renwick Gallery (P.612)
Holiday Inn Rosslyn (P.617)
セオドア・ルーズベルト島
Theodore Roosevelt Island
Rosslyn
Theodore Roosevelt Memorial
フォギィボトム
Foggy Bottom
The Old Executive Office Building
Hyatt Arlington
ケネディセンター
The Kennedy Center
内務省
DAR Museum
Constitution Hall
Residence Inn Rosslyn
Best Western Rosslyn / Iwo Jima
National Academy of Sciences
Organization of American States
ベトナム戦争戦没者慰霊碑
Vietnam Veterans Memorial (P.605)
国立アフリカ系アメリカ人歴史文化博物館
National Museum of African American History & Culture (P.609)
海兵隊戦争記念碑（硫黄島記念碑）
Marine Corps War Memorial
リンカーン記念館
Lincoln Memorial (P.605)
Reflecting Pool
第2次世界大戦記念碑
National World War II Memorial (P.604)
Netherlands Carillon
朝鮮戦争戦没者慰霊碑
Korean War Veterans Memorial
キング牧師記念碑
Martin Luther King Jr. Memorial (P.606)
西ポトマック公園
Potomac Park (West)
Arlington Cemetery
Tidal Basin
Potomac River
アーリントン国立墓地
Arlington National Cemetery (P.607)
ビジターセンター
桜並木
Cherry Trees
2 Kennedy Gravesites
Arlington House
フランクリン・D・ルーズベルト記念公園
Franklin D. Roosevelt Memorial (P.606)
メトロレイル
レッドライン
ブルーライン
オレンジライン
グリーンライン
イエローライン
DCサーキュレーター
ジョージタウン～ユニオン駅・ルート
イースタンマーケット～ランファンプラザ
ウッドレーパーク～アダムス・モーガン～マクファーソン・ルート
デュポンサークル～ジョージタウン～ロスリン・ルート
ナショナルモールルート
コングレスハイツ～ユニオン駅ルート
Americana Hotel (P.617)、
Fashion Centre at Pentagon City (P.616)
ペンタゴン
Pentagon
A
B

ワシントンDC
Washington International Student Center (P.617)
U St.
Trader Joe's
ボルチモア・ワシントン国際空港
Shaw-Howard Univ.
Rhode Island Ave.
Logan Circle
Holiday Inn Central
Whole Foods Market
Morrison-Clark
Beacon
Comfort Inn Downtown (P.617)
Hostelling International -Washington, DC (P.617)
Henley Park
Washington Plaza
Thomas Circle
ワシントン・コンベンションセンター
Washington Convention Center
Mt. Vernon Sq
Madison
Westin City Center
ナショナルジオグラフィック博物館
National Geographic Museum
Massachusetts Ave.
Capital Hilton
フェデックスフィールド
Mt. Vernon Square
チャイナタウン
Chinatown
St. Regis
McPherson Square
女性芸術美術館
National Museum of Women in the Arts
国立肖像画美術館
National Portrait Gallery (P.612)
St. Johns
スミソニアン・アメリカ美術館
Smithsonian American Art Museum (P.612)
Hay-Adams
Lafayette Square
シティセンター
CityCenter
New York Ave.
Grand Hyatt
Madame Tussauds
Daikaya (P.616)
国立郵便博物館
National Postal Museum (P.613)
アムトラック&マーク駅
Department of Treasury
Metro Center
Gallery Place
Old Ebbitt Grill (P.616)
フォード劇場
Ford's Theatre (P.607)
キャピタル・ワン・アリーナ
Capital One Arena
Union Station
ピーターセン・ハウス
Petersen House (P.607)
National Building Museum
ホワイトハウス
White House (P.603)
Willard Intercontinental
Warner Theatre
National Museum of Crime and Punishment
Phoenix Park
ユニオン駅
ダックツアー出発場所
グレイラインのオフィス
The National Theatre
&pizza (P.616)
Judiciary Square
Washington Court
Harrington (P.617)
Jaleo
National Law Enforcement Officers Memorial
Hyatt Regency
ホワイトハウス・ビジターセンター
FBI
Shakespeare Theatre
キャピトルヒル
Capitol Hill
Pennsylvania Ave.
The Ellipse
Federal Triangle
国立公文書館(博物館)
National Archives Museum (P.606)
ロナルド・レーガン・ビル
Ronald Reagan Bldg.
国立アメリカ歴史博物館
National Museum of American History (P.610)
ニュージアム
Newseum (P.614)
Sanate Office Bldgs.
National Gallery of Art Sculpture Garden
Archives
全米日系米国人記念碑
National Japanese-American Memorial (P.607)
Constitution Ave.
ナショナルギャラリー
National Gallery of Art (P.611)
West Building
East Building
国立自然史博物館
National Museum of Natural History (P.608)
ワシントン記念塔
Washington Monument (P.604)
最高裁判所
U.S. Supreme Court
Madison Dr.
国立アフリカ美術館
National Museum of African Art (P.610)
国会議事堂
United States Capitol (P.603)
Folger Shakespeare Library
モール
National Mall
キャッスル
"Castle"
ハーシュホーン美術館と彫刻庭園
Hirshhorn Museum and Sculpture Garden (P.612)
フリーアギャラリー
Freer Gallery of Art (P.610)
議会図書館
Library of Congress (P.603)
Sylvan Theatre
Jefferson Dr.
Maryland Ave.
植物庭園
U.S. Botanic Gardens
ホロコースト記念博物館
U.S. Holocaust Memorial Museum (P.614)
Smithsonian
Independence Ave.
国立アメリカ・インディアン博物館
National Museum of the American Indian (P.611)
House Office Bldgs.
James Madison Bldg.
アーサー・M・サックラー・ギャラリー
Arthur M. Sackler Gallery (P.612)
芸術産業館
Arts and Industries Building (Discovery Theatre)
Good Stuff Eatery (P.616)
Holiday Inn Capitol
桜並木
Cherry Trees
印刷局(造幣局)
Bureau of Engraving and Printing (P.606)
L'Enfant Plaza
Federal Center SW
Capitol South
Mandarin Oriental
RFK Stadium
トーマス・ジェファソン記念館
Thomas Jefferson Memorial (P.605)
国立航空宇宙博物館
National Air and Space Museum (P.608)
Maine Ave.
McDonald's
Washington Channel
Capitol Skyline (P.617)
Arena Stage
Courtyard Navy Yard
Safeway
Navy Yard-Ballpark
Waterfront
0 0.5mile
0 1km
N
レーガン・ナショナル空港
アウディフィールド Audi Field、
Tanger Outlets (P.616)
ナショナルズパーク
Nationals Park
C
D
1
2
3

タクシー
Taxi

タクシーはウーバーなどに押されて減少傾向にあるが、市内では流しも多く、つかまえやすい。最初の8分の1マイルは$3.25、8分の1マイル走るごとに27¢の加算。そのほか、乗車人数や荷物の個数に応じた加算金額が必要となる。できれば乗車前に運賃を確認するなどしたい。

ツアー案内 *Sightseeing Tours*

ビッグバス
Big Bus

モールを中心として、ジョージタウンやアーリントン墓地などを30分間隔で循環している2階建てバス。ルートは4つで、約40ヵ所に停車する。1日券と2日券があり、ともに乗り降り自由。日本語の解説あり。

レッドループ Red Loop

ユニオン駅を出発して、国会議事堂、スミソニアン、リンカーン記念館、フォード劇場やモール内のほとんどの見どころをカバーする。20ヵ所に停車。

イエローループ Yellow Loop

ホワイトハウス、リンカーン記念館、ジョージタウン、デュポンサークル、国立動物園などを循環する。約15ヵ所に停車。

ブルーループ Blue Loop

モールの西側と印刷局とホロコースト記念博物館、アーリントン国立墓地、ペンタゴンシティのモールへも行く。

ダックツアー
DC Duck Tours

CLOSED

観光バスが途中からクルーズボートに化けてしまうという、いちばん人気のツアー。第2次世界大戦中、軍部が開発した水陸両用車両が、観光バスとして再び脚光を浴びているのだ。従来のバスやトロリーでのツアーに加え、ポトマック川からのDC観光も楽しめてしまうというわけ。

ポトマック川からの観光も一興

グレイライン
Gray Line of Washington, DC

出発場所／ユニオン駅3階のグレイラインのオフィス（地P.601-D2）から。

ツアー名	料金	運行	所要時間	内容など
Taste of DC/VA Tour	$105〜、3〜11歳$50	毎日8:45発	9時間	ホワイトハウス・ビジターセンター、第2次世界大戦記念碑、スミソニアン博物館、キング牧師メモリアルなど市内の見どころとペンタゴン（車窓）やアレキサンドリアへも行く
Twilight Tour	$35〜、3〜11歳$20	毎日19:00発（冬期は月〜土18:30発）	3時間	モール内の各種モニュメントがライトアップされ、夜景も美しいDC。モールのリンカーン記念館、ジェファソン記念館などはバスから降りて見学する

タクシー
● Diamond Cab
☎ (202) 387-6200
● Yellow Cab
☎ (202) 544-1212

タクシーの加算料金
ひとりの基本料金25¢、ひとり（6歳以上）増えると$1。また、電話でタクシーを呼んだとき$2、待ち時間は1時間当たり$25

ウーバーの台頭でがんばっているDCのタクシー。DCではタクシーも使いやすい

ビッグバス
Free (1-877) 332-8689
URL www.bigbustours.com
運行／毎日9:00〜16:00の30分間隔
料1日券$49、子供（5〜15歳）$39。2日券$59、子供（5〜15歳）$45
休12/25

DCが初めてという人におすすめのバス

ダックツアー
出発場所／ユニオン駅正面入口
地P.601-D2
Free (1-866) 754-5039
URL www.dcducks.com
CLOSED
運行／ 10:00〜16:00、1時間間隔。所要約1時間30分
休11月〜3月中旬、おもな祝日
料$43、12歳以下$33
※ チケットはユニオン駅の中で

グレイライン
☎ (202) 779-9894
URL www.graylinedc.com
休サンクスギビング、12/25、1/1

メモ 日本語のオプショナルツアー▶ワシントンDCで日本語のオプショナルツアーを行っている日系の旅行会社がある。最低2名から。JTSツアーズ☎(202) 223-9172 URL www.jtstoursdc.net、Suma Travel☎(202) 251-4387 URL www.sumatraveldc.com

おもな見どころ Sightseeing

2021年よりあるじはバイデン氏に　地P.601-C2

ホワイトハウス
White House

※2018年10月現在、ホワイトハウスは米国国会議員の許可がなければ見学できない

ホワイトハウスはアメリカ合衆国大統領の官邸で、初代大統領ジョージ・ワシントンを除く、第2代のジョン・アダムスから第46代バイデン（2023年10月現在）まで、200年以上にわたって歴代大統領がここに住み、数々の歴史的決断がなされてきた所だ。

ホワイトハウスの名前の由来は諸説あるが、1814年の米英戦争の際、イギリス軍によって焼かれてしまった官邸を、再建のときに壁を白く塗ったことからこう呼ぶようになったというのが通説だ。現在132の部屋があり、2階は大統領の住居と来客用の部屋になっている。

合衆国の国会はドームが目印　地P.601-D2

国会議事堂（連邦議会議事堂）
United States Capitol

モールの東、大ドームをもつ白亜の巨大な建築物が、アメリカの国会議事堂だ。50州のひとつずつの州が国家のように自治権をもつアメリカでは、正しくは「連邦議会議事堂」である。議事堂は、南側が下院House of Representatives、北側が上院Senateからなり、上・下院合わせて535人の議員の檜舞台となっている。

国会議事堂の見学ツアー

国会議事堂の地下にビジターセンターがあり、隣接して博物館もある。センターと博物館には誰でも入ることができるが、国会議事堂内を見学するためにはツアーに参加しなければならない。ツアーの申し込みは、右記を参照。

ツアーで回るのはおもに2ヵ所。ドームの下にある**ロタンダRotunda**という円形広間と**彫像ホールNational Statuary Hall**だ。ロタンダの直径は29m、ドームの高さは88m、ドームの重量は4000トン以上もある。壁に掛けられたコロンブスの新大陸発見、独立宣言などアメリカの歴史を描いた絵画をお見逃しなく。次の彫像ホールにはちょっとおもしろい仕掛けがある。ガイドがホールの床に向かって小さな声で話しかけるとなぜか反対側でもよく聞き取れてしまうのだ。ホールには全米各州から寄贈されたふたりの著名人の像も並ぶ。

世界いち蔵書の多い図書館　地P.601-D2～D3

議会図書館
Library of Congress

日本の国会図書館にあたるアメリカの議会図書館は、蔵書数1億6700万点を超える世界最大の図書館。国会議事堂の東にあり、3つの建物に分かれる。

1897年に完成したイタリア・ルネッサンス様式の**ジェファ**

ホワイトハウス
住1600 Pennsylvania Ave. NW
☎(202) 456-7041、208-1631
URL www.whitehouse.gov、www.nps.gov/whho
行ブルー、オレンジ、シルバーライン Farragut West駅下車

ホワイトハウスは外からだけでも見学しておこう

国会議事堂（連邦議会議事堂）
住East Capitol & 1st Sts.
URL www.aoc.gov →For Visitors
開月～土8:30～16:30。ビジターセンターと博物館へはツアーに参加しなくても入場できる
休日、サンクスギビング、12/25、1/1
料無料
※ビジターセンター入場にあたり、ペットボトルやバックパックなど大きなかばんの持ち込みはできない。ウエストポーチなど、できるだけ軽装で行こう

国会議事堂見学ツアー
URL tours.visitthecapitol.gov
見学ツアーに参加するにはウェブサイト予約が便利。上記のウェブサイトにアクセスすると自分の情報を打ち込む画面が現れるから最初に入力を。次にツアーのスケジュール表が表示されるから希望日をクリック（不可は⊗）して、枚数、セキュリティコードなどを入力して“Reserve Now”。人によっては再度“Sign Up”の項目の氏名、メールアドレスや電話番号などの個人情報を入力。無事予約が取れれば次の画面に変わり、「View Confirmation」をクリックすると予約書のpdfが表示されるので、これを印刷して持っていく。予約番号からキャンセルすることも可能だ。当日は念のためパスポートを持参しよう。当日券が余っていれば当日見学もできる

議会図書館
住ジェファソン館：10 1st St. SE（bet. Independence Ave. & E. Capitol St.）
☎(202) 707-8000（ビジター用）
URL www.loc.gov
開ジェファソン館：月～土8:30～17:00、アダムス館：月～土8:30～17:00（月・水・木～21:30）、マディソン記念館：月～土8:30～21:30（土～17:00）
休日、おもな祝日
行ブルー、オレンジ、シルバーライン Capitol South駅下車
ツアー／月～土10:30～15:30の1時間間隔（土は12:30と15:30なし）
出発場所／ジェファソン館の入口

メモ　国会議事堂ビジターセンター▶ビジターセンターの奥は国会の博物館があり、ほかにもギフトショップや400人以上収容可能なカフェテリアもある。また、国会議事堂と議会図書館を結ぶ地下通路もある。

ジェファソン館の中央閲覧室は壮麗

ソン館Thomas Jefferson Buildingがメインビル。イタリア産の白い大理石で造られた大ホールに入れば、ここが“単なる図書館ではない”ことが一目瞭然だ。モザイクの装飾と大ドームを有する中央閲覧室はお見逃しなく。ほかにも1939年オープン、シンプルなデザインでありながら威厳のある**アダムス館John Adams Building**と1981年オープンの**マディソン記念館James Madison Memorial Building**もある。

議会図書館誕生のきっかけは、1814年英国の放った火により、議事堂内の小さな図書館が焼失したことによる。これを悲しんだ元大統領のジェファソンが自身の蔵書6487冊の寄贈を申し出たことで、その基礎が確立された。必見は、ジェファソン館1階で公開されている**グーテンベルクの聖書Gutenberg Bible**、**マインツの大聖書Giant Bible of Mainz**。常時興味深いテーマの展示会を開催しているので、ぜひ見学していきたい。

カフェテリアを利用しよう
マディソン館の6階にはカフェテリアがあり、10:30～11:00を除く月～金の8:30～14:00までの間は誰でも利用できる

モールの中心に建つ
ワシントン記念塔
Washington Monument
地P.601-C2

モールの真ん中にそびえ立つ、ひときわ目立つ石柱が初代大統領ジョージ・ワシントンの偉業をたたえるワシントン記念塔だ。555フィート5と8分の1インチ（169.2m）の高さは石造建築物としては世界No.1の高さを誇り、ワシントンDCでは、この記念塔がどこからでも見られるように、高い建物を建てることを禁止する条例がある。

1848年から始められた建設プロジェクトは、1855年、南北戦争と資金不足のために、高さ46.3mの所で工事が中断してしまった。工事が再開されたのは25年後の1880年。この中断のため、同じ場所から採取した石材にもかかわらず、中断前とあとでは色が違ってしまった。注意深く見ると下3分の1と上3分の2の色が微妙に違うことに気づくだろう。

塔の上の展望台には、東西南北にそれぞれ小さな窓があり、DC全域が見渡せる。

ワシントン記念塔
※2019年春まで修復のため閉鎖
住2 15th St. NW (bet. Constitution & Independence Aves.)
☎(202) 426-6841
URL www.nps.gov/wamo
行ブルー、オレンジ、シルバーライン Smithsonian駅下車

エレベーターなどの修復のため2019年春まで閉鎖

夜景もおすすめ
夏の間はモールの夜景も見ておきたい。ライトアップされたモニュメントと町の明かりが造り出すパノラマはとても美しい

日本の戦地名も刻まれている
第2次世界大戦記念碑
National World War II Memorial
地P.600-B2

アメリカでは第2次世界大戦に1600万人が従軍し、約40万の兵士が戦死した。記念碑には“アメリカ人の魂、犠牲、名誉”が込められている。小さな公園のような敷地は、太平洋と大西洋のふたつのエリアに分かれ、マッカーサーの終戦に対する言葉や硫黄島や沖縄など戦地となった地名などが刻まれている。

記念碑は大きく大西洋と太平洋に分かれていて、戦地の名が刻まれている

第2次世界大戦記念碑
住1750 Independence Ave. NW (bet. Constitution & Independence Aves.)
☎(202) 426-6841
URL www.nps.gov/wwii
開24時間。レンジャーによるサービスは毎日9:30～22:00　休12/25
行ブルー、オレンジ、シルバーライン Smithsonian駅下車

タイダルベイスン▶モールのすぐ南にある静かな池。上野の不忍池の4倍ほどの大きさの市民の憩いの場だ。このほとりと西ポトマック公園に日本から贈られた約3000本の桜が植えられている。毎年3月下旬～4月上旬にかけて桜祭りが開催され、多くの人でにぎわう。桜祭りのウェブサイトURL www.nationalcherryblossomfestival.org

リンカーン大統領の神殿 地P.600-B2

リンカーン記念館
Lincoln Memorial

モールの西端から、ワシントン記念塔と国会議事堂を真っすぐ見つめているのは第16代大統領エイブラハム・リンカーンの像だ。高さが5.8mのこの像は28個の白い大理石のブロックからできたもの。36本の大理石の円柱に支えられたギリシャ神殿風の建物は1922年に完成した。この36という数字は、リンカーンが暗殺された1865年当時、合衆国に加盟していた州の数を表している。

内観南側の壁面にはゲティスバーグでの演説"that government of the people, by the people, for the people"(人民の人民による人民のための政治)など、大統領の歴史的な言葉が刻まれている。夜はライトアップされて荘厳な雰囲気が漂う。

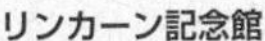

リンカーン記念館
住2 Lincoln Memorial Circle. NW(モールの西)
☎(202) 426-6841
URL www.nps.gov/linc
開24時間。レンジャーによるサービスは毎日9:30～22:00 休12/25
行ブルー、オレンジ、シルバーライン Foggy Bottom駅下車

DCに来たからにはリンカーンに拝謁しておきたい

ベトナム戦争が残した傷は深い 地P.600-B2

ベトナム戦争戦没者慰霊碑
Vietnam Veterans Memorial

リンカーン記念館からモールに向かって左側に、黒いみかげ石でできたV字型の記念碑が見えてくる。ベトナム戦争で犠牲になった5万8000人以上の名前が刻まれている慰霊碑だ。長さ151mの碑には故人をしのんで常に花や飲み物が供えられ、訪れる人があとを絶たない。西向かいにある3人の兵士の像は、疲れ、うつろな表情の3人が戦争のむなしさを象徴しているようだ。アメリカ人の心に残した傷の深さを感じる慰霊碑である。静かに見学しよう。

ベトナム戦争戦没者慰霊碑のモールの反対側に、**朝鮮戦争戦没者慰霊碑 Korean War Veterans Memorial**(住10 Daniel French Dr. SW)が鎮座する。実物大のブロンズ像と、2400以上の人の顔や姿が刻まれた碑は、戦争の悲惨さを伝えている。静かに戦没者の冥福を祈りたい所だ。

慰霊碑向かいの3人の兵士の像。何かを訴えているよう

ベトナム戦争戦没者慰霊碑
住5 Henry Bacon Dr., NW (bet. 21st St. & Henry Bacon Dr.)
☎(202) 426-6841
URL www.nps.gov/vive
開24時間。レンジャーによるサービスは毎日9:30～22:00 休12/25
行ブルー、オレンジ、シルバーライン Foggy Bottom駅下車

春は桜の演出が美しい 地P.601-C3

トーマス・ジェファソン記念館
Thomas Jefferson Memorial

第3代大統領トーマス・ジェファソンの生誕200年を記念して1943年に建てられた。中央に立つジェファソンの像は、高さ5.8mのブロンズ製。内部の壁面には、彼が起草した合衆国の独立宣言の一節をはじめ、彼の政治理念を表した言葉が刻まれている。

隣接した**ポトマック公園 Potomac Park**は、美しい桜並木で有名な所。日本から友好の証として100年以上前に贈られたこの桜は、いまやDCの風物詩のひとつ。3月下旬～4月上旬には"桜祭り"も行われ、多くの人が花見に訪れる。

トーマス・ジェファソン記念館
住16 E.Basin Dr., SW
☎(202) 426-6841
URL www.nps.gov/thje
開24時間。レンジャーによるサービスは毎日9:30～22:00 休12/25
行ブルーまたはオレンジライン Smithsonian駅下車、南へ徒歩10分

モールの南にある館の中央にはジェファソンの像が立つ

メモ 各メモリアルでのレンジャートーク▶モール内のリンカーン、キング牧師、ジェファソン、ベトナム戦争慰霊碑、第2次世界大戦記念碑などのメモリアルでは、頻繁にレンジャートークが行われている。偉人の功績、建設の経緯などを詳しく解説。

人種差別撤廃を訴え続けた指導者をたたえる 地P.600-B3

キング牧師記念碑
Martin Luther King, Jr. Memorial

キング牧師記念碑
住1850 W. Basin Dr. SW
☎(202)426-6841
URL www.nps.gov/mlkm
開24時間。レンジャーによるサービスは毎日9:30～22:00　休12/25
行ブルー、オレンジ、シルバーライン Smithsonian駅下車。西へ徒歩20分

キング牧師にも拝謁したい。1時間おきに牧師や公民権運動についての解説がある

ノーベル平和賞を受賞し、公民権運動に生涯を捧げたキング牧師。モール初のアフリカ系アメリカ人のメモリアルとして、牧師のワシントン大行進から48年目の2011年8月に誕生した。高さ約10mの花こう岩でできた牧師の像は、まるで切り通しのような形になっている。これは「絶望の山から希望の石を切り出すことができる」というキング牧師の一念を表現したといわれている。

アメリカを世界恐慌から救った 地P.600-B3

フランクリン・D・ルーズベルト記念公園
Franklin D. Roosevelt Memorial

フランクリン・D・ルーズベルト記念公園
住400 W. Basin Dr. SW
☎(202)426-6841
URL www.nps.gov/frde
開24時間。レンジャーによるサービスは9:30～22:00　休12/25
行ブルー、オレンジ、シルバーライン Smithsonian駅下車、南西へ徒歩約23分

ファーストレディとして人気の高いエレノアの像もある

世界恐慌に対するニューディール政策の敢行で知られる第32代大統領フランクリン・D・ルーズベルトの功績をたたえる公園。公園はルーズベルトの人生を水の勢いにたとえ、"ルーム"と呼ばれる4つのエリアに表現している。今もファーストレディとしてダントツの人気を誇るエレノア夫人の像もあって、彼女と記念写真を撮る人でいつもにぎやかだ。

アメリカ紙幣の製造工程を見よう 地P.601-C3

印刷局（造幣局）
Bureau of Engraving and Printing

印刷局（造幣局）
住14th & C Sts. SW
☎(202)874-2330
Free(1-866)874-2330
URL www.moneyfactory.gov/washingtondctours.html
開ビジターセンター：月～金8:30～14:45
開**ツアー**／月～金9:00～14:00（3月上旬～8月下旬は9:00～18:00）の15分間隔
行ブルー、オレンジ、シルバーライン Smithsonian駅下車、南へ徒歩7分
※警戒レベルが一定以上になるとツアーは休止

アメリカに4つある造幣局のひとつでワシントンでは紙幣をはじめ、切手、財務省発行の証券、軍の証明書類、ホワイトハウスの招待状なども印刷していて、正確にいえば印刷局といえる。

$1札が印刷される工程を見学できるツアーは非常に人気が高く、観光シーズン（3～11月）は整理券が必要。券はRaoul Wallenberg Pl.で8:00より配付。シーズンでなければ14th St.側の入口へ行って直接並ぶ。所要約40分間。

本物の独立宣言書を保管 地P.601-C2

国立公文書館（博物館）
National Archives Museum

国立公文書館（博物館）
住701 Constitution Ave.(bet. 7th & 9th Sts.)
☎(202)357-5000
URL www.archives.gov/museum
開毎日10:00～17:30
休サンクスギビング、12/25
行イエロー、グリーンラインArchives/Navy Memorial駅

自由の女神の贈呈書や第2次世界大戦時の日本の降伏文書といった、国宝級の貴重な資料、写真、フィルム、電子メディアを保管する政府機関。最も重要なものはアメリカの独立宣言書、合衆国憲法、人権宣言（権利の章典）の3点で、総称して**自由の憲章Charters of Freedom**という。これらが博物館の特殊ケースの中に保管され、一般の人も見学できる。

リンカーン暗殺を知るための最良の場所 地P.601-C2

フォード劇場とピーターセンハウス
Ford's Theatre & Petersen House

南北戦争が終結して間もない1865年4月14日、第16代大統領リンカーンが観劇中に狙撃された。その場所がフォード劇場、そしてひん死の状態となったリンカーンが運び込まれたのが、向かいのピーターセンハウスだ。フォード劇場では現在も芝居が上演されるが、地下にはドキュメントタッチでリンカーン暗殺までの日々を追いかける博物館がある。暗殺犯であるブースの意外な一面や、リンカーン、ブース、両者の当日の動きなども解説され、とても興味深い。ピーターセンハウスはリンカーンが死亡したときの部屋と、死後を追う博物館から構成されている。全米が悼んだ大統領の死と葬列の様子を紹介し、死してなお、多くの人たちに影響を与えた大統領の偉大さも知ることができる。

日系人強制収容の歴史を伝える 地P.601-D2

全米日系米国人記念碑
National Japanese-American Memorial

トランプ政権になって、新たに注目を浴びる日系人収容の碑

第2次世界大戦中、アメリカ人でありながら敵国日本の一部と見なされて強制収容された約12万の日系アメリカ人の苦難と差別に対する自由を訴えた記念碑。日系芸術家、アカム制作の有刺鉄線が絡まった2羽の鶴のブロンズ像を中心に、周囲の壁には全米10ヵ所の収容所と人数、国に忠誠を誓うため戦死した約800人の日系人の名前が刻まれている。

DCの素顔を見せてくれるのがここ 地P.600-A1

ジョージタウン
Georgetown

ヨーロッパ風の雰囲気が漂うエリアで、個性的な店やアメカジのショップやレストランが並ぶ。学生の町（ジョージタウン大学がある）だけあって、若者向けの店が多いのが特徴。アメリカの独立前、ここはたばこの交易で栄えた港町で、ポトマック川には何隻ものたばこ運搬船が往来していた。町の真ん中にある**オールド・ストーン・ハウス Old Stone House**は、1765年に建てられたジョージタウン唯一の、独立以前の中産階級の家。見事な庭園とビザンチン様式のコレクションで知られる**ダンバートンオークス Dumbarton Oaks**にもぜひ寄りたい。

英霊が眠る国立墓地 地P.600-A3

アーリントン国立墓地
Arlington National Cemetery

バージニア州側にある国立の墓地。宗派を問わず国民的英雄やアメリカ建国以来40万以上の人が埋葬されている。

フォード劇場
住511 10th St. NW
☎(202) 347-4833（劇場）、426-6924（パークサービス博物館）
URL www.fords.org、www.nps.gov/foth
開毎日9:00～17:00（劇場のボックスオフィス8:30～17:00、ピーターセンハウスは9:30～17:30）
休マチネのある日、サンクスギビング、12/25
料入場無料だが、見学には整理券が必要。毎日8:30から当日の整理券が配布されるのでこれに並ぶかウェブサイトで入手を。ウェブサイトの手数料$3
行ブルー、オレンジ、レッド、シルバーラインMetro Center駅下車。10th St.を南に1ブロック

リンカーン暗殺の場はリンカーンの博物館にもなっている

全米日系米国人記念碑
住New Jersey & Louisiana Aves at D St. NW
URL www.njamf.com
開24時間
行レッドラインUnion Station下車、Louisiana Ave.を南へ

ジョージタウン大学を探索するなら
キャンパス中ほどのLeavey Centerにインフォメーションデスクがあるので、まずはここで校内マップを入手しよう。正門正面のHealy Hallを見るだけでも、北米最古のカトリック系大学というのがわかる

●Old Stone House
地P.600-A1
住3051 M St. NW
URL www.nps.gov/olst
開毎日11:00～18:00（2018年10月現在改築のため閉鎖）
休サンクスギビング、12/25、1/1

●Dumbarton Oaks
地P.600-A1
住1703 32nd St. NW
☎(202) 339-6400
URL www.doaks.org
開火～日14:00～16:00（博物館11:30～17:30）
料庭園は$10、学生・子供$5、シニア$8、博物館は無料
行ジョージタウンへはサーキュレーターが便利。Pennsylvania Ave.とM St.の角あたりで下車。オールド・ストーン・ハウスは目の前にある

アーリントン国立墓地
住Arlington, VA
Free (1-877) 907-8585
URL www.arlingtoncemetery.mil
開〈4～9月〉毎日8:00～19:00、〈10～3月〉毎日8:00～17:00 休無休
行ブルーラインArlington Cemetery駅下車

アメリカが誇る最強の部隊"第442連隊"▶第2次世界大戦中、日系人は不当な扱いを受け、強制収容所に押し込められた。彼らのなかから志願して編成された第442連隊は勇猛果敢に戦い、米国軍史上最多の勲章を授与されたことで知られる。

ジョン・F・ケネディの墓
Gravesite of John Fitzgerald Kennedy

1963年、遊説中のダラスで46歳の若さで暗殺された第35代大統領ジョン・F・ケネディの墓は、墓地のほぼ中央にある。質素な墓石の後方には永遠の炎が燃え続け、隣には1994年に亡くなったジャクリーン夫人が寄りそうようにして眠っている。ロバート・ケネディ上院議員の墓は向かって左側。

ケネディとジャクリーンの墓

●Arlington House
URL www.nps.gov/arho
開 毎日9:30〜16:30
休 サンクスギビング、12/25、1/1

無名戦士の墓　Tomb of Unknowns

敷地内の最も高い所に鎮座する白い大理石が、第1、2次世界大戦、朝鮮戦争、ベトナム戦争で身元の確認ができなかった戦死者のための墓石 Tomb of Unknowns。墓は特別に訓練された陸軍の衛兵によって24時間体制で守られ、夏期（4〜9月）は30分、冬期（10〜3月）は1時間ごとに**衛兵交代のセレモニー**が見られる。

ほかにも、墓地内には南北戦争時南軍の総司令官だったロバート・E・リー将軍の家であった**アーリントンハウスArlington House**や、北には第2次世界大戦中、激戦の末占領した硫黄島に兵士たちが星条旗を押し立てているモニュメント**硫黄島記念碑Marine Corps War Memorial—Iwo Jima Memorial**などがある。

無名戦士の墓前で行われる衛兵の交替式は見どころのひとつ

Museum & Gallery　ミュージアム&ギャラリー

スミソニアン・インフォメーションセンター（キャッスル）
住 1000 Jefferson Dr. SW
URL www.si.edu
開 毎日8:30〜17:30　休 12/25
スミソニアン協会全体の情報を提供している。中ではスミソニアン所蔵品のハイライト展示、カフェ、ギフトショップがある

モール内のスミソニアン　Smithsonians in National Mall

世界最大の博物館&美術館の集合体が**スミソニアン協会**だ。ミュージアムはすべて入場無料。

テーマはずばり"地球"　地 P.601-C2

国立自然史博物館
National Museum of Natural History

地上に存在する生物から鉱物、太古の化石から現在の人間の文化まで、コレクションの数は1億4600万点！　これはスミソニアン全体の実に94%を占める途方もない数で目の前の展示物は全体のごく一部。

1階西側は哺乳類がまるでサファリにでもいるようにリアルだ。人気は2階の鉱物、宝石のギャラリー。数千点以上にのぼるコレクションのなかで見逃せないのが、45.50カラットの世界最大のブルーダイヤ**"ホープダイヤモンド Hope Diamond"**。フランス王やイギリス王など数々の所有者の手を経て、スミソニアンに落ち着いた。ダイヤの周りにはいつも人垣ができている。なお、1階東側の化石のホールは2019年まで改装中。

自然史博物館でいちばん人気が宝石のコーナー

国立自然史博物館
住 10th St. & Constitution Ave. NW
☎ (202) 633-1000
URL naturalhistory.si.edu
開 毎日10:00〜17:30（夏期は延長あり）
休 12/25
行 ブルー、オレンジ、シルバーライン Federal Triangle駅下車

空と宇宙への夢が詰まった博物館　地 P.601-C2〜C3、D2〜D3

国立航空宇宙博物館
National Air and Space Museum

1903年にライト兄弟が初飛行に成功してからわずか100年ほどで、長足の進歩を遂げた航空機。博物館は人類の

国立航空宇宙博物館
住 Independence Ave. at 6th St. SW
☎ (202) 633-2214
URL airandspace.si.edu
開 毎日10:00〜17:30（夏期は延長あり）
休 12/25

メモ　**世界いち有名な五角形の建物**▶アメリカ国防総省の本部で"ペンタゴン"と呼ばれている建物が、バージニア州側にある。見学はツアーのみで、14〜90日前までにウェブサイトから申し込むこと　URL pentagontours.osd.mil。場所はブルーまたはイエローラインPentagon駅上。

技術革新の輝かしい足跡と成果、そして未来への夢を秘めた科学の殿堂だ。

モール側の入口のホールには、リンドバーグの**“スピリット・オブ・セントルイスSpirit of St. Louis”**、世界初の超音速飛行を成し遂げたイェーガーの**ベルX-1 BellX-1**、人類初の月面着陸に成功したときの司令船**ジェミニ4号GeminiⅣ**や民間の有人宇宙船の**スペースシップワンSpace Ship One**、初期のターボ・ジェットエンジン**ホイットルWhittle W.1X**など重要な展示が輝く。ほかにも、1903年人類初の動力飛行に成功した**ライト兄弟のフライヤーWright Flyer**やアメリア・イヤハートの**ロッキード・ベガ**、日本のテレビ局記者の乗った**ソユーズTM-10宇宙船**、月面着陸までのプロセスを細かく解説した展示など、とにかくテーマパークに匹敵するおもしろさにあふれている。なお2018年12月より7年間にわたって大改装工事が行われ、展示が見られないことも。

行ブルー、イエロー、グリーン、オレンジ、シルバーラインL'Enfant Plaza駅下車
ツアー／毎日10:30、13:00。約90分間
●Lockheed Martin IMAX Theater
料$9

航空宇宙博物館は大改築中。写真はスピリット・オブ・セントルイス

差別とその苦闘の歴史を学ぶ 地P.601-C2

国立アフリカ系アメリカ人歴史文化博物館
National Museum of African American History & Culture

スミソニアン最新の博物館。アフリカ大陸から奴隷として連行された人々の苦難の歴史と、ショービジネス、スポーツ界などで幅広く活躍するアフリカ系アメリカ人の足跡を斬新な展示法で見せている。モハメド・アリ、マイケル・ジャクソンなど誰もが知る人ばかりだ。

国立アフリカ系アメリカ人歴史文化博物館
住1400 Constitution Ave. NW
Free(1-844)750-3012
URL nmaahc.si.edu
開毎日10:00～17:30
休12/25
行ブルー、オレンジ、シルバーラインSmithsonian駅下車
※見学には整理券が必要で、ウェブサイトから予約できる。当日券は平日13:00からMadison Dr.側で配布

スミソニアン協会の博物館と美術館

1846年、イギリスの科学者、ジェームス・スミソンの遺言により合衆国に寄贈された彼の私財を基に、人類の知識の普及と向上を図ることを目的とした国家機関、それがスミソニアン協会 Smithsonian Institution（URL www.si.edu）だ。日本では“スミソニアン博物館”といわれるが、ひとつの博物館を指しているわけではないので注意。協会に属している博物館は次のとおり。

- ●国立航空宇宙博物館とウドバー・ハジー・センター National Air and Space Museum & Udvar-Hazy Center
- ●国立自然史博物館 National Museum of Natural History
- ●国立アメリカ歴史博物館 National Museum of American History
- ●国立アメリカ・インディアン博物館 National Museum of the American Indian
- ●国立郵便博物館　National Postal Museum
- ●フリーアギャラリー　Freer Gallery of Art
- ●アーサー・M・サックラー・ギャラリー Arthur M. Sackler Gallery
- ●国立アフリカ美術館 National Museum of African Art
- ●芸術産業館（閉館中） Arts and Industries Building
- ●ハーシュホーン美術館と彫刻庭園 Hirshhorn Museum and Sculpture Garden
- ●国立アフリカ系アメリカ人歴史文化博物館 National Museum of African American History & Culture
- ●スミソニアン・アメリカ美術館 Smithsonian American Art Museum
- ●国立肖像画美術館　National Portrait Gallery
- ●レンウィックギャラリー　Renwick Gallery
- ●アナコスティアコミュニティ博物館 Anacostia Community Museum
- ●クーパー・ヒューイット・デザイン美術館（ニューヨーク） Cooper-Hewitt National Design Museum
- ●国立動物園　National Zoological Park
- ●国立アメリカ・インディアン博物館（ニューヨーク） National Museum of the American Indian
- ●キャッスル　The Castle (Visitor Information)

これら19の美術館や博物館には人類や動物、そして地球そのものがこの地上に残した品々が収蔵されている。そのうち私たちが目にしているのは全体のたった2%（コレクションの総数は約1億5500万点）。これらの美術館、博物館を実際に見てみると、この2%でもすごい量であることがわかる。年間訪問客数は総計3000万人、ウェブサイトへのアクセスは1億5100万を数える。スミソニアンの博物館はすべて無料Wi-Fi。

セキュリティチェックあり▶国会議事堂、スミソニアンの博物館など連邦政府の建物に入るときはセキュリティチェックが行われる。大きな荷物は持ち込み不可。ロッカーも使用できないことがある。荷物はX線の機械に置き、本人は金属探知機を通る。

アメリカの産業も伝えている

国立アメリカ歴史博物館
住14th St. & Constitution Ave. NW
☎(202)633-1000
URL americanhistory.si.edu
開毎日10:00～17:30(夏期は延長あり)
休12/25
行ブルー、オレンジ、シルバーライン Federal Triangle駅下車

アメリカのお宝がここにある　地P.601-C2

国立アメリカ歴史博物館
National Museum of American History

アメリカという大国の歩んできた歴史を、裏も表も包み隠さず公開している博物館。国のお宝ともいうべきコレクションが、テーマをもって年代順に展示されており、その幅広さから“アメリカの屋根裏部屋”とも呼ばれている。

必見はアメリカ国歌誕生のきっかけを作った1814年の星条旗。1階は鉄道や車などアメリカの交通手段の変遷が見てとれる。**“大統領の職務American Presidency”**では、リンカーンが暗殺された日にかぶっていたシルクハット、ジェファソンが独立宣言を書いた机、クリントン愛用のサクソホンなど、その職務の重責と親しみやすさが交錯した展示となっている。女性に人気の高いのが**ファーストレディFirst Ladies**のドレスのコーナー。トランプ大統領就任で注目を集めるアメリカの民主主義American Democracyや3階にはMade in USAのみを扱う貴重なギフトショップがある。

ここ2年で人気のアメリカの民主主義のコーナー

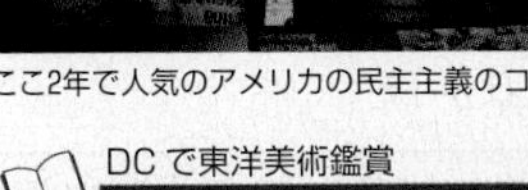

スミソニアンの情報センターがキャッスルだ

フリーアギャラリー
住Jefferson Dr. & 12th St. SW
☎(202)633-1000
URL asia.si.edu
開毎日10:00～17:30
休12/25
※フリーアギャラリーとサックラーギャラリー（→P.612）は地下でつながっている

DCで東洋美術鑑賞　地P.601-C2～C3

フリーアギャラリー
Freer Gallery of Art

19世紀のアメリカ絵画と中国、韓国、南アジア、中近東、日本などの東洋美術専門の美術館。規模は小さいが、日本美術に関していえば、国宝級の作品も多い。

中核をなしているのは、デトロイトの実業家チャールズ・ラング・フリーアのコレクション。フリーアは画家のホイッスラーの友人で、東洋美術を中心にふたりが収集した美術品は約7500点に及ぶ。

見逃せないのがホイッスラーの**『孔雀の間 Peacock Room』**。これは1876年にリバプールの商人の依頼を受けて造られたもので、肖像画はもちろん、孔雀の壁画などはホイッスラーによって描かれたものだ。季節ごとの展示になるが、葛飾北斎や歌川広重の浮世絵、尾形光琳、本阿弥光悦、俵屋宗達らの襖絵も圧巻。

フリーアギャラリー必見の孔雀の間

国立アフリカ美術館
住950 Independence Ave. SW
☎(202)633-4600
URL africa.si.edu
開毎日10:00～17:30
休12/25

アフリカ美術の多様性がわかる　地P.601-C2～C3

国立アフリカ美術館
National Museum of African Art

サハラ砂漠以南の約50の民族のユニークな美術品、装飾品などを専門に研究しているアメリカで唯一の美術館。コレクションは1万2000点に及び、ミュージカル『ライオンキング』の衣装、舞台デザインのもとになった美術品は必見。

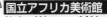

旅のアドバイス　スミソニアンのベスト食堂▶国立アメリカ・インディアン博物館のカフェテリアでは、先住民の種族ごとの食事が楽しめる。味もよく、カフェの雰囲気もいいので、スミソニアンで食事を取るなら、ここがおすすめ。

イタリア美術、印象派が充実した 地P.601-C2〜D2

ナショナルギャラリー（国立絵画館）
National Gallery of Art

イタリア美術、13〜20世紀ヨーロッパとアメリカ絵画のコレクションの充実ぶりで世界的な美術館。所蔵品の総数は約13万点。他館への貸し出しも多いので注意。

西館　West Building

西館は、13〜19世紀にかけてのヨーロッパ絵画、彫刻、アメリカ美術が中心。国別、年代別に分かれている。

13〜15世紀イタリア・ルネッサンスのギャラリーには、美術館の目玉のひとつ、**レオナルド・ダ・ビンチ**の**『ジネブラ・デ・ベンチの肖像』**がある。アメリカ国内唯一のダ・ビンチ作品で、ジネブラの憂いのある表情が印象的。ルネッサンス期を代表する**ラファエロ**の**『アルバの聖母子』**は、トンドと呼ばれる円形の絵で、スペイン、オランダ、イギリス、ロシアに渡ってからDCにたどり着いた作品。

ルネッサンス以降のイタリア、スペイン、フランドルとドイツ、オランダの美術のなかで、**ルーベンス**の**『ライオンの檻の中のダニエル』**、光と影の詩人**レンブラント**の**『自画像』**、寡作の画家**フェルメール**の作品は**『はかりを持つ女』**をはじめ4点所蔵している。

19世紀のフランスは、誰もが知る有名な作品が集まり、いつも大盛況だ。**ミレー、コロー、マネ、ドガ、ルノアール、モネ、セザンヌ、ゴッホ、ゴーギャン**など、印象派、後期印象派の作品群が人気の的となっている。

東館　East Building

I.M.ペイ設計による東館は、マチス、マーク・ロスコ、カルダー、ホッパー、オキーフら現代美術の秀作を鑑賞できる。必見は**ピカソ**のサーカス時代の最盛期の作品**『サルチンバンクスの家族』**。新しく開放された屋上のテラスからはペンシルバニア通りが見渡せる。

ナショナルギャラリー彫刻庭園
National Gallery of Art Sculpture Garden

ナショナルギャラリー西側にある、広さ6.1エーカー（2万4685m²）の小さな森のような庭園。パロディを思わせる像、AMOR（愛）のオブジェ、座ることのできる椅子もあって、なかなか楽しい。

大自然と共存した先住民の生き方を学ぶ 地P.601-D2〜D3

国立アメリカ・インディアン博物館
National Museum of the American Indian

ネイティブアメリカンの博物館はユニークな外観でひときわ目を引く建物だ。今では貴重となったネイティブアメリカンの工芸品、陶器、織物、彫刻彫像、絵画など約84万点のなかから約4500点を公開している。オリエンテーションフィルムで先住民の宇宙観を学んだあと、各種族の特徴が現れた展示品を見学していく。自然を崇拝した彼らの生き方は、近い将来世界中が学ぶことになりそうだ。

ナショナルギャラリー
※ナショナルギャラリーはスミソニアン協会には属していない
☎(202)737-4215
URL www.nga.gov
開 月〜土10:00〜17:00、日11:00〜18:00
休 12/25、1/1
行 グリーン、イエローラインArchives駅下車
※一部の作品を除き個人で楽しむための写真撮影（フラッシュ使用可）はOK。三脚使用は禁止
●West Building
地P.601-C2〜D2
住 6th St. & Constitution Ave.
●East Building
地P.601-D2
住 4th St. & Constitution Ave.
●National Gallery of Art Sculpture Garden
地P.601-C2
行 Constitution Ave., 7th St., Madison Dr., 9th St.に囲まれた1ブロック、西館の7th St.を挟んだ西側

効率よく回るには
ツアーに参加するのが得策だ。西館は中央広間よりスタートする。ツアーの種類とスタート時間についてはインフォメーションで確認すること。約1時間でポイントのみを回ってくれる。日本語のオーディオツアー（無料。パスポート以外のIDが必要）もあるので、これを利用するのもいい。それも面倒だという人は各館ごとに配布されている"West/East Building Highlights"の重要展示を表示したシートを見ながら回るといい

印象派も見応えのあるナショナルギャラリー

国立アメリカ・インディアン博物館
住 4th St. & Independence Ave. SW
☎(202)633-1000
URL nmai.si.edu
開 毎日10:00〜17:30
休 12/25

インディアン博物館はゆったりした空気が流れている

メモ ナショナルギャラリーのすごいところ▶ナショナルギャラリーを見学していると、あることに気づくかもしれない。この館には基本的に寄贈者の名前が掲示されていない。これは第一の功労者メロンが決めたもので、以来館ではこの掟が守られている。

アーサー・M・サックラー・ギャラリー
住1050 Independence Ave. SW
☎(202) 633-1000
URL asia.si.edu
開毎日10:00〜17:30
休12/25

アジアの宗教美術も充実

ハーシュホーン美術館と彫刻庭園
住7th St. & Independence Ave. SW
☎(202) 633-1000
URL hirshhorn.si.edu
開毎日10:00〜17:30、庭園は毎日7:30〜日没
休12/25
行ブルー、オレンジ、イエロー、グリーン、シルバーラインL'Enfant Plaza駅下車

彫刻庭園の見どころ
彫刻庭園は、本館より開館時間が長いので本館終了後も見学できる。必見は、ロダン作の"カレーの市民Les Bourgeois de Calais"。世界で12体あるうちのひとつ。オノ・ヨーコさんの『ウィッシュツリー Wish Tree』も人気の作品だ。短冊に願いごとを書いてつるすことができるのは、夏の2ヵ月間のみ

レンウィックギャラリー
住17th & Pennsylvania Ave. NW
☎(202) 633-7970
URL renwick.americanart.si.edu
開毎日10:00〜17:30　休12/25
行ブルー、オレンジ、シルバーラインFarragut West駅下車

スミソニアン・アメリカ美術館&国立肖像画美術館
住8th & F Sts. NW
☎(202) 633-7970（アメリカ美術館）、633-8300（肖像画美術館）
国立肖像画美術館
URL www.npg.si.edu
スミソニアン・アメリカ美術館
URL americanart.si.edu
開毎日11:30〜19:00
休12/25
行イエロー、グリーン、レッドラインGallery Place駅下車

新しく登場したのは？

アジア美術専門の

地P.601-C2〜C3

アーサー・M・サックラー・ギャラリー
Arthur M. Sackler Gallery

アジア美術を専門に約1万5000点を所蔵する美術館。キャッスルの裏にある美しい庭園の下に地下3階のフロアがあり、中近東から中国、日本にいたるアジア全域の約6000年にわたるすばらしい美術品が鑑賞できる。常設展の写真撮影は可能だが、フラッシュは不可。

スミソニアン初の現代美術館

地P.601-C2〜C3

ハーシュホーン美術館と彫刻庭園
Hirshhorn Museum and Sculpture Garden

19世紀後半からの現代美術だけを集めた美術館。実業家ジョセフ・ハーシュホーンが寄贈した20世紀の絵画、彫刻が核となり、現在のコレクション数は約1万2000点。直径70mの円筒形の建物は、シカゴの名建築家ゴードン・バンシャフトによるもので、ぐるっと回りながらピカソやダリ、イーキンズ、オルデンバーグ、ポロック、デ・クーニングの絵画をはじめ、現代美術史を彩るアーティストの作品や写真が鑑賞できる。近年では、草間彌生氏を取り上げるなど企画展にも精力的。通りを挟んだ**彫刻庭園**ではロダンやマチス、ムーアの作品を青空のもとで鑑賞できる。

スミソニアンの現代美術館がハーシュホーン

モール外のスミソニアン　Smithsonians out of National Mall

現代美術の見本市のよう

地P.600-B2

レンウィックギャラリー
Renwick Gallery

クラシックな建物で、現役アーティストの個性豊かな作品を企画展として公開。強烈なオブジェや不可思議なアートなど意外性のある作品は見学していて飽きない。

アメリカンアーティストを見たいならここ

地P.601-C2

スミソニアン・アメリカ美術館
Smithsonian American Art Museum

アメリカ初期の政治家や市井の人の肖像画、大西部を描いた風景画、現代美術など、アメリカ人アーティストによる作品を専門的に所蔵する美術館。都会人の孤独を描いたホッパーの作品や先住民の肖像で知られるカトリンの作品も見逃せない。肖像画美術館とつながっている。

知った顔は何人いるかな？

地P.601-C2

国立肖像画美術館
National Portrait Gallery

アメリカを中心に政治、文学、芸術、スポーツ界などの著名人の肖像画のみが集められている。特に多くの人

メモ　国立肖像画美術館の新顔▶メアリー・カサット（画家）、ローラ・ブッシュ（ファーストレディ）、エレイン・デ・クーニング（画家）、マハトマ・ガンジー（政治指導者）、オバマ前大統領夫妻など。

でにぎわっているのが、歴代大統領のコーナー。ほかにもチャップリンやエルビス・プレスリー、スポーツ選手など、誰でも知っている人物が数多く登場して、単純に楽しむことができると好評だ。繁華街にあり開館時間も長い。

切手収集マニア必見 地P.601-D2

国立郵便博物館
National Postal Museum

郵便に関する展示では約600万点と同類の博物館では世界最大。郵送用に使った1931フォードA型などの車両、スティンソン・リライアントなどの航空機、歴史的な世界のポスト、カーティス・ジェニー機が天地逆になって印刷された1918年製の24セント切手や国内外などの貴重な切手も充実している。

マニアには「超」のつく有名な逆さに印刷された24セント切手

国立郵便博物館
住2 Massachusetts Ave. & 1st St. NE
☎(202)633-5555
URL postalmuseum.si.edu
開毎日10:00〜17:30
休12/25
行レッドラインUnion Station下車、ユニオン駅の西隣

首都でのどかな気分に浸る 地P.600-B1外

国立動物園
Smithsonian's National Zoo

国立動物園は単なる動物園ではない。絶滅の危機にさらされている野生動物の研究と保護、そして一般の人々に野生環境への理解を深めてもらうための教育プログラムに熱心に取り組んでいる。現在400種約4000の動物を飼育しているが、いちばんの人気者はここでもパンダの親子。

DCでもパンダは人気。しかもタダで見学できる

国立動物園
住3001 Connecticut Ave. NW
☎(202)633-4888
URL nationalzoo.si.edu
開〈3月中旬〜9月〉毎日8:00〜19:00(動物舎は9:00〜18:00)、〈10月〜3月中旬〉毎日8:00〜17:00(動物舎は9:00〜16:00)
休12/25
行レッドラインWoodley Park駅下車。Connecticut Ave.を左に曲がり、緩やかな坂を上って約10分

スペースシャトル「ディスカバリー」登場 地P.600-A1外

ウドバー・ハジー・センター
Udvar-Hazy Center

ワシントン屈指の人気観光ポイントは航空宇宙博物館の別館。ダレス国際空港近くにあり、東京ドームの1.45倍の館内には、モールの本館では収容しきれなかった大型機を中心に、歴史的な航空機、戦闘機、宇宙船などが展示されている。日本人宇宙飛行士も多数乗船した**スペースシャトル「ディスカバリー」**や超音速旅客機の**コンコルド**、広島に原爆を投下した**エノラ・ゲイ**、**紫電改**、**晴嵐**、**桜花**、**月光**など第2次世界大戦時の日本の戦闘機に加え、修復を終えた日本初のジェット戦闘機**橘花**、局地戦闘機**震電**の胴体も見られる。

本物のスペースシャトルだ！

ウドバー・ハジー・センター
住14390 Air and Space Museum Pkwy., Chantilly, VA
☎(703)572-4118
URL airandspace.si.edu/udvar-hazy-center
開毎日10:00〜17:30
休12/25
行航空宇宙博物館から2ブロック南の地下鉄ランファンプラザ駅L'Enfant Plaza Station (D & 7th Sts.の角) 上からメトロバスの#5A "Dulles" 行きに乗り、約1時間でダレス国際空港へ。空港の2Eの乗り場（空港行きのバスを降りた所）からFairfax Connectorバス#983 "Udvar-Hazy Center" 行きに乗り約12分でセンターへ。バスに乗車の際はセンターに行くか確認すること。料金は$7.50、現金の場合は最初の乗車のときにTransferをもらっておくこと。スマートリップカードで支払う際にトランスファーは不要。なお、DCから片道1時間20分〜2時間ほどかかる

スペースシャトル「ディスカバリー」と日本人▶ディスカバリーには日本人宇宙飛行士の向井千秋さん、若田光一さん、野口聡一さん、星出彰彦さん、山崎直子さんが乗船した。

そのほかの博物館&美術館 Other Museums

美術全集でおなじみの名画に出合える 地P.600-B1

フィリップスコレクション
The Phillips Collection

世界的にも有名なルノアールの『舟遊びの昼食』

アメリカ最初の個人所有の美術館。ルノアール、セザンヌ、ブラック、ボナール、ピカソ、クレー、ロスコなど、19、20世紀のフランスやアメリカの絵画やインスタレーションなど約4000点の作品を所蔵する。美術書を見ているような優れた美術品が並び、なかでも**ルノアール作『舟遊びの昼食』**は傑作中の傑作。個人宅を改装しただけあって、アットホームな雰囲気のなかでゆっくりと鑑賞できるのも大きな特徴。美術愛好家も十分納得するすばらしさだ。

フィリップスコレクション
住1600 21st St. NW
☎(202) 387-2151
URL www.phillipscollection.org
開火～土10:00～17:00（木～20:30）、日12:00～18:30
休月、7/4、サンクスビギング、12/24、12/25、1/1
料平日の常設展のみなら寄付のみ（土・日は$10、学生$8）
行レッドラインDupont Circle駅下車。Q St.側の出口を出て、Q St.を左に1ブロック歩くと右側

戦争の悲惨さについて考えてみよう 地P.601-C3

ホロコースト記念博物館
U.S. Holocaust Memorial Museum

第2次世界大戦中にナチスが行った、ユダヤ人の大量虐殺（ホロコースト）をテーマに取り上げた特異な博物館だ。さまざまな資料と映像、そして実際に収容所の人々が着ていた服や靴など生前がうかがえる物を展示することにより、歴史上に類を見ない凄惨なできごとを振り返り、戦争が作り出す人間の狂気を伝えている。収容所の内部を再現した部屋、目を覆いたくなるようなショッキングな映像、吹き抜けの壁に隙間なく掛けられた犠牲者の写真……今を生きる日本人には必見の博物館。じっくり見学したい。

ホロコースト記念博物館
住100 Raoul Wallenberg Pl. SW
☎(202) 488-0400
URL www.ushmm.org
開毎日10:00～17:20
休ユダヤの祝日Yom Kippurの日（2019年は10/9）、12/25
※3～8月は常設展の人数制限があり、博物館のウェブサイトから整理券を予約できる（要手数料）。当日でも博物館で9:45からは整理券が配付される
行ブルー、オレンジ、シルバーラインSmithsonian駅下車。南西へ徒歩約5分

東日本大震災もありのまま報道 地P.601-D2

ニュージアム 閉館しました
Newseum

タイタニック沈没、広島・長崎の原爆投下、ケネディ大統領暗殺、トランプ氏大統領当選といった世界中を駆け巡るニュースの数々を新聞の1面記事、動画、音声などさまざまなメディアを使って紹介しているユニークな博物館。なかでも9.11の[illegible]高熱でグニャグニャになったアンテナを展示し、狼狽する人々を撮影したフィルムを流すなど、いまだにその生々しさを伝える。2015年ISISに殺害された日本人フリージャーナリスト、後藤健二氏も写真入りで紹介している。自粛もない、圧力にも屈しない「報道の自由」を追究する館の姿は、今の日本が失いつつあるものを教えてくれる。必見の博物館だ。

CLOSED

ニュージアム
住555 Pennsylvania Ave. NW
☎(202) 292-6100
URL www.newseum.org
開毎日9:[illegible]17:[illegible]
休サンク[illegible]12/2[illegible]1/1
料$24.95、65歳以上$19.95、7～18歳$14.95、それぞれにTaxが加わる
行イエロー、グリーンラインArchives駅下車

CLOSED

本物のベルリンの壁も展示

メモ 中心部に誕生した注目スポット「シティセンターDC CityCenter DC」▶コンベンションセンターの2ブロック南に、上層階がコンドミニアム、下層階がショップやレストランから構成される新しいコンプレックスが誕生した。ハイエンドブランド30軒が集まり、新しいスポットとなっている。 URL citycenterdc.com

スポーツ観戦 Spectator Sports

 ベースボール MLB

ワシントン・ナショナルズ（ナショナルリーグ東地区）
Washington Nationals

ここ数年優勝候補の筆頭に挙げられるが、あと一歩のところで辛酸をなめ続けている。打線の注目は2015年のMVPであり、スター選手のブライス・ハーパー。18勝をあげたシャーザーをはじめとして、ロアーク、ストラスバーグとリーグ屈指の投手陣にもかげりが見え始めている。

ワシントン・ナショナルズ
(1969年創設)
本拠地――ナショナルズパーク
Nationals Park(4万1546人収容)
地P.601-D3
住1500 S. Capitol St. SE
☎(202)675-6287(チケット)
URL washington.nationals.mlb.com
行グリーンラインNavy Yard-Ballpark駅下車

この選手に注目!
アンソニー・レンドン（三塁手）

 アメリカンフットボール NFL

ワシントン・コマンダーズ（NFC東地区）
Washington Commanders

2014年就任のHCジェイ・グルーデン（レイダーズHCジョンは実兄）は2年目に9勝と勝ち越し、プレイオフに駒を進めるも以降、8勝、7勝と星を減らし、下降線。正念場の2018シーズン、チーフスからQBスミスを獲得、新エースが発奮材料となるか。チームカラーはバーガンディ、ゴールド。

ワシントン・コマンダーズ
(1932年創設)
本拠地――フェデックスフィールド
FedEx Field(8万2000人収容)
地P.601-D1外
住1600 FedEx Way, Landover, MD
☎(301)276-6050(チケット)
URL www.redskins.com
行ブルー、シルバーラインMorgan Blvd.駅下車、北へ約1.6km

この選手に注目!
アレックス・スミス

 バスケットボール NBA

ワシントン・ウィザーズ（東・南東地区）
Washington Wizards

2013-14シーズンから5割以上の成績を続け、4度のプレイオフをものにしている。2017-18は43勝でシード8位に滑り込んだものの、初戦で敗退、プレイオフをどう戦い抜くのかが最重要課題となった。チームカラーはレッド、ネイビーブルー、シルバー、ホワイト。

ワシントン・ウィザーズ
(1961年創設)
本拠地――キャピタル・ワン・アリーナ
Capital One Arena(2万356人収容)
地P.601-C2 住601 F St. NW
☎(202)661-5050(チケット)
URL www.nba.com/wizards
行レッド、イエロー、グリーンラインGallery Pl./Chinatown駅下車

この選手に注目!
ブラッドリー・ビール

 アイスホッケー NHL

ワシントン・キャピタルズ（東・メトロポリタン地区）
Washington Capitals

2017-18年シーズンのスタンレーカップ・チャンピオン。この優勝は1974年のチーム創設から数えて実に43シーズン目の快挙だった。しかし過去11シーズンで8度も地区優勝するなど実力は折り紙付きでリーグ制覇も時間の問題と言われていた。チームの軸はこれまでゴール王を7度も獲得しているオベチキン。

ワシントン・キャピタルズ
(1974年創設)
本拠地――キャピタル・ワン・アリーナ
Capital One Arena(1万8506人収容)
地P.601-C2 住601 F St. NW
☎(202)266-2277(チケット)
URL capitals.nhl.com
行ウィザーズ参照

この選手に注目!
アレクサンドル・オベチキン

 サッカー MLS

DCユナイテッド（東地区） DC United

1996年以来4回リーグ優勝し、1998年にはアメリカ大陸のチャンピオンとなったが、2004年以来優勝がない。ベン・オルセン監督のもとアメリカ人選手が中心のチームを作っている。念願だったサッカー専用のアウディフィールドが2018年に完成した。

DCユナイテッド
(1995年創設)
本拠地――アウディフィールド
Audi Field(2万人収容)
地P.601-D3外
住100 Potomac Ave. SW
☎(202)587-5000
URL www.dcunited.com
行試合開催日に運行されるサーキュレーターのイースタンマーケット～ランファンプラザ線がアウディフィールドへも走る

この選手に注目!
ウェイン・ルーニー

メモ 大リーグNo.1の人気アトラクション▶ナショナルズパークで4回裏の攻撃前に行われる4人の大統領による徒競走が大人気。2013年から大統領として初めて始球式を行ったタフトも加わり、5人が走っている。5人はジョージ、トム、エイブ、テディ、ビルの愛称で呼ばれる。

S ショッピングモール
ファッションを中心に約170軒の店がある
ファッションセンター・アット・ペンタゴンシティ
Fashion Centre at Pentagon City

住1100 S. Hayes St., Arlington, VA
☎(703) 415-2400(録音) URL www.simon.com
開月〜土10:00〜21:30、日11:00〜18:00 地P.600-B3外

DCでいちばん人気のモール。イエロー、ブルーラインPentagon City駅の真上にあり、コーチ、トゥミ、ビクトリアズシークレット、ケイト・スペード、マイケル・コース、アメリカン・イーグル・アウトフィッターズなど約170軒ある。

S アウトレット
中心部に近いアウトレットモール
タンガーアウトレット・ナショナルハーバー
Tanger Outlets National Harbor

住6800 Oxon Hill Rd., National Harbor, MD ☎(301) 567-3880
URL www.tangeroutlet.com/nationalharbor
開月〜土9:00〜21:00、日10:00〜19:00 地P.601-D3外
行グリーンラインSouthern Ave.駅からメトロバス#NH1で約20分、Oxon Hill Park & Rideで下車

ナショナルハーバーにあるDCから最も近いアウトレット。コーチ、J・クルー、マイケル・コース、アンダーアーマーなど約100店舗ある。

R ファストフード
自分の好みのピザを作れる
アンドピッツッア
&pizza

住1005 E St. NW ☎(202) 347-5056
URL www.andpizza.com
開日〜木11:00〜23:00、金・土〜24:00
AMV Wi-Fi無料 地P.601-C2

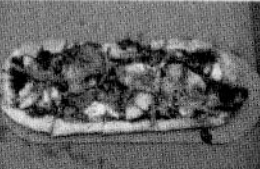

生地、ソース、トッピングまで、流れ作業スタイルで選んでいく楕円形のピザ。最後に焼いてくれる。生地も分厚くなく、食べやすいうえ、$7〜10とお手頃。

R アメリカ料理
DC名物レストランのひとつ
オールド・エビット・グリル
Old Ebbitt Grill

住675 15th St. NW ☎(202) 347-4800
URL www.ebbitt.com
開毎日7:30〜翌1:00(土・日8:30〜)、バーは延長あり
ADJMV 地P.601-C2

1856年創業のDC最古のバー。財務省の向かいという場所柄のせいか、パワーブレックファストの場として人気が高い。政府のお役人に混じって朝食を取ってみては?

R カフェ&軽食&書店
本を買ってカフェでひと休み
クラマーブックス&アフタワーズカフェ
Kramerbooks & Afterwords Café

住1517 Connecticut Ave. NW ☎(202) 387-3825
URL kramers.com
開毎日7:30〜翌1:00(金・土〜翌3:00)
AMV Wi-Fi無料 地P.600-B1

本屋の奥にカウンターバーと喫茶室があり、買ったばかりの本をここで読むことができる。週末は深夜まで営業して便利。本を買わずに食事だけに寄る人も。

R ラーメン
日本人も納得のうれしい味
大鍋屋
Daikaya

住705 6th St. NW ☎(202) 589-1600
URL www.daikaya.com
開日〜火11:00〜22:00、水・木〜22:30、金・土〜24:00
AMV 地P.601-D2

NYのラーメンブームがDCにも伝播! 懐かしい、しかもおいしいラーメンが食べられる。塩、醤油、味噌に加え、ベジタリアン用のラーメンもある。$13前後。

R アメリカ料理
ヘルシーなグルメバーガーを召し上がれ
グッド・スタッフ・イータリー
Good Stuff Eatery

住303 Pennsylvania Ave. SE ☎(202)543-8222
URL www.goodstuffeatery.com 開月〜土11:00〜22:00
休日 AMV 地P.601-D3外

アメリカ版『料理の鉄人』に出演したシェフが作ったバーガー($6.65〜)はビーフパテもさることながら、野菜も実にフレッシュ。ポテトの成形も手作業で、美味。

R ファストフード
具が選べるビビンバ!?
ビビボップ・アジアン・グリル
Bibibop Asian Grill

住2805 M St. NW ☎(202) 650-7219
URL bibibop.com 開月〜土10:30〜21:30、日11:30〜20:00
AMJ 地P.600-A1

素材が並ぶのでわかりやすい。最初にご飯やラップを、次に載せるもの、最後にソースを選んで自分好みのビビンパだ。全部なら"All"。味噌汁は無料。予算は$10以下。

メモ トランプ大統領と写真が撮れる?▶ もちろん、本物ではなく、人形。マダムタッソーろう人形館にはウリふたつといいたくなるような人形が飾られている。Madame Tussauds Washington DC 住1001 F St. NW URL www.madametussauds.com/washington-dc 料$22、4〜12歳$17.50 地P.601-C2

ホテル
Hotels

ホステル

アメリカのYHのなかでもおすすめ

ホステリング・インターナショナル-ワシントンDC
Hostelling International - Washington, DC

住1009 11th St. NW, Washington, DC 20001
☎(202)737-2333
URL www.hiwashing[illegible] CLOSED [illegible] ドミトリー
$32～52、個室$129～149(バス・トイレ共同) MV 地P.601-C1

キッチンやコインランドリー、食堂にリビングルーム、コインロッカーも完備。朝食も、インターネットも無料。Metro Center駅から徒歩10分。250ベッド。

ホステル

アダムスモーガン地区にあるホステル

ワシントン・インターナショナル・スチューデント・センター
Washington International Student Center

住2451 18th St. NW, Washington, DC 20009
☎(202)667-7681 Free(1-800)567-4150
URL www.dchostel.com Wi-Fi無料 ドミトリー$25～29
個室$39～(バス・トイレ共同) MV 地P.601-C1外

地下鉄Woodley Park-Zoo駅から約10分。個室もある。周囲は個性的な店が並ぶアダムスモーガン。ユニオン駅からピックアップもしてくれる。朝食付き、男女混合のこともある。30ベッド。

エコノミーホテル

創業100周年を超えるDCの老舗安ホテル

ホテルハリントン
Hotel Harrington

住436 11th St. NW, Washington, DC 20004
☎(202)628-8140 FAX(202)393-2311
URL www.hotel-harrington.com Wi-Fi無料 ADJMV
ⓈⒹⓉ$115～717、ファミリー$185～675 地P.601-C2

ホワイトハウスまで歩いて5分ほど。部屋は古くて狭いが場所はいい。レストランやパブもある。地下鉄の最寄りはMetro Center駅。242室。

中級ホテル

シンプルだけどリーズナブル

コンフォートイン・ダウンタウン
Comfort Inn Downtown

住1201 13th St. NW, Washington, DC 20005
☎(202)682-5300 FAX(202)408-0830
URL www.dcdowntownhotel.com Wi-Fi無料
ⓈⒹⓉ$109～409 ADJMV 地P.601-C1

コンベンションセンターも徒歩圏。設備はシンプルだが、掃除は行き届いている。ダウンタウンで無料の朝食付きは珍しい。ロビーに電子レンジもあって便利。100室。

中級ホテル

MLBナショナルズの本拠地のそば

キャピトル・スカイライン・ホテル
Capitol Skyline Hotel

住10 I St. SW, Washington, DC 20024
☎(202)488-7500 Free(1-800)458-7500
URL www.capitolsky[illegible] CLOSED [illegible]
ⓈⒹⓉ$109～339 ADMV 地P.601-D3

大リーグ・ナショナルズの本拠地近くにあって、Waterfront駅そばにスーパーもある。平日の朝はシャトルを運行。客室は広く、料金といい穴場的ホテルだ。

B&B

オバマ前大統領がご近所さん

カロラマ・ゲストハウス
The Kalorama Guest House

住2700 Cathedral Ave. NW, Washington, DC 20008
☎(202)588-8188 FAX(202)588-8858
URL kaloramagues[illegible] CLOSED [illegible] バス共同Ⓢ$89～115、ⓈⒹⓉ$109～249 AJMV 地P.600-B1外

Woodley Park-Zoo駅から徒歩8分、閑静な住宅街にあるシックなB&B。テレビや電話はないが静かに過ごしたい人に最適。10室。

エコノミーホテル

アーリントン側のお手頃ホテル

アメリカーナホテル
Americana Hotel

住1400 Jefferson Davis Hwy., Arlington, VA 22202
☎(703)979-3772 FAX(703)[illegible]
URL www.americana[illegible] CLOSED [illegible]
ⓈⒹⓉ$60～190 AMV 地P.600-B3外

シンプルな造りだが、清潔でリーズナブル。しかも無料の朝食付き。6:00～23:00はPentagon City駅やCrystal City駅へ無料のシャトルを運行。102室。

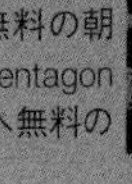

中級ホテル

DCの美しい夜景が眺望できる

ホリデイイン・ロスリン@キーブリッジ
Holiday Inn Rosslyn @ Key Bridge

住1900 N. Fort Myer Dr., Arlington, VA 22209
☎(703)807-2000 FAX[illegible]
URL www.hirossly[illegible] CLOSED [illegible]
ⓈⒹⓉ$89～304 ADJMV 地P.600-A2

アーリントンにあるが、地下鉄Rosslyn駅までわずか半ブロック。ジョージタウンへも歩いて行ける。部屋も広く設備もよい。上階レストランからの眺めよし。307室。

日本からアメリカへの国際電話のかけ方 ➡ P.8～9
国際電話認識番号(001/0033/0061)＋(010)＋アメリカの国番号(1)＋市外局番＋電話番号

ウオーターフロント開発誕生の町
ボルチモア
Baltimore

ボルチモアのインナーハーバーは町の見どころが集まっている

ボルチモアでいちばんの有名人といえば"球聖ベーブ・ルース"だ。しかし、ボルチモアはルースにとどまらない。誕生は1797年と古く、"アメリカ大陸最初の鉄道が敷かれた町"や"国歌発祥の地"としても知られている。

最大の見どころは、整備された美しい港。チェサピーク湾に造られた港にはれんがが敷き詰められ、ショッピングモールや水族館などが並ぶ。スポーツも盛んで、球場も港にある。

DATA

人口▶約61万1600人
面積▶210km²
標高▶最高約149m、最低0m
TAX▶セールスタックス　6%
ホテルタックス　15.5%
属する州▶メリーランド州　Maryland
州のニックネーム▶オールドライン州 Old Line State
州都▶アナポリス　Annapolis
時間帯▶東部標準時（EST）

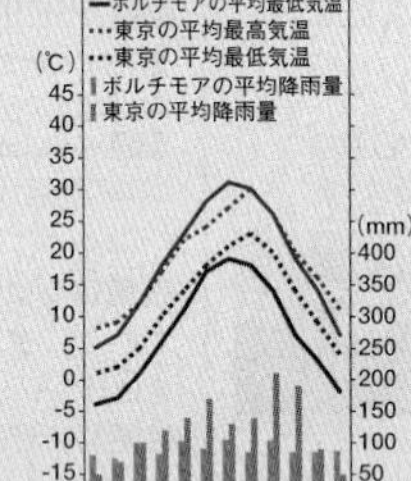

P.631

繁忙期▶8～10月

もっと詳しく

地球の歩き方B08 ワシントンDC編（1700円＋税）でもボルチモアを紹介していますので、ご活用ください。

Getting There & Around　ボルチモアへの行き方＆歩き方

ボルチモアへはワシントンDCからのアクセスがよく、鉄道ならアムトラックのほかにマークMarc（通勤列車）のPenn LineがDCのユニオン駅を出発し、ボルチモアのペンシルバニア駅（ペン駅）に到着する。同じくマークのCamden Line（平日運行）ならインナーハーバーのCamden駅に着く。

観光の中心は観光案内所もあるインナーハーバーInner Harbor。歩いて回れる範囲に見どころが多いので、ここから観光を始めよう。なお、夜の移動は必ずタクシーで。

市内の交通機関　Public Transportation

ライトレイル（メリーランド州交通局）
Light Rail

アムトラックとマークのペンシルバニア駅、BWI空港を結ぶ。

サーキュレーター
Circulator

市内のおもなポイントを結んで循環する便利な無料バス。4路線あるが、使いやすいのが町を横断するオレンジルート。インナーハーバー、鉄道博物館、リトルイタリーなどを回る。

飛行機なら
ボルチモア・ワシントン国際空港(BWI) P.596 が約16km南西にある。中心部へはライトレイルで約30分。スーパーシャトルの空港シャトルは片道$16

ペンシルバニア駅
地P.619-外　住1500 N. Charles St.
行中心部へはライトレイルで

グレイハウンド・バスディーポ
地P.619-外　住2110 Haines St.
開24時間
行中心部へは#73のバス、またはタクシー（料$10～15）

ボルチモア観光案内所
地P.619　住401 Light St.
Free(1-877)225-8466
URL baltimore.org
開毎日10:00～17:00(季節により変更)
休サンクスギビング、12/25の前後、11～3月の月・火曜

ライトレイル（メリーランド州交通局）
☎(410)539-5000
料$1.70、1日券$4

サーキュレーター
URL www.charmcitycirculator.com
料無料
運行／月～金7:00～20:00(金～24:00)、土・日9:00～24:00(日～20:00)、季節により変更

メモ　ボルチモア交通の名物▶海に面し、観光ポイントも多いボルチモア。移動には、ウオータータクシーWater Taxiと呼ばれる船の利用もおすすめ。乗り場はインナーハーバーの中央など。URL baltimorewatertaxi.com 料1日券$16、2日券$21。冬期は運航本数が少なくなる。

おもな見どころ Sightseeing

ボルチモアいちの観光エリア 地P.619

インナーハーバー
Inner Harbor

港を中心に見どころやショッピングモールなどがある。

ナショナル水族館　National Aquarium in Baltimore

ボルチモア一番人気の観光ポイントで、約2万匹の生き物がいる水族館。ジャングルのような熱帯雨林や、オーストラリアの峡谷を再現したパビリオン、珊瑚礁が見事なブラックティップリーフは必見。タッチプールではカブトガニに触ることもできる。

ベーブ・ルースの生家　Babe Ruth Birthplace

インナーハーバーから西へ徒歩約15分。カムデンヤードの北西2ブロック先に野球界の偉人ベーブ・ルースの生家がある。意外に小さな家で、当時のまま保存されている。

インナーハーバー

●National Aquarium in Baltimore
住501 E. Pratt St.　☎(410)576-3800
URL www.aqua.org
開毎日9:00～17:00(季節により異なる)
料$39.95、シニア$34.95、3～11歳$24.95

●Babe Ruth Birthplace
住216 Emory St.
☎(410)727-1539
URL baberuthmuseum.org
開毎日10:00～17:00（オリオールズの試合日は19:00まで）
休10～3月の月、サンクスギビング、12/25、1/1
料$10、シニア$8、5～16歳$5

ベーブ・ルースの私生活も少し紹介している

ボルチモア・オリオールズ
(1901年創設)

この選手に注目!
アダム・ジョーンズ(外野手)

ボルチモア・レイブンズ
(1996年創設)

この選手に注目!
ロバート・グリフィン3世

ホテル Hotels

ホステル

設備の整ったユース
ホステリング・インターナショナル・ボルチモア
Hostelling International Baltimore

住17 W. Mulberry St., Baltimore, MD 21201
☎(410)576-8880　Wi-Fi無料　地P.619
URL www.hiusa.org/baltimore　$25～30　MV

CLOSED

ライトレイルのLexington Market駅から3ブロック。コーヒーや紅茶、簡単な朝食などが無料で人気が高い。フロントは24時間オープン。44ベッド。

中級ホテル

ライブステージもあるスタイリッシュなホテル
ホテル・アールエル・ボルチモア
Hotel RL Baltimore

住207 E. Redwood St., Baltimore, MD 21202
☎(410)685-2381　Free(1-844)248-7467　Wi-Fi無料
URL www.redlion.com　ⓈⒹⓉ$95～243　AMV　地P.619

1階のコーヒーショップの横には小さなステージがあり、週末はライブ演奏も行われる。チェックインカウンターがなく、機械で行う最新システム。シャワーのみの部屋もある。130室。

メモ　オリオールズ&レイブンズ▶オリオールズの本拠地、カムデンヤードOriole Park at Camden Yardsへはライトレイル Camden駅下車、レイブンズの本拠地、M&TバンクスタジアムM&T Bank Stadiumへはライトレイル Hamburg St.駅下車。どちらも駅の目の前にある。

アパラチア山脈に抱かれた

チャールストン

Charleston

カナワ川沿いに発展した町だ

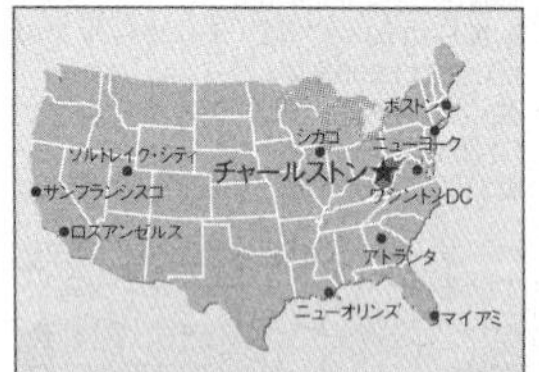

車を走らせると、緩やかな稜線がどこまでも続く。緑豊かで見飽きることのない美観は、いつのまにか気持ちを穏やかにしてくれる。まさに、アメリカのスタンダードナンバー『カントリーロード』の世界そのものだ。

南北戦争時リベラルな市民が中心となり、バージニア州から独立したのがウエストバージニア州である。州都チャールストンでは大自然のなかでのアクティビティも盛ん。

DATA

人口▶約4万7900人　面積▶82km²
標高▶約184m
TAX▶セールスタックス　7%
ホテルタックス　14%
属する州▶ウエストバージニア州 West Virginia
州のニックネーム▶山の州　Mountain State
州都▶チャールストン　Charleston
時間帯▶東部標準時（EST）

➡P.631

繁忙期▶4〜9月

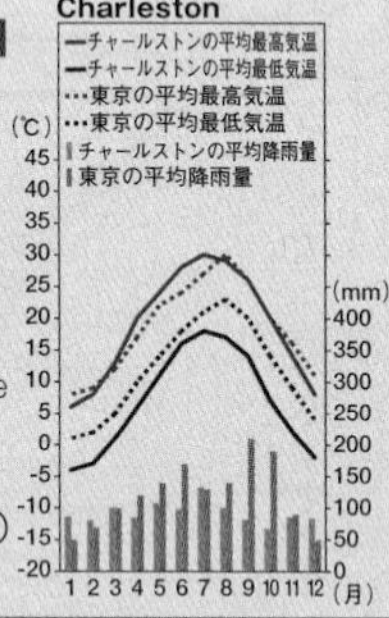

もっと詳しく

地球の歩き方B08 ワシントンDC編（1700円＋税）でもウエストバージニア州北東部の見どころを紹介していますので、ぜひご活用ください。

Getting There　チャールストンへの行き方

飛行機　Plane

イェーガー空港
Yeager Airport（CRW）

ワシントンDCやアトランタ、シカゴ、ヒューストンなどおもな都市からアメリカン航空やデルタ航空、ユナイテッド航空が乗り入れている。ターミナルはひとつ、コンコースがA〜C3つの小さな空港で、ダウンタウンの北東約7kmととても近い。そのため市内のホテルのほとんどが空港まで送迎シャトルを走らせている。シャトルはバゲージクレーム（預託荷物のピックアップ場所）横にあるホテルへの直通電話で呼ぶといい。タクシーなら所要15分、約$20。レンタカーはアラモ、エイビス、ハーツ、バジェットなどがある。レンタカーは事前に予約を。

キャピトルマーケットはチャールストンのマスト

イェーガー空港
地P.622-B2外
住100 Airport Rd.
☎(304)344-8033
URL www.yeagerairport.com

米国ウエストバージニア州政府日本代表事務所
ウエストバージニア州は日本に事務所を開設している。ビジネスはもちろん、観光情報なども入手可能だ
URL westvirginia.or.jp

核シェルターもあった高級リゾート
チャールストンから南東へ約185kmにある、グリーンブライヤー Greenbrier。敷地内にはホテル、スパ、ゴルフ場、カジノなどを完備。アムトラック駅もある
住300 W. Main St., White Sulphur Springs, WV 24986
Free (1-855) 453-4858
URL www.greenbrier.com

旅のアドバイス　ウエストバージニア州の四季の楽しみ方▶ウエストバージニア州には日本のような四季があり、春は新緑のなかを、秋は木々が鮮やかに色づく紅葉のなかをハイキング、夏は谷間を流れる川でのラフティング、冬にはアメリカ東部でも屈指のスキーリゾートでスキーを楽しむことができる。

長距離バス Bus

グレイハウンド・バスディーポ
Greyhound Bus Depot

ダウンタウンの北西、シビックセンターの隣。売店はないが、自動販売機とコインロッカーがある。シャーロットから1日2便（約7時間）、クリーブランドから1日1便（約5時間30分）運行。

鉄道 Train

アムトラック駅
Amtrak Station

ダウンタウンの南、カナワ川に架かるSouthside Bridgeを渡ってすぐの右側にある。ニューヨークとシカゴを結ぶカーディナル号が途中ワシントンDCやシンシナティを経由して毎週水・金・日曜に停車。チケット売り場がないのでウェブで購入を。

グレイハウンド・バスディーポ
地P.622-A1
住300 Reynolds St.
☎(304) 357-0056
開毎日6:30〜14:00、21:00〜22:30

グレイハウンドは町の北にある

アムトラック駅
地P.622-A2
住350 MacCorkle Ave. SE
Free (1-800) 872-7245
開毎日7:00〜10:00、19:00〜22:00

チャールストンの歩き方 Getting Around

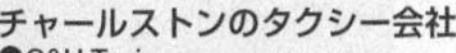

穏やかな山並みに囲まれ、秋の紅葉が美しいチャールストン。見どころは、ダウンタウンだけでなく広範囲に点在している。そのため、車があったほうが便利ではあるが、幸いダウンタウンは徒歩で移動ができる。Capitol St.沿いには、カフェやレストランが建ち並び、人気のショッピングモールもある。食事や買い物に困ることはない。ダウンタウンの東側にあるキャピトルマーケットも楽しい。

また、チャールストンへは、ラフティングやトレッキングなど、アウトドアを目的にやって来る人も多い。2〜3日時間を取ってぜひ郊外の大自然に親しみたい。

チャールストンのタクシー会社
●C&H Taxi
☎(304) 344-4902

遠くメキシコ湾に注ぐ
町の南を東西に流れるカナワ川は、後にオハイオ川そしてミシシッピ川となり、メキシコ湾に注ぐ

観光案内所 Visitors Information

チャールストン観光局
Charleston Convention & Visitors Bureau

ダウンタウンのほぼ中心のキャピトルマーケット➡P.623にあり、各種パンフレットや地図などを入手することができる。観光がてら寄りたい。

市内の交通機関 Public Transportation

カナワバレー地域交通局
Kanawha Valley Regional Transportation Authority (KRT)

市内と近郊を結ぶ路線バスを運営。ダウンタウンのLee St.とQuarrier St.に挟まれたLaidley St.のあたりがバスの発着するトランジットモールとなっている。前述のとおり、チャールストンのダウンタウンは歩ける距離であり、多くのホテルではダウンタウン内のシャトルサービスを行っているからこれを賢く利用しよう。バスは、町の西と東を結ぶ#3、5くらい。

チャールストン観光局
地P.622-A1
住800 Smith St.
☎(304) 344-5075
URL charlestonwv.com
開 月〜金 8:00 〜 17:00

カナワバレー地域交通局
☎(304) 343-7586
URL www.rideonkrt.com
運行／毎日 4:00 〜翌 1:15（ルートにより異なる）
料$1.50

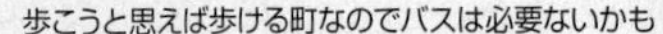
歩こうと思えば歩ける町なのでバスは必要ないかも

メモ 映画の舞台になったウエストバージニア州▶蛾人間（モスマン）の伝説を描いた『プロフェシーThe Prophecy』、米国政府が隠匿する何かを知ってしまった少年少女たちの『スーパー8 Super 8』、航空機事故でアメフト選手の全員死亡、そこから立ち直るチームの実話『マーシャルの奇跡We Are Marshall』など。

Sightseeing おもな見どころ

州議事堂はツアーに参加して見学しよう

ウエストバージニア州議事堂
住Kanawha Blvd. & California Ave.
☎(304) 558-4839
URL www.wvlegislature.gov
開月～金8:00～17:30、土9:00～、日祝12:00～　ツアー／月～金9:30～15:30、土13:00～16:00の30分～1時間間隔　料無料

ウエストバージニア州博物館
住1900 Kanawha Blvd. E.
☎(304) 558-0220
URL www.wvculture.org
開 火～土 9:00～17:00
休日、月
料無料

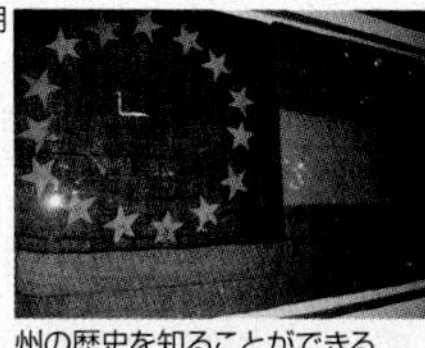

州の歴史を知ることができる

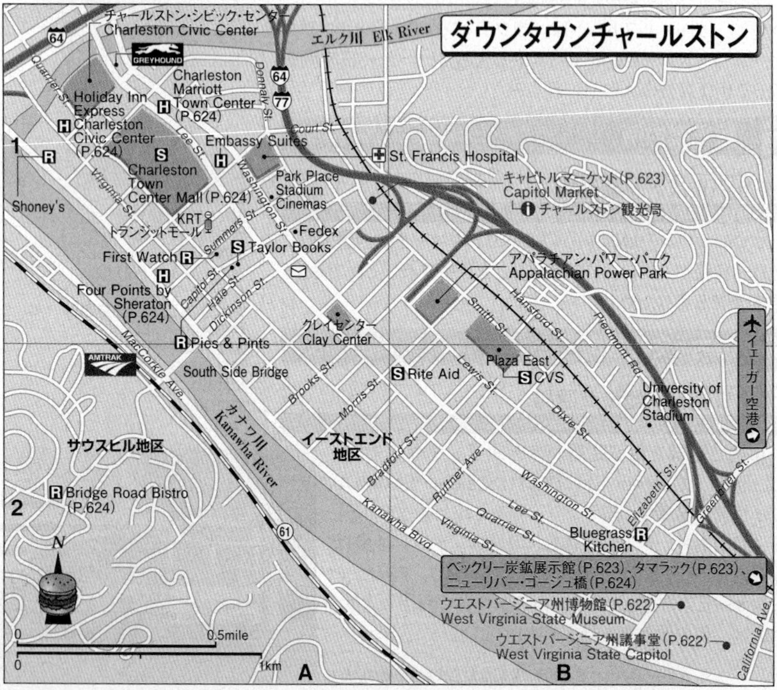

黄金のドームは内部も壮麗　地P.622-B2

ウエストバージニア州議事堂
West Virginia State Capitol

8年の工期を経て1932年に完成した議事堂は、23.5金の美しいドームが目印。ドームはインディアナ州の石灰岩と約4600トンの鉄で造られ、高さ89.5mはDCの国会より1.5m高い。333の部屋があるが、凛とした気品ある建物はイタリアとテネシー州の大理石で、中央に下がるシャンデリアはチェコスロバキア（当時）の1万80片のクリスタルでできている。ツアーに参加すれば上院、下院議会室、歴代知事の肖像画が飾られたホールなども見学できる。

WV州を知るベストな無料博物館　地P.622-B2

ウエストバージニア州博物館
West Virginia State Museum

まるで探検するように、ウエストバージニア州の歴史と産業について理解を深めていくことのできる博物館。子供向けではあるが、ビジュアルを重視して解説している。3000万年前からこの地に豊富に存在していた鉱物、18世紀ヨーロッパ人の入植、兄弟が分かれて戦った南北戦争、その銃や大砲の武器などを見ながら州の変遷がわかる。見事なのは再現された炭坑。鉄道の敷設や女性の社会進出なども展示され、まさに生きた歴史博物館だ。

ダウンタウンチャールストン

歴史・文化・その土地らしさ　公園・レクリエーション・アトラクション　買い物・食事・娯楽　★編集室オススメ

おみやげ探しもできる 地P.622-A1

キャピトルマーケット
Capitol Market

市民に愛されている市場は駅舎として使われていた建物を利用したもの。州の名産物を販売する店、手作りのジャムを扱う店、州内で人気のHoll's Swiss Chocolatesの直営店などがあって見るだけでも楽しい。屋外はファーマーズマーケットとなり、色とりどりの野菜や花が並ぶ。1～3月は屋内のみの営業。

キャピトルマーケット
住800 Smith St.　☎(304) 344-1905
URL www.capitolmarket.net
開〈4～11月〉月～土9:00～18:00、日12:00～17:00、〈12月〉月～土9:00～19:00、日12:00～17:00、〈1～3月〉月～土10:00～18:00、日12:00～17:00
休 おもな祝日

郊外の見どころ

Excursion

トロッコに乗り、いざ炭坑の中へ 地P.622-B2外

ベックリー炭鉱展示館
Beckley Exhibition Coal Mine

ウエストバージニア州をドライブすると、必ずといっていいほど出くわすのが巨大な炭鉱だ。全米で屈指の多さを誇るだけに、州の主要産業は石炭業。これを、観光アトラクションとして見せているのがここ。かつて運営されていた本物の炭坑をトロッコに乗って探検する。案内役は実際に働いていた坑夫たちで、常に危険と隣り合わせで、閉鎖された中での危険を回避する方法や、弁当や水を盗まれないための工夫、過酷な労働環境などを解説してくれる。とても珍しい体験になることは間違いない。

本物の炭鉱の中を見るツアーだ

ベックリー炭鉱展示館
住513 Ewart Ave., Beckley
☎(304) 256-1747
URL www.beckleymine.com
開〈4～11月初旬〉毎日10:00～18:00。ツアー最終受付は17:30まで
休11月中旬～3月
料$22、シニア$16、4～17歳$12.50
行チャールストンからI-64／I-77を南東へ約90km行ったExit 44で下りて、Harper Rd.を東に4km。Ewart Ave.を左折した右側、所要約1時間10分

ウエストバージニア州のおみやげを買うなら 地P.622-B2外

タマラック
Tamarack

ウエストバージニア州の特産品が揃うモール。色鮮やかなガラス工芸品、力強いブロンズの彫刻、味わい深い鉱石をあしらったアクセサリー、ひと目ひと目ぬくもりが感じられるキルトなど、これらはほとんど手作りで、ウエストバージニア州の人々のあたたかさが感じられるものばかり。酸味の利いたアップルバターは、パンに塗ったり、ヨーグルトに混ぜてもおいしい。ショッピングのあとは、地産地消を実践するセルフのレストランへ。おすすめはニジマスのソテー。サイドはグリーンビーンと新鮮なジャガイモとコーンブレッドを。

タマラックではニジマス料理に挑戦したい

タマラック
住One Tamarack Park, Beckley
☎(304) 256-6843
Free (1-888) 262-7225
URL www.tamarackwv.com
開〈1、2月以外〉毎日7:00～20:00（レストラン7:00～）、〈1、2月〉毎日10:00～19:00、（サンクスギビング、12/24、12/31は17:00まで）
休12/25
行チャールストンからI-64／I-77を南東へ約85km行ったExit 45で下りて、1km直進した所。所要約1時間15分

ウエストバージニア州最大の祭典、ブリッジデイ

旅のアドバイス

ニューリバー・ゴージュ橋 P.624 で毎年10月の第3土曜に開催されるお祭りがブリッジデイBridge Day。市民が待ちに待った大イベント＝お祭りだ。目玉は、橋からパラシュートで飛び降りるダイビング。この日のために世界中からジャンパーたちが集まり、それぞれ趣向を凝らしたコスチュームで特技を披露する。橋の上はダイバーたちをひとめ見ようとする見物客や報道陣でいっぱいだ。毎年約8万人が集う。食べ物や名産品を売る屋台も軒を連ね、祭り気分は高まる。
URL officialbridgeday.com
2019年は10月19日開催。

普段は橋を歩けないがこの日だけは歩ける

メモ **母の日が生まれた土地▶**毎年5月第2日曜の"母の日"は、ウエストバージニア州出身のアンナ・ジャービスが中心になって制定された。1908年に初めて母の日が祝われてから100周年の2008年には、ウエストバージニア州グラフトンGraftonにある"母の日大聖堂International Mother's Day Shrine"でイベントが開催された。

ニューリバー・ゴージュ橋
行チャールストンからI-64／I-77を南東へ約65km進み、Exit 60でWV-612へ約13km。US-19に合流し、13km北進した所。所要約1時間20分
●Canyon Rim Visitor Center
住162 Visitor Center Rd., Lansing
☎(304)574-2115
URL www.nps.gov/neri
開毎日9:00〜17:00
休サンクスギビング、12/25、1/1
●Bridge Walk
URL bridgewalk.com
ツアー／毎日9:00〜16:00の2時間間隔（時期により異なる）
☎(304)574-1300
料$72。所要2〜3時間

渓谷に架かるアメリカで3番目に高いアーチ橋 地P.622-B2外

ニューリバー・ゴージュ橋
New River Gorge Bridge

チャールストンの南東100km、US-19号線上に深い渓谷がある。そこに架けられた橋New River Gorge Bridgeの全長は約924m、高さは267m。1977年の完成当時は、世界最長のアーチ橋であった。現在でも、アメリカではコロラド州にあるロイヤル・ゴージュ・ブリッジに次いで、3番目に高い。この橋脚を歩くアトラクションBridge Walkも人気。

国立公園にも指定されている

ショップ&レストラン&ホテル
Shop & Restaurant & Hotels

ショッピングモール
町の中心部にあり便利！
チャールストン・タウン・センター・モール
Charleston Town Center Mall

住3000 Charleston Town Center ☎(304)345-9525
URL www.charlestontowncenter.com
開月〜土10:00〜21:00、日12:30〜18:00 地P.622-A1

Macy'sなど2軒のデパート、ホリスターやセフォラ、ロフト、ビクトリアズシークレットなど、約120のショップやレストランが入っている。郵便局もあり。無料Wi-Fi。

R アメリカ&南部料理
旬な素材を生かす優しい料理
ブリッジロード・ビストロ
Bridge Road Bistro

住915 Bridge Rd. ☎(304)720-3500
URL thebridgeroadbistro.com 開月〜木11:00〜22:00、金・土〜23:00 休日 AMV 地P.622-A2

カナワ川の西、サウスヒルの緑豊かな高級住宅街にある。地元の新鮮な素材を用い、ハマチなどの魚介類を南部風や地中海風の味つけで楽しめる。中心部から#15のバスで。

H 中級ホテル
ビジネスにも重宝する
フォーポイント・シェラトン・チャールストン
Four Points Sheraton Charleston

住600 Kanawha Blvd. E., Charleston, WV 25301 ☎(304)344-4092
FAX(304)345-4847 URL www.marriott.com Wi-Fi無料
ⓈⒹⓉ$119〜159、スイート$159〜224 ADMV 地P.622-A1

カナワ川のそばにあるリーズナブルなホテル。ビジネスセンターやフィットセネスセンター、室内プール完備。清潔で快適。空港無料シャトルあり。全室禁煙、176室。

H 中級ホテル
コンベンションセンターの向かい
ホリデイイン・エクスプレス・チャールストン・シビックセンター
Holiday Inn Express Charleston Civic Center

住100 Civic Center Dr., Charleston, WV 25301 ☎(304)345-0600
FAX(304)343-1322 URL www.ihg.com/holidayinnexpress
Wi-Fi無料 ⓈⒹⓉ$97〜202 ADJMV 地P.622-A1

カナワ川とコンベンションセンターの間にあり、ビジネスに便利。質素だが、使いやすく、快適。無料の朝食、空港へのシャトルは24時間OK。196室。

H 高級ホテル
町のベストロケーション
チャールストン・マリオット・タウン・センター
Charleston Marriott Town Center

住200 Lee St. E., Charleston, WV 25301
☎(304)345-6500 Free(1-800)228-9290 FAX(304)353-3722
URL www.marriott.com
ⓈⒹⓉ$119〜249 ADJMV Wi-Fi$9.95 地P.622-A1

シビックセンターやチャールストン・タウン・センター・モールまで1ブロック。ビジネスにも観光にも便利な場所。客室は広くて清潔、使いやすい。レストランや、室内プール、フィットネスセンター、コインランドリーなどがある。ダウンタウン内と空港からの送迎サービス（6:00〜22:00）やパブリックエリア（ロビー、レストラン）のWi-Fiが無料なのはうれしい。352室。

ロケーションもサービスもいいマリオット

メモ とってもおしゃれな本屋&カフェ▶まるで映画の中から抜け出してきたような、れんが造りで、とてもあたたかい雰囲気のある、町の名物書店。ぜひ寄ってみよう。Taylor Books 住226 Capitol St. URL www.taylorbooks.com 開月〜金7:00〜20:00（金〜22:00）、土9:00〜22:00、日9:00〜17:00 地P.622-A1

旅の準備と技術

★旅の準備

第１章　旅の情報収集……………… 626
第２章　旅のスタイル……………… 629
第３章　ひと目でわかるアメリカ… 630
第４章　アメリカのおもな気候…… 632
第５章　旅のルート作り…………… 634
第６章　旅のモデルルート………… 636
第７章　旅の予算とお金…………… 637
第８章　出発までの手続き………… 642
第９章　ESTA（エスタ）について…… 646
第10章　アメリカへの航空券……… 648
第11章　旅の持ち物と服装………… 650

★旅の技術

第12章　出入国の手続き…………… 653
第13章　アメリカ鉄道の旅………… 667
第14章　アメリカ長距離バスの旅…… 673
第15章　アメリカレンタカーの旅… 678
第16章　アメリカ飛行機の旅……… 685
第17章　観光のアドバイス………… 692
第18章　アメリカの宿泊施設……… 696
第19章　アメリカの食事…………… 702
第20章　アメリカでのショッピング… 704
第21章　チップとマナー…………… 706
第22章　インターネット…………… 708
第23章　郵便と電話………………… 709
第24章　旅のトラブルと安全対策… 712
第25章　旅のイエローページ……… 717
第26章　旅の英会話………………… 718

将来はスペースシャトルに乗って宇宙へ旅行できるかも!?

準備編

第1章 旅の情報収集

日本で旅の相談をする際、頼りになるのが旅行会社。現地の情報ならインターネットで容易に入手できる。特に、観光局の公式ホームページでは観光やイベント情報、ホテルやレストランなどの情報が満載でおすすめだ。日本語で情報発信をする観光局もある。

日本での情報収集

旅行会社ではパンフレットやサイトでの旅行販売以外にも航空券、レンタカー、宿の手配なども行っている。細かなリクエストにも対応してくれるので、まずは旅行会社で相談してみよう。このほか、インターネットを利用して、各都市の観光局やプロスポーツ、劇場の公式ウェブサイトなどにアクセスすれば、最新の情報が入手できる。また、これまで現地でしか入手できなかった地元の新聞や雑誌、フリーペーパーなどの紙媒体も独自のウェブサイトで閲覧できるようになった。現地のイベント情報を事前にキャッチするには非常に便利だ。

現地での情報収集

観光案内所を活用しよう!!

基本的にスタッフが駐在し、地図、見どころや飲食店、宿泊施設、交通機関など観光全般の情報を提供している。閲覧用パソコンの設置、アトラクションの割引チケットの販売、宿泊施設の予約サービスなどを行う案内所もある。

新聞、雑誌、フリーペーパーを入手する

情報源として有力なのは、滞在する都市で発行されているローカル新聞、有料の観光情報誌、タウン誌などのフリーペーパー。ローカル新聞とは、ロスアンゼルスならLos Angeles Times、ニューヨークならNew York Timesなどの地元紙が挙げられる。エンターテインメント、スポーツ、カルチャーなどの情報を強化した日曜版は特に利用価値が高い。

ホテルのコンシェルジュに聞いてみる

コンシェルジュConciergeとは、宿泊客のあらゆる要望に対応するサービスで、ベテランホテリヤーが務めている場合が多い。サービスの内容は幅広く、劇場のチケットや飛行機、列車の切符の手配、レストラン紹介や予約、ビジネスサポートなどさまざま。フロントとは別にデスクを構え、一対一で対応してくれる。なお、コンシェルジュに要望したサービスを受けた場合は、難易度に応じた額のチップを手渡そう。

コンシェルジュがいないホテルでは、あくまでも簡単な要望や質問に限られるがフロントやゲストリレーションなどで対応してくれる。

おもなウェブサイト

●各都市の観光局→P.627
●海外安全ホームページ
URL www.anzen.mofa.go.jp
●パスポート
URL www.mofa.go.jp/mofaj/toko/passport
●査証(ビザ)
URL www.mofa.go.jp/mofaj/toko/visa
●在外公館
URL www.mofa.go.jp/mofaj/annai/zaigai/list
●アメリカ大使館
URL jp.usembassy.gov/ja
●成田国際空港
URL www.narita-airport.jp
●東京国際空港(羽田空港)
URL www.haneda-airport.jp
●関西国際空港
URL www.kansai-airport.or.jp
●中部国際空港
URL www.centrair.jp
●野球(MLB)
URL www.mlb.com
●アメリカンフットボール(NFL)
URL www.nfl.com
●バスケットボール(NBA)
URL www.nba.com
●アイスホッケー(NHL)
URL www.nhl.com
●サッカー(MLS)
URL www.mlssoccer.com
●ミュージカル、劇場検索、批評など
URL www.playbill.com
www.theatermania.com
●オールアメリカンチケット
URL www.allamerican-tkt.com
●チケットマスター
URL www.ticketmaster.com
●テレチャージ
URL www.telecharge.com

ウェブでの情報収集

ウェブサイトの更新状況は運営側の管理によりまちまちなので、最新の情報ではない場合もある。あくまでも参考程度に見ておいたほうが無難だ

現地でのプランニング

●観光のアドバイスP.692

ローカル新聞と有料情報紙

新聞はスーパーや駅のスタンド、自動販売機で、有料情報誌は書店などで購入できる

フリーペーパー

無料のタウン誌などは、観光案内所やライブハウス、通りに設置されているポストなどで入手できる

ウェブサイト便利帳

ウェブサイト名	アドレス	言語
アメリカ総合情報		
アメリカ全体	www.gousa.jp	🇯🇵
	www.fhwa.dot.gov/byways	🇺🇸
アメリカの国立公園	www.nps.gov	🇺🇸
アムトラック	www.amtrak.com	🇺🇸
グレイハウンド	www.greyhound.com	🇺🇸
地球の歩き方	www.arukikata.co.jp	🇯🇵
各都市の観光局（五十音順）		
アトランタ観光局	www.atlanta.net	🇺🇸
アトランティックシティ観光局	www.atlanticcitynj.com	🇺🇸
インディアナポリス観光局	www.visitindy.com	🇺🇸
ウィチタ観光局	visitwichita.com	🇺🇸
ウィルミントン観光局	www.visitwilmingtonde.com	🇺🇸
エルパソ観光局	visitelpaso.com	🇺🇸
オースチン観光局	www.austintexas.org	🇺🇸 🇯🇵
オーランド観光局	www.visitorlando.com	🇺🇸
オクラホマシティ観光局	www.visitokc.com	🇺🇸
オマハ観光局	www.visitomaha.com	🇺🇸
カンザスシティ観光局	www.visitkc.com	🇺🇸
キーウエスト商工会議所	www.keywestchamber.org	🇺🇸
クリーブランド観光局	www.thisiscleveland.com	🇺🇸
サバンナ観光局	www.visitsavannah.com	🇺🇸 🇯🇵
サンアントニオ観光局	visitsanantonio.com	🇺🇸
サンタフェ観光局	santafe.org	🇺🇸 🇯🇵
サンディエゴ観光局	www.sandiego.org	🇺🇸 🇯🇵
サンフランシスコ観光協会	www.sftravel.com	🇺🇸 🇯🇵
シアトル観光局	www.visitseattle.org	🇺🇸
シカゴ観光局	www.choosechicago.com	🇺🇸 🇯🇵
シャーロット観光局	www.charlottesgotalot.com	🇺🇸
シャイアン観光局	www.cheyenne.org	🇺🇸 🇯🇵
シンシナティ観光局	www.cincyusa.com	🇺🇸
ストウ観光局	www.gostowe.com	🇺🇸
セドナ商工会議所観光局	visitsedona.com	🇺🇸 🇯🇵
セントポール観光局	www.visitsaintpaul.com	🇺🇸
セントルイス観光局	explorestlouis.com	🇺🇸
ソルトレイク・シティ観光局	www.visitsaltlake.com	🇺🇸
ダラス観光局	www.visitdallas.com	🇺🇸
チャールストン観光局	charlestonwv.com	🇺🇸
チャールストン観光局(サウスカロライナ州)	www.charlestoncvb.com	🇺🇸
デトロイト観光局	visitdetroit.com	🇺🇸
デモイン観光局	www.catchdesmoines.com	🇺🇸
デンバー観光局	www.denver.org	🇺🇸 🇯🇵
トゥペロ観光局	www.tupelo.net	🇺🇸
ナイアガラ観光局(アメリカ側)	www.niagarafallsusa.com	🇺🇸
ナイアガラ観光局(カナダ側)	www.visitniagaracanada.com	🇺🇸
ナッシュビル観光局	www.visitmusiccity.com	🇺🇸 🇯🇵
ニューオリンズ観光局	www.neworleans.com	🇺🇸
ニューポート観光局	www.discovernewport.org	🇺🇸
ニューヨーク観光局	www.nycgo.com	🇺🇸
ハートフォード観光局	hartford.com	🇺🇸
ビスマーク・マンデン観光局	noboundariesnd.com	🇺🇸
ピッツバーグ観光局	www.visitpittsburgh.com	🇺🇸
ヒューストン観光局	www.visithoustontexas.com	🇺🇸
フィラデルフィア観光局	www.discoverphl.com	🇺🇸 🇯🇵
フェニックス観光局	www.visitphoenix.com	🇺🇸
フォートワース観光局	www.fortworth.com	🇺🇸
フラッグスタッフ観光局	www.flagstaffarizona.org	🇺🇸 🇯🇵
ボイジー観光局	www.boise.org	🇺🇸
ボーズマン観光局	www.bozemancvb.com	🇺🇸
ポーツマス観光局	portsmouthchamber.org	🇺🇸
ポートランド観光局(オレゴン州)	www.travelportland.com	🇺🇸 🇯🇵
ポートランド観光局(メイン州)	www.visitportland.com	🇺🇸
ボストン観光局	www.bostonusa.com	🇺🇸
ボルチモア観光局	baltimore.org	🇺🇸
マイアミ観光局	www.miamiandbeaches.com	🇺🇸
ミネアポリス観光局	www.minneapolis.org	🇺🇸
ミルウォーキー観光局	www.visitmilwaukee.org	🇺🇸 🇯🇵
メンフィス観光局	www.memphistravel.com	🇺🇸 🇯🇵
モントゴメリー観光局	visitingmontgomery.com	🇺🇸
ラスベガス観光局	www.lasvegas.com	🇺🇸
ラピッドシティ観光局	www.visitrapidcity.com	🇺🇸
リッチモンド観光局	www.visitrichmondva.com	🇺🇸
リトルロック観光局	www.littlerock.com	🇺🇸
リノ観光局	www.visitrenotahoe.com	🇺🇸
ルイビル観光局	www.gotolouisville.com	🇺🇸
ロスアンゼルス観光局	www.discoverlosangeles.com	🇺🇸 🇯🇵
ワシントンDC観光局	washington.org	🇺🇸 🇯🇵
そのほかの観光情報（五十音順）		
イリノイ州観光局	www.enjoyillinois.com	🇺🇸 🇯🇵
ウエストバージニア州政府・日本代表事務所	westvirginia.or.jp	🇯🇵
オレゴン州政府駐日代表部	www.oregonjapan.org	🇯🇵
カリフォルニア州観光局	www.visitcalifornia.com/jp	🇺🇸 🇯🇵
コロラド州観光局	www.colorado.com	🇺🇸 🇯🇵
サンフランシスコ観光協会／サンフランシスコ国際空港	www.sftravel.com/ja	🇺🇸 🇯🇵
シアトル・ワシントン州観光事務所	www.visitseattle.jp	🇯🇵
テキサス州政府観光局	www.traveltexas.com/jp	🇯🇵
マサチューセッツ州政府観光局	www.massvacation.jp	🇺🇸 🇯🇵
ミシシッピ・リバー・カントリーUSA日本事務所	mrcusa.jp	🇯🇵

準備編

第2章 旅のスタイル

旅のスタイルは十人十色。初めに、自分はアメリカで何をしたいのか、目的やテーマをもてば旅のプランが立てやすくなる。テーマや旅行日数、予算を柱に、パッケージツアーまたは個人旅行で行くのか、滞在型か周遊型か、節約重視の旅になるのか、などなど、比較・検討を繰り返してみて、自分の希望に近いスタイルの旅を築いてみよう。

アメリカへ出発するまでのステップ

1ヵ月前までに

●旅のルート作り➡P.634
●デビットカード、トラベルプリペイドカードの申し込み➡P.641

●航空券（eチケット）、ホテルの手配。旅行会社に相談➡P.648、698
※航空券（eチケット）、ホテル、アメリカ国内交通のパス➡P.670類など、旅行のパーツは同じ旅行会社で頼むのが基本

●パスポートの取得、有効期間➡P.642、ESTA➡P.646の確認
●クレジットカードの申し込み、有効期間、限度額の確認➡P.639
●旅行代金の残金の支払い

2週間前までに

●海外旅行保険申し込み➡P.645
●ユースホステル会員証➡P.697、国外（国際）運転免許証などの取得➡P.644
●旅行用品の準備➡P.650、レンタカーの申し込み➡P.678

1週間前までに

●外貨の両替➡P.638、ESTA未取得者は取得を➡P.646
●荷造りの準備➡P.651、空港までの交通機関の確認➡P.653
●航空券（eチケット）、旅程表の入手（個人旅行の場合は旅程表の作成）
●パスポートやクレジットカード番号などの重要項目と、盗難や紛失したときの連絡先などをリストアップ➡P.717

前々日、前日までに

●荷物の空港宅配サービス、家族に連絡先を伝える

当日に

●新聞の一時停止、電気、ガス、戸締まりは大丈夫？
●もう一度パスポート、航空券（eチケット）、ESTA、クレジットカード、外貨の両替の確認とスーツケースなどの鍵を忘れないように

いざ出発！

●国際空港へ➡P.653 出発の3時間前には空港へ到着するように

空港で

●個人旅行者→航空会社カウンター➡P.657、自動チェックイン機へ➡P.659
●パッケージツアーの参加者→自動チェックイン機などへ➡P.657

旅のテーマの例

・ジャズ、ブルースといった好きな音楽のライブハウスをハシゴする
・アウトレットで徹底的に安くショッピング
・お気に入りのアメリカブランドを買う
・テーマパークで日本にはないグッズをゲットする
・グレイハウンドバスでアメリカ横断
・NASAの宇宙センターを回る
・全米のNBA本拠地へ行く
・アメリカの大自然に触れる
など

スピーディな展開で大人気の北米アイスホッケー。NHL観戦を旅のテーマに

パッケージツアー以外の町にも行きたい

このような場合におすすめしたいのが、自分自身で旅を作り、自由に旅することだ。もし、豪華な旅をしたいのなら旅行会社に相談して、飛行機、ホテル、送迎などすべて頼むのもいいだろう。逆に安さにこだわるなら、ウェブサイトで調べて航空券やホテルを手配する方法もある。その際注意してほしいのはホテルの治安。安いホテルは治安の悪い場所にあることが多い。またウェブから購入した航空券は、フライトキャンセル時には自分で対応しなければならないケースがほとんど。安いものにはリスクがあることを覚えておこう

第3章 ひと目でわかるアメリカ

アメリカでは各州が自治権をもち、一つひとつがまるで国家のように存在している。それだけに“アメリカ”という言葉だけでは表現できないほどの奥深さをもっている国である。

ここではアメリカの基礎知識として、①アメリカの広さ、②日本からアメリカへの距離、③アメリカの時差と夏時間、について知っておこう。「アメリカってこういう国なんだ！」というイメージをつかむきっかけにしてほしい。

広さ

なんと日本の約25倍！

北米大陸の中心部、広大な国土を有するアメリカ。本土48州にアラスカ州、ハワイ州を加えた全50州、そしてワシントン特別行政区からなる。ほかにグアム、サイパンを含む北マリアナ諸島、プエルトリコなどの準州や自治領がある。

いくら車で走っても、景色が変わらないアメリカの中西部

同縮尺の日本とアメリカ

日本から

いちばん近いのがシアトルで9時間が目安

日本からアメリカ本土へは、北西部のシアトルやポートランド、西海岸のロスアンゼルスやサンフランシスコ、中西部はシカゴやダラス／フォートワース、南部のアトランタ、東部ではニューヨークなどへ直行便が運航している。

アメリカ国内の移動も飛行機、長距離バス、列車、レンタカーと選べ、どの路線も複数に発達しているので、組み合わせ次第で行けない都市はほとんどないといっていい。自分の旅のスタイルに合った交通機関を利用するとよい。

羽田から直行便が運航するサンフランシスコはぐっと身近になった

日本からのフライト時間

日本 ▶		
シアトル	✈✈✈✈✈✈✈✈✈	約9時間
ロスアンゼルス	✈✈✈✈✈✈✈✈✈✈	約10時間
シカゴ	✈✈✈✈✈✈✈✈✈✈✈✈	約12時間
ニューヨーク	✈✈✈✈✈✈✈✈✈✈✈✈✈	約13時間

日本から同じ時間で行ける都市
シドニー、バンクーバー
メルボルン、モスクワ
ドーハ、フランクフルト
ローマ、イスタンブール

時差と夏時間

国内にも時差がある

MLBの選手も時差を克服して各地で試合をこなす

アメリカ本土には4つの時間帯がある

時差というと日本との時差ばかり考えてしまうが、アメリカ国内の時差にも注意が必要だ。違う時間帯に移動したことに気がつかず、到着時間や乗り継ぎ時間を間違えて、旅行中の貴重な時間を無駄に過ごしてしまったということも、よくある話。特に、長距離バスや飛行機を利用して大陸を横断する場合などは気をつけたい。

時間帯

アメリカ本土では東から西への順に、東部標準時 Eastern Standard Time（EST）、中部標準時 Central Standard Time（CST）、山岳部標準時 Mountain Standard Time（MST）、太平洋標準時 Pacific Standard Time（PST）の 4 つの時間帯がある。このほか、アラスカは PST ＋ 1 時間、ハワイは PST ＋ 2 時間を採用。

夏時間

アメリカは夏時間 Daylight Saving Time を採用しており、**3月の第 2 日曜 2:00 から 11 月の第 1 日曜 2:00 まで、時間が 1 時間早くなる**。つまり、3 月の第 2 日曜日の朝は 1 時間早起きしなければならない、というわけだ。時間の変わる 3 月第 2 日曜日と、11 月第 1 日曜日の翌日にかけてアメリカ滞在をするなら覚えておきたい。

※アリゾナ州とハワイ州では夏時間が採用されていない。そのため、例えば山岳部標準時のアリゾナ州にあるグランドキャニオンと太平洋標準時にあるロスアンゼルスは、夏時間の間は同じ時間帯になる。

日本との時差

日本時間	0	1	2	3	4	5	6	7	8	9	10	11	12	13	14	15	16	17	18	19	20	21	22	23
東部標準時（EST）	10	11	12	13	14	15	16	17	18	19	20	21	22	23	0	1	2	3	4	5	6	7	8	9
中部標準時（CST）	9	10	11	12	13	14	15	16	17	18	19	20	21	22	23	0	1	2	3	4	5	6	7	8
山岳部標準時（MST）	8	9	10	11	12	13	14	15	16	17	18	19	20	21	22	23	0	1	2	3	4	5	6	7
太平洋標準時（PST）	7	8	9	10	11	12	13	14	15	16	17	18	19	20	21	22	23	0	1	2	3	4	5	6

※夏時間（3月第2日曜 2:00 ～ 11月第1日曜 2:00）は 1 時間早くなる。※青色の下地部分は日本時間の前日になる。

準備編

第4章 アメリカのおもな気候

アメリカ本土の気候はフロリダ州南部の熱帯から五大湖周辺の亜寒帯までさまざま。訪れる場所によって観光のベストシーズンや適した服装も違ってくる。目的地の気候をしっかり理解してから、アメリカに出発しよう。

服装のアドバイス

暑い

暖かい

寒い

極寒

※場所や季節により差があるので、あくまで参考にしてください
※各都市の気象データ（気温、降水量）についてはそれぞれの都市のDATA欄をご確認ください
※参考資料／ケッペンの気候区分

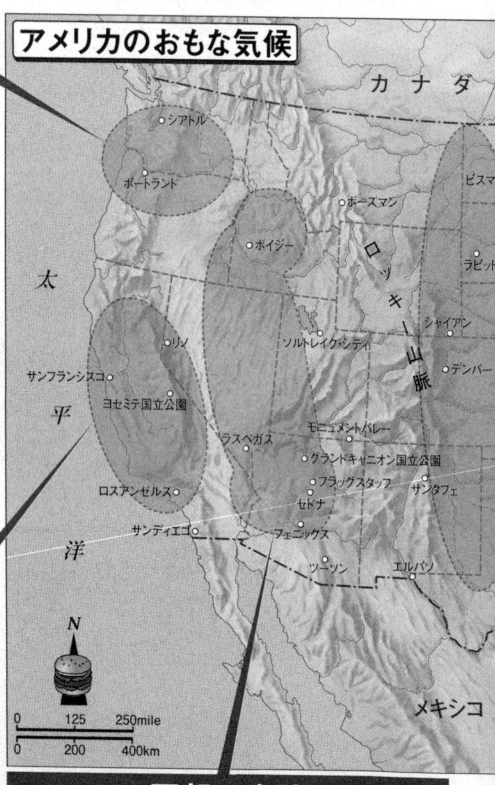

西海岸北部

おもな都市▶シアトル、ポートランド

太平洋岸北部の主要都市であるシアトルやポートランドの緯度は北海道の札幌市よりも北にあるが、そのわりには寒くない。観光シーズンは気候が安定している夏で、北からやってくる海流の影響を受けて涼しく気持ちのいい陽気となる。秋から春にかけては雨や曇りが続き、雪がちらつくこともある。にわか雨対策に、フード付きジャンパーを着ている人も多い。

服装のアドバイス 夏  冬  

西海岸南部

おもな都市▶ロスアンゼルス、サンフランシスコ

カリフォルニア州の太平洋に近いエリアは温暖な気候が特徴。1、2月は比較的雨が降るが、1年をとおして大雨となることはほとんどない。カラッとした陽気が続き大気が乾燥しているため、日が暮れると急に気温が下がる。夜の寒さ対策のために羽織るものを用意しておこう。山に近いエリアは高温になる。夏は水分補給を忘れずに！

服装のアドバイス 夏  冬 

●メモ　サンフランシスコは夏でも急激に冷えることがあるので、軽いジャケットなど羽織るものを１枚持っていくと便利。

西部の内陸

おもな都市▶ラスベガス、フェニックス

夏はギラギラと太陽がまぶしく、日差しが強い。40℃を超える日が続き、かなりの暑さとなる。太陽の下にいるとものの30分で肌が焼けてしまうので、外を歩くなら帽子とサングラスに加え、日焼け止めが必要。車を運転する場合は、強烈な光の反射があるのでサングラスをお忘れなく。避寒地フェニックスは、冬になると観光客でにぎわうが、内陸のため日中は暖かくても夜は急激に冷え込む。高温で空気が乾燥しているので、こまめに水分補給をしよう。

服装のアドバイス 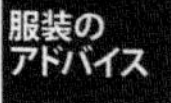 夏  冬  

ロッキー山脈の東部

おもな都市▶デンバー

ロッキー山脈から東は、「グレートプレーンズ」と呼ばれる大平原が広がり、大陸性の乾燥した気候で比較的雨が少ない。カンザス州やオクラホマ州の4～6月はトルネード（竜巻）が多く発生する➲P.715。警報が発令されたら近くのシェルターに避難すること。周辺に山や森があまりないため、大地が地平線まで見渡せ、空がとても高く広く感じられる地域だ。

服装のアドバイス 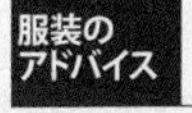 夏  冬  

五大湖から北東部

おもな都市▶シカゴ、ミネアポリス

大西洋（ニューイングランド地方を含む）から五大湖周辺の地域は、内陸に向かうにつれて冬の寒さは厳しく、降雪量も増える。夏はおおむね30℃を下回るが蒸し暑い。冬と夏、朝晩との気温差が激しいのも特徴。

服装のアドバイス 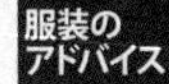 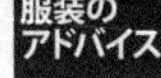 夏   冬 

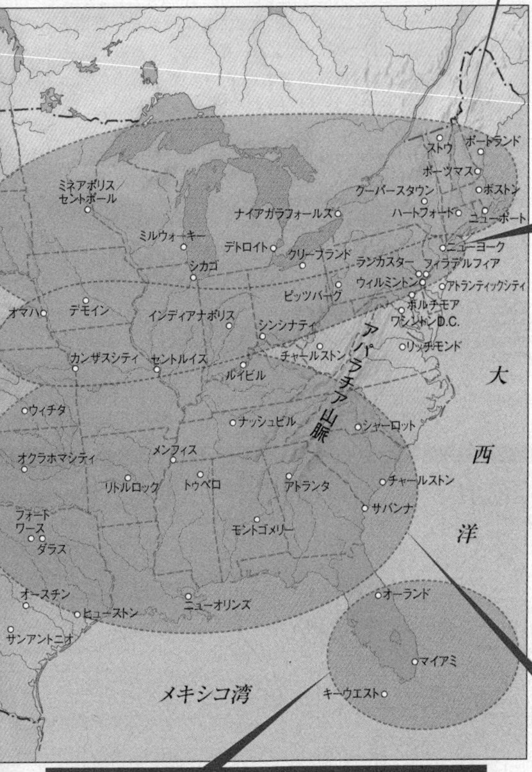

中西部から東部

おもな都市▶セントルイス、ニューヨーク

夏は蒸し暑く冬は寒い。年間の寒暖差が激しいのが特徴。特にニューヨークの夏は30℃を超え、春と秋がいちばん過ごしやすい。中西部は内陸に向かうほど乾燥している。雷雨、トルネード（ピークは4～6月）が発生しやすい地域でもあるので注意したい。➲P.715

服装のアドバイス 夏  冬 

フロリダ南部

おもな都市▶マイアミ、キーウエスト

冬は暖かく気候が安定しているため、避寒地として人気が高い。雨季は5～10月で、短時間集中的に大雨が降る夕立（スコール）に備えて折りたたみ傘やポンチョがあると便利。夏から秋はハリケーンが接近する➲P.715。場合によっては上陸するので、天気予報のチェックを欠かさずに。夏は暑く、気象条件が安定しない代わりに宿泊費を安く抑えられるのが魅力。

服装のアドバイス  夏  冬  

南東部とフロリダ中・北部

おもな都市▶アトランタ、ニューオリンズ

日本の本州と同じく四季がはっきりしている。特にアトランタやニューオリンズなどがある南部の夏の最高気温は35℃近くとなり、日本よりも蒸し暑くジトッとした日が続く。夏から秋にかけてはハリケーンの襲来もあるので注意➲P.715。冬は、カナダに近い五大湖周辺ほどではないが寒くなるので、コートや手袋などを用意しておきたい。

服装のアドバイス 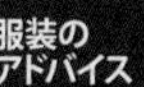 夏  冬  

準備編

第5章 旅のルート作り

次に、具体的に自分の旅のルートを作ってみよう。以下に紹介する①〜⑦の手順に沿って、ガイドブックや地図、ウェブサイトなどを参考にしながら進めていくのがいい。あれもこれもと欲張らずに、余裕をもった日程にすることも大切。

旅のルート作りのステップ

① 旅行期間を決める

●旅行に何日かけることができるか
●現地で観光に使える日数は全体の日数からマイナス2〜3日した日数

ワンポイントアドバイス

出発から帰国まで15日間なら現地で13泊、10日間の旅なら8泊になる。時差の関係で、東海岸なら多くのフライトの到着が夕方になるが、西海岸なら到着が朝の便もあるので、丸1日行動できる➡P.636

地図を広げ、行きたい都市をイメージしながらの計画は楽しい

② 行きたい都市を選び出す／資料を入手する

●まずは日数や移動を考えずに行きたい都市を選び出し、白地図などに書き出してみる
●日本に事務所をおいている州や都市の観光局、旅行会社などでパンフレットを収集したり、図書館やウェブサイトで情報を入手する

③ 行く都市を絞り込む

●旅行の全日程数と各都市での必要な滞在日数を考えて、実現可能な数の都市を絞り込む

（➡P.635へ続く）

旅行に最適な時期

注：航空券とホテルの料金の流れはこのとおりではない場合もあるので、あくまでも目安に。スポーツの期間はおおよそのものであり、祝日の項にある※は州によって祝日ではないことがある。

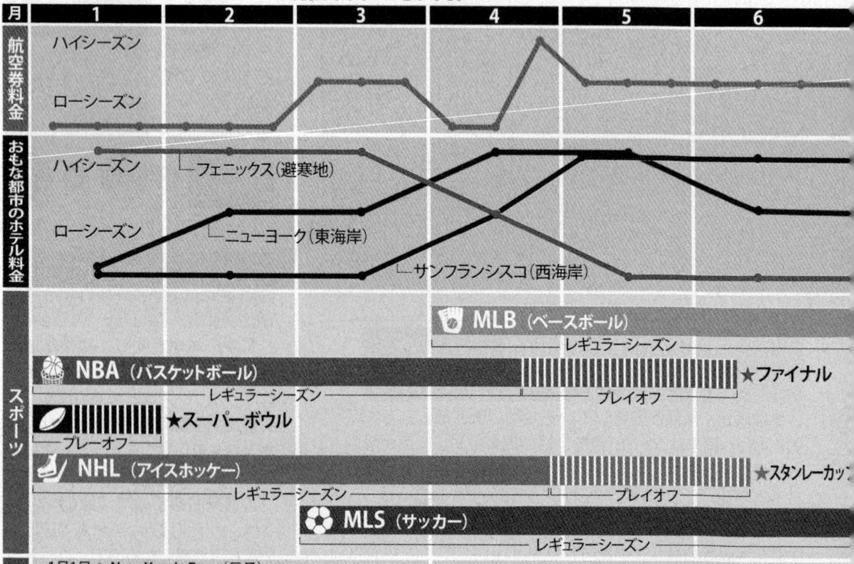

月：1 2 3 4 5 6

航空券料金
ハイシーズン
ローシーズン

おもな都市のホテル料金
ハイシーズン
ローシーズン
フェニックス（避寒地）
ニューヨーク（東海岸）
サンフランシスコ（西海岸）

スポーツ
MLB（ベースボール） レギュラーシーズン
NBA（バスケットボール） レギュラーシーズン　プレイオフ　★ファイナル
プレーオフ　★スーパーボウル
NHL（アイスホッケー） レギュラーシーズン　プレイオフ　★スタンレーカップ
MLS（サッカー） レギュラーシーズン

祝日
1月1日 ▶ New Year's Day（元日）
1月第3月曜 ▶ Martin Luther King, Jr's Birthday（マーチン・ルーサー・キング牧師誕生日）
2月第3月曜 ▶ Presidents' Day（大統領の日）
3月17日※ ▶ St. Patrick's Day（セント・パトリック・デイ）
4月第3月曜※ ▶ Patriots' Day（愛国者の日）
5月最終月曜 ▶ Memorial Day（戦没者追悼の日）

メモ　アメリカ国民の休暇について▶アメリカの学校は9月から始まる制度で、卒業や進学、進級の節目である5月から6月にかけて夏期休暇に突入する。暦でいうところの5月最終月曜のメモリアルデイから、9月第1月曜のレイバーデイまでが長期休暇のシーズンだ。メモリアルデイ前後の連休、7月4日の独立記念日前後↗

④ 旅の始まりとなるゲートシティを決める

●決定のポイントは、① 日本からのノンストップ便の運航、② 公共の交通機関が発達していて、都市内の移動に手間がかからないことなど
●この時点で、航空券を手配すべき航空会社がある程度絞り込める

ワンポイントアドバイス

近年は成田のほか、羽田や大阪からの直行便(→P.649)も増加傾向にある。また、各航空会社のハブ(→P.690)を知っておくと、ルート作りの参考になる

⑤ ルートと都市間の交通手段の決定

●アメリカ国内の交通手段は、飛行機、長距離バス、鉄道、レンタカーがある
●決定のポイントは、次のとおり。所要時間、料金、ルート、各交通機関から受ける旅の印象、飛行機の場合は各航空会社の路線網と太平洋路線とのつながりのよさ……など

ワンポイントアドバイス

飛行機を利用するときは、飛行時間だけでなく、ホテルと空港間の移動、搭乗手続き、機内預け荷物の引き取りに必要な時間（2～3時間）も考える

利用する交通機関によって受ける旅や町の印象は大きく変わってくる。バラエティに富んだアメリカを体験したければ、なるべくいろいろな交通機関を利用しよう

⑥ 具体的なスケジュールを組む

●各都市での滞在日数や移動にかかる所要時間を考えて、訪問都市とルートの最終決定
●長期間の旅行の場合、トラブルや体力的なことを考えて予備日も入れておくとよい

日本から手配が必要なもの	日本から手配しておいたほうがいいもの	現地での手配で十分なもの
① 日本⇔アメリカ間の航空券 ② アメリカ国内の航空券	① 現地到着日、最終日のホテル ② レンタカーの予約 ③ 鉄道のパスなど	① 旅行中のホテル※1 ② 鉄道、長距離バスの予約

ワンポイントアドバイス

※1：旅行シーズンなどの繁忙期、大型コンベンションが開催される日の滞在については、事前予約をすすめる

⑦ 希望に応えてくれる旅行会社や航空券を探す

●会社によって、パッケージツアーが得意、個人旅行が得意などの特徴があるが、航空券、ホテル、鉄道のパス類などの手配は、ひとつの会社に依頼するのが基本中の基本
●資料を集めたり、周りの人に聞いてみたり、ウェブサイトで検索したり、自分で実際に旅行会社に足を運ぶなどして探してみよう

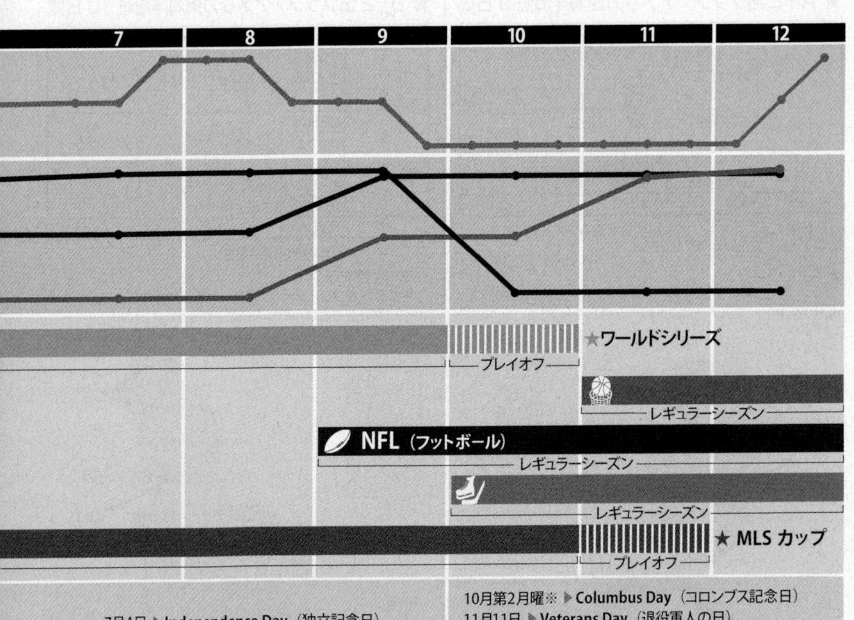

↘は特に混み合うため、ホテルの確保を優先して計画しよう。また、11月第4木曜のサンクスギビング、クリスマス休暇も重要。観光施設、レストランやショップも閉まっている場合が多いので、訪問を予定している都市の情報は念入りにチェックしておきたい。

第6章 旅のモデルルート

ここでは、日本からノンストップ便が運航しているアメリカの都市から、各観光地を巡るベーシックな周遊の旅をご提案。目的地への移動には、どの手段がいちばん便利なのかを考慮して、飛行機、鉄道、レンタカー、観光ツアーなどを組み合わせて計画しよう。

★西海岸プラン A / アメリカ西海岸周遊 7 日間

日 次	ベーシックプラン A
1	日本→サンフランシスコ 日付変更線通過。午後から市内観光 サンフランシスコ　泊
2	終日市内観光　サンフランシスコ　泊
3	飛行機でロスアンゼルスへ ロスアンゼルス　泊
4	終日市内観光　ロスアンゼルス　泊
5	飛行機でラスベガスへ ラスベガス　泊
6	ラスベガスを出発 ※1 日付変更線通過・機中泊
7	帰国

※1 アメリカ国内の都市で乗り継ぎ

★西海岸プラン A

ロスアンゼルス、サンフランシスコへは成田、羽田、大阪から直行便が運航。2018 年 10 月現在、成田便は日本出発同日の午前中か夕刻、羽田便は夕刻か深夜発、同日の午前中か夕刻に現地到着となる。時間を有効に使えるのがポイント。

★ A+2 泊プラン／アメリカ西海岸周遊 9 日間

日 次	ベーシックプラン A+ 延泊 2 日
6	ラスベガスからグランドキャニオン国立公園へ ※2 または、モニュメントバレーへ※2 グランドキャニオン国立公園、モニュメントバレー　泊
7	昼間移動など、夜ラスベガスへ ラスベガス　泊
8	ラスベガスを出発 ※3 日付変更線通過・機中泊
9	帰国

※2 移動にはレンタカー、または現地発着のツアーを利用
※3 アメリカ国内の都市で乗り継ぎ

★ A+2 泊プラン

ラスベガスを拠点にレンタカー、または観光ツアー（P.170、176）でアメリカの大自然を満喫する旅に。

★東海岸プラン B / アメリカ東海岸 8 日間

日 次	ベーシックプラン B
1	日本→ボストン 日付変更線通過 ボストン　泊
2	終日市内観光　ボストン　泊
3	飛行機、またはアムトラックでニューヨークへ ニューヨーク　泊
4	終日市内観光　ニューヨーク　泊
5	アムトラックでワシントン DC へ ワシントン DC　泊
6	終日市内観光　ワシントン DC　泊
7	ワシントン DC を出発 日付変更線通過・機中泊
8	帰国

★東海岸プラン B

ボストンへは成田からノンストップ便が運航、日本出発同日の夕刻に到着する。ボストンは空港からダウンタウンも近い。ボストン→ニューヨーク→ワシントン DC の移動は飛行機もいいが、アムトラックが便利。どの都市の駅もダウンタウンに位置しており、列車の運行本数も多い。

★ B+2 泊プラン／アメリカ東海岸周遊 10 日間

日 次	ベーシックプラン B+ 延泊 2 日
7	ワシントン DC からオーランドへ ウォルト・ディズニー・ワールド・リゾートなど オーランド　泊
8	終日観光 ウォルト・ディズニー・ワールド・リゾートなど オーランド　泊
9	オーランドを出発 ※1 日付変更線通過・機中泊
10	帰国

※1 アメリカ国内の都市で乗り継ぎ

★ B+2 泊プラン

町歩きが基本のベーシックプランとは対照的に、フロリダのテーマパークでとびっきりのひとときを楽しもう。

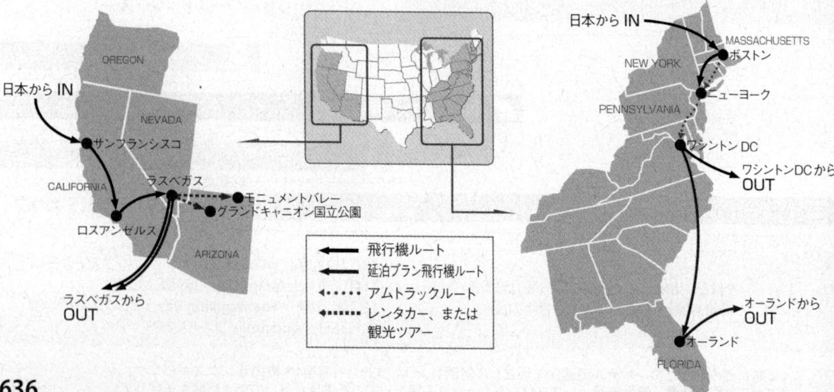

準備編

第7章 旅の予算とお金

旅のプランの内容に応じて、支出する費用もさまざまだ。ここでは旅の基本的な費用の目安を挙げ、旅のタイプ別シミュレーションを例に解説する。アメリカの通貨であるアメリカドルは現金のほか、クレジットカードやデビットカード、マネーカードを上手に組み合わせて準備しよう。なお、好景気が続くアメリカは、日本より物価が高い。

支出項目

移動にかかる費用

●飛行機➲P.648、685

2018年10月現在、日本からアメリカ本土へは、アメリカ系をはじめ、日系やアジア系など多くの航空会社が乗り入れている。また、アメリカ国内を移動するのも、限られた時間で効率的な旅を目指すなら飛行機がいちばんだ。小さな町でも、観光地として人気の高い場所なら地方空港があり、飛行機も頻繁に運航されている。

●鉄道（アムトラック）➲P.667

アメリカの旅客鉄道は鉄道黄金期の面影を残し、座席はゆったり、食堂車や寝台車、路線によっては展望車も連なって、移動時間を演出してくれる。

●長距離バス（グレイハウンド）➲P.673

アメリカを網の目のように走っている長距離バスは、かなり小さな町まで路線が延びている。料金も安い。

●レンタカー➲P.678

アメリカでは、目的地まで飛行機で飛び、そこから先はレンタカーで移動する"フライ・アンド・ドライブFly & Drive"という移動&旅行方法が一般的だ。信号や一時停止のないフリーウエイ（高速道路）は基本的に通行無料だが、州によっては有料道路Toll Roadがある。おもにかかる費用は車のレンタル代、保険料、ガソリン代、場所により駐車料金がかかる。

宿泊費➲P.696

客室料金は町やシーズンなどで差があるが、基本的に中級ホテルはシングル$100〜200、ツイン$110〜210くらいが目安。

航空券の手配
➲P.648

グレイハウンドの運賃と移動時間の目安
➲P.674

レンタカー料金の目安
●諸税金、保険を含む。エコノミー2/4ドアクラスを借りる場合。1日$90前後

ガソリンの価格
※レギュラーガソリン。地域により異なる
●1ガロン（3.8リットル）$2.80前後

宿泊料金の高い町
観光とビジネスの町のホテル料金は特に高い。例えば、ニューヨーク、サンフランシスコ、ロスアンゼルス、シカゴ、ボストン、ワシントンDCなど。同じ料金だったら、他の町と比較して部屋のグレードが低いことを覚悟しておいたほうがいい。なかでも、ニューヨークの高さは異常。また、都市部のホテルでは駐車場代もチャージされる場合が多いので、レンタカー利用者は注意しよう

タイプ別旅費シミュレーション（サンフランシスコ滞在例）　旅のアドバイス

タイプ1　やりくり上手なあなたは

宿泊費	ダウンタウンのユースホステル	52
交通費	市バス2回、ケーブルカー1回乗車	12.5
入場料	フィッシャーマンズワーフ	なし
	アルトカラズ島ツアー	38.35
	ケーブルカー博物館	無料
食費	ランチ（カフェ）	10
	ディナー（韓国料理）	20
その他	ミネラルウオーターなど	5
合計		$137.85

タイプ2　たまには少しゴージャスに

宿泊費	ダウンタウンの中級ホテル(ツインの1人分)	150
交通費	タクシー（夜間利用）	30
入場料	ツアーでワインカントリーへ	105
食費	ランチ（イタリアン）	20
	ディナー（コース料理）	50
その他	カリフォルニアワイン購入（1本）	30
	ジャズクラブ（カバーチャージとドリンク）	30
合計		$415

旅のアドバイス　時間はお金に代えられない▶市内の移動にはバスや地下鉄などの公共交通機関だけ使い、交通費を安く済ませようとすると、予想外に移動時間を取られてしまう。ときにはタクシーを利用して時間を有効に使いたい。

食費

スーパーやデリなどで購入したものを、ホテルの部屋で食べるのがいちばん安上がり。外食は、ファストフードから高級レストランまでさまざま。最低、朝食に$5～10、昼食に$15前後、夕食に$20前後の予算は組んでおきたい。

観光に要する費用（具体的な数字は個人差あり）

現地でのツアー料金、テーマパーク、美術館などの入場料、ミュージカルやコンサート、スポーツ観戦にかけるお金など。

交通費

都市間の移動は、飛行機やレンタカーなど、旅行のスタイルによりさまざま。便利な交通機関は割高だが、時間を有効に使える。町なかで頻繁に利用する地下鉄や路線バスは、1区間だいたい$1.50～3程度。タクシーも市内の移動なら、ほとんど$30以内で済むだろう。ただし、飛行機をよく利用する人は、空港←→市内間の空港シャトルバンに1回$30前後を見込んでおく必要がある。

そのほかの費用

飲み物や菓子などの副食費、日用品などの雑費、チップ、おみやげ代も忘れずに。

外貨の両替

アメリカでの“日本円”は空港の免税店など、ごく一部を除いてまったく通用しない。両替にしても、空港の両替所、ホテルのキャッシャーなどに限られている。さらに、日本円から米ドルへの両替は、日本国内のほうが概してレートはいい。アメリカへ出発する前に、日本円をアメリカドルに替えて持っていくか（両替は最小限に）、トラベルプリペイドカード➡P.641などを使って現地ATMでアメリカドルを引き出すのが賢明だ。外貨両替は国内の大手銀行、国際空港内の銀行などで取り扱っている。ほとんどの場合、金種が決まっているパックが基本。$1、$5、$10、$20などの小額紙幣は利便性が高い。

アメリカの通貨

いわずと知れたアメリカドル（US Dollar/通称USドル）。1ドル（$）＝100セント（¢）。コインは1¢（通称ペニー Penny）、5¢（ニッケル Nickel）、10¢（ダイム Dime）、25¢（クオーター Quarter）、50¢（ハーフダラー Half Dollar）、$1（ダラーコイン Dollar Coin）の6種類ある。ただし、50¢と$1のコインはほとんど見かけない。大きさは50¢、$1、25¢、5¢、1¢、10¢の順なので注意しよう。

紙幣は$1、$5、$10、$20、$50、$100の6種類ある。紙幣の大きさは金種にかかわらず同じ。ただし、同じ金額の紙幣でも肖像が大きくデザインされたもの、背景が色刷りされたもの、肖像が小さい紙幣も流通している。

レストランの料金の目安

幹線道路沿いでよく見かけるファミリーレストランなら$10～18、町なかのカジュアルなレストランなら$25～40程度

観光にかかる費用も千差万別

何をするのかによって、かなりの差が出てくる。例えば、ワシントンDCでスミソニアンの博物館見学をするならすべて無料。フロリダのウォルト・ディズニー・ワールドなら1日券で$102～といった具合だ

市内を数多く移動する人は

多くの町で発行している、一定期間市バスや地下鉄など公共の交通機関に乗り放題のパスを購入するといいだろう

クーポン券を利用しよう

観光案内所やホテルのカウンターのいくつかには、クーポン券が置かれている。観光名所のクーポン、レストランのクーポンなどいろいろとある。割り引かれているのはわずかな金額ではあるが、塵も積もれば山となる。利用する回数が多いと、得する額も大きくなる。特に、ナイアガラフォールズのような観光地は、クーポン券が束になっていたりする。積極的に利用しよう

クレジットカードがあれば、ATMを使ってアメリカドルを入手できる

為替レートは、今いくら？

最新のアメリカドルの為替レートはインターネット『地球の歩き方』ウェブサイトで確認することができる

URL www.arukikata.co.jp/rate

※2023年10月29日現在の為替交換レート
$1＝149.65円

現金の管理方法

アメリカでは、現金は最小限だけ持ち歩きたい。その際、財布は小銭入れと札入れに分けて持ち歩くと便利。札入れには小額の紙幣から順に入れておくのがいい。$1紙幣はチップやバス代などによく使うため、手前にあったほうが取り出しやすい。高額紙幣を手前に入れておくと、偶然それを見られてしまい、スリのターゲットになってしまうこともある。また、旅行中は高価な財布を持ち歩かないことをすすめる

旅のアドバイス ウーバー Uber について ▶ すぐに来て、安くて、アプリで簡単に呼べることからアメリカで一気に普及したウーバー。英語を話さずに済み、料金がぼられることもないため、一度使うとその便利さからリピーターになる日本人も多い。ただし、事故が起こったり、レイプが発生するというのも事実。これを頭に入れて使いたい。

クレジットカード社会のアメリカでは、高額紙幣を持ち歩く人がほとんどいないため、$50、$100札は受け取ってくれても、ニセ札ではないかとしつこく調べられることがある。

クレジットカード

アメリカでは、ちょっとした支払いでも個人用の小切手か、クレジットカードを用いるのが一般的だ。クレジットカードはアメリカ社会では必需品。経済的信用が付加されているからだ。海外で通用する国際クレジットカードを持っていこう。

クレジットカードを入手するには、各クレジット会社へ申し込みを行い審査を受ける必要がある。審査基準は各会社、申し込むカードのグレードにより異なる。また、カードを作る際には基本的に年会費が必要だが、これも各会社、カードのグレードによりまちまちなので確認を。

日本で加入できる国際カードはアメリカン・エキスプレス、ダイナースクラブ、JCBカード、マスターカード、ビザなどがあり、最近は日本の多くのカード会社や銀行、信販会社がマスターカード、ビザのどちらか、または両方と提携発行しているので非常に便利になっている。

通常、クレジットカードには利用限度額が設定されている。この限度額は、設定の金額に達するまで使用でき、支払いが済めばその額ぶん再び使用可能になる。海外旅行の際は、一時的に限度額を引き上げることができるので、必要な場合は問い合わせを。

カードの使い方

アメリカでは、ほとんどの店やレストランでクレジットカードを使うことができる。入口や窓に取り扱っているクレジットカードのステッカーが貼ってあるので、自分の持っているカードが使えるかどうかチェックしておこう。店によっては"$20から"というように最低金額を定めているところもある。また、安いレストランやカフェ、屋台などでは、クレジットカードを使えない場合もある。

キャッシャーで、あるいは店の人が"キャッシュ　オア　チャージ？　Cash or charge?"と尋ねる。このchargeがクレジットカードによる支払いのことなので、"Charge, please."と答え、金額の確認をし、サインして控えは大切に保存する。なお、IC対応端末機でICカードを利用した場合には、端末機に表示された金額を確かめてから暗証番号（PIN）を入力する。暗証番号の代わりにサインが必要な場合もある。

クレジットカード犯罪を防ぐために

カードの磁気情報を読み取って偽造カードを作る「スキミング犯罪」が、アメリカでも多発している。暗証番号を生年月日や電話番号などに設定しているなら、すぐに変更しよう。そして財布は肌身離さず持ち歩くこと。また、会計時も絶対にカードから目を離さないこと。特に、店員が客から離れた場所にカードを持っていってしまったときは要注意（レストランは除く）。

両替は日本でするのがお得
アメリカで日本円を両替すると、日本に比べてレートが悪い場合が多い。日本で両替してから出かけよう

アメリカはカード社会
レンタカー、ホテルの予約、ホテルのチェックインの際に必要。クレジットカードには、経済的信用が付加されているため、持っていないと車を貸してもらえない、ホテルに宿泊の際多額のデポジットを要求されるなどという場合がある。また、ホテルでは部屋の電話を使えないことも

クレジットカードの達人
旅慣れた人は、ホテルやレンタカーの精算、高額商品やレストランの支払いをクレジットカードで済ませてしまうことが多く、現金もATMで引き出し、交通費や簡単な食事、チップなどにかかる最小限の金額しか持ち歩かないという人もいる

出発する前に
利用限度額と、暗証番号（PIN）は確認しておきたい。特に海外旅行をするとホテルの支払いなどですぐに利用限度額になってしまうこともある。また、カード会社にアメリカへ行く旨を伝えておくのもいい。伝えていない場合、日本国外で不正利用があったと認識され、カードが使えなくなる場合も

学生がカードを取得するには
① 親が加入のカードの家族会員になる
② 学生向けカードに加入する
※学生カードは利用限度額が一般のクレジットカードより低い設定だ。長期旅行の場合、利用額が決済（口座より引き落とし）されないかぎり累計されていくため、限度額を超えてしまう恐れがある。必ず日本で限度額引き上げの手続きをしておくように

学生カードでキャッシング
日本国内にあるATMでのキャッシングは、ほとんどの学生カードではできない。しかし海外のATMではキャッシングできることが多い

カードの暗証番号（PIN）
カードで支払いの際、サインではなく、暗証番号を入力する機械を提示され、そこに自分で暗証番号を打ち込む場合がある。自分のカードの暗証番号がわからない人は、出発2週間前くらいまでにカード発行会社に問い合わせ、確認しておこう

メモ　クレジットカードのICチップ▶近年、クレジットカードは磁気の部分をスリットさせて読み込ませるものではなく、金色部分のICチップを読み込ませるタイプが増えてきた。チップのあるほうを差し込み、すぐには抜かない。

カードをなくしたら!?

国際クレジットカードの場合、現地にカード会社の事務所や提携の銀行があるので、できるだけ早くそこに連絡して不正使用されないようにしてもらう。連絡先は電話帳や本書のイエローページ(➡ P.717)、ホテルの人に教えてもらう方法がある。

手続きをするにはカードナンバー、有効期限が必要だ。紛失時の届け出連絡先と一緒にメモを取っておくのを忘れずに。パスポートと一緒にカードのコピーを取るのも一案。

海外キャッシングサービスを利用する

海外で手持ちの現金が少なくなったり、予定外の出費があったときに便利なのが、クレジットカードのキャッシングサービスだ。空港や町なかのATMで、いつでも現地通貨で引き出せる。キャッシングには、ATM利用料と利息がかかり、カード代金の支払口座から引き落としされる。ATMでの引き出し方法は下記のとおり。手数料は各銀行により異なるので、事前に確認を。

海外ATM機での現金の引き出し方

(デビットカード、トラベルプリペイドカードも同様。ただし、機種により手順は異なる)

❶アメリカの一般的なATM機。銀行系だと"Welcome to ○○ Bank"など銀行名が表示される

❷クレジットカード、デビットカード、トラベルプリペイドカードの磁気部分をスリットさせて、機械に読み込ませる。機械によっては日本のATMと同様に、カードの表面を上向きに挿入するタイプや、カードの表面を上向きに挿入口に入れてすぐに抜き取るタイプもある

❸ENTER YOUR PIN=「暗証番号」を入力して、最後にENTERキーを押す

❹希望する取引の種類を選択する。WITHDRAWAL、またはGET CASH=「引き出し」を指定する

❺取引の口座を選択する。クレジットカードの場合、CREDIT=「クレジットカード」を指定。デビットカード、トラベルプリペイドカードで預金を引き出す場合はSAVINGS=「普通預金」を指定

❻アメリカのATMは下ろす金額が決められている場合が多い。希望の金額のボタンを押す

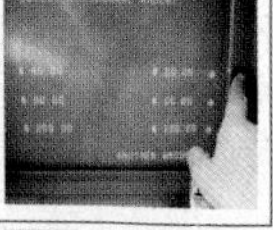

❼現金を受け取る。継続取引をしない場合NOを選択、カードと明細書を受け取る

「クレジットカード」の請求通貨に注意

近年、海外でクレジットカードを使った際、カード決済のレシートが現地通貨ではなく、日本円というケースが増えている。

日本円換算でのカード決済自体は違法ではないのだが、不利な為替レートが設定されていることもあるので注意しよう。

支払い時に「日本円にしますか?」と店から言われる場合もあれば、何も言われずに日本円換算になっている場合もあるので、サインする前に必ず通貨を確認しよう

アメリカでカードを紛失した場合の連絡先

●アメリカン・エキスプレス
Free (1-800) 766-0106

●ダイナースクラブ
日本☎+81-3-6770-2796
(コレクトコールが利用できる)

●JCB
Free (1-800) 606-8871

●マスターカード
Free (1-800) 307-7309

●ビザ
Free (1-866) 670-0955

※各社、日本語で対応してくれるので、言葉の心配は不要。"Japanese, please"とひとこと

キャッシング時の注意

カードに関する犯罪が多いので、特に暗証番号の入力時などは手をかざして読み取られないようにしよう

二重払いをしないためにも

レシートと、カード会社からの請求書をきちんと照合することが大切。二重に引き落とされていたら、カード発行会社にすぐに連絡しよう。そのためにもやはりレシートは必ず保管しておいたほうがいい

ATMで使われる用語

ENTER　入力
PIN　暗証番号
TRANSACTION　取引
WITHDRAWAL　引き出し
TRANSFER　振り込み
BALANCE　残高照会
SELECT SOURCE ACCOUNT　口座を選択
CREDIT　クレジットカード
SAVINGS　普通預金
CHECKING　当座預金
SELECT DISPENSE AMOUNT　引き出し金額を選択
OTHER　その他

$50、$100紙幣は必要なし▶両替の際はいつも$1、$5の紙幣をメインでもらう。カード社会のアメリカでは高額紙幣で支払う機会はほとんどないからだ。$20札すら使用頻度は低い。（富山県　ashizak07　'17）['18]

クレジットカードのメリット

①多額の現金を持ち歩かなくてよいので安全
②旅行中、所持金が底をついたら……という心配がない
③ウェブサイトでレンタカーやホテル、スポーツ、ショーなどを予約、購入の際、ほとんどの場合必要となる
④レシートをなくしても、カード会社から送られてくる利用明細書で帰国後も確認でき、支出額のチェックがしやすい
⑤サインひとつで支払いができ、現金の授受時によくある間違いやトラブルが起こらない
⑥現金が必要なとき、手続きさえしておけば、現地通貨で手軽にキャッシングサービスを受けられる

デビットカード

使用方法は、クレジットカードと同じだが、支払いは後払いではなく発行銀行の預金口座から原則即時引き落としとなる。口座の残高以上は使えないので、予算管理にも便利。ATMで現地通貨も引き出し➡P.640可能だ。

トラベラーズチェック（T/C）

長年、現金に代わる旅行小切手として使われてきたトラベラーズチェック（発行元アメリカン・エキスプレス）は、2018年10月現在、日本国内で販売されていない。なお、すでに発行され、未使用のトラベラーズチェックに関しては通常どおり使用可能。

トラベラーズチェック（T/C）の使い方

金額が最初から印刷されている小切手で、サインをするところが2ヵ所あり、使用者はT/Cを購入した時点で1ヵ所（Holder's Signature）にサインをし、使用時にもう1ヵ所（Counter Signature）にサインをして初めて有効になる。レストラン、ホテルなどで現金同様に使用可能だが（使用できる店は年々減少）、サインをする前に使えるかどうか確認を。パスポートなどID（身分証明書）の提示を求められることがある。

2枚は持っておきたい
クレジットカードをスキミングされ不正利用されるケースは頻繁に発生し、そうなればカードの利用は停止される。クレジットカードで支払いをしようとしているなら、予備でもう1枚持っておくことをすすめる

一般的なクレジットカード読み取り機。チップのあるほうを中央の口に入れ込む

デビットカード発行金融機関
JCB、VISAなどの国際ブランドで、複数の金融機関がカードを発行している。
URL www.jcb.jp/products/jcbdebit
URL www.visa.co.jp/debit

T/Cのサイン
T/Cのサインは日本語でも英語でもかまわないが、パスポートを提示したときにトラブルを避けるため、パスポートと同じサインをすること

T/Cはどこで現金化する？
アメリカの空港の両替所でT/Cを現金に換金すると手数料を取られてしまう。両替はホテルのキャッシャーがいい。
また、T/Cは使用したら必ずその記録を残すように心がけよう

再両替のとき
使い残したT/Cを帰国後日本円に再両替してもらうときには、身分証明書（パスポートなど）が必要なので忘れずに

紛失・盗難などでT/Cの再発行を受けるときは
紛失・盗難に気がついたらただちに、T/Cの発行元へ電話をすること。そのほか、T/Cの券面（Holder's Signature）に使用者のサインがしてある、T/C購入時に受け取った発行控えがあることがおもな条件だ

海外専用プリペイドカード

海外専用プリペイドカードは、外貨両替の手間や不安を解消してくれる便利なカードのひとつだ。

多くの通貨で国内での外貨両替よりレートがよく、カード作成時に審査がない（本人確認書類とマイナンバー申告は必要）。出発前にコンビニATMなどで円をチャージし（預金）、その範囲内で渡航先のATMで現地通貨を引き出せる➡P.640。各種手数料が別途かかるが、使い過ぎや多額の現金を持ち歩く不安もない。

2023年10月現在、発行されているのはおもに右記のとおり。

・アプラス発行
「MoneyT Globalマネーティーグローバル」
URL www.aplus.co.jp/prepaidcard/moneytg
・トラベレックスジャパン発行
「Travelex Money Card　トラベレックスマネーカード」
URL www.travelex.co.jp/travel-money-card

準備編

第8章 出発までの手続き

旅立つ前に済ませておくべき手続きがある。パスポートやESTA（エスタ）、海外旅行保険の加入、場合によってはビザ（査証）も必要だ。これらの手続きを怠ると、出発当日や旅行中に旅が台無しになってしまう可能性もあるので、しっかりと確認しておきたい。まずは日本から出国するために欠かせない、パスポートの申請から始めよう。

パスポートを取ろう

パスポート（旅券）は旅行者が日本国民であることを証明し、渡航先の国に対して安全な通過や保護を要請した公文書で、国際的な身分証明書である。これがなければ日本から出国することはできないし、どの国にも入国することができない。旅行中、常に携帯しなければならない、命の次に大切なもの。

旅行会社に手続きを依頼すると申請を代行してくれるが、当然手数料がかかり、また、受領は必ず本人が行かなければならない。個人で取得するのも簡単なので、自分で各都道府県庁の旅券課やパスポートセンターに出向いてみよう。パスポートは、発行日から5年間有効なものと10年間有効なものがあり、発行手数料（旅券課窓口の近くの販売所にて印紙を買う）は5年が1万1000円（12歳未満は6000円）、10年は1万6000円。申請から取得までは約1週間（ただし、土曜、日曜、祝日を除く）。用意する書類も多いので、その日数も計算に入れて準備にかかろう。

すでにパスポートを持っている人は有効期間の確認を。アメリカの場合は、パスポートの残存有効期間は、アメリカに入国する日から90日以上あるのが望ましい。米国から他の国へ行く場合は、国によって入国時に一定以上の残存有効期間が必要な場合があるので、必ず確認を。また、旅行中に期限が切れる人も、新しく作り直しておくこと。

パスポートの申請から受領まで

申請手続きは、住民登録をしている居住地の各都道府県庁の旅券課やパスポートセンターで行う。別表➡P.643の必要書類を揃えて提出する。

指定された受領日以降に、申請時に渡された受領証を持って受け取りに行く。年齢に関係なく、必ず本人が出向かなければならない。その際パスポートに記載された名前のスペルや誕生日などの情報が間違っていないか確認をする。

現在の居住地に住民票がない人のパスポート申請方法

通常パスポートの申請は、居住地の各都道府県の旅券課など窓口で行う。本来、居住地＝住民票のある所であるが、学生などの場合には郷里に住民票がある人もいるだろう。その場合の申請方法は次の3とおり。

外務省パスポート
URL www.mofa.go.jp/mofaj/toko/passport/index.html

ICパスポート
偽造や変造を抑止する目的で、ICチップが組み込まれたICパスポートが発給されている。ICチップは電子部品なので、取り扱いには要注意

未成年者のパスポート取得
申請時に20歳未満の未婚者がパスポートを取得するには、親権者である両親のいずれか一方の署名が必要（法定代理人署名欄に記入）。5年旅券のみ発給可能

パスポートに関する注意
国際民間航空機関（ICAO）の決定により、2015年11月25日以降は機械読取式でない旅券（パスポート）は原則使用不可となっている。日本ではすでにすべての旅券が機械読取式に置き換えられたが、機械読取式でも2014年3月19日以前に旅券の身分事項に変更のあった人は、ICチップに反映されていない。渡航先によっては国際標準外と判断される可能性もあるので注意が必要。
外務省による関連通達
URL www.mofa.go.jp/mofaj/ca/pss/page3_001066.html

パスポートの切替発給
手持ちのパスポートの残存有効期間が1年未満になると、新しく作り直すことができる。申請時に現在持っているパスポートも持参しよう。手続きや費用は新しく作成するときと同じだが、記載の内容に変更がなければ戸籍謄本の提出は不要。期限切れのパスポートを持ち新たに申請する場合は、各都道府県の旅券課に問い合わせること

メモ **パスポートのサインについて**▶パスポートの申請書は顔写真の下にある「所持人自署」の欄にしたサインが、そのままパスポートに転写される。このサインは、日本語でも英語でもかまわないが、自分がいつも書き慣れている文字で書くこと。

①郷里の家族などに住民票、戸籍謄（抄）本を取ってもらい、都道府県庁旅券課で代理申請してもらう。ただし、本人が受領しなければならないので、帰省する必要が出てくる。
②住民票を現在住んでいる所に移して申請。住民票を移すのはとても簡単。住民票のある場所にいる人（例えば家族）に、今の住所への『転出届』を出してもらい、その証明書を持って、現在住んでいる所の役所へ『転入届』を出せばよい。
③住民票を移さずに、現住所のある所で申請できるのが居所申請という方法。ただし、東京都以外ではできない場合もあるので、各都道府県庁の旅券課などで確認すること。居所申請には、パスポート申請に必要な書類のほか、『居所申請申出書』の提出と、居住が確認できる資料が必要だ。申請は本人に限る。

住基ネット
住民基本台帳ネットワークシステムに参加している自治体の窓口でパスポートを申告する場合、住民票は原則として不要

居所申請書
「居所申請書」を提出する際、住民票のほか学生は学生証や在学証明書、6ヵ月以上の単身赴任者の場合、居所証明書や居所の賃貸借契約書が必要

パスポート申請先都道府県ホームページリンク先
URL www.mofa.go.jp/mofaj/toko/passport/pass_6.html

パスポート（5年用／10年用）申請に必要な書類

2018年10月現在

必要書類	必要数	入手場所	その他・条件など
一般旅券発給申請書	1	各都道府県パスポート申請窓口	申請時にその場で記入することもできる。20歳未満の人は有効期間が5年のパスポートのみ申請することができる
戸籍謄本または抄本	1	本籍地の市町村役所	6ヵ月以内に発行されたもの。代理人が受領したり、郵送してもらうことも可能。有効期間内にパスポートを切替申請する場合で、戸籍の記載内容に変更がなければ省略することができる
住民票	1	住民登録してある市町村役所	旅券窓口で住基ネットを利用し確認する場合は原則不要。市町村により異なるので要確認
顔写真	1		6ヵ月以内に撮影されたもの。サイズは縦4.5×横3.5cm、頭頂からあごまでが3.4±0.2cm。無背景、無帽、正面向き、上半身、フチなし。白黒でもカラーでも可だが、スナップ写真は不可
申請者の身元を確認する書類【コピーは不可】	1～2		個人番号カード（マイナンバーカード）、運転免許証など官公庁発行の写真付身分証明書ならひとつ。健康保険証、年金手帳、印鑑登録証（登録印も）、※社員証、学生証、公の機関が発行した資格証明書（※__の証明書類は写真が貼ってあるもののみ有効）などならふたつ必要。見せるだけですぐ返してくれる
前回取得した旅券			パスポートの新規申請、紛失・盗難・焼失した場合以外は必要
取得手数料（印紙）		旅券課窓口近くの販売所で	5年用は1万1000円（12歳未満6000円）、10年用は1万6000円で、パスポートを受領する際に必要（一部現金支払いの場合あり）

※申請書の訂正に押印が必要な場合があるため印鑑を持参すること

各都道府県旅券問い合わせ先

2018年11月現在

都道府県	電話	都道府県	電話	都道府県	電話
北海道	☎(011) 219-3388	石川	☎(076) 223-9109	山口	☎(083) 933-2334
青森	☎(017) 777-4499	福井	☎(0776) 28-8820	鳥取	☎(0857) 26-7080
岩手	☎(019) 606-1720	長野	☎(026) 235-7173	島根	☎(0852) 27-8686
秋田	☎(018) 860-1112	静岡	☎(054) 221-3755	徳島	☎(088) 656-3554
宮城	☎(022) 211-2278	山梨	☎(055) 222-2040	香川	☎(087) 825-5111
山形	☎(023) 647-2566	愛知	☎(052) 563-0236	愛媛	☎(089) 923-5456
福島	☎(024) 525-4032	岐阜	☎(058) 277-1000	高知	☎(088) 823-9656
茨城	☎(029) 226-5023	三重	☎(059) 222-5980	福岡	☎(092) 725-9001
栃木	☎(028) 623-3472	滋賀	☎(077) 527-3323	佐賀	☎(0952) 52-7005
群馬	☎(027) 226-3860	京都	☎(075) 352-6655	長崎	☎(095) 895-2121
埼玉	☎(048) 647-4040	大阪	☎(06) 6944-6626	熊本	☎(096) 333-2160
千葉	☎(043) 238-5711	兵庫	☎(078) 222-8700	大分	☎(097) 536-1786
東京	☎(03) 5908-0400	奈良	☎(0742) 35-8601	宮崎	☎(0985) 26-7268
神奈川	☎(045) 222-0022	和歌山	☎(073) 436-7888	鹿児島	☎(099) 221-6611
新潟	☎(025) 290-6670	岡山	☎(086) 256-1000	沖縄	☎(098) 866-2775
富山	☎(076) 445-4581	広島	☎(082) 221-8911		

パスポートの申請は時間に余裕をもって行おう。上が5年用、下が10年用

メモ 顔写真は余分に！▶顔写真はパスポート申請の1枚以外にも、パスポート紛失時などの予備用に2～3枚多く焼き増しをしておくといい。

※ビザ免除渡航者はESTAによる渡航認証を取得すること➡P.646。
なお、カナダで飛行機を乗り継いでアメリカに渡航する場合は、カナダの電子渡航認証eTAも取得すること➡P.666

アメリカ大使館
住〒107-8420
東京都港区赤坂1-10-5
☎(03) 3224-5000(代表)
URL jp.usembassy.gov/ja

18歳未満のアメリカ入国について
両親に引率されていない子供が入国する場合は、子供の片親や親、法的保護者からの渡航同意書(英文)が要求される可能性があるので注意したい。詳細はアメリカ大使館に問い合わせを

ビザ免除プログラムが適用されないケースについて
「2015年ビザ免除プログラムの改定およびテロリスト渡航防止法」の施行が開始され、2011年3月1日以降にイラン、イラク、スーダン、シリア、リビア、ソマリア、イエメンに渡航、または滞在したことがある、などの条件に該当する場合は、ビザ免除プログラムを利用して渡米することができなくなった。
これらの条件に該当する渡航者は、アメリカ大使館において通常のビザ申請をする。詳細はURL jp.usembassy.gov/ja/visas-ja/visa-waiver-program-jaで確認を

アメリカ・ビザ申請サービス
電話はオペレーター対応
☎050-5533-2737(日本)
※米国在住者は☎(703)520-2233(アメリカ)
開月~金9:00~18:00
E-mail support-japan@ustraveldocs.com
メール、チャット、Skypeによる質問は、下記のウェブサイトからアクセスする
URL www.ustraveldocs.com/jp

ビザ(査証)について

短期(90日以内)米国旅行者はビザの必要なし

ビザとはアメリカ合衆国政府が発行する入国許可証。観光、業務、留学など渡航目的に応じてビザも異なるが、90日以内の観光・商用を目的とした渡航であれば、ほとんどの場合ビザを取得する必要はない。2年間有効のESTA➡P.646を取得すること。

なお、「ビザ免除プログラム」で入国する渡航者に渡航制限が施行されている。さらに2015年のビザ免除プログラムの改定により、「ビザ免除プログラム」を利用してアメリカに入国する渡航者にいくつかの制限が加わった➡左記側注。加えて2015年11月からIC旅券の所持が必要になった➡P.642。

滞在が90日以内でもビザが必要なケースもある

第三国を経由してアメリカに入国する場合、国によってはビザが必要となる。必ず航空会社、旅行会社、アメリカ大使館・領事館に問い合わせること。ただし、日本からアメリカに入国したあとにカナダ、メキシコなどに出国、再びアメリカに戻ってくる場合、アメリカ滞在の総合計日数が90日以内ならビザは不要だ。

ビザの申請

非移民ビザを申請する際は、ほとんどの人は面接(予約制)が必要となる。面接の予約はアメリカ大使館のウェブサイト(URL www.ustraveldocs.com/jp)で行う。面接時にビザが許可された場合、通常面接後、約7日間でビザが発給される。追加手続きが必要と判断された場合は、さらに審査期間を要するため、早めの申請が望ましい。

ビザに関する質問などはビザ申請サービスの電話、eメール、チャット、Skypeで受け付けている。これらのサービスは無料で、通話料のみ利用者負担となる。

取得しておくと便利な証書類一覧

証明書類	必要書類	手数料	問い合わせ先	備考
国際学生証	①学生証のコピー、または在学証明書(発行日から3ヵ月以内) ②顔写真1枚(縦3.3cm×横2.8cm) ③申請書(ダウンロード可)	1750円(オンライン、郵送の場合は簡易書留にて返送。2300円)	URL www.isicjapan.jp ISICカードの取得はウェブサイトから申し込めるほか、旅行会社、大学キャンパス内の購買部・書店でも取り扱っている	世界青年学生教育旅行連盟が発行する世界共通の学生証。博物館やアトラクションの入場料の割引が受けられるなどの特典があるほか、パスポート代わりの身分証明書として便利
国外運転免許証	①運転免許証 ②パスポート ③顔写真1枚(縦5cm×横4cm) ④必要事項を記入した申請用紙(窓口で入手可能) ⑤以前に取得した国外(国際)運転免許証	2350円	各都道府県の免許センターまたは管轄の警察署 URL www.keishicho.metro.tokyo.jp/menkyo/menkyo/kokugai 免許センターでは即日交付の場合が多いが、警察署では後日(2週間前後)交付。申請には印鑑が必要な場合もある	免許停止処分を受ける人、免停中の人は申請不可。違反の罰金を支払っていない場合には発行されないことがある。 アメリカでのレンタカー利用には日本の免許証も必要

※ユースホテル会員証については➡P.697で詳しく紹介している。　2018年10月現在

投稿 ESTAの申請▶日本出国の1週間前にESTAの申請。即時回答は「渡航認証保留」で、申請後72時間以内に回答する旨のメッセージが表示されたが、認証されるまで心配でならなかった。ESTAでは出国の72時間前までを推奨しているが、認証拒否のことも想定して時間に余裕をもった申請をすすめたい。　(東京都　秀丸　'14)['18]

海外旅行保険について

アメリカの医療費は非常に高く、病気や事故に遭ってけがをしたら大変。また、他人の物を壊してしまったり、盗難も起こりうる。保険に加入する、しないは本人の意志によるが、もしものことを考えれば、必ず加入しておきたい。

また、各クレジットカード会社の発行するカードには、取得すると自動的に海外旅行保険に加入するものもあるが、「疾病死亡保障」が保障されない、保障金額が不足したために実際には自己負担金が多かったなどのケースがあるので十分注意したい。

保険を扱っているところ

保険の加入は損保ジャパン日本興亜、東京海上日動、AIGなどの損害保険会社が取り扱っている。大手の場合、現地連絡事務所、日本語救急サービスなどの付帯サービスも充実していて、いざというときに心強い。

保険金請求について

保険の約款は非常に細かく決められている。自分の持ち物を紛失・破損した場合の補償、携行品補償では、持ち物を盗まれたり、破損した場合、購入時期などから判断した時価が支払われる。ただし、現金、T/C、クレジットカードは適用外。支払いには、地元警察などへの届け出と被害報告書の作成、保険会社の現地や日本国内オフィスへの連絡などの条件がある。

海外旅行保険の種類

海外旅行保険には必ず加入しなければならない基本契約と、加入者が自由に選べる特約に分かれている。一般的には基本契約と特約をセットにしたパッケージプランが便利。

旅行手続きと一緒に保険加入

保険加入は損保ジャパン日本興亜、東京海上日動、AIGなどの損害保険会社が取り扱っているが、申し込みは旅行会社で旅行の手続きと同時に手軽にできる。空港の保険会社のカウンターで、出発直前でも加入できるが、海外旅行保険は空港と住居の往復にも適用されるので、出発前の加入が望ましい

証書と小冊子には必ず目をとおす

保険が適用にならないケース（現金、T/C、コンタクトレンズの紛失や、虫歯の治療、登山などの危険なスポーツなど）や、保険金の請求の際必要な証明書などもあるので、契約時に受け取る証書と小冊子の約款には必ず目をとおしておくこと。

またトラブルのときは、約款に書かれた緊急電話番号に連絡する場合が多い。別に番号をメモして持っていくか、もしくは契約時に送られてきたパンフレットを持っていくようにしよう

地球の歩き方ホームページで海外旅行保険に加入

地球の歩き方ホームページで、海外旅行保険に加入できる。手続きは簡単で、申し込み画面の案内に従って必要事項を入力するだけ。保険料はクレジットカード決済なので振り込みや来店の手続きは一切なし。詳しくは地球の歩き方ホームページで

URL www.arukikata.co.jp/hoken

空港にも旅行保険のカウンターがあり、出発直前でも加入することができる

保険の種類

※損害保険会社により名称や補償条件が異なる

基本契約（保険に加入する際、最低限かけなければならないもの）		
傷害	治療費用	旅行中の事故によるけがの治療費・入院費等を補償
疾病	治療費用	旅行中病気になったときの治療費・入院費等を補償
特約（加入者の意志によりかけることのできるもの）		
傷害	死亡・後遺障害	旅行中の事故によるけがが原因で死亡、または後遺障害が生じたとき、保険金が支払われる
疾病	死亡	旅行中に病気が原因で死亡した場合、保険金が支払われる
賠償責任		他人にけがを負わせたり、物を壊したりして損害を与え、法律上の賠償責任を問われたとき
携行品損害		携行品が盗難、破損、火災などの偶然の事故に遭って損害を受けたとき
救援者費用等		旅行中に遭難またはけがや病気で入院したとき。旅行中に搭乗している飛行機・船舶が行方不明になったときなど。支出した捜索援助費用、日本から現地に向かう親族の航空運賃、交通費、滞在費などが支払われる
その他		航空機寄託手荷物遅延費用、航空機遅延費用、緊急歯科治療費用補償特約、テロ等対応費用補償特約

旅のアドバイス　飛行機が欠航・遅延した場合▶航空機遅延も保障するプランならば、保険の申請ができる。その場合、航空会社発行の欠航・遅延証明書 "Cancellation/Delay Verification" が必要になるので、忘れずにもらっておきたい。

準備編

第9章 ESTA（エスタ）について

ビザ免除プログラム➡P.644を利用し、ビザなしで飛行機や船でアメリカへ渡航・通過（経由）する場合、インターネットでESTAによる電子渡航認証を取得する必要がある。事前にESTAの認証を取得していない場合、航空機への搭乗や米国への入国を拒否されることがあるので注意が必要。

一度ESTAの認証を受けると2年間有効で、米国への渡航は何度でも可能（日程や訪問地を渡航のたびに更新する必要はない）。ただし、認証期間内でも、パスポートの有効期間が切れるとESTAも無効になる。また、氏名やパスポート番号の変更があった場合は、再度申請を行うこと。なお、最終的な入国許可は、初めの入国地において入国審査官が行う。

1 ウェブサイトで手続きを始める前に、パスポート、クレジットカード、滞在先の情報を用意する。

2 URL https: //esta.cbp.dhs.gov にアクセス。画面右上の「CHANGE LANGUAGE」で**日本語**を選択。「新規の申請」、「既存の申請内容を確認」のうち**該当の項目をクリック**（ここでは「新規の申請」の手順を解説する）。次に「個人による申請」、「グループによる申請」のうち**該当の項目をクリック**。「セキュリティに関する通告」の内容を読み**「確認＆続行」をクリック**。

3 申請者情報の入力ページになる。**赤色の星印がある項目は回答必須**。質問事項は日本語で書かれているが、すべて英語（ローマ字）で入力、またはプルダウンメニューから該当項目を選択する。疑問がある場合は「？」のアイコンをクリックする。

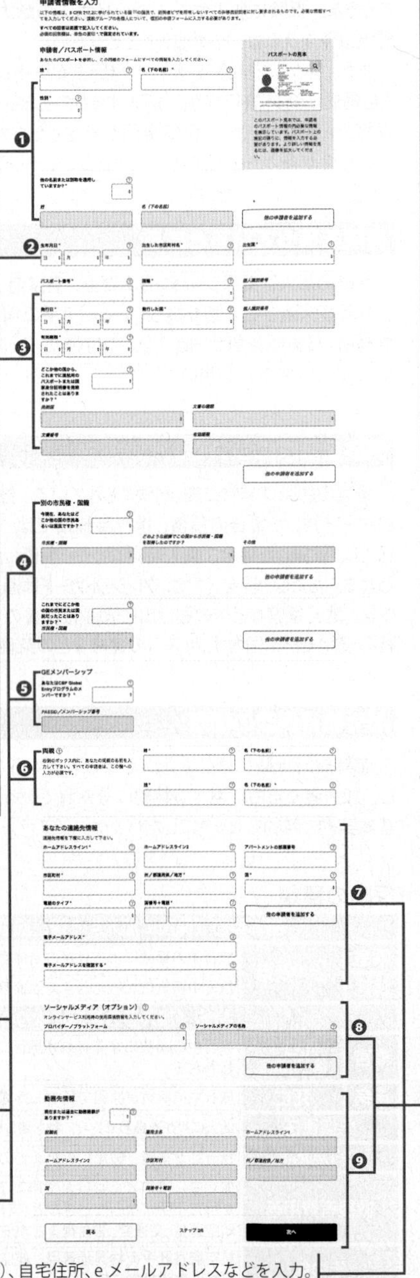

申請者／パスポート情報

❶申請者名を姓、名の順で入力し、性別を選択。別称を通用しているかの質問あり。
❷生年月日、出生した市区町村名、出生国を入力。
❸パスポート番号、国籍、発行国、発行日、有効期限を入力し、ほかの国で渡航用パスポートを取得したかの質問に回答する。

別の市民権・国籍

❹❸で答えた市民権（国籍）とは別の市民（国民）であるかの質問に回答。

GEメンバーシップ

❺CBP Global Entry プログラムのメンバーかどうかの有無を選択。

両親

❻両親の姓名（存命か否かにかかわらず）を入力。

連絡先情報 ❼電話番号（電話のタイプ）、自宅住所、eメールアドレスなどを入力。

ソーシャルメディア

❽オンラインサービス利用時の使用環境情報を入力。必須項目ではない。

勤務先情報

❾勤務経験の有無に回答、勤務先情報を入力。❶～❾の項目の回答後**「次へ」をクリック**。

4

渡航情報

❿渡航目的が乗り継ぎか否かに回答し、米国内の連絡先（滞在先）、緊急連絡先情報（日本でも米国でも可）を入力。**回答後「次へ」をクリック**。

5

適格性についての質問

⓫ 1)～9) の質問に「はい」、「いいえ」で回答。「権利の放棄」の内容を読み**「申請内容に関する証明」にチェック⓬**を入れる。なお、**本人以外が代行で入力した場合は「第三者による代理申請の場合に限定」**の内容を読んでチェック⓭を入れる。回答後**「次へ」をクリック**。

6

3～5 で入力した内容が表示される。パスポート情報ほか、質問事項への**回答に間違いないかを再確認**しよう。確認したら**「次へ」をクリック**。

7

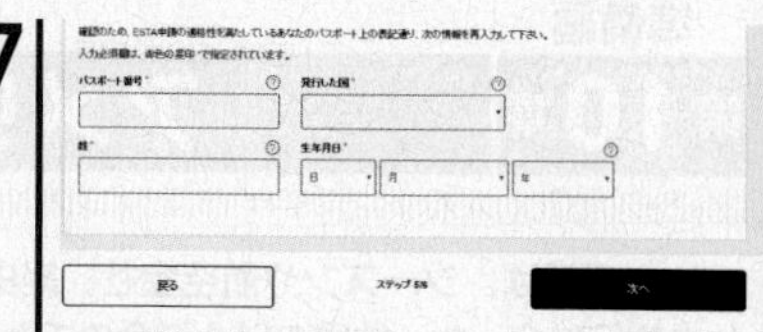

6 の手続き後にパスポート番号、発行国、姓、生年月日を入力して**「次へ」をクリック**。

8

申請番号⓮が発行される。免責事項の☑をチェックし、「今すぐ支払う」をクリック⓯。

9

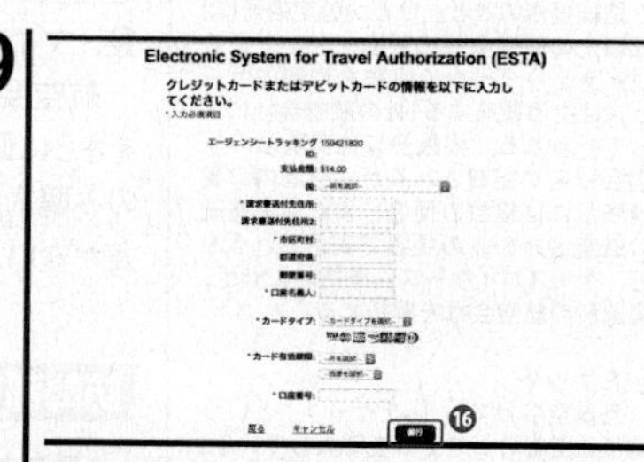

オンライン支払いフォームに進む。ここでは国名、請求書送付住所、クレジットカードのタイプ、有効期限、カード番号を入力する。入力の情報を再度確認したら「続行」をクリックする⓰。確認画面が表示されるので、間違いがなければ「送信」をクリック。

10

申請番号、ESTA の有効期限、申請した内容などが記載された**「渡航認証許可」**が表示されれば、ビザ免除プログラムでの ESTA 渡航認証がされることになる。**このページを印刷して保存しておくことをすすめる。**

「終了」をクリックすると、**ESTAの登録は完了**となる。引き続き申請する場合は、「別の渡航者の登録」をクリック。

※「渡航認証許可」以外の回答もある。「渡航認証保留」とは、審査中ということ。再度 ESTA のサイトにアクセスし、申請状況を確認しなければならない。このとき前述の申請番号などが必要。回答は申請後 72 時間以内には確認できる。承認されず「渡航認証拒否」となった場合、アメリカ大使館・領事館でビザの申請➡P.644が必要となる。

メモ ESTAに関して▶詳しくは、アメリカ大使館・領事館のウェブサイトを参照。URL jp.usembassy.gov/ja
地球の歩き方のウェブサイトでも、ESTA記入の方法をわかりやすく説明している。
URL www.arukikata.co.jp/esta

準備編

第10章 アメリカへの航空券

航空運賃は、シーズンや航空会社、経由便など、利用条件により大きく違ってくる。自分の旅行に合った、納得のいく料金のチケットを手に入れるため、ここでは航空運賃について考えてみよう。

航空券の種類

普通運賃は、定価（ノーマル）で販売される航空券で、利用においての制約が最も少ないが、運賃はいちばん高い。有効期限は運送開始日より1年（未使用の場合は発行日から1年）。種類はファーストクラス、ビジネスクラス、エコノミークラス（Y運賃とY2運賃）の3つに分かれる。

特別運賃は、航空会社が販売する正規割引運賃（ペックスPEX運賃）。利用条件にさまざまな制約はあるものの、普通運賃よりかなり割安。事前の座席指定、マイレージ加算対象、マイレージ利用でアップグレードが可能な場合もある。

航空会社がパッケージツアー用に旅行会社へ卸す航空券をさらに個人に販売しているのが、格安航空券。旅行会社でのみ購入が可能。アメリカ路線においてはペックス運賃との差がないため、実質ペックス運賃がメインで流通している。

訪問都市の数で、航空券の形態も変わる

1都市だけに滞在できる航空券を往復航空券、2都市以上の複数都市をすべて飛行機で巡る形態を周遊という。周遊の航空運賃は希望する区間のゾーンによる算定方法や、5～6都市までの周遊はいちばん遠い都市への運賃が適用されるなど、航空会社により条件が異なる。ルートを作成する場合、訪問順に注意したい。例えば日本→シアトル→ニューヨーク→オーランド→ロスアンゼルス→日本という移動パターンのほうが東海岸と西海岸を行き来するルートよりお得に周遊できる。同じ訪問都市でも、日本→ニューヨーク→シアトル→オーランド→ロスアンゼルス→日本のようなルートは、前者のルートより高くなる場合があるので注意したい。飛行機の手配は旅行会社などに相談してみよう。

周遊の旅、航空会社選びはハブ HUB が重要

航空会社は、乗客や貨物の効率的な輸送を図るため、運用の拠点の都市にハブ空港をもっている➡P.690。行きたい都市への直行便がなくても、ハブになっている都市を経由すれば目的の都市にたどり着ける。ハブの都市を経由すると遠回りになる場合もあるが、そのぶんのマイルは加算される。多少のデメリットはあるが、利用航空会社の路線内でルートを作成するのが大切だ。

航空会社が定める正規割引運賃とは？
アメリカン航空の『アーリーバード・スペシャル』、日本航空の『スペシャルセイバー』などがそれに当たる。航空会社、旅行会社でも購入が可能で、料金体系、変更・取消規定も明確に示されている。各航空会社で特徴が違うので、ウェブサイトは要チェックだ

正規割引運賃はいつ発表されるの？
上期（4～9月）は2月頃、下期（10～3月）は7月中旬以降に発表されるので、航空会社の情報を注意して見ておこう

コードシェアとは？
路線提携のこと。ひとつの定期便に2社以上の航空会社の便名が付いているが、チェックインの手続きや機内サービスは主導運航する1社の航空会社によって行われる。搭乗券には実運航の航空会社名が記載されるが、空港内の案内表示には複数の便名、または実運航の航空会社のみの便名で表示されるなど、ケースバイケース。予約時に必ず、実運航の航空会社を確認すること

eチケット
各航空会社では「eチケット」という電子航空券のシステムを導入している。利用者は予約完了後にeメールや郵送で届くeチケット控えを携帯することで、航空券紛失の心配はなくなった。eチケット控えは紛失してもデータは登録されている

ダブルブッキングは避けよう
ダブルブッキングとは、混雑時、どこかに当たるだろうと、同一航空会社、同日程の予約を複数の旅行会社に申し込むこと。いくつかの旅行会社へ予約を入れても、ひとつの航空会社に記録が集まり、同一人物の複数予約ということで予約は保留になり、いわば逆効果。絶対に避けたい

燃油サーチャージについて
昨今の石油価格の高騰や変動などにより、航空運賃のほかに燃料費として追加料金（サーチャージ）がかかる場合がある。時期や航空会社によって異なるので、航空券を購入するときに、旅行会社や航空会社で確認しておこう

国際観光旅客税について
2019年1月7日以降、日本を出国する方を対象に、出国1回につき1000円の国際観光旅客税が導入される。原則として、航空券代に上乗せされて支払う方式となる

日本から米国本土への直行便がある航空会社

2018年11月現在

航空会社名	略号	日本での連絡先	アメリカでの連絡先	ウェブサイト	搭乗地	行き先	曜日	所要時間（時間）	マイレージプログラム名／提携グループ（航空会社）
アメリカン航空	AA	☎(03) 4333-7675（平日 9:00～17:30）	Free (1-800) 433-7300 Free (1-800) 237-0027（日本語）	URL www.americanairlines.jp	成田	ロスアンゼルス	毎日	10	AA アドバンテージ／ワンワールド（ブリティッシュエアウエイズ、イベリア航空、フィンエアー、キャセイパシフィック航空、日本航空、LATAM 航空、カンタス航空、マレーシア航空など）
					成田	ダラス/フォートワース	毎日	11.5	
					成田	シカゴ	毎日	12	
					羽田	ロスアンゼルス	毎日	10	
デルタ航空	DL	☎(0570) 077733（毎日 9:00～20:00）	Free (1-800) 221-1212 Free (1-800) 327-2850（日本語）	URL ja.delta.com	成田	アトランタ	毎日	12.5	スカイマイル／スカイチーム（エールフランス、KLM オランダ航空、アエロメヒコ航空、アリタリア航空、中国東方航空、ジェットエアウェイズ、ヴァージン・アトランティック航空など）
					成田	シアトル	毎日	9	
					成田	ポートランド	月木金土日	9	
					成田	デトロイト	毎日	12	
					名古屋	デトロイト	月水金土日	12.5	
					羽田	ロスアンゼルス	毎日	10.5	
					羽田	ミネアポリス／セントポール	毎日	11	
ユナイテッド航空	UA	☎(03) 6732-5011（月～金 9:00～19:30、土・日、祝 9:00～17:00）	Free (1-800) 864-8331 Free (1-800) 537-3366（日本語）	URL www.united.com/ja/jp/	成田	サンフランシスコ	毎日	9.5	マイレージプラス／スターアライアンス（エアカナダ、オーストリア航空、ニュージーランド航空、全日空、アシアナ航空、ルフトハンザドイツ航空、タイ国際航空、シンガポール航空、ターキッシュ・エアラインズ、エバー航空など）
					成田	ロスアンゼルス	毎日	10	
					成田	シカゴ	毎日	12	
					成田	ヒューストン	毎日	12	
					成田	ワシントンDC（ダレス）	毎日	12.5	
					成田	ニューヨーク（ニューアーク）	毎日	13	
					成田	デンバー	毎日	10.5	
					羽田	サンフランシスコ	毎日	9.5	
					大阪	サンフランシスコ	毎日	10	
日本航空	JL	☎(0570) 025-031（毎日 8:00～19:00）	Free (1-800) 525-3663（日本語サービスは自動音声案内に従うこと）	URL www.jal.co.jp	成田	ロスアンゼルス	毎日	10	JAL マイレージバンク／ワンワールド（アメリカン航空、ブリティッシュエアウエイズ、キャセイパシフィック航空、フィンエアーなど）
					成田	ダラス/フォートワース	毎日	11.5	
					成田	シカゴ	毎日	12	
					成田	ニューヨーク(JFK)	毎日	13	
					成田	ボストン	毎日	13	
					成田	サンディエゴ	毎日	10	
					羽田	サンフランシスコ	毎日	9.5	
					羽田	ニューヨーク(JFK)	毎日	13	
					大阪	ロスアンゼルス	毎日	10.5	
全日空	NH	☎(0570) 029-333（24時間）	Free (1-800) 235-9262（日本語サービスは自動音声案内に従うこと）	URL www.ana.co.jp	成田	シアトル	毎日	9	ANA マイレージクラブ／スターアライアンス（エアカナダ、オーストリア航空、ルフトハンザドイツ航空、シンガポール航空、タイ国際航空、アシアナ航空、ニュージーランド航空、ユナイテッド航空など）
					成田	サンフランシスコ	毎日	9.5	
					成田	サンノゼ	毎日	9.5	
					成田	ロスアンゼルス	毎日	10	
					成田	ヒューストン	毎日	12	
					成田	シカゴ	毎日	12	
					成田	ワシントンDC（ダレス）	毎日	12.5	
					成田	ニューヨーク(JFK)	毎日	13	
					羽田	ロスアンゼルス	毎日	10	
					羽田	ニューヨーク(JFK)	毎日	13	
					羽田	シカゴ	毎日	12	
シンガポール航空	SQ	☎(03) 3213-3431（月～金 9:00～18:00、土・祝日 9:00～17:30）	Free (1-800) 742-3333	URL www.singaporeair.com	成田	ロスアンゼルス	毎日	10	クリスフライヤー／スターアライアンス（エアカナダ、ルフトハンザドイツ航空、全日空、タイ国際航空、ユナイテッド航空など）

準備編

第11章 旅の持ち物と服装

小さく軽い荷物と動きやすい服装は、旅の行動範囲を広げる。移動の疲れは荷物に左右されることも多く、自由旅行ならなおさら荷物には気を配りたい。そして、自由旅行には汚れても気にならない、ラフな服装がいちばんだ。しかし、ときにはT.P.O.に合わせた服装も必要になってくるので、旅の身じたくは慎重に考えたいところ。

荷物（持ち物）

基本的な持ち物

旅のスタイルによって多少異なるものの、基本的な持ち物はほぼ同じ(➡P.652)。

初めての海外旅行では、あれもこれもと荷物の量が多くなりがちだが、悩むような物は思い切って持っていかないほうがいい。自由旅行の基本は小さくて軽い荷物。歯磨き粉やシャンプー、Tシャツなど、アメリカでも売っている物は現地調達することをすすめる。アメリカ人の生活を知るうえでもスーパーマーケットやドラッグストアに寄って、日本のそれと比較するのもおもしろいし、持ち帰ってみやげにするのもいい。

西海岸や西部ならすぐ乾く
アメリカ西海岸や西部は日本より空気が乾燥している。例えばロスアンゼルスでは、ひと晩でTシャツが乾いてしまう
※洗濯物をホテルの窓の外に干すのはマナー違反

ランドリーサービスもある
高級ホテルではクリーニングを頼むことができる。もちろん有料。また、コインランドリーの付いているモーテルやホテル（中級クラス）も多いので、チェックインの際に聞いてみるといい

重ね着で調節を
夏にアメリカを旅行しようと思っている人は、気温の変化に注意。東部、中部で猛暑が続いているようなときでも、西海岸はけっこう涼しい。特にサンフランシスコに行く人は、真夏の格好で行くと風邪をひいてしまうほど夜は冷え込む。ロスアンゼルスも夜は寒い。MLBのナイターを観戦する人は要注意だ

着替えはできるだけ少なくしよう

荷物の大小は着替えの量でかなり左右される。下着や靴下、Tシャツなどは2〜3組あれば十分だ。パジャマはTシャツで代用するという方法もある。洗濯はホテルの部屋でもできるし、大都市にはコインランドリーもある。毎日洗って干せば、清潔で気分もすっきりする。ただし、ホテルなどで洗濯する人は日本から粉末の洗剤を持っていったほうがいい。ちなみに、1ヵ月くらいの旅ならカップ2杯分の洗剤と、ホテル備え付けの石鹸やシャンプーを併用すればOK。そして、洗濯のすすぎは必ずお湯でするように。乾く時間が断然速い！　乾いたタオルと重ねて絞るのもひとつの手段。

夏の寒さに負けないように

東西はもちろん、南北への広がりも大きなアメリカでは、地域によって気候もさまざま。アメリカ北部やカナダへも足を延ばそうという人は、夏でも防寒用にセーターかジャケットを持っていくこと。また、国立公園の冷え込みは相当なもの（まるで冬！）だし、夜行バスのクーラーは驚異的だ。真夏の建物の中も日本以上に冷房が効いている。特に、ラスベガスのカジノは要注意。なお、冬のアメリカの気候も、零下になるほど寒い地域から、海水浴のできる所もあるといった具合。各都市のDATA欄の気温や降雨量のグラフを参考にして、服装プランを立てよう。

列車内もかなり冷房が強いので、ひざ掛け代わりのバスタオルなどを用意しておきたい

かばんは何にするか?

頑丈なスーツケース、ソフトケース、ボストンバッグ、バックパック……。目的や旅行日数などにより、かばんのスタイルもさまざまだ。移動の多い旅にはバックパックや小さなソフトケース、大都市滞在型の旅ならスーツケースの利用をすすめる。

バックパックなら両手が空いているので、いちいち荷物を降ろす必要も、持っていかれる心配もない。スーツケースは、外側がハードで乱暴な扱いにもビクともせず、おまけに鍵もしっかりかかるので安心だ。コロコロと転がせるので重さはほとんど気にならない。

サブバッグも必要

ガイドブック、財布、カメラなど、必要最小限の物を入れるかばんも必要だ。このかばんは肌身離さず持ち歩くもので、軽くてあまり大きくなく、持ち運びしやすいものがいい。

パッキングのコツ

荷作りのアイデア

荷物を要領よく詰めるには、小物入れ袋が便利だ。袋は旅行用品コーナーなどで、大中小とサイズを取り混ぜてセットで売っている。特に既製品を買わなくても、お手製の小袋やポリ袋で整理するのもいい。できれば中身がすぐわかるように袋に内容を書くなどしておくと、より使いやすい。衣類は、のり巻き状にクルクル巻くとスペースを取らずに楽に入れられる。移動と洗濯物のことを考えると、大きなビニール袋がひとつあると便利だ。

旅行中にたまった荷物は郵便局から送り返す

ついついたまってしまう地図やパンフレット、買ってしまった本など、どんどんかばんは重くなる。そんなときは郵便局から日本へ送ってしまおう。1週間くらいで日本へ届く。一定額で箱に入るだけの荷物が送れるFlat Rate、本や地図、パンフレットなどは、印刷物 Printed Matterとして送れば料金も安くて済む➡P.709。

服　装

旅行といえば、ジーンズやチノパンにTシャツという、汚れてもいい服装がいちばんだ。アメリカの市バスなどは座席が汚れていることも多く、場合によっては地面に座ることもある。ヨレなど気にせず、どんどん洗えるものがいい。

高級レストランでの食事や、クラシック音楽を鑑賞する際、役に立つのがジャケット。カジュアルなレストランなら、ポロシャツのように襟の付いたものでもOKだ。ジーンズやスニーカーはドレスコードでNGの場合もある。女性は、ポリエステルなどシワになりにくい素材のワンピースがあるとたいへん便利だ。

冬は厚手のジャケット、または高機能のウエアやインナーを組み合わせるなどして防寒の工夫をしよう。

旅慣れた人の荷物は
どうやら日本人の間には“海外旅行=スーツケース”の先入観があるようだが、旅慣れた人は意外にもスーツケースを使わない人が多い。ソフトケースを飛行機に預けても、そう乱暴に扱われることはない。また、飛行機に無料で預けられる預託荷物の重量に制限➡P.658があるため、かばんの重量も考慮しておきたい

これは機内持ち込みの荷物に入れない!
同時多発テロ以降セキュリティが厳しくなっている。機内持ち込みの荷物に小さなはさみ、爪切りなどの刃物は入れないこと。没収されてしまう。また、バッテリー類の持ち込み➡P.658についても気をつけよう

これは持っていこう
帽子とサングラスは、女性には特に必需品。日差しは想像以上に強い

雨具はどうする?
いつも悩んでしまう荷物が雨具。これは中部から東海岸にかけては必需品だから、そちら方面へ行く予定の人は持っていくようにしたい。夏場の西海岸を中心としたエリアなら、フードの付いたレインウエアかウインドブレーカーでOK。防寒にも役立ち便利だ

バスタオルはどうする?
アメリカで、中級以上のホテルまたはモーテルに泊まる人は必要ないと断言できる。必ず小さい石鹸とともに用意されている。それ以外のドミトリー形式のユースホステル、極端なエコノミーホテル、長期滞在用の施設などでは用意されていないことも多いので、これらに泊まる予定の人は持っていこう

オープンエアのレストランでは日が落ちると急に肌寒くなる

携行品チェックリスト

	品　名	必要度	ある	かばんに入れた	備　考
貴重品	パスポート（旅券）	◎			有効期間（残存有効期間）は十分残っているか
	クレジットカード	◎			アメリカはカード社会。質の高いサービスを受けるには不可欠
	現金（米ドル）	◎			初日の交通費など $50 程度は最低でも持参したい
	現金（日本円）	◎			帰りの空港から家までの交通費も忘れずに
	e チケットの控え	◎			紛失したときのために e チケットの控えを何枚かコピーしておくとよい
	ESTA 渡航認証のコピー	◎			ESTA 渡航認証の申請番号を控えるか、認証画像を印刷しておく
	海外旅行保険証	◎			保険証を忘れては加入した意味がない
	トラベルプリペイドカード	○			出発前に円をチャージすること
	国外（国際）運転免許証	△			レンタカーを借りる人（日本の運転免許証も）
	身分証明書など証書類	△			国際学生証、ユースホステル会員証など
衣類	シャツ類	◎			T シャツだけでなく襟付きのものもあると便利
	下着・くつ下	◎			上下 2 ～ 3 組で OK
	セーター、トレーナー	○			現地の気候に合わせて
	薄手のジャケット	○			夏でも、朝晩や強い冷房に備えて不可欠
	帽子	○			日よけ、防寒など旅ではけっこう役立つ
	水着	○			ビーチリゾート、スパを利用する予定がある人は必要
薬品・雑貨・その他	洗面・入浴用品	◎			現地でも買い足しができるので小さいもの
	ドライヤー	△			電圧（120V）は少し違うが、日本のものでも使える
	洗剤	○			洗濯用に少し。現地で買うのもよし
	医薬品類	◎			胃腸薬、風邪薬、絆創膏、虫さされ軟膏＊など常備薬
	日焼けどめ＊、リップクリーム、目薬、機内用のマスク	○			日焼け対策、乾燥対策に役立つ
	バスタオル	○			ユースホステルに泊まる予定のある人は持っていこう
	ビニール袋	○			衣類の分類、ぬれた物用に
	スリッパ or サンダル	○			ホテルや車内、ビーチなどであると便利
	サングラス	○			日差しの強い場所によってはけっこう役立つ
	双眼鏡	△			スポーツ観戦や観劇に便利
	デジタルカメラ、充電器	△			小型で軽いもの。使い慣れたもの
	メモリーカード	△			アメリカでも売っているが割高
	携帯電話、充電器	◎			事前に料金や海外での使い方について調べておくように
	モバイルバッテリー	○			出先でスマートフォンの電池がなくなっても安心。安全性の高いものを選ぶこと。手荷物で機内に持ち込むこと ➡P.658
	延長コード	○			ユースホステルなどは近くにコンセントがないので便利
	エコバッグ	○			州によってはレジ袋が禁止されている（有料販売あり）
	雨具	△			折りたたみ傘、フード付きのレインウエアなど
	顔写真（縦 4.5 ×横 3.5 cm）	○			パスポートを紛失したときのため。2 ～ 3 枚
本類	辞書（英和・和英）	○			電子辞書やスマートフォンにダウンロードしておくと便利
	ガイドブック類	◎			『地球の歩き方』！
	日記帳	△			毎日の記録。出費もチェック！

※必要度欄の表示は、◎必須、○あると便利、△使う予定の人は用意することを示している。
※＊の付いた物を持っていく人は、機内持ち込みの手荷物でなく搭乗手続きの際に預けるスーツケースなどの荷物（預託荷物）に入れておくこと。なお、液状、ジェル状の物の機内持ち込みについては制限内なら可能➡P.658。ライターについて➡P.658。

旅のアドバイス 日本では普通のマスクだが……▶アメリカでマスクをしている人は、ほとんど見かけない。アメリカの町でマスクを着用して歩けば不審者だと思われる。よっぽどの事情がないかぎり、着用は避けたい。しかし、日本からのフライトは例外。

技術編

第12章 出入国の手続き

パッキングが無事終わったら、いよいよ旅立ちだ。荷物を持って家を出た瞬間から旅が始まる。初めての海外旅行なら、緊張と不安で胸がいっぱいだろう。そして、これから起こるさまざまなことにとまどうかもしれないが、落ち着いて行動すれば大丈夫。まずは国際空港へ向かおう。

国際空港へ行く

日本からアメリカへの直行便が出ているのは、2018年10月現在は成田国際空港、東京国際空港（羽田空港）、関西国際空港、中部国際空港の4つ。

成田国際空港と空路で結ばれている国内空港は21。都心では羽田空港も国内線の拠点。羽田空港から成田国際空港へは、リムジンバス、電車、タクシーなどでの移動となる。

成田国際空港（略称コード"NRT"）へのアクセス

成田国際空港への公共機関を使ったアクセス方法は、タクシーを除けばJRと京成の電車、首都圏の駅やホテルなどから出発するリムジンバスのふたつがある。電車の場合、東京方面から成田国際空港へは、地下にある空港第2ビル駅（第2・3ターミナル利用者下車）→成田空港駅（第1ターミナル利用者下車）の順に停車する。下車する駅を間違えたとしても、第1と第2ターミナルを結ぶ無料シャトルバスが、7〜30分おきに運行されている。バスは両ターミナルとも1階の到着階から出発する(無料シャトルバスは第3ターミナルを含むルートあり。所要約10〜15分)。所要約10分。

東京国際空港（羽田空港／略称コード"HND"）へのアクセス

東京国際空港（羽田空港）への公共機関を使ったアクセス方法は、京浜急行と東京モノレール、首都圏の駅やホテルなどから出発するリムジンバスがある。

関西国際空港（略称コード"KIX"）へのアクセス

日本初の24時間発着可能な海上空港である関西空港への公共機関を使ったアクセス方法は、JRと南海の電車、大阪周辺の駅やホテルなどから出発するリムジンバス、そして神戸空港からは高速船が運航している。関空へは地方空港からの便も多く、乗り継ぎも成田国際空港より楽にできる。

中部国際空港（セントレア／略称コード"NGO"）へのアクセス

2005年2月に開港した中部国際空港。空港へのアクセスは名古屋市内から車で30〜40分の距離。公共の交通機関は、名古屋鉄道を利用して名古屋から約30分、中部国際空港駅に直結している。そのほか、中部の各都市から空港バス、三重県の津からは高速船が運航している。

成田国際空港
URL www.narita-airport.jp
2018年10月現在、アメリカン航空、デルタ航空、ユナイテッド航空、日本航空、全日空、シンガポール航空がアメリカの都市への直行便を運航

上野と成田を結ぶ京成のスカイライナーも便利

東京シティ・エアターミナル（T-CAT）
URL www.tcat-hakozaki.co.jp
東京日本橋の箱崎町に東京シティ・エアターミナル（T-CAT、通称"ティーキャット"）があり、成田空港と羽田空港との間にそれぞれ直通のリムジンバスが走っている

東京国際空港（羽田空港）
URL www.haneda-airport.jp/inter/
2018年10月現在、サンフランシスコ、ミネアポリス、シカゴ、ニューヨーク、ロスアンゼルスの5都市へ直行便を運航している

関西国際空港
URL www.kansai-airport.or.jp
2018年10月現在、ユナイテッド航空がサンフランシスコへ、日本航空がロスアンゼルスへの直行便を運航している

中部国際空港（セントレア）
URL www.centrair.jp
2018年10月現在、デルタ航空がデトロイトへの直行便を運航している

成田国際空港利用ガイド

総合案内 (0476) 34-8000　www.narita-airport.jp

乗り継ぎ案内図

第1ターミナル

4階:国際線出発ロビー (チェックインカウンター)
3階:国際線出発ロビー (搭乗ゲート)
1階:国内線チェックインカウンター
1階:国際線到着ロビー

第2ターミナル

3階:国際線出発ロビー
1階:国内線チェックインカウンター
1階:国際線到着ロビー

ターミナル間連絡バス
5:00～22:30に7～30分間隔で運行。所要10分。無料。

6番バス乗り場 ⟷ 1番、8番、18番バス乗り場

第3ターミナル

LCC (格安航空会社) 専用の第3旅客ターミナル。国内線・国際線が乗り入れている。LCCの国内線で成田 (第3ターミナル) に到着後、アメリカ行きの便に乗り継ぐ場合は第1、2ターミナルへ移動する。1階の連絡バス乗降場から第2 (所要5分)→第1ターミナル (所要10分) の順に停車。5:10～21:26に7～20分間隔で運行。無料。

空港で利用可能なサービス

手荷物の受け取り・発送	自宅から空港に送ったスーツケースなどを受け取る宅配便会社のカウンターは各ターミナルの出発階の端に並んでいる。また、出発時にコートなどの上着を預かるサービスも行っている。到着時に荷物を発送できる宅配便会社のカウンターは国際線到着フロアの両端に並んでいる。なお、第3ターミナルには窓口がないため、受け取りと発送は第2ターミナルカウンターで行う。
海外旅行保険	海外旅行保険の契約申し込みができるカウンターは第1ターミナル、第2ターミナルともに中央寄りに各社あり。全ターミナルの出国審査後のエリアに自動契約機がある。
診療所	第1ターミナルの中央地下1階。(医) 社団國手会空港クリニック ☎(0476)32-8877 開9:00～11:30、13:30～16:30 (土・日・祝休み)。第2ターミナル地下1階。日本医科大学成田国際空港クリニック ☎(0476)34-6119 開年中無休9:00～17:00 (祝日を除く月・木は～18:00)
介助サービス	出発便の利用で空港に着いたら、駅員、最寄りの案内カウンターやインターホンで依頼できる。事前予約は☎(0476)34-8000 (24時間年中無休)へ。

旅行用品の買い忘れに便利なショップ (営業時間はおおむね7:00～20:00)

薬・旅行用品	
FITDRUG	第1-中央4階
Fa-So-La DRUGSTORE	第1-南-4階ほか
DRUG BOX	第2-3階ほか
エルプラザ	第2-3階
家電製品	
Fa-So-La TAX FREE AKIHABARA	第1-南3階ほか
カメラのキタムラ	第2-4階
ビックカメラ	第2-4階
服飾・雑貨	
ユニクロ	第2-3階ほか
MUJI to GO	第1-中央-4階ほか
A&F	第1-中央4階
グラニフ	第2-4階
アース・ミュージック&エコロジー	第2-4階
ABC-MART	第1-中央-4階
三愛水着楽園	第2-4階ほか
PLAZA	第2-4階
靴下屋	第2-4階
書籍	
トラベラーズファクトリーエアポート	第1-中央4階
TSUTAYA	第1-南4階
改造社書店	第2-4階ほか

待ち時間に利用できる施設

施設	場所	営業時間
リフレッシュルーム	第1-中央3階 (出国審査後)	7:00～21:00 (シャワールーム～20:30、仮眠室～20:00)
	第1-中央2階 (出国審査前)	6:30～21:00 (シャワールーム～20:30、仮眠室なし)
	第2-3階 (出国審査後)	7:00～21:30 (シャワールーム～21:00、仮眠室～20:30)
ラフィネ (リフレクソロジー、ボディケア)	第1-中央2階・5階 (出国審査前)	9:00～20:00
	第2-本館2階 (出国審査前)	9:00～20:00
	第2-本館 (出国審査後)	8:00～20:00 (本館、サテライト連絡通路)
ビジネス&トラベルサポートセンター	第1-中央5階	7:00～21:00

無線LAN・インターネット

公衆無線LAN(有料) と無料の無線LANがあり、どちらも第1、第2ターミナルともほとんどの場所で利用可能。コイン式インターネット端末 (10分間100円) も空港内各所に配置されている。

公衆無線LAN (プロバイダとの契約が必要) 接続方法はローミングするISPにより異なる

ローミングできるISP (インターネットサービスプロバイダ)	docomo-Wi-Fi (NTTドコモ)、BBモバイルポイント (ソフトバンクテレコム) など。詳細は各プロバイダに問い合わせを。

無料無線LAN (契約不要) SSID:FreeWiFi-NARITA　WEP:なし

無線LAN対応のノートPCまたはスマートフォンの無線LAN設定で「FreeWiFi-NARITA」を選択し、WEBブラウザを立ち上げると成田空港のウェブサイトにつながる。規約に同意すればインターネットへ接続が可能。

2018年10月現在

関西国際空港利用ガイド

総合案内 (072) 455-2500　www.kansai-airport.or.jp

ターミナル間の移動

第1ターミナルと第2ターミナルがあるが、第2ターミナルを使用している航空会社はPeach（ピーチ）のみ。両ターミナル間の移動は、第1ターミナルに隣接したエアロプラザ1階と第2ターミナルを結ぶ連絡バスが随時運行しており、所要約7～9分。5:00～23:50までは2～10分間隔。24:00以降は1時間ごとに出発（無料）。

空港で利用可能なサービス

手荷物の受け取り・発送	自宅から空港に送ったスーツケースなどを受け取る宅配便会社のカウンターは第1ターミナル4階の両端に並んでいる。また、出発時にコートなどの上着を預かるサービスも行っている(手荷物一時預かりサービスは、4階のほかにも1階の両端にある)。到着時に荷物を発送できる宅配便会社のカウンターは国際線到着フロア1階の両端に並んでいる。第2ターミナルはセブン-イレブンで宅配便（クロネコヤマト）の発送のみ受け付けている。
海外旅行保険	海外旅行保険の契約申し込みができるカウンターは第1ターミナルの4階にある。営業時間は会社ごとに異なるが7:15オープンで最長23:40まで開いている。なお、全ターミナルの出国審査後のエリアに自動契約機がある。
診療所	第1ターミナルの2階北。近畿大学医学部 関西国際空港クリニック　☎(072)456-7185　開9:00～17:00（受付対応時間）。緊急時の診療については、空港外の医療機関と協定している。
介助サービス	案内センター（第1ターミナル2階北）や各案内カウンターで対応。問い合わせは☎(072)455-2500まで。
交番	第1ターミナルの2階北。24時間。関西国際空港警察署　☎(072)456-1234

旅行用品の買い忘れに便利なショップ（営業時間はおおむね7:00～20:00）

薬・旅行用品・コンビニ					
KoKuMiN	第1-2階	セブン-イレブン	第2	アース・ミュージック&エコロジー	第1-3階
ココカラファイン	第1-3階	Redhorse	第1-3階	MUJI to GO	第1-3階
ローソン	第1-2階ほか	**家電製品**		BEAMS Planets	第1-3階
ファミリーマート	第1-2・4階	ラオックス	第1-3階	Beau Atout	第1-3階
コクミンドラッグ	第1-3階	**服飾・雑貨**		**書籍**	
		ユニクロ	第1-3階ほか	TSUTAYA	第1-2階

早朝～深夜まで営業している飲食店

第1ターミナルの飲食店の営業時間はおおむね7:00～22:00。2階北出発口のマクドナルド、2階ダイニングコート町屋小路のすき家、エアロプラザ3階にある松屋、エアロプラザ2階のバーガーキングは24時間営業。第2ターミナルには24時間営業のカフェ&バー Prontoがある。

待ち時間に利用できる施設

KIX エアポートラウンジ（ネットカフェ）	第1-2階北（出国審査前）	24時間営業（高速インターネット、コミック・雑誌、映画鑑賞が楽しめる。キッズルーム、グループルームあり。シャワールームの利用は別途料金）
REFRESH SQUARE	エアロプラザ2階（出国審査前）	24時間営業［個室ブースとグループルームのあるラウンジエリア、ボディケアが受けられるリラクゼーションエリア（下記のリラクゼーションフォレストを参照）がある］
リラクゼーションフォレスト	第1-3階南（出国審査前）	8:00～21:30（受付は～21:00）
	エアロプラザ2階（出国審査前）	9:30～21:30（受付は～21:00）(REFRESH SQUARE内)
ラフィネ（ボディケア）	第1-3階北（出国審査前）	8:00～21:30（受付は～21:00）
ビジネスセンター	第1-4階中央（出国審査前）	7:00～20:00
キッズコーナー	第1-国際線ゲートエリア中央ほか（出国審査後）	0～6歳が対象。ターミナル内に5ヵ所あり。無料
ホテル日航関西空港	エアロプラザ内（出国審査前）	デイユースの対応あり。部屋の利用時間は11:00～17:00
ファーストキャビン関西空港	エアロプラザ内（出国審査前）	2時間～ショートステイ可能（1000円/1時間、ただし19:00～10:00は宿泊者優先）。大浴場&ラウンジあり

無線LAN・インターネット

無線アクセススポットは、第1ターミナルビル（一部国際線到着動線を除く）、エアロプラザ、第2ターミナルビルの全エリア。利用手続きは不要で、注意事項と禁止事項に同意すればいい。SSIDはFreeWiFi@KIX、またはFreeWiFi@KIXから始まるものを選択して設定。LANケーブルが使用可能なPCデスクも数ヵ所ある。コイン式インターネット端末は空港内数ヵ所にあり、10分間100円で利用可能で、場所により利用可能時間が異なる。第2ターミナルもコイン式インターネットのほか、出発到着ロビーでは無線LANが利用可能。

2018年10月現在

羽田空港利用ガイド

総合案内 (03)6428-0888　www.haneda-airport.jp/inter/

乗り継ぎ案内図

国際線⇄国内線乗り継ぎの場合のみターミナル間の京浜急行と東京モノレールの無料乗車券を配布（乗り継ぎ便の航空券の提示が必要）。

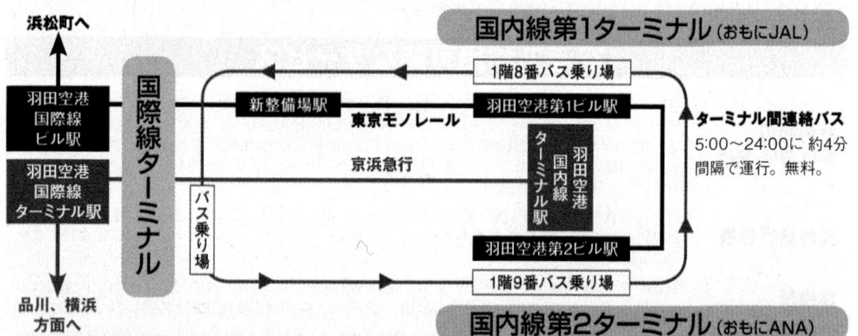

空港で利用可能なサービス

手荷物の受け取り・発送	自宅から空港に送ったスーツケースなどを受け取る宅配便会社のカウンターは3階に並んでいる。また、出発時にコートなどの上着を預かるサービスも行っている。到着時に荷物を発送できるカウンターは2階の到着フロアにある。2階の手荷物預かり所ではクリーニングも頼める。
海外旅行保険	海外旅行保険の契約申し込みができるカウンターは3階の出発フロア中央にある。出国審査後のエリアにも自動契約機がある。
診療所・休養室	ターミナル1階に診療所がある。急な体調不良に対応する休養室あり。東邦大学羽田空港国際線クリニック　☎(03)5708-8011　開毎日9:00～23:00（12:00～13:00休、受付は～22:30）
介助サービスなど	空港内の移動などで介助を必要とされている人向けのサービスがある。ターミナル内に設置の案内カウンターやコンシェルジュで受付。事前予約も可能。☎(03)6428-0888（予約・問い合わせ先）

旅行用品の買い忘れに便利なショップ（営業時間はおおむね9:00～22:00）

日用品・薬・旅行用品					
Air LAWSON	1階	BLUE SKY PREMIUM	3階（出発エリア）	SORADONKI	5階
TRAVEL CONVENIENCE	1階（出国審査後）	ANA FESTA	3階（出発エリア）	Air BICCAMERA	2階（到着ロビー）
BOOKS & DRUGS	3階（出国審査後）	エアポートドラッグ	3階	**書籍**	
		Travel Pro-Shop トコー	4階（江戸小路）	改造社書店	4階（江戸小路）

早朝～深夜まで営業している飲食店

和洋中の各種レストランのほか、カフェやファストフードなど多彩な飲食店が44ある。特に4階の江戸小路の飲食店が充実しており、「吉野家」「カフェ・カーディナル」「すぎのこ」などは24時間営業。ほかにも出国審査後のエリア4階にあるラウンジのほか、2階の到着ロビーにあるカフェ「タリーズコーヒー」も24時間営業している。

待ち時間に利用できる施設

シャワールーム	2階（到着ロビー）	24時間営業
ラフィネ（ボディケア）	4階（江戸小路）	8:00～22:00（受付は～21:20）
@TIAT STATION	4階（出国審査後）	マッサージチェアを配置
スカイラウンジ	4階（出国審査後）	24時間営業（クレジットカード会社と航空会社のラウンジがあり、カード会社のラウンジは1030円で一般利用可）

無線LAN・インターネット

空港施設内のほとんどの場所で公衆無線LANサービスと無料の無線LANサービスが利用可能。コイン式インターネット端末（10分間100円）も空港内各所に配置されている。

公衆無線LAN（プロバイダとの契約が必要）	接続方法はローミングするISPにより異なる
ローミングできるISP（インターネットサービスプロバイダ）	docomo Wi-Fi（NTTドコモ）、フレッツ・スポット（NTT東日本）、BBモバイルポイント（ソフトバンクテレコム）、Wi²300（Wire & Wireless）など。詳細は各プロバイダに問い合わせを。

無料無線LAN（契約不要）　SSID：HANEDA-FREE-WIFI　WEP：なし

上記のSSIDを選択し、ブラウザを立ち上げる。途中で名前とメールアドレスの入力が必要になる。

2018年10月現在

国際空港到着からチェックインまで

ESTA（エスタ）の申請を忘れずに！

2009年より**電子渡航認証システム（ESTA）**が導入された。ビザなしでアメリカへ渡航する場合は、陸路入国を除き、ESTAの取得が必要だ➡P.646。必ず事前に認証を取得し、申請番号の表示された画面を印刷しておくか、申請番号を控えておくことをすすめる。なお、従来のアメリカ入国に際し記入していた「I-94W査証免除用入出国カード」➡P.662は、陸路入国を除き廃止された（初めての入国の場合、税関申告書➡P.663は従来どおり提出が必要）。

チェックイン（搭乗手続き）

空港での搭乗手続きのことをチェックイン（Check-in）といい、通常手続きは航空会社のカウンター、または自動チェックイン機で行われる。空港へは3時間くらい前には着くようにしたい。

2018年10月現在、個人手配、パッケージツアーでも、基本的に航空券はeチケットで管理されている。ほとんどの場合、旅程表に記された管理番号をもとに、自動チェックイン機で、各自がチェックイン手続きを行う➡P.659。タッチパネルの操作をガイダンスに従って行い、すべての手続きが完了したら搭乗券が発行される。その後、預託荷物を、航空会社のカウンターに預ければよい。個人旅行者で航空券を持っている場合は、各航空会社のカウンターでチェックイン手続きを行う。航空券とパスポート、預託荷物を係員に渡せばよい。

成田国際空港を発着する航空会社のターミナル(2018年10月現在)

●**第1ターミナル南ウイング**
全日空、ユナイテッド航空、シンガポール航空、エア・カナダ

●**第1ターミナル北ウイング**
デルタ航空、アエロメヒコ航空

●**第2ターミナル**
アメリカン航空、日本航空

上記以外の航空会社については、成田国際空港のウェブサイトで確認できる

素早くチェックインできる、インライン・スクリーニング・システムとは？

日本の国際空港で導入しているインライン・スクリーニングとは、航空会社のチェックインカウンターで手荷物を預け、航空機に搭載されるまでの間に自動的にX線検査されるシステムのこと。万一、問題のある荷物があった場合、搭乗ゲートにて荷物所持者の立ち会いのもと確認する場合もある

自動チェックイン機で各自チェックイン手続きを行う

チェックイン終了後から搭乗までの流れ

手荷物検査

●機内に持ち込む手荷物のX線検査と、金属探知機による身体検査を受ける
●キーホルダーやベルトなど、身につけているもので反応しそうな物は、探知機をくぐる前に用意されているトレイに載せる

ポイント！ 預託荷物は強いX線を通るため、カメラフィルムやビデオテープは預託荷物に入れず、機内持ち込みにしよう

⬇

税関手続き

●高価な外国製品を持っている人は外国製品の持出し届に記入し、申告する

注意！ これを怠ると、帰国時に国外で購入したものとして課税されてしまうことも。明らかに新品には見えないほど使い込まれた物であれば心配はない

⬇

出国審査

●掲示に必要なものはパスポートと搭乗券の2点
●窓口に掲示すると、パスポートに出国のスタンプが押される
●特に質問はされずに、パスポートと搭乗券を返してもらって審査終了

ポイント！ 出国審査を素早く終わらせるために、パスポートカバーは外して待とう

⬇

搭乗（ボーディング）

●自分のフライトが出るゲートへ向かう
●出発の30分前くらいからファーストクラス、子供連れの乗客から搭乗が始まり、ビジネス、エコノミーの順。なお、搭乗ゲートではパスポートと搭乗券を提示すること
●エコノミーは搭乗券に記載された搭乗グループ（もしくはゾーンZone）ごとに搭乗していく

注意！ ゲートの近くに集まるとほかの人の迷惑になるので、自分の座席グループの数字が呼ばれるまでゆっくり待つこと

旅のアドバイス　アメリカ国内の空港でのセキュリティチェック▶金属探知ゲートをくぐる際は、着ているジャケットや上着、身につけているベルト、靴はトレイに入れ、靴下または裸足になってチェックを受ける。液体物の持ち込みの制限あり➡P.658。

機内に預ける荷物について（預託荷物）

アメリカ同時多発テロ以降、出入国者の荷物検査が強化され、アメリカ運輸保安局（TSA）の職員がスーツケースなどを開けて厳重なチェックを行っている。預託荷物に施錠しないよう求められているのはそのためで、検査の際に鍵がかかっているものに関しては、ロックを破壊して調べを進めてもよいとされている。したがって、機内に預ける荷物には高価なものや貴重品は入れないこと。

預託荷物の許容量は、クラスによって異なる。例えば国際線（北米線）エコノミークラスの場合、アメリカン航空、日本航空、デルタ航空、ユナイテッド航空、全日空、シンガポール航空では2018年10月現在、無料で預けられる荷物は2個までとなっている。サイズはひとつの手荷物の3辺（縦・横・高さ）の和が157～158cm（62インチ）を超えないこと、日本航空では3辺の和が203cm（80インチ）を超えないこととされている。また、重量は1個約23kg（50ポンド）を超えないこと。それ以上の重量になると超過料金が加算される。

アメリカ国内線を利用する場合（エコノミークラス）、預けられる荷物のひとつ目から有料で$30前後、ふたつ目は$40前後としている航空会社が多い。預託荷物については、航空会社ごとに細かい規定があるので、事前に確認するように。

機内に持ち込めるもの、持ち込めないもの

貴重品やカメラフィルム、パソコン、携帯電話、壊れやすいものは機内持ち込みにすること。**ライターはひとりにつき1個まで身に付けて機内へ持ち込むことができる**（トーチライターを除く）。

2018年10月現在、日本発の国際線全線とアメリカ国内線全線について、航空機内客室への液体物持ち込みに制限がある。制限されるのは、ヘアスプレーなどのエアゾール類、化粧品や歯磨き粉などの液体類およびジェル状のもの。それぞれ100mℓ以下の容器に入れ、容量1リットル以下の透明ジッパー付きのプラスチック製袋に収め、手荷物とは別に検査を受ければ機内に持ち込める。ひとりひと袋まで。なお、出国審査後の搭乗待合いエリア内の売店や免税店で購入した、ペットボトル飲料、酒類や化粧品などは機内持ち込み可能。

TSA公認グッズ

スーツケースを施錠できないことに不安を感じる人は、TSA公認の施錠スーツケースやスーツケースベルトを使用すれば悩みは解消される。これらTSA公認グッズは、施錠してもTSA職員が特殊なツールを使用してロックの解除を行うため、かばんに損傷の恐れが少なくなる。ただ、TSA公認でも錠を破壊されたという報告もあるので注意が必要

バッテリー類の持ち込みについて

バッテリー類については、種類によって制限が異なる。パソコンや携帯電話などの製品内部にあるリチウムイオン電池は問題ない。モバイルバッテリーなど予備用のリチウムイオン電池はひとり２個までなら機内持ち込み手荷物として持ち込むことができる。ただし、預け入れる荷物（預託荷物）に入れることは禁止。そのほか、アルカリ乾電池については機内持ち込み手荷物、預託荷物どちらにも入れることができる

機内持ち込み荷物の詳細

液体、ジェル状のものであっても母乳など例外扱いのものもある。また、出国審査後の搭乗待合いエリア内の免税店で購入した液体物であっても、海外での乗り継ぎの際に認められない場合があるので、利用の航空会社で確認をすること

国土交通省ウェブサイト

URL www.mlit.go.jp/koku/15_bf_000006.html

機内持ち込みの液体、ジェル類は1リットル以下（縦×横の合計が40cm以内が目安）のジッパー付き透明プラスチック製の袋に入れる

出入国の自動化ゲート

出入国の手続きを簡素化・迅速化して利便性を高めるため、自動化ゲートが成田、羽田、関西、中部空港に設置されている。出張などで頻繁に海外へ行く人や忙しい人には、たいへん便利なシステムだ。

利用希望者は、事前に個人識別情報（指紋）の登録が必要。登録するには、登録手続き場所へ行き（フライト当日でも可）、自動化ゲート利用希望者登録申告書とパスポートを提出し、指紋を登録する。その後、登録担当者からパスポートに登録済みのスタンプを受ければ、手続き完了。その日から自動化ゲートを利用することができる。自動化ゲートの設置場所と登録の受付場所などの詳細は

URL www.moj.go.jp/nyuukokukanri/kouhou/nyuukokukanri01_00111.html

成田☎(0476)34-2211、羽田☎(03)5708-3211

関西☎(072)455-1457、中部☎(0569)38-7413

登録は無料。なお、自動化ゲートを利用した場合、原則としてパスポート上に出帰国記録（スタンプ）は残らないが、希望者は自動化ゲートの通過時に職員に声をかければよい。

自動チェックイン機でチェックインしよう！

搭乗手続きは自身で行う“セルフチェックイン”が一般的となっている。順序に従って操作すれば簡単かつスピーディ。航空会社によって多少異なるが基本操作はほとんど同じだ。アメリカの空港でも、日本に乗り入れている航空会社なら日本語表示がある。

（協力：アメリカン航空、日本航空）

1 チェックイン開始

日本語対応の案内を選択。まずは、チェックインの方法を選ぼう。

2 搭乗者のデータを読み取らせる

本人確認のため、クレジットカードやパスポートを読み込ませるなどの方法がある。パスポートなら顔写真があるページの数字が並ぶ部分を機械のリーダーに読み込ませる。

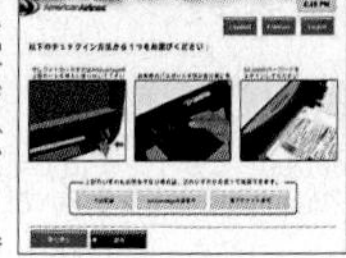

3 フライトデータの確認

搭乗するフライトと自分の名前などのデータが表示されるので、これを確認して“続行”にタッチ。

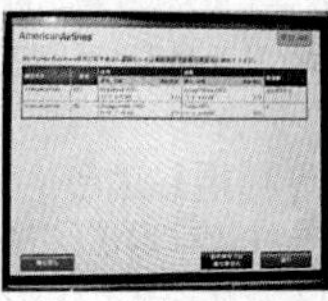

4 機内預けの荷物に関する設問

預託荷物は、通常、太平洋路線ではふたつまで無料（アメリカ国内線は有料の場合が多い）。「預ける荷物がある」場合は、“続行”にタッチ。

5 座席を選ぶ

座席をリクエストしていない場合は、ここで座席を選ぶ。アルファベット表示があるところが空席の意味。

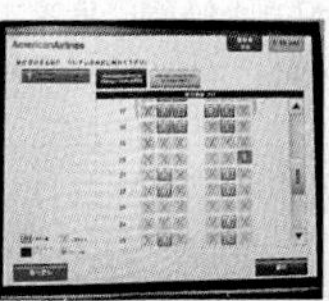

6 搭乗者のデータを確認

預託荷物の個数を入力する。座席の変更などを行う場合は、オプションから該当するメニューを選択し、手続きする。

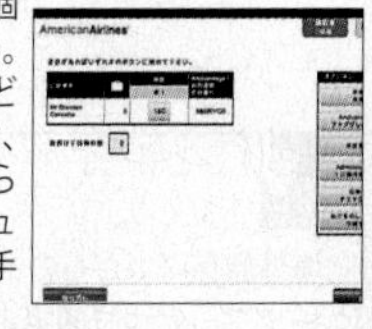

7 搭乗ゲートの案内が表示

画面上に搭乗時刻とゲートの案内が表示されるので確認をする。機械下部より搭乗券が出てくるので忘れずに受け取ること。

8 搭乗券が発券されたあと

預ける荷物がある場合は、印刷された搭乗券を持って、荷物預け専用カウンターで手続きをする。

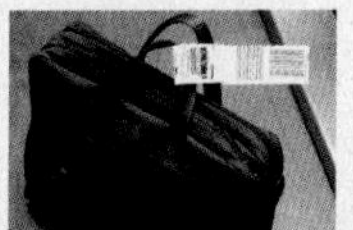

各自の座席前にはモニターがあり、映画やゲームがリモコン（下）操作で楽しめる

冷房の調節はツマミを回す
機内は冷房がよく効いているので、毛布を確保しておこう。冷房の調節は基本的に荷物棚下のツマミで

トイレの表示の見方
トイレは機内に数ヵ所あって、扉に"Occupied"とサインが出ていたら使用中、"Vacancy"だったら空いているということ

深部静脈血栓症（エコノミークラス症候群）に気をつけよう！
長時間、同じ姿勢でいることにより足の血管内に血の固まりができ、それが心臓に運ばれ詰まってしまい、最悪の場合は死亡するという病気だ。予防策としては、
・足をもんだり、機内を歩くなど、足がむくまないようにする
・トイレをがまんしない
・適度な水分を取る（アルコールやコーヒーは控える）
・ゆったりとした服装をする
・弾性ストッキングを着用する
など

電子機器使用制限の変更
電子機器の機内での使用制限が一部、緩和された➲脚注メモ。電波を発信しない機器や設定であれば、搭乗から降機まで常に使用可能。ただし、飛行機の機種によって異なる場合もあるので、利用時に確認を

機内での快適な過ごし方

機内の設備とサービス

機内に入ったら搭乗券に記された座席へ。座席の上部に荷物用のボックス（Overhead Bin）があるので、軽い手荷物はその中に、重たい物は前の座席の下に置く。

座席はリクライニングシートだが、離着陸時や食事のときは元の状態に戻しておくこと。ひじかけには、読書灯のスイッチ、客室乗務員の呼び出しボタン、音楽や映画の音声を聴くためのヘッドホンのジャックやチャンネルなども付いている。離陸を終え、シートベルト着用のサインが消えたら、肩の力を抜いて空の旅を楽しもう。シートベルトは、突然の揺れなどから身を守るためにも、緩めでいいのでできれば常時着用しておきたい。

機内での食事について

アメリカ本土行きの機内では、2度の食事が出る。時差の関係で、食事の出される時間は離陸2～3時間後と着陸1～1時間30分前。離陸直後には、食事前におつまみと飲み物、2度の食事の間に軽い夜食も出る。全般的にソフトドリンクは無料だが、アルコール類は航空会社や利用のクラスによっては有料。機内は気圧の関係で酔いが早いので注意。飲み物は食事のとき以外でもサービスしてくれるので遠慮なく客室乗務員に頼むといい。

機内のサービスを利用しよう

長時間のフライトを快適に過ごしてもらうために、各航空会社では新聞や機内エンターテインメント・サービスがある。新聞は、離陸前に配られることが多く、一般紙、スポーツ紙、経済紙、英字新聞などが用意されている。機内エンターテインメントでは、映画や音楽、ゲームなどがあり、座席前のモニターでリモコンを操作して楽しめる。オンデマンドなので好みの映画を選び、好きな時間に見ることができる。Wi-Fiもとおっているが、基本的に有料。

旅のアドバイス

時差ぼけ対策あれこれ

海外旅行につきものといえば「時差ぼけ」。時差ぼけは、4～5時間以上の時差がある地域を飛行機で短時間移動することによって生じる、心身の不調のこと。その症状には個人差があるが、眠れない、胃腸の調子が悪い、頭痛や吐き気などが一般的だ。

一過性の症状で病気ではないが、年齢を重ねるほど状態も回復も悪い。人間がもつ生活のリズムは「体内時計」によって保たれており、その体内時計と現地の時間帯とのズレが大きいほど「時差ぼけ」はひどくなる。特に日本から時差の大きい地域、東向きであるアメリカへの旅行ではなおのことだ。

時差ぼけの対処法

●アメリカ（東向き）に旅行する場合は、渡航の2～3日前から通常より早く寝るようにする（西向きのヨーロッパ方面の場合は遅く寝るようにする）。ただし、睡眠時間はいつもと同じに。

●水分補給を怠ると疲れがたまりやすくなるので、特に乾燥する機内では水分補給を忘れずに。ただし、利尿作用があるアルコールやカフェインは控えたほうがいい。

●現地ではなるべく外出をすること。適度に体を動かし、日光を浴びることで「体内時計」のリズムを整えることができる。

●睡眠を整えるサプリメントなどの投薬も考えられるが、必ず医師から指示を受け、薬を処方してもらうこと。

旅のアドバイス 電子機器使用について▶携帯電話、スマートフォン、タブレット端末など、作動時に電波を発する状態の電子機器は、飛行機のドアが閉まった状態から使用できないが、着陸後の使用期間が一部緩和された。なお、ビデオカメラ、デジタルカメラ、デジタルオーディオ機器など、作動時に電波を発しない状態にあるものは常時利用可能。

アメリカ入国の手続き

日本を出発してから9〜14時間でアメリカ本土に到着する。まずは、空港での入国審査と税関検査を受ける。アメリカでは、乗り継ぎ便であっても、最初に到着した空港で入国審査と税関を通過しなければならない。

入国審査の傾向

新移民法施行以来、アメリカの入国審査がかなり厳しくなっている。アメリカ入国の回数が多かったり、アメリカに滞在する期間が長いとアメリカ永住の意志があると見なされるようだ。特に対処法はないものの、少なくとも入国審査の書類の内容などに不備な点がないようにしたい。そして、入国審査のときの質問には、正直に答えること。

入国時の指紋採取と写真撮影 ➡P.664
2004年より、アメリカに入国するすべての訪問者に対して、スキャン装置による指紋採取と、デジタル写真の撮影が行われている。係官は、これらすべてのデータ、情報を参考にして旅行者の入国許可の是非を判断する

自動入国審査について ➡P.664
日本から直行便があるほとんどの空港では、セルフサービスで入国審査を行える端末が設置されている。利用できる人は限られているため、事前に確認を

アメリカ入国の手順

機内での準備

●記入の必要な書類は税関申告書➡P.663のみ（ESTAで2回目以降の人は不要）。到着前までに記入しておく
注）なお、アメリカ入国に際し必要だった「I-94W査証免除用入出国カード」➡P.662は、記入提出を免除されることになった。ただし、陸路での入国の場合は提出が必要

↓

入国審査　Immigration

●飛行機を降りたら“Immigration”のサインに従って進む
●“US Citizen”（アメリカ国籍をもつ人）と“Visitor”（それ以外の国の人）の列があるので、“Visitor”のほうへ並ぶ
●ESTAを取得して2回目以降の入国の人は、APC➡P.664で各自入国審査をするように促される
●初めて入国、ESTAで初めて、パスポートが新しくなった人は係員のいる列へ。チェックされる書類はパスポートと税関申告書。これらを入国審査官に渡す

ここで質問されるのは（④以降は質問されないことも）
①渡航目的→観光ならば“Sightseeing”と答えればよい
②滞在日数
③滞在先→到着初日の宿泊先を答えればよい（住所を尋ねられることもある）
④訪問先→アメリカ国内を周遊する場合に尋ねられる場合がある。自分の予定表を見せて説明するといい
⑤所持している現金などの金額→滞在期間が長い場合や、たくさんの町を回るときに尋ねられる場合がある。現金でいくら、クレジットカードなどの有無を正直に答えればよい

●eチケットの控え、ホテルの予約確認書、予定表などをすぐに取り出せるようにしておくと安心
●簡単な英語なのでわかるはず。どうしてもわからないときには、通訳Interpreterを頼む
●そのあと、指紋採取と写真撮影が行われる
●審査が終了すると、スタンプを押した税関申告書をパスポートに挟んで、書類を返してもらえる

ポイント！ 審査官の前に進んだら、“Hello”、“Hi”、朝ならば“Good Morning”と、まずはあいさつをしよう。また、審査が終わったら“Thank You”のひと言も忘れずに
帰国便の手配をしていないと入国を拒否されることもある！

↓

荷物のピックアップ　Baggage Claim

●“Baggage Claim”のサインに従って、荷物の出てくるターンテーブルまで行く
●どのターンテーブルに自分のフライトの荷物が出てくるかはモニターで確認
●荷物が出てきたら、名札かチェックインのときにもらったクレームタグで自分の荷物かどうかを確認する。空港によっては係員がもう一度確認するので、タグは捨てないこと
●最後まで待っても荷物が出てこない場合や、破損していた場合には、その場で係員に申し出る

ポイント！ 荷物がなくなった場合には、自分の宿泊先にあとから送ってもらうことになる

↓

税関　Customs

●入国審査でスタンプを押された税関申告書を提出

ここで質問されるのは……
申告するものがあるか、食料を持っているか

注意！ アメリカ入国の持ち込み制限
現金やT/Cなどを含め、1万ドル以上は要申告。酒類は、21歳以上で個人消費する場合は1ℓ、おみやげは$100相当まで無税。たばこは200本（または、葉巻50本、その他のたばこなら250gまで）まで無税。野菜、果物類、肉類や肉のエキスを含んだすべての食品は持ち込み禁止。
税関申告書に特記する申告物がない場合は、口頭の質問と申告書の提出で検査は終了する

↓

国内線の乗り継ぎ

●税関を済ませたら、到着ロビー内の“Connecting Flights”と表示されている、接続便カウンターへ向かう
●国内線用のチェックインをする。すでに国内線の搭乗券を持っていれば荷物を預けるだけ

注意！ 航空会社によっては接続便カウンターで荷物だけ預け、国内線チェックインカウンターで搭乗手続きをするところもある

●空港の見取り図を確認して国内線の出発ゲートへ向かう。空港によっては、国内線ターミナルへバスや地下鉄で移動する場合もある

↓

出口

旅のアドバイス 入国審査の要項が変更される可能性も……▶2017年1月のドナルド・トランプ氏が大統領に就任後、入国審査を見直していることから、入国要件が急に変更される可能性も。出発前はアメリカ大使館のウェブサイトなどで、最新情報を確認しておきたい。URL jp.usembassy.gov/ja

アメリカ入国時に提出するもの

パスポート、税関申告書の2点セットを入国審査官に提示する。税関申告書は旅行会社が用意するか、アメリカ行きの機内で配られる。ESTAで2回め以降の人には配られない

アメリカ入出国に必要な書類について

90日以内の旅行ならビザは不要、入出国カードの提出も免除（ESTA取得は必要）となっているが、陸路での入国の場合は引き続きI-94Wの提出が必要なことから、記入例を掲載している。

アメリカ入出国カード（I-94W査証免除）

DEPARTMENT OF HOMELAND SECURITY
U.S. Customs and Border Protection　　OMB No. 1651-0111

アメリカ合衆国へようこそ
I-94W 非移民査証免除出入国カード記入
記入方法

この書式は、8 CFR 217に列挙される諸国中の一国の国民であり訪問者査証を保有していない非移民訪問者が各自記入するべきものです。現行の査証免除適格国リストは、航空会社から入手できます。

すべて大文字楷書体でタイプするかペンで判読できるように記入してください。**英語で記入してください。**

この書式は二つの部分から構成されています。到着記録（1から15まで）と出発記録（18から21まで）の両方を記入して下さい。この書式の裏面には、署名と日付が記されなければなりません。14歳未満の子どもの場合は、本人のカードに親/後見人が署名しなければなりません。

第9項目-米国に陸路で到着する場合には、この欄に「**LAND**」と記入してください。米国に船で到着する場合には、この欄に「**SEA**」と記入してください。

5 U.S.C. §552a(e)(3) プライバシー保護の通知：この書式で集められる情報は、移民・国籍法(INA)(8 U.S.C. 1103, 1187) を含め、合衆国法典第8編、8 CFR 235.1, 264 および1235.1により義務付けられています。この収集の目的は、入国許可の条件を与え、非移民外国人の米国出入国を記録するためです。この書式で求められている情報は、法律執行のため、あるいは皆さんの入国許可決定においてDHSの助けとなるよう、他の政府機関にも利用されることがあります。米国への入国を求める全ての非移民外国人は、別途特に免除されない限り、この情報を提供しなければなりません。この情報を提供しない場合、合衆国への入国が拒否され、国外退去となる可能性があります。

入国番号
010760119 22

到着記録
査証免除

❶ 1. 姓　CHIKYU
❷ 2. 名　AYUMI　　3. 生年月日(日/月/西暦年)　110279 ❸
❹ 4. 国籍　JAPAN　　5. 性別(Male または Female)　FEMALE ❺
❻ 6. 旅券発行日(日/月/西暦年)　24042010　　7. 旅券失効日(日/月/西暦年)　24042020 ❼
❽ 8. 旅券番号　TT1234567　　9. 航空会社名および便名　AA170 ❾
❿ 10. 居住国　JAPAN　　11. 搭乗地(市)　NARITA ⓫
⓬ 12. 米国滞在中の住所(番地と通り)　THE GEORGIAN HOTEL
⓭ 13. 米国滞在中の住所(市と州)　SANTA MONICA CA
⓮ 14. 連絡先となる米国内の電話番号　310-395-9945
⓯ 15. Eメールアドレス　chikyu@aruku.ne.jp

米国政府用
16.　17.

CBP Form I-94W (Japanese) (05/08)

OMB No. 1651-0111

出国番号
010760119 22

出国記録
査証免除

❶ 18. 姓　CHIKYU
❷ 19. 名　AYUMI　　20. 生年月日(日/月/西暦年)　110279 ❸
❹ 21. 国籍　JAPAN

CBP Form I-94W (Japanese) (05/08)

裏面をご覧ください　　STAPLE HERE

以下の何れかがあなたに該当しますか？（「はい」または「いいえ」で回答してください）⓰

A. あなたは伝染病、身体的もしくは精神的な症状を患っていますか？ または薬物濫用者もしくは薬物中毒者ですか？　□はい ☒いいえ

B. あなたは、規制薬物に関係した背徳的行為もしくは違反を伴う犯罪のかどで、逮捕されたこと、あるいは有罪と決定されたことがありますか？ または、合計5年以上の実刑判決を伴う複数の犯罪のかどで、逮捕されたこと、あるいは有罪と決定されたことがありますか？ または規制薬物の密輸人であったことがありますか？ または犯罪的もしくは不道徳的な活動に従事するために入国しようとしていますか？　□はい ☒いいえ

C. あなたは、スパイ行為もしくは破壊工作、あるいはテロ活動、あるいは民族大量虐殺に、過去に関与したことがありますか、または現在関与していますか？ または、1933年から1945年までの間に、ナチス・ドイツまたはその同盟国に関連した迫害にいかなるかたちででも関与しましたか？　□はい ☒いいえ

D. あなたは、米国で仕事を求める予定ですか？または、国外撤去もしくは国外追放されたことがありますか？または、以前に米国から移送されたことがありますか？ または、詐欺または不実表示により米国査証の調達または米国入国をしたこと、または試みたことがありますか？　□はい ☒いいえ

E. あなたは、子どもの保護権を与えられている米国市民に対し、その子どもを拘留、維持したこと、またはその保護を保留したことがありますか？　□はい ☒いいえ

F. あなたは、これまでに米国査証または米国への入国を拒否されたことがありますか？または米国査証を取り消されたことがありますか？「はい」の場合、それはいつですか？＿＿＿＿それはどこでですか？＿＿＿＿　□はい ☒いいえ

G. あなたは、訴追の免責を主張したことがありますか？　□はい ☒いいえ

重要：上記の何れかに「はい」と回答した場合には、米国への入国を拒否される可能性がありますので、渡米前に米国大使館に連絡してください。

❶ CHIKYU　姓（楷書）　　❷ AYUMI　名
❹ JAPAN　国籍　　❸ 11/02/79　生年月日

権利放棄：私は、本書式により、私の入国許可性に関する米国税関国境保護局の検査官の判断を審理もしくは上訴するあらゆる権利、または、政治的亡命申請を根拠とする以外のいかなる国外追放措置に対して異議を申し立てるあらゆる権利を放棄します。

証明：私は、本書式の質問および表明をすべて判読し理解したことを証明します。私が提出した回答は、私が知り信じる限り、真正かつ正確です。

⓱ 地球 歩　署名　　⓲ 30/01/19　日付

文書業務削減法の通知：最新の有効なOMB管理番号を提示していない限り、政府機関が、情報収集を行ったりその援助してはならず、個人は、この情報に応じる必要はありません。この情報収集のための管理番号は、1651-0111です。この申請書を書き上げるための推定平均時間は、回答者1人あたり8分です。この所要時間に関するご意見は、U.S. Customs and Border Protection, Asset Management, 1300 Pennsylvania Avenue, NW, Washington DC 20229 に書面でお知らせください。

出国記録
重要：あなたは、この許可証を所有し続け、米国を出国する時に返還しなければなりません。これを怠ると、将来の米国入国の遅延の原因となる可能性があります。
あなたには、本書式に記載された日付までの米国滞在が承認されます。この日付の後も国土安全保障省当局からの許可なしに滞在し続けると、法律違反となります。
米国を出国する時に、この許可証を以下のとおり返還してください。
- 空路または航路での場合は、航空会社／船会社に。
- カナダとの国境を越える場合は、カナダの担当役人に。
- メキシコとの国境を越える場合は、米国の担当役人に。

警告：あなたは、本プログラムの下での米国訪問中に、無資格の就職、就学、外国情報媒体の代表を行ってはなりません。あなたは、最高90日間まで米国に滞在することを許可されます。あなたは、1) 非移民資格の変更、2) 移民・国籍法(INA)第201条(b)項の下に適格とされる場合を除いた、一時居住者または永住者への資格調整、または3)滞在の延長を申請してはなりません。これらの条件に違反すると、国外追放の対象とされます。これまでの本プログラムの違反は、過去に本プログラムの下で適正な国土安全保障省(DHS)の許可なしに滞在超過したことがあることを含め、いかなる場合も、結果的に、移民・国籍法(INA)第217条に概要説明されるとおり入国不可と事実認定されることになります。
出国港：
日付：
航空会社：
便名／船名：

①姓（名字）　②名　③生年月日（日月年の順：年は西暦下2ケタ）　④国籍（日本人ならJAPAN）　⑤性別（男はMALE、女はFEMALE）　⑥パスポート発行日（日月年の順：年は西暦4ケタ）　⑦パスポート失効日（日月年の順：年は西暦4ケタ）　⑧パスポートの番号　⑨航空機便名（アメリカ行きの航空会社とフライト番号）　⑩居住国（住んでいる国で、日本ならJAPAN）　⑪搭乗地（飛行機に乗った場所。成田ならNARITA）　⑫米国に滞在中の住所（旅行者なら最初に滞在するホテル名またはその住所、または知人宅など）　⑬市、州（住所のうち市と州名）　⑭米国内の連絡先（電話番号）　⑮eメールアドレス　⑯質問の回答にチェック　⑰署名（パスポートと同じサイン）　⑱入国日（日月年の順：年は西暦下2ケタ）

下記のカードは、アメリカ入国時に記入して提出する税関申告書。「合衆国外で購入、または取得し、合衆国内に持ち込む物品……」などと書かれているが、これはおみやげや商用品のことで、自分で使うための旅行用品はその範疇ではない。なお、APC ➡P.664を利用する場合は端末で税関申告をすることになるので、下記カードの記入は不要。

アメリカの免税店。到着した空港の免税店の品揃えをチェックするのもひとつの手

アメリカ税関申告書

公用専用欄

U.S. Customs and Border Protection

税関申告書

規定書式
OMB NO. 1651-0009

19 CFR 122.27, 148.12, 148.13, 148.110,148.111, 1498; 31 CFR 5316

到着する渡航者各個人、または家族の世帯主には、以下の情報を提供することが義務づけられています。(申告書は一家族につき一通のみです) 。「家族」とは、血縁関係、婚姻関係、慣習婚姻関係、または養子縁組による家族関係を持ち、同じ世帯に居住している者を意味します。

1 姓(苗字) CHIKYU ❶
名(ファーストネーム) AYUMI ❷ ミドルネーム ❸
2 誕生年月日 月 0 6 日 1 1 西暦年 7 9 ❹
3 渡航に同行している家族の人数 0 ❺
4 (a) 米国における滞在・居住先の住所 (番地と通り) (ホテルの名称・訪問先)
THE GEORGIAN HOTEL ❻
(b) 市 SANTA MONICA ❼ (c) 州 CA ❽
5 旅券発行国 JAPAN ❾
6 旅券番号 TT1234567 ❿
7 居住国 JAPAN ⓫
8 今回渡米に先立って訪れた国・国々 ⓬
9 航空会社・便名もしくは船舶名 AA170 ⓭
10 今回の渡米の主要目的はビジネスです ⓮ はい □ いいえ ☒
11 私(私達)は、以下の物品を所持しています
(a) 果物類、野菜類、植物類、種物、食物、昆虫類 はい □ いいえ ☒
(b) 肉類、動物、動物/野生生物製品 はい □ いいえ ☒
(c) 病因体、細胞培養、巻貝類 はい □ いいえ ☒
(d) 土壌、あるいは、私(私達)は、農場・牧場・牧草地にいました はい □ いいえ ☒
12 私(私達)は、家畜の近くにいました (家畜との接触、または処理・扱いなど) はい □ いいえ ☒
13 私(私達)は、現在通貨、または、金融商品にして、10,000ドル以上の米ドル、または、それに相当する外国通貨を所持しています (金融商品の定義は裏面参照) はい □ いいえ ☒
14 私(私達)は、市販用商品を所持しています (販売対象になる商品、または、発注を促す目的で使用する試供品、 または、個人の身の回りの所持品の範疇に当てはまらない物品) はい □ いいえ ☒
15 米国居住者—市販用商品を含め、海外で購入、あるいは取得した物品 (他人への贈与品も含める、ただし米国に郵送した ものは含まない)の総額 $
渡航訪問者—米国に残していく物品の総額— (市販用商品込み) ⓯ $ 30.00

この書式の裏面にある記入説明文をお読みください、申告義務のある全ての品目について記入する欄が設けてあります。

私は、この書式の裏面にある重要な情報項目を読み、真実に基づいた申告をしました。
X ⓰地球 歩 ⓱ 01/30/2019
署名 日付(月/日/年)

米国税関・国境整備局は皆様の訪米を歓迎いたします。
米国税関・国境整備局は、米国への輸入禁止品の不法輸入を防ぐ義務を負っています。CBPの職員は、渡航者に質問したり、渡航者と渡航者の所持品を検査する職権を有しています。もし、あなたが検査をうける対象の一人となった場合は、丁重でプロフェッショナル、かつ敬意のある扱いを受けます。CBPの監督者および渡航者サービス担当者が、ご質問にお答えします。お褒めの言葉やご意見・ご要望は、コメント・カードにご記入ください。

重要な情報
米国居住者—国外で取得し、米国に持ち込むすべての物品を申告すること。
訪問者(非居住者)—米国に残す全ての物品についてその価値を申告すること。 この申告書に全ての物品を申告し、その価値を米ドルで記入してください。贈与品については、小売価格をご記入下さい。
関税—CBP職員が判断します。米国居住者については、所持品の$８００ドル相当までの物品について免税が適用されます。渡航訪問者（非居住人）については、一般的に$１００ドル相当までの免税が適用されます。関税は、免税額を超える最初の$1,000ドルついて現行利率で査定されます。
農産物及び野生生物製品—危険な農業害虫、禁制野生生物の入国を防止する目的で、以下の物品が規制の対象になっています。果物、野菜、植物、植物性産物、土壌、肉製品、食肉加工品、鳥類、巻貝類、生きた動物および、動物製品。これらの物品を、税関および国境警備局職員、税関および国境警備局農業専門家、魚類・野生生物検査官に申告する事を怠った場合、罰金が課されたり、所有物品の押収につながる事があります。

通常、規制薬物、猥褻品、及び毒性物質を持ちこむことは禁じられています。

通貨、または金融商品の輸送は金額にかかわらず合法行為です。ただし、国外から米国内に$１０，０００ドル以上(米ドル、またはそれに相当する外国通貨、もしくはそれらの組み合わせ)を持ち込んだり、逆に米国から国外へ上記を持ち出す場合には、それをFinCEN 105 (旧税関書式４７９０)をもって米国税関および国境警備局に報告書を提出することが、法律によって定められています。金融商品と呼ばれるものの中には、コイン、紙幣、トラベラーズ・チェック、および持参用金融商品である個人の小切手や銀行小切手、株・証券が含まれています。本人以外の人に通貨や金融商品を運搬してもらう場合も、FinCEN105の書類を提出しなければなりません。その申告を怠ったり、全額を申告しなかった場合は、渡航者が所有しているすべての通貨、金融製品が押収の対象になったり、渡航人が民事上の刑罰または刑事訴追を受ける可能性があります。このページの上記にある重要な情報をお読みになり、真実に基づいた申告をした後、当書式の表にある署名の欄にサインをして下さい。

所有品目の明細 (リストが長くなる場合は、別のCBPフォーム6059B に記載を続けてください。)	価値・金額	CBP 専用記載欄
⓲ RICE CRACKERS	$30.00	
⓳ 総額	$30.00	

文書業務削減法声明：現在有効のOMB管理番号の明記がない場合、当局は、情報収集を行ったり支援したりしてはならず、渡航人は、この情報に対する応答をする義務はありません。当情報収集の管理番号は、1651-0009です。当書式の見積平均記入時間は、約４分です。渡航人は、回答を義務付けられています。書式の見積記入時間についてのご意見は、下記の住所までご連絡下さい。U.S. Customs and Border Protection Office of Regulations and Rulings 90 K Street, NE, 10th Floor Washington, DC 20229.

①姓（名字） ②名 ③ミドルネーム ④生年月日（月日年の順：年は西暦下2ケタ）
⑤同行している家族の人数 ⑥最初に滞在する予定のホテル名、または知人宅など
⑦滞在先の市 ⑧滞在先の州名 ⑨パスポート発行国 ⑩パスポート番号
⑪居住国 ⑫アメリカ到着以前に旅行した国（ない場合は無記入）
⑬アメリカ行きの飛行機の航空会社とフライト番号（航空会社は2文字の略号➡P.649で） ⑭質問の回答にチェック
⑮税関に申告するものがある場合は金額を記入（おみやげなど） ⑯署名（パスポートと同じサイン）
⑰入国日（月日年の順） ⑱贈与品や課税対象がある場合は、品目と金額を書き込む
⑲「⑱」の合計金額

入国の流れを解説（指紋採取・顔写真撮影）

アメリカに入国するすべての人を対象に、インクを使わないスキャン装置による指紋採取と、デジタル写真の撮影が行われている。各都市の空港・海港・陸路国境における入国審査場において実施の有無が異なるが、ほとんどのところで実施されていると考えておこう。以下はESTAで初めて入国する人の流れ。ESTAで2回目以降の人はさらに下を参照。

アメリカ到着時

入国管理システムの流れ

1 到着ゲートから“Arrival”の案内表示に従って入国審査“Immigration”へ進む。日本人は外国人専用レーンに並ぶ（場合により職員の指示で別のレーンに案内される場合もある）。

2 自分の順番がきたら職員の質問に答え指紋採取と写真撮影を。

3 入国審査終了後、預託荷物ピックアップ場所“Baggage Claim”で預けた荷物をピックアップ。

4 税関に申告する必要のある人もない人も、税関“Custom”で税関申告書を提出。

5 国内線へ乗り継ぎする人は乗り継ぎカウンターで再び荷物を預け、出発ゲートへ向かう。

6 市内への各交通機関は、ターミナル内に併設する地下鉄などの駅以外は、ターミナルの外にある。出口を出たら案内表示に従って進めばよい。

入国審査時に顔写真を撮る
©Department of Homeland Security, US-VISIT

現在は両手指の指紋をスキャンすることが多い
©Department of Homeland Security, US-VISIT

パスポートの検査、質問（滞在目的、日数など）

指紋のスキャン、デジタルカメラによる顔写真の撮影

バゲージクレームへ

自動入国審査（APC）端末について

アメリカ国内にある約45の空港では、自動入国審査Automated Passport Control (APC)の端末が導入され、スピーディに入国審査の手続きを行うことができる。自身でパスポートを読み取り、指紋採取、顔写真の撮影などを行う。日本語表示を選択でき、操作も簡単だ。

下記要件を満たす人が利用可能

1 過去に指紋採取と顔写真撮影をしてアメリカに入国したことがある

2 有効なESTAを保持している

端末操作の流れ（順番が異なることも）

1 画面をタッチし、言語（日本語）を選択

2 税関申告の質問事項に回答

3 画面の指示に従い、パスポートを読み取る

4 旅行の主目的を選択、回答

5 指紋採取。左手か右手かを選択し、親指以外の4指をスキャン装置の上に置く

6 顔写真の撮影

7 家族同伴かどうかの質問に回答

8 提供した情報に嘘はないか回答

9 便名が表示されるので正しいかを確認

10 レシートが発行される。受け取り、係官のブースへ進み、入国審査は完了

※入力内容や指紋採取などで不備があった場合、×（バツ）が表示されたレシートが発行される。その場合、審査官のいるブースに進み、入国審査を受けること

空港から市内へ向かう（市内へのアクセス）

入国審査、税関検査を無事に終えたら、いよいよアメリカ歩きの始まりだ。まずは市内（中心部は“ダウンタウンDowntown”と呼ばれる）へ行こう。空港から市内へは、下表のとおり数種類の交通機関がある。それらの交通機関は、都市の空港の場合、空港到着階のバゲージクレームを出た所の“Ground Transportation”と示されたエリアから出ている場合が多い。この表示のあたりにはレンタカー会社のカウンター、個人宅やホテルの入口まで連れていってくれる空港シャトル（Shared Ride)、おもなホテルを定期的に結ぶ空港バスのブース、場所によっては観光案内所などがある。市内までどの交通機関がいいかを決めたら、各ブースで申し込めばいい。レンタカーを借りる人は、空港内のカウンターで手続きをするか、カウンターがない場合は、ターミナルを出て、各レンタカー会社のピックアップバスに直接乗り込めば、オフィスまで連れていってくれる。

路線バスやタクシーのカウンターはない
通常、路線バスや地下鉄、タクシーのカウンターは、このGround Transportationの所にはない。ターミナルを出て、指定の乗り場から乗ることになる。交通機関の料金表や乗り場などの表示がある空港もあるので、気をつけて見てみよう

サインや看板を見落とさないように進もう

空港から市内への交通機関

	特徴	メリット	デメリット	利用の際の注意点
空港バス	●ダウンタウンや大きなホテル間を定期的に結んでいる ●大都市に多い ●大型バス	●早朝から深夜まで運行している	●ダウンタウンや大きなホテルなど行き先が限られ、ルートから外れた場所への移動が不便	●基本的にチップは不要 ●往復で買っておくと割安
空港シャトル	●大中規模の空港にはほとんどある ●小型バスやバン	●希望のホテルやエリア内で、住所さえわかれば個人の家まで行ってくれる	●乗客それぞれの行き先が違うと、予想以上に時間がかかる	●料金の15～20%のチップを渡すのが普通 ●空港へ向かう場合は、前日までにウェブサイトや電話で予約が必要になることが多い
路線バスや地下鉄	●あくまでも安く行きたい人向け	●最も安価	●時間がかかる ●荷物のサイズによっては乗れないこともある	●治安を考えると、夜間の利用は避けたい ●路線バスは初めての町での利用は難しい
タクシー	●目的地へダイレクトに行ける	●速い ●数人で利用すれば割高感は薄れる ●時間帯を気にせず利用できる	●ひとりで利用すると割高になる	●料金の15～20%のチップを忘れずに ●利用する前にドライバーに料金の確認をしておく ●無許可営業のタクシーに遭わないために、必ず指定の乗り場から乗る
空港ホテルやレンタカーのピックアップバン	●空港周辺のホテルやレンタカー会社が送迎バスを運行している	●サービスなので、もちろん無料	●そのホテルやレンタカー会社を利用する人以外乗れない	●定期的に巡回しているのか、電話で呼んで迎えに来てもらうのかの確認が必要

シカゴのように空港から地下鉄で中心部へアクセスできる町もある

荷物が多かったらホテルの前まで運んでくれる空港シャトルを

いちばん便利なアクセス方法がタクシー

アメリカを出国する

近年は予約の再確認（リコンファーム）を不要とする航空会社がほとんど。アメリカの空港はセキュリティが非常に厳しいので、国際線は3時間前、国内線は2時間前までに行ったほうがよい。

2018年10月現在、出国手続きは基本的に航空会社のカウンターで、チェックインのときにパスポートを提示して終了。搭乗するターミナルへ行く前にセキュリティチェックを通過しなければならないので、早めに並ぼう。機内への搭乗が始まるのは出発の30分前頃から。

カナダの新しい入国要件

カナダの入国ビザが通常免除される国の国籍を持つ人が空路でカナダに渡航する、またはカナダで乗継ぎをする際は、電子渡航認証（eTAイータ）が必要。カナダを経由して渡米する人は忘れずに
URL www.canadainternational.gc.ca/japan-japon

メキシコに入国する場合

日本国籍の場合、180日以内の観光や商用の場合は入国フォーム（FMM）が必要。飛行機での入国は機内や空港にて、陸路の場合は国境にて取得可能

在日メキシコ大使館・領事部
住 〒100-0014
東京都千代田区永田町2-15-1
☎ (03) 3581-1131（代表）
URL embamex.sre.gob.mx/japon
開 月～金 9:00～17:00（13:00～15:00は昼休み）

鉄道で国境越えをする方法

技術編第13章「アメリカ鉄道の旅」
➡P.672

外務省海外安全ホームページ

URL www.anzen.mofa.go.jp

「携帯品・別送品申告書」について

2018年10月現在、日本に入国（帰国）するすべての人は「携帯品・別送品申告書」を1通提出することになっている。別送品のある人は2通提出し、このうちの1枚に税関が確認印を押して返してくれる。こちらの申告書は別送品を受け取る際に必要なので、大切に保管しておこう

携帯品・別送品申告書

❶航空会社とフライト（航空会社は2文字の略号で） ❷出発地 ❸入国日 ❹氏名 ❺住所と電話番号 ❻職業 ❼生年月日 ❽パスポート番号 ❾同伴家族がある場合はその内訳 ❿質問の回答にチェック ⓫別送品がある場合 ⓬署名（パスポートと同じ） ⓭携帯して持ち込むものを記入❿⓫で「はい」を選択した人は記入する

牛肉類の日本への持込禁止

ソーセージ、ビーフジャーキーなどの牛肉加工製品については、日本への持ち込みが禁止されている。免税店で販売されている物や、検疫済みのシールが添付されている物も日本に持ち込みできない。

詳細は動植物検疫所のホームページを参照。URL www.maff.go.jp/aqs

カナダ、メキシコへの陸路での出国

アメリカ入国後、バスや車などで陸路を使い国境を越える場合は次の点に注意すること。

- カナダへ出国し、再びアメリカに戻ってくる場合はビザは不要。パスポートは必要。
- メキシコとの国境を越える場合、アメリカ合衆国発行のビザを有する外国人は、メキシコのビザを提示することなく入国を申請することができる。入国にはマルチプル入国フォーム（FMM）の提出が必要➡左記側注。ただし、ティファナやシウダーフアレスといった国境の町に、72時間以内の滞在であれば、FMMは不要だ。※2018年10月現在、外務省はメキシコと米国との国境における治安悪化にともなう注意喚起を行っている。渡航・滞在を予定している場合は、事前に治安状況を必ず確認すること。
- カナダ、メキシコ両国とも、アメリカからの出国はスムーズだが、再入国のときにパスポートや荷物などを詳しく調べられることがあるので注意。

日本入国

飛行機が到着し、入国審査の窓口へ。その前に「検疫」があるが、異常があるときを除きアメリカからの帰国者はそのまま素通りでよい。窓口では、入国のスタンプが押されるだけ。荷物をピックアップしたら、税関の係員に「携帯品・別送品申告書」（右記および左記）を提出する（機内で配布されるので到着前に記入を）。係員に質問されたら正直に答えること。

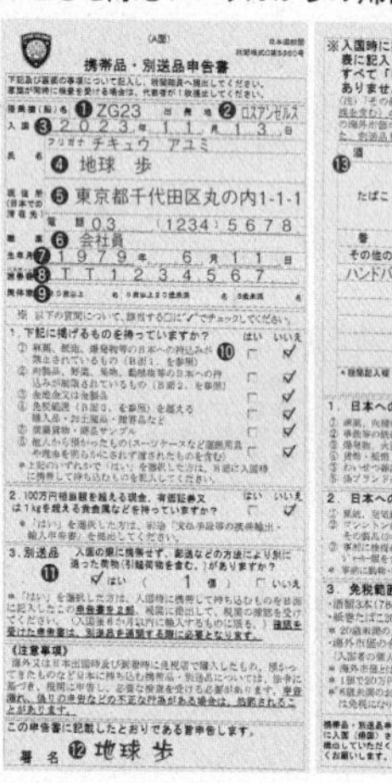
（A面）

携帯品・別送品申告書

搭乗機（船）名 ❶ ZG23　出発地 ❷ ロスアンゼルス
入国日 ❸ 2023年 11月 13日
フリガナ チキュウ　アユミ
氏名 ❹ 地球　歩
現住所（日本での滞在先） ❺ 東京都千代田区丸の内1-1-1
電話 03（1234）5678
職業 ❻ 会社員
生年月日 ❼ 1979年 6月 11日
旅券番号 ❽ TT1234567
同伴家族 ❾

1. 下記に掲げるものを持っていますか？ ❿ はい／いいえ（すべて「いいえ」✓）

2. 100万円相当額を超える現金、有価証券又は1kgを超える貴金属などを持っていますか？ いいえ ✓

3. 別送品 ⓫ 入国の際に携帯せず、郵送などの方法により別に送った荷物（引越荷物を含む。）がありますか？
✓はい（ 1 個） いいえ

（注意事項）

この申告書に記載したとおりである旨申告します。

署名 ⓬ 地球 歩

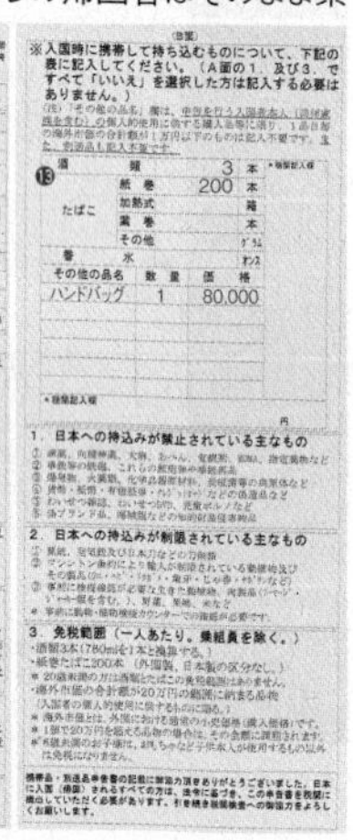
（B面）

※入国時に携帯して持ち込むものについて、下記の表に記入してください。（A面の1. 及び3. ですべて「いいえ」を選択した方は記入する必要はありません。）

⓭		数量	
酒類		3	本
たばこ	紙巻	200	本
	加熱式		箱
	葉巻		本
	その他		グラム
香水			オンス

その他の品名	数量	価格
ハンドバッグ	1	80,000

1. 日本への持込みが禁止されている主なもの

2. 日本への持込みが制限されている主なもの

3. 免税範囲（一人あたり。乗組員を除く。）

携帯品・別送品申告書の記載に御協力頂きありがとうございました。日本に入国（帰国）されるすべての方は、法令に基づき、この申告書を税関に提出していただく必要があります。引き続き税関検査への御協力をよろしくお願いします。

日本への免税範囲（成年者ひとり当たり）

2023年10月現在

	品名		数量または価格	備考
1	酒類		3本	1本760mℓのもの
2	たばこ	葉巻たばこ	50本（ただし、ほかのたばこがない場合）	加熱式たばこの免税数量は、紙巻きたばこ200本に相当する数量となる
		紙巻きたばこ	200本	
		その他のたばこ	250g（同上）	
3	香水		2オンス	1オンスは約28mℓ
4	品名が上記1～3以外であるもの		20万円（海外市価の合計額）	合計額が20万円を超える場合は、超えた額に課税。ただし、1個で20万円を超える品物は、全額に課税される

未成年者の酒類、たばこの持ち込みは範囲内でも免税にならない URL www.customs.go.jp/kaigairyoko/cigarette_leaflet_j.pdf
6歳未満の子供は、おもちゃなど明らかに子供本人の使用と認められる物以外は免税にならない

技術編

第13章 アメリカ鉄道の旅

日本の25倍の面積をもつアメリカ。この国では隣の町に移動するといっても、日本の感覚をはるかに超える距離だ。例えば、よく隣町のようにいわれるサンフランシスコ～ロスアンゼルス間も実際は610km以上もあり、日本でいうと東京～岡山間の距離に匹敵する。アメリカはとても広いのだ。まず、日本の感覚は捨てて、スケジュールを組もう。

意外に知られていないことだが、世界最長の鉄道王国は、実はアメリカなのである。車と飛行機が国の文化のひとつとして発達したこの国で、その事実にはピンとこない人も多いだろう。だが最近、アメリカでは移動の時間を旅の楽しみと考える人が増えてきたようだ。車中で景色を眺めたり、食事に舌鼓を打ち、ほかの乗客との会話を楽しみたい。

鉄道での旅は優雅

20世紀前半の鉄道黄金時代、大陸横断鉄道は世界で最もデラックスな陸上交通機関であった。今もその伝統を受け継いだ列車がアメリカを走っている。座席はゆったり、展望車あり、食堂車あり、映画上映あり、十分な広さの個室寝台など、鉄道の旅は、アメリカで最も優雅な旅のスタイルだといえる。

1971年、政府と各鉄道会社の共同出資による半官半民の国有旅客鉄道会社が設立された。これが**アムトラック Amtrak**だ。アムトラックが車両と乗務員を保有し、各私鉄の線路にその車両を走らせ、旅客部門を一手に引き受けている。したがって、アメリカ鉄道の旅といえばイコール、アムトラックの旅ということになる。

アムトラック　Amtrak
半官半民企業であるアメリカ鉄道旅客輸送公社National Railroad Passenger Corporation(NRPC)のトレードネーム
URL www.amtrak.com
Free (1-800) 872-7245

アムトラックで優雅な旅をしよう

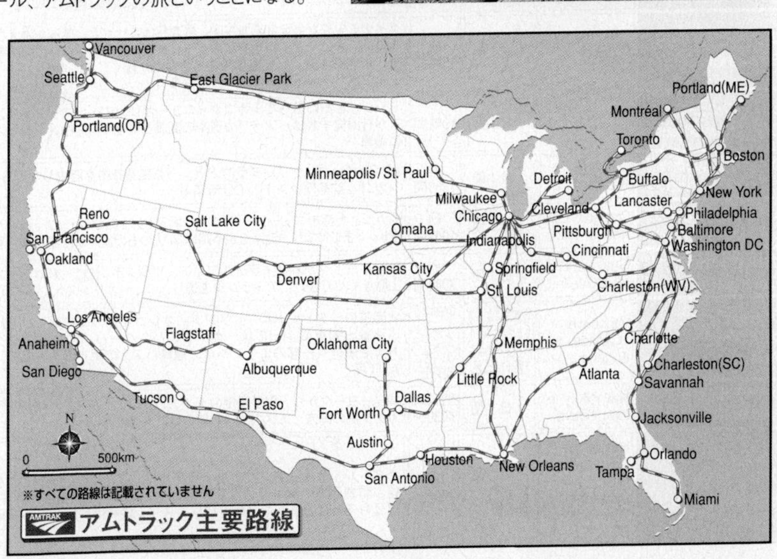

天井までガラス窓になっていて車窓を楽しめるラウンジカー（展望車）

アムトラックは目的地に着くための交通手段ではなく、列車の中でゆったりとした時間を楽しむための乗り物だ。車内には絨毯が敷かれ、座席はもちろんリクライニングシート。長距離用客車にはフットレストまで付き、寝台車、ラウンジカー（展望車）、ダイニングカー（食堂車）、スナックバー（売店）などがある。優雅なときを演出するため、車内の設備はとても贅沢だ。

アムトラック連絡バスが走っている都市例
- サンフランシスコ（オークランドのエメリビル駅から）
- ラスベガス（ロスアンゼルスのユニオン駅から）
- フェニックス（アリゾナ州のフラッグスタッフ駅から）

アムトラックが網羅する町

アムトラックは全米を走っているとはいうものの、そのネットワーク網は残念ながらグレイハウンドP.673のように隅々までというわけにはいかない。多くの大都市には走っているが、走っていない都市もけっこうある。しかし、ご心配なく。アムトラックでは大都市を起点とした周辺のいくつかの都市に、**アムトラック連絡バス Amtrak Thruway Bus**を運行させている。この連絡バスの運行によって、本書で紹介している都市のほとんどへ、アムトラックまたはその連絡バスを使って行くことができる。

アムトラックの人気列車

2018 年 10 月現在

列車名	走行区間	運行本数	所要時間	ルート解説
サンセットリミテッド Sunset Limited	Los Angeles ～ New Orleans	週 3 便	約48時間	大陸横断鉄道。新興のサンベルト地帯を結び、広大なコーン畑、牧場、油田などが見られ、アメリカの広さが実感できる。本来の路線はロスアンゼルス～オーランドまでだが、現在ニューオリンズ～オーランド間は運休中
コーストスターライト Coast Starlight	Los Angeles ～ Portland/ Seattle	1 日 1 便	約35時間	太平洋岸の美しい景色のなかを走る。チュムルトからユージーンまでのカスケード山脈の森林地帯を 3 時間かけて走る。アムトラックが力を入れて売り出している路線
サウスウエストチーフ Southwest Chief	Chicago ～ Los Angeles	1 日 1 便	41～45時間	かつてのアメリカの大動脈旧ルート 66 に沿った路線で、穀倉地帯、砂漠を走る豪快なルート。カンザスシティやグランドキャニオンの入口、フラッグスタッフに停車
カリフォルニアゼファー California Zephyr	Chicago ～ San Francisco	1 日 1 便	約51時間20分	トンネルだらけのロッキーの山越えのある、アムトラックのなかで最も人気のある路線。エメリビル（オークランド）～サンフランシスコ間は連絡バスの運行
エンパイアビルダー Empire Builder	Chicago ～ Portland/ Seattle	1 日 1 便	約46時間	ダイナミックな最北端のルート。春夏秋は森林が生い茂った雄大な大自然、冬は一面の銀世界が広がる。車窓の景色がしだいに開拓者時代の色彩を濃くして酪農地帯と小麦畑が続く。ミルウォーキー、ミネアポリス（セントポール）に停車
シティ・オブ・ニューオリンズ City of New Orleans	Chicago ～ New Orleans	1 日 1 便	19時間	ミシシッピ川に沿ってシカゴからニューオリンズへ。ニューオリンズから出発すれば、アメリカ音楽の変遷と重なる。途中メンフィスに停車
キャピトルリミテッド Capitol Limited	Chicago ～ Washington, DC	1 日 1 便	約18時間	ピッツバーグ、クリーブランドといった工業都市を経由しながら、シカゴと首都ワシントン DC を結ぶ
レイクショアリミテッド Lake Shore Limited	Chicago ～ Boston/New York	1 日 1 便	約19時間	シカゴと大都市ニューヨーク、またはボストンを結び、バッファローからトレドまではエリー湖岸を走る路線。いくつもの運河が圧巻。Wi-Fi 可
クレセント Crescent	New York ～ New Orleans	1 日 1 便	約30時間	ニューヨークからフィラデルフィア、ワシントン DC、アパラチア山脈をくぐり抜け、アトランタを通り、ニューオリンズへ。Wi-Fi 可
アムトラックカスケード Amtrak Cascades	Vancouver (Canada) ～ Eugene	行き先によってさまざま。シアトル～ポートランド間は1日5便	約10時間30分（シアトル～ポートランド間は3時間30分）	北西部のシアトル、ポートランド、オレゴン州のユージーンを結ぶ路線。列車によっては、カナダのバンクーバーやリッチモンドまで運行（一部のエリアへは、連絡バスへの乗り換えが必要）。Wi-Fi 可
メープルリーフ Maple Leaf	New York ～ Toronto (Canada)	1 日 1 便	約12時間30分	ニューヨークから人気景勝地のナイアガラフォールズ（アメリカ側、カナダ側の両方）にストップしてトロントへ。Wi-Fi 可
アセラ特急 Acela Express	Boston ～ New Haven ～ New York ～ Philadelphia ～ Washington, DC	月～金6便、土 3 便、日 4 便	約7時間	ボストン、ニューヨーク、フィラデルフィア、ワシントン DC を結ぶ特急列車。アメリカ版新幹線ともいえる。運行頻度が高く、遅延もそれほど多くないのでビジネスマンの利用が多い。Wi-Fi 可

旅のアドバイス 荷物の制限▶短・中距離列車の場合、預託荷物の扱いは行っていない。車内に持ち込めるのは身の回り品が入ったバッグはふたつまで、3辺のサイズは14×11×7インチ（約35.5×27.9×17.7cm）、12kgを超えないもの。キャリーバッグもふたつまでで、28×22×14インチ（約71.1×55.8×35.56cm）、23kgを超えないものとしている。長距離↗

アムトラックの自社路線

「優雅な鉄道の旅」を演出してくれるアムトラックだが、自社路線に限り、日本の大都市圏を走るJRと同じ混雑ぶりだ。アメリカ北東部のボストン～ニューヨーク～ワシントンDC間はアムトラックの自社路線。この区間は電化された区間（これ以外は電化されていない）で、日本の新幹線並みに列車が走っている。時間の遅れも少ないので、ビジネスマンをはじめとする一般市民の利用が多い。ただし、運賃がとても高い区間でもある。グレイハウンドと比べると、格段の差だ。

車両のいろいろ

どんな車両がつながっているか

アムトラックの車両は、走行する距離によって車両の編成が異なってくる。

近距離なら**コーチ Coach**と呼ばれる一般の座席車両と、軽食や飲み物が買えるスナックバーの入った車両が連結されているだけ。長距離の場合は、列車の旅を本格的に楽しんでもらうために、コーチと**寝台車 Sleeper**のほかに**展望車 Lounge Car**、**食堂車 Dining Car**などが連結される。また、アメリカ東海岸を縦断する路線は**シングルレベル編成 Single Level Fleet**と呼ばれる1階建ての車両、それ以外は**スーパーライナー編成 Superliner Fleet**と呼ばれる2階建て車両が走っている。

コーチの座席は、前後が広々としたゆったりサイズ、リクライニングシートが後ろに35度倒れ、フットレストも高く上がるので寝台のような状態になる。テーブル、物入れ、読書灯も付いてなかなか快適だ。寒ければ毛布を買うこともできる（夏期）。トイレにはトイレットペーパーはもちろんのこと、ペーパータオル、ティッシュ、石鹸、紙コップ付きでお湯も出る。

ラウンジカー（展望車）は天井がドーム型のガラス張りになっていて、座席が外側に向くなど、車外に広がるダイナミックな景色を楽しめる工夫がされている。自由席なので、次に待っている人がいたら譲るよう心がけよう。

アムトラックのいいところは、どの列車にもスナックバーが付いていること。スナックバーではホットドッグやスナック菓子、温かい飲み物、冷たい飲み物が買え、それ以外にも、アムトラックグッズが売られている。また、車中泊があるような列車には必ず食堂車も連結されている。食堂車でのメニューは朝・昼食が$8～15、夕食で$16～25程度。なお、寝台利用客は、寝台料金のなかに食事代も含まれているので、あとは食事に応じたチップを置くだけ。

スナックバーでは、係員と世間話するのもいい

食堂車での食事も列車の旅ならでは

Wi-Fiのアクセス
2018年10月現在、一部のアムトラック駅や列車内でWi-Fi利用（無料）が可能。詳細はアムトラックのウェブサイトのトップページにある“EXPERIENCE”から“ONBOARD”→Journey with Wi-Fiを選択

荷物スペースもゆったり
2階建てのスーパーライナー編成は、1階に荷物置き場がある。シングルレベル編成では、窓の上に荷物を置くための棚があり、これが意外に広い

ここにもチップを
スナックバーの係員は思ったよりも重労働。しかも温かいコーヒーなどを作ってくれるのだから、気持ち程度のチップを置きたい

寝台車のチップ
寝台車には専門の乗務員が付き、ベッドメイキングをしてくれたり、新聞を運んだりと、乗客の要望にいろいろ応えてくれる。1日につき$5のチップが目安だが、客室に食事を持ってきてもらうなど、特別なことをしてもらった場合はプラスするように

隣が空いていれば横になることもできる

↘列車や連絡バス（Thruway Bus）の場合、荷物はチェックイン時に預けること。ふたつまで無料、以降4つまでは追加料金（ひとつにつき$20）を支払えば預かってくれる。

寝台車のいろいろ

現在、寝台車はほとんどがスーパーライナー編成の2階建て車両。以下の寝台はスーパーライナー編成用。

ルーメット Roomette (1、2階)

大人ひとりまたはふたり用。昼は対面2シート、夜は上下のベッドになる。シャワー、トイレ、洗面所共同。

ファミリー寝台 Family Bedroom (1階)

大人ふたり、子供ふたりまで利用でき、夜には4つのベッドになる広々とした個室。シャワー、トイレ、洗面所共同。

ベッドルーム Bedroom (2階)

大人ふたり用。アムトラック自慢の豪華個室。昼はソファ、アームチェア、夜は上下2段のベッド。すべて2階にあって展望がよく、個室にはシャワー、トイレ、洗面台が付いている。なお、大人4人を収容できるBedroom Suiteもある。

車椅子用の寝台もある
スペシャル寝台Accessible Bedroomと呼ばれる個室がそれ。シャワーは付いていないが、トイレと洗面台は個室の中にある

コーチと寝台車の差
寝台車利用客とコーチ利用客は、待遇に旅客機でいうビジネスクラスとエコノミークラスのような差がある。例えば、コーチ利用客は寝台車の車両に行くことができないし、寝台車のシャワーはコーチ利用者は使えない。また、寝台利用客には食事やミネラルウオーター、コーヒーなどのドリンクや朝刊のサービスがある

USA レイルパス

アムトラックでは旅行者にUSAレイルパスUSA Rail Passという鉄道周遊券を販売している。これはアムトラックの全路線(主要駅から発着している連絡バスを含む)に、適用期間内の利用回数分だけ乗車できるパスだ。購入や乗車については次のとおり。

①日本出発前に日本の旅行会社を通じて、バウチャー(引換証)を購入し、指定した駅にてパスに引き換える。なお、現地の主要駅(リストはアムトラックのウェブサイトで確認できる)やアムトラックのウェブサイトからも購入可。

②バウチャーからパスへの引き換えは、バウチャー発券日から3ヵ月以内に行う。パスは引き換え日から3ヵ月以内に使用を開始すること。

③乗り放題ではなく、15日間で8区間、30日間で12区間、45日間で18区間と利用できる区間(回数)が決められている。

④アムトラックの連絡バスAmtrak Thruway Busを利用する場合も1回にカウントされる。

⑤アメリカでの使用開始に際しては、駅か旅行会社で使用開始日と終了日を記入してもらう。このときパスポートが必要。

⑥アセラ特急とオートトレインAuto Train(バージニア州Lorton~フロリダ州Sanford)、VIA鉄道共同運行便、一部の連絡バス(番号7000~7999)には利用できない。

⑦パスで乗れるのは、コーチ(一般座席)に限られる。寝台車やファーストクラスを利用するときは、別途料金を支払う。

⑧パスだけでは乗れないので事前に窓口でチケット(乗車券)を発券してもらうこと。

USAレイルパス
●日本の旅行会社をとおして手配する
㈱欧州エキスプレス
☎(03)3780-0468
URL www.ohshu.com
●アムトラックのウェブサイトからオンラインでUSAレイルパスを予約する手順
URL www.amtrak.comにアクセス→トップページの“DEALS”から「MULTI-RIDES & RAIL PASSES」→「Rail Passes」→「USA Rail Passes」の下の“Get Your USA Rail Pass Now”をクリック。画面にある希望のパスの種類を選び、パスの使用開始日時とピックアップの駅と日時を入力。注文の内容を確認したら、あとはガイダンスに従って必要な個人情報を入力する。現地では、予約確認番号とパスポートを持って、ピックアップに指定した駅でパスに引き換える

USAレイルパスはアメリカでも買える!
パスはアメリカ国内に着いてからでも買うことができる。USAレイルパスが買えるアメリカ国内の駅は以下のとおり。
Atlanta、Boston South Station、Chicago Union Station、Denver、Los Angeles Union Station、Miami、New Orleans、New York Pennsylvania Station、Seattle、Washington DC Union Stationなどを含む約50の駅

USA レイルパス料金 (2 等席)

2018 年 10 月現在

利用地域	適用期間	適用区間	大人	2 ~ 15 歳
全線	15 日間	8 区間	5 万 8800 円	2 万 9400 円
	30 日間	12 区間	8 万 8200 円	4 万 4100 円
	45 日間	18 区間	11 万 5100 円	5 万 7600 円

※欧州エキスプレスのウェブサイトからオンラインで購入する料金。日本出発の 10 日前までの予約受付

タイムテーブル（時刻表）について

アムトラックの時刻表を入手するには

アムトラック主要駅のインフォメーションカウンターに用意されている全米版の時刻表"AMTRAK SYSTEM TIMETABLE"は約130ページの小冊子で、たいへん重宝する。USAレイルパスで旅行するならぜひ入手しておこう。また、アムトラックではルート、または列車ごとのタイムテーブルを数多く配布している。

大きな駅には案内所もあり、旅の相談ができる

これらの時刻表はウェブサイトでも閲覧可能だ。アムトラックのウェブサイト(URL www.amtrak.com)で時刻表を検索➡右記側注することもできる。これなら日本から出発前に調べられるので、スケジュールを組むのにとても便利。日本ではインターネットでスケジュールを立て、現地に着いたら時刻表の小冊子を入手するというのが、賢い旅行方法だ。

時刻表をダウンロードする
まずアムトラックのウェブサイトを開き、トップページにある"SCHEDULES"をクリックし、続いて"Get downloadable schedules for all routes"をクリック。次のページでアムトラック全線の時刻表とルート別の時刻表のPDFがダウンロードできるようになっている

チケットの買い方

座席数のあまり多くない長距離列車やその寝台車、混雑が予想されるアセラなどの列車は、予約が必要といわれている。予約はアムトラックの予約電話番号Free(1-800) 872-7245に電話をして、特定の列車に乗ることを告げるか、ウェブサイトからも可能だ。しかし、アムトラックの場合、オンシーズンの寝台車を除けば予約で満席になるということはほとんどない。予約が必要といっている列車でも、コーチシート(普通座席)なら、当日早めに駅へ行ってチケットを買えばほとんど乗ることができる。

USAレイルパスを持っている人(または日本でバウチャーを購入した人)は、まずチケットカウンターでレイルパス(バウチャーの場合は、レイルパスと交換してもらう)を提示し、使用開始日と終了日を記入してもらう。このとき、パスポートなどの写真付きIDが必要。次に、行き先を告げてチケット(乗車券)を発券してもらう。乗る切符をまとめて受け取りたいのなら、スケジュールの用意をして頼めばいい。なお、アムトラックはユーレイルパス(ヨーロッパの鉄道パス)のようにパスだけでは乗ることができない。必ず駅でパスを見せてチケット（乗車券）を発券してもらおう。

改札は、発車の5〜15分前に始まり、改札の案内とともに列車の入線番号もアナウンスされる。なお、駅によっては、乗る前に係員が乗車券をチェックすることもあるので、すぐ提示できるように携帯していよう。

オンラインで予約する
●アムトラックのウェブサイトからオンラインで乗車券を予約する手順
URL www.amtrak.comにアクセス→トップページに出発場所と行き先、出発日、予約人数を入力すれば、購入可能なスケジュールと料金が表示される。ガイダンスに従って、チケットの受け取り方法と必要な個人情報を入力する。現地では、予約確認番号とクレジットカードを持って、受け取りに指定した方法で乗車券を発行してもらう

使えるクレジットカード
窓口ではⒶⒹⓂⓋが使える

アセラ特急に乗る人は列を作っている

車内での過ごし方

短、中距離列車は好きな席に座れるが、長距離列車は乗る前に係員が座席を指定するので、指示どおりに座ろう。席に着いてからしばらくすると、車掌がチケットをチェックに来る。チケットをチェックしたら座席の上に行き先を3文字で示した紙、または色分けされた紙を挟んでいく。座席を移動するときは、これを一緒に持っていくこと。コーヒーを買うときやトイレ程度なら、持ち歩く必要はない。ゆったりするも、歩き回るもあなた次第。

アムトラック旅行の注意点

●列車はよく遅れる。長距離を走るものは距離の長いぶん遅れる可能性が高い。その理由は、貨物列車と同じ線路を走っているためや、単線のためなどの理由が挙げられる。アムトラックで旅行する場合は、時間に余裕をもつこと。長距離の場合、少なくとも3時間〜半日の余裕を見ておきたい。しかしながら、ボストン〜ニューヨーク〜ワシントンDC間は、遅れが少ない。

●駅には売店や自動販売機はあまりない。長距離の移動なら前もって食料を買って持ち込むのがいい。もしくはスナックバーを利用しよう。

●夏の車内は冷房がかなり効いていて寒い。スナックバーで毛布も売っているが、なるべくジャケットなどを持っていこう。

●サンセットリミテッド号など、毎日運行されていない列車もある。計画を立てるときは、運行日に注意すること。

アメリカからカナダへの国境越え

①アメリカ側の駅で、改札が始まる少し前、国境越えをする乗客は改札口前の仮設ブースで、チケットとパスポートの照合をし、国境越え用の荷物タグをもらう。

②国境越え近く(国境の約30分前)の車内で、カナダ入国のための書類が配付される。

③メープルリーフ号➡P.668でのカナダ入国審査は、国境駅のカナダ側ナイアガラフォールズ駅にて列車に乗ったまま行われる。カスケード号➡P.668は終点バンクーバー駅にて、カナダの入国審査が行われる。

④メープルリーフ号の場合、カナダの入国審査官が各車両に乗り込んでくる。全員の入国審査が終わるまで、車両のドアは閉まったままで、外に出ることはできない。

⑤一人ひとり入国審査が始まる。聞かれることは、旅行の目的、滞在日数、親戚や友人はいるか、酒やたばこなど課税対象物は持ち込んでいないか、荷物はどれかの確認。国境越えのときは、荷物は各自の近くに置いておこう。

⑥パスポートにカナダ入国のスタンプが押され、入国の許可が下りる。全員が入国審査を終えると、カナダ側を運行するVIA鉄道の乗務員が乗り込んでくる。

乗車前は時刻表などで発車時間を確認しておきたい

駅の自販機はこの程度だ(左奥)

カナダからアメリカへの入国

アメリカ入出国カード➡P.662を記入しておく。メープルリーフ号の場合は国境駅、カスケード号の場合は始発駅バンクーバー駅にて、アメリカの入国審査を受ける。また、税関申告書➡P.663は、国境で乗り込んでくる税関職員に回収される

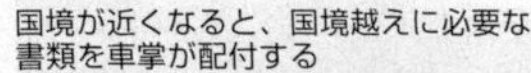
国境が近くなると、国境越えに必要な書類を車掌が配付する

技術編

第14章 アメリカ長距離バスの旅

どこまでも真っすぐ延びる道を、長距離バスの狭いシートに座り、フリーウエイの振動に揺られながら地平線に沈む夕日を眺めていると、その瞬間アメリカにいることを強烈に感じる。決して楽ではないが、アメリカ大陸の広さを体で感じ、アメリカ人の暮らしぶりを垣間見られるバスの旅は、最もアメリカを「実感」できる旅になることは間違いない。

グレイハウンドでアメリカを回ろう

現在アメリカで唯一、最大の長距離バスの会社が**グレイハウンド Greyhound**。同業他社を包括し、全米に路線網を確保、その充実したネットワークは日本の鉄道網のようだ。西部山岳地帯や一部の国立公園を除き、行けない所はほとんどない。乗車券はアメリカ国内のバスターミナルやバスディーポ、またはグレイハウンドのウェブサイトからオンラインで購入できる。

全米を走るグレイハウンドバス

スケジュールを立てるにあたって

旅程の計画にはグレイハウンドのウェブサイト（URL www.greyhound.com）がたいへん便利だ。まず初めに、都市間の所要時間を知ることが必要。飛行機と違って、バスでは直行便の大陸横断便は走っていない。必ず大きな都市で乗り換えるか、または休憩してから次の町へ向かうことになる。その間に観光することを織り混ぜ、旅行に費やせる日数がどのくらいあるかということも頭において……。

バスにも鈍行と急行がある

本書の所要時間➡P.674、675は、エクスプレス便（急行便）の所要時間を表している。エクスプレス便と、多くの町を経由する便とでは、所要時間に大幅な差があるので要注意。

スケジュールの頻度

バスの運行頻度はルートによってかなり異なる。例えば、サンフランシスコとロスアンゼルスの間は1日10本以上、ニューヨークとワシントンDC間は1〜2時間に1本ぐらいと、頻繁に運行している。逆に地方に行けば1日1本しかないルートもある。

ディーポは24時間営業とは限らない

大きなバスターミナルやディーポは24時間営業が多いが、中規模以下の町では夜は閉めてしまう所もある。なるべく、深夜の到着や出発は避けたいが、やむを得ず深夜便を利用するときは、前もってそのディーポの営業時間を確認しておくこと。

グレイハウンド Greyhound
Free (1-800) 231-2222（チケット予約、料金やスケジュールについて）
URL www.greyhound.com

●ウェブサイトからオンラインで乗車券を予約する手順
乗車券は、基本的にグレイハウンドのターミナルやバスディーポにて購入可能➡P.676。グレイハウンドのウェブサイトから事前にオンラインで購入（予約）しておくのもいい。
URL www.greyhound.comにアクセス→トップページの“BOOK A TRIP”から片道・往復乗車券の購入ができる。発着場所と利用日時、予約人数を入力すれば、購入可能なスケジュールと料金が表示される。あとは、ガイダンスに従って必要な個人情報を入力する。支払いはクレジットカードで決済し、乗車券は自宅で印刷するか、ウィルコールWill Callという予約済みチケットを扱う現地窓口で受け取る方法がある

荷物について
車内に持ち込める手荷物はひとつ。最大25ポンド（約11kg）まで。
預けられる荷物はふたつまで。ひとつの荷物につき50ポンド（約22.5kg）以下で、3辺の和の合計が62インチ（約157cm）を超えないこと。ひとつめは無料で、ふたつめは$15

グレイハウンド発着所の呼び名
グレイハウンドの発着所にはいくつか呼び方がある。ニューヨークやサンフランシスコなどの都市部のように他社も乗り入れている所はバスターミナル。エルパソやサンタフェなど中規模の都市バス発着所はバスディーポ。さらに小さな町や村でガソリンスタンドやファストフード店が発着所となっている所はバスストップと呼ばれていることが多い

ドライバー
グレイハウンドのドライバーは皆厳正な資格審査をパスしている。そのため、運転技術だけでなくバスの管理、乗客のサービスなど、すべてにおいて信頼できる。車内の権限はすべて彼らに任されているので、もしバスの中で何かあれば、ドライバーが責任をもって対処してくれるだろう

乗車券の料金体系

まず、窓口販売とオンライン販売とで価格が異なり、オンライン価格のほうが安い。さらにオンライン販売の座席は3種類あり、Economy（払い戻し不可、日程変更は要手数料、ふたつめの荷物預け有料）、Economy Extra（払い戻し不可、ふたつめの荷物預け有料、優先乗車）、Flexible（払い戻し可、ふたつめの荷物預け無料、優先乗車）と条件が異なる

座席の仕様

座席は中央の通路を挟んで左右に2座席ずつ並び、ひとつの車両の定員は約43〜55人。リクライニングシートで座席の横にあるレバーを引きながら背もたれを押せばリクライニングする。また、車内は無料のWi-Fiサービスがあり、座席にコンセントが備わっている。なお、最前列はお年寄りや体の不自由な人が優先的に座れるようになっている

グレイハウンド　おもな都市間運賃表

2018年10月現在

乗車区間	片道料金	乗車区間	片道料金
シアトル〜ポートランド	$54〜	シカゴ〜ニューヨーク	$165〜
シアトル〜サンフランシスコ	$165〜	シカゴ〜ニューオリンズ	$185〜
サンフランシスコ〜ロスアンゼルス	$81〜	シカゴ〜セントルイス	$69〜
ロスアンゼルス〜サンディエゴ	$40〜	ヒューストン〜ニューオリンズ	$81〜
ロスアンゼルス〜ラスベガス	$69〜	ニューオリンズ〜アトランタ	$113〜
ロスアンゼルス〜フェニックス	$113〜	ニューヨーク〜ボストン	$57〜
ラスベガス〜ソルトレイク・シティ	$113〜	ニューヨーク〜ワシントンDC	$59〜
ラスベガス〜フラッグスタッフ	$69〜	ワシントンDC〜アトランタ	$155〜
ソルトレイク・シティ〜デンバー	$155〜	ワシントンDC〜オーランド	$165〜
デンバー〜シカゴ	$231〜	アトランタ〜オーランド	$113〜
フェニックス〜ヒューストン	$250〜	オーランド〜マイアミ	$59〜
フェニックス〜フラッグスタッフ	$44〜	マイアミ〜キーウエスト	$44〜

上記の運賃は、払い戻し可能なチケット（Flexible）の料金　詳細は URL www.greyhound.com へ

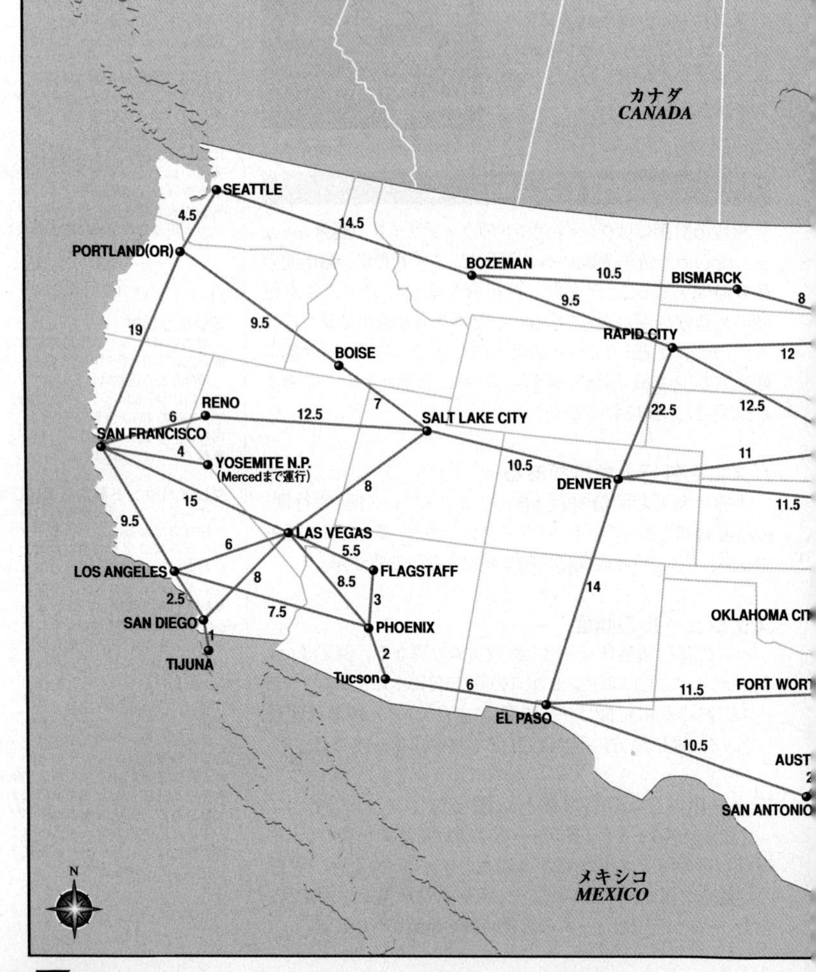

メモ　便利なバスディーポ&バスターミナル▶バスディーポには旅行者にとって便利な設備が揃っている。着いた町に泊まらないならロッカー（ディーポによって料金が異なる）に荷物を入れて、身軽に観光できる。↗

タイムテーブル（時刻表）について

タイムテーブルを調べるには次の3つの方法がある。

①インターネットのウェブサイト（URL www.greyhound.com）にアクセスする方法。都市や日にちなどを入れて検索すれば最新のタイムテーブル、料金などを知ることができる。

②大きなバスディーポでタイムテーブルをプリントアウトしてもらう方法。

③電話をかける方法。Free (1-800) 231-2222（英語）にかけて質問することができる。

最新のスケジュールは現地で確かめよう

休憩について

バスは約3時間おきに15分前後の休憩レストストップRest Stopがあり、朝、昼、晩の食事時には30分前後のミールストップMeal Stopがスケジュールに組み込まれていることが多い。

しかし、急行の場合、休憩がないこともあるので注意

バスターミナル、バスディーポの営業時間

グレイハウンドのウェブサイトで調べることもできる。また専用の無料電話番号Free (1-800)231-2222(英語)にかけて確認することも可能

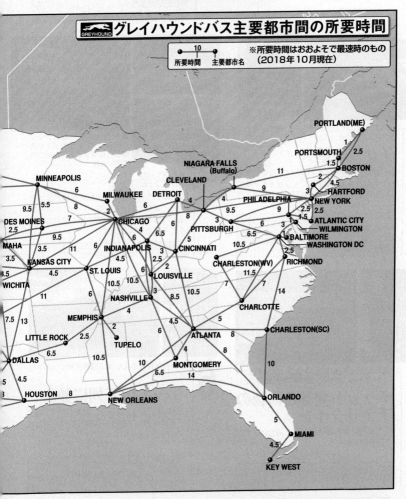

グレイハウンドバス主要都市間の所要時間

10 所要時間 主要都市名

※所要時間はおおよそで最速時のもの（2018年10月現在）

↘また、売店、カフェスペース、トイレなどが完備されている。売店では、雑誌、スナック菓子、飲み物などを取り扱っているが、町なかのスーパーに比べると割高。グレイハウンド特製グッズを販売する売店もある。

How to Ride Greyhound

グレイハウンドバス ～乗車の流れ～

❶古いマークの看板が立っていることもある❷ Greyhound や Bus の看板が建物の目立つ所にある

1 バスディーポ

出発1時間前にはバスディーポに着くように

大都市のバスディーポは混雑が予想されるので、最低でも1時間30分前に到着したほうがいい

❶希望するバスの出発時間や行き先を聞かれる❷1列に並んで待つこと

2 チケット購入

Tickets・Information の窓口に並んで、チケットを購入する。事前にウェブサイトで購入している場合は、予約(確認)番号を伝えよう

チケットを購入するときには、行き先とバスの発車時刻を聞かれるので準備しておこう。支払いは、現金、クレジットカード ADMV が使用できる

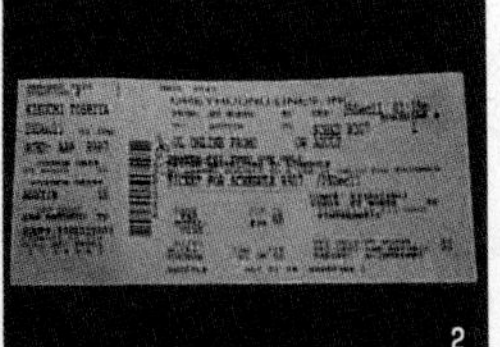

❶預け入れる荷物は自分で計量器に載せる❷渡されたチケットは、行き先と出発時間を確認すること

3 チケット発券と荷物のチェックイン

バスに預け入れる荷物がある場合は、荷物を計量器に載せる

車内に持ち込める荷物や預け入れ荷物には、制限がある➡P.673側注ので注意すること

❶荷物の目立つところにタグを付けること❷預け入れ荷物用のタグ

4 荷物にタグを付ける

荷物の重さを量ったときにもらったタグを預け入れ荷物に自分で付ける。預け入れ荷物も搭乗まで自分で保管すること

もらったタグの半券は、荷物を受け取るときに必要になるのでなくさないこと

❶トイレのマーク❷スナックや飲み物なども販売する売店❸優先乗車する人のための待ち合い座席

5 待合室

ほとんどの待合室には自動販売機が置いてある。また、ファストフード店や売店があるところもあるので、乗車前に車内で飲むものを買っておくといい

車内は飲食可能・禁煙

❶優先乗車する人が並ぶ列❷係員にいわれたゲートに並ぶ

6 ゲートにて列に並ぶ

出発15分ぐらい前から、乗車するバスのゲート前に列ができる。希望の席があるなら早いうちに並んでおくこと

搭乗ゲートは、チケット発券の際に係員が教えてくれる。荷物だけ列に置いておくことはやめること

荷物がなくなった！▶グレイハウンドに乗りフラッグスタッフからラスベガスへ行った際、到着すると預けた荷物がない！　スタッフに相談したところ、別の都市にあるとのこと。旅程が台なしになってしまった。（福岡県　ざわちん　'15）['18]

行き先を確認してから、係員に荷物を渡そう

7 乗車前に荷物預け入れ

乗車が始まったら、すべての荷物を自分が乗車するバスまで持っていく。乗車前に預け入れ荷物を係員に渡す

預け入れ荷物を渡すとき、荷物に付けたタグも係員に見せること

8 チケットもぎり

預け入れ荷物を係員に渡したら、チケットを係員に見せて乗車。その際、半券を必ずもらうこと

チケットの半券は、目的地に着くまで持っておく

チケットすべてを係員に渡す。確認のため、自分の行き先を告げよう

❶ステップにつまずかないように❷座席は前から埋まっていく

9 座席

座席は自由だが、前の1～2列目は高齢者や障害者用なので空けておくこと

後方に行くほどゴミなどが散らかっている

❶ドアの上に車体番号が書いてある❷バス正面上部にある行き先の表示を確認すること❸レストストップでは、飲み物や軽食を購入できる。喫煙も可能だ

10 レストストップ

約3時間おきに15～30分の休憩（レストストップやミールストップ）がある。ガソリンスタンドやファストフード店で停車することが多いので、食べ物や飲み物を買ってもいい。所定の休憩時間を過ぎたら、ドライバーは点呼することなく出発してしまう。絶対に乗り遅れないようにしたい

座席を離れる際は、必ず貴重品を身につけること。また、自分が乗っているバスの行き先や番号を必ず覚えておくように。バスが何台か停車していることがあるので注意

❶隣が空いていれば、ふた席使用して寝ることもできる❷最後尾にトイレがある

11 バスの中

隣の席が空いている場合は足を延ばしてゆっくりしよう。スマートフォンやパソコンの使用は可能だ

ラジオや音楽機器を使用の際は、必ずイヤフォンを着用すること

アドバイス

●満席になった場合、次のバスに回される。1日1便しかない場合は翌日になるので、注意すること。チケットは座席数以上発券されることが多い
●車内は、冷房が強く効いている場合が多いので、羽織る物を持参しよう。また、乾燥しているので、のどが渇きやすい。飲み物を持参するといい
●バスの乗り換えがあるときは、預けた荷物をピックアップして次のバスが出発するゲートの列に並ぶ

お得情報

●乗車する日にちが決まっていたら、ウェブサイトで購入したほうが、事前割引がきいてお得だ。また、ウェブサイトだけの特別料金もあるので、購入前にウェブサイトを確認しよう

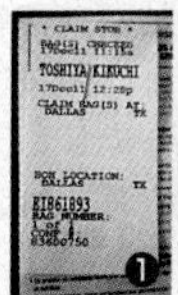

❶預け入れ荷物のタグの半券❷目的地では、荷物は係員がトランクから出してくれる❸荷物が見当たらない場合は、Baggage Claimで質問すること

12 下車＆荷物受取り

目的地に到着。預けた荷物がある場合は、タグの半券を係員に見せて、自分の荷物をその場でピックアップする

荷物が見当たらない場合は、ドライバーやBaggage Claimに問い合わせること。そのとき、タグの半券とチケットが必要になる

技術編

第15章 アメリカレンタカーの旅

アメリカをアメリカたらしめているものは数々あるが、車もそのひとつといえるだろう。もはやアメリカ社会は車抜きには考えられない。車は人々の生活の重要な一部などというものではなく、人々は車で移動することを基本に生活しているといっていいほどだ。だから「アメリカをドライブする」ということは、大げさにいえば現代アメリカ文明の根源に触れることでもある。

もちろん、そんな大げさに考えなくても、単純にドライブが楽しめるのがアメリカだし、公共交通機関ではアクセスが難しい国立公園などに向かうには貴重な足となる。

片側5車線のハイウエイを走り、モーテルに泊まり、地平線を目指してアクセルを踏む。アメリカの大地を自分の手応えとしてしっかり感じ取ろう。

走り出す前に

国外運転免許証の取得方法

アメリカで運転する際には、各州発行の運転免許証が必要だ。各州の免許証をもっていない日本人旅行者は、日本の免許証のほかに国外運転免許証が必要。国外運転免許証は、すでに日本の免許証を所持している人ならすぐに取得できる。取得方法についてはP.644。

貸し出しの年齢制限について

レンタカー会社によって年齢制限があり、基本的に25歳以上の人に貸し出しを許可している会社が多い。ただし、日本で予約をしていく場合に限り、21歳以上の人にレンタルを認めている会社もいくつかある。日本で予約せず現地で借りる場合は、25歳未満の人は注意すること。

ドライブの心構え

交通ルールは国によって違っていても、よいとされるドライブマナーは世界共通のはず。アメリカのドライブマナーは日本よりいい。また、アメリカでは、日本よりはるかに簡単に運転免許証が取得できる。つまり運転技術がそれほど高くない人もたくさん走っているというわけ。かなりの御老体が運転している姿もよく見かける。ほかの車が自分の思っているとおりの動きをするとは限らないことを頭に入れておこう。

スピードの出し過ぎに注意

片側5車線のような広いフリーウエイや、大平原を突き抜けるハイウエイではスピード感があまりなく、ついついスピードを出し過ぎてしまう。慣れないうちは、スピードメーターがマイル表示であることもスピード超過の一因となる。70m/h（時速70マイル）は、さほど速く感じないが、キロに直せば時速112kmだ。速度超過にはくれぐれもご注意を。

日本の免許証を忘れずに
アメリカでの運転や車をレンタルするときは、日本の免許証も忘れずに携行すること

AAA（トリプルA）
日本のJAFに相当する機関。JAF会員は、AAAのロードサービスを受けられるし、全米各地にある事務所でJAF会員証を提示すれば、とても便利なツアーブックとドライブ地図が無料でもらえる。AAA割引料金で泊まれるホテル、モーテルも多い
●JAF（日本自動車連盟）
総合案内サービスセンター
☎(0570)00-2811(ナビダイヤル)
URL www.jaf.or.jp
開 毎日9:00～19:00(土・日～17:30)

ハイウエイで州越えする
アメリカでは、州によってインターステート（いくつかの州をまたいで通っているフリーウエイ）の速度制限が異なることもある。東部から中西部にかけては時速65～70マイルの州が多く、西部では多くの州が時速70マイルまたは時速75マイル。いずれにしても目立つ標識が出ているので、きちんと速度を確認しよう

昼と夜では制限速度が違うこともある

地球の歩き方B25アメリカ・ドライブ編（1700円+税）でもアメリカレンタカーの旅を紹介していますので、ご活用ください。

レンタカーを借りる手続きと返却する手続き

レンタカー会社のいろいろと日本からの予約

アメリカには全国、全世界をカバーする大手から、地方の中小にいたるまで実に多くのレンタカー会社が存在している。

大手の会社としては、アラモAlamo、エイビスAvis、バジェットBudget、ダラーDollar、ハーツHertzなどがある。全国各地に営業所があり、所有する車の台数も多く、車種も豊富。万一のトラブルのことや、乗り捨て（ワンウエイ）のことを考えると、そのスケールメリットは大きい。また、日本支社や代理店を通じ、日本から予約ができるのも大きな魅力だ（➔ P.682）。

一方、中小の会社は、大手に対抗するため値段をかなり下げている。ただし、保険の不備などの問題があることも多いので注意が必要だ。もちろん、なかには中小ならではの格安料金もあるので、地元の人の意見を聴くなど十分に検討を。

どこで借りるか

大手レンタカー会社は、ほとんどの中～大都市では空港とダウンタウンに営業所をもっている。空港ではおおむね到着ロビーにレンタカー会社のカウンターが並んでいるし、ダウンタウンでは電話帳で探せば簡単に見つかる。大都市のダウンタウンは交通量が多く、一方通行も多いので、初めてのレンタカーなら、空港でのレンタルをおすすめする。アメリカ人は旅行、あるいは出張で**「フライ・アンド・ドライブ Fly and Drive」**（目的地まで飛行機で飛び、現地では空港で借りたレンタカーで移動する）をよく使う。そのため、これがシステムとして成熟しており、空港でのレンタルは実にスムーズにできるのだ。

予約なしでカウンターに出向いてももちろんかまわないが、手続きに思いのほか時間がかかる。事前に借りることが決まっているのなら日本から予約していこう。日本から予約したときにのみ適用される割引料金もあるし、何よりも安心だ。

日本から予約するときに

予約に当たっては次のことを伝えなければならない。

①借りる日時、場所　②返す日時、場所　③車のクラス
④「①～③」の変更の可能性があるか

これによってレンタカー会社は、その条件に合ういちばん安いレートを提示してくれる。空港から借りるときには、到着する便名も伝えておく。場所は都市だけでなく、空港や、ダウンタウンまで指定する。車種についてはクラス（各社によって異なる）の指定のみで、車種そのものを特定することはできない。④があるのは、どの会社でも特別料金で予約を入れると、借りてしまったあとでの変更は原則できない。会社によっては、変更にともなう手数料などが発生する。詳細は各レンタカー会社のウェブサイトに記載があるので、事前に確認を。

日本語運転免許証の翻訳サービス
大手レンタカー会社では、国外運転免許証に代わる日本の運転免許証を英語に翻訳するサービスを有料で行っている。手数料などの条件はレンタカー会社によって異なる。
なお、一部の州ではこの翻訳フォームが使えないところがあるので確認してから依頼をすること

ナビゲーションシステム
初めて訪れた場所でレンタカーを運転するなら、オプションでナビゲーションシステムを付けることをすすめる。日本語で案内が流れるナビゲーションシステムを用意しているところもあるので事前に問い合わせておこう

空港で車を借りる
空港で借りる場合は、到着階のバゲージクレーム（預託荷物のピックアップ場所）を出たあたりに各レンタカー会社のカウンターがあるから、そこへ行こう。ここに係員がいない場合は、空港の外に出るとレンタカー会社のピックアップ用シャトルバスが、空港バスターミナルとレンタカー会社のオフィス間を往復している。指定の乗り場（表示されている）からこのシャトルに乗ってオフィスへ行こう

レンタカー会社のオフィスへ向かうシャトルバス

広い道路を運転するのもアメリカならでは

旅のアドバイス　緊急時の連絡先▶レンタカーを借りた事務所の電話番号も控えておこう。緊急の場合、そこに連絡をしたほうが手続きがスムーズにいく。

車種について

あなたが計画しているドライブの目的によって、利用すべき車種はまったく異なってくる。ただでさえ慣れない環境。ニーズに合った車を選んで快適なドライブを楽しみたい。

都市走行中心なら小回りの利く小型車がいい。長距離ドライブなら疲れの少ない中～大型車。利用する人数も考えて疲れないような車を選ぼう。

大手レンタカー会社の場合、ほとんどの車がオートマチック、パワーステアリング、パワーブレーキ、エアコン、AM／FMラジオ付きだ。また、中型以上の車には、クルーズコントロール、パワーウインドー機能も付いている。

借り出すとき、カウンターで

車を借り出すことをピックアップ（チェックアウト）、返すことをリターン（チェックイン）という。

予約をしてある場合は、カウンターで国外運転免許証、日本の免許証とともに予約確認書、日本でクーポンによる予約をした人はクーポンを提示すれば、係員がレンタル契約書を出してくれる。ピックアップ、リターンの日時、車種、料金など記載事項に誤りがないか、しっかりチェックしよう。これを怠るとトラブルのもとだ。次に任意保険（後述）に加入するか否か係員が尋ねてくるので、加入したい場合はサインで同意する。

支払い方法としては、クレジットカードの使用がベスト。現金でも支払えるが、その場合でもクレジットカードの控えを取られる。カードがないと高額の保証金を置くことになるか、営業所によっては貸し出しを拒否するところもある。

すべてがクリアになったら同意したということでサインする。このサインは「契約を結んだ」ことを意味する重要なものなので、契約書の内容を十分理解してから行うこと。

保険について

レンタカーの基本料金には、自動車損害賠償保険LP（通常最低限の対人・対物補償）が含まれている。ただし、補償上限額は低いので、以下の任意保険（ピックアップのときに聞かれる）に加入しておいたほうが安心だ。

●LDW、またはCDW（自車両損害補償制度）

事故の際の自車両の損害については、当人が負担義務を負うが、これを免除する制度。厳密には保険ではない。

●SLI、またはLIS（追加自動車損害賠償保険）

前述のLDWのオプションで、対人・対物補償の限度額をアップする。

●PAI（搭乗者傷害保険）

運転者を含め、搭乗者全員を対象とした傷害保険。

●PEPまたはPEC（携行品盗難保険）

契約者および同行している同居家族が携行する荷物（現金などを含まない）にかかる保険。PAIとPEPをセットでPPPという場合もある。

アメリカならではの車もいい

キャデラックに乗ってみたいとか、LAならやっぱりコンバーチブルとかいう人は、そういう選び方もできる。アメリカならではの車をレンタルするのもいいかも

いろいろな車種がある

やっぱりクレジットカードが必要

日本で支払い済みのクーポンを出しても、身元保証のためにクレジットカードの提示を求められることがあるので、クレジットカードは必ず持っていくこと

追加ドライバーについて

契約した本人以外にも運転する人がいたら、その旨を必ず申告する。契約者以外の人が運転中に事故を起こすと、契約違反のため保険金が支払われないのだ。その人も国外運転免許証を所持していることが必要だ

保険ワンポイントアドバイス

PAIとPECはセットで加入することになっている。

PECはアメリカのみで有効であるほか、契約者とその家族、同居人の手荷物だけが対象になる保険。そのため、たとえ同行の友人が追加運転者として認められていても、彼らの手荷物は保険の対象にはならない

強制保険について

カリフォルニア州、テキサス州など一部の州では、強制保険（自動車損害賠償保険）がない。借りる際に、基本料金に保険が含まれるかよく確認すること。含まれない場合は、追加自動車損害賠償保険（カリフォルニア州ではSLI、テキサス州ではTARL）に加入することをすすめる

レンタカーを借りる際は、加入する保険の確認も忘れずに！

旅のアドバイス　有料道路について▶東部や中西部、あるいはカリフォルニアやフロリダをドライブすると、有料道路をよく利用することになる。料金所のゲートは現金払い（無人のブースの場合は籠が設置されていて、そこにコインを投げ込めばよい）、日本でいうETCのように自動的に料金が徴収されるシステムを搭載している↗

●UMP（対無保険者傷害保険）
保険未加入者の車両と事故を起こした場合の傷害保険。
※任意保険は基本的には別料金。特別料金によってはこれらを含む場合もあるので、条件をよく理解しておこう。

レンタカーの料金

レンタカーの料金システムには①アンリミテッドマイレージまたはフリーマイレージ（走行距離無制限）、②マイレージ、③「①と②」の組み合わせの3つのタイプがある。

現在大手では①のフリーマイレージが主流となっていて、基本料金を払えば、あとは何マイル走ろうが追加料金なしというシステム。長距離を走るには断然有利。②は基本料金が安く抑えられ、1マイル走るごとにいくらという計算。③は例えば、100マイルまでは基本料金のみで、それを超えるとマイル当たりいくらの追加料金がかかるシステム。これに前記の任意保険、税金などが加算されて料金となる。なお、大手では各種任意保険や税金、返却時のガソリン代などをセットにした商品も販売している。

ピックアップ時の注意

カウンターでの契約が済むと、契約書の控えが渡され、駐車場の番号を指定される。契約書の控えはレンタル中、要保管。

車は駐車場の指定された区画に配車してあるので、自分の希望していた車か確かめ、車の機能をチェックしよう。もし不備なところがあったら必ず申し出ること。公道に出てからとまどうことのないように、ウインカー、ライト、ワイパー、ガスタンクのオープナーなどの操作方法を確認してから出発しよう。

リターン（チェックイン）の手続き

契約書で指定された日時までにレンタカー会社に戻る。ガソリンは満タンにして返すのが原則。規定の場所に車を停めたら、走行距離、ガソリンの残量、時刻をメモし、キーはイグニッションに差したまま、ドアロックはせずにチェックインのカウンターに行く。請求金額に納得したら支払いを行い、それですべて終了だ。そのとき必ず領収書を取っておくように。あとでトラブルが発生したときに必要になる。大きな空港の営業所の場合、駐車場に係員が待機していることが多いので、指示に従うこと。

割引料金
各社さまざまな割引料金を出しているが、よくあるのがウイークエンド料金で、これは週末に借りると安くなるというもの。また、週単位、月単位で借りると安くなる長期割引は、ときには驚くほど安くなる

駐車場内での練習
『地球の歩き方』ではかねてから「駐車場内での練習」をすすめてきたが、駐車場でさっそく事故を起こしてしまうケースもあるようだ。しかし、よく聞いてみると、走りながら計器類をいじるためのよそ見による事故が大半だとか。計器類のチェックは走り出す前に。くれぐれも準備に時間をかけて、ご注意を

オプションを付ける
カーナビや追加ドライバー、チャイルドシートなどのオプションを希望する場合は予約時に伝えておきたい。特にカーナビは地理に不案内な旅行者にとって強い味方になる

わからないことは必ず係員に聞いてみよう

返却時の給油について
ガソリン満タン給油1回分をあらかじめ購入しておき、返却時にあわてて給油をする手間を省く"FPO=Fuel Purchase Option"という便利なオプションもある。契約時に係員に聞いてみよう。
なお空港に返却する場合、少しでも空港から離れた所で、かつメーターの減り具合がない距離のガソリンスタンドを探そう。空港周辺のガソリンスタンドは、そういったレンタカーのチェックイン前の給油をする客を対象にしているため、ちょっと高めに設定されている

ハイウエイの種類

●**インターステートハイウエイ Interstate Highway**
ハイウエイの基幹で、日本の高速道路に相当する。I-5などと表記される。南北を走るものは奇数、東西を走るものには偶数の番号が付いている

●**USハイウエイ U.S. Highway**
日本の幹線国道に相当する。インターステートを補完する存在。US-101などと表記される

●**ステートハイウエイ State Highway**
州道。日本の地方国道といったところ。州の略字を付してCA-60などと表記される

●**セカンダリー・ステート・ハイウエイ Secondary State Highway**

●**カウンティハイウエイ County Highway**
ともに日本の県道クラス

↘車両用のゲートの2種類。もし料金を払わないで通過すると、車のナンバーから追跡されるので要注意。なお、レンタカーの場合、有料道路の料金を忘れずに支払えるシステムをオプションでカバーできる場合がある。日本で契約する際に尋ねてみよう。

レンタカー会社紹介

レンタカー会社一覧

会社名	日本での連絡先	アメリカでの問い合わせ
アラモ Alamo	アラモレンタカー 無料0120-088-980 URL www.alamo.jp 開 月～金 9:30 ～ 18:00 休 土・日、おもな祝日	Free (1-844) 357-5138 URL www.alamo.com
エイビス Avis	エイビスレンタカー日本総代理店 (株) オーバーシーズ・トラベル 無料0120-31-1911 URL www.avis-japan.com 開 月～金 9:00 ～ 18:00 休 土・日、おもな祝日	
バジェット Budget	バジェットレンタカー日本総代理店 (株) イデックスオート・ジャパン 無料0120-150-801 URL www.budgetrentacar.jp 開 年中無休 9:00 ～ 18:00	
ダラーレンタカー Dollar Rent A Car	ダラーレンタカー予約センター 無料0120-117-801 URL www.dollar.co.jp 開 月～金 9:00 ～ 18:00 休 土・日、おもな祝日	
ハーツ Hertz	ハーツレンタカー予約センター 無料0120-489882（ヨヤクハハーツ） URL www.hertz.com 開 月～金 9:00 ～ 18:00 休 土・日、おもな祝日	Free (1-800) 654-4174 URL www.hertz.com

そのほかのレンタカー会社
エンタープライズ
Enterprise
Free (1-800) 266-9289 (24時間／予約)
URL www.enterprise.com

ナショナル
National
Free (1-844) 382-6875 (24時間／予約)
URL www.nationalcar.com
●日本での問い合わせ先
ニッポンレンタカー・海外予約センター
☎ (03)6859-6233
無料0120-107-186
開 月～金9:00～17:15
休 土・日・祝

アメリカでもチャイルドシートは義務
日本と同様、アメリカでも車に子供を乗せる際は、チャイルドシートの使用が義務付けられている。年齢や違反した場合の罰則は州によって異なるが、例えばカリフォルニア州では、8歳未満、もしくは4フィート9インチ（約144.8cm）以下の子供に対してはチャイルドシートを使用しなければならない。大手ならばほとんどのレンタカー会社でチャイルドシートが借りられるので、予約の際に問い合わせてみるといい

日本で予約する特別料金

日本に支社や代理店をもつ大手レンタカー会社では、日本人旅行者向けの特別料金や日本支払いのクーポンなどの割引料金プランをもっている。それぞれに特徴があるので、条件を比較のうえ予約しよう。

また、日本で予約することにより、料金的にも安くなり、現地での手続きがスムーズになることもある。ほとんどに保険が含まれているのがメリットだ。詳細は各レンタカー会社まで。

交通法規について

基本的に守るべき 2 大原則

アメリカの交通法規のなかには、州政府によって決定された、州ごとに異なる法規が多くある。インターステートの制限速度もそのひとつで、同じ番号のインターステートを走っていても州が変わると制限速度も変わる。運転中は標識の内容を確認しながら走行しよう。

また、飲酒運転は、重罪と見なされる。飲酒運転に関する州法が最も厳しいといわれているカリフォルニア州では、たとえドライバーが飲んでいなくても、同乗者が車の中でビールを飲んでいたり、車内に飲みかけのアルコール飲料の缶などを置いてあるだけでも違反となる。アルコール飲料は、必ずトランクに収納しておくこと。

ガソリンの給油▶給油機のカード読取機でガソリン代をクレジットカード決済する場合、スキャンしたあとに“Zip Code（郵便番号）”の入力を求められることが多い。日本で発行のクレジットカードの場合は↗

走行ルール

アメリカの道路は右側通行。これは考えているよりすぐ慣れるようだ。ただ、少し慣れてからでも、右折、左折のとき、駐車場や細い道から広い道に出るときなど、つい間違えてしまうこともある。初めのうちは『右側通行』を常に頭のなかに入れておくことが大切だ。

日本と大きく違う点に赤信号時の右折がある。「No Right Turn On Red」の標識がない交差点ならば、たとえ赤信号でも必ず一時停止して周囲の安全が確認できたら、右折することができるというもの。とにかく安全運転を心がけていれば、快適なドライブが楽しめるはずだ。

アメリカは厳しい!!
駐車違反の取り締まりは日本よりはるかに厳しい。とはいっても日本の都市に比べて駐車場がかなり多く、おおむね安いので、これはあまり必配いらないだろう

この場合、赤信号時の右折は禁止だ

ガスステーション

ガソリンを入れよう

アメリカのガスステーション（以下G.S.）では、セルフサービスSelf Serviceがほとんどだ。これは自分でガソリンを入れることで、そのぶんガソリン代が安くなっている。

G.S.では、ディーゼル車用のガソリンDiesel（ディーゼル）を除いて、無鉛ガソリンを取り扱っている。単価が安い順にRegular（レギュラー）、Plus/Super（プラス/スーパー）、Premium（プレミアム）の3種類で、普通車であればレギュラーガソリンで十分。ただし、大型SUVや輸入車などはプレミアムガソリンに限定している場合が多いので必ず確認をしておこう。なお、燃費が向上しそうだからと、プレミアムガソリン（日本でいうところのハイオク）を選ぶ人もいるが、ガソリンのグレードを替えても燃費の善し悪しには関係ない。

セルフサービスの給油法

先払い、後払いの両方がある。前者の場合は、"Please Pay First"や"Pre-Pay"などと書かれている。先払いの場合は、使用したいポンプの前に車を停めて（必ずエンジンを切ってドアをロックする）、ポンプ番号を覚えておいてキャッシャーに行き、ポンプ番号と入れたい量（何ガロンまたは何ドル分）を告げて料金を支払う。そうすると初めてポンプを使える状態にしてくれるのだ。車に戻ったら給油キャップを取り、ポ

セルフサービスの給油も一度やってみれば意外に簡単

ハーツのGPSナビゲーションシステム「ネバーロスト」（旅のアドバイス）

ハーツオリジナルの日本語音声対応カーナビゲーションシステム「ネバーロストNeverLost」が、さらに便利な機能を搭載し、どの車種でも利用できる取り付け式に移行しつつある。見やすい画像と日本語のガイドアナウンスでわかりやすく道案内をしてくれる。

持ち運びできるサイズがうれしい

おもな特徴
- 現在地を簡単表示
- 操作方法が簡単。住所入力で目的地を簡単に探索できる
- ホテル、レストラン、観光名所に加え、全米のストリートをほぼ網羅したデータベース
- 短時間、最短距離など走行方法別にルートを選定
- 返却場所へのルートも簡単表示

↘Zip Codeの設定がされていないので、有人のレジで決済するしかない。カード支払いは売店内のカウンターで決済処理をしてもらおう。

車椅子のマークは障害者専用の駐車スペース

障害者専用スペース
車椅子マークのある駐車スペース“Handicap Space”には、一般車はたとえ短時間でも駐車してはならない。このスペースでの駐車違反はかなりの高額になる

クレジットカードも使えるパーキングメーター

路上駐車では縁石の色に注意
白→同乗者の乗降や郵便ポストを使うときのみ駐車可
緑→標識に記載されている限定された時間のみ駐車可
黄→貨物の積み降ろし時のみ駐車可。ただし運転者は下車しないこと
赤→いつでも駐・停車禁止
青→障害者用車両など指定車のみ駐車可

事故が起きたら
たとえ軽度の接触事故の場合でも、現場で当事者間だけで解決しようとしないこと
警察の電話番号は“911”

たとえ自分が悪くても
事故を起こし、たとえ自分が悪くても“I'm Sorry”と謝らないこと。一度謝ってしまうと、自分の非を認めたことになり、その後のクレーム処理や訴訟問題で必要以上に不利な立場に立たされてしまう場合もある

罰金の支払い方法
チケット自体が封筒になっているという親切さだが、現金やT/Cの郵送は不可。インターネットで支払うのが、旅行者にとっていちばん簡単だろう。
① 期限内であればインターネットで支払うことができる。違反チケットに記されている違反番号とクレジットカード番号などが必要。※裁判所で保釈金を支払った場合などは利用不可
② 違反チケットの入っていた封筒で罰金を郵送する。現金は送れないので、銀行や郵便局、スーパーマーケットへ行き、罰金と同じ額面の“マネーオーダー Money Order”と呼ばれる為替を作ってもらう。封筒に入れ、切手を貼って投かんする
③ 罰金処理を専門に行っているオフィスに出頭して直接支払う。オフィスの所在地は封筒に記載されている
④ 封筒に書いてある電話番号に電話して、クレジットカードで決済する

ンプのノズルを差し込む。いろいろな形態があるが、ほとんどがグリップを握るとガソリンが出てくる仕組み。自分が告げたぶんのガソリンが入ると自動的に止まるようになっている。満タンになったときも自動的に止まる。初めに支払った料金が多かったら、再度キャッシャーへ行けばおつりがもらえる。

駐車について

有料駐車場は、前払いと後払いのものがある。前払いは、“定額Flat Rate”の駐車場が多い。車を離れる際は、見える所にチケットを置いておくこと。後払いは、時間によって料金が異なる。“○Hour Free”などという表示があれば、その時間以内なら無料ということ。

路上駐車場は、パーキングメーターの利用が無難。いくらで何分停められるかなど、場所によって異なり、25¢、10¢、5¢が使えるものが多い。最近はクレジットカードが使用できるものも増えてきた。また、縁石の色によって、駐車禁止や許可のゾーンが示されているものもある➲左記側注。縁石のペンキの上に、何を意味しているか書かれているので注意しておこう。

係員が駐車スペースまで運んでくれるバレーパーキングは、ホテルやレストランに多い。係員にチップを忘れずに➲P.706。

トラブルのとき

あっては困ることだが、故障、事故、違反といったトラブルに、遭ってしまったらどうするか。慌てず、落ち着いて行動しよう。

故障のとき

近くのレンタカー会社の営業所に連絡する。できないときはG.S.などで修理してもらう。このとき、修理代は自己負担になることが多い。パンクの場合、スペアタイヤが必ず付いているので、スペアタイヤの交換ぐらいは自分で行いたい。

事故のとき

まず、警察とレンタカー会社へ連絡し、指示どおりに動く。事故を起こした相手が示談にしようとすることもあるが、英語力の差はこういうときかなり不利に働く。当事者間で解決しようとは絶対しないこと。お互いの情報（名前、連絡先、運転免許証番号、車のナンバー、各保険会社）の交換も忘れずに行おう。

違反

スピード違反などで警官に停まるよう指示されたら、素直に停車し、ハンドルに両手を乗せて警官が来るのを待つ。警官にはうやうやしく接し、ばかにしたような態度は決して取ってはいけない。アメリカの警官は怖いのだ。違反キップを切られてしまったら絶対に取り消されることはない。罰金は必ず払うこと。払わないと請求が帰国後も追いかけてくる。

技術編

第16章 アメリカ飛行機の旅

旅行する期間が短く、行きたい都市の数も少ないのなら、飛行機で移動するのがいい。短時間で長距離を移動できるのが利点だ。日本人が新幹線や特急などを利用するような感覚で、アメリカ人は飛行機に乗り、アメリカ中を容易に移動している。ニューヨークやロスアンゼルス、シカゴなど大都市の空港では飛行機がひっきりなしに発着し、アメリカではいかに飛行機の利用者が多いのか知ることができる。また、紅葉した木々やロッキー山脈に降り積もった雪、小さな田舎町まで、上空からアメリカの景色を楽しめることも魅力のひとつだ。

アメリカを移動するための交通手段の決め手

どの交通機関を使ってアメリカ大陸を移動するかは、①旅に費やせる時間、②予算、③その交通機関に興味があるか、の順によって左右されるだろう。旅行の期間が短い人、長距離の移動がある人には、飛行機の利用をすすめる。アメリカ旅行は2回目以上で、飛行機以外の交通機関を使ってみたい人や近距離を移動するなら、鉄道や長距離バスもおすすめだ。町によっては、飛行機より早く着くこともある。飛行機が運航していない小さな町を訪れたり、時間があって、大都市以外にもできるだけ多くの町へ行ってみたいという人なら、鉄道か長距離バス、レンタカーをすすめる。

空港へは早めに到着しよう

アメリカ国内線の基礎知識

各航空会社の主要路線図➡P.690、691を見るとわかるが、ハブと呼ばれる路線の中心となる都市は日本から各航空会社のフライトが運航する空港でもある。そして、このハブからアメリカ国内の各都市へと国内線が接続している。また、西海岸のある都市から、東海岸のある都市へ行く場合、ふたつを結ぶ直行便はほとんどないが、ハブ空港を経由すれば乗り継いで行くことができる➡P.648。

選んだ航空会社の路線が訪問予定都市をどうしてもカバーしきれない場合、次の都市まで飛行機に乗るほどではないときは、ほかの交通機関の利用を考えてみよう。例えばニューヨーク～フィラデルフィア、ニューヨーク～ワシントンDC間などはバスや鉄道の利用がポピュラーだ。バスや鉄道の駅は、ほとんどが町の中心部に位置するため、空港←→ダウンタウン間の移動時間と交通費の節約にもなる。

航空券に関する専門用語

●OPEN（オープン）
航空券の有効期限内であれば、復路のルート変更が可能な航空券

●FIX（フィックス）
出発前に日程、経路、往復便の予約を行う必要がある航空券

●オープンジョー
複数都市を回る際、途中の移動を飛行機以外の手段（鉄道、バスなど）で行うことができる航空券

●トランジット
同じ飛行機で途中にほかの空港に立ち寄ること。乗り継ぎ時間は24時間以内

●ストップオーバー
途中降機のことで、乗り継ぎ地で24時間以上滞在すること

アメリカ国内線米国内予約電話番号と日本語による問い合わせ番号

●アメリカン航空（AA）
Free (1-800) 433-7300
Free (1-800) 237-0027(日本語)

●デルタ航空（DL）
Free (1-800) 221-1212
Free (1-800) 327-2850(日本語)

●ユナイテッド航空（UA）
Free (1-800) 864-8331
Free (1-800) 537-3366(日本語)

●サウスウエスト航空（WN）
Free (1-800) 435-9792

アメリカの空港ってどんな構造？

中規模以上の空港は、Upper Levelと呼ばれる2階の出発階と、Lower Levelと呼ばれる1階の到着階から構成されている。出発階には各航空会社のチェックイン・カウンター、レストランやカフェテリア、売店、そして出発ゲートなどがある。

到着階にはバゲージクレーム（預託荷物のピックアップ場所）、インフォメーション、レンタカーの受付デスク、空港ホテルへの無料直通電話などがあり、市内への交通機関（Ground Transportation）はここから出発する。

大規模な空港は、ターミナル間がかなり離れているため、空港内を無料のシャトルバスや地下鉄、モノレイルが走り、各ターミナルを結んでいる。

飛行機に乗るハウツー

空港へ向かう

セキュリティチェックに時間がかかるため、国内線の場合でも、空港にはフライト出発の2時間前には着くようにしたい。

空港へはタクシー、空港シャトル、路線バス、地下鉄などいくつかの交通手段があるが、どの交通手段にせよ、時間には余裕をもちたい。

チェックインの手順（流れがひと目でわかる一覧）➡P.688

航空会社のチェックイン（搭乗手続き）は通常、出発の2～3時間前ぐらいから始められ、遅くても30分前には締め切られる。

①チェックインカウンターにはeチケットの自動チェックイン機が並んでいる。この機械を使って、自分で手続きを行うことになる➡P.659。場合によっては、有人カウンターへ

②搭乗券（ボーディングパス）が発券されたら、荷物を預ける（自分で荷物にタグを付けドロップオフする場合もある）。行き先が記されたタグの半券（クレームタグ）は搭乗券のカバーにホチキスで留めてくれるか、直接手渡される。荷物は、乗り換えがあっても最終目的地まで届けられる

③早速ゲートへ。途中ハイジャック防止のためのX線検査を経て、コンコースに出る。各所にあるモニターで自分の乗る飛行機の最新情報を必ず確認しておこう

④ゲート前の搭乗待合エリアで待っていると、出発の30分ぐらい前にボーディング（搭乗）開始を告げるアナウンスがある。「座席番号20番から30番までのお客様はご搭乗ください」といった具合に、たいてい後ろの座席のグループからアナウンスが始まる

大規模な空港へは早めの到着を心がけて

路線バスや地下鉄で向かう人は注意

路線バスや地下鉄で空港へ向かう場合、空港見取図を見て航空会社のカウンターを目指そう。空港バスはターミナルごとに航空会社の名前を言うので聞き逃さないように

タグの確認を！

荷物に付けられたタグの行き先は、航空会社が使うスリー・レター・コードで表示される。各都市の空港の項、または➡P.689を参照して、自分のこれから行く都市のコードを覚えておけば、荷物の行き先が正しいかどうか自分の目で確かめられる。また、このスリー・レター・コードは時刻表にもしばしば使われる

カーブサイドで荷物を預ける

旅慣れた人は、空港へ行く前に、ウェブサイトで搭乗券を発券し、空港ではタクシーや空港シャトルバンを降りた所にある、カーブサイドcurbside（車寄せ）と呼ばれる荷物専用のチェックインカウンターで荷物を預けてしまう。そして、セキュリティを通って直接ゲートまで行くのだ。カーブサイドでチェックインをしたときは、$2～3渡すのが常識。航空会社によってはカーブサイドでのチェックインは行っていない

機内に預けられる荷物

2018年10月現在、国際線への乗り継ぎの場合を除き、アメリカ国内の国内線（アメリカン航空、デルタ航空、ユナイテッド航空など）の、機内に預けられる荷物は1個目から有料（$30）。2個目の料金は、$40。荷物については、航空会社ごとに規定があるので、事前に確認を

空港によってチェックイン締め切り時間が違うので注意！

ニューヨーク（JFK）やロスアンゼルス、ラスベガス、デンバーなど、空港によっては45分～1時間前（預託荷物がある場合）にはチェックインが締め切られる。事前に航空会社や空港のウェブサイトで確認を

コードシェア便（共同運航便）に注意！

コードシェア便（共同運航便）のチェックイン手続きはすべてメイン運航の航空会社が行う。手配の航空便はどの会社が運航しているのかをよく確認してからターミナルに向かうようにしたい

出発便と到着便のモニター

モニターは出発便Departuresと到着便Arrivalsに分かれ、最新の運航状況が刻一刻と表示される

旅のアドバイス　時差がある！▶4つの時間帯があるアメリカ本土➡P.631。西から東への移動は実際の飛行時間より長くなり、東から西への移動は短くなる。時刻表に記された時間はすべて現地時間だ。

乗り継ぎ便で目的地に行くには

大陸横断のような長距離の飛行は直行便が少なく、ほとんどがハブ➡P.648、690、691で乗り継ぐことになる。

チェックインの際、乗り換える飛行機が同じ航空会社であれば、チェックインすると最終目的地までの搭乗券が渡される。預託荷物には最終目的地のタグが付けられ、自動的に運ばれる。

乗り継ぎ便は空港のモニターで確認を

乗り継ぎのとき、飛行機から降りたら"Departures"のモニターで、乗り継ぎ便を目的地と出発時刻から見て出発ゲートを探す。合わせて便の最新情報を確認しよう。

同じ航空会社の乗り継ぎだと、同じターミナル内または隣り合ったターミナルで、歩いてゲートへ行くことができるので迷うことはない。しかし、大空港や違う会社の飛行機だと、トラムやバスに乗ってターミナル間を移動する必要があるので、その時間も考えて航空券を手配すること。

荷物の乗り継ぎ

荷物も乗客と同じ便に乗り、乗り継ぎ都市で自動的に乗り換えが行われ、最終目的地のバゲージクレーム（預託荷物のピックアップ場所）に届くことになる。乗り継ぎ都市で荷物をピックアップする必要は、国際線の往路を除きほとんどない。

目的地の空港に着いたら

国内線だから税関や入国審査はない。到着したら標識に従いバゲージクレームへ進もう。自分の搭乗した便名が掲示されたバゲージエリアを探し、荷物をピックアップする。もし、自分の荷物が見つからなかったら近くのBaggage Service Officeへ行き"I can't find my luggage!"と訴えよう。クレームタグ（なくさないこと！）を見せ、所定の用紙に荷物の外観や中味などを記入することになる。多くの場合、ほかの目的地へ行ってしまったのであって、半日後または数日後には滞在先のホテルへ届けてくれる。標識に従って到着ロビーに着くと、そこには案内所やレンタカーのデスクがある。

空港に着いたらバゲージクレームで荷物のピックアップを

荷物とタグの照合がある空港

ニューヨークやロスアンゼルスなど大きな国際空港では、荷物が本人の物であるかどうか、荷物とクレームタグを確認するところもある。クレームタグはくれぐれもなくさないように！

空港からの交通手段について

到着ロビーの外からはタクシーや空港シャトル、路線バスなどの交通機関(Ground Transportation)が出発している。空港からダウンタウンへの行き方については、各都市を参照すること

預託荷物が届かなかった場合に安心の保険プラン

航空機寄託手荷物遅延を補償する海外旅行保険のプランに加入しておけば、荷物が届かなかった場合、その間に購入した必要不可欠な衣類や生活必需品、身の回りの品の費用が支払われる。その場合、航空会社が発行する寄託手荷物遅延証明書"Certificate of Baggage Delay"が必要になるので、忘れずにもらっておこう

ペットとの海外渡航は事前に確認を

海外に犬や猫を連れて行く場合、日本を出国する前に必要な手続きがいくつかある。おもな手続きとしては①マイクロチップの装着、②狂犬病の予防注射、③狂犬病の予防注射の再接種、④採血および狂犬病の抗体価測定、⑤輸出検査の事前連絡、⑥輸出検査などの準備、などが挙げられる。

アメリカでは渡航先の州によって手続きの内容が異なるため、事前に電話やウェブサイトで確認しよう。

農林水産省動物検疫所
URL www.maff.go.jp/aqs/animal

アメリカ大使館
☎(03)3224-5000

国内線利用の流れ

飛行機を使えば、アメリカを短時間で移動することができる。基本的に日本での飛行機の乗り方と同じだが、モニターなどは英語で表示されている。初めてアメリカの国内線に乗る場合など、利用の仕方に不安があるときは以下の利用の流れを参考にしよう。

1 空港へ向かう

空港にはフライト時刻の2時間前には着くように心がけよう。航空会社によってターミナルが異なるため、タクシーや空港シャトルなどで行く場合は、ドライバーへ事前に利用航空会社を伝えておくこと。降車したエリアで荷物だけ先にチェックインするサービス（カーブサイドチェックイン）を行っている航空会社もある。

2 チェックイン

"Domestic（国内線）"と表示されたカウンターで手続きを行う。eチケットならばほとんど並ばず、機械で自動チェックインができる。eチケットによる自動チェックイン機の操作手順は（P.659）。

3 ターミナルへ移動

各ターミナル前のセキュリティチェックは、かなりの時間がかかる。靴を脱ぎ、ノートパソコンはかばんから取り出して、X線検査のレーン上に載せる。チェックインを済ませたらなるべく早く、ゲートへ向かおう。機内持ち込みの荷物は持ち込める物の制限が厳しくなっているため、必ず事前に確認（P.658）しておくこと。

4 搭　乗

ターミナル内では、モニターで出発便の搭乗ゲート番号や出発時刻を再確認しておこう。そして、ゲートへ行き、再度ゲート前のカウンターで自分の乗る便と出発時刻が合っているか確認を。

5 目的地の空港に着いたら

アメリカ国内の移動なので、当然、税関や入国審査などの手続きは行われない。案内表示に従って、バゲージクレームBaggage Claim（預託荷物のピックアップ場所）へ進み、自分の荷物をピックアップしよう。

6 到着ロビーでは

空港によって異なるが、市内への交通機関、レンタカー会社の窓口、観光案内所などがある。英語が苦手でも、案内標識を見て行動すればどうにかなるはず。観光案内所では、旅に必要な最低限の情報が入手できる。

アメリカ都市／IATA空港コード（スリー・レター・エアポートコード）

都市	空港	コード
アトランタ	Hartsfield - Jackson Atlanta International Airport	ATL
アトランティックシティ	Atlantic City International Airport	ACY
アルバカーキ	Albuquerque International Sunport	ABQ
インディアナポリス	Indianapolis International Airport	IND
ウィチタ	Wichita Dwight D. Eisenhower National Airport	ICT
エルパソ	El Paso International Airport	ELP
オークランド	Oakland International Airport	OAK
オースチン	Austin - Bergstrom International Airport	AUS
オーランド	Orlando International Airport	MCO
オクラホマシティ	Will Rogers World Airport	OKC
オマハ	Eppley Airfield	OMA
カンザスシティ	Kansas City International Airport	MCI
キーウエスト	Key West International Airport	EYW
グランドキャニオン	Grand Canyon National Park Airport	GCN
クリーブランド	Cleveland Hopkins International Airport	CLE
サバンナ	Savannah / Hilton Head International Airport	SAV
サンアントニオ	San Antonio International Airport	SAT
サンディエゴ	San Diego International Airport	SAN
サンノゼ	Norman Y. Mineta San Jose International Airport	SJC
サンフランシスコ	San Francisco International Airport	SFO
シアトル（Sea-Tac）	Seattle-Tacoma International Airport	SEA
シカゴ	O'Hare International Airport	ORD
	Midway International Airport	MDW
シャーロット	Charlotte Douglas International Airport	CLT
シャイアン	Cheyenne Regional Airport	CYS
シンシナティ	Cincinnati / Northern Kentucky International Airport	CVG
セントルイス	St. Louis Lambert International Airport	STL
ソルトイレク・シティ	Salt Lake City International Airport	SLC
ダラス／フォートワース	Dallas / Fort Worth International Airport	DFW
チャールストン（SC）	Charleston International Airport	CHS
チャールストン（WV）	Yeager Airport	CRW
デトロイト	Detroit Metropolitan Airport	DTW
デモイン	Des Moines International Airport	DSM
デンバー	Denver International Airport	DEN
トゥペロ	Tupelo Regional Airport	TUP
ナッシュビル	Nashville International Airport	BNA
ニューオリンズ	Louis Armstrong New Orleans International Airport	MSY

都市	空港	コード
ニューヨーク	John F. Kennedy International Airport	JFK
	Newark Liberty International Airport	EWR
	LaGuardia Airport	LGA
ハートフォード	Bradley International Airport	BDL
バーリントン	Burlington International Airport	BTV
バッファロー	Buffalo Niagara International Airport	BUF
ビスマーク	Bismarck Municipal Airport	BIS
ピッツバーグ	Pittsburgh International Airport	PIT
ヒューストン	George Bush Intercontinental Airport	IAH
	William P. Hobby Airport	HOU
フィラデルフィア	Philadelphia International Airport	PHL
フェニックス	Phoenix Sky Harbor International Airport	PHX
フラッグスタッフ	Flagstaff Pulliam Airport	FLG
ボイジー	Boise Airport	BOI
ボーズマン	Bozeman Yellowstone International Airport	BZN
ポートランド（ME）	Portland International Jetport	PWM
ポートランド（OR）	Portland International Airport	PDX
ボストン	Boston Logan International Airport	BOS
ボルチモア	Baltimore / Washington International Thurgood Marshall Airport	BWI
マイアミ	Miami International Airport	MIA
ミネアポリス-セントポール	Minneapolis/St. Paul International Airport	MSP
ミルウォーキー	General Mitchell International Airport	MKE
メンフィス	Memphis International Airport	MEM
モントゴメリー	Montgomery Regional Airport	MGM
ラスベガス	McCarran International Airport	LAS
ラピッドシティ	Rapid City Regional Airport	RAP
リッチモンド（VA）	Richmond International Airport	RIC
リトルロック	Bill and Hillary Clinton National Airport	LIT
リノ	Reno - Tahoe International Airport	RNO
ルイビル	Louisville International Airport	SDF
ロスアンゼルス	Los Angeles International Airport	LAX
ワシントンDC	Washington Dulles International Airport	IAD
	Ronald Reagan Washington National Airport	DCA

※五十音順

ハブ（路線の軸となる都市）＆スポークシステム

各航空会社が意図的に、それらの都市を自社路線の中心と位置づけていることの表れで、各航空会社の路線展開の基本的な戦略なのである

大手航空会社の国内主要路線図

大手航空会社には、いくつかの軸（中心）となる都市がある。その軸となる都市を中心に、ルートが各都市へと放射状（スポーク）に延びている。この“軸”となる都市がハブHubだ。ハブとは「車輪の中心」という意味。

各航空会社の代表的なハブ空港　　2018年10月現在

航空会社名	ハブ
デルタ航空	アトランタ、ソルトレイク・シティ、ニューヨーク（ジョン・F・ケネディ、ラガーディア）、シンシナティ、デトロイト、ミネアポリス／セントポール
アメリカン航空	ダラス／フォートワース、シカゴ（オヘア）、マイアミ、ニューヨーク（ジョン・F・ケネディ）
ユナイテッド航空	シカゴ（オヘア）、サンフランシスコ、ワシントンDC（ダレス）、デンバー、ロスアンゼルス、ヒューストン、ニューヨーク（ニューアーク）

※デルタ航空、ユナイテッド航空はハブ空港が多いため、主要路線図はふたつに分けて紹介しています

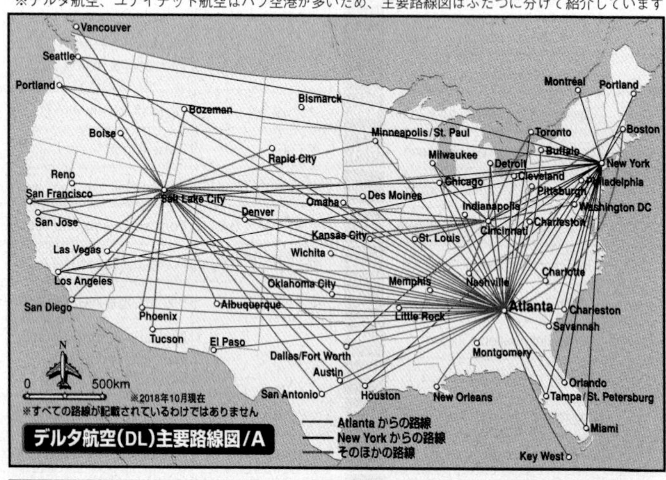

デルタ航空(DL)主要路線図/A

デルタ航空(DL)主要路線図/B

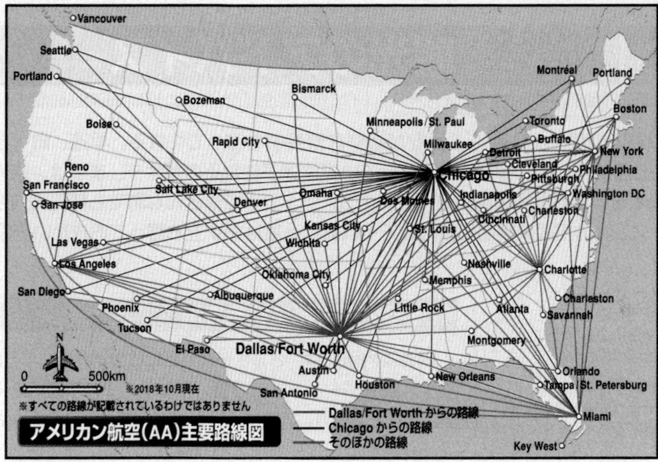

アメリカン航空（AA）主要路線図

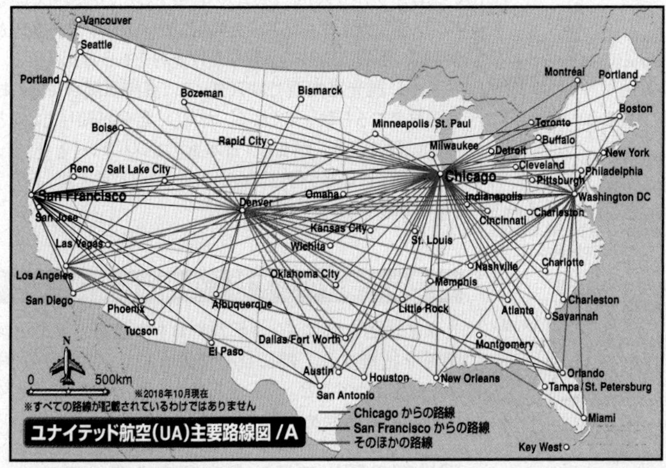

ユナイテッド航空（UA）主要路線図 /A

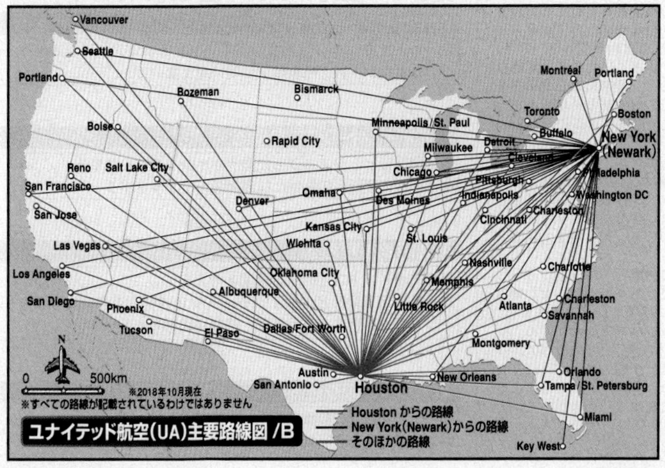

ユナイテッド航空（UA）主要路線図 /B

技術編

第17章 観光のアドバイス

初めての町での第一歩、期待と不安が新鮮な緊張感を作ってくれる。早速、町へと歩き出したいところだが、目的もなく歩き回っていては迷子になるのがオチ。まずは、観光案内所で町の概略をつかむための資料を入手しよう。アメリカではどんな町でも観光案内所があり、スタッフも旅の相談に親切に対応してくれる。一度は必ず立ち寄っておきたい施設だ。

観光案内所はこんなところにある
通常、人が多く集まるダウンタウンにあることが多い。空港にブースが出ているところもあるから、ここで資料を入手しよう

宿の相談をする
観光案内所では、手頃な宿を紹介してくれることもあるので、まずは尋ねてみよう。ただし、宿を紹介してもらう場合、具体的な場所や料金を挙げて聞いたほうがよい

英語が得意でなくても
英語の不得意な人は、観光ポイントへの行き方などをメモに書いてもらうと便利

地図は常に持ち歩こう
地図は小さく折りたたんでポケットに入れ、常に持ち歩こう

観光もレンタカーの国
車社会のアメリカでは、レンタカーを使って観光するのが一般的。駐車場は都市部を除き、ほとんどは無料だ

公共の交通機関の利用方法

・路線バス、市バス
路線図を見て目的地に行くバスの番号を調べる。前から乗って、まず料金を支払う（料金箱に投入）。アメリカのバスはおつりが出ないことがほとんどなのでピッタリの金額を用意したい。目的地へ近づいたかどうかは、周りの人に聞くか、地図と窓の外の通りの名前を見ながら確認するしかない

・市内鉄道（ライトレイル、地下鉄）
ある程度の規模をもつ町では、路線バス、市バスのほかに、ライトレイルや地下鉄などの市内鉄道が通っている。駅構内やホームにたいてい自動券売機があるので、乗車前に必ず切符を購入しておく。改札がない場所もあるが、車内検札が回ってくることも多い

・タクシー
料金は最も高いが、時間がないときや夜遅く移動するときに便利。ただし、流しのタクシーは一部の都市を除いてあまりないので、必要なときは大きなホテルでひろうか、電話で呼ぶしかない

・観光バスの利用
路線バスではカバーしていない郊外の見どころに行きたいという人には、解説付きのツアーバスがおすすめ。グレイライン（アメリカ版はとバス）などのツアーは、予約してホテルに迎えに来てもらうか、指定された場所に集合してから出発する

観光案内所の賢い利用方法

観光案内所には、さまざまな見どころのパンフレットはもちろん、割引クーポンなども置いてあるので、予定のあるものはもらっておこう。市内の地図や交通機関の時刻表など、観光にかかわるさまざまな資料も揃っている。宿を決めていない人はホテルリスト、おいしい食事をしたいと思っている人はレストランガイド、ツアーを利用したい人はツアー案内というように、目的に応じて必要なだけ資料をもらおう。

また、観光案内所ではスタッフに直接質問ができ、おすすめの見どころも教えてくれる。ただし、自分が知りたいことを具体的に話すこと。例えば「日本食のレストラン」とか「ミュージアムに行くにはどう行けばいいのか」などと言えば、向こうもアドバイスしやすい。

町でのプランの立て方　位置関係をつかもう

まず地図を広げて、ホテルやおもな建物の大まかな位置関係を把握する。特に自分が泊まっているホテル周辺はよく覚えておくこと。そして行きたい所を検討し、地図で場所や距離を確かめよう。

現地での観光プランの立て方ステップ

観光ポイントをピックアップ
- ●ガイドを見ながら行きたいポイントをピックアップしてみる。このときはポイント数、所要時間は特に考えない

↓

観光ポイントの位置を確認
- ●地図上にピックアップした観光ポイントをマークする
- ●ホテルの場所との距離、位置関係をチェックする

↓

所要時間を考える
- ●観光ポイントごとの所要時間を考える
- ●バスや地下鉄などのタイムテーブル（時刻表）を参考にしながら、ポイント間を移動する交通機関と移動時間を考える

↓

ポイントの絞り込みとルートを考える
- ●ホテルを起点に効率的なルートを考える
- ●１日で回るのが可能な数まで観光ポイントを絞り込む

シティパスを使ってお得に観光

ATTRACTIONS PASS ADMIT ONE CityPass ADMIT ONE ®

おもな観光名所の入場券やツアーなどがセットになっているシティパス。これらすべてを回れば、それぞれの施設でチケットを購入した場合のほぼ半額で済んでしまう。

購入は、シティパスの使える見どころのチケット窓口などで。使用開始から9日間有効（サザンカリフォルニアのみ14日間有効）。

なお、下記の見どころは一部抜粋で記載されている。詳しくはURL www.citypass.com

『地球の歩き方』のウェブサイトでも「ニューヨーク」「サンフランシスコ」「ボストン」「シアトル」のシティパスが購入できる。
URL parts.arukikata.com/citypass

サンフランシスコ

料$89、5～11歳$69 ※アトラクション数5

回れる見どころ、交通機関、ツアーなど	本書掲載ページ
ミュニパスポート3日券	P.66
エクスプロラトリアム またはサンフランシスコ近代美術館	―― P.71
カリフォルニア科学アカデミー	P.77
アクアリウム・オブ・ザ・ベイ	P.75
ブルー&ゴールドフリート湾内クルーズ	P.69脚注

サザンカリフォルニア（ロスアンゼルスとサンディエゴ）

料$367、3～9歳$337 ※アトラクション数3

3Dayディズニーリゾート・パークホッパー・チケット	P.114
シーワールド・サンディエゴ	P.123
レゴランド・カリフォルニア	P.126

シアトル

料$89、5～12歳$69 ※アトラクション数5

シアトル水族館	P.133
ハーバークルーズ（アゴシークルーズ）	P.136
ポップカルチャー博物館（MoPoP） またはウッドランドパーク動物園	P.133 ――
スペースニードル	P.132
チフリー・ガーデン・アンド・グラス またはパシフィック・サイエンス・センター	P.132 ――

ダラス

料$49、3～12歳$33 ※アトラクション数4

リユニオンタワー	P.255
ダラス動物園 またはシックスフロア博物館	―― P.254
ジョージ・W・ブッシュ大統領図書館・博物館、またはダラス樹木園&植物園	P.256 ――
ペロー自然科学博物館	P.256

※2018年10月現在

ヒューストン

料$59、3～11歳$49 ※アトラクション数5

スペースセンター・ヒューストン	P.278
ダウンタウン水族館	P.275
ヒューストン自然科学博物館	P.275
ヒューストン動物園 またはヒューストン美術館	P.277、 P.276

シカゴ

料$106、3～11歳$89 ※アトラクション数5

ウィリスタワー（スカイデッキ・ファストパス）	P.304
ジョン・ハンコック・センター展望階（360シカゴ）または科学産業博物館	P.300、 P.311
フィールド博物館	P.310
アドラープラネタリウム またはシカゴ美術館	P.311、 P.309
シェッド水族館	P.312

アトランタ

料$76、3～12歳$61 ※アトラクション数5

ワールド・オブ・コカ・コーラ	P.430
CNNスタジオツアー	P.431
ジョージア水族館	P.432

ニューヨーク

料$126、6～17歳$104 ※アトラクション数6

サークルライン・クルーズ または自由の女神・エリス島	P.527、 P.532
エンパイア・ステート・ビル	P.530
メトロポリタン美術館（メット）	P.533
アメリカ自然史博物館	P.533
グッゲンハイム美術館 またはトップ・オブ・ザ・ロック	P.534、 P.529
9.11メモリアル・ミュージアム /またはイントレピッド海上航空宇宙博物館	P.531 ――

ボストン

料$59、3～11歳$47 ※アトラクション数4

ニューイングランド水族館	P.557
プルデンシャルセンター・スカイウオーク展望台	P.556
ハーバード自然史博物館 またはハーバークルーズ	―― P.558
科学博物館	――

フィラデルフィア

料$49、3～12歳$37 ※アトラクション数3

フィラデルフィア・トロリー・ワークス/ビッグバス	P.580
フランクリン科学博物館	P.583脚注
フィラデルフィア動物園 などのアトラクションから3つ選ぶ	―― ――

アメリカのエンターテインメント情報
スポーツ
大リーグ(MLB)
URL www.mlb.com(英語)
URL www.mlb.jp(日本語)
アメリカンフットボール(NFL)
URL www.nfl.com(英語)
URL www.nfljapan.com(日本語)
バスケットボール(NBA)
URL www.nba.com(英語)
URL www.nba.co.jp(日本語)
アイスホッケー(NHL)
URL www.nhl.com(英語)
サッカー(MLS)
URL www.mlssoccer.com(英語)
ミュージカル、劇場検索、批評など
●雑誌
『シアターガイド』(日本語／月刊／500円)
『where』(英語／月刊／無料)
●ウェブサイト
URL www.playbill.com(英語)
URL www.theatermania.com(英語)

観光都市で発行されている『ホエア』

マチネを楽しもう
映画やミュージカルなどのチケットを買うときに利用したいのが、マチネ。平日の昼(15:00頃まで)の興行のことで、夜に比べて割安でチケットが手に入る。予定が合うようならぜひマチネでエンターテインメントを満喫しよう

アメリカの楽しみ方

4大プロスポーツの**ベースボール、アメリカンフットボール、バスケットボール、アイスホッケー**に始まり、サッカー、プロテニスのトーナメントやゴルフ……。そして、ブロードウエイのミュージカルやショー、オペラ、バレエ、人気歌手によるコンサート、日本よりひと足早く観られる映画などなど。本場アメリカで楽しむエンターテインメントやスポーツ観戦は、日本で観るものとひと味もふた味も違ってエキサイティングだ。

情報収集

スポーツのスケジュールやエンターテインメントなどの情報は、日本からなら専門の雑誌やインターネットの利用が適切。

現地では、全米の都市で見かける観光雑誌「ホエア where」は情報が豊富。Entertainmentのページにショーの紹介、各会場ごとのイベントが載っている。また、現地に着いてしまえば、コンサートが行われる劇場やスタジアムまで直接足を運ぶという方法もある。

球場、会場までの足

ミュージカルやゲームは夜に行われるものがほとんど。行きは早めに出れば、バスや地下鉄の利用もいい。しかし、帰りはなるべくタクシーを使おう。ほとんどの会場ではタクシーがひろえる場所が決まっているので、係員に聞くといい。しかし、なかにはタクシーがつかまらないところもあるので、あらかじめタクシー会社の電話番号をメモしておくようにしたい。

旅のアドバイス 『地球の歩き方』読者のための日本語 OK のチケットブローカー

ロスアンゼルスに拠点をおくチケットブローカー、All American Tickets。カリフォルニア州から公認を受けたチケット仲介業者なので、偽造チケットをつかまされたりといったトラブルもなく、安心して取引ができる。MLB、NBA、NFL、NHL などのアメリカ4大スポーツをはじめ、全米ゴルフ、全米テニス、フィギュアスケート、ボクシングなどのスポーツ観戦、有名アーティストのコンサートやショーなど、幅広いジャンルのチケットを取り扱う。アメリカ国内でも入手が難しいプレミアム付きチケットも入手できる可能性があるので、1度メールで問い合わせすることをすすめる。

手配したチケットは、フェデックスなどの国際宅急便で日本への発送(発送料金は別途)も可能。または、アメリカ国内の宿泊先で受け取れるような手配もしてくれる。近年はeチケットが主流なので、インターネットさえ使えれば、全米どの町にいてもチケットを受け取ることができる。

欲しいチケットは、オールアメリカンチケットのウェブサイト URL www.allamerican-tkt.com から検索。またはeメール info@allamerican-tkt.com(ウェブサイト内の“お問い合わせ”からもアクセスできる)にて具体的なリクエストをすることも可能。スタッフは日本人なので日本語で相談できるのもうれしい。

販売のチケットは、会場の見取図と座席や価格などが明記されているので、ウェブサイトからの注文も安心して行える。支払いは全額クレジットカードで決済。利用可能なクレジットカードは AJMV。

問い合わせ先／ All American Tickets, Inc.
住 340 E. 2nd St., Little Tokyo Plaza #305, Los Angeles, CA 90012
☎(213)217-5130　Free(1-888)507-3287
FAX(213)217-5135 URL www.allamerican-tkt.com
開 月〜金9:00〜18:00(太平洋標準時)

チケットの入手方法

日本のチケット代理店をとおして電話やインターネットで予約する

ワールドチケットガイド	☎(03) 5775-4500	URL www.world-ticket.jp

海外のチケット代理店をとおして予約する

電話やインターネットで	チケット代理店で
①チケット代理店(➡下記)、それぞれのスポーツチーム、劇場、ホールに電話をする、もしくはウェブサイトからオンライン予約をする(要クレジットカード)	①チケット代理店(➡下記)の窓口が、主要都市のデパートなどにあるので、そこで予約する
↓	↓
②電話の場合、Confirmation Number(予約番号)を聞くか、郵送でチケット引換証(チケットバウチャー)を送ってもらう。オンラインの場合は予約番号を控えておく。もしくは自分でチケット本券をプリントする	②チケット引換証(チケットバウチャー)、もしくはチケット本券を受け取る
↓	↓
③当日、各会場の"Will Call(チケット窓口)"でConfirmation Numberを言うか、引換書を渡し、チケットを受け取る(要クレジットカード、パスポートなどの写真付き身分証明)	③チケット引換書がある場合は、当日、各会場の"Will Call(チケット窓口)"で引換書を渡し、チケットを受け取る(要パスポートなどの写真付き身分証明)

当日、現地で入手する

チケット窓口で

①当日券を何時から売り出すか、事前に各会場、劇場、ホールに電話で確認する

↓

②当日、当日券が売り出される少し前に着くよう会場に向かい、列に並ぶ

↓

③チケットを購入する

アメリカのチケット代理店

チケットマスター Ticketmaster	Free (1-800) 745-3000(予約) Free (1-800) 653-8000(問い合わせ) URL www.ticketmaster.com
テレチャージ Telecharge	Free (1-800) 447-7400(予約) ☎(1-212) 239-2959(日本語) URL www.telecharge.com

手軽にエンターテインメントを楽しもう!

映画 Movie

最近では、アメリカでの公開からさほどの遅れもなく、日本でもアメリカ映画が封切られるようになった。しかし同じ映画でも、観客のリアクションが大きいアメリカ人に混じって観ると、2倍楽しむことができる。気軽に映画館へ行ってみよう。

●チケットの入手と座席について

劇場の窓口で、映画名と上映開始時刻を言って購入する。料金は$10～16くらい。劇場によってはウェブサイトで予約することも可能だ。

●割引料金

映画館にもよるが、平日の15時以前の入場は割引となることがある(通称マチネ)。$6～10くらい。平日の客寄せのためで、これを利用しない方法はない。

●映画の鑑賞基準について

アメリカの新聞や雑誌の映画の欄を見ると必ず映画観客指定の表示がされている。これは、全米映画協会(MPAA)がすべての映画について定めた鑑賞基準で、詳細は次のとおり。

・G(General Audiences)
家族連れを含め誰でも観ることができる

・PG(Parental Guidance Suggested)
子供にはやや不向きな場面や言葉が出てくるので、親の助言が望ましい

・PG-13(Parents Strongly Cautioned)
13歳以下の子供には不適当な場面や言葉が出てくるので、親の強い指導が必要

・R(Restricted)
17歳以下は親または大人(21歳以上)の同伴が必要

・NC-17(Adults Only)
"成人映画"なので18歳未満は入場不可

テレビ Television

アメリカはケーブルテレビや衛星放送が発達していて、チャンネル数がとても多い。全米規模の放送局は、ABC、CBS、NBC、FOXの4大ネットワーク。この4大ネットワーク以外は、ほとんどが専門局。これら、目的に沿ったものを専門的に流し続けるテレビがケーブルテレビ局だ。例えば、日本でも知名度の高いCNNがニュースの専門局、ESPNがスポーツ専門局、そのほかにも、映画、音楽、歴史、自然、国会中継、天気予報、ディズニー専門、コメディ、通信販売、旅行情報、コンサート中継、アニメなど、地域にもよるが50以上のケーブルテレビ局があり、これらを24時間楽しむことができる。

日本での放送前に新ドラマをチェック▶アメリカでは9月からドラマのシーズンがスタートすることが多く、テレビCMもよく放送されている。

技術編

第18章 アメリカの宿泊施設

1日の疲れを取り、ゆっくり眠るスペース、つまりホテルは旅行のなかでも非常に重要な位置を占める。しかも、航空券を除けば旅費のなかでも宿泊費の占める割合はいちばん大きい。旅行者にとって最大の関心事のひとつだろう。ホテルのよい悪いは、旅の印象、行程にも大きく影響してくるから、自分の納得のいくホテルを見つけよう。

宿泊代以外にかかるホテル料金

・ホテルタックス

各都市によって異なる。本編、各都市のDATA欄参照

・電話代

使った場合のみで、金額に応じて手数料がかかる。これがけっこう高い。トールフリー(料金受信者払い)にかけても、ホテルによっては手数料を徴収される。ただし、モーテルなどでは市内通話は何度かけても無料というところもある

・食事代

ホテル内のレストランで食事を取り、精算をホテルの部屋につけた場合のみ。「部屋につけてもらう」の英語は"Charge to the room"

・駐車場代

都会のホテルで徴収することが多い。モーテルは基本的に無料

・インターネット接続料

使った場合のみ。市内中心部の高級ホテルで徴収することが多いが、中級ホテルやモーテルは無料のことが多い

※アメリカの宿泊施設は料金が安くなれば、そのぶんリスクが高くなることを覚えておくこと。特に注意したいのが周囲の治安。料金にはサービスだけでなく"安全"ということも含まれているのだ

キャンセルは早めに！

キャンセル料発生の時期はホテルによってまちまち。たいていは宿泊予約日の7～3日前からキャンセル料がかかる(リゾート地のホテルやB&Bが多い)場合が多いので、キャンセルするときはなるべく早めに

地球の歩き方 海外ホテル予約

URL hotel.arukikata.com

カジノタウンのホテル

ラスベガスやリノといったカジノの町は、一般の人が休む週末が書き入れ時。ビジネスシティとは逆で、週末のほうが料金が高い。また大規模なコンベンション、イベントが多いラスベガスでは、これらの開催時期も料金が大幅にアップする

宿泊料金には何が含まれる？

日本の旅館では、通常「1泊2食付き」だが、アメリカのホテルでは食事が付かないことがほとんどだ。ただし、B&B、一部のホテルやモーテルでは簡単な朝食をサービスで出している（朝食付きのパッケージで販売されていることも多い）。

部屋のタイプはⓈシングル（ベッドひとつにひとり）、Ⓓダブル（ベッドひとつにふたり）、Ⓣツイン（ベッドふたつにふたり）、スイート（寝室と居間に分かれた部屋）などに大別できる。料金の基本は"ひとりいくら"ではなく"ひと部屋いくら"。しかもダブルやツインの料金は、シングルとさほど変わらないのが普通なので、ふたりで泊まれば割安になる。3人以上で利用の場合、ツインの部屋に簡易ベッドやソファベッドで対応するのがほとんどだ。

注意したいのは、"Single"や"Double"がベッドの大きさを表す場合があるということ。予約の際、あるいは部屋を見せてもらう際には、何人で泊まってベッドはいくつ必要かということをはっきり伝えること。

料金の差いろいろ

大都市と地方の料金差

ひと言でアメリカといっても、大都市と地方では宿泊料金に大きな差がある。概してニューヨーク、サンフランシスコ、ワシントンDC、ボストンなど大都市は高く、特にニューヨークはべらぼうに高い。1泊$100とすると、地方の町では中級ホテルに泊まれるが、ニューヨークではエコノミーホテルにも泊まれない状況だ。また、地方といっても、リゾート地のホテル代は高い。旅行計画を立てるときに考慮しておこう。

季節料金、平日と週末について

ホテル料金がオンシーズンとオフシーズンの料金に分かれている都市、地方がある。特にリゾート地では倍ほどの差があるところも珍しくない。例えばマイアミやフェニックスは避寒地であるため12～3月の冬がシーズン。オフの夏は半額ほどに安くなる。ニューヨーク、ワシントンDC、シカゴ、ダラスなどのビジネスシティは、月曜から木曜までの平日が混雑する。週末はビジネス客がいなくなるので料金も安く設定されているから、高級ホテルに中級ホテル並みの料金で泊まれることも。

宿泊施設のいろいろ

アメリカの宿泊施設

種類	料金	立地環境	特徴
高級ホテル	シングル$200～、ツイン$230～	ダウンタウンの一等地。周囲の治安もいい	豪華で、レストランや従業員の数が多く、フィットネスセンター、インナーショップなどの施設が整っている。
中級ホテル	シングル$120～200、ツイン$130～220	ダウンタウンに位置する	飾り気はないが、機能性を重視したホテルが多い。マネージャーの方針によって雰囲気もずいぶん変わる。全米にチェーン展開しているホテルのいくつかは、このクラスに入る
B&B	シングル$70～300、ツイン$80～350	個人経営なので、住宅地にあることが多い	朝食付きで、一般家庭に泊まるようなあたたかみが魅力。家具にアンティークなどが使われ、とてもロマンティック。高級ホテル並みのB&Bもある
エコノミーホテル	1部屋$90前後	ダウンタウンの便利な場所に多いが、治安が悪いところもあるので要注意	個人経営によるものが多く、当たり外れが大きい。経営者によっては安くて清潔なものもある。設備は期待できない
モーテル	1部屋$40～100	幹線道路沿いにある	自動車旅行者向けの宿で、部屋は広く清潔、シンプル、最低限の設備は整っている。3～4人で泊まればかなり安い。空き部屋があるときは"Vacancy"、満室のときは"No Vacancy"のサインが出ている
ユースホステル(YH)	ドミトリー形式1人1泊$25～	ダウンタウンの外れに位置することが多い	旅慣れた人や若者が多い。ひとつの部屋に2段ベッドが4～6台入っているドミトリー形式で、トイレ、シャワーは共同。一部、個室あり。なお、私設のユースは男女混合の場合もあるので注意

ユースホステルについて

ユースホステルの会員になる

世界に約4000、アメリカに50以上のユースホステル(略"YH")がある。世界中の人と友達になったり、情報交換ができるのはユースならでは。ただ、他人と同じ部屋で寝ることになるので、プライバシーがなく、周囲の音が気になるといった神経質な人にはすすめられない。また、所持品の保管にも気を配る必要がある。基本的に誰でも宿泊可能だが、会員になると宿泊料金が安くなる。現地で会員になることもできるが、日本から会員になっていくのが賢明だ。19歳以上の登録会費は2500円、継続会費は2000円で1年間有効。入会手続きは、全国の入会案内所やオンラインで行っている。下記に問い合わせを。

●(財)日本ユースホステル協会

URL www.jyh.or.jp

私設のユースに注意

アメリカには、上記の世界的組織のユースホステルと、私設のユースホステルの2種類がある。前者は、設備、清潔度などが基準に達したものなので心配ないが、私設の場合、不潔で、場合によってはドミトリーが男女混合のことも。私設のユースに泊まるときは、覚悟するか、確認しておくこと。

ホテルのサービス

・**荷物の預かり**
チェックイン前、チェックアウト後でもホテルでは荷物を預かってくれるので遠慮なく頼もう

・**セーフティボックスの利用**
貴重品を預けて身軽になろう。ただし、エコノミーホテルでは預けないほうが正解かも

・**モーニングコール**
英語ではWake-up Callという。寝坊しないためにも

アメリカではシングルルームは少ない

中級以上のホテルではシングルの部屋は少ないので、ひとりで行ってもベッドふたつの部屋にとおされることがよくある

バウチャーや予約番号はチェックインの際に提示しよう

ホテルでの支払い
クレジットカードを扱っているホテルなら、チェックインのときにクレジットカードを提示しよう。料金の安いエコノミーホテルは、宿泊料金の前払いが基本だ。クレジットカードを提示すれば、料金の精算はチェックアウト時に行われることになる。もし、カードを提示しないと、デポジット（保証金）を要求される以外にも、客室の電話が使えないこともある

到着時間が遅れるときは必ず連絡を！
到着が16:00以降になるときは、部屋を"Hold(確保)"してもらうよう必ず電話で連絡を入れること。ホテルで使う英会話は➡P.718

ユースの予約はオンラインで
アメリカに限らず世界各地のユースの予約ができる。
なお、クレジットカードを所持していない場合は、下記の案内所でも予約可。電話での申し込みではなく、窓口受付になる
URL www.jyh.or.jp
●(財)日本ユースホステル協会
☎(03)5738-0546

日本からホテルを予約する

高級ホテルや一部の中級ホテルは、日本の旅行会社やレップ(代理店)をとおして予約することができる。クレジットカードで予約をして支払いは現地で済ませるケースと、日本で代金を支払ってバウチャー(引換証)を発行してもらうケースがある。

現在はインターネットでの予約が主流。オンライン予約については➡P.700。

予約にはクレジットカードが必要

クレジットカードを持っていればホテルを予約するときもデポジット（保証金）を支払う必要がなく、カードの種類、番号、有効期限を告げることによって到着まで部屋を確保してくれる。この確保（保証）を予約のギャランティーという。たいてい当日の18:00くらいまでギャランティーしてくれるが、事情により、到着がそれ以降になる場合は、その旨を電話で連絡しなければならない。もし、18:00以降になっても宿泊客が現れず、無断でキャンセルしたと判断された場合は、カードデータによって所定のキャンセル料が口座から引き落とされる仕組みになっているので要注意。

ユースホステルの予約

現在米国内に約50のユースホステルがあり、これらは日本ユースホステル協会のウェブサイトで予約が可能（日本語でOK、要クレジットカード）。または、現地のホステルのウェブサイト、または電話で直接予約する。予約をしない場合は、なるべく早い時間に直接ユースに出向いて予約を。

日本で予約できるおもなホテルグループ一覧

2018年10月現在

ホテルグループ／加盟ホテル	ウェブサイト	電話番号
ベストウエスタンホテル ベストウエスタン	URL www.bestwestern.jp	アメリカ Free (1-800)937-8376
チョイスホテルズ コンフォートイン、コンフォートスイーツ、クオリティイン、ロードウエイイン、エコノロッジほか	URL www.choicehotels.com	無料 0053-161-6337
ヒルトングループ ヒルトン、コンラッド、ウォルドルフ=アストリア、ダブルツリー、エンバシースイーツ、ハンプトンインほか	URL www.hiltonhotels.jp	☎(03)6864-1633
ハイアット ホテルズ＆リゾーツ ハイアット、ハイアットプレイスほか	URL www.hyatt.com	無料 0800-222-0608 無料 0800-777-3388
インターコンチネンタル インターコンチネンタル、クラウンプラザ、ホリデイイン、ホリデイイン・エクスプレスほか	URL www.ihg.com	無料 0120-677-651
マリオット・インターナショナル リッツ・カールトン、マリオット、コートヤード・マリオット、ルネッサンス、レジデンスインほか	URL www.ritzcarlton.com （リッツ・カールトン） URL www.marriott.co.jp （リッツ・カールトン以外）	無料 0120-853-201 （リッツ・カールトン） 無料 0120-142-536 （リッツ・カールトン以外）
スターウッド・ホテルズ＆リゾーツ ウェスティン、シェラトン、セントレジス、ダブリューホテル、ル・メリディアン、アロフトほか	URL spg.com	無料 0120-92-5659

※2016年、スターウッド・ホテルズ＆リゾーツは、マリオット・インターナショナルのグループとなった。上記の表では、ホテルの区別を明確にするため、分けて表記している。

エコノミーホテルを探す

あくまでもエコノミーにこだわる人は、現地で探すのがいちばん現実的な方法。その探し方は、

①『地球の歩き方』で目星をつける

本誌のホテル欄から予算やエリアなどで気に入ったものをピックアップし、直接行って自分で確かめて交渉する。読者投稿の場合、本人の主観が多分に含まれていることも多いので、あくまでも参考程度に。

②観光案内所で紹介してもらう

観光案内所によっては、宿を紹介してくれるところもあるので、遠慮なく相談してみよう。また、紹介を行っていないところでも、ホテルリストやパンフレットが置いてあるので、ピックアップして電話をしたり直接訪ねてみよう。観光案内所が紹介する宿は、ある程度の基準に達しているものだから、あまり心配する必要はない。

③イエローページの利用

イエローページ（職業別電話帳）でホテルの項目を引き、適当なものをピックアップする。この場合、チェーンホテルか否かが目安になる。

④地元の人に尋ねる

グレイハウンドやタクシーのドライバー、レストランのスタッフなど、信頼できそうな人に尋ねてみてもいい。

とはいっても、現在は、ウェブサイトでホテルを比較し予約するという手法が一般的だ。

トラブル回避！エコノミーホテルのチェックポイント

チェックインする前に遠慮なく部屋を見せてもらおう。

①ホテル周辺の環境

②ドアの鍵、チェーンロック、窓はきちんと閉まるか

③部屋の清潔さ（タオル、シーツ）、共同のバス、トイレはどうか、お湯や水はちゃんと出るか

ホテルを利用するときの注意

①一に防犯、二に防犯

内側のチェーンロックは必ずかけ、ノックされても安易にドアを開けないこと。心あたりのないノックには“Who is it?”と尋ね、チェーンロックをかけたまま話すこと。

②基本的なマナーを守ろう

ユースホステルの門限を破ったり、共同のシャワーを深夜あるいは早朝に使う、共同の洗面所やトイレを汚す、浴室の床をびしょびしょにしてしまう、など基本的なマナー違反をしてしまわないように気をつけよう。

③チップは気持ちを込めて

ベルマンに荷物を運んでもらったとき、ルームサービスを頼んだときなど、気持ちを込めてさり気なくチップを渡したい。

ホテルがない
少し時間がたつだけで、安ホテルなどは廃業したり、ホテル名が変わったり、料金が大幅に変更されたりすることも多いので、心しておこう

予約をしてくれる観光案内所もある
小さな町の案内所では、ホテルに電話して仮予約してくれるところもある

部屋を見せてもらおう
特にモーテルや安ホテルでは、ホテル側でも客が部屋を見るのが当然と思っている。遠慮する必要はまったくない

イエローページで探す際の注意
電話帳に載っているからといってよいホテルとは限らないので注意

直通電話も便利
空港などに備え付けてある無料直通電話（ディスプレイされている）を使って予約するのもひとつの方法

ホテルの備品
石鹸、シャンプー、ソーイングセットなどの備品は、お客様へのサービス品だから持ち帰ってもかまわない。逆に持ち帰ってはいけないものが、バスローブやタオル。無断で持ち帰ると、チェックインの際に提示したクレジットカードに請求されることもある。サインをしていないのにどうして、と思うだろうが、無断で持ち帰った場合、ホテル側は請求してもいいことになっている

空港近くのホテルに泊まる
早朝の出発、夜遅くの到着に便利なのが空港周辺のホテルだ。ホテルによっては、空港とホテル間に定期的にシャトルバンを運行している。ただしちょっと安いクラスのホテルになると、電話をかけて空港にピックアップに来てもらう必要がある場合が多い。予約の際に確認しておきたい。また、ダウンタウンのホテルがいっぱいで泊まれないときも、空港近くのホテルならほとんど泊まれる

ユースホステルでは、ロッカーに必ず鍵をかけること

インターネットは万能ではない
インターネットによる予約は手軽で簡単ではあるが、たまにシステムの不具合から予約が入っていないこともある。そのことを頭に入れたうえで、予約するように

ホテルのオンライン予約

インターネットが普及した現在、ほとんどのホテルがオンラインで予約できるシステムを整えている。予約にはクレジットカードが必要。ここではチョイスホテル・グループのウェブサイトを例に説明する。

1 CHOICE HOTELSのウェブサイトを開く※
URL www.choicehotels.comにアクセス

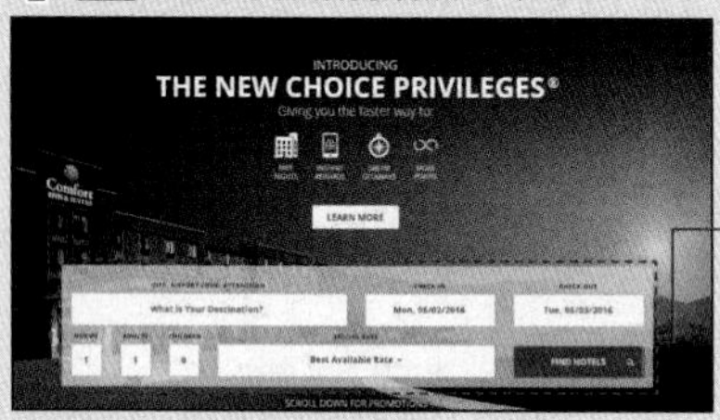

※ おもなチェーン系ホテルのウェブサイトでは、トップページから日本語表記の場合があり、また日本語のガイダンスを選択することで、日本語による手順で予約ができる場合もある。

拡大

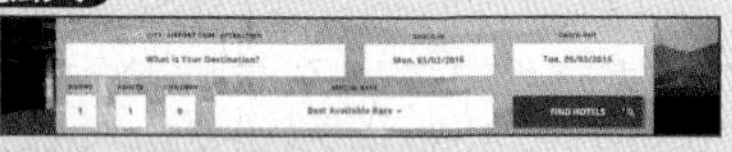

都市名や住所、空港など宿泊を希望する場所の目安を入力する。次に、check-in、check-outの日にち、部屋数、人数などを入力し、「Find Hotels」をクリックする。

2

1で入力した条件と一致するホテル（チョイスホテル・グループのホテル）がリストアップされる。さらにリストのホテルを分類表示する場合は❶ソート機能のSORT BYから希望のメニューを選択。ホテルの位置を表示する場合は❷VIEW BYから「SPLIT」、または「MAP」を選択する。

3 2の❷VIEW BYから「SPLIT」を選択した場合

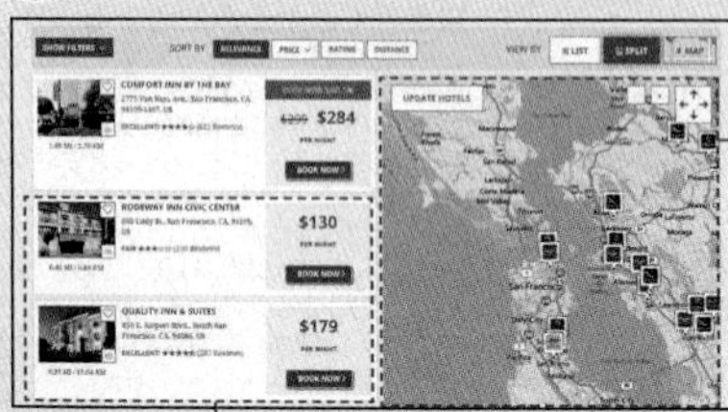

拡大

ホテルの場所は右のMAPで確認できる。
次に泊まりたいホテルが決定したら「CHECK AVAILABLITY」をクリックする。

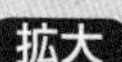

リストアップされたホテルの詳細を知りたいときはホテル名をクリックする。

4 選択したホテルの客室の写真と料金が表示される。予約は「BOOK ROOM」をクリック。

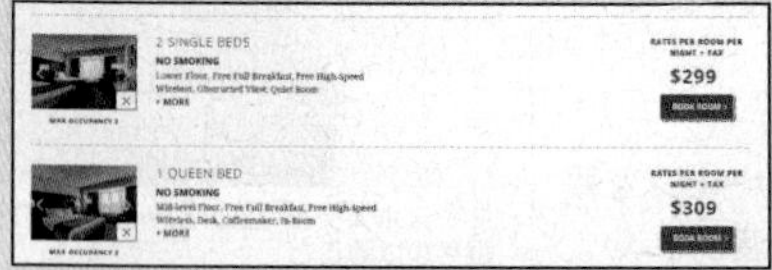

旅のアドバイス　ウェブサイトでの予約システムがない場合は

ウェブサイトからの予約が整っていないホテルは、以下の文例を参考にしてメールを送り、予約を取ろう。メールアドレスは、ホテルのウェブサイトのトップページや“Contact”をクリックするとeメールアドレスが載っていることが多い。

①宿泊料金の問い合わせ
Inquiry about room rate
To ○○ Hotel,
I am planning to stay at your hotel on August 10. I would like to ask you about the price for a single room and whether a single room is available on that day. I also want to know what type of credit

メモ **ホテルの予約サイトで注意▶**ホテルの予約サイトから予約したにもかかわらず、当日泊まれなかったということがたまにある。これはクレジットカード番号がホテルに届いていないためで、ホテルではクレジットカード番号のある客から優先させるのが基本。

5

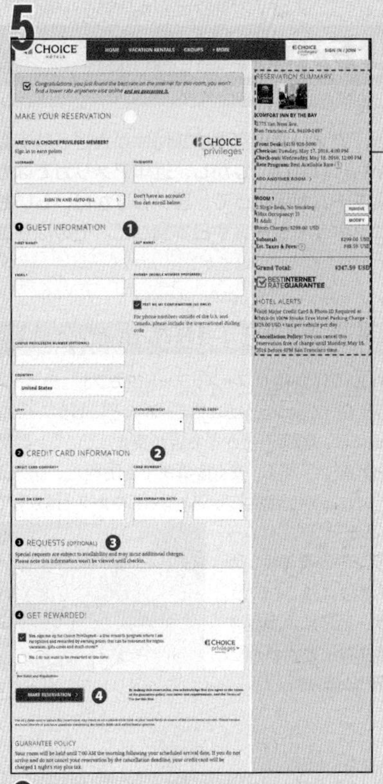

拡大1

COMFORT INN BY THE BAY
2775 Van Ness Ave.
San Francisco, CA 94109-1497

Front Desk: (415) 928-5000
Check-in: Tuesday, May 17, 2016, 4:00 PM
Check-out: Wednesday, May 18, 2016, 12:00 PM
Rate Program: Best Available Rate

ADD ANOTHER ROOM >

ROOM 1
2 Single Beds, No Smoking
(Max Occupancy: 2)
1 Adult
Room Charges: $299.00 USD
REMOVE
MODIFY

Subtotal: $299.00 USD
Est. Taxes & Fees: $48.59 USD

Grand Total: $347.59 USD

BEST INTERNET RATE GUARANTEE

HOTEL ALERTS
Valid Major Credit Card & Photo ID Required at check-in 100% Smoke Free Hotel Parking Charge - $26.00 USD + tax per vehicle per day.

Cancellation Policy: You can cancel this reservation free of charge until Monday, May 16, 2016 before 4PM San Francisco time.

予約するホテルの情報が表示される。ロケーション、チェックイン、チェックアウト、客室のタイプと料金、キャンセルや変更などの条件を再確認する。

利用者情報とクレジットカード情報を入力する。
拡大1の内容を確認したら、❶Guest Information（姓名、住所、電話番号、メールアドレスなどの個人情報）を入力。次に、❷Credit Card Informationでクレジットカード情報を入力する。
特別なリクエストがある場合は❸REQUESTS欄に英語で入力する。
入力の情報を再度確認し、個人情報保護方針を意味するterms of the guarantee policyなどの利用規約（英語）も確認しよう。❹「Make Reservation」をクリックして予約を完了させる。

6

予約完了後の画面で表示される予約番号は、チェックイン時、予約のキャンセルや変更に必要になるので必ず控えておこう。該当の画面を印刷して持参すれば確実だ。なお、5で入力したメールアドレスにも確認メールが送られてくる。
オンラインでの予約をキャンセル、または変更する場合、ウェブサイト上にある“予約の確認”や“Manage Reservations”などのページから変更、キャンセルできる。名前、予約確認番号、予約の際に使用したクレジットカード番号が必要。直前のキャンセルには手数料もしくは1泊分の宿泊料金がクレジットカードから自動的に引き落とされる場合が多い。予約の際に確認しておこう。

cards you accept.
○○ホテル様。そちらのホテルに8月10日に宿泊したいのですが、部屋は空いていますか？　シングルルームの料金はいくらですか？　また、支払いにはどの会社のクレジットカードが使えますか？

②部屋の予約　Room reservations

I would like to make a reservation at your hotel.
These are my information.
Date of check in: Aug. 10, 2020
Date of check out: Aug. 11, 2020
Type of room: Single room
The number of room: 1 room
The number of people: 1 Adult
Type of payment: Credit card (MasterCard)
2020年8月10日にシングルルーム、1泊でひとりの予約をお願いします。支払いはクレジットカード（マスターカード）です。

③支払いについて　Payment

Thank you for the confirmation of my room reservation.
My credit card details are as follows.
Actual name on Card: TARO CHIKYU
Type of credit card: MasterCard
Credit card number: 1234-5678-9012-3456
Expiration date: June, 2022
予約確認のメールをありがとうございます。では、私のクレジットカードの情報を伝えます。クレジットカードの名義は地球太郎。クレジットカードはマスターカード。クレジットカード番号は1234-5678-9012-3456。クレジットカードの有効期限は2022年6月です。

メモ　クレジットカードの情報をメールで送ることが心配な人は▶FAXでクレジットカードの情報を送信すればリスクは下がる。

技術編

第19章 アメリカの食事

食事は旅の楽しみのひとつだ。正直なところ、アメリカの料理は味付けが大ざっぱで脂分が多く、量も多いのでウンザリしてしまうかもしれない。しかし、近年アメリカではカロリーが少なくヘルシーなものを求める健康食ブームが手伝って、思いのほかおいしいものに出合えたりする。その代表がカリフォルニアキュイジーヌや日本食など。そのほかエスニック料理も豊富だ。

ZAGAT Survey

アメリカではバイブルのようにうたわれている、全米主要都市のレストランガイド、ザガットサーベイ。年1回発行。1冊$17程度で、味、サービス、内装・店の雰囲気の3セクションを、それぞれ30点満点で評価している。このガイドに選ばれることはレストランにとって誇り。ちなみに選ばれたレストランの入口にZAGATのステッカーが貼ってある場合が多い。悩んだら参考にしよう

TPOをわきまえた服装を

少々値が張るレストランなどへ出かけるときは、服装に十分気をつけよう。レストランのドレスコードで「カジュアル」とされているところでも、くたびれたジーンズを避け、できればチノパンやスラックス、Tシャツではなく襟付きのものを。清潔感あふれる服装が好ましい

食文化を感じながら食事を楽しもう

手軽で安い外食の代表格がファストフードやカフェ。チェーン店が数多く出店していて、ショッピングモールなどにあるフードコートFood Courtには、国際色豊かなお店が集まっている。時間のない旅行者も気軽に、早く、安く食事ができ便利だ。しかし、いくら“国民食”とはいえ、毎回ファストフードやカフェばかりではさびしい。そこで、たまにはムードのよいレストランでの食事はいかがだろう。多少値段は張るものの、味と雰囲気、サービスには満足するはず。すてきなひとときが旅の思い出に加わるのは確かだ。

アメリカらしい食べ物を

アメリカのレストランでの手順

入口でメニューと料金をチェック。気に入ったら店内に入る

↓

“Hi!”と店の人にあいさつし、入口で人数を申し出る。自分で勝手に席に着いてはいけない

↓

席に案内されて、メニューが渡される

↓

初めに飲み物の注文を考える。テーブル担当のウエーター、ウエートレスがあいさつに来て、今日のスペシャルメニューなどを紹介し、最後に飲み物の注文を尋ねる（下記のメモ参照）

→水だけでかまわなかったら、“May I have a glass of water, please?”

→注文がまだ決まっていなかったら“Take a minute, please.”、または“Give me a minute, please.”

↓

メニューはだいたいAppetizer（前菜）、Salad（サラダ）、Soup（スープ）、Entree（メインディッシュ）、Dessert（デザート）などに分かれている。予算と食べたい量に合わせて注文するといい

↓

食事が始まると、メインディッシュを食べている途中くらいで、ウエーター、ウエートレスが“Is everything OK?”、または“How is everything?”と聞きにくる。まあまあだったら“OK.”、“Good.”、とてもおいしかったら“Excellent!”、“Great!”などと言うといい

↓

メインディッシュを食べ終わると、デザートはいかがかと聞いてくる場合も

→もういらなかったら“No dessert, thank you.”

→コーヒーが飲みたかったら“May I have a cup of coffee?”

→もう精算をしたいなら“May I have a check, please?”

↓

支払いは席でする場合がほとんど。**伝票の金額をしっかりチェック**し、現金、またはクレジットカードをウエーター、ウエートレスに渡す。その際チップ（通常15～20％）も忘れずに➲P.706。チップはクレジットカードの支払いの金額に加算することもできる

↓

レストランを出る

メモ **ウエーター、ウエートレスの役割**▶レストランでは、従業員はテーブル担当が決まっていて、担当以外に注文しても通らない、もしくは遅くなる可能性がある。担当者を呼ぶときは、手を挙げるか、名札の名前や“Excuse me.”と声をかければよい。

〈メニューの見方〉(例)

MENU

Breakfast

Eggs & Omelets

Three-egg omelets. Eggs & Omelets served with potatoes and bread

Traditional $8.25
Two eggs any style, choice of ham, bacon or sausage

Egg Benedict $8.25
English muffin topped with thin slices of ham, poached eggs and Hollandaise sauce

French Toast $7.75
Toast hand-dipped in a cinnamon cream butter

Oatmeal $3.95
Served with brown sugar and walnuts

朝食メニュー

卵料理&オムレツ

オムレツ(卵3個分)にはすべてポテトとパンが付く

定番 $8.25
卵2個分を好きな調理法で。ハム、ベーコンまたはソーセージを選ぶ

エッグベネディクト $8.25
イングリッシュマフィンにハム、ポーチドエッグを載せ、オランデーズソース(卵黄とバターなどで作る、マヨネーズに似たソース)かけ

フレンチトースト $7.75
厚切りスライスのパンをシナモンクリームに浸してソテーしたトースト

オートミール $3.95
ブラウンシュガー、くるみと一緒に

Appetizers

Soup of the Day $3.95
Please ask your server for today's selection of homemade soup

House Salad $7.95
Blue cheese, sliced green apples, walnuts and mixed greens with a light raspberry vinaigrette

Caesar Salad $9.25
Lettuce with croutons, parmesan cheese and Caesar dressing
with Chicken $12.95
with Shrimps $13.50

前菜

本日のスープ $3.95
日替わりの自家製スープ。本日のメニューは、従業員まで気軽にお尋ねください

ハウスサラダ $7.95
色とりどりの葉物にブルーチーズ、リンゴスライス、クルミをまぶしたサラダ。ラズベリーのビネグレットソース

シーザーサラダ $9.25
レタスにクルトン、パルメザンチーズをまぶし、シーザードレッシングをかけたサラダ
チキンの付け合わせ $12.95
エビの付け合わせ $13.50

Burgers & Sandwiches

Choice of French fried potatoes or Seasons legendary cabbage slaw

Chicken Sandwich $9.95
Spice-rubbed and grilled chicken breast topped with lettuce, tomato and orange chili butter served on a roll

BLT $9.25
Bacon, lettuce and tomato topped served on a roll

All American Burger $8.95
Charbroiled beef patty, lettuce, tomato, house mayonnaise served on a roll

ハンバーガー&サンドイッチ

すべてにフライドポテト、またはコールスローが付く

チキンサンド $9.95
ロールパンに、スパイスをしみ込ませて焼いた鶏の胸肉とレタス、トマトにオレンジ・チリ・バターを載せたサンド

BLT
(ベーコン、レタス、トマトのサンド) $9.25
ロールパンにベーコン、レタス、トマトを合わせたサンド

オール・アメリカン・バーガー $8.95
ロールパンに炭火焼きした牛肉パテにレタス、トマト、自家製マヨネーズで味つけされたサンド

Dinner

Dinner include fresh bread, olive oil dipping sauce, garden fresh vegetables, and choice of homemade soup or house salad

Steaks & Loins

Served with a baked potato

Petite Filet Mignon $31.95
A local favorite and our finest cut! 6 ounce filet

Pork Loin $25.95
Medallions of pork dressed with raspberry and black currant glaze

Rib

Choice of regular or petite cut slow roasted prime rib of beef
Regular Cut, 12 ounce $21.95
Petite Cut, 8 ounce $16.95

Chicken & Seafood

Served with rice pilaf

Chipotle Chicken $22.95
Charbroiled breast of chicken brushed with a jalapeno sauce

Seasons Salmon $27.50
Filet of Atlantic salmon
Blackened ▶ pan seared with Cajun spiced served with fresh lemon
Grilled ▶ with a lemon dill sauce served on a bed of wilted greens
Baked ▶ served with a citrus reduction sauce

Pasta

Pasta Primavera $15.95
Angel hair pasta tossed with garden fresh seasonal vegetables and rosemary butter served with choice of chicken or shrimps

Fettuccine Alfredo $17.95
Fettuccine noodles tossed with a rich creamy alfredo sauce with choice of chicken or shrimps

ディナー

ディナーには、焼きたてのパン、パンにつけるオリーブオイル、取りたて農園野菜と自家製スープまたはハウスサラダが付く

ステーキ

すべてのステーキにオーブン焼きポテトが付く

プチ・フィレミニョン $31.95
厳選された上質肉を使った当店の人気料理。6オンス(約170g)のフィレ

ポークロイン $25.95
豚ヒレ肉に ラズベリーとカシスのソース

リブ

じっくり焼き上げた最上質の牛肉(ローストビーフ)
レギュラー12オンス(約370g) $21.95
プチ8オンス(約247g) $16.95

チキン&シーフード

すべてにピラフが付く

チポトレ・チキン $22.95
炭火焼きした鶏の胸肉にハラペーニョ(メキシコ唐辛子)ソースをかけたひと皿

旬のサーモン $27.50
アトランティックサーモンのフィレ
こんがり焦げ目をつける▶ケイジャンスパイス、レモンを加える
網焼き▶しんなり火をとおした葉物にサーモンを載せ、レモンディル・ソースで
オーブン焼き▶柑橘ソースで

パスタ

パスタ・プリマベーラ $15.95
エンジェルヘアパスタ(極細のスパゲティ)の季節の野菜とローズマリーバターあえ。鶏肉またはエビを選ぶ

フェットチーネ・アルフレード $17.95
クリームを使った濃厚なアルフレードソースをフェットチーネ(平たいひものような形のパスタ)にからませたパスタ。鶏肉またはエビを選ぶ

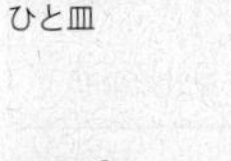

テイクアウト▶ ファストフード店では、オーダーするときには店内で食べるのか(for here)、持ち帰るのか(to go)をはっきり伝えよう。また、デリなどの手作りのお総菜屋さんや中華料理店での持ち帰りを利用すれば、ホテルの部屋でもおいしい食事が楽しめる。

第20章 アメリカでのショッピング

アメリカでの買い物は為替レートによって大きく違ってくる。買い物をする州や市によってセールスタックスが異なるので、目的の物をどこで購入したらよいのかも大きなポイントだ。また、旅行する時期とアメリカのバーゲン時期が一致すれば、お得で楽しいショッピングができるはず。

高級デパートチェーン
●ニーマン・マーカス
URL www.neimanmarcus.com
●サックス・フィフス・アベニュー
URL www.saksfifthavenue.com
●ノードストローム
URL shop.nordstrom.com
●ブルーミングデールズ
URL www.bloomingdales.com

アウトレットチェーン
●プレミアム・アウトレット
URL www.premiumoutlets.com

ショッピングモール・チェーン
●ウエストフィールド
URL www.westfield.com
●サイモン
URL www.simon.com

ディスカウントストア
●ウォルマート
URL www.walmart.com
●ターゲット
URL www.target.com
●Kマート
URL www.kmart.com
●ロス・ドレス・フォー・レス
URL www.rossstores.com
●マーシャルズ
URL www.marshalls.com

買い物スポットのいろいろ

アメリカの商業施設は複数のデパートや多くの小売店を集約し、フードコート、映画館などの娯楽施設を併設した**ショッピングモールShopping Mall**が主流。その規模は都市部と郊外で異なるが、1ヵ所でだいたいの買い物ができる。

高級品は日本と同様に**デパートDepartment Store**で扱っている。大都市のダウンタウンで単独営業を行っているか、前述のショッピングモールの一画に出店している場合が多い。ニーマンマーカスNeiman Marcus、サックス・フィフス・アベニューSaks Fifth Avenue 、ノードストロームNordstrom、ブルーミングデールズBloomingdalesがその代表。

また、有名メーカーやブランド品を安く販売する**アウトレットモールOutlet Mall**、**ディスカウントストアDiscount Store**も数多くあり、サックス・フィフス・アベニューやノードストロームといった高級デパートまでアウトレットショップを出店している。

こだわりのファッションアイテムを探すなら、古着を専門に扱う**スリフトショップThrift Shop**をのぞいてみては。デザイナーズブランドのビンテージドレス、靴やアクセサリーの一点物など、お宝的なアイテムが見つかるチャンスも多い。

賢いショッピング方法

アメリカでは「安い物をより安く手に入れる方法」がいくつかある。以下を参考に、欲しい物をお得に入手したい。

アメリカでのお買い得な時期

アメリカのバーゲンは下記の時期が大きなものだが、小さなバーゲンは1年中行われていると思っていい。特に、デパートを中心に回る人は要チェック。

・1月……ニューイヤーズデイ・セール
・3月……イースターセール
・7月……独立記念日セール
・11月……サンクスギビングデイ・セール
・12月……クリスマスセール

普段の日でも、目玉商品のセールワゴンが用意されたり、ひとつ買えばふたつ目は半額や無料という方式で、各ショップとも呼び込みに懸命だが、バーゲンでは特に値引き合戦が激しくお買い得。

州や市によって異なる税金に注目！

アメリカは州や市によって、日本の消費税に相当するセールスタックスのパーセンテージが異なる。いくつかの都市を旅行する人は、税金の安い州で買い物をしたほうが得をするということ。ブランド品など高額な商品では、大きな違いが出てくる。

●人気観光地のセールスタックス

サンフランシスコ	8.50%
ロスアンゼルス	9.50%
シアトル	10.10%
ラスベガス	9.50%
ニューオリンズ	9.45%（税払い戻し制度あり）
オーランド	6.50%
シカゴ	10.25%
ニューヨーク	8.875%（1品当たり$110未満の衣類、靴は無税）
ボストン	6.25%（1品当たり$175以下の衣類、靴は無税）
ワシントンDC	5.75%

ミネソタ州、ペンシルバニア州などは衣類、靴類は無税

メモ　**クリスマス商戦開始の日、ブラックフライデイ**▶アメリカではサンクスギビングデイ（11月第4木曜）の次の日（金曜）を、ブラックフライデイと呼んでいる。この日店は黒字になるという意味で、各店が値引きセールを行うことでも知られ、徹夜組も出るほど。

Weights and Measures

サイズ比較表／度量衡

身長

※小数点第1位未満四捨五入

フィート／インチ（ft/inches）	4'8"	4'10"	5'0"	5'2"	5'4"	5'6"	5'8"	5'10"	6'0"	6'2"	6'4"
センチメートル（cm）	142.2	147.3	152.4	157.5	162.6	167.6	172.7	177.8	182.9	188	193

体重

※小数点第1位未満四捨五入

ポンド（lbs）	80	90	100	110	120	130	140	150	160	170	180	190	200
キログラム（kg）	36.3	40.9	45.4	50	54.5	59	63.6	68.1	72.6	77.2	81.7	86.3	90.8

紳士服標準サイズ

アメリカサイズ	Small		Medium		Large		X-Large	
首回り（inches）	14	14 1/2	15	15 1/2	16	16 1/2	17	17 1/2
日本サイズ（cm）	35.5	37	38	39	40.5	42	43	44.5
胸囲（inches）	34	36	38	40	42	44	46	48
日本サイズ（cm）	86.5	91.5	96.5	101.5	106.5	112	117	122
胴回り（inches）	28	30	32	34	36	38	40	42
日本サイズ（cm）	71	76	81	86.5	91.5	96.5	101.5	106.5
袖丈（inches）	32 1/2	33	33 1/2	34	34 1/2	35	35 1/2	36
日本サイズ（cm）	82.5	84	85	86.5	87.5	89	90	91.5

婦人服サイズ

	X-Small		Small	Medium	Large		X-Large	
アメリカサイズ	4	6	8	10	12	14	16	18
日本サイズ	7	9	11	13	15	17	19	

靴サイズ

婦人用	アメリカサイズ	4 1/2	5	5 1/2	6	6 1/2	7	7 1/2
婦人用	日本サイズ（cm）	22	22.5	23	23.5	24	24.5	25
紳士用	アメリカサイズ	6 1/2	7	7 1/2	8	8 1/2	9	10
紳士用	日本サイズ（cm）	24.5	25	25.5	26	26.5	27	28
子供用	アメリカサイズ	1	4 1/2	6 1/2	8	9	10	12
子供用	日本サイズ（cm）	7.5	10	12.5	14	15	16.5	18

靴の幅

AAA AA A	BCD	E EE EEE
狭い	標準	広い

ジーンズなどのサイズ

アメリカサイズ（inches）	29	30	31	32	33	34	36
紳士ウエストサイズ（cm）	73.5	76	78.5	81	84	86	91.5
アメリカサイズ（inches）	26	27	28	29	30	31	32
婦人ウエストサイズ（cm）	56	58	61	63	66	68	71

ボーイズサイズ

アメリカサイズ	8	9	10	11	12	14	16	18
身長（cm）	128～133～138.5～143.5～148.5～156～164～167							

ガールズサイズ

アメリカサイズ	7	8	10	12	14	16
身長（cm）	124.5～131～134.5～141～147.5～153.5～160					

幼児サイズ

アメリカサイズ	3	4	5	6	7（6X）
身長（cm）	91.5～98～105.5～113～118～123				

度量衡

距離・長さ
1インチ（inch）＝2.54cm
1cm＝0.393インチ
1フット（foot）＝12インチ＝30.48cm
1m＝3.28フィート（複数形はフィート feet）
1ヤード（yard）＝3フィート＝91.44cm
1マイル（mile）＝1.6093km
1km＝0.6214マイル

重さ・容積
1オンス（ounce）＝28.3g
1ポンド（pound）＝453.6g
1kg＝2.204ポンド＝35.27オンス
1パイント（pint）＝473mℓ
1クオート（quart）＝950mℓ
1ガロン（gallon）＝4クオート＝3.78ℓ

温度

●華氏摂氏温度早見表
℃＝(℉－32)×5/9
℉＝℃×9/5＋32
例）78℉は、(78－32)×5/9≒25.6℃

32℉は0℃と覚えておくとよい

摂氏（℃）	-17.7	-20	-10	0	10	20	30	37.7	40	100
華氏（℉）	0	-4	14	32	50	68	86	100	104	212
				（氷点）						（沸点）

※換算は小数点第2位で切り捨てています

技術編

第21章 チップとマナー

アメリカではサービスを受けたらチップを渡す習慣がある。チップの習慣がない日本人はチップを忘れがちだ。チップは労働の対価であり、これで生活している人も多いので、気持ちよくしっかりと渡すようにしよう。

チップの渡し方

誰に?	いくらぐらい?	いつ渡す?
ドアマン、空港のポーター	荷物1個につき$2～3	荷物を最後まで運んでもらったあと
ベルマン、ドアマン	$1	タクシーをつかまえてくれたときは、乗車前に
ベルマン	荷物1個につき$2～3	届け物を部屋まで持ってきてくれたときは、受領後に
ルームサービス	サービス料、デリバリー手数料が含まれている場合も※1	ルームサービスを運び終えたあとに
	$1～2	タオルや毛布など依頼に応じて持ってきてもらったら、受領後に
ルームメイド	ベッドひとつにつき$2～5	毎日の部屋の掃除に対しては、ベッドサイドのライトテーブル、もしくは枕の上に置いておく※2
コンシェルジュ	観光や滞在の相談に、その場で答えてくれるような質問ならチップは不要、チケットやレストランの手配なら難易度に応じて$10、20、30以上といった具合	アレンジしてもらったミュージカルやレストランなどの帰りに。感想も言ってあげるとスマート
ウエートレス/ウエーター	合計金額の15～20%。ただしサービス料が金額に含まれていれば少額でOK※3	レストランで食事をしたときは、支払い時に
バーテンダー	1杯につき$1または飲み物代の20%	バーカウンターでオーダーしたときは、飲み物を受け取ったあと
タクシードライバー	料金の15～20%、料金が低くても最低$1。荷物が多い場合は、多めに払うのが常識※4	支払いのとき
空港シャトルのドライバー	料金の15～20%※5	目的地まで着いたあと
無料シャトルバスのドライバー	$1	空港からホテルまで運行している専用シャトルバスを利用したときは、降車時に
観光バスのドライバー/ツアーガイド	ガイドチップはツアー代金の15～20%	ツアー終了後に
バレーパーキングの係員	$1～5	車を預けるときにチップは不要。再び車を出すとき、乗車時に手渡す
カーブサイドチェックインの係員	荷物1個につき$2～3	荷物を預けたあと

※1サービス料は15～20%が目安。ルームサービスを受けた際にレシートの明細を確認すること。必要に応じてチップを渡す
※2ただ置いておいてはチップとわからないので、"housekeeping" または "chambermaid" などと書いたメモを添えるか、封筒などに入れておく。なお、"Don't Disturb" はかまわないでほしいというサインなので、ルームメイドは部屋の中へ入ってこない。そのため、掃除やタオルの交換もされない
※3タックス分は対象外。また、人数に関係なく合計額の15～20%が基準
※4ドライバーがチップ相当と判断しておつりをよこさないときもあるが、おつりを返してほしいときははっきりと "●● dollars back, please." などと言おう
※5 決められたルートを回る大型バスのチップは不要。乗客一人ひとりの行き先を聞いて回る小型バンの場合は要チップ
旅の英会話➡P.718

レストランの会計伝票でのチップの記入例(クレジットカードで支払う場合)

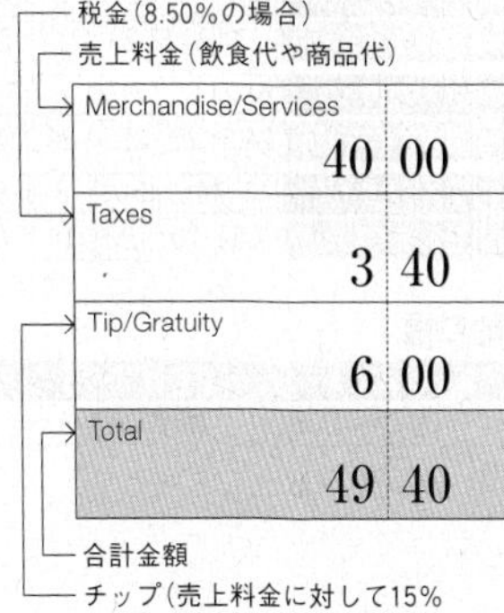

簡単なチップの計算法

①料金の端数を切り下げる(または切り上げ)
例)$35.21→$35.00
②チップが15%なら、×0.15
$35.00→$5.25
③20%なら10分の1にして2倍に
$3.50×2→$7
④チップの相当額は15～20%($5.25～7)の範囲。それぞれのサービスに見合った額を決めればよい

基本的なマナー&常識

アメリカは、習慣、宗教、文化など、異なったバックグラウンドをもつ人々が暮らしている多民族国家。そのため、他人と接するときのアメリカ人の姿勢は実に慎重といえる。それだけに、マナーを守ることは、この国では基本中の基本。逆に見れば、訴訟社会を象徴していることになるかもしれない。アメリカのマナーを守って楽しい旅を！

町なかにて

●あいさつは人と接するときの基本。コンビニでも、航空会社のカウンターでも、人と応対するときは"Hi！"と必ず声をかける。店に入ったら店員と、まずは"Hi！"、"Hello！"くらいの軽いあいさつをしよう。黙って店に入って、並べられている物を触ったりするのは避けたい

●人にちょっとでもぶつかったら"Sorry."、"Pardon."と。混雑時に、自分が先へ進みたいときは"Excuse me."とひと言声をかける

●くしゃみや咳をしたときも、"Excuse me."のひと言を

●ビルの入口やバスなどの扉は、後ろの人のために押さえておく

●"レディファースト"。エレベーターの乗り降りなど、女性が先。特に年配の女性が一番先

●レストランでは、従業員はテーブルの担当の人が決まっている。テーブル席に座ったら、その担当の人以外は、あまり対応に当たってくれない

●トールフリーの電話番号を同じ市内への通話をするときに利用しない

喫煙と飲酒

●喫煙は定められた所で。公共の場のほとんどは禁煙。吸ってもいい場所でも、周りへの気配りを忘れずに

●ライブハウスやバー、クラブなど、お酒を飲む所に入るときは、ID（身分証明書）を忘れずに

●ほとんどの州で、飲酒年齢は21歳以上（21歳未満は不可）

●飲酒はレストランやバー、ライブハウスなど定められた場所のみで。公園やビーチ、歩きながらは厳禁

服装

●アメリカでは、レストランによってはドレスコードが厳しく、ラフな服装では入店できない。レストランを予約するときに確認したい。また、高級ホテルに泊まるときもラフ過ぎる服装は避けること

そのほか

●個人宅では、トイレ使用時以外はトイレのドアを閉めないことも

ストリートギャング風の服装は要注意

注意したいのがストリートギャング風の服装。ダボッとしたパンツに、フード付きのパーカーやキャップなどを目深にかぶるスタイルだ。このような服装の人を日本ではよく見かけるが、アメリカへ行ったら、本物のストリートギャングと見なされてしまう。そのような服装をしてレストランやショップ、ホテルへ入れば、入店を拒否されても当たり前

ナイトスポットへ行く際の注意

●できればタクシーを利用し、複数で行くのがベター。帰りに関しては、ライブハウスやクラブの店員にタクシーを頼んで迎えにきてもらう。レンタカーの場合、ほとんどの店のすぐ近くに駐車場があるので歩く距離はそれほどではないが、周囲には十分気をつけること

●アルコールを置いている店へ行くときには写真入りのIDを忘れずに。旅行者ならばパスポートがいちばんよい

●クラブの入場料（カバーチャージCover Chargeと呼ばれる）は$5～15程度。ライブハウスの場合は1ドリンクチャージだったり、出演者によって前売券を発売するところもあったりといろいろ

●服装は店によって全然違う。思いっきりおしゃれをして踊りに行く店、カジュアルな店などそれぞれだ。不安なときは電話やウェブサイトでドレスコードの確認をして行こう

●公共の建物内での喫煙を法律で禁止している州がほとんど。クラブやライブハウスも禁煙。だが、喫煙スペースを設けているところもある。喫煙所がない場合は、手にスタンプを押してもらい、一度建物の外に出て、たばこを吸ってから戻ってくることができる。再入場の際にはそれを見せれば大丈夫

アルコールを買った際の注意点

開封済みのアルコール類を車で持ち運ぶことは、ほとんどの州で禁止されている。一度ボトルを開けて残ってしまったワインなどを持ち運ぶことはできないので、特にレンタカーなどで移動する際には気を付けたい。また、店でアルコール類を買った際には、未開封であっても必ず運転している際に手の届かないトランクなどに入れておくこと

技術編

第22章 インターネット

インターネットの普及により、海外にいても最新のニュースや情報を簡単に入手できるようになった。自分のパソコンやタブレット型端末、スマートフォンがあれば、ホテルの部屋、カフェなどでいつでも接続できる。メールの送受信をはじめ、ウェブサイトからの情報収集など、日本と同じサービスを海外にいながら受けられることは、旅先でも行動の幅が広がる。この章では、アメリカのインターネット環境について説明しよう。

ホテルのインターネット環境

現在、アメリカのホテルやユースホステルはほとんどWi-Fiがとおっている。おもしろいのが、高級ホテルは1日、または24時間当たり$12～15の接続料がかかるのに対し、中級以下のエコノミーホテルやユースホステルはほとんどが無料である点。断定はできないが、セキュリティがしっかりしている分、接続料が発生するといわれている。また、そのセキュリティに慎重な顧客のために、高級ホテルではLANケーブルを用意している所もある。

客室のWi-Fiが有料のホテルでも、ロビーやレストランなどのパブリックエリアはたいてい無料。節約のためか、ロビーやレストランでネットサーフィンする宿泊客を見受けることもしばしばだ。ホテルによっては宿泊客用に、ロビーにパソコンとプリンターを設置して、ビジネスセンターとしている所もある。もちろん、使用料は無料。

料金の支払いは、ホテルのチェックアウト時に請求されるので、明細をしっかりチェックしておくこと。近年の傾向として、ラスベガスのカジノホテルやリゾートホテルでは、「リゾートフィーResort Fee」と称し、宿泊料金とは別に駐車場代やフィットネスセンターの使用料、そしてWi-Fiの料金をまとめて請求するホテルが増えてきた。1泊当たり$20～40くらいかかるので、予約時に注意したい。

インターネットができる場所

アメリカにもインターネットカフェはあるが、店舗数が少ない。アメリカの町なかでスマートフォンやタブレット端末を使っている光景を見るが、これは日本同様、個人で契約した3Gや4G回線を使っている。

町なかでじっくりインターネットを利用したい人はフェデックスFedExが便利。各オフィス内に無料Wi-Fiが完備されているだけでなく、有料でパソコンの時間貸しをしており、日本語でウェブサイトやメールを見ることができる（ただし、日本語のメールは送信不可）。また、多くの空港ターミナルでは、無料のWi-Fi環境が整っている。

パソコンの保管

パソコンは、客室備え付けのセーフティボックス（暗証番号式のキーロック）に必ず保管しよう。ない場合はフロントに預けるか、スーツケースに入れて施錠し、さらにクローゼットに収納するなど、目立たないように工夫をすること

おすすめのウェブサイト

●表示が英語のみのパソコンで

URL www.aol.com

URL www.yahoo.com

●日本語も表示できるパソコンで

URL www.yahoo.co.jp

URL www.msn.com/ja-jp

インターネットを使うには

「地球の歩き方」ホームページでは、アメリカでのスマートフォンなどの利用にあたって、各携帯電話会社の「パケット定額」や海外用モバイルWi-Fiルーターのレンタルなどの情報をまとめた特集ページを公開中

URL www.arukikata.co.jp/net

無料のWi-Fi（ワイファイ）スポット

アメリカの町なかでWi-Fi無料の場所は公共図書館。マクドナルドやバーガーキングなどのファストフード、スターバックスなどのカフェ、一部の公園などでも無料でWi-Fiが利用できる

スマートフォンのインターネット利用に注意

アメリカで、スマートフォンを通話ではなく、インターネット（海外ローミング）で利用した場合、高額となるケースがある。どのように設定するか、必ず確認をしておくこと！

携帯電話会社の問い合わせ先など ➡ P.711

FedEx

URL www.fedex.com

旅のアドバイス　無料のWi-Fiスポットでの注意事項▶「利用可能なワイヤレスネットワーク」として表示されたネットワーク名は、よく確認してから接続するように心がけよう。なかには利用者をだます“なりすまし”も多く、情報が盗まれるケースが多発している。

技術編

第23章 郵便と電話

帰りを待つ家族や友人に、旅行中の感動を伝えよう。カフェやホテル、移動中の列車の中でペンを取るのもいいし、空港や駅の公衆電話から連絡するのもいい。そのとき感じたこと、体験したことは、アメリカから海を越えて、相手の心に届くはずだ。また、たまった荷物やみやげ物も、郵送で送ってしまおう。

郵　便

旅には筆不精の人でも手紙を書く気にさせる不思議な力がある。切手の購入は、空港や郵便局の自動販売機が便利。

アメリカの郵便局から荷物を送る場合、定額制の小包を利用するとよい。また、パンフレットなどの印刷物だけの場合は“Printed Matter”、本は“Book”にすればさらに安く送れる。

国際小包の税関申告書の記入の一例

CP187183903US

United States Postal Service®
Customs Declaration and Dispatch Note — CP 72
IMPORTANT: This item may be opened officially. Please print in English, using blue or black ink, and press firmly; you are making multiple copies. See Privacy Notice and Indemnity Coverage on Customer Copy.

❶ FROM: Sender's Last Name CHIKYU / First AYUMI / MI
Business
Address (Number, street, suite, apt., P.O. Box, etc. Residents of Puerto Rico include Urbanization Code preceded with URB) THE WESTIN BONAVENTURE HOTEL&SUITE
City LOS ANGELES / State CA / ZIP+4® 90071-

Insured Amount (US $) $ .00 / SDR Value
Insurance Fees (US $) $. / Total Postage Fees (US $) $.
14. Sender's Customs Reference (if any)
15. Importer's Reference - Optional (if any)

❷ TO: Addressee's Last Name CHIKYU / First AYUMI / MI
Business
Address (Number, street, suite, apt., P.O. Box, etc.) 2-9-1HATCHOBORI
Postcode 104-0032 / City CHUO-KU
State/Province TOKYO / Country JAPAN

16. Importer's Telephone ☐ Fax☐ Email ☑ (select one)
❾ chikyu@xxxx.ne.jp
17. License No.
18. Certificate No.
19. Invoice No.

❸ 1. Detailed Description of Contents (enter one item per line) / 2. Qty. / 3. Lbs. Oz. / 4. Value (U.S. $)
SHOES ❹ 15
T-SHIRT 20
For Commercial Senders Only: 20. HS Tariff Number / 21. Country of Origin of Goods

5. Check One: ❺ ☐ Gift ☐ Returned Goods ☐ Documents ☐ Commercial Sample ☐ Merchandise ☑ Other:
6. Check One ❻ ☑ Airmail ☐ Surface
7. Other Restrictions: (pertains to No. 12)
8. Total Gross Wt: (all items Lbs. & Ozs.) -
9. Total Value US $ (all items) ❼ $35
10. If non-deliverable: ☐ Treat as Abandoned ☐ Return to Sender (see inst) ☐ Redirect to Address Below:
Mailing Office Date Stamp
11. EEL/PFC
12. Restrictions ☐ Quarantine ☐ Sanitary or Phytosanitary Inspection
13. I certify the particulars given in this customs declaration are correct. This item does not contain any dangerous article, or articles prohibited by legislation or by postal or customs regulations. I have met all applicable export filing requirements under the Foreign Trade Regulations. Sender's Signature and Date
❽ 地球 歩　Month Day Year 01 20 2019

PS Form 2976-A, January 2009 PSN: 7530-01-000-9834　Do not duplicate this form without USPS® approval.　1 - Manifesting/Scan Copy

切手の購入
切手は郵便局の窓口かUS Mailのマークのある販売機であれば、額面どおりの額で買えるが、おみやげ店やホテルなどにある小さな販売機は割高だ。もし、どうしても見当たらなかったらホテルで尋ねてみるのもいい

便利な郵便局
大きな郵便局では、梱包用の箱や大きな封筒、ガムテープなども販売している

国際小包の税関申告書
左記の税関申告書は、国際郵便を送る際に記入する最もスタンダードなタイプ。このほかにも送る内容物によって数種類の申告書類があるので、郵便局で確認を

●記入例
❶FROM：差出人の氏名、住所（旅行者は滞在先のホテル名、ホテルが所在する市、州名、郵便番号）を記入
❷TO:受取人の氏名、住所を記入
❸Detailed Description of Contents:内容物の明細
❹Value:おおよその価格
❺Gift:贈り物、Documents:書類など当てはまる事柄にチェック
❻送付方法のAirmailにチェック
❼内容物の合計価格
❽署名と署名した日時を記入
❾Importer's Telephone,Fax,Email:輸入先への連絡手段をチェックして、連絡先を記入

日本への郵便料金

2018年10月現在

Air Mail（First Class International Mail）航空便	
封書 Letters	1オンス（約28g）$1.15 ※0.5～1オンスごとに98～99¢加算
	最大重量3.5オンス（約99g）
はがき　Post Card	$1.15
小包 Parcel	1ポンド（453.6g）まで$50 ※2～66ポンドまで1ポンドごとに$3.05～3.45を加算
	最大重量66ポンド（約30kg）
定額封書／定額小包 Flat Rate：Envelope／Box:Large	封書：24×31.8cmの封筒に入るだけ$32.25。最大重量4ポンド（約1.8kg）
	小包：30.5×30.5×14cmの箱に入るだけ$92.50。最大重量20ポンド（約9kg）
書籍・楽譜・印刷物（Printed Matter）エム・バッグ　M-bags	11ポンド（約5kg）まで$86.35 ※1ポンドごとに$7.85加算　※M-bagsという郵便方法は、大きな袋に無造作に荷物を入れられ、紛失や破損に対して何の補償もされない方法
	最大重量66ポンド（約30kg）

※小包、定額封書・定額小包はPriority Mail（配達に6～10日要する）を利用した場合

メモ　アメリカで別送品の配送サービスを行っている宅配業者▶ヤマト運輸（国際宅急便）YAMATO TRANSPORT (USA) INC URL www.yamatoamerica.com　日本通運（ジェットパック輸入）URL www.nittsu.co.jp/sky/express

アメリカ国内公衆電話のかけ方

●市内通話 Local Call

スタンダードなタイプの公衆電話

同じ市外局番（エリアコード）内の市内通話の場合、最低通話料金は50¢が一般的だ。受話器を持ち上げ、コインを入れエリアコードを除いた番号を押す。投入した金額では不足の場合、オペレーターの声で“50 cents, please.”などと指示があるので、その額のコインを投入する。

●市外通話 Long Distance Call

最初に1をダイヤルしてから、市外局番、相手先番号と続ける。オペレーターが“Please deposit one dollar and 80 cents for the first one minute.”などと料金を言うので、それに従いコインを入れる。指定額が入ると回線がつながる。公衆電話からかける長距離通話は意外に高いので、プリペイドカード（➡下記）を使うのが一般的。

プリペイドカード

日本のテレホンカードのように直接電話機に挿入して使うシステムではなく、カードに記された各カード固有の番号をダイヤル入力することによって、通話ができるというもの。利用方法は、まず専用のアクセス番号（カードに表記されている）をプッシュ。操作案内があるので、それに従ってカード番号、相手先電話番号をプッシュすればよい。このプリペイドカードは日本やアメリカの空港、ドラッグストアのレジなどで販売されている。アメリカ国内にも日本へも、購入金額に達するまで通話できる。

アルファベットの電話番号はこう読む

アメリカでは、アルファベットの電話番号をよく見かける。例えば、ヒルトンホテルのトールフリーの番号は“HILTONS”となっている。昔のアメリカの電話番号がアルファベットであったことから、今でも電話機のダイヤルの数字の上にアルファベットが書かれている

アルファベット	数字
ABC	2
DEF	3
GHI	4
JKL	5
MNO	6
PQRS	7
TUV	8
WXYZ	9

救急	911
消防	911
警察	911
番号案内	411

トールフリーとは

トールフリーはアメリカ国内通話料無料の電話番号。(1-800)、(1-888)、(1-877)、(1-866)、(1-855)、(1-844) で始まる。なお、日本からかける場合は有料となるから要注意

アメリカ国内で携帯電話から利用する場合も、通話料がかかる

使用可能額が書いてあるアメリカのプリペイドカード

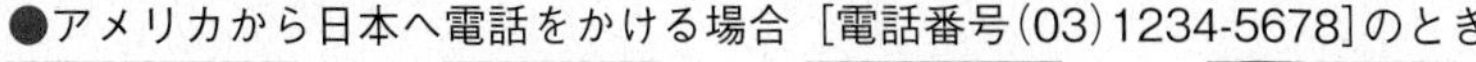
●アメリカから日本へ電話をかける場合 ［電話番号(03)1234-5678］のとき

011	+	81	+	3	+	1234-5678
国際電話識別番号※1	+	日本の国番号	+	市外局番※2 （最初の0を取る）	+	相手の電話番号

※1 公衆電話から日本にかける場合は上記のとおり。ホテルの部屋からは、外線につながる番号を頭に付ける。
※2 携帯電話などへかける場合も、「090」「080」「070」などの最初の0を除く。

●日本からアメリカへ電話をかける場合 ［電話番号(213)123-4567］のとき

NTTコミュニケーションズ 0033 ソフトバンク 0061 携帯電話の場合は不要	+	010	+	1	+	213	+	123-4567
事業者識別番号	+	国際電話識別番号	+	アメリカの国番号	+	市外局番（エリアコード）	+	相手の電話番号

※NTTドコモ（携帯電話）は事前にWORLD CALLの登録が必要。
※携帯電話の場合は「010」のかわりに「0」を長押しして「+」を表示させると、国番号からのダイヤルでかけられる。

ホテルの部屋から電話をかける

まず外線発信番号（多くの場合8または9）を最初に押す。あとは通常のかけ方と同じだ。ただし、ホテルの部屋からの通話にはサービスチャージが加算される。トールフリー（無料電話Free）の番号でも、チャージするところが多い。また、市外通話や国際通話をかける際、たとえ相手が電話に出なくても、一定時間（あるいは回数）以上呼び出し続けていると、それだけで手数料がかかってしまうケースもある。

ホテルの客室の電話。外線を使うときは最初に「8」または「9」をプッシュする

アメリカから日本への国際電話のかけ方

●ダイヤル直通

自分で料金を払う最も基本的なもの。オペレーターを通さずに直接、日本の相手先の電話番号とつながる。国際通話の場合は前述のプリペイドカード➲P.710を使うのが一般的。

●日本語オペレーターによるサービス（コレクトコール）

オペレーターを介して通話するもので、料金日本払いのコレクトコールのみ。料金は高いが、すべて日本語で事足りるので安心。

日本語オペレーターによるサービス（コレクトコールのみ）
サービスアクセス番号
●KDDI（ジャパンダイレクト）
Free (1-877)533-0051

日本での国際電話に関する問い合わせ先

NTTコミュニケーションズ	無料0120-003300（無料）
	URL www.ntt.com
ソフトバンク	無料0088-24-0018（無料）
	URL www.softbank.jp
au（携帯）	無料0057
	無料157（auの携帯から無料）
	URL www.au.com
NTTドコモ（携帯）	無料0120-800-000
	無料151(NTTドコモの携帯から無料)
	URL www.docomo.ne.jp
ソフトバンク（携帯）	無料157(ソフトバンクの携帯から無料)
	無料0800-919-0157
	URL www.softbank.jp

●携帯電話を紛失した際の、アメリカからの連絡先（利用停止の手続き。全社24時間対応）

au	☎(011)+81+3+6670-6944	※1
NTTドコモ	☎(011)+81+3+6832-6600	※2
ソフトバンク	☎(011)+81+92-687-0025	※3

※1　auの携帯から無料、一般電話からは有料
※2　NTTドコモの携帯から無料、一般電話からは有料
※3　ソフトバンクの携帯から無料、一般電話からは有料

現地のSIMカードが便利

仕事で渡米するなら、現地の通信会社が販売するSIMカードがおすすめ。たいていはアメリカ国内通話料が無料で、SIMカードの電話番号でテキストメッセージのやりとりができる。アメリカ人は電話より、このテキストメッセージを利用するのが今では一般的だ。もちろん、そのGB数までインターネットがどこでも使えるのもメリット。ただし、日本への通話ができない会社がほとんどなので注意を。

SIMカードを購入する時間がない、SIMカードを交換しても設定がわからない人は、ルーターの携帯がおすすめ

第24章 旅のトラブルと安全対策

「快適な旅、よい旅」にするために、旅の安全を守ることは不可欠な要素だ。ひと言で「安全の確保」といっても、その意味する範囲はあまりにも広い。不可抗力もあれば、不注意で起こるトラブルもある。しかし、ほとんどの人が「自分は気をつけているから大丈夫」と思っているはず。「自分の身は自分で守る」、もう一度、素直な気持ちで、以下の最低限の約束ごとを受け止めてほしい。

外務省 海外安全ホームページ
海外に渡航・滞在する人自身が安全を確保できるような参考情報を公開している
URL www.anzen.mofa.go.jp

「たびレジ」に登録しよう
外務省による海外旅行者向けの登録システムで、登録すると随時、最新渡航先情報や安全情報をメールで送信してくれ、緊急事態発生時には緊急連絡を届けてくれる
URL www.ezairyu.mofa.go.jp/tabireg

こんなとき、ターゲットになりやすい
日本人同士で会話に夢中になっているとき。日本語で会話をしていると、その空間は日本になる。特におしゃべりな人は、おしゃべりに気を取られて注意力が散漫になる。いつの間にか、スラれているかも……

デイパックの持ち方に工夫をしたい。見物中は背後も気にかけておこう

アメリカの治安と犯罪

世界でも有数の安全な国といわれている日本。この国に暮らしていると、“キケン”というものを意識する機会はあまりない。不幸なことに、この感覚が海外へ行っても抜けないため、いろいろなトラブルに巻き込まれる人が多い。まず第1に、**「アメリカと日本は違う国だ」ということを常に意識**してほしい。日本の常識は海外では通用しないのだ。

おもにマスコミを通じて、アメリカの犯罪発生率の高さ、その凶悪さ、銃社会、麻薬問題などが報道されている。もちろん、これらは事実だが、日本に伝わってくるものは、アメリカ社会のマイナス面が圧倒的に多いということ。凶悪犯罪の多くは、一般旅行者と関係ない所で起こっていることも事実だ。

そして、2001年9月11日の米国同時多発テロや2013年4月に発生したボストンの爆弾テロ。「テロ」の恐ろしさを世界中に見せつけたが、正直なところ、テロは防ぎようがない。なぜなら、どこにでも起こる可能性があるからだ。日本でも、過去には都心部でテロが起こり、何の関係もない多くの人々が犠牲になったという事実もある。

犯罪の種類と対策

旅行者が遭いやすい犯罪はスリ、置き引き

空港、バスターミナル、観光名所、人通りの多い通り、ショッピング街、ファストフードの店内、ホテルのロビーなどでスリや置き引きは発生する。そういう場所ではいろんなことに気を取られて、「ついうっかり」や「全然気づかぬスキに」被害に遭うことが多い。相手はプロ、用心のうえにも用心を。悪いやつらは必ずグループで犯行に及ぶ。

旅慣れたように歩きたいところだが……

スリや泥棒のターゲットにならないために

スリや置き引きに遭うのはスキのある人が多い。ぼんやりしていたり、落ち着きのない人はカモにされやすい。上を見上げて歩くのは、観光客のおのぼりさんまる出しのうえ、目線の下は防御が手薄になる。特に、旅の前半より、旅やアメリカに慣れた後半の注意力が落ちたときのほうが発生率は高い。

旅のアドバイス **大麻（マリファナ）について**▶アメリカではコロラド州を皮切りに、約半分くらいの州で大麻が合法化されている。州によって医療用の所持はOKだが、嗜好用はNGといった具合に、規定は州によってさまざま。実際、大麻の使用に眉をひそめるアメリカ人が多いのも事実。この大麻、ご存知のように日本では明らかに↗

こんな人には要注意

向こうから親しげに話しかけてくる人は、はっきりいって要注意だ。多くの場合、下心があって近づいてくる。特に、日本語で話しかけられたり、うまい話をもって近づいてくる人は、かなりの確率で注意したほうがいい。これらの人は概して身なりがよく、美男美女も多い。あまりの巧みな手口に、自分がだまされたことすら気づかずにいるほどだ。

こんなところへ足を踏み込まないように

アメリカのどこの町でもそうだが、危険なエリアと危険な時間帯がある。ホテルの従業員に聞くのもひとつの方法だ。治安のよくないエリアや時間帯に、どうしても外出する必要があるときはタクシーを利用しよう。なお、危なそうな場所を察知する力も大切だ。町を歩くときは次のようなエリアに注意。

●ゴミが散らかっている　●人通りが少ない
●スプレーでの落書きが多い　●異臭がする
●妙に気力のなさそうな人や、行動がおかしかったり、目つきの悪い人が多い
●家や店の窓や入口に、防犯のための鉄格子が入っている
●周囲にポルノショップなどのあやしい店が多い

本当に大切なものは肌身離さず

盗まれて本当に困る物、①パスポート、②お金（トラベルプリペイドカードやクレジットカード）、③USAレイルパスなどは、貴重品袋に入れて服の内側に入れ、肌身離さず管理するか、中級以上のホテルに泊まるなら、ホテルのセーフティボックスSafety Deposit Boxに預けよう。現金は1日使うぶんだけを持ち歩くように。万一のため、現金やクレジットカードは分散して持ち歩きたい。旅の間は、盗まれては困るものと困らないものを区別しておき、大切なものの管理には特に神経を使おう。

サブバッグの持ち方

その日使う予定のない貴重品（パスポートやクレジットカードなど）は、貴重品袋や体の内側にしっかり身につけておきたい。それでもサブバッグにはお金やクレジットカードを入れる必要があるわけだから、それをどのように持ち歩いたらいいのだろうか。以下を参考に。

●**ショルダーバッグ**　ファスナー、留め具部分に手を置けばスリ防止になる。なるべく体の前でバッグを持つように。
●**デイパック**　完全に背負ってしまうと、ファスナーを開けられてもまず気づかない。片方の肩にかけ、デイパック本体を前に抱えるなどの配慮を。
●**ウエストバッグ**　バッグ部をおなかの前にして身に着ける。背中部分の留め具が外されることが心配なので、上着を着てその下につけておくのが安全。そのまま出していると狙われる危険性あり。

ホテルの中ではこんなことに注意
・夜ホテルに戻るときは、フロントのある中央の出入口から入る
・公共の場所では、ホテルの部屋の鍵やカードを見せないように。その鍵やカードを狙われることが多い
・客室内には、現金や貴重品は置かないこと
・エレベーターに乗るときは階数ボタンのパネルがある位置に立つのがよいとされている。万一、密室で何かあった場合は最寄りの階のボタンを押すか、非常ボタンを押して、危険を回避しよう
・ホテルの従業員を装い、強盗犯が侵入することがあるので、相手を確認するまではドアを開けない

最近の手口
写真を撮ってほしいと頼み、被害者が荷物を置いた瞬間に相棒が奪い去っていくとか……

荷物は少なくまとめる
左右に抱えるほど荷物があるときは、注意力も散漫になりがち。ひったくりに狙われやすい。なるべくひとつにまとめる努力を！

市内を歩くときは
建物の陰などに引きずり込まれないように車道側を歩くこと。ただし、ひったくりも多いので車道側にバッグを持たないように注意をしよう

かばんのたすきがけにも要注意！
ショルダーやポシェットは「たすきがけ」で持ち歩くように、という指示を受けた人は多いはず。でも「たすきがけ」をしても狙われるのである。荷物を引ったくられた際、ひきずられてけがをしてしまった人もいるとのこと。アメリカの警察では「たすきがけにも注意が必要」と警告している

夜の外出はタクシーで
犯罪者は暗くなってから活動し始める。深夜は決して歩かず、近距離でもタクシーを利用しよう。また、夜間の公園内も注意したい。犯罪は警察の目の届かない所で発生する

体の前でショルダーバッグを持っているよい手本

↘違法で、日本人は国外でも日本の法律が適用されることを忘れてはいけない。アメリカで合法の州ならいいのではないかと思われるかもしれないが、日本人には罰則があるので、十二分に注意すること。

トラブル対処法

盗難に遭ったら

すぐ警察に届ける

- 海外旅行保険の請求に必要な事故報告書を作成
- 報告書の控え(Police report)、または被害届け受理番号(Police case number)をもらう。➡下記メモ

パスポートをなくしたら

すぐ総領事館へ行き新規発給の手続き

- 紛失・盗難届出証明書（地元の警察などに発行してもらう。書面が取得できない場合はPolice case number)、紛失一般旅券等届出書、旅券発給申請書（両方とも領事館の窓口にある)、写真2枚、身元が確認できる書類（運転免許証など)、戸籍謄本または抄本が必要
- 発給までに7〜10日間、発給手数料は10年用なら$143、5年用なら$98（12歳未満は$54）が必要
- 旅程で7〜10日間待てない場合、「帰国のための渡航書」が発行される。上記の書類のほかに（戸籍謄本、抄本は不要）渡航書発給申請書と航空券、手数料$22が必要

旅行小切手(T/C)をなくしたら

T/C を発行している銀行や金融機関の支店に行き、再発行の手続き

- 紛失・盗難届出証明書（地元の警察などに発行してもらう)、T/C発行証明書、未使用T/Cのナンバーが必要

クレジットカードをなくしたら

大至急クレジットカード会社の緊急連絡センターに連絡 ➡P.717

- 警察に届けるより前に無効にしてもらう手続きを

荷物をなくしたら

- 航空機やバスで預けた荷物は、クレームタグClaim Tag（預かり証）を見せてその場で抗議。事後のクレームはいっさい取り合ってくれない
- 盗まれたり、置き忘れたりしたものは、まず出てこないのであきらめる
- 海外旅行保険の請求に必要な手続きはしておく

お金をすべてなくしたら

- クレジットカードでキャッシング➡P.640
- 日本国大使館や総領事館➡P.716に飛び込んで相談にのってもらう

病気になったら

- 風邪や下痢程度の病気なら常備薬を飲んでゆっくり休む
- それでも回復しない、または初体験の症状があったら旅行保険会社の現地支店に相談、医者を紹介してもらう

盗難は直ちに警察へ届け出を▶まず、警察署（警官を呼んだ場合も）では盗難被害に遭った旨を伝える。担当の警官がこちらの身元や事件の状況、被害の内容などを聞いてくるので、質問に応じればよい。報告書（Police report）の発行は数日を要する場合があるので、被害届け受理番号（Police case number）をもらっておくこと。

気象の変化に備えて

ハリケーン

アメリカ南部とフロリダは、毎年6～11月（特に8～10月）にかけてがハリケーンのシーズン。この時期は、テレビやウェブサイトなどで事前に天気予報をチェックしておきたい。もし運悪くハリケーンと重なってしまったら、旅行の計画を見直す必要がある。

トルネード（竜巻）

世界でいちばんトルネードが発生するといわれるアメリカ。特に3～6月のロッキー山脈の東にあるアメリカ中西部はトルネードが発生しやすい。南にあるメキシコ湾からくる暖かい空気と北にあるカナダからくる冷たい空気が衝突し、大気が不安定になったときトルネードが発生するという。トルネードの頻繁に発生する地域の建物（ホテルやモーテルを含む）の地下にはシェルターが作られているので、もしトルネード警報が発令されたら、ホテルの人の指示に従ってシェルターに避難したい。

知っておきたい天気予報用語

- Sunny、Nice、Clear　晴れ
- Mostly Sunny　晴れときどき曇り
- Rain　雨
- Shower　スコール（にわか雨）
- Thunderstorm　雷雨
- Heavy Rain　豪雨
- Rainstorm　暴風雨
- Light Rain　小雨
- Cloudy、Overcast　曇り
- Partly Cloudy　一時曇り
- Fog　霧
- Mist　もや
- Snow　雪
- Blizzard　吹雪
- Hail　雹（ひょう）
- Storm　嵐
- Hurricane　ハリケーン
- Tornado　トルネード

ハリケーン情報など
URL www.nhc.noaa.gov

嵐、トルネード情報など
URL www.spc.noaa.gov

アメリカの気象庁
URL www.weather.gov

連邦緊急事態対処庁
URL www.fema.gov

トルネードの階級

階級	風速
EF5	時速322km以上
EF4	時速267～321km
EF3	時速219～266km
EF2	時速179～218km
EF1	時速138～178km
EF0	時速104～137km

※トルネードは数字が大きくなるほど強い勢力をもっている。EF0だと木が折れたりする程度の軽い被害の場合がほとんどだが、EF1になると屋根が飛ばされたり窓ガラスが割れ、EF2になると家が破損されるほどの大きな被害がもたらされる

ハリケーンの階級

階級	風速
カテゴリー5	時速250km（秒速69m）以上
カテゴリー4	時速210～249km（秒速59～68m）
カテゴリー3	時速178～209km（秒速49～58m）
カテゴリー2	時速154～177km（秒速43～48m）
カテゴリー1	時速119～153km（秒速33～42m）
熱帯性暴風雨	時速62～118km（秒速17～32m）
熱帯性低気圧	時速62km（秒速17m）以下

※ハリケーンは階級が大きいほど強い勢力で、カテゴリー3以上のものを大型ハリケーンと呼ぶ

海外での大規模緊急事態時に邦人の安否を確認する「オンライン安否照会システム」について

海外で大きな災害・事件が起きた場合、現地邦人の安否を電話だけでなくオンラインでも確認できる手段を導入した。

「オンライン安否照会システム」は、海外での大規模緊急事態が発生した際にのみ、外務省海外安全ホームページ上に立ち上げられ、利用が可能となる。災害・事故が比較的小規模な場合、安否照会は海外邦人安全課で受け付けている。詳しくは下記を参照のこと。

URL www.anzen.mofa.go.jp/c_info/online.html
☎(03)3580-3311（外務省海外邦人安全課）

ワシントンDCの日本大使館。邦人の保護も行う

在米公館リストと管轄区域

ワシントンDC
Embassy of Japan in the United States of America
住2520 Massachusetts Ave. NW, Washington, DC 20008-2869　☎(202)238-6700
管轄区域（以下同）／ワシントンDC、バージニア、メリーランド州

ニューヨーク
Consulate General of Japan in New York
住299 Park Ave., 18th Floor., New York, NY 10171
☎(1-212)371-8222
ニューヨーク、ペンシルバニア、ニュージャージー、デラウエア、ウエストバージニア、コネチカット州フェアフィールド郡のみ、プエルトリコ、バージン諸島

ボストン
Consulate General of Japan in Boston
住Federal Reserve Plaza, 22nd Floor, 600 Atlantic Ave., Boston, MA 02210
☎(617)973-9772
メイン、マサチューセッツ、ニューハンプシャー、バーモント、ロードアイランド、フェアフィールド郡を除くコネチカット州

アトランタ
Consulate General of Japan in Atlanta
住Phipps Tower Suite 850, 3438 Peachtree Rd., Atlanta, GA 30326
☎(404)240-4300
ノースカロライナ、サウスカロライナ、ジョージア、アラバマ州

マイアミ
Consulate General of Japan in Miami
住80 S.W. 8th St., Suite 3200, Miami, FL 33130
☎(305)530-9090
フロリダ州

ナッシュビル
Consulate General of Japan in Nashville
住1801 West End Ave., Suite 900, Nashville, TN 37203　☎(615)340-4300
アーカンソー、ルイジアナ、ミシシッピ、ケンタッキー、テネシー州

シカゴ
Consulate General of Japan in Chicago
住Olympia Centre #1100, 737 N. Michigan Ave., Chicago, IL 60611
☎(1-312)280-0400
イリノイ、インディアナ、ミネソタ、ウィスコンシン、アイオワ、カンザス、ミズーリ、ネブラスカ、ノースダコタ、サウスダコタ州

デトロイト
Consulate General of Japan in Detroit
住400 Renaissance Center, Suite 1600, Detroit, MI 48243　☎(313)567-0120
ミシガン、オハイオ州

ヒューストン
Consulate General of Japan in Houston
住2 Houston Suite 3000, 909 Fannin St., Houston, TX 77010
☎(713)652-2977
オクラホマ、テキサス州

デンバー
Consulate General of Japan in Denver
住1225 17th St., Suite 3000, Denver, CO 80202
☎(303)534-1151
ワイオミング、ユタ、ニューメキシコ、コロラド州

ロスアンゼルス
Consulate General of Japan in Los Angeles
住350 S. Grand Ave., Suite 1700, Los Angeles, CA 90071　☎(213)617-6700
アリゾナ、カリフォルニア州南部

サンフランシスコ
Consulate General of Japan in San Francisco
住275 Battery St., Suite 2100, San Francisco, CA 94111　☎(1-415)780-6000
ネバダ、カリフォルニア州中、北部

ポートランド
Consular Office of Japan in Portland
住Wells Fargo Center, Suite 2700, 1300 S.W. 5th Ave., Portland, OR 97201
☎(503)221-1811
オレゴン、アイダホ州南部

シアトル
Consulate General of Japan in Seattle
住601 Union St., Suite 500, Seattle, WA 98101
☎(206)682-9107
アラスカ、ワシントン、モンタナ、アイダホ州のアイダホ郡以北

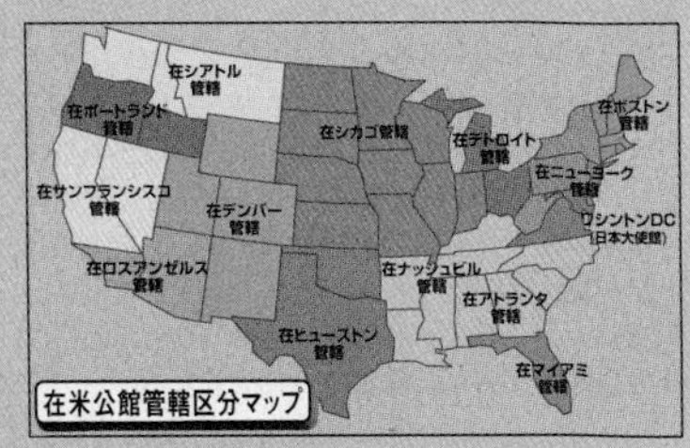

在米公館管轄区分マップ

メモ **総領事館の入館について▶**何かの事情で総領事館を訪れる場合は、身分証明書（パスポート、運転免許証、学生証など）を携帯するようにしよう。セキュリティの関係上、入館の際に身分確認を行う場合がある。パスポートを紛失した場合、事前にその旨を伝えるように。

技術編

第25章 旅のイエローページ

緊急時

●警察、消防署、救急車 ☎911

パスポート紛失時などの緊急時

在米公館（管轄区域などの詳細は➡P.716）

●ワシントン DC
☎(202)238-6700＊

●ニューヨーク
☎(1-212)371-8222＊

●ボストン
☎(617)973-9772＊

●アトランタ
☎(404)240-4300＊

●マイアミ
☎(305)530-9090＊

●ナッシュビル
☎(615)340-4300
※休館日、および夜間の緊急時
Free(1-800)776-3877

●シカゴ
☎(1-312)280-0400＊

●デトロイト
☎(313)567-0120＊

●ヒューストン
☎(713)652-2977＊

●デンバー
☎(303)534-1151＊

●ロスアンゼルス
☎(213)617-6700＊

●サンフランシスコ
☎(1-415)780-6000＊

●ポートランド
☎(503)221-1811＊

●シアトル
☎(206)682-9107＊

＊印は代表番号だが、緊急時は24時間受付

航空会社（アメリカ国内）

●アメリカン航空 Free(1-800)237-0027＊
●デルタ航空 Free(1-800)327-2850＊
●ユナイテッド航空 Free(1-800)537-3366＊
●日本航空 Free(1-800)525-3663＊
●全日空 Free(1-800)235-9262＊
●シンガポール航空 Free(1-800)742-3333
●サウスウエスト航空 Free(1-800)435-9792

＊は日本語対応のオペレーター

交通

●グレイハウンドバス Free(1-800)231-2222
●アムトラック Free(1-800)872-7245

クレジットカード会社（カード紛失・盗難時）

●アメリカン・エキスプレス Free(1-800)766-0106
T/C紛失時 Free(1-800)221-7282

●ダイナースクラブ
日本 ☎+81-3-6770-2796（コレクトコールを利用）

● JCB Free(1-800)606-8871
●マスターカード Free(1-800)307-7309
●ビザ Free(1-866)670-0955

日本語を話せる医師がいる医療機関

ワシントン DC

●ハンター紀子医師（内科）Dulles Internal Medicine
住22636 Glenn Dr., #101, Sterling
☎(703)444-3345

ニューヨーク

●東京海上記念診療所 Japanese Medical Practice
住55 E. 34th St.（Beth Israel Medical Group 2F）
☎(1-212)889-2119

アトランタ

● Emory University Hospital
住1364 Clifton Rd. NE
☎(404)712-2000
E-mail emory.international@emoryhealthcare.org

※電話、またはメールで「日本語通訳を希望」と英語で伝える。

シカゴ

●日本クリニック Nihon Clinic
住2010 S. Arlington Heights Rd., #101, Arlington Heights
☎(1-847)952-8910（代表）

ロスアンゼルス

●ニッポン・メディカル・クリニック Nippon Medical Clinic
住2100 Sawtelle Blvd., #103
☎(310)575-4050

サンフランシスコ

●こばやしクリニック Kobayashi Medical Clinic
住490 Post St., #1244
☎(1-415) 699-6495

帰国後の旅行相談窓口

●日本旅行業協会 JATA
☎(03)3592-1266
URL www.jata-net.or.jp

※旅行会社で購入した旅行サービスについての相談は「消費者相談室」まで。

第26章 旅の英会話

空港で

かばんがバゲージクレームから出てこないのですが。探していただけますか。
My baggage is not coming out yet. Could you find it?

白い、中くらいのスーツケースです。
It is a medium-sized white suitcase.

見つかったら、私のホテルまで送ってください。滞在ホテルは○○○ホテルです。
Please send my baggage to my hotel when you find it. I will be staying at ○○○ Hotel.

ここ（空港）から○○○ホテルへはどのようにして行けばいいでしょうか？
How can I get to ○○○ Hotel from here (the airport)?

ひとり歩き

空港までのチケットをください。
May I have a ticket to the airport?

片道（往復）切符をお願いします。
One-way (A round trip) ticket, please.

列車（バス）は何時に出発しますか？
What time does the train (bus) leave?

次のバスはいつ出発しますか？
When does the next bus leave?

○○へ行くには、どこで乗り換えればいいですか？
Where should I transfer to get to ○○?

トランスファー（乗り換え）チケットをください。
Transfer tickets, please.

これはシビックセンターへ行きますか？
Does this go to Civic Center?

どれくらいかかりますか？
How long does it take?

5番街に着いたら教えてください。
Please tell me when we get to 5th Avenue.

ユニオンスクエアで降ろしてもらえますか？
Would you drop me off at Union Square?

道を尋ねるとき

東西南北……east, west, south, north
目印（になるような建物や公園など）…landmark
交差点……crossing
信号……traffic light
角……corner
距離……distance
真っすぐ行く……go straight
右（左）に曲がる……turn right (left)
右（左）側……on the right (left)
前方……ahead (in front)
後方……behind
こちら側……this side
向こう側……opposite side
1ブロック先の……one block away

ホテルで

（電話）予約をしている山田です。今日の到着が午後11:00頃になりそうです。到着まで部屋を取っておいてもらえますか？
This is Yamada. I have a reservation at your hotel tonight and I will be arriving at your hotel around 11:00 p.m. Could you hold my room until my arrival?

（電話）9月25日と26日にツインルームを予約したいのですが。
I would like to make a reservation for a twin room, September 25th and 26th.

今晩、空いているシングルルームはありますか？
Do you have a single room, tonight?

チェックインをお願いします。3泊の予定です。
Check in, please. I will be staying for 3 nights.

部屋を交換してもらえますか？
Could I move to another room?

バスルームのお湯が出ません。
There is no hot water in the bathroom.

バスタオルをもう1枚持ってきてください。
Could you bring me one more bath towel?

エアコンの調子が悪いので、直してください。
The air conditioner doesn't seem to be working. Could you fix it?

旅に役立つ（英会話）の文例が“ネイティブの発音”で聞ける！「ゆっくり」「ふつう」の再生スピードがあるので初心者でも安心。URL www.arukikata.co.jp/tabikaiwa

明日の朝6:30にモーニングコールをお願いします。
Can I have a wake-up call tomorrow morning at 6:30?

チェックアウトを1時間延長してください。
Please extend my check-out time about an hour.

チェックアウトをしますので、荷物を部屋から運んでください。
I will be checking out. Would you carry my bags to the lobby?

荷物を預かってもらえませんか？
Could you keep my luggage?

空港へのシャトルバスを予約したいと思います。11:00のフライト予定です。
I would like to make a reservation for a shuttle bus to the airport.
My flight is 11:00.

レストランで

（電話）もしもし、今晩7:30、ふたりで夕食を予約したいのですが。私の 名前は山田です。
Hello, I would like to make a reservation for 2 people at 7:30 tonight. My name is Yamada.

炭酸なし（入り）のミネラルウオーターをください。
A bottle of still (carbonated) water, please.

水（無料の水道水）をください。
Can I have (get) a glass of water?

おすすめメニューを教えてください。
What do you recommend?

ピーマンは入れないでください。
Hold the green pepper, please.

カップ（＝小、ボウル＝大）サイズのコーンスープを3つお願いします。
Can I get three cups (bowls) of corn soup?

食事途中必ず聞かれるIs everything OK?
（具合はどうです？）
とても満足しています――Great！
なかなかいいよ(悪くないね)―Good.(O.K.)

ごちそうさま、おいしかったです。
It was a great meal. I really enjoyed it.

お勘定／会計をお願いします。
Check, please.

会計が間違えているようです。これは頼んでいません。
Is this the right amount? This is not my order.

ショッピングで

何をお探しですか？
May I help you?

見ているだけです。
I'm just looking.

Tシャツを探してます。
Yes, I'm looking for some T-shirts.

歯磨き粉は置いてますか？
Do you have toothpaste?

これください。
I'll take this one.

○○売場はどこですか？
Where is the ○○ corner (floor)?

これを試着していいですか？
May I try this on?

大き過ぎ（小さ過ぎ）ます。
This is too large (too small).

もう少し大きい(小さい)ものはありますか？
Do you have any larger (smaller) ones?

クレジットカード（現金）でお願いします。
Charge (Cash), please.

トラブル・緊急時

動くな！ Freeze！
手を挙げろ！ Hands up！

金を出せ！ Hand it over！
これで全部です。 It's all I have.

どろぼう！ つかえまて!!
A robber！ Stop him (her) !!

お金を盗まれた。
Somebody stole my money.

けがをした。 気分が悪い。 めまいがする。
I am hurt. I feel sick. I feel dizzy.

救急車（警察）を呼んでください！
Call an ambulance (the Police), please！

病院で見せるチェックシート

※該当する症状があれば、チェックをしてお医者さんに見せよう

□吐き気 nausea	□悪寒 chill	□食欲不振 poor appetite
□めまい dizziness	□動悸 palpitation	
□熱 fever	□脇の下で計った armpit	________°C ／°F
	□口中で計った oral	________°C ／°F
□下痢 diarrhea	□便秘 constipation	
□水様便 watery stool	□軟便 loose stool	1日に(　)回(　)times a day
□ときどき sometimes	□頻繁に frequently	絶え間なく continually
□カゼ common cold		
□鼻詰まり stuffy nose	□鼻水 running nose	□くしゃみ sneeze
□咳 cough	□痰 sputum	□血痰 bloody phlegm
□耳鳴り tinnitus	□難聴 loss of hearing	□耳だれ ear discharge
□目やに eye mucus	□目の充血 red eye	□見えにくい visual disturbance

※下記の単語を指さしてお医者さんに必要なことを伝えましょう

●どんな状態のものを
生の　raw
野生の　wild
油っこい greasy
よく火が通っていない
uncooked
調理後時間がたった
a long time after it was cooked

●けがをした
刺された・噛まれた bitten
切った cut
転んだ　fell down
打った　hit
ひねった　twisted
落ちた　fell
やけどした　burnt

●痛み
ヒリヒリする　tingling
刺すように　sharp
鋭く　keenly
ひどく　severely

●原因
蚊　mosquito
ハチ　wasp
アブ　gadfly
毒虫　poisonous insect
サソリ　scorpion
クラゲ　jellyfish
毒蛇　viper
リス　squirrel
（野）犬　（stray）dog

●何をしているときに
ジャングルに行った
went to the jungle
ダイビングをした
went diving
キャンプをした
went camping
登山をした
went hiking (climbing)
川で水浴びをした
went swimming in the river

INFORMATION

アメリカでスマホ、ネットを使うには

まずは、ホテルなどのネットサービス（有料または無料）、Wi-Fiスポット（インターネットアクセスポイント。無料）を活用する方法がある。アメリカでは、主要ホテルや町なかにWi-Fiスポットがあるので、宿泊ホテルでの利用可否やどこにWi-Fiスポットがあるかなどの情報を事前にネットなどで調べておくとよいだろう。ただしWi-Fiスポットでは、通信速度が不安定だったり、繋がらない場合があったり、利用できる場所が限定されたりするというデメリットもある。ストレスなくスマホやネットを使おうとするなら、以下のような方法も検討したい。

☆各携帯電話会社の「パケット定額」

1日当たりの料金が定額となるもので、NTTドコモなど各社がサービスを提供している。

いつも利用しているスマホを利用できる。また、海外旅行期間を通しではなく、任意の1日だけ決められたデータ通信量を利用することのできるサービスもあるので、ほかの通信手段がない場合の緊急用としても利用できる。なお、「パケット定額」の対象外となる国や地域があり、そうした場所でのデータ通信は、費用が高額となる場合があるので、注意が必要だ。

☆海外用モバイルWi-Fi ルーターをレンタル

アメリカで利用できる「Wi-Fiルーター」をレンタルする方法がある。定額料金で利用できるもので、「グローバルWiFi（【URL】https://townwifi.com/）」など各社が提供している。Wi-Fiルーターとは、現地でもスマホやタブレット、PCなどでネットを利用するための機器のことをいい、事前に予約しておいて、空港などで受け取る。利用料金が安く、ルーター1台で複数の機器と接続できる（同行者とシェアできる）ほか、いつでもどこでも、移動しながらでも快適にネットを利用できるとして、利用者が増えている。

ルーターは空港などで受け取る

ほかにも、いろいろな方法があるので、詳しい情報は「地球の歩き方」ホームページで確認してほしい。
【URL】http://www.arukikata.co.jp/net/

アメリカの歴史

アメリカ歴史年表（西洋人のアメリカ到達以降）

年	できごと
1492	コロンブスがアメリカ（現在のバハマ諸島）に到達
1497	ジョン・カボットが北アメリカ大陸の海岸に到達
1607	イギリスによりバージニア植民地が建設され、ヨーロッパ人による本格的な入植が始まる
1619	黒人奴隷貿易が始まる
1620	メイフラワー号がマサチューセッツ州に到着
1636	アメリカで最初の大学であるハーバード大学が創立
1679	フランス人がミシシッピ川を下る（～1683年）
1732	アメリカ東部に13のイギリス植民地が成立
1770	ボストン虐殺事件
1773	ボストン茶会事件
1775	独立戦争（～1783年）
1776	7月4日に独立宣言書が公布される
1789	初代大統領にワシントンが就任
1800	首都がワシントンにおかれる
1803	フランスからルイジアナを購入
1804	ルイス＆クラーク探検隊が、入植者として初めて陸路で太平洋に到達する（～1806年）
1812	米英戦争（～1814年）
1819	スペインからフロリダを購入
1830	ボルチモアでアメリカ初の商業鉄道が開業
1836	アラモ砦の戦い。メキシコからテキサスが独立するきっかけとなる
1845	テキサス併合
1846	米墨戦争（～1848年）
1848	カリフォルニアなどをメキシコから獲得
1848	カリフォルニアで金鉱が見つかり、ゴールドラッシュが始まる
1860	リンカーン大統領就任
1860	南部諸州が連邦離脱し南部連合を結成
1861	南北戦争（～1865年）
1862	奴隷解放宣言によりすべての州で奴隷制が廃止に
1865	リンカーン大統領暗殺
1867	ロシアからアラスカを購入
1869	大陸横断鉄道が開通
1870	南部同盟の諸州が連邦に復帰し始める
1872	イエローストーンが国立公園に指定。世界初の国立公園となる
1877	エジソンが蓄音機を発明
1882	アパッチ族の反乱（～1886年）。ネイティブアメリカンと入植者の最後の大規模な戦いとなる
1890頃	フロンティア（未開拓地）がほぼ消滅
1898	米西戦争
1898	ハワイ併合
1903	ライト兄弟の初飛行
1919	禁酒法成立（～1931年）
1927	リンドバーグ、大西洋無着陸飛行に成功
1929	ウォール街の株価大暴落し大恐慌が始まる
1933	F･D･ルーズベルト大統領のニューディール政策（～1936年）
1939	第2次世界大戦（～1945年）
1950	朝鮮戦争
1955	ディズニーランド開園
1961	アメリカのベトナム介入が始まる（～1975年）
1963	マーチン・ルーサー・キング牧師がワシントンDCで「I have a dream」の有名な演説をする。人種差別撤廃に向けた動きが大きくなる ジョン・F・ケネディ大統領暗殺
1960後半	ヒッピーのムーブメントが巻き起こる
1969	アポロ11号が人類初の月面着陸に成功
1991	湾岸戦争
2001	9月11日同時多発テロ
2003	イラク侵攻
2008	リーマンショックによる金融危機
2009	アメリカ初の黒人大統領、バラク・オバマ氏が大統領に就任
2010	アメリカで初めてとなる医療保険改革法案が成立
2016	5月27日、オバマ大統領が現職の米国大統領として初めて被爆地広島を訪問
2017	1月20日、第45代アメリカ合衆国大統領にドナルド・トランプ氏が就任

ヨーロッパ人が到達する前

現在から約1万年前まで続いていたとされる氷河期の時代、ユーラシア大陸から氷で覆われていたベーリング海を通って、アメリカ大陸までやって来た人々がいた。狩猟生活の彼らは、その後マンモスなどの獲物を追い、南北アメリカに散らばった。紀元前5000～3000年頃にはしだいに獲物が少なくなり、一部の人々が農業を始めるようになった。紀元前1000～紀元1700年頃になると、北アメリカではミシシッピ川以東を中心にマウンド（おもに墓として作られた塚のようなもの）の文化が発達、現在のメキシコに近い地域ではプエブロ（集団住居）の文化が形成されていた。

コロンブスの新大陸発見

1492年、スペイン王家の援助を受けてヨーロッパを発ったコロンブスが現在のバハマ諸島に到達。これ以降、ヨーロッパ各国が南北アメリカに侵入するようになった。17～19世紀の北アメリカは、東からイギリス（一部はオランダ）、北からフランス、南と西からスペインが侵入し、それぞれを植民地としていった。1776年には独立宣言が発布され、東部13州がアメリカ合衆国として誕生した。アメリカ合衆国は、現在の中西部あたりを指していたルイジアナをフランスから購入（1803年）、テキサス併合（1845年）などを経て西へ領土を拡大、1846～48年の米墨戦争の結果、カリフォルニアやニューメキシコを獲得し、西部開拓の大きな流れが落ち着く。1861年には、南北戦争がぼっ発。そのさなか1863年にリンカーン大統領が奴隷解放宣言を発表、1865年、南部同盟が降伏し、アメリカ史上最大の戦争に終止符が打たれた。

移民の急増と産業化、工業化

1869年にアメリカ最初の大陸横断鉄道が完成すると、地域の移動が容易になり、人や物資の大量輸送が可能となる。経済活動も活発になり、しだいにアメリカの産業化・工業化が進む。鉄鋼王カーネギーや石油王ロックフェラー、鉄道王バンダービルトらが誕生、工業化によって巨万の富を得る者が出始めたのもこの頃だ。また、企業は合併、買収などにより巨大化、後に海外にも目を向けた世界企業が誕生するようになる。

1850～1900年の50年間で800万人もの移民がアメリカに到着。ヨーロッパからだけでなくアジアからも移民が到着し、急激に増えた移民は工場などの労働力となり、アメリカの工業化が進んだ。1893年に開かれたシカゴ万国博覧会では電球がいたるところで使われ、アメリカの工業力の高さを世界に印象づけた。

アメリカが世界に台頭した20世紀

1900年からの10年間は移民が急増した時期。日本からアメリカ本土への移民も20世紀初頭に多かった。その後、アメリカは第1次世界大戦、第2次世界大戦、朝鮮戦争、ベトナム戦争などを経験。1910年代になるとハリウッドに映画撮影所が造られ始めた。また、アメリカンカルチャーが世界に進出し、Tシャツにジーンズなどのファッション、ハンバーガーに代表されるファストフードなどが人々の生活を変えた。

21世紀のアメリカ

2018年11月現在、人口は3億2500万人を超えている。特に増加が著しいのは中南米系のヒスパニックである。2015年の国勢調査によると、アメリカの人口の約17%以上を占め、アフリカ系を抜き全米最大の少数派となった。2017年1月20日、ドナルド・トランプ氏が第45代アメリカ合衆国大統領に就任。反グローバリズム、アメリカ国内の製造業再建・復興を掲げるとともに、その過激な言動は全世界の注目を集めている。

▶ 参考資料
アメリカ・インディアンの歴史／雄山閣
アメリカ史／山川出版社
史料で読むアメリカ文化史／東京大学出版会
世界史年表・地図／吉川弘文館
世界の歴史 23 アメリカ合衆国の膨張／中央公論社
A HISTORY OF THE AMERICAN PEOPLE／Phoenix Giant
U.S. Census Bureau

▶ 校閲
一橋大学　貴堂嘉之　教授

INDEX

都市名・見どころ

あ

アーサー・M・サックラー・ギャラリー……ワシントンDC 612
アーミッシュ・ファーム＆ハウス…ランカスター 589
アーリントン国立墓地……ワシントンDC 607
アールデコ地区……マイアミ 503
アイオワ州議事堂……デモイン 346
アイオワ州歴史博物館……デモイン 346
アイダホ州議事堂……ボイジー 203
アイダホ州立歴史博物館……ボイジー 203
アイテルジョーグ美術館…インディアナポリス 369
アイマックスシアター・ナイアガラフォールズ
……ナイアガラフォールズ 421
アイランズ・オブ・アドベンチャー…オーランド 490
アクアタワー……シカゴ 304
アップタウン……ミネアポリス 335
アドベンチャードーム……ラスベガス 161
アドラープラネタリウム……シカゴ 311
アトランタ…… 427
アトランタ歴史センター……アトランタ 436
アトランティックシティ…… 545
アトランティックステーション…アトランタ 434
アブセコン灯台……アトランティックシティ 547
アフリカ系アメリカ人歴史博物館…デトロイト 386
アメリカ自然史博物館……ニューヨーク 533
アメリカ造幣局……デンバー 195
アメリカンサイン博物館……シンシナティ 378
アメリカンジャズ博物館……カンザスシティ 354
アメリカンバンジョー博物館…オクラホマシティ 227
アラバマ州議事堂……モントゴメリー 456
アラビアスチームボート博物館…カンザスシティ 351
アラブ系アメリカ人博物館……デトロイト 388
アラモ砦……サンアントニオ 283
アリゾナ州議事堂博物館……フェニックス 241
アリゾナ・ソノラ砂漠博物館……ツーソン 232
アルカトラズ島……サンフランシスコ 76
アンダーグラウンドツアー……シアトル 137
アンディ・ウォーホル美術館……ピッツバーグ 407
アンハイザー・ブッシュ工場見学ツアー
……セントルイス 362

い

イザベラ・スチュワート・ガードナー美術館…ボストン 557
インクライン……ピッツバーグ 406
印刷局（造幣局）……ワシントンDC 606
インディアナ州立博物館…インディアナポリス 369
インディアナ兵士・水兵記念塔…インディアナポリス 368
インディアナポリス…… 365
インディアナポリス子供博物館
……インディアナポリス 370
インディアナポリス・モーター・スピードウエイ
……インディアナポリス 368
インディペンデンス国立歴史公園
……フィラデルフィア 580
インナーハーバー……ボルチモア 619

う

ウィチタ…… 221
ウィチタ-セッジウィック・カウンティ歴史博物館
……ウィチタ 223
ウィリスタワー（旧シアーズタワー）…シカゴ 304
ウィルバー・D・メイ博物館……リノ 154
ウィルミントン…… 590
ウインザー（カナダ）……デトロイト 389
ウインターサー……ウィルミントン 592
ウェアハウスディストリクトとノースループ
……ミネアポリス 335
ウエスタンリザーブ歴史協会…クリーブランド 398
ウエストウッド……ロスアンゼルス 101
ウエストエンド歴史地区……ダラス 254
ウエストサイド・マーケット…クリーブランド 397
ウエストバージニア州議事堂
……チャールストン（WV） 622
ウエストバージニア州博物館
……チャールストン（WV） 622
ウエストレイクセンター……シアトル 137
ウエルカム・トゥー・ファビュラス・ラスベガス・サイン
……ラスベガス 160
ウオーカー・アート・センターとミネアポリス彫刻庭園
……ミネアポリス 334
ウオーク・オブ・フェイム……ロスアンゼルス 99
ウオータータワー……シカゴ 301
ウォールストリート……ニューヨーク 531
ウォルト・ディズニー・ファミリー博物館
……サンフランシスコ 77
ウォルト・ディズニー・ワールド・リゾート
……オーランド 490
ウドバー・ハジー・センター……ワシントンDC 613

え

AONセンター……シカゴ 304
エイモン・カーター・アメリカ美術館……フォートワース 263
エクスポジションパーク……ロスアンゼルス 97
エドモンズトン・オルストン邸
……チャールストン（SC） 479
エバーグレーズ国立公園……マイアミ 502
エプコット……オーランド 492
エメット公園……サバンナ 482
エリッチガーデン……デンバー 196
LAライブ……ロスアンゼルス 93
エルパソ…… 285
エルビス・プレスリーの生家と博物館…トゥペロ 452
エルフレス小径……フィラデルフィア 582
エンパイア・ステート・ビル……ニューヨーク 530

お

オースチン…… 268
オーデュボン・アメリカ水族館…ニューオリンズ 463
オーデュボンハウス……キーウエスト 513
オーランド…… 484
オールドカウタウン博物館……ウィチタ 223
オールドサウス集会場……ボストン 554
オールドタウン州立歴史公園…サンディエゴ 123
オールドツーソン……ツーソン 233
オールドノース教会……ボストン 558
オールドポート……ポートランド（ME） 568
オールド・ワールド・サードストリート
……ミルウォーキー 324
オクラホマシティ…… 225

※（ME）はメイン州、（OR）はオレゴン州、（SC）はサウスカロライナ州、（WV）はウエストバージニア州の略

オクラホマシティ・ナショナル・メモリアル＆博物館
……オクラホマシティ 227
オハイオシティ/トレモント地区… クリーブランド 397
オマハ…… 218
オリンピック・スカルプチャー・パーク…シアトル 133
オリンピック・トレーニング・センター…デンバー 198
オリンピックパーク… ソルトレイク・シティ 187
オレゴン動物園……ポートランド 148

か

ガーデン・オブ・ゴッド……デンバー 198
カーネギー科学センター……ピッツバーグ 408
カーネギー自然史博物館……ピッツバーグ 409
カーネギー博物館……ピッツバーグ 409
カーネギー美術館……ピッツバーグ 409
カーペンターズホール……フィラデルフィア 581
カールスバッド洞穴群国立公園……エルパソ 291
カウガール博物館と殿堂…… フォートワース 263
カウタウンコロシアム…… フォートワース 264
カウボーイ＆西部歴史博物館…オクラホマシティ 227
科学産業博物館……シカゴ 311
カジノ＆ホテル……ラスベガス 162
カジノ＆ホテル……リノ 155
ガスリーシアター……ミネアポリス 332
風の洞窟ツアー……ナイアガラフォールズ 418
家畜取引所……フォートワース 264
楽器博物館……フェニックス 244
カリストーガ……サンフランシスコ 79
カリフォルニア科学アカデミー…サンフランシスコ 77
カリフォルニア大学ロスアンゼルス校
……ロスアンゼルス 101
カルチュラルディストリクト… フォートワース 262
カンザス航空博物館……ウィチタ 224
カンザスシティ…… 348
カントリー音楽の殿堂と博物館…ナッシュビル 445
カントリー・クラブ・プラザ… カンザスシティ 353

き

キーウエスト…… 510
キーウエスト水族館……キーウエスト 513
議会図書館……ワシントンDC 603
北アリゾナ博物館……フラッグスタッフ 230
キャナルストリート・フェリー… ニューオリンズ 463
キャピトルマーケット… チャールストン(WV) 623
旧アイダホ州刑務所……ボイジー 204
旧教会……セントルイス 360
旧裁判所……セントルイス 360
旧州議事堂……ボストン 555
旧奴隷市場博物館…… チャールストン(SC) 479
旧ミシガン中央駅……デトロイト 387
ギラデリスクエア……サンフランシスコ 75
霧の乙女号……ナイアガラフォールズ 418
キングスチャペル……ボストン 554
キング牧師記念碑……ワシントンDC 606
キンベル美術館……フォートワース 263

く

空軍士官学校……デンバー 197
クーパーズタウン…… 543
クーパー・ヒューイット・スミソニアン・デザイン博物館
……ニューヨーク 534
グッゲンハイム美術館……ニューヨーク 534
クラークプラネタリウム… ソルトレイク・シティ 186
クライスラービル……ニューヨーク 530
クラウンセンター……カンザスシティ 351
グラナリー墓地……ボストン 554
グラミー博物館……ロスアンゼルス 93
グランド・オール・オープリー・ハウス
……ナッシュビル 445
グランドキャニオン国立公園…… 169
グランド・セントラル・ターミナル…ニューヨーク 529
グラントパーク……シカゴ 307
グリークタウン……デトロイト 385
クリーブランド…… 392
クリーブランド自然史博物館… クリーブランド 398
クリーブランド美術館…… クリーブランド 398
グリーンフィールドビレッジ…… デトロイト 388
グリフィスパーク……ロスアンゼルス 100
クリフトンヒル……ナイアガラフォールズ 422
クリントン大統領ライブラリー＆博物館
……リトルロック 454
クルーズ……キーウエスト 516
クレイジー・ホース・メモリアル… ラピッドシティ 213
グレースランド……メンフィス 450
グレート・ソルトレイク… ソルトレイク・シティ 187
グレートレイク科学センター… クリーブランド 396
グレープバイン……フォートワース 266
グレープバイン鉄道……フォートワース 265
クロスロードアート地区…… カンザスシティ 353

け

ゲイロード・オープリーランド・リゾート
……ナッシュビル 445
ゲートウエイアーチ国立公園…セントルイス 360
ゲートウエイアーチ・リバーボート…セントルイス 361
ゲッティセンター……ロスアンゼルス 101
ケネディ宇宙センター……オーランド 494

現代美術館……ヒューストン 276
ケンタックノブ……ピッツバーグ 410
ケンパー現代美術館……カンザスシティ 354
ケンブリッジ市……ボストン 559

こ

航空博物館……シアトル 138
公民権＆人権センター……アトランタ 433
公民権メモリアル……モントゴメリー 456
ゴート島……ナイアガラフォールズ 419
コーラルゲーブルズ……マイアミ 506
ゴールデンゲート・パーク…サンフランシスコ 77
ゴールデンゲート・ブリッジ…サンフランシスコ 76
国際テニスの殿堂……ニューポート 573
国立アフリカ系アメリカ人歴史文化博物館
……ワシントンDC 609
国立アフリカ美術館……ワシントンDC 610
国立アメリカ・インディアン博物館…ワシントンDC 611
国立アメリカ歴史博物館……ワシントンDC 610
国立憲法センター……フィラデルフィア 581
国立航空宇宙博物館……ワシントンDC 608

国立公文書館(博物館)……ワシントンDC 606
国立公民権博物館(ロレインモーテル)… メンフィス 449
国立自然史博物館……ワシントンDC 608
国立肖像画美術館……ワシントンDC 612
国立動物園……ワシントンDC 613
国立郵便博物館……ワシントンDC 613
国連本部……ニューヨーク 530
ココナッツグローブ……マイアミ 506
国会議事堂(連邦議会議事堂)…ワシントンDC 603
子供博物館……ピッツバーグ 407
コビントン……シンシナティ 378
コロナド……サンディエゴ 122
コロラド州議事堂……デンバー 195
コロラドスプリングス……デンバー 197
コロンバス……インディアナポリス 371
コロンビアセンター・スカイビュー展望台…シアトル 138
コングレス・アベニュー・ブリッジ… オースチン 270

さ

サード・ストリート・プロムナード… ロスアンゼルス 105
サウサリート……サンフランシスコ 78
サウス・オブ・マーケット…サンフランシスコ 71
サウスカロライナ水族館… チャールストン(SC) 479
サザンモストポイント……キーウエスト 515
サタデイマーケット……ポートランド(OR) 146
砂漠植物園……フェニックス 243
サバンナ…… 481
ザ・フリック……ピッツバーグ 408
サムター要塞……チャールストン(SC) 479
サンアントニオ…… 281
サンスタジオ……メンフィス 449
サンセットセレブレーション…キーウエスト 513
サンタフェ…… 247
サンタモニカ地区……ロスアンゼルス 104
サンタモニカピア……ロスアンゼルス 105
サンディエゴ…… 117
サンディエゴ動物園……サンディエゴ 122
サンディエゴ動物園・サファリ・パーク…サンディエゴ 125
サンフランシスコ…… 61
サンフランシスコ近代美術館…サンフランシスコ 71

し

シアトル…… 129
シアトル・グレイト・ホイール……シアトル 133
シアトル水族館……シアトル 133
シアトルセンター……シアトル 132
シアトル美術館……シアトル 137
CNNセンター……アトランタ 431
GMルネッサンスセンター……デトロイト 385
シーザースウインザー……デトロイト 389
シーニックドライブ……エルパソ 289
シーポートビレッジ……サンディエゴ 121
シー・ライフ・ミネソタ水族館
……ミネアポリス／セントポール 338
シーワールド・オーランド……オーランド 494
シーワールド・サンディエゴ……サンディエゴ 123
シウダーフアレス(メキシコ)……エルパソ 290
ジェームス・R・トンプソン・センター……シカゴ 306
ジェームズ・J・ヒル邸……セントポール 336
シェッド水族館……シカゴ 312
シカゴ…… 295
シカゴ・カルチュラル・センター……シカゴ 307
シカゴ現代美術館……シカゴ 310
シカゴ美術館……シカゴ 309
市庁舎タワー……フィラデルフィア 582
シックススフロア博物館……ダラス 254
シックスフラッグス・オーバー・ジョージア
……アトランタ 437
シックスフラッグス・マジック・マウンテン
……ロスアンゼルス 103
シティマーケット……カンザスシティ 351
シティミュージアム……セントルイス 361
自動車の殿堂……デトロイト 388
自動車博物館……リノ 154
シビックセンター……サンフランシスコ 70
ジミー・カーター・ライブラリー…アトランタ 437
シャーロット…… 471
シャイアン…… 214
シャイアンディーポ&シャイアンディーポ博物館
……シャイアン 216
シャイアン・フロンティア・デイズ・オールド・ウエスト博物館
……シャイアン 216
ジャクソン広場……ニューオリンズ 462
ジャングルアイランド……マイアミ 505
自由の女神……ニューヨーク 532
18番&バインジャズ歴史地区… カンザスシティ 354
16番ストリートモール……デンバー 194
ジュリア・デービス・パーク……ボイジー 203
ジョージア・オキーフ美術館……サンタフェ 248
ジョージア州議事堂……アトランタ 431
ジョージア州知事邸……アトランタ 436
ジョージア水族館……アトランタ 432
ジョージタウン……ワシントンDC 607
ジョージ・W・ブッシュ大統領図書館・博物館
……ダラス 256
ジョスリン美術館……オマハ 219
ジョン&メアリー・パパジョン彫刻庭園…デモイン 347
ジョン・A・ローブリング橋……シンシナティ 377
ジョン・F・ケネディの墓……ワシントンDC 608
ジョン・ハンコック・センター……シカゴ 300
ジョン・ポール・ジョーンズ・ハウス/ポーツマス歴史協会
……ポーツマス 570
シンシナティ…… 373
シンシナティ動物園……シンシナティ 377

す

スカイロンタワー……ナイアガラフォールズ 421
スコッツデール……フェニックス 244
ステーションスクエア……ピッツバーグ 406
ストウ…… 565
ストウビレッジ……ストウ 566
ストーン・マウンテン・パーク……アトランタ 437
ストックヤードシティ……オクラホマシティ 228
ストックヤードステーション… フォートワース 265
ストックヤード地区……フォートワース 264
ストラトスフィアタワー……ラスベガス 161
ストリップ地区……ピッツバーグ 405
ストリップ地区……ラスベガス 160
ストロベリーバンク博物館……ポーツマス 570
スペースセンター・ヒューストン…ヒューストン 278

※(ME)はメイン州、(OR)はオレゴン州、(SC)はサウスカロライナ州、(WV)はウエストバージニア州の略

スペースニードル……………………シアトル 132
スミソニアン・アメリカ美術館…ワシントンDC 612

せ

セドナ……………………………… 234
センテニアルオリンピック公園… アトランタ 431
セントアンソニー・フォールズとリバーフロントディストリクト
……………………………ミネアポリス 332
セント・ジョン・バプティスト大聖堂…サバンナ 483
セントパトリック大聖堂………ニューヨーク 529
セントポール………………………… 328
セントポール市……………………セントポール 336
セントポール大聖堂……………セントポール 337
セントラルパーク………………ニューヨーク 532
セントルイス………………………… 357
セントルイス大聖堂………… ニューオリンズ 462
全米大学競技協会本部博物館… インディアナポリス 370
全米日系人博物館…………… ロスアンゼルス 97
全米日系米国人記念碑………ワシントンDC 607

そ

ソーコー…………………………… オースチン 270
ソノマ…………………………サンフランシスコ 79
ソルトレイク・シティ…………………… 181
ソルトレイク・テンプル(神殿)
…………………………ソルトレイク・シティ 185

た

ダーラム博物館………………………… オマハ 219
第1次世界大戦博物館と慰霊碑…カンザスシティ 352
大聖堂……………………ソルトレイク・シティ 185
第2次世界大戦記念碑…………ワシントンDC 604
タイムズスクエア ………………ニューヨーク 529
ダウンタウン・ディズニー…ロスアンゼルス 115
タオスプエブロ…………………… サンタフェ 249
タフト美術館……………………… シンシナティ 376
タマラック………………チャールストン(WV) 623
ダラス………………………………… 250
ダラス美術館…………………………… ダラス 254
タワーシティ地区……………… クリーブランド 395

ち

チェイスタワー……………………………シカゴ 306
チフリー・ガーデン・アンド・グラス…シアトル 132
チマヨ……………………………… サンタフェ 249
チャーチルダウン競馬場…………… ルイビル 442
チャールズ・M・シュルツ博物館
…………………………………サンフランシスコ 79
チャールズタウン地区…………………ボストン 558
チャールズタウン・ネイビーヤード…ボストン 558
チャールストン(ウエストバージニア州)…… 620
チャールストン(サウスカロライナ州)………… 477
チャイナタウン…………………サンフランシスコ 74
チルドレンズ・クリエイティビティ・ミュージアム
…………………………………サンフランシスコ 71

つ

ツーソン………………………………… 231

て

ディアボーン市………………………デトロイト 387
TCLチャイニーズ・シアター… ロスアンゼルス 99
ディーリープラザとJ.F.K.メモリアル… ダラス 254
ディスカバリープレイス………シャーロット 474
ディスカバリーワールド…… ミルウォーキー 323
ディズニー・アニマルキングダム… オーランド 493
ディズニー・カリフォルニア・アドベンチャー・パーク
………………………………… ロスアンゼルス 115
ディズニー・スプリングス……… オーランド 494
ディズニー・ハリウッド・スタジオ‥ オーランド 492
ディズニーランド・パーク…ロスアンゼルス 114
ディズニーランド・リゾート… ロスアンゼルス 114
ティファナ……………………………サンディエゴ 124
デイリーセンター(シビックセンター)… シカゴ 304
ティリカムビレッジ・ツアー………… シアトル 136
テーブルロック………ナイアガラフォールズ 421
テキサス・カウボーイの殿堂… フォートワース 264
テキサス州議事堂……………………オースチン 269
テキサス大学エルパソ校……………エルパソ 288
デトロイト…………………………………… 381
デトロイト美術館……………………デトロイト 386
デトロイト歴史博物館………………デトロイト 387
デモイン…………………………………… 345
デ・ヤング美術館…………サンフランシスコ 77
デュポン環境教育センター… ウィルミントン 591
デラウエア現代美術センター… ウィルミントン 591
デラウエア美術館……………… ウィルミントン 591
テリー・バイソン・ランチ………… シャイアン 216
テルフェア美術館…………………… サバンナ 482
デルマーループ……………………セントルイス 361
デンバー…………………………………… 191
デンバー美術館……………………… デンバー 195
テンピ……………………………フェニックス 244
テンプルスクエア …… ソルトレイク・シティ 184
展望タワー……………ナイアガラフォールズ 418

と

トゥペロ…………………………………… 451
トーマス・ジェファソン記念館……ワシントンDC 605
独立記念館………………………フィラデルフィア 581
トラップ・ファミリー・ロッジ……………… ストウ 566
トランプ・インターナショナル・ホテル&タワー
…………………………………………………シカゴ 301
トリニティ教会……………………………ボストン 556
トリビューンタワー…………………………シカゴ 304
ドルフィン・リサーチ・センター……キーウエスト 517
トレモント…………………………クリーブランド 397

な

ナイアガラフォールズ…………………… 413
ナショナリティルームズ………ピッツバーグ 409
ナショナル・アンダーグラウンド・レイルロード・フリーダムセンター
……………………………………シンシナティ 376
ナショナルギャラリー(国立絵画館)…ワシントンDC 611
ナショナル水族館……………………ボルチモア 619
ナスカーの殿堂博物館…………… シャーロット 475
ナッシュビル………………………………… 443
ナッツ・ベリー・ファーム…… ロスアンゼルス 116
ナパ……………………………サンフランシスコ 79

に

ニグロリーグ野球博物館……カンザスシティ 354
ニコロデオンユニバース
……………………ミネアポリス／セントポール 338
日本庭園……………………………ヒューストン 277
日本庭園……………………………ポートランド 148
ニューイングランド水族館…………ボストン 557
ニューオリンズ…………………………………… 457
ニュージアム……………………ワシントンDC 614
ニューフィールド………インディアナポリス 370
ニューポート…………………………シンシナティ 378
ニューポート(ロードアイランド州)………… 571
ニューポートマンションズ……ニューポート 572
ニューヨーク…………………………………… 521
ニューヨーク近代美術館(モマ)…ニューヨーク 533
ニューリバー・ゴージュ橋…チャールストン(WV) 624

ね

ネイビーピア…………………………………シカゴ 308
ネバダ美術館…………………………………リノ 153
ネルソン・アトキンズ美術館…カンザスシティ 353

の

ノースエンド地区……………………………ボストン 558
ノースダコタ州議事堂………………ビスマーク 209
ノースダコタ・ヘリテージ・センターと州立博物館
…………………………………………ビスマーク 209
ノースビーチ…………………サンフランシスコ 74
ノブヒル…………………………ポートランド(OR) 148

は

パーク通り教会…………………………ボストン 554
バークレー……………………サンフランシスコ 78
バージニア州議事堂………………リッチモンド 470
ハーシー…………………………フィラデルフィア 587
ハーシュホーン美術館と彫刻庭園…ワシントンDC 612
バード・イン・ハンド/インターコース
……………………………………………ランカスター 589
ハード美術館……………………………フェニックス 242
ハートフォード…………………………………… 574
ハーバークルーズ……………………………ボストン 558
ハーバークルーズ(アゴシークルーズ)…シアトル 136
ハーバード大学………………………………ボストン 559
ハーバード大学美術館……………………ボストン 560
バーボンストリート……………ニューオリンズ 462
ハーマンパーク地区…………………ヒューストン 275
ハーレー・ダビッドソン博物館…ミルウォーキー 322
バーンズ財団美術館………フィラデルフィア 582
パイオニア・コートハウス・スクエア
……………………………………ポートランド(OR) 146
パイオニアスクエア・パーク…………シアトル 137
パイクスピーク……………………………デンバー 198
パイク・プレイス・マーケット………シアトル 136
ハイ美術館………………………………アトランタ 434
ハインツ歴史センター…………ピッツバーグ 405
ハグリー博物館……………………ウィルミントン 592
パサデナ地区…………………………ロスアンゼルス 106
バスクミュージアム＆カルチュラルセンター
……………………………………………ボイジー 204
バス美術館……………………………………マイアミ 504
バックベイ地区……………………………ボストン 556
バックヘッド地区…………………………アトランタ 436
パブスト邸…………………………ミルウォーキー 325
パブリックガーデン…………………………ボストン 556
バラ園……………………………………ポートランド 148
ハリウッド＆ハイランド……ロスアンゼルス 98
ハリウッド地区…………………………ロスアンゼルス 98
ハリエット・ビーチャー・ストウ・センター
……………………………………………ハートフォード 575
ハリエット・ビーチャー・ストウ・ハウス
……………………………………………シンシナティ 377
バルボアパーク…………………………サンディエゴ 122
バレー・オブ・ファイアー州立公園……ラスベガス 167
バレーツアー………………モニュメントバレー 177
パワー＆ライト地区…………カンザスシティ 351
バンカーヒル記念塔…………………………ボストン 559

ひ

ピア39………………………………サンフランシスコ 75
ビーコンヒル地区…………………………ボストン 556
ピーターセン自動車博物館…ロスアンゼルス 97
ビール通り……………………………………メンフィス 449
ビショップアート地区…………………………ダラス 255
ビスカヤミュージアム＆ガーデン…マイアミ 506
ヒストリーマイアミ………………………マイアミ 505
ヒストリック・サード・ワード……ミルウォーキー 323
ヒストリックトレデガー………リッチモンド 470
ヒストリック・ルート66……フラッグスタッフ 230
ビスマーク…………………………………………… 208
ビッグ・アップル・コースター……ラスベガス 160
ピッツバーグ………………………………………… 401
ピッツバーグ鳥園………………………ピッツバーグ 407
ピトック邸…………………………ポートランド(OR) 147
ビバリーヒルズ…………………………ロスアンゼルス 101
ピマ航空宇宙博物館…………………………ツーソン 233
ヒューストン………………………………………… 272
ヒューストン自然科学博物館…ヒューストン 275
ヒューストン動物園…………………ヒューストン 277
ヒューストン美術館…………………ヒューストン 276
ビリー・ボブズ・テキサス……フォートワース 265
ビンガムキャニオン鉱山…ソルトレイク・シティ 187

ふ

ファイナンシャルディストリクト…サンフランシスコ 70
ファニュエルホール…………………………ボストン 555
ファニュエルホール・マーケットプレイス…ボストン 555
フィールド博物館…………………………シカゴ 310
フィスターホテル………………ミルウォーキー 323
フィッシャービルディング………デトロイト 387
フィッシャーマンズワーフ…サンフランシスコ 75
フィラデルフィア…………………………………… 576
フィラデルフィア美術館…フィラデルフィア 583
フィリップスコレクション……ワシントンDC 614
フーバーダム……………………………ラスベガス 167
ブーンホール・プランテーション
……………………………………チャールストン(SC) 480
フェアパーク……………………………………ダラス 256
フェニックス…………………………………………… 238
フェニックス動物園…………………フェニックス 243
フェニックス美術館…………………フェニックス 241

※(ME)はメイン州、(OR)はオレゴン州、(SC)はサウスカロライナ州、(WV)はウエストバージニア州の略

プエブログランデ博物館……フェニックス 242
フェンウェイ地区……ボストン 557
フォーサイス公園……サバンナ 482
フォード劇場とピーターセンハウス…ワシントンDC 607
フォート・ザッカリー・テイラー州立公園…キーウエスト 515
フォートワース…… 259
フォートワース科学歴史博物館…フォートワース 263
フォートワース近代美術館…フォートワース 263
フォーリングウオーター(落水荘)…ピッツバーグ 410
フォレストパーク……セントルイス 362
フューチャー・オブ・フライト(ボーイング社の工場見学)……シアトル 139
フライッシュマンプラネタリウム&サイエンスセンター……リノ 154
フラッグスタッフ…… 229
フラットアイアンビル……ニューヨーク 531
フランクリンコート……フィラデルフィア 581
フランクリン・D・ルーズベルト記念公園……ワシントンDC 606
ブランディワイン・リバー美術館…ウィルミントン 592
プランテーションツアー……ニューオリンズ 464
フリーアギャラリー……ワシントンDC 610
フリーモントストリート・エクスペリエンス……ラスベガス 161
プリザベーションホール……ニューオリンズ 462
ブリス砦……エルパソ 290
フリックコレクション……ニューヨーク 534
ブリックタウン……オクラホマシティ 227
ブルーミントン市…ミネアポリス/セントポール 338
ブルックリンブリッジ……ニューヨーク 532
プルデンシャルセンター・スカイウオーク展望台……ボストン 556
ブレイカーズ……ニューポート 572
ブレーディ通り……ミルウォーキー 324
フレンチクオーター……ニューオリンズ 460
フレンチマーケット……ニューオリンズ 462
ブロード……ロスアンゼルス 97
ブロードウエイ・ピア……サンディエゴ 121
ブロード・リップル・ビレッジ…インディアナポリス 370

へ

米国船コンスティテューション号…ボストン 559
ベイサイドマーケットプレイス……マイアミ 504
ペイズリーパーク……ミネアポリス/セントポール 339
ヘイトアシュベリー……サンフランシスコ 76
ベーブ・ルースの生家……ボルチモア 619
ベックリー炭鉱展示館…チャールストン(WV) 623
ベッツィ・ロスの家……フィラデルフィア 582
ベトナム戦争戦没者慰霊碑……ワシントンDC 605
ベニス地区……ロスアンゼルス 106
ヘファーインターナショナル…リトルロック 454
ヘミスフェアパーク……サンアントニオ 283
ヘミングウェイの家……キーウエスト 514
ヘリテージスクエア……フェニックス 241
ペロー自然科学博物館……ダラス 256
ペンシルバニア大学考古学&人類学博物館……フィラデルフィア 583
ヘンリー・ドゥーリー動物園&水族館…オマハ 220
ヘンリー・フォード……デトロイト 387
ヘンリー・フォード博物館……デトロイト 388

ほ

ボイジー…… 202
ボイジー美術館……ボイジー 203
ホイットニー美術館……ニューヨーク 534
ポイント・ステート・パーク……ピッツバーグ 405
ボウルダー……デンバー 196
ボウルダー・クリークパス……デンバー 196
ボーズマン…… 205
ポーツマス…… 569
ボードウオーク……アトランティックシティ 546
ポートランド(オレゴン州)…… 142
ポートランド(メイン州)…… 567
ポートランド灯台……ポートランド(ME) 568
ポートランド美術館……ポートランド(OR) 146
ホートンプラザ……サンディエゴ 121
ポー博物館……リッチモンド 470
ホープ・アウトドア・ギャラリー…オースチン 270
ホールマーク・ビジターセンター…カンザスシティ 351
ポール・リビアの家……ボストン 558
ホーンブロワー・ナイアガラ・クルーズ……ナイアガラフォールズ 422
ボストン…… 548
ボストン虐殺地跡……ボストン 555
ボストンコモン……ボストン 554
ボストン茶会事件船と博物館……ボストン 558
ボストン美術館……ボストン 557
ポップカルチャー博物館……シアトル 133
ボルチモア…… 618
ホロコースト記念博物館……ワシントンDC 614
ホロコーストメモリアル……マイアミ 504
ホワイト・ウオーター・ウオーク……ナイアガラフォールズ 422
ホワイトサンズ国定公園……エルパソ 291
ホワイトハウス……ワシントンDC 603
ホワイトリバー州立公園…インディアナポリス 369

ま

マーガレット・ミッチェル・ハウス記念館…アトランタ 434
マーク・トウェインの家&ミュージアム……ハートフォード 575
マーチン・ルーサー・キング・ジュニア牧師国立歴史地区……アトランタ 433
マイアミ…… 498
マイアミ・シークエリアム……マイアミ 507
マウントアダムズ/エデンパーク…シンシナティ 378
マウントラシュモア国定記念物…ラピッドシティ 212
マウントレニエ国立公園……シアトル 137
マグニフィセントマイル……シカゴ 307
マゴフィンホーム……エルパソ 288
マサチューセッツ州議事堂……ボストン 556
マジックキングダム・パーク……オーランド 491
マッキニーアベニュー……ダラス 255
マットレスファクトリー美術館…ピッツバーグ 406
マディソン・スクエア・ガーデン…ニューヨーク 530
マニトウスプリングス……デンバー 198
マリーナシティ……シカゴ 301
マリナ・デル・レイ地区……ロスアンゼルス 106

み

ミシシッピ川クルーズ(ナッチェス号)……ニューオリンズ 463
ミズーリ州立植物園……セントルイス 363
ミッション……サンフランシスコ 71
ミッショントレイル……エルパソ 289
ミッチェルパーク植物園……ミルウォーキー 325
ミッドアメリカ・オール・インディアンセンター博物館……ウィチタ 223
ミッドウィルシャー地区……ロスアンゼルス 97
ミッドタウン……デトロイト 385
ミネアポリス…… 328
ミネアポリス美術館……ミネアポリス 335
ミネソタ科学博物館……セントポール 336
ミネソタ州議事堂……セントポール 336
ミネソタ歴史センター……セントポール 336
ミュージアムセンター……シンシナティ 377
ミュージックセンター……ロスアンゼルス 93
ミリアッド植物園……オクラホマシティ 227
ミルウォーキー…… 318
ミルウォーキー公立博物館…ミルウォーキー 324
ミルウォーキー美術館……ミルウォーキー 322
ミルシティ博物館……ミネアポリス 333
ミレニアムパーク……シカゴ 306
ミント美術館アップタウン……シャーロット 474

む

無名戦士の墓……ワシントンDC 608

め

メアリー・ベーカー・エディ・ライブラリー…ボストン 557
メインストリート……ロスアンゼルス 105
メットライフビル……ニューヨーク 530
メトロポリタン美術館(メット)…ニューヨーク 533
メニールコレクション……ヒューストン 277
メンフィス…… 447

も

モータウン博物館……デトロイト 386
モール・オブ・アメリカ(M.O.A.)……ミネアポリス／セントポール 338
モニュメントバレー…… 176
モハメド・アリ・センター……ルイビル 442
モントゴメリー…… 455

や

野球の殿堂と博物館……クーパーズタウン 544

ゆ

USSミッドウエイ博物館……サンディエゴ 121
ユニオンスクエア……サンフランシスコ 70
ユニオンスクエア……ニューヨーク 531
ユニオンパシフィック鉄道博物館……オマハ 220
ユニバーサル・オーランド・リゾート…オーランド 489
ユニバーサル・スタジオ・ハリウッド…ロスアンゼルス 102
ユニバーサル・スタジオ・フロリダ…オーランド 489

よ

ヨセミテ国立公園…… 84

ら

ライトハウス(灯台)博物館……キーウエスト 513
ライマン公会堂……ナッシュビル 444
ラスベガス…… 156
ラピッドシティ…… 210
ラ・ホヤ……サンディエゴ 124
ラリマースクエア……デンバー 195
ランカスター…… 588
ラン・スー・チャイニーズ・ガーデン(蘭蘇園)……ポートランド(OR) 147

り

リージョン・オブ・オナー美術館…サンフランシスコ 77
リグレービル……シカゴ 304
リッチモンド…… 469
リトルハバナ……マイアミ 505
リトル・ホワイト・ハウス……キーウエスト 516
リトルロック…… 453
リトルロックセントラル高校国立歴史地区……リトルロック 454
リノ…… 151
リノアーチ……リノ 153
リバーウオーク(パセオ・デル・リオ)…サンアントニオ 283
リバークルーズ……ピッツバーグ 406
リバー通り……サバンナ 482
リバーノース・アート地区(ライノ)…デンバー 195
リバーマーケット……カンザスシティ 351
リバティ・ベル・センター……フィラデルフィア 581
リビング・ヒストリー・ファーム……デモイン 347
リユニオンタワー……ダラス 255
リンカーン記念館……ワシントンDC 605
リンカーンセンター……ニューヨーク 532
リンカーンパーク……シカゴ 308
リンカーン・ロード・モール……マイアミ 503
リンク……ラスベガス 160

る

ルイビル…… 441
ルイビル・スラッガー博物館……ルイビル 442
ルージュ工場ツアー……デトロイト 388
ルッカリー……シカゴ 305

れ

レイクミード……ラスベガス 167
レゴランド・カリフォルニア……サンディエゴ 126
レッドロックス・アンフィシアター…デンバー 196
レビン・ニューサウス博物館……シャーロット 473
レンウィックギャラリー……ワシントンDC 612
連邦センター……シカゴ 306

ろ

ロウアータウン&グランドアベニュー…セントポール 337
ローウェル天文台……フラッグスタッフ 230
ローザ・パークス博物館……モントゴメリー 456
ローリゼンガーデン……オハマ 220
6番通り……オースチン 270
ロスアンゼルス…… 89
ロスアンゼルスカウンティ美術館…ロスアンゼルス 97
ロスアンゼルス現代美術館(MOCA)…ロスアンゼルス 93
ロダン美術館……フィラデルフィア 583

※(ME)はメイン州、(OR)はオレゴン州、(SC)はサウスカロライナ州、(WV)はウエストバージニア州の略

ロッキーズ博物館……………………ボーズマン 207
ロッキーマウンテン国立公園………デンバー 197
ロックフェラーセンター………ニューヨーク 529
ロックンロールの殿堂と博物館… クリーブランド 396
ロレットチャペル……………………サンタフェ 248
ロングウッド庭園……………ウィルミントン 593
ロングビーチ地区……………ロスアンゼルス 106

わ

ワールド・オブ・コカ・コーラ…… アトランタ 430
ワールド・トレード・センター…ニューヨーク 531
ワールドトレジャー博物館…………ウィチタ 223
ワールプール・エアロ・カー…ナイアガラフォールズ 422
ワイズマン美術館…………………ミネアポリス 334
ワインカントリー(ナパ&ソノマ)…サンフランシスコ 79
ワシントン記念塔……………… ワシントンDC 604
ワシントン・スクエア・パーク…ニューヨーク 531
ワシントン大学…………………………シアトル 138
ワシントンDC……………………………………… 594
ワシントンパーク………… ポートランド(OR) 148
湾内クルーズ………………………………マイアミ 505

州名

あ

アーカンソー………………………リトルロック 453
アイオワ…………………………………デモイン 345
アイダホ…………………………………ボイジー 202
アラバマ………………………… モントゴメリー 455
アリゾナ……… グランドキャニオン国立公園 169
アリゾナ……………………………………セドナ 234
アリゾナ………………………………ツーソン 231
アリゾナ…………………………… フェニックス 238
アリゾナ…………………………フラッグスタッフ 229
アリゾナ・ユタ………………モニュメントバレー 176
イリノイ……………………………………シカゴ 295
インディアナ…………… インディアナポリス 365
ウィスコンシン……………………ミルウォーキー 318
ウエストバージニア………… チャールストン 620
オクラホマ……………………オクラホマシティ 225
オハイオ…………………………クリーブランド 392
オハイオ……………………………シンシナティ 373
オレゴン……………………………ポートランド 142

か

カリフォルニア……………………サンディエゴ 117
カリフォルニア…………………サンフランシスコ 61
カリフォルニア……………ヨセミテ国立公園 84
カリフォルニア……………………ロスアンゼルス 89
カンザス……………………………………ウィチタ 221
ケンタッキー………………………………ルイビル 441
コネチカット…………………ハートフォード 574
コロラド……………………………………デンバー 191

さ

サウスカロライナ……………チャールストン 477
サウスダコタ………………… ラピッドシティ 210
ジョージア……………………………アトランタ 427
ジョージア………………………………サバンナ 481

た

テキサス………………………………エルパソ 285
テキサス…………………………… オースチン 268
テキサス…………………………サンアントニオ 281
テキサス………………………………………ダラス 250
テキサス……………………………ヒューストン 272
テキサス…………………………フォートワース 259
テネシー………………………………ナッシュビル 443
テネシー………………………………… メンフィス 447
デラウエア………………………… ウィルミントン 590

な

ニュージャージー… アトランティックシティ 545
ニューハンプシャー………………ポーツマス 569
ニューメキシコ……………………… サンタフェ 247
ニューヨーク………………クーパーズタウン 543
ニューヨーク…………ナイアガラフォールズ 413
ニューヨーク……………………ニューヨーク 521
ネバダ…………………………………ラスベガス 156
ネバダ…………………………………………リノ 151
ネブラスカ……………………………………オマハ 218
ノースカロライナ…………………シャーロット 471
ノースダコタ………………………… ビスマーク 208

は

バージニア…………………………リッチモンド 469
バーモント……………………………………ストウ 565
フロリダ……………………………… オーランド 484
フロリダ……………………………キーウエスト 510
フロリダ…………………………………… マイアミ 498
ペンシルバニア……………………ピッツバーグ 401
ペンシルバニア………………フィラデルフィア 576
ペンシルバニア……………………ランカスター 588

ま

マサチューセッツ…………………………ボストン 548
ミシガン…………………………………デトロイト 381
ミシシッピ…………………………………トゥペロ 451
ミズーリ…………………………カンザスシティ 348
ミズーリ…………………………………セントルイス 357
ミネソタ……… ミネアポリス／セントポール 328
メイン………………………………ポートランド 567
メリーランド………………………… ボルチモア 618
モンタナ………………………………… ボーズマン 205

や

ユタ…………………………… ソルトレイク・シティ 181

ら

ルイジアナ……………………… ニューオリンズ 457
ロードアイランド…………………ニューポート 571

わ

ワイオミング……………………………シャイアン 214
ワシントン………………………………… シアトル 129
ワシントンDC(ワシントン・コロンビア特別行政区)
……………………………………… ワシントンDC 594

地球の歩き方 シリーズ年度一覧

地球の歩き方ガイドブックは1～2年で改訂されます。改訂時には価格が変わることがあります。表示価格は本体価格(税別)です。
●最新情報は、ホームページでもご覧いただけます。URL www.diamond.co.jp/arukikata/

2018年12月現在

地球の歩き方 ガイドブック

A ヨーロッパ

- A01 ヨーロッパ 2018～2019 ¥1700
- A02 イギリス 2018～2019 ¥1700
- A03 ロンドン 2018～2019 ¥1600
- A04 湖水地方&スコットランド 2018～2019 ¥1700
- A05 アイルランド 2017～2018 ¥1700
- A06 フランス 2019～2020 ¥1700
- A07 パリ&近郊の町 2018～2019 ¥1700
- A08 南仏プロヴァンス コート・ダジュール&モナコ 2018～2019 ¥1600
- A09 イタリア 2019～2020 ¥1700
- A10 ローマ 2018～2019 ¥1600
- A11 ミラノ、ヴェネツィアと湖水地方 2018～2019 ¥1600
- A12 フィレンツェとトスカーナ 2017～2018 ¥1600
- A13 南イタリアとシチリア 2019～2020 ¥1700
- A14 ドイツ 2018～2019 ¥1700
- A15 南ドイツ フランクフルト ミュンヘン ロマンティック街道 古城街道 2017～2018 ¥1600
- A16 ベルリンと北ドイツ ハンブルク・ドレスデン・ライプツィヒ 2018～2019 ¥1700
- A17 ウィーンとオーストリア 2019～2020 ¥1700
- A18 スイス 2018～2019 ¥1700
- A19 オランダ ベルギー ルクセンブルク 2018～2019 ¥1600
- A20 スペイン 2018～2019 ¥1700
- A21 マドリッドアンダルシア&鉄道とバスで行く世界遺産 2017～2018 ¥1600
- A22 バルセロナ&近郊の町 イビサ島/マヨルカ島 2018～2019 ¥1600
- A23 ポルトガル 2018～2019 ¥1600
- A24 ギリシアとエーゲ海の島々&キプロス 2019～2020 ¥1700
- A25 中欧 2017～2018 ¥1800
- A26 チェコ ポーランド スロヴァキア 2018～2019 ¥1700
- A27 ハンガリー 2017～2018 ¥1600
- A28 ブルガリア ルーマニア 2017～2018 ¥1700
- A29 北欧 2018～2019 ¥1700
- A30 バルトの国々 2017～2018 ¥1700
- A31 ロシア 2018～2019 ¥1900
- A32 シベリア&シベリア鉄道とサハリン 2017～2018 ¥1800
- A34 クロアチア スロヴェニア 2017～2018 ¥1600

B 南北アメリカ

- B01 アメリカ 2019～2020 ¥1900
- B02 アメリカ西海岸 2018～2019 ¥1700
- B03 ロスアンゼルス 2018～2019 ¥1700
- B04 サンフランシスコとシリコンバレー 2018～2019 ¥1700
- B05 シアトル ポートランド ワシントン州とオレゴン州の大自然 2019～2020 ¥1700
- B06 ニューヨーク マンハッタン&ブルックリン 2018～2019 ¥1750
- B07 ボストン 2018～2019 ¥1800
- B08 ワシントンDC 2017～2018 ¥1700
- B09 ラスベガス セドナ&グランドキャニオンと大西部 2018～2019 ¥1700
- B10 フロリダ 2019～2020 ¥1700
- B11 シカゴ 2018～2019 ¥1700
- B12 アメリカ南部 2016～2017 ¥1800
- B13 アメリカの国立公園 2017～2018 ¥1800
- B14 ダラス ヒューストン デンバー グランドサークル フェニックス サンタフェ 2018～2019 ¥1700
- B15 アラスカ 2019～2020 ¥1800
- B16 カナダ 2017～2018 ¥1700
- B17 カナダ西部 2018～2019 ¥1600
- B18 カナダ東部 2018～2019 ¥1600
- B19 メキシコ 2019～2020 ¥1800
- B20 中米 2018～2019 ¥1900
- B21 ブラジル ベネズエラ 2018～2019 ¥2000
- B22 アルゼンチン チリ パラグアイ ウルグアイ 2018～2019 ¥2000
- B23 ペルー ボリビア エクアドル コロンビア 2018～2019 ¥2000
- B24 キューバ バハマ ジャマイカ カリブの島々 2019～2020 ¥1850
- B25 アメリカ・ドライブ 2017～2018 ¥1700

C 太平洋/インド洋の島々&オセアニア

- C01 ハワイI オアフ島&ホノルル 2018～2019 ¥1700
- C02 ハワイII ハワイ島 マウイ島 カウアイ島 モロカイ島 ラナイ島 2017～2018 ¥1600
- C03 サイパン 2018～2019 ¥1400
- C04 グアム 2019～2020 ¥1400
- C05 タヒチ/イースター島/クック諸島 2017～2018 ¥1700
- C06 フィジー 2018～2019 ¥1500
- C07 ニューカレドニア 2018～2019 ¥1500
- C08 モルディブ 2017～2018 ¥1700
- C10 ニュージーランド 2019～2020 ¥1700
- C11 オーストラリア 2018～2019 ¥1800
- C12 ゴールドコースト&ケアンズ 2018～2019 ¥1700
- C13 シドニー&メルボルン 2018～2019 ¥1600

D アジア

- D01 中国 2019～2020 ¥1900
- D02 上海 杭州 蘇州 2018～2019 ¥1700
- D03 北京 2017～2018 ¥1600
- D04 大連 瀋陽 ハルビン 中国東北地方の自然と文化 2019～2020 ¥1800
- D05 広州 アモイ 桂林 珠江デルタと華南地方 2017～2018 ¥1700
- D06 成都 九寨溝 麗江 四川 雲南 貴州の自然と民族 2018～2019 ¥1700
- D07 西安 敦煌 ウルムチ シルクロードと中国西北部 2018～2019 ¥1700
- D08 チベット 2018～2019 ¥1900
- D09 香港 マカオ 深圳 2018～2019 ¥1700
- D10 台湾 2018～2019 ¥1700
- D11 台北 2019～2020 ¥1500
- D12 韓国 2018～2019 ¥1700
- D14 モンゴル 2017～2018 ¥1800
- D15 中央アジア サマルカンドとシルクロードの国々 2017～2018 ¥1900
- D16 東南アジア 2018～2019 ¥1700
- D17 タイ 2018～2019 ¥1700
- D18 バンコク 2018～2019 ¥1600
- D19 マレーシア ブルネイ 2019～2020 ¥1700
- D20 シンガポール 2019～2020 ¥1500
- D21 ベトナム 2018～2019 ¥1700
- D22 アンコール・ワットとカンボジア 2019～2020 ¥1700
- D23 ラオス 2019～2020 ¥1900
- D24 ミャンマー 2019～2020 ¥1900
- D25 インドネシア 2018～2019 ¥1700
- D26 バリ島 2018～2019 ¥1700
- D27 フィリピン 2019～2020 ¥1700
- D28 インド 2018～2019 ¥1800
- D29 ネパールとヒマラヤトレッキング 2018～2019 ¥1900
- D30 スリランカ 2018～2019 ¥1700
- D31 ブータン 2018～2019 ¥1800
- D32 パキスタン 2007～2008 ¥1780
- D33 マカオ 2018～2019 ¥1600
- D34 釜山・慶州 2017～2018 ¥1400
- D35 バングラデシュ 2015～2016 ¥1900
- D36 南インド 2016～2017 ¥1700
- D38 ソウル 2018～2019 ¥1500

E 中近東 アフリカ

- E01 ドバイとアラビア半島の国々 2018～2019 ¥1900
- E02 エジプト 2014～2015 ¥1700
- E03 イスタンブールとトルコの大地 2016～2017 ¥1800
- E04 ペトラ遺跡とヨルダン 2017～2018 ¥1800
- E05 イスラエル 2019～2020 ¥1900
- E06 イラン 2017～2018 ¥2000
- E07 モロッコ 2017～2018 ¥1800
- E08 チュニジア 2015～2016 ¥1900
- E09 東アフリカ ウガンダ・エチオピア・ケニア・タンザニア・ルワンダ 2016～2017 ¥1900
- E10 南アフリカ 2018～2019 ¥1900
- E11 リビア 2010～2011 ¥2000
- E12 マダガスカル モーリシャス セイシェル 2017～2018 ¥1900

女子旅応援ガイド aruco

- 1 パリ '19～'20 ¥1200
- 2 ソウル '18～'19 ¥1200
- 3 台北 '18～'19 ¥1200
- 4 トルコ '14～'15 ¥1200
- 5 インド '14～'15 ¥1200
- 6 ロンドン '18～'19 ¥1200
- 7 香港 '18～'19 ¥1200
- 8 エジプト ¥1200
- 9 ニューヨーク '17～'18 ¥1200
- 10 ホーチミン ダナン ホイアン '19～'20 ¥1200
- 11 ホノルル '19～'20 ¥1200
- 12 バリ島 '18～'19 ¥1200
- 13 上海 ¥1200
- 14 モロッコ '19～'20 ¥1400
- 15 チェコ '16～'17 ¥1200
- 16 ベルギー '16～'17 ¥1200
- 17 ウィーン '17～'18 ¥1200
- 18 イタリア '19～'20 ¥1200
- 19 スリランカ '15～'16 ¥1200
- 20 クロアチア '14～'15 ¥1200
- 21 スペイン '19～'20 ¥1200
- 22 シンガポール '18～'19 ¥1200
- 23 バンコク '18～'19 ¥1200
- 24 グアム '19～'20 ¥1200
- 25 オーストラリア '18～'19 ¥1200
- 26 フィンランド '17～'18 ¥1200
- 27 アンコール・ワット '18～'19 ¥1200
- 28 ドイツ '18～'19 ¥1200
- 29 ハノイ '19～'20 ¥1200
- 30 台湾 '19～'20 ¥1200
- 31 カナダ '17～'18 ¥1200
- 32 オランダ '18～'19 ¥1200
- 33 サイパン テニアン ロタ '18～'19 ¥1200
- 34 セブ ボホール エルニド '19～'20 ¥1200

地球の歩き方 Plat

- 1 パリ ¥1200
- 2 ニューヨーク ¥1200
- 3 台北 ¥1000
- 4 ロンドン ¥1200
- 5 グアム ¥1000
- 6 ドイツ ¥1200
- 7 ベトナム ¥1000
- 8 スペイン ¥1200
- 9 バンコク ¥1000
- 10 シンガポール ¥1000
- 11 アイスランド ¥1400
- 12 ホノルル ¥1000
- 13 マニラ&セブ ¥1000
- 14 マルタ ¥1400
- 15 フィンランド ¥1200
- 16 クアラルンプール マラッカ ¥1000
- 17 ウラジオストク ¥1300
- 18 サンクトペテルブルク モスクワ ¥1400
- 19 エジプト ¥1200
- 20 香港 ¥1000

地球の歩き方 Resort Style

- R01 ホノルル&オアフ島 ¥1500
- R02 ハワイ島 ¥1500
- R03 マウイ島 ¥1500
- R04 カウアイ島 ¥1500
- R05 こどもと行くハワイ ¥1400
- R06 ハワイ ドライブ・マップ ¥1800
- R07 ハワイ バスの旅 ¥1200
- R08 グアム※ ¥1500
- R09 こどもと行くグアム ¥1400
- R10 パラオ ¥1500
- R11 世界のダイビング完全ガイド 地球の潜り方 ¥1800
- R12 プーケット サムイ島 ピピ島 ¥1500
- R13 ペナン ランカウイ クアラルンプール ¥1700
- R14 バリ島※ ¥1700
- R15 セブ&ボラカイ ボホール シキホール ¥1500
- R16 テーマパークinオーランド ¥1700
- R17 カンクン コスメル イスラ・ムヘーレス ¥1500
- R18 ケアンズとグレートバリアリーフ※ ¥1700
- R19 ファミリーで行くシンガポール ¥1400
- R20 ダナン ホイアン ホーチミン ハノイ ¥1500

※は旧リゾートシリーズで発刊中

地球の歩き方 BY TRAIN

1 ヨーロッパ鉄道の旅 ￥1700
ヨーロッパ鉄道時刻表 2019年冬号 ￥2300

地球の歩き方 トラベル会話

1 米語＋英語 ￥952
2 フランス語＋英語 ￥1143
3 ドイツ語＋英語 ￥1143
4 イタリア語＋英語 ￥1143
5 スペイン語＋英語 ￥1143
6 韓国語＋英語 ￥1143
7 タイ語＋英語 ￥1143
8 ヨーロッパ5ヵ国語 ￥1143
9 インドネシア語＋英語 ￥1143
10 中国語＋英語 ￥1143
11 広東語＋英語 ￥1143
12 ポルトガル語(ブラジル語)＋英語 ￥1143

地球の歩き方 成功する留学

ワーキングホリデー完ペキガイド ￥1600
オーストラリア・ニュージーランド留学 ￥1600
成功するアメリカ大学留学術 世界に飛びだそう！目指せ！グローバル人材 ￥1429

地球の歩き方 JAPAN

島旅01 五島列島 ￥1500
島旅02 奄美大島(奄美群島①) ￥1500
島旅03 与論島 徳之島 沖永良部島(奄美群島②) ￥1500
島旅04 利尻・礼文 ￥1500
島旅05 天草 ￥1500
島旅06 壱岐 ￥1500
島旅07 種子島 ￥1500
島旅08 小笠原 父島 母島 ￥1500
島旅09 隠岐 ￥1500
島旅10 佐渡 ￥1500
島旅11 宮古島 伊良部島 下地島 来間島 池間島 多良間島 大神島 ￥1500
島旅22 島旅ねこ にゃんこの島の歩き方 ￥1222
ダムの歩き方 全国版 はじめてのダム入門ガイド ￥1556

地球の歩き方 御朱印シリーズ

御朱印でめぐる鎌倉の古寺 三十三観音完全掲載 改訂版 ￥1500
御朱印でめぐる京都の古寺 改訂版 ￥1500
御朱印でめぐる奈良の古寺 改訂版 ￥1500
御朱印でめぐる江戸・東京の古寺 改訂版 ￥1500
御朱印でめぐる高野山 ￥1500
日本全国 この御朱印が凄い！ 第壱集 増補改訂版 ￥1500
日本全国 この御朱印が凄い！ 第弐集 都道府県網羅版 ￥1500
御朱印でめぐる全国の神社 ～開運さんぽ～ ￥1300
御朱印でめぐる関東の神社 週末開運さんぽ ￥1300
御朱印はじめました 関東の神社 週末開運さんぽ ￥1100
御朱印でめぐる秩父 三十四観音完全掲載 ￥1500
御朱印でめぐる関東の百寺 坂東三十三観音と古寺 ￥1500
御朱印でめぐる関西の神社 週末開運さんぽ ￥1300
御朱印でめぐる東京の神社 週末開運さんぽ ￥1300
御朱印でめぐる関西の百寺 西国三十三所と古寺 ￥1500
御朱印でめぐる北海道の神社 週末開運さんぽ ￥1300
御朱印でめぐる神奈川の神社 週末開運さんぽ ￥1300
御朱印でめぐる埼玉の神社 週末開運さんぽ ￥1300

地球の歩き方 コミックエッセイ

北欧が好き！ フィンランド・スウェーデン・デンマーク・ノルウェーのすてきな町めぐり ￥1100
北欧が好き！2 建築×デザインでめぐるフィンランド・スウェーデン・デンマーク・ノルウェー ￥1100
きょうも京都で京づくし ￥1100
女ふたり 台湾、行ってきた。 ￥1100
日本てくてくゲストハウスめぐり ￥1000
アイスランド☆TRIP 神秘の絶景に会いに行く！ ￥1100

地球の歩き方 BOOKS

●日本を旅する本

沖縄 南の島の私の隠れ家 ￥1500
子連れで沖縄 旅のアドレス&テクニック117 ￥1000
武智志穂のかわいい京都＊しあわせさんぽ ￥1429
おいしいご当地スーパーマーケット ￥1600
地元スーパーのおいしいもの、旅をしながら見つけてきました。47都道府県！ ￥1600
京都 ひとりを楽しむまち歩き ￥1200
青森・函館めぐり クラフト・建築・おいしいもの ￥1300
日本全国開運神社 このお守りがすごい ￥1384

●個性ある海外旅行を案内する本

世界の高速列車Ⅱ ￥2800
世界の鉄道 ￥3500
着こなせ！アジアン・ファッション(WE LOVE ASIAN FASHION) ￥1500
WE LOVE エスニックファッション ストリートブック ￥1500
エスニックファション シーズンブック ETHNIC FASHION SEASON BOOK ￥1500
へなちょこ日記 ハワイ嗚咽編 ￥1500
もっと賢く・お得に・快適に 空の旅を楽しむ100の方法 ￥1200
ニューヨークおしゃべりノート2 ￥950
ブルックリン・スタイル ニューヨーク新世代アーティストのこだわりライフ&とっておきアドレス ￥1600
GIRL'S GETAWAY TO LOS ANGELES ￥1500
絶対トクする！ 海外旅行の新常識 ￥1000
アパルトマンでパリジェンヌ体験 5日間から楽しめる憧れのパリ暮らし ￥1700
地球の歩き方フォトブック 世界の絶景アルバム101 南米・カリブの旅 ￥950
地球の歩き方フォトブック 旅するフォトグラファーが選ぶスペインの町33 ￥1500
宮脇俊三と旅した鉄道風景 ￥2000
キレイを叶える♡週末バンコク ￥1500
「幸せになる、ハワイのパンケーキ&朝ごはん」～オアフ島で食べたい人気の100皿～ ￥1500
MAKI'S DEAREST HAWAII ～インスタジェニックなハワイ探し～ ￥1400
撮り・旅！ 地球を撮り歩く旅人たち ￥1600
秘密のパリ案内Q77 ￥1500
台湾おしゃべりノート ￥1200
HONG KONG 24 hours 朝・昼・夜で楽しむ 香港が好きになる本 ￥1500
ONE & ONLY MACAO produced by LOVETABI ￥1300
純情ヨーロッパ 呑んで、祈って、脱いでみて ￥1280
人情ヨーロッパ 人生、ゆるして、ゆるされて ￥1380
雑貨と旅とデザインと ￥1400
とっておきのフィンランド 絵本のような町めぐり ￥1600
LOVELY GREEN NEW ZEALAND 未来の国を旅するガイドブック ￥1600
たびうた 歌で巡る世界の絶景 ￥1200

●乗り物deおさんぽ

パリの街をメトロでお散歩 ￥1500
台北メトロさんぽ MRTを使って、おいしいとかわいいを巡る旅♪ ￥1380
台湾を鉄道でぐるり ￥1380
香港トラムでぶらり女子旅 ￥1500
NEW YORK, NEW YORK！ 地下鉄で旅するニューヨークガイド ￥1500

●ランキング&マル得テクニック

沖縄 ランキング&マル得テクニック！ ￥900
ニューヨーク ランキング&マル得テクニック！ ￥1000
香港 ランキング&マル得テクニック！ ￥1000

●話題の本

パラダイス山元の飛行機の乗り方 ￥1300
パラダイス山元の飛行機のある暮らし ￥1300
なぜデキる男とモテる女は飛行機に乗るのか？ ￥1300
「世界イケメンハンター」窪咲子のGIRL'S TRAVEL ￥1400
さんぽで感じる村上春樹 ￥1450
発達障害グレーゾーン まったり息子の成長日記 ￥1500
鳥居りんこの親の介護は知らなきゃバカ見ることだらけ ￥1200
親の介護をはじめたらお金の話で泣き見てばかり 知らなきゃ損する！トラブル回避の基礎知識 ￥1200
熟年夫婦のスペイン 行き当たりばったり移住記 ￥1350
海外VIP1000人を感動させた外資系企業社長の「おもてなし」術 ￥1500
理想の旅は自分でつくる！失敗しない個人旅行のつくり方 ￥1500
日本一小さな航空会社の大きな奇跡の物語 業界の常識を破った天草エアラインの「復活」 ￥1500
娘にリケジョになりたい！と言われたら 文系の親に知ってほしい理系女子の世界 ￥1400

地球の歩き方 中学受験

お母さんが教える国語 ￥1800
お母さんが教える国語 親子で成績を上げる魔法のアイデア ￥1300
こんなハズじゃなかった中学受験 ￥1500
なぜ、あの子は逆転合格できたのか？ ￥1500
中学受験 叫ばせて！ ￥952
わが子を算数嫌いにさせない家庭学習の進め方 ￥1429
小6になってグンと伸びる子、ガクンと落ちる子 ￥1500
偏差値が届かなくても受かる子、充分でも落ちる子 ￥1500
名門中学の子どもたちは学校で何を学んでいるのか ￥1650
はじめての中学受験 第一志望合格のためにやってよかった5つのこと ￥1500
第一志望に合格したいなら「社会」の後回しは危険です。 ￥1300
進路で迷ったら中高一貫校を選びなさい 6年間であなたの子供はこんなに変わる ￥1200
親が後悔しない、子供に失敗させない進学塾の選び方 ￥1200
わが子を合格させる父親道 ヤル気を引き出す「神オヤジ」と子どもをツブす「ダメおやぢ」 ￥1200
まんがで学ぶ！国語がニガテな子のための読解力が身につく7つのコツ ￥1400
新お母さんが教える国語 わが子を志望校に合格させる最強の家庭学習法 ￥1500

地球の歩き方 GemStone

001 パリの手帖 とっておきの散歩道 ￥1500
003 キューバ 増補改訂版 ￥1600
014 スパへようこそ 世界のトリートメント大集合 ￥1500
021 ウィーン旧市街 とっておきの散歩道 ￥1500
025 世界遺産 マチュピチュ完全ガイド ￥1500
026 魅惑のモロッコ 美食と雑貨と美肌の王国 ￥1500
027 メキシコ デザインホテルの旅 ￥1600
029 イギリス人は甘いのがお好き プディング&焼き菓子がいっぱいのラブリーな生活 ￥1500
030 改訂版 バリ島ウブド 楽園の散歩道 ￥1500
033 改訂新版 フィンランド かわいいデザインと出会う街歩き ￥1600
047 プラハ迷宮の散歩道 改訂版 ￥1600
052 とっておきのポーランド 増補改訂版 ￥1600
054 グリム童話で旅するドイツ・メルヘン街道 ￥1600
056 ラダック ザンスカール スピティ 北インドのリトル・チベット 増補改訂版 ￥1700
057 ザルツブルクとチロル アルプスの山と街を歩く ￥1600
059 天空列車 青海チベット鉄道の旅 ￥1600
060 カリフォルニア オーガニックトリップ サンフランシスコ&ワインカントリーのスローライフへ！ ￥1500
061 台南 高雄 とっておきの歩き方 台湾南部の旅ガイド ￥1500
062 イングランドで一番美しい場所 コッツウォルズ ￥1700
063 スイス おトクに楽しむ街歩き ￥1500
064 シンガポール 絶品！ ローカルごはん ￥1500
065 ローマ美食散歩 永遠の都を食べ歩く ￥1500
066 南極大陸 完全旅行ガイド ￥1500

地球の歩き方 MOOK

●海外最新情報が満載されたMOOK本

海外1 パリの歩き方[ムックハンディ] ￥1000
海外3 ソウルの歩き方[ムックハンディ] ￥1000
海外4 香港・マカオの歩き方[ムックハンディ] ￥1000
海外6 台湾の歩き方[ムックハンディ] ￥1000
海外8 ホノルルの歩き方[ムックハンディ] ￥1000
海外9 ホノルルショッピング&グルメ[ムックハンディ] ￥1000
海外10 グアムの歩き方[ムックハンディ] ￥1000
海外11 バリ島の歩き方[ムックハンディ] ￥1000
ハワイ ランキング&マル得テクニック！ ￥790
パリ ランキング&マル得テクニック！ ￥790
台湾 ランキング&マル得テクニック！ ￥790
ソウル ランキング&マル得テクニック！ ￥790
シンガポール ランキング&マル得テクニック！ ￥790
バンコク ランキング&マル得テクニック！ ￥790
バリ島 ランキング&マル得テクニック！ ￥740
海外女子ひとり旅☆パーフェクトガイド！ ￥890
ハワイ スーパーマーケットマル得完全ガイド ￥890
海外子連れ旅☆パーフェクトガイド！ ￥890
成功する留学 留学ランキング&テクニック50 ￥700
世界のビーチBEST100 ￥890
ヘルシーハワイ[ムックハンディ] ￥890
aruco magazine ￥920

●国内MOOK

沖縄の歩き方[ムックハンディ] ￥917
北海道の歩き方[ムックハンディ] ￥926
東京 ランキング&マル得テクニック！ ￥690

ダイヤモンド・セレクト

今、こんな旅がしてみたい！ ￥824

「地球の歩き方」の書籍

地球の歩き方 GEM STONE

「GEM STONE(ジェムストーン)」の意味は「原石」。地球を旅して見つけた宝石のような輝きをもつ「自然」や「文化」、「史跡」などといった「原石」を珠玉の旅として提案するビジュアルガイドブック。美しい写真と詳しい解説で新しいテーマ&スタイルの旅へと誘います。

- 006 世界遺産 マチュピチュ完全ガイド
- 022 グランドサークル&セドナ アメリカ驚異の大自然を五感で味わう体験ガイド
- 026 ベルリンガイドブック「素顔のベルリン」増補改訂版
- 030 世界遺産 イースター島完全ガイド
- 038 イスタンブール路地裏さんぽ
- 040 南アフリカ自然紀行 野生動物とサファリの魅力
- 041 世界遺産 ナスカの地上絵完全ガイド
- 042 世界遺産 ガラパゴス諸島完全ガイド
- 044 プラハ迷宮の散歩道
- 045 デザインとおとぎの国 デンマーク
- 050 美しきアルジェリア 7つの世界遺産を巡る旅
- 051 アマルフィ&カプリ島 とっておきの散歩道
- 052 とっておきのポーランド 世界遺産と小さな村、古城ホテルを訪ねて
- 053 台北近郊 魅力的な町めぐり
- 054 グリム童話で旅するドイツ・メルヘン街道
- 056 ラダック ザンスカール スピティ 北インドのリトル・チベット [増補改訂版]
- 057 ザルツブルクとチロル アルプスの山と街を歩く
- 060 カリフォルニア・オーガニックトリップ サンフランシスコ&ワインカントリーのスローライフへ
- 066 南極大陸 完全旅行ガイド

地球の歩き方 BOOKS

「BOOKS」シリーズでは、国内、海外を問わず、自分らしい旅を求めている旅好きの方々に、旅に誘う情報から旅先で役に立つ実用情報まで、「旅エッセイ」や「写真集」、「旅行術指南」など、さまざまな形で旅の情報を発信します。

- ニューヨークおしゃべりノート2
- 地球の歩き方フォトブック 世界の絶景アルバム101 南米・カリブの旅
- 『幸せになる、ハワイのパンケーキ&朝ごはん』～オアフ島で食べたい人気の100皿～
- 地球の歩き方フォトブック 旅するフォトグラファーが選ぶスペインの町33
- ブルックリン・スタイル ニューヨーク新世代アーティストのこだわりライフ&とっておきアドレス
- MAKI'S DEAREST HAWAII ～インスタジェニックなハワイ探し～
- GIRL'S GETAWAY TO LOS ANGELES

MAKI'S DEAREST HAWAII
～インスタジェニックなハワイ探し～
インスタ映えする風景、雑貨、グルメがいっぱい!

地球の歩き方シリーズ 地球の歩き方 編集部 検索 www.arukikata.co.jp/guidebook/

地球の歩き方　投稿　検索

あなたの旅の体験談をお送りください

『地球の歩き方』は、たくさんの旅行者から
ご協力をいただいて、改訂版や新刊を制作しています。
あなたの旅の体験や貴重な情報を、これから旅に出る人たちに分けてあげてください。
なお、お送りいただいたご投稿がガイドブックに掲載された場合は、
初回掲載本を１冊プレゼントします！

ご投稿は次の３つから！

インターネット

URL www.arukikata.co.jp/guidebook/toukou.html
画像も送れるカンタン「投稿フォーム」
※「地球の歩き方　投稿」で検索してもすぐに見つかります

郵便

〒160-0023　東京都新宿区西新宿 6-15-1
セントラルパークタワー・ラ・トゥール新宿 705
株式会社地球の歩き方メディアパートナーズ
「地球の歩き方」サービスデスク「○○○○編」投稿係

ファクス

(03)6258-0421

郵便とファクスの場合

次の情報をお忘れなくお書き添えください！　①ご住所　②氏名　③年齢　④ご職業　⑤お電話番号　⑥ E-mail アドレス　⑦対象となるガイドブックのタイトルと年度　⑧ご投稿掲載時のペンネーム　⑨今回のご旅行時期　⑩「地球の歩き方メールマガジン」配信希望の有無　⑪地球の歩き方グループ各社からの DM 送付希望の有無

ご投稿にあたってのお願い

★ご投稿は、次のような《テーマ》に分けてお書きください。

《新発見》ガイドブック未掲載のレストラン、ホテル、ショップなどの情報
《旅の提案》未掲載の町や見どころ、新しいルートや楽しみ方などの情報
《アドバイス》旅先で工夫したこと、注意したいこと、トラブル体験など
《訂正・反論》掲載されている記事・データの追加修正や更新、異論・反論など
※ 記入例：「○○編 201X 年度版△△ページ掲載の□□ホテルが移転していました……」

★データはできるだけ正確に。

ホテルやレストランなどの情報は、名称、住所、電話番号、アクセスなどを正確にお書きください。
ウェブサイトの URL や地図などは画像でご投稿いただくのもおすすめです。

★ご自身の体験をお寄せください。

雑誌やインターネット上の情報などの丸写しはせず、実際の体験に基づいた具体的な情報をお待ちしています。

ご確認ください

※ 採用されたご投稿は、必ずしも該当タイトルに掲載されるわけではありません。関連他タイトルへの掲載もありえます。
※例えば「新しい市内交通パスが発売されている」など、すでに編集部で取材・調査を終えているものと同内容のご投稿をいただいた場合は、ご投稿を採用したとはみなされず掲載本をプレゼントできないケースがあります。
※当社は個人情報を第三者に提供いたしません。また、ご記入いただきましたご自身の情報については、ご投稿内容の確認や掲載本の送付などの用途以外には使用いたしません。
※ ご投稿の採用の可否についてのお問い合わせはご遠慮ください。
※ 原稿は原文を尊重しますが、スペースなどの関係で編集部でリライトする場合があります。
※ 従来の、巻末に綴じ込んだ「現地最新情報・ご投稿用紙」は廃止させていただきました。

あとがき

本書は『地球の歩き方』編集室の2018年春から秋にかけての取材と、多くの方々の協力によって作られています。改訂版の編集にあたりご協力いただいた皆さま、投稿をお寄せいただいた読者の皆さま、ほかすべての皆さまに深く感謝いたします。

取材協力、写真提供

Special Thanks to／Atlanta CVB、Capital Region USA、Choose Chicago、Cincinnati USA CVB、Colorado Tourism Office、Cooperstown/Otsego County Tourism、Destination DC、Detroit Metro CVB、Discover New England、Explore Minnesota、Fort Worth CVB、Greater Boston CVB、Greater Wilmington CVB、Greater Houston CVB、Hershey Harrisburg Regional Visitors Bureau、iStock、Los Angeles Tourism & Convention Board、Massachusetts Office of Travel & Tourism、MEET Minneapolis、National Park Service、New Orleans CVB、Oklahoma City CVB、Philadelphia CVB、San Diego Tourism Authority、San Francisco Travel、Travel Oregon、Travel Portland、Universal Orlando Resort、Universal Studios Hollywood、Visit Dallas、Visit Denver、Visit Florida、Visit KC、Visit Milwaukee、Visit Orlando、Visit Philadelphia、Visit Phoenix、Visit San Antonio、Visit St. Paul、Visit Seattle、Walt Disney Parks and Resorts

石原恵子さん、大野直美さん、菊地俊哉さん、小池キヨミチさん、佐渡祥子さん、志保ギャリソンさん、竹内あやさん、田中 智さん、久保田康夫さん、中西奈緒子さん、中村佳子さん、ふじもと たかねさん、三浦憲之さん、宮本祐子さん、六車健一さん、森田耕司さん、渡瀬正章さん

協力／米国大使館商務部、全米旅行産業協会日本事務所、ブランドUSA、米国ウエストバージニア州政府日本代表事務所、サウスダコタ・ワイオミング州政府観光局、米国オレゴン州政府駐日代表部、サンフランシスコ観光協会／サンフランシスコ国際空港、シアトル・ワシントン州観光事務所、コロラド州政府観光局、シカゴ・イリノイ州観光局、テキサス日本事務所、ニューハンプシャー州政府観光局日本事務所、バーモント州政府観光局日本事務所、マサチューセッツ州政府観光局日本事務所、ミシシッピリバーカントリーUSA日本事務所、モンタナ州政府駐日代表事務所、ラスベガス観光局、ロサンゼルス観光局／ロサンゼルス国際空港、ウォルト・ディズニー・ジャパン、カリフォルニア観光局、ユニバーサル・スタジオ・ハリウッド

STAFF

制　　作：日隈理絵　Producer：Rie Hinokuma
編　　集：山本玲子［(有)地球堂］
Editor：Reiko Yamamoto（Chikyu-Do, Inc.）
校　　正：(有)トップキャット　Proofreading：Top Cat
デザイン：中川　周　Designers：Amane Nakagawa
表　　紙：日出嶋昭男　Cover Design：Akio Hidejima

地　　図：アルト・ディークラフト　Maps：ALTO Dcraft
冨田　富士男［TOM］　Fujio Tonda（TOM）
辻野　良晃　Yoshiaki Tsujino
(有) シーマップ　Cmap
株式会社ピーマン　P-Man
(有) エメ龍夢　EMERYUMU, Inc.

本書についてのご意見・ご感想はこちらまで
読者投稿　〒141-8425　東京都品川区西五反田2-11-8
株式会社地球の歩き方
地球の歩き方サービスデスク「アメリカ編」投稿係
https://www.arukikata.co.jp/guidebook/toukou.html
地球の歩き方ホームページ（海外・国内旅行の総合情報）
https://www.arukikata.co.jp/
ガイドブック『地球の歩き方』公式サイト
https://www.arukikata.co.jp/guidebook/

地球の歩き方 B01
アメリカ 2019～2020年版

1979年 9 月15日　初版発行
2023年12月18日　改訂第40版第3刷発行

Published by Arukikata. Co., Ltd.
2-11-8 Nishigotanda, Shinagawa-ku, Tokyo, 141-8425, Japan
Advertising Representative：Island Creative
TEL：(808) 285-3071 ／ Email：sales@islandcreative.net

著作編集　地球の歩き方編集室
発行人　新井邦弘
編集人　宮田 崇
発 行 所　株式会社地球の歩き方
〒141-8425　東京都品川区西五反田2-11-8
発 売 元　株式会社Gakken
〒141-8416　東京都品川区西五反田2-11-8
印刷製本　株式会社ダイヤモンド・グラフィック社

※本書は基本的に2018年5月～9月の取材データに基づいて作られています。
発行後に料金、営業時間、定休日などが変更になる場合がありますのでご了承ください。
更新・訂正情報：https://www.arukikata.co.jp/travel-support/

●この本に関する各種お問い合わせ先
・本の内容については、下記サイトのお問い合わせフォームよりお願いします。
URL▶https://www.arukikata.co.jp/guidebook/contact.html
・広告については、下記サイトのお問い合わせフォームよりお願いします。
URL▶https://www.arukikata.co.jp/ad_contact/
・在庫については　Tel 03-6431-1250（販売部）
・不良品（乱丁、落丁）については　Tel 0570-000577
学研業務センター　〒354-0045　埼玉県入間郡三芳町上富279-1
・上記以外のお問い合わせは　Tel 0570-056-710（学研グループ総合案内）

※本書は株式会社ダイヤモンド・ビッグ社より1979年9月に発行したもの（2019年1月に改訂第40版）の最新・改訂版です。
学研グループの書籍・雑誌についての新刊情報・詳細情報は、下記をご覧ください。
学研出版サイト　https://hon.gakken.jp/